MINI
WÖRTERBUCH

DEUTSCH
ENGLISCH

ENGLISCH
DEUTSCH

LAROUSSE

Für diese Ausgabe/For this edition

JOAQUÍN BLASCO SHARON J. HUNTER

JANICE MCNEILLIE BRITTA NORD

Für frühere Ausgaben/For the previous editions

PATRICIA ABBOU KARIN ALBERT RALF BROCKMEIER

MARC CHABRIER MONIKA HOFMANN FRANCES ILLINGWORTH

VOLKER LÜCKENKEMPER CHRISTINA REINICKE JOHANNES SCHLIESSER

PATRICK WHITE JOAQUÍN BLASCO LOUISE RICHMOND

ANNE THOMPSON STEPHANIE GEIGES ULLA KNODT

ELKE WEISS-COWEN ROSWITHA MORRIS NEIL MORRIS

DAGMAR FÖRTSCH HILDEGARD PESCH RUTH NOBLE

© Larousse, 2006

ISBN 2-03-542126-8

Sales: Houghton Mifflin Company, Boston

Achevé d'imprimer en Janvier 2006
sur les presses de «La Tipografica Varese S.p.A.» à Varese (Italie)

LAROUSSE

MINI
DICTIONARY

GERMAN
ENGLISH
—
ENGLISH
GERMAN

LAROUSSE

INHALTSVERZEICHNIS

CONTENTS

Abkürzungen/Abbreviations

Akkusativ	A	accusative
Abkürzung	abk/abbr	abbreviation
abwertend	abw	pejorative
Adjektiv	adj	adjective
Adverb	adv	adverb
amtssprachlich, formell	amt	administrative, formal
Anatomie	ANAT	anatomy
Kfz-Technik	AUT(O)	automobile, cars
Hilfsverb	aux	auxiliary
Handel	COMM	commerce, business
Komparativ	compar	comparative
Datenverarbeitung	COMPUT	computers
Konjunktion	conj	conjunction
Verlaufsform	cont	continuous
Kochkunst	CULIN	culinary, cooking
Dativ	D	dative
Determinant	det	determiner
Datenverarbeitung	EDV	computers
etwas	etw	something
Interjektion	excl	exclamation
Femininum	f	feminine
umgangssprachlich	fam	informal
übertragene Bedeutung	fig	figurative
Finanzen	FIN	finance, financial
gehoben	fml	formal
Genitiv	G	genitive
gehoben	geh	formal
generell	gen	generally
Grammatik	GRAMM	grammar
umgangssprachlich	inf	informal

Die zweisprachigen Miniwörterbücher von Larousse richten sich vor allem an Anfänger und Reisende.

Über 40.000 Übersetzungen von mehr als 30.000 Stichwörtern und Wendungen geben daher nicht nur Auskunft über den allgemeinen Wortschatz, sondern helfen auch, Schilder und Speisekarten zu verstehen.

Klare typographische Aufmachung und benutzerfreundliches Format erleichtern die Orientierung im Wörterbuch. Zahlreiche Bedeutungsanzeiger ermöglichen ein sicheres Auffinden der gewünschten Übersetzung. Viele Stichwörter werden durch Beispielsätze erläutert.

Das Miniwörterbuch Deutsch-Englisch ist handlich, zuverlässig und übersichtlich und wird damit zum idealen Ratgeber und Reisebegleiter.

Vorschläge, die zu einer weiteren Verbesserung des Wörterbuchs beitragen können, sind jederzeit willkommen. "Good luck!"

DER HERAUSGEBER

The Larousse MINI dictionary has been designed with beginners and travellers in mind.

With over 30,000 references and 40,000 translations, this new dictionary gives thorough coverage of general vocabulary plus extensive treatment of the language found on street signs and menus.

Clear sense markers are provided throughout, while special emphasis has been placed on basic words, with many examples of usage and a particularly user-friendly layout.

Easy to use and comprehensive, this handy book packs a lot of wordpower for users at school, at home and on the move. "Viel Spaß", and don't hesitate to send us your comments.

THE PUBLISHER

Abkürzungen/Abbreviations

nicht trennbar	insep	inseparable
Interjektion	interj	exclamation
unveränderlich	inv	invariable
jemand	jd	someone (nominative)
jemandem	jm	someone (dative)
jemanden	jn	someone (accusative)
jemandes	js	someone (genitive)
Komparativ	komp	comparative
Konjunktion	konj	conjunction
Kochkunst	KÜCHE	culinary, cooking
Mathematik	MATH	mathematics
Medizin	MED	medicine
Militärwesen	MIL	military
Musik	MUS	music
Schifffahrt	NAVIG	nautical, maritime
Norddeutsch	Norddt	northern German
Neutrum	nt	neuter noun (countries and towns) not used with an article
Zahlwort	num	numeral
sich	o.s.	oneself
Ostdeutsch	Ostdt	East German
Österreichisch	Österr	Austrian German
abwertend	pej	pejorative
Plural	pl	plural
Politik	POL	politics
Partizip Perfekt	pp	past participle
Präposition	präp	preposition
Präsens	präs	present
Präteritum	prät	preterite

Abkürzungen/Abbreviations

Präposition	prep	preposition
Pronomen	pron	pronoun
Vergangenheitsform	pt	past tense
Warenzeichen	®	registered trademark
reflexives Verb	ref	reflexive verb
Religion	RELIG	religion
jemand	sb	someone, somebody
Subjekt	sbj	subject
Schule	SCHULE/SCH	school
Schweizerdeutsch	Schweiz	Swiss German
trennbar	sep	separable
Singular	sg	singular
etwas	sthg	something
Süddeutsch	Süddt	southern German
Superlativ	superl	superlative
Technik, Technologie	TECH	technology
Fernsehen	TV	television
britisches Englisch	UK	British English
unregelmäßig	unreg	irregular
amerikanisches Englisch	US	American English
Verb	v/vb	verb
intransitives Verb	vi	intransitive verb
unpersönliches Verb	vimp/v impers	impersonal verb
vor Substantiv	vor Subst	before noun
transitives Verb	vt	transitive verb
vulgär	vulg	vulgar
kulturelle Entsprechung	≃	cultural equivalent
Trennbarkeit des deutschen Verbs	¦	indicates separable German verb

	Englisch	Deutsch	Bemerkung
æ	pat/bag/mad	Hallo/danke	
ɑː	barn/car/laugh	Arzt/Vater/Ahnung	
ai	buy/light/aisle	Preis/nein	
aʊ	now/shout/town	Auge/Baum	
b	bottle/bib	Baby	
d	dog/did	Dame/Nudel	
dʒ	jig/fridge	Gin	
e	pet	Emaille	
ə	mother/suppose	bitte/gehen	
ɜː	burn/learn/bird	Börse/Körner	
ei	bay/late/great		wie in M*ä*dchen
eə	pair/bear/share		wie das *ee* in l*ee*r, aber offener
f	fib/physical	Fantasie/vier	
g	gag/great	gut/Morgen	
h	how/perhaps	Hobby/Haus	
ɪ	pit/big/rid	Kind/bitte	
iː	bean/weed	Liebe/Wiedersehen	
ɪə	peer/fierce/idea	vier	
j	you/spaniel	Jahr/ja	
k	come/kitchen	Achse/Kartoffel	
l	little/help	Liebe/Flug	
m	metal/comb	Material/Mittag	

ENGLISCHE AUSSPRACHE

	Englisch	Deutsch	Bemerkung
n	night/dinner	November/unfair	
ŋ	song/finger	singen/lang	
ɒ	dog/sorry		wie in Post, aber offener
ɔː	lawn		wie in Zorn ohne den r-Laut
ɔɪ	boy/foil	heute/Deutsch	
əʊ	no/road/blow		wie *eau* im Französischen
p	pop/people	Pony/Appetit	
r	right/carry	rot/Reise	
s	seal/peace	Tschüss/Haus/Größe	
ʃ	sheep/machine	Schule/schön	
ʒ	usual/measure	Etage	
t	train/tip	Teller/Volt	
tʃ	chain/wretched	deutsch/klatschen	
θ	think/fifth	Thriller	
ð	this/with		wie das *Th* in *Thriller*, aber stimmhaft
ʊ	put/full	Zucker/Bus	
uː	loop/moon	Kuh	
ʌ	cut/sun		wie das *a* in *danke*
ʊə	poor/sure/tour	Uhr	
v	vine/livid	Wagen/Vase	
w	wet/why/twin	Hardware	
z	zip/his	Sauce/Sonne	

X

Englische Komposita

Als Komposita werden aus mehreren Wörtern bestehende Einheiten bezeichnet, die eine eigenständige Bedeutung haben, wie z.B. *point of view*, *kiss of life*, *virtual reality* und *West Indies*. Sie sind daher in diesem Wörterbuch als eigene Einträge alphabetisch eingeordnet; so folgt das Kompositum *blood test* dem Eintrag *bloodshot*, der seinerseits hinter *blood pressure* steht.

English compounds

A compound is a word or expression which has a single meaning but is made up of more than one word, e.g. *point of view*, *kiss of life*, *virtual reality* and *West Indies*. It is a feature of this dictionary that English compounds appear in the A–Z list in strict alphabetical order. The compound *blood test* will therefore come after *bloodshot* which itself follows *blood pressure*.

Attributiv gebrauchte Adjektive

Adjektive dieser Art werden in ihrer femininen Form angegeben, direkt gefolgt von den Endungen des Maskulinums und des Neutrums; z.B.: *letzte*, *-r*, *-s* (eine letzte Zigarette, ein letzter Kuss, ein letztes Mal).

Adjectives only used attributively

With German adjectives of this type, the feminine form is shown first, followed by the masculine and neuter endings, e.g. *letzte*, *-r*, *-s* (eine letzte Zigarette, ein letzter Kuss, ein letztes Mal).

Substantivierte Adjektive

Die substantivierten Adjektive sind wie alle anderen Substantive mit dem bestimmten Artikel aufgeführt. In Verbindung mit einem unbestimmten Artikel verändert sich daher die Endung entsprechend des Genus; z.B.: *Angestellte der, die* wird zu *ein Angestellter* und *eine Angestellte*.

Adjectives used as nouns

Nominalized German adjectives are, like all other nouns, labelled with the definite article. When used with an indefinite article, the ending of this type of noun changes according to the gender, e.g. *Angestellte der, die* becomes *ein Angestellter* and *eine Angestellte*.

Genus der Substantive in zusammengesetzten Ausdrücken (als Übersetzungen)

Wenn das Substantiv von einem Adjektiv begleitet wird, trägt dieses den Genus des Substantivs; z.B. zeigt die Übersetzung von *first class*, "*erste Klasse*", durch die feminine Endung des Adjektives an, dass das Wort *Klasse* ein Femininum ist.

Gender of compound nouns in translations

When a noun translation is accompanied by an adjective, the adjective ending indicates the gender of the noun. For example, the translation of *first class* is "*erste Klasse*", where the "e" ending of the adjective shows that "*Klasse*" is feminine.

	German	English	comment
a	Hallo/danke	pat/bag	
aː	Arzt/Vater/Ahnung		like the *ah* in *bah*
ɐ	Mutter		similar to the *er* in *mother*
ɐ̯	Meer/Chor	pair/door	
ã	Chanson	ensemble	
ãː	Abonnement	genre	
ai	Preis/nein	buy/light/aisle	
au	Auge/Baum	now/shout	
b	Baby	bottle/bib	
ç	ich/nicht		similar to the *h* in *huge*
d	Dame/Nudel	dog/did	
ʤ	Gin	jet/fridge	
e	Emaille	pet/tend	
eː	edel		similar to the *ei* in *bay*
ɛ	Essen/Hotel		similar to the *e* in *pet*
ɛː	Mädchen/Läden		similar to late but not a diphthong
ə	bitte/gehen		like the *a* in *ago*
ɛ̃	pointiert	gratin	
ɛ̃ː	Pointe		longer *oin* sound
f	Fantasie/vier	fib/physical	
g	gut/Morgen	gag/great	
h	Hobby/Haus	how/perhaps	
iː	Liebe/Wiedersehen	bean/weed	

	German	English	comment
ɪ	Kind/bitte	pit/big	
j	Jahr/ja	you/spaniel	
k	Achse/Kartoffel	come/kitchen	
l	Liebe/Flug	little/help	
ļ	Ampel/mittel		like *le* in *sample*
m	Material/Mittag	metal/comb	
n	November/unfair	night/dinner	
ņ	Lippen/kaufen	deafen	
ŋ	singen/lang	parking/sung	
o:	Mond/Franzose		similar to b*oa*t but not a diphthong
ǫ	loyal	loyal/boy	
ɔ	Koch/Post	got	
ø	Ökologie		like *eu* in voy*eu*r but shorter
ø:	Lösung/böse	voyeur	
œ	Köchin		like *eu* in voy*eu*r but shorter
ɔ̃	Chanson/Jeton	soupçon	
ɔy	heute/Deutsch	boy	
p	Pony/Appetit	pop/people	
pf	Apfel	capful	
r	rot/Reise	right/carry	
s	Tschüss/Haus/Größe	seal/peace	
ʃ	Schule/schön	sheep/machine	

XIII

	German	English	comment
t	Teller/Volt	train/tip	
ts	Tradition/Platz/Zimmer	tsunami	
tʃ	deutsch/klatschen	chain/wretched	
uː	Kuh	loop/loose	
ʊ	Zucker/Bus	put/full	
v	Wagen/Vase	vine/livid	
w	Hardware	wet/twin	
x	machen/Koch	loch	
y	Büchse/System/Nuance		the *u* sound in words of foreign origin
yː	Süden		like the *u* sound in *déjà vu*
z	Sauce/Sonne	zip/his	
ʒ	Etage	usual/measure	

Die Betonung der deutschen Stichwörter wird mit einem Punkt für einen kurzen betonten Vokal und mit einem Strich für einen langen betonten Vokal angegeben.

German headwords have the stress marked either by a dot for a short stressed vowel or by an underscore for a long stressed vowel.

Der Hauptton ist durch ein vorangestelltes ['] markiert, der Nebenton durch ein vorangestelltes [,].

The symbol ['] indicates that the following syllable carries primary stress and the symbol [,] that the following syllable carries secondary stress.

a A

à [a:] *präp (+A)* at ● 15 Stück à 1,50 Euro 15, at 1.50 euros each

A [a:] *(pl inv) die (abk für Autobahn)* M (*UK*), I (*US*)

ab [ap]
◇ *präp (+D)* **1.** *(zeitlich)* from ● ab 8 Uhr from 8 o'clock ● ab 18 (Jahren) over (the age of) 18 **2.** *(räumlich)* from ● ab Dortmund 12.35 Uhr leaving Dortmund at 12.35
◇ *adv (los, weg)* off ● ab ins Bett! off you go to bed! ● ab und zu *adv* now and then

Abb. *abk* = Abbildung

abbestellen ['apbəʃtɛlən] *vt* to cancel

abbiegen ['apbi:gn] *vi (unreg) (ist) (mit Auto)* to turn off ● nach rechts/links abbiegen to turn right/left

Abbiegespur ['apbi:gəʃpu:ɐ̯] *(pl -en) die* filter lane

ablbilden ['apbɪldn] *vt* to illustrate

Abbildung ['apbɪldʊŋ] *(pl -en) die* illustration

ablblenden ['apblɛndn] *vi* to dip one's headlights (*UK*), to dim one's headlights (*US*)

Abblendlicht ['apblɛntlɪçt] *das* dipped headlights (*UK*) *pl*, dimmed headlights (*US*) *pl*

ablbrechen ['apbrɛçn] ◇ *vt (unreg) (hat)* to break off ◇ *vi (unreg) (ist)* **1.** to break off **2.** *(aufhören)* to stop

ablbuchen ['apbu:xn] *vt* to debit

ab|dichten ['apdɪçtn] *vt* **1.** *(gegen kalte Luft)* to insulate **2.** *(gegen Wasser)* to waterproof

Abdichtung ['apdɪçtʊŋ] *die* **1.** *(gegen kalte Luft)* insulation **2.** *(gegen Wasser)* waterproofing

Abend ['a:bnt] *(pl -e) der* evening ● Guten Abend! good evening! ● am Abend in the evening ● heute/gestern/morgen Abend this/yesterday/tomorrow evening ● zu Abend essen to have one's evening meal

Abendessen ['a:bntɛsn] *(pl inv) das* evening meal

Abendgarderobe ['a:bntgardəro:bə] *(pl -n) die* evening dress

Abendkasse ['a:bntkasə] *(pl -n) die* box office *(open just before performance)*

Abendmahl ['a:bntma:l] *(pl -e) das* Holy Communion

abends ['a:bnts] *adv* in the evening ● spät abends late in the evening

Abenteuer ['a:bntɔyɐ] *(pl inv) das* adventure

Abenteuerurlaub ['a:bntɔyɐ'ʊɐ̯laup] *(pl -e) der* adventure holiday

aber [a:bɐ] ◇ *konj* but ◇ *adv* ● jetzt ist aber Schluss! that's enough now! ● das ist aber nett! how nice! ● aber gerne! of course! ● du kommst aber spät! you're a bit late, aren't you? ● aber bitte! go ahead!

Aberglaube [a:'bɐglaubə] *der* superstition

abergläubisch [a:'bɐglɔybɪç] *adj* superstitious

ablfahren ['apfa:rən] ◇ *vi (unreg) (ist)* **1.** to leave **2.** *(von Autobahn)* to turn off ◇ *vt (unreg) (hat)* **1.** *(Reifen)* to wear down

2. (Weg, Strecke) to drive along

Abfahrt ['apfaːɐ̯t] (pl **-en**) die **1.** (von Zug, Bus) departure **2.** (von Autobahn) exit **3.** (von Skifahrer) descent

Abfall ['apfal] der (Müll) rubbish (UK), garbage (US)

Abfalleimer ['apfalˌaimɐ] (pl inv) der rubbish bin (UK), garbage can (US)

ab|fallen ['apfalən] vi (unreg) (ist) **1.** (Straße) to dip **2.** (Obst, Blätter) to fall

ab|färben ['apfɛrbn̩] vi (Material) to run

Abfertigungsschalter ['apfɛrtɪɡʊŋsˌʃaltɐ] (pl inv) der check-in desk

ab|fliegen ['apfliːɡn̩] vi (unreg) (ist) **1.** (Flugzeug) to depart **2.** (Person) to fly

Abflug ['apfluːk] (pl **-flüge**) der departure

Abflughalle ['apfluːkˌhalə] (pl **-n**) die departure lounge

Abflugzeit ['apfluːkˌtsait] (pl **-en**) die departure time

Abfluss ['apflʊs] (pl **-flüsse**) der (im Waschbecken) plughole

Abführmittel ['apfyːɐ̯ˌmɪtl̩] (pl inv) das laxative

Abgase ['apɡaːzə] pl exhaust fumes

ab|geben ['apɡeːbn̩] vt (unreg) **1.** (einreichen) to hand in **2.** (übergeben) to hand over **3.** (an der Garderobe) to leave **4.** (verkaufen) to sell **5.** (Wärme, Feuchtigkeit) to give off **6.** (Erklärung, Urteil) to make ● jm etw abgeben to give sb sthg

abgebildet ['apɡəbɪldət] adj ● **wie abgebildet** as illustrated

abgekocht ['apɡəkɔxt] adj boiled

abgelaufen ['apɡəlaufn̩] adj **1.** (Pass) expired **2.** (Zeit) up, over

abgemacht ['apɡəmaxt] adj fixed

abgenutzt ['apɡənʊtst] adj worn out

abgepackt ['apɡəpakt] adj packed

abgeschlossen ['apɡəʃlɔsn̩] ◇ pp ➤ **abschließen** ◇ adj ● **abgeschlossene Berufsausbildung** German vocational qualification obtained after three years' study on a day-release basis

ab|gewöhnen ['apɡəvœːnən] vt ● **sich** (D) **etw abgewöhnen** to give up sthg

abgezählt ['apɡətsɛːlt] adj (Kleingeld) correct, exact

abhaken ['aphaːkn̩] vt to tick off

Abhang ['aphaŋ] (pl **-hänge**) der slope

ab|hängen ['aphɛŋən] ◇ vt **1.** (Anhänger) to unhitch **2.** (Verfolger) to shake off ◇ vi ● **abhängen von** to depend on ● **das hängt davon ab, ob ...** that depends on whether ...

abhängig ['aphɛŋɪç] adj (süchtig) addicted ● **abhängig sein von** (von Hilfe) to be dependent on; (von Bedingungen) to depend on

ab|heben ['apheːbn̩] ◇ vt (unreg) **1.** (Hörer) to pick up **2.** (Geld) to withdraw ◇ vi (unreg) (Flugzeug) to take off

ab|heften ['aphɛftn̩] vt to file

ab|holen ['aphoːlən] vt to collect

Abitur [abiˈtuːɐ̯] das ≈ **A levels** (UK), ≈ **SATs** (US)

The **Abitur**, colloquially known as the *Abi*, is the exam sat at the end of secondary school by students attending a *Gymnasium*. The certificate obtained on passing the exam is called the *Zeugnis der Allgemeinen Hochschulreife* and is needed to get into university. The subjects studied and the age at which the *Abitur* is taken vary from one *Bundesland* to another.

ab|klappern ['apklapɐn] *vt* to search

Ábkommen ['apkɔmən] (*pl inv*) *das* agreement

ab|kühlen ['apkyːlən] ◇ *vi* (*ist*) to cool down ◇ *vimp* ● **es kühlt ab** (*Wetter*) it's getting cooler

ab|kürzen ['apkʏrtsn] *vt* (*Wort*) to abbreviate ● **den Weg abkürzen** to take a short cut

Abkürzung ['apkʏrtsʊŋ] (*pl* **-en**) *die* 1. (*von Strecke*) short cut 2. (*von Wort*) abbreviation

ab|legen ['apleːgn] ◇ *vt* 1. (*Mantel*) to take off 2. (*Gewohnheit, Charakterzug*) to get rid of 3. (*Prüfung*) to take 4. (*Akten*) to file ◇ *vi* 1. (*Schiff*) to cast off 2. (*Person*) to take off one's coat/jacket

ab|lehnen ['apleːnən] *vt* 1. (*Vorschlag, Bitte*) to reject 2. (*Geschenk, Einladung*) to refuse 3. (*Person, Ansicht*) to disapprove of

ab|lenken ['aplɛŋkn] *vt* to distract

ab|lesen ['apleːzn] *vt* 1. (*Temperatur, Kilometerstand*) to read 2. (*Text*) to read out

ab|liefern ['apliːfɐn] *vt* to deliver

ab|lösen ['aplœːzn] *vt* 1. (*Etikett, Pflaster*) to peel off 2. (*Person*) to take over from ● **sich ablösen** *ref* 1. (*Personen*) to take turns 2. (*Tapete, Etikett*) to come off

ab|machen ['apmaxn] *vt* 1. (*entfernen*) to remove 2. (*vereinbaren*) to agree on, to fix ● **mit jm einen Termin abmachen** to make an appointment with sb

ab|melden ['apmɛldn] *vt* 1. (*Telefon*) to

have disconnected 2. (*Auto*) to take off the road 3. (*Person*) to cancel the membership of ● **sich abmelden** *ref* (*bei der Polizei*) to give notice that one is moving away

ab|montieren ['apmɔnˈtiːrən] *vt* ● **etw** (*von etw*) **abmontieren** to remove sthg (from sthg)

ab|nehmen ['apneːmən] ◇ *vt* (*unreg*) 1. (*Bild, Wäsche*) to take down 2. (*Brille, Hut*) to take off 3. (*Hörer*) to pick up 4. (*Fahrzeug, Maschine*) to inspect 5. (*amputieren*) to amputate 6. (*Blut*) to take ◇ *vi* (*unreg*) 1. (*Anzahl*) to decrease 2. (*an Gewicht*) to lose weight ● **jm etw abnehmen** (*Arbeit, Last*) to relieve sb of sthg; (*fam*) (*glauben*) to buy sthg from sb; (*abkaufen*) to buy sthg from sb ● **fünf Kilo abnehmen** to lose five kilos

Abonnement [abɔnəˈmãː] (*pl* **-s**) *das* 1. (*für Zeitung*) subscription 2. (*im Theater*) season ticket

abonnieren [abɔˈniːrən] *vt* to subscribe to

ab|raten ['apraːtn] *vi* (*unreg*) (+D) ● (*jm*) **von etw abraten** to advise (sb) against sthg

ab|räumen ['apˌrɔʏmən] *vt* 1. (*Tisch*) to clear 2. (*Geschirr*) to clear away

ab|reagieren ['apreagiːrən] *vt* (*Wut*) to take out ● **sich abreagieren** *ref* ● **sich an jm abreagieren** to take it out on sb

ab|rechnen ['apʀɛçnən] ◇ *vi* 1. (*mit Rechnung*) to settle up 2. (*fam*) (*sich rächen*) to get even ◇ *vt* (*subtrahieren*) to deduct

Abrechnung ['apʀɛçnʊŋ] (*pl* **-en**) *die* ● **die Abrechnung machen** to do the accounts

ab|reiben ['apraibn̩] *vt (unreg)* **1.** *(Fläche, Gegenstand)* to rub clean **2.** *(Schmutz)* to rub off

Abreise ['apraizə] *die* departure

ab|reisen ['apraizn̩] *vi* to depart

ab|reißen ['apraisn̩] ◇ *vt (unreg) (hat)* **1.** *(Pflaster, Zettel)* to tear off **2.** *(Haus)* to tear down ◇ *vi (unreg) (ist)* **1.** *(Seil)* to break **2.** *(Verbindung)* to end

ab|richten ['aprɪçtn̩] *vt* to train (*an animal*)

ab|runden ['aprʊndn̩] *vt* **1.** *(Zahl)* to round down **2.** *(Kante, Ecke)* to round off

abrupt [ap'rʊpt] ◇ *adj* abrupt ◇ *adv* abruptly

Abs. *abk* = Absender, Absatz

ab|sagen ['apza:gn̩] *vt & vi* to cancel ● **jm absagen** to tell sb one can't come

Absatz ['apzats] *der* **1.** *(vom Schuh)* heel **2.** *(im Text)* paragraph

ab|schalten ['apʃaltn̩] *vt & vi* to switch off

abscheulich [ap'ʃɔylɪç] *adj* disgusting

ab|schicken ['apʃɪkn̩] *vt* to post

ab|schieben ['apʃi:bn̩] *vt (unreg)* *(Flüchtling)* to deport

Abschied ['apʃi:t] *(pl* **-e)** *der* parting

Abschleppdienst ['apʃlɛpdi:nst] *(pl* **-e)** *der* (vehicle) recovery service

ab|schleppen ['apʃlɛpn̩] *vt* **1.** *(Auto)* to tow away **2.** *(fam) (aus Disco, von Party)* to pick up

Abschleppseil ['apʃlɛpzail] *(pl* **-e)** *das* towrope

Abschleppwagen ['apʃlɛpva:gn̩] *(pl* **inv)** *der* recovery vehicle

abschließbar ['apʃli:sba:ɐ̯] *adj (Schrank)* lockable

ab|schließen ['apʃli:sn̩] ◇ *vt (unreg)* **1.** *(Tür, Wohnung)* to lock **2.** *(beenden)* to complete **3.** *(Vertrag)* to conclude **4.** *(von Außenwelt)* to cut off ◇ *vi* to lock up

ab|schmecken ['apʃmɛkn̩] *vt* to season (according to taste)

ab|schminken ['apʃmɪŋkn̩] *vt* to remove the make-up from ◆ **sich abschminken** *ref* to remove one's make-up

ab|schneiden ['apʃnaidn̩] ◇ *vt (unreg)* to cut off ◇ *vi (unreg)* ● **gut/schlecht abschneiden** to do well/badly ● **jm/sich (D) etw abschneiden** to cut sthg off for sb/o.s.

Abschnitt ['apʃnɪt] *(pl* **-e)** *der* **1.** *(von Eintrittskarte, Ticket)* stub **2.** *(im Text; von Strecke)* section **3.** *(Zeitraum)* period

ab|schrauben ['apʃraubn̩] *vt* to unscrew

absehbar ['apze:ba:ɐ̯] *adj* foreseeable ● **in absehbarer Zeit** in the foreseeable future

abseits ['apzaits] *adv* SPORT offside ● **abseits stehen** *(entfernt)* to stand a little way away

Absender ['apzɛndɐ] *(pl* **inv)** *der* **1.** *(auf Brief)* sender's name and address **2.** *(Person)* sender

ab|setzen ['apzɛtsn̩] *vt* **1.** *(Hut, Brille, Theaterstück)* to take off **2.** *(Tasche, Glas)* to put down **3.** *(Mitfahrer)* to drop off **4.** *(Medikament)* to come off **5.** *(von der Steuer)* to deduct ◆ **sich absetzen** *ref* **1.** *(Kalk, Schlamm)* to be deposited, to build up **2.** *(fam) (fliehen)* to take off

ab|sichern ['apzɪçɐn] *vt* to make safe ◆ **sich absichern** *ref* to make o.s. safe

Absicht ['apzɪçt] *(pl* **-en)** *die* intention ● **mit Absicht** intentionally, on purpose

absichtlich ['apzɪçtlɪç] ◇ *adj* intentional ◇ *adv* intentionally, on purpose

absolut [apzo'lu:t] ◇ *adj* absolute ◇ *adv* completely

ab|sperren ['apʃpɛrən] ◇ *vt* **1.** *(Straße)* to block off **2.** *(Tür, Wohnung)* to lock up ◇ *vi* to lock up

Absperrung ['apʃpɛruŋ] *(pl* **-en)** *die* barrier

ab|sprechen ['apʃprɛçn̩] *vt (unreg)* to agree on ● **absprechen mit** to arrange with ◆ **sich absprechen** *ref* to come to an agreement

Abstand ['apʃtant] *(pl* **-stände)** *der* **1.** *(räumlich)* distance **2.** *(zeitlich)* interval **3.** *(innere Distanz)* reserve ● **mit Abstand** by far ● **Abstand halten** to keep one's distance

Abstecher ['apʃtɛçɐ] *(pl inv)* der detour ● **einen Abstecher machen** to make a detour

ab|stellen ['apʃtɛlən] *vt* **1.** *(Gerät)* to turn off **2.** *(Fahrrad, Auto)* to put **3.** *(Tasche, Tablett)* to put down **4.** *(Missstand, Problem)* to put an end to

Abstellraum ['apʃtɛlraum] *(pl* **-räume)** *der* storage room

Abstieg ['apʃti:k] *der* **1.** *(ins Tal)* descent **2.** *(SPORT)* relegation

ab|stimmen ['apʃtɪmən] ◇ *vi* to vote ◇ *vt* ● **etw auf etw** *(+A)* **abstimmen** to adapt sthg to sthg ● **abstimmen über** *(+A)* to vote on

Abstimmung ['apʃtɪmuŋ] *(pl* **-en)** *die (Wahl)* ballot

abstrakt [ap'strakt] *adj* abstract

ab|streiten ['apʃtraitn̩] *vt (unreg)* to deny

ab|stürzen ['apʃtʏrtsn̩] *vi (ist)* to crash

absurd [ap'zʊrt] *adj* absurd

Abt. *(abk für Abteilung)* dept.

Abtei [ap'tai] *(pl* **-en)** *die* abbey

Abteil [ap'tail] *(pl* **-e)** *das (im Zug)* compartment

Abteilung [ap'tailuŋ] *(pl* **-en)** *die (in Firma, Kaufhaus)* department

Abtreibung ['aptraibuŋ] *(pl* **-en)** *die* abortion

ab|trocknen ['aptrɔknən] *vt* to dry ● **sich** *(D)* **die Hände abtrocknen** to dry one's hands ◆ **sich abtrocknen** *ref* to dry o.s.

abwärts ['apvɛrts] *adv* downwards

Abwasch ['apvaʃ] *der* washing-up

ab|waschen ['apvaʃn̩] *vt (unreg)* **1.** *(Geschirr, Kacheln)* to wash **2.** *(Schmutz)* to wash off ◇ *vi (unreg)* to wash up *(UK)*, to wash the dishes *(US)*

Abwasser ['apvasɐ] *(pl* **-wässer)** *das* **1.** *(häuslich)* sewage **2.** *(industriell)* effluent

ab|wechseln ['apvɛksl̩n] ◆ **sich abwechseln** *ref* **1.** *(Personen)* to take turns **2.** *(Zustände, Landschaften)* to alternate

abwechselnd ['apvɛksl̩nt] *adv* alternately

Abwechslung ['apvɛkslʊŋ] *die* change

abweisend ['apvaiznt] *adj* unfriendly

ab|werten ['apve:ɐtn̩] *vt* **1.** *(Person, Idee)* to belittle **2.** *(Währung)* to devalue

Abwertung ['apve:ɐtuŋ] *(pl* **-en)** *die (von Währung)* devaluation

abwesend ['apve:znt] ◇ *adj* absent ◇ *adv* absently

ab|wickeln ['apvɪkl̩n] *vt (Schnur)* to unwind

ab|wischen ['apvɪʃn̩] *vt* **1.** *(Tisch)* to wipe **2.** *(Schmutz)* to wipe off

Abzeichen ['aptsaiçn̩] *(pl inv)* das badge

ab|ziehen ['aptsi:ən] ◇ *vt (unreg)* **1.** *(Hülle)* to take off **2.** *(Bett)* to strip **3.**

(Stimme, Anzahl) to take away **4.** *(kopieren)* to copy **5.** *(Foto)* to print ◇ *vi (unreg)* **1.** *(Rauch)* to clear **2.** *(fam) (weggehen)* to clear off

Abzug ['aptsuːk] *(pl -züge) der (Foto)* print

abzüglich ['aptsyːklɪç] *präp (+G)* minus ● abzüglich 15% Skonto less a 15% discount

Abzweigung ['aptsvaɪɡʊŋ] *(pl -en) die* turning

ach [ax] *interj* oh! ● ach ja! oh, yes! ● ach so! (oh,) I see!

Achse ['aksə] *(pl -n) die AUTO* axle

Achsel [aksl] *(pl -n) die* armpit

acht ['axt] *numr* eight ➤ sechs

Acht ['axt] ● Acht geben to take care

achte, r, s ['axtə] *adj* eighth ➤ sechste

Achtel ['axtl] *(pl inv) das* eighth

achten ['axtŋ] ◇ *vt* to respect ◇ *vi* ● achten auf *(+A) (sich konzentrieren auf)* to pay attention to; *(aufpassen auf)* to look after

Achterbahn ['axtʊbaːn] *(pl -en) die* roller coaster

Achtung ['axtʊŋ] ◇ *die (Respekt)* respect ◇ *interj* look out! ● alle Achtung! well done!

achtzehn ['axtseːn] *numr* eighteen ➤ sechs

achtzig ['axtsɪç] *numr* eighty ➤ sechs

Acker ['akʊ] *(pl Äcker) der* field

ADAC [aːdeːaːˈtseː] *der ≃* AA (UK), ≃ AAA (US)

Adapter [a'daptɐ] *(pl inv) der* adapter

addieren [a'diːrən] *vt & vi* to add

ade [a'deː] *interj* cheerio!

Ader ['aːdɐ] *(pl -n) die* vein

Adler ['aːdlɐ] *(pl inv) der* eagle

adoptieren [adɔp'tiːrən] *vt* to adopt

Adoptivkind [adɔp'tiːfkɪnt] *(pl -er) das* adopted child

Adressbuch [a'drɛsbuːx] *(pl -bücher) das* **1.** *(persönlich)* address book **2.** *(von Stadt)* (local address) directory

Adresse [a'drɛsə] *(pl -n) die* address

Adresse

Wenn man in einem Gespräch nach seiner Adresse gefragt wird, gibt man sie so an, wie man sie auch geschrieben wird, bei einer Adresse in Großbritannien oder den USA also erst die Hausnummer und die Straße, dann die Stadt und die Postleitzahl – in dieser Reihenfolge. Die Telefonnummer wird Ziffer für Ziffer genannt, mit einer Pause zwischen Vorwahl und Rufnummer; die Null heißt in Großbritannien *oh* und in den USA *zero*. Die Nummer *0207 354 1716* wird also zu *oh-two-oh-seven (zero-two-zero-seven)* in den USA) *three-five-four one-seven-one-six*. Bei der E-Mail-Adresse sagt man *dot* für einen Punkt und *at* für das @.

Advent [at'vɛnt] *der* Advent

Adventskranz [at'vɛntskrants] *(pl -kränze) der* Advent wreath

Aerobic [ɛˈroːbik] *das* aerobics *sg*

Affäre [a'fɛːrə] *(pl -n) die* affair

Affe [afə] *(pl -n) der* **1.** *(klein)* monkey **2.** *(groß)* ape

Afrika ['aːfrika] *nt* Africa

Afrikaner, in ['aːfrikaːnɐ] *(mpl inv) der, die* African

afrikanisch [afri'ka:nɪʃ] *adj* African

After ['aftɐ] (*pl inv*) *der* anus

AG [a:'ge:] (*pl -s*) *die* ≈ plc (*UK*), ≈ corp. (*US*)

aggressiv [agre'si:f] ◇ *adj* aggressive ◇ *adv* aggressively

Ägypten [ɛgʏptn] *nt* Egypt

ah [a:] *interj* oh! ● **ah so!** (oh), I see! ● **ah ja!** (oh,) I see!

ähneln ['ɛːnəln] *vi (+D)* to be similar to, to be like

ähnlich ['ɛːnlɪç] ◇ *adj* similar ◇ *adv* similarly ● **jm/etw ähnlich sein** to be similar to sb/sthg ● **jm/etw ähnlich sehen** to look like sb/sthg

Ähnlichkeit ['ɛːnlɪçkaɪt] (*pl -en*) *die* similarity

Ahnung ['a:nʊŋ] (*pl -en*) *die (Vorgefühl)* feeling ● **keine Ahnung!** no idea!

ahnungslos ['a:nʊŋslo:s] ◇ *adj* unsuspecting ◇ *adv* unsuspectingly

Aids ['eɪdz] *nt* AIDS

Aids-Handschuh ['aɪtshantʃu:] (*pl -e*) *der* surgical glove

Airbag ['ɛːɐbɛk] (*pl -s*) *der* airbag

Akkordeon [a'kɔrdeɔn] (*pl -s*) *das* accordion

Akku ['aku] (*pl -s*) *der* (rechargeable) battery

Akkusativ ['akuzati:f] (*pl -e*) *der* accusative

Akne ['aknə] *die* acne

Akt [akt] (*pl -e*) *der* **1.** *(Handlung, von Drama)* act **2.** *(Bild)* nude **3.** *(Zeremonie)* ceremony

Akte ['aktə] (*pl -n*) *die* file

Aktenkoffer ['aktnkɔfɐ] (*pl inv*) *der* attaché case

Aktie ['aktsiə] (*pl -n*) *die* share

Aktiengesellschaft ['aktsiəngəzɛlʃaft] (*pl -en*) *die* public limited company (*UK*), corporation (*US*)

aktiv [ak'ti:f] ◇ *adj* active ◇ *adv* actively

aktuell [ak'tuɛl] *adj* **1.** *(modisch)* fashionable **2.** *(Thema, Problem)* current **3.** *(Theaterstück, Buch)* topical

Akustik [a'kʊstɪk] *die* acoustics *pl*

Akzent [ak'tsɛnt] (*pl -e*) *der* accent

Alarm [a'larm] *der* alarm ● **Alarm schlagen** to raise the alarm

Alarmanlage [a'larmanla:gə] (*pl -n*) *die* **1.** *(von Gebäude)* burglar alarm **2.** *(von Auto)* car alarm

albern ['albɐn] ◇ *adj* silly ◇ *adv* in a silly way

Albtraum ['alptraum] (*pl -träume*) *der* nightmare

alias ['a:lias] *adv* alias

Alkohol ['alkoho:l] *der* alcohol

alkoholarm [alko'ho:larm] *adj* low-alcohol

alkoholfrei [alko'ho:lfrai] *adj* alcohol-free

Alkoholiker, in [alko'ho:likɐ] (*mpl inv*) *der, die* alcoholic

alkoholisch [alko'ho:lɪʃ] *adj* alcoholic

alkoholkrank [alko'ho:lkraŋk] *adj* alcoholic

all [al] *det* all (of) ● **all das Warten hat mich müde gemacht** all this waiting has made me tired

All [al] *das* space

alle, r, s ['alə] ◇ *det* **1.** *(sämtliche)* all ● **alle Kleider** all the clothes ● **alle beide** both ● **alles Gute!** all the best! **2.** *(völlig)* all ● **in aller Ruhe** in peace **3.** *(jede)* all ● **Getränke aller Art** all kinds of drinks **4.** *(im Abstand*

von) every ● **alle 50 Meter** every 50 metres ● **alle zwei Wochen** every two weeks
◇ *pron* all ● **das ist alles** that's all ● **alle sind da** everyone's here ● **trotz allem** in spite of everything ● **vor allem** above all
◇ *adj (fam)* ● **die Butter ist alle** there's no more butter

Allee [a'le:] *(pl -n) die* avenue

allein [a'lain] ◇ *adj* **1.** *(ohne andere)* alone **2.** *(einsam)* lonely ◇ *adv* **1.** *(ohne andere)* alone **2.** *(einsam)* alone **3.** *(selbstständig)* on one's own **4.** *(nur)* only ● **von allein** by oneself/itself

allein erziehend [a'lainɛɐ'tsi:ənt] *adj* single *(parent)*

Alleingang [a'laingaŋ] *(pl -gänge) der* single-handed effort ● **im Alleingang** single-handedly

allein stehend [a'lain'ʃte:ənt] *adj* **1.** *(Person)* single **2.** *(Haus)* detached

allemal [alə'ma:l] *adv (sicher)* definitely

allenfalls [alən'fals] *adv* at most

allerdings [alɐ'dɪŋs] *adv* **1.** *(aber)* though **2.** *(ja)* certainly

allererste, r, s [alɐ'e:ɐstə] *adj* very first

Allergie [alɐ'gi:] *(pl -n) die* MED allergy

allergisch [a'lɛrgɪʃ] ◇ *adj* allergic ◇ *adv* allergically ● **allergisch gegen (+A)** allergic to

allerhand [alɐ'hant] *pron* all sorts of things

Allerheiligen [alɐ'hailɪgn] *nt* All Saints' Day

alles ['aləs] *pron* ➢ **alle**

Alleskleber ['aləskle:bɐ] *(pl inv) der* all-purpose glue

allgemein [algə'main] ◇ *adj* **1.** *(allen gemeinsam, unspezifisch)* general **2.** *(alle*

betreffend) universal ◇ *adv* generally ● **im Allgemeinen** in general

alljährlich [al'jɛɐlɪç] ◇ *adj* annual ◇ *adv* annually

allmählich [al'mɛ:lɪç] ◇ *adj* gradual ◇ *adv* gradually

Alltag ['alta:k] *der (Normalität)* everyday life

alltäglich [al'tɛ:klɪç] *adj* everyday

allzu ['altsu:] *adv* far too ● **allzu sehr** far too much

Allzweckreiniger ['altsvɛkrainiːgɐ] *(pl inv) der* multi-purpose cleaner

Alm [alm] *(pl -en) die* mountain pasture

Alpen ['alpn] *pl* ● **die Alpen** the Alps

Alpenverein ['alpnfɛɐlain] *der* organization which promotes study of the Alps and organizes mountain hikes etc

Alpenvorland ['alpnfo:ɐlant] *das* foothills of the Alps

alphabetisch [alfa'be:tɪʃ] ◇ *adj* alphabetical ◇ *adv* alphabetically

alpin [al'pi:n] *adj* alpine

Alptraum ['alptraum] *der* = **Albtraum**

als [als] *konj* **1.** *(zeitlich)* when; *(während)* as ● **als es dunkel wurde** when it got dark ● **erst als** only when **2.** *(vergleichend)* than ● **sie ist besser als ihr Bruder** she is better than her brother ● **der Wein ist besser, als ich dachte** the wine is better than I thought it would be ● **mehr als** more than **3.** *(Angabe von Vermutung)* as if ● **als ob** as if ● **es sieht so aus, als würde es bald regnen** it looks like it's going to rain soon **4.** *(Angabe von Urteil, Zweck)* as ● **ich verstehe es als Kompliment** I take it as a compliment **5.** *(Angabe von Identität)* as ● **als Kind** as a child

also ['alzo] ◇ *interj* well ◇ *konj* **1.** *(das heißt)* in other words **2.** *(demnach)* so ● *adv (demnach)* so ● **also dann** all right then ● **also nein!** no!

Alsterwasser ['alstevasɐ] *(pl inv)* das shandy

alt [alt] *(komp* **älter**, *superl* **älteste)** *adj* old ● **wie alt bist du?** how old are you? ● **zwei Jahre älter** two years older ● **12 Jahre alt** 12 years old

Alt[1] [alt] *(pl inv)* das *(Bier)* type of dark, German beer

Alt[2] [alt] *(pl -e)* der MUS alto

Altar [al'taːɐ] *(pl* **Altäre)** der altar

Altbier ['altbiːɐ] *(pl inv)* das type of dark, German beer

Altenheim ['altnhaim] *(pl -e)* das old people's home

Alter ['altɐ] das **1.** *(Lebensalter)* age **2.** *(hohes Alter)* old age ● **im Alter von** at the age of

alternativ [alternaˈtiːf] *adj* alternative

Alternative [alternaˈtiːvə] *(pl -n)* die alternative

Altersgrenze ['altɐsgrɛntsə] *(pl -n)* die **1.** *(allgemein)* age limit **2.** *(für Rente)* retirement age

Altglas ['altglas] das glass for recycling

altmodisch ['altmoːdɪʃ] *adj* old-fashioned

Altpapier ['altpapiːɐ] das paper for recycling ● **aus Altpapier** made from recycled paper

Altstadt ['altʃtat] die old town

Alufolie ['aluˌfoːliə] die tinfoil

Aluminium [aluˈmiːniɔm] das aluminium

am [am] *präp* ● **am besten gehen wir zu Fuß** it would be best if we walked ● **das gefällt mir am besten** I like this one

best ● **wie kommt man am besten nach Köln?** what's the best way of getting to Cologne? ● **am Abend** in the evening ● **am Flughafen** at the airport ● **am Freitag** on Friday ● **am Meer** by the sea ➤ **an dem**

Amateur, in [amaˈtøːɐ] *(mpl -e)* der, die amateur

Ambulanz [ambuˈlants] *(pl -en)* die **1.** *(Krankenwagen)* ambulance **2.** *(im Krankenhaus)* outpatients (department)

Ameise ['aːmaizə] *(pl -n)* die ant

amen ['aːmɛn] *interj* amen

Amerika [aˈmeːrika] nt America

Amerikaner, in [ameriˈkaːnɐ] *(mpl inv)* der, die American

amerikanisch [ameriˈkaːnɪʃ] *adj* American

Ampel ['ampl] *(pl -n)* die *(im Verkehr)* traffic lights *pl*

Amphitheater [amfiˈteːatɐ] *(pl inv)* das amphitheatre

Amt [amt] *(pl* **Ämter)** das **1.** *(Behörde)* department **2.** *(Gebäude, Posten)* office

amtlich ['amtlɪç] *adj* official

amüsieren [amyˈziːrən] *vt* to amuse ● **sich amüsieren** *ref* to amuse o.s.

Amüsierviertel [amyˈziːɐfɪrtl] *(pl inv)* das area with a lot of bars, restaurants etc

an [an]
◇ *präp (+A)* **1.** *(räumlich)* to ● **sich an den Tisch setzen** to sit down at the table ● **etw an die Wand lehnen** to lean sthg against the wall ● **an Münster 13.45 Uhr** arriving at Münster at 13.45 p.m. *(mit Verb)* ● **an jn/etw denken** to think about sb/sthg ● **sich an jn/etw erinnern** to remember sb/sthg **3.** *(fast)* ● **an die 30 Grad** nearly 30 degrees

◇ **präp** (+D) **1.** *(räumlich)* at ● **am Tisch sitzen** to be sitting at the table ● **am See** by the lake ● **an der Wand** on the wall ● **an der Hauptstraße** on the main road ● **der Ort, an dem wir gepicknickt haben** the place where we had a picnic **2.** *(zeitlich)* on ● **am Freitag** on Friday ● **an diesem Tag** on that day **3.** *(mit Hilfe von)* with ● **am Stock gehen** to walk with a stick ● **jn an der Stimme erkennen** to recognize sb by their voice **4.** *(an einer Institution)* at ● **Lehrer an einem Gymnasium** teacher at a grammar school **5.** *(von)* ● **genug an Beweisen haben** to have enough proof ◇ **adv 1.** *(ein)* on ● **Licht an!** turn the light on! ● **an - aus** on-off **2.** *(ab)* ● **von jetzt an** from now on ● **von heute an** from today

Analyse [ana'ly:zə] *(pl* **-n)** *die* analysis

analysieren [analy'zi:rən] *vt* to analyse

Ananas ['ananas] *(pl inv) die* pineapple

Anbau¹ ['anbau] *der (von Pflanzen)* cultivation

Anbau² ['anbau] *(pl* **-ten)** *der (Gebäude)* extension

an|bieten ['anbi:tn] *vt (unreg)* to offer ● **darf ich Ihnen etwas anbieten?** may I offer you something to eat/drink?

an|braten ['anbra:tn] *vt (unreg)* to brown

an|brechen ['anbrɛçn] ◇ *vt (unreg) (Packung)* to open ◇ *vi (unreg)* **1.** *(Tag)* to dawn **2.** *(Nacht)* to fall

an|brennen ['anbrɛnən] *vi (unreg) (Speisen)* to burn ● **etw anbrennen lassen** to burn sthg

an|bringen ['anbrɪŋən] *vt (unreg)* **1.** *(Schild, Regal)* to fix, to attach **2.** *(fam) (mitbringen)* to bring home

an|dauern ['andauən] *vi* to continue, to go on

Andenken ['andɛŋkn] *(pl inv) das* **1.** *(Souvenir)* souvenir **2.** *(Erinnerung)* memory

andere, r, s ['andərə] ◇ *adj* **1.** *(unterschiedlich)* different **2.** *(weitere)* other ◇ *pron* ● **der/die/das andere** the other one ● **die anderen** the others ● **eine andere/ein anderer** *(Ding)* a different one; *(Person)* someone else ● **etwas anderes** something else ● **niemand anderes** nobody else ● **ich habe noch zwei andere** I have two others ● **unter anderem** among other things

ändern ['ɛndɐn] *vt* **1.** to change **2.** *(Kleid)* to alter ◆ **sich ändern** *ref* to change

anders ['andɐs] ◇ *adj* different ◇ *adv (andersartig)* differently ● **wer/wo anders?** who/where else? ● **anders als** differently from ● **irgendwo anders** somewhere else ● **jemand anders** someone else

andersherum ['andɐshɛrom] *adv* the other way round

anderswo ['andɐsvo:] *adv (fam)* somewhere else

anderthalb [andɐt'halp] *numr* one and a half

Änderung ['ɛndəroŋ] *(pl* **-en)** *die* change ● **Änderungen vorbehalten** subject to alteration

Änderungsschneiderei ['ɛndəroŋsʃnaidəraɪ] *(pl* **-en)** *die* tailor's that does alterations

an|deuten ['andɔytn] *vt* to hint at

Andorra [an'dɔra] *nt* Andorra

aneinander ['anlainandɐ] *adv* **1.** *(drücken, befestigen)* together **2.** *(grenzen, stoßen)* one another ● **aneinander denken** to think about one another ● **sich aneinander gewöhnen** to get used to each other

Anfahrt ['anfaːɐ̯t] (*pl* **-en**) *die* journey there

Anfang ['anfaŋ] (*pl* **-fänge**) *der* beginning, start ● **am Anfang** at the beginning ● **Anfang Oktober** at the beginning of October

an|fangen ['anfaŋən] *vi* (*unreg*) to begin, to start ● **mit etw anfangen** to start sthg, to begin sthg

Anfänger, in ['anfɛŋɐ] (*mpl inv*) *der, die* beginner

anfangs ['anfaŋs] *adv* at first

an|fassen ['anfasn] *vt* (*berühren*) to touch

Anflug ['anfluːk] (*pl* **-flüge**) *der* (*von Flugzeug*) descent, approach

an|fordern ['anfɔrdɐn] *vt* **1.** (*Hilfe, Gutachten*) to ask for **2.** (*per Post*) to send off for

Anforderung ['anfɔrdərʊŋ] (*pl* **-en**) *die* (*Erwartung*) requirement ● **hohe Anforderungen** heavy demands

Anfrage ['anfraːgə] (*pl* **-n**) *die* (*amt*) enquiry

an|fühlen ['anfyːlən] ● **sich anfühlen** *ref* ● **sich weich/gut anfühlen** to feel soft/good

an|führen ['anfyːrən] *vt* (*leiten*) to lead

Anführungszeichen ['anfyːrʊŋstsaɪçn] *pl* inverted commas ● **in Anführungszeichen** in inverted commas

Angabe ['angaːbə] (*pl* **-n**) *die* (*Information*) detail ● **nähere Angaben** further details ● **technische Angaben** specifications

an|geben ['angeːbn] *vt* (*unreg*) **1.** (*Na-*

men, Quellen) to give **2.** (*Tempo, Ton*) to set

angeblich [angeːplɪç] ◇ *adj* alleged ◇ *adv* allegedly

angeboren ['angəboːrən] *adj* innate

Angebot ['angəboːt] (*pl* **-e**) *das* **1.** (*Anbieten*) offer **2.** (*an Waren*) selection **3.** (*Sonderangebot*) special offer

an|gehen ['angeːən] *vt* (*unreg*) ● **jn nichts angehen** to be none of sb's business

Angehörige ['angəhøːrɪgə] (*pl* **-n**) *der, die* **1.** (*in Familie*) relative **2.** (*von Firma, Gruppe*) member

Angel ['aŋl] (*pl* **-n**) *die* (*zum Fischen*) fishing rod

Angelegenheit ['angəleːgnhaɪt] (*pl* **-en**) *die* matter, affair

angeln ['aŋln] ◇ *vt* (*fischen*) to catch ◇ *vi* to fish

Angelschein ['aŋlʃaɪn] (*pl* **-e**) *der* fishing permit

angenehm ['angəneːm] ◇ *adj* pleasant ◇ *adv* pleasantly ◇ *interj* pleased to meet you!

angesichts ['angəzɪçts] *präp* (+*G*) in view of

angespannt ['angəʃpant] *adj* **1.** (*Aufmerksamkeit*) close **2.** (*konfliktgeladen*) tense

Angestellte ['angəʃtɛltə] (*pl* **-n**) *der, die* employee

angestrengt ['angəʃtrɛŋt] ◇ *adv* (*nachdenken*) intently ◇ *adj* (*Gesichtsausdruck*) intent

angetrunken ['angətrʊŋkn] *adj* slightly drunk

an|gewöhnen ['angəvøːnən] *vt* ● **sich** (*D*) **etw angewöhnen** to get into the habit of sthg

Angewohnheit ['angəvo:nhait] (*pl* **-en**) *die* habit

Angora [aŋ'go:ra] *nt* angora

an|greifen ['angraifn̩] *vt* & *vi* (*unreg*) to attack

Angst [aŋst] (*pl* **Ängste**) *die* fear • Angst haben vor (+*D*) to be afraid of • jm Angst machen to scare sb

ängstlich ['εŋstlɪç] ◇ *adj* 1. (*Mensch, Tier*) easily frightened 2. (*Verhalten, Blick*) frightened ◇ *adv* (*blicken, reagieren*) frightenedly

an|haben ['anhabn̩] *vt* (*unreg*) (*Hose, Schuhe*) to be wearing • jm nichts anhaben können to be unable to harm sb

an|halten ['anhaltn̩] ◇ *vi* (*unreg*) 1. (*stoppen*) to stop 2. (*andauern*) to last ◇ *vt* (*unreg*) to stop

Anhalter, in ['anhaltɐ] (*mpl inv*) *der, die* hitchhiker • per Anhalter fahren ODER reisen to hitchhike

Anhaltspunkt ['anhaltspʊŋkt] (*pl* **-e**) *der* clue

an|hängen ['anhεŋən] *vt* 1. (*Anhänger*) to hook up 2. (*hinzufügen*) to add 3. (*unterschieben*) • jm etw anhängen to pin sthg on sb

Anhänger ['anhεŋɐ] (*pl inv*) *der* 1. (*Wagen*) trailer 2. (*Schmuck*) pendant 3. (*von Partei, Ideologie*) supporter

Anhängerkupplung ['anhεŋɐkʊplʊŋ] (*pl* **-en**) *die* tow hook

anhänglich ['anhεŋlɪç] *adj* affectionate

Anhieb ['anhi:p] *der* • auf Anhieb first time, straight off

an|hören ['anhø:ran] *vt* (*Musikstück, Kassette*) to listen to • sich anhören *ref* to sound • sich gut/schlecht anhören to sound good/bad

Anker ['aŋkɐ] (*pl inv*) *der* anchor

an|kleben ['ankle:bn̩] *vt* to stick

Ankleidekabine ['anklaidəkabi:nə] (*pl* **-n**) *die* (*changing*) cubicle

an|kommen ['ankɔmən] *vi* (*unreg*) (*ist*) 1. (*Zug, Reisende, Brief*) to arrive 2. (*gefallen*) to go down well • ankommen auf (+*A*) to depend on • das kommt darauf an it depends

an|kreuzen ['ankrɔytsn̩] *vt* to mark with a cross

an|kündigen ['ankʏndɪgn̩] *vt* (*Kursus, Vortrag*) to announce • sich ankündigen *ref* to announce itself • es hat sich Besuch angekündigt we're expecting visitors

Ankunft ['ankʊnft] *die* arrival

Anlage ['anla:gə] (*pl* **-n**) *die* 1. (*Gelände*) park 2. TECH (*production*) line

an|lassen ['anlasn̩] *vt* (*unreg*) 1. (*Motor*) to start up 2. (*Kleidung, Licht, Apparat*) to leave on

Anlasser ['anlasɐ] (*pl inv*) *der* starter

Anlauf ['anlauf] (*pl* **-läufe**) *der* 1. SPORT run-up 2. (*Versuch*) attempt

an|laufen ['anlaufn̩] ◇ *vi* (*unreg*) (*ist*) 1. (*Motor, Aktion*) to start 2. (*Brille, Spiegel*) to mist up ◇ *vt* (*unreg*) (*Hafen*) to call at

an|legen ['anle:gn̩] ◇ *vt* 1. (*Liste, Register*) to draw up 2. (*Geld*) to invest 3. (*Schmuck, Verband*) to put on 4. (*Garten*) to lay out ◇ *vi* (*Schiff*) to dock • es darauf anlegen, etw zu tun to intend to do sthg • sich anlegen *ref* • sich mit jm anlegen to pick a fight with sb

Anlegestelle ['anle:gəʃtεlə] (*pl* **-n**) *die* mooring

Anleitung ['anlaitʊŋ] (*pl* **-en**) *die* 1. (*Hinweis*) instruction 2. (*Text*) instructions *pl*

Anlieger, in ['anli:gɐ] *(mpl inv) der, die* ▼ **Anlieger frei** residents only

an|machen ['anmaxn] *vt* 1. *(Licht, Gerät)* to turn on 2. *(fam) (Person)* to chat up *(UK)*, to hit on *(US)* 3. *(Salat)* to dress

an|melden ['anmɛldn] *vt* 1. *(beim Arzt usw)* to make an appointment for 2. *(Fernseher, Auto)* to register ♦ **sich anmelden** *ref* to register ♦ **sich anmelden zu** to enrol for

Anmeldung ['anmɛldʊŋ] *(pl -en) die* 1. *(amtlich)* registration 2. *(beim Arzt)* appointment 3. *(Rezeption)* reception

Anmietung ['anmi:tʊŋ] *die* hire *(UK)*, rental *(US)*

an|nähen ['annɛːən] *vt* to sew on

annähernd ['annɛːɐnt] *adv* nearly

Annahme ['anna:mə] *(pl -n) die* 1. *(von Brief, Paket)* receipt 2. *(Vermutung)* assumption ▼ **keine Annahme von 50 Pfennig-Stücken** this machine does not accept 50 Pfennig coins

an|nehmen ['anne:mən] *vt (unreg)* 1. *(vermuten)* to assume 2. *(entgegennehmen, akzeptieren)* to accept 3. *(Form)* to assume ♦ **annehmen, dass** to assume (that)

Annonce [a'nɔŋsə] *(pl -n)* die classified advertisement

Anorak ['anorak] *(pl -s) der* anorak

an|packen ['anpakn] *vt* 1. *(berühren)* to seize 2. *(fam) (bewältigen)* to tackle

an|passen ['anpasn] *vt* ♦ **etw an etw** (D) **anpassen** to adapt sthg to sthg ♦ **sich anpassen** *ref* to adapt

Anpassung ['anpasʊŋ] *die* adaptation

an|probieren ['anprobi:rən] *vt* to try on

Anrede ['anre:də] *die* form of address

an|regen ['anre:gn] ♢ *vt* 1. *(Aktion)* to initiate 2. *(Verdauung, Fantasie)* to stimu-

late ◇ *vi (Tee, Kaffee)* to act as a stimulant

Anregung ['anre:gʊŋ] *(pl -en) die* 1. *(Hinweis)* suggestion 2. *(Aktivierung)* stimulation

an|richten ['anrɪçtn] *vt* 1. *(Salat, Büfett)* to arrange 2. *(Chaos, Schaden)* to cause

Anruf ['anru:f] *(pl -e) der* (phone) call

Anrufbeantworter ['anru:fbəantvɔrtɐ] *(pl inv) der* answerphone

an|rufen ['anru:fn] *vt & vi (unreg) (per Telefon)* to ring, to call

Ansage ['anza:gə] *(pl -n) die* announcement

an|schaffen ['anʃafn] *vt (kaufen)* to buy

an|schauen ['anʃauən] *vt* to look at ♦ **sich** (D) **etw anschauen** to look at sthg

Anschein ['anʃain] *der* appearance ♦ **es hat den Anschein, dass** it appears that

anscheinend [an'ʃainənt] *adv* apparently

an|schieben ['anʃi:bn] *vt (unreg)* to push start

Anschlag ['anʃla:k] *(pl -schläge) der* 1. *(Bekanntmachung)* notice 2. *(Attentat)* assassination attempt

an|schließen ['anʃli:sn] *vt (unreg)* 1. *(Elektrogerät)* to plug in 2. *(Telefon)* to connect 3. *(mit Schlüssel)* to lock ♦ **sich anschließen** *ref (einer Meinung)* to agree ♦ **sich jm anschließen** *(Gruppe)* to join sb

anschließend ['anʃli:snt] *adv* afterwards

Anschluss ['anʃlʊs] *(pl -schlüsse) der* 1. connection 2. *(Telefonapparat)* extension 3. *(zu Personen)* ♦ **Anschluss finden** to make friends ♦ **kein Anschluss unter dieser Nummer!** the number you have dialled has not been recognized ♦ **Sie haben Anschluss nach Basel, 15.39 Uhr**

there is a connection to Basel at 15:39

Anschlussflug ['anʃlʊsfluːk] (*pl* **-flüge**) *der* connecting flight

an|schnallen ['anʃnalən] *vt* to put on ◆ **sich anschnallen** *ref* to fasten one's seatbelt

Anschrift ['anʃrɪft] (*pl* **-en**) *die* address

Anschrift des Empfängers

Bei Geschäftsbriefen nennt man den Empfänger auf dem Umschlag oder im Briefkopf mit Anrede bzw. Titel (*Mr, Mrs, Ms, Dr, Professor*), Vor- und Zunamen; bei persönlichen Briefen kann man Anrede bzw. Titel weglassen. Namen von Unternehmen und anderen Institutionen werden ausgeschrieben. Wohnungs- und Hausnummern kommen vor der Straße, z. B. *Flat 4, 23 Hereford Road*; gebräuchliche Abkürzungen sind *Rd* (*Road*), *St* (*Street*), *Ave* (*Avenue*), *Terr* (*Terrace*), *Gdns* (*Gardens*), *Sq* (*Square*). Auf die Stadt folgt in der nächsten Zeile die *County* bzw. in den USA der Bundesstaat; für viele britische *Countys* werden Abkürzungen verwendet, z. B. *N Yorks* für *North Yorkshire*. Die Postleitzahl steht nach dem *County* oder dem Staat: *Burke, Absatz, Virginia 22051, Absatz, USA*. Am Ende jeder Zeile ein Komma oder einen Punkt zu setzen ist heute nicht mehr üblich.

an|schwellen ['anʃvɛlən] *vi* (*unreg*) (*ist*) **1.** (*Körperteil*) to swell **2.** (*Gewässer*) to rise

an|sehen ['anzeːən] *vt* (*unreg*) to look at ◆ **sich (D) etw ansehen** (*Film, Programm*) to watch sthg; (*Stadt, Gebäude*) to look round sthg; (*prüfend*) to look at sthg

an sein [anzaɪn] *vi* (*unreg*) (*ist*) to be on

an|setzen ['anzɛtsn] *vt* **1.** (*Bowle, Teig*) to prepare **2.** (*Kalk, Grünspan*) to become covered with **3.** (*Termin*) to fix ◆ **Rost ansetzen** to rust

Ansicht ['anzɪçt] (*pl* **-en**) *die* **1.** (*von Stadt*) view **2.** (*Meinung*) opinion ◆ **meiner Ansicht nach** in my opinion

Ansichtskarte ['anzɪçtskartə] (*pl* **-n**) *die* postcard

ansonsten [an'zɔnstn̩] *adv* otherwise

an|spielen ['anʃpiːlən] *vi* ◆ **anspielen auf** (+A) to allude to

Anspielung ['anʃpiːlʊŋ] (*pl* **-en**) *die* allusion

Ansprache ['anʃpraːxə] (*pl* **-n**) *die* speech

an|springen ['anʃprɪŋən] ◇ *vt* (*unreg*) (*angreifen*) to pounce on ◇ *vi* (*unreg*) **1.** (*Motor*) to start **2.** (*fam*) (*auf Vorschlag, Angebot*) ◆ **auf etw** (A) **anspringen** to jump at sthg

Anspruch ['anʃprʊx] (*pl* **-sprüche**) *der* (*Recht*) claim ◆ **Anspruch auf etw** (A) **haben** to be entitled to sthg ◆**Ansprüche** *pl* (*Forderungen*) demands

anspruchslos ['anʃprʊxsloːs] *adj* (*bescheiden*) unpretentious

anspruchsvoll ['anʃprʊxsfɔl] *adj* demanding

anstatt [an'ʃtat] *konj* & *präp* (+G) instead of

an|stecken ['anʃtɛkn̩] *vt* (*mit Krankheit*) to infect ◆ **sich anstecken** *ref* ◆ **sich mit etw anstecken** to catch sthg

ansteckend ['anʃtɛkənt] *adj* infectious

an|stehen ['anʃteːən] vi (unreg) **1.** (in Warteschlange) to queue (UK), to stand in line (US) **2.** (Termin) to be set **3.** (Problem) to need to be dealt with

anstelle [an'ʃtɛlə] präp (+G) instead of

an|stellen ['anʃtɛlən] vt **1.** (Gerät) to turn on **2.** (Mitarbeiter) to employ **3.** (Dummheiten) to get up to ◆ **sich anstellen** ref (Wartende) to queue (UK), to stand in line (US) ● **sich dumm bei etw anstellen** to make a mess of sthg ● **sich geschickt bei etw anstellen** to get the hang of sthg

an|streichen ['anʃtraiçn] vt (unreg) to paint

an|strengen ['anʃtrɛŋən] vt to strain ● **sich anstrengen** ref to try (hard)

anstrengend ['anʃtrɛŋənt] adj tiring

Antarktis [ant'arktıs] die Antarctic

Anteil ['antail] (pl -e) der share

Antenne [an'tɛnə] (pl -n) die aerial

Antibabypille [anti'beːbipɪlə] (pl -n) die (contraceptive) pill

Antibiotikum [anti'bioːtikʊm] (pl -ka) das antibiotic

Antihistamin [antihıstaˈmiːn] (pl -e) das antihistamine

antik [an'tiːk] adj antique

Antillen [an'tɪlən] pl West Indies

Antiquariat [antikva'rjaːt] (pl -e) das second-hand bookshop ● **modernes Antiquariat** remainder bookshop

Antiquität [antikvi'tɛːt] (pl -en) die antique

Antiquitätenhändler, in [antikvi-ˈtɛːtənhɛntlɐ] (mpl inv) der, die antique dealer

Antrag ['antraːk] (pl -träge) der application ● **einen Antrag auf etw** (A) **stellen** to apply for sthg

an|treffen ['antrɛfn̩] vt (unreg) to find

an|treiben ['antraibn̩] vt (unreg) **1.** (zur Eile) to urge **2.** (Maschine) to drive

an|treten ['antreːtn̩] vt (unreg) to start

Antrieb ['antriːp] der **1.** (von Maschine) drive **2.** (Motivation) impetus ● **aus eigenem Antrieb** on one's own initiative

Antritt ['antrɪt] der beginning ● **vor Antritt der Reise** before setting off

Antwort ['antvɔrt] (pl -en) die answer

antworten ['antvɔrtn̩] vi to answer ● **auf etw** (A) **antworten** to answer sthg ● **jm antworten** to answer sb

An- und Verkauf [anʊnt'fɛɐ̯kauf] der ▼ An- und Verkauf von Antiquitäten antiques bought and sold

Anweisung [an'vaizʊŋ] (pl -en) die **1.** (Befehl) instruction **2.** (von Geld) money order

an|wenden ['anvɛndn̩] vt (unreg) to use

anwesend ['anveːznt] adj present

Anwohner, in ['anvoːnɐ] (mpl inv) der, die resident

Anwohnerparkplatz ['anvoːnɐparkplats] (pl -plätze) der residents' car park

Anzahl ['antsaːl] die number

Anzahlung ['antsaːlʊŋ] (pl -en) die down payment

Anzeichen ['antsaiçn̩] (pl inv) das sign

Anzeige ['antsaigə] (pl -n) die **1.** (in Zeitung) advertisement **2.** (bei Polizei) report

an|zeigen ['antsaign̩] vt **1.** (Delikt) to report **2.** (Temperatur, Zeit) to show

an|ziehen ['antsiːən] vt (unreg) **1.** (Kleidung, Schuhe) to put on **2.** (anlocken) to attract **3.** (Schraube, Knoten) to tighten ◆ **sich anziehen** ref (unreg) to get dressed

Anzug ['antsuːk] (pl -züge) der (Bekleidung) suit

anzüglich ['antsy:klıç] *adj* offensive

an|zünden ['antsyndn] *vt* to light

an|zweifeln ['antsvaifln] *vt* to doubt

AOK [a:lo:'ka:] *die compulsory health insurance scheme for German workers, students etc not covered by private insurance policies*

Apfel ['apfl] (*pl* **Äpfel**) *der* apple

Apfelbaum ['apflbaum] (*pl* **-bäume**) *der* apple tree

Apfelkorn ['apflkɔrn] *der* apple schnapps

Apfelkuchen ['apflku:xn] (*pl inv*) *der* apple cake

Apfelküecherl ['apflky:çɐl] (*pl inv*) *das* (*Süddt*) ring-shaped apple fritter, sprinkled with icing sugar

Apfelmus ['apflmu:s] *das* apple sauce

Apfelsaft ['apflzaft] *der* apple juice

Apfelsine [apfl'zi:nə] (*pl* **-n**) *die* orange

Apfelstrudel ['apflʃtru:dl] (*pl inv*) *der* apple strudle

Apfelwein ['apflvain] *der* cider

Apostroph [apo'stro:f] (*pl* **-e**) *der* apostrophe

Apotheke [apo'te:kə] (*pl* **-n**) *die* chemist's shop (*UK*), pharmacy (*US*)

apothekenpflichtig [apo'te:knpflıçtıç] *adj* only available through a chemist

Apotheker, in [apo'te:kɐ] (*mpl inv*) *der, die* pharmacist

App. *abk* = **Appartement**

Apparat [apa'ra:t] (*pl* **-e**) *der* 1. (*Gerät*) appliance 2. (*Telefon*) telephone • **am Apparat!** speaking!

Appartement [apartə'mã:] (*pl* **-s**) *das* 1. (*Wohnung*) flat (*UK*), apartment (*US*) 2. (*im Hotel*) suite

Appetit [apə'ti:t] *der* appetite • **guten Appetit** enjoy your meal!

appetitlich [apə'ti:tlıç] *adj* appetizing

Applaus [a'plaus] *der* applause

Aprikose [apri'ko:zə] (*pl* **-n**) *die* apricot

April [a'prıl] *der* April ➤ September

Aprilscherz [a'prılʃɛrts] (*pl* **-e**) *der* April fool's trick

apropos [apro'po:] *adv* by the way

Aquarell [akva'rɛl] (*pl* **-e**) *das* watercolour

Aquarium [a'kva:rjom] (*pl* **-rien**) *das* aquarium

Äquator [ɛ'kva:tor] *der* equator

Arbeit ['arbait] (*pl* **-en**) *die* 1. (*Tätigkeit, Mühe*) work 2. (*Arbeitsstelle, Aufgabe*) job 3. (*in Schule*) test

arbeiten ['arbaitn] *vi* to work

Arbeiter, in ['arbaitɐ] (*mpl inv*) *der, die* worker

Arbeitgeber, in ['arbaitge:bɐ] (*mpl inv*) *der, die* employer

Arbeitnehmer, in ['arbaitne:mɐ] (*mpl inv*) *der, die* employee

Arbeitsamt ['arbaitsamt] (*pl* **-ämter**) *das* job centre

Arbeitserlaubnis ['arbaitsɐlaupnıs] (*pl* **-se**) *die* work permit

arbeitslos ['arbaitslo:s] *adj* unemployed

Arbeitslose ['arbaitslo:zə] (*pl* **-n**) *die, der* unemployed person

Arbeitsplatz ['arbaitsplats] (*pl* **-plätze**) *der* 1. (*Anstellung*) job 2. (*Ort*) workplace

Arbeitsteilung ['arbaitstailuŋ] *die* division of labour

Arbeitszeit ['arbaitstsait] (*pl* **-en**) *die* working hours *pl*

Arbeitszimmer ['arbaitstsımɐ] (*pl inv*) *das* study

Architekt, in [arçi'tɛkt] (*mpl* **-en**) *der, die* architect

Archiv [ar'çi:f] (*pl* **-e**) *das* archive

arg [ark] (*komp* **ärger**, *superl* **ärgste**) *adj* bad

Ärger ['ɛrgɐ] *der* **1.** (*Probleme*) trouble **2.** (*Zorn*) anger

ärgerlich ['ɛrgɐlɪç] *adj* **1.** (*wütend*) annoyed **2.** (*unangenehm*) annoying

ärgern ['ɛrgɐn] *vt* to annoy ● **sich ärgern** *ref* to get annoyed ● **sich ärgern über** (+*A*) to get annoyed at

Argument [argu'mɛnt] (*pl* **-e**) *das* argument

Arktis ['arktɪs] *die* Arctic

arm [arm] *adj* poor

Arm [arm] (*pl* **-e**) *der* arm

Armaturenbrett [arma'tu:rənbrɛt] (*pl* **-er**) *das* dashboard

Armband ['armbant] (*pl* **-bänder**) *das* **1.** (*Schmuck*) bracelet **2.** (*von Uhr*) strap

Armbanduhr ['armbantu:ɐ] (*pl* **-en**) *die* watch

Armbruch ['armbrʊx] (*pl* **-brüche**) *der* broken arm

Armee [ar'me:] (*pl* **-n**) *die* army

Ärmel ['ɛrml] (*pl* **inv**) *der* sleeve

Ärmelkanal ['ɛrmlkana:l] *der* (English) Channel

Armlehne ['armle:nə] (*pl* **-n**) *die* armrest

Aroma [a'ro:ma] (*pl* **Aromen**) *das* **1.** (*Duft*) aroma **2.** (*Geschmacksrichtung*) flavour **3.** (*zum Backen*) flavouring

arrogant [aro'gant] *adj* arrogant

Arsch [arʃ] (*pl* **Ärsche**) *der* (*vulg*) arse (*UK*), ass (*US*)

Art [a:ɐt] *die* **1.** (*Weise*) way **2.** (*Wesen*) nature **3.** (*Sorte*) sort **4.** (*von Lebewesen*) species ● **Art und Weise** way ● **auf seine Art** in his own way ● **eine Art (von)** a kind of ● **Gulasch nach Art**

des Hauses chef's special goulash

Arterie [ar'te:riə] (*pl* **-n**) *die* artery

artig ['a:ɐtɪç] *adj* good, well-behaved

Artikel [ar'ti:kl] (*pl* **inv**) *der* article

Artischocke [arti'ʃɔkə] (*pl* **-n**) *die* artichoke

Artist, in [ar'tɪst] (*mpl* **-en**) *der, die* (circus) performer

artistisch [ar'tɪstɪʃ] *adj* acrobatic

Arznei [a:ɐts'nai] (*pl* **-en**) *die* medicine

Arzt [a:ɐtst] (*pl* **Ärzte**) *der* doctor

Arztausfahrt [a:ɐtstˈausfa:ɐt] (*pl* **-en**) *der* ▼ Arztausfahrt *sign indicating that driveway should be kept clear as it is used by a doctor*

Arzthelferin ['a:ɐtsthɛlfərɪn] (*pl* **-nen**) *die* (doctor's) receptionist

Ärztin ['ɛ:ɐtstɪn] (*pl* **-nen**) *die* doctor

ärztlich ['ɛ:ɐtstlɪç] *adj* medical

Asche ['aʃə] *die* ash ▼ keine heiße Asche einfüllen no hot ashes

Aschenbecher ['aʃnbɛçɐ] (*pl* **inv**) *der* ashtray

Aschermittwoch [aʃɐ'mɪtvɔx] *der* Ash Wednesday

Asien ['a:ziən] *nt* Asia

Aspekt [as'pɛkt] (*pl* **-e**) *der* aspect

Asphalt [as'falt] (*pl* **-e**) *der* asphalt

Aspirin ® [aspi'ri:n] *das* aspirin

aß [a:s] *prät* > essen

Ast [ast] (*pl* **Äste**) *der* branch

Asthma ['astma] *das* MED asthma

Astrologie [astrolo'gi:] *die* astrology

astrologisch [astro'lo:gɪʃ] *adj* astrological

Astronomie [astrono'mi:] *die* astronomy

Asyl [a'zy:l] (*pl* **-e**) *das* **1.** (*Schutz*) asylum **2.** (*Unterkunft*) hostel, home

At

18

Atem ['a:təm] *der* breath ● **außer Atem** out of breath

atemlos ['a:təmlo:s] ◇ *adj* breathless ◇ *adv* breathlessly

Atemnot ['a:təmno:t] *die* difficulty in breathing

Athlet, in [at'le:t] (*mpl* **-en**) *der, die* athlete

Atlantik [at'lantık] *der* Atlantic

Atlantischer Ozean [at'lantı∫oo:tsea:n] *der* Atlantic Ocean

atmen ['a:tmən] *vi* & *vt* to breathe

Atom [a'to:m] (*pl* **-e**) *das* atom

Atomkraft [a'to:mkraft] *die* nuclear power

Atomkraftwerk [a'to:mkraftvɛrk] (*pl* **-e**) *das* nuclear power station

Atomwaffe [a'to:mvafə] (*pl* **-n**) *die* nuclear weapon

Attentat ['atnta:t] (*pl* **-e**) *das* **1.** (*erfolglos*) assassination attempt **2.** (*erfolgreich*) assassination

Attest [a'test] (*pl* **-e**) *das* doctor's certificate

Attraktion [atrak'tsio:n] (*pl* **-en**) *die* attraction

attraktiv [atrak'ti:f] *adj* attractive

Attrappe [a'trapə] (*pl* **-n**) *die* dummy

ätzend [ɛtsnt] *adj* **1.** (*Chemikalie*) corrosive **2.** (*fam*) (*unangenehm*) grim, gruesome

au [au] *interj* (*Ausdruck von Schmerz*) ow! ● **au ja!** great!

AU [au] (*abk für* Abgassonderuntersuchung) test of exhaust emissions

Aubergine [obɛr'ʒi:nə] (*pl* **-n**) *die* aubergine (*UK*), eggplant (*US*)

auch [aux] *adv* **1.** (*ebenfalls*) also, too **2.** (*sogar*) even ● **wo auch immer** where-

ver ● **was auch immer** whatever ● **wer auch immer** whoever ● **ich auch** me too ● **ich auch nicht** me neither ● **hast du die Tür auch wirklich zugemacht?** are you sure you closed the door?

audiovisuell [audjovi'zuɛl] *adj* audiovisual

auf [auf]
◇ *präp* (+D) **1.** (*räumlich*) on ● **auf dem Tisch** on the table ● **auf dem Land** in the country ● **auf der Post** at the post office **2.** (*während*) ● **auf der Reise** on the journey ● **auf der Hochzeit/Party** at the wedding/party
◇ *präp* (+A) **1.** (*räumlich*) on ● **auf den Tisch** on the table ● **aufs Land** to the country ● **auf eine Party gehen** to go to a party **2.** (*Angabe der Art und Weise*) ● **auf diese Art** in this way ● **auf Deutsch** in German **3.** (*Angabe einer Beschäftigung*) ● **auf Reisen gehen** to go on a tour ● **auf die Uni gehen** to go to university **4.** (*Angabe des Anlasses*) ● **auf js Rat hin** on sb's advice **5.** (*Angabe einer Folge*) ● **von heute auf morgen** overnight **6.** (*Angabe eines Wunsches*) ● **auf Ihr Wohl!** your good health!
◇ *adv* (*offen*) open ● **Tür auf!** open the door! ➤ **auf sein**

◆ **auf einmal** *adv* (*plötzlich*) suddenly
◆ **auf und ab** *adv* up and down

aufatmen ['aufʔa:tmən] *vi* to breathe a sigh of relief

Aufbau ['aufbau] *der* **1.** (*Bauen*) building **2.** (*Struktur*) structure

aufbauen ['aufbauən] *vt* **1.** (*Zelt, Gerüst*) to put up **2.** (*Organisation*) to build up

aufbewahren ['aufbəva:rən] *vt* **1.** (*Gepäck*) to leave **2.** (*Lebensmittel*) to store

aufblasbar ['aufblasbaːɐ] *adj* inflatable

aufbleiben ['aufblaibn̩] *vi* (unreg) (ist) **1.** (Person) to stay up **2.** (Tür, Fenster) to stay open

aufblenden ['aufblɛndn̩] *vi* to put one's headlights on full beam

aufbrechen ['aufbrɛçn̩] ◇ *vt* (unreg) (hat) to force open ◇ *vi* (unreg) (ist) (abreisen) to set off

aufbringen ['aufbrɪŋən] *vt* (unreg) (Geld) to raise

Aufbruch ['aufbrʊx] *der* departure

aufdecken ['aufdɛkn̩] *vt* **1.** (Plane, Laken) to turn back **2.** (Geheimnis) to uncover

aufdrängen ['aufdrɛŋən] *vt* ● jm etw aufdrängen to force sthg on sb

aufdrehen ['aufdreːən] *vt* (Wasserhahn) to turn on

aufdringlich ['aufdrɪŋlɪç] *adj* pushy

aufeinander [aufʃain'andɐ] *adv* **1.** (einer auf dem anderen) one on top of the other **2.** (nacheinander) one after the other **3.** (aufpassen) one another ● aufeinander eifersüchtig sein to be jealous of one another

Aufenthalt ['aufʃɛnthalt] (*pl* -e) *der* **1.** (von Person) stay **2.** (Unterbrechung) stop ● der Zug hat 10 Minuten Aufenthalt the train will stop for 10 minutes ● ständiger Aufenthalt place of residence ● schönen Aufenthalt! have a nice stay!

Aufenthaltsgenehmigung ['aufʃɛnthaltsɡənɛːmɪɡʊŋ] (*pl* -en) *die* residence permit

Aufenthaltsraum ['aufʃɛnthaltsʀaum] (*pl* -räume) *der* common room

aufessen ['aufʃɛsn̩] *vt* (unreg) to eat up

auffahren ['auffaːrən] *vi* (unreg) (ist) ● dicht auffahren to tailgate

Auffahrt ['auffaːɐt] (*pl* -en) *die* **1.** (zu Haus) drive **2.** (zu Autobahn) slip road (UK), ramp (US)

Auffahrunfall ['auffaːɐʊnfal] (*pl* -unfälle) *der* rear-end collision

auffallen ['auffalən] *vi* (unreg) (ist) to stand out ● jm auffallen to strike sb

auffallend ['auffalant] *adj* striking

auffällig ['auffɛlɪç] ◇ *adj* **1.** (Benehmen) odd **2.** (Kleidung, Auto) ostentatious ◇ *adv* (sich kleiden) ostentatiously

auffangen ['auffaŋən] *vt* (unreg) **1.** (Ball) to catch **2.** (Funkspruch) to pick up

auffordern ['auffordɐn] *vt* **1.** (bitten) to ask **2.** (befehlen) to require

auffrischen ['auffrɪʃn̩] *vt* **1.** (Kenntnisse) to brush up on **2.** (Farbe) to brighten up

aufführen ['auffyːrən] *vt* **1.** (auf Bühne) to perform **2.** (auf Liste) to list

Aufführung ['auffyːruŋ] (*pl* -en) *die* performance

Aufgabe ['aufgaːbə] (*pl* -n) *die* **1.** (Arbeit) task **2.** (Verpflichtung) responsibility **3.** (bei Wettkampf) retirement **4.** (von Paket) posting **5.** (von Koffer) checking in **6.** (in der Schule) exercise

Aufgang ['aufgaŋ] (*pl* -gänge) *der* **1.** (von Treppe) stairs *pl* **2.** (von Sonne) rising

aufgeben ['aufgeːbn̩] ◇ *vt* (unreg) **1.** (Gewohnheit, Stelle, Geschäft) to give up **2.** (Schularbeiten) to set **3.** (Paket, Brief) to post (UK), to mail (US) **4.** (Koffer) to check in ◇ *vi* (resignieren) to give up

aufgehen ['aufgeːən] *vi* (unreg) (ist) **1.** (Sonne, Mond) to rise **2.** (Knoten) to come undone

aufgehoben ['aufgəhoːbn̩] ◇ *pp* ➤ aufheben ◇ *adj* ● gut/schlecht aufgehoben sein to be/not to be in good hands

aufgelegt ['aufɡəleːɡt] *adj* ● **gut/ schlecht aufgelegt sein** to be in a good/ bad mood

aufgrund [auf'ɡrʊnt] *präp* (+G) because of

auf|halten ['aufhaltn] *vt* (*unreg*) 1. (*Tür*) to hold open 2. (*Person*) to hold up ◆ **sich aufhalten** *ref* to stay

auf|hängen ['aufhɛŋən] *vt* to hang up

auf|heben ['aufheːbn] *vt* (*unreg*) 1. (*aufbewahren*) to keep 2. (*vom Boden*) to pick up

auf|hetzen ['aufhɛtsn] *vt* to incite

auf|holen ['aufhoːlən] ◊ *vt* to make up ◊ *vi* to catch up

auf|horchen ['aufhɔrçn] *vi* to prick up one's ears

auf|hören ['aufhøːrən] *vi* to stop ● **aufhören, etw zu machen** to stop doing sthg ● **mit etw aufhören** to stop sthg

auf|klappen ['aufklapn] *vt* to open

auf|klären ['aufklɛːrən] *vt* (*Missverständnis*) to clear up ● **jn über etw** (*A*) **aufklären** to tell sb sthg

Aufklärung ['aufklɛːrʊŋ] *die* 1. (*von Missverständnis*) clearing up 2. (*Information*) information

Aufkleber ['aufkleːbɐ] (*pl inv*) *der* sticker

auf|kommen ['aufkɔmən] *vi* (*unreg*) (*ist*) (*entstehen*) to arise ● **aufkommen für** (*zahlen*) to pay for

auf|krempeln ['aufkrɛmpln] *vt* ● **die Ärmel/Hosenbeine aufkrempeln** to roll up one's sleeves/trouser legs

auf|kriegen ['aufkriːɡn] *vt* (*fam*) to get open

Auflage ['auflaːɡə] (*pl* -n) *die* 1. (*von Buch*) edition 2. (*von Zeitung*) circulation 3. (*Bedingung*) condition

auf|lassen ['auflasn] *vt* (*unreg*) 1. (*Tür*) to leave open 2. (*Mütze, Hut*) to keep on

Auflauf ['auflauf] (*pl* -läufe) *der* 1. (*von Menschen*) crowd 2. KÜCHE bake

auf|legen ['aufleːɡn] *vt* 1. (*Schallplatte, Tischdecke*) to put on 2. (*Buch, Zeitschrift*) to publish 3. (*Telefonhörer*) to hang up

auf|leuchten ['auflɔyçtn] *vi* to light up

auf|listen ['auflɪstn] *vt* to list

auf|lösen ['aufløːzn] *vt* 1. (*Vertrag*) to cancel 2. (*Tablette*) to dissolve 3. (*Knoten*) to undo

Auflösung ['aufløːzʊŋ] (*pl* -en) *die* 1. (*von Rätsel*) solution 2. (*von Organisation, Verein*) disbanding

auf|machen ['aufmaxn] *vt* to open ● **jm aufmachen** to let sb in ◆ **sich aufmachen** *ref* (*abreisen*) to set off

aufmerksam ['aufmɛrkzam] *adj* attentive ● **jn aufmerksam machen auf** (+A) to draw sb's attention to

Aufmerksamkeit ['aufmɛrkzamkait] (*pl* -en) *die* 1. (*Interesse*) attention 2. (*Geschenk*) gift

Aufnahme ['aufnaːmə] (*pl* -n) *die* 1. (*Foto*) photograph 2. (*von Musik*) recording 3. (*von Protokoll, Aussage*) taking down 4. (*in Krankenhaus, Verein*) admission

auf|nehmen ['aufneːmən] *vt* (*unreg*) 1. (*Gast*) to receive 2. (*Foto*) to take 3. (*Musik*) to record 4. (*Protokoll, Aussage*) to take down ● **mit jm Kontakt aufnehmen** to contact sb

Aufnehmer ['aufneːmɐ] (*pl inv*) *der* (floor) cloth

auf|passen ['aufpasn] *vi* to pay attention ● **aufpassen auf** (+A) to look after ● **pass auf!** be careful!

auf|pumpen ['aufpʊmpn] *vt* to pump up

auf|räumen ['aufrɔymən] ◇ *vt* **1.** *(Raum)* to tidy up **2.** *(Gegenstand)* to put away ◇ *vi* to tidy up

auf|regen ['aufre:gn] *vt* to excite ✦ **sich auf|regen** *ref* to get worked up

Aufregung ['aufre:gʊŋ] *(pl* **-en)** *die* excitement

auf|rollen ['aufrolen] *vt (Leine, Schnur)* to roll up

Aufruf ['aufru:f] *der* call ● **letzter Aufruf** last call ▼ **dringender Aufruf für Flug LH 404** last call for passengers on flight LH 404

auf|rufen ['aufru:fn] *vt (unreg)* to call

auf|runden ['aufrʊndn] *vt* to round up

Aufsatz ['aufzats] *(pl* **-sätze)** *der SCHULE* essay

auf|schieben ['aufʃi:bn] *vt (unreg)* to put off

Aufschlag ['aufʃla:k] *(pl* **-schläge)** *der* **1.** *SPORT* serve **2.** *(auf Preis)* extra charge

auf|schließen ['aufʃli:sn] *vt (unreg)* to unlock

Aufschnitt ['aufʃnɪt] *der* the sliced cold meat and cheese

auf|schreiben ['aufʃraibn] *vt (unreg)* to write down

Aufsehen ['aufze:ən] *das* ● **Aufsehen erregen** to cause a stir

auf sein ['aufzain] *vi (unreg) (ist)* **1.** *(fam) (offen sein)* to be open **2.** *(Person)* to be up

Aufsicht ['aufzɪçt] *die* **1.** *(Person)* supervisor **2.** *(Kontrolle)* supervision

auf|spannen ['aufʃpanən] *vt (Regenschirm)* to open

Aufstand ['aufʃtant] *(pl* **-stände)** *der* rebellion

auf|stehen ['aufʃte:ən] ◇ *vi (unreg) (ist)* to get up ◇ *vt (unreg) (hat) (Tür, Fenster)* to be open

auf|stellen ['aufʃtelən] *vt* **1.** *(Zelt)* to put up **2.** *(Behauptung)* to put forward

Aufstellung ['aufʃtelʊŋ] *(pl* **-en)** *die* **1.** *(von Mannschaft)* line-up **2.** *(von Behauptung)* putting forward

Aufstieg ['aufʃti:k] *der* **1.** *(auf Berg)* climb **2.** *(in Sport, Arbeit)* promotion

auf|stocken ['aufʃtɔkn] *vt (erhöhen)* to increase

Auftakt ['auftakt] *(pl* **-e)** *der* **1.** *MUS* upbeat **2.** *(Beginn)* start

auf|tanken ['auftaŋkn] *vi* to fill up

auf|tauchen ['auftauxn] *vi (ist)* **1.** *(erscheinen, auftreten)* to appear **2.** *(aus dem Wasser)* to surface

auf|tauen ['auftauən] *vt (Gefrorenes)* to thaw

auf|teilen ['auftailən] *vt* to share out

Auftrag ['auftra:k] *(pl* **-träge)** *der* **1.** *(Aufgabe)* job **2.** *(Bestellung)* order

auf|tragen ['auftra:gn] *vt (unreg)* **1.** *(Farbe)* to apply **2.** *(befehlen)* ● **jm auftragen, etw zu tun** to tell sb to do sthg

auf|treten ['auftre:tn] *vi (unreg) (ist)* **1.** *(sich benehmen)* to behave **2.** *(auf Bühne)* to appear **3.** *(Problem)* to come up

Auftritt ['auftrɪt] *(pl* **-e)** *der (Theater)* entrance

auf|wachen ['aufvaxn] *vi (ist)* to wake up

Aufwand ['aufvant] *der* **1.** *(Geld)* expenditure **2.** *(Anstrengung)* effort

auf|wärmen ['aufvɛrmən] *vt (Essen)* to warm up

aufwärts ['aufvɛrts] *adv* upwards

auf|wecken ['aufvɛkn] *vt* to wake (up)

auf|werten ['aufve:ɐtn] *vt (Ansehen)* to enhance

auf|wischen ['aufvɪʃn] *vt* to wipe up

auf|zählen ['auftsɛːlən] *vt* to list

auf|zeichnen ['auftsaiçnən] *vt* 1. *(mit Skizze)* to draw 2. *(Film, Musik)* to record

auf|ziehen ['auftsiːən] *vt (unreg)* 1. *(Uhr)* to wind up 2. *(Kind)* to bring up 3. *(Tier)* to raise

Aufzug ['auftsuːk] *(pl -züge) der (Fahrstuhl)* lift *(UK)*, elevator *(US)*

Auge ['augə] *(pl -n) das* eye ● **unter vier Augen** in private ● **ein blaues Auge** a black eye ● **etw im Auge behalten** to keep sthg in mind

Augenblick ['augnblɪk] *(pl -e) der* moment ● **einen Augenblick, bitte!** just a moment, please! ● **im Augenblick** at the moment

augenblicklich ['augnblɪklɪç] *adv (sofort)* immediately

Augenbraue ['augnbrauə] *(pl -n) die* eyebrow

Augenbrauenstift ['augnbrauənʃtɪft] *(pl -e) der* eyebrow pencil

Augencreme ['augnkreːm] *(pl -s) die* eye cream

Augenfarbe ['augnfarbə] *(pl -n) die* ● **welche Augenfarbe hat sie?** what colour are her eyes?

Augenoptiker, in ['augnɔptikɐ] *(mpl inv) der, die* optician

Augentropfen ['augntrɔpfn] *pl* eyedrops

August [au'gust] *der* August ➣ September

Auktion [auk'tsjoːn] *(pl -en) die* auction

aus [aus]

◇ *präp (+D)* 1. *(zur Angabe der Richtung)* out of ● **aus dem Haus gehen** to go out of the house 2. *(zur Angabe der Herkunft)* from ● **aus Amerika** from America 3. *(zur Angabe des Materials)* made of ● **aus Plastik** made of plastic 4. *(zur Angabe des Grundes)* for ● **aus welchem Grund ...?** for what reason ...?, why ...? ● **aus Spaß** for fun ● **aus Wut** in anger 5. *(zur Angabe der Entfernung)* from ● **aus 50 m Entfernung** from 50 m away 6. *(zur Angabe eines Teils)* of ● **einer aus der Gruppe** a member of the group

◇ *adv* 1. *(außer Funktion)* off ● **hier schaltet man die Maschine an und aus** this is where you switch the machine on and off ● **Licht aus!** lights out! 2. *(zu Ende)* over ● **aus und vorbei** all over

Aus *das* ● **ins Aus gehen** *SPORT* to go out of play

aus|arbeiten ['ausʔarbaitn] *vt* 1. *(Entwurf)* to draw up 2. *(Projekt)* to work on

aus|baden ['ausbaːdn] *vt* ● **etw ausbaden müssen** to take the blame for sthg

aus|bauen ['ausbauən] *vt* 1. *(Straße, Haus)* to extend 2. *(Dach)* to convert 3. *(Kenntnisse)* to expand 4. *(Motor, Teil)* to remove

aus|bessern ['ausbɛsɐn] *vt* to mend

aus|beulen ['ausbɔylən] *vt* to beat out

Ausbildung ['ausbɪldʊŋ] *(pl -en) die* 1. *(schulisch)* education 2. *(beruflich, fachlich)* training

aus|brechen ['ausbrɛçn] *vi (unreg) (ist)* to break out

aus|breiten ['ausbraitn] *vt* to spread out ● **sich ausbreiten** *ref* 1. to spread 2. *(Landschaft)* to stretch out

ausdauernd ['ausdauɐnt] *adj* persevering

aus|denken [dɛŋkn] *vt (unreg)* ● **sich (D) etw ausdenken** to think sthg up

au

Ausdruck¹ ['ausdruk] (*pl* **-drücke**) *der* expression

Ausdruck² ['ausdruk] (*pl* **-e**) *der* EDV printout

aus|drücken ['ausdrykn] *vt* (*sagen*) to express ◆ **sich ausdrücken** *ref* to express o.s.

auseinander [aus|ai'nandə] *adv* apart

auseinander gehen [aus|ai'nandə:gə:ən] *vi* (*unreg*) (*ist*) **1.** (*Personen*) to break up **2.** (*Wege*) to fork **3.** (*Vorhang*) to open **4.** (*Meinungen*) to differ

auseinander nehmen [aus|ai'nandə-ne:man] *vt* (*unreg*) to dismantle

Auseinandersetzung [aus|ai'nan-dəzetsuŋ] (*pl* **-en**) *die* argument

aus|fahren ['ausfa:rən] *vt* ◇ *vt* (*unreg*) (*hat*) **1.** (*Ware*) to deliver **2.** (*spazieren fahren*) to take for a drive ◇ *vi* (*unreg*) (*ist*) (*Person*) to go for a drive

Ausfahrt ['ausfa:ɐt] (*pl* **-en**) *die* exit ▼ Ausfahrt freihalten! keep clear!

aus|fallen ['ausfalən] *vi* (*unreg*) (*ist*) **1.** (*Aufführung, Konzert*) to be cancelled **2.** (*Gerät*) to break down **3.** (*Strom*) to be cut off **4.** (*Haare, Zähne*) to fall out ● gut/schlecht ausfallen to turn out well/ badly ● die Schule fällt heute aus there's no school today

ausfindig ['ausfındıç] *adv* ● jn/etw ausfindig machen to locate sb/sthg

Ausflug ['ausflu:k] (*pl* **-flüge**) *der* trip

Ausflugsboot ['ausflu:ksbo:t] (*pl* **-e**) *das* pleasure boat

Ausflugslokal ['ausflu:kslokaːl] (*pl* **-e**) *das* cafe or pub in the countryside, to which you can drive or walk out

Ausflugsziel ['ausflu:kstsiːl] (*pl* **-e**) *das* destination (*of a trip*)

Ausfluss ['ausflos] (*pl* **-flüsse**) *der* **1.** MED discharge **2.** (*von Wanne, Becken*) plughole

aus|fragen ['ausfra:gn] *vt* to interrogate

aus|führen ['ausfy:rən] *vt* **1.** (*ins Ausland*) to export **2.** (*zum Essen, Tanzen*) to take out **3.** (*Arbeit, Plan, Befehl*) to carry out **4.** (*Hund*) to walk

ausführlich ['ausfy:ɐlıç] ◇ *adj* detailed ◇ *adv* in detail

aus|füllen ['ausfylən] *vt* **1.** (*Formular*) to fill out **2.** (*Raum*) to fill

Ausgabe ['ausga:bə] (*pl* **-n**) *die* **1.** (*von Geld*) expenditure **2.** (*von Essen*) serving **3.** (*von Buch*) edition ◆ **Ausgaben** *pl* expenditure *sg*

Ausgang ['ausgaŋ] (*pl* **-gänge**) *der* **1.** (*von Haus, Raum*) exit **2.** (*von Dorf, Wald*) end

aus|geben ['ausge:bn] *vt* (*unreg*) **1.** (*Geld*) to spend **2.** (*verteilen*) to give out ● jm etw ausgeben (*fam*) to buy sb sthg ◆ **sich ausgeben** *ref* ● **sich als etw ausgeben** to pretend to be sthg

ausgebucht ['ausgəbu:xt] *adj* fully-booked

ausgefallen ['ausgəfalən] *adj* (*Geschmack, Idee*) unusual

aus|gehen ['ausge:ən] *vi* (*unreg*) (*ist*) **1.** (*Licht, Person*) to go out **2.** (*Heizung*) to go off **3.** (*Motor*) to stop **4.** (*Film, Roman*) to end ● mir ist das Geld ausgegangen my money has run out ● davon ausgehen, dass to assume (that)

ausgelastet ['ausgəlastət] *adj* ● ausgelastet sein to have one's hands full ● nicht ausgelastet sein not to be stretched

ausgeleiert ['ausgəlaiɐt] *adj* baggy

ausgenommen ['ausgənɔmən] *konj* except

ausgerechnet ['ausgərɛçnət] *adv* precisely ● **ausgerechnet du!** you of all people! ● **ausgerechnet heute!** today of all days!

ausgeschaltet ['ausgəʃaltət] *adj* (switched) off

ausgeschildert ['ausgəʃɪldət] *adj* signposted

ausgeschlossen ['ausgəʃlɔsn] *adj* (unmöglich) ● **ausgeschlossen sein** to be impossible

ausgestellt ['ausgəʃtɛlt] *adj* ● **auf jn ausgestellt** (Scheck) made out to sb; (Pass) issued to sb

ausgewiesen ['ausgəvi:zn] ● **ausgewiesen durch den Reisepass** passport used as proof of identity

ausgewogen ['ausgəvo:gn] *adj* balanced

ausgezeichnet ['ausgətsaiçnət] ◇ *adj* 1. (sehr gut) excellent 2. (mit Preis) priced ◇ *adv* (sehr gut) extremely well

ausgiebig ['ausgi:bɪç] *adj* (Frühstück) large

aus|gießen ['ausgi:sn] *vt* (unreg) 1. (Flüssigkeit) to pour out 2. (Gefäß) to empty

aus|gleichen ['ausglaiçn] *vt* (unreg) 1. (Differenzen) to even out 2. (Mangel) to make up for

Ausguss ['ausgus] (pl -güsse) *der* drain

aus|halten ['aushaltn] *vt* (unreg) to stand

Aushang ['aushaŋ] (pl -hänge) *der* notice

aus|helfen ['aushɛlfn] *vi* (unreg) to help out

Aushilfe ['aushɪlfə] (pl -n) *die* (im Büro) temp

aus|holen ['ausho:lən] *vi* (mit Arm) to move one's arm back

aus|kennen ['auskɛnən] ● **sich auskennen** *ref* (unreg) 1. (in Stadt) to know one's way around 2. (in Fach) to be an expert

aus|kommen ['auskɔmən] *vi* (unreg) (ist) ● **mit etw auskommen** to make sthg last ● **mit jm gut/schlecht auskommen** to get on well/badly with sb ● **jm nicht auskommen** not to get on with sb

Auskunft ['auskunft] (pl -künfte) *die* 1. (Information) information 2. (am Telefon) directory enquiries *pl* (UK), information (US) 3. (Schalter) information office

aus|lachen ['auslaxn] *vt* to laugh at

aus|laden ['ausla:dn] *vt* (unreg) 1. (Gepäck, Fahrzeug) to unload 2. (Gäste) ● **jn ausladen** to tell sb not to come

Auslage ['ausla:gə] (pl -n) *die* display ● **Auslagen** *pl* (Spesen) expenses

Ausland ['auslant] *das* ● **im Ausland** abroad ● **ins Ausland** abroad

Ausländer, in ['auslɛndɐ] (mpl inv) *der, die* foreigner

ausländisch ['auslɛndɪʃ] *adj* foreign

Auslandsgespräch ['auslantsgəʃprɛːç] (pl -e) *das* international call

Auslandsschutzbrief ['auslantsʃutsbri:f] (pl -e) *der* motor insurance document for travel abroad, ≈ green card (UK)

aus|lassen ['auslasn] *vt* (unreg) 1. (überspringen) to leave out 2. (Gelegenheit) to miss ● **etw an jm auslassen** (Ärger, Wut) to take sthg out on sb

Auslauf ['auslauf] *der* ● **Auslauf haben/brauchen** to have/need plenty of room (to run about)

aus|laufen ['auslaufn̩] *vi (unreg) (ist)* **1.** *(Flüssigkeit)* to run out **2.** *(Gefäß, Tank)* to leak

aus|legen ['ausle:gn̩] *vt* **1.** *(Ware)* to display **2.** *(Geld)* to lend ● **ein Zimmer mit Teppichen auslegen** to carpet a room

aus|leihen ['auslaɪən] *vt (unreg)* ● **jm etw ausleihen** to lend sb sthg ● **sich** *(D)* **etw ausleihen** to borrow sthg

Auslese ['ausle:zə] *(pl -n)* die **1.** *(Auswahl)* selection **2.** *(Wein)* quality wine made *from specially-selected grapes*

aus|löschen ['auslœʃn̩] *vt* to extinguish

Auslöser ['auslø:zɐ] *(pl inv)* der *(am Fotoapparat)* (shutter release) button

aus|machen ['ausmaxn̩] *vt* **1.** *(Feuer, Zigarette)* to put out **2.** *(Licht, Gerät)* to turn off **3.** *(absprechen)* to agree on **4.** *(Termin)* to make ● **mit jm ausmachen, dass etw gemacht wird** to arrange with sb to have sthg done ● **das macht mir nichts aus** I don't mind ● **macht es Ihnen etwas aus, wenn ich rauche?** do you mind if I smoke?

Ausmaß ['ausma:s] *(pl -e)* das extent

Ausnahme ['ausna:mə] *(pl -n)* die exception ● **eine Ausnahme machen** to make an exception

ausnahmsweise ['ausna:msvaɪzə] *adv* just this once

aus|nutzen ['ausnʊtsn̩] *vt* **1.** *(Gelegenheit, Zeit)* to use **2.** *(Person)* to exploit

aus|packen ['auspakn̩] *vt* to unpack

Auspuff ['auspʊf] *(pl -e)* der exhaust

aus|rangieren ['ausrãʒi:rən] *vt* **1.** *(Auto)* to scrap **2.** *(Kleider)* to throw out

aus|rechnen ['ausrɛçnən] *vt* to calculate ● **sich** *(D)* **gute Chancen ausrechnen** to fancy one's chances

Ausrede ['ausre:də] *(pl -n)* die excuse

aus|reichen ['ausraɪçn̩] *vi* to be enough ● **es muss bis März ausreichen** it has to last until March

Ausreise ['ausraɪzə] die ● **bei der Ausreise** on leaving the country

Ausreisegenehmigung ['ausraɪzəgə-'ne:mɪgʊŋ] *(pl -en)* die exit visa

aus|reißen ['ausraɪsn̩] ◇ *vi (unreg) (ist)* to run away ◇ *vt (unreg) (hat)* to pull out

aus|renken ['ausrɛŋkn̩] *vt* ● **sich** *(D)* **die Schulter ausrenken** to dislocate one's shoulder

aus|richten ['ausrɪçtn̩] *vt* ● **jm etw ausrichten** to tell sb sthg

aus|rufen ['ausru:fn̩] *vt (unreg) (über Lautsprecher)* to announce ● **jn ausrufen lassen** to page sb

Ausrufezeichen ['ausru:fətsaɪçn̩] *(pl inv)* das exclamation mark

aus|ruhen ['ausru:ən] ● **sich ausruhen** *ref* to rest

Ausrüstung ['ausrystʊŋ] *(pl -en)* die *(für Sport)* equipment

aus|rutschen ['ausrʊtʃn̩] *vi (ist)* to slip

aus|sagen ['ausza:gn̩] *vt* to state

aus|schalten ['ausʃaltn̩] *vt* to switch off

Ausschank ['ausʃaŋk] der *(von Getränken)* serving

Ausschau ['ausʃau] die ● **Ausschau halten nach** to look out for

aus|schlafen ['ausʃla:fn̩] *vi (unreg)* to lie in ● **bist du ausgeschlafen?** did you get enough sleep?

Ausschlag ['ausʃla:k] *(pl -schläge)* der *MED* rash ● **den Ausschlag geben** to be the decisive factor

aus|schließen ['ausʃliːsn̩] vt (unreg) to exclude

ausschließlich ['ausʃliːslɪç] ◇ adv exclusively ◇ präp (+G) excluding

aus|schneiden ['ausʃnaɪdn̩] vt (unreg) to cut out

Ausschreitungen ['ausʃraɪtʊŋən] pl violent clashes

aus|schütteln ['ausʃʏtl̩n] vt to shake out

aus|schütten ['ausʃʏtn̩] vt 1. (Gefäß) to empty 2. (Flüssigkeit) to pour out

aus|schwenken [ʃvɛŋkn̩] vi (ist) to swing out

aus|sehen ['auszeːən] vi (unreg) to look ● **gut/schlecht aussehen** (Person, Gegenstand) to look nice/horrible; (Situation) to look good/bad ● **wie sieht es aus?** (Situation) how are you getting on? ● **es sieht nach Regen aus** it looks like rain

aus sein ['auszaɪn] vi (unreg) (ist) 1. (zu Ende sein) to be over 2. (Gerät, Heizung) to be off 3. (Feuer) to be out ● **aus sein auf** (+A) to be after

außen ['ausn̩] adv outside ● **von außen** from the outside ● **nach außen** outwards

Außenbordmotor ['ausn̩bɔrtmoːtoːɐ̯] (pl -en) der outboard motor

Außenrückspiegel ['ausn̩rʏkʃpiːɡl̩] (pl inv) der door mirror

Außenseite ['ausn̩zaɪtə] (pl -n) die outside

Außenseiter, in ['ausn̩zaɪtɐ] (mpl inv) der, die outsider

Außenspiegel ['ausn̩ʃpiːɡl̩] (pl inv) der door mirror

Außentemperatur ['ausn̩tɛmpəratuːɐ̯] (pl -en) die outside temperature

außer ['ausɐ] ◇ präp (+D) 1. (ausgenommen) except (for) 2. (neben) as well as ◇ konj except ● **ich komme, außer es regnet** I'll come, unless it rains ● **alle, außer ihm** everyone except (for) him ● **nichts, außer ...** nothing but ... ● **außer sich sein** (vor (+D)) to be beside o.s. (with) ● **außer Betrieb** out of order

außerdem ['ausɐdeːm] adv also, moreover

außergewöhnlich ['ausɐɡəvøːnlɪç] ◇ adj unusual ◇ adv exceptionally

außerhalb ['ausɐhalp] ◇ präp (+G) outside ◇ adv out of town

äußerlich ['ɔʏsɐlɪç] ◇ adj external ◇ adv externally

äußern ['ɔʏsɐn] vt to express ● **sich äußern** ref 1. (erkennbar werden) to show (itself) 2. (sprechen) to speak ● **sich äußern zu** to comment on

außerordentlich ['ausɐʔɔrdn̩tlɪç] ◇ adj extraordinary ◇ adv exceptionally

außerplanmäßig ['ausɐplaːnmɛːsɪç] adj (Zug) extra, special

äußerst ['ɔʏsɐst] adv extremely

aus|setzen ['auszɛtsn̩] ◇ vt 1. (Hund, Kind) to abandon 2. (Preis, Belohnung) to offer ◇ vi 1. (Herz, Musik) to stop 2. (bei Spiel) to miss one's turn ● **an allem etwas auszusetzen haben** to constantly find fault with everything

Aussicht ['auszɪçt] (pl -en) die 1. (Blick) view 2. (Chance) prospect

aussichtslos ['auszɪçtsloːs] adj hopeless

Aussichtsplattform ['auszɪçtsplatfɔrm] (pl -en) die viewing platform

Aussichtspunkt ['auszɪçtspʊŋkt] (pl -e) der viewpoint

Aussichtsterrasse ['auszɪçtstɛrasə] (pl -n) die cafe terrace with a view

Aussichtsturm ['aʊszɪçtstʊrm] (pl **-tür-me**) der lookout tower

Aussiedler, in ['aʊs'zi:dlɐ] (mpl inv, fpl **-nen**) der, die person of German extraction from Eastern Europe who goes to live in Germany

Aussiedler/Spätaussiedler

Aussiedler are people of German extraction whose families have lived for several generations in eastern European countries such as Russia, Romania and Hungary. Since the 1960s, these people have been allowed to return to Germany. People who moved back before the end of 1992 are called *Aussiedler*, while those who returned after this date are referred to as *Spätaus-siedler*.

aus|spannen ['aʊsʃpanən] vi (sich erholen) to relax

aus|sperren ['aʊsʃpɛrən] vt (aus Raum) to lock out

Aussprache ['aʊsʃpra:xə] (pl **-n**) die 1. (von Wörtern) pronunciation 2. (Gespräch) discussion (to resolve a dispute)

aus|sprechen ['aʊsʃprɛxn] ◇ vt (unreg) 1. (Wort, Satz) to pronounce 2. (Gedanke, Verdacht) to express ◇ vi (unreg) (zu Ende reden) to finish (speaking) ◆ sich aussprechen ref (unreg) to pour one's heart out ◆ sich mit jm aussprechen to talk things through with sb

aus|spucken ['aʊsʃpʊkn] ◇ vt to spit out ◇ vi to spit

aus|spülen ['aʊsʃpy:lən] vt 1. (Glas, Mund)

to rinse out 2. (Wunde) to wash 3. (Haare) to rinse

Ausstattung ['aʊsʃtatʊŋ] (pl **-en**) die 1. (Ausrüstung) equipment 2. (von Zimmer) furnishings pl 3. (von Auto) fittings pl

aus|steigen ['aʊsʃtaign] vi (unreg) (ist) (aus Fahrzeug) to get out ▼ aussteigen bitte Knopf drücken press to open

aus|stellen ['aʊsʃtɛlən] vt 1. (Gerät) to turn off 2. (in Museum, Ausstellung) to display 3. (Pass) to issue 4. (Quittung) to write out

Ausstellung ['aʊsʃtɛlʊŋ] (pl **-en**) die (in Museum) exhibition

aus|sterben ['aʊsʃtɛrbən] vi (unreg) (ist) to die out

aus|strahlen ['aʊsʃtra:lən] ◇ vt (Programm) to broadcast ◇ vi (Freude, Ruhe) to radiate

Ausstrahlung ['aʊsʃtra:lʊŋ] die 1. (von Programm) broadcasting 2. (von Person) charisma

aus|strecken ['aʊsʃtrɛkn] vt to stretch out ◆ sich ausstrecken ref to stretch

aus|streichen ['aʊsʃtraiçn] vt (unreg) (Satz) to cross out

aus|suchen ['aʊszu:xn] vt to choose ◆ sich (D) etw aussuchen to choose sthg

aus|teilen ['aʊstailən] vt to distribute

Auster ['aʊstɐ] (pl **-n**) die oyster

Australien ['aʊstra:liən] nt Australia

aus|trinken ['aʊstrɪŋkn] vt (unreg) 1. (Glas) to empty 2. (Bier) to drink

aus|trocknen ['aʊstrɔknən] ◇ vt (hat) (Erde, Haut) to dry out ◇ vi (ist) to dry out

Ausverkauf ['aʊsfɛɐ̯kaʊf] der clearance sale

ausverkauft ['aʊsfɛɐ̯kaʊft] adj sold out

Auswahl ['ausvaːl] *die* selection, choice

aus|wandern ['ausvandɐn] *vi (ist)* to emigrate

auswärts ['ausvɛrts] *adv* ● **auswärts essen** to eat out ● **auswärts spielen** to play away (from home)

aus|wechseln ['ausvɛksl̩n] *vt* **1.** *(ersetzen)* to replace **2.** *(Fußballspieler)* to substitute

aus|weichen ['ausvaiçn̩] *vi (unreg) (ist) (+D) (vor Auto, Frage)* to avoid

Ausweis ['ausvais] *der* **1.** *(Personalausweis)* identity card **2.** *(für Bibliothek, Studenten)* card

Ausweiskontrolle ['ausvaiskɔntrɔlə] *(pl -n) die* identity card check

Ausweisnummer ['ausvaisnʊmɐ] *(pl -n) die* identity card number

Ausweispapiere ['ausvaispapiːrə] *pl* identification *sg*

auswendig ['ausvɛndɪç] *adv* by heart

aus|wringen ['ausvrɪŋən] *vt (unreg)* to wring out

aus|wuchten ['ausvʊxtn̩] *vt* to balance

aus|zahlen ['austsaːlən] *vt (Lohn, Zinsen)* to pay ◆ **sich auszahlen** *ref* to pay

Auszahlungsbetrag ['austsaːlʊŋsbətraːk] *(pl -beträge) der* total payment

aus|zeichnen ['austsaiçnən] *vt* **1.** *(ehren)* to honour **2.** *(mit Preisschild)* to price

aus|ziehen ['austsiːən] ◇ *vt (unreg) (hat)* **1.** *(Kleidung, Schuhe)* to take off **2.** *(Antenne, Tisch)* to extend **3.** *(Person)* to undress ◇ *vi (unreg) (ist) (aus Wohnung)* to move out ◆ **sich ausziehen** *ref* to undress ● **sich die Schuhe ausziehen** to take one's shoes off

Auszubildende ['austsuːbɪldn̩də] *(pl -n) der, die* trainee

Auto ['auto] *(pl -s) das* car ● **mit dem**

Auto fahren to go by car, to drive

Autoatlas ['autoˌatlas] *(pl -atlanten) der* road atlas

Autobahn ['autobaːn] *(pl -en) die* motorway *(UK)*, freeway *(US)*

Autobahn

Although in principle there is no speed limit on German motorways, speed restrictions are actually in force on much of the motorway network. Motorway use is toll-free for cars, but in January 2005 a toll was introduced for all German and foreign HGVs.

Autobahngebühr ['autobaːnɡəbyːɐ̯] *(pl -en) die* toll

Autobahnkreuz ['autobaːnkrɔyts] *(pl -e) das* interchange

Autobahnmeisterei ['autobaːnmaistərai] *(pl -en) die* motorway maintenance department

Autobahnring ['autobaːnrɪŋ] *(pl -e) der* motorway ring road *(UK)*, beltway *(US)*

Autobus ['autobʊs] *(pl -se) der* bus

Autofähre ['autofɛːrə] *(pl -n) die* car ferry

Autofahrer, in ['autofaːrɐ] *(mpl inv) der, die* (car) driver

Autogramm [auto'gram] *(pl -e) das* autograph

Automat [auto'maːt] *(pl -en) der (für Zigaretten, Fahrkarten usw.)* vending machine

Automatik [auto'maːtɪk] *die* AUTO automatic transmission

Automatikgetriebe [auto'maːtɪkɡətriːbə] (*pl inv*) *das* AUTO automatic transmission

Automatikwagen [autoˈmaːtɪkvaːgn̩] (*pl inv*) *der* automatic (car)

automatisch [autoˈmaːtɪʃ] ◇ *adj* automatic ◇ *adv* automatically

Autor [ˈautoːɐ̯] (*pl* **Autoren**) *der* author

Autoradio [ˈautoraːdjo] (*pl* **-s**) *das* car radio

Autoreifen [ˈautoraɪfn̩] (*pl inv*) *der* car tyre

Autoreisezug [ˈautoraɪzətsuːk] (*pl* **-züge**) *der* ≃ motorail train

Autoreparatur [ˈautoreparatuːɐ̯] (*pl* **-en**) *die* car repairs *pl*

Autorin [auˈtoːrɪn] (*pl* **-nen**) *die* author

Autoschlange [ˈautoʃlaŋə] (*pl* **-n**) *die* tailback

Autostopp [ˈautoʃtɔp] *der* hitchhiking ● **per Autostopp fahren** to hitch-hike

Autounfall [ˈautoʊnfal] (*pl* **-unfälle**) *der* car accident

Autovermietung [ˈautoɛɐ̯miːtʊŋ] (*pl* **-en**) *die (Firma)* car hire firm (*UK*), car rental firm (*US*)

Autowaschanlage [ˈautovaʃlanlaːgə] (*pl* **-n**) *die* car wash

Autowäsche [ˈautovɛʃə] (*pl* **-n**) *die* car wash

Autowaschstraße [ˈautovaʃʃtraːsə] (*pl* **-n**) *die* drive-through car wash

Autozubehör [ˈautotsuːbəhoːɐ̯] *das* car accessories *pl*

Avocado [avoˈkaːdo] (*pl* **-s**) *die* avocado

Axt [akst] (*pl* **Äxte**) *die* axe

b B

B [beː] (*pl inv*) *abk* = **Bundesstraße**

Baby [ˈbeːbi] (*pl* **-s**) *das* baby

Babybett [ˈbeːbibɛt] (*pl* **-en**) *das* cot (*UK*), crib (*US*)

Babyfläschchen [ˈbeːbiflɛʃçən] (*pl inv*) *das* baby's bottle

Babynahrung [ˈbeːbinaːrʊŋ] *die* baby food

Babysitter, in [ˈbeːbisɪtɐ] (*mpl inv*) *der, die* babysitter

Babysitz [ˈbeːbizɪts] (*pl* **-e**) *der* child seat

Baby-Wickelraum [ˈbeːbi-vɪkl̩raum] (*pl* **-räume**) *der* parent and baby room

Bach [bax] (*pl* **Bäche**) *der* stream

Backbord [ˈbakbɔrt] *das* port

Backe [ˈbakə] (*pl* **-n**) *die (Wange)* cheek

backen [ˈbakn̩] *vt & vi (unreg)* to bake

Bäcker, in [ˈbɛkɐ] (*mpl inv*) *der, die* baker

Bäckerei [bɛkəˈraɪ] (*pl* **-en**) *die* bakery

Backmischung [ˈbakmɪʃʊŋ] (*pl* **-en**) *die* cake mix

Backofen [ˈbakloːfn̩] (*pl* **-öfen**) *der* oven

Backpflaume [ˈbakpflaumə] (*pl* **-n**) *die* prune

Backpulver [ˈbakpʊlvɐ] *das* baking powder

bäckt [ˈbɛt] *präs* ➢ **backen**

Backwaren *pl* bread, cakes and pastries

Bad [baːt] (*pl* **Bäder**) *das* **1.** *(Badezimmer)* bathroom **2.** *(Baden)* bath **3.** *(Kurort)* spa ● **mit Bad und WC** with en suite bathroom • **ein Bad nehmen** to have a bath

Bad

If a town's name begins with *Bad* as in *Bad Ems* or *Bad Füssing*, this indicates that it is a spa town or health resort. Doctors often prescribe stays in such towns so that patients can benefit from the waters or healthy climate. The cost of these stays is partly covered by the German medical insurance scheme.

Badeanzug ['ba:dəlantsu:k] (*pl* **-anzüge**) *der* swimming costume, swimsuit

Badegast ['ba:dəgast] (*pl* **-gäste**) *der* 1. (*im Badeort*) visitor 2. (*im Schwimmbad*) bather

Badehose ['ba:dəho:zə] (*pl* **-n**) *die* swimming trunks *pl*

Badekappe ['ba:dəkapə] (*pl* **-n**) *die* swimming cap

Bademeister, in ['ba:dəmaistɐ] (*mpl inv*) *der, die* pool attendant

Bademütze ['ba:dəmytsə] (*pl* **-n**) *die* swimming cap

baden ['ba:dn] ◇ *vi* 1. (*in Badewanne*) to have a bath 2. (*schwimmen*) to swim ◇ *vt* to bath • **baden gehen** to go for a swim

Baden-Württemberg ['ba:dn-vyrtəmbɛrk] *nt* Baden-Württemberg

Badeort ['ba:dəlɔrt] (*pl* **-e**) *der* (*seaside*) resort

Badesachen ['ba:dəzaxn̩] *pl* swimming things

Badetuch ['ba:dətu:x] (*pl* **-tücher**) *das* bath towel

Badewanne ['ba:dəvanə] (*pl* **-n**) *die* bath (tub)

Badezimmer ['ba:dətsɪmɐ] (*pl inv*) *das* bathroom

Badminton ['bɛtmɪntən] *das* badminton

baff [baf] *adj* • **baff sein** (*fam*) to be gobsmacked

BAFöG ['ba:fœk] *das* maintenance grant awarded to students and apprentices by the state

Bagger ['bagɐ] (*pl inv*) *der* mechanical digger

Baggersee ['bagɐze:] (*pl* **-n**) *der* artificial lake where people go to have picnics, swim etc

Bahn ['ba:n] (*pl* **-en**) *die* 1. (*Zug*) train 2. (*Straßenbahn*) tram (*UK*), streetcar (*US*) 3. (*von Rakete, Planet*) path 4. (*in Schwimmbad, Stadion*) lane 5. (*von Stoff, Tapete*) strip • **die Bahn** (*Bundesbahn*) German rail company • **drei Bahnen schwimmen** to swim three lengths • **jn zur Bahn bringen** to take sb to the station • **mit der Bahn** by train, by rail

Bahnbus ['ba:nbʊs] (*pl* **-se**) *der* bus run by railway company

Bahncard ['ba:nka:ɐt] (*pl* **-s**) *die* railcard

Bahnfracht ['ba:nfraxt] *die* • **per Bahnfracht** by rail (freight)

Bahngesellschaft ['ba:ngəzɛlʃaft] *die* one of the rail companies that make up the German Bundesbahn

Bahnhof ['ba:nho:f] (*pl* **-höfe**) *der* (*railway*) station

Bahnhofsmission ['ba:nho:fsmɪsjo:n] (*pl* **-en**) *die* room at a station where charitable organizations provide care for rail travellers

Bahnlinie ['ba:nli:njə] (*pl* **-n**) *die* (*Strecke*) railway line (*UK*), railroad line (*US*)

Bahnpolizei ['ba:npolitsai] *die* railway police (UK), railroad police (US)

Bahnsteig ['ba:nʃtaik] (*pl* **-e**) *der* platform ● **am selben Bahnsteig gegenüber** on the opposite side of the platform

Bahnübergang ['ba:nly:bɐgan] (*pl* **-übergänge**) *der* level crossing (UK), grade crossing (US) ● **unbeschrankter Bahnübergang** level crossing with no barrier

Bahnverbindung ['ba:nfɛɐbɪndʊn] (*pl* **-en**) *die* (train) connection

Bakterie [bak'te:riə] (*pl* **-n**) *die* germ

balancieren [balãˈsi:rən] *vt & vi* to balance

bald [balt] *adv* **1.** soon **2.** (*fam*) (*fast*) almost ● **bis bald!** see you soon!

Baldrian ['baldria:n] *der* valerian

Balken ['balkn] (*pl inv*) *der* beam

Balkon [bal'kɔn] (*pl* **-e**) *der* balcony

Ball [bal] (*pl* **Bälle**) *der* ball

Ballett [ba'let] (*pl* **-e**) *das* ballet

Ballon [ba'lɔn] (*pl* **-s**) *der* balloon

Ballspiel ['balʃpi:l] (*pl* **-e**) *das* ball game

Ballungsgebiet ['balʊŋsɡəbi:t] (*pl* **-e**) *das* conurbation

banal [ba'na:l] *adj* **1.** (*abw*) (*geistlos*) banal **2.** (*einfach*) everyday

Banane [ba'na:nə] (*pl* **-n**) *die* banana

band [bant] *prät* ➤ binden

Band¹ [bant] (*pl* **Bänder**) *das* **1.** (*Schnur*) ribbon **2.** (*Tonband*) tape

Band² [bant] (*pl* **Bände**) *der* (*Buch*) volume

Band³ [bɛnt] (*pl* **-s**) *die* MUS band

Bandage [ban'da:ʒə] (*pl* **-n**) *die* bandage

bandagieren [banda'ʒi:rən] *vt* to bandage

Bandscheibe ['bantʃaibə] (*pl* **-n**) *die* disc (in spine)

Bank¹ [baŋk] (*pl* **-en**) *die* bank

Bank² [baŋk] (*pl* **Bänke**) *die* bench

Bankanweisung ['baŋkanvaizʊn] (*pl* **-en**) *die* standing order

Bankett [baŋ'ket] (*pl* **-e**) *das* banquet

Bankkonto ['baŋkkɔnto] (*pl* **-konten**) *das* bank account

Bankleitzahl ['baŋklaitsa:l] (*pl* **-en**) *die* bank sort code

Banknote ['baŋkno:tə] (*pl* **-n**) *die* banknote

bankrott [baŋ'krɔt] *adj* bankrupt

Bankverbindung ['baŋkfɛɐbɪndʊn] (*pl* **-en**) *die* account details

bar [ba:ɐ] ◇ *adv* (in) cash ◇ *adj* ● **bares Geld** cash ● **in bar** in cash

Bar [ba:ɐ] (*pl* **-s**) *die* bar

Bär [bɛ:ɐ] (*pl* **-en**) *der* bear

barfuß ['ba:ɐfu:s] ◇ *adv* barefoot ◇ *adj* ● **barfuß sein** to be barefoot

barg [bark] *prät* ➤ bergen

Bargeld *das* cash

bargeldlos ['ba:ɐɡeltlo:s] ◇ *adj* cash-free ◇ *adv* without using cash

Bariton ['ba:ritɔn] (*pl* **-e**) *der* baritone

Barkeeper ['ba:ɐki:pɐ] (*pl inv*) *der* barman

barock [ba'rɔk] *adj* baroque

Barometer [baro'me:tɐ] (*pl inv*) *das* barometer

Barriere [ba'rje:rə] (*pl* **-n**) *die* barrier

barsch [barʃ] *adj* curt

Barscheck ['ba:ɐʃek] (*pl* **-s**) *der* uncrossed cheque

Bart [ba:ɐt] (*pl* **Bärte**) *der* beard

Barzahlung ['ba:ɐtsa:lʊn] (*pl* **-en**) *die* payment in cash ● **Verkauf nur gegen Barzahlung** cash sales only

Basar [ba'za:ɐ] (*pl* **-e**) *der* bazaar

Basel ['ba:zl] *nt* Basel, Basle

Basilikum [ba'zi:likum] *das* basil

Basis ['ba:zɪs] *die (Grundlage)* basis

Basketball ['ba:skɛtbal] *der* basketball

Bass [bas] (*pl* **Bässe**) *der* bass

basteln ['bastln] ◇ *vt* to make ◇ *vi* ● **er bastelt gerne** he likes making things himself

bat [ba:t] *prät* > **bitten**

Batterie [bata'ri:] (*pl* **-n**) *die* battery ● **wieder aufladbare Batterie** rechargeable battery

batteriebetrieben [bata'ri:bətri:bn] *adj* battery-powered

Bau[1] [bau] (*pl* **-ten**) *der* **1.** (*Vorgang, Gebäude*) building **2.** (*Baustelle*) building site

Bau[2] [bau] (*pl* **-e**) *der (von Tier)* hole

Bauarbeiten ['bauarbaitn] *pl* construction work *sg* ▼ **wegen Bauarbeiten gesperrt** road closed due to construction work

Bauarbeiter, in ['bauarbaitɐ] (*mpl inv*) *der, die* builder

Bauch [baux] (*pl* **Bäuche**) *der* stomach

Bauchschmerzen ['bauxʃmɛrtsn] *pl* stomachache *sg* ● **Bauchschmerzen haben** to have stomachache

Bauchspeck ['bauxʃpɛk] *der* belly pork

Bauchspeicheldrüse ['bauxʃpaiçldry:zə] (*pl* **-n**) *die* pancreas

Baudenkmal ['baudɛŋkma:l] (*pl* **-mäler**) *das* monument

bauen ['bauən] ◇ *vt* **1.** (*Haus, Straße, Auto*) to build **2.** (*Möbel, Maschine*) to make ◇ *vi* to build ● **etw an etw** (*D*) **bauen** to be building sthg ● **bauen auf** (*+A*) to rely on

Bauer ['bauɐ] (*pl* **-n**) *der* **1.** (*Beruf*) farmer **2.** (*Schachfigur*) pawn **3.** (*Spielkarte*) jack

Bäuerin ['bɔyərɪn] (*pl* **-nen**) *die* farmer's wife

Bauernbrot ['bauɐnbro:t] (*pl* **-e**) *das* farmhouse loaf

Bauernfrühstück ['bauɐnfry:ʃtyk] (*pl* **-e**) *das fried potatoes with scrambled egg and pieces of bacon*

Bauernhof ['bauɐnho:f] (*pl* **-höfe**) *der* farm

baufällig ['baufɛlɪç] *adj* dilapidated

Baum [baum] (*pl* **Bäume**) *der* tree

Baumarkt ['baumarkt] (*pl* **-märkte**) *der* DIY store

Baumwolle ['baumvɔlə] *die* cotton

Baustelle ['bauʃtɛlə] (*pl* **-n**) *die* building site ▼ **Vorsicht Baustelle!** men at work

Baustellenausfahrt ['bauʃtɛlənausfa:ɐt] (*pl* **-en**) *die* works exit

Bauwerk ['bauvɛrk] (*pl* **-e**) *das* building

Bayern ['baiɐn] *nt* Bavaria

Bayreuther Festspiele [bai'rɔytɐfɛstʃpi:lə] *pl* Wagner festival held annually in the town of Bayreuth

Bayreuther Festspiele

This festival takes place every August in the Bavarian town of Bayreuth. It was founded in 1876 by the town's most famous son, Richard Wagner, and involves performances of his works in the *Festspielhaus* (festival theatre), the design of which was conceived by Wagner himself.

Bazillus [ba'tsɪlʊs] (*pl* **Bazillen**) *der* germ

Bd. (*abk für* **Band**) vol.

beabsichtigen [bə'apzɪçtɪɡən] *vt* to intend

beachten [bəˈaxtn̩] vt 1. *(Verbot)* to observe 2. *(Person)* to notice

Beamte [bəˈamtə] *(pl -n)* der 1. *(bei Finanzamt, Botschaft)* civil servant 2. *(Polizist, beim Zoll)* officer

Beamtin [bəˈamtɪn] *(pl -nen)* die 1. *(bei Finanzamt, Botschaft)* civil servant 2. *(Polizist, beim Zoll)* officer

beanspruchen [bəˈanʃpruxn̩] vt 1. *(strapazieren)* to wear out 2. *(Zeit, Platz)* to take up ● jn stark beanspruchen to keep sb very busy

beanstanden [bəˈanʃtandn̩] vt to complain about ● es gibt nichts zu beanstanden there's no cause for complaint

Beanstandung [bəˈanʃtandʊŋ] *(pl -en)* die complaint

beantragen [bəˈantraːgn̩] vt to apply for

beantworten [bəˈantvɔrtn̩] vt to answer

bearbeiten [bəˈarbaitn̩] vt 1. *(Antrag)* to deal with 2. *(Feld, Stein, Holz)* to work

Bearbeitungsgebühr [bəˈarbaitʊŋsgəbyːɐ] *(pl -en)* die handling charge

beatmen [bəˈatmən] vt ● jn künstlich beatmen MED to put sb on a respirator

beaufsichtigen [bəˈaufzɪçtɪgn̩] vt to supervise

beauftragen [bəˈauftraːgn̩] vt ● jm mit etw beauftragen to entrust sthg to sb ● jn beauftragen, etw zu tun to instruct sb to do sthg

Becher [ˈbɛçɐ] *(pl inv)* der 1. *(zum Trinken)* cup *(without handles)* 2. *(aus Plastik)* beaker 3. *(für Eis)* dish 4. *(für Joghurt)* pot

Becken [ˈbɛkn̩] *(pl inv)* das 1. *(Waschbecken)* basin 2. *(Spülbecken)* sink 3. *(Schwimmbecken)* pool 4. *(Körperteil)* pelvis 5. MUS cymbal

Beckenrand [ˈbɛkn̩rant] der edge of the pool ▼ Springen vom Beckenrand nicht erlaubt! no diving!

bedanken [bəˈdaŋkn̩] ◆ sich bedanken ref ● sich (bei jm) bedanken to say thank you (to sb)

Bedarf [bəˈdarf] der need ● bei Bedarf if necessary

Bedarfshaltestelle [bəˈdarfshaltəʃtɛlə] *(pl -n)* die request stop

bedauerlich [bəˈdauɐlɪç] adj unfortunate

bedauern [bəˈdauɐn] ◇ vt 1. *(bemitleiden)* to feel sorry for 2. *(schade finden)* to regret ◇ vi to be sorry ● bedaure! I'm sorry!

bedecken [bəˈdɛkn̩] vt *(Boden, Schultern)* to cover

bedeckt [bəˈdɛkt] adj overcast

bedeuten [bəˈdɔytn̩] vt *(meinen)* to mean ● das hat nichts zu bedeuten that doesn't matter

bedeutend [bəˈdɔytnt] adj important

Bedeutung [bəˈdɔytʊŋ] *(pl -en)* die 1. *(Sinn, Inhalt)* meaning 2. *(Wichtigkeit)* importance

bedienen [bəˈdiːnən] ◇ vt 1. *(Gast, Kunde)* to serve 2. *(Maschine)* to operate ◇ vi *(Kellner)* to serve ◆ sich bedienen ref to help o.s. ● bedienen Sie sich! help yourself!

Bedienung [bəˈdiːnʊŋ] *(pl -en)* die 1. *(von Gast, Kunde)* service 2. *(von Maschine)* operation 3. *(Kellner)* waiter (f waitress) ● inklusive Bedienung including service

Bedienungsanleitung [bəˈdiːnʊŋsanlaitʊŋ] *(pl -en)* die operating instructions pl

Bedienungshandbuch [bəˈdiːnʊŋshantbuːx] *(pl -bücher)* das (operating) manual

Bedingung [bə'dɪŋʊŋ] (pl **-en**) die condition • **unter einer Bedingung** on one condition

bedrohen [bə'dro:ən] vt to threaten

Bedürfnis [bə'dyrfnɪs] (pl **-se**) das need

beeilen [bə'ailən] • **sich beeilen** ref to hurry

beeindrucken [bə'aindrʊkn] vt to impress

beeinflussen [bə'ainflʊsn] vt to influence

beenden [bə'ɛndn] vt to end

Beerdigung [bə'le:ɐdɪgʊŋ] (pl **-en**) die funeral

Beere ['be:rə] (pl **-n**) die berry

Beet [be:t] (pl **-e**) das **1.** (mit Blumen) flower bed **2.** (mit Gemüse) patch

Beete ['be:tə] die • **rote Beete** beetroot

befahl [bəˈfaːl] prät ➤ befehlen

befahrbar [bəˈfaːrbaːɐ] adj passable

befahren [bə'fa:rən] (präs **befährt**, prät **befuhr**, pp inv) vt to use

Befehl [bə'fe:l] (pl **-e**) der order

befehlen [bə'fe:lən] (präs **befiehlt**, prät **befahl**, pp **befohlen**) vt to order

befestigen [bə'fɛstɪgn] vt **1.** (anbringen) to fasten **2.** (Straße) to surface

befiehlt [bə'fi:lt] präs ➤ befehlen

befinden [bə'findn] (prät **befand**, pp **befunden**) • **sich befinden** ref to be ▼ **Sie befinden sich hier** you are here

befohlen [bə'fo:lən] pp ➤ befehlen

befolgen [bə'fɔlgn] vt to obey

befördern [bə'fœrdɐn] vt **1.** (mit Auto, Zug) to transport **2.** (beruflich) to promote

Beförderung [bə'fœrdərʊŋ] (pl **-en**) die **1.** (Transport) transport **2.** (beruflich) promotion

Beförderungsbedingungen [bə'fœrdərʊŋsbədɪŋʊŋən] pl (amt) conditions of carriage

Beförderungsentgelt [bə'fœrdərʊŋsɛntgɛlt] das (amt) fare

befragen [bə'fra:gn] vt to question

befreien [bə'fraiən] vt to free • **sich befreien** ref to escape

befreundet [bə'frɔyndt] adj • **mit jm befreundet sein** to be friends with sb

befriedigend [bə'fri:dɪgnt] adj (zufrieden stellend) satisfactory

befristet [bə'frɪstət] adj temporary

Befund [bə'fʊnt] (pl **-e**) der results pl • **ohne Befund** negative

befürchten [bə'fʏrçtn] vt to fear

begabt [bə'ga:pt] adj talented

begann [bə'gan] prät ➤ beginnen

begegnen [bə'ge:gnən] vi (ist, +D) to meet • **sich begegnen** ref to meet

begehrt [bə'ge:ɐt] adj coveted

begeistert [bə'gaistɐt] ◇ adj enthusiastic ◇ adv enthusiastically

Beginn [bə'gɪn] der beginning • **zu Beginn** at the beginning

beginnen [bə'gɪnən] (prät **begann**, pp **begonnen**) vt & vi to begin, to start • **beginnen mit** (+D) to begin with, to start with

beglaubigen [bə'glaubɪgn] vt to certify

Beglaubigung [bə'glaubɪgʊŋ] (pl **-en**) die certification

begleiten [bə'glaitn] vt to accompany

Begleitperson [bə'glaitpɛrzo:n] (pl **-en**) die escort

Begleitung [bə'glaitʊŋ] die company • **in Begleitung von** accompanied by

beglückwünschen [bə'glʏkvʏnʃn] vt to congratulate

begonnen [bəˈɡɔnən] *pp* ➤ beginnen

Begräbnis [bəˈɡrɛːbnɪs] (*pl* **-se**) *das* funeral

begreifen [bəˈɡraifn̩] (*prät* **begriff**, *pp* **begriffen**) *vt* & *vi* to understand

Begrenzung [bəˈɡrɛntsʊŋ] (*pl* **-en**) *die* **1.** (*zeitlich*) restriction **2.** (*Grenze*) boundary

Begriff [bəˈɡrɪf] (*pl* **-e**) *der* (*Wort*) term

begründen [bəˈɡrʏndn̩] *vt* **1.** to justify **2.** (*gründen*) to establish

Begründer, in [bəˈɡrʏndɐ] (*mpl inv*) *der, die* founder

Begründung [bəˈɡrʏndʊŋ] (*pl* **-en**) *die* **1.** reason **2.** (*Gründung*) establishment

begrüßen [bəˈɡryːsn̩] *vt* (*Person*) to greet

Begrüßung [bəˈɡryːsʊŋ] (*pl* **-en**) *die* greeting

behalten [bəˈhaltn̩] (*präs* **behält**, *prät* **behielt**, *pp inv*) *vt* **1.** (*nicht abgeben*) to keep **2.** (*in Erinnerung*) to remember ◆ etw für sich behalten (*nicht erzählen*) to keep sthg to o.s.

Behälter [bəˈhɛltɐ] (*pl inv*) *der* container

behandeln [bəˈhandl̩n] *vt* **1.** to treat **2.** (*Thema*) to deal with ◆ jn gut/schlecht behandeln to treat sb well/badly ◆ mit Antibiotika behandeln to treat with antibiotics

Behandlung [bəˈhandlʊŋ] (*pl* **-en**) *die* treatment

behaupten [bəˈhauptn̩] *vt* (*versichern*) to claim ◆ sich behaupten *ref* to assert o.s.

beheimatet [bəˈhaimaːtət] *adj* (*geh*) ◆ in Deutschland beheimatet sein to come from Germany

beheizt [bəˈhaitst] *adj* heated

behelfen [bəˈhɛlfn̩] (*präs* **behilft**, *prät* **behalf**, *pp* **beholfen**) ◆ sich behelfen *ref* to manage

behelfsmäßig [bəˈhɛlfsmɛːsɪç] *adj* makeshift

beherbergen [bəˈhɛrbɛrɡn̩] *vt* to put up, to accommodate

beherrschen [bəˈhɛrʃn̩] *vt* **1.** (*bestimmen*) to rule **2.** (*Sprache*) to have a command of ◆ sich beherrschen *ref* to control o.s.

behilflich [bəˈhɪlflɪç] *adj* ◆ jm behilflich sein to help sb

behindern [bəˈhɪndɐn] *vt* **1.** (*Sicht, Verkehr*) to obstruct **2.** (*Person*) to hinder

behindert [bəˈhɪndɐt] *adj* handicapped

Behinderte [bəˈhɪndɐtə] (*pl* **-n**) *der, die* handicapped person

Behindertenaufzug [bəˈhɪndɐtnˌauftsuːk] (*pl* **-aufzüge**) *der* disabled lift (*UK*), disabled elevator (*US*)

behindertengerecht [bəˈhɪndɐtn̩ɡərɛçt] *adj* adapted for people with disabilities

Behinderung [bəˈhɪndərʊŋ] (*pl* **-en**) *die* **1.** (*körperlich, geistig*) handicap **2.** (*im Verkehr*) delay ◆ mit Behinderungen muss gerechnet werden delays are likely

Behörde [bəˈhœrdə] (*pl* **-n**) *die* authority

bei [bai] *präp* (+*D*) **1.** (*an einem Ort*) at ◆ bei der Post at the post office ◆ beim Arzt at the doctor's ◆ bei meiner Tante at my aunt's ◆ bei mir at my house ◆ hast du Geld bei dir? have you got any money on you? ◆ sie arbeitet bei einem Verlag she works for a publishing company **2.** (*in der Nähe von*) near ◆ das Hotel ist gleich beim Bahnhof the hotel is right next to the station **3.** (*Angabe von Umständen*) ◆ bei Regen vorsichtig fahren drive carefully in the rain ◆ bei Regen fällt der Ausflug aus if it rains the trip will be cancelled ◆ kannst du das Buch bei Gelegenheit vorbeibringen? could you bring the book round next time you get the chance? • **bei Tag/Nacht** by day/night **4.** *(Angabe von Zeit)* at • **bei Beginn** at the beginning • **bei der Arbeit** at work • **beim Sport brach er sich den Arm** he broke his arm (while) playing sport **5.** *(Angabe von Ursache, Grund)* with • **bei deinem Benehmen muss er ja verärgert sein** it's hardly surprising he's angry, after the way you behaved **6.** *(trotz)* • **bei aller Liebe, aber so nicht!** however much I love you, you can't do that

beibringen *vt (lehren)* to teach

beichten [ˈbaiçtn̩] *vt & vi* to confess

beide [ˈbaidə] *pron & adj* both • **meine beiden Töchter** both (of) my daughters • **ihr beide** you two • **jeder der beiden** each of them

beidseitig [ˈbaitsaitiç] ◇ *adj (Einverständnis)* mutual ◇ *adv (beschrieben)* on both sides

Beifahrer, in [ˈbaifaːɐ] *(mpl inv)* der, die *(im PKW)* front-seat passenger

Beifahrersitz [ˈbaifaːrezits] *(pl -e)* der passenger seat

Beifall [ˈbaifal] der applause • **Beifall spenden** ODER **klatschen** to applaud

beige [beːʃ] *adj* beige

Beilage [ˈbailaːgə] *(pl -n)* die • **mit Reis als Beilage** (served) with rice

Beileid [ˈbailait] das condolences *pl* • **herzliches** ODER **aufrichtiges Beileid** my sincere condolences

beiliegend [ˈbailiːgn̩t] *adj (amt)* enclosed

beim [baim] *präp* = **bei + dem**

Bein *(pl -e)* das leg

beinahe [baiˈnaːə] *adv* almost

Beinbruch [ˈbainbrʊx] *(pl -brüche)* der broken leg

beinhalten [bəˈɪnhaltn̩] *vt (enthalten)* to contain

Beipackzettel [ˈbaipaktsetl̩] *(pl inv)* der instructions *pl*

Beisammensein [ˈbaizamənzain] das get-together

Beispiel [ˈbaiʃpiːl] *(pl -e)* das example • **zum Beispiel** for example

beispielsweise [ˈbaiʃpiːlsvaizə] *adv* for example

beißen [ˈbaisn̩] *(prät* biss, *pp* gebissen) *vt & vi* to bite • **in etw (A) beißen** to bite into sthg

Beitrag [ˈbaitraːk] *(pl -träge)* der **1.** *(Geld, Mitarbeit)* contribution **2.** *(für Verein)* subscription

bekämpfen [bəˈkɛmpfn̩] *vt* to fight

bekannt [bəˈkant] *adj* **1.** *(allgemein)* well-known **2.** *(individuell)* familiar • **mit jm bekannt sein** to know sb

Bekannte [bəˈkantə] *(pl -n)* der, die **1.** *(flüchtig)* acquaintance **2.** *(Freund)* friend

bekannt geben [bəˈkantgeːbn̩] *vt (unreg)* to announce

bekannt machen [bəˈkantmaxn̩] *vt* to announce • **jn mit jm bekannt machen** to introduce sb to sb

Bekanntschaft [bəˈkantʃaft] *(pl -en)* die **1.** *(Kontakt)* acquaintance **2.** *(Gruppe)* acquaintances *pl*

beklagen [bəˈklaːgn̩] • **sich beklagen** *ref* to complain

bekleckern [bəˈklɛkɐn] *vt* • **etw mit etw bekleckern** to spill sthg on sthg • **sich bekleckern** *ref* • **sich mit etw bekleckern** to spill sthg on o.s.

Bekleidung [bəˈklaidʊŋ] die clothes *pl*

bekommen [bəˈkɔmən] (*prät* **bekam**, *pp inv*) ◇ *vt* (*hat*) **1.** to get **2.** (*Kind, Besuch*) to expect **3.** (*Zug, Bus*) to catch ◇ *vi* (*ist*) • jm gut bekommen (*Klima, Luft*) to be good for sb; (*Essen*) to agree with sb • jm schlecht bekommen to disagree with sb • etw geschenkt/geliehen bekommen to be given/lent sthg • ich bekomme noch 100 Euro von dir you owe me 100 euros • was bekommen Sie? what would you like? • was bekommen Sie dafür? how much is it? • etw zu essen/ trinken bekommen to get sthg to eat/ drink

bekömmlich [bəˈkœmlɪç] *adj* easy to digest

beladen [bəˈlaːdn] (*präs* **belädt**, *prät* **belud**, *pp inv*) *vt* to load

Belag [bəˈlaːk] (*pl* **Beläge**) *der* **1.** (*auf Brot*) topping **2.** (*auf Bremse*) lining **3.** (*auf Straße*) surface

belangen [bəˈlaŋən] *vt* (*amt*) (*verklagen*) to prosecute

belasten [bəˈlastn] *vt* **1.** (*deprimieren*) to put a strain on **2.** (*Umwelt, Luft*) to pollute **3.** (*mit Gewicht*) to weigh down

belästigen [bəˈlɛstɪɡn] *vt* **1.** (*sexuell*) to harass **2.** (*stören*) to bother

Belastung [bəˈlastʊŋ] (*pl* **-en**) *die* **1.** (*psychisch, körperlich*) strain **2.** (*von Umwelt*) pollution **3.** (*Last*) load

belaufen [bəˈlaufn] (*präs* **beläuft**, *pp inv*) ◆ **sich belaufen** *ref* • die Rechnung beläuft sich auf 120 Euro the bill comes to 120 euros

belebt [bəˈleːpt] *adj* busy

Beleg [bəˈleːk] (*pl* **-e**) *der* (*Quittung*) receipt

belegt [bəˈleːkt] *adj* **1.** (*Sitzplatz*) occupied **2.** (*Hotel*) full **3.** (*Telefonanschluss*) engaged **4.** (*Zunge*) furred **5.** (*Stimme*) hoarse • belegtes Brötchen/Brot open roll/ sandwich • voll belegt no vacancies

belehren [bəˈleːrən] *vt* to inform

beleidigen [bəˈlaɪdɪɡn] *vt* to insult

Beleidigung [bəˈlaɪdɪɡʊŋ] (*pl* **-en**) *die* (*Bemerkung, Handlung*) insult

Beleuchtung [bəˈlɔʏçtʊŋ] *die* (*Scheinwerfer, Lampen*) lights *pl*

Belgien [ˈbɛlɡiən] *nt* Belgium

Belgier, in [ˈbɛlɡiɐ] (*mpl inv*) *der, die* Belgian

belgisch [ˈbɛlɡɪʃ] *adj* Belgian

belichten [bəˈlɪçtn] *vt* to expose

Belichtung [bəˈlɪçtʊŋ] (*pl* **-en**) *die* exposure

Belichtungsmesser [bəˈlɪçtʊŋsmɛsɐ] (*pl inv*) *der* light meter

Belichtungszeit [bəˈlɪçtʊŋstsaɪt] (*pl* **-en**) *die* exposure time

Belieben [bəˈliːbn] *das* • nach Belieben as you like

beliebig [bəˈliːbɪç] ◇ *adj* any ◇ *adv* • beliebig viel as much as you like • in beliebiger Reihenfolge in any order • zu jeder beliebigen Zeit whenever you like

beliebt [bəˈliːpt] *adj* popular

beliefern [bəˈliːfɐn] *vt* to supply

bellen [ˈbɛlən] *vi* to bark

belohnen [bəˈloːnən] *vt* to reward

Belohnung [bəˈloːnʊŋ] (*pl* **-en**) *die* (*Geld, Geschenk*) reward

Belüftung [bəˈlʏftʊŋ] *die* ventilation

belügen [bəˈlyːɡn] (*prät* **belog**, *pp* **belogen**) *vt* to lie to • sich belügen *ref* to deceive o.s.

bemerkbar [bəˈmɛrkbaːɐ̯] *adj* noticeable • sich bemerkbar machen (*durch Rufen,*

Klopfen) to attract attention; *(sich zeigen)* to become apparent

bemerken [bəˈmɛrkn] *vt* **1.** *(wahrnehmen)* to notice **2.** *(geh) (sagen)* to remark ● nebenbei bemerkt by the way

Bemerkung [bəˈmɛrkʊŋ] *(pl* **-en)** *die* remark ● eine Bemerkung machen to make a remark

bemühen [bəˈmyːən] ◆ **sich bemühen** *ref* ● sich bemühen, etw zu tun to try to do sthg

Bemühungen [bəˈmyːʊŋən] *pl* efforts

benachrichtigen [bəˈnaxrɪçtɪgn] *vt* to inform

Benachrichtigung [bəˈnaxrɪçtɪgʊŋ] *(pl* **-en)** *die* notification

benehmen [bəˈneːmən] *präs* **benimmt**, *prät* **benahm**, *pp* **benommen**) ◆ **sich benehmen** *ref* ● sich gut/schlecht benehmen to behave well/badly

beneiden [bəˈnaidn] *vt* to envy

benötigen [bəˈnøːtɪgn] *vt* to need

benutzen [bəˈnʊtsn] *vt* to use

benützen [bəˈnytsn] = benutzen

Benutzer, in [bəˈnʊtsɐ] *(mpl inv)* der, die user

Benzin [bɛnˈtsiːn] *das* petrol *(UK)*, gas *(US)* ● bleifreies Benzin unleaded petrol *(UK)*, unleaded gas *(US)* ● Benzin tanken to fill up with petrol *(UK)*, to fill up with gas *(US)*

Benzingutschein [bɛnˈtsiːnguːtʃain] *(pl* **-e)** *der* petrol coupon *(UK)*, gas coupon *(US)*

Benzinkanister [bɛnˈtsiːnkanɪstɐ] *(pl inv)* der petrol can *(UK)*, gas can *(US)*

Benzin-Öl-Gemisch [bɛnˈtsiːn-øːl-gəmɪʃ] *das* petrol-oil mixture *(UK)*, gas-oil mixture *(US)*

Benzinpumpe [bɛnˈtsiːnpʊmpə] *(pl* **-n)** *die* petrol pump *(UK)*, gas pump *(US)*

beobachten [bəˈloːbaxtn] *vt* **1.** *(betrachten)* to observe **2.** *(bemerken)* to notice **3.** *(überwachen)* to watch

Beobachter, in [bəˈloːbaxtɐ] *(mpl inv)* der, die observer

bequem [bəˈkveːm] ◇ *adj* **1.** *(Hose, Sitz, Größe)* comfortable **2.** *(faul)* lazy **3.** *(Lösung)* easy ◇ *adv* comfortably ● machen Sie es sich bequem! make yourself at home!

Bequemlichkeit [bəˈkveːmlɪçkait] *die* **1.** *(Komfort)* comfort **2.** *(Faulheit)* laziness

beraten [bəˈraːtn] *präs* **berät**, *prät* **beriet**, *pp inv* ◇ *vt* **1.** *(Kunde)* to advise **2.** *(Vorhaben)* to discuss ◇ *vi* *(diskutieren)* ● über etw *(A)* beraten to discuss sthg ◆ **sich beraten** *ref* ● sich über etw *(A)* beraten to discuss sthg

Beratungsstelle [bəˈraːtʊŋʃtɛlə] *(pl* **-n)** *die* advice centre

berechnen [bəˈrɛçnən] *vt* **1.** *(ausrechnen)* to calculate **2.** *(verlangen)* to charge ● jm für eine Konsultation 50 Euro berechnen to charge sb 50 euros for a consultation

berechtigt [bəˈrɛçtɪkt] *adj (Zweifel)* justified ● berechtigt sein zu etw to be entitled to sthg

Bereich [bəˈraiç] *(pl* **-e)** *der* area

bereisen [bəˈraizn] *vt* to travel

bereit [bəˈrait] *adj* ready ● bereit sein *(fertig sein)* to be ready ● bereit sein, etw zu tun *(willens sein)* to be willing to do sthg

bereithalten [bəˈraithaltn] *vt (unreg)* to have ready ◆ **sich bereithalten** *ref* to be ready

bereit|machen [bəˈraitmaxn̩] ◆ **sich bereitmachen** *ref* to get ready

bereits [bəˈraits] *adv* 1. already 2. *(nur, allein)* even ◆ **bereits um 6 Uhr** as early as 6 o'clock

Bereitschaft [bəˈraitʃaft] *die* readiness

Bereitschaftsdienst [bəˈraitʃaftsdiːnst] *(pl -e)* der emergency service

bereit|stehen [bəˈraitʃteːən] *vi (unreg)* to be ready

bereuen [bəˈrɔyən] *vt* to regret

Berg [bɛrk] *(pl -e)* der 1. mountain 2. *(kleiner)* hill ◆ **in die Berge fahren** to go to the mountains

bergab [bɛrkˈʔap] *adv* downhill ◆ **bergab fahren/laufen** to drive/run downhill

bergauf [bɛrkˈʔauf] *adv* uphill ◆ **bergauf fahren/laufen** to drive/run uphill

Bergbahn [ˈbɛrkbaːn] *(pl -en)* die funicular railway

Bergbau [ˈbɛrkbau] *der* mining

bergen [ˈbɛrgn̩] *(präs* **birgt**, *prät* **barg**, *pp* **geborgen)** *vt (retten)* to rescue

Bergführer, in [ˈbɛrkfyːrɐ] *(mpl inv)* der, die mountain guide

Berghütte [ˈbɛrkhʏtə] *(pl -n)* die mountain hut

bergig [ˈbɛrgɪç] *adj* mountainous

Bergnot [ˈbɛrknoːt] *die* ◆ **in Bergnot geraten** to get into trouble while climbing a mountain

Bergschuh [ˈbɛrkʃuː] *(pl -e)* der climbing boot

bergsteigen [ˈbɛrkʃtaign̩] *(pp* **berggestiegen)** *vi* to go (mountain) climbing

Bergsteigen [ˈbɛrkʃtaign̩] *das* (mountain) climbing

Bergsteiger, in [ˈbɛrkʃtaigɐ] *(mpl inv)* der, die (mountain) climber

Bergtour [ˈbɛrktuːɐ] *(pl -en)* die (mountain) hike

Bergung [ˈbɛrguŋ] *(pl -en)* die rescue

Bergwacht [ˈbɛrkvaxt] *die* mountain rescue

Bergwanderung [ˈbɛrkvandərʊŋ] *(pl -en)* die hillwalking

Bergwerk [ˈbɛrkvɛrk] *(pl -e)* das mine

Bericht [bəˈrɪçt] *(pl -e)* der report

berichten [bəˈrɪçtn̩] *vi* to report

berichtigen [bəˈrɪçtɪgn̩] *vt* to correct ◆ **sich berichtigen** *ref* to correct o.s.

Berichtigung [bəˈrɪçtɪgʊŋ] *(pl -en)* die correction

Berlin [bɛrˈliːn] *nt* Berlin

Berliner [bɛrˈliːnɐ] *(pl inv)* der *(Gebäck)* doughnut

Berliner Mauer [bɛrˈliːnɐ-mauɐ] *die* ◆ **die Berliner Mauer** the Berlin Wall

Berliner Mauer

The Berlin Wall was built in 1961 by the East German government to stem the growing tide of people leaving for the West. It encircled West Berlin, leaving it cut off from the rest of West Germany and only accessible to West Germans via special roads known as *Transitstrecken*. Little of the Wall now remains since its fall in 1989, although a couple of sections have been left standing as a memorial.

Bern [bɛrn] *nt* Bern, Berne

berüchtigt [bəˈrʏçtɪçt] *adj* notorious

berücksichtigen [bəˈrʏkzɪçtɪgn̩] *vt* 1. *(bei Überlegung)* to take into account 2. *(Bewerber, Wunsch)* to consider

Beruf [bəˈruːf] *(pl* **-e)** *der* profession • Tischler von Beruf sein to be a carpenter • was sind Sie von Beruf? what do you do for a living?

beruflich [bəˈruːflɪç] ◇ *adj* professional ◇ *adv* • beruflich unterwegs away on business

Berufsschule [bəˈruːfsʃuːlə] *(pl* **-n)** *die vocational school attended part-time by apprentices*

berufstätig [bəˈruːfstɛːtɪç] *adj* employed

Berufstätige [bəˈruːfstɛːtɪgə] *(pl* **-n)** *der, die* working person

Berufsverkehr [bəˈruːfsfɛɐ̯keːɐ̯] *der* rush-hour traffic

beruhigen [bəˈruːɪgn̩] *vt* to calm (down) • sich beruhigen *ref* **1.** *(Person)* to calm down **2.** *(Wetter, See)* to become calm

Beruhigungsmittel [bəˈruːɪgʊŋsmɪtl̩] *(pl inv) das* sedative

berühmt [bəˈryːmt] *adj* famous • berühmt sein wegen ODER für to be famous for

berühren [bəˈryːrən] *vt & vi* to touch • bitte nicht berühren! please don't touch! • sich berühren *ref* to touch

beschädigen [bəˈʃɛːdɪgn̩] *vt* to damage

beschädigt [bəˈʃɛːdɪçt] *adj* damaged

beschäftigen [bəˈʃɛftɪgn̩] *vt* **1.** *(Angestellte)* to employ **2.** *(Anklicklich)* to occupy • sich beschäftigen *ref* • sich beschäftigen mit *(mit Person)* to devote a lot of attention to; *(mit Thema)* to deal with; *(mit Gedanken)* to think about

Beschäftigung [bəˈʃɛftɪgʊŋ] *(pl* **-en)** *die* **1.** *(Arbeit)* occupation **2.** *(Hobby)* activity **3.** *(gedanklich)* preoccupation

Bescheid [bəˈʃait] *(pl* **-e)** *der (Nachricht)* answer • jm Bescheid geben ODER sagen

to let sb know • Bescheid wissen (über (+A)) to know (about)

bescheiden [bəˈʃaidn̩] *adj* modest

bescheinigen [bəˈʃainɪgn̩] *vt* **1.** *(mit Zeugnis)* to certify **2.** *(Erhalt von Sendung)* to sign for

Bescheinigung [bəˈʃainɪgʊŋ] *(pl* **-en)** *die* certificate

beschimpfen [bəˈʃɪmpfn̩] *vt* to swear at

beschissen [bəˈʃɪsn̩] *adj (vulg)* shitty

Beschlag [bəˈʃlaːk] *der* • in Beschlag nehmen to monopolize

beschlagnahmen [bəˈʃlaːknaːmən] *vt (Beute)* to confiscate

beschleunigen [bəˈʃlɔynɪgn̩] ◇ *vt (Tempo, Verfahren, Ablauf)* to speed up ◇ *vi (Auto)* to accelerate • sich beschleunigen *ref* to speed up

Beschleunigung [bəˈʃlɔynɪgʊŋ] *die* **1.** *(von Verfahren)* speeding up **2.** *(von Auto)* acceleration

beschließen [bəˈʃliːsn̩] *(prät* **beschloss,** *pp* **beschlossen)** *vt* **1.** *(entscheiden)* to decide on **2.** *(Gesetz)* to pass **3.** *(beenden)* to end • beschließen, etw zu tun to decide to do sthg

Beschluss [bəˈʃlʊs] *(pl* **Beschlüsse))** *der* decision

beschränken [bəˈʃrɛŋkn̩] *vt* to limit

Beschränkung [bəˈʃrɛŋkʊŋ] *(pl* **-en)** *die* limit

beschreiben [bəˈʃraibn̩] *(prät* **beschrieb,** *pp* **beschrieben)** *vt (schildern)* describe • jm den Weg beschreiben to tell sb the way

Beschreibung [bəˈʃraibʊŋ] *(pl* **-en)** *die* description

beschriften [bəˈʃrɪftn̩] *vt* to label

beschuldigen [bəˈʃʊldɪgn̩] *vt* to accuse

Beschuldigung [bə'ʃʊldɪɡʊŋ] (*pl* **-en**) *die* accusation

beschützen [bə'ʃʏtsn̩] *vt* to protect

Beschwerde [bə'ʃveːɐdə] (*pl* **-n**) *die* complaint ◆ **Beschwerden** *pl* (*Gesundheitsprobleme*) trouble *sg*

beschweren [bə'ʃveːrən] ◆ **sich beschweren** *ref* to complain

beschwipst [bə'ʃvɪpst] *adj* tipsy

beseitigen [bə'zaitɪɡn̩] *vt* **1.** (*Abfall*) to get rid of **2.** (*Problem*) to deal with

Besen ['beːzn̩] (*pl inv*) *der* broom

besetzt [bə'zɛtst] *adj* ● **besetzt sein** (*Telefonanschluss, Toilette*) to be engaged; (*Sitzplatz*) to be taken ● **das Büro ist zur Zeit nicht besetzt** the office is currently closed

Besetztzeichen [bə'zɛtstsaiçn̩] *das* engaged tone (*UK*), busy signal (*US*)

Besetzung [bə'zɛtsʊŋ] (*pl* **-en**) *die* (*am Theater*) cast

besichtigen [bə'zɪçtɪɡn̩] *vt* to look round

Besichtigung [bə'zɪçtɪɡʊŋ] (*pl* **-en**) *die* tour ▼ **zur Besichtigung freigegeben** open to the public

besiegen [bə'ziːɡn̩] *vt* to defeat

Besitz [bə'zɪts] *der* (*Eigentum*) property

besitzen [bə'zɪtsn̩] (*prät* **besaß**, *pp* **besessen**) *vt* **1.** (*Eigentum*) to own **2.** (*Qualität, Ausrüstungsgegenstand*) to have

Besitzer, in [bə'zɪtsɐ] (*mpl inv*) *der, die* owner

besoffen [bə'zɔfn̩] *adj* (*fam*) sloshed

besondere, r, s [bə'zɔndərə] *adj* **1.** (*speziell*) special **2.** (*außergewöhnlich*) particular

besonders [bə'zɔndɐs] *adv* particularly ● **nicht besonders** (*fam*) (*nicht gut*) not very well ● **nicht besonders sein** (*fam*) (*nicht gut*) to be not very good

besorgen [bə'zɔrɡn̩] *vt* (*holen, kaufen*) to get

besorgt [bə'zɔrkt] ◇ *adj* worried ◇ *adv* worriedly

besprechen [bə'ʃprɛçn̩] (*präs* **bespricht**, *prät* **besprach**, *pp* **besprochen**) *vt* (*diskutieren*) to discuss

besser ['bɛsɐ] ◇ *komp & adv* better ◇ *adj* **1.** (*sehr gut*) good **2.** (*abw*) (*kaum besser*) ● **das Hotel ist eine bessere Abstiege** the hotel is just a glorified dosshouse

bessern ['bɛsɐn] ◆ **sich bessern** *ref* **1.** (*Erkältung*) to get better **2.** (*Chancen, Wetter*) to improve

Besserung ['bɛsərʊŋ] *die* ● **gute Besserung!** get well soon!

beständig [bə'ʃtɛndɪç] *adj* (*Wetter*) settled

Bestandteil [bə'ʃtanttail] (*pl* **-e**) *der* component, part

bestätigen [bə'ʃtɛtɪɡn̩] *vt* to confirm ◆ **sich bestätigen** *ref* to prove true

Bestätigung [bə'ʃtɛtɪɡʊŋ] (*pl* **-en**) *die* confirmation

beste, r, s ['bɛstə] ◇ *superl* best ◇ *adj* ideal ◇ *adv* ● **am besten** best ● **ich gebe jetzt am besten** I'd better go now ● **sie spricht am besten Deutsch von allen** she speaks the best German of everyone

Beste ['bɛstə] (*pl* **-n**) *der, die, das* best

Bestechung [bə'ʃtɛçʊŋ] (*pl* **-en**) *die* bribery

Besteck [bə'ʃtɛk] (*pl* **-e**) *das* (*zum Essen*) cutlery

bestehen [bə'ʃteːən] (*prät* **bestand**, *pp* **bestanden**) ◇ *vt* (*Prüfung*) to pass ◇ *vi* **1.** (*existieren*) to exist **2.** (*bei Prüfung*) to pass ● **bestehen auf** (+*D*) to insist on ● **bestehen aus** to consist of

besteigen [bə'ʃtaign] (*prät* **bestieg**, *pp* **bestiegen**) *vt* to climb

bestellen [bə'ʃtɛlən] ◇ *vi* (*im Lokal*) to order ◇ *vt* 1. (*Ware*) to order 2. (*Eintrittskarte, Hotelzimmer*) to reserve 3. (*Nachricht*) ● jm schöne Grüße bestellen to give sb one's regards

Bestellformular [bə'ʃtɛlformula:ɐ] (*pl* -e) *das* order form

Bestellkarte [bə'ʃtɛlkartə] (*pl* -n) *die* order form

Bestellnummer [bə'ʃtɛlnʊmɐ] (*pl* -n) *die* order number

Bestellung [bə'ʃtɛlʊŋ] (*pl* -en) *die* 1. (*von Waren*) ordering 2. (*von Eintrittskarte, Hotelzimmer*) reservation 3. (*Ware*) order ● auf Bestellung to order

bestens ['bɛstns] *adv* very well

bestimmen [bə'ʃtɪmən] ◇ *vt* 1. (*ermitteln*) to determine 2. (*festlegen*) to fix 3. (*klassifizieren*) to classify ◇ *vi* (*befehlen*) to decide ● bestimmt sein für to be meant for

bestimmt [bə'ʃtɪmt] ◇ *adv* 1. (*sehr wahrscheinlich*) no doubt 2. (*sicher*) certainly 3. (*wissen*) for certain 4. (*entschlossen*) decisively ◇ *adj* 1. (*gewiss*) certain 2. (*Betrag, Anzahl*) fixed 3. (*Auftreten*) decisive

Bestimmung [bə'ʃtɪmʊŋ] (*pl* -en) *die* 1. (*Vorschrift*) regulation 2. (*ermitteln*) determining

Bestimmungsland [bə'ʃtɪmʊŋslant] (*pl* -länder) *das* (*amt*) (country of) destination

Bestimmungsort [bə'ʃtɪmʊŋsɔrt] (*pl* -e) *der* (*amt*) (place of) destination

bestmöglich ['bɛstmø:klɪç] ◇ *adj* best possible ◇ *adv* as well as possible

bestrafen [bə'ʃtra:fn] *vt* to punish

bestrahlen [bə'ʃtra:lən] *vt* MED (*Patienten, Haut*) to treat with radiotherapy

bestreiten [bə'ʃtraitn] (*prät* **bestritt**, *pp* **bestritten**) *vt* (*leugnen*) to deny

bestürzt [bə'ʃtyrtst] *adj* ● bestürzt sein to be dismayed

Besuch [bə'zu:x] (*pl* -e) *der* 1. visit 2. (*Gast*) visitor 3. (*von Schule*) attendance ● bei jm zu Besuch sein to be visiting sb

besuchen [bə'zu:xn] *vt* 1. (*Person, Veranstaltung*) to visit 2. (*Schule*) to attend

Besucher, in [bə'zu:xɐ] (*mpl* inv) *der, die* visitor ▼ nur für Besucher visitors only

Besuchszeit [bə'zu:xstsait] (*pl* -en) *die* visiting hours *pl*

besucht [bə'zu:xt] *adj* ● gut/schlecht besucht sein to be well/poorly attended

betätigen [bə'tɛ:tɪgn] *vt* (*Hebel*) to operate

betäuben [bə'tɔybn] *vt* to anaesthetize

Betäubung [bə'tɔybʊŋ] *die* ● unter Betäubung stehen to be under anaesthetic

beteiligen [bə'tailɪgn] *vt* 1. (*teilnehmen lassen*) to include 2. (*finanziell*) to give a share ◆ sich beteiligen *ref* ● sich beteiligen an (+D) (*teilnehmen*) to take part (in); (*finanziell*) to have a share (in)

Beteiligung [bə'tailɪgʊŋ] (*pl* -en) *die* 1. (*Teilnahme*) participation 2. (*finanziell*) share

beten ['be:tn] *vi* to pray

Beton [be'tɔŋ] *der* concrete

betonen [bə'to:nən] *vt* to stress

Betonung [bə'to:nʊŋ] (*pl* -en) *die* (*von Wort*) stress

betrachten [bə'traxtn] *vt* to look at ● jn als etw betrachten to consider sb to be sthg

Betrachter, in [bə'traxtɐ] (*mpl inv*) *der, die* observer

beträchtlich [bə'trɛxtlɪç] ◇ *adj* considerable ◇ *adv* considerably

Betrag [bə'traːk] (*pl* **Beträge**) *der* amount ● **bitte angezeigten Betrag bezahlen** please pay the amount displayed ● **Betrag dankend erhalten** (*amt*) received with thanks

betragen [bə'traːgn] (*präs* **beträgt**, *prät* **betrug**, *pp* betragen *inv*) *vi* to come to ◆ **sich betragen** *ref* (*sich benehmen*) to behave

betreffen [bə'trɛfn̩] (*präs* **betrifft**, *prät* **betraf**, *pp* **betroffen**) *vt* **1.** (*angehen*) to concern **2.** (*bestürzen*) to affect ● **was mich betrifft** as far as I'm concerned

betreiben [bə'traɪbn̩] (*prät* **betrieb**, *pp* **betrieben**) *vt* (*Handel*) to carry on ● **betrieben werden mit** to be driven by

betreten [bə'treːtn̩] (*präs* **betritt**, *prät* **betrat**, *pp* betreten *inv*) *vt* to enter ▼ **Betreten verboten!** no entry!

betreuen [bə'trɔʏən] *vt* to look after

Betreuer, in [bə'trɔʏɐ] (*mpl inv*) *der, die* **1.** (*von Patient*) nurse **2.** (*von Kind*) childminder **3.** (*von Touristen*) group-leader

Betrieb [bə'triːp] (*pl* **-e**) *der* **1.** (*Firma*) firm **2.** (*Aktivität, Verkehr*) hustle and bustle ● **außer Betrieb** out of order ● **in Betrieb** in operation

betrieben [bə'triːbn̩] *pp* > betreiben

Betriebsrat [bə'triːpsraːt] (*pl* **-räte**) *der* works council

betrifft [bə'trɪft] *präs* > betreffen

betrinken [bə'trɪŋkn̩] (*prät* **betrank**, *pp* **betrunken**) ◆ **sich betrinken** *ref* to get drunk

betroffen [bə'trɔfn̩] ◇ *pp* ➤ betreffen ◇

adj **1.** (*nicht verschont*) affected **2.** (*bestürzt*) upset ◇ *adv* (*bestürzt*) ● **jn betroffen ansehen** to look at sb in consternation

betrügen [bə'tryːgn̩] (*prät* **betrog**, *pp* **betrogen**) *vt* **1.** (*finanziell*) to cheat **2.** (*sexuell*) to be unfaithful to ◆ **sich betrügen** *ref* to deceive o.s.

Betrüger, in [bə'tryːgɐ] (*mpl inv*) *der, die* cheat

betrunken [bə'trʊŋkn̩] *adj* drunk

Bett [bɛt] (*pl* **-en**) *das* (*Möbel*) bed ● **das Bett machen** to make the bed ● **zu** ODER **ins Bett gehen** to go to bed ● **französisches Bett** double bed

Bettdecke ['bɛtdɛkə] (*pl* **-n**) *die* (continental) quilt

Bettler, in ['bɛtlɐ] (*mpl inv*) *der, die* beggar

Bettsofa ['bɛtzoːfa] (*pl* **-s**) *das* sofa bed

Betttuch ['bɛttuːx] (*pl* **-tücher**) *das* sheet

Bettwäsche ['bɛtvɛʃə] *die* bed linen

Bettzeug ['bɛttsɔʏç] *das* bedding

beugen ['bɔʏgn̩] *vt* **1.** (*Kopf, Knie*) to bend **2.** (*Substantiv, Adjektiv*) to decline **3.** (*Verb*) to conjugate

Beule ['bɔʏlə] (*pl* **-n**) *die* **1.** (*am Kopf*) swelling **2.** (*am Auto*) dent

beunruhigt [bə'ʊnruːɪçt] *adj* ● **beunruhigt sein** to be worried

beurteilen [bə'ʊrtaɪlən] *vt* to judge

Beutel ['bɔʏtl̩] (*pl inv*) *der* bag

Bevölkerung [bə'fœlkərʊŋ] (*pl* **-en**) *die* population

bevollmächtigt [bə'fɔlmɛxtɪçt] *adj* authorized

bevor [bə'foːɐ] *konj* before

bevorzugen [bə'foːɐtsuːgn̩] *vt* to prefer

bewacht [bə'vaxt] *adj* guarded

bewährt [bə'vɛ:rt] *adj* tried and tested

bewegen [bə've:gn] *vt* to move ◆ **sich bewegen** *ref* 1. to move 2. *(sportlich)* to exercise

Bewegung [bə've:goŋ] *(pl* **-en)** *die* 1. movement 2. *(Sport)* exercise 3. *(Rührung)* emotion ● **sich in Bewegung setzen** to start moving

Beweis [bə'vais] *(pl* **-e)** *der (für Theorie, Annahme)* proof

beweisen [bə'vaizn] *(prät* **bewies**, *pp* **bewiesen)** *vt* 1. *(Theorie, Annahme)* to prove 2. *(Mut, Geduld)* to show

bewerben [bə'vɛrbn] *(präs* **bewirbt**, *prät* **bewarb**, *pp* **beworben)** ◆ **sich bewerben** *ref* ● **sich bewerben (um)** to apply (for)

Bewerbung [bə'vɛrboŋ] *(pl* **-en)** *die* application

bewilligen [bə'vɪlɪgn] *vt* to approve

Bewohner, in [bə'vo:nɐ] *(mpl inv) der, die* inhabitant

bewohnt [bə'vo:nt] *adj* inhabited

bewölkt [bə'vœlkt] *adj* cloudy

Bewölkung [bə'vœlkoŋ] *die* 1. *(Wolken)* cloud 2. *(Bewölken)* clouding over

bewundern [bə'vondɐn] *vt* to admire

bewusst [bə'vost] ◇ *adj* 1. *(Handlung)* deliberate 2. *(Entscheidung)* conscious 3. *(bekannt)* in question ◇ *adv* 1. *(handeln)* deliberately 2. *(entscheiden)* consciously ● **sich (D) einer Sache bewusst sein** to be aware of sthg

bewusstlos [bə'vostlo:s] *adj* unconscious

bezahlen [bə'tsa:lən] ◇ *vt* 1. *(Person)* to pay 2. *(Ware, Leistung)* to pay for ◇ *vi (für Ware, Leistung)* to pay

bezahlt [bə'tsa:lt] *adj* paid

Bezahlung [bə'tsa:loŋ] *die* payment

Bezeichnung [bə'tsaiçnoŋ] *(pl* **-en)** *die (Wort)* name ▼ **genaue Bezeichnung des Inhalts** exact description of the contents

beziehen [bə'tsi:ən] *(prät* **bezog**, *pp* **bezogen)** *vt* 1. *(Kissen, Sofa)* to cover 2. *(Haus)* to move into 3. *(Ware, Zeitung, Einkünfte)* to get ● **das Bett frisch beziehen** to change the bed ◆ **sich beziehen** *ref (Himmel, Wetter)* to cloud over ◆ **sich beziehen auf (+A)** to refer to

Beziehung [bə'tsi:oŋ] *(pl* **-en)** *die* 1. connection 2. *(erotisch)* relationship ◆ **Beziehungen** *pl (politisch)* relations

beziehungsweise [bə'tsi:oŋsvaizə] *konj* 1. *(genauer gesagt)* that is 2. *(und)* and 3. *(oder)* or

Bezirk [bə'tsɪrk] *(pl* **-e)** *der (amt)* district

bezweifeln [bə'tsvaifln] *vt* to doubt

BH [be:'ha:] *(pl* **-s)** *der (abk für Büstenhalter)* bra

Bhf. *abk* = Bahnhof

Bibel *(pl* **-n)** *die* Bible

Bibliothek [biblio'te:k] *(pl* **-en)** *die* library

biegen ['bi:gn] *(prät* **bog**, *pp* **gebogen)** ◇ *vt (hat)* to bend ◇ *vi (ist) (Auto, Fahrer)* ● **biegen (in** (+A)) to turn (into) ◆ **nach links biegen** to turn left ● **um die Ecke biegen** to turn the corner ◆ **sich biegen** *ref* to bend

Biegung ['bi:goŋ] *(pl* **-en)** *die* bend

Biene ['bi:nə] *(pl* **-n)** *die* bee

Bienenstich ['bi:nənʃtɪç] *(pl* **-e)** *der* 1. *(Insektenstich)* bee sting 2. *(Kuchen)* cake coated with sugar and almonds and filled with custard or cream

Bier ['bi:ɐ] *(pl* **-e)** *das* beer ● **ein Glas**

Bier a glass of beer • **Bier vom Fass** draught beer • **ein großes Bier** a half-litre glass of beer • **ein kleines Bier** a 30cl glass of beer

Bier

Germany has more than 1,000 breweries that produce more than 5,000 different kinds of beer. These range from popular lagers like *Pils* and *Export* to the cloudy wheat beer that is typical of Bavaria or the dark *Altbier* of the Rhineland. The *Reinheitsgebot* (purity law) has strictly regulated the quality of German beer since 1516.

Biergarten ['biːɐgaʁtn̩] (*pl* **-gärten**) *der* beer garden

Biergarten

Beer gardens originated in Bavaria but can now be found throughout Germany, although it is mostly in Bavaria that customers are allowed to bring their own food along when there is a sign saying *eigene Brotzeit erlaubt*. Some beer gardens are situated in parks and are not attached to pubs.

Bierglas ['biːɐglaːs] (*pl* **-gläser**) *das* beer glass

Bierzelt ['biːɐtselt] (*pl* **-e**) *das* beer tent

bieten ['biːtn̩] (*prät* **bot**, *pp* **geboten**) ◇ *vi* (*bei Auktion*) to bid ◇ *vt* to offer • **einen schönen Anblick bieten** to be pretty • **sich bieten** *ref* (*Chance*) to present itself

• **es bietet sich ein wunderbarer Anblick** there is a wonderful view

Bild ['bɪlt] (*pl* **-er**) *das* **1.** picture **2.** (*Vorstellung*) idea **3.** (*Abbild*) image

bilden ['bɪldn̩] ◇ *vt* **1.** to form **2.** (*unterrichten*) to educate ◇ *vi* to be educational • **sich bilden** *ref* **1.** (*sich formen*) to form **2.** (*sich informieren*) to educate o.s.

Bilderbuch ['bɪldɐbuːx] (*pl* **-bücher**) *das* picture book

Bildhauer, in ['bɪlthaʊɐ] (*mpl inv*) *der, die* sculptor (*f* sculptress)

Bildschirm ['bɪltʃɪrm] (*pl* **-e**) *der* screen
▼ **Bildschirm berühren!** *sign on information point indicating that the system is operated by touching the screen*

Bildschirmtext ['bɪltʃɪrmtɛkst] *der* German teletext service offering information, home banking etc via a computer and telephone line

Bildung ['bɪldʊŋ] *die* **1.** (*Wissen*) education **2.** (*Entstehung*) formation

Billard ['bɪljart] *das* billiards *sg*

billig ['bɪlɪç] ◇ *adj* **1.** cheap **2.** (*abw*) (*Ausrede*) feeble ◇ *adv* (*preisgünstig*) cheaply

bin [bɪn] *präs* > **sein**

Binde ['bɪndə] (*pl* **-n**) *die* **1.** (*Monatsbinde*) sanitary towel **2.** (*Verband*) bandage

Bindehautentzündung ['bɪndəhaʊt-lɛntsʏndʊŋ] (*pl* **-en**) *die* conjunctivitis *sg*

binden ['bɪndn̩] (*prät* **band**, *pp* **gebunden**) *vt* **1.** to tie **2.** (*Buch*) to bind **3.** *KÜCHE* (*Soße*) to thicken

Bindestrich ['bɪndəʃtrɪç] (*pl* **-e**) *der* hyphen

Bindfaden ['bɪntfaːdn̩] (*pl* **-fäden**) *der* string

bi

Bindung ['bɪndʊŋ] (pl -en) die 1. (Verpflichtung) commitment 2. (Zuneigung) attachment 3. (für Ski) binding

Biokost ['bio:kɔst] die health food

Bioladen ['bio:laːdn] (pl -läden) der health food shop

Biologie [biolo'giː] die biology

birgt ['bɪrkt] präs ≻ bergen

Birne ['bɪrnə] (pl -n) die 1. (Obst) pear 2. (Glühbirne) light bulb 3. (fam) (Kopf) nut

bis [bɪs]
◇ präp (+A) 1. (zeitlich) until ● wir bleiben bis morgen we're staying until tomorrow ● das muss bis Mittwoch fertig sein it must be ready by Wednesday ● von Montag bis Freitag from Monday to Friday ● bis auf weiteres until further notice ● bis bald! see you soon! ● bis dahin! until then 2. (örtlich) to ● es sind noch 200 km bis Berlin there are still 200 km to go to Berlin 3. (zwischen) to ● zwei bis drei Tage two to three days 4. (Angabe von Grenze) bis zu up to ● bis zu 20 Personen up to 20 people 5. (außer) ● bis auf (+A) except for
◇ konj until

Bischof ['bɪʃoːf] (pl **Bischöfe**) der bishop

bisher [bɪs'heːɐ] adv (bis jetzt) until now

bisherig [bɪs'heːrɪç] adj previous

Biskuit [bɪs'kviːt] (pl -s) das sponge

biss [bɪs] prät ≻ beißen

Biss [bɪs] (pl -e) der bite

bisschen ['bɪsçən] pron ● das bisschen Regen macht nichts! that little bit of rain won't harm you! ● ein bisschen a bit, a bit of ● ein bisschen Salz a bit of salt ● kein bisschen not at all ● kein bisschen Schnee no snow at all

bissig ['bɪsɪç] adj (Tier) vicious ▼ Vorsicht, bissiger Hund beware of the dog

bist [bɪst] präs ≻ sein

bitte ['bɪtə] ◇ adv please ◇ interj 1. (Ausdruck von Zustimmung) of course! 2. (Antwort auf Dank) you're welcome! 3. (Ausdruck von Angebot) please ● aber bitte! of course! ● ach bitte please ● bitte schön ODER sehr you're welcome! ● bitte? (in Geschäft) can I help you? ● ja bitte? (am Telefon) hello? ● wie bitte? sorry?

Bitte ['bɪtə] (pl -n) die request ● eine Bitte haben to have a favour to ask

bitten ['bɪtn] (prät **bat**, pp **gebeten**) vt (Person) to ask ● bitten um to ask for

bitter ['bɪtɐ] adj & adv bitter

Blähung ['blɛːʊŋ] (pl -en) die wind

blamieren [bla'miːrən] vt to disgrace ◆ sich blamieren ref to disgrace o.s.

Blankoscheck ['blaŋkoʃɛk] (pl -s) der blank cheque

Blase ['blaːzə] (pl -n) die 1. (auf der Haut) blister 2. (Harnblase) bladder 3. (Luftblase) bubble

blasen ['blaːzn] (präs **bläst**, prät **blies**, pp **geblasen**) vi (pusten) to blow

Blasenentzündung ['blaːznɛntsʏndʊŋ] (pl -en) die cystitis sg

blass [blas] adj (Haut, Person) pale

bläst [blɛːst] prät ≻ blasen

Blatt [blat] (pl **Blätter**) das 1. (Papier) sheet 2. (von Pflanze) leaf 3. (Zeitung) paper 4. (bei Kartenspiel) hand

Blätterteig ['blɛtɐtaɪç] der puff pastry

Blattspinat ['blatʃpinaːt] der spinach

blau [blaʊ] adj blue ● blau sein (fam) to be sloshed

Blau [blaʊ] das blue

Blaubeere ['blaʊbeːrə] (*pl* **-n**) *die* blueberry

Blaulicht ['blaʊlɪçt] *das* flashing blue light (*on ambulance etc*)

blau|machen ['blaʊmaxn̩] *vi* (*fam*) to skip work

Blazer ['bleːzɐ] (*pl inv*) *der* blazer

Blech [blɛç] (*pl* **-e**) *das* **1.** (*Metall*) tin **2.** (*Kuchenblech*) baking tray

Blechschaden ['blɛçʃaːdn̩] *der* bodywork damage

Bleibe ['blaɪbə] *die* place to stay

bleiben ['blaɪbn̩] (*prät* **blieb**, *pp* **geblieben**) ◇ *vi* (*ist*) **1.** to stay **2.** (*als Rest*) to remain ◇ *vimp* (*ist*) ● **es bleibt dabei** we'll leave it at that

bleifrei ['blaɪfraɪ] *adj* unleaded

Bleistift ['blaɪʃtɪft] (*pl* **-e**) *der* pencil

Blende ['blɛndə] (*pl* **-n**) *die* FOTO aperture

blenden ['blɛndn̩] ◇ *vt* (*anstrahlen*) to dazzle ◇ *vi* (*Licht, Sonne*) to be dazzling

Blick [blɪk] (*pl* **-e**) *der* **1.** (*Schauen*) look **2.** (*Aussicht*) view **3.** (*Urteil*) eye

blieb [bliːp] *prät* ➤ **bleiben**

blind ◇ *adj* blind ◇ *adv* blindly

Blinddarmentzündung ['blɪntdarmʔɛnʦʏndʊŋ] (*pl* **-en**) *die* appendicitis

Blinde ['blɪndə] (*pl* **-n**) *der, die* blind person

Blindenschrift ['blɪndn̩ʃrɪft] *die* braille

blinken ['blɪŋkn̩] *vi* (*Autofahrer, Auto*) to indicate

Blinker ['blɪŋkɐ] (*pl inv*) *der* indicator

Blinklicht ['blɪŋklɪçt] (*pl* **-er**) *das* flashing light

Blitz ['blɪʦ] (*pl* **-e**) *der* **1.** (*bei Gewitter*) (flash of) lightning **2.** (*von Kamera*) flash ● **wie der Blitz** as quick as lightning

blitzen ['blɪʦn̩] ◇ *vt* (*Autofahrer*) to photograph with a speed camera ◇ *vi* (*mit Blitzlicht*) to use a flash ◇ *vimp* ● **es blitzt** there is lightning

Blitzlicht ['blɪʦlɪçt] (*pl* **-er**) *das* flash

Block [blɔk] (*pl* **Blöcke**) *der* **1.** (*Schreibblock*) pad **2.** (*Gebäude, Stück*) block

Blockhaus ['blɔkhaʊs] (*pl* **-häuser**) *das* log cabin

blockieren [blɔ'kiːrən] ◇ *vt* to block ◇ *vi* (*Räder*) to lock

Blockschrift ['blɔkʃrɪft] *die* block capitals *pl*

blöd [bløːt] ◇ *adj* (*fam*) stupid ◇ *adv* (*fam*) stupidly

Blödsinn ['bløːtzɪn] *der* nonsense

blond [blɔnt] *adj* blond

bloß [bloːs] *adv* only, just ● **bloß noch zwei Wochen** only two more weeks left ● **was ist bloß los?** so what's wrong, then? ● **was hast du bloß wieder angestellt?** what have you gone and done now? ● **pass bloß auf!** just watch out!

blühen ['blyːən] *vi* (*Pflanze*) to bloom

Blume ['bluːmə] (*pl* **-n**) *die* flower

Blumenkasten ['bluːmənkastn̩] (*pl* **-kästen**) *der* window box

Blumenkohl ['bluːmənkoːl] *der* cauliflower

Blumenstand ['bluːmənʃtant] (*pl* **-stände**) *der* flower stall

Blumenstrauß ['bluːmənʃtraʊs] (*pl* **-sträuße**) *der* bunch of flowers

Blumentopf ['bluːməntɔpf] (*pl* **-töpfe**) *der* flowerpot

Blumentopferde ['bluːməntɔpfeːɐdə] *die* potting compost

Bluse ['bluːzə] (*pl* **-n**) *die* blouse

Blut [bluːt] *das* blood ● **Blut spenden** to give blood

Blutbild ['bluːtbɪlt] (*pl* **-er**) *das* blood test results *pl*

Blutdruck ['bluːtdrʊk] *der* blood pressure ● **hoher/niedriger Blutdruck** high/low blood pressure

bluten ['bluːtn] *vi* to bleed

Bluter ['bluːtɐ] (*pl inv*) *der* haemophiliac

Bluterguss ['bluːtlɛːɐgʊs] (*pl* **-güsse**) *der* bruise

Blutgruppe ['bluːtgrʊpə] (*pl* **-n**) *die* blood group

Blutprobe ['bluːtproːbə] (*pl* **-n**) *die* blood test

Blutspende ['bluːtʃpɛndə] (*pl* **-n**) *die* giving blood

blutstillend ['bluːtʃtɪlənt] *adj* styptic

Blutübertragung ['bluːtlyːbɐtraːgʊŋ] (*pl* **-en**) *die* blood transfusion

Blutung ['bluːtʊŋ] (*pl* **-en**) *die* bleeding

Blutvergiftung ['bluːtfɛɐgɪftʊŋ] (*pl* **-en**) *die* blood-poisoning

Blutwurst ['bluːtvʊrst] (*pl* **-würste**) *die* black pudding (*UK*), blood sausage (*US*)

BLZ *abk* = **Bankleitzahl**

Bockbier ['bɔkbiːɐ] *das* bock (*strong dark beer*)

Bocksbeutel ['bɔksbɔytl] (*pl inv*) *der* wide, round bottle containing 'Franken-wein'

Bockwurst ['bɔkvʊrst] (*pl* **-würste**) *die* type of pork sausage, usually boiled and eaten in a bread roll with mustard

Boden ['boːdn] (*pl* **Böden**) *der* 1. (*im Raum*) floor 2. (*Erde*) ground 3. (*Speicher*) loft 4. (*von Gefäß, Koffer*) bottom

Bodennebel ['boːdnneːbl] *der* ground mist

Bodenpersonal ['boːdnpɛrzoːnaːl] *das* ground staff

Bodensee ['boːdnzeː] *der* Lake Constance

Bodybuilding [bɔdibɪldɪŋ] *das* body-building

Böe [bøː] (*pl* **-n**) *die* gust

bog [boːk] *prät* > **biegen**

Bogen ['boːgn] (*pl* **Bögen**) *der* 1. (*Form*) curve 2. *SPORT* (*Waffe*) bow

Bohne ['boːnə] (*pl* **-n**) *die* bean

bohren ['boːrən] *vt & vi* to drill

Bohrer ['boːrɐ] (*pl inv*) *der* drill

Bohrmaschine ['boːɐmaʃiːnə] (*pl* **-n**) *die* drill

böig ['bøːɪç] *adj* gusty

Boiler ['bɔylɐ] (*pl inv*) *der* boiler

Boje ['boːjə] (*pl* **-n**) *die* buoy

Bombe ['bɔmbə] (*pl* **-n**) *die* bomb

Bombenanschlag ['bɔmbənanʃlaːk] (*pl* **-anschläge**) *der* bombing

Bon [bɔŋ] (*pl* **-s**) *der* 1. (*Kassenzettel*) receipt 2. (*Gutschein*) voucher

Bonbon [bɔŋbɔŋ] (*pl* **-s**) *der & das* sweet

Bonn [bɔn] *nt* Bonn

Boot [boːt] (*pl* **-e**) *das* boat ● **Boot fahren** to go boating

Bootsverleih ['boːtsfɛɐlaɪ] *der* boat hire

Bord ['bɔrt] *der* ● **an Bord** on board ● **von Bord gehen** to disembark

Bordkarte ['bɔrtkartə] (*pl* **-n**) *die* boarding card

Bordstein ['bɔrtʃtaɪn] *der* kerb

Bordsteinkante ['bɔrtʃtaɪnkantə] *die* kerb

borgen ['bɔrgn] *vt* ● **jm etw borgen** to lend sb sthg ● **sich** (*D*) **etw borgen** to borrow sthg

Börse ['bœrzə] (*pl* **-n**) *die* 1. *WIRTSCH*

stock market **2.** *(Gebäude)* stock exchange **3.** *(Geldbeutel)* purse

Böschung ['bœʃʊŋ] *(pl* **-en)** *die* bank

böse ['bøːzə] ◇ *adj* **1.** *(bösartig, schlecht)* bad **2.** *(fam) (wütend)* angry ● *adv* **1.** *(schlimm, bösartig)* badly **2.** *(wütend)* angrily ● **böse sein auf** *(+A)* to be angry with ● **jm böse sein** to be angry with sb

bot [boːt] *prät* ➤ **bieten**

Botschaft ['boːtʃaft] *(pl* **-en)** *die* **1.** *(diplomatische Vertretung)* embassy **2.** *(Gebäude)* embassy **3.** *(Nachricht)* message

Botschafter, in ['boːtʃaftɐ] *(mpl inv) der, die* ambassador

Boutique [bu'tiːk] *(pl* **-n)** *die* boutique

Bowle ['boːlə] *(pl* **-n)** *die* punch

Bowling ['boːlɪŋ] *das* tenpin bowling

Box [bɔks] *(pl* **-en)** *die* **1.** *(Dose, Kiste)* box **2.** *(Lautsprecher)* speaker

boxen ['bɔksn̩] ◇ *vi* to box ● *vt* to punch

Boykott [bɔy'kɔt] *(pl* **-s)** *der* boycott

brach [braːx] *prät* ➤ **brechen**

brachte ['braxtə] *prät* ➤ **bringen**

Branchenverzeichnis ['brãːʃənfɛɐ̯-tsaiçnɪs] *(pl* **-se)** *das* ≃ yellow pages *pl*

Brand [brant] *(pl* **Brände)** *der (große Feuer)* fire ● **etw gerät in Brand** sthg catches fire ● **etw in Brand setzen** ODER **stecken** to set fire to sthg, to set sthg on fire

Brandenburg ['brandn̩bʊrk] *nt* Brandenburg

Brandung ['brandʊŋ] *die* surf

Brandwunde ['brantvʊndə] *(pl* **-n)** *die* burn

brannte ['brantə] *prät* ➤ **brennen**

braten ['braːtn̩] *(präs* **brät**, *prät* **briet**, *pp* **gebraten)** *vt & vi* **1.** *(in der Pfanne)* to

fry **2.** *(im Ofen)* to roast

Braten ['braːtn̩] *(pl inv) der* roast

Brathähnchen ['braːtheːnçən] *(pl inv) das* roast chicken

Bratkartoffeln ['braːtkartɔfl̩n] *pl* fried potatoes

Bratpfanne ['braːtpfanə] *(pl* **-n)** *die* frying pan

Bratwurst ['braːtvʊrst] *(pl* **-würste)** *die* (fried) sausage

Brauch ['braux] *(pl* **Bräuche)** *der* custom

brauchen ['brauxn] ◇ *vt* **1.** *(benötigen)* to need **2.** *(verwenden, verbrauchen)* to use ◇ *aux* to need ● **du brauchst nur auf den Knopf zu drücken** all you need (to) do is press the button ● **etw brauchen für** to need sthg for ● **etw brauchen zu** to need sthg for

brauen ['brauən] *vt (Bier)* to brew

Brauerei ['brauərai] *(pl* **-en)** *die* brewery

braun [braun] *adj* brown

Braun [braun] *das* brown

Bräune ['brɔynə] *die* suntan

bräunen ['brɔynən] *vt* **1.** *(Braten)* to brown **2.** *(Haut)* to tan ● **sich bräunen** *ref* to sunbathe

braun gebrannt ['braungəbrant] *adj* tanned

Bräunungsstudio ['brɔynʊŋsʃtuːdjo] *(pl* **-s)** *das* tanning studio

Brause ['brauzə] *(pl* **-n)** *die (Dusche)* shower

brausen ['brauzn] *vi* **1.** *(duschen)* to have a shower **2.** *(sausen)* to roar

Braut ['braut] *(pl* **Bräute)** *die* bride

Bräutigam ['brɔytɪgam] *(pl* **-e)** *der* bridegroom

brav [braːf] *adj (Kind)* good

bravo ['braːvo] *interj* bravo!

BRD [be:ɛr'de:] *(abk für Bundesrepublik Deutschland)* FRG

brechen ['brɛçn̩] *(präs* **bricht**, *prät* **brach**, *pp* **gebrochen**) ◇ *vt (hat)* **1.** to break **2.** *(erbrechen)* to vomit ◇ *vi (ist) (zerbrechen)* to break ◇ *vi (hat) (erbrechen)* to vomit ● **sich** (D) **das Bein brechen** to break one's leg

Brechreiz ['brɛçraits] *der* nausea

Brei [brai] *der* **1.** *(aus Haferflocken)* porridge **2.** *(aus Kartoffeln)* mashed potatoes *pl*

breit [brait] *adj* **1.** wide **2.** *(Rücken, Hände)* broad **3.** *(allgemein)* general

Breite ['braitə] *die* width

Bremen ['bre:mən] *nt* Bremen

Bremsbelag ['brɛmsbəla:k] *(pl* **-beläge)** *der* brake lining

Bremse ['brɛmzə] *(pl* **-n)** *die* **1.** *(von Auto, Fahrrad)* brake **2.** *(Insekt)* horsefly

bremsen ['brɛmzn̩] ◇ *vt* **1.** *(Auto, Fahrrad)* to brake **2.** *(Person, Fortschritt)* to slow down ◇ *vi* to brake

Bremsflüssigkeit ['brɛmsflysıçkait] *die* brake fluid

Bremskraftverstärker ['brɛmskraftfɛɐ̯ʃtɛrkɐ] *der* brake booster

Bremslicht ['brɛmslıçt] *(pl* **-er)** *das* brake light

Bremspedal ['brɛmspeda:l] *(pl* **-e)** *das* brake pedal

brennbar ['brɛnba:ɐ̯] *adj* flammable

brennen ['brɛnən] *(prät* **brannte**, *pp* **gebrannt)** ◇ *vi* **1.** *(Feuer, Kerze, Haus)* to burn **2.** *(Licht)* to be on **3.** *(Haut, Augen)* to sting ◇ *vt* **1.** *(Loch)* to burn **2.** *(Schnaps)* to distil **3.** *(Ton, Ziegel)* to fire ◇ *vimp* ● **es brennt!** fire!

Brennholz ['brɛnhɔlts] *das* firewood

Brennnessel ['brɛnnɛsl̩] *(pl* **-n)** *die* stinging nettle

Brennspiritus ['brɛnʃpi:ritus] *der* methylated spirits *sg*

Brennstoff ['brɛnʃtɔf] *(pl* **-e)** *der (zum Heizen)* fuel

Brett [brɛt] *(pl* **-er)** *das* **1.** *(aus Holz)* plank **2.** *(zum Spielen)* board ● **schwarzes Brett** noticeboard

Brettspiel ['brɛtʃpi:l] *(pl* **-e)** *das* board game

Brezel ['bre:tsl̩] *(pl* **-n)** *die* pretzel

bricht ['brıçt] *präs* > brechen

Brief ['bri:f] *(pl* **-e)** *der* letter ● **eingeschriebener Brief** ≃ letter sent by recorded delivery

Briefe

Der Kopf eines englischen Briefs wird folgendermaßen gestaltet: Rechts oben steht die Adresse des Absenders, darunter das Datum; danach kommen auf der linken Seite Name und Adresse des Empfängers. Die Anrede lautet in einem geschäftlichen Brief *Dear Mr X, Mrs X, Ms X, Dr X* etc.; bei bekannten Personen verwendet man, auch wenn man sie auf Deutsch siezen würde, den Vornamen, z. B. *Dear Linda, Dear John.* Wenn man den Namen des Empfängers nicht kennt, schreibt man *Dear Sir* bzw. *Dear Sir,* Madam; wenn man nicht weiß, ob es sich um eine Frau oder einen Mann handelt, *Dear Sir/ Madam.* Gute Freunde kann man auch mit *Dearest* oder *My dearest* und ihrem Vornamen anreden. Nach der

Anrede macht man einen Absatz; das erste Wort in der neuen Zeile wird großgeschrieben. Einen mit *Dear Sir* oder *Dear Madam* eingeleiteten Brief schließt man mit *Yours faithfully*; sonst lautet die Grußformel *Yours sincerely* oder *Yours truly*. Etwas weniger förmlich sind die Wendungen *Best wishes* und *Kind regards*. Persönliche Briefe beendet man mit *With love (to you all)* oder *Love and best wishes*; bei Freunden und Verwandten kann man auch *Love, Lots of love*, oder *Much love* verwenden. Die Grußformel wird links eingerückt und man unterschreibt direkt darunter.

Briefdrucksache ['briːfdrʊksaxə] *die letter comprising an order form, questionnaire etc, which costs less to send than an ordinary letter*

Brieffreund, in ['briːffrɔynt] (*mpl* **-e**) *der, die* penfriend

Briefkasten ['briːfkastn̩] (*pl* **-kästen**) *der* **1.** (*öffentlich*) postbox **2.** (*am Haus*) letterbox

Briefmarke ['briːfmarkə] (*pl* **-n**) *die* stamp

Briefmarkenautomat ['briːfmarkn̩automaːt] (*pl* **-en**) *der* stamp machine

Briefpapier ['briːfpapiːɐ] *das* notepaper

Brieftasche ['briːftaʃə] (*pl* **-n**) *die* wallet

Briefträger, in ['briːftrɛːgɐ] (*mpl inv*) *der, die* postman (*f* postwoman)

Briefumschlag ['briːfʊmʃlaːk] (*pl* **-umschläge**) *der* envelope

Briefwaage ['briːfvaːgə] (*pl* **-n**) *die* letter scales *pl*

briet [briːt] *prät* ➤ **braten**

Brille ['brɪlə] (*pl* **-n**) *die (für Augen)* glasses *case*

Brillenetui ['brɪlənɛtviː] (*pl* **-s**) *das* glasses case

bringen ['brɪŋən] (*prät* **brachte**, *pp* **gebracht**) *vt* **1.** (*wegbringen*) to take **2.** (*holen*) to bring **3.** (*Ergebnis*) to cause **4.** (*finanziell*) to make **5.** (*im Fernsehen*) to broadcast **6.** (*in Zeitung*) to publish ● **jm etw bringen** to bring sb sthg ● **jn nach Hause bringen** to take sb home

Brise ['briːzə] (*pl* **-n**) *die* breeze

Brite ['briːtə] (*pl* **-n**) *der* Briton ● **die Briten** the British

Britin ['briːtɪn] (*pl* **-nen**) *die* Briton

britisch ['briːtɪʃ] *adj* British

Britischen Inseln ['briːtɪʃn̩ɪnzln̩] *pl* ● **die Britischen Inseln** the British Isles

Broccoli ['brɔkoli] *der* broccoli

Brombeere ['brɔmbeːrə] (*pl* **-n**) *die* blackberry

Bronchitis [brɔnˈçiːtɪs] *die* bronchitis *sg*

Bronze ['brɔŋsə] *die* bronze

Broschüre [brɔˈʃyːrə] (*pl* **-n**) *die* brochure

Brot [broːt] (*pl* **-e**) *das* **1.** bread **2.** (*Brotlaib*) loaf (of bread) **3.** (*Brotscheibe*) slice of bread

Brot

German bakeries offer a vast assortment of different breads, the most common of which include rye bread, pumpernickel and wholemeal bread. Slices of bread with cheese or sausage on top are eaten either for breakfast or in the evening. Fresh white bread rolls are especially popular at the weekend. People usually buy them from the bakery before breakfast. The packaged sliced white bread found in Britain is rarely eaten.

Brotaufstrich ['broːtlauf͜ʃprɪç] (*pl* **-e**) *der* spread

Brötchen ['brøːtçən] (*pl inv*) *das* (bread) roll ● **belegtes Brötchen** filled roll

Brotmesser ['broːtmɛsɐ] (*pl inv*) *das* bread knife

Bruch [brox] (*pl* **Brüche**) *der* 1. (*Knochenbruch*) fracture 2. (*mit Partner, Vergangenheit*) break 3. (*Leistenbruch*) hernia 4. (*Bruchteil*) fraction

Bruchteil ['broxtaɪl] (*pl* **-e**) *der* fraction

Brücke ['brykə] (*pl* **-n**) *die* bridge

Brückenschäden ['brykn͡ʃɛːdn̩] *pl* damaged bridge

Bruder ['bruːdɐ] (*pl* **Brüder**) *der* brother

Brüderschaft ['bryːdɐʃaft] *die* ● **Brüderschaft trinken** to agree to use the familiar "du" form and celebrate with a drink

Brühe ['bryːə] (*pl* **-n**) *die* 1. (*Suppe*) broth 2. (*zum Kochen*) stock

Brühwürfel ['bryːvyrfl̩] (*pl inv*) *der* stock cube

brüllen ['brylən] *vi* to shout

brummen ['bromən] *vi* 1. (*Tier*) to growl 2. (*Motor, Maschine*) to drone

Brunnen ['bronən] (*pl inv*) *der* 1. (*zum Wasserholen*) well 2. (*Springbrunnen*) fountain

Brüssel ['brysl̩] *nt* Brussels

Brust [brost] (*pl* **Brüste**) *die* 1. breast 2. (*Thorax*) chest

Brustschwimmen ['brostʃvɪmən] *das* breaststroke

Brüstung ['brystoŋ] (*pl* **-en**) *die* parapet

brutal [bru'taːl] *adj* brutal

brutto ['broto] *adv* gross

brutzeln ['brotsl̩n] *vt* & *vi* to fry

Btx [beːteːˈʔɪks] *abk* = Bildschirmtext

Buch [buːx] (*pl* **Bücher**) *das* book ● **Buch führen** to keep a record

buchen ['buːxn̩] ◇ *vt* 1. (*reservieren*) to book 2. (*auf Konto*) to enter ◇ *vi* (*reservieren*) to book

Bücherei [byːçəˈraɪ] (*pl* **-en**) *die* library

Buchhalter, in ['buːxhaltɐ] (*mpl inv*) *der, die* bookkeeper

Buchhandlung ['buːxhandloŋ] (*pl* **-en**) *die* bookshop

Buchmesse ['buːxmɛsə] (*pl* **-n**) *die* book fair

Büchse ['byksə] (*pl* **-n**) *die* tin, can

Büchsenmilch ['byksn̩mɪlç] *die* tinned milk

Büchsenöffner ['byksn̩œfnɐ] (*pl inv*) *der* tin opener, can opener

Buchstabe ['buːxʃtaːbə] (*pl* **-n**) *der* letter ● **kleiner/großer Buchstabe** small/capital letter

buchstabieren ['buːxʃtaˈbiːrən] *vt* to spell

Bucht [boxt] (*pl* **-en**) *die* bay

Buchung ['buːxoŋ] (*pl* **-en**) *die* booking

bücken ['bykn̩] ● **sich bücken** *ref* to bend down

Bude ['buːdə] (*pl* **-n**) *die* 1. (*Kiosk*) stall 2. (*fam*) (*Wohnung*) place

Büfett [byˈfeː] (*pl* **-s**) *das* buffet ● **kaltes Büfett** cold buffet

Bügel ['byːgl̩] (*pl inv*) *der* 1. (*Kleiderbügel*) (coat) hanger 2. (*von Brille*) arm

Bügeleisen ['byːgl̩aɪzn̩] (*pl inv*) *das* iron

bügelfrei ['byːgl̩fraɪ] *adj* non-iron

bügeln ['byːgln] *vt* & *vi* to iron

Bügelspray ['byːglʃpreː] *das* spray used to make clothes easier to iron

Bühne ['byːnə] *(pl* **-n)** *die* stage

Bulgarien [bul'gaːriən] *nt* Bulgaria

bummeln ['bʊmln] *vi* **(ist) 1.** *(langsam gehen)* to stroll **2.** *(langsam sein)* to dawdle

Bummelzug ['bʊmltsuːk] *(pl* **-züge)** *der* slow train

Bund¹ [bʊnt] *(pl* **Bünde)** *der* **1.** *(Zusammenschluss)* association **2.** *(fam) (Bundeswehr)* armed forces *pl*

Bund² [bʊnt] *(pl* **Bunde)** *das (von Gemüse, Blumen)* bunch

Bundesbahn ['bʊndəsbaːn] *die* German state railway company

Bundesbürger, in ['bʊndəsbyrgɐ] *(mpl inv)* *der, die* German citizen

Bundeskanzler, in ['bʊndəskantslɐ] *(mpl inv)* *der, die* German chancellor

Bundesland ['bʊndəslant] *(pl* **-länder)** *das* Land *(German state)*

Bundesland

Germany has 16 federal states known as the *Länder* or *Bundesländer*. Each has its own constitution, government and jurisdiction. Central government retains control over some areas such as foreign policy, but the *Länder* are responsible for areas such as education and culture. The federal states are represented in Germany's upper house, the *Bundesrat*, where they can influence legislation and EU policy. Austria is also a federal state, with 9 *Bundesländer*.

Bundesliga ['bʊndəsliːgɐ] *die* **1.** *(gen)* first division **2.** *(bei Fußball)* Bundesliga ● **2. Bundesliga** second division

Bundesliga

This term is used in Germany and Austria to refer to the top division in several different sports. Although football is the best-known, there are also *Bundesligen* for basketball, ice hockey and even chess. The second division is known either as the *2. Bundesliga* or the *Regionalliga*.

Bundesrat ['bʊndəsraːt] *der (in BRD)* upper chamber of the German Parliament, made up of representatives from each of the German states

Bundesregierung ['bʊndəsregiːrʊŋ] *(pl* **-en)** *die* German government

Bundesrepublik ['bʊndəsrepubliːk] *die* Federal Republic of Germany

Bundesstraße ['bʊndəsʃtraːsə] *(pl* **-n)** *die* ≈ A road *(UK),* ≈ state highway *(US)*

Bundestag ['bʊndəstaːk] *der* German parliament

Bundeswehr ['bʊndəsveːɐ] *die* German army

bundesweit ['bʊndəsvait] ◇ *adj* nationwide *(in Germany)* ◇ *adv* across Germany

Bündnis ['byntnɪs] *(pl* **-se)** *das* alliance

Bungalow ['bʊŋgalo] *(pl* **-s)** *der* bungalow

bunt [bʊnt] ◇ *adj (vielfarbig)* colourful ◇ *adv (vielfarbig)* colourfully ● **bunter Abend** social evening

Buntstift ['bʊntʃtɪft] (pl **-e**) der coloured pencil

Burg [bʊrk] (pl **-en**) die castle

bürgen ['byrgn] vi ● **für jn/etw bürgen** to vouch for sb/sthg

Burgenland ['bʊrgnlant] nt Burgenland

Bürger, in ['byrgɐ] (mpl inv) der, die **1.** (Einwohner) citizen **2.** (aus dem Mittelstand) middle-class person

bürgerlich ['byrgɐlɪç] adj **1.** (Küche) plain **2.** (Hotel) respectable

Bürgermeister, in ['byrgɐmaistɐ] (mpl inv) der, die mayor

Bürgersteig ['byrgɐʃtaik] (pl **-e**) der pavement (UK), sidewalk (US)

Büro [by'ro:] (pl **-s**) das office

Büroklammer [by'ro:klamɐ] (pl **-n**) die paper clip

Bürste ['byrstə] (pl **-n**) die brush

bürsten ['byrstn] vt to brush

Bus [bʊs] (pl **-se**) der bus ● **mit dem Bus fahren** to go by bus

Busbahnhof ['bʊsba:nho:f] (pl **-bahnhöfe**) der bus station

Busen ['bu:zn] (pl inv) der bosom

Busfahrer, in ['bʊsfa:rɐ] (mpl inv) der, die bus driver ▼ **Fahrscheine beim Busfahrer** tickets from the driver

Bushaltestelle ['bʊshaltəʃtɛlə] (pl **-n**) die bus stop

Business Class ['bɪznɪskla:s] die (ohne pl) business class

Buslinie ['bʊsli:njə] (pl **-n**) die bus route

Busreise ['bʊsraizə] (pl **-n**) die coach trip (UK), bus trip (US)

Bußgeld ['bu:sgɛlt] (pl **-er**) das fine

Bußgeldbescheid ['bu:sgɛltbəʃait] (pl **-e**) der notification of a fine

Buß- und Bettag ['bu:sʊntbe:ttak] der

Day of Prayer and Repentance German public holiday in November

Büstenhalter ['bystnhaltɐ] (pl inv) der bra

Busverbindung ['bʊsfɛɐbɪndʊŋ] (pl **-en**) die bus connection, bus service

Butangas [bu'ta:nga:s] das butane

Butter ['bʊtɐ] die butter

Butterbrot ['bʊtɐbro:t] (pl **-e**) das slice of bread and butter

Butterfahrt ['bʊtɐfa:ɐt] (pl **-en**) die short ferry trip outside German waters to allow passengers to buy duty-free goods

Butterkäse ['bʊtɐkɛ:zə] (pl inv) der full-fat cheese

Buttermilch ['bʊtɐmɪlç] die buttermilk

Butterschmalz ['bʊtɐʃmalts] das clarified butter

bzw. abk = beziehungsweise

ca. (abk für circa) approx.

Cabaret [kaba're:] (pl **-s**) das cabaret

Cabrio ['ka:brio] (pl **-s**) das convertible

Café [ka'fe:] (pl **-s**) das café

Café

In addition to various types of coffee and other drinks, German cafés usually offer a wider variety of cakes and pastries than their British or American equivalents. Some traditional cafés are rather refined establishments, similar to Viennese coffee houses, where you order your coffee and cake at the counter and it is brought to your table.

Cafeteria [kafeˈriːa] (pl **-ien** ODER **-s**) die cafeteria

campen [ˈkɛmpn̩] vi to camp

Camping [ˈkɛmpɪŋ] das camping

Campingführer [ˈkɛmpɪŋfyːrɐ] (pl inv) der camping guidebook

Campingplatz [ˈkɛmpɪŋplats] (pl **-plätze**) der campsite

Campingwagen [ˈkɛmpɪŋvagn̩] (pl inv) der camper van

Campus [ˈkɛmpʊs] der campus

Cashewnuss [ˈkɛʃunʊs] (pl **-nüsse**) die cashew nut

CB-Funker, in [tseˈbeːfʊŋkɐ] (mpl inv) der, die CB ham

CD [tseːˈdeː] (pl **-s**) die CD

CD-Spieler [tseːdeːˈʃpiːlɐ] (pl inv) der CD player

Cello [ˈtʃɛlo] (pl **-s**) das cello

Celsius [ˈtsɛlzjʊs] nt celsius ● **10 Grad Celsius** 10 degrees centigrade

Champagner [ʃamˈpanjɐ] der champagne

Champignon [ˈʃampɪnjɔn] (pl **-s**) der mushroom

Chance [ˈʃãːsə] (pl **-n**) die chance, opportunity

Change [ˈʃãːʃ] der (Geldwechsel) bureau de change

Chanson [ʃãsoː] (pl **-s**) das satirical song

chaotisch [kaˈoːtɪʃ] adj chaotic

Charakter [kaˈraktɐ] (pl **-t**) der character

charakteristisch [karaktɐˈrɪstɪʃ] adj characteristic

charmant [ʃarˈmant] ◇ adj charming ◇ adv charmingly

Charterflug [ˈʃartɐfluːk] (pl **-flüge**) der charter flight

Chartermaschine [ˈʃartɐmaʃiːnə] (pl **-n**) die charter plane

chartern [ˈʃartɐn] vt to charter

chauvinistisch [ʃoviˈnɪstɪʃ] adj chauvinist

Chef, in [ʃɛf] (mpl **-s**) der, die boss

Chefarzt [ˈʃeflaːʁtst] (pl **-ärzte**) der (senior) consultant

Chefärztin [ˈʃeflɛːʁtstɪn] (pl **-nen**) die (senior) consultant

Chemie [çeˈmiː] die chemistry

chemisch [ˈçeːmɪʃ] adj chemical ● **chemische Reinigung** (Laden) dry cleaner's

chic [ʃɪk] adj chic

Chicorée [ˈʃikoreː] der & die chicory

Chiffre [ˈʃɪfrə] (pl **-n**) die (von Zeitungsanzeige) box number

Chili [ˈʃiːli] der chilli

China [ˈçiːna] nt China

Chinarestaurant [ˈçiːnarɛstorã] (pl **-s**) das Chinese restaurant

Chinese [çiˈneːzə] (pl **-n**) der Chinese (man) ● **die Chinesen** the Chinese

Chinesin [çiˈneːzɪn] (pl **-nen**) die Chinese (woman)

chinesisch [çiˈneːzɪʃ] adj Chinese

Chinesisch(e) [çiˈneːzɪʃə] das Chinese

Chip [tʃɪp] (pl **-s**) der chip

Chipkarte [ˈtʃɪpkartə] (pl **-n**) die EDV smart card

Chips [ˈtʃɪps] pl (UK) KÜCHE crisps (UK), chips (US)

Chirurg, in [çiˈrork] (mpl **-en**) der, die surgeon

chlorfrei ['klo:ɐfrai] *adj* chlorine-free ▼
chlorfrei gebleicht produced using chlorine-free bleaching processes

Choke ['tʃo:k] (*pl* -s) *der* choke

Cholesterin [kolɛstə'ri:n] *das* cholesterol

Chor [ko:ɐ] (*pl* **Chöre**) *der* choir

Choreographie [koreogra'fi:] (*pl* -n) *die* choreography

Christ, in [krɪst] (*mpl* -en) *der, die* Christian

Christi Himmelfahrt ['krɪsti:'hɪmlfa:ɐt] *nt* Ascension Day

Chronik ['kro:nɪk] (*pl* -en) *die* chronicle

chronisch ['kro:nɪʃ] *adj* chronic

chronologisch [krono'lo:gɪʃ] *adj* chronological

circa [tsɪrka] *adv* approximately

City ['sɪti] (*pl* -s) *die* city centre

clever ['klɛvɐ] *adj* clever, smart

Clique ['klɪkə] (*pl* -n) *die* clique

Clown [klaun] (*pl* -s) *der* clown

Club ['klʊp] (*pl* -s) *der* club

Cluburlaub ['klʊplu:ɐlaup] (*pl* -e) *der* club holiday

Cocktail ['kɔkte:l] (*pl* -s) *der* cocktail

Cognac ® ['kɔnjak] (*pl* -s) *der* cognac

Cola ['ko:la] (*pl* -s) *die* & *das* Coke ®

Comic ['kɔmɪk] (*pl* -s) *der* cartoon

Computer [kɔm'pju:tɐ] (*pl* inv) *der* computer

Computerspiel [kɔmpju:tɐʃpi:l] (*pl* -e) *das* computer game

Container [kɔn'taɪnɐ] (*pl* inv) *der* container

Cord [kɔrt] *der* corduroy

Couch [kaʊtʃ] (*pl* -en) *die* couch

Cousin [ku'zɛ̃] (*pl* -s) *der* cousin

Cousine [ku'zi:nə] *die* = Kusine

Creme [kre:m] (*pl* -s) *die* cream

Curry ['kœri] (*pl* -s) *das* curry

Currywurst ['kœrivʊrst] (*pl* -würste) *die* sausage with curry sauce

da [da:]
◇ *adv* **1.** (*dort*) there ● **da, wo wir uns das letzte Mal getroffen haben** where we met (the) last time ● **da lang** along there **2.** (*hier*) here ● **ist Herr Müller da?** (*am Telefon*) is Mr Müller there? ● **sind alle da?** is everyone here? ● **da und dort** here and there **3.** (*übrig*) ● **ist noch Butter da?** is there any butter left? **4.** (*zeitlich*) ● **gestern, da hat es geregnet** it rained yesterday **5.** (*in diesem Fall*) there ● **da hat er Recht** he's right there **6.** (*plötzlich*) ● **da fällt mir ein ...** I've just thought ...
◇ *konj* (*weil*) as, since

dabei [da'bai] *adv* **1.** (*räumlich*) next to it **2.** (*gleichzeitig*) at the same time **3.** (*doch*) and (what is more) ● **jm dabei helfen, etw zu tun** to help sb do sthg ● **nahe dabei** nearby

dabeibleiben [da'baiblaibn] *vi* (unreg) (ist) **1.** (*an Ort*) to stay on **2.** (*bei Meinung*) to stick with it

dabeihaben [da'baiha:bn] *vt* (unreg) **1.** (*Person*) to have with one **2.** (*Gegenstand, Werkzeug*) to have on one

dabei sein [da'baizain] *vi* (unreg) (ist) (*anwesend sein*) to be there ● **nicht dabei**

sein sein to be missing ● **ich bin dabei, die Koffer zu packen** I'm just packing the cases

Dach [dax] *(pl* **Dächer***) das* roof

Dachboden ['daxbo:dn̩] *(pl* **-böden***) der* loft

Dachgepäckträger ['daxgəpɛktrɛːgɐ] *(pl inv) der* roofrack

dachte ['daxtə] *prät* ➤ **denken**

dadurch ['da:dʊrç] ◇ *adv* **1.** *(räumlich)* through it **2.** *(deshalb)* for that reason ◇ *konj* ● **dadurch, dass ...** because ...

dafür [da'fyːɐ̯] ◇ *adv (trotzdem)* nonetheless ◇ *konj* ● **dafür, dass** considering ● **ich habe 200 Euro dafür bekommen** I got 200 euros for it

dafür können [da'fyːɐ̯kœnən] *vt (unreg)* ● **sie kann nichts dafür** it's not her fault

dagegen [da'ge:gn̩] *adv (als Gegensatz)* in comparison ● **das Auto fuhr dagegen** the car drove into it ● **etwas dagegenhaben, dass** to mind that ● **nichts dagegenhaben, dass** not to mind that

dagegegen sein [da'ge:gn̩sain] *vi (unreg)* to be against it

daheim [da'haim] *adv* at home

daher ['da:eːɐ̯] *adv* **1.** *(Herkunft)* from there **2.** *(deshalb)* that's why

dahin [da'hin] *adv* **1.** *(räumlich)* there **2.** *(zeitlich)* ● **bis dahin** until then

dahinten [da'hɪntn̩] *adv* over there

dahinter [da'hɪntɐ] *adv* behind it

dahinter kommen [da'hɪntɐkɔmən] *vi (unreg) (ist)* to find out

damals ['da:ma:ls] *adv* then, in those days

Dame ['da:mə] ◇ *(pl* **-n***) die* **1.** *(Person)* lady **2.** *(Spiel)* draughts *sg* **3.** *(in Schach, Kartenspiel)* queen ● **meine Damen und**

Herren ladies and gentlemen! ◆ **Damen** *pl (Damentoilette)* ladies *sg*

Damenbinde ['da:mənbɪndə] *(pl* **-n***) die* sanitary towel

Damenschuh ['da:mənʃuː] *(pl* **-e***) der* ladies' shoe

Damentoilette ['da:məntɔalɛtə] *(pl* **-n***) die* ladies (toilet)

damit [da'mɪt] ◇ *konj* so that ◇ *adv (dadurch)* therefore ● **ich will damit spielen** I want to play with it ● **was meinst du damit?** what do you mean by that?

Damm [dam] *(pl* **Dämme***) der* **1.** *(gegen Überschwemmung)* dam **2.** *(für Straße, Schienen)* embankment

dämmern ['dɛmɐn] *vimp* ● **es dämmert** *(morgens)* it's getting light; *(abends)* it's getting dark

Dämmerung ['dɛmərʊŋ] *(pl* **-en***) die* **1.** *(morgens)* dawn **2.** *(abends)* dusk

dämmrig ['dɛmrɪç] *adj* dim

Dampf [dampf] *(pl* **Dämpfe***) der* steam ◆ **Dämpfe** *pl (chemisch)* fumes

Dampfbad ['dampfbaːt] *(pl* **-bäder***) das* Turkish bath

dampfen ['dampfn̩] *vi* to steam

dämpfen ['dɛmpfn̩] *vt* **1.** *(Licht)* to dim **2.** *(Geräusch)* to muffle **3.** *(Wut)* to calm **4.** *(Begeisterung)* to dampen **5.** *(kochen)* to steam

Dampfer ['dampfɐ] *(pl inv) der* steamship

Dampfnudel ['dampfnuːdl̩] *(pl* **-n***) die (Süddt)* sweet dumpling made with yeast dough

danach [da'naːx] *adv (zeitlich)* afterwards ● **sie sehnt sich danach** she longs for it ● **kurz danach** shortly afterwards

Däne ['dɛːnə] (pl **-n**) der Dane

daneben [da'neːbn̩] adv **1.** (räumlich) next to it **2.** (vergleichend) in comparison

Dänemark ['dɛːnəmark] nt Denmark

Dänin ['dɛːnɪn] (pl **-nen**) die Dane

dänisch ['dɛːnɪʃ] adj Danish

Dänisch(e) ['dɛːnɪʃ(ə)] das Danish

Dank [daŋk] der thanks pl ● vielen Dank! thank you! ● besten Dank! thank you! ● herzlichen Dank! thank you! ● schönen Dank! thank you! ● vielen Dank im Voraus thanking you in advance

dankbar ['daŋkbaːɐ] adj (Person) grateful ● jm für etw dankbar sein to be grateful to sb for sthg

danke ['daŋkə] interj thanks! ● danke, gleichfalls! thanks, you too! ● danke schön ODER sehr! thanks!

danken ['daŋkn̩] vi to say thank you ● jm danken to thank sb ● für etw danken to say thank you for sthg ● nichts zu danken! don't mention it!

dann [dan] adv then ● bis dann! see you then! ● also dann all right, then

daran [da'ran] adv (räumlich) on/to/against/next to it ● es liegt daran, dass ... it is because of the fact that ...

darauf [da'rauf] adv **1.** (räumlich) on it **2.** (zeitlich) afterwards ● darauf warten, dass ... to wait for ... ● am Tag darauf the next day ● die Tage darauf the next few days

daraus [da'raus] adv **1.** (aus Gefäß, Behälter) out of it **2.** (aus Material) from it ● mach dir nichts daraus! don't let it bother you!

darf [darf] präs ➤ dürfen

darin [da'rɪn] adv (räumlich) in it ●

darin liegt ein Widerspruch that's a contradiction

Darlehen ['darleːən] (pl inv) das loan

Darm [darm] (pl **Därme**) der intestine

Darmgrippe ['darmɡrɪpə] die gastric flu

Darsteller, in ['daːɐʃtɛlɐ] (mpl inv) der, die actor (f actress)

Darstellung ['daːɐʃtɛlʊŋ] (pl **-en**) die representation

darüber [da'ryːbɐ] adv **1.** (räumlich) over it **2.** (sprechen, diskutieren) about it

darum [da'rʊm] adv (deshalb) that's why ● darum geht es nicht that's not the point ● es geht darum, zu gewinnen the main thing is to win

darunter [da'rʊntɐ] adv **1.** (räumlich) under it **2.** (weniger) ● 30 Meter oder etwas darunter 30 metres or a little less ● viele Besucher, darunter auch einige aus dem Ausland many visitors, including some foreigners ● was verstehst du darunter? what do you understand by that?

das [das] ◇ det the ◇ pron **1.** (Demonstrativpronomen) that **2.** (Relativpronomen) that, which ● das Rauchen smoking ● das da! that one there!

da sein [da'zain] vi (unreg) (ist) to be there ● ist noch Bier da? is there any beer left?

dass [das] konj **1.** (im Objektsatz) that **2.** (im Subjektsatz) the fact that ● dass das bloß klappt! let it work! ● sich so freuen, dass ... to be so happy that ...

dasselbe [das'zɛlbə] ◇ det the same ◇ pron the same one ● dasselbe tun to do the same (thing)

Datei [da'tai] (pl **-en**) die file

Datenschutz ['da:tn∫ʊts] *der* data protection

Dativ ['da:ti:f] *der* dative

Dattel ['datl] (*pl* **-n**) *die* date

Datum ['da:tʊm] (*pl* **Daten**) *das* date

Dauer ['dauɐ] *die* duration ● **auf (die) Dauer** in the long term ● **für die Dauer von vier Jahren** for a period of) four years

Dauerauftrag ['dauɐlauftra:k] (*pl* **-aufträge**) *der* standing order

Dauerkarte ['dauɐkartə] (*pl* **-n**) *die* season ticket

Dauerlauf ['dauɐlauf] *der* jog

dauern ['dauɐn] *vi* to last ● **es dauerte drei Wochen, bis ich den Brief bekam** it took three weeks for the letter to reach me

dauernd ['dauɐnt] ◇ *adj* constant ◇ *adv* constantly

Dauerparkplatz ['dauɐparkplats] (*pl* **-plätze**) *der* long-stay car park

Dauerwelle ['dauɐvɛlə] (*pl* **-n**) *die* perm

Daumen ['daumən] (*pl inv*) *der* thumb ● **jm die Daumen drücken** to keep one's fingers crossed for sb

Daunendecke ['daunəndɛkə] (*pl* **-n**) *die* eiderdown

davon [da'fɔn] *adv* **1.** (*räumlich*) from it **2.** (*von Thema*) about it **3.** (*von Menge*) of it

davor [da'fo:ɐ] *adv* **1.** (*räumlich*) in front of it **2.** (*zeitlich*) beforehand ● **ich habe Angst davor** I'm scared of it ● **kurz davor sein, etw zu tun** to be on the point of doing sthg

dazu [da'tsu:] *adv* (*außerdem*) in addition ● **es schneit, dazu ist es kalt** it's snowing and it's cold too ● **ich habe keine Lust dazu** I don't feel like it ● **ich bin nicht dazu gekommen** I didn't get round to it

dazugeben [da'tsu:ge:bn] *vt* (*unreg*) to add

dazugehören [da'tsu:gəhø:rən] *vi* **1.** (*Person*) to belong **2.** (*Zubehör*) to go with it

dazukommen [da'tsu:kɔmən] *vi* (*unreg*) (*ist*) (*zu Gruppe*) to come along ● **kommt noch etwas dazu?** would you like anything else? ● **es kommt noch Mehrwertsteuer dazu** it doesn't include VAT

dazwischen [da'tsvɪ∫n] *adv* in between

dazwischenkommen [da'tsvɪ∫nkɔmən] *vi* (*unreg*) (*ist*) ● **mir ist etwas dazwischengekommen** something has cropped up

Deck [dɛk] (*pl* **-s**) *das* deck ● **an Deck** on deck

Decke ['dɛkə] (*pl* **-n**) *die* **1.** (*von Bett*) blanket **2.** (*von Tisch*) tablecloth **3.** (*von Raum*) ceiling

Deckel ['dɛkl] (*pl inv*) *der* lid

decken ['dɛkn] *vt* to cover ● **etw über jn/etw decken** to cover sb/sthg with sthg

Deckfarbe ['dɛkfarbə] (*pl* **-n**) *die* gouache

Decoder [de'ko:dɐ] (*pl inv*) *der* (*für Pay-TV*) decoder

defekt [de'fɛkt] *adj* faulty

definieren [defi'ni:rən] *vt* to define

Defizit ['de:fitsɪt] (*pl* **-e**) *das* deficit

deftig ['dɛftɪç] *adj* (*Speise*) substantial

dehnbar [de:nba:ɐ] *adj* elastic

Deich [daɪç] (*pl* **-e**) *der* dike

dein, e [daɪn] *det* your

deine, r, s ODER **deins** ['daɪnə] *pron* yours

Deklination [de:klina'tsio:n] (*pl* **-en**) *die* declension

deklinieren [deklɪ'ni:rən] *vt* to decline

Dekolletee, Dekolleté [dekɔl'te:] (*pl* **-s**) *das* low neckline

De

Dekoration [dekora'tsio:n] (pl **-en**) die decoration

Delfin [dɛl'fi:n] der = **Delphin**

delikat [de:li'ka:t] adj 1. (Angelegenheit) delicate 2. (Speise) delicious

Delikatesse [delika'tɛsə] (pl **-n**) die delicacy

Delle ['dɛlə] (pl **-n**) die (an Auto) dent

Delphin [dɛl'fi:n] (pl **-e**) der dolphin

dem [de:m] ◇ det (to) the ◇ pron 1. (Demonstrativpronomen: Person) to him 2. (Sache) that one 3. (Relativpronomen: Person) to whom 4. (Sache) to which

demnächst [de:m'nɛːçst] adv shortly

Demokratie [demokra'ti:] (pl **-n**) die democracy

demokratisch [demo'kra:tiʃ] adj democratic

demolieren [demo'li:rən] vt to demolish

Demonstration [demɔnstra'tsio:n] (pl **-en**) die demonstration

demonstrieren [demən'stri:rən] vi ● demonstrieren gegen/für to demonstrate against/for

den [de:n] ◇ det the ◇ pron 1. (Demonstrativpronomen: Person) him 2. (Sache) that (one) 3. (Relativpronomen: Person) whom 4. (Sache) to which

denen ['de:nən] pron 1. (Demonstrativpronomen) (to) them 2. (Relativpronomen: Person) to whom 3. (Sache) to which

denken ['dɛnkn] (prät **dachte**, pp **gedacht**) vi & vt to think ● denken an (+A) (planen) to think about; (sich erinnern an, berücksichtigen) to think of ● denk an den Kaffee! don't forget the coffee! ● denken über (+A) to think about ● denken von to think of ● sich (D) etw denken to imagine sthg ● das

hätte ich mir denken können I might have known

Denkmal ['dɛnkma:l] (pl **-mäler**) das monument

Denkmalschutz ['dɛnkma:lʃʊts] der ● unter Denkmalschutz stehen to be classified as a historical monument

denn [dɛn] ◇ konj (weil) because ◇ adv then ● was hast du denn? so what's wrong?

Deo [de:o] (pl **-s**) das deodorant

Deodorant [de:lodo'rant] (pl **-s**) das deodorant

Deponie [depo'ni:] (pl **-n**) die dump

deponieren [depo'ni:rən] vt (Gepäck, Paket) to deposit

Depression [deprɛ'sio:n] (pl **-en**) die depression

der [de:ɐ] ◇ det 1. (Nominativ) the 2. (Genitiv) of the 3. (Dativ) (to) the ◇ pron 1. (Demonstrativpronomen: Person) him 2. (Sache) that (one) 3. (Relativpronomen: Person) who 4. (Sache) which ● der Hut der Frau the woman's hat ● der Fußball der Jungen the boys' football

deren [de:rən] ◇ det their ◇ pron 1. (bei Person) whose 2. (bei Sache) of which

derselbe [de:ɐ'zɛlbə] ◇ det the same ◇ pron the same one

derzeit ['de:ɐtsait] adv at the moment

des [dɛs] det of the ● der Hut des Mannes the man's hat

deshalb ['dɛshalp] adv therefore

Desinfektionsmittel [dɛ:slnfɛk'tsio:nsmɪtl] (pl inv) das disinfectant

desinfizieren [dɛ:slnfi'tsi:rən] vt to disinfect

dessen [dɛsn] ◇ det 1. (bei Person) his 2. (bei Sache) its ◇ pron 1. (bei Person) whose

2. *(bei Sache)* of which

Dessert [dɛseːɐ̯] *(pl -s) das* dessert ● **zum Dessert** for dessert

desto [ˈdɛsto] *konj* ➤ **je**

deswegen [ˈdɛsveːgn̩] *adv* therefore

Detail [deˈtai] *(pl -s) das* detail

Detektiv, in [detɛkˈtiːf] *(mpl -e) der, die* detective

deutlich [ˈdɔytlɪç] ◇ *adj* clear ◇ *adv* clearly ● **deutlich sprechen** to speak clearly

deutsch [ˈdɔytʃ] ◇ *adj* German ◇ *adv* ● **auf Deutsch** in German

Deutsch [dɔytʃ] *das* German

Deutsche[1] [ˈdɔytʃə] *(pl -n) der, die (Person)* German

Deutsch[2] [ˈdɔytʃə] *das (Sprache)* German

Deutsche Bundesbahn [ˈdɔytʃəˈbʊndəsbaːn] *die* German state railway company

Deutsche Bundesbank [ˈdɔytʃəˈbʊndəsbaŋk] *die* German federal bank

Deutsche Bundespost [ˈdɔytʃəˈbʊndəspɔst] *die* German postal service

Deutschland [ˈdɔytʃlant] *nt* Germany

deutschsprachig [ˈdɔytʃʃpraːxɪç] *adj* German-speaking

Devisen [deˈviːzn̩] *pl* foreign currency *sg*

Dezember [detsɛmbɐ] *der* December ➤ **September**

d.h. *(abk für das heißt)* i.e.

Dia [ˈdiːa] *(pl -s) das* slide

Diabetes [diaˈbeːtəs] *der* diabetes *sg*

Diabetiker, in [diaˈbeːtɪkɐ] *(mpl inv) der, die* diabetic ● **für Diabetiker geeignet** diabetic *(vor Subst)*

Diafilm [ˈdiafɪlm] *(pl -e) der* slide film

Diagnose [diaˈgnoːzə] *(pl -n) die* MED diagnosis

Dialekt [diaˈlɛkt] *(pl -e) der* dialect

Dialekt

Dialects in Germany are particularly strong compared to most of the English-speaking world, and often even people from another part of the country do not understand them. Switzerland and Austria also have dialects that diverge considerably from the standard *Hochdeutsch* that is used for official purposes or to communicate with people from outside the region.

Dialog [diaˈloːk] *(pl -e) der* dialogue

Diaprojektor [ˈdiaprojɛktɐ] *(pl -en) der* slide projector

Diarahmen [ˈdiaraːmən] *(pl inv) der* slide frame

Diät [diˈɛːt] *(pl -en) die* diet ● **eine Diät machen** to go on a diet

Diavortrag [ˈdiafoːɐ̯traːk] *(pl -vorträge) der* slide presentation

dich [dɪç] *pron* **1.** you **2.** *(Reflexivpronomen)* yourself

dicht [dɪçt] ◇ *adj* **1.** thick **2.** *(gegen Wasser)* watertight **3.** *(gegen Luft)* airtight **4.** *(Dach, Fenster)* weatherproof **5.** *(Verkehr)* heavy ◇ *adv* tightly ● **dicht neben etw** *(D)* **stehen** to stand right next to sthg ● **dicht davor, etw zu tun** on the verge of doing sthg

Dichter, in [ˈdɪçtɐ] *(mpl inv) der, die* **1.** *(von Gedichten)* poet **2.** *(von Dramen, Theaterstücken)* writer

Dichtung [ˈdɪçtʊŋ] *(pl -en) die* **1.** *(Gedichte)* poetry **2.** *(Literatur)* literature

3. *(Dichtungsring)* washer

Dichtungsring [ˈdɪçtʊŋsrɪŋ] *(pl -e) der* washer

dick [dɪk] ◇ *adj* **1.** thick **2.** *(Person, Körperteil)* fat **3.** *(geschwollen)* swollen ◇ *adv* thickly

Dickmilch [ˈdɪkmɪlç] *die* sour milk

die [diː] ◇ *det* the ◇ *pron* **1.** *(Demonstrativpronomen: Person)* her, them *pl* **2.** *(Sache)* that one, those ones *pl* **3.** *(Relativpronomen: Person)* who **4.** *(Sache: Person)* which

Dieb, in [diːp] *(mpl -e) der, die* thief

Diebstahl [ˈdiːpʃtaːl] *(pl -stähle) der* theft ● **einen Diebstahl anzeigen** to report a theft

Diebstahlversicherung [ˈdiːpʃtaːlfɛɐzɪçərʊŋ] *(pl -en) die* insurance against theft

Diele [ˈdiːlə] *(pl -n) die (Flur)* hall

dienen [ˈdiːnən] *vi (+D)* **1.** to serve **2.** *(fördern)* to be to the benefit of

Dienst [diːnst] *(pl -e) der* service ● **hast du morgen Dienst?** do you have to go to work tomorrow? ● **im Dienst** on duty ● **der öffentliche Dienst** the civil service ● **Dienst habend** on duty

Dienstag [ˈdiːnstaːk] *(pl -e) der* Tuesday ➤ **Samstag**

dienstags [ˈdiːnstaːks] *adv* on Tuesdays

Dienstbereitschaft [ˈdiːnstbərai̯tʃaft] *die* ● **die Apotheke hat heute Nacht Dienstbereitschaft** the chemist's is open all night tonight

Dienstfahrt [ˈdiːnstfaːɐt] *(pl -en) die* business trip

Dienstleistung [ˈdiːnstlai̯stʊŋ] *(pl -en) die* service

dienstlich [ˈdiːnstlɪç] ◇ *adj* business *(vor Subst)* ◇ *adv* on business

Dienstreise [ˈdiːnstrai̯zə] *(pl -n) die* business trip

Dienststelle [ˈdiːnstʃtɛlə] *(pl -n) die (amt)* office

Dienstzeit [ˈdiːnsttsai̯t] *(pl -en) die* working hours *pl*

diese, r, s, ODER dies [ˈdiːzə] ◇ *det* this, these *pl* ◇ *pron* this one, these ones *pl*

Diesel [ˈdiːzl] *(pl inv) der* diesel

dieselbe [diːˈzɛlbə] ◇ *det* the same ◇ *pron* the same one

Dieselkraftstoff [ˈdiːzlkraftʃtɔf] *(pl -e) der* diesel fuel

Dieselmotor [ˈdiːzlmoːtoːɐ] *(pl -en) der* diesel engine

Dieselöl [ˈdiːzlˌøːl] *das* diesel

dieser [ˈdiːzə] *det* > **diese**

dieses [ˈdiːzəs] *det* > **diese**

diesig [ˈdiːzɪç] *adj* misty

diesmal [ˈdiːsmaːl] *adv* this time

diesseits [ˈdiːsai̯ts] ◇ *adv* on this side ◇ *präp (+G)* on this side of

Differenz [dɪfəˈrɛnts] *(pl -en) die* difference

Digitalanzeige [digiˈtaːlantsai̯gə] *(pl -n) die* digital display

Digitalkamera [digiˈtaːlkaməra] *(pl -s) die* digital camera

Diktat [dɪkˈtaːt] *(pl -e) das (in Schule)* dictation

Diktatur [dɪktaˈtuːɐ] *(pl -en) die* dictatorship

diktieren [dɪkˈtiːrən] *vt* to dictate

Dill [dɪl] *der* dill

DIN [diːn] *(abk für Deutsche Industrienorm)* ≃ BS *(UK)*, ≃ ASA *(US)*

Ding [dɪŋ] *(pl -e) das* thing

Dings [dɪŋs] *der, die, das (fam)* thingamajig

Dingsbums ['dɪŋsbʊms] *der, die, das (fam)* = **Dings**

Dingsda ['dɪŋsda:] *der, die, das (fam)* = **Dings**

DIN-Norm ['di:nnɔrm] *(pl -en) die (amt)* German standard

Dinosaurier [dino'zauriɐ] *(pl inv) der* dinosaur

Diphterie [dɪfte'ri:] *die* diphtheria

Diplom [di'plo:m] *(pl -e) das (Titel)* degree

Diplomat, in [diplo'ma:t] *(mpl -en) der, die* diplomat

dir [di:ɐ] *pron* (to) you

direkt [di'rɛkt] ◇ *adj* direct ◇ *adv* **1.** directly **2.** *(ohne Zwischenzeit)* straight ● **direkt neben** right next to

Direktflug [di'rɛktflu:k] *(pl -flüge) der* direct flight

Direktor [di'rɛkto:ɐ] *(pl -t) der* **1.** *(von Hotel)* manager **2.** *(von Firma)* director **3.** *(von Schule)* headmaster

Direktorin [dirɛkl'to:rɪn] *(pl -nen) die* **1.** *(von Hotel)* manageress **2.** *(von Firma)* director **3.** *(von Schule)* headmistress

Direktübertragung [di'rɛkt|y:bɐtra:gʊŋ] *(pl -en) die* live broadcast

Dirigent, in [diri'gɛnt] *(mpl -en) der, die* conductor

dirigieren [diri'gi:rən] *vt & vi* MUS to conduct

Diskette [dɪs'kɛtə] *(pl -n) die* EDV (floppy) disk

Disko ['dɪsko] *(pl -s) die (fam)* disco, (night) club ● **in die Disko gehen** to go clubbing

Diskothek [dɪsko'te:k] *(pl -en) die* disco(theque)

diskret [dɪs'kre:t] ◇ *adj* discreet ◇ *adv* discreetly

diskriminieren [dɪskrimi'ni:rən] *vt (benachteiligen)* to discriminate against

Diskriminierung [dɪskrimi'ni:rʊŋ] *(pl -en) die* discrimination

Diskussion [dɪsku'sjo:n] *(pl -en) die* discussion

diskutieren [dɪsku'ti:rən] ◇ *vt* to discuss ◇ *vi* to have a discussion ● **diskutieren mit** to have a discussion with ● **diskutieren über** (+A) to have a discussion about

Distanz [dɪs'tants] *(pl -en) die* distance

Distel ['dɪstl] *(pl -n) die* thistle

diverse [di'vɛrzə] *adj* various

dividieren [divi'di:rən] *vt & vi* to divide

DLRG [de:|ɛl|ɛr'ge:] *die* German life-savers' society

DM *(abk für Deutsche Mark)* DM

D-Mark ['de:mark] *(pl inv) die* Deutschmark, German mark

doch [dɔx] ◇ *interj* yes ◇ *konj* yet, but ◇ *adv (konzessiv)* anyway ● **er wollte erst nicht, aber dann hat er es doch gemacht** at first he didn't want to, but then he did it anyway ● **setzen Sie sich doch!** do sit down! ● **nicht doch, so war das nicht gemeint!** okay, okay, I didn't mean it that way ● **das kann doch nicht wahr sein!** but surely that can't be true! ● **willst du nicht? - doch, ich will** don't you want to? - yes, I do ● **doch noch** after all

Doktor ['dɔkto:ɐ] *(pl Doktoren) der* **1.** *(fam) (Arzt)* doctor **2.** *(Titel)* doctorate

Doktorin [dɔk'to:rɪn] *(pl -nen) die (fam) (Ärztin)* doctor

Dokument [doku'mɛnt] *(pl -e) das (Urkunde)* document

Dokumenta [dokumɛnta] *die* exhibition of contemporary art

Dokumenta

Dokumenta, the world's largest exhibition of contemporary art, has been held in Kassel every four to five years since 1955. The exhibition lasts 100 days and galleries throughout the city display the works of international artists in a variety of modern art forms. After every exhibition, some of the works remain in the city permanently.

Dokumentation [dokumenta'tsion] (*pl* -en) *die* 1. (*schriftlich*) documentation 2. (*filmisch*) documentary

dolmetschen ['dolmɛtʃn̩] *vi* to interpret

Dolmetscher, in ['dɔlmɛtʃɐ] (*mpl inv*) *der, die* interpreter

Dom [do:m] (*pl* -e) *der* cathedral

dominieren [domi'ni:rən] ◇ *vt* to dominate ◇ *vi* to predominate

Domino ['do:mino] *das* (*Spiel*) dominoes *sg*

Donau ['do:nau] *die* ● die Donau the Danube

Donner ['dɔnɐ] *der* thunder

donnern ['dɔnɐn] *vimp* ● es donnert it's thundering

Donnerstag ['dɔnɐstaːk] (*pl* -e) *der* Thursday ➤ **Samstag**

donnerstags ['dɔnɐstaːks] *adv* on Thursdays

doof [doːf] ◇ *adj* (*fam*) stupid ◇ *adv* (*fam*) stupidly

Doppelbett ['dɔplbɛt] (*pl* -en) *das* double bed

Doppeldecker ['dɔpldɛkɐ] (*pl inv*) *der* (*Bus*) double decker

Doppelname ['dɔplnaːmə] (*pl* -n) *der* (*Nachname*) double-barrelled name

Doppelpunkt ['dɔplpʊŋkt] (*pl* -e) *der* colon

Doppelstecker ['dɔplʃtɛkɐ] (*pl inv*) *der* two-way adapter

doppelt ['dɔplt] ◇ *adj* double ◇ *adv* twice ● doppelt so viel twice as much

Doppelzimmer ['dɔpltsɪmɐ] (*pl inv*) *das* double room

Dorf [dɔrf] (*pl* **Dörfer**) *das* village

Dorn [dɔrn] (*pl* -en) *der* thorn

Dörrobst ['dœro:pst] *das* dried fruit

dort [dɔrt] *adv* there ● dort drüben over there

dorther ['dɔrtheːɐ] *adv* from there

dorthin ['dɔrthɪn] *adv* there

Dose ['doːzə] (*pl* -n) *die* 1. (*aus Holz, Plastik*) box 2. (*aus Porzellan*) pot 3. (*Konservendose*) tin, can ● Erbsen aus der Dose tinned ODER canned peas

dösen ['døːzn̩] *vi* to snooze

Dosenmilch ['doːznmɪlç] *die* tinned milk, canned milk

Dosenöffner ['doːznœfnɐ] (*pl inv*) *der* tin opener, can opener

dosieren [do'ziːrən] *vt* to measure out

Dosierung [do'ziːrʊŋ] (*pl* -en) *die* dosage

Dosierungsanleitung [do'ziːrʊŋsanlaitʊŋ] (*pl* -en) *die* directions for use *pl*

Dosis ['doːzɪs] (*pl* **Dosen**) *die* dose

Dozent, in [do'tsɛnt] (*mpl* -en) *der, die* lecturer

Dr. (*abk für Doktor*) Dr

Drachen ['draxn̩] (*pl inv*) *der* 1. (*aus Papier*) kite 2. SPORT hang glider

Drachenfliegen ['draxn̩fliːgn̩] *das* hang gliding

Dragee [dra'ʒeː] (*pl* **-s**) *das* 1. (*Medikament*) pill 2. (*Bonbon*) sweet

Draht [draːt] (*pl* **Drähte**) *der* wire

Drahtseilbahn ['draːtzaɪlbaːn] (*pl* **-en**) *die* cable railway

Drama ['draːma] (*pl* **Dramen**) *das* drama

dramatisch [dra'maːtɪʃ] *adj* (*spannend*) dramatic

Dramaturg, in [drama'tʊrk] (*mpl* **-en**) *der, die* person who selects and adapts plays for the stage

dran [dran] *adv* (*fam*) ● **dran sein** (*an der Reihe sein*) to be next = **daran**

dran|bleiben ['dranblaɪbn] *vi* (*unreg*) (*ist*) (*am Telefon*) to hold (the line)

drängeln ['drɛŋln] *vi* (*durch Schieben*) to push ● **sich drängeln** *ref* ● **sich nach vorn dr ängeln** to push one's way forward

drängen ['drɛŋən] *vt* 1. (*schieben*) to push 2. (*überreden*) to press

dran|kommen ['drankɔmən] *vi* (*unreg*) (*ist*) 1. (*an die Reihe kommen*) to have one's turn 2. (*heranreichen*) to reach

drauf [drauf] *adv* (*fam*) ● **gut/schlecht drauf sein** to be in a good/bad mood = **darauf**

draus [draus] *adv* (*fam*) = **daraus**

draußen ['drausn] *adv* outside ● **nach draußen** outside ● **von draußen** from outside

Dreck [drɛk] *der* (*fam*) (*Schmutz*) dirt

dreckig ['drɛkɪç] *adj* (*fam*) (*schmutzig*) dirty ● **etw dreckig machen** to get sthg dirty

drehen [dreːən] ◇ *vt* 1. (*Kurbel, Schraube*) to turn 2. (*Film*) to film 3. (*Zigarette*) to roll ◇ *vi* (*Fahrzeug, Wind*) to turn ● **an etw** (*D*) **drehen** to turn sthg ● **etw laut/**

leise drehen to turn sthg up/down ● **sich drehen** *ref* to turn over ● **sich drehen um** (*thematisch*) to be about

Drehtür ['dreːtyːɐ] (*pl* **-en**) *die* revolving door

Drehzahlmesser ['dreːtsaːlmɛsɐ] (*pl inv*) *der* rev counter

drei [drai] *numr* three ➤ **sechs**

Dreieck ['draiɛk] (*pl* **-e**) *das* triangle

Dreieckstuch ['draiɛkstuːx] (*pl* **-tücher**) *das* headscarf

dreifach ['draifax] *numr* triple

dreihundert ['draihʊndɐt] *numr* three hundred

Dreikönigstag [draikøːnɪçstaːk] *der* Epiphany

dreimal ['draimaːl] *adv* three times

dreispurig ['draiʃpuːrɪç] *adj* three-lane

dreißig ['draisɪç] *numr* thirty ➤ **sechs**

drei Viertel [drai'fɪrtl] *adv* 1. three quarters 2. (*Süddt*) (*in Uhrzeit*) ● **es ist drei Viertel acht** it's a quarter to eight (*UK*), it's a quarter of eight (*US*)

dreizehn ['draitseːn] *numr* thirteen ➤ **sechs**

dressieren [drɛ'siːrən] *vt* to train

Dressing ['drɛsɪŋ] (*pl* **-s**) *das* dressing

Dressur [drɛ'suːɐ] (*pl* **-en**) *die* dressage

drin [drɪn] *adv* ● **das ist nicht drin** that's out = **darin**

dringen ['drɪŋən] (*prät* **drang**, *pp* **gedrungen**) *vi* (*ist*) ● **in** ODER **durch etw** (*A*) **dringen** to penetrate sthg

dringend ['drɪŋənt] ◇ *adj* urgent ◇ *adv* urgently

drinnen ['drɪnən] *adv* inside

dritt [drɪt] *numr* ● **wir sind zu dritt** there are three of us

dritte, r, s ['drɪtə] *adj* third ➤ **sechste**

Drittel ['drɪtl] (*pl inv*) *das* third ➤ **Sechstel**

drittens ['drɪtns] *adv* thirdly

Dritte Reich ['drɪtərʌiç] *das* Third Reich

Dritte Welt ['drɪtəvɛlt] *die* Third World

DRK [de:|ɛr'ka:] *das (abk für Deutsches Rotes Kreuz)* German Red Cross

Droge ['dro:gə] (*pl -n*) *die (Rauschgift)* drug

drogenabhängig ['dro:gnaphɛŋɪç] *adj* ● **drogenabhängig sein** to be a drug addict

Drogenberatungsstelle ['dro:gnbə-ra:tʊŋʃtɛlə] (*pl -n*) *die* drug advice centre

Drogerie [droga'ri:] (*pl -n*) *die* ≃ chemist's (shop) *(UK)* drugstore *(US)*

Drogeriemarkt [droga'ri:markt] (*pl -märkte*) *der* discount chemist's *(UK)*, discount drugstore *(US)*

drohen ['dro:ən] *vi* to threaten

drosseln ['drɔsln] *vt (Tempo)* to reduce

drüben ['dry:bn] *adv* over there

drüber ['dry:bɐ] *adv (fam)* = darüber

Druck[1] ['drʊk] *der* 1. *(Kraft)* pressure 2. *(von Finger)* touch 3. *(von Hand)* shake 4. *(von Büchern)* printing

Druck[2] ['drʊk] (*pl -e*) *der (Gravur)* print

Druckbuchstabe ['drʊkbu:xʃta:bə] (*pl -n*) *der* printed letter ▼ **bitte in Druckbuchstaben schreiben!** please write in block capitals

drucken ['drʊkn] *vt* to print

drücken ['drʏkn] ◇ *vt* 1. *(pressen)* to press 2. *(Schuhe)* to pinch ◇ *vt (Knopf, Schalter)* to press ● **auf etw** (A) **drücken** to press sthg ● **jn drücken** *(fam) (umarmen)* to hug sb ▼ **drücken** push ● **sich drücken** *ref (fam) (sich entziehen)* ● **sich drücken vor** (+ D) to get out of ...

drückend ['drʏknt] *adj (Hitze)* oppressive

Druckknopf ['drʊkknɔpf] (*pl -knöpfe*) *der (an Kleidung)* press stud

Drucksache ['drʊkzaxə] (*pl -n*) *die* printed matter

Druckschrift ['drʊkʃrɪft] *die* block capitals *pl*

drum [drʊm] *adv (fam)* = **darum** ●

Drum *das* ● **mit allem Drum und Dran** *(fam)* with all the trappings

drunter ['drʊntɐ] *adv (fam)* ● **es geht drunter und drüber** everything's all over the place ● **darunter**

dt. *abk* = deutsch

du [du:] *pron* you ● **Du sagen** to use the *'du'* form of address ● **mit jm per Du sein** ≃ to be on first name terms with sb

Dübel ['dy:bl] (*pl inv*) *der* Rawlplug®

Duett [du:'ɛt] (*pl -e*) *das* duet

duften ['dʊftn] ◇ *vi* to smell nice ◇ *vimp* ● **es duftet nach ...** there's a smell of ...

dumm [dʊm] (*komp* **dümmer**, *superl* **dümmste**) ◇ *adj* stupid ◇ *adv* stupidly ● **dummes Zeug** *(abw)* rubbish

Dummkopf ['dʊmkɔpf] (*pl -köpfe*) *der* idiot

dumpf ['dʊmpf] *adj (Klang)* muffled

Düne ['dy:nə] (*pl -n*) *die* dune

Dünger ['dyŋɐ] *der* fertilizer

dunkel ['dʊŋkl] (*komp* **dunkler**, *superl* **dunkelste**) ◇ *adj* 1. dark 2. *(Klang)* deep ◇ *adv (färben)* dark ● **seine Stimme klingt dunkel** his voice is deep ● **es wird dunkel** it's getting dark

dunkelblond ['dʊŋklblɔnt] *adj* light brown

dunkelhaarig ['dʊŋklha:rɪç] *adj* dark-haired

Dunkelheit ['dʊŋklhait] *die (nächtliche)* darkness

dünn [dyn] ◇ *adj* **1.** thin **2.** *(Getränk)* weak ◇ *adv* thinly ● **etw dünn auftragen** to apply sthg sparingly

dünsten ['dynstn] *vt* to steam

dunstig ['dunstiç] *adj (Wetter)* hazy

Duo ['du:o] *(pl* **-s)** *das* **1.** *(Musikstück)* duet **2.** *(zwei Musiker)* duo

Dur [du:ɐ̯] *das* major

durch [dʊrç] ◇ *präp* (+A) **1.** through **2.** *(mithilfe von)* by (means of) **3.** *(wegen)* as a result of ◇ *adv* through ● **die ganze Nacht durch** throughout the night ● **darf ich mal bitte durch?** excuse me, please! ● **durch und durch** through and through ● **durch die Schweiz reisen** to travel across Switzerland

durchatmen ['dʊrçʔa:tmən] *vi* to breathe deeply

durchaus [dʊrç'aus] *adv* absolutely ● **durchaus nicht** not at all

Durchblutung [dʊrç'blu:tʊŋ] *die* circulation

durch|brechen [dʊrç'brɛçn̩] ◇ *vt (unreg) (hat) (Stock)* to snap ◇ *vi (unreg) (ist) (Stock, Brett)* to snap

durch|brennen ['dʊrçbrɛnən] *vi (unreg) (ist) (Sicherung)* to blow

durch|drehen ['dʊrçdre:ən] *vi (ist)* **1.** *(Räder)* to spin **2.** *(fig) (Person)* to crack up

durcheinander [dʊrçʔainandɐ] ◇ *adv* all over the place ◇ *adj* ● **durcheinander sein** *(Zimmer, Haus)* to be in a mess; *(Person)* to be confused

Durcheinander [dʊrçʔainandɐ] *das* chaos

durch|fahren ['dʊrçfa:rən] *vi (unreg) (ist)* **1.** *(mit Auto)* to drive through **2.** *(Zug)* to go through

Durchfahrt ['dʊrçfa:ɐ̯t] *die* ● **auf der Durchfahrt sein** to be travelling through ▼ **Durchfahrt verboten!** no through road *(UK),* no outlet *(US)*

Durchfall ['dʊrçfal] *(pl* **-fälle)** *der* diarrhoea

durch|fragen ['dʊrçfra:gn̩] ● **sich durchfragen** *ref* to ask the way ● **sich zum Bahnhof durchfragen** to ask the way to the station

durch|führen ['dʊrçfy:rən] *vt* to carry out

Durchgang ['dʊrçgaŋ] *(pl* **-gänge)** *der (zwischen Gebäuden)* passage ▼ **kein Durchgang!** keep out

Durchgangsverkehr ['dʊrçgaŋsfɛɐ̯ke:ɐ̯] *der* through traffic

durchgebrannt ['dʊrçgəbrant] ◇ *pp* ➤ **durchbrennen** ◇ *adj (Sicherung)* blown

durchgebraten ['dʊrçgəbra:tn̩] *adj* well-done

durchgefroren ['dʊrçgəfro:rən] *adj* frozen

durch|gehen ['dʊrçge:ən] *vi (unreg) (ist)* to go through ● **bitte durchgehen!** *(in Bus)* please move to the back of the bus!

durchgehend ['dʊrçge:ənt] ◇ *adj (Zug)* through *(vor Subst)* ◇ *adv* ▼ **durchgehend geöffnet** open all day

durch|halten ['dʊrçhaltn̩] ◇ *vi (unreg)* to hold out ◇ *vt (unreg)* to withstand

durch|kommen ['dʊrçkɔmən] *vi (unreg) (ist)* to get through

durch|lassen ['dʊrçlasn̩] *vt (unreg)* **1.** *(Person)* to let through **2.** *(Wasser)* to let in

durchlässig ['dʊrçlɛsɪç] *adj* leaky

Durchlauferhitzer ['dʊrçlaufɐhɪtsɐ] *(pl inv) der* water heater

durchlmachen ['dʊrçmaxn̩] vt (ertragen) to go through ● **die Nacht durchmachen** (fam) (feiern) to party all night

Durchmesser ['dʊrçmɛsɐ] (pl inv) der diameter

Durchreise ['dʊrçraizə] die ● **auf der Durchreise (sein)** (to be) travelling through

Durchreisevisum ['dʊrçraizəvizʊm] (pl -**visa**) das transit visa

durchlreißen ['dʊrçraisn̩] ◇ vt (unreg) (hat) to snap ◇ vi (unreg) (ist) to snap

Durchsage ['dʊrçzaːgə] (pl -**n**) die announcement ● **Achtung, eine Durchsage!** attention, please, here is an announcement

durchlsagen ['dʊrçzaːgn̩] vt to announce

durchschauen [dʊrç'ʃauən] vt to see through

Durchschlag ['dʊrçʃlaːk] (pl -**schläge**) der carbon copy

durchlschlagen ['dʊrçʃlaːgn̩] ● **sich durchschlagen** ref 1. (zur Grenze) to make it 2. (finanziell) to get by

durchlschneiden ['dʊrçʃnaidn̩] vt (unreg) to cut through

Durchschnitt ['dʊrçʃnɪt] der average ● **im Durchschnitt** on average

durchschnittlich ['dʊrçʃnɪtlɪç] ◇ adj average ◇ adv 1. (im Durchschnitt) on average 2. (mittelmäßig) averagely

Durchschnittsgeschwindigkeit ['dʊrçʃnɪtsgəʃvɪndɪçkait] die average speed

durchlsein ['dʊrçzain] vi (unreg) (ist) 1. (fam) (Zug) to have gone through 2. (Fleisch) to be done 3. (Kleidung, Schuhe) to have worn through

durchlsetzen ['dʊrçzɛtsn̩] vt to push

through ● **sich durchsetzen** ref (Person) to get one's way

durchsichtig ['dʊrçzɪçtɪç] adj (Material) transparent

durchlstellen ['dʊrçʃtɛlən] vt (an Telefon) to put through

durchlstreichen ['dʊrçʃtraiçn̩] vt (unreg) to cross out

durchsuchen [dʊrç'zuːxn̩] vt to search

Durchwahl ['dʊrçvaːl] die extension

durchlwählen ['dʊrçvɛːlən] vi to dial direct

durchlzählen ['dʊrçtsɛːlən] vt to count up

durchlziehen ['dʊrçtsiːən] vt (unreg) 1. (durch Öffnung) to pull through 2. (Plan) to see through

Durchzug ['dʊrçtsuːk] der (Luftzug) draught

dürfen ['dʏrfn̩] (präs **darf**, prät **durfte**, pp **gedürft** ODER inv)
◇ aux (pp **dürfen**) 1. (als Erlaubnis) ● **etw tun dürfen** to be allowed to do sthg ● **sie dürfen gerne hineinkommen** please, come in! 2. (in Fragen) ● **darf ich mich setzen?** may I sit down? ● **darf ich fragen ... may I ask ...** 3. (als Aufforderung) ● **das dürfen wir nicht vergessen** we mustn't forget that ● **so etwas darf einfach nicht passieren** such a thing simply should not happen 4. (als Annahme) ● **das dürfte genügen** that should be enough
◇ vi (pp **gedurft**) (als Erlaubnis) ● **sie darf nicht ins Schwimmbad** she's not allowed to go swimming
◇ vt (pp **gedurft**) (als Erlaubnis) ● **das darf man nicht!** you're not allowed to do that ● **was darf es sein?** what can I get you?

Durst der thirst ● **Durst auf ein Bier haben** to fancy a beer ● **Durst haben** to be thirsty

durstig ['dʊrstɪç] *adj* thirsty ● **durstig sein** to be thirsty

Dusche ['duːʃə] (*pl* **-n**) die shower

duschen ['duːʃn̩] *vi* to have a shower ◆ **sich duschen** *ref* to have a shower

Duschgel ['duːʃgeːl] *das* shower gel

Duschkabine ['duːʃkabiːnə] (*pl* **-n**) die shower (cubicle)

Duschvorhang ['duːʃfoːɐ̯haŋ] (*pl* **-hänge**) der shower curtain

Düsenflugzeug ['dyːznflʊːktsɔyk] (*pl* **-e**) das jet

düster ['dyːstɐ] *adj* (*dunkel*) gloomy

Dutzend ['dʊtsn̩t] (*pl* **-e**) das dozen ◆ **Dutzende** *pl* dozens

duzen ['duːtsn̩] *vt* to use the 'du' form of address ◆ **sich duzen** *ref* to use the 'du' form of address ◆ **sich duzen mit jm** ≃ to be on first name terms with sb

DVD [deːfaʊˈdeː] (*abk für* Digital Video ODER Versatile Disc) DVD

Dynamo ['dyːnamo] (*pl* **-s**) der dynamo

DZ *abk* = Doppelzimmer

D-Zug ['deːˌtsuːk] (*pl* **-Züge**) der fast train which only stops at major stations

*e*E

Ebbe ['ɛbə] (*pl* **-n**) die (an Meer) low tide ● **Ebbe und Flut** tides *pl*

eben ['eːbn̩] ◇ *adj* (Boden) flat ◇ *adv* just ◇ *interj* (genau) exactly! ● **eben nicht!**

that's not true! ● **sie war eben noch hier** she was just here ● **komm mal eben her!** come here a minute!

Ebene ['eːbənə] (*pl* **-n**) die **1.** (Flachland) plain **2.** (Niveau) level

ebenfalls ['eːbnfals] *adv* **1.** (auch) as well **2.** (gleichfalls) you too

ebenso ['eːbnzoː] *adv* just as

EC [eːˈtseː] (*pl* **-s**) *abk* = EuroCity

Echo ['ɛço] (*pl* **-s**) das echo

echt [ɛçt] ◇ *adj* **1.** (Gold, Leder) genuine **2.** (Freund, Gefühl) real ◇ *adv* really

Ecke ['ɛkə] (*pl* **-n**) die corner ● **um die Ecke** round the corner

eckig ['ɛkɪç] *adj* **1.** (quadratisch) square **2.** (rechteckig) rectangular

Economyklasse [ɪˈkɔnəmɪklasə] die economy class

Edelstahl ['eːdl̩ʃtaːl] der stainless steel

Edelstein ['eːdl̩ʃtaɪn] (*pl* **-e**) der precious stone

Edelweiß ['eːdl̩vaɪs] (*pl* **-e**) das edelweiss

Edinburg ['eːdɪnbʊrk] *nt* Edinburgh

EDV [eːdeːˈfaʊ] die data processing

Efeu ['eːfɔy] (*pl* **-s**) das ivy

Effekt [ɛˈfɛkt] (*pl* **-e**) der effect

egal [eˈgaːl] *adj* (gleichgültig) all the same ● **das ist egal** it doesn't matter ● **egal, wie groß** no matter how big ● **egal ob** no matter whether ● **es ist mir egal** I don't mind

egoistisch [ego'ɪstɪʃ] *adj* selfish

ehe ['eːə] *konj* before

Ehe ['eːə] (*pl* **-n**) die marriage

Ehefrau ['eːəfraʊ] (*pl* **-en**) die wife

Eheleute ['eːəlɔytə] *pl* married couple *sg*

ehemalig ['eːəmaːlɪç] *adj* former

Ehemann ['eːəman] (*pl* **-männer**) der husband

Ehepaar ['eːɐpaːɐ̯] (*pl* **-e**) *das* married couple

eher ['eːɐ̯] *adv* sooner ● es ist eher grün als blau it's more green than blue

Ehering ['eːərɪŋ] (*pl* **-e**) *der* wedding ring

Ehre ['eːrə] (*pl* **-n**) *die* (*Würde*) honour

ehrenamtlich ['eːrənamtlɪç] *adj* honorary

Ehrengast ['eːrəngast] (*pl* **-gäste**) *der* guest of honour

ehrgeizig ['eːɐ̯gaɪtsɪç] *adj* ambitious

ehrlich ['eːɐ̯lɪç] ◇ *adj* (*Person, Antwort*) honest ◇ *adv* (*antworten*) honestly

Ei [aɪ] (*pl* **-er**) *das* egg ● ein weiches/hart gekochtes Ei a soft-boiled/hard-boiled egg

Eiche ['aɪçə] (*pl* **-n**) *die* (*Baum*) oak

Eichhörnchen ['aɪçhœrnçən] (*pl* **-**) *das* squirrel

Eid [aɪt] (*pl* **-e**) *der* oath

Eidechse ['aɪdɛksə] (*pl* **-n**) *die* lizard

eidesstattlich ['aɪdəsʃtatlɪç] ◇ *adj* sworn ◇ *adv* solemnly

Eierbecher ['aɪɐbɛçɐ] (*pl* **-**) *der* egg cup

Eierstock ['aɪɐʃtɔk] (*pl* **-stöcke**) *der* ovary

eifersüchtig ['aɪfɐzʏçtɪç] *adj* jealous

eifrig ['aɪfrɪç] ◇ *adj* eager ◇ *adv* eagerly

Eigelb ['aɪgɛlp] (*pl* **-e**) *das* egg yolk

eigen ['aɪgn̩] *adj* own

eigenartig ['aɪgn̩laːɐ̯tɪç] ◇ *adj* strange ◇ *adv* strangely

Eigenbedarf ['aɪgn̩bədarf] *der* ● für den Eigenbedarf for one's own use

Eigenschaft ['aɪgn̩ʃaft] (*pl* **-en**) *die* (*Charakteristikum*) characteristic

eigentlich ['aɪgn̩tlɪç] ◇ *adj* (*wirklich*) actual ◇ *adv* (*im Grunde*) actually ●

kennst du eigentlich meinen Bruder? do you know my brother? ● wer sind Sie eigentlich? who might you be? ● was denkst du dir eigentlich? what on earth do you think you're doing?

Eigentum ['aɪgn̩tuːm] *das* property

Eigentümer, in ['aɪgn̩tyːmɐ] (*mpl inv*) *der, die* owner

Eigentumswohnung ['aɪgn̩tuːmsvoːnʊŋ] (*pl* **-en**) *die* owner-occupied flat (UK), owner-occupied apartment (US)

eignen ['aɪgnən] ● sich eignen *ref* to be suitable

Eilbrief ['aɪlbriːf] (*pl* **-e**) *der* express letter

Eile ['aɪlə] *die* hurry ● in Eile sein to be in a hurry

eilen ['aɪlən] *vi* (*ist*) to hurry ● eilt! urgent!

eilig ['aɪlɪç] ◇ *adj* **1.** (*dringend*) urgent **2.** (*schnell*) hurried ◇ *adv* (*schnell*) hurriedly ● es eilig haben to be in a hurry

Eilsendung ['aɪlzɛndʊŋ] (*pl* **-en**) *die* express letter/parcel

Eilzug ['aɪltsuːk] (*pl* **-züge**) *der* fast stopping train

Eilzustellung ['aɪltsuːʃtɛlʊŋ] (*pl* **-en**) *die* express delivery

Eimer ['aɪmɐ] (*pl* **-**) *der* bucket

ein, e [aɪn] ◇ *det* a, an (*vor Vokal*) ● ein Hund a dog ● eine Idee an idea ● ein Mädchen a girl ● eines Tages one day ◇ *adj* **1.** (*als Zahl*) one ● eine einzelne Rose a single rose ● ein Uhr one o'clock **2.** (*gleich*) ● einer Meinung sein to have the same opinion ◇ *pron* **1.** (*Teil aus Menge*) one ● hier ist noch eins/eine here's another one **2.**

(fam) (man) one ● das kann einem schon mal passieren these things can happen to you
◇ adv ▼ ein - aus on-off ● ein und aus gehen to come and go

einander pron each other

ein|arbeiten ['ainǀarbaitn̩] vt (Person) ● jn einarbeiten to show sb the ropes

ein|atmen ['ainǀaːtmən] vi to breathe in

Einbahnstraße ['ainbaːnǀʃtraːsə] (pl -n) die one-way street

ein|bauen ['ainbauən] vt (Kamin, Bad) to fit

Einbauküche ['ainbaukʏçə] (pl -n) die fitted kitchen

Einbettzimmer (pl inv) das single room

ein|biegen ['ainbiːgn̩] vi (unreg) (ist) to turn

ein|bilden ['ainbɪldn̩] vt ● sich (D) etw einbilden to imagine sthg

ein|brechen ['ainbrɛçn̩] vi (unreg) (ist)
1. (als Einbrecher) to break in 2. (in Eis) to fall through

Einbrecher, in ['ainbrɛçɐ] (mpl inv) der, die burglar

Einbruch ['ainbrʊx] (pl -brüche) der (von Einbrecher) break-in ● nach Einbruch der Dunkelheit after dark

Einbürgerung ['ainbʏrgərʊŋ] die (von Person) naturalization

ein|checken ['aintʃɛkn̩] vi to check in

ein|cremen ['ainkreːmən] vt ● jm etw eincremen to put cream on ● sich eincremen ref to put cream on

eindeutig ['aindɔytɪç] ◇ adj clear ● adv clearly

ein|dringen ['aindrɪŋən] vi (unreg) (ist)
1. (Wasser) to get in 2. (Einbrecher) to break in

Eindruck ['aindrʊk] (pl -drücke) der (von Person) impression ● den Eindruck haben, dass to have the impression that

eindrucksvoll ['aindrʊksfɔl] adj impressive

eine ['ainə] ➤ ein

eineinhalb numr one and a half

einerseits ['ainɐzaits] adv ● einerseits ... andererseits on the one hand ... on the other hand

einfach ['ainfax] ◇ adj 1. simple 2. (Fahrt, Fahrkarte) single ◇ adv ● einfach oder hin und zurück? would you like a single or a return? ● einfach klasse! just brilliant!

ein|fahren ['ainfaːrən] vi (unreg) (ist) (Zug) to arrive

Einfahrt ['ainfaːrt] (pl -en) die 1. (Tor, Weg) entrance 2. (von Zug) arrival ● Einfahrt haben to arrive ▼ Einfahrt freihalten keep clear

Einfall ['ainfal] (pl -fälle) der (Idee) idea

ein|fallen ['ainfalən] vi (unreg) (ist) (+D) ● jm einfallen to occur to sb ● mir fällt gerade ein ... I've just remembered ...

Einfamilienhaus ['ainfamiːljənhaus] (pl -häuser) das detached house

einfarbig ['ainfarbɪç] adj all one colour

Einfluss ['ainflʊs] (pl -flüsse) der influence ● Einfluss auf jn/etw haben (Effekt) to influence sb/sthg; (Macht) to have influence over sb/sthg

ein|frieren ['ainfriːrən] ◇ vt (unreg) (hat) (Lebensmittel) to freeze ◇ vi (unreg) (ist) to freeze

Einfuhr ['ainfuːɐ] (pl -en) die (von Ware) importation

Einfuhrbeschränkung ['ainfuːɐbəʃrɛŋkʊŋ] (pl -en) die import tariff

Einfuhrbestimmungen [ˈainfuːɐ̯bə-ʃtɪmʊŋ] *pl* import regulations

ein|führen [ˈainfyːrən] *vt* **1.** (*Waren*) to import **2.** (*Zäpfchen, Sonde*) to insert **3.** (*Neuerung*) to introduce ● **jn in etw** (A) **einführen** to introduce sb to sthg

Einführung [ˈainfyːrʊŋ] (*pl* **-en**) *die* **1.** introduction **2.** (*von Sonde*) insertion

ein|füllen [ˈainfʏlən] *vt* to pour in

Eingang [ˈaingaŋ] (*pl* **-gänge**) *der* **1.** (*von Haus*) entrance **2.** (*von Post*) receipt

Eingangshalle [ˈaingaŋshalə] (*pl* **-n**) *die* entrance hall

ein|geben [ˈaingeːbn̩] *vt* (*unreg*) EDV (*Daten*) to input

eingebildet [ˈaingəbɪldət] ◇ *adj* **1.** (*arrogant*) arrogant **2.** (*ausgedacht*) imaginary ◇ *adv* (*arrogant*) arrogantly

ein|gehen [ˈaingeːən] *vi* (*unreg*) (*ist*) **1.** (*Kleidung*) to shrink **2.** (*Pflanze, Tier*) to perish ● **eingehen auf** (+A) (*auf Vorschlag*) to agree to ●

eingeschaltet [ˈaingəʃaltət] *adj* (*switched*) on

eingeschlossen [ˈaingəʃlɔsn̩] *pp* ➤ **einschließen**

eingetragen [ˈaingətraːgn̩] *adj* ● **eingetragenes Warenzeichen** registered trademark

ein|gewöhnen [ˈaingəvøːnən] ● **sich eingewöhnen** *ref* to settle in

eingezogen [ˈaingətsoːgn̩] *pp* ▼ **warten, bis der Geldschein vollständig eingezogen ist** please wait until the note has been accepted by the machine ➤ **einziehen**

ein|gießen [ˈaingiːsn̩] ◇ *vt* (*unreg*) to pour ◇ *vi* (*unreg*) ● **darf ich eingießen?** shall I fill your glass up?

ein|greifen [ˈaingraifn̩] *vi* (*unreg*) to intervene

Eingriff [ˈaingrɪf] (*pl* **-e**) *der* (*Operation*) operation

ein|hängen [ˈainhɛŋən] *vt & vi* to hang up

einheimisch [ˈainhaimɪʃ] *adj* local

Einheit [ˈainhait] (*pl* **-en**) *die* **1.** (*auf Skala*) unit **2.** (*Ganzes*) unity

einheitlich [ˈainhaitlɪç] ◇ *adj* (*Vorschriften*) uniform ◇ *adv* (*regeln*) uniformly

einhundert [ˈainhʊndɐt] *numr* a ODER one hundred

einig [ˈainɪç] *adj* ● **sich einig sein** to agree

einige, r, s [ˈainiːgə] *det & pron* **1.** (*ein paar*), a few **2.** (*reichlich*) quite a few ● **nach einiger Zeit** after some time ● **einige Probleme** (*ein paar*) a few problems; (*viele*) quite a lot of problems ● **nur einige waren da** (*ein paar*) there were only a few people there ● **einige waren da** (*viele*) there were quite a lot of people there

einigen [ˈainiːgn̩] ● **sich einigen** *ref* ● **sich über/auf etw** (A) **einigen** to agree on sthg

einigermaßen [ˈainiːgɐmaːsn̩] *adv* (*relativ*) fairly

Einkauf [ˈainkauf] (*pl* **-käufe**) *der* **1.** (*in Laden*) shopping **2.** (*ECO*) purchase ● **Einkäufe** *pl* (*Gegenstände*) shopping *sg*

ein|kaufen [ˈainkaufn̩] ◇ *vt* (*Ware*) to buy ◇ *vi* to shop ● **einkaufen gehen** to go shopping

Einkaufsbummel [ˈainkaufsbʊml̩] (*pl inv*) *der* ● **einen Einkaufsbummel machen** to go round the shops

Einkaufstasche [ˈainkaufstaʃə] (*pl* **-n**) *die* shopping bag

Einkaufstüte ['ainkaufsty:tə] (*pl* **-n**) *die* carrier bag

Einkaufszentrum ['ainkaufstsɛntrom] (*pl* **-zentren**) *das* shopping centre (*UK*), mall (*US*)

ein|kehren ['ainke:rən] *vi* (*ist*) (*in einem Gasthaus*) to stop off

ein|kleiden ['ainklaidn] *vt* (*Kind*) to kit out ◆ **sich einkleiden** *ref* ● **sich neu einkleiden** to buy a whole new wardrobe

ein|klemmen ['ainklɛmən] *vt* to trap

Einkommen ['ainkɔmən] (*pl inv*) *das* income

ein|laden ['ainla:dn] *vt* (*unreg*) **1.** (*Gepäck*) to load **2.** (*nach Hause*) to invite ● **darf ich Sie zu einem Kaffee einladen?** may I buy you a coffee? ● **jn in ein Restaurant einladen** to take sb out for a meal

Einladung ['ainla:dʊŋ] (*pl* **-en**) *die* invitation

Einlage ['ainla:gə] (*pl* **-n**) *die* **1.** (*in Programm*) interlude **2.** (*in Schuh*) insole **3.** (*in Suppe*) noodles, meat etc in a soup

Einlass ['ainlas] *der* admission

ein|laufen ['ainlaufn] *vi* (*unreg*) (*ist*) **1.** (*Wasser*) to run in **2.** (*Kleidung*) to shrink

ein|leben ['ainle:bn] ◆ **sich einleben** *ref* to settle in

ein|legen ['ainle:gn] *vt* **1.** (*Film*) to put in **2.** (*Gang*) to engage

Einleitung ['ainlaitʊŋ] (*pl* **-en**) *die* (*Text*) introduction

ein|liefern ['ainli:fɐn] *vt* (*in Krankenhaus*) to admit

Einlieferungsschein ['ainli:fərʊŋsʃain] (*pl* **-e**) *der* proof of delivery

ein|lösen ['ainlø:zn] *vt* **1.** (*Scheck*) to cash **2.** (*Gutschein*) to redeem

einmal ['ainma:l] *adv* **1.** once **2.** (*in der Zukunft*) sometime ● **auf einmal** (*plötzlich*) all of a sudden; (*gleichzeitig*) at once ● **nicht einmal** not even ● **noch einmal** once again, once more

einmalig ['ainma:lɪç] *adj* **1.** (*einzig*) unique **2.** (*hervorragend*) excellent

ein|mischen ['ainmɪʃn] ◆ **sich einmischen** *ref* to interfere

Einnahme ['ainna:mə] (*pl* **-n**) *die* **1.** (*Geld*) takings *pl* **2.** (*von Medikament*) taking

ein|nehmen ['ainne:mən] *vt* (*unreg*) to take

ein|ölen ['ainʔø:lən] *vt* to rub oil in ◆ **einölen** *ref* to rub oil on o.s.

ein|ordnen ['ainʔɔrtnən] *vt* (*in Regal, Kartei*) to put in its place ◆ **sich einordnen** *ref* (*in Autoschlange*) to get in lane

ein|packen ['ainpakn] *vt* **1.** (*in Koffer, Tasche*) to pack **2.** (*in Geschenkpapier*) to wrap

ein|parken ['ainparkn] *vi* & *vt* (*Fahrer*) to park

ein|prägen ['ainpre:gn] *vt* ◆ **sich** (*D*) **etw einprägen** to memorize sthg

ein|räumen ['ainrɔymən] *vt* **1.** (*Bücher, Kleidung*) to put away **2.** (*Schrank, Regal*) to fill up

ein|reiben ['ainraibn] *vt* (*unreg*) (*Salbe, Creme*) to rub in ● **jn mit etw einreiben** to rub sthg into sb ◆ **sich** (*D*) **das Gesicht mit etw einreiben** to rub sthg into one's face

ein|reichen ['ainraiçn] *vt* (*Antrag*) to hand in

Einreise ['ainraizə] (*pl* **-n**) *die* entry

ein|reisen ['ainraizn] *vi* (*ist*) to enter

Einreisevisum ['ainraizəvi:sʊm] (*pl* **-visa**) *das* entry visa

ein|richten ['ainrɪçtn̩] *vt* (*Wohnung, Zimmer*) to furnish

Einrichtung ['ainrɪçtʊŋ] (*pl* **-en**) *die* **1.** (*Möbel*) furnishings *pl* **2.** (*Institution*) institution

eins [ains] ◇ *numr* one ➤ **sechs** ◇ *pron* ➤ **ein**

einsam ['ainzam] ◇ *adj* lonely ◇ *adv* alone

ein|sammeln ['ainzamln̩] *vt* **1.** (*von Boden*) to gather **2.** (*bei Personen*) to collect

Einsatz ['ainzats] (*pl* **-sätze**) *der* **1.** (*Verwendung*) use **2.** (*Geld*) stake **3.** (*Engagement*) commitment

ein|schalten ['ainʃaltn̩] *vt* (*Gerät*) to switch on

ein|schenken ['ainʃɛŋkn̩] *vt* ● jm etw einschenken to pour sb sthg

ein|schicken ['ainʃɪkn̩] *vt* to send in

ein|schieben ['ainʃi:bn̩] *vt* (*unreg*) to fit in

ein|schiffen ['ainʃɪfn̩] ◆ **sich einschiffen** *ref* to set sail

ein|schlafen ['ainʃla:fn̩] *vi* (*unreg*) (*ist*) **1.** (*Person*) to fall asleep **2.** (*Körperteil*) to go to sleep **3.** (*fig*) (*Kontakt*) to drop off

ein|schließen ['ainʃli:sn̩] *vt* (*unreg*) **1.** (*Person, Gegenstand*) to lock up **2.** (*enthalten*) to include

einschließlich ['ainʃli:slɪç] ◇ *präp* (+G) including, inclusive of ◇ *adv* inclusive ● bis Montag einschließlich up to and including Monday

ein|schränken [ainʃrɛŋkn̩] *vt* **1.** (*Person*) to restrict **2.** (*Trinken, Rauchen*) to cut down on ◆ **sich einschränken** *ref* to tighten one's belt

ein|schreiben ['ainʃraibn̩] ◆ **sich einschreiben** *ref* to register

Einschreiben ['ainʃraibn̩] (*pl inv*) *das* recorded delivery letter/parcel

ein|sehen ['ainze:ən] *vt* (*unreg*) (*Fehler*) to recognize

einseitig ['ainzaitɪç] *adj* **1.** (*Argumentation*) one-sided **2.** (*Beschriftung*) on one side of the page

ein|senden ['ainzɛndn̩] *vt* (*unreg*) to send in

ein|setzen ['ainzɛtsn̩] ◇ *vt* **1.** (*Hilfsmittel*) to use **2.** (*Polizei, Personal*) to employ **3.** (*Leben*) to risk **4.** (*Geld*) to stake ◇ *vi* (*beginnen*) to begin ◆ **sich einsetzen** *ref* ● sich für etw einsetzen to support sthg

Einsicht ['ainzɪçt] (*pl* **-en**) *die* (*Erkenntnis*) insight

ein|sinken ['ainzɪŋkn̩] *vi* (*unreg*) (*ist*) to sink

Einspänner ['ainʃpɛ:nɐ] (*pl inv*) *der* (*Österr*) glass of black coffee topped with whipped cream

ein|springen ['ainʃprɪŋən] *vi* (*unreg*) (*ist*) to stand in

Einspruch ['ainʃprʊx] (*pl* **-sprüche**) *der* (*amt*) objection

einspurig [ainʃpu:rɪç] ◇ *adj* (*Straße*) single-lane ◇ *adv* ▼ nur einspurig befahrbar single-lane traffic only

ein|stecken ['ainʃtɛkn̩] *vt* **1.** (*mitnehmen*) to take **2.** (*in Briefkasten*) to post **3.** (*Stecker*) to plug in ● vergiss nicht, Geld einzustecken! don't forget to take some money with you!

ein|steigen ['ainʃtaign̩] *vi* (*unreg*) (*ist*) **1.** (*in Auto*) to get in **2.** (*in Bus, Zug*) to get on ▼ bitte einsteigen! please get on, the bus/train is about to depart

einstellbar ['aɪnʃtɛlbaːɐ̯] *adj* adjustable

einstellen ['aɪnʃtɛlən] *vt* **1.** *(regulieren)* to adjust **2.** *(neu festsetzen)* to set **3.** *(Programm, Sender)* to tune into **4.** *(in Firma)* to take on **5.** *(beenden)* to stop ◆ **die Entfernung einstellen** to focus (the camera) ◆ **sich einstellen** *ref* ◆ **sich einstellen auf** (+A) to prepare o.s. for

Einstellung ['aɪnʃtɛlʊŋ] *(pl* **-en)** *die* **1.** *(von Arbeitskräften)* appointment **2.** *(von Blende)* setting **3.** *(Meinung)* attitude **4.** *(von Sender)* tuning

Einstieg ['aɪnʃtiːk] *der* ▼ **Einstieg nur mit Fahrausweis** do not board without a ticket ▼ **Einstieg nur vorne** entry at the front of the vehicle only

einstürzen ['aɪnʃtʏrtsn̩] *vi (ist)* to collapse

Einsturzgefahr ['aɪnʃtʊrtsɡəfaːɐ̯] *die* ▼ Vorsicht, Einsturzgefahr! danger, building unsafe!

eintägig ['aɪntɛːɡɪç] *adj* one-day

eintauschen ['aɪntaʊʃn̩] *vt* to exchange

eintausend ['aɪntaʊznt] *numr* a ODER one thousand ➤ **sechs**

einteilen ['aɪntaɪlən] *vt* to divide up

einteilig ['aɪntaɪlɪç] *adj* one-piece

Einteilung ['aɪntaɪlʊŋ] *(pl* **-en)** *die* **1.** *(von Zeit)* organization **2.** *(von Geld, Vorrat)* management

Eintopf ['aɪntɔpf] *(pl* **-töpfe)** *der* stew

eintragen ['aɪntraːɡn̩] *vt (unreg) (in Liste)* to put down ◆ **sich eintragen** *ref* to register

eintreten ['aɪntreːtn̩] ◇ *vt (unreg) (hat) (Tür, Eis)* to kick down ◇ *vi (unreg) (ist)* **1.** *(in Raum)* to enter **2.** *(in Verein)* ● **in etw (A) eintreten** to join sthg

Eintritt ['aɪntrɪt] *(pl* **-e)** *der* admission ▼

Eintritt frei admission free ▼ **Eintritt verboten!** no entry

Eintrittsgeld ['aɪntrɪtsɡɛlt] *(pl* **-er)** *das* admission charge

Eintrittskarte ['aɪntrɪtskartə] *(pl* **-n)** *die* ticket

Eintrittspreis ['aɪntrɪtspraɪs] *(pl* **-e)** *der* admission charge

einverstanden ['aɪnfɛɐ̯ʃtandn̩] ◇ *adj* agreed ◇ *interj* OK! ● **mit etw einverstanden sein** to agree with sthg

einwandern ['aɪnvandən] *vi (ist)* to immigrate

einwandfrei ['aɪnvantfraɪ] ◇ *adj* perfect ◇ *adv* perfectly

Einwegflasche ['aɪnveːkflaʃə] *(pl* **-n)** *die* disposable bottle

einweichen ['aɪnvaɪçn̩] *vt* to soak

Einweihung ['aɪnvaɪʊŋ] *(pl* **-en)** *die (von Gebäude)* opening

Einweihungsparty ['aɪnvaɪʊŋspaːɐ̯ti] *(pl* **-s)** *die* housewarming party

einweisen ['aɪnvaɪzn̩] *vt (unreg) (in Krankenhaus)* to admit

einwerfen ['aɪnvɛrfn̩] *vt (unreg)* **1.** *(Brief)* to post (UK), to mail (US) **2.** *(Münze)* to insert **3.** *(Ball, Bemerkung)* to throw in

einwickeln ['aɪnvɪkl̩n] *vt* **1.** *(Gegenstand)* to wrap up **2.** *(fam) (Person)* to take in

Einwohner, in ['aɪnvoːnɐ] *(mpl inv)* der, die inhabitant

Einwurf ['aɪnvʊrf] *(pl* **-würfe)** *der* **1.** *(Frage, Bemerkung)* comment **2.** *(an Automaten)* slot **3.** *SPORT* throw-in

einzahlen ['aɪntsaːlən] *vt & vi* to pay in

Einzahlung ['aɪntsaːlʊŋ] *(pl* **-en)** *die (Geld)* deposit

Einzahlungsschein [ˈaintsaːloŋʃain] (pl -e) der paying-in slip

ein|zeichnen [ˈaintsaiçnən] vt to mark

Einzelbett [ˈaintslbɛt] (pl -en) das single bed

Einzelfahrschein [ˈaintslfaːɐ̯ʃain] (pl -e) der single (ticket) (UK), one-way ticket (US)

Einzelgänger, in [ˈaintslgɛŋɐ] (mpl inv) der, die loner

Einzelhandel [ˈaintslhandl] der retail trade

Einzelheit [ˈaintslhait] (pl -en) die detail

Einzelkabine [ˈaintslkabiːnə] (pl -n) die single cabin

Einzelkind [ˈaintslkint] (pl -er) das only child

einzeln [ˈaintsln] ◇ adj **1.** (speziell) individual **2.** (isoliert) single **3.** (ohne Gegenstück) odd ◇ adv **1.** (nacheinander) separately **2.** (extra) individually

einzelne, r, s [ˈaintslnə] pron **1.** (Personen) some people **2.** (Sachen) some things ● jeder/jede/jedes Einzelne (Individuum) every single one

Einzelperson [ˈaintslpɛrzoːn] (pl -en) die single person

Einzelreisende [ˈaintslraizndə] (pl -n) der, die person travelling alone

Einzelteil [ˈaintsltail] (pl -e) das component

Einzelticket [ˈaintsltikɛt] (pl -s) das single (ticket)

Einzelzimmer [ˈaintsltsimɐ] (pl inv) das single room

Einzelzimmerzuschlag [ˈaintsltsimɐtsuːʃlaːk] (pl -zuschläge) der single room supplement

ein|ziehen [ˈaintsiːən] ◇ vi (unreg) (ist) **1.** (in Wohnung) to move in **2.** (in Haut) to be absorbed ◇ vt (unreg) (hat) **1.** (von Konto) to collect **2.** (in Automaten) to take in

einzig [ˈaintsiç] adj & adv only ● der/die/das einzige ... the only ... ● das Einzige, was ... the only thing that ... ● ich habe keinen Einzigen gesehen I didn't see a single one

Eis [ais] das **1.** ice **2.** (Speiseeis) ice cream ● Eis am Stiel ice lolly (UK), Popsicle® (US)

Eisbecher [ˈaisbɛçɐ] (pl inv) der sundae

Eiscafé [ˈaiskafeː] (pl -s) das ice-cream parlour

Eiscreme [ˈaiskreːm] (pl -s) die ice cream

Eisen [ˈaizn] das (Metall) iron

Eisenbahn [ˈaiznbaːn] (pl -en) die **1.** (Zug) train **2.** (Institution) railway (UK), railroad (US)

Eisenbahnbrücke [ˈaiznbaːnbrykə] (pl -n) die railway bridge

Eisenbahnnetz [ˈaiznbaːnnɛts] (pl -e) das rail network

eisgekühlt [ˈaisgəkyːlt] adj chilled

Eishockey [ˈaishɔki] das ice hockey

eisig [ˈaiziç] ◇ adj (Wetter, Kälte) freezing ◇ adv ● eisig kalt freezing cold

Eiskaffee [ˈaiskafeː] (pl -s) der chilled coffee containing vanilla ice cream and whipped cream

eiskalt [ˈaiskalt] adj **1.** (Getränk, Wind) ice-cold **2.** (fig) (skrupellos) cold-blooded

Eiskugel [ˈaiskuːgl] (pl -n) die scoop of ice cream

Eiskunstlauf [ˈaiskunstlauf] der figure skating

Eismann [ˈaisman] (pl -männer) der ice cream man

Eisschokolade ['aisʃokola:də] *(pl -n)* *die* chilled drinking chocolate containing ice cream and whipped cream

Eiswaffel ['aisvafl] *(pl -n)* *die* wafer *(in an ice cream)*

Eiswürfel ['aisvyrfl] *(pl inv)* *der* ice cube

Eiszapfen ['aistsapfn] *(pl inv)* *der* the icicle

eitel ['aitl] *(komp* **eitler***, superl* **eitelste***) adj (Person)* vain

Eiter ['aitɐ] *der* pus

eitern ['aitɐn] *vi* to fester

Eiweiß ['aivais] *(pl -e) das* **1.** *(in Ei)* egg white **2.** *(Protein)* protein

ekeln ['e:kln] ⬥ **sich ekeln** *ref* ● **sich ekeln (vor** *(+ D))* to be disgusted (by)

Ekzem [ɛk'tse:m] *(pl -e) das* eczema

Elastikbinde [e'lastikbɪndə] *(pl -n) die* elastic bandage

elastisch [e'lastɪʃ] *adj (Material)* elastic

Elefant [elə'fant] *(pl -en) der* elephant

elegant [ele'gant] ⬦ *adj* elegant ⬦ *adv* elegantly

Elektriker, in [e'lektrikɐ] *(mpl inv) der, die* electrician

elektrisch [e'lektrɪʃ] ⬦ *adj* electrical ⬦ *adv* electrically

Elektrizität [elektritsi'tɛːt] *die* electricity

Elektrogerät [e'lektrogərɛːt] *(pl -e) das* electrical appliance

Elektrogeschäft [e'lektrogəʃɛft] *(pl -e) das* electrical goods store

Elektroherd [e'lektrohe:ɐt] *(pl -e) der* electric oven

Elektronik [elɛk'tro:nɪk] *die* **1.** *(Fachgebiet)* electronics *sg* **2.** *(System)* electronics *pl*

elektronisch [elɛk'tro:nɪʃ] ⬦ *adj* electronic ⬦ *adv* electronically

Element [ele'mɛnt] *(pl -e) das* element

Elend ['e:lɛnt] *das* misery

elf [ɛlf] *numr* eleven ➤ **sechs**

elfhundert [ɛlf'hundɐt] *numr* one thousand one hundred

Elfmeter [ɛlf'me:tɐ] *(pl inv) der* penalty

elfte ['ɛlftə] *adj* eleventh ➤ **sechste**

Ellbogen ['ɛlbo:gn̩] *(pl inv) der (Gelenk)* elbow

Eltern ['ɛltɐn] *pl* parents

EM [e:'ɛm] *die (abk für* Europameisterschaft*)* European Championships *pl*

E-Mail ['i:meɪl] *(pl -s) das* EDV e-mail ● jm ein E-Mail schicken to send someone an e-mail, to e-mail someone

E-mails

Jemanden, den man nicht kennt, spricht man in einer E-Mail am besten genauso an wie in einem Brief, z. B. *Dear Professor Williams*, oder mit Vor- und Zunamen, z. B. *Dear Julie Barker*. Für Freunde und Kollegen verwendet man entweder *Dear* oder *Hi*, gefolgt vom Vornamen; besonders bei Kollegen und Geschäftspartnern beginnt man die E-Mail oft aber auch einfach mit dem Vornamen. Wenn man eine E-Mail beantwortet, kann man die Anrede weglassen. Kennt man den Empfänger einer E-Mail nicht, schließt man am besten mit einem Satz wie *I look forward to hearing from you*, gefolgt von *Best wishes*, *Kind regards* oder *Best regards* und dem Namen. Unter Kollegen kann man die Grußformel weglassen und einfach den Namen unter die E-Mail setzen. Für E-Mails an Freunde gibt es keine festen Regeln; oft schreibt man einen Schlusssatz wie *Take care* oder *See you Friday*, in die nächste Zeile die Grußformel, etwa *love* oder *lots of love*, und darunter den Namen.

E-Mail-|Adresse ['i:mɛɪl|adrɛsə] *die* EDV e-mail address

Emanzipation [emantsipa'tsjoːn] *die* emancipation

emanzipieren [ematsi'piːrən] ◆ **sich emanzipieren** *ref* to become emancipated

emotional [emotsjo'naːl] *adj* emotional

empfahl [ɛm'pfaːl] *prät* ➢ empfehlen

empfand [ɛm'pfant] *prät* ➢ empfinden

Empfang [ɛm'pfaŋ] (*pl* **Empfänge**) *der* **1.** reception **2.** (*von Post*) receipt ● etw in Empfang nehmen to receive sthg

am Empfang

Wenn man in einem Unternehmen oder in einer anderen Institution eine Verabredung mit jemandem hat, meldet man sich am Empfang mit seinem Namen (und dem des Unternehmens) an: *hello I'm ... (from Robinson Associates), I have an appointment with ...*. Als Gruppe braucht man nur das Unternehmen zu nennen: *hello, we're from Robinson Associates and we have an appointment with ...*. An der Hotelrezeption ist es wichtig, den Namen zu nennen, auf den das Zimmer reserviert wurde: *hello, we've booked a room for 2 nights in the name of Barker*.

empfangen [ɛm'pfaŋən] (*präs* **empfängt**, *prät* **empfing**, *pp inv*) *vt* to receive

Empfänger, in [ɛm'pfɛŋɐ] (*mpl inv*) *der, die* (*Adressat*) addressee

Empfängerabschnitt [ɛm'pfɛŋɐlapʃnɪt] (*pl* **-e**) *der* (*von Einschreiben*) part of a recorded delivery form given to the addressee

Empfängnisverhütung [ɛm'pfɛŋnɪs-fɛɐhyːtʊŋ] *die* contraception

Empfangsbescheinigung [ɛm'pfaŋ-bəʃainigʊŋ] (*pl* **-en**) *die* proof of receipt

empfängt [ɛm'pfɛːŋt] *präs* ➢ empfangen

empfehlen [ɛm'pfeːlən] (*präs* **empfiehlt**, *prät* **empfahl**, *pp* **empfohlen**) *vt* to recommend ● jm etw empfehlen to recommend sthg to sb ◆ **sich empfehlen** *ref* (*ratsam sein*) to be recommended

empfehlenswert [ɛm'pfeːlənsveːɐt] *adj* recommendable

Empfehlung [ɛm'pfeːlʊŋ] (*pl* **-en**) *die* recommendation

empfiehlt [ɛm'pfiːlt] *präs* ➢ empfehlen

empfinden [ɛm'pfɪndn] (*prät* **empfand**, *pp* **empfunden**) *vt* to feel

empfindlich [ɛm'pfɪntlɪç] *adj* **1.** (*Person, Haut*) sensitive **2.** (*Material*) delicate

empfing [ɛm'pfɪŋ] *prät* ➢ empfangen

empfohlen [ɛm'pfoːlən] *pp* ➢ empfehlen

empfunden [ɛm'pfʊndn] *pp* ➢ empfinden

empört [ɛm'pøːɐt] ◇ *adj* indignant ◇ *adv* indignantly

Ende ['ɛndə] (*pl* **-n**) *das* end ● am Ende at the end ● Ende März at the end of March ● zu Ende sein to be over

enden ['ɛndn] *vi* to end

endgültig ['ɛntɡyltɪç] ◇ *adj* final ◇ *adv* finally

Endivie [ɛn'diːviə] (*pl* **-n**) *die* endive

endlich ['ɛntlɪç] *adv* at last

Endstation ['ɛntʃtatsioːn] (*pl* **-en**) *die* (von Straßenbahn, Bus, U-Bahn) terminus

Endung ['ɛndʊŋ] (*pl* **-en**) *die* GRAMM ending

Energie [enɛr'ɡiː] (*pl* **-n**) *die* energy

Energiebedarf [enɛr'ɡiːbədarf] *der* energy requirements *pl*

Energieverbrauch [enɛr'ɡiːfɛɐbraux] *der* energy consumption

energisch [e'nɛrɡɪʃ] *adj* energetic

eng [ɛŋ] ◇ *adj* **1.** (schmal) narrow **2.** (Kleidung) tight **3.** (Kontakt) close ◇ *adv* **1.** (dicht gedrängt) closely **2.** (anliegen) tightly **3.** (nah) close ● **eng befreundet sein** to be close friends

Engagement [ãɡaʒə'mãː] (*pl* **-s**) *das* **1.** (Einsatz) commitment **2.** (Auftrag, Stelle) engagement

engagieren [ãɡa'ʒiːrən] *vt* to engage ◆ **sich engagieren** *ref* ● **sich engagieren für** to show commitment to

England ['ɛŋlant] *nt* England

Engländer, in ['ɛŋlɛndɐ] (*mpl inv*) *der, die* Englishman (*f* Englishwoman) ● **die Engländer** the English

englisch ['ɛŋlɪʃ] *adj* English

Englisch(e) ['ɛŋlɪʃ(ə)] *das* English

Enkel, in ['ɛŋkl̩] (*mpl inv*) *der, die* grandson (*f* granddaughter) ◆ **Enkel** *pl* grandchildren

enorm [eˈnɔrm] ◇ *adj* enormous ◇ *adv* enormously

Ensemble [ã'sãːbl] (*pl* **-s**) *das* **1.** (Musiker) ensemble **2.** (Tänzer) company

entdecken [ɛnt'dɛkn̩] *vt* to discover

Ente ['ɛntə] (*pl* **-n**) *die* duck

entfernen [ɛnt'fɛrnən] *vt* (Schmutz) to remove

entfernt [ɛnt'fɛrnt] ◇ *adj* **1.** distant **2.** (abgelegen) remote ◇ *adv* (verwandt) distantly ● **50 km von München entfernt** 50 km (away) from Munich ● **weit entfernt** a long way away

Entfernung [ɛnt'fɛrnʊŋ] (*pl* **-en**) *die* **1.** (Distanz) distance **2.** (Beseitigung) removal

entführen [ɛnt'fyːrən] *vt* **1.** (Person) to kidnap **2.** (Flugzeug) to hijack

Entführung [ɛnt'fyːrʊŋ] (*pl* **-en**) *die* **1.** (von Person) kidnapping **2.** (von Flugzeug) hijacking

entgegen [ɛnt'ɡeːɡn̩] *präp* (+D) contrary to

entgegengesetzt [ɛnt'ɡeːɡnɡəzɛtst] ◇ *adj* **1.** opposite **2.** (Ansichten) opposing ◇ *adv* (liegen) opposite

entgegen|kommen [ɛnt'ɡeːɡnkɔmən] *vi* (unreg) (ist) ● **jm entgegenkommen** (räumlich) to approach sb; (mit Angebot) to make concessions to sb

entgegenkommend [ɛnt'ɡeːɡnkɔmənt] ◇ *adj* **1.** (Auto) oncoming **2.** (Angebot, Person) accommodating ◇ *adv* (sich verhalten) accommodatingly

entgegnen [ɛnt'ɡeːɡnən] *vt* to retort

Entgelt [ɛnt'ɡɛlt] *das* remuneration ▼ Entgelt für Platzreservierung im Zuschlag enthalten seat reservation included in supplement

enthaaren [ɛnt'haːrən] *vt* to remove hair from

Enthaarungscreme [ɛnt'haːrʊŋskreːm] (*pl* **-s**) *die* hair-remover

enthalten [ɛnt'haltn̩] (*präs* **enthält**, *prät*

enthielt, pp inv) vt **1.** (in Behälter) to contain **2.** (in Preis) to include ◆ **sich enthalten** ref to abstain

entkommen [ɛntˈkɔmən] (prät **entkam**, pp inv) vi (ist) to escape

entlang [ɛntˈlaŋ] ◇ präp (+A,G) along ◇ adv ● **am Strand entlang gehen** to walk along the beach ● **die Straße entlang** along the road

entlang|gehen [ɛntˈlaŋɡeːən] vt (unreg) (ist) to walk along

entlassen [ɛntˈlasn] (präs **entlässt**, prät **entließ**, pp **inv**) vt **1.** (Mitarbeiter) to sack **2.** (aus Krankenhaus) to discharge ● **aus der Schule entlassen werden** to leave school

Entlassung [ɛntˈlasʊŋ] (pl **-en**) die **1.** (Kündigung) dismissal **2.** (aus Krankenhaus) discharge **3.** (aus Schule) leaving

Entlastungszug [ɛntˈlastʊŋstsuːk] (pl **-züge**) der extra train

entlaufen [ɛntˈlaʊfn] (präs **entläuft**, prät **entlief**, pp inv) vi (ist) to escape

entlegen [ɛntˈleːɡn̩] adj isolated

Entnahme [ɛntˈnaːmə] die (von Wechselgeld, Blut) taking

entnehmen [ɛntˈneːmən] (präs **entnimmt**, prät **entnahm**, pp **entnommen**) vt (Wechselgeld, Blut) to take

entrahmt [ɛntˈraːmt] adj ● **entrahmte Milch** skimmed milk

Entschädigung [ɛntˈʃɛːdɪɡʊŋ] (pl **-en**) die (Geldsumme, Gegenstand) compensation

entscheiden [ɛntˈʃaɪdn̩] (prät **entschied**, pp **entschieden**) vt to decide ◆ **sich entscheiden** ref to decide ● **sich entscheiden für/gegen** to decide on/against ● **sich entscheiden, etw zu tun** to decide to do sthg

Entscheidung [ɛntˈʃaɪdʊŋ] (pl **-en**) die decision

entschließen [ɛntˈʃliːsn̩] (prät **entschloss**, pp **entschlossen**) ◆ **sich entschließen** ref to decide

entschlossen [ɛntˈʃlɔsn̩] pp ➤ **entschließen**

Entschluss [ɛntˈʃlʊs] (pl **-schlüsse**) der decision

entschuldigen [ɛntˈʃʊldɪɡn̩] vt to excuse ◆ **sich entschuldigen** ref to apologize ● **sich entschuldigen für** to apologize for ● **sich bei jm entschuldigen** to apologize to sb ● **entschuldigen Sie bitte!** excuse me!

Entschuldigung [ɛntˈʃʊldɪɡʊŋ] (pl **-en**) die **1.** (Rechtfertigung) excuse **2.** (Brief, Worte) apology ◇ interj sorry!

entsetzlich [ɛntˈzɛtslɪç] ◇ adj terrible ◇ adv terribly

entsorgen [ɛntˈzɔrɡn̩] vt (Müll) to dispose of

entspannen [ɛntˈʃpanən] vi & vt to relax ◆ **sich entspannen** ref to relax

Entspannung [ɛntˈʃpanʊŋ] die relaxation

entsprechend [ɛntˈʃprɛçn̩t] ◇ adj **1.** (äquivalent) corresponding **2.** (geeignet) appropriate ◇ präp (+D) according to

entstehen [ɛntˈʃteːən] (prät **entstand**, pp **entstanden**) vi (ist) **1.** (sich entwickeln) to arise **2.** (Gebäude) to be built **3.** (Schaden) to result

enttäuschen [ɛntˈtɔʏʃn̩] ◇ vt to disappoint ◇ vi to be disappointing

enttäuscht [ɛntˈtɔʏʃt] adj disappointed

Enttäuschung [ɛntˈtɔʏʃʊŋ] (pl **-en**) die disappointment

entweder [ˈɛntveːdɐ] konj ● **entweder ... oder** either ... or

entwerfen [ɛntˈvɛrfn̩] (präs **entwirft**,

prät **entwarf**, *pp* **entworfen**) *vt* 1. *(Zeichnung)* to sketch 2. *(Gebäude)* to design

entwerten [ɛnt'veːɐtn̩] *vt (Fahrkarte)* to validate

Entwerter [ɛnt'veːɐtɐ] *(pl* **-**) *der (für Fahrkarten)* ticket validating machine

entwickeln [ɛnt'vɪkl̩n] *vt* to develop ◆ **sich entwickeln** *ref* 1. to develop 2. *(Gase)* to be produced

Entwicklung [ɛnt'vɪklʊŋ] *(pl* **-en**) *die* 1. development 2. *(von Film)* developing 3. *(von Gasen)* production

Entwicklungshilfe [ɛnt'vɪklʊŋshɪlfə] *die* development aid

Entziehungskur [ɛnt'tsiːʊŋskuːɐ̯] *(pl* **-en**) *die* rehabilitation course

Entzug [ɛnt'tsuːk] *der* 1. *(von Konzession)* withdrawal 2. *(fam) (Entziehungskur)* rehabilitation course

entzünden [ɛnt'tsʏndn̩] *vt (Feuer)* to light ◆ **sich entzünden** *ref* 1. *(Wunde, Blinddarm)* to become inflamed 2. *(Feuer)* to catch fire

Entzündung [ɛnt'tsʏndʊŋ] *(pl* **-en**) *die MED* inflammation

Enzian ['ɛntsiaːn] *(pl* **-e**) *der (Pflanze)* gentian

Epilepsie [epile'psiː] *(pl* **-n**) *die* epilepsy

er [eːɐ̯] *pron* 1. *(bei Personen)* he 2. *(bei Sachen)* it

Erbauer, in [ɛr'baʊɐ] *(mpl inv)* der, die constructor

Erbe ['ɛrbə] *(pl* **-n**) ◇ *der* heir ◇ *das* inheritance

erben ['ɛrbn̩] ◇ *vt* to inherit ◇ *vi* to come into one's inheritance

Erbin ['ɛrbɪn] *(pl* **-nen**) *die* heiress

erblich ['ɛrplɪç] *adj* hereditary

erbrechen [ɛːɐ̯'brɛçn̩] *(präs* **erbricht**, *prät* **erbrach**, *pp* **erbrochen**) ◇ *vt* to bring up ◇ *vi* to be sick, to vomit ◆ **sich erbrechen** *ref* to be sick, to vomit

Erbse ['ɛrpsə] *(pl* **-n**) *die* pea

Erdbeben ['eːɐ̯tbeːbn̩] *(pl inv)* das earthquake

Erdbeere ['eːɐ̯tbeːrə] *(pl* **-n**) *die* strawberry

Erde ['eːɐ̯də] *(pl* **-n**) *die* 1. earth 2. *(Erdreich)* soil 3. TECH *(Draht)* earth *(UK)*, ground *(US)*

erden ['eːɐ̯dn̩] *vt* to earth *(UK)*, to ground *(US)*

Erdgas ['eːɐ̯tgas] *das* natural gas

Erdgeschoss ['eːɐ̯tgəʃɔs] *(pl* **-e**) *das* ground floor

Erdnuss ['eːɐ̯tnʊs] *(pl* **-nüsse**) *die* peanut

Erdöl ['eːɐ̯tøːl] *das* oil

Erdteil ['eːɐ̯ttaɪl] *(pl* **-e**) *der* continent

ereignen [ɛɐ̯'laɪgnən] ◆ **sich ereignen** *ref* to happen

Ereignis [ɛɐ̯'laɪgnɪs] *(pl* **-se**) *das* event

ereignisreich [ɛɐ̯'laɪgnɪsraɪç] *adj* eventful

erfahren [ɛɐ̯'faːrən] *(präs* **erfährt**, *prät* **erfuhr**, *pp inv)* ◇ *adj* experienced ◇ *vt* 1. *(aus mündlicher Quelle)* to hear 2. *(aus schriftlicher Quelle)* to read ● **etw von jm erfahren** to learn sthg from sb

Erfahrung [ɛɐ̯'faːrʊŋ] *(pl* **-en**) *die* experience

erfinden [ɛɐ̯'fɪndn̩] *(prät* **erfand**, *pp* **erfunden**) *vt* to invent

Erfolg [ɛɐ̯'fɔlk] *(pl* **-e**) *der* success ● **Erfolg haben** to be successful ● **viel Erfolg!** good luck!

erfolglos [ɛɐ̯'fɔlkloːs] ◇ *adj* unsuccessful

◇ *adv* without success

erfolgreich [ɛɐˈfɔlkraɪç] ◇ *adj* successful ◇ *adv* successfully

erforderlich [ɛɐˈfɔrdəlɪç] *adj* necessary

erforschen [ɛɐˈfɔrʃn̩] *vt* (Land, Natur) to explore

erfreulich [ɛɐˈfrɔɪlɪç] ◇ *adj* pleasing ◇ *adv* pleasingly

erfrieren [ɛɐˈfriːrən] (*prät* erfror, *pp* erfroren) *vi* (ist) to freeze to death

erfrischen [ɛɐˈfrɪʃn̩] *vt* to refresh ◆ **sich erfrischen** *ref* to refresh o.s

erfrischend [ɛɐˈfrɪʃn̩t] *adj* refreshing

Erfrischung [ɛɐˈfrɪʃʊŋ] (*pl* -en) *die* refreshment

erfüllen [ɛɐˈfʏlən] *vt* to fulfil ◆ **sich erfüllen** *ref* to come true

ergänzen [ɛɐˈgɛntsn̩] *vt* 1. (vervollständigen) to complete 2. (erweitern) to expand 3. (Bemerkung) to add

Ergebnis [ɛɐˈgeːpnɪs] (*pl* -se) *das* result

ergebnislos [ɛɐˈgeːpnɪsloːs] *adj* unsuccessful

ergiebig [ɛɐˈgiːbɪç] *adj* long-lasting

erhalten [ɛɐˈhaltn̩] (*präs* erhält, *prät* erhielt, *pp* inv) *vt* 1. to receive 2. (bewahren) to preserve ◆ **sich erhalten** *ref* (sich bewahren) to endure

erhältlich [ɛɐˈhɛltlɪç] *adj* available ● **hier erhältlich** available here

erheben [ɛɐˈheːbn̩] (*prät* erhob, *pp* erhoben) *vt* ● Gebühren erheben to levy a charge

erheblich [ɛɐˈheːplɪç] ◇ *adj* considerable ◇ *adv* considerably

erhitzen [ɛɐˈhɪtsn̩] *vt* (Fett, Wasser) to heat

erhöhen [ɛɐˈhøːən] *vt* 1. (Zaun, Mauer) to raise 2. (anheben) to raise, to increase ◆

sich erhöhen *ref* to rise, to increase

erholen [ɛɐˈhoːlən] ● **sich erholen** *ref* to rest ◆ **sich erholen von** to recover from

erholsam [ɛɐˈhoːlzaːm] *adj* relaxing

Erholung [ɛɐˈhoːlʊŋ] *die* recovery ● **gute Erholung!** have a relaxing time!

erinnern [ɛɐˈlɪnɐn] *vt* to remind ● **jn erinnern an** (+A) to remind sb of ◆ **sich erinnern** *ref* to remember ◆ **sich erinnern an** (+A) to remember

Erinnerung [ɛɐˈlɪnərʊŋ] (*pl* -en) *die* 1. (Gedanke) memory 2. (Souvenir) memento

erkälten [ɛɐˈkɛltn̩] ◆ **sich erkälten** *ref* to catch a cold

erkältet [ɛɐˈkɛltət] *adj* ● **erkältet sein** to have a cold

Erkältung [ɛɐˈkɛltʊŋ] (*pl* -en) *die* cold

erkennen [ɛɐˈkɛnən] (*prät* erkannte, *pp* erkannt) *vt* 1. (sehen) to make out 2. (Trick, Ursache) to realize 3. (wiedererkennen) to recognize

Erker [ˈɛɐkɐ] (*pl* inv) *der* bay window

erklären [ɛɐˈklɛːrən] *vt* 1. (erläutern) to explain 2. (verkünden) to declare ◆ **sich** (D) **etw erklären** to understand sthg ● **jm etw erklären** to explain sthg to sb ◆ **sich erklären** *ref* ● **sich zu etw bereit erklären** to agree to sthg

Erklärung [ɛɐˈklɛːrʊŋ] (*pl* -en) *die* (Erläuterung) explanation

erkundigen [ɛɐˈkʊndiːgn̩] ● **sich erkundigen** *ref* ● **sich (nach jm/etw) erkundigen** to enquire (about sb/sthg)

erlassen [ɛɐˈlasn̩] (*präs* erlässt, *prät* erließ, *pp* inv) *vt* 1. (Gebühren) to waive 2. (Schulden) to write off

erlauben [ɛɐˈlaʊbn̩] *vt* (nicht verbieten) to allow ● **jm etw erlauben** to allow sb sthg ● jm erlauben, etw zu tun to allow sb to do sthg

Erlaubnis [ɛɐ̯'laʊpnɪs] *die* **1.** *(Erlauben)* permission **2.** *(Schriftstück)* permit

Erläuterung [ɛɐ̯'lɔytərʊŋ] *(pl -en) die* explanation ▼ Erläuterung siehe Rückseite see reverse for explanation

erleben [ɛɐ̯'le:bn] *vt (erfahren)* to experience

Erlebnis [ɛɐ̯'le:pnɪs] *(pl -se) das (Erfahrung)* experience

erledigen [ɛɐ̯'le:dɪɡn] *vt* **1.** *(Arbeit)* to see to **2.** *(Auftrag)* to fulfil

erledigt [ɛɐ̯'le:dɪçt] *adj* ● erledigt sein *(fam) (müde sein)* to be shattered; *(beendet sein)* to be finished ● der Fall ist für mich erledigt as far as I'm concerned, the matter is closed

erleichtert [ɛɐ̯'laɪçtɐt] *adj* relieved

erlesen [ɛɐ̯'le:zn] *adj* choice

erlischt [ɛɐ̯'lɪʃt] *präs* ➤ erlöschen

Erlös [ɛɐ̯'løːs] *der* proceeds *pl*

erlöschen [ɛɐ̯'lœʃn] *(präs erlischt, prät erlosch, pp erloschen) vi (ist) (Feuer, Licht)* to go out

ermahnen [ɛɐ̯'ma:nən] *vt* to warn

ermäßigt [ɛɐ̯'mɛ:sɪçt] *adj* reduced

Ermäßigung [ɛɐ̯'mɛ:sɪɡʊŋ] *(pl -en) die* reduction

ermöglichen [ɛɐ̯'mø:klɪçn] *vt* to make possible

ermorden [ɛɐ̯'mɔrdn] *vt* to murder

ermutigen [ɛɐ̯'mu:tɪɡn] *vt* to encourage

ernähren [ɛɐ̯'nɛ:rən] ✦ **sich ernähren** *ref (essen)* to eat

Ernährung [ɛɐ̯'nɛ:rʊŋ] *die (Nahrung)* food

erneuern [ɛɐ̯'nɔyɐn] *vt (Fensterscheibe, Schloss)* to replace

erneut [ɛɐ̯'nɔyt] *adj* renewed

ernst [ˈɛrnst] ◇ *adj* serious ◇ *adv* seriously ● jn/etw ernst nehmen to take sb/sthg seriously

Ernst [ˈɛrnst] *der* seriousness

Ernstfall [ˈɛrnstfal] *der* emergency

ernsthaft [ˈɛrnsthaft] ◇ *adj* serious ◇ *adv* seriously

Ernte [ˈɛrntə] *(pl -n) die* harvest

Erntedankfest [ɛrntəˈdaŋkfɛst] *(pl -e) das* Harvest Festival

ernten [ˈɛrntn] *vt (Heu, Äpfel, Mais)* to harvest

eröffnen [ɛɐ̯'lœfnən] *vt (Geschäft)* to open ● ein Konto eröffnen to open an account

Eröffnung [ɛɐ̯'lœfnʊŋ] *(pl -en) die* opening

erotisch [e'ro:tɪʃ] *adj* erotic

Erpressung [ɛɐ̯'prɛsʊŋ] *(pl -en) die* blackmail

erraten [ɛɐ̯'ra:tn] *(präs errät, prät erriet, pp inv) vt* to guess

Erreger [ɛɐ̯'re:gɐ] *(pl inv) der MED* cause *(of illness)*

erreichbar [ɛɐ̯'raɪçba:ɐ̯] *adj* reachable

erreichen [ɛɐ̯'raɪçn] *vt* **1.** to reach **2.** *(Zweck, Ziel)* to achieve

Ersatz [ɛɐ̯'zats] *der* **1.** *(Stellvertreter)* substitute **2.** *(Entschädigung)* replacement

Ersatzreifen [ɛɐ̯'zatsraɪfn] *(pl inv) der* spare tyre

Ersatzteil [ɛɐ̯'zatstaɪl] *(pl -e) das* spare part

erscheinen [ɛɐ̯'ʃaɪnən] *(prät erschien, pp erschienen) vi (ist)* **1.** to appear **2.** *(wirken)* to seem, to appear ● gut/wichtig erscheinen to seem good/important

erschöpft [ɛɐˈʃœpft] ◇ *adj (müde)* exhausted ◇ *adv* wearily

Erschöpfung [ɛɐˈʃœpfʊŋ] *die* exhaustion

erschrecken¹ [ɛɐˈʃrɛkn] *vt (hat)* to startle
● **sich erschrecken** *ref* to be startled

erschrecken² [ɛɐˈʃrɛkn] *(präs* **erschrickt**, *prät* **erschrak**, *pp* **erschrocken)** *vi (ist)* to be startled

ersetzen [ɛɐˈzɛtsn] *vt* 1. *(auswechseln)* to replace 2. *(Schaden)* to make good ● **jm etw (voll) ersetzen** *(Schaden)* to compensate sb (fully) for sthg

erst [ɛɐst] *adv* 1. *(relativ spät)* not until 2. *(noch relativ früh, relativ wenig)* only 3. *(vor kurzem)* (only) just 4. *(zuerst)* first ● **der erste Roman war gut, aber der zweite erst!** the first novel was good, but the second one was even better ● **er kommt erst um 10 Uhr** he won't be here until ten o'clock ● **sie war erst gestern hier** she was here only yesterday ● **erst einmal** *(nur einmal)* only once

erstatten [ɛɐˈʃtatn] *vt (Kosten)* to refund

Erstattung [ɛɐˈʃtatʊŋ] *die (von Kosten)* refund

Erstaufführung [ɛɐstˈlaʊffyːrʊŋ] *(pl* **-en)** *die* premiere

erstaunt [ɛɐˈʃtaʊnt] *adj* amazed

erste, r, s [ˈeːɐsta] *adj* 1. first 2. *(vorläufig)* preliminary ● **als erstes** first of all ● **erste Klasse** first class, sechste

Erste [ˈeːɐsta] *(pl* **-n)** *der, die, das* first (one)

Erste Hilfe [ˈeːɐstahɪlfa] *die* = **Hilfe**

erstens [ˈeːɐstns] *adv* firstly

erstklassig [ˈeːɐstklasɪç] *adj* first-class

erstrecken [ɛɐˈʃtrɛkn] ● **sich erstrecken** *ref* to stretch

erteilen [ɛɐˈtaɪlən] *vt (amt)* to give

Ertrag [ɛɐˈtraːk] *(pl* **Erträge)** *der* 1. *(an Gemüse, Getreide)* yield 2. *(finanziell)* profits *pl*

ertrinken [ɛɐˈtrɪŋkn] *(prät* **ertrank**, *pp* **ertrunken)** *vi (ist)* to drown

Erw. *abk* = **Erwachsene**

erwachen [ɛɐˈvaxn] *vi (ist) (Person)* to wake up

erwachsen [ɛɐˈvaksn] *adj* adult, grown-up

Erwachsene [ɛɐˈvaksənə] *(pl* **-n)** *der, die* adult ● **ein Erwachsener, zwei Kinder, bitte!** one adult and two children, please!

erwähnen [ɛɐˈvɛːnən] *vt* to mention

erwarten [ɛɐˈvartn] *vt* 1. *(warten auf)* to wait for 2. *(rechnen mit)* to expect ● **einen Anruf erwarten** to be expecting a phone call ● **ein Kind erwarten** to be expecting a baby ● **erwartet werden** to be expected

erweitern [ɛɐˈvaɪtən] *vt (Raum)* to extend ● **sich erweitern** *ref* 1. to expand 2. *(Pupillen)* to dilate

erwerbstätig [ɛɐˈvɛrpstɛːtɪç] *adj* employed

erwidern [ɛɐˈviːdən] *vt* 1. *(auf Frage)* to reply 2. *(Besuch)* to return

erwünscht [ɛɐˈvynʃt] *adj (willkommen)* welcome

erzählen [ɛɐˈtsɛːlən] *vt* to tell

Erzählung [ɛɐˈtsɛːlʊŋ] *(pl* **-en)** *die* story

erzeugen [ɛɐˈtsɔyɡn] *vt (produzieren)* to produce

Erzeugnis [ɛɐˈtsɔyknɪs] *(pl* **-se)** *das (Produkt)* product

erziehen [ɛɐˈtsiːən] *(prät* **erzog**, *pp* **erzogen)** *vt* 1. to bring up 2. *(in Schule)* to educate

Erzieher, in [ɛɐˈtsiːɐ] (*mpl inv*) *der, die* teacher

Erziehung [ɛɐˈtsiːʊŋ] *die* **1.** (*in Schule*) education **2.** (*durch Eltern*) upbringing

erzogen [ɛɐˈtsoːgn̩] ◇ *pp* = **erziehen** ◇ *adj* gut/schlecht erzogen well/badly brought up

es [ɛs] *pron* **1.** it **2.** (*bei Person: im Nominativ*) he (*f* she) **3.** (*bei Person: im Akkusativ*) him (*f* her) ● es freut mich, dass ... I'm pleased that ... ● es ist drei Uhr it's three o'clock ● es regnet/schneit it's raining/snowing ● wer war es? who was it? ● es geht mir gut I'm fine

Esel [ˈeːzl̩] (*pl inv*) *der* donkey

Espresso [ɛsˈprɛso] (*pl* **-s**) *der* espresso

essbar [ˈɛsbaːɐ] *adj* edible

essen [ˈɛsn̩] (*präs* **isst**, *prät* **aß**, *pp* **gegessen**) *vt* & *vi* to eat ● essen gehen to go out for a meal

Essen [ˈɛsn̩] (*pl inv*) *das* **1.** (*Mahlzeit*) meal **2.** (*fam*) (*Nahrung*) food ● beim Essen while eating ● Essen machen/kochen to make/cook a meal ● vor dem Essen before the meal

Essig [ˈɛsɪç] *der* vinegar

Esslöffel [ˈɛslœfl̩] (*pl inv*) *der* dessert-spoon

Esszimmer [ˈɛstsɪmɐ] (*pl inv*) *das* dining room

Etage [eˈtaːʒə] (*pl* **-n**) *die* floor, storey

Etagenbett [eˈtaːʒn̩bɛt] (*pl* **-en**) *das* bunk bed

Etappe [eˈtapə] (*pl* **-n**) *die* stage

Etikett [etiˈkɛt] (*pl* **-en**) *das* label

etliche, r, s [ˈɛtlɪçə] *det* & *pron* several

Etui [ɛtˈviː] (*pl* **-s**) *das* case

etwa [ˈɛtva] *adv* **1.** (*ungefähr*) about **2.**

(*zum Beispiel*) for example ● ist es etwa schon 10 Uhr? oh no, is it 10 o'clock already? ● hast du das etwa vergessen? you haven't gone and forgotten it, have you?

etwas [ˈɛtvas] ◇ *pron* **1.** something **2.** (*in Fragen*) anything **3.** (*ein wenig*) some ◇ *det* **1.** (*irgendetwas*) something **2.** (*in Fragen*) anything **3.** (*ein wenig*) a little ◇ *adv* (*ein wenig*) rather ● etwas anderes something else ● so etwas such a thing

EU [eːˈluː] (*abk für* Europäische Union) *die* EU

euch [ɔɪç] *pron* **1.** (*im Akkusativ*) you **2.** (*im Dativ*) (to) you **3.** (*Reflexivpronomen*) yourselves

euer, e ODER **eure** [ˈɔɪɐ] *det* your

eure, r, s [ˈɔɪrə] ◇ *pron* yours ◇ *det* ➤ euer

Euro [ˈɔɪro] (*pl inv*) *der* euro

Eurocard [ˈɔɪrokaɐd] (*pl* **-s**) *die* Euro-card

Eurocheque [ˈɔɪroʃɛk] (*pl* **-s**) *der* = Euroscheck

EuroCity [ˈɔɪrositi] (*pl* **-s**) *der* international train linking two or more major European cities

Europa [ɔɪˈroːpa] *nt* Europe

Europäer, in [ɔɪroˈpɛːɐ] (*mpl inv*) *der, die* European

europäisch [ɔɪroˈpɛːɪʃ] *adj* European

Europaparlament [ɔɪˈroːpaparlament] *das* European Parliament

Euroscheck [ˈɔɪroʃɛk] (*pl* **-s**) *der* Euro-cheque

ev. *abk* = evangelisch

e.V. [eːˈfau] *abk* = eingetragener Verein

evangelisch [evaŋˈgeːlɪʃ] *adj* Protestant

eventuell [evɛnˈtu̯ɛl] ◇ *adv* maybe,

perhaps ◇ *adj* possible ● **er übernimmt alle eventuellen Schäden** he'll pay for any damages

ewig ['eːvɪç] ◇ *adj* **1.** *(nie endend)* eternal **2.** *(fam) (ständig)* constant ◇ *adv* **1.** *(nie endend)* eternally **2.** *(fam) (ständig)* constantly

exakt [ɛ'ksakt] ◇ *adj* exact ◇ *adv* exactly

Examen [ɛ'ksaːmən] *(pl inv) das* examination

Exemplar [ɛksɛmplaːɐ̯] *(pl -e) das* **1.** example **2.** *(von Buch)* copy

Exil [ɛ'ksiːl] *das* exile

Existenz [ɛksɪstɛnts] *(pl -en) die* existence

existieren [ɛ'ksɪstiːrən] *vi* to exist

exklusiv [ɛ'kskluziːf] ◇ *adj* exclusive ◇ *adv* exclusively

Exkursion [ɛkskʊr'zjoːn] *(pl -en) die (in Schule)* school trip

exotisch [ɛ'ksoːtɪʃ] *adj* exotic

Expedition [ɛkspedi'tsjoːn] *(pl -en) die* expedition

Experte [ɛks'pɛrtə] *(pl -n) der* expert

Expertin [ɛks'pɛrtɪn] *(pl -nen) die* expert

explodieren [ɛksplo'diːrən] *vi (ist)* to explode

Explosion [ɛksplo'zjoːn] *(pl -en) die* explosion

Export¹ [ɛks'pɔrt] *(pl -e) der (Ausfuhr, Ware)* export

Export² [ɛks'pɔrt] *(pl inv) das (Bier)* export

extra ['ɛkstra] ◇ *adv* **1.** *(fam) (absichtlich)* on purpose **2.** *(separat)* separately **3.** *(speziell)* specially **4.** *(zusätzlich)* extra ◇ *adj (zusätzlich)* extra

Extraausgabe ['ɛkstraˌaʊsgaːbə] *(pl -n) die* special edition

Extrablatt ['ɛkstrablat] *das* extra

extrem [ɛks'treːm] *adj* extreme

exzellent [ɛkstsɛ'lɛnt] *adj* excellent

EZ *abk =* Einzelzimmer

fabelhaft ['faːblhaft] *adj* fantastic

Fabrik [fa'briːk] *(pl -en) die* factory

fabrikneu [fa'briːknɔy] *adj* brand new

Fach [fax] *(pl* **Fächer**) *das* **1.** *(in Schrank)* compartment **2.** *(Schulfach, Fachgebiet)* subject

Fachabitur [faxabiˈtuːɐ̯] *(pl -e) das exam taken at the end of a secondary vocational school*

Fachabitur

The *Fachabitur*, colloquially known as the *Fachabi*, is a vocationally-oriented version of the *Abitur* that entitles students to attend a *Fachhochschule*. To obtain the qualification, pupils must do a work placement in addition to written work. The *Fachabitur* can also be taken by mature students.

Facharzt ['faxlaːɐ̯tst] *(pl -ärzte) der* specialist

Fachärztin ['faxɛːɐ̯tstɪn] *(pl -nen) die* specialist

Fachausdruck ['faxˌausdrʊk] (*pl* **-drücke**) *der* specialist term

Fachgeschäft ['faxɡəʃɛft] (*pl* **-e**) *das* specialist store

Fachmann ['faxman] (*pl* **-leute** ODER **-männer**) *der* expert

fachmännisch ['faxmɛnɪʃ] ◇ *adj* expert ◇ *adv* expertly

Fachnummer ['faxnʊmɐ] (*pl* **-n**) *die* locker number

Fachwerkhaus ['faxverkhaus] (*pl* **-häuser**) *das* timbered building

fade ['fa:də] *adj & adv* bland

Faden ['fa:dn̩] (*pl* **Fäden**) *der* (*zum Nähen*) thread

fähig ['fɛːɪç] *adj* capable ● fähig sein, etw zu tun to be capable of doing sthg

Fahne ['fa:nə] (*pl* **-n**) *die* (*die Flagge*) flag ● er hat eine Fahne (*fam*) his breath smells of alcohol

Fahrausweis ['fa:ɐ̯ausvais] (*pl* **-e**) *der* ticket

Fahrausweisautomat ['fa:ɐ̯ausvaisautoma:t] (*pl* **-en**) *der* ticket machine

Fahrausweisentwerter ['fa:ɐ̯ausvaisˌɛntvɛːɐ̯tɐ] (*pl* **inv**) *der* ticket validating machine

Fahrausweiskontrolle ['fa:ɐ̯ausvaiskɔntrolə] (*pl* **-n**) *die* ticket inspection

Fahrausweisverkauf ['fa:ɐ̯ausvaisˌfɛɐ̯kauf] *der* ticket sales *pl*

Fahrbahn ['fa:ɐ̯baːn] (*pl* **-en**) *die* road

Fahrbahnschäden ['fa:ɐ̯baːnˌʃɛːdn̩] *pl* damage to road surface

Fahrbahnverschmutzung ['fa:ɐ̯baːnfɛɐ̯ʃmʊtsʊŋ] *die* ▼ Fahrbahnverschmutzung *sign indicating that there is rubble, oil etc on road ahead*

Fähre ['fɛːrə] (*pl* **-n**) *die* ferry

fahren ['fa:rən] (*präs* **fährt**, *prät* **fuhr**, *pp* **gefahren**)
◇ *vi* (**ist**) **1.** (*mit Auto*) to drive; (*mit Fahrrad*) to ride ● durch Wien fahren to drive/ride through Vienna ● langsam fahren to drive slowly ● zu schnell fahren to drive too fast ● mit dem Zug/Bus fahren to go by train/bus ● ins Gebirge fahren to go to the mountains ● wir fahren nach England we're going to England **2.** (*Fahrzeug*) to go **3.** (*abfahren*) to leave
◇ *vt* (**hat**) to drive
◇ *vt* (**ist**) **1.** (*Entfernung, Route*) to drive ● 120 km/h fahren to drive at 120 km/h **2.** *SPORT* ● Rollschuh fahren to rollerskate ● Ski fahren to ski

Fahrer, in ['fa:rɐ] (*mpl* **inv**) *der, die* driver

Fahrerflucht ['fa:ɐ̯flʊxt] *die* hit-and-run

Fahrersitz ['fa:ɐ̯ɛrzɪts] (*pl* **-e**) *der* driver's seat

Fahrgast ['fa:ɐ̯ɡast] (*pl* **-gäste**) *der* passenger

Fahrgeld ['fa:ɐ̯ɡɛlt] *das* fare

Fahrgelderstattung ['fa:ɐ̯ɡɛltˌɛːɐ̯ʃtatʊŋ] *die* refund (*of fare*)

Fahrgestell ['fa:ɐ̯ɡəʃtɛl] (*pl* **-e**) *das* chassis

Fahrkarte ['fa:ɐ̯kartə] (*pl* **-n**) *die* ticket

Fahrkartenausgabe ['fa:ɐ̯kartn̩ˌausɡa:bə] *die* ticket desk

Fahrkartenautomat ['fa:ɐ̯kartn̩automa:t] (*pl* **-en**) *der* ticket machine

Fahrkartenschalter ['fa:ɐ̯kartn̩ʃaltɐ] (*pl* **inv**) *der* ticket desk

Fahrkosten ['fa:ɐ̯kɔstn̩] *pl* travelling expenses

Fahrplan ['fa:ɐ̯pla:n] (*pl* **-pläne**) *der* timetable

Fahrplanauszug ['fa:ɐplaːnˌaustsuːk] (*pl* **-züge**) *der* timetable (*for specific route*)

Fahrplanhinweise ['fa:ɐplaːnhɪnvaizə] *pl* details concerning the timetable

fahrplanmäßig ['fa:ɐplaːnmɛːsɪç] ◇ *adj* scheduled ◇ *adv* on time

Fahrpreis ['fa:ɐprais] (*pl* **-e**) *der* fare

Fahrrad ['fa:ɐraːt] (*pl* **-räder**) *das* bicycle, cycle ● **mit dem Fahrrad** by bicycle

Fahrradflickzeug ['fa:ɐraːtflɪktsɔyk] *das* bicycle repair kit

Fahrrad-Mitnahme ['fa:ɐraːt-mɪtnaːmə] *die* possibility of taking bicycles on a railway or underground train

Fahrradreparatur ['fa:ɐraːtreparaːtuːɐ] (*pl* **-en**) *die* cycle repair shop

Fahrradschlauch ['fa:ɐraːtʃlaux] (*pl* **-schläuche**) *der* inner tube

Fahrradschloss ['fa:ɐraːtʃlɔs] (*pl* **-schlösser**) *das* bicycle lock

Fahrradverleih ['fa:ɐraːtfɛɐlai] (*pl* **-e**) *der* cycle hire (*UK*), cycle rental (*US*)

Fahrradweg ['fa:ɐraːtveːk] (*pl* **-e**) *der* cycle path

Fahrschein ['fa:ɐʃain] (*pl* **-e**) *der* ticket ▼ **Fahrscheine hier entwerten** validate your ticket here

Fahrscheinentwerter ['fa:ɐʃainɛntveːɐtɐ] (*pl* **inv**) *der* ticket validating machine

Fahrschule ['fa:ɐʃuːlə] (*pl* **-n**) *die* driving school

Fahrspur ['fa:ɐʃpuːɐ] (*pl* **-en**) *die* lane ● **die Fahrspur wechseln** to change lane ● **die linke/rechte Fahrspur** the left-hand/right-hand lane

Fahrstreifen ['fa:ɐʃtraifn] (*pl* **inv**) *der* lane ● **verengte Fahrstreifen** road narrows

Fahrstuhl ['fa:ɐʃtuːl] (*pl* **-stühle**) *der* lift (*UK*), elevator (*US*)

Fahrt [fa:ɐt] (*pl* **-en**) *die* **1.** (*Reise*) journey **2.** (*kurzer Ausflug*) trip **3.** (*in Auto*) drive ● **auf der Fahrt nach Berlin** on the way to Berlin ● **nach sechs Stunden Fahrt** after travelling for six hours ● **nun wieder freie Fahrt auf der A3** traffic is moving freely again on the A3 ● **gute Fahrt!** have a good journey! ● **eine Fahrt ins Blaue machen** to go for a drive ▼ **den Fahrer während der Fahrt nicht ansprechen** do not speak to the driver while the vehicle is in motion

fährt [fɛːɐt] *präs* ➤ **fahren**

Fahrtantritt *der* beginning of the journey ▼ **Fahrscheine vor Fahrtantritt entwerten** please validate your ticket before beginning your journey

Fahrtenschreiber ['fa:ɐtnʃraibɐ] (*pl* **inv**) *der* tachograph

Fahrtrichtung ['fa:ɐtrɪçtʊŋ] (*pl* **-en**) *die* (*im Zug*) direction of travel

fahrtüchtig ['fa:ɐtʏçtɪç] *adj* **1.** (*Person*) fit to drive **2.** (*Fahrzeug*) roadworthy

Fahrtunterbrechung ['fa:ɐtʊntɐbrɛçʊŋ] (*pl* **-en**) *die* stop

Fahrtziel ['fa:ɐtsiːl] (*pl* **-e**) *das* destination

Fahrverbot ['fa:ɐfɛɐboːt] (*pl* **-e**) *das* (*Führerscheinentzug*) driving ban ● **Fahrverbot für Traktoren** no tractors

Fahrzeit ['fa:ɐtsait] (*pl* **-en**) *die* journey time

Fahrzeug ['fa:ɐtsɔyk] (*pl* **-e**) *das* vehicle

Fahrzeugbrief ['fa:ɐtsɔykbriːf] (*pl* **-e**) *der* registration document

Fahrzeughalter, in ['fa:ɐtsɔykhaltɐ] (*mpl* **inv**) *der, die* registered owner

Fahrzeugpapiere ['faːɐ̯tsɔykpapiːrə] *pl* vehicle documents

Fahrzeugschein ['faːɐ̯tsɔykʃain] (*pl* **-e**) *der* vehicle documents *pl*

Fahrziel ['faːɐ̯tsiːl] (*pl* **-e**) *das* destination

fair [fɛːɐ̯] *adj* fair

Fall [fal] (*pl* **Fälle**) *der* **1.** case **2.** (*Sturz*) fall • **auf jeden Fall** in any case • **auf keinen Fall** on no account • **für den Fall, dass** in case ... • **in diesem Fall** in this case

fallen ['falən] (*präs* **fällt**, *prät* **fiel**, *pp* **gefallen**) *vi* (*ist*) to fall

fallen lassen ['falənlasn̩] (*pp inv* ODER **fallen gelassen**) *vt* **1.** (*Gegenstand*) to drop **2.** (*Bemerkung*) to let drop

fällig ['fɛlɪç] *adj* due • **am 1.10. fällig** due on 1 October

falls [fals] *konj* if

Fallschirm ['falʃɪrm] (*pl* **-e**) *der* parachute

Fallschirmspringer, in ['falʃɪrmʃprɪŋɐ] (*mpl inv*) *der, die* parachutist

fällt ['fɛlt] *präs* > **fallen**

falsch [falʃ] ◇ *adj* **1.** (*inkorrekt*) wrong **2.** (*Name, Versprechung, Person*) false **3.** (*Schmuck*) fake **4.** (*Pass*) forged ◇ *adv* **1.** (*inkorrekt*) wrongly **2.** (*hinterhältig*) falsely • **falsch fahren** to drive in the wrong direction

fälschen ['fɛlʃn̩] *vt* to forge

Falschfahrer, in ['falʃfaːrɐ] (*mpl inv*) *der, die* person driving on the wrong side of the road

Falschgeld ['falʃgɛlt] *das* forged money

Fälschung ['fɛlʃʊŋ] (*pl* **-en**) *die* (*Falschgeld, Bild*) forgery

Falte ['faltə] (*pl* **-n**) *die* **1.** (*Hautfalte*) wrinkle **2.** (*Knitterfalte*) crease **3.** (*gebügelt*) pleat

falten ['faltn̩] *vt* (*Pullover, Papier*) to fold

Familie [fa'miːliə] *die* family

Familienbesitz [fa'miːliənbəzɪts] *der* • **in Familienbesitz** family-owned

Familienname [fa'miːliənnaːmə] (*pl* **-n**) *der* surname

Familienstand [fa'miːliənʃtant] *der* marital status

Fan [fɛn] (*pl* **-s**) *der* fan

fand [fant] *prät* > **finden**

fangen ['faŋən] (*präs* **fängt**, *prät* **fing**, *pp* **gefangen**) *vt* to catch • **Fangen** *das* • **Fangen spielen** to play tag

Fantasie [fanta'ziː] (*pl* **-n**) *die* imagination

fantastisch [fan'tastɪʃ] ◇ *adj* fantastic ◇ *adv* (*großartig*) fantastically

Farbband ['farpbant] (*pl* **-bänder**) *das* typewriter ribbon

Farbbild ['farpbɪlt] (*pl* **-er**) *das* colour photograph • **Farbbilder in 24 Stunden** 24 hour colour photos

Farbe ['farbə] (*pl* **-n**) *die* **1.** (*Eigenschaft*) colour **2.** (*zum Malen, Streichen*) paint • **welche Farbe hat das Auto?** what colour is the car?

farbecht ['farpɛçt] *adj* colourfast

färben ['fɛrbn̩] *vt* (*Stoff, Haare*) to dye

Farbfernseher ['farpfɛrnzeːɐ] (*pl inv*) *der* colour television

Farbfestiger ['farpfɛstɪgɐ] (*pl inv*) *der* colour set

Farbfilm ['farpfɪlm] (*pl* **-e**) *der* colour film

Farbfoto ['farpfoto] (*pl* **-s**) *das* colour photo

farbig ['farbɪç] ◇ *adj* **1.** (*mehrfarbig*) colourful **2.** (*einfarbig, Person*) coloured ◇ *adv* (*mehrfarbig*) colourfully

Farbige ['farbɪɡə] (pl **-n**) der, die coloured person

Farbposter ['farppoːstɐ] (pl inv) das colour poster

Farbstoff ['farpʃtɔf] (pl **-e**) der colouring ● mit/ohne Farbstoff with/without colouring

Fasan [fa'zaːn] (pl **-e**) der pheasant

Fasching ['faʃɪŋ] der (Süddt & Österr) carnival before Lent > Karneval

Faschismus [fa'ʃɪsmʊs] der fascism

Faschist, in [fa'ʃɪst] (mpl **-en**) der, die fascist

faschistisch [fa'ʃɪstɪʃ] adj fascist

Fass [fas] (pl **Fässer**) das barrel ● Bier vom Fass draught beer

Fassbier ['fasbiːɐ] das draught beer

fassen ['fasn̩] ◇ vt 1. (mit den Händen) to take, to hold 2. (Verbrecher) to catch 3. (Inhalt) to hold 4. (begreifen) to grasp ◇ vi (mit den Händen) ● an etw (A) fassen to feel sthg ● etw nicht fassen können to be unable to understand sthg ◆ sich fassen ref to pull o.s. together

Fassung ['fasʊŋ] (pl **-en**) die 1. (für Glühbirne) fitting 2. (Selbstbeherrschung) composure

fast [fast] adv nearly, almost

fasten ['fastn̩] vi to fast

Fastenzeit ['fastntsait] (pl **-en**) die 1. (christlich) Lent 2. (mohammedanisch) Ramadan

Fastnacht ['fastnaxt] die (Süddt & Österr) carnival period before Lent > Karneval

faul [faʊl] adj 1. (Obst) rotten 2. (Person) lazy

faulen ['faʊlən] vi (hat & ist) to rot

faulenzen ['faʊlɛntsn̩] vi to laze about

Faust [faʊst] (pl **Fäuste**) die fist ● auf eigene Faust off one's own bat

Fax [faks] (pl **-e**) das fax

faxen [faksn̩] vt to fax

Faxgerät [faksɡəɛːt] (pl **-e**) das fax machine

Faxnummer [faksnʊmɐ] (pl **-n**) die fax number

Faxpapier [fakspapiːɐ] das fax paper

FCKW [eftseːkaːveː] der CFC

Februar ['feːbruaːɐ] der February > September

fechten ['fɛçtn̩] (präs **ficht**, prät **focht**, pp **gefochten**) vi to fence

Feder ['feːdɐ] (pl **-n**) die 1. (vom Vogel) feather 2. (aus Metall) spring 3. (zum Schreiben) nib

Federball ['feːdɐbal] (pl **-bälle**) der 1. (Ball) shuttlecock 2. (Spiel) badminton

Federbett ['feːdɐbɛt] (pl **-en**) das quilt

Federhalter ['feːdɐhaltɐ] (pl inv) der fountain pen

Federung ['feːdərʊŋ] (pl **-en**) die 1. (von Auto) suspension 2. (von Sofa) springs pl

Federweiße ['feːdɐvaisə] der young, cloudy white wine

fegen ['feːɡn̩] ◇ vt (Boden, Raum) to sweep ◇ vi (sauber machen) to sweep up

Fehlbetrag ['feːlbətraːk] (pl **-beträge**) der shortfall

fehlen ['feːlən] ◇ vi to be missing ◇ vi (+D) ● sie fehlt mir I miss her ● was fehlt Ihnen/dir? what's the matter? ● im Unterricht fehlen to miss school

Fehler ['feːlɐ] (pl inv) der 1. mistake 2. (von Charakter) fault

Fehlzündung ['feːltsʏndʊŋ] (pl **-en**) die ● eine Fehlzündung haben to misfire

Feier ['faiɐ] (pl **-n**) die party

Feierabend ['faiɐla:bn̩t] (*pl* **-e**) *der* ● Feierabend machen to finish work

Feierlichkeiten ['faiɐlɪçkaitn̩] *pl* celebrations

feiern ['faiɐn] *vt & vi (Fest)* to celebrate ● jn feiern to fête sb ● eine Party feiern to throw ODER have a party

Feiertag ['faiɐta:k] (*pl* **-e**) *der* holiday ● schöne Feiertage! have a good holiday!

feiertags ['faiɐta:ks] *adv* on public holidays

feige ['faigə] *adj (Person)* cowardly

Feige ['faigə] (*pl* **-n**) *die (Frucht)* fig

Feile ['failə] (*pl* **-n**) *die* file

feilen ['failən] *vt* to file

fein [fain] ◇ *adj* **1.** *(dünn, pulverförmig)* fine **2.** *(vornehm)* refined **3.** *(erfreulich)* great ◇ *adv* **1.** *(dünn, pulverförmig)* finely **2.** *(fam) (gut)* well **3.** *(vornehm)* elegantly **4.** *(fam) (brav)* ● fein hier bleiben! be a good boy/girl and stay here! ● fein gemacht! *(fam)* well done! ◆ **Feinste** ['fainstə] *der, die,* ● vom Feinsten first-class

Feind, in [faint] (*mpl* **-e**) *der, die (von Person)* enemy ● im Feind des Rauchens sein to be anti-smoking

feindlich ['faintlɪç] *adj* hostile

Feinkost ['fainkɔst] *die* delicacies *pl*

Feinkostgeschäft ['fainkɔstgəʃɛft] (*pl* **-e**) *das* delicatessen

Feinschmecker, in ['fainʃmɛkɐ] (*mpl inv*) *der, die* gourmet

Feinwaschmittel ['fainvaʃmɪtl̩] (*pl inv*) *das* mild detergent

Feld [fɛlt] (*pl* **-er**) *das* **1.** *(Acker, Thema, im Sport)* field **2.** *(von Brettspiel)* square **3.** *(von Formular)* box

Feldsalat ['fɛltzala:t] *der* lamb's lettuce

Feldweg ['fɛltve:k] (*pl* **-e**) *der* footpath

Felge ['fɛlgə] (*pl* **-n**) *die* wheel rim

Felgenbremse ['fɛlgn̩brɛmzə] (*pl* **-n**) *die* wheel rim brake

Fell [fɛl] (*pl* **-e**) *das* **1.** *(von Tier)* fur **2.** *(verarbeitet)* skin

Fels [fɛls] (*pl* **-en**) *der (Felsblock)* rock

Felsen ['fɛlzn̩] (*pl inv*) *der* cliff

felsig ['fɛlzɪç] *adj* rocky

feminin [femi'ni:n] *adj* feminine

Feminismus [femi'nɪsmʊs] *der* feminism

feministisch [femi'nɪstɪʃ] *adj* feminist

Fenchel ['fɛnçl̩] *der* fennel

Fenster ['fɛnstɐ] (*pl inv*) *das* window

Fensterbrett ['fɛnstɐbrɛt] (*pl* **-er**) *das* windowsill

Fensterladen ['fɛnstɐla:dn̩] (*pl* **-läden**) *der* shutter

Fensterplatz ['fɛnstɐplats] (*pl* **-plätze**) *der* window seat

Fensterscheibe ['fɛnstɐʃaibə] (*pl* **-n**) *die* windowpane

Ferien ['fe:riən] *pl* holiday *sg (UK)*, vacation *sg (US)* ● Ferien machen to go on holiday *(UK)*, to go on vacation *(US)* ● große Ferien summer holidays *(UK)*, summer vacation *(US)* ● schöne Ferien! have a good holiday! ● in Ferien sein to be on holiday *(UK)*, to be on vacation *(US)*

Ferienbeginn ['fe:riənbəgɪn] *der beginning of the school summer holidays*

Ferienbeginn

Each German state sets its own date for the beginning of the school summer holidays. These are always at some point between 15 June and

15 September, but the exact timing varies from year to year and from one state to another.

Ferienbungalow ['feːrjənbʊŋgalo] (*pl* -s) *der* holiday bungalow

Feriengast ['feːrjəngast] (*pl* -**gäste**) *der* holidaymaker (*UK*), vacationer (*US*)

Ferienhaus ['feːrjənhaus] (*pl* -**häuser**) *das* holiday home

Ferienlager ['feːrjənlaːgɐ] (*pl inv*) *das* holiday camp

Ferienort ['feːrjənɔrt] (*pl* -**e**) *der* holiday resort

Ferienwohnung ['feːrjənvoːnʊŋ] (*pl* -**en**) *die* holiday flat (*UK*), holiday apartment (*US*)

fern [fern] *adj* (*Land*) far-off, distant

Fernbedienung ['fernbədiːnʊŋ] (*pl* -**en**) *die* remote control

Ferne ['fernə] *die* ● in der Ferne in the distance

Ferngespräch ['ferngəʃprɛːç] (*pl* -**e**) *das* long-distance call

ferngesteuert ['ferngəʃtɔʏɐt] ◇ *adj* remote-controlled ◇ *adv* by remote control

Fernglas ['fernglas] (*pl* -**gläser**) *das* binoculars *pl*

fern|halten ['fernhaltn̩] *vt* (*unreg*) to keep away ◆ **sich fernhalten** *ref* to keep away

Fernlicht ['fernlɪçt] *das* full beam (*UK*), high beam (*US*)

Fernmeldeamt ['fernmɛldəʔamt] (*pl* -**ämter**) *das* telephone exchange

Fernschreiben ['fernʃraibn̩] (*pl inv*) *das* telex

Fernschreiber ['fernʃraibɐ] (*pl inv*) *der* teleprinter

Fernsehapparat ['fernzeːʔaparaːt] (*pl* -**e**) *der* television (set)

fern|sehen ['fernzeːən] *vi* (*unreg*) to watch television

Fernsehen ['fernzeːən] *das* television ● im Fernsehen on television

Fernseher ['fernzeːɐ] (*pl inv*) *der* television

Fernsehprogramm ['fernzeːproɡram] (*pl* -**e**) *das* **1.** (*Kanal*) channel **2.** (*Sendung*) (television) programme

Fernsehsendung ['fernzeːzendʊŋ] (*pl* -**en**) *die* (television) programme

Fernsehturm ['fernzeːtʊrm] (*pl* -**türme**) *der* television tower

Fernsehzeitschrift ['fernzeːtsaitʃrɪft] (*pl* -**en**) *die* TV magazine

Fernsprechamt ['fernʃprɛçamt] (*pl* -**ämter**) *das* (*amt*) telephone exchange

Fernsprechauskunft ['fernʃprɛç-auskʊnft] *die* (*amt*) directory enquiries *sg*

Fernsteuerung ['fernʃtɔʏərʊŋ] (*pl* -**en**) *die* remote control

Fernstraße ['fernʃtraːsə] (*pl* -**n**) *die* trunk road (*UK*), highway (*US*)

Fernverkehr ['fernfɛɐkeːɐ] *der* long-distance traffic

Ferse ['ferzə] (*pl* -**n**) *die* heel

fertig ['fertɪç] *adj* **1.** (*vollendet*) finished **2.** (*fam*) (*erschöpft*) worn out ● **fertig sein** (*vollendet, bereit sein*) to be ready; (*fam*) (*erschöpft sein*) to be worn out; (*fam*) (*niedergeschlagen sein*) to be shattered ● mit etw fertig sein to have finished sthg

Fertiggericht ['fertɪçgərɪçt] (*pl* -**e**) *das* ready-made meal

fertig machen ['fertɪç maxn̩] *vt* **1.**

(beenden) to finish **2.** *(bereitmachen)* to get ready **3.** *(fam)* *(zurechtweisen)* to lay into **4.** *(fam)* *(erschöpfen)* to wear out

fest [fɛst] ◇ *adj* **1.** *(Knoten, Verband)* tight **2.** *(Händedruck, Griff)* firm **3.** *(Material, Kleidung)* strong **4.** *(Vertrag, Gehalt, Wohnsitz)* fixed **5.** *(Pläne, Termin)* definite ◇ *adv* **1.** *(straff)* tightly **2.** *(kräftig)* hard **3.** *(verbindlich)* firmly

Fest [fɛst] *(pl* **-e)** *das* **1.** *(Feier)* party **2.** *(religiös)* festival ● **frohes Fest!** *(frohe Weihnachten)* happy Christmas!

Festbetrag ['fɛstbətra:k] *(pl* **-beträge)** *der* fixed amount

festbinden ['fɛstbɪndn̩] *vt (unreg)* to tie up

Festessen ['fɛstɛsn̩] *(pl inv) das* banquet

festhalten ['fɛsthaltn̩] *vt (unreg)* **1.** *(mit der Hand)* to hold (on to) **2.** *(dokumentieren)* to record ● **sich fest halten** *ref* ● **sich festhalten (an (+D))** to hold on (to)

Festiger ['fɛstɪgɐ] *(pl inv) der* setting lotion

Festival ['fɛstival] *(pl* **-s)** *das* festival

Festland ['fɛstlant] *das* mainland

festlegen ['fɛstle:gn̩] *vt (Treffpunkt, Route)* to fix

festlich ['fɛstlɪç] *adj* festive

festmachen ['fɛstmaxn̩] *vt* **1.** to fasten **2.** *(Boot)* to moor **3.** *(Termin, Treffpunkt)* to arrange

festnehmen ['fɛstne:mən] *vt (unreg)* to arrest

Festpreis ['fɛstprais] *(pl* **-e)** *der* fixed price

festsetzen ['fɛstzɛtsn̩] *vt (Termin)* to arrange

Festspiele ['fɛstʃpi:lə] *pl* festival *sg*

feststehen ['fɛstʃte:ən] *vi (unreg)* to have been decided

feststellen ['fɛstʃtɛlən] *vt* **1.** *(durch Ermittlung)* to find out **2.** *(beobachten)* to notice

Feststellung ['fɛstʃtɛlʊŋ] *(pl* **-en)** *die* *(Anmerkung)* remark

Festwochen ['fɛstvɔxə] *pl* festival *sg*

Fete ['fe:tə] *(pl* **-n)** *die (fam)* party

fett [fɛt] *adj* **1.** *(Fleisch, Gericht)* fatty **2.** *(abw) (Person, Körperteil)* fat

Fett [fɛt] *(pl* **-e)** *das* fat

fettarm ['fɛt|arm] *adj* low-fat

fettig ['fɛtɪç] *adj* greasy

Fettstift ['fɛtʃtɪft] *(pl* **-e)** *der* lip salve

feucht [fɔyçt] *adj* damp

Feuchtigkeitscreme ['fɔyçtɪçkaitskre:m] *(pl* **-s)** *die* moisturizer

Feuer ['fɔyɐ] *(pl inv) das* **1.** fire **2.** *(fig) (Temperament)* passion ● **(ein) Feuer machen** to light a fire ● **haben Sie Feuer, bitte?** have you got a light, please? ● **jm Feuer geben** to give sb a light ▼ **Feuer und offenes Licht verboten!** no naked flames!

Feueralarm ['fɔyɐalarm] *der* fire alarm

feuerfest ['fɔyɐfɛst] *adj* fireproof

feuergefährlich ['fɔyɐgəfɛːɐlɪç] *adj* flammable

Feuerlöscher ['fɔyɐlœʃɐ] *(pl inv) der* fire extinguisher

Feuermelder ['fɔyɐmɛldɐ] *(pl inv) der* fire alarm

Feuertreppe ['fɔyɐtrɛpə] *(pl* **-n)** *die* fire escape

Feuerwehr ['fɔyɐve:ɐ] *(pl* **-en)** *die* fire brigade

Feuerwehrmann ['fɔyɐve:ɐman] *(pl* **-männer)** *der* fireman

Feuerwehr-Zufahrt ['fɔyɐve:ɐtsu:fa:ɐt] *(pl* **-en)** *die* fire lane

Feuerwerk ['fɔyɐvɛrk] (*pl -e*) *das* fireworks *pl*

Feuerzeug ['fɔytsɔyk] (*pl -e*) *das* lighter

ficht [fɪçt] *präs* ➤ **fechten**

Fieber ['fiːbɐ] *das* (*Körpertemperatur*) temperature ● Fieber haben to have a temperature ● bei jm Fieber messen to take sb's temperature

Fieberthermometer ['fiːbɐtɛrmoːmeːtɐ] (*pl inv*) *das* thermometer

fiebrig ['fiːbrɪç] *adj* (*Erkältung*) feverish ◇ *adv* (*glänzen, sich anfühlen*) feverishly

fiel [fiːl] *prät* ➤ **fallen**

Figur [fiˈguːɐ] (*pl -en*) *die* 1. (*Körperform, Person*) figure 2. (*in Schach*) piece 3. (*Plastik*) sculpture ● eine gute Figur haben to have a good figure

Filet [fiˈleː] (*pl -s*) *das* fillet

Filetsteak [fiˈleːˌsteːk] (*pl -s*) *das* fillet steak

Filiale [fiˈljaːlə] (*pl -n*) *die* branch

Film [fɪlm] (*pl -e*) *der* film

filmen ['fɪlmən] *vt* to film

Filmkamera ['fɪlmkaməra] (*pl -s*) *die* (*Camcorder*) camcorder

Filter ['fɪltɐ] (*pl inv*) *der* filter ● mit Filter filter-tipped ● ohne Filter plain

Filtertüte ['fɪltɐtyːtə] (*pl -n*) *die* filter

Filterzigarette ['fɪltɐtsɪɡarɛtə] (*pl -n*) *die* filter-tipped cigarette

Filzstift ['fɪltsʃtɪft] (*pl -e*) *der* felt-tip pen

Finale [fiˈnaːlə] (*pl -s*) *das* (*in Sport*) final

finanziell [finanˈtsjɛl] ◇ *adj* financial ◇ *adv* financially

finanzieren [finanˈtsiːrən] *vt* to finance

finden ['fɪndn] (*prät* **fand**, *pp* **gefunden**) ◇ *vi* to find one's way ◇ *vt* to find ● ich finde, dass ... I think (that) ... ● ich finde sie nett I think she's nice ● wie

findest du ...? what do you think of ...? ● wo finde ich die Post, bitte? where is the post office, please? ● sich finden *ref* ● der Schlüssel hat sich gefunden I/we found the key again

Finderlohn ['fɪndɐloːn] *der* reward (*for finding something*)

fing [fɪŋ] *prät* ➤ **fangen**

Finger ['fɪŋɐ] (*pl inv*) *der* finger

Fingernagel ['fɪŋɐnaːgl] (*pl -nägel*) *der* fingernail

Finne ['fɪnə] (*pl -n*) *der* Finn

Finnin ['fɪnɪn] (*pl -nen*) *die* Finn

finnisch ['fɪnɪʃ] *adj* Finnish

Finnisch(e) ['fɪnɪʃ(ə)] *das* Finnish

Finnland ['fɪnlant] *nt* Finland

finster ['fɪnstɐ] *adj* 1. (*dunkel*) dark 2. (*unheimlich*) sinister

Firma ['fɪrma] (*pl* **Firmen**) *die* firm, company

First Class [fœːst klaːs] *die* (*ohne pl*) first class

Fisch [fɪʃ] (*pl -e*) *der* fish ◆ **Fische** ['fɪʃə] *pl* (*Sternzeichen*) Pisces *sg*

Fischbesteck ['fɪʃbəʃtɛk] (*pl -e*) *das* fish knife and fork

fischen ['fɪʃn] ◇ *vt* (*Fische*) to fish for ◇ *vi* (*angeln*) to fish

Fischer ['fɪʃɐ] (*pl inv*) *der* fisherman

Fischerboot ['fɪʃɐboːt] (*pl -e*) *das* fishing boat

Fischgericht ['fɪʃɡərɪçt] (*pl -e*) *das* fish dish

Fischhändler, in ['fɪʃhɛndlɐ] (*mpl inv*) *der, die* fishmonger

Fischstäbchen ['fɪʃʃtɛːpçən] (*pl inv*) *das* fish finger (*UK*), fish stick (*US*)

Fischsuppe ['fɪʃzʊpə] (*pl -n*) *die* fish soup

fit [fɪt] _adj_ fit

fix [fɪks] _adj_ **1.** _(fam)_ _(schnell)_ quick **2.** _(Kosten)_ fixed ● **fix und fertig** _(vollendet)_ finished; _(müde)_ worn-out

FKK [ɛfka:'ka:] _die (abk für Freikörperkultur)_ nudism

FKK-Strand [ɛfka:'ka:'ʃtrant] _(pl_ **-Strände)** _der_ nudist beach

flach [flaç] _adj_ **1.** flat **2.** _(Wasser, Teller)_ shallow

Fläche ['flɛçə] _(pl_ **-n)** _die_ **1.** _(Oberfläche)_ surface **2.** _(Gebiet)_ area

Flagge ['flagə] _(pl_ **-n)** _die_ flag

flambiert [flam'bi:ɐt] _adj_ flambé

Flamme ['flamə] _(pl_ **-n)** _die (von Feuer)_ flame

Flanell [fla'nɛl] _das_ flannel

Flasche ['flaʃə] _(pl_ **-n)** _die_ bottle

Flaschenbier ['flaʃnbi:ɐ] _das_ bottled beer

Flaschenöffner ['flaʃnœfnɐ] _(pl inv)_ _der_ bottle opener

Flaschenpfand ['flaʃnpfant] _das_ deposit _(on a bottle)_

Flaschenweine ['flaʃnvainə] _pl_ bottled wines

Flaute ['flautə] _(pl_ **-n)** _die (Windstille)_ calm

flechten ['flɛçtn] _(präs_ **flicht,** _prät_ **flocht,** _pp_ **geflochten)** _vt_ **1.** _(Haar)_ to plait _(UK)_, to braid _(US)_ **2.** _(Korb)_ to weave

Fleck [flɛk] _(pl_ **-e)** _der_ spot ● **blauer Fleck** bruise

Fleckentferner ['flɛkɛntfɛrnɐ] _(pl inv)_ _der_ stain remover

Fledermaus ['fle:dɐmaus] _(pl_ **-mäuse)** _die_ bat

Fleisch [flaiʃ] _das_ **1.** _(Muskel)_ flesh **2.** _(Nahrung)_ meat

Fleischbrühe ['flaiʃbry:ə] _(pl_ **-n)** _die_ bouillon

Fleischer ['flaiʃɐ] _(pl inv)_ _der_ butcher

Fleischerei [flaiʃə'rai] _(pl_ **-en)** _die_ butcher's _(shop)_

Fleischsalat ['flaiʃzala:t] _der_ salad made from strips of meat and vegetables with mayonnaise

Fleisch- und Wurstwaren ['flaiʃ ʊnt 'vʊrstva:rən] _pl_ meat and sausages

Fleischvergiftung ['flaiʃfɛɐgɪftʊŋ] _(pl_ **-en)** _die_ food poisoning from meat

fleißig ['flaisɪç] ◇ _adj_ hard-working ◇ _adv (arbeiten)_ hard

flicht [flɪçt] _präs_ > **flechten**

flicken ['flɪkn] _vt_ **1.** _(Kleidung)_ to mend **2.** _(Reifen)_ to patch

Flickzeug ['flɪktsɔyk] _das_ **1.** _(für Reifen)_ puncture repair kit **2.** _(für Kleidung)_ sewing kit

Fliege ['fli:gə] _(pl_ **-n)** _die_ **1.** _(Insekt)_ fly **2.** _(Schleife)_ bow tie

fliegen ['fli:gn] _(prät_ **flog,** _pp_ **geflogen)** _vt & vi (ist)_ to fly ● **nach Paris fliegen** to fly to Paris ● **über Paris fliegen** to fly via Paris

fliehen ['fli:ən] _(prät_ **floh,** _pp_ **geflohen)** _vi (ist)_ to flee

Fliese ['fli:zə] _(pl_ **-n)** _die_ tile

fließen ['fli:sn] _(prät_ **floss,** _pp_ **geflossen)** _vi (ist)_ to flow

fließend ['fli:snt] ◇ _adj (Verkehr)_ moving ◇ _adv_ ● **fließend Englisch sprechen** to speak fluent English ● **fließendes Wasser** running water

Flipper ['flɪpɐ] _(pl inv)_ _der_ pinball machine

fl

flippern ['flɪpɐn] *vi* to play pinball

Flirt [flœrt] (*pl* **-s**) *der* flirtation

flirten ['flœrtn̩] *vi* to flirt

Flitterwochen ['flɪtɐvɔxn̩] *pl* honeymoon *sg*

flocht [flɔxt] *prät* ➤ flechten

flog [floːk] *prät* ➤ fliegen

floh [floː] *prät* ➤ fliehen

Floh [floː] (*pl* **Flöhe**) *der* flea

Flohmarkt ['floːmarkt] (*pl* **-märkte**) *der* flea market

floss [flɔs] *prät* ➤ fließen

Floß [floːs] (*pl* **Flöße**) *das* raft

Flosse ['flɔsə] (*pl* **-n**) *die* **1.** (*Schwimmflosse*) flipper (*UK*), fin (*US*) **2.** (*von Tieren*) fin

Flöte ['fløːtə] (*pl* **-n**) *die* **1.** (*Blockflöte*) recorder **2.** (*Querflöte*) flute

fluchen ['fluːxn̩] *vi* to swear

Flucht [flʊxt] *die* flight

flüchten ['flʏçtn̩] *vi* (*ist*) to flee

Flüchtling ['flʏçtlɪŋ] (*pl* **-e**) *der* refugee

Flug [fluːk] (*pl* **Flüge**) *der* (*Flugreise*) flight ● **ein Flug nach Berlin** a flight to Berlin ● **ein Flug über London** a flight via London ● **guten Flug!** have a good flight! ▼ **zu den Flügen** ≃ "passengers only beyond this point"

Flugblatt ['fluːkblat] (*pl* **-blätter**) *das* leaflet

Flügel ['flyːgl̩] (*pl* *inv*) *der* **1.** wing **2.** (*Instrument*) grand piano

Fluggast ['fluːkgast] (*pl* **-gäste**) *der* passenger (*on plane*)

Fluggepäck ['fluːkgəpɛk] *das* luggage

Fluggesellschaft ['fluːkgəzɛlʃaft] (*pl* **-en**) *die* airline

Flughafen ['fluːkhaːfn̩] (*pl* **-häfen**) *der* airport

Fluginformation ['fluːklɪnfɔrmatsjoːn] (*pl* **-en**) *die* flight information

Flugnummer ['fluːknʊmɐ] (*pl* **-n**) *die* flight number

Flugplan ['fluːkplaːn] (*pl* **-pläne**) *der* flight schedule

Flugplatz ['fluːkplats] (*pl* **-plätze**) *der* airfield

Flugschein ['fluːkʃain] (*pl* **-e**) *der* (*Ticket*) plane ticket

Flugscheinkontrolle ['fluːkʃainkɔntrɔlə] (*pl* **-n**) *die* ticket control

Flugsteig ['fluːkʃtaik] (*pl* **-e**) *der* gate

Flugstrecke ['fluːkʃtrɛkə] (*pl* **-n**) *die* flight distance

Flugticket ['fluːktɪkət] (*pl* **-s**) *das* plane ticket

Flugverbindung ['fluːkfɛrbɪndʊŋ] (*pl* **-en**) *die* (flight) connection

Flugverkehr ['fluːkfɛɐkeːɐ] *der* air traffic

Flugzeug ['fluːktsɔyk] (*pl* **-e**) *das* (aero)plane, airplane (*US*) ● **mit dem Flugzeug fliegen** to go by air, to fly

Flur [fluːɐ] (*pl* **-e**) *der* (*Diele*) hall

Fluss [flʊs] (*pl* **Flüsse**) *der* (*Wasserlauf*) river

flüssig ['flʏsɪç] ◇ *adj* (*Material*) liquid ◇ *adv* (*sprechen*) fluently

Flüssigkeit ['flʏsɪçkait] (*pl* **-en**) *die* liquid

flüstern ['flʏstɐn] *vi* & *vt* to whisper

Flut [fluːt] (*pl* **-en**) *die* **1.** (*von Gezeiten*) tide **2.** (*von Beschwerden, Anträgen*) flood ●

Fluten *pl* (*Wassermassen*) floods

Flutlicht ['fluːtlɪçt] *das* floodlight

focht [fɔxt] *prät* ➤ fechten

Fohlen ['foːlən] (*pl* *inv*) *das* foal

Föhn [føːn] *der* **1.** (*Haartrockner*) hairdryer **2.** (*Wind*) hot, dry wind typical of the Alps

föhnen ['føːnən] *vt* to blow-dry ● **sich**

(D) **die Haare föhnen** to dry one's hair

Folge ['fɔlgə] *(pl -n)* die **1.** *(Konsequenz)* result, consequence **2.** *(von Fernsehserie)* episode ● **etw zur Folge haben** to result in sthg

folgen ['fɔlgn] *vi (ist)* *(+D)* to follow ● **folgen auf** *(+A)* to follow ● **folgen aus** to follow from ● **bitte folgen!** please follow me!

folgend ['fɔlgnt] *adj* **1.** following **2.** *(Konsequenz)* resulting ● **folgende Punkte** the following points

folgendermaßen ['fɔlgndəmaːsn] *adv* as follows

Folie ['foːliə] *(pl -n)* die **1.** *(aus Metall)* foil **2.** *(aus Kunststoff)* film

Folklore [fɔl'kloːrə] die folklore

folkloristisch [fɔlklo'rɪstɪʃ] *adj* folkloric

Fondue [fɔ̃'dyː] *(pl -s)* die & das fondue

fordern ['fɔrdern] *vt* **1.** *(verlangen)* to demand **2.** *(Preis)* to ask **3.** *(beanspruchen)* to make demands on

fördern ['fœrdern] *vt* **1.** *(finanziell)* to support **2.** *(mit Engagement)* to promote

Forderung ['fɔrderʊŋ] *(pl -en)* die **1.** *(Verlangen)* demand **2.** *(finanzieller Anspruch)* claim

Forelle [fo'rɛlə] *(pl -n)* die trout ● **Forelle blau** poached trout

Form [fɔrm] *(pl -en)* die **1.** *(räumlich)* shape, form **2.** *(für Kuchen)* baking tin ● **in Form sein** to be in good form ● **in Form von** in the form of

Formalität [fɔrmaliˈtɛːt] *(pl -en)* die *(Regel)* formality

Format [fɔr'maːt] *(pl -e)* das *(Größe)* format

Formblatt ['fɔrmblat] *(pl -blätter)* das form

formen ['fɔrmən] *vt (Ton, Teig)* to shape

formlos ['fɔrmloːs] *adj* shapeless

Formular [fɔrmu'laːɐ] *(pl -e)* das form ● **ein Formular ausfüllen** to fill in a form

formulieren [fɔrmu'liːrən] *vt* to word

Forschung ['fɔrʃʊŋ] *(pl -en)* die research

Forst [fɔrst] *(pl -e)* der forest

fort [fɔrt] *adv* away ● **fort sein** to be gone

fortbewegen ['fɔrtbəveːgn] *vt* to move away ● **sich fortbewegen** *ref* to move

fortfahren ['fɔrtfaːrən] ◇ *vi (unreg) (ist)* **1.** *(mit Auto, Zug)* to leave **2.** *(weitermachen)* to continue ◇ *vt (unreg) (hat) (Auto, Bus)* to drive away

fortgehen ['fɔrtgeːən] *vi (unreg) (ist) (weggehen)* to leave

Fortgeschrittene ['fɔrtgəʃrɪtənə] *(pl -n)* der, die advanced student

Fortschritt ['fɔrtʃrɪt] *(pl -e)* der progress ● **Fortschritte machen** to make progress

fortsetzen ['fɔrtzɛtsn] *vt* to continue

Fortsetzung ['fɔrtzɛtsʊŋ] *(pl -en)* die **1.** *(von Streik, Verhandlungen)* continuation **2.** *(von Serie)* episode

Foto ['foːto] *(pl -s)* das photo

Fotoapparat ['foːtoʔapaːraːt] *(pl -e)* der camera

Fotogeschäft ['foːtogəʃɛft] *(pl -e)* das camera shop

Fotograf, in [foto'graːf] *(mpl -e)* der, die photographer

Fotografie [fotografiː] *(pl -n)* die *(Bild)* photograph

fotografieren [fotografiːrən] ◇ *vt* to photograph ◇ *vi* to take photographs

Fotokopie [fotoko'piː] *(pl -n)* die photocopy

fotokopieren [fotoko'pi:rən] *vt & vi* to photocopy

Foyer [foa'je:] *(pl -s) das* foyer

Fr. *(abk für Frau)* Mrs

Fracht [fraxt] *(pl -en) die* **1.** *(mit Zug)* freight **2.** *(mit Schiff)* cargo

Frachter ['fraxtɐ] *(pl inv) der* freighter

Frack [frak] *(pl* **Fräcke**) *der* tails *pl*

Frackzwang ['fraktsvaŋ] *der* ● es besteht Frackzwang please wear tails

Frage ['fra:gə] *(pl -n) die* **1.** *(Fragesatz)* question **2.** *(Problem)* issue ● eine Frage haben to have a question ● eine Frage (an jn) stellen to ask (sb) a question ● die Frage nach the question of ● noch Fragen? any more questions? ● etw in Frage stellen to call sthg into question ● nicht in Frage kommen to be out of the question

Fragebogen ['fra:gəbo:gn] *(pl -bögen) der* questionnaire

fragen ['fra:gn] *vt & vi* to ask ● fragen nach ◇ to ask about ◆ sich fragen ◇ *ref* to wonder ◇ *vimp* ● es fragt sich, ob ... it is debatable whether ...

Fragezeichen ['fra:gətsaiçn] *(pl inv) das* question mark

Fraktion [frak'tsio:n] *(pl -en) die* POL (parliamentary) party

Frankenwein ['fraŋkvain] *(pl -e) der* white wine from northern Bavaria

frankieren [fraŋ'ki:rən] *vt* to stamp

Frankreich ['fraŋkraiç] *nt* France

Franzose [fran'tso:zə] *(pl -n) der* Frenchman

Französin [fran'tsø:zɪn] *(pl -nen) die* Frenchwoman

französisch [fran'tsø:zɪʃ] *adj* French

Französisch(e) [fran'tsø:zɪʃ(ə)] *das* French

fraß [fra:s] *prät* ➤ fressen

Frau [frau] *(pl -en) die* **1.** *(Erwachsene)* woman **2.** *(Ehefrau)* wife **3.** *(als Anrede)* Mrs *(verheiratet)*, Ms *(neutral)*

Frauenarzt, ärztin ['frauənaːɐtst] *(mpl -ärzte) der, die* gynaecologist

Frauenberatungsstelle ['frauənbəra:tʊŋstelə] *(pl -n) die* women's advice centre

Frauenbewegung ['frauənbəve:gʊŋ] *die* women's movement

Frauenbuchladen ['frauənbu:xla:dn] *(pl -läden) der* feminist bookshop

Frauencafé ['frauənkafe:] *(pl -s) das* café for women only

frauenfeindlich ['frauənfaintlɪç] *adj* misogynistic

Frauenhaus ['frauənhaus] *(pl -häuser) das* women's refuge

Frauenlokal ['frauənloka:l] *(pl -e) das* bar for women only

Fräulein ['frɔylain] *das (Anrede)* Miss

frech [frɛç] ◇ *adj* cheeky ◆ *adv* cheekily

Frechheit ['frɛçhait] *(pl -en) die (Bemerkung, Handlung)* cheeky thing

Freeclimbing ['fri:klaimbiŋ] *das* free climbing

frei [frai] ◇ *adj* **1.** free **2.** *(Mitarbeiter)* freelance **3.** *(nackt)* bare ◆ *adv* **1.** freely **2.** *(gratis)* for free ● frei von free of ● drei Wochen frei haben to have three weeks off ● etw frei Haus liefern to deliver sthg free ● machen Sie sich bitte frei please take your clothes off ● im Freien in the open air

Freibad ['fraiba:t] *(pl -bäder) das* open-air swimming pool

freiberuflich ['fraibəru:flɪç] *adj* self-employed

Freibier ['fraibi:ɐ] *das* free beer

freigegeben ['fraigəgeːbn] *adv* ▼ **freigegeben ab 18 Jahren** *indicates that a film can only be watched by people over eighteen*

Freiheit ['fraihait] (*pl* -en) *die* 1. (*Unabhängigkeit*) freedom 2. (*Vorrecht*) liberty

Freikarte ['fraikartə] (*pl* -n) *die* free ticket

freilassen ['frailasn] *vt* (*unreg*) to set free

freilich ['frailɪç] *adv* 1. (*allerdings*) admittedly 2. (*Süddt*) (*sicher*) of course

Freilichtbühne ['frailiçtbyːnə] (*pl* -n) *die* open-air theatre

freimachen ['fraimaxn] ◇ *vi* (*fam*) (*Urlaub nehmen*) to take time off ◇ *vt* (*Brief*) to stamp ◆ **sich freimachen** *ref* 1. (*Urlaub nehmen*) to take time off 2. (*sich ausziehen*) to take one's clothes off

Freistoß ['fraiʃtoːs] (*pl* -stöße) *der* free kick

Freitag ['fraitaːk] (*pl* -e) *der* Friday ➤ Samstag

freitags ['fraitaːks] *adv* on Fridays

freiwillig ['fraivɪlɪç] ◇ *adj* voluntary ◇ *adv* of one's own free will

Freizeichen ['fraitsaiçn] (*pl inv*) *das* ringing tone

Freizeit ['fraitsait] *die* free time

Freizeitbad ['fraitsaitbaːt] (*pl* -bäder) *das* leisure pool

Freizeitkleidung ['fraitsaitklaidʊŋ] *die* casual clothes *pl*

Freizeitpark ['fraitsaitpark] (*pl* -s) *der* park (*with recreational facilities*)

fremd [fremt] *adj* 1. (*ausländisch*) foreign 2. (*unbekannt*) strange ● **fremde Angelegenheiten** other people's business ● **ich bin hier fremd** I'm a stranger here

Fremde ['fremdə] (*pl* -n) *der, die* (*Unbekannter*) stranger

Fremdenführer, in ['fremdnfyːrɐ] (*mpl inv*) *der, die* tourist guide

Fremdenverkehrsamt ['fremdnfɛɐkeːɐslamt] (*pl* -ämter) *das* tourist board

Fremdenverkehrsbüro ['fremdnfɛɐkeːɐsbyroː] (*pl* -s) *das* tourist information centre

Fremdenzimmer ['fremdntsimɐ] (*pl inv*) *das* (guest) room

Fremdkörper ['fremtkœrpɐ] (*pl inv*) *der* foreign body

Fremdsprache ['fremtʃraːxə] (*pl* -n) *die* foreign language

Fremdsprachenkenntnisse ['fremtʃpraːxnkɛntnɪsə] *pl* knowledge of foreign languages

Fremdwort ['fremtvɔrt] (*pl* -e) *das* foreign word

Frequenz [fre'kvɛnts] (*pl* -en) *die* (*von Radiosender*) frequency

fressen ['fresn] (*präs* **frisst**, *prät* **fraß**, *pp* **gefressen**) ◇ *vt* 1. (*Futter*) to eat 2. (*Benzin, Strom*) to eat up ◇ *vi* 1. (*Tier*) to feed 2. (*abw*) (*Mensch*) to stuff o.s.

Freude ['frɔydə] (*pl* -n) *die* pleasure, joy ● **jm eine Freude machen** to make sb happy ◆ **Freuden** *pl* pleasures

freuen ['frɔyən] *vt* to please ● **freut mich sehr!** pleased to meet you! ◆ **sich freuen** *ref* to be pleased ● **sich freuen auf** (*+A*) to look forward to ● **sich freuen über** (*+A*) to be pleased about

Freund, in [frɔynt] (*mpl* -e) *der, die* 1. friend 2. (*Geliebter*) boyfriend (*f* girlfriend) ● **Freunde und Bekannte** friends and acquaintances

freundlich ['frɔyntlɪç] ◇ *adj* 1. (*Person*)

friendly **2.** *(Umgebung, Wetter)* nice ◇ *adv (grüßen)* in a friendly way

Freundschaft ['frɔyntʃaft] *(pl* **-en)** *die (vertraute Beziehung)* friendship

Frieden ['friːdn] *der* peace

Friedhof ['friːthoːf] *(pl* **-höfe)** *der* cemetery

frieren ['friːrən] *(prät* **fror**, *pp* **gefroren)** ◇ *vi (hat) (ist)* **1.** *(Person)* to be cold **2.** *(Wasser)* to freeze ◇ *vimp (hat)* ● **es friert** it's freezing

Frikadelle [frika'dɛlə] *(pl* **-n)** *die* rissole

frisch [frɪʃ] ◇ *adj* **1.** fresh **2.** *(Temperatur)* cool ◇ *adv (Farbe)* wet ◇ *adv* freshly ● **sich frisch machen** to freshen up ▼ Vorsicht, frisch gestrichen! wet paint

Frischfleisch ['frɪʃflaɪʃ] *das* fresh meat

Frischhaltebeutel ['frɪʃhaltəbɔytl] *(pl inv)* *der* airtight bag

Frischhaltefolie ['frɪʃhaltəfoːliə] *(pl* **-n)** *die* clingfilm *(UK)*, Saranwrap ® *(US)*

Frischkäse ['frɪʃkɛːzə] *(pl inv)* *der* soft cream cheese

Friseur [fri'zøːɐ] *(pl* **-e)** *der* hairdresser

Friseuse [fri'zøːzə] *(pl* **-n)** *die* hairdresser

Frisiercreme [fri'ziːɐkreːm] *(pl* **-s)** *die* styling cream

frisieren [fri'ziːrən] *vt* ● **jn frisieren** to do sb's hair ● **sich frisieren** *ref* to do one's hair

frisst [frɪst] *präs* ➤ **fressen**

Frist [frɪst] *(pl* **-en)** *die* period ● **eine Frist einhalten** to stick to a deadline

fristgerecht ['frɪstɡərɛçt] *adj* within the time allowed

Frisur [fri'zuːɐ] *(pl* **-en)** *die* hairstyle

frittieren [fri'tiːrən] *vt* to deep-fry

Frl. *(abk für* **Fräulein)** Miss

froh [froː] *adj* happy ● **froh sein über (+A)** to be pleased about

fröhlich ['frøːlɪç] ◇ *adj* cheerful ◇ *adv* cheerfully

Fronleichnam [froːn'laiçnaːm] *nt* Corpus Christi *(Catholic festival)*

fror [froːɐ] *prät* ➤ **frieren**

Frost [frɔst] *(pl* **Fröste)** *der* frost

Frostgefahr ['frɔstɡəfaːɐ] *die* ● **es besteht Frostgefahr** there's a danger of frost

Frostschutzmittel ['frɔstʃʊtsmɪtl] *(pl inv)* *das* antifreeze

Frottee [frɔ'teː] *(pl* **-s)** *der & das* towelling

Frucht [frʊxt] *(pl* **Früchte)** *die* fruit

Fruchteis ['frʊxtlais] *das* fruit-flavoured ice-cream

Früchtetee ['fryçtəteː] *(pl* **-s)** *der* fruit tea

fruchtig ['frʊxtɪç] *adj* fruity

Fruchtsaft ['frʊxtzaft] *(pl* **-säfte)** *der* fruit juice

Fruchtsaftkonzentrat ['frʊxtzaftkɔntsɛntraːt] *(pl* **-e)** *das* squash *(UK)*, juice concentrate *(US)*

Fruchtsalat ['frʊxtzalaːt] *(pl* **-e)** *der* fruit salad

früh [fryː] *adj & adv* early ● **früh am Abend** early in the evening ● **gestern/heute/morgen früh** yesterday/this/tomorrow morning

früher ['fryːɐ] ◇ *adj (ehemalig)* former ◇ *adv* formerly

frühestens ['fryːɛstəns] *adv* at the earliest

Frühjahr ['fryːjaːɐ] *(pl* **-e)** *das* spring

Frühling ['fryːlɪŋ] *(pl* **-e)** *der* spring ● **im Frühling** in spring

Frühlingsrolle ['fry:lɪŋsrɔlə] (*pl* **-n**) *die* spring roll

Frühschicht ['fry:ʃɪçt] (*pl* **-en**) *die* early shift

Frühstück ['fry:ʃtyk] (*pl* **-e**) *das* breakfast • **zum Frühstück** for breakfast

frühstücken ['fry:ʃtykŋ] *vi* to have breakfast

Frühstücksbüfett ['fry:ʃtyksby:'fe:] (*pl* **-s**) *das* breakfast bar

Frühstücksraum ['fry:ʃtyksraum] (*pl* **-räume**) *der* breakfast room

Fuchs [foks] (*pl* **Füchse**) *der* fox

fühlen ['fy:lən] *vt & vi* to feel ♦ **nach etw fühlen** to feel for sthg ♦ **sich fühlen** *ref* to feel

fuhr [fu:ɐ̯] *prät* → **fahren**

führen ['fy:rn] ◇ *vt* **1.** (*Person, Leben*) to lead **2.** (*Touristen*) to show round **3.** (*Geschäft*) to run **4.** (*Buch, Konto*) to keep **5.** (*Ware*) to stock **6.** (*Gespräch*) to hold ◇ *vi* to lead • **England führt mit 1:0** England are one-nil ahead • **führen zu** (*an ein Ziel*) to lead to

Führer ['fy:rɐ] (*pl inv*) *der* (*Person, Buch*) guide

Führerin ['fy:rərɪn] (*pl* **-nen**) *die* guide

Führerschein ['fy:rəʃain] (*pl* **-e**) *der* driving licence (*UK*), driver's license (*US*)

Führung ['fy:rʊŋ] (*pl* **-en**) *die* (*Besichtigung*) (guided) tour • **nächste Führung: 12.30 Uhr** the next tour is at 12.30 • **in Führung liegen** to be in the lead

füllen ['fylən] *vt* **1.** (*Gefäß*) to fill **2.** (*Teig, Fleisch*) to stuff **3.** (*Flüssigkeit*) to put

Füller ['fylɐ] (*pl inv*) *der* fountain pen

Füllung ['fylʊŋ] (*pl* **-en**) *die* filling

Fund [font] (*pl* **-e**) *der* **1.** (*Vorgang*) discovery **2.** (*Gegenstand*) find

Fundbüro ['fontbyro:] (*pl* **-s**) *das* lost property office (*UK*), lost-and-found office (*US*)

Fundsachen ['fontzaxn̩] *pl* lost property *sg*

fünf [fynf] *numr* five → **sechs**

fünfhundert ['fynfhondɐt] *numr* five hundred

fünfmal ['fynfma:l] *adv* five times

fünfte ['fynftə] *adj* fifth → **sechste**

Fünftel ['fynftl̩] (*pl inv*) *das* fifth

fünfzehn ['fynftse:n] *numr* fifteen → **sechs**

fünfzig ['fynftsɪç] *numr* fifty → **sechs**

Funk [foŋk] *der* radio

funken ['foŋkn̩] *vt* to radio

Funkgerät ['foŋkgəre:t] (*pl* **-e**) *das* radio set

Funktelefon ['foŋktelefo:n] (*pl* **-e**) *das* **1.** (*Handy*) mobile phone **2.** (*kabelloses Telefon*) cordless phone

Funktion [foŋk'tsio:n] (*pl* **-en**) *die* **1.** function **2.** (*Funktionieren*) functioning

funktionieren [foŋktsio'ni:rən] *vi* to work

für [fy:ɐ̯] *präp* (*+A*) for • **Wort für Wort** word by word • **Tag für Tag** day after day • **was für ein Auto hast du?** what kind of car do you have? • **jn für dumm halten** to think sb is stupid

Furcht [forçt] *die* fear

furchtbar ['forçtba:ɐ̯] ◇ *adj* terrible ◇ *adv* terribly

fürchten ['fyrçtn̩] *vt* to fear ♦ **sich fürchten** *ref* to be afraid • **sich fürchten vor** (*+D*) to be afraid of

fürchterlich ['fyrçtɐlɪç] ◇ *adj* terrible ◇ *adv* terribly

füreinander [fyːɐlaiˈnandɐ] *adv* for each other

fürs [fyːɐs] *präp & det* = für das

Fuß [ˈfuːs] (*pl* **Füße**) *der* 1. foot 2. *(von Möbel)* leg 3. *(von Lampe)* base • **zu Fuß** on foot

Fußball [ˈfuːsbal] (*pl* **-bälle**) *der* 1. *(Ball)* football (*UK*), soccer ball (*US*) 2. *(Sport)* football (*UK*), soccer (*US*)

Fußballmannschaft [ˈfuːsbalmanʃaft] (*pl* **-en**) *die* football team (*UK*), soccer team (*US*)

Fußballplatz [ˈfuːsbalplats] (*pl* **-plätze**) *der* football pitch (*UK*), soccer pitch (*US*)

Fußballspiel [ˈfuːsbalʃpiːl] (*pl* **-e**) *das* football match (*UK*), soccer match (*US*)

Fußballspieler, in [ˈfuːsbalʃpiːlɐ] (*mpl inv*) *der, die* footballer (*UK*), soccer player (*US*)

Fußbank [ˈfuːsbaŋk] (*pl* **-bänke**) *die* footstool

Fußboden [ˈfuːsboːdn̩] (*pl* **-böden**) *der* floor

Fußbremse [ˈfuːsbremzə] (*pl* **-n**) *die* footbrake

Fußgänger, in [ˈfuːsgɛŋɐ] (*mpl inv*) *der, die* pedestrian

Fußgängerbrücke [ˈfuːsgɛŋɐbrykə] (*pl* **-n**) *die* footbridge

Fußgängertunnel [ˈfuːsgɛŋɐtʊnl̩] (*pl* *inv*) *der* subway, underpass

Fußgängerüberweg [ˈfuːsgɛŋɐlyːbveːk] (*pl* **-e**) *der* pedestrian crossing

Fußgängerzone [ˈfuːsgɛŋɐtsoːnə] (*pl* **-n**) *die* pedestrian precinct

Fußgelenk [ˈfuːsgəlɛŋk] (*pl* **-e**) *das* ankle

Fußnagel [ˈfuːsnaːgl̩] (*pl* **-nägel**) *der* toenail

Fußweg [ˈfuːsveːk] (*pl* **-e**) *der* footpath

Futter [ˈfʊtɐ] *das* 1. *(für Tiere)* food 2. *(von Mantel, Tasche)* lining

füttern [ˈfʏtn̩] *vt* to feed ▾ **bitte nicht füttern!** please do not feed the animals

Futur [fuˈtuːɐ] (*pl* **-e**) *das* future (tense)

g G

gab [gaːp] *prät* ➤ geben

Gabel [ˈgaːbl̩] (*pl* **-n**) *die* (*Besteck*) fork

gabeln [ˈgaːbl̩n] ◆ **sich gabeln** *ref* to fork

Gabelung [ˈgaːbəlʊŋ] (*pl* **-en**) *die* fork

Gag [gɛ(ː)k] (*pl* **-s**) *der* gag

gähnen [ˈgɛːnən] *vi* to yawn

Gala [ˈgaːla] (*pl* **-s**) *die* 1. *(Veranstaltung)* gala 2. *(Kleidung)* formal dress

Galerie [galəˈriː] (*pl* **-n**) *die* gallery

Galle [ˈgalə] (*pl* **-n**) *die* bile

galoppieren [galɔˈpiːrən] *vi* (*ist*) to gallop

Galopprennen [gaˈlɔprɛnən] (*pl inv*) *das* horse racing

galt [galt] *prät* ➤ gelten

gammeln [ˈgaml̩n] *vi* (*fam*) (*Person*) to loaf around

Gang [gaŋ] (*pl* **Gänge**) *der* 1. *(Flur)* corridor 2. *(in Flugzeug)* aisle 3. *(von Menü)* course 4. *(von Fahrzeug)* gear 5. *(Gangart)* gait 6. *(Spaziergang)* walk • **etw in Gang setzen** to get sthg going • **im ersten Gang** in first gear

Gangschaltung [ˈgaŋʃaltʊŋ] (*pl* **-en**) *die* gears *pl*

Gangway ['gɛŋweː] (*pl* **-s**) *die* 1. (*von Schiff*) gangway 2. (*von Flugzeug*) steps *pl*

Gans [gans] (*pl* **Gänse**) *die* goose

Gänsehaut ['gɛnzəhaut] *die* goose-pimples *pl*

Gänseleberpastete ['gɛnzələːbəpasteːtə] (*pl* **-n**) *die* foie gras pâté made from goose liver

ganz [gants] ◇ *adj* 1. (*komplett, heil*) whole 2. (*alle*) all ◇ *adv* 1. (*sehr*) really 2. (*völlig*) completely 3. (*ziemlich*) quite ● **der ganze Kaffee** all the coffee ● **ganz Paris** the whole of Paris ● **ganz bleiben** to stay in one piece ● **ganz bestimmt** quite certainly ● **ganz und gar** completely ● **ganz und gar nicht** not at all ● **ganz gut** quite well/good

ganztägig ['gantstɛːgɪç] ◇ *adj* (*Beschäftigung*) full-time ◇ *adv* all day

ganztags ['gantstaːks] *adv* all day

gar [gaːr] ◇ *adj* (*Speise*) done ◇ *adv* ● **es war gar keiner da** there was no one there at all ● **gar nicht** not at all ● **gar nichts** nothing at all ● **auf gar keinen Fall** under no circumstances

Garage [gaˈraːʒə] (*pl* **-n**) *die* garage

Garagenanlage [gaˈraːʒnanlaːgə] (*pl* **-n**) *die* row of garages

Garantie [garanˈtiː] (*pl* **-n**) *die* guarantee

garantieren [garanˈtiːrən] ◇ *vt* to guarantee ◇ *vi* ● **garantieren für** to guarantee

garantiert [garanˈtiːrt] *adv* ● **er hat es garantiert vergessen** he's bound to have forgotten it

Garderobe [gardəˈroːbə] (*pl* **-n**) *die* 1. (*Kleidung*) coat, scarf, hat, etc 2. (*Raum*) cloakroom

Gardine [garˈdiːnə] (*pl* **-n**) *die* curtain

Garn [garn] (*pl* **-e**) *das* thread

Garten ['gartn] (*pl* **Gärten**) *der* garden

Gartenlokal ['gartnlokaːl] (*pl* **-e**) *das* beer garden

Gartenstuhl ['gartnʃtuːl] (*pl* **-stühle**) *der* garden chair

Gärtner, in ['gɛrtnə] (*mpl inv*) *der, die* gardener

Gärtnerei ['gɛrtnərai] (*pl* **-en**) *die* nursery

Garzeit ['gartsait] (*pl* **-en**) *die* cooking time

Gas [gaːs] (*pl* **-e**) *das* 1. gas 2. (*Gaspedal*) accelerator ● **Gas geben** to accelerate

Gasflasche ['gaːsflaʃə] (*pl* **-n**) *die* gas cylinder

Gasheizung ['gaːshaitsʊŋ] (*pl* **-en**) *die* gas heating

Gaskocher ['gaːskɔxɐ] (*pl inv*) *der* camping stove

Gaspedal ['gaːspedaːl] (*pl* **-e**) *das* accelerator

Gaspistole ['gaːspɪstoːlə] (*pl* **-n**) *die* pistol that fires gas cartridges

Gasse [gasə] (*pl* **-n**) *die* (*Straße*) lane

Gast [gast] (*pl* **Gäste**) *der* guest ● **zu Gast sein bei jm** to be sb's guest

Gastarbeiter, in ['gastlarbaitɐ] (*mpl inv*) *der, die* foreign worker

Gästebett ['gɛstəbɛt] (*pl* **-en**) *das* spare bed

Gästebuch ['gɛstəbuːx] (*pl* **-bücher**) *das* visitor's book

Gästehaus ['gɛstəhaus] (*pl* **-häuser**) *das* guest house

Gästezimmer ['gɛstətsɪmɐ] (*pl inv*) *das* guest room

gastfreundlich ['gastfrɔyntlɪç] *adj* hospitable

Ga

Gastgeber, in ['gastge:bɐ] (mpl inv) der, die host

Gasthaus ['gasthaʊs] (pl **-häuser**) das inn

Gasthof ['gastho:f] (pl **-höfe**) der inn

Gastland ['gastlant] (pl **-länder**) das foreign country (where someone is staying)

Gastronomie [gastrono'mi:] die catering trades pl

Gaststätte ['gastʃtɛtə] (pl **-n**) die pub (also offering a full menu of local food)

Gaststube ['gastʃtu:bə] (pl **-n**) die restaurant (in a hotel or inn)

Gastwirt, in ['gastvɪrt] (mpl **-e**) der, die landlord (f landlady)

Gaze ['ɡa:zə] die gauze

geändert [ɡə'lɛndɐt] adj ● geänderte Abfahrtszeiten revised departure times ● geänderte Öffnungszeiten new opening hours ▼ Vorfahrt geändert sign indicating altered right of way

geb. abk = geboren

Gebäck [ɡə'bɛk] das pastries pl

gebacken [ɡə'bakn] adj baked

Gebärmutter [ɡə'bɛːɡmʊtɐ] die womb

Gebäude [ɡə'bɔydə] (pl inv) das building

gebeizt [ɡə'baitst] adj (Holz) stained

geben ['ge:bn] (präs gibt, prät gab, pp gegeben)

◇ vt **1.** (reichen, schenken) to give ● jm etw geben to give sb sthg, to give sthg to sb **2.** (bezahlen) to give ● er hat mir 20 Euro dafür gegeben he gave me 20 euros for it **3.** (sagen, erteilen) to give ● Unterricht geben to teach **4.** (in Reparatur) ● etw in Reparatur geben to have sthg repaired **5.** (am Telefon) ● jm in geben to put sb through to sb

◇ vimp ● es gibt there is/are ● hier gibt es viele Studenten there are a lot of

students here ● was gibt es? what's up? ● was gibt es im Fernsehen? what's on television?

◆ sich geben ref to act ● sich cool geben to act cool

gebeten [ɡə'be:tn] pp > bitten

Gebirge [ɡə'bɪrɡə] (pl inv) das mountains pl

gebirgig [ɡə'bɪrɡɪç] adj mountainous

Gebiss [ɡə'bɪs] (pl **-e**) das **1.** (Zähne) teeth pl **2.** (künstlich) dentures pl

gebissen [ɡə'bɪsn] pp > beißen

Gebissreiniger (pl inv) der denture tablets pl

Gebläse [ɡə'blɛːzə] (pl inv) das fan

geblasen [ɡə'bla:zn] pp > blasen

geblieben [ɡə'bli:bn] pp > bleiben

gebogen [ɡə'bo:gn] ◇ pp > biegen ◇ adj bent

gebohnert [ɡə'bo:nɐt] adj polished ▼ frisch gebohnert slippery floor

geboren [ɡə'bo:rən] adj ● geborene Maier née Maier

geborgen [ɡə'bɔrgn] pp > bergen

geboten [ɡə'bo:tn] pp > bieten

gebracht [ɡə'braxt] pp > bringen

gebrannt [ɡə'brant] pp > brennen

gebraten [ɡə'bra:tn] ◇ pp > braten ◇ adj **1.** (in der Pfanne) fried **2.** (im Backofen) roast

gebrauchen [ɡə'braʊxn] vt to use ● deine Hilfe könnte ich gut gebrauchen I could use your help

Gebrauchsanweisung [ɡə'braʊxsanvaizʊŋ] (pl **-en**) die instructions pl

gebrauchsfertig [ɡə'braʊxsfɛrtɪç] adj ready-to-use

Gebrauchsgegenstand [ɡə'braʊxsge:gnʃtant] (pl **-stände**) der utensil

gebraucht [gə'brauxt] *adj* used, second-hand

Gebrauchtwagen [gə'brauxtva:gn] (*pl inv*) *der* used car

gebrochen [gə'brɔxən] ◇ *pp* ➤ **brechen** ◇ *adj* broken ◇ *adv* • **gebrochen Englisch sprechen** to speak broken English

Gebühr [gə'by:ɐ] (*pl* **-en**) *die* **1.** (*für Telefon, Rundfunk*) charge **2.** (*für Arzt, Anwalt*) fee ▼ **Gebühr bezahlt Empfänger** postage to be paid by the addressee

Gebühreneinheit [gə'by:rənlainlaihait] (*pl* **-en**) *die* unit (*on phone*)

gebührenfrei [gə'by:rənfrai] *adj* free of charge

Gebührenordnung [gə'by:rənlɔrdnoŋ] (*pl* **-en**) *die* tariff

gebührenpflichtig [gə'by:rənpflɪçtɪç] *adj* subject to a charge

gebunden [gə'bondn] *pp* ➤ **binden**

Geburt [gə'bu:ɐt] (*pl* **-en**) *die* birth

Geburtsdatum [gə'bu:ɐtsda:tom] *das* date of birth

Geburtsjahr [gə'bu:ɐtsja:ɐ] *das* year of birth

Geburtsname [gə'bu:ɐtsna:mə] *der* maiden name

Geburtsort [gə'bu:ɐtslɔrt] *der* place of birth

Geburtstag [gə'bu:ɐtsta:k] (*pl* **-e**) *der* birthday • **alles Gute zum Geburtstag** happy birthday

Geburtstagsfeier [gə'bu:ɐtsta:ksfaiɐ] (*pl* **-n**) *die* birthday party

Geburtsurkunde [gə'bu:ɐtslu:ɐkondə] (*pl* **-n**) *die* birth certificate

gedacht [gə'daxt] *pp* ➤ **denken**

Gedächtnis [gə'dɛçtnɪs] (*pl* **-se**) *das* memory

Gedanke [gə'daŋkə] (*pl* **-n**) *der* thought

Gedeck [gə'dɛk] (*pl* **-e**) *das* place setting

Gedenkfeier [gə'dɛŋkfaiɐ] (*pl* **-n**) *die* memorial service

Gedenkstätte [gə'dɛŋkʃtɛtə] (*pl* **-n**) *die* memorial

Gedenktafel [gə'dɛŋkta:fl] (*pl* **-n**) *die* (memorial) plaque

Gedicht [gə'dɪçt] (*pl* **-e**) *das* poem

Geduld [gə'dolt] *die* patience • **bitte haben Sie etwas Geduld** (*am Telefon*) please hold the line

gedulden [gədoldn] • **sich gedulden** *ref* to wait (patiently) • **bitte gedulden Sie sich einen Augenblick** please wait a moment

geduldig [gə'doldɪç] ◇ *adj* patient ◇ *adv* patiently

gedünstet [gə'dynstət] *adj* steamed

gedurft [gə'dorft] *pp* ➤ **dürfen**

geehrt [gə'e:ɐt] *adj* • **Sehr geehrte Frau Müller** Dear Mrs Müller • **Sehr geehrter Herr Braun** Dear Mr Braun

geeignet [gə'laignət] *adj* suitable • **geeignet für** suitable for • **er ist zum Lehrer geeignet** he'd make a good teacher • **nicht geeignet** unsuitable

Gefahr [gə'fa:ɐ] (*pl* **-en**) *die* danger • **auf eigene Gefahr** at one's own risk ▼ **bei Gefahr Scheibe einschlagen** break the glass in case of emergency

gefahren [gə'fa:rən] *pp* ➤ **fahren**

Gefahrenfall [gə'fa:rənfal] *der* ▼ **nur im Gefahrenfall benutzen** for emergency use only

gefährlich [gə'fɛ:ɐlɪç] *adj* dangerous

Gefälle [gə'fɛlə] (*pl inv*) *das* incline

gefallen [gə'falən] *vi* • **es gefällt mir** I like it • **es gefällt ihm** he likes it • **sich**

(D) etw gefallen lassen to put up with sthg ● sich (D) nichts gefallen lassen not to put up with any nonsense

Gefallen [gəˈfalən] (pl inv) der favour ● jm einen Gefallen tun to do sb a favour ● jm um einen Gefallen bitten to ask sb a favour

gefälligst [ˈgəfɛlɪçst] adv ● komm gefälligst her! will you please come here!

gefangen [gəˈfaŋən] pp ➤ fangen

Gefängnis [gəˈfɛŋnɪs] (pl -se) das prison

Gefäß [gəˈfɛːs] (pl -e) das container, receptacle

geflochten [gəˈflɔxtn̩] pp ➤ flechten

geflogen [gəˈfloːɡn̩] pp ➤ fliegen

geflohen [gəˈfloːən] pp ➤ fliehen

geflossen [gəˈflɔsn̩] pp ➤ fließen

Geflügel [gəˈflyːɡl̩] das poultry

gefochten [gəˈfɔxtn̩] pp ➤ fechten

gefressen [gəˈfrɛsn̩] pp ➤ fressen

Gefrierbeutel [gəˈfriːɐ̯bɔɪtl̩] (pl inv) der freezer bag

gefrieren [gəˈfriːrən] (präs **gefriert**, prät **gefror**, pp **gefroren**) vi (hat) (ist) to freeze

Gefrierfach [gəˈfriːɐ̯fax] (pl -fächer) das freezer (compartment)

Gefriertruhe [gəˈfriːɐ̯truːə] (pl -n) die freezer

gefroren [gəˈfroːrən] ◇ pp ➤ frieren, gefrieren ◇ adj frozen

Gefühl [gəˈfyːl] (pl -e) das feeling

gefüllt [gəˈfylt] adj (Speisen) stuffed

gefunden [gəˈfʊndn̩] pp ➤ finden

gegangen [gəˈgaŋən] pp ➤ gehen

gegeben [gəˈgeːbn̩] pp ➤ geben

gegebenenfalls [gəˈgeːbənənfals] adv if necessary

gegen [ˈgeːgn̩] präp (+A) 1. against 2. (Angabe eines Vergleichs) in comparison to ● gegen fünf Uhr at about five o'clock ● gegen etw sein to be opposed to sthg ● Leipzig gegen Dresden Leipzig versus Dresden ● ein Mittel gegen Grippe a medicine for flu, a flu remedy ● etwas gegen jn haben to have something against sb ● gegen bar for cash

Gegend [ˈgeːɡnt] (pl -en) die area ● in der Gegend nearby ● in der Gegend von near

gegeneinander [ˈgeːɡnˌʔainandɐ] adv against each other

Gegenfahrbahn [ˈgeːɡnfaːɐ̯baːn] (pl -en) die opposite carriageway

Gegenlicht [ˈgeːɡnlɪçt] das ● bei Gegenlicht with the light in one's eyes

Gegenmittel [ˈgeːɡnmɪtl̩] (pl inv) das antidote

Gegenrichtung [ˈgeːɡnrɪçtʊŋ] die opposite direction

Gegensatz [ˈgeːɡnzats] (pl -sätze) der contrast ● im Gegensatz zu in contrast to

gegenseitig [ˈgeːɡnzaitɪç] ◇ adj mutual ◇ adv ● sich gegenseitig beeinflussen to influence each other

Gegensprechanlage [ˈgeːɡnʃprɛçanlaːgə] (pl -n) die intercom

Gegenstand [ˈgeːɡnʃtant] (pl -stände) der object

Gegenteil [ˈgeːɡntail] (pl -e) das opposite ● im Gegenteil on the contrary

gegenüber [geːɡnˈʔyːbɐ] präp (+D) 1. (räumlich) opposite 2. (Angabe eines Vergleichs) in comparison to 3. (Angabe einer Beziehung) ● jm gegenüber towards sb

Gegenverkehr [ˈgeːɡnfɛɐ̯keːɐ̯] der oncoming traffic

Gegenwart ['ge:gnvart] *die* **1.** *GRAMM* present (tense) **2.** *(Jetzt)* present ● **in Gegenwart von** in the presence of

Gegenwind ['ge:gnvɪnt] *der* headwind

gegessen [gə'gɛsn] *pp* ➤ **essen**

geglichen [gə'glɪçn] *pp* ➤ **gleichen**

geglitten [gə'glɪtn] *pp* ➤ **gleiten**

Gegner, in [gə'gnɐ] *(mpl inv) der, die* opponent

gegolten [gə'gɔltn] *pp* ➤ **gelten**

gegossen [gə'gɔsn] *pp* ➤ **gießen**

gegriffen [gə'grɪfn] *pp* ➤ **greifen**

gegrillt [gə'grɪlt] *adj* grilled

Gehackte [gə'haktə] *das* mince (UK), mincemeat (US)

Gehalt [gə'halt] *(pl* **Gehälter**) *das (von Angestellten)* salary

gehbehindert ['ge:bəhɪndɐt] *adj* disabled *(used of people who have difficulty walking)*

geheim [gə'haɪm] *adj* secret

Geheimnis [gə'haɪmnɪs] *(pl* **-se**) *das* secret

geheimnisvoll [gə'haɪmnɪsfɔl] *adj* mysterious

Geheimnummer [gə'haɪmnʊmɐ] *(pl* **-n**) *die* **1.** *(von Scheckkarte)* PIN (number) **2.** *(von Telefon)* ex-directory number (UK), unlisted number (US)

geheißen [gə'haɪsn] *pp* ➤ **heißen**

gehen [ge:ən] *(präs* **geht**, *prät* **ging**, *pp* **gegangen**)
◇ *vi (ist)* **1.** *(gen)* to go ● **einkaufen gehen** to go shopping ● **zu Fuß gehen** to walk **2.** *(weggehen, abfahren)* to go ● **mein Zug geht um acht Uhr** my train goes at eight o'clock **3.** *(funktionieren)* to work **4.** *(erlaubt sein)* to be allowed ● **das geht nicht** you can't do that **5.** *(möglich sein)* to be possible ● **heute geht es nicht** it's not

possible today **6.** *(reichen)* ● **gehen bis to** come up to, to go as far as **7.** *(passen)* ● **in/durch etw gehen** to go in/through sthg **8.** *(berühren)* ● **an etw** *(A)* **gehen** to touch sthg **9.** *(sich richten)* ● **es kann nicht immer nach dir gehen** you can't always have things your own way **10.** *(Belastung)* ● **das geht über unsere Mittel** that's beyond our means **11.** *(kündigen)* to leave **12.** *(Teig)* to rise **13.** *(Post)* to go

◇ *vimp* **1.** *(sich befinden)* ● **wie geht's?** how are you? ● **wie geht es Ihnen?** how are you? ● **es geht mir gut/schlecht** I'm well/ not very well ● **wie gefällt es dir?** - es **geht** how do you like it? - it's O.K. **2.** *(sich handeln um)* ● **es geht um deine Mutter** it's about your mother ● **es geht darum, als erster anzukommen** you have to try and arrive first ● **worum geht es in diesem Buch?** what's this book about?

Gehirn [gə'hɪrn] *(pl* **-e**) *das* brain

Gehirnerschütterung [gə'hɪrn-lɛɐʃʏtərʊŋ] *(pl* **-en**) *die* concussion

gehoben [gə'ho:bn] ◇ *pp* ➤ **heben** ◇ *adj (Position)* senior

geholfen [gə'hɔlfn] *pp* ➤ **helfen**

gehorchen [gə'hɔrçn] *vi* to obey ● **jm gehorchen** to obey sb

gehören [gə'hø:rən] *vi* ● **jm gehören** to belong to sb ● **gehören zu** *(als Teil)* to belong to ● **gehören in** *(+A) (an Platz)* to belong in ◆ **sich gehören** *ref* ● **das gehört sich nicht!** that's not the done thing!

Gehörlose [gə'hø:ɐlo:zə] *(pl* **-n**) *der, die* deaf person

gehorsam [gə'ho:ɐza:m] *adj* obedient

Gehweg [ge:ve:k] *(pl* **-e**) *der* pavement (UK), sidewalk (US)

Geige ['gaigə] (*pl* **-n**) *die* violin

Geisel ['gaizl] (*pl* **-n**) *die* hostage

Geist [gaist] (*pl* **-er**) *der* 1. (*Verstand*) mind 2. (*Gespenst*) ghost

Geisterbahn ['gaistəba:n] (*pl* **-en**) *die* ghost train

Geisterfahrer, in ['gaistəfa:rɐ] (*mpl inv*) *der, die* person who drives in the wrong direction on a motorway

geizig ['gaitsɪç] *adj* mean, miserly

gekannt [gə'kant] *pp* ➤ kennen

geklungen [gə'klʊŋən] *pp* ➤ klingen

gekniffen [gə'knɪfn] *pp* ➤ kneifen

gekocht [gə'kɔxt] *adj* cooked

gekommen [gə'kɔmən] *pp* ➤ kommen

gekonnt [gə'kɔnt] *pp* ➤ können

gekrochen [gə'krɔxn] *pp* ➤ kriechen

gekühlt [gə'ky:lt] *adj* (*Getränk*) chilled ▼ gekühlt mindestens haltbar bis ... if refrigerated best before...

Gel [ge:l] (*pl* **-s**) *das* gel

geladen [gə'la:dn] *pp* ➤ laden

gelähmt [gə'lɛ:mt] *adj* paralysed

Gelände [gə'lɛndə] (*pl inv*) *das* 1. (*Grundstück*) site 2. (*Gebiet*) terrain

Geländer [gə'lɛndɐ] (*pl inv*) *das* 1. (*von Treppe*) banister 2. (*von Brücke*) parapet 3. (*von Balkon*) railing

gelang [gə'laŋ] *prät* ➤ gelingen

gelassen [gə'lasn] *adj* calm, cool

Gelatine [ʒela'ti:nə] *die* gelatine

gelaunt [gə'launt] *adj* ● gut gelaunt good-tempered ● schlecht gelaunt bad-tempered

gelb [gɛlp] *adj* 1. (*Farbe*) yellow 2. (*Ampel*) amber

Gelb [gɛlp] *das* 1. (*Farbe*) yellow 2. (*von Ampel*) amber

Gelbsucht ['gɛlpzʊxt] *die* jaundice

Geld [gɛlt] (*pl* **-er**) *das* money ◆ Gelder *pl* funds

Geldautomat ['gɛltʔautoma:t] (*pl* **-en**) *der* cash dispenser

Geldbörse ['gɛltbœrzə] (*pl* **-n**) *die* 1. (*Brieftasche*) wallet 2. (*für Münzen*) purse

Geldeinwurf ['gɛltʔainvʊrf] *der* coin slot

Geldkarte ['gɛltkartə] *die* smart card

Geldrückgabe ['gɛltrʏkga:bə] *die* coin return (button)

Geldschein ['gɛltʃain] (*pl* **-e**) *der* banknote

Geldstrafe ['gɛltʃtra:fə] (*pl* **-n**) *die* fine

Geldtasche ['gɛlttaʃə] (*pl* **-n**) *die* money bag

Geldwechsel ['gɛltvɛksl] *der* exchange ▼ kein Geldwechsel currency not exchanged here

Geldwechselautomat ['gɛltvɛksl|ʔauto-ma:t] (*pl* **-en**) *der* change machine

Gelee [ʒəˈle:] (*pl* **-s**) *das* jelly

gelegen [gə'le:gn] *pp* ➤ liegen

Gelegenheit [gə'le:gnhait] (*pl* **-en**) *die* 1. (*Möglichkeit, Anlass*) opportunity 2. (*Angebot*) bargain ● bei Gelegenheit some time

Geliebte [gə'li:ptə] (*pl* **-n**) *der, die* lover

geliehen [gə'li:ən] *pp* ➤ leihen

gelingen [gə'lɪŋən] *vi* (*unreg*) (*ist*) to be a success ● jm gelingen to turn out well for sb ● es ist mir gelungen, ihn zu überreden I managed to convince him

gelitten [gə'lɪtn] *pp* ➤ leiden

gelockt [gə'lɔkt] *adj* curly

gelogen [gə'lo:gn] *pp* ➤ lügen

gelten ['gɛltn] (*präs* gilt, *prät* galt, *pp* gegolten) ◇ *vt* to be valid for ◇ *vi* to be valid ● **gelten bis** to be valid until

Geltungsbereich ['gɛltʊŋsbəraɪç] (*pl* **-e**) *der (von Fahrkarte) zone or zones for which a ticket is valid*

Geltungsdauer ['gɛltʊŋsdaʊə] *die (von Fahrkarte, Ausweis) period for which a ticket, passport etc is valid*

gelungen [gə'lʊŋən] *pp* ➤ **gelingen**

gemahlen [gə'ma:lən] *adj (Kaffee)* ground

Gemälde [gə'mɛ:ldə] (*pl inv*) *das* painting

gemein [gə'maɪn] *adj (böse)* nasty, mean

Gemeinde [gə'maɪndə] (*pl* **-n**) *die* **1.** *(Verwaltungseinheit)* municipality **2.** *(Menschen)* community **3.** *(kirchlich)* parish

gemeinsam [gə'maɪnzam] ◇ *adj* common ◇ *adv* together

Gemeinschaft [gə'maɪnʃaft] (*pl* **-en**) *die* **1.** *(Gruppe)* community **2.** *(Zusammensein)* company

gemeint [gə'maɪnt] *adj* ● **das war nicht so gemeint** I didn't mean it like that

gemieden [gə'mi:dn̩] ➤ **meiden**

gemischt [gə'mɪʃt] *adj* mixed ● **gemischter Salat** mixed salad

gemocht [gə'mɔxt] *pp* ➤ **mögen**

gemolken [gə'mɔlkn̩] *pp* ➤ **melken**

Gemüse [gə'my:zə] *das* vegetables *pl*

Gemüsehändler, in [gə'my:zəhɛndlɐ] (*mpl inv*) *der, die* greeengrocer

gemusst [gə'mʊst] *pp* ➤ **müssen**

gemütlich [gə'my:tlɪç] *adj* **1.** *(bequem)* cosy ● *(Abend)* pleasant **3.** *(langsam)* leisurely ● **es sich gemütlich machen** to make o.s. at home

genannt [gə'nant] *pp* ➤ **nennen**

genau [gə'naʊ] ◇ *adj* exact ◇ *adv* **1.**

(aufmerksam) carefully **2.** *(exakt)* precisely, exactly ● **genau!** *(richtig)* exactly!

genauso [gə'naʊzo:] *adv* just as ● **genauso gut/schlecht/schnell** just as good/bad/fast

genehmigen [gə'ne:mɪgn̩] *vt* to authorize

Genehmigung [gə'ne:mɪgʊŋ] (*pl* **-en**) *die* **1.** *(Genehmigen)* authorization **2.** *(Schein)* permit

generalüberholen [genəˈraːllyˌbɐhoːlən] *vt* to service

Generation [genəraˈtsioːn] (*pl* **-en**) *die* generation

generell [genəˈrɛl] *adj* general

Genf [gɛnf] *nt* Geneva

Genfer See ['gɛnfɐ ze:] *der* Lake Geneva

Genick [gə'nɪk] (*pl* **-e**) *das (back of the)* neck

genießbar [gə'ni:sba:ɐ] *adj (Speise)* edible ● **das Fleisch ist nicht mehr genießbar** the meat has gone off

genießen [gə'ni:sn̩] (*prät* **genoss**, *pp* **genossen**) *vt* to enjoy

Genitiv ['ge:niti:f] (*pl* **-e**) *der* genitive

genommen [gə'nɔmən] *pp* ➤ **nehmen**

genormt [gə'nɔrmt] *adj* standardized

genoss [gə'nɔs] *prät* ➤ **genießen**

genossen [gə'nɔsn̩] *pp* ➤ **genießen**

genug [gə'nu:k] *adv* enough ● **genug haben** *(bei Überdruss)* to have had enough

genügen [gə'ny:gn̩] *vi* to be enough ● **jm genügen** to be enough for sb ● **das genügt!** that's enough!

Genuss [gə'nʊs] (*pl* **Genüsse**) *der* **1.** *(Freude)* pleasure **2.** *(Verzehr, Verbrauch)* consumption

geöffnet [gə'œfnət] *adj (Geschäft, Schalter)* open

geographisch, geografisch [geoˈgraːfɪʃ] *adj* geographical

geordnet [gəlˈˀɔrdnət] *adj* orderly

Gepäck [gəˈpɛk] *das* luggage

Gepäckabfertigung [gəˈpɛklapfɛrtiːgʊŋ] *die* (luggage) check-in

Gepäckablage [gəˈpɛklaplaːgə] (*pl* -n) *die* luggage rack

Gepäckannahme [gəˈpɛklannaːmə] *die* 1. (*zur Aufbewahrung*) = **Gepäckaufbewahrung** 2. (*Abfertigung am Bahnhof*) *office where large items of luggage sent by rail have to be registered*

Gepäckaufbewahrung [gəˈpɛklaufbaˌvaːrʊŋ] *die* left-luggage office (*UK*), baggage room (*US*)

Gepäckaufgabe [gəˈpɛklaufgaːbə] *die* 1. (*Abfertigung am Bahnhof*) = **Gepäckannahme** 2. (*zur Aufbewahrung*) = **Gepäckaufbewahrung**

Gepäckaufsicht [gəˈpɛklaufzɪçt] *die* left-luggage office (*UK*), baggage room (*US*)

Gepäckausgabe [gəˈpɛklausgaːbə] *die* 1. (*aus Aufbewahrung*) = **Gepäckaufbewahrung** 2. (*Abfertigung am Bahnhof*) *office where large items of luggage sent by rail can be collected*

Gepäckkarren [gəˈpɛkkarən] (*pl inv*) *der* luggage trolley

Gepäckkontrolle [gəˈpɛkkɔntrɔlə] (*pl* -n) *die* luggage search

Gepäcknetz [gəˈpɛknɛts] (*pl* -e) *das* luggage rack

Gepäckrückgabe [gəˈpɛkrykgaːbə] *die* 1. (*aus Aufbewahrung*) = **Gepäckaufbewahrung** 2. (*Abfertigung am Flughafen*) baggage reclaim

Gepäckschein [gəˈpɛkʃain] (*pl* -e) *der* luggage ticket

Gepäckschließfach [gəˈpɛkʃliːsfax] (*pl* -fächer) *das* left-luggage locker (*UK*), baggage locker (*US*)

Gepäckstück [gəˈpɛkʃtyk] (*pl* -e) *das* item of luggage

Gepäckträger [gəˈpɛktrɛːgɐ] (*pl inv*) *der* (*von Fahrrad*) carrier

Gepäckversicherung [gəˈpɛkfɛɐˌzɪçərʊŋ] (*pl* -en) *die* luggage insurance

Gepäckwagen [gəˈpɛkvaːgn̩] (*pl inv*) *der* luggage van (*UK*), luggage car (*US*)

gepfiffen [gəˈpfɪfn̩] *pp* ➤ pfeifen

gequollen [gəˈkvɔlən] *pp* ➤ quellen

gerade [gəˈraːdə] *adv* 1. (*zur Zeit*) (*jetzt*) now ● **gerade er** he of all people ● **gerade deshalb** precisely for that reason ● **gerade erst** only just ● **gerade noch** only just ● **er wollte gerade gehen** he was just about to go ● **nicht gerade** not exactly

geradeaus [gəraˈdəlaus] *adv* straight ahead ● **immer geradeaus** straight ahead

gerannt [gəˈrant] *pp* ➤ rennen

geraspelt [gəˈraspl̩t] *adj* grated

gerät [gəˈrɛːt] *präs* ➤ geraten

Gerät [gəˈrɛːt] (*pl* -e) *das* 1. (*Vorrichtung, Maschine*) device 2. (*Werkzeug*) tool 3. (*Kochlöffel, Dosenöffner usw.*) utensil 4. (*Radio, Fernseher*) set

geraten [gəˈraːtn̩] (*präs* **gerät**, *prät* **geriet**, *pp inv*) *vi* (*ist*) (*gelangen*) to get ● **auf die falsche Fahrbahn geraten** to get into the wrong lane ● **in Schwierigkeiten geraten** to get into difficulties

geräuchert [gəˈrɔyçɐt] *adj* smoked

geräumig [gəˈrɔymɪç] *adj* roomy

Geräusch [gəˈrɔyʃ] (*pl* -e) *das* noise

gerecht [gəˈrɛçt] *adj* just, fair

Gerechtigkeit [gəˈrɛçtɪçkait] *die* justice

Gericht [gəˈrɪçt] *pl* **-e** *das* **1.** (*Institution*) court **2.** (*Speise*) dish

gerieben [gəˈriːbn̩] ◇ *pp* ➢ reiben ◇ *adj* grated

gerieten [gəˈriːtn̩] *prät* ➢ geraten

gering [gəˈrɪŋ] *adj* **1.** (*Menge, Preis, Temperatur*) low **2.** (*Zeit, Abstand*) short **3.** (*Bedeutung*) minor **4.** (*Chance*) slight ● **nicht im Geringsten** not in the least

geringfügig [gəˈrɪŋfyːgɪç] *adj* slight, minor

gerinnen [gəˈrɪnən] (*prät* **gerann**, *pp* **geronnen**) *vi* (*ist*) **1.** (*Milch*) to curdle **2.** (*Blut*) to clot

gerissen [gəˈrɪsn̩] ◇ *pp* ➢ reißen ◇ *adj* (*abw*) (*Person*) cunning

geritten [gəˈrɪtn̩] *pp* ➢ reiten

gern(e) [gɛrn] (*komp* **lieber**, *superl* **am liebsten**) ◆ **gerne** *adv* ● **jn/etw gerne haben** to like sb/sthg ● **jn/etw gerne mögen** to like sb/sthg ● **etw gerne tun** to like doing sthg ● **aber gerne!** I'd love to! ● **gerne geschehen!** don't mention it! ● **ich möchte gerne ...** I'd like to ... ● **ja gerne!** of course!

gerochen [gəˈrɔxn̩] *pp* ➢ riechen

geronnen [gəˈrɔnən] ◇ *pp* ➢ gerinnen, rinnen ◇ *adj* (*Milch*) curdled

geröstet [gəˈrœstət] *adj* roasted

Geruch [gəˈrʊx] (*pl* **Gerüche**) *der* smell

gerufen [gəˈruːfn̩] *pp* ➢ rufen

gerungen [gəˈrʊŋən] *pp* ➢ ringen

gesalzen [gəˈzaltsn̩] *adj* **1.** (*Speise*) salted **2.** (*fam*) (*Preis*) steep

gesamt [gəˈzamt] *adj* **1.** (*Familie, Inhalt*) whole **2.** (*Einkommen, Kosten*) total

gesamtdeutsch [gəˈzamtdɔytʃ] *adj* united German ● **gesamtdeutsche Bezie-** hungen relations between the two Germanys

Gesamtschule [gəˈzamtʃuːlə] (*pl* **-n**) *die* ≃ comprehensive school

gesandt [gəˈzant] *pp* ➢ senden[1]

Geschädigte [gəˈʃɛːdɪçtə] (*pl* **-n**) *der, die* injured party

Geschäft [gəˈʃɛft] (*pl* **-e**) *das* **1.** (*Laden*) shop **2.** (*Betrieb*) business **3.** (*Handel*) deal

Geschäftsbedingungen [gəˈʃɛfts-bədɪŋʊŋ] *pl* terms

Geschäftsfrau [gəˈʃɛftsfrau] (*pl* **-en**) *die* businesswoman

Geschäftsführer, in [gəˈʃɛftsfyːrɐ] (*mpl inv*) *der, die* manager (*f* manageress)

Geschäftsleute [gəˈʃɛftslɔytə] *pl* businessmen

Geschäftsmann [gəˈʃɛftsman] (*pl* **-män-ner**) *der* businessman

Geschäftsreise [gəˈʃɛftsraizə] (*pl* **-n**) *die* business trip

Geschäftsschluss [gəˈʃɛftsʃlʊs] *der* closing time

Geschäftsstelle [gəˈʃɛftsʃtɛlə] (*pl* **-n**) *die* office

Geschäftsstraße [gəˈʃɛftsʃtraːsə] (*pl* **-n**) *die* high street (*UK*), main street (*US*)

Geschäftszeiten [gəˈʃɛftstsaitn̩] *pl* business hours

geschah [gəˈʃaː] *prät* ➢ geschehen

geschehen [gəˈʃeːən] (*präs* **geschieht**, *prät* **geschah**, *pp inv*) *vi* (*ist*) to happen ● **jm geschehen** to happen to sb ● **geschehen mit** to happen to

Geschenk [gəˈʃɛŋk] (*pl* **-e**) *das* present, gift ● **soll ich es als Geschenk einpacken?** would you like it gift-wrapped?

Geschenkartikel [gəˈʃɛŋkartiːkl̩] (*pl inv*) *der* gift

Geschenkgutschein [gə'ʃɛŋkɡuːtʃaɪn] *(pl -e)* der gift token

Geschenkpapier [gə'ʃɛŋkpapiːɐ] *(pl -e)* das gift wrap

Geschichte [gə'ʃɪçtə] *(pl -n)* die 1. *(Text)* story 2. *(Vergangenheit)* history

geschickt [gə'ʃɪkt] adj skilful

geschieden [gə'ʃiːdn] ◇ pp ➤ scheiden ◇ adj (Mann, Frau) divorced

geschieht [gə'ʃiːt] präs ➤ geschehen

geschienen [gə'ʃiːnən] pp ➤ scheinen

Geschirr [gə'ʃɪr] das (zum Essen) crockery • **(das) Geschirr spülen** to wash up • **das Geschirr abtrocknen** to dry up

Geschirrspülmaschine [gə'ʃɪrʃpyːlma-ʃiːnə] *(pl -n)* die dishwasher

Geschirrspülmittel [gə'ʃɪrʃpyːlmɪtl] *(pl inv)* das washing-up liquid

Geschirrtuch [gə'ʃɪrtuːx] *(pl -tücher)* das tea towel (UK), dish towel (US)

geschissen [gə'ʃɪsn] pp ➤ scheißen

Geschlecht [gə'ʃlɛçt] das 1. *(biologisch)* sex 2. GRAMM gender

Geschlechtskrankheit [gə'ʃlɛçtskraŋk-haɪt] *(pl -en)* die sexually transmitted disease

Geschlechtsverkehr [gə'ʃlɛçtsfɛɐ̯keːɐ̯] der sexual intercourse

geschlichen [gə'ʃlɪçn] pp ➤ schleichen

geschliffen [gə'ʃlɪfn] pp ➤ schleifen

geschlossen [gə'ʃlɔsn] ◇ pp ➤ schließen ◇ adj 1. closed 2. *(Ortschaft)* built-up

geschlungen [gə'ʃlʊŋən] pp ➤ schlingen

Geschmack [gə'ʃmak] *(pl Geschmä-cker)* der taste • **guten Geschmack haben** to have good taste • **schlechten Geschmack haben** to have bad taste

geschmacklos [gə'ʃmaklos] adj tasteless

geschmackvoll [gə'ʃmakfɔl] adj tasteful

geschmissen [gə'ʃmɪsn] pp ➤ schmeißen

geschmolzen [gə'ʃmɔltsn] pp ➤ schmelzen

geschmort [gə'ʃmoːɐ̯t] adj braised

Geschnetzelte [gə'ʃnɛtsltə] das small pieces of veal or chicken cooked in a sauce

geschnitten [gə'ʃnɪtn] ◇ pp ➤ schneiden ◇ adj (Wurst, Käse) sliced • **geschnitten oder am Stück?** would you like it sliced or unsliced?

geschoben [gə'ʃoːbn] pp ➤ schieben

gescholten [gə'ʃɔltn] pp ➤ schelten

geschoren [gə'ʃoːrən] pp ➤ scheren

Geschoss [gə'ʃɔs] *(pl -e)* das (Etage) floor

geschossen [gə'ʃɔsn] pp ➤ schießen

Geschrei [gə'ʃraɪ] das shouting

geschrieben [gə'ʃriːbn] pp ➤ schreiben

geschrien [gə'ʃriːən] pp ➤ schreien

geschritten [gə'ʃrɪtn] pp ➤ schreiten

geschwiegen [gə'ʃviːɡn] pp ➤ schweigen

Geschwindigkeit [gə'ʃvɪndɪçkaɪt] *(pl -en)* die speed

Geschwindigkeitsbeschränkung [gə'ʃvɪndɪçkaɪtsbəʃrɛŋkʊŋ] *(pl -en)* die speed limit

Geschwindigkeitsübertretung [gə'ʃvɪndɪçkaɪtslyːbɐtreːtʊŋ] *(pl -en)* die speeding

Geschwister [gə'ʃvɪstɐ] pl brothers and sisters

geschwollen [gə'ʃvɔlən] ◇ pp ➤ schwellen ◇ adj (Finger, Bein) swollen

geschwommen [gə'ʃvɔmən] pp ➤ schwimmen

geschworen [gə'ʃvoːrən] pp ➤ schwören

geschwungen [gə'ʃvʊŋən] pp ➤ schwingen

Geschwür [gə'ʃvy:ɐ̯] (pl **-e**) das ulcer

gesellig [gə'zɛlɪç] adj **1.** (Person) sociable **2.** (Abend) social

Gesellschaft [gə'zɛlʃaft] (pl **-en**) die **1.** (System) society **2.** (Gruppe) group of people **3.** (Touristen) party **4.** (Begleitung) company ● jm Gesellschaft leisten to keep sb company

Gesellschaftsraum [gə'zɛlʃaftsraum] (pl **-räume**) der function suite

gesessen [gə'zɛsn̩] pp ➤ **sitzen**

Gesetz [gə'zɛts] (pl **-e**) das law

gesetzlich [gə'zɛtslɪç] adj legal ● gesetzlicher Feiertag public holiday

gesetzwidrig [gə'zɛtsvi:drɪç] adj illegal

Gesicht [gə'zɪçt] (pl **-er**) das face

Gesichtscreme [gə'zɪçtskre:m] (pl **-s**) die face cream

Gesichtswasser [gə'zɪçtsvasɐ] das toner

gesoffen [gə'zɔfn̩] pp ➤ **saufen**

gesogen [gə'zo:gn̩] pp ➤ **saugen**

gespannt [gə'ʃpant] ◇ adj (Atmosphäre) tense ◇ adv (warten) eagerly ● auf etw (A) gespannt sein (Person) to be looking forward to sthg

gesperrt [gə'ʃpɛrt] adj (Straße) closed off

gesponnen [gə'ʃpɔnən] pp ➤ **spinnen**

Gespräch [gə'ʃprɛːç] (pl **-e**) das **1.** (Konversation) conversation **2.** (per Telefon) call

Gesprächspartner, in [gə'ʃprɛːçspartnɐ] (mpl inv) der, die person one is talking to

gesprochen [gə'ʃprɔxn̩] pp ➤ **sprechen**

gesprungen [gə'ʃprʊŋən] ◇ pp ➤ **springen** ◇ adj (Glas) cracked

Gestalt [gə'ʃtalt] (pl **-en**) die **1.** (Person, Figur) figure **2.** (Form) shape

gestanden [gə'ʃtandn̩] pp ➤ **stehen**

Gestank [gə'ʃtaŋk] der stench

gestärkt [gə'ʃtɛrkt] adj (Wäsche) starched

gestatten [gə'ʃtatn̩] ◇ vt (geh) (erlauben) to permit, to allow ◇ vi (geh) to permit: Meier allow me to introduce myself - my name is Meier ● gestatten Sie? may I? ● jm etw gestatten to allow sb sthg

gestattet [gə'ʃtatət] adj (amt) ● gestattet sein to be allowed ● nicht gestattet prohibited

Geste ['gɛːstə] (pl **-n**) die (mit Händen, mit Kopf) gesture

gestern ['gɛstɐn] adv yesterday ● gestern Morgen/Mittag/Abend yesterday morning/lunchtime/evening ● gestern früh early yesterday

gestiegen [gə'ʃti:gn̩] pp ➤ **steigen**

gestochen [gə'ʃtɔxn̩] ◇ pp ➤ **stechen** ◇ adv ● gestochen scharf sharp

gestohlen [gə'ʃto:lən] pp ➤ **etw als gestohlen melden** to report the theft of sthg ➤ **stehlen**

gestorben [gə'ʃtɔrbn̩] pp ➤ **sterben**

gestreift [gə'ʃtraift] adj striped, stripy

gestrichen [gə'ʃtrɪçn̩] ◇ pp ➤ **streichen** ◇ adj (Löffel) level

gestrig ['gɛstrɪç] adj (von Vortag) ● die gestrige Zeitung yesterday's paper

gestritten [gə'ʃtrɪtn̩] pp ➤ **streiten**

gestunken [gə'ʃtʊŋkn̩] pp ➤ **stinken**

gesund [gə'zʊnt] (komp **gesünder**, superl **gesündeste**) ◇ adj healthy ◇ adv healthily ● wieder gesund werden to get better

Gesundheit [gə'zʊnthait] die health ● Gesundheit! bless you!

gesundheitsschädlich [gə'zʊnthaitsʃɛːdlɪç] adj (Inhaltsstoff) damaging to one's health

gesungen [gəˈzʊŋən] *pp* ➤ singen

gesunken [gəˈzʊŋkn] *pp* ➤ sinken

getan [gəˈtaːn] *pp* ➤ tun

Getränk [gəˈtrɛŋk] (*pl* -e) *das* drink ● alkoholische Getränke alcoholic beverages ● nichtalkoholische Getränke soft drinks

Getränkeautomat [gəˈtrɛŋkəaʊtomaːt] (*pl* -en) *der* drinks machine

Getränkekarte [gəˈtrɛŋkəkartə] (*pl* -n) *die* wine list

Getränkemarkt [gəˈtrɛŋkəmarkt] (*pl* -märkte) *der* discount drink store

Getreide [gəˈtraɪdə] *das* cereal, grain

getrennt [gəˈtrɛnt] ◇ *adj* (Zimmer, Rechnung) separate ◇ *adv* separately ● getrennt leben to live apart ● getrennt zahlen to pay separately

Getriebe [gəˈtriːbə] (*pl inv*) *das* (von Auto, in Technik) gearbox

getrieben [gəˈtriːbn] *pp* ➤ treiben

Getriebeschaden [gəˈtriːbəʃaːdn] (*pl* -schäden) *der* gearbox damage

getrocknet [gəˈtrɔknət] *adj* dried

getroffen [gəˈtrɔfn] *pp* ➤ treffen

getrunken [gəˈtrʊŋkn] *pp* ➤ trinken

gewachsen [gəˈvaksn] *pp* ➤ wachsen

Gewähr [gəˈvɛːɐ̯] *die* guarantee ● ohne Gewähr (auf Fahrplan) subject to alteration

Gewalt [gəˈvalt] *die* 1. (Brutalität) violence 2. (Kraft) force 3. (Macht) power

gewandt [gəˈvant] *pp* ➤ wenden

gewann [gəˈvan] *prät* ➤ gewinnen

gewaschen [gəˈvaʃn] *pp* ➤ waschen

Gewebe [gəˈveːbə] (*pl inv*) *das* 1. (Stoff) fabric 2. (Körpergewebe) tissue

Gewehr [gəˈveːɐ̯] (*pl* -e) *das* gun

gewellt [gəˈvɛlt] *adj* (Haare) wavy

Gewerbegebiet [gəˈvɛrbəɡəbiːt] (*pl* -e) *das* business park

gewerblich [gəˈvɛrplɪç] *adj* (Nutzung) commercial

Gewerkschaft [gəˈvɛrkʃaft] (*pl* -en) *die* trade union

gewesen [gəˈveːzn] *pp* ➤ sein

Gewicht [gəˈvɪçt] (*pl* -e) *das* weight

gewiesen [gəˈviːzn] *pp* ➤ weisen

Gewinn [gəˈvɪn] (*pl* -e) *der* 1. (Preis) prize 2. (Profit) profit 3. (bei Glücksspiel, beim Wetten) winnings *pl*

gewinnen [gəˈvɪnən] (*prät* gewann, *pp* gewonnen) ◇ *vi* 1. to win 2. (besser werden) to gain ◇ *vt* 1. to win 2. (produzieren) to obtain

Gewinner, in [gəˈvɪnɐ] (*mpl inv*) *der, die* winner

Gewinnspiel [gəˈvɪnʃpiːl] (*pl* -e) *das* game show

gewiss [gəˈvɪs] *adj* certain

Gewissen [gəˈvɪsn] *das* conscience

Gewitter [gəˈvɪtɐ] (*pl inv*) *das* (Wetter) storm

gewittrig [gəˈvɪtrɪç] *adj* (Gewitter ankündigend) stormy

gewogen [gəˈvoːɡn] *pp* ➤ wiegen

gewöhnen [gəˈvøːnən] *vt* ● jn an etw (A) gewöhnen to accustom sb to sthg ● sich gewöhnen *ref* ● sich gewöhnen an (+A) to get used to

Gewohnheit [gəˈvoːnhaɪt] (*pl* -en) *die* habit

gewöhnlich [gəˈvøːnlɪç] ◇ *adj* 1. (normal) usual 2. (primitiv) common ◇ *adv* (normalerweise) usually ● wie gewöhnlich as usual

gewohnt [gəˈvoːnt] *adj* usual ● etw gewohnt sein to be used to sthg

Gewölbe [gə'vœlbə] (*pl inv*) *das (Decken-gewölbe)* vault

gewonnen [gə'vɔnən] *pp* ➤ **gewinnen**

geworben [gə'vɔrbn] *pp* ➤ **werben**

geworden [gə'vɔrdn] *pp* ➤ **werden**

geworfen [gə'vɔrfn] *pp* ➤ **werfen**

Gewürz [gə'vyrts] (*pl* -e) *das* spice

Gewürzgurke [gə'vyrtsɡʊrkə] (*pl* -n) *die* pickled gherkin

gewürzt [gə'vyrtst] *adj* seasoned ● **scharf gewürzt** hot

gewusst [gə'vʊst] *pp* ➤ **wissen**

Gezeiten [gə'tsaitn] *pl* tides

gezogen [gə'tso:ɡn] *pp* ➤ **ziehen**

gezwungen [gə'tsvʊŋən] *pp* ➤ **zwingen**

gibt [ɡi:pt] *präs* ➤ **geben**

Gicht [ɡɪçt] *die* gout

gierig [ˈɡiːrɪç] *adj* greedy

gießen [ˈɡiːsn] (*prät* goss, *pp* gegossen) ◇ *vt* 1. *(schütten)* to pour 2. *(Pflanzen)* to water ◇ *vimp* ● **es gießt** it's pouring (down)

Gießkanne [ˈɡiːskanə] (*pl* -n) *die* watering can

Gift [ɡɪft] (*pl* -e) *das* poison

giftig [ˈɡɪftɪç] *adj* 1. *(Substanz, Pflanze)* poisonous 2. *(fig) (Person, Bemerkung)* venomous

gilt [ɡɪlt] *präs* ➤ **gelten**

Gin [dʒɪn] *der* gin

ging [ɡɪŋ] *prät* ➤ **gehen**

Gipfel [ˈɡɪpfl] (*pl inv*) *der (von Berg)* summit, peak

Gips [ɡɪps] *der* 1. *(Gipspulver)* plaster 2. *(Gipsverband)* plaster cast

Gipsbein [ˈɡɪpsbain] (*pl* -e) *das* ● **ein Gipsbein haben** to have one's leg in plaster

Gipsverband [ˈɡɪpsfɛɐ̯bant] (*pl* -verbän-de) *der* plaster cast

Giraffe [ɡiˈrafə] (*pl* -n) *die* giraffe

Girokonto [ˈʒiːrokɔnto] (*pl* -konten) *das* current account (*UK*), checking account (*US*)

Gischt [ɡɪʃt] *die* spray

Gitarre [ɡiˈtarə] (*pl* -n) *die* guitar

Gitter [ˈɡɪtɐ] (*pl inv*) *das* bars *pl*

Gitterbett [ˈɡɪtabɛt] (*pl* -en) *das* cot (*UK*), crib (*US*)

glänzen [ˈɡlɛntsn̩] *vi (Metall, Wasser)* to shine

glänzend [ˈɡlɛntsn̩t] *adj* 1. *(leuchtend)* shining 2. *(ausgezeichnet)* brilliant

Glas [ɡlaːs] *das* 1. glass 2. *(Einmachglas)* jar ● **aus Glas** glass ● **ein Glas Wein** a glass of wine

Gläschen [ˈɡlɛːsçən] (*pl inv*) *das* little glass

Glasscheibe [ˈɡlaːsʃaibə] (*pl* -n) *die* pane (of glass)

Glastür [ˈɡlaːstyːɐ̯] (*pl* -en) *die* glass door

glatt [ɡlat] ◇ *adj* 1. *(eben)* smooth 2. *(rutschig)* slippery 3. *(fam) (problemlos)* smooth ◇ *adv (fam) (problemlos)* smoothly

Glätte [ˈɡlɛtə] *die (Eisglätte)* (patch of) black ice

Glatteis [ˈɡlatais] *das* black ice

Glatteisgefahr [ˈɡlataisɡafaːɐ̯] *die* ● **Vorsicht, Glatteisgefahr!** watch out for black ice!

Glatze [ˈɡlatsə] (*pl* -n) *die* ● **eine Glatze haben** to be bald

glauben [ˈɡlaubn̩] ◇ *vt* 1. *(meinen, denken)* to think 2. *(für wahr halten)* to believe ◇ *vi (meinen, denken)* to think ● **glauben an (+A)** to believe in ● **jm glauben** to believe sb

gleich [glaɪç] ◇ *adj* same ◇ *adv* **1.** *(identisch)* equally **2.** *(ähnlich)* the same **3.** *(egal)* no matter **4.** *(sofort, bald)* straight away **5.** *(ebenso gut)* just as well ● zwei gleiche Tassen two identical cups ● bis gleich! see you soon! ● gleich groß sein to be the same size ● das ist mir gleich I don't care ● ich komme gleich I'm just coming

gleichaltrig ['glaɪçʔaltrɪç] *adj* ● gleichaltrig sein to be the same age

gleichberechtigt ['glaɪçbərɛçtɪçt] *adj* *(Mann und Frau)* ● gleichberechtigt sein to have equal rights

gleiche, r, s ['glaɪçə] *pron* ● der/die/das gleiche the same (one)

gleichen ['glaɪçn̩] *(prät* glich, *pp* geglichen) *vi* (+D) to resemble

gleichfalls ['glaɪçfals] *adv* also, as well ● danke gleichfalls! thanks, you too!

gleichgültig ['glaɪçgʏltɪç] *adj* ● es ist mir gleichgültig it's all the same to me

gleichmäßig ['glaɪçmɛːsɪç] ◇ *adj (Tempo)* even ◇ *adv* **1.** *(ziehen)* steadily **2.** *(auftragen)* evenly

Gleichstrom ['glaɪçʃtroːm] *der* direct current

gleichzeitig ['glaɪçtsaɪtɪç] ◇ *adj* simultaneous ◇ *adv* at the same time

Gleis [glaɪs] *(pl* -e) *das (Bahnsteig)* platform

gleiten ['glaɪtn̩] *(prät* glitt, *pp* geglitten) *vi (ist) (rutschen)* to glide

Gleitschirm ['glaɪtʃɪrm] *(pl* -e) *der* paraglider

Gletscher ['glɛtʃɐ] *(pl inv) der* glacier

glich [glɪç] *prät* ➤ gleichen

Glied *(pl* -er) *das* **1.** *(Einzelteil)* link **2.**

(Arm, Bein) limb **3.** *(Penis)* member

glitschig ['glɪtʃɪç] *adj* slippery

glitt [glɪt] *prät* ➤ gleiten

glitzern ['glɪtsɐn] *vi* sparkle

Glocke ['glɔkə] *(pl* -n) *die* bell

Glück [glʏk] *das* **1.** *(Ereignis)* luck **2.** *(Gefühl)* happiness ● Glück haben to be lucky ● viel Glück! good luck! ● zum Glück luckily

glücklich ['glʏklɪç] ◇ *adj* **1.** *(froh)* happy **2.** *(Zufall, Zusammentreffen)* fortunate ◇ *adv* **1.** *(froh)* happily **2.** *(günstig)* fortunately

glücklicherweise ['glʏklɪçɐvaɪzə] *adv* luckily

Glücksspiel ['glʏksʃpiːl] *(pl* -e) *das (um Geld)* game of chance

Glückwunsch ['glʏkvʊnʃ] *(pl* -wünsche) *der* congratulations *pl* ● herzlichen Glückwunsch! congratulations!

Glückwunschtelegramm ['glʏkvʊnʃtelegram] *(pl* -e) *das telegram sent to congratulate someone*

Glühbirne ['glyːbɪrnə] *(pl* -n) *die* light bulb

glühen ['glyːən] *vi* **1.** *(Kohle)* to glow **2.** *(Gesicht, Wangen)* to burn

Glühwein ['glyːvaɪn] *der* mulled wine

Glut [gluːt] *die (im Feuer)* embers *pl*

Gnagi ['gnaːgi] *das (Schweiz)* boiled knuckle of pork

Gold [gɔlt] *das* gold ● aus Gold gold

golden ['gɔldn̩] *adj* **1.** *(aus Gold)* gold **2.** *(goldfarben)* golden

Goldschmied, in ['gɔltʃmiːt] *(mpl* -e) *der, die* goldsmith

Golf [gɔlf] *das (Sportart)* golf

Golfplatz ['gɔlfplats] *(pl* -plätze) *der* golf course

Golfschläger ['gɔlfʃlɛːgɐ] (pl inv) der golf club

gönnen ['gœnən] vt (+D) ● jm etw gönnen not to begrudge sb sthg ● sich (D) etw gönnen to allow o.s. sthg

goss [gɔs] prät ➤ **gießen**

gotisch ['goːtɪʃ] adj Gothic

Gott [gɔt] (pl **Götter**) der 1. (christlich) God 2. (Gottheit) god ● Gott sei Dank! thank God! ● Grüß Gott! (Süddt & Österr) hello! ● um Gottes Willen! for God's sake!

Gottesdienst ['gɔtəsdiːnst] (pl **-e**) der service

Grab [graːp] (pl **Gräber**) das grave

graben ['graːbn] (präs **gräbt**, prät **grub**, pp **gegraben**) vt & vi to dig

Graben ['graːbn] (pl **Gräben**) der (Vertiefung) ditch

Grabstein ['graːpʃtain] (pl **-e**) der gravestone

gräbt [grɛːpt] präs ➤ **graben**

Grad [graːt] (pl **-e**) der degree ● drei Grad unter/über Null three degrees below/above zero ● im höchsten Grad highly

Graffiti [gra'fiːti] pl (an Haus, U-Bahn) graffiti

Grafik, Graphik ['graːfɪk] der 1. (Technik) graphics sg 2. (Bild, Schema) diagram

Gramm [gram] (pl inv) das (Gewichtseinheit) gram

Grammatik [gra'matɪk] (pl **-en**) die grammar

Grapefruit ['greːpfruːt] (pl **-s**) die grapefruit

Grapefruitsaft ['greːpfruːtzaft] (pl **-säfte**) der grapefruit juice

Graphik ['graːfɪk] die = **Grafik**

Gras [graːs] (pl **Gräser**) das grass

grässlich ['grɛslɪç] ◇ adj horrible ◇ adv 1. (sehr) terribly 2. (Schrecken erregend) terrifyingly

Gräte ['grɛːtə] (pl **-n**) die (fish) bone

gratis ['graːtɪs] adv & adj free

Gratulation [gratula'tsjoːn] (pl **-en**) die (Glückwunsch) congratulations pl

gratulieren [gratu'liːrən] vi ● jm (zu etw) gratulieren to congratulate sb (on sthg)

grau [grau] adj 1. (Farbe, Haare) grey 2. (trist) gloomy

Graubrot ['graubroːt] (pl **-e**) das bread made with mixed wholemeal, rye and wheat flour

grauhaarig ['grauhaːrɪç] adj grey-haired

Graupelschauer ['graupl̩ʃauɐ] (pl inv) der sleet

grausam ['grauzam] adj 1. (Mensch, Tat) cruel 2. (Schmerzen, Hitze) terrible

greifen ['graifn̩] (prät **griff**, pp **gegriffen**) ◇ vt to take hold of ◇ vi (Räder) to grip ● nach etw greifen to reach for sthg

grell [grɛl] ◇ adj 1. (Licht) glaring 2. (Ton) harsh 3. (Farbe) loud ◇ adv 1. (leuchten) glaringly 2. (klingen) harshly

Grenzbeamte ['grɛntsbəamtə] (pl **-n**) der customs and immigration officer

Grenzbeamtin ['grɛntsbəamtɪn] (pl **-nen**) die customs and immigration officer

Grenze ['grɛntsə] (pl **-n**) die 1. (von Land) border 2. (von Stadt, Grundstück) boundary 3. (begrifflich, ideell) borderline 4. (Beschränkung) limit ● grüne Grenze border area without major road or border patrols

grenzen ['grɛntsn] *vi* ● **grenzen an** (+A) (*räumlich*) to border

Grenzkontrolle ['grɛntskɔntrɔlə] (*pl* **-n**) *die* border checkpoint

Grenzübergang ['grɛntsly:bɛgaŋ] (*pl* **-gänge**) *der* (*Ort*) border crossing

Grenzverkehr ['grɛntsfɛɐke:ɐ] *der* cross-border traffic

Grenzwert ['grɛntsve:ɐt] (*pl* **-e**) *der* (*für Schadstoffe*) limit

Griebenschmalz ['gri:bnʃmalts] *das* spread made from animal fat, similar to dripping

Grieche ['gri:çə] (*pl* **-n**) *der* Greek

Griechenland ['gri:çnlant] *nt* Greece

Griechin ['gri:çm] (*pl* **-nen**) *die* Greek

griechisch ['gri:çɪʃ] *adj* Greek

Griechisch(e) ['gri:çɪʃ(ə)] *das* Greek

Grieß [gri:s] *der* semolina

Griff [grif] (*pl* **-e**) *der* **1.** (*mit der Hand*) grip **2.** (*zum Halten*) handle

griff [grif] *prät* ➤ **greifen**

Grill [gril] (*pl* **-e**) *der* grill

grillen ['grilən] *vt* & *vi* to grill

Grillfest ['grilfɛst] (*pl* **-e**) *das* barbecue

Grillspieß ['grilʃpi:s] (*pl* **-e**) *der* (*mit Fleisch*) (shish) kebab

Grillstube ['grilʃtu:bə] (*pl* **-n**) *die* grill (restaurant)

Grillteller ['griltɛlɐ] (*pl* **inv**) *der* mixed grill

grinsen ['grinzn] *vi* to grin

Grippe ['gripə] (*pl* **-n**) *die* flu

Grippewelle ['gripəvɛlə] (*pl* **-n**) *die* flu epidemic

grob [gro:p] (*komp* **gröber**, *superl* **gröbste**) *adj* **1.** (*Zucker, Salz*) coarse **2.** (*Person, Verhalten*) crude **3.** (*Leder, Stoff*) rough

Grog [grɔk] (*pl* **-s**) *der* hot toddy

Groschen ['grɔʃn] (*pl* **inv**) *der* **1.** (*deutsche Münze*) ten pfennig coin **2.** (*österreichische Münze*) one hundredth of an Austrian schilling

groß [gro:s] (*komp* **größer**, *superl* **größte**) ◇ *adj* **1.** (*räumlich*) big, large **2.** (*Person*) tall **3.** (*Buchstabe*) capital **4.** (*Gefühl, Lärm, Künstler*) great **5.** (*Vermögen*) large **6.** (*Angebot*) wide **7.** (*erwachsen*) grown-up ◇ *adv* **1.** (*räumlich*) on a large scale **2.** (*glanzvoll*) in style

großartig ['gro:saɐtiç] *adj* brilliant

Großaufnahme ['gro:saufna:mə] (*pl* **-n**) *die* close-up

Großbritannien ['gro:sbritanjən] *nt* Great Britain

Großbuchstabe ['gro:sbu:xʃta:bə] (*pl* **-n**) *der* capital letter

Größe ['grø:sə] (*pl* **-n**) *die* **1.** size **2.** (*Höhe*) height

Großeltern ['gro:sɛltɐn] *pl* grandparents

Großhandel ['gro:shandl] *der* wholesale

Großmarkt ['gro:smarkt] (*pl* **-märkte**) *der* cash-and-carry

Großmutter ['gro:smʊtɐ] (*pl* **-mütter**) *die* grandmother

Großraum ['gro:sraum] (*pl* **-räume**) *der* area ● **im Großraum Berlin** in the Greater Berlin area

Großraumwagen ['gro:sraumva:gn] (*pl* **inv**) *der* (*in Zug*) open carriage (*not divided into compartments*)

großschreiben ['gro:sʃraibn] (*unreg*) to write with a capital letter

Großschreibung ['gro:sʃraibʊŋ] *die* capitalization

Großstadt ['gro:sʃtat] (*pl* **-städte**) *die* city

Großvater ['gro:sfa:tɐ] (*pl* **-väter**) *der* grandfather

großzügig ['gro:stsy:gɪç] ◇ *adj* (*freigiebig*) generous ◇ *adv* (*freigiebig*) generously

Grotte ['grɔtə] (*pl* **-n**) *die* cave, grotto

grub [gru:p] *prät* → **graben**

Gruft [grʊft] (*pl* **Grüfte**) *die* crypt

grün [gry:n] *adj* green ● **grüner Pfeil** filter arrow ● **grüne Versicherungskarte** green card (*UK*), insurance card for travel abroad ● **Grüner Punkt** (*auf Verpackungen*) symbol placed on product to indicate that it meets certain recycling standards

Grün [gry:n] *das* green

Grünanlage ['gry:nʔanla:gə] (*pl* **-n**) *die* park

Grund [grʊnt] (*pl* **Gründe**) *der* 1. (*Ursache, Motiv*) reason 2. (*von Gewässer*) bed 3. (*Erdboden*) ground ● **auf Grund von** (*wegen*) because of ● **aus diesem Grund** for this reason ● **im Grunde** basically

gründen ['grʏndn̩] *vt* (*Verein, Betrieb*) to found

Gründer, in ['grʏndɐ] (*mpl inv*) *der, die* founder

Grundgebühr ['grʊntɡəby:ɐ] (*pl* **-en**) *die* (*für Telefon*) line rental

Grundgesetz ['grʊntɡəzɛts] *das* German constitution

Grundkurs ['grʊntkʊrs] (*pl* **-e**) *der* foundation course

Grundlage ['grʊntla:gə] (*pl* **-n**) *die* basis ● **die Grundlagen der Theorie** the basic principles of the theory

gründlich ['grʏntlɪç] ◇ *adj* thorough ◇ *adv* thoroughly

Grundnahrungsmittel ['grʊntna:rʊŋsmɪtl̩] (*pl inv*) *das* staple (food)

Gründonnerstag [gry:n'dɔnɐsta:k] (*pl* **-e**) *der* Maundy Thursday

Grundrecht ['grʊntrɛçt] (*pl* **-e**) *das* basic right

Grundschule ['grʊntʃu:lə] (*pl* **-n**) *die* ≃ primary school (*attended by pupils aged 6 to 10*)

Grundstück ['grʊntʃtʏk] (*pl* **-e**) *das* plot (of land)

Gründung ['grʏndʊŋ] (*pl* **-en**) *die* foundation

Grüne¹ ['gry:nə] (*pl* **-n**) *der, die* Green ● **die Grünen** the Greens

Grüne² ['gry:nə] *das* ● **im Grünen** in the country

Grünfläche ['gry:nflɛçə] (*pl* **-n**) *die* park

Grünkohl ['gry:nko:l] *der* kale

Gruppe ['grʊpə] (*pl* **-n**) *die* group

Gruppenermäßigung ['grʊpnɐr-mɛ:sɪgʊŋ] (*pl* **-en**) *die* group reduction

Gruppenkarte ['grʊpn̩kartə] (*pl* **-n**) *die* group ticket

Gruppenreise ['grʊpn̩raizə] (*pl* **-n**) *die* group tour

Gruß [gru:s] (*pl* **Grüße**) *der* greeting ● **herzliche Grüße an ...** greetings to ... ● **mit freundlichen Grüßen** yours sincerely ● **viele Grüße!** best wishes!

grüßen ['gry:sn̩] ◇ *vi* to say hello ◇ *vt* 1. (*begrüßen*) to greet 2. (*grüßen lassen*) to say hello to ● **Michaela lässt dich grüßen** Michaela says hello ● **jn von jm grüßen** to say hello to sb from sb

gucken ['gʊkn̩] *vi* to look

Gulasch ['gu:laʃ] (*pl* **-s**) *der & das* goulash

Gulaschkanone ['gu:laʃkano:nə] (*pl* **-n**) *die* large tureen used to serve hot food at outdoor public events

gültig ['gyltıç] *adj (Ticket, Vertrag)* valid

Gültigkeit ['gyltıçkaıt] *die* validity

Gummi ['gomi] *(pl -s) das* **1.** *(Material)* rubber **2.** *(Gummiring)* rubber band

Gummiband ['gomibant] *(pl -bänder) das* rubber band

Gummistiefel ['gomiʃti:fl] *(pl inv) der* wellington (boot)

Gunst ['gonst] *die* ● **zu Gunsten von** = **zugunsten**

günstig ['gynstıç] *adj* **1.** *(vorteilhaft)* favourable **2.** *(preisgünstig)* cheap **3.** *(Moment)* convenient

gurgeln ['gorgln] *vi* to gargle

Gurke ['gorka] *(pl -n) die (Salatgurke)* cucumber ● **saure Gurke** pickled gherkin

Gurt [gort] *(pl -e) der* **1.** *(an Tasche, Sattel)* strap **2.** *(Sicherheitsgurt)* seat belt

Gürtel ['gyrtl] *(pl inv) der (an Hose)* belt

Gürtelreifen ['gyrtlraıfn] *(pl inv) der* radial (tyre)

Gürtelrose ['gyrtlro:zə] *die* shingles *sg*

Gürteltasche ['gyrtltaʃə] *(pl -n) die* bumbag *(UK)*, fanny pack *(US)*

Gurtpflicht ['gortpflıçt] *die* compulsory wearing of seat belts

gut [gu:t] *(komp besser, superl beste)* ◇ *adj* good ◇ *adv* **1.** well **2.** *(leicht)* easily ● **gut befreundet sein** to be good friends ● **gut mit jm auskommen** to get on well with sb ● **gut schmecken** to taste good ● **ihr ist nicht gut** she's not well ● **so gut wie** as good as ◆ **Gute** ['gu:tə] *das* good ● **alles Gute!** all the best!

Gutachter, in ['gu:taxtɐ] *(mpl inv) der, die* expert

gutbürgerlich ['gu:tbyrgɐlıç] *adj* ● **gutbürgerliche Küche** good, plain food

Güteklasse ['gy:təklasə] *(pl -n) die* grade

Güterbahnhof ['gy:tɐbaːnhoːf] *(pl -höfe) der* goods depot

Güterzug ['gy:tɐtsuːk] *(pl -züge) der* goods train

gut gehen ['gu:t geːən] ◇ *vi (unreg) (ist)* to go well ◇ *vimp (unreg) (ist)* ● **es geht ihm gut** he's doing well

gut gelaunt ['gu:t gəlaunt] *adj* in a good mood

Guthaben ['gu:thaːbn] *(pl inv) das* balance *(positive)*

Gutschein ['gu:tʃaın] *(pl -e) der* voucher

gutschreiben ['gu:tʃraıbn] *vt (unreg)* to credit

Gutschrift ['gu:tʃrıft] *(pl -en) die (Quittung)* credit slip

gut tun ['gu:t tu:n] *vi (unreg) (+D)* ● **jm gut tun** to do sb good

Gymnasium [gym'naːzjom] *(pl -sien) das* ≃ grammar school *(UK)* secondary school attended by 10 - 19 year-olds

Gymnastik [gym'nastık] *die* keep-fit

Gynäkologe [gynɛko'lo:gə] *(pl -n) der* gynaecologist

Gynäkologin [gynɛko'lo:gn] *(pl -nen) die* gynaecologist

Gyros ['gy:rɔs] *das* doner kebab

hH

Haar [ha:ɐ] *(pl -e) das* hair ● **sich die Haare schneiden lassen** to have one's hair cut

Haarbürste ['ha:ɐbyrstə] (*pl* **-n**) *die* hairbrush

Haarfärbemittel ['ha:ɐfɛrbəmɪtl] (*pl inv*) *das* hair dye

Haarfestiger ['ha:ɐfɛstɪgɐ] (*pl inv*) *der* setting lotion

Haargel ['ha:ɐgeːl] (*pl* **-s**) *das* hair gel

Haarklammer ['ha:ɐklamɐ] (*pl* **-n**) *die* hair grip

Haarkur ['ha:ɐkuːɐ] (*pl* **-en**) *die* hair treatment cream

Haarnadel ['ha:ɐnaːdl] (*pl* **-n**) *die* hairpin

Haarnadelkurve ['ha:ɐnaːdlkurvə] (*pl* **-n**) *die* hairpin bend

haarscharf ['ha:ɐʃarf] *adv* **1.** (*sehr nah*) only just **2.** (*fig*) (*sehr genau*) precisely

Haarschnitt ['ha:ɐʃnɪt] (*pl* **-e**) *der* haircut

Haarshampoo ['ha:ɐʃampuː] (*pl* **-s**) *das* shampoo

Haarspange ['ha:ɐʃpaŋə] (*pl* **-n**) *die* hair clip

Haarspray ['ha:ɐʃpreː] (*pl* **-s**) *das* hairspray

Haartrockner ['ha:ɐtrɔknɐ] (*pl inv*) *der* hairdryer

Haarwasser ['ha:ɐvasɐ] (*pl* **-wässer**) *das* hair tonic

haben ['ha:bn] (*präs* **hat**, *prät* **hatte**, *pp* **gehabt**)

◇ *aux* to have ● sie hat gegessen she has eaten

◇ *vt* **1.** (*gen*) to have ● sie hat blaue Augen she has (got) blue eyes ● hast du Geld bei dir? have you got any money on you? **2.** (*mit Zeitangabe*) ● wie spät haben wir? what's the time? ● wir haben zehn Uhr it's ten o'clock ● heute haben wir Dienstag it's Tuesday today **3.** (*Unterricht, Dienst*) to have ● einen Tag frei haben to have a day off **4.** (*Erlebnis*) to have **5.** (*im Restaurant, Geschäft*) ● ich hätte gerne ... I'd like ... **6.** (*zur Verfügung*) to have ● es eilig haben to be in a hurry **7.** (*Krankheit, Problem*) to have ● Kopfschmerzen haben to have a headache ● was hast du denn? what's wrong? **8.** (*Gefühl*) ● Angst haben to be afraid ● Durst haben to be thirsty ● Hunger haben to be hungry ● haben Sie etwas dagegen, wenn ...? do you mind if ...? **9.** (*Angabe von Zwang*) ● etw zu tun haben to have to do sthg

Haben *das* credit

Hackbraten ['hakbra:tn] (*pl inv*) *der* meatloaf

hacken ['hakn] *vt* (*Holz*) to chop

Hackfleisch ['hakflaɪʃ] *das* mince (*UK*), mincemeat (*US*)

Hafen ['ha:fn] (*pl* **Häfen**) *der* **1.** (*klein*) harbour **2.** (*groß*) port

Hafenrundfahrt ['ha:fnrʊntfa:ɐt] (*pl* **-en**) *die* boat trip round the harbour

Hafenstadt ['ha:fnʃtat] (*pl* **-städte**) *die* port

Haferflocken ['ha:fɐflɔkn] *pl* rolled oats

Haft [haft] *die* custody

haftbar ['haftba:ɐ] *adj* liable

haften ['haftn] *vi* (*für Schaden*) to be liable

Haftpflichtversicherung ['haftpflɪçtfɛɐzɪçərʊŋ] (*pl* **-en**) *die* third party insurance

Haftpulver ['haftpʊlvɐ] *das* (*für Gebiss*) denture fixative

Haftung ['haftʊŋ] *die* liability

Haftungsbeschränkung ['haftʊŋsbəʃrɛŋkʊŋ] (*pl* **-en**) *die* limited liability

Hagebuttentee [ˈhaːgəˈbʊtntˌeː] *der* rose-hip tea

Hagel [ˈhaːgl] *der (Eisregen)* hail

hageln [ˈhaːgln] *vimp* ● **es hagelt** it's hailing

Hahn [haːn] *(pl* **Hähne)** *der* **1.** *(Tier)* cock **2.** *(Wasserhahn)* tap *(UK)*, faucet *(US)*

Hähnchen [ˈhɛːnçən] *(pl inv) das (Brathähnchen)* chicken ● **ein halbes Hähnchen** half a (roast) chicken

Hai [hai] *(pl* **-e)** *der* shark

häkeln [ˈhɛːkln] *vt & vi* to crochet

Häkelnadel [ˈhɛːklnaːdl] *(pl* **-n)** *die* crochet hook

Haken [ˈhaːkn] *(pl inv) der* **1.** *(an der Wand)* hook **2.** *(Zeichen)* tick ● **einen Haken haben** *(fam)* to have a catch

halb [halp] *adj & adv* half ● **ein halbes Kilo** half a kilo ● **eine halbe Stunde** half an hour ● **die halbe Stadt** half the town ● **halb und halb** *(fast)* more or less ● **halb sechs** half past five ● **halb so ... wie** half as ... as ● **halb durch** *KÜCHE* undercooked

halbautomatisch [ˈhalplautomaːtɪʃ] *adj (Getriebe, Kamera)* semi-automatic

Halbe [ˈhalbə] *(pl* **-n)** *der & die (Bier)* half a litre

halbfett [ˈhalpfɛt] *adj (Margarine, Käse)* low-fat

halbieren [halˈbiːrən] *vt (teilen)* to halve

Halbinsel [ˈhalpɪnzl] *(pl* **-n)** *die* peninsula

Halbjahr [ˈhalpjaːɐ̯] *(pl* **-e)** *das* six months *pl*

Halbmond [ˈhalpmoːnt] *der* half moon

Halbpension [ˈhalppɑ̃zjoːn] *die* half board ● **ein Zimmer mit Halbpension** a room with half board

Halbschuh [ˈhalpʃuː] *(pl* **-e)** *der* shoe

halbtags [ˈhalptaːks] *adv* part-time

Halbtagsarbeit [ˈhalptaːksarbait] *die* part-time work

halb voll [ˈhalp fɔl] *adj* half-full

halbwegs [ˈhalpveːks] *adv* halfway

Halbzeit [ˈhalptsait] *(pl* **-en)** *die* half-time

half [half] *prät* ➤ **helfen**

Hälfte [ˈhɛlftə] *(pl* **-n)** *die* half ● **die Hälfte (der Flasche)** half (the bottle) ● **etw zur Hälfte tun** to half-do sthg ● **er hat es erst zur Hälfte bezahlt** he only paid for half of it

Halle [ˈhalə] *(pl* **-n)** *die* hall

Hallenbad [ˈhalənbaːt] *(pl* **-bäder)** *das* (indoor) swimming pool

hallo [ˈhalo] *interj* hello!

Halogenlampe [haloˈgeːnlampə] *(pl* **-n)** *die* halogen lamp

Hals [hals] *(pl* **Hälse)** *der* **1.** *(Körperteil)* neck **2.** *(Rachen)* throat

Halsausschnitt [ˈhalsˌausʃnɪt] *(pl* **-e)** *der* neckline

Halsband [ˈhalsbant] *(pl* **-bänder)** *das (von Hund)* collar

Halsentzündung [ˈhalsɛnttsyndʊŋ] *(pl* **-en)** *die* throat infection

Halskette [ˈhalskɛtə] *(pl* **-n)** *die* necklace

Hals-Nasen-Ohren-Arzt, **-Ärztin** [ˈhals-naːzn-ˈoːrən-aːɐ̯tst] *(mpl* **-Ärzte)** *der, die* ear, nose and throat specialist

Halsschmerzen [ˈhalsʃmɛrtsn] *pl* ● **Halsschmerzen haben** to have a sore throat

Halstuch [ˈhalstuːx] *(pl* **-tücher)** *das* scarf

halt [halt] ◇ *interj* stop! ◇ *adv (Süddt)*

(nun einmal) ● **so ist das halt** that's just the way it is

Halt [halt] *der* ● **Halt machen** to stop

haltbar ['haltbaːɐ̯] *adj (Lebensmittel)* ● **lange haltbar sein** to keep well ▼ **mindestens haltbar bis** best before

Haltbarkeitsdatum ['haltbaːɐ̯kaitsdaːtʊm] *(pl* **-daten)** *das* best before date

halten ['haltn] *(präs* **hält**, *prät* **hielt**, *pp* **gehalten)**

◇ *vt* 1. *(fest halten)* to hold ● **sie hielt die Tasse in der Hand** she held the cup in her hand 2. *(einhalten, behalten)* to keep 3. *(Haustier)* to keep 4. SPORT to save 5. *(Vortrag, Rede)* to give 6. *(einschätzen, denken)* ● **jn für etw halten** to take sb for sthg ● **was hältst du von ihm?** what do you think of him/it? ● **ich habe ihn für klüger gehalten** I thought he was cleverer than that ● **viel/wenig von jm/ etw halten** to think a lot/not much of sb/sthg

◇ *vi* 1. *(Fahrzeug)* to stop 2. *(Beziehung)* to last 3. *(Lebensmittel)* ● **halten bis** to keep until 4. *(zur Unterstützung)* ● **zu jm halten** to stand by sb

● **sich halten** *ref* 1. *(sich fest halten)* to hold on 2. *(Lebensmittel)* ● **sich halten bis** to keep until 3. *(Person)* ● **für sein Alter hält er sich gut** he's keeping well for his age 4. *(in eine Richtung)* ● **sich rechts/ links halten** to keep right/left

Haltepunkt ['haltəpʊŋkt] *(pl* **-e)** *der* stop

Halterung ['haltərʊŋ] *(pl* **-en)** *die* holder

Haltestelle ['haltəʃtɛlə] *(pl* **-n)** *die* stop

Halteverbot ['haltəfɛɐ̯boːt] *das (Stelle)* no waiting zone, clearway *(UK)* ● **hier herrscht Halteverbot** there is no waiting here

Halteverbotsschild ['haltəfɛɐ̯boːtsʃɪlt] *(pl* **-er)** *das* no waiting sign

haltmachen ['haltmaxn̩] *vi* = **Halt**

Hamburg *nt* Hamburg

Hammelfleisch ['hamlflaiʃ] *das* mutton

Hammer ['hamɐ] *(pl* **Hämmer)** *der* hammer

hämmern ['hɛmɐn] *vi* to hammer

Hammerwerfen ['hamɐvɛrfn̩] *das* (throwing the) hammer

Hand [hant] *(pl* **Hände)** *die* hand ● **aus erster/zweiter Hand** second-hand *(with one/two previous owners)* ● **rechter/linker Hand** on the right/left

Handarbeit ['hantʔaɐ̯bait] *(pl* **-en)** *die* 1. needlework 2. *(Gegenstand)* hand-made article

Handball ['hantbal] *der* handball

Handbremse ['hantbremzə] *(pl* **-n)** *die* handbrake *(UK)*, parking brake *(US)*

Handbuch ['hantbuːx] *(pl* **-bücher)** *das* handbook

Handel ['handl] *der* 1. *(An- und Verkauf)* trade 2. *(Geschäftsleute, Geschäftswelt)* business

handeln ['handln] ◇ *vi* 1. *(Handel treiben)* to trade 2. *(agieren)* to act 3. *(feilschen)* to haggle ◇ *vimp* ● **bei diesem Buch handelt es sich um einen Roman** this book is a novel ● **handeln von** *(von Thema)* to be about

Handelskammer ['handlskamɐ] *(pl* **-n)** *die* chamber of commerce

Handelspartner ['handlpartnɐ] *(pl* **inv)** *der* trading partner

Handelsschule ['handlʃuːlə] *(pl* **-n)** *die* business school

Handfeger ['hantfeːgɐ] *(pl* **inv)** *der* brush

Handfläche ['hantflɛçə] *(pl* **-n)** *die* palm

Handgelenk ['hantgəlɛŋk] (pl -e) das wrist

handgemacht ['hantgəmaxt] adj hand-made

Handgepäck ['hantgəpɛk] das hand luggage

handgeschrieben ['hantgəʃriːbn̩] adj hand-written

Handgriff ['hantgrɪf] (pl -e) der movement (of the hand)

Handkoffer ['hantkɔfɐ] (pl inv) der (small) suitcase

Händler, in ['hɛndlɐ] (mpl inv) der, die dealer

handlich ['hantlɪç] adj handy

Handlung ['hantlʊŋ] (pl -en) die 1. (von Roman, Film) plot 2. (Tat, Aktion) act

Handschlag ['hantʃlaːk] der • etw per Handschlag besiegeln to shake on sthg

Handschrift ['hantʃrɪft] (pl -en) die 1. (Schrift) handwriting 2. (Text) manuscript

Handschuh ['hantʃuː] (pl -e) der glove

Handschuhfach ['hantʃuːfax] (pl -fächer) das glove compartment

Handtasche ['hanttaʃə] (pl -n) die handbag

Handtuch ['hanttuːx] (pl -tücher) das towel

Handwaschbecken ['hantvaʃbɛkn̩] (pl inv) das handbasin

Handwerker, in ['hantvɛrkɐ] (mpl inv) der, die craftsman

Handwerkszeug ['hantvɛrkstsɔyk] das tools pl

Handy ['hɛndi] (mpl -s) das mobile (phone) • er nahm sein Handy mit he took his mobile with him

Handzeichen ['hanttsaiçn̩] (pl inv) das hand signal

Hang [haŋ] (pl Hänge) der (Abhang) slope

Hängebrücke ['hɛŋəbrʏkə] (pl -n) die suspension bridge

Hängematte ['hɛŋəmatə] (pl -n) die hammock

hängen[1] ['hɛŋən] (prät hängte, pp gehängt) vt (anbringen) to hang • etw an etw (A) hängen to hang sthg on sthg

hängen[2] ['hɛŋən] (prät hing, pp gehangen) vi (angebracht sein) to hang • hängen an (+D) (örtlich) to hang on; (emotional) to be attached to

hängen bleiben ['hɛŋən blaibn̩] vi (unreg) (ist) • mit dem Ärmel an der Türklinke hängen bleiben to catch one's sleeve on the door handle

hängen lassen ['hɛŋən lasn̩] vt (unreg) (vergessen) to leave behind

Hannover [ha'noːfɐ] nt Hanover

Hansestadt ['hanzəʃtat] (pl -städte) die town which formerly belonged to the Hanseatic League

Hansestadt

The Hanseatic League (*Hanse*) was a trading alliance of towns on the North Sea and Baltic coasts that existed between the 12th and 17th centuries. The names of the League's former members such as Bremen, Hamburg, Lübeck and Rostock are often still preceded by the word *Hansestadt*, e.g. *Hansestadt Rostock*.

Hantel ['hantl̩] (pl -n) die dumbbell

Häppchen ['hɛpçən] (pl inv) das (kleine Speise) canapé

Hardware ['hɑːdwɛə] (*pl* **-s**) *die* hardware

Harke ['harkə] (*pl* **-n**) *die* rake

harmlos ['harmloːs] *adj* harmless

harmonisch [har'moːnɪʃ] *adj* harmonious

Harn [harn] *der* urine

Harnblase ['harnblaːzə] (*pl* **-n**) *die* bladder

Harpune [har'puːnə] (*pl* **-n**) *die* harpoon

hart [hart] (*komp* **härter**, *superl* **härteste**) ◇ *adj* 1. hard 2. (*Urteil, Strafe*) harsh ◇ *adv* 1. (*arbeiten, zuschlagen*) hard 2. (*urteilen, bestrafen*) harshly 3. (*sitzen, liegen*) on a hard surface ● **hart an** (+D) right next to

Härte ['hɛrtə] *die* 1. (*von Material*) hardness 2. (*Strenge*) harshness

hart gekocht ['hart gəkɔxt] *adj* ● **hart gekochtes Ei** hard-boiled egg

hartnäckig ['hartnɛkɪç] *adj* stubborn

Haschisch ['haʃɪʃ] *das* hashish

Hase ['haːzə] (*pl* **-n**) *der* hare

Haselnuss ['haːzlnʊs] (*pl* **-nüsse**) *die* hazelnut

Hass [has] *der* hatred

hassen ['hasn] *vt* to hate

hässlich ['hɛslɪç] *adj* (*Aussehen*) ugly

hast [hast] *präs* ➤ **haben**

hastig ['hastɪç] *adj* hasty

hat [hat] *präs* ➤ **haben**

hatte ['hatə] *prät* ➤ **haben**

Haube ['haubə] (*pl* **-n**) *die* 1. (*von Auto*) bonnet (*UK*), hood (*US*) 2. (*Trockenhaube*) hairdryer

hauchdünn ['hauxdyn] *adj* wafer-thin

hauchen ['hauxn] *vi* (*blasen*) to breathe

hauen ['hauən] ◇ *vt* 1. (*Person*) to hit 2. (*Statue, Figur*) to carve 3. (*Loch*) to knock ◇ *vi* (*mit der Hand*) to hit out

Haufen ['haufn] (*pl inv*) *der* 1. (*kleiner Berg*) pile 2. (*fam*) (*größere Menge*) ● **ein Haufen Freunde** loads of friends

häufig ['hɔyfɪç] ◇ *adj* frequent ◇ *adv* often

Hauptbahnhof ['hauptbaːnhoːf] (*pl* **-höfe**) *der* main station

hauptberuflich ['hauptbəruːflɪç] *adj* & *adv* full-time

Haupteingang ['hauptaingaŋ] (*pl* **-gänge**) *der* main entrance

Hauptfach ['hauptfax] (*pl* **-fächer**) *das* main subject

Hauptgericht ['hauptgərɪçt] (*pl* **-e**) *das* main course

Hauptgeschäftszeit ['hauptgəʃɛftstsait] (*pl* **-en**) *die* peak shopping hours *pl*

Hauptpost ['hauptpɔst] *die* main post office

Hauptproblem ['hauptprobleːm] (*pl* **-e**) *das* main problem

Hauptreisezeit ['hauptraizətsait] (*pl* **-en**) *die* peak travelling times *pl*

Hauptrolle ['hauptrɔlə] (*pl* **-n**) *die* (*im Film*) main role

Hauptsache ['hauptzaxə] (*pl* **-n**) *die* main thing

hauptsächlich ['hauptzɛçlɪç] *adv* principally

Hauptsaison ['hauptzezɔŋ] *die* high season

Hauptschule ['hauptʃuːlə] (*pl* **-n**) *die* secondary school attended by pupils aged 10 - 15

Hauptstadt ['hauptʃtat] (*pl* **-städte**) *die* capital

Hauptstraße ['hauptʃtraːsə] (*pl* **-n**) *die* main road

Hauptverkehrsstraße ['hauptfɛɐ̯-
ke:ɐ̯ʃtra:sə] (*pl* **-n**) *die* major road

Hauptverkehrszeit ['hauptfɛɐ̯ke:ɐ̯stsait]
(*pl* **-en**) *die* rush hour

Haus [haus] (*pl* **Häuser**) *das* house ●
nach Hause home ● **zu Hause** at home

Hausapotheke ['hausapote:kə] (*pl* **-n**)
die medicine cabinet

Hausarbeit ['hausˌarbait] (*pl* **-en**) *die* **1.**
(*im Haushalt*) housework **2.** (*Hausaufgabe*)
homework

Hausarzt, -ärztin ['hausˌa:ɐ̯tst] (*mpl*
-ärzte) *der & die* family doctor

Hausärztin ['hausˌɛ:ɐ̯tstin] (*pl* **-nen**) *die*
family doctor

Hausaufgabe [hausˌaufga:bə] (*pl* **-n**) *die*
piece of homework ● **Hausaufgaben
machen** to do homework

Hausbar ['hausba:ɐ̯] (*pl* **-s**) *die* **1.** (*Raum*)
bar **2.** (*Schrank*) drinks cabinet

Hausbewohner, in ['hausbəvo:nɐ] (*pl*
inv) *der, die* occupier

hauseigen ['hausˌaign] *adj* ● **die Firma
hat einen hauseigenen Parkplatz** the firm
has its own car park

Hausflur ['hausflu:ɐ̯] (*pl* **-e**) *der* hall

Hausfrau ['hausfrau] (*pl* **-en**) *die* housewife

hausgemacht ['hausgəmaxt] *adj* home-
made

Haushalt ['haushalt] (*pl* **-e**) *der* **1.**
(*Hausarbeit*) housework **2.** (*Wohnung*)
household **3.** (*Etat*) budget

Haushälter, in ['haushɛltɐ] (*mpl inv*) *der,
die* housekeeper

Haushaltsreiniger ['haushaltsrainigɐ]
(*pl inv*) *der* household cleaner

Haushaltswaren ['haushaltsva:rən] *pl*
household goods

Hausmannskost ['hausmanskɔst] *die*
plain food

Hausmarke ['hausmarkə] (*pl* **-n**) *die*
(*Wein*) house wine

Hausmeister, in ['hausmaistɐ] (*mpl inv*)
der, die caretaker (UK), janitor (US)

Hausnummer ['hausnomɐ] (*pl* **-n**) *die*
house number

Hausordnung ['hausˌɔrdnʊŋ] (*pl* **-en**) *die*
house rules *pl*

Hausschlüssel ['hausʃlʏsl] (*pl inv*) *der*
house key

Hausschuh ['hausʃu:] (*pl* **-e**) *der* slipper

Haustier ['hausti:ɐ̯] (*pl* **-e**) *das* pet

Haustür ['hausty:ɐ̯] (*pl* **-en**) *die* front
door

Hausverbot ['hausfɛɐ̯bo:t] *das* ● **Hausverbot haben** to be barred

Hauszelt ['haustsɛlt] (*pl* **-e**) *das* family
tent

Haut [haut] (*pl* **Häute**) *die* skin

Hautarzt, -ärztin ['hautˌa:ɐ̯tst] (*mpl*
-ärzte) *der & die* dermatologist

Hautausschlag ['hautˌausʃla:k] (*pl*
-schläge) *der* skin rash

Hautcreme ['hautkre:m] (*pl* **-s**) *die* skin
cream

hauteng ['hautɛŋ] *adj* skintight

Hautfarbe ['hautfarbə] (*pl* **-n**) *die* skin
colour

Hbf. *abk* = Hauptbahnhof

Hebamme ['he:plamə] (*pl* **-n**) *die*
midwife

Hebel ['he:bl] (*pl inv*) *der* lever

heben ['he:bn] (*prät* **hob**, *pp* **gehoben**)
vt (*hochnehmen*) to lift ● **sich heben** *ref*
(*Vorhang, Schranke*) to rise

Heck [hɛk] (*pl* **-s**) *das* **1.** (*von Auto*) rear **2.**
(*von Schiff*) stern

Hecke ['hɛkə] (pl **-n**) die hedge

Heckklappe ['hɛkklapə] (pl **-n**) die tailgate

Heckscheibe ['hɛkʃaibə] (pl **-n**) die rear window

Heckscheibenheizung ['hɛkʃaibənhaitsʊŋ] (pl **-en**) die heated rear window

Hecktür ['hɛkty:ɐ] (pl **-en**) die tailgate

Hefe ['he:fə] die yeast

Hefeteig ['he:fətaik] der dough

hefetrüb ['he:fətry:p] adj cloudy

Heft [hɛft] (pl **-e**) das 1. (Schulheft) exercise book 2. (Zeitschrift) issue

Hefter ['hɛftɐ] (pl inv) der binder

heftig ['hɛftɪç] ◇ adj violent ◇ adv violently

Heftklammer ['hɛftklamɐ] (pl **-n**) die staple

Heftpflaster ['hɛftpflastɐ] (pl inv) das plaster (UK), Bandaid (US)

Heftzwecke ['hɛftsvɛkə] (pl **-n**) die drawing pin (UK), thumbtack (US)

Heide ['haidə] die (Landschaft) heath, moor

Heidelbeere ['haidlbe:rə] (pl **-n**) die bilberry

heikel ['haikl] (komp **heikler**, superl **heikelste**) adj (Problem) tricky

heil [hail] adj intact

Heilbad ['hailba:t] (pl **-bäder**) das spa

heilbar ['hailba:ɐ] adj curable

heilen ['hailən] ◇ vt to cure ◇ vi to heal

heilig ['hailɪç] adj (Person, Ort) holy

Heiligabend ['hailɪçʔa:bnt] der Christmas Eve

Heilkräuter ['hailkrɔytɐ] pl medicinal herbs

Heilmittel ['hailmɪtl] (pl inv) das treatment

Heilpflanze ['hailpflantsə] (pl **-n**) die medicinal plant

Heilpraktiker, in ['hailpraktikɐ] (mpl inv) der, die alternative practitioner

Heilquelle ['hailkvɛlə] (pl **-n**) die medicinal spring

Heilung ['hailʊŋ] (pl **-en**) die 1. (durch Arzt) curing 2. (von Wunde) healing

Heim [haim] (pl **-e**) das home

Heimat ['haimat] die (von Person) home (town, country)

Heimatadresse ['haima:t|adrɛsə] (pl **-n**) die home address

Heimathafen ['haima:tha:fn] (pl **-häfen**) der home port

Heimatland ['haima:tlant] (pl **-länder**) das home country

Heimatmuseum ['haima:tmuze:ʊm] (pl **-museen**) das heritage museum

Heimfahrt ['haimfa:ɐt] die return journey, journey home

heimlich ['haimlɪç] ◇ adj secret ◇ adv secretly

Heimreise ['haimraizə] die return journey, journey home

Heimspiel ['haimʃpi:l] (pl **-e**) das home game

Heimweg ['haimve:k] der way home

Heimweh ['haimve:] das homesickness
● Heimweh haben to be homesick

Heimwerker ['haimvɛrkɐ] (pl inv) der handyman

Heimwerkermarkt ['haimvɛrkɐmarkt] (pl **-märkte**) der DIY store

Heirat ['haira:t] (pl **-en**) die marriage

heiraten ['haira:tn] vt & vi to marry

heiser ['haizɐ] ◇ adj hoarse ◇ adv hoarsely

Heiserkeit ['haizɐkait] die hoarseness

heiß [hais] ◇ *adj* **1.** hot **2.** *(Diskussion)* heated **3.** *(fam) (toll)* brilliant ◇ *adv* **1.** *(lieben)* passionately **2.** *(fam) (toll)* brilliantly ● **heiß baden** to have a hot bath ● **es ist heiß** it's hot ● **mir ist heiß** I'm hot

heißen ['haisn] *(prät* **hieß**, *pp* **geheißen)** *vi* **1.** *(mit Namen)* to be called **2.** *(bedeuten)* mean ● **wie heißt das auf Deutsch?** how do you say that in German? ● **wie heißt du?** what's your name? ● **das heißt** *(erklärend)* so; *(einschränkend)* that is

heiß laufen ['haislaufn] *vi (unreg) (ist) (Motor)* to overheat

Heißluftballon ['haisluftbalɔn] *(pl* **-s)** *der* hot air balloon

Heißwassergerät ['haisvasɐgɛrɛːt] *(pl* **-e)** *das* water heater

heiter ['haitɐ] *adj* **1.** *(Person, Stimmung)* cheerful **2.** *(Wetter)* fine

heizbar ['haitsbaːɐ] *adj* heated

Heizdecke ['haitsdɛkə] *(pl* **-n)** *die* electric blanket

heizen ['haitsn] ◇ *vt (Raum)* to heat ◇ *vi* to have the heating on

Heizgerät ['haitsgɛrɛːt] *(pl* **-e)** *das (elektrisch)* heater

Heizkissen ['haitskisn] *(pl inv)* das heated pad *(for back etc)*

Heizkörper ['haitskœrpɐ] *(pl inv)* der radiator

Heizung ['haitsʊŋ] *(pl* **-en)** *die* **1.** *(Heizungsanlage)* heating **2.** *(Heizkörper)* radiator

hektisch ['hɛktiʃ] *adj* hectic

helfen ['hɛlfn] *(präs* **hilft**, *prät* **half**, *pp* **geholfen)** *vi* to help ● **jm helfen** to help sb ● **jm helfen bei** to help sb with ● **sich**

(D) **zu helfen wissen** to know what to do

Helfer, in ['hɛlfɐ] *(mpl inv)* der, die helper

hell [hɛl] ◇ *adj* **1.** *(Licht)* bright **2.** *(Farbe)* light **3.** *(Ton)* high ◇ *adv (leuchten)* brightly ● **ihre Stimme klingt hell** she has a high-pitched voice ● **es wird hell** it's getting light

hellblau ['hɛlblau] *adj* light blue

hellblond ['hɛlblɔnt] *adj* very blonde

Hellseher, in ['hɛlzeːɐ] *(mpl inv)* der, die clairvoyant

Helm [hɛlm] *(pl* **-e)** *der* helmet

Hemd [hɛmt] *(pl* **-en)** *das* **1.** *(Oberhemd)* shirt **2.** *(Unterhemd)* vest

Hendl ['hɛndl] *(pl* **-n)** *das (Süddt & Österr)* roast chicken

Hengst [hɛŋst] *(pl* **-e)** *der* stallion

Henkel ['hɛŋkl] *(pl inv)* der handle

her [heːɐ] *adv* ● **komm her!** come here! ● **von Norden her** from the North ● **von weit her** from a long way away ● **ich kenne sie von früher** I know her from before ● **das ist 10 Jahre her** that was 10 years ago ● **von der Größe her** as far as its size is concerned ● **her damit!** give me that! ● **her sein**

herab [hɛ'rap] *adv* down

herabsetzen [hɛ'rapzɛtsn] *vt (Preis, Tempo)* to reduce

heran [hɛ'ran] *adv* ● **etwas rechts heran** a bit further to the right

herankommen [hɛ'rankɔmən] *vi (unreg) (ist) (sich nähern)* to approach

Heranwachsende [hɛ'ranvaksndə] *(pl* **-n)** *der, die* adolescent

herauf [hɛ'rauf] *adv* up

heraufkommen [hɛ'raufkɔmən] ◇ *vi (unreg) (ist) (Person, Fahrzeug)* to come up ◇ *vt* *(unreg)* *(ist)* *(Treppe, Berg)* to climb (up)

herauf|setzen [hɛˈraufzɛtsn̩] *vt* *(Preis)* to raise

heraus [hɛˈraus] *adv* out

heraus|bekommen [hɛˈrausbəkɔmən] *vt* *(unreg)* **1.** *(Geheimnis)* to find out **2.** *(Lösung)* to work out **3.** *(Fleck)* to get out **4.** *(Wechselgeld)* ● **noch 10 Pfennig herausbekommen** to get 10 pfennigs change

heraus|bringen [hɛˈrausbrɪŋən] *vt* *(unreg)* *(Buch, Platte)* to bring out

heraus|finden [hɛˈrausfɪndən] *vt* *(unreg)* *(entdecken)* to find out

heraus|fordern [hɛˈrausfɔrdɐn] *vt* *(provozieren)* to provoke

Herausforderung [hɛˈrausfɔrdəruŋ] *(pl -en)* *die* **1.** *(Provokation)* provocation **2.** *(Aufgabe)* challenge

heraus|geben [hɛˈrausgeːbn̩] *vt* *(unreg)* **1.** *(Buch, Zeitung)* to publish **2.** *(Geisel, Beute)* to hand over **3.** *(Wechselgeld)* to give in change ● **auf 50 Euro herausgeben** to give change for 50 euros ● **jm 2 Euro herausgeben** to give sb 2 euros in change

Herausgeber, in [hɛˈrausgeːbɐ] *(mpl inv)* *der, die* publisher

heraus|gehen [hɛˈrausgeːən] *vi* *(unreg)* *(ist)* *(nach draußen)* to get out

heraus|halten [hɛˈraushaltn̩] *vt* *(unreg)* to put out ● **sich heraushalten** *ref* to stay out of it

heraus|holen [hɛˈraushoːlən] *vt* *(nach draußen)* to bring out

heraus|kommen [hɛˈrauskɔmən] *vi* *(unreg)* *(ist)* to come out

heraus|nehmen [hɛˈrausneːmən] *vt* *(unreg)* to take out

heraus|stellen [hɛˈrausʃtɛlən] *vt* **1.** *(nach draußen)* to put out **2.** *(hervorheben)* to emphasize ● **sich herausstellen** *ref* to become clear

heraus|suchen [hɛˈrauszuːxn̩] *vt* to pick out

heraus|ziehen [hɛˈraustsiːən] *vt* *(unreg)* to pull out

herb [hɛrp] ◇ *adj* **1.** *(Geschmack)* sharp **2.** *(Wein)* dry **3.** *(Enttäuschung)* bitter ◇ *adv* **1.** *(bitter)* bitterly **2.** *(schlimm)* badly

herbei [hɛːɐˈbai] *adv* ● **komm herbei!** come here!

Herberge [ˈhɛrbɛrgə] *(pl -n)* *die* *(Jugendherberge)* hostel

her|bringen [ˈhɛːrbrɪŋən] *vt* *(unreg)* to bring

Herbst [hɛrpst] *(pl -e)* *der* autumn *(UK)*, fall *(US)* ● **im Herbst** in (the) autumn *(UK)*, in (the) fall *(US)*

herbstlich [ˈhɛrpstlɪç] *adj* autumn *(vor Subst)*

Herd [heːɐt] *(pl -e)* *der* *(Küchenherd)* cooker

Herde [ˈheːɐdə] *(pl -n)* *die* **1.** *(von Tieren)* herd **2.** *(von Schafen)* flock

herein [hɛˈrain] *adv* in ● **herein!** come in!

herein|fallen [hɛˈrainfalən] *vi* *(unreg)* *(ist)* **1.** *(fallen)* to fall in **2.** *(getäuscht werden)* to be taken in

herein|holen [hɛˈrainhoːlən] *vt* to bring in

herein|kommen [hɛˈrainkɔmən] *vi* *(unreg)* *(ist)* *(von draußen)* to come in

herein|lassen [hɛˈrainlasn̩] *vt* *(unreg)* to let in

herein|legen [hɛˈrainleːgn̩] *vt* *(fam)* *(täuschen)* to take for a ride

Herfahrt ['hɛrfaːɐ̯t] *die* journey here

her|geben ['heːɐ̯geːbn] *vt (unreg) (geben)* to give

her|gehen ['heːɐ̯geːən] *vi (unreg) (ist)* ● hergehen vor/hinter/neben (+D) to walk in front of/behind/next to

her|haben ['heːɐ̯haːbn] *vt (unreg) (fam)* ● wo hast du das her? where did you get that from?

Hering ['heːrɪŋ] (*pl* **-e**) *der* **1.** *(Fisch)* herring **2.** *(am Zelt)* tent peg

Heringstopf ['heːrɪŋstɔpf] (*pl* **-töpfe**) *der* salad of marinated herring, onion, mayonnaise and beetroot

her|kommen ['heːɐ̯kɔmən] *vi (unreg) (ist)* to come ● wo kommst du her? where are you from?

Herkunft ['heːɐ̯kʊnft] *die* **1.** *(von Person)* origins *pl* **2.** *(von Sache)* origin

Herkunftsland ['heːɐ̯kʊnftslant] (*pl* **-länder**) *das* country of origin

Herkunftsort ['heːɐ̯kʊnftslɔrt] (*pl* **-e**) *der* place of origin

Heroin [hero'iːn] *das* heroin

Herr [hɛr] (*pl* **-en**) *der* **1.** *(Mann)* gentleman ● Mr ● an Herrn Müller to Mr Müller ● **Herren** *pl (Herrentoilette)* ▼ **Herren** gentlemen

Herrenbekleidung ['hɛrənbəklaidʊŋ] *die* menswear

Herrenfriseur ['hɛrənfrizøːɐ̯] (*pl* **-e**) *der* barber, men's hairdresser

Herrenschuh ['hɛrənʃuː] (*pl* **-e**) *der* man's shoe

Herrentoilette ['hɛrəntoalɛtə] (*pl* **-n**) *die* men's toilet

herrlich ['hɛrlɪç] ◇ *adj* wonderful ◇ *adv* wonderfully ● es schmeckt herrlich it tastes wonderful

herrschen ['hɛrʃn] *vi* **1.** *(regieren)* to rule **2.** *(bestehen)* to be

her sein ['heːɐ̯zain] *vi (unreg) (ist)* ● wo bist du her? where are you from? ● es ist erst drei Tage her it was only three days ago

her|stellen ['heːɐ̯ʃtɛlən] *vt (produzieren)* to make, to produce

Hersteller, in ['heːɐ̯ʃtɛlɐ] (*mpl inv*) *der, die* manufacturer

Herstellung ['heːɐ̯ʃtɛlʊŋ] *die (Produktion)* production

herüber [hɛ'ryːbɐ] *adv* over

herum [hɛ'rʊm] *adv* round ● um ... herum around ● um den Tisch herum around the table ● um die 50 Euro herum around 50 euros

herum|drehen [hɛ'rʊmdreːən] *vt* **1.** *(auf die andere Seite)* to turn over **2.** *(Schlüssel, Hebel)* to turn ◆ sich herumdrehen *ref* to turn round

herum|fahren [hɛ'rʊmfaːrən] *vt & vi (unreg) (ist)* to drive around

herum|führen [hɛ'rʊmfyːrən] ◇ *vt* to show around ◇ *vi* to go around

herum|gehen [hɛ'rʊmgeːən] *vi (unreg) (ist)* to walk around

herum|kommen [hɛ'rʊmkɔmən] *vi (unreg) (ist) (reisen)* to travel around ● herumkommen um *(fam) (sich drücken)* to get out of

herum|liegen [hɛ'rʊmliːgən] *vi (unreg)* to lie around

herunter [hɛ'rʊntɐ] *adv* down

herunter|fallen [hɛ'rʊntɐfalən] *vi (unreg) (ist)* to fall down

herunter|gehen [hɛ'rʊntɐgeːən] *vi (unreg) (ist) (Person)* to go down ● mit dem Preis heruntergehen to lower the price

herunter|handeln [hɛ'rontɐhandln] vt to beat down

herunter|holen [hɛ'rontɐhoːlən] vt to bring down

herunter|lassen [hɛ'rontɐlasn] vt (unreg) (Jalousie) to lower

herunter|schlucken [hɛ'rontɐʃlokn] vt (Essen) to swallow

hervor [hɛɐ̯'foːɐ̯] adv ● **komm hervor!** come out!

hervorragend [hɛɐ̯'foːɐ̯raːgnt] ◇ adj excellent ◇ adv excellently

hervor|rufen [hɛɐ̯'foːɐ̯ruːfn] vt (unreg) (verursachen) to cause

Herz [hɛrts] (pl -en) das 1. heart 2. (Spielfarbe) hearts pl ● **von ganzem Herzen** wholeheartedly

Herzbeschwerden [hɛrtsbəʃveːɐ̯dn] pl heart trouble sg

herzhaft [hɛrtshaft] adj (Essen) hearty

Herzinfarkt [hɛrtsɪnfarkt] (pl -e) der heart attack

Herzklopfen [hɛrtsklɔpfn] das ● **ich habe Herzklopfen** my heart is pounding

herzlich [hɛrtslɪç] ◇ adj 1. (freundlich) warm 2. (aufrichtig) sincere ◇ adv 1. (freundlich) warmly 2. (aufrichtig) sincerely

Herzschrittmacher [hɛrtsʃrɪtmaxɐ] (pl inv) der pacemaker

Herzstillstand [hɛrtsʃtɪlʃtant] (pl -stände) der cardiac arrest

Hessen [hɛsn] nt Hesse

hetzen [hɛtsn] vt & vi to rush ● **sich hetzen** ref to rush

Heu [hɔy] das hay

heuer [hɔyɐ] adv (Süddt & Österr) this year

heulen [hɔylən] vi to howl

Heurige [hɔyrɪgə] (pl -n) der 1. (Österr) (Wein) new wine (from most recent harvest) 2. (Lokal) bar, particularly in the region of Vienna, that serves new wine from the local vineyards

Heuschnupfen [hɔyʃnopfn] der hay fever

heute [hɔytə] adv today ● **heute früh** (early) this morning ● **heute Morgen/Mittag/Abend** this morning/lunchtime/evening ● **heute in einer Woche** a week today

heutig [hɔytɪç] adj today's

hielt [hiːlt] prät → halten

hier [hiːɐ̯] adv 1. here 2. (zeitlich) now ● **das hier** this one here ● **hier, nimm!** here, take it! ● **hier und da** here and there ● **von hier aus** from here ● **hier!** here!, present!

hierauf [hiːrauf] adv (auf diese Sache) (on) here

hier behalten [hiːɐ̯bəhaltn] vt (unreg) (fam) (Person, Sache) to keep here

hier bleiben [hiːɐ̯blaibn] vi (unreg) (ist) to stay here

hierher [hiːɐ̯heːɐ̯] adv here

hierhin [hiːɐ̯hɪn] adv here

hiermit [hiːɐ̯mɪt] adv with this

hier sein [hiːɐ̯zain] vi (unreg) (ist) to be here

hiervon [hiːɐ̯fɔn] adv (von Sache, Menge) of this

hiesig [hiːzɪç] adj local

hieß [hiːs] prät → heißen

Hilfe [hɪlfə] (pl -n) die 1. (Helfen) help 2. (Person) assistant ● **mit Hilfe von** with the help of ● **Hilfe!** help! ● **um Hilfe rufen** to call for help ● **erste Hilfe** first aid

hilflos ['hɪlfloːs] ◇ *adj* helpless ◇ *adv* helplessly

hilfsbereit ['hɪlfsbəraɪt] *adj* helpful

hilft [hɪlft] *präs* ➤ helfen

Himbeere ['hɪmbeːrə] (*pl* **-n**) *die (Frucht)* raspberry

Himbeergeist ['hɪmbeːɐgaɪst] *der* raspberry brandy

Himmel ['hɪml] *der* 1. *(Luftraum)* sky 2. *RELIG* heaven

Himmelfahrt ['hɪmlfaːɐt] *(Feiertag)* Ascension Day

Himmelsrichtung ['hɪmlsrɪçtʊŋ] (*pl* **-en**) *die* direction

hin [hɪn] *adv* ● bis zum Baum hin up to the tree ● der Weg hin the way there ● zweimal nach München, hin und zurück two returns to Munich ● hin und her back and forth ● hin und wieder now and again

hinab [hɪ'nap] *adv* down

hinauf [hɪ'nauf] *adv* up

hinauf|gehen [hɪ'naufgeːən] *vi & vt (unreg) (ist)* to go up

hinauf|steigen [hɪ'naufʃtaɪgn] *vi & vt (unreg) (ist)* to climb

hinaus [hɪ'naus] *adv (nach draußen)* out

hinaus|gehen [hɪ'nausgeːən] *vi (unreg) (ist) (nach draußen)* to go out ● zur Straße hinausgehen to look out onto the street

hinaus|laufen [hɪ'nauslaufn] *vi (unreg) (ist) (nach draußen)* to run out

Hinblick ['hɪnblɪk] *der* ● in ODER im Hinblick auf (+A) with regard to

hindern ['hɪndɐn] *vt* to hinder ● jn (daran) hindern, etw zu tun to prevent sb from doing sthg

Hindernis ['hɪndɐnɪs] (*pl* **-se**) *das* obstacle

hindurch [hɪn'dʊrç] *adv* 1. *(räumlich)* through 2. *(zeitlich)* throughout

hinein [hɪ'naɪn] *adv (räumlich)* in

hinein|gehen [hɪ'naɪngeːən] *vi (unreg) (ist)* to go in

hinein|stecken [hɪ'naɪnʃtɛkn] *vt* to put in

hin|fahren ['hɪnfaːrən] ◇ *vi (unreg) (ist)* to go there ◇ *vt (unreg) (hat) (Passagiere)* to drive there

Hinfahrt ['hɪnfaːɐt] (*pl* **-en**) *die* 1. *(mit Auto)* journey there 2. *(mit Zug)* outward journey

hin|fallen ['hɪnfalən] *vi (unreg) (ist)* to fall down

Hinflug ['hɪnfluːk] (*pl* **-flüge**) *der* outward flight

hing [hɪŋ] *prät* ➤ hängen

hin|gehen ['hɪngeːən] *vi (unreg) (ist) (gehen)* to go

hinken ['hɪŋkn] *vi* to limp

hin|knien ['hɪnkniːn] ● sich hinknien to kneel down

hin|kommen ['hɪnkɔmən] *vi (unreg) (ist)* 1. *(ankommen)* to get there 2. *(hingehören)* to belong ● mit etw hinkommen to make sthg last

hin|legen ['hɪnleːgn] *vt (Kind, Besteck, Tasche)* to put down ● sich hinlegen *ref* to lie down

Hinreise ['hɪnraɪzə] (*pl* **-n**) *die* journey there

hin|setzen ['hɪnzɛtsn] *vt (Person)* to seat ● sich hinsetzen *ref* to sit down

hin|stellen ['hɪnʃtɛlən] *vt (Gegenstand)* to put down ● sich hinstellen *ref* to stand

hinten ['hɪntn] *adv* 1. *(am Ende)* at the back 2. *(an der Rückseite)* on the back 3. *(zur Richtungsangabe)* back ● hinten im Buch at the back of the book ● hinten

am Radio on the back of the radio ● **hinten sitzen** *(im Auto)* to sit in the back ● **da** ODER **dort hinten** back there ● **weit hinten** a long way behind ● **bitte nach hinten durchgehen!** please move down to the back!

hinter ['hɪntɐ] *präp (+D,A)* behind

Hinterachse ['hɪntɐʔaksə] *(pl* **-n)** *die* rear axle

Hinterausgang ['hɪntɐʔausɡaŋ] *(pl* **-ausgänge)** *der* rear exit

hintere, r, s ['hɪntərə] *adj* back, rear

hintereinander ['hɪntɐʔainandɐ] *adv* **1.** *(räumlich)* one behind the other **2.** *(zeitlich)* one after the other

Hintereingang ['hɪntɐʔaingaŋ] *(pl* **-eingänge)** *der* rear entrance

Hintergrund ['hɪntɐɡrʊnt] *(pl* **-gründe)** *der* background

hinterher ['hɪntɐheːɐ] *adv* **1.** *(räumlich)* behind **2.** *(zeitlich)* afterwards

hinterher|fahren ['hɪntɐheːɐfaːrən] *vi (unreg) (ist)* to drive behind ● **jm hinterherfahren** to follow sb

hinterher|gehen ['hɪntɐheːɐɡeːən] *vi (unreg) (ist)* to walk behind ● **jm hinterhergehen** to follow sb

hinterlassen ['hɪntɐlasn] *(präs* **hinterlässt**, *prät* **hinterließ**, *pp inv) vt* to leave

hinterlegen ['hɪntɐleːɡn] *vt* to leave

Hintern ['hɪntɐn] *(pl inv) der (fam)* bottom

Hinterrad ['hɪntɐraːt] *(pl* **-räder)** *das* rear wheel

Hinterradantrieb ['hɪntɐraːtantriːp] *der* rear wheel drive

Hintertür ['hɪntɐtyːɐ] *(pl* **-e n)** *die* back door

Hinterzimmer ['hɪntɐtsɪmɐ] *(pl inv) das* back room

hinüber [hɪ'nyːbɐ] *adv* over, across

Hin- und Rückfahrt ['hɪn-ʊntrʏkfaːɐt] *die* round trip

hinunter [hɪ'nʊntɐ] *adv* down

Hinweg ['hɪnveːk] *(pl* **-e)** *der* ● **auf dem Hinweg** on the way there

Hinweis ['hɪnvais] *(pl* **-e)** *der* **1.** *(Tipp, Fingerzeig)* tip **2.** *(für Polizei)* lead **3.** *(Anleitung)* instruction **4.** *(Indiz)* sign ● **nähere Hinweise** detailed instructions

hin|weisen ['hɪnvaizn] ◇ *vt (unreg)* ● **jn auf etw** *(A)* **hinweisen** to point sthg out to sb ◇ *vi (unreg) (zeigen)* ● **auf jn/etw hinweisen** to point to sb/sthg

Hinweisschild ['hɪnvaisʃɪlt] *(pl* **-er)** *das* sign

hin|werfen ['hɪnvɛrfn] *vt (unreg) (Gegenstand)* to throw down

hinzu [hɪn'tsuː] *adv* in addition

hinzu|fügen [hɪn'tsuːfyːɡn] *vt (Gewürz, Zutat)* to add

hinzu|kommen [hɪn'tsuːkɔmən] *vi (unreg) (ist)* **1.** *(Person)* to arrive **2.** *(Tatsache)* ● **hinzukommt, dass ...** moreover... ● **kommt noch etwas hinzu?** *(im Geschäft)* would you like anything else?

Hirn [hɪrn] *(pl* **-e)** *das* **1.** *(Organ)* brain **2.** *(Gericht)* brains *pl*

Hirsch [hɪrʃ] *(pl* **-e)** *der* **1.** *(Tier)* deer **2.** *(Fleisch)* venison

Hirse ['hɪrzə] *die* millet

historisch [hɪs'toːrɪʃ] ◇ *adj (geschichtlich)* historical ◇ *adv (geschichtlich)* historically

Hit [hɪt] *(pl* **-s)** *der (Lied)* hit

Hitparade ['hɪtparaːdə] (pl **-n**) die charts pl

Hitze ['hɪtsə] die heat

hitzebeständig ['hɪtsəbəʃtɛndɪç] adj heat-resistant

Hitzewelle ['hɪtsəvɛlə] (pl **-n**) die heat-wave

Hitzschlag ['hɪtsʃlaːk] der heatstroke

HIV-positiv [haːiːfauˈpoːzitiːf] adj HIV-positive

H-Milch ['haːmɪlç] die long-life milk

hob [hoːb] prät ➤ **heben**

Hobby ['hɔbiː] (pl **-s**) das hobby

hoch [hoːx] (komp **höher**, superl **höchste**) ◇ adj **1.** high **2.** (Baum) tall **3.** (Alter, Gewicht) great **4.** (Anzahl, Summe) large ◇ adv **1.** high **2.** (sehr) highly

Hoch [hoːx] (pl **-s**) das (Wetterlage) high

hochachtungsvoll ['hoːxaxtʊŋsfɔl] adv Yours faithfully (nach Dear Sir/Madam), Yours sincerely (nach Dear Mr/Mrs X)

Hochbetrieb ['hoːxbətriːp] der ● es herrscht Hochbetrieb it's the busiest time

hochdeutsch ['hoːxdɔytʃ] adj standard German

Hochdruck ['hoːxdrʊk] der (technisch) high pressure

Hochdruckgebiet ['hoːxdrʊkɡəbiːt] (pl **-e**) das area of high pressure

Hochdruckzone ['hoːxdrʊktsoːnə] (pl **-n**) die area of high pressure

Hochebene ['hoːxeːbənə] (pl **-n**) die plateau

hocherfreut ['hoːxɛɐ̯frɔyt] adj delighted

hochfliegen ['hoːxfliːɡn̩] vi (unreg) (ist) to fly up

Hochgebirge ['hoːxɡəbɪrɡə] (pl inv) das high mountains pl

hochgehen ['hoːxɡeːən] vi (unreg) (ist) **1.** to go up **2.** (Bombe) to go off

hochhalten ['hoːxhaltn̩] vt (unreg) (Gegenstand) to hold up

Hochhaus ['hoːxhaus] (pl **-häuser**) das high-rise building

hochheben ['hoːxheːbn̩] vt (unreg) to lift

hochklappen ['hoːxklapn̩] vt to fold up

hochklettern ['hoːxklɛtɐn] vi & vt (ist) to climb (up)

hochkommen ['hoːxkɔmən] vi & vt (unreg) (ist) to come up

hochkrempeln ['hoːxkrɛmpl̩n] vt to roll up

hochnäsig ['hoːxnɛːzɪç] adj (abw) conceited

hochprozentig ['hoːxprotsɛntɪç] adj (Getränk) strong

Hochsaison ['hoːxzɛzɔŋ] die (in Ferienort) high season

Hochschule ['hoːxʃuːlə] (pl **-n**) die **1.** college **2.** (Universität) university

Hochschulreife ['hoːxʃuːlraifə] die qualification needed for university entrance

hochschwanger ['hoːxʃvaŋɐ] adj heavily pregnant

Hochsommer ['hoːxzɔmɐ] (pl inv) der midsummer

Hochspannung ['hoːxʃpanʊŋ] die (Strom) high voltage ▼ Vorsicht, Hochspannung: Lebensgefahr! danger, high voltage!

Hochsprung ['hoːxʃprʊŋ] der high jump

höchste ['høːçstə] superl ➤ **hoch**

höchstens ['høːçstn̩s] adv **1.** (mit Zahlenangabe) at (the) most **2.** (allenfalls) at best

Höchstgeschwindigkeit ['høːçstɡəʃvɪndɪçkait] (pl **-en**) die **1.** (auf Straße)

speed limit **2.** *(von Auto)* top speed

Höchstparkdauer ['hø:çstparkdauɐ] *die* maximum stay *(when parking)*

Hochwasser ['ho:xvasɐ] *das* ● Hochwasser haben to be in spate

hochwertig ['ho:xve:ɐtɪç] *adj* high-quality

Hochzeit ['hoxtsait] *(pl* **-en***) die* wedding

Hochzeitsreise ['hoxtsaitsraizə] *(pl* **-n***) die* honeymoon

Hochzeitstag ['hoxtsaitsta:k] *(pl* **-e***) der* wedding day

hochziehen ['ho:xtsi:ən] *vt (unreg)* **1.** *(Strumpf)* to pull up **2.** *(Jalousie)* to raise ◆ **sich hochziehen** *ref (sich nach oben ziehen)* to pull o.s. up

hocken ['hɔkn] *vi (kauern)* to crouch ◆ **sich hocken** *ref (sich kauern)* to crouch down

Hocker ['hɔkɐ] *(pl inv) der* stool

Hockey ['hɔke:] *das* hockey

Hof [ho:f] *(pl* **Höfe***) der* **1.** *(Innenhof, Hinterhof)* yard **2.** *(Bauernhof)* farm

hoffen ['hɔfn] *vt* to hope

hoffentlich ['hɔfntlɪç] *adv* hopefully

Hoffnung ['hɔfnʊŋ] *(pl* **-en***) die (der Wunsch)* hope

höflich ['hø:flɪç] ◇ *adj* polite ◆ *adv* politely

Höflichkeit ['hø:flɪçkait] *die* politeness

Höhe ['hø:ə] *(pl* **-n***) die* **1.** height **2.** *(von Summe)* amount **3.** *(von Klang)* pitch ● ein Betrag in Höhe von 200 Euro the sum of 200 euros ● in Höhe der ersten Querstraße level with the first turning

Höhenlage ['hø:ənla:gə] *die* altitude

Höhensonne ['hø:ənzɔnə] *(pl* **-n***) die (Gerät)* sunlamp

Höhepunkt ['hø:əpʊŋkt] *(pl* **-e***) der* **1.** *(von Entwicklung, Fest)* high point **2.** *(Orgasmus)* climax

höher ['hø:ɐ] *komp* ≻ hoch

hohl [ho:l] *adj* **1.** *(Baum)* hollow **2.** *(abw) (Gerede)* empty

Höhle ['hø:lə] *(pl* **-n***) die* **1.** *(im Felsen)* cave **2.** *(von Tieren)* den

holen ['ho:lən] *vt* **1.** *(heranholen)* to fetch, to collect **2.** *(entnehmen)* to take **3.** *(Polizei, Arzt, Handwerker)* to fetch **4.** *(fam) (einkaufen)* to get ● etw holen kommen to come for sthg ● sich *(D)* etw holen *(Gegenstand)* to get sthg; *(Krankheit)* to catch sthg

Holland ['hɔlant] *nt* Holland

Holländer, in ['hɔlɛndɐ] *(mpl inv) der, die* Dutchman *(f* Dutchwoman*)*

holländisch ['hɔlɛndɪʃ] *adj* Dutch

holprig ['hɔlprɪç] *adj* bumpy

Holunder [ho:'lʊndɐ] *(pl inv) der (Baum)* elder

Holz [hɔlts] *(pl* **Hölzer***) das* wood

holzig ['hɔltsɪç] *adj (Spargel)* woody

Holzkohle ['hɔltsko:lə] *(pl* **-n***) die* charcoal

Homepage ['ho:mpe:dʒ] *(fpl* **-s***) die* homepage

homöopathisch [homøo'pa:tɪʃ] *adj* homeopathic

homosexuell ['homozɛksuɛl] *adj* homosexual

Homosexuelle ['homozɛksuɛlə] *(mpl* **-n***) der, die* homosexual

Honig ['ho:nɪç] *der* honey

Honigmelone ['ho:nɪçmelo:nə] *(pl* **-n***) die* honeydew melon

Honorar [hono'ra:ɐ] *(pl* **-e***) das* fee

Hopfen ['hɔpfn] *der* hops *pl*

horchen ['hɔrçn] *vi (angestrengt hören)* to listen

ho

hören ['høːrən] ◇ *vt* **1.** *(Laut, Geräusch, Information)* to hear **2.** *(anhören)* to listen to ◇ *vi* **1.** *(als Hörfähigkeit)* to hear **2.** *(zuhören, gehorchen)* to listen ● **hören auf (+A)** to listen to ● **hör mal!** listen! ● **schwer hören** to be hard of hearing

Hörer ['høːrɐ] *(pl inv)* der **1.** *(von Telefon)* receiver **2.** *(Person)* listener

Hörerin ['høːrərɪn] *(pl -nen)* die listener

Hörfunk ['høːɐfʊŋk] der radio

Hörgerät ['høːɐɡərɛːt] *(pl -e)* das hearing aid

hörgeschädigt ['høːɐɡəʃɛːdɪçt] *adj* hard of hearing

Horizont [hori'tsɔnt] *(pl -e)* der horizon

horizontal [horitsɔn'taːl] *adj* horizontal

Hormon [hɔr'moːn] *(pl -e)* das hormone

Horn [hɔrn] *(pl Hörner)* das horn

Hörnchen ['hœrnçən] *(pl inv)* das *(Gebäck)* croissant

Hornhaut ['hɔrnhaʊt] *(pl -häute)* die **1.** *(auf Haut)* patch of hard skin **2.** *(von Augen)* cornea

Hornisse [hɔr'nɪsə] *(pl -n)* die hornet

Horoskop [horo'skoːp] *(pl -e)* das horoscope

horrend [hɔ'rɛnt] *adj* horrendous

Hörspiel ['høːɐʃpiːl] *(pl -e)* das radio play

Höschenwindel ['høːsçənvɪndl] *(pl -n)* die nappy *(UK)*, diaper *(US)*

Hose ['hoːzə] *(pl -n)* die **1.** *(Kleidungsstück)* (pair of) trousers *(UK)*, (pair of) pants *(US)* **2.** *(Unterhose)* underpants *pl* ● **kurze Hose** shorts *pl*

Hosentasche ['hoːzntaʃə] *(pl -n)* die trouser pocket

Hosenträger ['hoːzntrɛːɡɐ] *(pl inv)* der braces *pl (UK)*, suspenders *pl (US)*

Hospital [hɔspi'taːl] *(pl -t)* das hospital

Hotdog ['hɔtdɔk] *(pl -s)* der & das hot dog

Hotel [ho'tɛl] *(pl -s)* das hotel ● **Hotel Garni** ≃ bed and breakfast

Hotelbar [ho'tɛlbaːɐ] *(pl -s)* die hotel bar

Hotelführer [ho'tɛlfyːrɐ] *(pl inv)* der hotel guide

Hotelhalle [ho'tɛlhalə] *(pl -n)* die hotel foyer

Hotelverzeichnis [ho'tɛlfɛɐtsaiçnɪs] *(pl -se)* das hotel register

Hotelzimmer [ho'tɛltsɪmɐ] *(pl inv)* das hotel room

Hr. *(abk für Herr)* Mr

Hubraum ['huːpraʊm] der *(beim Auto)* cubic capacity

hübsch [hʏpʃ] *adj (schön)* pretty, beautiful

Hubschrauber ['huːpʃraʊbɐ] *(pl inv)* der helicopter

huckepack ['hʊkəpak] *adv (fam)* ● **jn huckepack nehmen** to give sb a piggyback

Huf [huːf] *(pl -e)* der hoof

Hüfte ['hʏftə] *(pl -n)* die hip

Hügel ['hyːɡl] *(pl inv)* der *(kleiner Berg)* hill

hügelig [hyːɡəlɪç] *adj* hilly

Huhn [huːn] *(pl Hühner)* das chicken

Hühnchen ['hyːnçən] *(pl inv)* das chicken

Hühnerauge ['hyːnɐlaʊɡə] *(pl -n)* das corn

Hühnerbrühe ['hyːnɐbryːə] *(pl -n)* die chicken broth

Hülle ['hʏlə] *(pl -n)* die **1.** *(Schutzhülle)* cover **2.** *(von Schallplatte)* sleeve

human [hu'ma:n] *adj* humane

Hummel ['homl] (*pl* **-n**) *die* bumblebee

Hummer ['home] (*pl inv*) *der* lobster

Humor [hu'mo:ɐ] *der* humour

humpeln ['humpln] *vi* to limp

Hund [hont] (*pl* **-e**) *der (Tier)* dog • Vorsicht, bissiger Hund beware of the dog

Hundeleine ['hondəlainə] (*pl* **-n**) *die* dog lead

hundert ['hondɛt] *numr* a hundred ➤ **sechs**

Hunderter ['hondɐtɐ] (*pl inv*) *der (Hundertmarkschein)* hundred-mark note

Hundertmeterlauf ['hondɐtme:tɐlauf] (*pl* **-läufe**) *der* hundred metres *sg*

hundertprozentig ['hondɐtprotsɛntɪç] *adj* 1. *(Alkohol, Lösung)* pure 2. *(völlig)* complete

hunderttausend ['hondɐttauznt] *numr* one hundred thousand

Hundesteuer ['hondəʃtɔyɐ] (*pl* **-n**) *die* dog licence fee

Hunger ['hoŋɐ] *der (nach Nahrung)* hunger • Hunger haben auf (+A) to feel like (eating) sthg • Hunger haben to be hungry

Hungerstreik ['hoŋɐʃtraik] (*pl* **-s**) *der* hunger strike

hungrig ['hoŋrɪç] *adj* hungry • hungrig sein to be hungry

Hupe ['hu:pə] (*pl* **-n**) *die* horn

hupen ['hu:pn] *vi* to sound one's horn

hüpfen ['hypfn] *vi (ist)* to hop

Hürdenlauf ['hyrdnlauf] (*pl* **-läufe**) *der* hurdles *sg*

hurra [ho'ra:] *interj* hurray!

husten ['hu:stn] *vi* to cough

Husten ['hu:stn] *der* cough • Husten haben to have a cough

Hustenbonbon ['hu:stnbonbon] (*pl* **-s**) *das* cough sweet

Hustensaft ['hu:stnzaft] (*pl* **-säfte**) *der* cough mixture

Hustentee ['hu:stnte:] (*pl* **-s**) *der* tea which is good for a cough

Hut [hu:t] (*pl* **Hüte**) *der (Kleidungsstück)* hat

Hütte ['hytə] (*pl* **-n**) *die* 1. *(kleines Haus)* cottage 2. *(Berghütte)* hut

Hüttenkäse ['hytnkε:zə] *der* cottage cheese

hygienisch [hy'gie:nɪʃ] *adj* hygienic

hypnotisieren [hypnoti'zi:rən] *vt* to hypnotize

IC [i:'tse:] *abk* = Intercity

ICE [i:tse:'le:] *abk* = Intercity Express

ich [ɪç] *pron* I • ich bin's it's me

IC-Zuschlag [i:'tse:-tsu:ʃla:k] (*pl* **-Zuschläge**) *der* intercity supplement

ideal [ide'a:l] *adj* ideal

Idealgewicht [ide'a:lgəviçt] *das* ideal weight

Idee [i'de:] (*pl* **-n**) *die* 1. idea 2. *(ein bisschen)* bit, touch

identifizieren [identifi'tsi:rən] *vt (erkennen)* to identify • sich identifizieren *ref (sich gleichsetzen)* • sich identifizieren mit to identify with

identisch [i'dɛntɪʃ] *adj* identical • identisch sein to be exactly the same

Identität [idɛnti'tɛ:t] *die* identity

Ideologie [ideolo'gi:] *(pl* **-n)** *die* ideology

Idiot [i'djo:t] *(pl* **-en)** *der* idiot

idiotisch [i'djo:tɪʃ] *adj* idiotic

idyllisch [i'dylɪʃ] ◇ *adj* idyllic ◇ *adv* ●
idyllisch gelegen in an idyllic location

Igel ['i:gl] *(pl inv) der* hedgehog

ignorieren [ɪgno'ri:rən] *vt* to ignore

ihm [i:m] *pron* **1.** *(Dativ von er: Person)* (to)
him **2.** *(: Ding)* (to) it

ihn [i:n] *pron* **1.** *(Akkusativ von er: Person)*
him **2.** *(: Ding)* it

ihnen ['i:nən] *pron* **(Dativ Plural von sie)**
(to) them

Ihnen [i:nən] *pron* **(Dativ von Sie)** (to)
you

ihr [i:ɐ] *pron* **1.** *(Nominativ)* you **2.** *(Dativ
von sie: Person)* (to) her **3.** *(Ding)* (to) it

ihr² [i:ɐ] *det* **1.** *(Singular: von Person)* her
2. *(von Ding)* its **3.** *(Plural)* their

Ihr [i:ɐ] *(pl* **-e)** *det* your

ihre, r, s ['i:rə] *pron* **1.** *(Singular: von
Person)* hers **2.** *(: von Ding)* its **3.** *(Plural)*
their

Ihre, r, s ['i:rə] *pron* yours

illegal ['ɪlega:l] ◇ *adj* illegal ◇ *adv*
illegally

Illusion [ɪlu'zjo:n] *(pl* **-en)** *die* illusion

Illustrierte [ɪlʊs'tri:ɐtə] *(pl* **-n)** *die*
magazine

im [ɪm] *präp* = **in** + **dem**

Image ['ɪmɪtʃ] *(pl* **-s)** *das (von Person)*
image

Imbiss ['ɪmbɪs] *(pl* **-e)** *der* **1.** *(Mahlzeit)*
snack **2.** *(Imbissbude)* snack bar

Imbissbude ['ɪmbɪsbu:də] *(pl* **-n)** *die*
snack bar

Imbissstube ['ɪmbɪsʃtu:bə] *(pl* **-n)** *die*
snack bar

Imbissstube

An *Imbissstube* is a stall or snack bar
selling drinks and fast food such as
chips, *Bratwurst* (a fried sausage in a
roll), pizzas or doner kebabs. They
are found in city centres and at the
side of main roads and usually have
tall tables outside where people eat
standing up.

imitieren [imi'ti:rən] *vt* to imitate

imitiert [imi'ti:ɐt] *adj (Material)* imitation *(vor Subst)*

Immatrikulation [ɪmatrikula'tsjo:n] *(pl*
-en) *die* matriculation

immer ['ɪmɐ] *adv* always ● **immer
schwieriger** more and more difficult ●
immer stärker stronger and stronger ●
immer noch still ● **immer wenn** whenever ● **immer wieder** again and again

immerhin ['ɪmɐhɪn] *adv* **1.** *(dennoch,
trotzdem)* nevertheless **2.** *(wenigstens)* at
least **3.** *(schließlich)* after all, still

Immigrant, in [ɪmi'grant] *(mpl* **-en)** *der,
die* immigrant

Immobilien [ɪmo'bi:ljən] *pl* property *sg*

Immobilienmakler, in [ɪmobiljən-
ma:klɐ] *(mpl inv) der, die* estate agent
(UK), realtor *(US)*

immun [ɪ'mu:n] *adj (gegen Krankheit)*
immune

impfen ['ɪmpfn] *vt* to vaccinate

Impfschein ['ɪmpfʃaɪn] *(pl* **-e)** *der* vaccination certificate

Impfstoff ['ɪmpfʃtɔf] *(pl* **-e)** *der* vaccine

Impfung ['ɪmpfʊŋ] *(pl* **-en)** *die* vaccination

Import [ɪm'pɔrt] *der (Einfuhr)* import

importieren [ɪmpɔrˈtiːrən] *vt* to import

imprägnieren [ɪmprɛˈgniːrən] *vt (Kleidung)* to waterproof

imprägniert [ɪmprɛˈgniːrt] *adj* **1.** *(Holz)* waterproofed **2.** *(Kleidung)* waterproof

impressionistisch [ɪmprɛsioˈnɪstɪʃ] *adj (Kunstwerk)* Impressionist

improvisieren [ɪmproviˈziːrən] *vt & vi* to improvise

impulsiv [ɪmpʊlˈziːf] ◇ *adj* impulsive ◇ *adv* impulsively

imstande [ɪmˈʃtandə] *adj* ● **imstande sein, etw zu tun** to be capable of doing sthg

in [ɪn]
◇ *präp (+A) (räumlich)* into ● **ins Wasser fallen** to fall into the water ● **in die Stadt fahren** to go to town ● **in die Schule gehen** to go to school
◇ *präp (+D)* **1.** *(räumlich)* in ● **im Bett liegen** to be in bed ● **in der Schule** at school **2.** *(zeitlich)* in ● **in dieser Woche** this week ● **im Moment** at the moment ● **wir fahren in einer Stunde** we're going in an hour ● **das schaffe ich in einer Stunde** I can do that in an hour **3.** *(zur Angabe von Umständen)* in ● **in Betrieb sein** to be working **4.** *(zur Angabe von Mengen)* in
◇ *adv (fam)* ● **in sein** to be in

inbegriffen [ˈɪnbəɡrɪfn̩] *adj* included

Inbetriebnahme [ɪnbəˈtriːpnaːmə] *die (amt) (von Anlage)* start-up

indem [ɪnˈdeːm] *konj* by ● **er startete die Maschine, indem er auf den Knopf drückte** he started the machine by pressing the button

Inder, in [ˈɪndɐ] *(mpl inv) der, die* Indian

Indien [ˈɪndiən] *nt* India

indirekt [ˈɪndɪrɛkt] *adj* indirect

indisch [ˈɪndɪʃ] *adj* Indian

indiskret [ɪndɪsˈkreːt] *adj* indiscreet

indiskutabel [ˈɪndɪskutaːbl̩] *adj* out of the question

Individualist, in [ˈɪndividuaˈlɪst] *(mpl -en) der, die* individualist

individuell [ɪndividuˈɛl] ◇ *adj (persönlich)* individual ◇ *adv (persönlich)* individually

Individuum [ɪndiˈviːduɔm] *(pl -duen) das (Einzelperson)* individual

Industrie [ɪndʊsˈtriː] *(pl -n) die* industry

Industriegebiet [ɪndʊsˈtriːɡəbiːt] *(pl -e) das* industrial area

industriell [ɪndʊstriˈɛl] *adj* industrial

Industriepark [ɪndʊsˈtriːpark] *(pl -s) der* industrial estate *(UK)*, industrial park *(US)*

Industrie- und Handelskammer [ɪndʊsˈtriː-ʊnthandl̩skamɐ] *(pl -n) die* chamber of commerce

Infarkt [ɪnˈfarkt] *(pl -e) der* heart attack

Infektion [ɪnfɛkˈtsioːn] *(pl -en) die* infection

infizieren [ɪnfiˈtsiːrən] *vt* to infect ◆ **sich infizieren** *ref* to get infected

Inflation [ɪnflaˈtsioːn] *(pl -en) die* inflation

infolge [ɪnˈfɔlɡə] *präp (+G) (amt)* owing to

Information [ɪnfɔrmaˈtsioːn] *(pl -en) die* **1.** information **2.** *(Informationsstelle)* information desk ● **eine Information** a piece of information ● **Informationen über** *(+A)* information about ● **wünschen Sie weitere Informationen?** would you like any further information?

Informationsmaterial [ɪnfɔrmaˈtsioːns-materiaːl] *(pl -ien) das* information

Informationsstand [ɪnfɔrma'tsio:nsˌ
ʃtant] (*pl* **-stände**) *der* information
point

Informationszentrum [ɪnfɔrma'tsio:nsˌ
tsɛntrʊm] (*pl* **-zentren**) *das* information
centre

informieren [ɪnfɔr'mi:rən] *vt* to inform ●
jn informieren über (+A) to inform sb
about ● sich informieren *ref* to find out

Infusion [ɪnfu'zio:n] (*pl* **-en**) *die* ● eine
Infusion bekommen to be on a drip

Ingenieur, in [ɪnʒe'niø:ɐ̯] (*mpl* **-e**) *der,
die* engineer

Inh. *abk* = Inhaber

Inhaber, in [ɪn'ha:bɐ] (*mpl inv*) *der, die* **1.**
(*Besitzer*) owner **2.** (*von Pass, Genehmigung*) holder

inhalieren [ɪnha'li:rən] ◇ *vt* (*Rauch*) to
inhale ◇ *vi* (*bei Erkältung*) to use an
inhalant

Inhalt [ɪn'halt] (*pl* **-e**) *der* **1.** (*von Behälter*)
contents *pl* **2.** (*von Buch, von Film*)
content

Inhaltsverzeichnis [ˈɪnhaltsfɛɐ̯tsaɪçnɪs]
(*pl* **-se**) *das* list of contents

Initiative [initsia'ti:və] (*pl* **-n**) *die* initiative

Injektion [ɪnjɛk'tsio:n] (*pl* **-en**) *die*
injection

inkl. (*abk für* inklusive) incl.

inklusive [ɪnklu'zi:və] *präp* (+G) including

Inklusivpreis [ɪŋklu'zi:fpraɪs] (*pl* **-e**) *der*
inclusive price

inkonsequent [ˈɪnkɔnzekvɛnt] *adj* inconsistent

Inland [ˈɪnlant] *das* ● im Inland at home

Inlandsflug [ˈɪnlantsfluːk] (*pl* **-flüge**) *der*
domestic flight

Inlandsgespräch [ˈɪnlantsɡəʃprɛːç] (*pl*
-e) *das* national call

Inlineskates [ˈɪnlaɪnskeɪts] *pl* in-line
skates, roller-blades ● auf/mit Inlineskates fahren to go rollerblading

innen [ˈɪnən] *adv* inside ● nach innen
inwards

Innenhof [ˈɪnənhoːf] (*pl* **-höfe**) *der* inner
courtyard

Innenpolitik [ˈɪnənpolitiːk] *die*
(*Maßnahmen*) domestic policy

Innenraum [ˈɪnənraʊm] (*pl* **-räume**) *der*
inner room

Innenseite [ˈɪnənzaɪtə] (*pl* **-n**) *die* inside

Innenspiegel [ˈɪnənʃpiːɡl] (*pl inv*) *der*
rearview mirror

Innenstadt [ˈɪnənʃtat] (*pl* **-städte**) *die*
town centre

innere, r, s [ˈɪnərə] *adj* **1.** (*Schicht, Wand,
Gefühl*) inner **2.** (*Verletzung, Organe*)
internal **3.** (*Jackentasche*) inside

innerhalb [ˈɪnɐhalp] ◇ *präp* (+G) within
◇ *adv* ● innerhalb von within

innerlich [ˈɪnɐlɪç] ◇ *adj* (*körperlich*) internal ◇ *adv* (*psychisch*) inwardly

Innung [ˈɪnʊŋ] (*pl* **-en**) *die* guild

inoffiziell [ˈɪnɔfitsiɛl] *adj* unofficial

ins [ɪns] *präp* = in + das

Insassen(unfall)versicherung [ˈɪn-
zasn̩ʊnfalfɛɐ̯zɪçərʊŋ] (*pl* **-en**) *die* passenger insurance

insbesondere [ˈɪnsbəzɔndərə] *adv* especially

Insekt [ɪn'zɛkt] (*pl* **-en**) *das* insect

Insektenschutzmittel [ɪn'zɛktn̩ʃʊtsmɪtl]
(*pl inv*) *das* insect repellent

Insektenstich [ɪn'zɛktn̩ʃtɪç] (*pl* **-e**) *der*
insect bite

Insel [ˈɪnzl] (*pl* **-n**) *die* (*geographisch*) island

Inserat [ɪnzəˈraːt] (*pl* **-e**) *das* advertisement

inserieren [ɪnzəˈriːrən] *vi* to advertise

insgesamt [ɪnsɡəˈzamt] *adv* altogether

Inspektion [ɪnspɛkˈtsi̯oːn] (*pl* **-en**) *die (von Autos)* service

inspizieren [ɪnspiˈtsiːrən] *vt* to inspect

Installateur, in [ɪnstalaˈtøːɐ̯] (*mpl* **-e**) *der, die,* **1.** *(für Wasser)* plumber **2.** *(für Strom)* electrician

installieren [ɪnstaˈliːrən] *vt* to install

Instantgetränk [ˈɪnstantɡətrɛŋk] (*pl* **-e**) *das* instant drink

Instinkt [ɪnˈstɪŋkt] (*pl* **-e**) *der* instinct

Institut [ɪnstiˈtuːt] (*pl* **-e**) *das (Einrichtung)* institute

Institution [ɪnstituˈtsi̯oːn] (*pl* **-en**) *die* institution

Instrument [ɪnstruˈmɛnt] (*pl* **-e**) *das* instrument

Inszenierung [ɪnstseˈniːrʊŋ] (*pl* **-en**) *die (am Theater)* production

intakt [ɪnˈtakt] *adj (Apparat)* intact

integrieren [ɪnteˈɡriːrən] *vt* to integrate

intellektuell [ɪntɛlɛkˈtu̯ɛl] *adj* intellectual

intelligent [ɪntɛliˈɡɛnt] *adj* intelligent

Intelligenz [ɪntɛliˈɡɛnts] *die* intelligence

Intendant, in [ɪntɛnˈdant] (*mpl* **-en**) *der, die* director

intensiv [ɪntɛnˈziːf] ◇ *adj* **1.** *(Schulung, Arbeit)* intensive **2.** *(Geschmack, Gefühl)* strong ◇ *adv* **1.** *(schmecken)* strong **2.** *(sich einarbeiten, vorbereiten)* intensively

Intensivkurs [ɪntɛnˈziːfkʊrs] (*pl* **-e**) *der* crash course

Intensivstation [ɪntɛnˈziːfʃtatsi̯oːn] (*pl* **-en**) *die* intensive care unit

Intercity [ɪntɛˈsɪti] (*pl* **-s**) *der* intercity train

Intercity Express [ɪntɛˈsɪtiɛksprɛs] (*pl inv*) *der* high-speed train *connecting two or more large cities*

Intercity-Zuschlag [ɪntɛˈsɪti-tsuːʃlaːk] (*pl* **-Zuschläge**) *der* intercity supplement

interessant [ɪntərɛˈsant] *adj* interesting

Interesse [ɪntəˈrɛsə] (*pl* **-n**) *das* interest

interessieren [ɪntərɛˈsiːrən] *vt* to interest ◆ **sich interessieren** *ref* ◆ **sich interessieren für** to be interested in

Internat [ɪntɛˈnaːt] (*pl* **-e**) *das* boarding school

international [ɪntɛnatsi̯oˈnaːl] *adj* international

Internet [ˈɪntɛ(r)nɛt] *das (ohne pl)* Internet ◆ **im Internet** on the Internet ◆ **im Internet surfen** to surf the Net

Internetadresse [ˈɪntɛnɛtaˈdrɛsə] (*pl* **-n**) *die* Internet address

Internetbenutzer, in [ˈɪntɛnɛtbənʊtsɐ] (*mpl inv*) *der, die* Internet user

Internetcafé [ˈɪntɛnɛtkafeː] (*pl* **-s**) *das* Internet café

Internetzugang [ˈɪntɛnɛttsuːɡaŋ] (*pl* **-gänge**) *der* Internet access

interpretieren [ɪntɛprɛˈtiːrən] *vt* to interpret

Interrail-Karte [Intɛrɛilkartə] (*pl* **-n**) *die* interrail ticket

Interregio [ɪntɛrɛːɡio] (*pl* **-s**) *der train covering medium distances, stopping frequently*

Interview [ɪntɛˈvjuː] (*pl* **-s**) *das* interview

interviewen [ɪntɛˈvjuːən] *vt* to interview

intim [ɪnˈtiːm] *adj* intimate

intolerant [ˈɪntɔləɾant] *adj* intolerant

intransitiv [ˈɪntranzitiːf] *adj* intransitive

intuitiv [ɪntui'tiːf] *adj* intuitive

Invalide [ɪnva'liːdə] (*pl* **-n**) *der, die* disabled person

Inventur [ɪnvɛn'tuːɐ̯] (*pl* **-en**) *die* stocktaking ▼ **wegen Inventur geschlossen** closed for stocktaking

investieren [ɪnvɛs'tiːrən] *vt* (*Geld*) to invest

inzwischen [ɪn'tsvɪʃn] *adv* **1.** (*gleichzeitig*) in the meantime **2.** (*jetzt*) now

Ire ['iːrə] (*pl* **-n**) *der* Irishman ♦ **die Iren** the Irish

irgendein, e ['ɪrgntlaɪn] *det* **1.** (*unbekannt*) some **2.** (*beliebig, in Fragen*) any

irgendeine, r, s ['ɪrgntlaɪnə] *pron* **1.** (*unbekannte Person*) someone **2.** (*beliebige Person, in Fragen*) anyone **3.** (*beliebige Sache*) any

irgendetwas ['ɪrgntlɛtvas] *pron* **1.** something **2.** (*beliebige Sache, in Fragen*) anything

irgendjemand ['ɪrgntjeːmant] *pron* **1.** someone **2.** (*beliebige Person, in Fragen*) anyone

irgendwann ['ɪrgntvan] *adv* **1.** (*zu unbekannter Zeit*) sometime **2.** (*zu beliebiger Zeit*) any time

irgendwas ['ɪrgntvas] *pron* = **irgendetwas**

irgendwer ['ɪrgntveːɐ̯] *pron* = **irgendjemand**

irgendwie ['ɪrgntviː] *adv* **1.** (*auf unbekannte Weise*) somehow **2.** (*auf beliebige Weise*) anyhow

irgendwo ['ɪrgntvoː] *adv* **1.** (*an unbekann-* *tem Ort*) somewhere **2.** (*an beliebigem Ort*) anywhere

Irin ['iːrɪn] (*pl* **-nen**) *die* Irishwoman

irisch ['iːrɪʃ] *adj* Irish

Irland ['iːrlant] *nt* Ireland

ironisch [i'roːnɪʃ] *adj* ironic

irre ['ɪrə] *adj* **1.** (*verrückt*) mad **2.** (*fam*) (*gut*) fantastic

irren ['ɪrən] *vi* (*ist*) (*herumlaufen*) to wander ♦ **sich irren** *ref* (*hat*) to be wrong

Irrtum ['ɪrtuːm] (*pl* **-tümer**) *der* mistake

irrtümlich ['ɪrtyːmlɪç] *adj* wrong

Ischias ['ɪʃias] *der* **1.** (*Nerv*) sciatic nerve **2.** (*Schmerz*) sciatica

Islam [ɪs'laːm] *der* Islam

Islamist, in [ɪs'laːmɪst] (*mpl* **-en**, *fpl* **-innen**) *der & die* Islamist

Isolierband [izo'liːɐ̯bant] (*pl* **-bänder**) *das* (*für elektrische Leitungen*) insulating tape

isolieren [izo'liːrən] ◇ *vt* **1.** to insulate **2.** (*Person*) to isolate ◇ *vi* to insulate ♦ **sich isolieren** *ref* to isolate o.s.

Isolierung [izo'liːruŋ] (*pl* **-en**) *die* **1.** insulation **2.** (*von Person*) isolation

Israel ['ɪsraeːl] *nt* Israel

isst [ɪst] *präs* ≻ **essen**

ist [ɪst] *präs* ≻ **sein**

Italien [i'taːljən] *nt* Italy

Italiener, in [ita'ljeːnɐ] (*mpl inv*) *der, die* Italian

italienisch [ita'ljeːnɪʃ] *adj* Italian

Italienisch(e) [ita'ljeːnɪʃ] *das* Italian

ja [ja:] *interj* **1.** yes **2.** *(selbstverständlich)* of course ● das ist ja toll! that's really great! ● ja, bitte *(selbstverständlich)* please do ● da bist du ja! there you are! ● ich komme ja schon I'm coming

Jacht [jaxt] *(pl -en)* die yacht

Jacke ['jakə] *(pl -n)* die **1.** *(Mantel, Jackett)* jacket **2.** *(Strickjacke)* cardigan

Jackett [ʒa'kɛt] *(pl -s)* das jacket

Jagd [ja:kt] *(pl -en)* die *(auf Tiere)* hunt ● auf die Jagd gehen to go hunting

jagen ['ja:gn] *vt (Tier)* to hunt

Jäger, in ['jɛːgɐ] *(mpl inv)* der, die *(Person)* hunter

Jägerschnitzel ['jɛːgɐʃnɪtsl] *(pl inv)* das escalope of pork with mushroom sauce

Jahr [ja:ɐ] *(pl -e)* das year ● die 90er Jahre the nineties ● ein gutes Neues Jahr! Happy New Year!

jahrelang ['ja:rəlaŋ] ◇ *adv* for years ◇ *adj* ● jahrelanges Warten years of waiting

Jahresabonnement ['ja:rəsabɔnəˈmɔŋ] *(pl -s)* das annual subscription

Jahreseinkommen ['ja:rəsˈaɪnkɔmən] *(pl inv)* das annual income

Jahrestag ['ja:rəsta:k] *(pl -e)* der anniversary

Jahresurlaub ['ja:rəsˈuːɐlaup] *der* annual leave

Jahreszeit ['ja:rəstsait] *(pl -en)* die season

Jahrgang ['ja:rgaŋ] *(pl -gänge)* der *(von Wein)* year, vintage

Jahrhundert [ja:ɐ'hʊndɐt] *(pl -e)* das century

jährlich ['jɛːrlɪç] *adj & adv* yearly

Jahrmarkt ['ja:ɐmarkt] *(pl -märkte)* der fair

Jahrzehnt [ja:ɐ'tse:nt] *(pl -e)* das decade

jähzornig ['jɛːtsɔrnɪç] *adj* bad-tempered

Jalousie [ʒalu'zi:] *(pl -n)* die venetian blind

jammern ['jamɐn] *vi* to moan

Jänner ['jɛnɐ] *der (Österr)* January ➤ September

Januar ['janua:ɐ] *der* January ➤ September

Japan ['ja:pan] *nt* Japan

Japaner, in [ja'pa:nɐ] *(mpl inv)* der, die Japanese

japanisch [ja'pa:nɪʃ] *adj* Japanese

Japanisch(e) [ja'pa:nɪʃ(ə)] *das* Japanese

jaulen ['jaulən] *vi* to howl

Jause ['jauzə] *(pl -n)* die *(Österr)* snack

Jausenstation ['jauznʃtatsjo:n] *(pl -en)* die *(Österr) mountain refuge where food and drink are served*

jawohl [ja'voːl] *interj (ja)* yes

Jazz [dʒɛs] *der* jazz

je [je:] ◇ *adv* **1.** *(jeweils)* each **2.** *(pro)* per **3.** *(jemals)* ever ◇ *konj* ● je schneller, desto besser the quicker the better ● drei Gruppen mit je fünf Personen three groups, each of five people ● 30 Euro je Stunde 30 euros per hour ● bist du je mit ihm zusammengetroffen? have you ever met him? ● je nachdem it depends ● oh je! oh no!

Jeans [dʒi:nz] (pl inv) die (pair of) jeans pl

jede, r, s ['je:də] ◇ det every, each ◇ pron **1.** (Person) everyone **2.** (Gegenstand) each (one) ● **jeder dritte** every third one

jedenfalls ['je:dnfals] adv **1.** (wenigstens) at least **2.** (auf jeden Fall) in any case

jederzeit ['je:dɐtsait] adv at any time

jedesmal ['je:dəsma:l] adv every time

jedoch [je'dɔx] adv however

jemand ['je:mant] pron **1.** (unbekannte Person) someone **2.** (in Fragen) anyone

jene, r, s ['je:nə] ◇ det (geh) that ◇ pron (geh) that one

jenseits ['je:nzaits] präp (+G) (räumlich) on the other side of

Jetlag ['dʒɛtlɛg] (pl -s) der jet lag

jetzig ['jɛtsɪç] adj current

jetzt [jɛtst] adv **1.** (momentan) now **2.** (heutzutage) nowadays **3.** (bald, gleich) soon **4.** (damals) then ● **bis jetzt** until now ● **jetzt gleich** right now

jeweils ['je:vails] adv **1.** (jeder) each **2.** (jedesmal) each time ● **jeweils vier Punkte** four points each ● **jeweils am Monatsersten** on the first of each month

Jh. (abk für Jahrhundert) C

JH abk = Jugendherberge

Job [dʒɔp] (pl -s) der job

jobben [dʒɔbn] vi to work

Jod [jo:t] das iodine

jodeln ['jo:dln] vi to yodel

joggen ['dʒɔgn] vi (ist) to jog

Jogging ['dʒɛɪŋ] das jogging

Jogginganzug ['dʒɛɪŋʔantsu:k] (pl -anzüge) der tracksuit

Joghurt, Jogurt ['jo:gurt] (pl -s) der & das yoghurt

Johannisbeere [jo'hanisbe:rə] (pl -n) die

● **rote Johannisbeere** redcurrant ● **schwarze Johannisbeere** blackcurrant

Jolle ['jɔlə] (pl -n) die (Segelboot) dinghy

Journal [ʒur'na:l] (pl -e) das magazine

Journalist, in [ʒurna'list] (mpl -en) der, die journalist

jubeln ['ju:bln] vi to cheer

Jubiläum [jubi'lɛ:um] (pl -l) das jubilee

jucken ['jʊkn] vi **1.** (Haut) to itch **2.** (Material) to be itchy

Juckreiz ['jʊkraits] der itch

Jude ['ju:də] (pl -n) der Jew

Jüdin ['jy:dɪn] (pl -nen) die Jew

jüdisch ['jy:dɪʃ] adj Jewish

Jugend ['ju:gnt] die youth

jugendfrei ['ju:gntfrai] adj ● **nicht jugendfrei** not suitable for children

Jugendherberge ['ju:gntherbergə] (pl -n) die youth hostel

Jugendherbergsausweis ['ju:gntherberks|ausvais] (pl -e) der youth hostel card

Jugendherbergsschlafsack ['ju:gntherberksʃla:fsak] (pl -säcke) der sheet sleeping bag

jugendlich ['ju:gntlɪç] ◇ adj **1.** (jung) young **2.** (jung wirkend) youthful ◇ adv (jung wirkend) youthfully

Jugendliche ['ju:gntlɪçə] (pl -n) der, die young person

Jugendstil ['ju:gntʃti:l] der Art Nouveau

Jugendzentrum ['ju:gntsɛntrʊm] (pl -zentren) das youth centre

Jugoslawien [jugo'sla:viən] nt Yugoslavia

Juli ['ju:li] der July ● September

jung [jʊŋ] (komp **jünger**, superl **jüngste**) adj young

Junge ['jʊŋə] (pl -n) ◇ der (Knabe) boy ◇ das (von Tieren) young animal ● die

Jungen the young ● die Katze hat Junge the cat has got kittens

Jungfrau ['jʊŋfraʊ] *die* **1.** *(Sternzeichen)* Virgo **2.** *(Mädchen)* virgin

Junggeselle ['jʊŋɡəzɛlə] *(pl* **-n)** *der* bachelor

Juni ['ju:ni] *der* June ➤ **September**

Jura ['ju:ra] *(ohne Artikel)* law

Jurist, in [ju'rɪst] *(mpl* **-en)** *der, die* lawyer

juristisch [ju'rɪstɪʃ] *adj* legal

Jury ['ʒyːriː] *(pl* **-s)** *die* jury

Justiz [jʊs'tiːts] *die (Rechtsbehörden)* judiciary

Juwelier, in [juve'liːɐ̯] *(mpl* **-e)** *der, die* jeweller

kK

Kabarett [kaba'rɛt] *(pl* **-s)** *das* cabaret

Kabel ['kaːbl̩] *(pl* **inv)** *das (elektrische Leitung)* cable

Kabelanschluss ['kaːbl̩|anʃlʊs] *(pl* **-anschlüsse)** *der* ● Kabelanschluss haben to have cable television

Kabelfernsehen ['kaːbl̩fɛrnzeːən] *das* cable television

Kabeljau ['kaːbl̩jaʊ] *(pl* **-s)** *der* cod

Kabelkanal ['kaːbl̩kanaːl] *(pl* **-kanäle)** *der* cable TV channel

Kabine [ka'biːnə] *(pl* **-n)** *die* **1.** *(Umkleidekabine)* cubicle **2.** *(im Schiff)* cabin

Kabinenbahn [ka'biːnənbaːn] *(pl* **-en)** *die* cable railway

Kabinett [kabi'nɛt] *(pl* **-e)** ◇ *das (von Ministern)* cabinet ◇ *der (Wein)* term designating a high-quality German wine

Kabrio ['kaːbrio] *(pl* **-s)** *das* convertible

Kachel ['kaxl̩] *(pl* **-n)** *die* tile

Kachelofen ['kaxl̩|oːfn̩] *(pl* **-öfen)** *der* tiled wood-burning stove used for heating

Käfer ['kɛːfɐ] *(pl* **inv)** *der* beetle

Kaffee ['kafe] *(pl* **-s)** *der* **1.** coffee **2.** *(Mahlzeit)* light afternoon meal of coffee and cakes, biscuits etc ● eine Tasse Kaffee a cup of coffee ● Kaffee trinken to drink coffee

Kaffeebar ['kafebaːɐ̯] *(pl* **-s)** *die* coffee bar

Kaffeefahrt ['kafefaːɐ̯t] *(pl* **-en)** *die* day trip organized by a company on which its products are promoted and sold

Kaffeefilter ['kafefɪltɐ] *(pl* **inv)** *der* coffee filter

Kaffeehaus [ka'feːhaʊs] *(pl* **-häuser)** *das* coffee shop

Kaffeehaus

Vienna's coffee culture revolves around the city's famous coffee houses, where you can sit and read or play cards for as long as you like even if you have only ordered one cup of coffee. The various speciality coffees are always accompanied by a free glass of tap water and customers may also choose from a variety of cakes and pastries, including the famous *Sachertorte*, a kind of chocolate cake.

Kaffeekanne ['kafekanə] *(pl* **-n)** *die* coffeepot

Kaffeeklatsch ['kafeklatʃ] (pl **-e**) der ≃ coffee morning

Kaffeelöffel ['kafelœfl] (pl inv) der teaspoon

Kaffeemaschine ['kafemaʃi:nə] (pl **-n**) die coffee machine

Kaffeepause ['kafepauzə] (pl **-n**) die coffee break

Kaffeesahne ['kafeza:nə] die coffee cream

Kaffeetasse ['kafetasə] (pl **-n**) die coffee cup

Käfig ['kɛːfɪç] (pl **-e**) der cage

Kahn [kaːn] (pl **Kähne**) der 1. (Ruderboot) rowing boat (UK), rowboat (US) 2. (Stechkahn) punt

Kai [kai] (pl **-s**) der quay

Kaiser, in ['kaizɐ] (mpl inv) der, die emperor, empress

Kaiserschmarrn ['kaizɐʃmarn] (pl inv) der (Süddt & Österr) pancake cut into thin strips

Kajak ['kajak] (pl **-s**) das kayak

Kajüte [ka'jyːtə] (pl **-n**) die cabin

Kakao [ka'kau] der cocoa ● eine Tasse Kakao a cup of cocoa

Kaktus ['kaktus] (pl **Kakteen**) der cactus

Kalb [kalp] (pl **Kälber**) das 1. (von Kuh) calf 2. (Fleisch) veal

Kalbfleisch ['kalpflaiʃ] das veal

Kalender [ka'lendɐ] (pl inv) der 1. (Wandkalender) calendar 2. (Taschenkalender) diary

Kalifornien [kali'fɔrniən] nt California

Kalk [kalk] der (im Wasser) lime

Kalorie [kalo'riː] (pl **-n**) die calorie

kalorienarm [kalo'riːɐnarm] adj low-calorie

kalt [kalt] (komp **kälter**, superl **kältes-**

te) ◇ adj cold ◇ adv (gefühllos) coldly ● kalt duschen to have a cold shower ● es ist kalt it's cold ● mir ist kalt I'm cold

Kälte ['kɛltə] die 1. (Temperatur) cold 2. (von Person) coldness

Kälteeinbruch ['kɛltəain brʊx] (pl **-einbrüche**) der cold snap

Kaltfront ['kaltfrɔnt] (pl **-en**) die cold front

Kaltmiete ['kaltmiːtə] (pl **-n**) die rent not including bills

Kaltstartautomatik ['kaltʃtartlautoma:tɪk] die automatic choke

kam [kaːm] prät ➤ kommen

Kamel [ka'meːl] (pl **-e**) das (Tier) camel

Kamera ['kaməra] (pl **-s**) die camera

Kamillentee [ka'miləntɛː] (pl **-s**) der camomile tea

Kamin [ka'miːn] (pl **-e**) der 1. (im Raum) fireplace 2. (Schornstein) chimney

Kamm [kam] (pl **Kämme**) der (für Haare) comb

kämmen ['kɛmən] vt to comb ● **sich kämmen** ref to comb one's hair

Kammermusik ['kamərmuziːk] die chamber music

Kampf [kampf] (pl **Kämpfe**) der 1. (Streit) fight 2. (in Sport) contest 3. (politisch, sozial) struggle 4. (im Krieg) battle

kämpfen ['kɛmpfn] vi 1. to fight 2. (in Sport) to compete ● **kämpfen für** to fight for ● **kämpfen gegen** to fight against ● **kämpfen um** to fight for; (in Sport) to compete for

Kämpfer, in ['kɛmpfɐ] (mpl inv) der, die fighter

Kampfrichter, in ['kampfrɪçtɐ] (mpl inv) der, die referee

kampieren [kam'piːrən] *vi* to camp

Kanada ['kanada] *nt* Canada

Kanal [ka'naːl] (*pl* **Kanäle**) *der* **1.** *(Wasserweg)* canal **2.** *(im Radio, Fernsehen)* channel **3.** *(Abwasserkanal)* sewer

Kanaldeckel [ka'naːldɛkl] (*pl inv*) *der* manhole cover

Kanalinseln [ka'naːlɪnzl̩n] *pl* Channel Islands

Kanalisation [kanaliza'tsjoːn] (*pl* -**en**) *die* sewers *pl*

Kandidat, in [kandi'daːt] (*mpl* -**en**) *der, die (für Amt)* candidate

kandiert [kan'diːɐt] *adj* candied

Kandiszucker ['kandɪstsʊkɐ] *der* candy sugar

Kaninchen [ka'niːnçən] (*pl inv*) *das* rabbit

Kanister [ka'nɪstɐ] (*pl inv*) *der* can

kann [kan] *präs* ➤ **können**

Kännchen ['kɛnçən] (*pl inv*) *das* pot ● **ein Kännchen Kaffee** a pot of coffee

Kanne ['kanə] (*pl* -**n**) *die* **1.** *(für Kaffee, Tee)* pot **2.** *(für Milch)* jug **3.** *(für Öl, zum Gießen)* can

kannte ['kantə] *prät* ➤ **kennen**

Kante ['kantə] (*pl* -**n**) *die* edge

Kantine [kan'tiːnə] (*pl* -**n**) *die* canteen

Kanton [kan'toːn] (*pl* -**e**) *der* canton

Kanton

The Swiss Confederation, which is composed of 26 cantons, was founded by the three *Urkantone* of Uri, Schwyz and Unterwalden in 1291. The cantons all have their own constitution and legislative powers, and are responsible for a number of areas such as education, taxation and law and order, although other areas remain under the control of central government.

Kanu ['kaːnu] (*pl* -**s**) *das (Paddelboot)* canoe

Kanzel ['kantsl̩] (*pl* -**n**) *die (in Kirche)* pulpit

Kanzler, in ['kantslɐ] (*mpl inv*) *der, die (Bundeskanzler)* chancellor

Kapelle [ka'pɛlə] (*pl* -**n**) *die* **1.** *(Kirche)* chapel **2.** *MUS* band

Kapern ['kaːpɐn] *pl* capers

kapieren [ka'piːrən] *vt & vi* to understand

Kapital [kapi'taːl] *das (Vermögen)* capital

Kapitän [kapi'tɛːn] (*pl* -**e**) *der* captain

Kapitel [ka'pɪtl̩] (*pl inv*) *das* chapter

kapitulieren [kapitu'liːrən] *vi (resignieren)* to give up

Kaplan [ka'plaːn] (*pl* **Kapläne**) *der* chaplain

Kappe ['kapə] (*pl* -**n**) *die* cap

Kapsel ['kapsl̩] (*pl* -**n**) *die (Medikament)* capsule

kaputt [ka'pʊt] *adj* **1.** broken **2.** *(fam) (erschöpft)* exhausted ● **kaputt sein** *(fam) (erschöpft)* to be exhausted ● **mein Auto ist kaputt** my car has broken down

kaputt|gehen [ka'pʊtɡeːən] *vi (unreg) (ist)* **1.** *(Gegenstand)* to break **2.** *(Auto)* to break down ● **an etw** (D) **kaputtgehen** *(Person)* to go to pieces because of sthg

Kapuze [ka'puːtsə] (*pl* -**n**) *die* hood

Kapuziner [kapu'tsiːnɐ] (*pl inv*) *der (Österr) coffee with just a drop of milk*

Karabinerhaken [karabiːnɐhaːkn̩] (*pl inv*) *der* karabiner

Karaffe [ka'rafə] (pl **-n**) die decanter

Karamellbonbon [kara'mɛlbɔnbɔn] (pl **-s**) das toffee

Karat [ka'raːt] (pl inv) das carat

Karate [ka'raːtə] das karate

Kardinal [kardi'naːl] (pl **-äle**) der cardinal

Karfreitag [kaːɐ̯'fraitaːk] (pl **-e**) der Good Friday

kariert [ka'riːɐ̯t] adj **1.** (Hose, Stoff) checked **2.** (Papier) squared

Karies ['kaːriɛs] die tooth decay

Karikatur [karika'tuːɐ̯] (pl **-en**) die (Bild) caricature

Karneval ['karnəval] der carnival

Karneval

In Germany and Switzerland *Karneval* begins at 11.11 on 11 November and ends on Ash Wednesday, while in Austria it begins on 6 January. The festivities comprise various traditions such as masked balls and culminate with the processions held on the Monday before Lent (*Rosenmontag*). *Karneval* is called *Fasching* in southern Germany and Austria, and *Fassenacht* or *Fasnacht* in some other regions.

Karnevalskostüm ['karnəvalskɔstyːm] (pl **-e**) das carnival costume

Karnevalssitzung ['karnəvalszɪtsʊŋ] (pl **-en**) die evening entertainment at carnival time where satirical sketches are performed

Karnevalszug ['karnəvalstsuːk] (pl **-züge**) der carnival procession

Kärnten ['kɛrntn̩] nt Carinthia

Karo ['kaːro] das (Spielfarbe) diamonds pl

Karosserie [karɔsə'riː] (pl **-n**) die AUTO bodywork

Karotte [ka'rɔtə] (pl **-n**) die carrot

Karpfen ['karpfn̩] (pl inv) der carp

Karte ['kartə] (pl **-n**) die **1.** card **2.** (Eintrittskarte, Fahrkarte) ticket **3.** (Postkarte) postcard **4.** (Speisekarte) menu **5.** (Landkarte) map ● mit der Karte bezahlen to pay by credit card ● Karten spielen to play cards ▼ folgende Karten werden akzeptiert the following credit cards are accepted ▼ Karte einführen! please insert your card ▼ Karte entnehmen! please take your card ▼ Karte fehlerhaft this card is faulty ▼ Karte ungültig this card is invalid

Kartei [kar'tai] (pl **-en**) die card index

Karteikarte [kar'taikartə] (pl **-n**) die index card

Kartenspiel ['kartn̩ʃpiːl] (pl **-e**) das **1.** (Karten) pack of cards (UK), deck of cards (US) **2.** (Spielen) card game

Kartentelefon [kar'tn̩telefoːn] (pl **-e**) das card phone

Kartenvorverkauf [kar'tn̩foːɐ̯feɐ̯kauf] (pl **-käufe**) der advance booking

Kartoffel [kar'tɔfl̩] (pl **-n**) die potato

Kartoffelchips [kar'tɔfl̩tʃɪps] pl crisps (UK), chips (US)

Kartoffelkloß [kar'tɔfl̩kloːs] (pl **-klöße**) der potato dumpling

Kartoffelknödel [kar'tɔfl̩knøːdl̩] (pl inv) der potato dumpling

Kartoffelpuffer [kar'tɔfl̩pʊfɐ] (pl inv) die ≃ der potato fritter

Kartoffelpüree [kar'tɔfl̩pyreː] das mashed potato

Kartoffelsalat [kar'tɔfl̩zalaːt] der potato salad

Karton [kar'tɔŋ] (*pl* **-s**) *der (Schachtel)* cardboard box

Karussell [karʊ'sɛl] (*pl* **-s**) *das* merry-go-round ● **Karussell fahren** to have a ride on a merry-go-round

Karwoche ['ka:ɐ̯vɔxə] (*pl* **-n**) *die* Holy Week

Kaschmir ['kaʃmi:ɐ̯] *der (Material)* cashmere

Käse ['kɛ:zə] *der* cheese ● **Käse am Stück** unsliced cheese ● **Käse in Scheiben** sliced cheese

Käsefondue ['kɛ:zəfɔndy:] (*pl* **-s**) *das* cheese fondue

Käsekuchen ['kɛ:zəku:xn̩] (*pl inv*) *der* cheesecake

Käseplatte ['kɛ:zəplatə] (*pl* **-n**) *die* cheeseboard

Käse-Sahne-Torte ['kɛ:zə-za:nə-tɔrtə] (*pl* **-n**) *die type of cheesecake made with cream*

Kasino [ka'zi:no] (*pl* **-s**) *das* **1.** *(Spielkasino)* casino **2.** *(Gemeinschaftsraum)* common room **3.** *(für Offiziere)* mess

Kaskoversicherung ['kaskofɛɐ̯zɪçərʊŋ] (*pl* **-en**) *die* fully comprehensive insurance

Kasperletheater ['kaspɐlətɛa:tɐ] (*pl inv*) *das* **1.** *(Vorstellung)* Punch and Judy show **2.** *(Gebäude)* Punch and Judy theatre

Kasse ['kasə] (*pl* **-n**) *die* **1.** *(Apparat)* till **2.** *(in Supermarkt)* checkout **3.** *(in Theater, Kino)* box office **4.** *(in Bank)* counter ▼ **Kasse beim Fahrer** please pay the driver

Kassenarzt, ärztin ['kasn̩la:ɐ̯tst] (*mpl* **-ärzte**) *der, die* doctor who treats patients *who have health insurance*

Kassenbereich ['kasn̩bəraiç] *der (im Supermarkt)* checkout area

Kassenbon ['kasn̩bɔŋ] (*pl* **-s**) *der* receipt ● **gegen Vorlage des Kassenbons** on production of a receipt

Kassenpatient, in ['kasn̩patsiɛnt] (*mpl* **-en**) *der, die patient with health insurance policy*

Kassenzettel ['kasn̩tsɛtl̩] (*pl inv*) *der* receipt

Kassette [ka'sɛtə] (*pl* **-n**) *die* **1.** *(für Musik, Video)* tape, cassette **2.** *(Behälter)* box

Kassettenrekorder [ka'sɛtn̩rekɔrdɐ] (*pl inv*) *der* tape recorder

kassieren [ka'si:rən] ◇ *vt (Eintrittsgeld, Fahrgeld)* to collect ◇ *vi (Kellner, Busfahrer)* to collect the money

Kassierer, in [ka'si:rɐ] (*mpl inv*) *der, die* cashier

Kastanie [kas'ta:njə] (*pl* **-n**) *die* **1.** *(Baum)* chestnut (tree) **2.** *(essbare Frucht)* chestnut **3.** *(nicht essbare Frucht)* horse chestnut

Kasten ['kastn̩] (*pl* **Kästen**) *der* **1.** *(Kiste, Dose)* box **2.** *(Getränkekasten)* crate

Kat [kat] (*pl* **-s**) *der* catalytic converter

Katalog [kata'lo:k] (*pl* **-e**) *der* catalogue

Katalysator [kataly'za:to:ɐ̯] (*pl* **-toren**) *der (am Auto)* catalytic converter

Katarrh, Katarr [ka'tar] (*pl* **-e**) *der* catarrh

katastrophal [katastro'fa:l] *adj* disastrous

Katastrophe [katas'tro:fə] (*pl* **-n**) *die* disaster

Kategorie [katego'ri:] (*pl* **-n**) *die* category

Kater ['ka:tɐ] (*pl inv*) *der (Tier)* tomcat ● **einen Kater haben** *(von Alkohol)* to have a hangover

kath. *abk* = **katholisch**

Kathedrale [kate'dra:lə] *(pl* **-n)** *die* cathedral

Katholik, in [kato'li:k] *(mpl* **-en)** *der, die* Catholic

Katholikentag [kato'li:knta:k] *(pl* **-e)** *der biannual congress of German Catholics*

katholisch [ka'to:lɪʃ] *adj* Catholic

Kat-Motor ['kat-mo:to:ɐ̯] *(pl* **-en)** *der engine of a car fitted with a catalytic converter*

Katze ['katsə] *(pl* **-n)** *die* cat

kauen ['kauən] *vt & vi* to chew

Kauf [kauf] *(pl* **Käufe)** *der (Handlung)* purchase

kaufen ['kaufn] *vt* to buy ● **sich** *(D)* **etw kaufen** to buy o.s. sthg

Käufer, in ['kɔyfɐ] *(mpl inv) der, die* buyer

Kauffrau ['kauffrau] *(pl* **-en)** *die* businesswoman

Kaufhaus ['kaufhaus] *(pl* **-häuser)** *das* department store

Kaufhausdieb, in ['kaufhausdi:p] *(mpl* **-e)** *der, die* shoplifter *(from department stores)*

Kaufhausdiebstahl ['kaufhausdi:pʃta:l] *(pl* **-stähle)** *der* shoplifting *(from department stores)*

Kaufleute ['kauflɔytə] *pl (Händler)* shop-keepers

Kaufmann ['kaufman] *(pl* **-leute)** *der (im Betrieb)* businessman

Kaufpreis ['kaufprais] *(pl* **-e)** *der* purchase price

Kaufvertrag ['kauffɛɐ̯tra:k] *(pl* **-träge)** *der* bill of sale

Kaugummi ['kaugumi] *(pl* **-s)** *der & das* chewing gum

kaum [kaum] *adv* hardly, barely ● **es**

regnet kaum noch it's almost stopped raining

Kaution [kau'tsio:n] *(pl* **-en)** *die (für Wohnung)* deposit

Kaviar [kɑ:vjaɐ̯] *der* caviar

Kefir ['ke:fi:ɐ̯] *der sour-tasting fermented milk*

Kegelbahn ['ke:glba:n] *(pl* **-en)** *die* bowling alley

Kegelklub ['ke:glklʊp] *(pl* **-s)** *der* bowling club

kegeln ['ke:gln] *vi* to go bowling

Kehlkopf ['ke:lkɔpf] *(pl* **-köpfe)** *der* larynx

Kehrblech ['kɛɐ̯blɛç] *(pl* **-e)** *das* dustpan

kehren ['ke:rən] *vt & vi (fegen)* to sweep

kehrt|machen ['kɛɐ̯tmaxn̩] *vi* to turn round

Keilriemen ['kailri:mən] *(pl inv) der AUTO* fan belt

kein, e [kain] *det* no ● **ich habe kein Geld/keine Zeit** I haven't got any money/time ● **kein Mensch** no one ● **keine Stunde** less than an hour

keine, r, s ['kainə] *pron* **1.** *(Person)* no one **2.** *(Gegenstand)* none ● **keines der Kinder** none of the children ● **keiner von den beiden** neither of them ● **von diesen Gerichten mag ich keines** I don't like any of these dishes

keinerlei ['kainɐlai] *det* ● **das hat keinerlei Wirkung gehabt** it had no effect at all

keinesfalls ['kainəsfals] *adv* on no account

keineswegs ['kainəsve:ks] *adv* not at all

Keks [ke:ks] *(pl* **-e)** *der* biscuit *(UK),* cookie *(US)*

Keller ['kɛlɐ] (pl inv) der cellar

Kellerei [kɛlə'raɪ] (pl -en) die wine cellars pl

Kellner, in ['kɛlnɐ] (mpl inv) der, die waiter (f waitress)

kennen ['kɛnən] (prät **kannte**, pp **gekannt**) vt to know ● jn/etw gut **kennen** to know sb/sthg well ◆ **sich kennen** ref to know each other

kennen lernen ['kɛnənlɛrnən] vt to get to know ● **freut mich Sie kennen zu lernen!** pleased to meet you!

Kenner, in ['kɛnɐ] (mpl inv) der, die expert

Kenntnisse ['kɛntnɪsə] pl knowledge sg

Kennwort ['kɛnvɔrt] (pl -e) das (für Sparbuch) password

Kennzahl ['kɛntsaːl] (pl -en) die (für Telefon) dialling code (UK), area code (US)

Kennzeichen ['kɛntsaɪçn] (pl inv) das **1.** (am Auto) registration (number) (UK), license (number) (US) **2.** (Merkmal) characteristic ● **amtliches Kennzeichen** registration number (UK) license number (US) ▼ **besondere Kennzeichen** distinguishing features

Kennziffer ['kɛntsɪfɐ] (pl -n) die reference number

Keramik [ke'raːmɪk] (pl -en) die (Gegenstand) (piece of) pottery

Kerl [kɛrl] (pl -e) der guy

Kern [kɛrn] (pl -e) der **1.** (von Apfel, Birne) pip **2.** (von Pfirsich, Aprikose) stone **3.** (von Nuss) kernel

Kernenergie ['kɛrn|enɛrgiː] die nuclear power

Kernforschung ['kɛrnfɔrʃʊŋ] die nuclear research

kerngesund ['kɛrngəzʊnt] adj as fit as a fiddle

Kernkraft ['kɛrnkraft] die nuclear power

Kernkraftwerk ['kɛrnkraftvɛrk] (pl -e) das nuclear power station

kernlos ['kɛrnloːs] adj (Weintraube) seedless

Kernwaffe ['kɛrnvafə] (pl -n) die nuclear weapon

Kerze ['kɛrtsə] (pl -n) die **1.** (aus Wachs) candle **2.** AUTO (Zündkerze) spark plug

Kerzenlicht ['kɛrtsnlɪçt] das candlelight

Kessel ['kɛsl] (pl inv) der (Wasserkessel) kettle

Ketchup, Ketchup ['kɛtʃap] der & das ketchup

Kette ['kɛtə] (pl -n) die chain

keuchen ['kɔyçn] vi to pant

Keuchhusten ['kɔyçhuːstn] der whooping cough

Keule ['kɔylə] (pl -n) die (Fleisch) leg

Keyboard ['kiːbɔːd] (pl -s) das keyboard

Kfz [kaːɛf'tset] (pl inv) abk = Kraftfahrzeug

Kfz-Brief [kaːɛf'tsetbriːf] (pl -e) der ≃ logbook (UK) document of ownership of a motor vehicle

Kfz-Schein [kaːɛf'tset-ʃaɪn] (pl -e) der vehicle registration document

Kfz-Steuer [kaːɛf'tset-ʃtɔyɐ] (pl -n) die road tax

Kfz-Werkstatt [kaːɛf'tset-vɛrkʃtat] (pl -stätten) die garage

kichern ['kɪçn] vi to giggle

Kiefer¹ ['kiːfɐ] (pl inv) der (Knochen) jaw

Kiefer² ['kiːfɐ] (pl -n) die (Baum) pine (tree)

Kieler Woche [kiːlɐvɔxə] die annual sailing regattas at Kiel

Kieler Woche

Kiel Week is the world's largest sailing event, attracting some 3 million visitors to Kiel every June. In addition to several regattas, other watersports competitions are also held, while landlubbers can enjoy a range of concerts and other activities.

Kies [ki:s] *der (Steine)* gravel

Kieselstein ['ki:zl̩ʃtain] (*pl* -e) *der* pebble

Kilo ['ki:lo] (*pl* -s ODER inv) *das* kilo

Kilogramm ['kilogram] (*pl inv*) *das* kilogram

Kilokalorie ['ki:lokalori:] (*pl* -n) *die* kilocalorie

Kilometer [kilo'me:tɐ] (*pl inv*) *der* kilometre ● **50 Kilometer pro Stunde** 50 kilometres an hour

kilometerlang [kilo'me:tɐlaŋ] *adj* several kilometres long

Kilometerstand [kilo'me:tɐʃtant] *der* ≃ mileage

Kilometerzähler [kilo'me:tɐtsɛːlɐ] (*pl inv*) *der* ≃ mileometer

Kind [kɪnt] (*pl* -er) *das* child ● **ein Kind erwarten** to be expecting (a baby)

Kinderarzt, ärztin ['kɪndɐʔa:ɐtst] (*mpl* -ärzte) *der, die* paediatrician

Kinderbetreuung ['kɪndɐbətrɔyʊŋ] *die* child care

Kinderbett ['kɪndɐbɛt] (*pl* -en) *das* cot (*UK*), crib (*US*)

Kinderbuch ['kɪndɐbu:x] (*pl* -bücher) *das* children's book

Kinderfahrkarte ['kɪndɐfa:ɐkartə] (*pl* -n) *die* child's ticket

Kinderfrau ['kɪndɐfrau] (*pl* -en) *die* nanny

Kindergarten ['kɪndɐgartn̩] (*pl* -gärten) *der* nursery school

Kindergärtner, in ['kɪndɐgɛrtnɐ] (*mpl inv*) *der, die* nursery school teacher

Kindergeld [kɪndɐgɛlt] *das* child benefit

Kinderheim ['kɪndɐhaim] (*pl* -e) *das* children's home

Kinderkrankheit ['kɪndɐkraŋkhait] (*pl* -en) *die* children's illness

Kinderlähmung ['kɪndɐlɛːmʊŋ] *die* polio

kinderlieb ['kɪndɐli:p] *adj* ● **kinderlieb sein** to be fond of children

Kinderlied ['kɪndɐli:t] (*pl* -er) *das* nursery rhyme

Kindernahrung ['kɪndɐna:rʊŋ] *die* baby food

Kinderprogramm ['kɪndɐprogram] (*pl* -e) *das (im Fernsehen)* children's programme

Kinderschuh ['kɪndɐʃu:] (*pl* -e) *der* child's shoe

kindersicher ['kɪndɐzɪçɐ] *adj* childproof

Kindersicherung ['kɪndɐzɪçərʊŋ] (*pl* -en) *die (an Tür)* childproof lock

Kindersitz ['kɪndɐzɪts] (*pl* -e) *der* child seat

Kinderteller ['kɪndɐtɛlɐ] (*pl inv*) *der* children's portion

Kindertragesitz ['kɪndɐtra:gəzɪts] (*pl* -e) *der* baby sling

Kinderwagen ['kɪndɐva:gn̩] (*pl inv*) *der* pram (*UK*), baby carriage (*US*)

Kinderzimmer ['kɪndɐtsɪmɐ] (*pl inv*) *das* child's bedroom

Kindheit ['kɪnthait] *die* childhood

kindisch ['kɪndɪʃ] *adj* childish

Kinn [kɪn] (*pl* -e) *das* chin

Kino ['ki:no] (*pl* **-s**) *das* cinema (UK), movie theater (US) ● ins Kino gehen to go to the cinema (UK), to go to the movies (US) ● was läuft im Kino? what's on at the cinema? (UK), what's on at the movies? (US)

Kinobesucher, in ['kinobəzu:xɐ] (*mpl inv*) *der, die* cinemagoer (UK), moviegoer (US)

Kinoprogramm ['kinoprogram] (*pl* **-e**) *das* (in Zeitung) cinema guide (UK), movie guide (US)

Kiosk ['ki:ɔsk] (*pl* **-e**) *der* kiosk

kippen ['kɪpn] ◇ *vt* (hat) (lehnen) to tip ◇ *vi* (ist) (umfallen) to tip over

Kirche ['kɪrçə] (*pl* **-n**) *die* church

Kirchenchor ['kɪrçnkoːɐ̯] (*pl* **-chöre**) *der* church choir

Kirchenmusik ['kɪrçnmuziːk] *die* church music

Kirchenschiff ['kɪrçnʃɪf] (*pl* **-e**) *das* nave

Kirchentag ['kɪrçntaːk] (*pl* **-e**) *der* German church congress

Kirchturm ['kɪrçtʊrm] (*pl* **-türme**) *der* church steeple

Kirmes ['kɪrməs] (*pl* **-sen**) *die* fair

Kirsche ['kɪrʃə] (*pl* **-n**) *die* cherry

Kirschkuchen ['kɪrʃkuːxn] (*pl inv*) *der* cherry tart

Kissen ['kɪsn̩] (*pl inv*) *das* **1.** (in Bett) pillow **2.** (auf Stuhl, Sofa) cushion

Kiste ['kɪstə] (*pl* **-n**) *die* box ● eine Kiste Wein a case of wine

kitschig ['kɪtʃɪç] *adj* kitschy

Kittel ['kɪtl] (*pl inv*) *der* **1.** overalls *pl* **2.** (für Arzt, Laborant) white coat **3.** (für Hausfrau) housecoat

kitzelig ['kɪtslɪç] *adj* ticklish

kitzeln ['kɪtsln] *vt & vi* to tickle

Kiwi ['kiːvi] (*pl* **-s**) *die* kiwi fruit

Klage ['klaːgə] (*pl* **-n**) *die* **1.** (Beschwerde) complaint **2.** (vor Gericht) suit

klagen ['klaːgn] *vi* **1.** (jammern) to moan **2.** (vor Gericht) to sue ● klagen über (+A) to complain about

klamm [klam] *adj* **1.** (Finger) numb **2.** (Wäsche) damp

Klammer ['klamɐ] (*pl* **-n**) *die* **1.** (für Wäsche) clothes peg **2.** (für Zähne) brace **3.** (geschrieben) bracket

klammern ['klamɐn] *vt* (mit Klammer) to peg ◆ sich klammern *ref* (fest halten) ● sich klammern an (+A) to cling to

Klamotten [kla'mɔtn̩] *pl* (fam) (Kleider) clothes

klang [klaŋ] *prät* > klingen

Klang [klaŋ] (*pl* **Klänge**) *der* sound

Klappbett ['klapbɛt] (*pl* **-en**) *das* folding bed

Klappe ['klapə] (*pl* **-n**) *die* (am Briefkasten) flap ▼ Klappe hochschieben (an Verkaufsautomat) lift door

klappen ['klapn̩] ◇ *vi* (gelingen) to work ◇ *vt* ● etw nach oben/hinten klappen (Kragen) to turn sthg up/down ● gut klappen to go well

klappern ['klapɐn] *vi* to rattle

Klapprad ['klapraːt] (*pl* **-räder**) *das* folding bicycle

Klappsitz ['klapzɪts] (*pl* **-e**) *der* folding seat

klar [klaːɐ̯] ◇ *adj* clear ◇ *adv* (deutlich) clearly ● mir ist nicht klar, wie das funktioniert I don't understand how it works ● alles klar? is everything all right? ● alles klar! OK!

Kläranlage ['klɛːɐ̯anlaːgə] (*pl* **-n**) *die* sewage works *sg*

Klare ['klaːrə] (*pl* -n) *der* schnapps

klären ['klɛːrən] *vt* (Problem, Frage) to settle ◆ **sich klären** *ref* (Problem, Frage) to be settled

Klarinette [klari'nɛtə] (*pl* -n) *die* clarinet

klarkommen ['klaːɡkɔmən] *vi* (*unreg*) (ist) (fam) ● **mit jm klarkommen** to get on well with sb ● **mit etw klarkommen** to be able to cope with sthg

klar machen ['klaːɡmaxn̩] *vt* ● **jm etw klar machen** to explain sthg to sb

Klarsichtfolie ['klaːɡzɪçtfoːliə] (*pl* -n) *die* clingfilm (*UK*), Saranwrap® (*US*)

Klarsichthülle ['klaːɡzɪçthylə] (*pl* -n) *die* clear plastic cover

klar stellen ['klaːɡʃtɛlən] *vt* 1. to make clear 2. (Missverständnis) to clear up

Klärung ['klɛːrʊŋ] (*pl* -en) *die* (von Problem, Frage) settling

klar werden ['klaːɡveːɐdn̩] *vi* (*unreg*) (ist) ● **jm klar werden** to become clear to sb ● **sich** (D) **klar werden über etw** (A) (erkennen) to realize sthg

klasse ['klasə] *adj* (fam) great

Klasse ['klasə] (*pl* -n) *die* 1. class 2. (Raum) classroom ● **erster/zweiter Klasse** (in Zug) first/second class

Klassenkamerad, in ['klasnkameraːt] (*mpl* -en) *der* classmate

Klassik ['klasɪk] *die* (Epoche) classical period

klassisch ['klasɪʃ] *adj* 1. (typisch) classic 2. (Musik) classical

klatschen ['klatʃn̩] *vi* 1. (Wasser) to splash 2. (in Hände) to clap 3. (tratschen) to gossip

klauen ['klauən] *vt* (fam) to pinch ● **jm etw klauen** to pinch sthg from sb

Klavier [kla'viːɐ̯] (*pl* -e) *das* piano

Klavierkonzert [kla'viːɐ̯kɔntsɛrt] (*pl* -e) *das* (Komposition) piano concerto

kleben ['kleːbn̩] ◇ *vt* 1. (reparieren) to stick together 2. (ankleben) to stick ◇ *vi* 1. (klebrig sein) to be sticky 2. (haften) to stick

Klebestreifen ['kleːbəʃtraifn̩] (*pl* inv) *der* sticky tape

klebrig ['kleːbrɪç] *adj* sticky

Klebstoff ['kleːpʃtɔf] (*pl* -e) *der* glue

kleckern ['klɛkɐn] *vi* (Person) to make a mess

Kleid [klait] (*pl* -er) *das* (für Frauen) dress ◆ **Kleider** *pl* (Bekleidung) clothes

Kleiderbügel ['klaidɐbyːgl̩] (*pl* inv) *der* (clothes) hanger

Kleiderschrank ['klaidɐʃraŋk] (*pl* -schränke) *der* wardrobe

Kleidung ['klaidʊŋ] *die* clothes *pl*

Kleidungsstück ['klaidʊŋsʃtyk] (*pl* -e) *das* garment

klein [klain] ◇ *adj* 1. small, little 2. (Pause, Weile) short ◇ *adv* ● **mein kleiner Bruder** my little brother ● **ein klein wenig** a little bit ● **bis ins Kleinste** to the last detail ● **haben Sie es klein?** do you have the right change?

Kleinanzeige ['klain|antsaigə] (*pl* -n) *die* classified advertisement

Kleinbus ['klainbʊs] (*pl* -s e) *der* minibus

Kleingedruckte ['klaingədrʊktə] *das* small print

Kleingeld ['klaingɛlt] *das* change ▼ Kleingeld bitte bereithalten please have the right change ready

Kleinigkeit ['klainɪçkait] (*pl* -en) *die* 1. (Unwichtiges) trifle 2. (Geschenk) little gift 3. (Zwischenmahlzeit) snack

155

kn

Kleinkind ['klaınkınt] (pl **-er**) das small child

Kleinkunstbühne ['klaınkʊnstbyːnə] (pl **-n**) die cabaret

kleinlich ['klaınlıç] adj petty

klein machen ['klaınmaxn] vt (fam) (Geldschein) to change

klein schneiden ['klaınʃnaıdn] vt (unreg) to chop finely

klein|schreiben ['klaınʃraıbn] vt (unreg) ● ein Wort kleinschreiben to write a word with a small initial letter

Kleinschreibung ['klaınʃraıbʊŋ] die writing with small initial letters

Kleinstadt ['klaınʃtat] (pl **-städte**) die small town

Kleister ['klaıstɐ] (pl inv) der paste

klemmen ['klɛmən] vt & vi to jam ● sich (D) den Finger in etw klemmen to get one's finger caught in sthg

Klempner, in ['klɛmpnɐ] (mpl inv) der, die plumber

klettern ['klɛtɐn] vi (ist) **1.** (Person) to climb **2.** (Preis, Temperatur) to rise

Klient, in [kli'ɛnt] (mpl **-en**) der, die client

Klima ['kliːma] das **1.** (Wetter) climate **2.** (Stimmung) atmosphere

Klimaanlage ['kliːmaʔanlaːgə] (pl **-n**) die air conditioning

Klimaschutz ['kliːmasʃʊts] der climate protection

klimatisiert [klimati'ziːɐt] adj air-conditioned

Klinge ['klıŋə] (pl **-n**) die (von Messer) blade

Klingel ['klıŋl] (pl **-n**) die bell

klingeln ['klıŋln] ◇ vi **1.** to ring **2.** (Radfahrer) to ring one's bell ◇ vimp ●

es klingelt there's someone at the door ● bitte klingeln bei ... please ring at...

klingen ['klıŋən] (prät **klang**, pp **geklungen**) vi **1.** (Person, Äußerung) to sound **2.** (Glocke) to ring

Klinik ['kliːnık] (pl **-en**) die clinic

Klinke ['klıŋkə] (pl **-n**) die handle

Klippe ['klıpə] (pl **-n**) die (am Meer) cliff

Klischee [kli'ʃeː] (pl **-s**) das stereotype

Klo [kloː] (pl **-s**) das (fam) loo (UK), john (US) ● aufs Klo müssen to need the loo (UK), to need the john (US)

Klopapier ['kloːpapiːɐ] das (fam) toilet paper

klopfen ['klɔpfn] ◇ vi **1.** (Herz) to beat **2.** (auf Schulter) to tap **3.** (an Tür) to knock ◇ vimp ● es klopft (an Tür) there's someone at the door

Klosett [klo'zɛt] (pl **-s**) das toilet

Kloß [kloːs] (pl **Klöße**) der dumpling

Kloster ['kloːstɐ] (pl **Klöster**) das **1.** (für Mönche) monastery **2.** (für Nonnen) convent

Klotz [klɔts] (pl **Klötze**) der (von Baum) log

Klub [klʊp] (pl **-s**) der club

klug [kluːk] adj clever

knabbern ['knabɐn] vt & vi to nibble ● an etw (D) knabbern to nibble sthg

Knäckebrot ['knɛkəbroːt] (pl **-e**) das crispbread

knacken ['knakn] ◇ vt **1.** (Nuss) to crack **2.** (fam) (Auto) to break into **3.** (fam) (Schloss) to force ◇ vi (Holz) to crack

knackig ['knakıç] adj **1.** (Obst, Gemüse) crisp **2.** (fam) (Körper) sexy

Knall [knal] (pl **-e**) der bang

knapp [knap] ◇ adj **1.** (Vorrat, Angebot) ● short **2.** (Kleidung) tight **3.** (Mehrheit) narrow ◇ adv 1. (verlieren, gewinnen) narrowly 2. (fast) not quite ● knapp werden (Vorrat) to be running short ● knapp 10 Meter not quite 10 metres ● das war knapp that was close

knarren ['knarən] vi to creak

Knast [knast] (pl **Knäste**) der (fam) clink, prison

Knäuel [knɔyəl] (pl inv) das ball (of wool)

knautschen ['knautʃn] vt to crumple

kneifen ['knaifn] (prät **kniff**, pp **gekniffen**) vt to pinch

Kneifzange ['knaiftsaŋə] (pl -n) die pincers pl

Kneipe ['knaipə] (pl -n) die pub

Kneipe

In German pubs you can order light meals in the evening as well as during the day. Drinks are normally brought to the table by a waiter or waitress whom you pay when you are ready to leave rather than a round at a time, and to whom it is customary to give a tip. Many pubs have a *Stammtisch* that is reserved for regular customers. In Austria, a *Kneipe* is called a *Beisel*.

knicken ['knɪkn] vt (Papier) to fold

Knie [kni:] (pl inv) das knee

Kniegelenk ['kni:gəlɛŋk] (pl -e) das knee(joint)

knien [kni:ən] vi to be kneeling ● **sich knien** ref to kneel down

Kniescheibe ['kni:ʃaibə] (pl -n) die kneecap

Kniestrumpf ['kni:ʃtrumpf] (pl -strümpfe) der knee-length sock

kniff [knɪf] prät ➤ **kneifen**

knipsen ['knɪpsn] vt (fam) (fotografieren) to snap

knistern ['knɪstɐn] vi 1. (Feuer) to crackle 2. (Papier) to rustle

knitterfrei ['knɪtɐfrai] adj crease-resistant

Knoblauch ['kno:blaux] der garlic

Knöchel ['knœçl] (pl inv) der 1. (von Fuß) ankle 2. (von Finger) knuckle

Knochen ['knɔxn] (pl inv) der bone

Knochenbruch ['knɔxnbrux] (pl -brüche) der fracture

Knödel ['knø:dl] (pl inv) der dumpling

Knopf ['knɔpf] (pl **Knöpfe**) der button ▼ Knopf drücken press the button

Knopfdruck ['knɔpfdruk] der ● durch Knopfdruck by pressing the button

knöpfen ['knœpfn] vt to button

Knopfloch ['knɔpflɔx] (pl -löcher) das buttonhole

Knorpel ['knɔrpl] (pl inv) der cartilage

knoten ['kno:tn] vt to tie

Knoten ['kno:tn] (pl inv) der knot

knurren ['knurən] vi 1. (Hund) to growl 2. (Magen) to rumble

knusprig ['knuspriç] adj crusty

knutschen ['knu:tʃn] vi (fam) to neck

Koalition [koali'tsjo:n] (pl -en) die coalition

Koch [kɔx] (pl **Köche**) der cook, chef

Kochbeutel ['kɔxbɔytl] (pl inv) der KÜCHE bag containing food, for boiling

kochen ['kɔxn] ◇ vi 1. (für Mahlzeit) to cook 2. (Wasser) to boil ◇ vt 1. (Mahlzeit) to cook 2. (Tee, Kaffee) to make 3. (Eier) to boil ● jm etw kochen to cook sb sthg

Kocher ['kɔxɐ] (pl inv) der cooker

Kochgelegenheit ['kɔxɡəleːɡnhait] (pl -en) die cooking facilities pl

Köchin [kœçɪn] (pl -nen) die cook

Kochlöffel ['kɔxlœfl] (pl inv) der wooden spoon

Kochrezept ['kɔxretsept] (pl -e) das recipe

Kochsalz ['kɔxzalts] das cooking salt

Kochtopf ['kɔxtɔpf] (pl -töpfe) der saucepan

Kochwäsche ['kɔxvɛʃə] die washing that needs to be boiled

Koffein [kɔfe'iːn] das caffeine

koffeinfrei [kɔfe'iːnfrai] adj decaffeinated

Koffer ['kɔfɐ] (pl inv) der suitcase ● **die Koffer packen** to pack (one's bags)

Kofferkuli ['kɔfɐkuːli] (pl -s) der (luggage) trolley ▼ **Kofferkuli nur gegen Pfand** sign indicating that a deposit is required for the use of a luggage trolley

Kofferradio ['kɔfɐraːdio] (pl -s) das portable radio

Kofferraum ['kɔfɐraum] (pl -räume) der boot (UK), trunk (US)

Kognac ['kɔnjak] der = Cognac

Kohl [koːl] der cabbage

Kohle ['koːlə] die 1. (Material) coal 2. (fam) (Geld) cash

Kohlenhydrat ['koːlənhyːdraːt] (pl -e) das carbohydrate

Kohlensäure ['koːlənzɔyrə] die carbon dioxide ● **Mineralwasser mit/ohne Kohlensäure** sparkling/still mineral water

Kohlrabi [koːl'raːbi] (pl -) der kohlrabi

Kohlroulade ['koːlrulaːdə] (pl -n) die cabbage leaves stuffed usually with meat

Koje ['koːjə] (pl -n) die berth

Kokosnuss ['koːkɔsnʊs] (pl -nüsse) die coconut

Kolben ['kɔlbn] (pl inv) der 1. AUTO piston 2. (von Mais) cob

Kolik ['koːlɪk] (pl -en) die colic

Kollaps ['kɔlaps] (pl -e) der MED collapse

Kollege [kɔ'leːɡə] (pl -n) der colleague

Kollegin [kɔ'leːɡɪn] (pl -nen) die colleague

Kollision [kɔli'zioːn] (pl -en) die collision

Köln [kœln] nt Cologne

Kölnisch Wasser ['kœlnɪʃvasɐ] das eau de Cologne

Kolonne [ko'lɔnə] (pl -n) die 1. column 2. (von Fahrzeugen) queue

Kölsch [kœlʃ] das strong lager brewed in Cologne

Kombi ['kɔmbi] (pl -s) der (Auto) estate car (UK), station wagon (US)

Kombination [kɔmbina'tsioːn] (pl -en) die combination

kombinieren [kɔmbi'niːrən] vt to combine ● **etw mit etw kombinieren** to combine sthg with sthg

Kombi-Ticket ['kɔmbi-tɪkət] (pl -s) das ticket valid for travel on train, bus, metro etc

Kombiwagen ['kɔmbivaɡn] (pl inv) der estate car (UK), station wagon (US)

Komfort [kɔm'foːɐ] der luxury ● **mit allem Komfort** (Haus, Hotelzimmer) with all mod cons

komfortabel [kɔmfɔr'taːbl] adj with all mod cons

komisch ['koːmɪʃ] ◇ adj funny ◇ adv funnily

Komma ['kɔma] (pl -ta) das 1. (in Satz)

comma **2.** *(in Zahl)* decimal point ● **null Komma fünf Prozent** nought point five per cent

kommandieren [kɔman'diːrən] *vi* to give orders

kommen ['kɔmən] *(prät* **kam**, *pp* **ge-kommen)**

◊ *vi* **1.** *(an einen Ort)* to come ● **wie komme ich zum Markt?** how do I get to the market? ● **jn/etw kommen lassen** to send for sb/sthg ● **nach Hause kommen** to get home **2.** *(aus einem Ort)* to come ● **aus Deutschland kommen** to come from Germany **3.** *(erscheinen)* to come out ● **rechts kommt der Bahnhof** the station's coming up on the right **4.** *(eintreten)* to come **5.** *(in Reihenfolge)* ● **wer kommt zuerst?** who's first? **6.** *(Gefühl, Gedanke)* ● **mir kam eine Idee** I had an idea ● **auf etw** *(A)* **kommen** to think of sthg **7.** *(gehören)* to belong to, to go **8.** *(zum Ziel, Ergebnis)* ● **zu etw kommen** to reach sthg ● **hinter etw** *(A)* **kommen** to find sthg out ● **an die Macht kommen** to come to power **9.** *(Zeit haben)* ● **dazu kommen, etw zu tun** to get round to doing sthg **10.** *(um Besitz)* ● **um etw kommen** to lose sthg **11.** *(als Folge)* ● **von etw kommen** to result from sthg ● **das kommt davon!** see what happens! **12.** *(zu Bewusstsein)* ● **zu sich kommen** to come round **13.** *(bei Institution)* ● **in die/aus der Schule kommen** to start/leave school ● **ins/aus dem Krankenhaus kommen** to go to/leave hospital **14.** *(Film, Programm)* ● **im Fernsehen kommen** to be on (the) television ● **im Kino kommen** to be on at the cinema *(UK)*, to be on at the movies *(US)* **15.** *(anfangen)* ● **ins Rutschen/Stocken kommen** to slip/falter

◊ *vimp* ● **es kam zu einem Streit** it ended in a quarrel

kommend *adj* coming

Kommentar [kɔmen'taːɐ] *(pl* **-e)** *der* **1.** *(in Zeitung, Fernsehen)* commentary **2.** *(Bemerkung)* comment

kommerziell [kɔmɛr'tsiɛl] *adj* commercial

Kommode [kɔ'moːdə] *(pl* **-n)** *die* chest of drawers

kommunal [komu'naːl] *adj* local

Kommunikation [komunika'tsioːn] *die* communication

Kommunion [komu'nioːn] *(pl* **-en)** *die* Communion

Kommunismus [komu'nɪsmus] *der* communism

Komödie [ko'møːdiə] *(pl* **-n)** *die* comedy

kompakt [kɔm'pakt] *adj* compact

Komparativ ['kɔmparatiːf] *(pl* **-e)** *der* comparative

Kompass ['kɔmpas] *(pl* **-e)** *der* compass

kompatibel [kɔmpa'tiːbl] *adj* compatible

kompetent [kɔmpe'tɛnt] *adj* competent

komplett [kɔm'plɛt] *adj* complete ● **wir sind komplett** we are all here

Kompliment [kɔmpli'mɛnt] *(pl* **-e)** *das* compliment

kompliziert [kɔmpli'tsiːɐt] *adj* complicated

Komponist, in [kɔmpo'nɪst] *(mpl* **-en)** *der, die* composer

Kompott [kɔm'pɔt] *(pl* **-e)** *das* stewed fruit

Kompresse [kɔm'prɛsə] *(pl* **-n)** *die* compress

Kompromiss [kɔmpro'mɪs] *(pl* **-e)** *der* compromise

Kondensmilch [kɔn'dɛnsmɪlç] *die* condensed milk

Kondenswasser [kɔn'dɛnsvasɐ] *das* condensation

Kondition [kɔndi'tsioːn] (*pl* -en) *die* condition

Konditionstraining [kɔndi'tsioːnstreːnɪŋ] *das* fitness training

Konditor [kɔn'diːtoːɐ] (*pl* **Konditoren**) *der* pastry cook

Konditorei [kɔndito'raɪ] (*pl* -en) *die* cake shop

Konditorin [kɔndi'toːrɪn] (*pl* -nen) *die* pastry cook

Kondom [kɔn'doːm] (*pl* -e) *das* condom

Konfekt [kɔn'fɛkt] *das* sweets *pl* (UK), candy (US)

Konfektionsgröße [kɔnfɛk'tsioːnsgrøːsə] (*pl* -n) *die* size

Konferenz [kɔnfə'rɛnts] (*pl* -en) *die* conference

Konferenzraum [kɔnfə'rɛntsraum] (*pl* -räume) *der* conference room

Konfession [kɔnfɛ'sioːn] (*pl* -en) *die* denomination

Konfetti [kɔn'fɛti] *das* confetti

Konfirmation [kɔnfirma'tsioːn] (*pl* -en) *die* confirmation

Konfitüre [kɔnfi'tyːrə] (*pl* -n) *die* jam

Konflikt [kɔn'flɪkt] (*pl* -e) *der* conflict

Kongress [kɔŋ'grɛs] (*pl* -e) *der* (*Treffen*) conference

Kongresshalle [kɔŋ'grɛshalə] (*pl* -n) *die* conference centre

Kongressleitung [kɔŋ'grɛslaɪtʊŋ] (*pl* -en) *die* conference organizers *pl*

König ['køːnɪç] (*pl* -e) *der* king

Königin ['køːnɪgɪn] (*pl* -nen) *die* queen

Konjugation [kɔnjuga'tsioːn] (*pl* -en) *die* GRAMM conjugation

konjugieren [kɔnju'giːrən] *vt* GRAMM to conjugate

konkret [kɔn'kreːt] *adj* concrete

Konkurrenz [kɔnku'rɛnts] *die* competition ● jm Konkurrenz machen to compete with sb

können ['kœnən] (*präs* **kann**, *prät* **konnte**, *pp inv* ODER **gekonnt**)
◇ *aux* (*pp* **können**) **1.** (*gen*) can ● etw tun können to be able to do sthg ● er kann Klavier spielen he can play the piano ● sie kann nicht kommen she can't come ● das kann sein that's quite possible ● wenn ich wollte, könnte ich ein Auto kaufen I could buy a car if I wanted to ● es kann sein, dass ich mich geirrt habe I may have been wrong ● man kann nie wissen you never know **2.** (*dürfen, sollen*) can ● kann ich noch ein Eis haben? can I have another ice cream? ● könnte ich mal telefonieren? could I use the telephone? ● du kannst gehen you can go
◇ *vt* (*pp* **gekonnt**) **1.** (*Sprache*) to (be able to) speak ● können Sie Deutsch? can ODER do you speak German? **2.** (*fam*) (*auswendig*) to know **3.** (*Angabe von Verantwortung*) ● ich kann nichts dafür I can't help it ● er kann nichts dafür, dass ... it's not his fault that ...
◇ *vi* (*pp* **gekonnt**) **1.** (*fähig sein*) can ● fahren, so schnell man kann to drive as fast as you can ● ich kann nicht mehr (*fam*) I've had it, I'm exhausted **2.** (*dürfen*) can ● kann ich ins Kino? can I go to the cinema?

konnte ['kɔntə] *prät* ➤ können

konsequent [kɔnzə'kvɛnt] ◇ *adj* consistent ◇ *adv* consistently

Konsequenz [kɔnzə'kvɛnts] (*pl* **-en**) *die* consequence

konservativ ['kɔnzɛrvatiːf] *adj* conservative

Konserve [kɔn'zɛrvə] (*pl* **-n**) *die* tinned food, canned food

Konservendose [kɔn'zɛrvndoːzə] (*pl* **-n**) *die* tin, can

Konservierungsmittel [kɔnzɛr-'viːrʊŋsmɪtl] (*pl inv*) *das* preservative

Konservierungsstoff [kɔnzɛr-'viːrʊŋsʃtɔf] (*pl* **-e**) *der* preservative

Konsonant [kɔnzo'nant] (*pl* **-en**) *der* consonant

konstruieren [kɔnstruˈiːrən] *vt* to construct

Konsulat [kɔnzuˈlaːt] (*pl* **-e**) *das* consulate

Konsum [kɔnˈzuːm] *der* consumption

Kontakt [kɔnˈtakt] (*pl* **-e**) *der* contact ● **Kontakt haben zu** ODER **mit** to be in contact with

Kontaktlinse [kɔnˈtaktlɪnzə] (*pl* **-n**) *die* ● **weiche/harte Kontaktlinse** soft/hard contact lens

Kontinent ['kɔntinɛnt] (*pl* **-e**) *der* continent

Konto ['kɔnto] (*pl* **Konten**) *das* account ● **ein Konto eröffnen** to open an account ● **ein Konto auflösen** to close an account

Kontoauszug ['kɔntoˌaʊstsuːk] (*pl* **-züge**) *der* bank statement

Kontostand ['kɔntoʃtant] *der* bank balance

Kontrabass ['kɔntrabas] (*pl* **-bässe**) *der* double-bass

Kontrast [kɔnˈtrast] (*pl* **-e**) *der* contrast

Kontrollabschnitt [kɔnˈtrɔlˌapʃnɪt] (*pl* **-e**) *der* stub

Kontrolle [kɔnˈtrɔlə] (*pl* **-n**) *die* **1.** (*von Fahrkarte, Gepäck*) inspection, check **2.** (*Aufsicht, Beherrschung*) control ● **die Kontrolle über ein Fahrzeug verlieren** to lose control of a vehicle

Kontrolleur, in [kɔntrɔˈløːɐ] (*mpl* **-e**) *der, die* (*in Bus, Straßenbahn*) ticket inspector

kontrollieren [kɔntrɔˈliːrən] *vt* (*prüfen*) to check

Kontrollleuchte [kɔntrɔˈlɔʏçtə] (*pl* **-n**) *die* warning light

Konversation [kɔnvɛrzaˈtsjoːn] (*pl* **-en**) *die* conversation

Konzentrationslager [kɔntsɛntraˈtsjoːnslaːgɐ] (*pl inv*) *das* concentration camp

konzentrieren [kɔntsɛntriːrən] ● **sich konzentrieren** *ref* to concentrate ● **sich konzentrieren auf** (+A) to concentrate on

konzentriert [kɔntsɛntriːɐt] *adj* concentrated ● **konzentriert sein** (*Person*) to be concentrating

Konzern [kɔnˈtsɛrn] (*pl* **-e**) *der* group (of companies)

Konzert [kɔnˈtsɛrt] (*pl* **-e**) *das* (*Veranstaltung*) concert

Konzerthaus [kɔnˈtsɛrthaʊs] (*pl* **-häuser**) *das* concert hall

Konzertsaal [kɔnˈtsɛrtzaːl] (*pl* **-säle**) *der* concert hall

kooperativ [kolopeˈraˈtiːf] *adj* cooperative

koordinieren [kolɔrdiˈniːrən] *vt* to coordinate

Kopf [kɔpf] (*pl* **Köpfe**) *der* head ● **den Kopf schütteln** to shake one's head ● **pro Kopf** per person

Kopfhörer ['kɔpfhøːrɐ] (*pl inv*) *der* headphone

Kopfkissen ['kɔpfkɪsn̩] (pl inv) das pillow

Kopfsalat ['kɔpfzalaːt] (pl -e) der lettuce

Kopfschmerzen ['kɔpfʃmɛrtsn̩] pl headache *sg* ● **Kopfschmerzen haben** to have a headache

Kopfsprung ['kɔpfʃprʊŋ] (pl -sprünge) der dive

Kopfstand ['kɔpfʃtant] (pl -stände) der headstand

Kopfstütze ['kɔpfʃtʏtsə] (pl -n) die headrest

Kopftuch ['kɔpftuːx] (pl -tücher) das headscarf

Kopie [ko'piː] (pl -n) die copy

kopieren [ko'piːrən] vt & vi to copy

Kopierer [ko'piːrɐ] (pl inv) der photocopier

Kopiergerät [ko'piːɐ̯gərɛːt] (pl -e) das photocopier

Korb [kɔrp] (pl Körbe) der 1. basket 2. *(Material)* wicker

Kordel ['kɔrdl̩] (pl -n) die cord

Kordsamt ['kɔrtzamt] der corduroy

Korinthe [ko'rɪntə] (pl -n) die currant

Korken ['kɔrkn̩] (pl inv) der cork

Korkenzieher ['kɔrkn̩tsiːɐ] (pl inv) der corkscrew

Korn¹ [kɔrn] (pl Körner) das 1. grain 2. *(Getreide)* grain, corn

Korn² [kɔrn] (pl inv) der *(Schnaps)* schnapps

Körper ['kœrpɐ] (pl inv) der 1. body 2. *(Figur)* figure

körperbehindert ['kœrpɐbəhɪndɐt] adj disabled

Körpergewicht ['kœrpɐɡəvɪçt] das weight

Körpergröße ['kœrpɐɡrøːsə] (pl -n) die height

körperlich ['kœrpɐlɪç] ◇ adj physical ◇ adv physically

Körperlotion ['kœrpɐlotsjoːn] (pl -en) die body lotion

Körperpflege ['kœrpɐpfleːɡə] die personal hygiene

Körperverletzung ['kœrpɐfɛɐ̯lɛtsʊŋ] die physical injury

korpulent [kɔrpu'lɛnt] adj corpulent

korrekt [ko'rɛkt] ◇ adj correct ◇ adv correctly

Korrektur [korɛk'tuːɐ̯] (pl -en) die correction

Korridor [kɔri'doːɐ̯] (pl -e) der corridor

korrigieren [kɔri'ɡiːrən] vt to correct ◆ **sich korrigieren** ref to correct o.s.

Kosmetik [kɔs'meːtɪk] die *(Pflege)* beauty care

Kosmetika [kɔs'meːtika] pl cosmetics

Kosmetikerin [kɔs'meːtɪkərɪn] (pl -nen) die beautician

Kosmetiksalon [kɔs'meːtɪkzalɔŋ] (pl -s) der beauty salon

Kosmetiktücher [kɔs'meːtɪktyːçɐ] pl paper tissues

Kost [kɔst] die food

kostbar ['kɔstbaːɐ̯] adj valuable

kosten ['kɔstn̩] ◇ vt 1. to cost 2. *(Wein, Speise)* to taste ◇ vi *(Wein, Speise)* to have a taste ● **was kostet das?** how much does it cost?

Kosten ['kɔstn̩] pl costs ● **auf js Kosten** at sb's expense ● **Kosten rückerstatten** to refund expenses

kostenlos ['kɔstnloːs] adj & adv free

kostenpflichtig ['kɔstn̩pflɪçtɪç] ◇ adj *(amt)* liable to pay costs ◇ adv ● **kostenpflichtig abgeschleppt werden** to be towed away at the owner's expense

Kostenvoranschlag ['kɔstnfoːɐ̯anʃlaːk] (pl -schläge) der estimate

köstlich ['kœstlɪç] adj 1. (Speise, Getränk) delicious 2. (amüsant) funny

Kostprobe ['kɔstproːbə] (pl -n) die (von Speise, Getränk) taste

Kostüm [kɔs'tyːm] (pl -e) das 1. (Damenkleidung) suit 2. (Verkleidung) costume

Kot [koːt] der excrement

Kotelett [kɔt'let] (pl -s) das chop, cutlet

Kotflügel ['koːtflyːgl] (pl inv) der wing

kotzen ['kɔtsn] vi (vulg) to puke

Krabbe ['krabə] (pl -n) die 1. (Krebs) crab 2. (Garnele) shrimp

krabbeln ['krabln] vi (ist) to crawl

Krabbencocktail ['krabnkɔkteːl] (pl -s) der prawn cocktail

Krach [krax] der 1. (Lärm) noise 2. (fam) (Streit) row ● Krach haben mit to row with

Kräcker ['krɛkɐ] (pl inv) der cracker

Kraft [kraft] (pl Kräfte) die 1. (körperlich, psychisch) strength 2. (physikalisch) force 3. (Wirkung) power 4. (Person) worker ● etw außer Kraft setzen to cancel ● in Kraft in force

Kraftbrühe ['kraftbryːə] (pl -n) die strong meat broth

Kraftfahrer, in ['kraftfaːrɐ] (mpl inv) der, die driver

Kraftfahrzeug ['kraftfaːɐ̯tsɔyk] (pl -e) das motor vehicle

Kraftfahrzeugbrief ['kraftfaːɐ̯tsɔykbriːf] (pl -e) der ≃ logbook (UK) document of ownership of a motor vehicle

Kraftfahrzeugkennzeichen ['kraftfaːɐ̯tsɔykˈkentsaiçn] (pl inv) das registration number (UK), license number (US)

Kraftfahrzeugschein ['kraftfaːɐ̯tsɔyk-ʃain] (pl -e) der vehicle registration document

Kraftfahrzeugsteuer ['kraftfaːɐ̯tsɔyk-ʃtɔyɐ] (pl -n) die road tax

kräftig ['krɛftɪç] ◇ adj 1. (Person, Muskeln) strong 2. (Mahlzeit) nourishing ◇ adv (stark) hard

Kraftstoff ['kraftʃtɔf] (pl -e) der fuel

Kraftstoffverbrauch ['kraftʃtɔfɛɐ̯braux] der fuel consumption

Kraftwerk ['kraftverk] (pl -e) das power station

Kragen ['kraːgn] (pl inv) der collar

Kralle ['kralə] (pl -n) die claw

Kram [kraːm] der stuff

kramen ['kraːmən] vi (herumsuchen) to rummage about

Krampf [krampf] (pl Krämpfe) der (von Muskeln) cramp

Krampfader ['krampfaːdɐ] (pl -n) die varicose vein

Kran [kraːn] (pl Kräne) der crane

krank [kraŋk] (komp kränker, superl kränkste) adj ill, sick ● krank werden to be taken ill

Kranke ['kraŋkə] (pl -n) der, die 1. sick person 2. (im Krankenhaus) patient

Krankenhaus [kraŋknhaus] (pl -häuser) das hospital

Krankenkasse [kraŋknkasə] (pl -n) die health insurance association

Krankenkasse

Krankenkassen are medical insurance companies that provide national health insurance in Germany. There used to be separate *Krankenkassen* for different professions, but customers can now choose freely between them. Patients pay a "practice fee" (*Praxisgebühr*) of 10 euros cash on their first visit to the doctor each quarter to help fund their *Krankenkasse*.

Krankenpfleger ['kraŋknpfle:gə] (*pl inv*) *der* (male) nurse

Krankenschwester [kraŋknˌʃwɛstɐ] (*pl -n*) *die* nurse

Krankenversichertenkarte [kraŋknˌfɛɐzɪçɐtnkartə] (*pl -n*) *die* smart card which must be shown at the doctor's for health insurance purposes

Krankenversicherung [kraŋknˌfɛɐzɪçərʊŋ] (*pl -en*) *die* health insurance

Krankenwagen ['kraŋknˌvaːgn] (*pl inv*) *der* ambulance

Krankheit [kraŋkhaɪt] (*pl -en*) *die* 1. illness 2. (*schwer*) disease

Krapfen ['krapfn] (*pl inv*) *der* doughnut

Krater ['kraːtɐ] (*pl inv*) *der* crater

kratzen ['kratsn] ◇ *vt* 1. to scratch 2. (*Reste, Farbe*) to scrape ◇ *vi* to scratch ◆ **sich kratzen** *ref* to scratch o.s.

Kratzer ['kratsɐ] (*pl inv*) *der* scratch

kraulen ['kraʊlən] ◇ *vi* (*ist*) SPORT (*schwimmen*) to do the crawl ◇ *vt* (*hat*) (*Tier*) to tickle

Kraut ['kraʊt] (*pl* **Kräuter**) *das* 1. (*Heilpflanze, Gewürzpflanze*) herb 2. (*Süddt*) (*Kohl*) cabbage

Kräuterbutter ['krɔʏtɐbʊtɐ] *die* herb butter

Kräuterlikör ['krɔʏtɐlikøːɐ] (*pl -e*) *der* bitter liqueur made from herbs

Kräutersauce ['krɔʏtɐzoːsə] (*pl -n*) *die* herb sauce

Kräutertee ['krɔʏtɐteː] (*pl -s*) *der* herbal tea

Krautsalat ['kraʊtzalaːt] *der* ≃ coleslaw

Krawatte ['kravatə] (*pl -n*) *die* tie

Krawattenzwang ['kravatntsvaŋ] *der* ● es besteht Krawattenzwang ties must be worn

kreativ [krea'tiːf] *adj* creative

Krebs [kreːps] (*pl -e*) *der* 1. (*Tier*) crab 2. (*Krankheit*) cancer 3. (*Sternzeichen*) Cancer ● Krebs haben to have cancer

Kredit [kre'diːt] (*pl -e*) *der* (*Darlehen*) loan ● einen Kredit aufnehmen to take out a loan

Kreditinstitut [kre'diːtɪnstituːt] (*pl -e*) *das* bank

Kreditkarte [kre'diːtkartə] (*pl -n*) *die* credit card ● kann ich mit Kreditkarte bezahlen? can I pay by credit card?

Kreide ['kraɪdə] (*pl -n*) *die* (*Tafelkreide*) chalk

Kreis [kraɪs] (*pl -e*) *der* 1. circle 2. (*Landkreis*) district ● im Kreis in a circle

Kreislaufstörungen ['kraɪslaʊfˌʃtøːrʊŋən] *pl* circulatory disorder *sg*

Kreisstadt ['kraɪsˌʃtat] (*pl -städte*) *die* district capital

Kreisverkehr ['kraɪsfɛɐkeːɐ] *der* roundabout (*UK*), traffic circle (*US*)

Krempel ['krɛmpl] *der* (*fam*) stuff

Kren [kreːn] *der* (*Österr*) horseradish

Kresse ['krɛsə] *die* cress

kreuz [krɔʏts] *adv* ● kreuz und quer all over

Kreuz [krɔʏts] (*pl -e*) *das* 1. cross 2. (*fam*) (*Rücken*) small of the back 3. (*Autobahnkreuz*) intersection 4. (*Spielfarbe*) clubs *pl*

Kreuzfahrt ['krɔʏtsfaːɐ̯t] (pl **-en**) die cruise

Kreuzgang ['krɔʏtsgaŋ] (pl **-gänge**) der cloister

Kreuzigung ['krɔʏtsɪgʊŋ] (pl **-en**) die crucifixion

Kreuzung ['krɔʏtsʊŋ] (pl **-en**) die 1. *(Straßenkreuzung)* crossroads sg

kriechen ['kriːçn̩] *(prät* **kroch**, *pp* **gekrochen**) vi *(ist)* to crawl

Kriechspur ['kriːçʃpuːɐ̯] (pl **-en**) die crawler lane

Krieg [kriːk] (pl **-e**) der war

kriegen ['kriːgn̩] vt *(fam) (bekommen)* to get

Krimi ['krimi] (pl **-s**) der *(fam)* thriller

Kriminalität [kriminali'tɛːt] die *(Handlungen)* crime

Kriminalpolizei [krimi'naːlpɔlitsaɪ] die ≃ Criminal Investigation Department *(UK)*, ≃ Federal Bureau of Investigation *(US)*

kriminell [krimi'nɛl] adj criminal

Kripo ['kriːpo] die = Kriminalpolizei

Krise ['kriːzə] (pl **-n**) die crisis

Kritik [kri'tiːk] (pl **-en**) die 1. *(Beurteilung)* criticism 2. *(von Buch, Film usw.)* review

kritisch [kri'tɪʃ] ◇ adj critical ◇ adv critically

kritisieren [kriti'ziːrən] ◇ vt 1. *(Person, Verhalten)* to criticize 2. *(Buch, Film usw.)* to review ◇ vi *(beurteilen)* to criticize

kroch [krɔx] prät ➤ **kriechen**

Krokant [kro'kant] das brittle *(crunchy sweet made with nuts)*

Krokette [kro'kɛtə] (pl **-n**) die croquette

Krokodil [kroko'diːl] (pl **-e**) das crocodile

Krone ['kroːnə] (pl **-n**) die 1. *(von König)* crown 2. *(von Baum)* top

Kröte ['krøːtə] (pl **-n**) die *(Tier)* toad

Krücke ['krʏkə] (pl **-n**) die crutch

Krug [kruːk] (pl **Krüge**) der 1. jug 2. *(für Bier)* stein, mug

Krümel ['kryːml̩] (pl *inv)* der crumb

krumm [krʊm] *(komp* **krümmer**, *superl* **krümmste**) adj crooked

Kruste ['krʊstə] (pl **-n**) die 1. *(von Brot)* crust 2. *(auf Wunde)* scab

Kruzifix ['kruːtsifɪks] (pl **-e**) das crucifix

Krypta ['krʏpta] (pl **Krypten**) die crypt

Kt. abk = Kanton

Kto. *(abk von Konto)* a/c

Kubikmeter [ku'biːkmeːtɐ] (pl *inv)* der cubic metre

Küche ['kʏçə] (pl **-n**) die 1. kitchen 2. *(Art zu kochen)* cooking, cuisine

Kuchen ['kuːxn̩] (pl *inv)* der cake

Küchenecke ['kʏçn̩ɛkə] (pl **-n**) die kitchenette

Kuchenform ['kuːxn̩fɔrm] (pl **-en**) die cake tin

Kuchengabel ['kuːxn̩gaːbl̩] (pl **-n**) die cake fork

Küchenrolle ['kʏçn̩rɔlə] (pl **-n**) die kitchen roll

Küchenwaage ['kʏçn̩vaːgə] (pl **-n**) die kitchen scales pl

Kugel ['kuːgl̩] (pl **-n**) die 1. *(Gegenstand)* ball 2. *(Form)* sphere 3. *(Geschoss)* bullet

Kugellager ['kuːgl̩laːgɐ] (pl *inv)* das ball bearing

Kugelschreiber ['kuːgl̩ʃraɪbɐ] (pl *inv)* der ballpoint pen, Biro ®

Kugelstoßen ['kuːgl̩ʃtoːsn̩] das shot put

Kuh [kuː] (pl **Kühe**) die cow

kühl [kyːl] ◇ adj cool ◇ adv coolly

kühlen [ˈkyːlən] *vt* to cool

Kühler [ˈkyːlɐ] *(pl inv) der AUTO* radiator

Kühlerhaube [ˈkyːlɐhaʊbə] *(pl -n) die AUTO* bonnet *(UK)*, hood *(US)*

Kühlschrank [ˈkyːlʃraŋk] *(pl -schränke) der* fridge

Kühltasche [ˈkyːltaʃə] *(pl -n) die* cool bag

Kühltruhe [ˈkyːltruːə] *(pl -n) die* freezer

Kühlung [ˈkyːloŋ] *(pl -en) die* **1.** *(Kühlen)* cooling **2.** *TECH* cooling system

Kühlwasser [ˈkyːlvasɐ] *das AUTO* radiator water

Küken [ˈkyːkn] *(pl inv) das (Tier)* chick

kulant [ku'lant] *adj* obliging

Kuli [ˈkuːli] *(pl -s) der (fam)* Biro ®

kultiviert [kʊltiˈviːɐt] *adj* cultivated

Kultur [kʊlˈtuːɐ] *(pl -en) die* culture

Kulturbeutel [kʊlˈtuːɐbɔytl] *(pl inv) der* toilet bag

kulturell [kʊltuˈrɛl] *adj* cultural

Kulturhaus [kʊlˈtuːɐhaʊs] *(pl -häuser) das* arts centre *(UK)* ODER center *US*

Kümmel [ˈkyml] *der (Gewürz)* caraway seed

Kummer [ˈkʊmɐ] *der* **1.** *(Ärger)* trouble **2.** *(Leiden)* grief, sorrow • **jm Kummer machen** to cause sb trouble

kümmern [ˈkymɐn] *vt (Person)* to concern ⬥ **jn nicht kümmern** not to bother sb ⬥ **sich kümmern** *ref* • **sich kümmern um** *(um Person)* to look after; *(um Arbeit, Gegenstand)* to see to; *(um Klatsch, Angelegenheit)* to worry about

Kunde [ˈkʊndə] *(pl -n) der* customer ▼ **nur für Kunden** patrons only

Kundendienst [ˈkʊndndiːnst] *der* customer service

Kundendienststelle [ˈkʊndndiːnstˌʃtɛlə]

(pl -n) die customer service point

Kundenkarte [ˈkʊndnkartə] *(pl -n) die* **1.** *(von Bank)* bank card **2.** *(von Geschäft)* discount card *(for regular customers)*

Kundennummer [ˈkʊndnnʊmɐ] *(pl -n) die* customer number

Kundenparkplatz [ˈkʊndnparkplats] *(pl -plätze) der* customer car park

Kundenservice [ˈkʊndnsœɐvɪs] *der* customer service

kündigen [ˈkyndɪgn] ⬥ *vt (Vertrag)* to terminate ⬥ *vi* to give notice • **jm kündigen** to give sb his notice • **die Arbeitsstelle kündigen** to hand in one's notice • **jm die Wohnung kündigen** to give sb notice to leave

Kündigung [ˈkyndɪgʊŋ] *(pl -en) die* **1.** *(von Vertrag, Kredit)* cancellation **2.** *(von Wohnung, Arbeitsstelle)* notice

Kündigungsfrist [ˈkyndɪgʊŋsfrɪst] *(pl -en) die* period of notice

Kündigungsschutz [ˈkyndɪgʊŋsʃʊts] *der* **1.** *(für Mieter)* protection against wrongful eviction **2.** *(für Arbeitnehmer)* protection against wrongful dismissal

Kundin [ˈkʊndɪn] *(pl -nen) die* customer

Kunst [kʊnst] *(pl Künste) die* art

Kunstausstellung [ˈkʊnstʔaʊsˌʃtɛlʊŋ] *(pl -en) die* art exhibition

Kunstfaser [ˈkʊnstfaːzɐ] *(pl -n) die* synthetic fibre

Kunstgalerie [ˈkʊnstɡaləriː] *(pl -n) die* art gallery

Kunstgewerbe [ˈkʊnstɡəvɛrbə] *das* arts and crafts *pl*

Kunsthalle [ˈkʊnsthalə] *(pl -n) die* art gallery

Kunsthandwerk [ˈkʊnsthantvɛrk] *(pl -e) das* craft

Kü

Künstler, in ['kynstlɐ] *(mpl inv) der, die* artist

künstlerisch ['kynstlərɪʃ] *adj* artistic

Künstlername ['kynstlɐnaːmə] *(pl -n) der (von Schauspieler, Sänger)* stage name

künstlich ['kynstlɪç] *adj* artificial

Kunstmuseum ['kʊnstmuzeːʊm] *(pl -museen) das* art gallery

Kunststoff ['kʊnstʃtɔf] *(pl -e) der (Plastik)* plastic

Kunststück ['kʊnstʃtyk] *(pl -e) das* trick

Kunstwerk ['kʊnstvɛrk] *(pl -e) das* work of art

Kupfer ['kʊpfɐ] *das* copper

Kuppel ['kʊpl̩] *(pl -n) die* dome

Kupplung ['kʊplʊŋ] *(pl -en) die* clutch ● **die Kupplung treten** to depress the clutch

Kupplungspedal ['kʊplʊŋspedaːl] *(pl -e) das* clutch pedal

Kur [kuːɐ] *(pl -en) die* cure (at a health resort) ● **in** ODER **zur Kur sein** to take a cure (at a health resort)

Kurbel ['kʊrbl̩] *(pl -n) die* 1. crank 2. *(an Fenster)* winder

Kürbis ['kyrbɪs] *(pl -se) der* pumpkin

Kurgast ['kuːɐgast] *(pl -gäste) der* visitor at a health resort

kurieren [kuˈriːrən] *vt (Krankheit)* to cure

Kurkonzert ['kuːɐkɔntsɛrt] *(pl -e) das* concert at a spa

Kurort ['kuːɐʔɔrt] *(pl -e) der* 1. *(Badeort)* spa 2. *(in den Bergen)* health resort

Kurpackung ['kuːɐpakʊŋ] *(pl -en) die* hair conditioner

Kurpark ['kuːɐpark] *(pl -s) der* spa gardens *pl*

Kurs [kʊrs] *(pl -e) der* 1. *(Unterricht, Richtung)* course 2. *(von Aktie)* price 3.

(von Devise) exchange rate

Kursbuch ['kʊrsbuːx] *(pl -bücher) das* timetable

Kurschatten ['kuːɐʃatn̩] *(pl inv) der* person with whom one has a fling whilst at a health resort

Kursus ['kʊrzʊs] *(pl Kurse) der* course

Kurswagen ['kʊrsvaːgn̩] *(pl inv) der* through carriage

Kurtaxe ['kuːɐtaksə] *(pl -n) die* tax paid by visitors to health resorts, in exchange for which they receive reductions on certain services

Kurve ['kʊrvə] *(pl -n) die* 1. *(Linie)* curve 2. *(von Straße)* bend ● **scharfe Kurve** sharp bend

kurvenreich ['kʊrvənraiç] *adj* winding

Kurverwaltung ['kuːɐfɛrvaltʊŋ] *(pl -en) die* spa administration

kurz [kʊrts] *(komp* **kürzer**, *superl* **kürzeste**) ◇ *adj* short ◇ *adv* 1. *(zeitlich)* briefly 2. *(schnell)* quickly ● **kurz vor/hinter** just in front of/behind ● **kurz vor dem Konzert** shortly before the concert ● **vor kurzem** recently ● **sich kurz fassen** to be brief ● **kurz und bündig** concisely

kurzärmelig ['kʊrtsɛrmlɪç] *adj* short-sleeved

kürzen ['kyrtsn̩] *vt* 1. *(Kleidung)* to shorten 2. *(Haare, Nägel, Zahlungen)* to cut

kurzfristig ['kʊrtsfrɪstɪç] ◇ *adj* 1. *(Absage, Kündigung)* sudden 2. *(Vertrag)* short-term 3. *(Entscheidung, Abreise)* quick ◇ *adv* at short notice

Kurzgeschichte ['kʊrtsgəʃɪçtə] *(pl -n) die* short story

kurzhaarig ['kʊrtshaːrɪç] *adj* short-haired

kürzlich ['kyrtslɪç] *adv* recently

Kurznachrichten ['kʊrtsnaːxrɪçtn̩] *pl* news in brief *sg*

Kurzparken ['kʊrtspaʀkn̩] *das* short-stay parking

Kurzparkzone ['kʊrtsparktsoːnə] (*pl* -n) *die* short-stay parking zone

Kurzschluss ['kʊrtsʃlʊs] (*pl* -schlüsse) *der* short-circuit

kurzsichtig ['kʊrtszɪçtɪç] *adj* short-sighted

Kurzstrecke ['kʊrtsʃtrɛkə] (*pl* -n) *die* short journey on public transport, within city centre

Kurzstreckenkarte ['kʊrtsʃtrɛkn̩kartə] (*pl* -n) *die* ticket valid for a "Kurzstrecke"

Kurzstreckentarif ['kʊrtsʃtrɛkn̩tariːf] (*pl* -e) *der* rate for "Kurzstrecke" tickets

Kurzurlaub ['kʊrtsluːɐlaʊp] (*pl* -e) *der* short break

Kurzwelle ['kʊrtsvɛlə] *die* short wave

Kurzzeitparken ['kʊrtstsaitparkn̩] *das* short-stay parking

Kurzzeitparkplatz ['kʊrtstsaitparkplats] (*pl* -plätze) *der* short-stay car park

Kusine [kuˈziːnə] (*pl* -n) *die* cousin

Kuss [kʊs] (*pl* Küsse) *der* kiss

küssen ['kʏsn̩] *vt* to kiss ● **sich küssen** *ref* to kiss

Küste ['kʏstə] (*pl* -n) *die* coast ● **an der Küste** at the seaside

Küstenwache ['kʏstn̩vaxə] (*pl* -n) *die* coastguard

Kutsche ['kʊtʃə] (*pl* -n) *die* coach

Kuvert [kuˈveːɐ] (*pl* -s) *das* envelope

Kuvertüre [kuvɛrˈtyːrə] (*pl* -n) *die* chocolate icing

l **L**

Labor [laˈboːɐ] (*pl* -s) *das* laboratory

Labyrinth [labyˈrɪnt] (*pl* -e) *das* labyrinth

lächeln ['lɛçln̩] *vi* to smile ● **lächeln über (+A)** to smile at

lachen ['laxn̩] *vi* to laugh ● **lachen über (+A)** to laugh at

lächerlich ['lɛçɐlɪç] *adj* ridiculous

Lachs [laks] (*pl* -e) *der* salmon

Lack [lak] (*pl* -e) *der* **1.** (*farbig*) paint **2.** (*farblos*) varnish

lackieren [laˈkiːrən] *vt* **1.** (*Holz*) to varnish **2.** (*Auto*) to spray ● **sich** (*D*) **die Nägel lackieren** to paint one's nails

Lackierung [laˈkiːrʊŋ] (*pl* -en) *die* **1.** (*farbig*) paint **2.** (*farblos*) varnish

Ladefläche ['laːdəflɛçə] (*pl* -n) *die* capacity (*of lorry*)

laden ['laːdn̩] (*präs* lädt, *prät* lud, *pp* geladen) *vt* to load ● **auf sich laden** (*Verantwortung*) to take on

Laden ['laːdn̩] (*pl* Läden) *der* **1.** (*Geschäft*) shop **2.** (*am Fenster*) shutter

Ladendieb, in ['laːdn̩diːp] (*mpl* -e) *der*, *die* shoplifter

Ladendiebstahl ['laːdn̩diːpʃtaːl] (*pl* -stähle) *der* shoplifting ▼ **gegen Ladendiebstahl gesichert** security cameras in operation

Ladenpreis ['laːdn̩prais] (*pl* -e) *der* shop price

Ladenschluss ['laːdn̩ʃlʊs] *der* (shop) closing time

lädt [lɛːt] *präs* ➤ laden

Ladung ['laːdʊŋ] (*pl* -en) *die* 1. (Fracht) cargo 2. (Munition) charge

lag [laːk] *prät* ➤ liegen

Lage ['laːgə] (*pl* -n) *die* 1. situation, position 2. (Schicht) layer ● in der Lage sein, etw zu tun to be in a position to do sthg

Lageplan ['laːgəplaːn] (*pl* -pläne) *der* map

Lager ['laːgɐ] (*pl* inv) *das* 1. (für Waren) warehouse 2. (Camp) camp

Lagerfeuer ['laːgɐfɔyɐ] (*pl* inv) *das* campfire

lagern ['laːgɐn] *vt* (Lebensmittel, Waren) to store

Lähmung ['lɛːmʊŋ] (*pl* -en) *die* (Krankheit) paralysis

Laib [laip] (*pl* -e) *der* loaf

Laie ['laiə] (*pl* -n) *der* layman (*f* laywoman)

Laken ['laːkn̩] (*pl* inv) *das* sheet

Lakritz [laˈkrɪts] (*pl* -en) *die* liquorice

Lamm [lam] (*pl* Lämmer) *das* lamb

Lammfleisch ['lamflaiʃ] *das* lamb

Lammkeule ['lamkɔylə] (*pl* -n) *die* leg of lamb

Lammrücken ['lamrykn̩] (*pl* inv) *der* saddle of lamb

Lampe ['lampə] (*pl* -n) *die* 1. (in Raum) lamp 2. (an Fahrrad) light

Lampenschirm ['lampn̩ʃɪrm] (*pl* -e) *der* lampshade

Lampion [lamˈpiɔŋ] (*pl* -s) *der* Chinese lantern

Land [lant] (*pl* Länder) *das* 1. (Nation, nicht Stadt) country 2. (Bundesland) state 3. (Festland) land ● auf dem Land in the country

Landbrot ['lantbroːt] (*pl* -e) *das* brown rye bread with a hard crust

Landebahn ['landəbaːn] (*pl* -en) *die* runway

Landeerlaubnis ['landəʔɛɐ̯laupnɪs] *die* clearance to land

landen ['landn̩] *vi* (ist) to land

Landeplatz ['landəplats] (*pl* -plätze) *der* landing strip

Landesfarben ['landəsfarbn̩] *pl* national colours

Landesinnere ['landəsɪnərə] *das* interior (of a country)

Landesregierung ['landəsregiːrʊŋ] (*pl* -en) *die* state government

Landessprache ['landəsʃpraːxə] (*pl* -n) *die* national language

landesüblich ['landəsˌyːplɪç] *adj* (Tracht, Gericht) national, typical of the country

Landeswährung ['landəsvɛːrʊŋ] (*pl* -en) *die* national currency

landesweit ['landəsvait] *adj* nationwide

Landhaus ['lanthaus] (*pl* -häuser) *das* country house

Landkarte ['lantkartə] (*pl* -n) *die* map

Landkreis ['lantkrais] (*pl* -e) *der* district

ländlich ['lɛntlɪç] *adj* rural

Landschaft ['lantʃaft] (*pl* -en) *die* 1. countryside 2. (in Kunst) landscape

landschaftlich ['lantʃaftlɪç] *adj* (regional) regional

Landschaftsschutzgebiet ['lantʃaftsˌʃʊtsgəbiːt] (*pl* -e) *das* nature reserve

Landsleute ['lantslɔytə] *pl* compatriots

Landstraße ['lantʃtraːsə] (*pl* -n) *die* country road

Landtag ['lanttaːk] (*pl* -e) *der* state parliament

Landung ['landʊŋ] (*pl* **-en**) *die (von Flugzeug)* landing

Landwein ['lantvain] (*pl* **-e**) *der* table wine

Landwirt, in ['lantvɪrt] (*mpl* **-e**) *der, die* farmer

Landwirtschaft ['lantvɪrtʃaft] *die* agriculture

lang [laŋ] (*komp* **längere**, *superl* **längste**) ◇ *adj* **1.** long **2.** *(Person)* tall ◇ *adv* **1.** *(fam) (entlang)* along **2.** *(groß)* tall ● den ganzen Tag lang all day ● drei Meter lang three metres long ● es dauerte drei Tage lang it lasted for three days ● hier/dort lang this/that way

langärmelig ['laŋɛrmlɪç] *adj* long-sleeved

lange ['laŋə] (*komp* **länger**, *superl* **am längsten**) *adv* **1.** *(während langer Zeit)* a long time **2.** *(seit langer Zeit)* for a long time ● es hat lange gedauert it lasted a long time ● das Wetter war lange nicht so gut the weather hasn't been so good for a long time ● es ist lange her it was a long time ago ● wie lange? how long?

Länge ['lɛŋə] (*pl* **-n**) *die* **1.** length **2.** *(von Person)* height ● der Länge nach lengthways ● von drei km/sechs Stunden Länge three km/six hours long

Längenmaß ['lɛŋənmaːs] (*pl* **-e**) *das* unit of length

Langeweile ['laŋəvailə] *die* boredom

langfristig ['laŋfrɪstɪç] ◇ *adj* long-term ◇ *adv (planen)* for the long term

Langlauf ['laŋlauf] *der* cross-country skiing

Langlaufski ['laŋlaufʃiː] (*pl* **-er**) *der* cross-country ski

langsam ['laŋzaːm] ◇ *adj* slow ◇ *adv* slowly

längst [lɛŋst] *adv* for a long time ● längst nicht so gut nowhere near as good

Langstreckenlauf ['laŋʃtrɛknlauf] *der* long-distance running

Languste [laŋ'gʊstə] (*pl* **-n**) *die* crayfish

langweilen ['laŋvailən] *vt* to bore ● **sich langweilen** *ref* to be bored

langweilig ['laŋvailɪç] *adj* boring

Langwelle ['laŋvɛlə] *die* long wave

langwierig ['laŋviːrɪç] *adj* lengthy

Langzeitparker ['laŋtsaitparkɐ] (*pl inv*) *der* long-stay parker

Lappen ['lapn] (*pl inv*) *der (zum Wischen)* cloth

Lärche ['lɛrçə] (*pl* **-n**) *die (Baum)* larch

Lärm [lɛrm] *der* noise

lärmen ['lɛrmən] *vi* to be noisy

Lärmschutz ['lɛrmʃʊts] *der (Vorrichtung)* soundproof barrier

Lärmschutzmauer ['lɛrmʃʊtsmauɐ] (*pl* **-n**) *die* soundproof wall

las ['las] *prät* > **lesen**

Lasche (*pl* **-n**) *die* loop

Laser ['leːzɐ] (*pl inv*) *der* laser

lassen ['lasn] (*präs* **lässt**, *prät* **ließ**, *pp* **gelassen** ODER *inv*)
◇ *aux (pp* **lassen***)* **1.** *(veranlassen)* etw machen ODER machen lassen to have sthg done ● jn etw tun lassen to have sb do sthg ● sich *(D)* einen Anzug machen lassen to have a suit made ● sich *(D)* die Haare schneiden lassen to have one's hair cut **2.** *(zulassen)* jn etw tun lassen to let sb do sthg ● lassen wir uns überraschen we'll see ● es lässt sich machen it can be done ● es lässt sich trinken it's drinkable ● etw mit sich machen lassen to put up with sthg ●

etw nicht mit sich machen lassen not to stand for sth **3.** *(geschehen lassen)* ● die Milch kochen lassen to leave the milk to boil ● die Vase fallen lassen to drop the vase ● jn warten lassen to keep sb waiting

◇*vt (pp* gelassen) **1.** *(unterlassen)* to stop ● das Rauchen sein lassen to stop smoking ● lass das! stop it! **2.** *(belassen)* to leave ● lass bitte alles so, wie es ist leave everything as it is ● jn (in Ruhe) lassen to leave sb alone **3.** *(gehen lassen)* to let ● jn nicht ins Haus lassen not to let sb in the house **4.** *(überlassen)* ● jm etw lassen to let sb have sth **5.** *(zurücklassen)* to leave ● das habe ich zu Hause gelassen I left it at home **6.** *(loslassen)* to let go ● lass mich! let me go! **7.** *(strömen lassen)* to let ● Wasser in die Badewanne lassen to run a bath ● die Luft aus den Reifen lassen to let the tyres down

◇*vi (pp* gelassen) **1.** *(aufgeben)* ● von jm/etw lassen *(geh)* to drop sb/sth ● er ließ schnell von dem Projekt he quickly dropped the project **2.** *(sein lassen)* ● lass mal, ich mach das schon leave it, I'll do it ● lass mal, du bist heute eingeladen no, I'm paying today

lässig ['lεsıç] *adj* casual

lässt [lεst] *präs* > lassen

Last [last] *(pl* -en) *die* **1.** *(Traglast)* load **2.** *(psychisch)* burden

Lastenaufzug ['lastn̩auftsu:k] *(pl* -auf-züge) *der* goods lift *(UK),* goods elevator *(US)*

Laster ['lastɐ] *(pl inv) der (LKW)* lorry

lästern ['lεstɐn] *vi* to make nasty remarks

lästig ['lεstıç] *adj* annoying

Lastkraftwagen *(pl inv) der (amt)* heavy goods vehicle

Last-Minute-Angebot [lɑːstˈmɪn-ɪtˌlaŋgəboːt] *das* last-minute offer

Last-Minute-|Flug [lɑːstˈmɪnɪt|fluːk] *der* last-minute flight

Lastschiff ['lastʃıf] *(pl* -e) *das* freighter

Lastschrift ['lastʃrıft] *(pl* -en) *die* debit

Lastwagen ['lastva:gn̩] *(pl inv) der* lorry

Latein [la'tain] *das* Latin

Laterne [la'tεrnə] *(pl* -n) *die* **1.** *(Straßenlaterne)* streetlight **2.** *(Lampion)* Chinese lantern

Lätzchen ['lεtsçən] *(pl inv) das* bib

Latzhose ['latsho:zə] *(pl* -n) *die* dungarees *pl*

lau [lau] *adj* **1.** *(Wasser)* lukewarm **2.** *(Abend)* mild

Laub [laup] *das* **1.** *(auf Baum)* foliage **2.** *(auf Erde)* dead leaves *pl*

Lauch [laux] *der* leek

lauern ['lauɐn] *vi* ● lauern auf (+A) *(im Hinterhalt)* to lie in wait for; *(auf Chance, Vorteil)* to wait for

Lauf [lauf] *(pl* Läufe) *der* **1.** *(Verlauf)* course **2.** SPORT race ● im Laufe des Tages in the course of the day

laufen ['laufn̩] *(präs* läuft, *prät* lief, *pp* gelaufen)

◇*vi (ist)* **1.** *(schnell)* to run **2.** *(gehen)* to walk **3.** *(Motor, Maschine)* to run **4.** *(funktionieren)* to work **5.** *(fließen)* to run ● mir läuft die Nase my nose is running **6.** *(andauern)* to go on **7.** *(Film, Drama)* to run ● der Film läuft schon seit zehn Minuten the film started ten minutes ago ● was läuft im Kino? what's on at the cinema?

◇ *vt (ist)* **1.** *(schnell)* to run ● den Marathon laufen to run the marathon **2.** *(gehen)* to walk **3.** SPORT ● Ski laufen to ski ● Schlittschuh laufen to skate

laufend ◇ *adj* **1.** *(Wechsel)* constant **2.** *(Kosten, Motor, Gerät)* running **3.** *(Monat, Jahr)* current ◇ *adv (ständig)* regularly

Läufer ['lɔyfɐ] *(pl inv)* der **1.** *(Sportler)* runner **2.** *(Teppich)* rug

Läuferin ['lɔyfərın] *(pl -nen)* die runner

Laufmasche ['laufmaʃə] *(pl -n)* die ladder *(UK)*, run *(US)*

läuft [lɔyft] *präs* ➤ **laufen**

Laufzeit ['laufsait] *(pl -en)* die *(von Film)* running time

Lauge ['laugə] *(pl -n)* die *(zum Waschen)* soapy water

Laugenbrezel ['laugnbre:tsl] *(pl -n)* die pretzel

Laune ['launə] *(pl -n)* die *(Stimmung)* mood ● gute/schlechte Laune haben to be in a good/bad mood

launisch ['launıʃ] *adj* moody

Laus [laus] *(pl Läuse)* die louse

lauschen ['lauʃn] *vi* **1.** *(konzentriert)* to listen **2.** *(heimlich)* to eavesdrop

laut [laut] ◇ *adj* loud ◇ *adv* loudly ◇ *präp (+G ODER +D) (amt)* according to

läuten ['lɔytn] ◇ *vi* to ring ◇ *vimp* ● es läutet the bell is ringing

lauter ['lautɐ] *det* nothing but ● aus lauter Dankbarkeit out of sheer gratitude

Lautsprecher ['lautʃprɛçɐ] *(pl inv)* der loudspeaker

Lautsprecherdurchsage ['lautʃprɛçɐdurça:gə] *(pl -n)* die announcement over the loudspeaker

Lautstärke ['lautʃtɛrkə] die volume

lauwarm ['lauvarm] *adj* lukewarm

Lawine [la'vi:nə] *(pl -n)* die avalanche

Lawinengefahr [la'vi:nəngəfa:ɐ̯] die danger of an avalanche

Leasing ['li:zıŋ] *(pl -s)* das leasing

Leben ['le:bn] *(pl inv)* das ● leben von *(Nahrungsmittel)* to live on; *(Tätigkeit)* to make one's living from

Leben ['le:bn] *(pl inv)* das life ● am Leben sein/bleiben to be/stay alive ● sich das Leben nehmen to take one's (own) life ● ums Leben kommen to die

lebendig [le'bendıç] *adj* **1.** *(lebhaft)* lively **2.** *(lebend)* alive

Lebensalter ['le:bns|altɐ] das age

Lebensbedingungen ['le:bnsbədıŋuŋən] *pl* living conditions

Lebensgefahr ['le:bnsgəfa:ɐ̯] die ▼ Lebensgefahr! danger ● außer Lebensgefahr sein to be out of danger ● er ist in Lebensgefahr his life is at risk

lebensgefährlich ['le:bnsgəfɛ:ɐ̯lıç] *adj* **1.** *(Unternehmen)* very dangerous **2.** *(Krankheit)* critical

Lebensgefährte, in ['le:bnsgəfɛ:ɐ̯tə] *(mpl -en)* der, die companion

Lebensjahr ['le:bnsja:ɐ̯] *(pl -e)* das ● im vierten Lebensjahr four years old

lebenslänglich ['le:bnslɛnlıç] *adj* life *(vor Subst)*

Lebenslauf ['le:bnslauf] *(pl -läufe)* der curriculum vitae

lebenslustig ['le:bnslustıç] *adj* full of life

Lebensmittel ['le:bnsmıtl] *pl* food *sg*

Lebensmittelgeschäft ['le:bnsmıtlgəʃɛft] *(pl -e)* das grocer's (shop)

Lebensmittelvergiftung ['le:bnsmıtlfɛɐ̯gıftuŋ] *(pl -en)* die food poisoning

lebensnotwendig ['le:bnsno:tvendıç] *adj* essential to life

Lebensretter, in ['le:bn̩srɛtɐ] (mpl inv) der, die lifesaver

Lebensunterhalt ['le:bn̩sʊntɐhalt] der living, livelihood

Lebensversicherung ['le:bn̩sfɛɐ̯zɪçǝrʊŋ] (pl -en) die life assurance

lebenswichtig ['le:bn̩svɪçtɪç] adj essential

Lebenszeichen ['le:bn̩stsaɪçn̩] (pl inv) das sign of life

Leber ['le:bɐ] (pl -n) die liver

Leberfleck ['le:bɐflɛk] (pl -en) der liver spot

Leberknödel ['le:bɐknø:dl̩] (pl inv) der liver dumpling

Leberpastete ['le:bɐpaste:tǝ] (pl -n) die liver pâté

Leberwurst ['le:bɐvʊrst] (pl -würste) die liver sausage

Lebewesen ['le:bǝve:zn̩] (pl inv) das living thing

lebhaft ['le:phaft] adj lively

Lebkuchen ['le:pku:xn̩] (pl inv) der gingerbread

Lebkuchen

Lebkuchen is a type of gingerbread made with honey and various spices and eaten mainly around Christmastime. It comes in different shapes such as stars or hearts and is often coated in hard sugar icing. The most famous variety comes from Nuremberg.

leck [lɛk] adj (Schiff) leaky

Leck [lɛk] (pl -s) das leak

lecken ['lɛkn̩] ⋄ vi to leak ⋄ vt to lick

lecker ['lɛkɐ] adj delicious

Leckerbissen ['lɛkɐbɪsn̩] (pl inv) der (Speise) delicacy

Leder ['le:dɐ] das leather

Lederhose ['le:dɐho:zǝ] (pl -n) die lederhosen pl short leather trousers with braces

Lederwaren ['le:dɐva:rǝn] pl leather goods

ledig ['le:dɪç] adj (unverheiratet) single

lediglich ['le:dɪklɪç] adv only

leer ['le:ɐ̯] adj **1.** empty **2.** (Blatt, Heft) blank ● etw leer machen (Behälter, Raum) to empty sthg

Leergut ['le:ɐ̯gu:t] das empties pl

Leerlauf ['le:ɐ̯laʊf] der (von Auto, Fahrrad) neutral ● im Leerlauf in neutral

Leerung ['le:rʊŋ] (pl -en) die (von Briefkästen) collection ▼ nächste Leerung 17 Uhr next collection at 5 pm

legal [le'ga:l] adj legal

legen ['le:gn̩] vt **1.** (ablegen) to put ● leg den Schlüssel auf den Tisch put the key on the table **2.** (waagerecht hinlegen) to lay ● du musst die Flaschen ins Regal legen, nicht stellen you should lay the bottles flat in the rack rather than upright **3.** (installieren) to lay **4.** (Termin) to arrange ● den Urlaub auf Juli legen to arrange one's holidays for July **5.** (Haare) to set ● sich (D) die Haare legen lassen to have one's hair set **6.** (Eier) to lay ◆ sich legen ref **1.** (sich hinlegen) to lie down **2.** (aufhören) to die down

Legende [le'gɛndǝ] (pl -n) die legend

legitim [legi'ti:m] adj (Forderungen, Interesse) legitimate

Lehm [le:m] der clay

Lehne ['le:nǝ] (pl -n) die (Rückenlehne) back (of chair)

lehnen ['le:nən] *vt & vi* to lean ● **sich lehnen** *ref* to lean ● **sich lehnen an** (+A) to lean against

Lehrbuch ['le:ɐbu:x] (*pl* **-bücher**) *das* textbook

Lehre ['le:rə] (*pl* **-n**) *die* **1.** (*Ausbildung*) apprenticeship **2.** (*Erfahrung*) lesson **3.** (*religiös, politisch*) doctrine

lehren ['le:rən] *vt* to teach

Lehrer, in ['le:rɐ] (*mpl inv*) *der, die* teacher

Lehrgang ['le:ɐgaŋ] (*pl* **-gänge**) *der* course

Lehrling ['le:ɐlɪŋ] (*pl* **-e**) *der* apprentice

Leib [laip] (*pl* **-er**) *der* body

Leibgericht ['laipgərɪçt] (*pl* **-e**) *das* favourite meal

Leiche ['laiçə] (*pl* **-n**) *die* corpse

leicht [laiçt] ◇ *adj* **1.** light **2.** (*Aufgabe, Arbeit*) easy **3.** (*Erkrankung*) slight **4.** (*Zigaretten*) mild ◇ *adv* **1.** (*einfach, schnell*) easily **2.** (*regnen, erkältet*) slightly ● **leicht bekleidet** wearing summer clothes

Leichtathletik ['laiçtatle:tɪk] *die* athletics *sg*

leicht fallen ['laiçtfalən] *vi* (*unreg*) (*ist*) to be easy ● **jm leicht fallen** to be easy for sb

leichtsinnig ['laiçtzɪnɪç] *adj* careless

Leid [lait] *adj* ● **es leid sein, etw zu tun** to be tired of doing sth

Leid [lait] *das* sorrow ● **er tut mir Leid** I feel sorry for him ● **es tut mir Leid!** I'm sorry!

leiden ['laidn] (*prät* **litt**, *pp* **gelitten**) *vt & vi* to suffer ● **leiden an** (+D) to suffer from ● **ich kann ihn/es nicht leiden** I can't stand him/it

leidenschaftlich ['laidn̩ʃaftlɪç] *adj* passionate

leider ['laidɐ] *adv* unfortunately

Leihbücherei ['laibyːçərai] (*pl* **-en**) *die* (lending) library

leihen ['laiən] (*prät* **lieh**, *pp* **geliehen**) *vt* (*ausleihen*) to borrow ● **jm etw leihen** to lend sb sthg ● **sich** (*D*) **etw leihen** to borrow sthg

Leihfrist ['laifrɪst] (*pl* **-en**) *die* hire period

Leihgebühr ['laigəbyːɐ] (*pl* **-en**) *die* hire charge

Leihwagen ['laiva:gn̩] (*pl inv*) *der* hire car

Leim [laim] *der* glue

Leine ['lainə] (*pl* **-n**) *die* **1.** (*Seil*) cord **2.** (*für Wäsche*) (washing) line **3.** (*Hundeleine*) lead

Leinen ['lainən] *das* linen

Leinsamen ['lainza:mən] *der* linseed

Leinwand ['lainvant] (*pl* **-wände**) *die* **1.** (*im Kino*) screen **2.** (*zum Malen*) canvas

Leipziger Allerlei ['laiptsi:gɐ'alɐlai] *das* mixed vegetables including peas, carrots and green beans

leise ['laizə] ◇ *adj* (*Geräusch*) quiet ◇ *adv* quietly

leisten ['laistn̩] *vt* **1.** (*vollbringen*) to achieve **2.** (*Beitrag, Zahlung*) to make ● **sich** (*D*) **etw leisten** (*sich kaufen*) to treat o.s. to sthg ● **sich** (*D*) **etw leisten können** to be able to afford sthg

Leistung ['laistʊŋ] (*pl* **-en**) *die* **1.** (*Arbeit*) performance **2.** (*Zahlung*) payment

leistungsfähig ['laistʊŋsfeːɪç] *adj* efficient

Leistungskurs ['laistʊŋskʊrs] (*pl* **-e**) *der SCHULE* one of the subjects which pupils

Le

choose to specialize in for their "Abitur"

Leitartikel ['laɪtʔartiːkl] (pl inv) der leader

leiten ['laɪtn] vt **1.** (Team) to lead **2.** (Firma) to run **3.** (Strom) to conduct **4.** (Wasser, Verkehr) to divert

Leiter¹ ['laɪtɐ] (pl -n) die (mit Sprossen) ladder

Leiter² ['laɪtɐ] (pl inv) der **1.** (von Gruppe) leader **2.** (von Firma) manager

Leiterin ['laɪtərɪn] (pl -nen) die **1.** (von Gruppe) leader **2.** (von Firma) manager

Leitfaden ['laɪtfaːdn] (pl -fäden) der introductory guide

Leitplanke ['laɪtplaŋkə] (pl -n) die crash barrier

Leitung ['laɪtʊŋ] (pl -en) die **1.** (von Firma) management **2.** (Telefonleitung) line **3.** (Stromleitung) wire **4.** (Wasserleitung) pipe • **unter der Leitung von** (Orchester) conducted by

Leitungsrohr ['laɪtʊŋsroːɐ̯] (pl -e) das (water)pipe

Leitungswasser ['laɪtʊŋsvasɐ] das tap water

Lektion [lɛk'tsi̯oːn] (pl -en) die (Kapitel) lesson

Lektüre [lɛk'tyːrə] (pl -n) die reading

lenken ['lɛŋkn] vt & vi to steer

Lenker ['lɛŋkɐ] (pl inv) der **1.** (Lenkrad) steering wheel **2.** (Lenkstange) handlebars pl

Lenkrad ['lɛŋkraːt] (pl -räder) das steering wheel

Lenkradschloss ['lɛŋkraːtʃlɔs] (pl -schlösser) das steering lock

Lenkstange ['lɛŋkʃtaŋə] (pl -n) die handlebars pl

Lenkung ['lɛŋkʊŋ] (pl -en) die (am Fahrzeug) steering

lernen ['lɛrnən] ◇ vt **1.** to learn **2.** (Beruf) to train as ◇ vi **1.** (für Prüfung) to study **2.** (in Lehre) to train **3.** (aus Erfahrung) to learn

lesbisch ['lɛsbɪʃ] adj lesbian

Lesebuch ['leːzəbuːx] (pl -bücher) das reader

lesen ['leːzn] (präs **liest**, prät **las**, pp **gelesen**) vt & vi to read

Leser, in ['leːzɐ] (mpl inv) der, die reader

letzte¹ ['lɛtstə] adj last • **letztes Jahr** last year

letzte², **r**, **s** ['lɛtstə] det last

letzte ['lɛtstə] (pl -n) der, die (der Person) • **der/die Letzte** the last • **Letzte werden** to come last

letztemal [lɛtstəˈmaːl] > **Mal**

letztenmal [lɛtstnˈmaːl] > **Mal**

letztens ['lɛtstns] adv (vor kurzem) recently

leuchten ['lɔʏçtn] vi to shine

Leuchter ['lɔʏçtɐ] (pl inv) der (für Kerzen) candlestick

Leuchtstift ['lɔʏçtʃtɪft] (pl -e) der highlighter

Leuchtstoffröhre ['lɔʏçtʃtɔfrøːrə] (pl -n) die strip light

Leuchtturm ['lɔʏçttʊrm] (pl -türme) der lighthouse

leugnen ['lɔʏgnən] ◇ vt (Tat, Schuld) to deny ◇ vi (Angeklagter) to deny everything

Leukämie [lɔʏkɛˈmiː] die leukaemia

Leute ['lɔʏtə] pl people

Lexikon ['lɛksikɔn] (pl -ka) das **1.** (Enzyklopädie) encyclopaedia **2.** (Wörterbuch) dictionary

liberal [libeˈraːl] adj liberal

Licht [lɪçt] (pl -er) das light • **Licht**

· *li*

machen to put the light on ● **das Licht ausmachen** to turn the light off ● **offenes Licht** naked flame

lichtempfindlich ['lɪçtɛmpfɪntlɪç] *adj (film)* photosensitive

Lichthupe ['lɪçthu:pə] *die* ● **die Lichthupe betätigen** to flash one's headlights

Lichtmaschine ['lɪçtmaʃi:nə] (*pl* **-n**) *die* alternator

Lichtschalter ['lɪçtʃaltɐ] (*pl inv*) *der* light switch

Lichtschranke ['lɪçtʃraŋkə] (*pl* **-n**) *die* photoelectric beam

Lichtschutzfaktor ['lɪçtʃʊtsfaktoːɐ] (*pl* **-en**) *der* factor *(of suntan lotion)*

Lichtstrahl ['lɪçtʃtraːl] (*pl* **-en**) *der* ray of light

Lichtung ['lɪçtʊŋ] (*pl* **-en**) *die* clearing

Lid [liːt] (*pl* **-er**) *das* eyelid

Lidschatten ['liːtʃatn̩] (*pl inv*) *der* eyeshadow

lieb [liːp] *adj* **1.** *(nett)* kind **2.** *(als Anrede)* dear ● **jn lieb haben** to be fond of sb ● **lieber Karl-Heinz!** *(in Brief)* Dear Karl-Heinz

Liebe ['liːbə] *die* love

lieben ['liːbn̩] *vt* **1.** to love **2.** *(sexuell)* to make love to ● **sich lieben** *ref* **1.** *(lieb haben)* to be in love **2.** *(sexuell)* to make love

liebenswürdig ['liːbn̩svʏrdɪç] ◇ *adj* kind ◇ *adv* kindly

lieber ['liːbɐ] ◇ *komp* rather ➤ **gern** ◇ *adv (besser)* better ◇ *adj (angenehmer)* **ein warmes Essen wäre mir lieber** I'd prefer a hot meal ● **das hättest du lieber nicht sagen sollen** it would have been better if you hadn't said that

Liebesbrief ['liːbəsbriːf] (*pl* **-e**) *der* love letter

Liebespaar ['liːbəspaːɐ] (*pl* **-e**) *das* couple *(of lovers)*

liebevoll ['liːbəfɔl] *adj* loving

lieb haben ['liːphaːbn̩] *vt (unreg)* to love ● **sich lieb haben** *ref* **1.** *(sich gern haben)* to be in love **2.** *(erotisch)* to make love

Liebhaber ['liːphaːbɐ] (*pl inv*) *der* lover

Liebhaberin ['liːphaːbərɪn] (*pl* **-nen**) *die* lover

lieblich ['liːplɪç] *adj (Wein)* sweet

Liebling ['liːplɪŋ] (*pl* **-e**) *der (Anrede)* darling

Lieblingsgericht ['liːplɪŋsɡərɪçt] (*pl* **-e**) *das* favourite meal

lieblos ['liːploːs] *adj* unloving

liebsten ['liːpstn̩] *superl* ● **am liebsten** best of all ● **das ist mir am liebsten** I like it best of all ➤ **gern**

Liechtenstein ['lɪçtn̩ʃtain] *nt* Liechtenstein

Lied [liːt] (*pl* **-er**) *das* **1.** song **2.** *RELIG* hymn

lief [liːf] *prät* ➤ **laufen**

Lieferant [liːfəˈrant] (*pl* **-en**) *der* **1.** *(Person)* deliveryman **2.** *(Firma)* supplier ▼ **Lieferanten frei** except for loading

lieferbar ['liːfeːbaːɐ] *adj* available

Lieferfrist ['liːfɐfrɪst] (*pl* **-en**) *die* delivery time

liefern ['liːfɐn] ◇ *vt* **1.** *(Ware)* to deliver **2.** *(Beispiel, Argument)* to provide ◇ *vi (Geschäft)* to deliver ● **wir liefern frei Haus** we deliver free to your home

Lieferung ['liːfərʊŋ] (*pl* **-en**) *die* delivery

Liege ['liːɡə] (*pl* **-n**) *die* **1.** camp bed **2.** *(für Garten)* sun lounger

liegen ['liːɡn̩] (*präs* **liegt**, *prät* **lag**, *pp* **gelegen**) *vi* **1.** *(Person, Gegenstand)* to lie **2.** *(sich befinden)* ● **Bonn liegt am**

Rhein Bonn is on the Rhine **3.** *(zeitlich)* to be ● **das liegt lange zurück** that was a long time ago **4.** *(in Reihenfolge)* to lie ● **sie liegt auf dem vierten Platz** she's lying in fourth place **5.** *(Grund, Ursache)* ● **sein Asthma liegt an der schlechten Luft** his asthma is caused by the poor air ● **der Fehler liegt an dir** the mistake is your fault **6.** *(abhängen)* ● **das liegt bei dir** it's up to you **7.** *(wichtig sein)* ● **es liegt mir viel daran** it matters a lot to me **8.** *(begabt sein für)* ● **Physik liegt mir nicht** physics isn't my subject

liegen bleiben ['li:gn̩blaɪbn̩] *vi (unreg) (ist)* **1.** *(nicht aufstehen)* to stay in bed **2.** *(vergessen werden)* to be left behind **3.** *(Arbeit)* to be left undone **4.** *(fam) (mit Auto, Bus)* to break down

liegen lassen ['li:gn̩lasn̩] *vt (unreg)* to leave

Liegesitz ['li:gəzɪts] *(pl* -e) *der* reclining seat

Liegestuhl ['li:gəʃtu:l] *(pl* -stühle) *der* **1.** *(am Strand)* deck chair **2.** *(im Garten)* sun lounger

Liegestütz ['li:gəʃtyts] *(pl* -e) *die* press-up

Liegewagenplatz ['li:gəvaːgn̩plats] *(pl* -plätze) *der* couchette

Liegewiese ['li:gəviːzə] *(pl* -n) *die* lawn

lieh [li:] *prät* ➤ **leihen**

ließ [li:s] *prät* ➤ **lassen**

liest [li:st] *präs* ➤ **lesen**

Lift [lɪft] *(pl* -e) *der* **1.** *(Aufzug)* lift *(UK)*, elevator *(US)* **2.** *(Skilift)* ski lift

light [laɪt] *adj* **1.** *(Nahrungsmittel)* low-calorie **2.** *(Cola)* diet *(vor Subst)* **3.** *(Zigaretten)* mild

Likör [li'køːɐ̯] *(pl* -e) *der* liqueur

lila ['liːla] *adj* light purple, lilac

Limo ['lɪmo] *(pl* -s) *die (fam)* fizzy drink

Limonade [limo'naːdə] *(pl* -n) *die* fizzy drink

Linde ['lɪndə] *(pl* -n) *die (Baum)* lime tree

lindern ['lɪndɐn] *vt* to relieve

Lineal [line'aːl] *(pl* -e) *das* ruler

Linie ['liːnjə] *(pl* -n) *die* **1.** line **2.** *(Bus, Straßenbahn)* number ● **in erster Linie** first and foremost

Linienbus [li:njənbʊs] *(pl* -se) *der* regular bus

Linienflug ['li:njənfluːk] *(pl* -flüge) *der* scheduled flight

Linienmaschine [li:njənmaʃiːnə] *(pl* -n) *die* scheduled plane

Linienverkehr [li:njənfɛɐ̯keːɐ̯] *der (Flugverkehr)* scheduled flights *pl*

link [lɪŋk] *adj (abw)* sly

linke, r, s ['lɪŋkə] *adj* **1.** *(Seite)* left **2.** *(Politik)* left-wing

links ['lɪŋks] *adv* **1.** *(Seitenangabe)* on the left **2.** *(Richtungsangabe)* left **3.** *(wählen)* for the left ● **links von jm/etw** on sb's/sthg's left ● **nach links** left ● **von links** from the left

Linksabbieger ['lɪŋks|apbiːgɐ] *(pl inv) der* car turning left

linksherum ['lɪŋksɛrom] *adv* **1.** *(nach links)* round to the left **2.** *(verkehrt herum)* the wrong way round

Linkskurve ['lɪŋkskʊrvə] *(pl* -n) *die* left-hand bend

Linkssteuerung ['lɪŋkʃtɔyərʊŋ] *(pl* -en) *die* left-hand drive

Linksverkehr ['lɪŋksfɛɐ̯keːɐ̯] *der* driving on the left

Linse ['lɪnzə] *(pl* -n) *die* **1.** *(Gemüse)* lentil **2.** *(in Kamera)* lens

Linsensuppe ['lɪnznzʊpə] (*pl* **-n**) *die* lentil soup

Linzer Torte ['lɪnkstsɐtɐtə] *die* fruit tart *with lattice pastry covering*

Lippe ['lɪpə] (*pl* **-n**) *die* lip

Lippenstift ['lɪpn̩ʃtɪft] (*pl* **-e**) *der* lipstick

List [lɪst] (*pl* **-en**) *die (Trick)* trick

Liste ['lɪstə] (*pl* **-n**) *die* list

Liter ['liːtɐ] (*pl inv*) *der* litre

Literatur [lɪtəra'tuːɐ] (*pl* **-en**) *die* literature

Literflasche ['liːtɐflaʃə] (*pl* **-n**) *die* litre bottle

Litfaßsäule ['lɪtfaszɔylə] (*pl* **-n**) *die* advertising column

litt [lɪt] *prät* ⊳ **leiden**

Lizenz [li'tsɛnts] (*pl* **-en**) *die (Erlaubnis)* licence

LKW ['ɛlkaːveː] (*pl* **-s**) *der* HGV

Lob [loːp] *das (von Person)* praise

loben ['loːbn̩] *vt* to praise

Loch [lɔx] (*pl* **Löcher**) *das* hole

lochen ['lɔxn̩] *vt* to punch a hole/holes in

Locher ['lɔxɐ] (*pl inv*) *der* hole punch

Locke ['lɔkə] (*pl* **-n**) *die* curl

Lockenschere ['lɔkn̩ʃeːrə] (*pl* **-n**) *die* curling tongs *pl*

Lockenwickler ['lɔkn̩vɪklɐ] (*pl inv*) *der* curler

locker ['lɔkɐ] ◇ *adj* **1.** loose **2.** *(Haltung)* laid-back **3.** *(Beziehung)* casual ◇ *adv* **1.** *(knoten)* loosely **2.** *(fam) (leicht, einfach)* easily

lockern ['lɔkɐn] *vt (Knoten)* to loosen ✦ **sich lockern** *ref (Knoten, Schraube)* to work itself loose

lockig ['lɔkɪç] *adj* curly

Löffel ['lœfl̩] (*pl inv*) *der* spoon

Löffelbisquit ['lœfl̩bɪskviːt] (*pl* **-s**) *der* sponge finger

löffeln ['lœfl̩n] *vt* to spoon

log [loːk] *prät* ⊳ **lügen**

Loge ['loːʒə] (*pl* **-n**) *die* box *(at theatre)*

logisch ['loːgɪʃ] *adj* logical

Lohn [loːn] (*pl* **Löhne**) *der* **1.** *(Bezahlung)* wages *pl*, pay **2.** *(Belohnung)* reward

lohnen ['loːnən] ✦ **sich lohnen** *ref* to be worth it

Lohnsteuer ['loːnʃtɔyɐ] *die* income tax

Lohnsteuerkarte ['loːnʃtɔyɐkartə] (*pl* **-n**) *die* form filled in by employer stating annual income and tax paid, ≃ P60 *(UK)*

Loipe ['lɔypə] (*pl* **-n**) *die* cross-country ski run

Lok [lɔk] (*pl* **-s**) *die* = Lokomotive

lokal [lo'kaːl] *adj* local

Lokal [lo'kaːl] (*pl* **-e**) *das* pub

Lokalnachrichten [lo'kaːlnaxrɪçtn̩] *pl* local news *sg*

Lokomotive [lokomo'tiːvə] (*pl* **-n**) *die* locomotive

London ['lɔndɔn] *nt* London

Los [loːs] (*pl* **-e**) *das (von Lotterie)* ticket

los [loːs] ◇ *adj (lose)* loose ◇ *interj* come on! ✦ **es ist viel/wenig/nichts los** there is a lot/not much/nothing going on ✦ **jn/etw los sein** to have got rid of sb/sthg ✦ **was ist los?** what's the matter?

löschen ['lœʃn̩] *vt* **1.** *(Feuer)* to put out, to extinguish **2.** *(Aufnahme)* to erase **3.** *(Daten)* to delete

Löschpapier ['lœʃpapiːɐ] *das* blotting paper

lose ['loːzə] ◇ *adj* loose ◇ *adv* loosely

losen ['loːzn̩] *vi* to draw lots

lösen ['løːzn̩] *vt* **1.** *(Fahrkarte, Eintrittskarte)* to buy **2.** *(Aufgabe, Rätsel)* to solve **3.**

(Knoten) to undo **4.** *(Bremse)* to take off **5.** *(auflösen)* to dissolve ◆ **sich lösen** *ref* **1.** *(sich lockern)* to become loose **2.** *(Problem)* to be solved **3.** *(sich auflösen)* to dissolve

los|fahren ['lo:sfa:rən] *vi (unreg) (ist)* to set off

los|gehen ['lo:sge:ən] *vi (unreg) (ist)* **1.** *(Person)* to set off **2.** *(Veranstaltung)* to start

los|lassen ['lo:slasn] *vt (unreg) (Person, Gegenstand)* to let go of

löslich ['lø:slɪç] *adj (Kaffee)* instant

los|machen ['lo:smaxn] *vt* to untie

Lösung ['lø:zʊŋ] *(pl -en) die* solution

los|werden ['lo:sverdn] *vt (unreg) (ist)* **1.** *(Person, Grippe)* to get rid of **2.** *(Geld)* to lose

Lotion [lo'tsio:n] *(pl -en) die* lotion

lotsen ['lo:tsn] *vt* to guide

Lotterie [lɔtə'ri:] *(pl -n) die* lottery

Lotto ['lɔto] *das* national lottery

Lottoschein ['lɔtoʃain] *(pl -e) der* national lottery ticket

Löwe ['lø:və] *(pl -n) der* **1.** *(Tier)* lion **2.** *(Sternzeichen)* Leo

Löwenzahn ['lø:vntsa:n] *der* dandelion

Lücke ['lʏkə] *(pl -n) die* gap

lud [lu:t] *prät* ▷ **laden**

Luft [lʊft] *die* air ● **frische Luft** fresh air

Luftballon ['lʊftbalɔŋ] *(pl -s) der* balloon

luftdicht ['lʊftdɪçt] *adj* airtight

Luftdruck ['lʊftdrʊk] *der* air pressure

lüften ['lʏftn] ◇ *vt (Zimmer)* to air ◇ *vi (im Zimmer)* to let some air in

Luftfahrtgesellschaft ['lʊftfa:ɐtɡəzɛlʃaft] *(pl -en) die* airline

Luftfeuchtigkeit ['lʊftfɔʏçtɪçkait] *die* humidity

Luftfilter ['lʊftfɪltɐ] *(pl inv) der* air filter

Luftfracht ['lʊftfraxt] *die* air freight

Luftkissenboot ['lʊftkɪsnbo:t] *(pl -e) das* hovercraft

Luftkurort ['lʊftku:ɐʔɔrt] *(pl -e) der* health resort

Luftlinie ['lʊftli:niə] *die* ● **(es sind) 100 km Luftlinie** (it's) 100 km as the crow flies

Luftmatratze ['lʊftmatratsə] *(pl -n) die* airbed

Luftpost ['lʊftpɔst] *die* airmail ● **per Luftpost** (by) airmail

Luftpumpe ['lʊftpʊmpə] *(pl -n) die* air pump

Luftröhre ['lʊftrø:rə] *(pl -n) die* windpipe

Luftschlange ['lʊftʃlaŋə] *(pl -n) die* streamer

Lüftung ['lʏftʊŋ] *(pl -en) die (Gerät)* ventilation (system)

Luftverkehr ['lʊftfɛɐke:ɐ] *der* air traffic

Luftverschmutzung ['lʊftfɛɐʃmʊtsʊŋ] *die* air pollution

Luftzug ['lʊfttsu:k] *der* draught

Lüge ['ly:gə] *(pl -n) die* lie

lügen ['ly:gn] *(prät* **log***, pp* **gelogen***) vi* to lie

Lügner, in ['ly:gnɐ] *(mpl inv) der, die* liar

Lunchpaket ['lanʃpake:t] *(pl -e) das* packed lunch

Lunge ['lʊŋə] *(pl -n) die* lungs *pl*

Lungenentzündung ['lʊŋənʔɛnttsyndʊŋ] *(pl -en) die* pneumonia

Lüngerl ['lʏŋɐl] *das (Süddt) finely-chopped calf's lights boiled in vinegar and usually eaten with "Semmelknödel"*

Lupe ['lu:pə] *(pl -n) die* magnifying glass

Lust [lʊst] *(pl* **Lüste***) die* **1.** *(Bedürfnis)*

desire **2.** *(Freude)* pleasure **3.** *(sexuell)* lust ● **(keine) Lust haben auf** (+A) (not) to feel like ● **Lust haben, etw zu tun** to feel like doing sthg

lustig ['lʊstıç] *adj* **1.** *(komisch)* funny **2.** *(unterhaltsam)* entertaining ● **sich lustig machen über** (+A) to make fun of

lutschen ['lʊtʃn̩] *vt* to suck

Lutscher ['lʊtʃɐ] *(pl inv)* der lollipop

Luxemburg ['lʊksmbʊrk] *nt* Luxembourg

Luxemburger, in ['lʊksmbʊrgɐ] *(mpl inv)* der, die Luxemburger

luxemburgisch ['lʊksmbʊrgıʃ] *adj* of/ from Luxembourg

luxuriös ['lʊksurjøːs] *adj* luxurious

Luxus ['lʊksʊs] der luxury

Luzern [lu'tsɛrn] *nt* Lucerne

*m*M

machen ['maxn̩]

◇ *vt* **1.** *(tun)* to do ● **da kann man nichts machen** there's nothing we can do about it ● **mach die Musik leiser** turn the music down ● **mach's gut!** take care! **2.** *(herstellen)* to make; *(Foto)* to take ● **jm etw machen** to make sthg for sb ● **etw aus etw machen** to make sthg out of sthg ● **mach keine Dummheiten!** don't do anything silly! **3.** *(verändern, bewirken)* to make ● **jn krank/glücklich machen** to make sb ill/happy ● **etw sauber machen** to clean sthg **4.** *(Urlaub)* to go on ● **eine Pause machen** to have a

break **5.** *(Reise, Wanderung)* to go on; *(Spaziergang)* to go for ● **einen Besuch bei jm machen** to pay sb a visit **6.** *(Arbeit, Hausaufgaben)* to do; *(Reparatur, Korrektur)* to make **7.** *(Gefühl)* ● **jm Angst/Freude machen** to make sb afraid/happy **8.** *(Kurs, Lehrgang)* to do **9.** *(Prüfung)* to do, to take **10.** *(Summe, Ergebnis)* to be ● **fünf mal drei macht fünfzehn** five times three is fifteen ● **das macht 5 Euro** that comes to 5 euros ● **das macht 5 Euro** I don't mind the heat ● **das macht nichts!** it doesn't matter! **12.** *(mögen)* ● **sich** (D) **nichts machen aus** not to be keen on

◇ *vi* ● **mach schnell!** hurry up! ● **mach schon!** *(fam)* get a move on!

● **sich machen** *ref* ● **sich gut machen** *(wirken)* to look good; *(fam) (entwickeln)* to make good progress

Macht [maxt] *(pl Mächte)* die power ● **an der Macht sein** to be in power

mächtig ['mɛçtıç] *adj (König, Land)* powerful

machtlos ['maxtloːs] *adj* powerless

Macke ['makə] *(pl -n)* die **1.** *(fam) (Spleen)* quirk **2.** *(an Tasse, Tisch)* chip

Mädchen ['mɛːtçən] *(pl inv)* das girl

Mädchenname ['mɛːtçənnaːmə] *(pl -n)* der maiden name

Made ['maːdə] *(pl -n)* die maggot

Madonna [ma'dɔna] *(pl Madonnen)* die Madonna

mag [maːk] *präs* ➤ **mögen**

Magazin [maga'tsiːn] *(pl -e)* das **1.** magazine **2.** *(Lager)* storeroom

Magen ['maːgn̩] *(pl Mägen)* der stomach ● **sich** (D) **den Magen verderben** to get an upset stomach

Magenbeschwerden ['maːgn̩bəʃveːɐdn̩] *pl* stomach trouble *sg*

Magenbitter ['maːgn̩bɪtɐ] (*pl inv*) *der* bitters *sg*

Magengeschwür ['maːgn̩gəʃvyːɐ] (*pl* **-e**) *das* stomach ulcer

Magenschmerzen ['maːgn̩ʃmeːɐtsn̩] *pl* stomachache *sg*

mager ['maːgɐ] *adj* **1.** (*Person, Tier*) thin **2.** (*Käse*) low-fat **3.** (*Fleisch*) lean

Magermilch ['maːgɐmɪlç] *die* skimmed milk

Maggi ® ['magi] *das* type of brown, liquid seasoning

Magnet [ma'gneːt] (*pl* **-e**) *der* (*Metall*) magnet

mähen ['mɛːən] *vt* (*Gras, Feld*) to mow

Mahl [maːl] (*pl* **-e**) *das* meal

mahlen ['maːlən] *vt* to grind

Mahlzeit ['maːltsaɪt] (*pl* **-en**) *die* meal ● **Mahlzeit!** (*Gruß*) hello! (*said around mealtimes*)

Mähne ['mɛːnə] (*pl* **-n**) *die* mane

mahnen ['maːnən] *vt* (*erinnern*) to remind

Mahngebühr ['maːngəbyːɐ] (*pl* **-en**) *die* charge for failure to pay a bill or fine

Mahnmal ['maːnmaːl] (*pl* **-e**) *das* memorial

Mahnung ['maːnʊŋ] (*pl* **-en**) *die* reminder

Mai [maɪ] *der* May ● **der erste Mai** May Day ≻ **September**

Maibaum ['maɪbaʊm] (*pl* **-bäume**) *der* maypole

Maibaum

There are various traditions involving maypoles in Germany. Large maypoles are made using a felled birch tree that is erected on the village square on 30 April and decorated with ribbons and garlands. Unmarried men also place small maypoles outside the house of their girlfriend or beloved.

Maifeiertag ['maɪfaɪɐtaːk] (*pl* **-e**) *der* May Day

mailen [meɪlən] ◇ *vi EDV* to send an e-mail ◇ *vt* to e-mail

Mais [maɪs] *der* **1.** (*Körner*) sweetcorn **2.** (*Pflanze*) maize

Maiskolben ['maɪskɔlbn̩] (*pl inv*) *der* corn on the cob

Majonäse [majo'nɛːzə] (*pl* **-n**) *die* mayonnaise

Majoran ['majoraːn] *der* marjoram

Make-up [meːk'lap] (*pl* **-s**) *das* **1.** (*Schminke*) make-up **2.** (*Creme*) foundation

Makkaroni [maka'roːni] *pl* macaroni *sg*

Makler, in ['maːklɐ] (*mpl inv*) *der, die* estate agent

Makrele [ma'kreːlə] (*pl* **-n**) *die* mackerel

Makrone [ma'kroːnə] (*pl* **-n**) *die* macaroon

mal [maːl] ◇ *adv* **1.** (*fam*) (*in Zukunft*) sometime **2.** (*in Vergangenheit*) once ◇ *konj* (*zur Multiplikation*) times ● **bald mal** sometime soon ● **komm mal her** come here ● **ich muss dir mal was sagen** there's something I need to tell you ● **hör mal!** (*fam*) listen ● **sag mal!** (*fam*) tell me ● **er redet mal so, mal so** (*fam*) he says one thing one minute and another the next

Mal [maːl] (*pl* **-e**) *das* (*Zeitpunkt*) time ● **letztes Mal** last time ● **nächstes Mal** next time ● **zum ersten/letzten Mal** for the first/last time ● **ein paar Mal** a few times

Malaria [ma'la:rja] *die* malaria

Malbuch ['ma:lbu:x] *(pl* **-bücher)** *das* colouring book

malen ['ma:lən] *vt & vi* to paint

Maler, in ['ma:lɐ] *(mpl inv) der, die* **1.** *(Künstler)* artist **2.** *(Anstreicher)* painter

malerisch ['ma:lərɪʃ] *adj (Ort)* picturesque

Malteser Hilfsdienst ['malte:sɐ'hɪlfs-di:nst] *der voluntary paramedic service,* ≃ St John's Ambulance (UK)

Malventee ['malvnte:] *der* mallow tea

Malzbier ['maltsbi:ɐ] *das* malt beer

Mama ['mama] *(pl* **-s)** *die (fam)* mummy

man [man] *pron* **1.** *(jeder, ich)* you **2.** *(irgendjemand)* they ● **wie sagt man das auf Deutsch?** how do you say that in German? ● **dieses Jahr trägt man** Miniröcke miniskirts are in this year

Manager, in ['mɛnɛdʒɐ] *(mpl inv) der, die* manager

manche, r, s ['mançə] ◇ *pron* **1.** *(einige Dinge)* some **2.** *(einige Leute)* some people **3.** *(viele, viel)* many things ◇ *det* **1.** *(einige)* some **2.** *(viele)* many

manchmal ['mançma:l] *adv* sometimes

Mandarine [manda'ri:nə] *(pl* **-n)** *die* mandarin

Mandel ['mandl] *(pl* **-n)** *die* almond ●

Mandeln *pl (im Hals)* tonsils

Mandelentzündung ['mandl|ɛnt-tsyndʊŋ] *(pl* **-en)** *die* tonsilitis

Manege [ma'ne:ʒə] *(pl* **-n)** *die (circus)* ring

Mangel ['maŋl] *(pl* **Mängel)** *der* **1.** *(Zustand)* lack **2.** *(Fehler)* fault ● **Mangel an (+D)** shortage of

mangelhaft ['maŋlhaft] *adj* **1.** *(nicht ausreichend)* poor **2.** *(Schulnote)* unsatisfactory, poor

mangels ['maŋls] *präp (+G) (amt)* owing to lack of

Mango ['maŋɡo] *(pl* **-s)** *die* mango

Manieren [ma'ni:rən] *pl* manners

Maniküre [mani'ky:rə] *die* manicure

manipulieren [manipu'li:rən] *vt* **1.** *(Person)* to manipulate **2.** *(Stimmzettel, Motor)* to rig

Mann [man] *(pl* **Männer)** ◇ *der* **1.** *(Erwachsener)* man **2.** *(Ehemann)* husband ◇ *interj (fam)* my God!

Mannequin ['manəkɛ̃] *(pl* **-s)** *das* model

männlich ['mɛnlɪç] *adj* **1.** male **2.** GRAMM masculine

Mannschaft ['manʃaft] *(pl* **-en)** *die* **1.** *(beim Sport)* team **2.** *(von Schiff, Flugzeug)* crew

Manöver [ma'nø:vɐ] *(pl inv) das* manoeuvre

manövrieren [ma'nø:vri:rən] *vt (Fahrzeug)* to manoeuvre

Manschettenknopf [man'ʃɛtnknɔpf] *(pl* **-knöpfe)** *der* cufflink

Mantel ['mantl] *(pl* **Mäntel)** *der* **1.** *(Kleidungsstück)* coat **2.** *(von Reifen)* outer casing

manuell [manu'ɛl] *adj* manual

Manuskript [manu'skrɪpt] *(pl* **-e)** *das* manuscript

Mappe ['mapə] *(pl* **-n)** *die* **1.** *(Hülle)* folder **2.** *(Tasche)* briefcase **3.** *(von Schüler)* schoolbag

Maracuja [mara'ku:ja] *(pl* **-s)** *die* passion fruit

Ma

Marathon ['maratɔn] (pl -s) der marathon

Märchen ['mɛːɐçn] (pl inv) das fairy tale

Margarine [marga'riːnə] die margarine

Mariä Himmelfahrt [ma'riːɛ 'hɪmlfaːɐt] nt Assumption

Marienkäfer [ma'riːɐnkɛːfɐ] (pl inv) der ladybird (UK), ladybug (US)

Marille [ma'rɪlə] (pl -n) die (Österr) apricot

Marillenknödel ['ma'rɪlnknøːdl] (pl inv) der (Österr) dessert consisting of a potato dumpling with an apricot in the middle

Marinade [mari'naːdə] (pl -n) die marinade

marinieren [mari'niːrən] vt to marinate

Marionette [marjo'nɛtə] (pl -n) die puppet

Marionettentheater [marjo'nɛtnteaːtɐ] (pl inv) das 1. (Veranstaltung) puppet show 2. (Gebäude) puppet theatre

Mark [mark] (pl inv) die 1. (Währung) mark 2. (Knochenmark) marrow 3. (aus Obst, Gemüse) purée

Marke ['markə] (pl -n) die 1. (von Hersteller) make, brand 2. (Briefmarke) stamp 3. (von Polizist) badge 4. (für Garderobe) (metal) token

Markenartikel ['marknlartiːkl] (pl inv) der brand-name article

Markenzeichen ['markntsaiçn] (pl inv) das trademark

markieren [mar'kiːrən] vt (kennzeichnen) to mark

Markierung [mar'kiːrʊŋ] (pl -en) die marking ▼ fehlende Markierung no road markings

Markise [mar'kiːzə] (pl -n) die awning

Markklößchen ['markkløːsçən] (pl inv)

das small dumpling made from marrow and breadcrumbs eaten in soup

Markt [markt] (pl Märkte) der 1. market 2. (Marktplatz) marketplace ● auf den ODER zum Markt gehen to go to (the) market

Marktforschung ['marktfɔrʃʊŋ] die market research

Marktfrau ['marktfrau] (pl -en) die market woman

Markthalle ['markthalə] (pl -n) die covered market

Marktplatz ['marktplats] (pl -plätze) der marketplace

Marktwirtschaft ['marktvɪrtʃaft] die market economy

Marmelade [marmə'laːdə] (pl -n) die jam

Marmor ['marmoːɐ] der marble

Marmorkuchen ['marmoːɐkuːxn] (pl inv) der marble cake sponge cake with a pattern made in darker (often chocolate) sponge on the inside

Marone [ma'roːnə] (pl -n) die 1. (Kastanie) chestnut 2. (Pilz) chestnut mushroom

Marsch[1] [marʃ] (pl Märsche) der march

Marsch[2] [marʃ] (pl -en) die (an Küste) marsh (on coast)

marschieren [mar'ʃiːrən] vi (ist) to march

Marschmusik ['marʃmuziːk] die marches pl

Marxismus [mar'ksɪsmʊs] der Marxism

März [mɛrts] der March ➤ September

Marzipan ['martsipaːn] das marzipan

Maschine [ma'ʃiːnə] (pl -n) die 1. (Gerät) machine 2. (fam) (Flugzeug) plane 3. ● Maschine schreiben to type

maschinell [maʃiˈnɛl] ◇ *adj* machine (*vor Subst*) ◇ *adv* by machine

Masern [ˈmazən] *pl* measles *sg*

Maske [ˈmaskə] (*pl* **-n**) *die* mask

Maskenball [ˈmaskn̩bal] (*pl* **-bälle**) *der* (*Kostümball*) fancy dress party

maskieren [masˈkiːrən] *vt* (*Person*) to disguise ◆ **sich maskieren** *ref* (*Einbrecher, sich verkleiden*) to disguise o.s

Maskottchen [masˈkɔtçən] (*pl inv*) *das* mascot

maskulin [ˈmaskuliːn] *adj* masculine

maß [maːs] *prät* > **messen**

Maß [maːs] (*pl* **-e**) *das* **1.** (*von Raum, Größe*) measurement **2.** (*Einheit*) measure ◆ **in hohem/geringem Maß** to a great/small extent ◆ **nach Maß** to measure

Maß [maːs] (*pl inv*) *die* (*Süddt*) (*Liter*) litre (glass)

Massage [maˈsaːʒə] (*pl* **-n**) *die* massage

Massageöl [maˈsaːʒəløːl] (*pl* **-e**) *das* massage oil

Masse [ˈmasə] (*pl* **-n**) *die* **1.** (*Brei*) mixture **2.** (*von Personen*) crowd **3.** (*von Dingen*) mass ◆ **in Massen** in great numbers ◆ **die breite Masse** the masses *pl*

Maßeinheit [ˈmaːsʃ̩ainhait] (*pl* **-en**) *die* unit of measurement

massenhaft [ˈmasn̩haft] *adj* great numbers of

Massenmedien [ˈmasn̩meːdiən] *pl* mass media

Massentourismus [ˈmasn̩tuːrɪsmʊs] *der* mass tourism

Masseur, in [maˈsøːɐ̯] (*mpl* **-e**) *der*, *die* masseur (*f* masseuse)

maßgeschneidert [ˈmaːsgəʃnaidɐt] *adj* (*Kleidung*) made-to-measure

massieren [maˈsiːrən] *vt* to massage

mäßig [ˈmɛːsıç] ◇ *adj* **1.** (*Leistung, Wetter*) average **2.** (*moderat*) moderate ◇ *adv* (*moderat*) moderately

massiv [maˈsiːf] *adj* **1.** solid **2.** (*Kritik*) strong

Maßkrug [ˈmaːskruːk] (*pl* **-krüge**) *der* (*Süddt*) litre beer mug

Maßnahme [ˈmaːsnaːmə] (*pl* **-n**) *die* measure

Maßstab [ˈmaːsʃtaːp] (*pl* **-stäbe**) *der* **1.** (*auf Landkarten*) scale **2.** (*Richtlinie*) standard ◆ **im Maßstab 1:25 000** to a scale of 1 : 25,000

Mast [mast] (*pl* **-en**) *der* (*für Segel, Fahne*) mast

Material [mateˈri̯aːl] (*pl* **-ien**) *das* material

materialistisch [materi̯aˈlɪstʃ] *adj* (*Person, Einstellung*) materialistic

materiell [mateˈri̯ɛl] *adj* **1.** (*Bedürfnis, Schaden*) material **2.** (*Schwierigkeiten*) financial **3.** (*materialistisch*) materialistic

Mathematik [matəmaˈtik] *die* mathematics *sg*

Matinee [matiˈneː] (*pl* **-n**) *die* matinee

Matjes [ˈmatjəs] (*pl inv*) *der* salted herring

Matratze [maˈtratsə] (*pl* **-n**) *die* mattress

Matrose [maˈtroːzə] (*pl* **-n**) *der* sailor

Matsch [matʃ] *der* (*Schlamm*) mud

matt [mat] *adj* **1.** (*glanzlos*) matt **2.** (*müde*) weak

Matte [ˈmatə] (*pl* **-n**) *die* mat

Mauer [ˈmaʊɐ] (*pl* **-n**) *die* wall

Mauerwerk [ˈmaʊɐvɛrk] *das* masonry

Maul [maʊl] (*pl* **Mäuler**) *das* (*von Tieren*) mouth

Maulwurf [ˈmaʊlvʊrf] (*pl* **-würfe**) *der* mole

Maurer, in ['maurɐ] (*mpl inv*) *der, die* bricklayer

Maus [maus] (*pl* **Mäuse**) *die* mouse

Mausefalle ['mauzəfalə] (*pl* **-n**) *die* mousetrap

Mautgebühr ['mautgəby:ɐ] (*pl* **-en**) *die* (*Österr*) toll

Mautstelle ['mautʃtɛlə] (*pl* **-n**) *die* (*Österr*) tollgate

Mautstraße ['mautʃtra:sə] (*pl* **-n**) *die* (*Österr*) toll road

maximal ['maksima:l] ◇ *adj* maximum ◇ *adv* at most

Maximum ['maksimʊm] (*pl* **Maxima**) *das* maximum

Mayo ['ma:jo] *die* (*fam*) mayonnaise

Mayonnaise [majo'nɛːzə] *die* = **Majonäse**

Mechaniker, in [me'ça:nikɐ] (*mpl inv*) *der, die* mechanic

mechanisch [me'ça:nɪʃ] ◇ *adj* mechanical ◇ *adv* mechanically

Mechanismus [meça'nɪsmʊs] (*pl* **-men**) *der* mechanism

meckern ['mɛkɐn] *vi* (*fam*) (*Person*) to moan

Mecklenburg-Vorpommern ['mɛklənburk-fo:ɐpɔmɐn] *nt* Mecklenburg-West Pomerania

Medaille [me'daljə] (*pl* **-n**) *die* medal

Medien ['me:diən] *pl* media

Medikament [medika'mɛnt] (*pl* **-e**) *das* medicine ● **ein Medikament gegen a** medicine for

Meditation [meditaˈtsi̯oːn] (*pl* **-en**) *die* meditation

meditieren [mediˈtiːrən] *vi* to meditate

Medizin [mediˈtsiːn] *die* medicine

medizinisch [mediˈtsiːnɪʃ] *adj* (*Bäder, Anwendungen*) medicinal

Meer [me:ɐ] (*pl* **-e**) *das* sea ● **am Meer** by the sea ● **ans Meer fahren** to go to the seaside

Meerenge ['me:ɐlɛŋə] (*pl* **-n**) *die* straits *pl*

Meeresfrüchte ['me:rəsfryçtə] *pl* seafood *sg*

Meeresspiegel ['me:rəsʃpi:gl̩] *der* sea level ● **50 m über/unter dem Meeresspiegel** 50 m above/below sea level

Meerrettich ['me:rɛtɪç] *der* horseradish

Meerschweinchen ['me:ɐʃvai̯nçən] (*pl inv*) *das* guinea pig

Meerwasser ['me:ɐvasɐ] *das* seawater

Mehl [me:l] *das* (*aus Getreide*) flour

Mehlschwitze ['me:lʃvɪtsə] (*pl* **-n**) *die* roux

Mehlspeise ['me:lʃpai̯zə] (*pl* **-n**) *die* dish made from flour, eggs and milk, such as pasta, dumplings or pastries

mehr [me:ɐ] ◇ *komp* ➤ **viel** ◇ *det, pron &* *adv* more ● **es ist keiner mehr da** there is no one left there ● **vom Käse ist nichts mehr da** there's nothing left of the cheese ● **nie mehr** never again

mehrere ['me:rərə] *adj & pron* several

mehrfach ['me:ɐfax] ◇ *adv* several times ◇ *adj* multiple

Mehrfahrten-Ausweis ['me:ɐfa:ɐtnaus-vai̯s] (*pl* **-e**) *der* multiple journey ticket

Mehrheit ['me:ɐhai̯t] (*pl* **-en**) *die* majority

mehrmals ['me:ɐma:ls] *adv* several times

mehrsprachig ['me:ɐʃpra:xɪç] *adj* multilingual

Mehrwertsteuer ['me:ɐve:ɐtʃtɔy̯ɐ] *die* VAT (*UK*), sales tax (*US*)

Mehrzahl ['me:ɐtsa:l] *die* **1.** *GRAMM* plural **2.** (*Mehrheit*) majority

meiden ['maɪdn̩] (*prät* **mied**, *pp* **gemieden**) *vt* to avoid ◆ **sich meiden** *ref* to avoid each other

Meile ['maɪlə] (*pl* **-n**) *die* mile

mein, e [maɪn] *det* my

meine, r, s ODER **meins** ['maɪnə] ◇ *pron* mine ◇ *det* ▸ **mein**

meinen ['maɪnən] *vt* **1.** (*denken, glauben*) to think **2.** (*sagen*) to say **3.** (*sich beziehen auf*) to mean ● **etw ironisch/wörtlich meinen** to mean sthg ironically/literally ● **das war nicht so gemeint** it wasn't meant like that

meinetwegen ['maɪnətve:gən] *adv* **1.** (*wegen mir*) because of me **2.** (*von mir aus*) as far as I'm concerned

Meinung ['maɪnʊŋ] (*pl* **-en**) *die* opinion

Meinungsumfrage ['maɪnʊŋsˌʊmfraːgə] (*pl* **-n**) *die* opinion poll

Meise ['maɪzə] (*pl* **-n**) *die* tit

Meißel ['maɪsl̩] (*pl* **inv**) *der* chisel

meist [maɪst] *adv* usually, mostly

meiste ['maɪstə] ◇ *superl* ▸ **viel** ◇ *adj & pron* most ● **die meisten (Leute)** most people ● **er hat das meiste Geld** he has got the most money

meistens ['maɪstəns] *adv* usually, mostly

Meister, in ['maɪstɐ] (*mpl* **inv**) *der, die* **1.** (*Titel*) master **2.** SPORT champion

Meisterschaft ['maɪstɐʃaft] (*pl* **-en**) *die* (SPORT) championship

Meisterwerk ['maɪstɐvɛʁk] (*pl* **-e**) *das* masterpiece

Meldefrist ['mɛldəfrɪst] (*pl* **-en**) *die* (*für Wettbewerb*) period within which entries must be received

melden ['mɛldn̩] *vt* to report ◆ **sich melden** *ref* **1.** (*sich bemerkbar machen*) to make itself felt **2.** (*am Telefon*) to answer ● **es meldet sich niemand** there's no answer

Meldeschluss ['mɛldəʃlʊs] *der* closing date

melken ['mɛlkn̩] (*prät* **molk**, *pp* **gemolken**) *vt* to milk

Melodie [meloˈdiː] (*pl* **-n**) *die* melody

Melone [meˈloːnə] (*pl* **-n**) *die* melon

Memoiren [meˈmoaːrən] *pl* memoirs

Menge ['mɛŋə] (*pl* **-n**) *die* **1.** (*Anzahl*) quantity **2.** (*Vielzahl*) lot **3.** (*Menschenmenge*) crowd ● **eine (ganze) Menge Geld** (*relativ viel*) quite a lot of money ● **jede Menge** (*fam*) (*sehr viel*) loads of

Mengenrabatt ['mɛŋənrabat] (*pl* **-e**) *der* bulk discount

Mensa ['mɛnza] (*pl* **Mensen**) *die* university canteen

Mensch [mɛnʃ] (*pl* **-en**) *der* **1.** (*Lebewesen*) human (being) **2.** (*Person*) person ● **kein Mensch** no one ● **Mensch!** (*fam*) (*wütend*) for heaven's sake!; (*begeistert*) wow!

Menschenkenntnis ['mɛnʃn̩kɛntnɪs] *die* knowledge of human nature

menschenleer ['mɛnʃn̩leːɐ] *adj* deserted

Menschenmenge ['mɛnʃn̩mɛŋə] (*pl* **-n**) *die* crowd

Menschenrechte ['mɛnʃn̩rɛçtə] *pl* human rights

Menschenwürde ['mɛnʃn̩vyrdə] *die* human dignity

Menschheit ['mɛnʃhaɪt] *die* humanity, mankind

menschlich ['mɛnʃlɪç] *adj* **1.** (*Körper, Irrtum*) human **2.** (*human*) humane

Menstruation [mɛnstruaˈtsioːn] (*pl* **-en**) *die* menstruation

Mentalität [mɛntali'tɛːt] (pl **-en**) *die* mentality

Menthol [mɛn'toːl] *das* menthol

Menü [me'nyː] (pl **-s**) *das* (*Essen*) set menu

Merkblatt ['mɛrkblat] (pl **-blätter**) *das* leaflet

merken ['mɛrkn] vt (*erkennen*) to realize ● **sich** (D) **etw merken** (*sich einprägen*) to remember sthg

Merkmal ['mɛrkmaːl] (pl **-e**) *das* feature

merkwürdig ['mɛrkvyrdɪç] adj strange

Messbecher ['mɛsbɛçɐ] (pl inv) *der* measuring jug

Messe ['mɛsə] (pl **-n**) *die* **1.** (*Gottesdienst*) mass **2.** (*Ausstellung*) (trade) fair

Messegast ['mɛsəgast] (pl **-gäste**) *der* visitor at a trade fair

Messegelände ['mɛsəgəlɛndə] (pl inv) *das* exhibition centre

messen ['mɛsn] (präs **misst**, prät **maß**, pp **gemessen**) vt **1.** (*Temperatur, Größe*) to measure **2.** (*in Maßangaben*) to be ● **sie misst 1,80m** she's 1.80m tall

Messer ['mɛsɐ] (pl inv) *das* knife

Messestadt ['mɛsəʃtat] (pl **-städte**) *die* town that hosts a major trade fair

Messgerät ['mɛsgərɛːt] (pl **-e**) *das* gauge

Messing ['mɛsɪŋ] *das* brass

Messung ['mɛsʊŋ] (pl **-en**) *die* (*Handlung*) measurement

Metall [me'tal] (pl **-e**) *das* metal

Meteorologe, in [meteoro'loːgə] (pl inv **-n**) *der, die* weather forecaster

Meter ['meːtɐ] (pl inv) *der* metre ● **ein Meter achtundzwanzig** one metre twenty-eight ● **zwei Meter hoch/breit sein** to be two metres high/wide

Metermaß ['meːtɐmaːs] (pl **-e**) *das* tape measure

Methode [me'toːdə] (pl **-n**) *die* method

Mettwurst ['mɛtvʊrst] (pl **-würste**) *die* soft, smoked pork and beef sausage, usually spread on bread

Metzger, in ['mɛtsgɐ] (mpl inv) *der, die* butcher

Metzgerei [mɛtsgə'raɪ] (pl **-en**) *die* butcher's (shop)

MEZ [ɛmtsɛt'tsɛt] (abk für **mitteleuropäische Zeit**) CET

Mezzosopran ['mɛtso:zopraːn] *der* mezzo-soprano

MFG abk = **Mitfahrgelegenheit**

mich [mɪç] pron **1.** (*Personalpronomen*) me **2.** (*Reflexivpronomen*) myself

Miederwaren pl corsetry sg

Miene ['miːnə] (pl **-n**) *die* expression

mies [miːs] adj (fam) awful ● **sich mies fühlen** to feel awful

Mietdauer ['miːtdaʊɐ] *die* lease period

Miete ['miːtə] (pl **-n**) *die* **1.** (*für Wohnung*) rent **2.** (*für Auto*) rental

mieten ['miːtn] vt **1.** (*Wohnung*) to rent **2.** (*Auto*) to hire ● **sich** (D) **etw mieten** to rent/hire sthg

Mieter, in ['miːtɐ] (mpl inv) *der, die* tenant

Mietfahrzeug ['miːtfaːɐtsɔʏç] (pl **-e**) *das* hire car

Mietkauf ['miːtkaʊf] (pl **-käufe**) *der* hire purchase

Miethaus ['miːtshaʊs] (pl **-häuser**) *das* block of flats (UK), apartment building (US)

Mietvertrag ['miːtfɛɐtraːk] (pl **-verträge**) *der* lease

Mietwagen ['mi:tva:gn̩] (pl inv) der hire car

Mietwohnung ['mi:tvo:nʊŋ] (pl **-en**) die rented flat (UK), rented apartment (US)

Migräne [mi'grɛ:nə] (pl **-n**) die migraine

Mikrofon [mikro'fo:n] (pl **-e**) das microphone

Mikrowellenherd ['mikrovɛlənhert] (pl **-e**) der microwave oven

Milch [mɪlç] die milk • **fettarme Milch** skimmed milk

Milchbrötchen ['mɪlçbrøːtçən] (pl inv) das bread roll made with milk

Milcheis ['mɪlçlais] das ice cream (made with milk)

Milchkaffee ['mɪlçkafe:] (pl **-s**) der milky coffee

Milchmixgetränk ['mɪlçmɪksgətrɛŋk] (pl **-e**) das milk shake

Milchprodukt ['mɪlçprodʊkt] (pl **-e**) das dairy product

Milchpulver ['mɪlçpʊlvɐ] das powdered milk

Milchreis ['mɪlçrais] der rice pudding

Milchschokolade ['mɪlçʃokola:də] die milk chocolate

mild [mɪlt] ◇ adj mild ◇ adv mildly

Militär [mili'tɛ:ɐ̯] das military

Milliarde [mɪ'liardə] (pl **-n**) die thousand million (UK), billion (US)

Milligramm ['mɪligram] (pl inv) das milligramme

Milliliter ['mɪlili:tɐ] (pl inv) der millilitre

Millimeter ['mɪlime:tɐ] (pl inv) der millimetre

Million [mɪ'lio:n] (pl **-en**) die million

Millionär, in [mɪljo:'nɛ:ɐ̯] (mpl **-e**) der, die millionaire

Milz [mɪlts] (pl **-en**) die spleen

Mimik ['mi:mɪk] die facial expression

Minderheit ['mɪndɐhait] (pl **-en**) die minority

minderjährig ['mɪndɐjɛːrɪç] adj minor, underage

Minderjährige ['mɪndɐjɛːriːgə] (pl **-n**) der, die minor

minderwertig ['mɪndɐveːɐ̯tɪç] adj (Qualität) inferior

Mindestalter ['mɪndəstaltɐ] das minimum age

Mindestbetrag ['mɪndəstbətra:k] (pl **-beträge**) der minimum amount

mindeste, r, s ['mɪndəstə] adj least

mindestens ['mɪndəstəns] adv (wenigstens) at least

Mindesthaltbarkeitsdatum ['mɪndəsthaltba:ɐ̯kaitsda:tʊm] das best-before date

Mindestpreis ['mɪndəstprais] (pl **-e**) der minimum price

Mine ['mi:nə] (pl **-n**) die **1.** (von Bleistift) lead **2.** (von Kugelschreiber) refill **3.** (Bergwerk) mine

Mineral [minə'ra:l] (pl **-ien**) das mineral

Mineralbad [minə'ra:lba:d] (pl **-bäder**) das (Kurort) spa

Mineralölsteuer [minə'ra:lø:lʃtɔyɐ] die tax on oil

Mineralwasser [minə'ra:lvasɐ] (pl **-wässer**) das mineral water

Mini ['mɪni] (pl **-s**) der (fam) (Rock) miniskirt

Minigolf ['mɪnigɔlf] das crazy golf

Minigolfanlage ['mɪnigɔlflanla:gə] (pl **-n**) die crazy golf course

minimal ['mi:nima:l] adj minimal

Minimum ['mi:nimʊm] (pl **Minima**) das minimum

Mi

Minirock ['mɪnɪrɔk] (pl **-röcke**) der miniskirt

Minister, in [mi'nɪstɐ] (mpl inv) der, die minister

Ministerium [minɪs'teːrɪʊm] (pl **Ministerien**) das ministry

Ministerpräsident, in [mi'nɪstɐprɛzidɛnt] (mpl **-en**) der, die **1.** (von Bundesland) title given to leader of government in the German federal states **2.** (Premierminister) prime minister

minus ['miːnʊs] konj & adv minus ● **10 Grad minus** minus 10 degrees

Minus ['miːnʊs] das (Fehlbetrag) deficit

Minute [mi'nuːtə] (pl **-n**) die minute

minutenlang [mi'nuːtn̩laŋ] adv for minutes

Minze ['mɪntsə] (pl **-n**) die mint

Mio. abk = **Million**

mir [miːɐ] pron **1.** (Personalpronomen) me **2.** (Reflexivpronomen) ● **ich habe es mir so vorgestellt** I imagined it like this

Mirabelle [mira'bɛlə] (pl **-n**) die mirabelle plum

Mischbrot ['mɪʃbroːt] (pl **-e**) das bread made from a mixture of rye and wheat flour

mischen ['mɪʃn̩] vt **1.** (Futtermischung, Salat) to mix **2.** (Karten) to shuffle

Mischung ['mɪʃʊŋ] (pl **-en**) die **1.** mixture **2.** (von Tee, Kaffee) blend

missachten [mɪs'ʔaxtn̩] vt (Vorschrift, Regel) to disregard

Missachtung [mɪs'ʔaxtʊŋ] die (von Vorschrift) disregard

Missbrauch ['mɪsbraux] (pl **-bräuche**) der abuse ▼ **vor Missbrauch wird gewarnt** ≃ "do not exceed the stated dose"

missbrauchen [mɪs'brauxn̩] vt to abuse

Misserfolg ['mɪslɛɐfɔlk] (pl **-e**) der failure

Missgeschick ['mɪsɡəʃɪk] (pl **-e**) das mishap ● **mir ist ein kleines Missgeschick passiert** I had a slight mishap

Misshandlung [mɪs'handlʊŋ] (pl **-en**) die mistreatment

misslingen [mɪs'lɪŋən] (prät **misslang**, pp **misslungen**) vt to fail ● **das ist mir misslungen** I failed

misst [mɪst] präs ➤ **messen**

misstrauen vi (+D) to mistrust

Misstrauen ['mɪstrauən] das mistrust

misstrauisch ['mɪstrauɪʃ] adj mistrustful

Missverständnis ['mɪsfɛɐʃtɛntnɪs] (pl **-se**) das misunderstanding

missverstehen ['mɪsfɛɐʃteːən] (prät **missverstand**, pp **missverstanden**) vt to misunderstand

Mist [mɪst] der **1.** (Dung) dung, manure **2.** (fam) (Plunder, Blödsinn) rubbish

mit [mɪt]

◇ präp (+D) **1.** (zusammen) with ● **er kommt mit seiner Frau** he's coming with his wife ● **Kaffee mit Zucker** coffee with sugar **2.** (Angabe von Instrument, Mittel) with ● **mit dem Zug/Bus/Flugzeug** by train/bus/plane **3.** (Angabe von Umstand) ● **mit Verspätung eintreffen** to arrive late ● **mit Absicht** intentionally, on purpose **4.** (Angabe von Zeitpunkt) at ● **mit 16 Jahren** at the age of 16

◇ adv (zusammen mit anderen) too ● **sie war nicht mit dabei** she wasn't there

mitarbeiten vi to collaborate

Mitarbeiter, in ['mɪtʔarbaɪtɐ] (mpl inv) der, die colleague

mitbekommen ['mɪtbəkɔmən] vt (unreg) **1.** (verstehen) to follow **2.** (aufschnappen) to hear

mit|bestimmen ['mɪtbəʃtɪmən] *vi* to have a say

Mitbestimmung ['mɪtbəʃtɪmoŋ] *die* say

Mitbewohner, in ['mɪtbəvo:nɐ] *(mpl inv) der, die* flatmate

mit|bringen ['mɪtbrɪŋən] *vt (unreg)* **1.** to bring **2.** *(von Reise)* to bring back ● jm etw mitbringen to bring sthg for sb

Mitbringsel ['mɪtbrɪŋzl] *(pl inv) das* souvenir

miteinander ['mɪtlainandɐ] *adv (zusammen)* with each other

mit|erleben ['mɪtɛɐ̯le:bn] *vt* ● er hat den Krieg noch miterlebt he lived through the war

Mitesser ['mɪtlɛsɐ] *(pl inv) der* blackhead

mit|fahren ['mɪtfa:rən] *vi (unreg) (ist)* to get a lift

Mitfahrgelegenheit ['mɪtfa:ɐ̯gəle:gnhait] *(pl -en) die* lift

Mitfahrzentrale ['mɪtfa:ɐ̯tsɛntra:lə] *(pl -n) die agency which organizes lifts, passengers contributing to petrol costs*

mit|geben ['mɪtge:bn] *vt (unreg)* to give ● jm etw mitgeben to give sb sthg

Mitgefühl ['mɪtgəfy:l] *das* sympathy

mit|gehen ['mɪtge:ən] *vi (unreg) (ist) (mitkommen)* to go along

Mitglied [mɪtgli:t] *(pl -er) das* member

Mitgliedsausweis ['mɪtgli:tsausvais] *(pl -e) der* membership card

Mitgliedsbeitrag ['mɪtgli:tsbaitra:k] *(pl -beiträge) der* membership fee

mithilfe [mɪt'hɪlfə] *adv (+G)* = **Hilfe**

mit|kommen ['mɪtkɔmən] *vi (unreg) (ist)* **1.** *(gemeinsam kommen)* to come along **2.** *(fam) (folgen können)* to follow ● kommst du mit? are you coming?

Mitleid ['mɪtlait] *das* pity

mit|machen ['mɪtmaxn] ◇ *vt* **1.** *(Kurs, Tätigkeit)* to take part in **2.** *(Schwierigkeiten)* to go through ◇ *vi (sich beteiligen)* to take part

mit|nehmen ['mɪtne:mən] *vt (unreg)* to take ● sich *(D)* etw mitnehmen *(kaufen)* to get o.s. sthg ● zum Mitnehmen to take away *(UK)*, to go

Mitreisende ['mɪtraizndə] *(pl -n) der, die* fellow traveller

Mitschüler, in ['mɪtʃy:lɐ] *(mpl inv) der, die* classmate

mit|spielen ['mɪtʃpi:lən] *vi & vt* to play

Mitspieler, in ['mɪtʃpi:lɐ] *(mpl inv) der, die (bei Spiel)* player

Mittag ['mɪta:k] *(pl -e) der* **1.** *(Tageszeit)* midday **2.** *(12 Uhr)* noon ● am Mittag at midday ● gegen Mittag around midday ● heute/gestern/morgen Mittag at midday today/yesterday/tomorrow ● zu Mittag essen to have lunch

Mittagessen ['mɪta:klɛsn] *(pl inv) das* lunch

mittags ['mɪta:ks] *adv* at midday

Mittagspause ['mɪta:kspauzə] *(pl -n) die* lunch break

Mittagstisch ['mɪta:kstɪʃ] *der* lunch

Mitte ['mɪtə] *(pl -n) die* **1.** middle **2.** *(politisch)* centre ● in der Mitte in the middle ● Mitte nächster Woche the middle of next week ● Mitte vierzig sein to be in one's mid-forties

mit|teilen ['mɪttailən] *vt* ● jm etw mitteilen to inform sb of sthg ● sich mitteilen *ref* to communicate

Mitteilung ['mɪttailoŋ] *(pl -en) die* announcement

Mittel [mɪtl] *(pl inv) das* **1.** *(Hilfsmittel)*

aid 2. *(zum Reinigen)* agent 3. *(Medikament)* medicine ● **ein Mittel gegen Grippe** a flu remedy

Mittelalter ['mɪtl̩|altɐ] *das* Middle Ages

mittelalterlich ['mɪtl̩|altɐlɪç] *adj* medieval

Mittelamerika ['mɪtl̩|ame:rika:] *nt* Central America

Mitteleuropa ['mɪtələʊ:ropa:] *nt* Central Europe

Mittelgebirge ['mɪtl̩gəbɪrgə] *(pl inv) das* low mountain range

mittelmäßig ['mɪtl̩mɛsɪç] ◇ *adj (Spiel, Wetter)* average ◇ *adv (spielen)* averagely

Mittelmeer ['mɪtl̩me:ɐ] *das* ● **das Mittelmeer** the Mediterranean (Sea)

Mittelohrentzündung ['mɪtl̩|or‐|ɛnttsʏndʊŋ] *(pl -en) die* infection of the middle ear

Mittelpunkt ['mɪtl̩pʊŋkt] *(pl -e) der* centre ● **im Mittelpunkt stehen** to be the centre of attention

mittels ['mɪtl̩s] *präp (+G) (amt)* by means of

Mittelstreifen ['mɪtl̩ʃtraɪfn̩] *(pl inv) der (von Straße)* central reservation *(UK)*, median *(US)*

Mittelwelle ['mɪtl̩vɛlə] *die* medium wave

mitten ['mɪtn̩] *adv* in the middle ● **mitten durch** through the middle of ● **mitten in etw** *(A, D)* in the middle of sthg ● **mitten in der Nacht** in the middle of the night

Mitternacht ['mɪtɐnaxt] *die* midnight ● **um Mitternacht** at midnight

mittlere, r, s ['mɪtlərə] *adj* 1. *(durchschnittlich)* average 2. *(in der Mitte)* central

mittlerweile [mɪtlɐ'vaɪlə] *adv (inzwischen)* in the meantime

Mittwoch ['mɪtvɔx] *(pl -e) der* Wednesday ➤ **Samstag**

mittwochs ['mɪtvɔxs] *adv* on Wednesdays

mixen ['mɪksn̩] *vt (Cocktail, Salatsoße)* to mix

Mixer ['mɪksɐ] *(pl inv) der (Gerät)* food mixer

Möbel ['mø:bl̩] *pl* furniture *sg*

Möbelwagen ['mø:bl̩va:gn̩] *(pl inv) der* removal van *(UK)*, moving van *(US)*

mobil [mo'bi:l] *adj (beweglich)* mobile

Mobiliar [mobi'lia:ɐ] *das* furniture

Mobiltelefon [mo'bi:ltelefo:n] *(pl -e) das* mobile phone

möbliert [mø:b'li:ɐt] *adj* furnished

mochte ['mɔxtə] *prät* ➤ **mögen**

möchte ['mœçtə] *präs* ➤ **mögen**

Mode ['mo:də] *(pl -n) die* fashion

Modehaus ['mo:dəhaʊs] *(pl -häuser) das* fashion house

Modell [mo'dɛl] *(pl -e) das* model

Modenschau ['mo:dn̩ʃaʊ] *(pl -en) die* fashion show

Moderator, -torin ['mo:dəra:to:ɐ] *(mpl -toren) der, die* presenter

modern [mo'dɛrn] *adj* 1. *(modisch)* fashionable 2. *(jetzig)* modern

modernisieren [modɛrni'zi:rən] *vt (Haus, Betrieb)* to modernize

Modeschmuck ['mo:dəʃmʊk] *der* fashion jewellery

Modezeitschrift ['mo:dətsaɪtʃrɪft] *(pl -en) die* fashion magazine

modisch ['mo:dɪʃ] *adj* fashionable

Mofa ['mo:fa] *(pl -s) das* moped

mögen ['mø:gn̩] *(präs **mag**, prät **moch-**

te, pp gemocht ODER inv)
◇ vt (pp gemocht) 1. (gern haben) to like ● jn/etw gern mögen to like sb/sthg ● jn/etw nicht mögen not to like sb/sthg 2. (wollen) ● ich möchte ein Eis I would like an ice-cream ● was möchten Sie, bitte? what would you like?
◇ vi (pp mögen) (wollen) ● er möchte nach Hause he wants to go home
◇ aux (pp mögen) 1. (wollen) ● möchtest du mitkommen? would you like to come? ● sie mag nicht ins Kino gehen she doesn't want to go to the cinema 2. (hypothetisch) ● mag sein that may well be ● mag sein, dass sie noch anruft she may still call

möglich ['mø:klıç] adj & adv possible ● alles Mögliche everything possible

möglicherweise [mø:glıçɐvaizə] adv possibly

Möglichkeit ['mø:glıçkait] (pl -en) die 1. possibility 2. (Gelegenheit) opportunity

möglichst ['mø:glıçst] adv if possible ● kommt möglichst schnell come as quickly as possible ● möglichst viel as much as possible

Mohammedaner, in [mohame'da:nɐ] (mpl inv) der, die Muslim

Mohn [mo:n] der 1. (Blume) poppy 2. (Körner) poppy seeds pl

Möhre ['mø:rə] (pl -n) die carrot

Mohrenkopf ['mo:rənkɔpf] (pl -köpfe) der chocolate-covered marshmallow

Mokka ['mɔka] (pl -s) der mocha strong coffee drunk in small cups

molk [mɔlk] prät → melken

Molkerei ['mɔlkərai] (pl -en) die dairy

Moll [mɔl] das MUS minor

mollig ['mɔlıç] adj (Person) plump

Moment [mo'mɛnt] (pl -e) der (Augenblick) moment ● einen Moment, bitte just a moment, please ● im Moment at the moment ● Moment mal! wait a moment!

momentan [momɛn'ta:n] ◇ adj present ◇ adv at the moment

Monarchie [mɔnar'çi:] (pl -n) die monarchy

Monat ['mo:nat] (pl -e) der month ● diesen Monat this month

monatelang ['mo:natəlaŋ] adj & adv for several months

monatlich ['mo:natlıç] adj & adv monthly

Monatsbinde ['mo:natsbındə] (pl -n) die sanitary towel

Monatsgehalt ['mo:natsgəhalt] (pl -gehälter) das monthly salary

Monatskarte ['mo:natskartə] (pl -n) die monthly season ticket

Monatsrate ['mo:natsra:tə] (pl -n) die monthly instalment

Mönch [mœnç] (pl -e) der monk

Mond [mo:nt] (pl -e) der moon

Mondfinsternis ['mo:ntfınstɛrnıs] (pl -se) die eclipse of the moon

Monitor ['mo:nito:ɐ] (pl -e) der (von Computer) monitor

monoton [mono'to:n] adj monotonous

Montag ['mo:nta:k] (pl -e) der Monday → Samstag

Montage [mɔn'ta:ʒə] (pl -n) die (von Apparaten) installation

montags ['mo:nta:ks] adv on Mondays

Monteur, in [mɔn'tø:ɐ] (mpl -e) der, die engineer

montieren [mɔn'ti:rən] vt (anbringen) to install

Monument [monu'ment] (*pl* **-e**) *das* monument

Moor [moːɐ̯] (*pl* **-e**) *das* bog

Moos [moːs] (*pl* **-e**) *das (Pflanze)* moss

Moped ['moːpɛt] (*pl* **-s**) *das* moped

Moral [mo'raːl] *die (Ethik)* morals *pl*

moralisch [mo'raːlɪʃ] *adj* moral

Morast [mo'rast] *der* quagmire

Mord [mɔrt] (*pl* **-e**) *der* murder

Mörder, in ['mœrdɐ] (*mpl inv*) *der, die* murderer

morgen ['mɔrgn] *adv (Tag nach heute)* tomorrow ● **morgen früh** tomorrow morning ● **bis morgen!** see you tomorrow!

Morgen ['mɔrgn] (*pl inv*) *der* **1.** *(Tageszeit)* morning **2.** *(Vormittag)* ● **gestern/heute Morgen** yesterday/this morning ● **am Morgen** in the morning ● **guten Morgen!** good morning!

Morgengrauen ['mɔrgngrauən] *das* dawn

morgens ['mɔrgns] *adv* in the morning ● **früh morgens** early in the morning ● **von morgens bis abends** from dawn till dusk

morgig ['mɔrgɪç] *adj* tomorrow's ● **der morgige Tag** tomorrow

Morphium ['mɔrfium] *das* morphine

morsch [mɔrʃ] *adj* rotten

Mosaik [moza'iːk] (*pl* **-en**) *das* mosaic

Moschee [mɔ'ʃeː] (*pl* **-n**) *die* mosque

Mosel ['moːzl] *die* Moselle

Moselwein ['moːzlvain] (*pl* **-e**) *der white wine from the Moselle valley*

Moskau ['mɔskau] *nt* Moscow

Moskito [mɔs'kiːto] (*pl* **-s**) *der* mosquito

Moskitonetz [mɔs'kiːtonets] (*pl* **-e**) *das* mosquito net

Moslem ['mɔslɛm] (*pl* **-s**) *der* Muslim

Moslime [mɔs'liːmə] (*pl* **-n**) *die* Muslim

Mostrich ['mɔstrɪç] *der (Norddt)* mustard

Motel [mo'tɛl] (*pl* **-s**) *das* motel

Motiv [mo'tiːf] (*pl* **-e**) *das* **1.** *(von Bild)* subject **2.** *(von Handlung)* motive

motivieren [moti'viːrən] *vt (Person)* to motivate

Motor ['moːtoːɐ̯] (*pl* **-en**) *der* engine ● **Motor abstellen!** switch off engine!

Motorboot ['moːtoːɐ̯boːt] (*pl* **-e**) *das* motorboat

Motorhaube ['moːtoːɐ̯haubə] (*pl* **-n**) *die* bonnet *(UK)*, hood *(US)*

Motoröl ['moːtoːɐ̯øːl] *das* engine oil

Motorpanne ['moːtoːɐ̯panə] (*pl* **-n**) *die* engine failure

Motorrad [mo'toːraːt] (*pl* **-räder**) *das* motorcycle, motorbike

Motorradfahrer, in [mo'toːraːtfaːrɐ] (*mpl inv*) *der, die* motorcyclist

Motorradhelm [mo'toːraːthelm] (*pl* **-e**) *der* motorcycle helmet

Motorroller ['moːtoːɐ̯rɔlɐ] (*pl inv*) *der* (motor)scooter

Motorschaden ['moːtoːɐ̯ʃaːdn] (*pl* **-schäden**) *der* engine trouble

Motorsport ['moːtoːɐ̯ʃpɔrt] *der* motor sport

Motoryacht ['moːtoːɐ̯jaxt] (*pl* **-en**) *die* motor yacht

Motte ['mɔtə] (*pl* **-n**) *die* moth

Motto ['mɔto:] (*pl* **-s**) *das* motto

Möwe ['møːvə] (*pl* **-n**) *die* seagull

Mrd. *abk* = Milliarde

Mücke ['mykə] (*pl* **-n**) *die* midge

Mückenstich ['mykn̩ʃtɪç] (*pl* **-e**) *der* midge bite

müde ['myːdə] *adj (schläfrig)* tired

Müdigkeit ['my:dɪçkait] *die* tiredness

Mühe ['my:ə] (*pl* **-n**) *die* effort ● **sich (D) Mühe geben** to make an effort

Mühle ['my:lə] (*pl* **-n**) *die* **1.** (*Gerät*) grinder **2.** (*Gebäude*) mill **3.** (*Spiel*) board game for two players

mühsam ['my:za:m] *adj* laborious

Mull [mʊl] *der* (*Material*) muslin

Müll [myl] *der* rubbish (*UK*), trash (*US*) ● **etw in den Müll werfen** to throw sthg away

Müllabfuhr ['mylapfu:ɐ] *die* (*Institution*) cleansing department

Mullbinde ['mʊlbɪndə] (*pl* **-n**) *die* gauze bandage

Müllcontainer ['mylkɔnte:nɐ] (*pl inv*) *der* rubbish skip

Mülldeponie ['myldeponi:] (*pl* **-n**) *die* refuse disposal site

Mülleimer ['mylaimɐ] (*pl inv*) *der* bin

Müllplatz ['mylplats] (*pl* **-plätze**) *der* tip

Müllschlucker ['mylʃlʊkɐ] (*pl inv*) *der* refuse chute

Mülltonne ['myltɔnə] (*pl* **-n**) *die* dustbin (*UK*), garbage can (*US*)

Müllwagen ['mylva:gn] (*pl inv*) *der* dustbin lorry (*UK*), garbage truck (*US*)

multinational [mʊltinatsjo:'na:l] *adj* multinational

multiplizieren [mʊltipli'tsi:rən] *vt* to multiply

Mumie ['mu:mjə] (*pl* **-n**) *die* mummy

Mumps [mɔmps] *der* mumps

München ['mʏnçn] *nt* Munich

Mund [mɔnt] (*pl* **Münder**) *der* mouth ● **halt den Mund!** (*fam*) shut up!

Mundart ['mɔntla:ɐt] (*pl* **-en**) *die* dialect

münden ['mʏndn] *vi* (*Fluss*) to flow ● **der Rhein mündet in die Nordsee** the Rhine flows into the North Sea

Mundharmonika ['mɔntharmo:nika] (*pl* **-s**) *die* mouthorgan

mündlich ['mʏntlɪç] ◇ *adj* oral ◇ *adv* orally

Mündung ['mʏndʊŋ] (*pl* **-en**) *die* mouth

Mundwasser ['mʊntvasɐ] *das* mouthwash

Münster ['mʏnstɐ] (*pl inv*) *das* minster

munter ['mʊntɐ] *adj* **1.** (*wach*) wide awake **2.** (*fröhlich*) cheerful

Münzautomat ['mʏntsʔautoma:t] (*pl* **-en**) *der* slot machine

Münze ['mʏntsə] (*pl* **-n**) *die* coin ▼ **nur mit Münzen zahlen** coins only

Münzeinwurf ['mʏntsʔainvʊrf] (*pl* **-würfe**) *der* coin slot

Münzfernsprecher ['mʏntsfɛrnʃprɛçɐ] (*pl inv*) *der* payphone

Münzgeld ['mʏntsgɛlt] *das* ▼ **Münzgeld einwerfen** insert coins

Münzrückgabe ['mʏntsrykga:bə] (*pl* **-n**) *die* coin return ▼ **keine Münzrückgabe** no change given

Münz-Wäscherei ['mʏntsvɛ'ʃərai] (*pl* **-en**) *die* launderette

Münzwechsler ['mʏntsvɛkslɐ] (*pl inv*) *der* change machine

murmeln ['mʊrməln] *vt & vi* to murmur

mürrisch ['myrɪʃ] *adj* surly

Mus [mu:s] *das* puree

Muschel ['mʊʃl] (*pl* **-n**) *die* **1.** (*Schale*) shell **2.** (*Schalentier*) mussel

Museum [mu'ze:ʊm] (*pl* **Museen**) *das* museum

Musical ['mju:zik(ə)l] (*pl* **-s**) *das* musical

Musik [mu'zi:k] *die* music

musikalisch [muzi'ka:lɪʃ] *adj* musical

Musikbox [mu'zi:kbɔks] (*pl* **-en**) *die*

(Automat) musical box

Musiker, in ['mu:zıkɐ] *(mpl inv) der, die* musician

Musikinstrument [mu'zi:k|ınstrumɛnt] *(pl -e) das* musical instrument

Musikkassette [mu'zi:kkasetə] *(pl -n) die* cassette, tape

musizieren [muzi'tsi:rən] *vi* to play an instrument

Muskat [mʊs'ka:t] *das* nutmeg

Muskel ['mʊskl] *(pl -n) der* muscle

Muskelkater ['mʊsklka:tɐ] *der* stiff muscles *pl*

Muskelzerrung ['mʊskltserʊŋ] *(pl -en) die* pulled muscle

Muskulatur [mʊskula'tu:ɐ̯] *die* muscles *pl*

muskulös [mʊsku'løːs] *adj* muscular

Müsli ['my:sli] *(pl -s) das* muesli

muss [mʊs] *präs* > müssen

müssen ['mysn] *(präs* **muss***, prät* **musste***, pp inv* ODER **gemusst***)*

◇ *aux (pp* **müssen***)* **1.** *(gezwungen sein)* must ● **etw tun müssen** to have to do sthg ● **du musst aufstehen** you must get up ● **sie musste lachen** she had to laugh ● **er hat niesen müssen** he had to sneeze **2.** *(nötig sein)* ● **der Brief muss noch heute weg** the letter has to go today ● **das müsste geändert werden** that should be changed, that ought to be changed ● **muss das sein?** is that really necessary? **3.** *(wahrscheinlich sein)* ● **sie muss bald hier sein** she should be here soon, she ought to be here soon ● **das müsste alles sein** that should be all

◇ *vi (pp* **gemusst***)* **1.** *(gezwungen sein)* to have to **2.** *(an einen Ort)* ● **ich muss ins Büro** I have to go to the office **3.** *(fam)*

(zur Toilette) ● **ich muss mal** I need to go to the loo

Muster ['mʊstɐ] *(pl inv) das* **1.** *(auf Stoff, auf Teppich, Schema)* pattern **2.** *(Probe)* sample

Mut [mu:t] *der (Furchtlosigkeit)* courage

mutig ['mu:tıç] *adj* brave

Mutter[1] ['mʊtɐ] *(pl* **Mütter***) die (Person)* mother

Mutter[2] ['mʊtɐ] *(pl* **-n***) die (für Schrauben)* nut

Muttersprache ['mʊtɐʃpra:xə] *(pl* **-n***) die* mother tongue

Muttertag ['mʊtɐta:k] *(pl* **-e***) der* Mother's Day

Mütze ['mytsə] *(pl* **-n***) die* cap

MwSt. *(abk für Mehrwertsteuer)* VAT *(UK)*, sales tax *(US)*

mysteriös [mystɐ'ri̯øːs] *adj* mysterious

Mythos ['my:tɔs] *(pl* **Mythen***) der* myth

*n***N**

N [ɛn] *(abk für Nord)* N

na *interj* so ● **na und?** so? ● **na gut!** all right! ● **na also!** finally! ● **na ja** well then

Nabe ['na:bə] *(pl* **-n***) die* hub

Nabel ['na:bl] *(pl inv) der* navel

nach ['na:x] *präp (+D)* **1.** *(zur Angabe einer Richtung)* to ● **nach oben** up; *(in Haus)* upstairs ● **nach unten** down; *(in Haus)* downstairs ● **nach links/rechts abbiegen** to turn left/right ● **nach Frankfurt** to Frankfurt ● **nach Süden** south, southwards **2.** *(zeitlich)* after ● **nach dem Essen** after the meal ● **einer nach dem anderen** one after another ● **nach Ihnen!** after you! ● **fünf nach drei** five past three *(UK)*, five after three *(US)* **3.** *(entsprechend)* according to ● **nach Angaben der Polizei** according to the police ● **nach und nach** *adv* little by little

Nachbar, in ['naxba:ɐ] *(mpl -n)* der, die neighbour

Nachbarschaft ['naxba:ɐʃaft] *die* neighbourhood

nach|bestellen['na:xbəʃtɛln] *vt (Ware)* to reorder

nachdem [na:x'de:m] *konj* after ● **je nachdem** depending on

nach|denken['na:xdɛŋkn] *vi (unreg)* to think ● **nachdenken über** *(+A)* to think about

nachdenklich ['na:xdɛŋklɪç] *adj* thoughtful

nacheinander ['na:xlainandɐ] *adv* one after the other

nach|folgen ['na:xfɔlgn] *vi (ist) (+D) (folgen)* to follow

nach|forschen ['na:xfɔrʃn] *vt* to investigate

Nachforschungsantrag ['na:xfɔrʃʊŋslantra:k] *(pl -anträge)* der lost or damaged mail claim form

Nachfrage ['na:xfra:gə] *die (Kaufwunsch)* demand

nach|fragen ['na:xfra:gn] *vi* to ask

nach|geben ['na:xge:bn] *vi (unreg) (+D) (bei Streit)* to give in

Nachgebühr ['na:xgəby:r] *(pl -en)* die excess postage

nach|gehen ['na:xge:ən] *vi (unreg) (ist)*

1. *(Uhr)* to be slow **2.** *(folgen)* to follow ● **etw** *(D)* **nachgehen** *(untersuchen)* to investigate sthg

nach|helfen ['na:xhɛlfn] *vi (unreg) (helfen)* to help

nachher ['na:xe:ɐ] *adv (später)* afterwards ● **bis nachher!** see you later!

Nachhilfe ['na:xhɪlfə] *die SCHULE* extra tuition

nach|holen ['na:xho:lən] *vt (Versäumtes)* to catch up on

nach|kommen ['na:xkɔmən] *vi (ist)* to come along later

nach|lassen ['na:xlasn] *vi (unreg)* **1.** *(Qualität)* to drop off **2.** *(Regen)* to ease off **3.** *(Schmerz)* to ease

nachlässig ['na:xlɛsɪç] ◇ *adj* careless ◇ *adv* carelessly

nach|lösen ['na:xlø:zn] *vt* ● **eine Fahrkarte nachlösen** to buy a ticket on the train

nach|machen['na:xmaxn] *vt (nachahmen)* to copy

Nachmittag ['na:xmɪta:k] *(pl -e)* der afternoon ● **am Nachmittag** in the afternoon ● **gestern/heute/morgen Nachmittag** yesterday/this/tomorrow afternoon

nachmittags ['na:xmɪta:ks] *adv* in the afternoon

Nachnahme ['na:xna:mə] *die* ● **per Nachnahme** cash on delivery

Nachname ['na:xna:mə] *(pl -n)* der surname

Nachporto ['na:xpɔrto] *(pl -s)* das excess postage

nach|prüfen ['na:xpry:fn] *vt* to check

nach|rechnen ['na:xrɛçnən] *vt* to work out

Nachricht ['na:xrıçt] (pl **-en**) die **1.** (Mitteilung) message **2.** (Neuigkeit) (piece of) news ● eine Nachricht hinterlassen to leave a message ◆**Nachrichten** pl news sg

nach|sagen ['na:xza:gn̩] vt to repeat

Nachsaison ['na:xzɛzɔŋ] die ● in der Nachsaison out of season

nach|schauen ['na:xʃaʊən] vt (prüfen) to check

nach|schicken ['na:xʃıkn̩] vt to forward

nach|schlagen ['na:xʃla:gn̩] vt (unreg) (in Wörterbuch) to look up

Nachschlüssel ['na:xʃlʏsl̩] (pl inv) der duplicate key

nach|sehen ['na:xze:ən] ◇ vt (unreg) (prüfen) to check ◇ vi (unreg) (hinterhersehen) to watch

Nachsendeantrag ['na:xzɛndə|antra:g] (pl **-anträge**) der application for redirection of mail

nach|senden ['na:xzɛndn̩] vt to forward

nach|sitzen ['na:xsıtsn̩] vi (unreg) SCHULE to have detention

Nachspeise ['na:xʃpaızə] (pl **-n**) die dessert

nächste, r, s ['nɛːçstə] ◇ superl ≻ **nahe** ◇ adj next ● der Nächste, bitte! next, please! ● nächstes Mal/Jahr next time/year ● wie heißt die nächste Haltestelle, bitte? what's the next stop, please?

nächstens ['nɛːçstəns] adv soon

Nacht [naxt] (pl **Nächte**) die night ● gestern Nacht last night ● heute Nacht tonight ● gute Nacht! good night! ● über Nacht overnight

Nachtausgang ['naxt|aʊsgaŋ] (pl **-gänge**) der night exit

Nachtbus ['na:xtbʊs] (pl **-se**) der night bus

Nachtcreme ['na:xtkre:m] (pl **-s**) die night cream

Nachteil ['na:xtaıl] (pl **-e**) der disadvantage

Nachteingang ['naxtaıngaŋ] (pl **-gänge**) der night entrance

Nachtflug ['naxtflu:k] (pl **-flüge**) der night flight

Nachtfrost ['naxtfrɔst] der overnight frost

Nachtglocke ['naxtglɔkə] (pl **-n**) die (bei Apotheke) night bell

Nachthemd ['naxthɛmt] (pl **-en**) das nightshirt

Nachtisch ['na:xtıʃ] (pl **-e**) der dessert

Nachtklub ['naxtklʊp] (pl **-s**) der nightclub

Nachtleben ['naxtle:bn̩] das nightlife

Nachtportier ['naxtpɔrtje:] (pl **-s**) der night porter

nachtragend ['na:xtra:gənt] adj unforgiving

nachträglich ['na:xtrɛːklıç] adv belatedly

Nachtruhe ['naxtru:ə] die sleep

nachts ['naxts] adv at night

Nachtschalter ['naxtʃaltɐ] (pl inv) der night desk

Nachtschicht ['naxtʃıçt] (pl **-en**) die night shift

Nachttarif ['naxttari:f] (pl **-e**) der economy rate

Nachtzug ['naxttsu:k] (pl **-züge**) der night train

Nachwirkung ['na:xvırkʊŋ] (pl **-en**) die aftereffect

nach|zahlen ['na:xtsa:lən] vt (Porto, Fahrgeld) to pay extra

nach|zählen ['na:xtse:lən] vt (Porto, Fahrgeld) to check

Nacken ['nakṇ] (pl inv) der neck

nackt [nakt] adj & adv naked

Nacktbadestrand ['naktbaːdəʃtrant] (pl -strände) der nudist beach

Nadel ['naːdl] (pl -n) die needle

Nagel ['naːgl] (pl Nägel) der nail

Nagelbürste ['naːglbyrstə] (pl -n) die nailbrush

Nagelfeile ['naːglfailə] (pl -n) die nailfeile

Nagellack ['naːgllak] (pl -e) der nail varnish

Nagellackentferner ['naːgllakɛntfɛrnɐ] der nail varnish remover

nageln ['naːgln] vt (mit Hammer) to nail

Nagelschere ['naːglʃeːrə] (pl -n) die nail scissors pl

nah [naː] adj ➤ nahe

nahe ['naːə] (komp näher, superl nächste) adj near ● nahe bei jm/etw near (to) sb/sthg

Nähe ['nɛːə] die nearness ● in der Nähe nearby ● in der Nähe von near (to) ● aus der Nähe from close up ● in unserer Nähe near us

nahe liegend ['naːəliːgənt] adj (Frage) obvious

nähen ['nɛːən] vt 1. (Stoff) to sew 2. (Wunde) to stitch

Naherholungsgebiet ['naːɐhoːlʊŋsgəbiːt] (pl -e) das area close to a town, with recreational facilities

näher kommen ['nɛːɐkɔmən] vi (unreg) (ist) (+D) ● wir sind uns näher gekommen we've become closer

nähern ['nɛːɐn] ● sich nähern ref (+D) to approach

nahe stehen ['naːəʃteːən] vi (unreg) (+D) ● jm nahe stehen to be close to sb

nahezu ['naːətsuː] adv almost

nahm [naːm] prät ➤ nehmen

Nähmaschine ['nɛːmaʃiːnə] (pl -n) die sewing machine

Nähnadel ['nɛːnaːdl] (pl -n) die (sewing) needle

Nahrung ['naːrʊŋ] die food

Nahrungsmittel ['naːrʊŋsmɪtl] (pl inv) das food

Naht [naːt] (pl Nähte) die 1. (in Stoff) seam 2. (Narbe) scar

Nahverkehr ['naːfɛɐkeːɐ] der local traffic ● der öffentliche Nahverkehr local public transport

Nahverkehrszug ['naːfɛɐkeːɐstsuːk] (pl -züge) der local train

Nähzeug ['nɛːtsɔyç] das sewing kit

naiv [naˈiːf] adj naive

Name ['naːmə] (pl -n) der name ● mein Name ist ... my name is ... ● auf den Namen Braun reservieren to make a reservation in the name of Braun

Namenstag ['naːmənstaːk] (pl -e) der name day

nämlich ['nɛːmlɪç] adv 1. (weil) because 2. (und zwar) namely

nanu [naˈnuː] interj well!

Narbe ['narbə] (pl -n) die scar

Narkose [narˈkoːzə] (pl -n) die anaesthetic

naschen ['naʃṇ] vt & vi to nibble

Nase ['naːzə] (pl -n) die nose ● ich hab' die Nase voll I've had enough ● meine Nase läuft my nose is running

Nasenbluten ['naːznbluːtṇ] das nosebleed

Nasenloch ['naːznlɔx] (pl -löcher) das nostril

Nasentropfen ['naːzntrɔpfṇ] pl nose drops

nass [nas] *adj* wet ● nass machen to wet

Nässe ['nɛsə] *die* wet ● **Nässe** icy patches ▼ 80 km/h bei Nässe speed limit 80 km/h in wet weather

Nation [na'tsi̯oːn] (*pl* **-en**) *die* nation

national [natsi̯o'naːl] *adj* national

Nationalfeiertag [natsi̯o'naːlfai̯ɐtaːk] (*pl* **-e**) *der* national day

Nationalhymne [natsi̯o'naːlhʏmnə] (*pl* **-n**) *die* national anthem

Nationalität [natsi̯onaliˈtɛːt] (*pl* **-en**) *die* nationality

Nationalmannschaft [natsi̯o'naːlmanʃaft] (*pl* **-en**) *die* national team

Nationalsozialismus [natsi̯o'naːlzotsi̯alɪsmʊs] *der* national socialism

NATO ['naːto] *die* NATO

Natur [na'tuːɐ̯] *die* nature ● in der freien Natur in the countryside

natürlich [na'tyːɐ̯lɪç] ◇ *adv* **1.** *(selbstverständlich)* of course **2.** *(nicht künstlich)* naturally ◇ *adj* natural

Naturpark [na'tuːɐ̯park] (*pl* **-s**) *der* nature reserve

naturrein [na'tuːɐ̯rai̯n] *adj (Saft)* pure

Naturschutz [na'tuːɐ̯ʃʊts] *der* conservation ● unter Naturschutz stehen to be legally protected

Naturschutzgebiet [na'tuːɐ̯ʃʊtsgəbiːt] (*pl* **-e**) *das* nature reserve

naturtrüb [na'tuːɐ̯try:p] *adj (Saft)* naturally cloudy

n.Chr. *(abk für* nach Christus*)* AD

Nebel ['neːbl̩] (*pl inv*) *der* fog ● dichter Nebel dense fog

Nebelscheinwerfer ['neːbl̩ʃai̯nvɛrfɐ] (*pl inv*) *der* AUTO fog lamp

Nebelschlussleuchte ['neːbl̩ʃlʊslɔʏçtə] (*pl* **-n**) *die* AUTO rear fog lights *pl*

neben ['neːbn̩] ◇ *präp (+D)* **1.** *(an der Seite von)* next to **2.** *(außer)* apart from, as well as ◇ *präp (+A) (an die Seite von)* next to

nebenan [neːbn̩'an] *adv* next door

Nebenausgang ['neːbn̩ausgaŋ] (*pl* **-gänge**) *der* side exit

nebenbei [neːbn̩'bai̯] *adv (gleichzeitig)* at the same time ● nebenbei gesagt by the way

nebendran [neːbn̩'dran] *adv (fam)* next door

nebeneinander ['neːbn̩ainandɐ] *adv* next to each other

Nebeneingang ['neːbn̩aingaŋ] (*pl* **-eingänge**) *der* side entrance

Nebenfach ['neːbn̩fax] (*pl* **-fächer**) *das* SCHULE subsidiary subject

nebenher ['neːbn̩heːɐ̯] *adv (arbeiten)* on the side

Nebenkosten ['neːbn̩kɔstn̩] *pl* additional costs *pl*

Nebensache ['neːbn̩saxə] (*pl* **-n**) *die* trivial matter

nebensächlich ['neːbn̩sɛçlɪç] *adj* trivial

Nebenstraße ['neːbn̩ʃtraːsə] (*pl* **-n**) *die* side street

Nebenwirkung ['neːbn̩vɪrkʊŋ] (*pl* **-en**) *die (MED)* side effect

neblig ['neːblɪç] *adj* foggy

neblig-trüb ['neːblɪç-tryːp] *adj* dull and overcast

Neffe ['nɛfə] (*pl* **-n**) *der* nephew

negativ ['neːgatiːf] ◇ *adj* negative ◇ *adv* negatively

Negativ ['neːgatiːf] (*pl* **-e**) *das* FOTO negative

Negerkuss ['neːgɐkʊs] (*pl* **-küsse**) *der* chocolate-covered marshmallow

Ne

nehmen ['neːmən] (*präs* **nimmt**, *prät* **nahm**, *pp* **genommen**) *vt* **1.** (*greifen, holen*) to take ● **sich** (*D*) **etw nehmen** to help o.s. to sthg **2.** (*benützen*) to take ● **den Bus/Zug nehmen** to take the bus/train **3.** (*annehmen*) to take ● **sie hat die Stelle genommen** she has taken the job **4.** (*kaufen*) to take ● **ich nehme diese Schuhe** I'll take these shoes **5.** (*Medikament, Droge*) to take **6.** (*Gast, Kind*) ● **jn zu sich nehmen** (*auf Dauer*) to take sb in; (*für begrenzte Zeit*) to have sb to stay **7.** (*Nahrung*) ● **etw zu sich nehmen** to take sthg, to consume sthg **8.** (*einschätzen, auffassen*) ● **jn/etw ernst nehmen** to take sb/sthg seriously ● **es leicht/schwer nehmen** to take it lightly/hard **9.** (*verlangen*) ● **für etw fünf Euro nehmen** to charge five euros for sthg

neidisch ['naidɪʃ] *adj* jealous

nein ['nain] *adv* no ● **nein danke!** no thank you ● **zu etw Nein sagen** to say no to sthg

Nektarine [nɛktariːnə] (*pl* **-n**) *die* nectarine

Nelke ['nɛlkə] (*pl* **-n**) *die* **1.** (*Blume*) carnation **2.** (*Gewürz*) cloves *pl*

nennen ['nɛnən] (*prät* **nannte**, *pp* **genannt**) *vt* **1.** (*mit Namen*) to call **2.** (*als Beispiel*) to name

Neonlicht ['neːɔnlɪçt] (*pl* **-er**) *das* neon light

Nepp [nɛp] *der* rip-off

Nerv [nɛrf] (*pl* **-en**) *der* nerve ● **Nerven** *pl* nerves ● **jm auf die Nerven gehen** to get on sb's nerves

nervös ['nɛrvøːs] *adj* nervous

Nest [nɛst] (*pl* **-er**) *das* (*von Vögeln*) nest

nett [nɛt] ◇ *adj* nice ◇ *adv* nicely ● **sei**

so nett ... would you mind ...

netto ['nɛto] *adv* net

Netz [nɛts] (*pl* **-e**) *das* **1.** net **2.** (*Tasche*) string bag

Netzanschluss ['nɛtslanʃlʊs] (*pl* **-schlüsse**) *der* electrical connection

Netzkarte ['nɛtskartə] (*pl* **-n**) *die* (*für Bus, Bahn*) rover ticket

Netzplan ['nɛtsplaːn] (*pl* **-pläne**) *der* (*von Bus, Bahn*) route map

neu [nɔy] *adj* **1.** new **2.** (*frisch*) fresh ● **von neuem** again ● **das Neueste** the latest ● **was gibt's Neues?** what's new?

Neubau ['nɔybau] (*pl* **-ten**) *der* new building

neuerdings ['nɔyedɪŋs] *adv* recently

Neueröffnung ['nɔyleɡˈlœfnʊŋ] (*pl* **-en**) *die* **1.** (*Zeremonie*) opening **2.** (*Geschäft*) new business

Neugier ['nɔygiːɐ] *die* curiosity

neugierig ['nɔygiːrɪç] ◇ *adj* inquisitive ◇ *adv* inquisitively

Neuheit ['nɔyhait] (*pl* **-en**) *die* (*Ware*) latest thing

Neuigkeit ['nɔyɪçkait] (*pl* **-en**) *die* news

Neujahr ['nɔyjaːɐ] *das* New Year ● **prost Neujahr!** Happy New Year!

neulich ['nɔylɪç] *adv* recently

Neumond ['nɔymoːnt] *der* new moon

neun [nɔyn] *numr* nine ➣ **sechs**

neunte ['nɔyntə] *numr* ninth ➣ **sechste**

neunzehn ['nɔytseːn] *numr* nineteen ➣ **sechs**

neunzehnhundertneunundneunzig nineteen ninety nine ➣ **sechs**

neunzig ['nɔyntsɪç] *numr* ninety ➣ **sechs**

neureich ['nɔyraiç] *adj* nouveau riche

neurotisch [nɔyˈroːtɪʃ] *adj* neurotic

Neuseeland [nɔyˈzeːlant] *nt* New Zealand

neutral [nɔy'traːl] *adj* neutral

neuwertig ['nɔyveːɐtɪç] *adj* nearly new

nicht [nɪçt] *adv* not ● **ist das nicht schön?** isn't that nice? ● **nicht nur ..., sondern auch ... not only ... but also** ● **du wusstest es schon länger, nicht wahr?** you've known for a while, haven't you? ● **es ist wunderbar, nicht wahr?** it's wonderful, isn't it? ● **noch nicht** not yet ● **gar nicht** not at all ● **warum nicht?** why not?

Nichte ['nɪçtə] (*pl* -n) *die* niece

Nichtraucher ['nɪçtrauxɐ] (*pl inv*) *der* **1.** (*Person*) non-smoker **2.** (*Abteil*) no-smoking compartment

Nichtraucherzone ['nɪçtrauxɐtsoːnə] (*pl* -n) *die* no-smoking area

nichts [nɪçts] *pron* nothing ● **gar nichts** nothing at all ● **nichts mehr** nothing more ● **nichts als** nothing but ● **das macht nichts** that doesn't matter ● **nichts zu danken** don't mention it

Nichtschwimmer ['nɪçtʃvɪmɐ] (*pl inv*) *der* **1.** (*Person*) non-swimmer **2.** (*Becken*) beginners' pool

Nichtschwimmerbecken ['nɪçtʃvɪmɐbɛkn] (*pl inv*) *das* beginners' pool

nichts sagend ['nɪçtszaːgnt] *adj* meaningless

Nichtzutreffende ['nɪçttsuːtrɛfndə] *das* ▼ **Nichtzutreffendes bitte streichen** (*amt*) delete as applicable

nicken ['nɪkn] *vi* to nod

Nickerchen ['nɪkɐçən] (*pl inv*) *das* nap ● **ein Nickerchen machen** to have a nap

nie [niː] *adv* never ● **noch nie** never ● **nie mehr** ODER **wieder** never again

Niederlage ['niːdɐlaːgə] (*pl* -n) *die* defeat

Niederlande ['niːdɐlandə] *pl* ● **die Niederlande** the Netherlands

Niederländer, in ['niːdɐlɛndɐ] (*mpl inv*) *der, die* Dutchman (*f* Dutchwoman)

niederländisch ['niːdɐlɛndɪʃ] *adj* Dutch

Niederländisch(e) ['niːdɐlɛndɪʃ(ə)] *das* Dutch

Niederlassung ['niːdɐlasʊŋ] (*pl* -en) *die* (*Filiale*) branch

Niederösterreich ['niːdɐʔøːstəraɪç] *nt* Lower Austria

Niedersachsen ['niːdɐzaksn] *nt* Lower Saxony

Niederschlag ['niːdɐʃlaːg] (*pl* -schläge) *der* precipitation

niedlich ['niːtlɪç] *adj* cute

niedrig ['niːtrɪç] *adj* low

niemals ['niːmaːls] *adv* never

niemand ['niːmant] *pron* nobody, no one ● **das kann niemand anders als Karl-Heinz gewesen sein** that can only have been Karl-Heinz

Niere ['niːrə] (*pl* -n) *die* kidney

nieseln ['niːzəln] *vimp* to drizzle

Nieselregen ['niːzəlreːgn] *der* drizzle

niesen ['niːzn] *vi* to sneeze

Niete ['niːtə] (*pl* -n) *die* **1.** (*Los*) blank **2.** (*aus Metall*) stud

Nikolaus ['nɪkolaus] *der* Santa Claus (*who brings presents on 6th December*)

Nikolaustag ['nɪkolaustaːk] (*pl* -e) *der* 6th of December when children receive presents from Santa Claus

Nikolaustaug

On the night before 6 December, children leave their shoes outside the door in the hope that St Nicholas

(Santa Claus) will fill them with sweets and goodies. Tradition has it that he only does this if they have been good, whereas if they have been bad they will find *Nikolaus'* helper *Knecht Ruprecht* waiting to punish them with his stick.

Nikotin [nikoti:n] *das* nicotine

nimmt [nimt] *präs* ▶ nehmen

nirgends ['nɪrgənts] *adv* nowhere

nirgendwo ['nɪrgəntvo:] *adv* nowhere

nirgendwohin ['nɪrgəntvohɪn] *adv* nowhere

Nische ['ni:ʃə] (*pl* -n) *die* (Ecke) corner

Niveau [ni'vo:] (*pl* -s) *das* level

nobel ['no:bl] *adj* (kostspielig) luxurious

Nobelpreis [no'bɛlprais] (*pl* -e) *der* Nobel Prize

noch [nɔx]

◇ *adv* **1.** (zum Ausdruck von Dauer) still ● wir haben noch Zeit we still have time ● er hat noch nichts gesagt he still hasn't said anything ● ich habe ihn noch letzten Monat besucht I visited him only last month ● wenn sie noch nicht so weit ist ... **4.** (dazu) ● noch einen Kaffee, bitte! another coffee, please! ● ich muss noch ein paar Einkäufe machen I have to buy a few more things ● passt das noch in den Kofferraum? will it fit in the boot? ● wer noch? who else? **5.** (zur Nachfrage) again ● wie war noch sein Name? what was his name again?

◇ *konj* ▶ weder

♦ **noch einmal** *adv* again

♦ **nochmal** ['nɔxma:l] *adv* again

Nominativ ['no:minati:f] (*pl* -e) *der* GRAMM nominative

nonstop ['nɔnstɔp] *adj* (Flug) nonstop

Nord [nɔrt] *nt* north

Nordamerika ['nɔrt|ame:rika] *nt* North America

Norddeutschland ['nɔrtdɔytʃlant] *nt* Northern Germany

Norden ['nɔrdn] *der* north ● im Norden in the north ● nach Norden north

Nordeuropa ['nɔrtɔyro:pa] *nt* Northern Europe

Nordhang ['nɔrthaŋ] (*pl* -hänge) *der* north-facing slope

Nordirland ['nɔrt|ɪrlant] *nt* Northern Ireland

nördlich ['nœrtlɪç] *adj* northern ◇ *präp* ● nördlich von to the north of

Nordosten [nɔrt|ɔstn] *der* northeast

Nordrhein-Westfalen ['nɔrtrainvestfa:ln] *nt* North Rhine-Westphalia

Nordsee ['nɔrtze:] *die* ● die Nordsee the North Sea

Nordwesten ['nɔrtvestn] *der* northwest

nörgeln ['nœrgln] *vi* to moan

Norm [nɔrm] (*pl* -en) *die* standard

normal [nɔr'ma:l] ◇ *adj* normal ◇ *adv* normally

Normal [nɔr'ma:l] *das* AUTO regular

Normalbenzin [nɔr'ma:lbentsi:n] *das* AUTO regular petrol (UK), regular gas (US)

normalerweise [ˈnɔrˈmaːlɐvaizə] *adv* normally

Normalnull [nɔrˈmaːlnʊl] *das* ● über/unter Normalnull above/below sea level

Norwegen [ˈnɔrveːgn̩] *nt* Norway

Not [noːt] *die* need ● in Not in need ● zur Not if needs be

Notar, in [noˈtaːɐ̯] *(mpl -e)* der, die notary

Notarzt, ärztin [ˈnoːtˌlaʁ̯ʦt] *(mpl -ärzte)* der, die emergency doctor

Notausgang [ˈnoːtˌlausɡaŋ] *(pl -gänge)* der emergency exit

Notausstieg [ˈnoːtˌlausˌʃtiːk] *(pl -e)* der emergency exit

Notbremse [ˈnoːtˌbrɛmzə] *(pl -n)* die emergency brake

Notdienst [ˈnoːtdiːnst] *(pl -e)* der ● Notdienst haben to be on call

Notdienstapotheke [ˈnoːtdiːnstlapoˌteːkə] *(pl -n)* die emergency chemist's (UK), emergency drugstore (US)

Note [ˈnoːtə] *(pl -n)* die 1. MUS note 2. (Zensur) mark (UK), grade (US)

Notfall [ˈnoːtˌfal] *(pl -fälle)* der emergency ● in dringenden Notfällen in an emergency

notfalls [ˈnoːtfals] *adv* if necessary

Nothaltebucht [ˈnoːthaltəbʊxt] *(pl -en)* die (auf Straße) escape lane

notieren [noˈtiːrən] *vt* to note down ● sich (D) etw notieren to make a note of sthg

nötig [ˈnøːtɪç] *adj* necessary ● nötig sein to be necessary ● etw nötig haben to need sthg ● wenn nötig if needs be

Notiz [noˈtiːts] *(pl -en)* die 1. (persönlich) note 2. (in Zeitung) notice ● sich Notizen machen to take notes ● keine Notiz von

jm nehmen to take no notice of sb

Notizblock [noˈtiːtsblɔk] *(pl -blöcke)* der notepad

Notizbuch [noˈtiːtsbuːx] *(pl -bücher)* das notebook

Notlage [ˈnoːtˌlaːgə] *(pl -n)* die crisis

Notlandung [ˈnoːtˌlandʊŋ] *(pl -en)* die emergency landing

Notruf [ˈnoːtˌruːf] *(pl -e)* der emergency call

Notrufsäule [ˈnoːtˌruːfzɔylə] *(pl -n)* die emergency phone

Notrutsche [ˈnoːtrʊtʃə] *(pl -n)* die (im Flugzeug) escape chute

Notsignal [ˈnoːtzɪgnaːl] *(pl -e)* das distress signal

notwendig [ˈnoːtvɛndɪç] *adj* necessary

Notwendigkeit [noːtˈvɛndɪçkait] *(pl -en)* die necessity

Nougat [ˈnuːgat] *der* nougat

November [noˈvɛmbɐ] *(pl inv)* der November > September

Nr. *(abk für Nummer)* no.

NRW *abk* = Nordrhein-Westfalen

Nu ● im nu *adv* in an instant

nüchtern [ˈnʏçtɐn] *adj* 1. (nicht betrunken) sober 2. (Magen) empty

Nudeln [ˈnuːdl̩n] *pl* noodles

Nudelsalat [ˈnuːdl̩zalaːt] *der* pasta salad

Nudelsuppe [ˈnuːdl̩zʊpə] *(pl -n)* die noodle soup

null [nʊl] *numr* zero > sechs

Null [nʊl] *(pl -en)* die zero ● über/unter Null above/below zero

Nummer [ˈnʊmɐ] *(pl -n)* die 1. number 2. (Größe) size

nummerieren [nʊməˈriːrən] *vt* to number

Nummernschild [ˈnʊmɐnʃɪlt] *(pl -er)*

das AUTO numberplate (*UK*), license plate (*US*)

Nummernschild

German number plates begin with one or more letters indicating the place where the vehicle was registered (e.g. M for Munich), followed by a further group of letters and a sequence of numbers which make up the registration number itself. They also bear a badge indicating when the vehicle had its last MOT.

nun [nu:n] *adv* now ● **nun, wie steht's?** well, how are things? ● **es ist nun mal so** it's like this ● **was nun?** what now?

nur [nu:ɐ] *adv* only, just ● **was meint er nur?** what does he mean? ● **der Putz bröckelt nur** so the plaster is crumbling really badly ● **das sagt er nur so** he's just saying that ● **ich habe nur noch 20 Euro** I've only got 20 euros left

Nürnberg ['nʏrnbɛrk] *nt* Nuremberg

Nuss [nʊs] (*pl* **Nüsse**) *die* nut

Nussknacker ['nʊsknakɐ] (*pl inv*) *der* nutcracker

Nutte ['nʊtə] (*pl* **-n**) *die* (*fam*) hooker

nutzen ['nʊtsn̩] ◇ *vt* to use ◇ *vi* to be of use ● **jm nutzen** to be of use to sb ● **nichts nutzen** to be of no use

nützen ['nʏtsn̩] *vi* = **nutzen**

nützlich ['nʏtslɪç] *adj* useful

nutzlos ['nʊtslo:s] *adj* useless

Nylonstrumpf ['naɪlɔnʃtrʊmpf] (*pl* **-strümpfe**) *der* nylon stocking

*O*O

O [o:] (*abk für* Ost) E.

ob [ɔp] *konj* whether ● **ob..., ob...** whether ... or ... ● **ob... oder nicht** whether ... or not ● **als ob** as if ● **so tun als ob** to pretend (that) ● **und ob!** you bet!

OB [o:'be:] (*pl* **-s**) *der* (*abk für* Oberbürgermeister) mayor (*of large city*)

Obazter [o:'batstɐ] (*pl* **Obazten**) *der* (*Süddt*) soft camembert, mashed together with onions and pepper

obdachlos ['ɔpdaxlo:s] *adj* homeless

Obdachlose ['ɔpdaxlo:zə] (*pl* **-n**) *der, die* homeless person

oben ['o:bn̩] *adv* **1.** (*räumlich*) at the top **2.** (*im Text*) above ● **das fünfte Buch von oben** the fifth book down ● **nach oben** up ● **von oben bis unten** from top to bottom ● **oben ohne** topless

Ober ['o:bɐ] (*pl inv*) *der* waiter

obere, r, s ['o:bərə] *adj* upper

oberflächlich ['o:bɐflɛçlɪç] *adj* superficial

oberhalb ['o:bɐhalp] *präp* (+*G*) above

Oberhemd ['o:bɐhɛmt] (*pl* **-en**) *das* shirt

Oberkörper ['o:bɐkœrpɐ] (*pl inv*) *der* upper body

Oberschenkel ['o:bɐʃɛŋkl̩] (*pl inv*) *der* thigh

oberste, r, s ['o:bəstə] *adj* top

Oberstufe ['o:bɐʃtu:fə] *die* SCHULE three final years of secondary education

Oberteil ['o:bɐtail] (*pl* **-e**) *das* (*von Kleidung*) top

Oberweite ['oːbɐvaitə] (pl **-n**) die bust (measurement)

Objekt [ɔb'jɛkt] (pl **-e**) das **1.** object **2.** (Immobilie) property

objektiv [ɔpjɛk'tiːf] ◇ adj objective ◇ adv objectively

Objektiv [ɔbjɛk'tiːf] (pl **-e**) das lens

obligatorisch [ɔbliga'toːrɪʃ] adj obligatory

Oboe [o'boːə] (pl **-n**) die oboe

Obst [oːpst] das fruit

Obstkuchen ['oːpstkuːxn] (pl inv) der fruit flan

Obstsalat ['oːpstzalaːt] (pl **-e**) der fruit salad

obszön [ɔps'tsøːn] adj obscene

obwohl [ɔb'voːl] konj although

Ochse ['ɔksə] (pl **-n**) der ox

Ochsenschwanzsuppe ['ɔksn̩ʃvants̩zʊpə] (pl **-n**) die oxtail soup

ocker ['ɔkɐ] adj ochre

od. abk = oder

oder ['oːdɐ] konj or ◆ du kommst doch mit, oder? you're going to come, aren't you? ◆ oder aber or ◆ oder auch or ◆ oder so or something like that ◇ entweder

Ofen ['oːfn̩] (pl **Öfen**) der **1.** (zum Backen) oven **2.** (zum Heizen) stove

Ofenheizung ['oːfn̩haitsʊŋ] die stove heating

offen ['ɔfn̩] ◇ adj **1.** open **2.** (Knopf) undone **3.** (Rechnung) outstanding **4.** (Haare) down **5.** (Bein, Haut) grazed ◇ adv **1.** (unverschlossen) open **2.** (erkennbar, sich verhalten) openly ◆ das Geschäft hat bis 6 Uhr offen the shop is open until 6 ◆ offene Weine wine by the glass/carafe ◆ auf offenem Meer on the open sea ◆ offen gesagt quite honestly ◆

offenbar [ɔfn̩'baːɐ] adv obviously

offen bleiben ['ɔfn̩blaibn̩] vi (unreg) (ist) **1.** (Fenster) to stay open **2.** (Frage) to remain unresolved

offen lassen ['ɔfn̩lasn̩] vt (unreg) to leave open

offensichtlich [ɔfn̩'zɪçtlɪç] adv obviously

offen stehen ['ɔfn̩ʃteːən] vi (unreg) to be open ◆ die Welt steht ihm offen the world's his oyster

öffentlich ['œfntlɪç] ◇ adj public ◇ adv publicly, in public

Öffentlichkeit ['œfntlɪçkait] die public

offiziell [ɔfi'tsjɛl] adj official

öffnen ['œfnən] vt to open ◆ sich öffnen ref to open

Öffnungszeiten ['œfnʊŋstsaitn̩] pl opening hours

oft [ɔft] (komp **öfter**, superl **am öftesten**) adv often ◆ wie oft? how often?

öfters ['œftɐs] adv from time to time

ohne ['oːnə] konj & präp (+A) without ◆ ohne mich! count me out! ◆ ohne weiteres without hesitation ◆ ohne dass without

Ohnmacht ['oːnmaxt] die (Bewusstlosigkeit) unconsciousness ◆ in Ohnmacht fallen to faint

ohnmächtig ['oːnmɛçtɪç] adj (bewusstlos) unconscious ◆ ohnmächtig werden to faint

Ohr [oːɐ] (pl **-en**) das ear

Ohrentropfen [oːrəntrɔpfn̩] pl ear drops

ohrfeigen [oːɐfaign̩] vt ◆ jn ohrfeigen to slap sb's face

Ohrklipp ['oːɐklɪp] (pl **-s**) der clip-on earring

Or

Ohrring ['oːrɪŋ] (pl **-e**) der earring

okay [oˈkeː] adv okay, OK

Ökoladen ['øːkolaːdn̩] (pl **-läden**) der wholefood store

ökologisch ['øːkoloːgɪʃ] adj ecological

ökonomisch ['øːkonoːmɪʃ] adj economic

Oktan [ɔkˈtaːn] das octane

Oktober [ɔkˈtoːbɐ] (pl inv) der October ● der 3. Oktober *German national holiday commemorating reunification on 3 October 1990, September*

Oktoberfest [ɔkˈtoːbɐfɛst] (pl **-e**) das Munich beer festival

Oktoberfest

The *Oktoberfest* has been held annually in Munich since 1811. It lasts for 16 days from mid-September and now attracts millions of visitors. It takes place in huge beer tents where people sing folk songs while Bavarian beer is served in one-litre glasses together with traditional local food.

Öl [øːl] (pl **-e**) das oil

ölen [øːlən] vt to oil

ölig [øːlɪç] adj oily

Olive [oˈliːvə] (pl **-n**) die olive

Olivenöl [oˈliːvn̩øːl] das olive oil

Ölstand ['øːlʃtant] der oil level ● den Ölstand prüfen to check the oil

Ölverbrauch ['øːlfɛɐbraux] der oil consumption

Ölwechsel ['øːlvɛksl̩] (pl inv) der oil change

Olympiastadion [oˈlʏmpiaʃtaːdiɔn] (pl **-stadien**) das Olympic stadium

Olympische Spiele [oˈlʏmpɪʃəʃpiːlə] pl Olympic Games

Oma ['oːma] (pl **-s**) die (fam) grandma

Omelette [ɔm(ə)ˈlɛt] (pl **-s**) die omelette

Omnibus ['ɔmnibʊs] (pl **-se**) der **1.** (Linienbus) bus **2.** (Reisebus) coach

Onkel ['ɔŋkl̩] (pl inv) der uncle

OP [oːˈpeː] (pl **-s**) der operating theatre (UK), OR (US)

Opa ['oːpa] (pl **-s**) der (fam) grandpa, grandad

Openair-Konzert [opɛnɛːɐkɔntsɛrt] (pl **-e**) das open-air concert

Oper ['oːpɐ] (pl **-n**) die **1.** opera **2.** (Gebäude) opera house ● in die Oper gehen to go to the opera

Operation [ɔpəraˈtsi̯oːn] (pl **-en**) die operation

Operette [ɔpəˈrɛtə] (pl **-n**) die operetta

operieren [ɔpaˈriːrən] vt to operate on ● sich operieren lassen to have an operation

Opernfestspiele [oːpɐnfɛstʃpiːlə] pl opera festival sg

Opernhaus [oːpɐnhaus] (pl **-häuser**) das opera house

Opfer ['ɔpfɐ] (pl inv) das sacrifice

Opposition [ɔpoziˈtsi̯oːn] die opposition

Optik ['ɔptɪk] die optics sg

Optiker, in ['ɔptɪkɐ] (mpl inv) der, die optician

optimal [ɔptiˈmaːl] ◇ adj optimal, optimum ◇ adv optimally

optimistisch [ɔptiˈmɪstɪʃ] adj optimistic

orange [oˈraŋʃ] adj orange

Orange [oˈraŋʒə] (pl **-n**) die (Frucht) orange

Orangensaft [oˈraŋʒn̩zaft] (pl **-säfte**) der orange juice ● frisch gepresster Orangensaft freshly-squeezed orange juice

Orchester [ɔr'kɛstɐ] (*pl inv*) *das* orchestra

ordentlich ['ɔrdntlɪç] ◇ *adj* **1.** (*Raum, Person*) tidy **2.** (*Leben, Beruf*) respectable **3.** (*Mahlzeit, Arbeit*) proper ◇ *adv* (*aufräumen*) tidily

ordinär [ɔrdi:nɛːɐ] *adj* (*Person, Witz*) crude

ordnen ['ɔrtnən] *vt* to put in order

Ordner ['ɔrtnɐ] (*pl inv*) *der* **1.** (*für Akten*) folder **2.** (*Person*) steward

Ordnung ['ɔrtnʊŋ] *die* order ● **in Ordnung!** sure! ● **Ordnung machen** to tidy up ● **der Fernseher ist nicht in Ordnung** there's something wrong with the television

Ordnungswidrigkeit ['ɔrtnʊŋvi:drɪçkait] (*pl -en*) *die* (*amt*) minor offence

Oregano [ore'ga:no] *der* oregano

Organ [ɔr'ga:n] (*pl -e*) *das* (*Körperteil*) organ

Organisation [ɔrganiza'tsjo:n] (*pl -en*) *die* organization

Organisator [ɔrgani'za:to:ɐ] (*pl -toren*) *der* organizer

Organisatorin [ɔrganiza'to:rɪn] (*pl -nen*) *die* organizer

organisieren [ɔrgani'zi:rən] *vt* to organize

Organismus [ɔrga'nɪsmʊs] (*pl -ismen*) *der* organism

Orgasmus [ɔr'gasmʊs] (*pl -Orgasmen*) *der* orgasm

Orgel ['ɔrgl] (*pl -n*) *die* organ

orientieren [ɔrjɛn'ti:rən] ● **sich orientieren** *ref* (*in Richtung*) to orientate o.s. ● **sich orientieren über** (+*A*) (*informieren*) to inform o.s. about

Orientierungssinn [ɔrjɛn'ti:rʊŋszɪn] *der* sense of direction

original [origi'na:l] *adj* original

Original [origi'na:l] (*pl -e*) *das* original

Orkan [ɔr'ka:n] (*pl -e*) *der* hurricane

Ort [ɔrt] (*pl -e*) *der* place ● **an Ort und Stelle** on the spot ▼ **andere Orte** other routes

Orthopäde, **Orthopädin** [ɔrto'pɛ:də] (*mpl -n*) *der, die* orthopaedic surgeon

orthopädisch [ɔrto'pɛ:dɪʃ] *adj* orthopaedic

örtlich ['œrtlɪç] *adj* local

Ortschaft ['ɔrtʃaft] (*pl -en*) *die* village ● **geschlossene Ortschaft** built-up area

Ortsgespräch ['ɔrtsgəʃprɛːç] (*pl -e*) *das* local call

ortskundig ['ɔrtskʊndɪç] *adj* ● **ein ortskundiger Führer** a guide with local knowledge

Ortsmitte ['ɔrtsmɪtə] *die* centre

Ortsnetz ['ɔrtsnɛts] (*pl -e*) *das* exchange

Ortstarif ['ɔrtstari:f] (*pl -e*) *der* local rate

Ortszeit ['ɔrtssait] (*pl -en*) *die* local time

öS *abk* = österreichischer Schilling

Ossi [ɔssi] (*pl -s*) *der* (*fam*) inhabitant of the former East Germany

Ossi/Wessi

Ossi is an informal term used by western Germans to refer to people from the former GDR, whereas *Wessi* is used by eastern Germans to refer to people from the West. In the aftermath of reunification, both terms had very negative connotations and expressed the resentment felt by both groups towards each other. More recently, they have started to lose their offensiveness, reflecting the fact that Germans increasingly see themselves as a single nation again.

Ost [ɔst] *nt* east

Ostdeutschland ['ɔstdɔytʃlant] *nt* East Germany

Osten ['ɔstn̩] *der* east ● **im Osten** in the east ● **nach Osten** east

Osterei ['oːstɐlai] *(pl* **-er)** *das* Easter egg

Osterhase ['oːstɐhaːzə] *(pl* **-n)** *der* Easter bunny

Osterhase

According to tradition, the Easter Bunny brings children painted boiled eggs as well as chocolate eggs and bunnies which he hides in their garden. They then have to hunt for the eggs in the garden on Easter morning.

Ostermontag ['oːstɐmoːntaːk] *(pl* **-e)** *der* Easter Monday

Ostern ['oːstɐn] *(pl* inv) *nt* Easter ● **zu Ostern** at Easter ● **frohe Ostern!** Happy Easter!

Österreich ['øːstɐraiç] *nt* Austria

Österreicher, in ['øːstɐraiçɐ] *(mpl* inv) *der, die* Austrian

österreichisch ['øːstɐraiçɪʃ] *adj* Austrian

Ostersonntag ['oːstɐzɔntaːk] *(pl* **-e)** *der* Easter Sunday

Osteuropa ['ɔstlɔyroːpa] *nt* Eastern Europe

Ostküste ['ɔstkʏstə] *(pl* **-n)** *die* east coast

östlich ['œstlɪç] ◇ *adj* eastern ◇ *präp* ● **östlich von** to the east of

Ostsee ['ɔstzeː] *die* ● **die Ostsee** the Baltic (Sea)

oval [o'vaːl] *adj* oval

Ozean ['oːtseaːn] *der* ocean

Ozon [o'tsoːn] *das* ozone

Ozonloch [o'tsoːnlɔx] *das* hole in the ozone layer

*P*P

paar [paːɐ] *adj* few ● **ein paar** a few

Paar [paːɐ] *(pl* **-e)** *das* **1.** *(zwei Personen)* couple **2.** *(zwei Dinge)* pair ● **ein Paar Socken** a pair of socks

paarmal ['paːɐmaːl] *adv* ● **ein paarmal** = Mal

Pacht [paxt] *(pl* **-en)** *die* **1.** *(Vertrag)* lease **2.** *(Geld)* rent

Päckchen ['pɛkçən] *(pl* inv) *das* **1.** *(in Post)* small parcel **2.** *(Packung)* pack

packen ['pakn̩] *vt* **1.** to pack **2.** *(fassen)* to seize

Packpapier ['pakpapiːɐ] *das* brown paper

Packung ['pakʊŋ] *(pl* **-en)** *die* **1.** *(für Waren)* packet **2.** *(Kosmetik)* beauty pack

Packungsbeilage ['pakʊŋsbailaːgə] *(pl* **-n)** *die* MED enclosed information ▼ **lesen Sie die Packungsbeilage** please read the enclosed information

Packungsrückseite ['pakʊŋsrʏkzaitə] *(pl* **-n)** *die* back of the packet

Pädagogik [pɛdaˈgoːgɪk] *die* education

pädagogisch [pɛdaˈɡoːɡɪʃ] *adj* educational

Paddel [ˈpadl̩] (*pl inv*) *das* paddle

Paddelboot [ˈpadlboːt] (*pl* -e) *das* canoe

paddeln [ˈpadl̩n] *vi* to paddle

Paket [paˈkeːt] (*pl* -e) *das* 1. *(Postpaket)* parcel 2. *(Packung)* packet

Paketannahme [paˈkeːtanaːmə] (*pl* -n) *die (Schalter)* counter dealing with parcels to be sent

Paketausgabe [paˈkeːtlausɡaːbə] (*pl* -n) *die (Schalter)* counter from which parcels may be collected

Paketkarte [paˈkeːtkartə] (*pl* -n) *die* form showing sender and addressee, to be filled in when sending a parcel

Pakistan [ˈpaːkɪstan] *nt* Pakistan

Palast [paˈlast] (*pl* -e) *der* palace

Palatschinken [ˈpalatʃɪŋkn̩] *der* stuffed pancakes

Palme [ˈpalmə] (*pl* -n) *die* palm

Palmsonntag [ˈpalmzɔntaːk] *der* Palm Sunday

Pampelmuse [pampl̩ˈmuːzə] (*pl* -n) *die* grapefruit

Paniermehl [paˈniːɡmeːl] *das* breadcrumbs *pl*

paniert [paˈniːɐ̯t] *adj* in breadcrumbs, breaded

Panik [ˈpaːnɪk] *die* panic

panisch [ˈpaːnɪʃ] *adj (Reaktion)* panicstricken ● **panische Angst vor etw** *(D)* **haben** to be terrified of sthg

Panne [ˈpanə] (*pl* -n) *die* 1. *(mit Auto)* breakdown 2. *(Fehler)* technical hitch ● **ich hatte eine Panne auf der Autobahn** my car broke down on the motorway

Pannendienst [ˈpanəndiːnst] (*pl* -e) *der* breakdown service

Pannenhilfe [ˈpanənhɪlfə] *die* breakdown service

Pantoffel [panˈtɔfl̩] (*pl* -n) *der* slipper

Pantomime [pantoˈmiːmə] (*pl* -n) *die (Aufführung)* mime

Panzer [ˈpantsɐ] (*pl inv*) *der* 1. *(Fahrzeug)* tank 2. *(von Tier)* shell

Papa [ˈpapa] (*pl* -s) *der (fam)* dad

Papagei [papaˈɡai] (*pl* -en) *der* parrot

Papier [paˈpiːɐ̯] (*pl* -e) *das* paper ●
Papiere *pl (Ausweise)* papers, documents

Papiergeld [paˈpiːɐ̯ɡɛlt] *das* paper money

Papierkorb [paˈpiːɐ̯kɔrp] (*pl* -körbe) *der* wastepaper basket *(UK)*, wastebasket *(US)*

Papiertaschentuch [paˈpiːɐ̯taʃn̩tuːx] (*pl* -tücher) *das* paper handkerchief

Papierwaren [paˈpiːɐ̯vaːrən] *pl* stationery *sg*

Pappbecher [ˈpapbɛçɐ] (*pl inv*) *der* paper cup

Pappe [ˈpapə] (*pl* -n) *die* cardboard

Pappkarton [ˈpapkartɔn] (*pl* -s) *der* cardboard box

Paprika [ˈpaprikaː] (*pl* -s) *der* 1. *(Gemüse)* pepper 2. *(Gewürz)* paprika

Papst [paːpst] (*pl* **Päpste**) *der* pope

Parade [paˈraːdə] (*pl* -n) *die (Umzug)* parade

Paradeiser [paraˈdaizɐ] (*pl inv*) *der (Österr)* tomato

paradiesisch [paraˈdiːzɪʃ] *adj* heavenly

Paragliding [ˈpɔːraɡlaidɪŋ] *das* paragliding

Paragraph [paraˈɡraːf] (*pl* -en) *der* paragraph

parallel [paraˈleːl] *adj & adv* parallel

Paranuss [ˈpaːranʊs] (*pl* -nüsse) *die* brazil nut

parat [pa'ra:t] *adj & adv* ready

Pärchen ['pɛːɐçən] (*pl inv*) *das* (*Liebespaar*) couple

Pardon [par'dɔŋ] *interj* sorry

Parfüm [par'fy:m] (*pl -s*) *das* perfume

Parfümerie [parfymə'ri:] (*pl -n*) *die* perfumery

parfümfrei [par'fy:mfrai] *adj* unscented

Pariser [pa'ri:zɐ] (*pl inv*) *der* (*fam*) (*Kondom*) rubber

Park [park] (*pl -s*) *der* park

Parka ['parka] (*pl -s*) *der & die* parka

Park-and-Ride-System ['pɑːkɛnd-'raitsysˈteːm] *das* park and ride system

Parkanlage ['parkˌanlaːgə] (*pl -n*) *die* park

Parkdauer ['parkdauɐ] *die* ● Parkdauer 2 Stunden parking restricted to 2 hours

Parkdeck ['parkdɛk] (*pl -s*) *das* level (*of multi-storey car park*)

parken ['parkn] *vt & vi* to park ● falsch parken to park wrongly ▼ Parken verboten no parking

Parkett [par'kɛt] (*pl -s* ODER *-e*) *das* 1. (*Fußboden*) parquet 2. (*in Zuschauerraum*) stalls (*UK*), parquet (*US*)

Parkgebühr ['parkɡəbyːɐ] (*pl -en*) *die* parking fee

Parkhaus ['parkhaus] (*pl -häuser*) *das* multi-storey car park

Parkhöchstdauer ['parkhøːçstdauɐ] *die* ● Parkhöchstdauer 1 Stunde maximum stay 1 hour

Parklücke ['parklykə] (*pl -n*) *die* parking space

Parkmöglichkeit ['parkmøːɡlɪçkait] (*pl -en*) *die* parking space

Parkplatz ['parkplats] (*pl -plätze*) *der* car park (*UK*), parking lot (*US*)

Parkscheibe ['parkʃaibə] (*pl -n*) *die* parking disc

Parkschein ['parkʃain] (*pl -e*) *der* parking ticket

Parkuhr ['parkluːɐ] (*pl -en*) *die* parking meter

Parkverbot ['parkfɛɐboːt] (*pl -e*) *das* 1. (*Verbot*) parking ban 2. (*Stelle*) no-parking zone

Parlament [parlaˈmɛnt] (*pl -e*) *das* parliament

Parmesan [parməˈzaːn] *der* parmesan (*cheese*)

Partei [par'tai] (*pl -en*) *die* party

Parteitag [par'taitak] (*pl -e*) *der* party conference (*UK*) ODER convention (*US*)

Parterre [par'tɛr] *das* ground floor ● im Parterre on the ground floor

Partie [par'tiː] (*pl -n*) *die* 1. (*Teil*) part 2. (*Spiel*) game

Partner, in ['partnɐ] (*mpl inv*) *der, die* partner

Partnerschaft ['partnɐʃaft] (*pl -en*) *die* 1. (*zwischen Personen*) partnership 2. (*zwischen Städten*) twinning

Partnerstadt ['partnɐʃtat] (*pl -städte*) *die* twin town

Party ['pɑːɐti] (*pl -s*) *die* party

Pass [pas] (*pl Pässe*) *der* 1. (*Dokument*) passport 2. (*Straße*) pass

Passage [pa'saːʒə] (*pl -n*) *die* 1. (*Einkaufspassage*) arcade 2. (*Textabschnitt, Reise*) passage

Passagier [pasaˈʒiːɐ] (*pl -e*) *der* passenger ● blinder Passagier stowaway

Passagierschiff [pasaˈʒiːɐʃɪf] (*pl -e*) *das* passenger ship

Passamt ['pasˌamt] (*pl -ämter*) *das* passport office

Pa

Passant, in [pa'sant] *(mpl* **-en)** *der, die* passerby

Passbild ['pasbɪlt] *(pl* **-er)** *das* passport photo

passen ['pasn] *vi* **1.** *(Termin)* to be suitable **2.** *(in Größe, Form)* to fit **3.** *(bei Spiel)* to pass ● **Freitag passt mir nicht** Friday doesn't suit me ● **passen dir die Schuhe?** do the shoes fit you? ● **zu etw passen** to go (well) with sthg ● **zu jm passen** to be suited to sb ● **das könnte dir so passen!** you'd like that, wouldn't you?

passend ['pasnt] *adj (Farbe)* matching ● **ein passender Schlüssel** a key that fits ● **haben Sie es passend?** do you have the right change?

Passfoto ['pasfoto] *(pl* **-s)** *das* passport photo

passieren [pa'si:rən] *vi (ist)* to happen ● **mir ist was sehr Unangenehmes passiert** something very unpleasant happened to me ● **ist etwas passiert?** *(bei Unfall)* did sb get hurt? ● **was ist passiert?** what happened?

Passionsspiele [pa'sio:nsʃpi:lə] *pl* ● **die Passionsspiele von Oberammergau** the Oberammergau passion plays

Passionsspiele

Passion plays are performed at ten-year intervals in the Catholic parts of Germany, the most notable being at Oberammergau. Huge numbers of amateur actors drawn from the local population reenact the passion and death of Christ over the course of several days.

passiv [pa'si:f] *adj* passive

Passkontrolle ['paskɔntrɔlə] *(pl* **-n)** *die* passport control

Paste ['pastə] *(pl* **-n)** *die (Masse)* paste

Pastell [pas'tɛl] *(pl* **-e)** *das* pastel

Pastete [pas'te:tə] *(pl* **-n)** *die* **1.** *(aus Teig)* pie **2.** *(Aufstrich)* paste

Pastor [pas'to:ɐ] *(pl* **-t)** *der* **1.** *(katholisch)* priest **2.** *(evangelisch)* vicar

Pastorin [pas'to:rɪn] *(pl* **-nen)** *die (evangelisch)* vicar

Pate ['pa:tə] *(pl* **-n)** *der (Patenonkel)* godfather

Patient, in [pa'tsjɛnt] *(mpl* **-en)** *der, die* patient

Patin ['pa:tɪn] *(pl* **-nen)** *die* godmother

Patrone [pa'tro:nə] *(pl* **-n)** *die* cartridge

Pauke ['paukə] *(pl* **-n)** *die* kettledrum

pauschal [pau'ʃa:l] *adj* **1.** *(Betrag, Preis)* total **2.** *(Kritik, Urteil)* general

Pauschale [pau'ʃa:lə] *(pl* **-n)** *die* flat rate

Pauschalpreis [pau'ʃa:lpraɪs] *(pl* **-e)** *der* all-inclusive price

Pauschalreise [pau'ʃa:lraɪzə] *(pl* **-n)** *die* package holiday

Pauschaltarif [pau'ʃa:ltari:f] *(pl* **-e)** *der* flat rate

Pause ['pauzə] *(pl* **-n)** *die* **1.** break **2.** *(in Theater, Konzert)* interval

pausenlos ['pauznlo:s] *adj & adv* nonstop

Pavillon ['pavɪljɔn] *(pl* **-s)** *der (in Park)* bandstand

Pazifik [pa'tsi:fɪk] *der* Pacific

Pazifische Ozean [pa'tsi:fɪʃə'o:tsea:n] *der* ● **der Pazifische Ozean** the Pacific Ocean

PC [pe:'tse:] *(pl* **-s)** *der* PC

Pech [pɛç] *das (Unglück)* bad luck ● **Pech haben** to be unlucky

Pe

Pedal [pe'da:l] (*pl* **-e**) *das* pedal

pedantisch [pe'dantɪʃ] ◇ *adj (Person)* pedantic ◇ *adv* pedantically

Peeling ['pi:lɪŋ] (*pl* **-s**) *das (Kosmetikartikel)* face pack

peinlich ['paɪnlɪç] *adj (unangenehm)* embarrassing ● **es war mir peinlich** I felt embarrassed

Pellkartoffeln ['pɛlkartɔfəl] *pl* boiled unpeeled potatoes

Pelz [pɛlts] (*pl* **-e**) *der* fur

Pelzmantel ['pɛltsmantl] (*pl* **-mäntel**) *der* fur coat

Pendelverkehr ['pɛndlvɛɐ̯keːɐ̯] *der* commuter traffic

Pendler, in ['pɛntlɐ] (*mpl inv*) *der, die* commuter

penetrant [pene'trant] *adj* 1. *(Person)* insistent 2. *(Geschmack, Geruch)* penetrating

Penis ['pe:nɪs] (*pl* **-se**) *der* penis

Penizillin [penɪtso'li:n] *das* penicillin

Pension [paŋ'zɨo:n] (*pl* **-en**) *die* 1. *(Hotel)* guesthouse 2. *(Rente)* pension 3. *(Ruhestand)* retirement ● **in Pension sein** to be retired

Pension

A *Pension* is a small family guesthouse that is generally less luxurious but cheaper than a hotel. The rooms often have basic cooking facilities so that guests can cook their own food if they so wish.

pensionieren [paŋzɨo'ni:rən] *vt* to pension off

Pensionsgast [pɛn'zɨo:nsɡast] (*pl* **-gäste**) *der* guest

Peperoni [pepə'ro:ni] (*pl inv*) *die* chili pepper

per [pɛr] *präp (+A)* 1. by 2. *(amt) (pro)* per ● **per Luftpost** (by) airmail

perfekt [pɛr'fɛkt] *adj* perfect

Pergamentpapier [pɛrɡa'mɛntpapi:ɐ̯] *das* greaseproof paper

Periode [pe'rɨo:də] (*pl* **-n**) *die* period

Perle ['pɛrlə] (*pl* **-n**) *die* 1. *(aus Muschel)* pearl 2. *(aus Holz, Glas)* bead

Perlenkette ['pɛrlənkɛtə] (*pl* **-n**) *die* pearl necklace

perplex [pɛr'plɛks] *adj* stunned

Person [pɛr'zo:n] (*pl* **-en**) *die* 1. person 2. *(in Drama, Roman)* character

Personal [pɛrzo'na:l] *das* staff

Personalausweis [pɛrzo'na:llausvaɪs] (*pl* **-e**) *der* identity card

Personalausweisnummer [pɛrzo'na:llausvaɪsnʊmɐ] (*pl* **-n**) *die* identity card number

Personalien [pɛrzo'na:lɨən] *pl* personal details *pl*

Personalpronomen [pɛrzo'na:lpronoːmən] (*pl* **-pronomina**) *das* personal pronoun

Personenkraftwagen [pɛrzo:nənkraftva:ɡn̩] (*pl inv*) *der (amt)* car *(UK)*, automobile *(US)*

Personenzug [pɛrzo:nəntsuːk] (*pl* **-züge**) *der (amt)* passenger train

persönlich [pɛr'zøːnlɪç] ◇ *adj* personal ◇ *adv* personally

Persönlichkeit [pɛr'zøːnlɪçkaɪt] (*pl* **-en**) *die* personality

Perspektive [pɛrspɛk'ti:və] (*pl* **-n**) *die* 1. *(optisch)* perspective 2. *(Möglichkeit)* prospect

Perücke [pe'rykə] (*pl* **-n**) *die* wig

pessimistisch [pɛsiˈmɪstɪʃ] *adj* pessimistic

Petersilie [petɐˈziːliə] *die* parsley

Petroleum [peˈtroːleʊm] *das* paraffin (*UK*), kerosene (*US*)

Pf. *abk* = Pfennig

Pfad [pfaːt] (*pl* **-e**) *der* path

Pfadfinder, in [ˈpfaːtfɪndɐ] (*mpl inv*) *der, die* boy scout (*f* girl guide)

Pfahl [pfaːl] (*pl* **Pfähle**) *der* post

Pfand [pfant] *das* (*von Flaschen*) deposit

Pfandflasche [ˈpfantflaʃə] (*pl* **-n**) *die* returnable bottle

Pfandleihhaus [ˈpfantlaɪhaʊs] (*pl* **-häuser**) *das* pawnbroker's

Pfandrückgabe [ˈpfantrʏkgaːbə] *die* counter for returning bottles

Pfanne [ˈpfanə] (*pl* **-n**) *die* (*zum Braten*) frying pan ● **beschichtete Pfanne** nonstick frying pan

Pfannengericht [ˈpfanəngərɪçt] (*pl* **-e**) *das* fried dish

Pfannkuchen [ˈpfankuːxn̩] (*pl inv*) *der* pancake

Pfarrer [ˈpfarɐ] (*pl inv*) *der* **1.** (*katholisch*) priest **2.** (*evangelisch*) vicar

Pfarrerin [ˈpfarərɪn] (*pl* **-nen**) *die* (*evangelisch*) vicar

Pfeffer [ˈpfɛfɐ] *der* pepper

Pfefferkuchen [ˈpfɛfɐkuːxn̩] (*pl inv*) *der* gingerbread

Pfefferminztee [ˈpfɛfɐmɪntsteː] *der* peppermint tea

pfeffern [ˈpfɛfɐn] *vt* **1.** (*mit Pfeffer*) to season with pepper **2.** (*fam*) (*werfen*) to fling

Pfeife [ˈpfaɪfə] (*pl* **-n**) *die* **1.** (*zum Pfeifen*) whistle **2.** (*zum Rauchen*) pipe ● **Pfeife rauchen** to smoke a pipe

pfeifen [ˈpfaɪfn̩] (*prät* **pfiff**, *pp* **gepfif-**
fen) *vi* to whistle

Pfeil [pfaɪl] (*pl* **-e**) *der* arrow ▼ **folgen Sie dem gelben Pfeil** follow the yellow arrow

Pfeiler [ˈpfaɪlɐ] (*pl inv*) *der* pillar

Pfennig [ˈpfɛnɪç] (*pl* **-e**) *der* pfennig

Pferd [pfeːɐt] (*pl* **-e**) *das* (*Tier*) horse

Pferderennen [ˈpfeːɐdərɛnən] (*pl inv*) *das* horse race

Pferdeschwanz [ˈpfeːɐdəʃvants] (*pl* **-schwänze**) *der* (*Frisur*) ponytail

Pferdesport [ˈpfeːɐdəʃpɔrt] *der* equestrian sport

Pferdestärke [ˈpfeːɐdəʃtɛrkə] (*pl* **-n**) *die* (*amt*) horsepower

pfiff [pfɪf] *prät* > **pfeifen**

Pfiff [pfɪf] (*pl* **-e**) *der* (*Ton*) whistle

Pfifferling [ˈpfɪfɐlɪŋ] (*pl* **-e**) *der* chanterelle (*mushroom*)

Pfingsten [ˈpfɪŋstn̩] (*pl inv*) *nt* Whit

Pfingstmontag [pfɪŋstˈmoːntaːk] (*pl* **-e**) *der* Whit Monday

Pfingstsonntag [pfɪŋstˈzɔntaːk] (*pl* **-e**) *der* Whit Sunday

Pfirsich [ˈpfɪrzɪç] (*pl* **-e**) *der* peach

Pflanze [ˈpflantsə] (*pl* **-n**) *die* plant

pflanzen [ˈpflantsn̩] *vt* to plant

pflanzlich [ˈpflantslɪç] *adj* vegetable

Pflaster [ˈpflastɐ] (*pl inv*) *das* **1.** (*Verband*) plaster **2.** (*auf Straße*) road surface

Pflaume [ˈpflaʊmə] (*pl* **-n**) *die* plum

Pflaumenkuchen [ˈpflaʊmənkuːxn̩] (*pl inv*) *der* plum tart

Pflaumenmus [ˈpflaʊmənmuːs] *das* plum jam

Pflege [ˈpfleːgə] *die* **1.** care **2.** (*von Kranken*) nursing

pflegeleicht [ˈpfleːgəlaɪçt] *adj* (*Material*) easycare

pflegen ['pfle:gn] *vt* **1.** to care for **2.** *(Kranke)* to nurse **3.** *(Garten)* to tend ◆ **sich pflegen** *ref* to take care with one's appearance

Pflegepersonal ['pfle:gəpɛrzona:l] *das* nursing staff

Pfleger, in ['pfle:gɐ] *(mpl inv)* der, die *(in Krankenhaus)* nurse

Pflicht [pflɪçt] *(pl -en)* die *(Aufgabe)* duty

pflichtbewusst ['pflɪçtbəvʊst] *adj* conscientious

Pflichtversicherung [pflɪçtfɛɐzɪçərʊŋ] *(pl -en)* die compulsory insurance

pflücken ['pflʏkn] *vt* to pick

Pforte ['pfɔrtə] *(pl -n)* die gate

Pförtner, in ['pfœrtnɐ] *(mpl inv)* der, die porter

Pfote ['pfo:tə] *(pl -n)* die paw

pfui [pfʊi] *interj* yuck!

Pfund [pfʊnt] *(pl -e)* das **1.** pound **2.** *(Gewichtseinheit)* = 500 g, ≃ pound

Pfütze ['pfʏtsə] *(pl -n)* die puddle

Phantasie [fanta'zi:] *(pl -n)* die = Fantasie

phantastisch [fan'tastɪʃ] *adj* = fantastisch

Phase ['fa:zə] *(pl -n)* die phase

Philharmoniker [fɪlhar'mo:nɪkɐ] *pl (Orchester)* philharmonic

Philosoph, in [filo'zo:f] *(mpl -en)* der, die philosopher

Philosophie [filozo'fi:] *(pl -n)* die philosophy

Photo ['fo:to] = **Foto**

Phrase ['fra:zə] *(pl -n)* die *(abw)* cliché ◆ **leere Phrasen** empty words

Physik [fy:'zi:k] *die* physics *sg*

physikalisch [fy:zi'ka:lɪʃ] *adj* physical

Physiker, in ['fy:zɪkɐ] *(mpl inv)* der, die physicist

physisch ['fy:zɪʃ] *adj* physical

Pianist, in [pia'nɪst] *(mpl -en)* der, die pianist

Pickel ['pɪkl] *(pl inv)* der **1.** *(auf Haut)* spot **2.** *(Gerät)* pickaxe **3.** *(für Eis)* ice axe

Picknick ['pɪknɪk] *(pl -s)* das picnic ◆ **ein Picknick machen** to have a picnic

Pik [pi:k] *(pl inv)* das spades *pl*

pikant [pi'kant] *adj & adv* spicy

Pilger, in ['pɪlgɐ] *(mpl inv)* der, die pilgrim

Pilgerfahrt ['pɪlgɐfa:ɐt] *(pl -en)* die pilgrimage

Pille [pɪlə] *(pl -n)* die pill ◆ **die Pille nehmen** to be on the pill

Pilot, in [pi'lo:t] *(mpl -en)* der, die pilot

Pils [pɪls] *(pl inv)* das Pils *(lager)*

Pilz [pɪlts] *(pl -e)* der **1.** *(essbar)* mushroom **2.** *(giftig)* toadstool **3.** *(fam) (Hautpilz)* fungal infection

PIN [pɪn] *(pl -s)* *(abk für persönliche Identifikationsnummer)* die PIN (number)

pink [pɪŋk] *adj* pink

pinkeln ['pɪŋkln] *vi (fam)* to pee

Pinsel ['pɪnzl] *(pl inv)* der brush

Pinzette [pɪn'tsɛtə] *(pl -n)* die tweezers *pl*

Pistazie [pɪs'ta:tsiə] *(pl -n)* die pistachio

Piste ['pɪstə] *(pl -n)* die **1.** *(zum Skifahren)* piste, run **2.** *(Landebahn)* runway

Pistole [pɪs'to:lə] *(pl -n)* die pistol

Pizza ['pɪtsa] *(pl -s* ODER *Pizzen)* die pizza

Pizzaservice ['pɪtsasɐ:ɐvɪs] *(pl -s)* der pizza delivery service

Pizzeria [pɪtse'ri:a] *(pl -s)* die pizzeria

Pkw ['peːkaveː] (*pl* **-s**) *der* = Personenkraftwagen

Plakat [pla'kaːt] (*pl* **-e**) *das* poster

Plakette [pla'kɛtə] (*pl* **-n**) *die* sticker

Plan [plaːn] (*pl* **Pläne**) *der* **1.** plan **2.** (*Karte*) map

Plane ['plaːnə] (*pl* **-n**) *die* tarpaulin

planen ['plaːnən] *vt* to plan

Planet [pla'neːt] (*pl* **-en**) *der* planet

Planetarium [plane'taːrjom] (*pl* **-t**) *das* planetarium

planmäßig ['plaːnmɛːsɪç] ◇ *adj* (*Abfahrt*) scheduled ◇ *adv* (*abfahren*) on time

Planschbecken ['planʃbɛkn] (*pl* **inv**) *das* paddling pool (*UK*), wading pool (*US*)

planschen ['planʃn] *vi* to splash about

Planung ['plaːnoŋ] (*pl* **-en**) *die* (*Handlung*) planning

Plastik¹ ['plastɪk] *das* (*Material*) plastic

Plastik² ['plastɪk] (*pl* **-en**) *die* (*Skulptur*) sculpture

Plastiktüte ['plastɪktyːtə] (*pl* **-n**) *die* plastic bag

Platin [pla'tiːn] *das* platinum

platt [plat] *adj* flat ● **platt sein** (*fam*) to be gobsmacked ● **einen Platten haben** (*fam*) to have a flat

Platt(deutsch) ['platdɔʏtʃ] *das* Low German (*dialect spoken in North Germany*)

Platte ['platə] (*pl* **-n**) *die* **1.** (*zum Servieren*) plate **2.** (*aus Stein*) slab **3.** (*aus Metall, Glas*) sheet **4.** (*Schallplatte*) record **5.** (*von Herd*) ring

Plattenspieler ['platnʃpiːlɐ] (*pl* **inv**) *der* record player

Plattfüße ['platfyːsə] *pl* flat feet

Platz [plats] (*pl* **Plätze**) *der* **1.** (*verfügbar*) space, room **2.** (*Stelle, Rang*) place **3.** (*Sitzplatz*) seat **4.** (*angelegt*) square ● **jm**

Platz machen to make room for sb ● **nehmen Sie Platz!** sit down! ● **viel Platz haben** to have a lot of room ● **auf die Plätze, fertig, los!** on your marks, get set, go!

Platzanweiser, in ['platslanvaizɐ] (*mpl inv*) *der, die* usher (*f* usherette)

Plätzchen ['plɛtsçən] (*pl* **inv**) *das* biscuit (*UK*), cookie (*US*)

platzen ['platsn] *vi* (*ist*) **1.** (*Reifen*) to burst **2.** (*fam*) (*Termin*) to fall through **3.** (*Scheck*) to bounce

Platzkarte ['platskartə] (*pl* **-n**) *die* (*in Zug*) seat reservation

Platzreservierung ['platsrezervi:roŋ] (*pl* **-en**) *die* seat reservation

Platzwunde ['platsvondə] (*pl* **-n**) *die* cut

plaudern ['plaudɐn] *vi* (*sprechen*) to chat

pleite ['plaitə] *adj* ● **pleite sein** to be broke

Plombe ['plɔmbə] (*pl* **-n**) *die* (*in Zahn*) filling

plombieren [plɔm'biːrən] *vt* (*Zahn*) to fill

plötzlich ['plœtslɪç] ◇ *adj* sudden ◇ *adv* suddenly

plump [plomp] *adj* (*schwerfällig*) clumsy

plumpsen ['plompsn] *vi* (*ist*) (*fam*) to crash

plus [plos] *konj & adv* plus ● **fünf Grad plus** plus five degrees

PLZ *abk* = Postleitzahl

Po [poː] (*pl* **-s**) *der* (*fam*) bottom

Podest [po'dɛst] (*pl* **-e**) *das* pedestal

Podium ['poːdjom] (*pl* **Podien** (*pl*)) *das* podium

Podiumsdiskussion ['poːdjomsdɪskusjoːn] (*pl* **-en**) *die* panel discussion

Poesie [poe'ziː] *die* (*Dichtung*) poetry

Pointe ['poɛ̃tə] (*pl* **-n**) *die* punchline

Pokal [po'kaːl] (*pl* **-e**) *der SPORT* cup

Poker ['poːkɐ] *der* & *das* poker

pokern ['poːkɐn] *vi* (*Poker spielen*) to play poker

Pol [poːl] (*pl* **-e**) *der* pole

Polen ['poːlən] *nt* Poland

Police [po'liːsə] (*pl* **-n**) *die* policy

polieren [po'liːrən] *vt* to polish

Politesse [poli'tɛsə] (*pl* **-n**) *die* traffic warden

Politik [poli'tiːk] *die* **1.** (*von Land, Stadt*) politics *pl* **2.** (*Taktik*) policy

Politiker, in [po'liːtikɐ] (*mpl inv*) *der, die* politician

politisch [po'liːtiʃ] *adj* political

Politur [poli'tuːɐ] (*pl* **-en**) *die* polish

Polizei [poli'tsai] *die* police *pl*

Polizeibeamte [poli'tsaibəamtə] (*pl* **-n**) *der* police officer

Polizeibeamtin [poli'tsaibəamtɪn] (*pl* **-nen**) *die* police officer

polizeilich [poli'tsailɪç] *adj* police ● **polizeiliches Kennzeichen** registration number (*UK*), license number (*US*)

Polizeirevier [poli'tsaireviːɐ] (*pl* **-e**) *das* police station

Polizeistunde [poli'tsaiʃtʊndə] (*pl* **-n**) *die* closing time

Polizeiwache [poli'tsaivaxə] (*pl* **-n**) *die* police station

Polizist, in [poli'tsɪst] (*mpl* **-en**) *der, die* police officer

Pollen ['pɔlən] (*pl inv*) *der* pollen

Pollenflug ['pɔlənfluːk] (*pl* **-flüge**) *der* pollen count

Polo ['poːlo] *das* polo

Polster ['pɔlstɐ] (*pl inv*) *das* **1.** (*zum Sitzen*) cushion **2.** (*Schulterpolster*) shoulder pad

Polstermöbel ['pɔlstɐmøːbl] *pl* upholstered furniture *sg*

Polterabend ['pɔltɐlaːbnt] (*pl* **-e**) *der celebration usually held on evening before wedding, when crockery is broken to bring good luck*

Pommes ['pɔmɛs] *pl* (*fam*) chips (*UK*), french fries (*US*)

Pommes frites [pɔm'frits] *pl* chips (*UK*), french fries (*US*)

Pony ['pɔni] (*pl* **-s**) ◇ *das* (*Tier*) pony ◇ *der* (*Frisur*) fringe (*UK*), bangs *pl* (*US*)

Pool [puːl] (*pl* **-s**) *der* (*Schwimmbecken*) pool

Popmusik ['pɔpmuziːk] *die* pop music

populär [popuˈlɛːɐ] *adj* (*beliebt*) popular

porös [po'røːs] *adj* porous

Porree ['pɔreː] *der* leek

Portal [pɔr'taːl] (*pl* **-e**) *das* portal

Portemonnaie, Portmonee ['pɔrtmoneː] (*pl* **-s**), *das* purse

Portier [pɔr'tieː] (*pl* **-s**) *der* porter

Portion [pɔr'tsioːn] (*pl* **-en**) *die* portion

Porto ['pɔrto] (*pl* **-s**) *das* postage

portofrei ['pɔrtofrai] *adj* freepost

Porträt [pɔr'trɛː] (*pl* **-s**) *das* portrait

Portugal [pɔrtugal] *nt* Portugal

Portugiese [pɔrtu'giːzə] (*pl* **-n**) *der* Portuguese (man) ● **die Portugiesen** the Portuguese

Portugiesin [pɔrtu'giːzɪn] (*pl* **-nen**) *die* Portuguese (woman)

portugiesisch [pɔrtu'giːzɪʃ] *adj* Portuguese

Portugiesisch(e) [pɔrtu'giːzɪʃ(ə)] *das* Portuguese

Portwein ['pɔrtvain] (*pl* **-e**) *der* port

Porzellan [pɔrtsəla:n] (*pl* **-e**) *das* china

Posaune [po'zaunə] (*pl* **-n**) *die* trombone

Position [pozi'tsɪo:n] (*pl* **-en**) *die* position

positiv ['poziti:f] ◇ *adj* positive ◇ *adv* positively

Post [pɔst] *die* **1.** post **2.** (*Institution, Gebäude*) post office ● etw mit der Post schicken to send sthg by post ● zur Post gehen to got to the post office

Postamt ['pɔstamt] (*pl* **-ämter**) *das* post office

Postanweisung ['pɔstanvaizʊŋ] (*pl* **-en**) *die* postal order (*UK*), money order (*US*)

Postbote ['pɔstbo:tə] (*pl* **-n**) *der* postman (*UK*), mailman (*US*)

Postbotin ['pɔstbo:tɪn] (*pl* **-nen**) *die* postwoman (*UK*), mailwoman (*US*)

Posten ['pɔstn̩] (*pl inv*) *der* (*beruflich*) post

Poster [po:stɐ] (*pl inv*) *das* poster

Postf. *abk* = **Postfach**

Postfach ['pɔstfax] (*pl* **-fächer**) *das* PO box

Postgiroamt ['pɔstʒiroamt] (*pl* **-ämter**) *das* ≃ Girobank

Postgirokonto ['pɔstʒirokɔnto] (*pl* **-konten**) *das* ≃ Girobank account

Postkarte ['pɔstkartə] (*pl* **-n**) *die* postcard

postlagernd ['pɔstla:gɐnt] *adj* poste restante

Postleitzahl ['pɔstlaitsa:l] (*pl* **-en**) *die* post code (*UK*), zip code (*US*)

Postleitzahlenbuch ['pɔstlaitsa:lənbu:x] (*pl* **-bücher**) *das* post code directory

Postschalter ['pɔstʃaltɐ] (*pl inv*) *der* post office counter

Postscheck ['pɔstʃɛk] (*pl* **-s**) *der* giro cheque

Postscheckamt ['pɔstʃɛkamt] (*pl* **-ämter**) *das* ≃ Girobank

Postscheckkonto ['pɔstʃɛkkɔnto] (*pl* **-konten**) *das* ≃ Girobank account

Postsparkasse ['pɔstʃpaːɐkasə] (*pl* **-n**) *die* Post Office Savings Bank

Poststempel ['pɔstʃtɛmpl̩] (*pl inv*) *der* postmark

Postüberweisung ['pɔstlyːbɐvaizʊŋ] (*pl* **-en**) *die* Giro transfer

Postvermerk ['pɔstfɛɐmɛrk] (*pl* **-e**) *der* postmark

Postweg ['pɔstveːk] *der* ● auf dem Postweg by post

Postwertzeichen ['pɔstveːɐtsaiçn̩] (*pl inv*) *das* (*amt*) postage stamp

prächtig ['prɛçtɪç] *adj* magnificent

Prädikat [prɛdi'ka:t] (*pl* **-e**) *das* **1.** GRAMM predicate **2.** (*Note*) grade

prahlen ['pra:lən] *vi* to boast

Praktikant, in [prakti'kant] (*mpl* **-en**) *der, die* trainee

Praktikum ['praktikʊm] (*pl* **Praktika**) *das* work placement ● ein Praktikum machen to go on a work placement

praktisch ['praktɪʃ] ◇ *adj* practical ◇ *adv* practically

Praline [pra'li:nə] (*pl* **-n**) *die* chocolate

prall [pral] *adj* bulging ● in der prallen Sonne in the blazing sun

Prämie ['prɛ:mjə] (*pl* **-n**) *die* **1.** (*von Bank, Versicherung*) premium **2.** (*Belohnung*) bonus

prämieren [prɛ'mi:rən] *vt* to award

Präparat [prɛpa'ra:t] (*pl* **-e**) *das* (*Medikament*) preparation

Präsens ['prɛ:zɛns] *das* present (tense)

präsentieren [prɛzɛn'ti:rən] *vt* to present

Präservativ [prɛzɛrva'ti:f] (*pl* **-e**) *das* condom

Präsident, in [prɛzi'dɛnt] (*mpl* **-en**) *der, die* president

Prater ['praːtɐ] *der large park near Vienna*

Prater

This huge park near Vienna offers a wide range of leisure facilities and places to eat, but is best known for the *Wurstelprater*, a permanent fun-fair that contains a giant Ferris wheel built at the end of the 19th century that is now one of Vienna's best-known landmarks.

Präteritum [prɛˈtɛːritʊm] *das* imperfect (tense)

Praxis ['praksɪs] (*pl* **Praxen**) *die* practice ● **in der Praxis** (*Wirklichkeit*) in practice

Praxisgebühr

The controversial *Praxisgebühr* (practice fee) was introduced in 2004 to help finance the national health service. Patients must now pay 10 euros cash per quarter if they visit a doctor, dentist or psychiatrist. This money helps to fund their medical insurance company (*Krankenkasse*), but the measure has led to many people choosing not to go to the doctor rather than pay the fee.

präzise [prɛˈtsiːzə] *adj* precise
predigen ['preːdɪɡn̩] *vi* to preach
Preis [praɪs] (*pl* **-e**) *der* **1.** price **2.** (*Belohnung*) prize ● **der Preis für** the price of ● **im Preis inbegriffen** included in the price
Preisänderung ['praɪsɛndərʊŋ] (*pl* **-en**) *die* price change

Preisausschreiben ['praɪsausʃraɪbn̩] (*pl inv*) *das* competition
Preiselbeere ['praɪzl̩beːrə] (*pl* **-n**) *die* cranberry
Preisermäßigung ['praɪsɛrmɛːsɪɡʊŋ] (*pl* **-en**) *die* reduction in price
preisgünstig ['praɪsɡʏnstɪç] *adj* cheap
Preislage ['praɪslaːɡə] (*pl* **-n**) *die* price range
Preisliste ['praɪslɪstə] (*pl* **-n**) *die* price list
Preisschild ['praɪsʃɪlt] (*pl* **-er**) *das* price tag
Preisstufe ['praɪsʃtuːfə] (*pl* **-n**) *die* (*bei Bus*) fare stage
preiswert ['praɪsveːɐt] ◇ *adj* cheap ◇ *adv* cheaply
prellen ['prɛlən] *vt* ● **die Zeche prellen** to leave without paying ● **sich** (*D*) **etw prellen** (*verletzen*) to bruise sthg
Prellung ['prɛlʊŋ] (*pl* **-en**) *die* bruise
Premiere [prəˈmjeːrə] (*pl* **-n**) *die* premiere
Premierminister, in [prəˈmjeːminɪstɐ] (*mpl inv*) *der, die* prime minister
Presse ['prɛsə] (*pl* **-n**) *die* press
pressen ['prɛsn̩] *vt* to press
prickelnd ['prɪkəlnt] *adj* (*Wein, Wasser*) sparkling
Priester, in ['priːstɐ] (*mpl inv*) *der, die* priest
prima ['priːma] *adj* (*fam*) brilliant
primitiv [primiˈtiːf] *adj* primitive
Prinz [prɪnts] (*pl* **-en**) *der* prince
Prinzessin [prɪnˈtsɛsɪn] (*pl* **-nen**) *die* princess
Prinzip [prɪnˈtsiːp] (*pl* **-ien**) *das* priciple ● **aus Prinzip** on principle ● **im Prinzip** in principle

prinzipiell ['prɪntsipiɛl] *adj* in principle

Prise ['pri:zə] (*pl* **-n**) *die* pinch ● eine Prise Salz a pinch of salt

priv. *abk* = privat

privat [pri'va:t] ◇ *adj* private ◇ *adv* privately

Privatadresse [pri'va:tadrɛsə] (*pl* **-n**) *die* home address

Privatbesitz [pri'va:tbəzɪts] *der* private ownership

Privatfernsehen [pri'va:tfɛrnseːn] *das* commercial television

Privatgespräch [pri'va:tgəʃprɛːç] (*pl* **-e**) *das* private conversation

Privatgrundstück [pri'va:tgrʊndʃtyk] (*pl* **-e**) *das* private property

privatisieren [privati'zi:rən] *vt* to privatize

Privatpatient, in [pri'va:tpatsiɛnt] (*mpl* **-en**) *der, die* private patient

Privatquartier [pri'va:tkvarti:ɐ] (*pl* **-e**) *das* private accommodation

Privatsender [pri'va:tzɛndɐ] (*pl inv*) *der* commercial television channel

Privatunterkunft [pri'va:tʊntɐkʊnft] (*pl* **-künfte**) *die* private accommodation

Privatversicherung [pri'va:tfɛɐzɪçərʊŋ] (*pl* **-en**) *die* private insurance

Privatweg [pri'va:tve:k] (*pl* **-e**) *der* private footpath

pro [pro:] *präp* (*+A*) per ● **pro Kopf** ODER **Person** per person ● **zweimal pro Tag** twice a day

Probe ['pro:bə] (*pl* **-n**) *die* **1.** (*probieren, prüfen*) test **2.** (*Teil*) sample **3.** (*von Aufführung*) rehearsal

Probefahrt ['pro:bəfa:ɐt] (*pl* **-en**) *die* test drive

Probezeit ['pro:bətsait] (*pl* **-en**) *die* trial period

probieren [pro'bi:rən] *vt* **1.** (*Essen, Getränk*) to taste **2.** (*versuchen*) to try

Problem [pro'ble:m] (*pl* **-e**) *das* problem ● **kein Problem!** (*fam*) no problem!

problematisch [proble'ma:tɪʃ] *adj* problematic

problemlos [pro'ble:mlo:s] *adj* problem-free

Produkt [pro'dʊkt] (*pl* **-e**) *das* product

Produktion [prodʊk'tsio:n] (*pl* **-en**) *die* production

Produzent, in [produ'tsɛnt] (*mpl* **-en**) *der, die* **1.** (*von Ware*) manufacturer **2.** (*von Film*) producer

produzieren [produ'tsi:rən] *vt* to produce
◆ **sich produzieren** *ref* (*abw*) to show off

Prof. *abk* = Professor

professionell [prɔfɛsio'nɛl] *adj* professional

Professor [pro'fɛsoːɐ] (*pl* **-s**) *der* professor

Professorin [prɔfɛ'soːrɪn] (*pl* **-nen**) *die* professor

Profi [pro'fi:] (*pl* **-s**) *der* pro

Profil [pro'fi:l] (*pl* **-e**) *das* **1.** (*von Reifen*) tread **2.** (*von Gesicht*) profile

Profit [pro'fit] (*pl* **-e**) *der* profit

profitieren [profi'ti:rən] *vi* to profit

Prognose [pro'gno:zə] (*pl* **-n**) *die* prognosis

Programm [pro'gram] (*pl* **-e**) *das* **1.** programme **2.** EDV program **3.** (*von Partei*) agenda

Programmheft [pro'gramhɛft] (*pl* **-e**) *das* programme

Programmhinweis [pro'gramhɪnvais] (*pl* **-e**) *der* trailer

programmieren [progra'mi:rən] *vt* EDV to program

Programmierer, in [progra'mi:rɐ] *(mpl inv) der, die* programmer

Programmkino [pro'gramki:no] *(pl -s) das* art house cinema

Programmpunkt [pro'grampʊŋkt] *(pl -e) der* item *(on agenda)*

Programmübersicht [pro'gramly:bɐzɪçt] *(pl -en) die* programme preview

progressiv [progrɛ'si:f] *adj* progressive

Projekt [pro'jɛkt] *(pl -e) das* project

Projektor [pro'jɛkto:ɐ] *(pl -t) der* projector

Promenade [promə'na:də] *(pl -n) die* promenade

Promille [pro'mɪlə] *(pl inv) das (von Alkohol)* alcohol level ● **1,5 Promille haben** to have 1.5 grammes of alcohol in one's blood

prominent [promi'nɛnt] *adj* prominent

prompt [prɔmt] *adv* promptly

Propangas [pro'pa:ngas] *das* propane

prophylaktisch [profy'laktɪʃ] *adj* preventative

prosit ['pro:zɪt] *interj* cheers!

Prospekt [pro'spɛkt] *(pl -e) der* brochure

prost [pro:st] *interj* cheers!

Prostituierte [prɔstitu'i:ɐtə] *(pl -n) der, die* prostitute

Protest [pro'tɛst] *(pl -e) der* protest

Protestant [protɛs'tant] *(mpl -en) der, die* protestant

protestantisch [protɛs'tantɪʃ] *adj* protestant

protestieren [protɛs'ti:rən] *vi* to protest ● **protestieren gegen** to protest against

Prothese [pro'te:zə] *(pl -n) die* 1. artificial limb 2. *(Zahnprothese)* dentures *pl*

Protokoll [proto'kɔl] *(pl -e) das (Aufzeichnung)* record ● **etw zu Protokoll geben** to put sthg on the record

protokollieren [protoko'li:rən] *vt* to record

Proviant [pro'vjant] *der* provisions *pl*

Provinz [pro'vɪnts] *(pl -en) die* 1. *(Landesteil)* province 2. *(abw) (Hinterland)* provinces *pl*

provinziell [provɪn'tsiel] *adj (abw)* provincial

Provision [provi'zio:n] *(pl -en) die* commission

provisorisch [provi'zo:rɪʃ] *adj* provisional

provozieren [provo'tsi:rən] *vt* to provoke

Prozent [pro'tsɛnt] *(pl -e) das* per cent ● **Prozente** *pl (Preisnachlass)* discount *sg*

Prozess [pro'tsɛs] *(pl -e) der* 1. *(vor Gericht)* trial 2. *(Vorgang)* process

Prozession [protsɛ'sio:n] *(pl -en) die* procession

P+R-Parkplatz *(pl -plätze) der* park and ride car park

prüfen ['pry:fn] *vt* 1. *(Schüler, Qualität)* to test 2. *(Rechnung, Maschine)* to check

Prüfung ['pry:fʊŋ] *(pl -en) die* exam, examination ● **eine Prüfung bestehen** to pass an exam ● **eine Prüfung machen** to sit ODER take an exam

Prügelei [pry:gə'laɪ] *(pl -en) die* fight

prügeln ['pry:gəln] *vt* to beat ◆ **sich prügeln** *ref* to fight

prunkvoll ['prʊŋkfɔl] *adj* magnificent

PS [pe:'ɛs] *das* 1. *(abk für Pferdestärke)* HP 2. *(abk für Postscriptum)* PS

Pseudonym [psɔydo'ny:m] *(pl -e) das* pseudonym

Psychiater, in [psy'çia:tɐ] *(mpl inv) der, die* psychiatrist

psychisch ['psy:çɪʃ] ◇ *adj* psychological ◇ *adv* psychologically

Psychologe [psyço'lo:gə] *(pl -n) der* psychologist

Psychologie [psyçolo:'gi:] *die* psychology

Psychologin [psyço:lo:'gɪn] *(pl -nen) die* psychologist

Psychotherapie [psy:çotera'pi:] *die* psychotherapy

Pubertät [pubɐ'tɛ:t] *die* puberty

Publikum ['publikum] *das* 1. *(von Veranstaltung)* audience 2. *(von Restaurant)* customers *pl*

Pudding ['pudɪŋ] *(pl -s) der* blancmange

Puder ['pu:dɐ] *(pl inv) der* powder

Puderdose ['pu:dɐdo:zə] *(pl -n) die* (powder) compact

pudern ['pu:dɐn] *vt* to powder ◆ **sich pudern** *ref* to powder o.s.

Puderzucker ['pu:dɐtsukɐ] *der* icing sugar

Pulli ['puli] *(pl -s) der (fam)* sweater, jumper *(UK)*

Pullover [pu'lo:vɐ] *(pl inv) der* sweater, jumper *(UK)*

Puls [puls] *(pl -e) der* pulse

Pulver ['pulfɐ] *(pl inv) das* powder

Pulverkaffee ['pulvɐkafe:] *der* instant coffee

Pulverschnee ['pulvɐʃne:] *der* powder snow

Pumpe ['pumpə] *(pl -n) die (Gerät)* pump

pumpen ['pumpn] *vt & vi* to pump ◆ **jm etw pumpen** *(fam)* *(leihen)* to lend sb sthg ◆ **sich (D) etw pumpen** *(fam)* to borrow sthg

Pumpernickel ['pumpɐnɪkl] *das* pumpernickel *(dark hard bread made from rye flour)*

Pumps [pœmps] *(pl inv) der* court shoe

Punker, in ['paŋkɐ] *(mpl inv) der, die* punk

Punkt [puŋkt] *(pl -e) der* 1. point 2. *GRAMM* full stop *(UK)*, period *(US)* 3. *(auf Stoff)* dot ◆ **Punkt ein Uhr** one o'clock on the dot

pünktlich ['pyŋktlɪç] ◇ *adj* punctual ◇ *adv* punctually

Punsch [punʃ] *(pl -e) der* punch

Puppe ['pupə] *(pl -n) die (Spielzeug)* doll

pur [pu:ɐ̯] *adj* pure

Püree [py:'re:] *(pl -s) das* puree

Pute ['pu:tə] *(pl -n) die* turkey

Putenschnitzel ['pu:tnʃnɪtsl] *(pl inv) das* turkey escalope

putzen ['putsn] *vt & vi* to clean ◆ **sich (D) die Nase putzen** to blow one's nose ◆ **sich (D) die Zähne putzen** to clean one's teeth ◆ **sich putzen** *ref (Tier)* to wash o.s.

Putzfrau ['putsfrau] *(pl -en) die* cleaner

Putzlappen ['putslapn] *(pl inv) der* cloth

Putzmittel ['putsmɪtl] *(pl inv) das* cleaning fluid

Puzzle ['pazl] *(pl -s) das* jigsaw (puzzle)

Pyramide [py:ra'mi:də] *(pl -n) die* pyramid

q Q

Quadrat [kva'dra:t] *(pl* **-e)** *das (Form)* square

quadratisch [kva'dra:tɪʃ] *adj* square

Quadratmeter [kva'dra:tme:tɐ] *(pl inv)* *der* square metre

quälen ['kvɛ:lən] *vt* to torture ◆ **sich quälen** *ref* to suffer

Qualifikation [kvalifika'tsi̯o:n] *(pl* **-en)** *die* qualification

Qualität [kvali'tɛ:t] *(pl* **-en)** *die* quality

Qualle ['kvalə] *(pl* **-n)** *die* jellyfish

Qualm [kvalm] *der* thick smoke

qualmen ['kvalmən] *vi (Feuer, Schornstein)* to smoke

Quarantäne [karan'tɛ:nə] *(pl* **-n)** *die* quarantine

Quark [kvark] *der* soft cheese

Quarktasche ['kvarktaʃə] *(pl* **-n)** *die* pastry filled with soft cheese

Quarktorte ['kvarktɔrtə] *(pl* **-n)** *die* cheesecake

Quartett [kvar'tet] *(pl* **-e)** *das* 1. MUS quartet 2. *(Kartenspiel)* children's card game where players have to collect four of a kind

Quartier [kvar'ti:ɐ] *(pl* **-e)** *das (Unterkunft)* accommodation

Quarzuhr ['kva:ɐtslu:ɐ] *(pl* **-en)** *die* 1. *(Armband)* quartz watch 2. *(an Wand)* quartz clock

quasi ['kva:zi] *adv* virtually

Quatsch [kvatʃ] *der (fam)* rubbish

quatschen ['kvatʃn] *vi* 1. *(fam) (reden)* to chat 2. *(zu viel reden)* to chatter

Quelle ['kvelə] *(pl* **-n)** *die* 1. source 2. *(von Wasser)* spring

quellen ['kvelən] *(präs* **quillt**, *prät* **quoll**, *pp* **gequollen)** *vi* 1. *(Flüssigkeit)* to stream 2. *(Reis, Erbsen)* to swell

quer [kve:ɐ] *adv* 1. *(diagonal)* diagonally 2. *(rechtwinklig)* at right angles

querfeldein [kve:ɐfɛltl'ain] *adv* cross-country

Querflöte ['kve:ɐfløtə] *(pl* **-n)** *die* flute

querschnittsgelähmt ['kve:ɐʃnɪtsgəlɛːmt] *adj* paraplegic

Querstraße ['kve:ɐʃtra:sə] *(pl* **-n)** *die* ◆ **die nächste Querstraße rechts** the next turning on the right

quetschen ['kvetʃn] *vt* 1. *(zerquetschen)* to crush 2. *(verletzen)* to squeeze ◆ **ich hab' mir den Finger in der Tür gequetscht** I caught my finger in the door ◆ **sich quetschen** *ref (sich zwängen)* to squeeze

Quetschung ['kvetʃoŋ] *(pl* **-en)** *die* bruise

quietschen ['kvi:tʃn] *vi* to squeak

quillt [kvɪlt] *präs* > **quellen**

Quitte ['kvɪtə] *(pl* **-n)** *die* quince

quittieren [kvɪ'ti:rən] *vt (mit Unterschrift)* to write a receipt for

Quittung ['kvɪtoŋ] *(pl* **-en)** *die (für Zahlung)* receipt ◆ **könnte ich bitte eine Quittung bekommen?** could I have a receipt please?

Quiz [kvɪs] *(pl inv)* *das* quiz

quoll [kvɔl] *prät* > **quellen**

rR

Rabatt [ra'bat] (*pl* **-e**) *der* discount ● **Rabatt bekommen/geben auf** (*+A*) to get/give a discount on

rabiat [ra'bja:t] *adj* brutal

Rache ['raxə] *die* revenge

rächen ['rɛçn̩] *vt* to avenge ● **sich rächen** *ref* (*Rache nehmen*) to get one's revenge

Rad [ra:t] (*pl* **Räder**) *das* **1.** wheel **2.** (*Fahrrad*) bike ● **Rad fahren** to cycle

Radar [ra'da:ɐ̯] *der* radar

Radarkontrolle [ra'da:ɐ̯kɔntrɔlə] (*pl* **-n**) *die* speed trap

radeln ['ra:dln̩] *vi* (*ist*) to cycle

Radfahrer, in ['ra:tfa:rɐ] (*mpl inv*) *der, die* cyclist

Radfahrweg ['ra:tfa:ɐ̯ve:k] (*pl* **-e**) *der* cycle track

Radi [ra'di] (*pl inv*) *der* (*Südd*) radish

radieren [ra'di:rən] ◇ *vi* (*mit Radiergummi*) to erase ◇ *vt* (*Bild*) to etch

Radiergummi [ra'di:ɐ̯gumi] (*pl* **-s**) *der* rubber (*UK*), eraser (*US*)

Radieschen [ra'di:sçən] (*pl inv*) *das* radish

radikal [radi'ka:l] *adj* radical

Radio ['ra:dio] (*pl* **-s**) *das* radio

radioaktiv [ra:dioak'ti:f] *adj* radioactive

Radiologe [radio'lo:gə] (*pl* **-n**) *der* radiologist

Radiologin [radio'lo:gɪn] (*pl* **-nen**) *die* radiologist

Radiorekorder ['ra:diorekɔrdɐ] (*pl inv*) *der* radio cassette player

Radiosender ['ra:dioze:ndɐ] (*pl inv*) *der* radio station

Radiosendung ['ra:dioze:nduŋ] (*pl* **-en**) *die* radio programme

Radiowecker ['ra:dioovɛkɐ] (*pl inv*) *der* radio alarm

Radler, in ['ra:dlɐ] (*mpl inv*) *der, die* (*fam*) (*Radfahrer*) cyclist

Radrennen ['ra:trenən] (*pl inv*) *das* cycle race

Radsport ['ra:tʃpɔrt] *der* cycling

Radtour ['ra:ttu:ɐ̯] (*pl* **-en**) *die* cycling tour

Radwechsel ['ra:tvɛksl̩] (*pl inv*) *der* wheel change

Radweg ['ra:tve:k] (*pl* **-e**) *der* cycle path

raffiniert [rafi'ni:ɐ̯t] *adj* (*schlau*) cunning

Ragout [ra'gu:] (*pl* **-s**) *das* stew

Rahm [ra:m] *der* cream

Rahmen ['ra:mən] (*pl inv*) *der* **1.** frame **2.** (*von Fahrzeug*) chassis

Rakete [ra'ke:tə] (*pl* **-n**) *die* rocket

rammen ['ramən] *vt* (*Auto, Bus*) to ram

Rampe ['rampə] (*pl* **-n**) *die* (*Laderampe*) ramp

Rand [rant] (*pl* **Ränder**) *der* **1.** edge **2.** (*von Gefäß*) rim **3.** (*auf Papier*) margin

randalieren [randa'li:rən] *vi* to rampage

Randstreifen ['rantʃtraifn̩] (*pl inv*) *der* **1.** (*von Straße*) verge (*UK*), berm (*US*) **2.** (*von Autobahn*) hard shoulder (*UK*), shoulder (*US*)

randvoll [rant'fɔl] *adj* full to the brim

rang [raŋ] *prät* ➤ **ringen**

Rang (*pl* **Ränge**) *der* **1.** rank **2.** (*im Theater*) circle ● **der erste/zweite Rang** dress/upper circle

rangieren [raŋ'ʒi:rən] ◇ *vt* (*Fahrzeug*) to shunt ◇ *vi* (*Sportler*) ● **an dritter Stelle**

rangieren to be in third place

ranken [ˈraŋkn̩] vi (ist) (Pflanze) to climb ♦ sich ranken ref (Pflanze) to climb

rann [ran] prät ▸ rinnen

rannte [ˈrantə] prät ▸ rennen

ranzig [ˈrantsɪç] adj rancid

Rappen [ˈrapn̩] (pl inv) der (Münze) centime (one hundredth of a Swiss franc)

Rapsöl [ˈrapsøːl] das rapeseed oil

Rarität [rariˈtɛːt] (pl -en) die (Gegenstand) rarity

rasant [raˈzant] adj (Tempo) rapid

rasch [raʃ] adj quick

rascheln [ˈraʃln̩] vi (Blätter) to rustle

rasen [ˈraːzn̩] vi (ist) (fahren) to race

Rasen [ˈraːzn̩] der 1. lawn 2. (Gras) grass

Rasenfläche [ˈraːzn̩flɛça] (pl -n) die lawn

Rasenmäher [ˈraːzn̩mɛːɐ] (pl inv) der lawnmower

Rasierapparat [raˈziːɐaparaːt] (pl -e) der shaver

Rasiercreme [raˈziːɐkreːm] (pl -s) die shaving cream

rasieren [raˈziːrən] vt to shave ♦ sich rasieren ref to shave ● sich nass rasieren to have a wet shave

Rasierer [raˈziːrɐ] (pl inv) der shaver

Rasierklinge [raˈziːɐklɪŋə] (pl -n) die razor blade

Rasiermesser [raˈziːɐmɛsɐ] (pl inv) der razor

Rasierpinsel [raˈziːɐpɪnzl̩] (pl inv) der shaving brush

Rasierschaum [raˈziːɐʃaʊm] der shaving foam

Rasierseife [raˈziːɐzaɪfə] (pl -n) die shaving soap

Rasierwasser [raˈziːɐvasɐ] das aftershave

Rasse [ˈrasə] (pl -n) die 1. (von Menschen) race 2. (von Tieren) breed

Rassismus [raˈsɪsmʊs] der racism

Rast [rast] die rest ● Rast machen to have a rest

rasten [ˈrastn̩] vi to rest

Rasthof [ˈrasthoːf] (pl -höfe) der (an Autobahn) services pl (with accommodation)

Rastplatz [ˈrastplats] (pl -plätze) der 1. (an Autobahn) services pl 2. (an Wanderweg) picnic area ▼ Rastplatz bitte sauber halten! please keep this picnic area tidy

Raststätte [ˈrastʃtɛtə] (pl -n) die (an Autobahn) services pl

Rasur [raˈzuːɐ] (pl -en) die shave

Rat [raːt] (pl Räte) der 1. (Ausschuss) council 2. (Ratschlag) (piece of) advice ● jm einen Rat geben to advise sb ● jn um Rat fragen to ask sb for advice

rät [rɛːt] präs ▸ raten

Rate [ˈraːtə] (pl -n) die (Zahlung) instalment

raten [ˈraːtn̩] (präs rät, prät riet, pp geraten) vi & vt (erraten) to guess ● jm raten (Rat geben) to advise sb

Ratenzahlung [ˈraːtn̩tsaːlʊŋ] (pl -en) die payment by instalments

Ratgeber [ˈraːtgeːbɐ] (pl inv) der (Buch, Heft) guide

Rathaus [ˈraːthaʊs] (pl -häuser) das town hall

Ration [raˈtsioːn] (pl -en) die ration

rational [ratsioˈnaːl] adj rational

rationalisieren [ratsionaliˈziːrən] vi & vt to rationalize

rationell [ratsioˈnɛl] adj (wirksam) efficient

ratlos [ˈraːtloːs] adj helpless

ratsam ['raːtzaːm] *adj* advisable

Ratschlag ['raːtʃlaːk] (*pl* **-schläge**) *der* piece of advice

Ratschläge ['raːtʃlɛːgə] *pl* advice *sg*

Rätsel ['rɛːtsl̩] (*pl inv*) *das* puzzle

Ratskeller ['raːtskɛlɐ] (*pl inv*) *der* cellar bar underneath a town hall

Ratte ['ratə] (*pl* **-n**) *die* rat

rau [rau] *adj* **1.** rough **2.** *(Klima)* harsh

Raub [raup] *der* robbery

rauben ['raubn̩] *vt (Geld, Gegenstand)* to steal

Raubüberfall ['raupɁyːbɐfal] (*pl* **-fälle**) *der* robbery

Rauch [raux] *der* smoke

rauchen ['rauxn̩] *vi & vt* to smoke ▼ bitte nicht rauchen no smoking please ▼ Rauchen verboten no smoking

Raucher, in ['rauxɐ] (*mpl inv*) *der, die (Person)* smoker

Räucheraal ['rɔʏçaːl] (*pl* **-e**) *der* smoked eel

Raucherabteil ['rauxɐaptail] (*pl* **-e**) *das* smoking compartment

Räucherlachs ['rɔʏçɐlaks] *der* smoked salmon

räuchern ['rɔʏçɐn] *vt* to smoke

Rauchfleisch ['rauxflaiʃ] *das* smoked meat

rauchfrei ['rauxfrai] *adj* ▼ rauchfreie Zone *(in Restaurant)* non-smoking area

Rauchmelder ['rauxmɛldɐ] (*pl inv*) *der* smoke alarm

Rauchverbot ['rauxfɛɐboːt] *das* ban on smoking

rauf [rauf] *adv (fam)* = **herauf**

rauh [rau] *adj* = **rau**

Rauhreif ['rauraif] *der* = **Raureif**

Raum [raum] (*pl* **Räume**) *der* **1.** room **2.** *(Dimension)* space **3.** *(Region)* area

räumen ['rɔʏmən] *vt* **1.** to clear up **2.** *(Straße)* to clear **3.** *(Wohnung, Haus)* to vacate

Raumfähre ['raumfɛːrə] (*pl* **-n**) *die* space shuttle

Raumfahrt ['raumfaːɐt] *die* space travel

Räumlichkeiten ['rɔʏmlɪçkaitn̩] *pl (Gebäude)* premises

Raumpfleger, in ['raumpfleːgɐ] (*mpl inv*) *der, die* cleaner

Raumschiff ['raumʃɪf] (*pl* **-e**) *das* spaceship

Raumtemperatur ['raumtɛmpəratuːɐ] (*pl* **-en**) *die* room temperature

Räumungsarbeiten ['rɔʏmʊŋslarbaitn̩] *pl* clearance work *sg*

Räumungsverkauf ['rɔʏmʊŋsfɛɐkauf] (*pl* **-käufe**) *der* clearance sale

Raupe ['raupə] (*pl* **-n**) *die* **1.** *(Tier)* caterpillar **2.** *(Karussell)* funfair ride shaped like a caterpillar

Raureif ['rauraif] *der* frost

raus [raus] *adv (fam)* ● raus hier! get out! = **heraus**

Rausch [rauʃ] (*pl* **Räusche**) *der* **1.** *(von Alkohol)* intoxication **2.** *(Ekstase)* ecstasy

rauschen ['rauʃn̩] ◇ *vi* **1.** *(Wasser)* to roar **2.** *(Bäume)* to rustle ◇ *vimp* ● es rauscht *(in Telefon)* it's a bad line

Rauschgift ['rauʃgɪft] (*pl* **-e**) *das* drug

rauschgiftsüchtig ['rauʃgɪftzʏçtɪç] *adj* addicted to drugs

raus|fliegen ['rausfliːgən] *vi (unreg) (ist) (fam) (aus Schule, Lokal)* to be thrown out

raus|halten ['raushaltn̩] ◆ sich raushalten *ref (fam)* to stay out of it

raus|kriegen ['rauskriːgn̩] *vt (unreg) (fam) (Geheimnis)* to find out

räuspern ['rɔyspɐn] ♦ **sich räuspern** *ref* to clear one's throat

raus|schmeißen ['raus|ʃmaisn̩] *vt (unreg) (fam)* to throw out

reagieren [rea'giːrən] *vi* to react

Reaktion [reak'tsjoːn] *(pl -en)* die reaction ● **allergische Reaktion** allergic reaction

real [re'aːl] *adj* real

realisieren [reali'ziːrən] *vt* to realize

realistisch [rea'lɪstɪʃ] *adj* realistic

Realität [reali'tɛːt] die reality

Realschule [re'aːlʃuːlə] *(pl -n)* die secondary school for pupils up to the age of 16

Rebe ['reːbə] *(pl -n)* die vine

rebellieren [rebɛ'liːrən] *vi* to rebel

Rebhuhn ['rɛphuːn] *(pl -hühner)* das partridge

Rebstock ['rɛpʃtɔk] *(pl -stöcke)* der vine

rechnen ['rɛçnən] ◇ *vi (mit Zahlen)* to calculate ◇ *vt (Aufgabe)* to work out ● **rechnen mit** *(erwarten)* to expect; *(sich verlassen auf)* to count on ● **damit rechnen, etw zu tun** to expect to do sthg

Rechner ['rɛçnɐ] *(pl inv)* der *(Computer)* computer

Rechnung ['rɛçnʊŋ] *(pl -en)* die 1. *(Rechenaufgabe)* calculation 2. *(für Leistung, für Speisen)* bill (UK), check (US) ● **auf js Rechnung** at sb's expense ● **die Rechnung, bitte!** could I have the bill please?

Rechnungsbetrag ['rɛçnʊŋsbətraːk] *(pl -beträge)* der total amount

recht [rɛçt] ◇ *adj (richtig)* right ◇ *adv (ziemlich)* quite ● **ist Ihnen das recht?** is that all right with you?

Recht [rɛçt] *(pl -e)* das right ● **zu Recht**

rightly ● **jm Recht geben** to agree with sb ● **Recht haben** to be right

rechte, r, s ['rɛçtə] *adj* 1. right 2. *(politisch)* right-wing

Rechte[1] ['rɛçtə] die *(politisch)* right wing

Rechte[2] ['rɛçtə] das *(das Richtige)* right thing

Rechteck ['rɛçtɛk] *(pl -e)* das rectangle

rechteckig ['rɛçtɛkɪç] *adj* rectangular

rechtfertigen ['rɛçtfɛrtɪgn̩] *vt* to justify ♦ **sich rechtfertigen** *ref* to justify o.s.

Rechtfertigung ['rɛçtfɛrtɪgʊŋ] *(pl -en)* die justification

rechthaberisch ['rɛçthaːbərɪʃ] *adj* ● **er ist immer so rechthaberisch** he always thinks he's right

rechtlich ['rɛçtlɪç] *adj* legal

rechts [rɛçts] *adv* 1. *(Seitenangabe)* on the right 2. *(Richtungsangabe)* right ● **rechts sein** *(politisch)* to be right-wing ● **nach rechts** right ● **rechts von jm/etw** to the right of sb/sthg ● **von rechts** from the right

Rechtsabbieger ['rɛçtslapbiːgɐ] *(pl inv)* der car turning right

Rechtsanwalt, wältin ['rɛçtslanvalt] *(mpl -wälte)* der, die lawyer

Rechtschreibung ['rɛçtʃraibʊŋ] die spelling

rechtsherum ['rɛçtshɛrʊm] *adv* to the right

Rechtskurve ['rɛçtskʊrvə] *(pl -n)* die right-hand bend

Rechtsradikale ['rɛçtsradikaːlə] *(pl -n)* der, die right-wing extremist

Rechtsverkehr ['rɛçtsfɛrkeːɐ] der driving on the right

Rechtsweg ['rɛçtsveːk] der *(amt)* legal action

rechtswidrig ['rɛçtsviːdrɪç] *adj* illegal

rechtzeitig ['rɛçtsaitɪç] ◇ *adj* timely ◇ *adv* on time

recyclen [riˈsaikln] *vt* to recycle

Recycling [riˈsaiklɪŋ] *das* recycling

Recyclingpapier [riˈsaiklɪŋpapiːɐ̯] *das* recycled paper

Redakteur, in [redakˈtøːɐ̯] *(mpl -e) der, die* editor

Rede ['reːdə] *(pl -n) die (Vortrag)* talk ● eine Rede halten to make a speech ◇ direkte/indirekte Rede *GRAMM* direct/indirect speech

reden ['reːdn] *vt & vi* to talk ● reden mit to talk to ● reden über (+A) to talk about

Redewendung ['reːdəvɛndʊŋ] *(pl -en) die* idiom

Redner, in ['reːdnɐ] *(mpl inv) der, die* speaker

reduzieren [reduˈtsiːrən] *vt (verringern)* to reduce ◆ sich reduzieren *ref* to decrease

reduziert [reduˈtsiːɐ̯t] *adj* ● reduzierte Ware reduced goods

Reederei [reːdəˈrai] *(pl -en) die* shipping company

Reeperbahn ['reːpɐbaːn] *die street in Hamburg famous for its bars and nightclubs*

Reeperbahn

The *Reeperbahn* is the main street in Hamburg's St. Pauli nightclub and red-light district. Immortalized in the songs of Hans Albers, the street is famous for its bars, nightclubs, amusement arcades, sex shops and strip joints.

reflektieren [reflɛkˈtiːrən] *vt (Licht)* to reflect

Reflex [reˈflɛks] *(pl -e) der (Reaktion)* reflex

Reform [reˈfɔrm] *(pl -en) die* reform

Reformationstag [refɔrmaˈtsjoːnstaːk] *(pl -e) der* Reformation Day *31st October, day on which the Reformation is celebrated*

Reformhaus [reˈfɔrmhaus] *(pl -häuser) das* health food shop

Reformhaus

A *Reformhaus* is a shop that sells health food such as organic and vegetarian products. They also stock natural cosmetics and healthcare products such as essential oils. While similar shops are increasingly common in Britain, they have existed in Germany for much longer.

reformieren [refɔrˈmiːrən] *vt* to reform

Reformkost [reˈfɔrmkɔst] *die* health food

Regal [reˈgaːl] *(pl -e) das* shelves *pl*

Regatta [reˈgata] *(pl -tten) die* regatta

rege ['reːgə] *adj (lebhaft)* lively

Regel ['reːgl] *(pl -n) die* 1. rule 2. *(Menstruation)* period ● in der Regel as a rule

Regelblutung ['reːglbluːtʊŋ] *(pl -en) die* period

regelmäßig ['reːglmɛːsɪç] ◇ *adj* regular ◇ *adv* 1. regularly 2. *(fam) (immer)* always

regeln ['reːgln] *vt* 1. to regulate 2. *(Verhältnisse)* to settle ● etw vertraglich regeln to stipulate sthg in a contract ◆ sich regeln *ref* to sort itself out

Regelung ['reːɡlʊŋ] (*pl* **-en**) *die (Vorschrift)* regulation

Regen ['reːɡn̩] *der* rain ● **bei Regen** if it rains ● **im Regen** in the rain

Regenbogen ['reːɡnˌboːɡn̩] (*pl* **-bögen**) *der* rainbow

Regenfälle ['reːɡnˌfɛlə] *pl* rain *sg*

Regenjacke ['reːɡnˌjakə] (*pl* **-n**) *die* raincoat

Regenmantel ['reːɡnˌmantl̩] (*pl* **-mäntel**) *der* raincoat

Regenrinne ['reːɡnˌrɪnə] (*pl* **-n**) *die* gutter

Regenschauer ['reːɡnˌʃaʊɐ] (*pl inv*) *der* shower

Regenschirm ['reːɡnˌʃɪrm] (*pl* **-e**) *der* umbrella

Regentropfen ['reːɡnˌtrɔpfn̩] (*pl inv*) *der* raindrop

Regenwetter ['reːɡnˌvɛtɐ] *das* rainy weather

Regenwurm ['reːɡnˌvʊrm] (*pl* **-würmer**) *der* earthworm

Regie [re'ʒiː] *die* direction

regieren [re'ɡiːrən] ◇ *vt (Land)* to govern ◇ *vi* **1.** *(König)* to rule **2.** *(Partei, Politiker)* to be in power

Regierung [re'ɡiːrʊŋ] (*pl* **-en**) *die* government

Regierungsbezirk [re'ɡiːrʊŋsbətsɪrk] (*pl* **-e**) *der administrative division of a "Land"*

Regierungssitz [re'ɡiːrʊŋszɪts] (*pl* **-e**) *der* seat of government

Region [re'ɡioːn] (*pl* **-en**) *die* region

regional [reɡio'naːl] ◇ *adj* regional ◇ *adv* ● **regional verschieden** different from region to region

Regionalprogramm [reɡio'naːlproɡram] (*pl* **-e**) *das* regional channel

Regisseur, in [reʒɪsøːɐ̯] (*mpl* **-e**) *der, die* director

registrieren [reɡɪs'triːrən] *vt* **1.** *(wahrnehmen)* to note **2.** *(eintragen)* to register

regnen ['reːɡnən] *vimp* to rain ● **es regnet** it's raining

regnerisch ['reːɡnərɪʃ] *adj* rainy

regulär [reɡuˈlɛːɐ̯] *adj* **1.** regular **2.** *(fam) (normal)* normal

regulieren [reɡu'liːrən] *vt* to regulate

Reh [reː] (*pl* **-e**) *das* **1.** *(Tier)* deer **2.** *(Fleisch)* venison

Rehrücken ['reːrʏkn̩] (*pl inv*) *der* saddle of venison

Reibe ['raɪbə] (*pl* **-n**) *die* grater

Reibekuchen ['raɪbəkuːxn̩] (*pl inv*) *der* potato waffle *(UK)*, ≃ hash browns *(US)*

reiben ['raɪbn̩] (*prät* **rieb**, *pp* **gerieben**) ◇ *vt* **1.** to rub **2.** *(Kartoffeln)* to grate ◇ *vi (scheuern)* to rub ● **sich** *(D)* **die Augen/Hände reiben** to rub one's eyes/hands

Reiberdatschi ['raɪbədatʃi] (*pl inv*) *der (Süddt)* potato waffle *(UK)*, ≃ hash browns *(US)*

reibungslos ['raɪbʊŋsloːs] *adj* smooth

reich [raɪç] *adj* **1.** rich **2.** *(Auswahl)* large ● **reich sein an** *(+D)* to be rich in

Reich [raɪç] (*pl* **-e**) *das* **1.** *(Herrschaftsgebiet)* empire **2.** *(Bereich)* realm

reichen [raɪçn̩] ◇ *vi* **1.** *(genügen)* to be enough **2.** *(räumlich)* to reach ◇ *vt (geben)* to give, to pass ● **jm etw reichen** to pass sthg to sb ● **der Wein reicht nicht** there isn't enough wine ● **jetzt reicht's mir!** *(fam)* I've had enough! ● **das reicht!** *(fam)* that's enough!

reichhaltig [raɪçhaltɪç] *adj* extensive ● **reichhaltiges Essen** rich food

reichlich [raiçliç] ◇ *adj (groß)* large ◇ *adv* 1. *(viel)* plenty of 2. *(ziemlich)* pretty

Reichstag [raiçsta:k] *der German parliament (1867-1945)*

Reichstag

Built between 1881 and 1894, the *Reichstag* served as the parliament of the German Empire. It was set on fire under suspicious circumstances in 1933, an event used by Hitler as an excuse to suspend human rights. During the Third Reich it hosted Nazi propaganda presentations and served as a gynaecological ward during the war. After reunification, the building was rebuilt to incorporate a huge glass dome. It has been the seat of the German parliament again since 1999.

Reichtum [raiçtu:m] *der* wealth

reif [raif] *adj* 1. *(Obst)* ripe 2. *(Person)* mature

Reif [raif] *der (Reauref)* frost

reifen ['raifn] *vi (ist) (Obst)* to ripen

Reifen ['raifn] *(pl inv) der* 1. *(von Auto, Fahrrad)* tyre 2. *(Ring)* hoop • **den Reifen wechseln** to change the tyre

Reifendruck ['raifndrok] *der* tyre pressure

Reifenpanne ['raifnpanə] *(pl -n) die* puncture

Reifenwechsel ['raifnvɛksl] *(pl inv) der* tyre change

Reihe ['raiə] *(pl -n) die* 1. *(Linie)* line 2. *(in Theater, Kino)* row 3. *(in Fernsehen, Radio)* series • **eine Reihe von** *(Menge)* a number of • **in einer Reihe** in a row • **der Reihe nach** in turn • **Sie sind an der Reihe** it's your turn

Reihenfolge ['raiənfɔlgə] *die* order

Reihenhaus ['raiənhaus] *(pl -häuser) das* terraced house

rein [rain] ◇ *adj* 1. *(sauber)* clean 2. *(pur, ungemischt)* pure ◇ *adv* 1. *(ausnahmslos)* purely 2. *(fam) (überhaupt)* absolutely 3. *(fam)* • **komm rein!** come in! = **herein**

rein|fallen ['rainfalən] *vi (unreg) (ist)* 1. *(fam) (hineinfallen)* to fall in 2. *(fam) (getäuscht werden)* to be taken for a ride • **reinfallen auf** (+A) *(fam)* to fall for

reinigen [rainign] *vt* to clean • **chemisch reinigen** to dry-clean

Reiniger [rainigɐ] *(pl inv) der* cleaner

Reinigung [rainigʊŋ] *(pl -en) die* 1. *(Geschäft)* dry cleaner's 2. *(Handlung)* cleaning

Reinigungsmilch [rainigʊŋsmilç] *die* cleansing milk

Reinigungsmittel [rainigʊŋsmitl] *(pl inv) das* cleanser

rein|legen ['rainle:gn] *vt* 1. *(fam) (betrügen, ärgern)* to take for a ride 2. *(hineinlegen)* to put in

rein|reden ['rainre:dn] *vi* • **jm reinreden** *(fam) (ins Wort fallen)* to interrupt sb; *(fam) (beeinflussen)* to interfere with sb

Reis [rais] *der* rice

Reise ['raizə] *(pl -n) die* 1. journey 2. *(kurz)* trip • **eine Reise machen** to go on a journey/trip • **gute Reise!** have a good journey/trip!

Reiseandenken ['raizəlandɛŋkn] *(pl inv) das* souvenir

Reiseapotheke ['raizəlapote:kə] *(pl -n) die* first-aid kit

Reisebegleiter, in ['raɪzəbəɡlaɪtɐ] (*mpl inv*) *der*, *die* travelling companion

Reisebüro ['raɪzəbyːroː] (*pl* **-s**) *das* travel agency

Reisebus ['raɪzəbʊs] (*pl* **-se**) *der* coach

Reiseführer ['raɪzəfyːrɐ] (*pl inv*) *der* **1.** (*Buch*) guide book **2.** (*Person*) guide, courier

Reiseführerin ['raɪzəfyːrərɪn] (*pl* **-nen**) *die* guide, courier

Reisegepäck ['raɪzəɡəpɛk] *das* luggage

Reisegesellschaft ['raɪzəɡəzɛlʃaft] (*pl* **-en**) *die* **1.** (*Gruppe*) group of tourists **2.** (*Firma*) tour operator

Reisegruppe ['raɪzəɡrʊpə] (*pl* **-n**) *die* group of tourists

reisekrank ['raɪzəkraŋk] *adj* travelsick

Reiseleiter, in ['raɪzəlaɪtɐ] (*mpl inv*) *der*, *die* guide, courier

reiselustig ['raɪzəlʊstɪç] *adj* fond of travelling

reisen ['raɪzn̩] *vi* (*ist*) to travel ● **reisen nach** to go to

Reisende ['raɪzndə] (*pl* **-n**) *der*, *die* traveller ● **Reisende in Richtung Frankfurt** passengers travelling to Frankfurt

Reisepass ['raɪzəpas] (*pl* **-pässe**) *der* passport

Reiseproviant ['raɪzəprovɪant] *der* food for the journey

Reiseroute ['raɪzəruːtə] (*pl* **-n**) *die* route

Reiseruf ['raɪzəruːf] (*pl* **-e**) *der* emergency announcement broadcast over the radio

Reisescheck ['raɪzəʃɛk] (*pl* **-s**) *der* traveller's cheque

Reisetasche ['raɪzətaʃə] (*pl* **-n**) *die* travel bag

Reiseunternehmen ['raɪzəʊntɐneːmən] (*pl inv*) *das* tour operator

Reiseveranstalter ['raɪzəfɛɐanʃtaltɐ] (*pl inv*) *der* tour operator

Reiseverkehr ['raɪzəfɛɐkeːɐ] *der* holiday traffic

Reiseversicherung ['raɪzəfɛɐzɪçərʊŋ] (*pl* **-en**) *die* travel insurance

Reisewetterbericht ['raɪzəvɛtɐbərɪçt] (*pl* **-e**) *der* holiday weather forecast

Reisezeit ['raɪzətsaɪt] (*pl* **-en**) *die* journey time

Reiseziel ['raɪzətsiːl] (*pl* **-e**) *das* destination

reißen ['raɪsn̩] (*prät* **riss**, *pp* **gerissen**) ◇ *vi* (*ist*) (*zerreißen*) to break ◇ *vt* (*hat*) (*ziehen*) to pull ◇ *vt* (*hat*) **1.** (*ziehen, wegziehen*) to pull **2.** (*zerreißen*) to tear ● **an etw** (*D*) **reißen** to pull sthg ◆ **sich reißen** *ref* ● **sich reißen um** to scramble for

Reißverschluss ['raɪsfɛɐʃlɔs] (*pl* **-schlüsse**) *der* zip (*UK*), zipper (*US*)

Reißzwecke ['raɪstsvɛkə] (*pl* **-n**) *die* drawing pin (*UK*), thumbtack (*US*)

reiten ['raɪtn̩] (*prät* **ritt**, *pp* **geritten**) *vt & vi* (*hat & ist*) to ride ● **auf einem Pferd reiten** to ride a horse

Reiter, in ['raɪtɐ] (*mpl inv*) *der*, *die* rider

Reitpferd ['raɪtpfeːɐt] (*pl* **-e**) *das* horse (*for riding*)

Reitsport ['raɪtʃpɔrt] *der* riding

Reitstall ['raɪtʃtal] (*pl* **-ställe**) *der* riding stable

Reitweg ['raɪtveːk] (*pl* **-e**) *der* bridle path

Reiz [raɪts] (*pl* **-e**) *der* **1.** (*physikalisch*) stimulus **2.** (*Schönheit*) attraction

reizen ['raɪtsn̩] ◇ *vt* **1.** (*verlocken*) to tempt **2.** (*provozieren*) to annoy **3.** (*Augen, Magen*) to irritate ◇ *vi* ● **es reizt zum**

Lachen it makes you want to laugh

reizend ['raitsnt] *adj* charming

Reizung ['raitsʊŋ] (*pl* **-en**) die (von Schleimhaut, Magen) irritation

reizvoll ['raitsfɔl] *adj* (schön) attractive

Reklamation [reklama'tsi̯oːn] (*pl* **-en**) die complaint

Reklame [re'klaːmə] die advertising

reklamieren [rekla'miːrən] *vt* (Ware, Service) to complain about

Rekord [re'kɔrt] (*pl* **-e**) der record

relativ ['relatiːf] ◇ *adj* relative ◇ *adv* relatively

relaxen [ri'leksn] *vi* (fam) to relax

relevant [rele'vant] *adj* relevant

Religion [reli'gi̯oːn] (*pl* **-en**) die **1.** religion **2.** (Schulfach) religious education

Relikt [re'lɪkt] (*pl* **-e**) das relic

Reling ['reːlɪŋ] die rail

remis [rə'miː] *adv* ● **remis enden** to end in a draw

Remoulade [remu'laːdə] (*pl* **-n**) die remoulade sauce of eggs, oil and herbs

Renaissance [rənɛˈsãːs] die Renaissance

Rendezvous [rãdeˈvuː] (*pl inv*) das rendezvous

Rennbahn ['rɛnbaːn] (*pl* **-en**) die racetrack

rennen ['rɛnən] (prät **rannte**, pp **gerannt**) *vi* (ist) **1.** (laufen) to run **2.** (fam) (gehen) to go

Rennen ['rɛnən] (*pl inv*) das **1.** racing **2.** (Veranstaltung) race

Rennfahrer, in ['rɛnfaːrɐ] (*mpl inv*) der, die racing driver

Rennrad ['rɛnraːt] (*pl* **-räder**) das racing bike

Rennsport ['rɛnʃpɔrt] der racing

Rennwagen ['rɛnvaːgn] (*pl inv*) der racing car

renommiert [rənɔˈmiːɐt] *adj* famous

renovieren [reno'viːrən] *vt* to renovate

Renovierung [reno'viːrʊŋ] (*pl* **-en**) die renovation ▼ **wegen Renovierung geschlossen** closed for alterations

Rente ['rɛntə] (*pl* **-n**) die (Pension) pension

Rentner, in ['rɛntnɐ] (*mpl inv*) der, die pensioner

Reparatur [repara'tuːɐ] (*pl* **-en**) die repair

Reparaturdienst [repara'tuːɐdiːnst] (*pl* **-e**) der repair service

Reparaturkosten [repara'tuːɐkɔstn] *pl* repair costs

Reparaturwerkstatt [repara'tuːɐverkʃtat] (*pl* **-stätten**) die garage

reparieren [repa'riːrən] *vt* to repair

Reportage [repɔr'taːʒə] (*pl* **-n**) die report

Reporter, in [re'pɔrtɐ] (*mpl inv*) der, die reporter

repräsentativ [reprezɛnta'tiːf] *adj* **1.** representative **2.** (Wagen, Villa) imposing

Republik [repu'bliːk] (*pl* **-en**) die republic

Reserve [re'zɛrvə] (*pl* **-n**) die **1.** (Vorrat) reserve **2.** SPORT reserves *pl* ● **etw in Reserve haben** to have sthg in reserve

Reservekanister [re'zɛrvəkanɪstɐ] (*pl inv*) der spare can

Reserverad [re'zɛrvəraːt] (*pl* **-räder**) das spare wheel

Reservereifen [re'zɛrvəraifn] (*pl inv*) der spare tyre

Reservespieler, in [re'zɛrvəʃpiːlɐ] (*mpl inv*) der, die reserve

reservieren [rezɛr'viːrən] *vt* to reserve

reserviert [rezɛrˈviːɐt] *adj* reserved

Reservierung [rezɛrˈviːruŋ] (*pl* **-en**) *die* reservation

resignieren [rezɪˈgniːrən] *vi* to give up

Respekt [reˈspɛkt] *der* 1. *(Achtung)* respect 2. *(Angst)* fear

respektieren [respɛkˈtiːrən] *vt* to respect

Rest [rɛst] (*pl* -e) *der* rest

Restaurant [rɛstoˈrãː] (*pl* -s) *das* restaurant

Restbetrag [ˈrɛstbətraːk] (*pl* **-träge**) *der* balance

Restgeld [ˈrɛstgɛlt] *das* ▼ kein Restgeld no change ▼ Restgeld wird erstattet change given

restlich [ˈrɛstlɪç] *adj* remaining

restlos [ˈrɛstloːs] *adv* completely

Resturlaub [ˈrɛstluˑɐlaup] *der* remaining holidays *pl*

Resultat [rezʊlˈtaːt] (*pl* -e) *das* result

retten [ˈrɛtn̩] *vt* 1. to save 2. *(aus Gefahr)* to rescue ◆ **sich retten** *ref* to escape

Retter, in [ˈrɛtɐ] (*mpl* **Retter**) *der, die* rescuer

Rettich [ˈrɛtɪç] (*pl* -e) *der* radish

Rettung [ˈrɛtʊŋ] (*pl* **-en**) *die (Handlung)* rescue

Rettungsboot [ˈrɛtʊŋsboːt] (*pl* -e) *das* lifeboat

Rettungsdienst [ˈrɛtʊŋsdiːnst] (*pl* -e) *der* emergency services *pl*

Rettungsring [ˈrɛtʊŋsrɪŋ] (*pl* -e) *der* life belt

Rettungswagen [ˈrɛtʊŋsvaːgn̩] (*pl* *inv*) *der* ambulance

Revier [reˈviːɐ] (*pl* -e) *das (Bezirk)* district

Revolution [revoluˈtsioːn] (*pl* **-en**) *die* revolution

Revolver [reˈvɔlvɐ] (*pl* *inv*) *der* revolver

Revue [reˈvyː] (*pl* -n) *die* revue

Rezept [reˈtsɛpt] (*pl* -e) *das* 1. *(für Gericht)* recipe 2. *(für Medikament)* prescription ● nur gegen Rezept only on prescription

rezeptfrei [reˈtsɛptfrai] *adj* available without a prescription

Rezeption [retsɛpˈtsioːn] (*pl* **-en**) *die (im Hotel)* reception

rezeptpflichtig [reˈtsɛptpflɪçtɪç] *adj* available only on prescription

R-Gespräch [ɛːrˈgəʃprɛːç] (*pl* -e) *das* reverse charge call *(UK)*, collect call *(US)*

Rhabarber [raˈbarbɐ] *der* rhubarb

Rhein [rain] *der* ● der Rhein the Rhine

rheinisch [ˈrainɪʃ] *adj* Rhenish

Rheinland [ˈrainlant] *das* Rhineland

Rheinland-Pfalz [ˈrainlant-ˈpfalts] *nt* Rhineland-Palatinate

Rheinwein [ˈrainvain] (*pl* -e) *der* Rhine wine, hock *(UK)*

rhetorisch [reˈtoːrɪʃ] *adj* rhetorical

Rheuma [ˈrɔyma] *das* rheumatism

Rhythmus [ˈrytmʊs] (*pl* **Rhythmen**) *der* rhythm

Ribis(e)l [ˈriːbiːzl̩] (*pl* *inv* ODER -n) *die* 1. *(Österr) (rot)* redcurrant 2. *(schwarz)* blackcurrant

richten [ˈrɪçtn̩] ◇ *vt* to direct ◇ *vi (urteilen)* to judge ◆ **sich richten** *ref (in Richtung)* to be directed ● sich nach den Vorschriften richten to go by the rules

Richter, in [ˈrɪçtɐ] (*mpl* *inv*) *der, die* judge

Richtgeschwindigkeit [ˈrɪçtgəʃvɪndɪçkait] *die* recommended speed limit

richtig [ˈrɪçtɪç] ◇ *adj* 1. right 2. *(echt)* real ◇ *adv* 1. *(fam) (wirklich)* really 2. *(korrekt)* correctly ● **bin ich hier richtig?** am I in the right place? ● **meine Uhr geht richtig** my watch is right

richtig stellen ['rɪçtɪçʃtɛlən] *vt* to correct

Richtlinie ['rɪçtliːnjə] (*pl* **-n**) *die* guideline

Richtpreis ['rɪçtprais] (*pl* **-e**) *der* recommended price

Richtung ['rɪçtʊŋ] (*pl* **-en**) *die* direction ● **alle Richtungen** all routes ● **in Richtung Berlin fahren** to travel towards Berlin ● **in Richtung Süden** southwards

riechen ['riːçn] (*prät* **roch**, *pp* **gerochen**) *vt & vi* to smell ● **riechen nach** to smell of ● **es riecht nach ...** there is a smell of ... ● **an etw (D) riechen** to smell sthg

rief [riːf] *prät* ➤ **rufen**

Riegel ['riːgl] (*pl* **-**) *der* **1.** (*Verschluss*) bolt **2.** (*Süßigkeit*) bar

Riemen ['riːmən] (*pl inv*) *der* (*Band*) strap

rieseln ['riːzln] *vi* (*ist*) **1.** (*Wasser*) to trickle **2.** (*Schnee*) to float down

riesengroß [riːzngroːs] *adj* enormous

Riesenrad [riːznraːt] (*pl* **-räder**) *das* big wheel

Riesenslalom [riːznslaːlɔm] *der* giant slalom

riesig ['riːzɪç] *adj* (*Person, Gegenstand*) enormous ● **ich hab' riesigen Hunger** (*fam*) I'm starving

Riesling ['riːslɪŋ] (*pl* **-e**) *der* Riesling (*white wine*)

riet [riːt] *prät* ➤ **raten**

Riff [rɪf] (*pl* **-e**) *das* reef

Rille ['rɪlə] (*pl* **-n**) *die* groove

Rind [rɪnt] (*pl* **-er**) *das* **1.** (*Tier*) cow **2.** (*Fleisch*) beef

Rinde ['rɪndə] (*pl* **-n**) *die* **1.** (*von Brot*) crust **2.** (*von Käse*) rind **3.** (*von Bäumen*) bark

Rinderbraten ['rɪndɐbraːtn] (*pl inv*) *der* (joint of) roast beef

Rindfleisch ['rɪntflaiʃ] *das* beef

Ring [rɪŋ] (*pl* **-e**) *der* **1.** ring **2.** (*Straße*) ring road

Ringbuch ['rɪŋbuːx] (*pl* **-bücher**) *das* ring binder

ringen ['rɪŋən] (*prät* **rang**, *pp* **gerungen**) *vi* to wrestle

Ringer, in ['rɪŋɐ] (*mpl inv*) *der, die* wrestler

Ringkampf ['rɪŋkampf] (*pl* **-kämpfe**) *der* (*im Sport*) wrestling match

rings [rɪŋs] ● **ringsum** *präp* all around

ringsherum ['rɪŋshɛrʊm] *adv* all around

Ringstraße ['rɪŋʃtraːsə] (*pl* **-n**) *die* ring road

ringsum ['rɪŋsʊm] *adv* all around

rinnen ['rɪnən] (*prät* **rann**, *pp* **geronnen**) *vi* (*ist*) to run

Rinnstein ['rɪnʃtain] (*pl* **-e**) *der* gutter

Rippchen ['rɪpçən] (*pl inv*) *das* slightly smoked pork rib

Rippe ['rɪpə] (*pl* **-n**) *die* (*Knochen*) rib

Rippenfellentzündung ['rɪpnfɛlɛntsyndʊŋ] (*pl* **-en**) *die* pleurisy

Risiko ['riːziko:] (*pl* **-ken**) *das* risk ● **auf eigenes Risiko** at one's own risk ▼ **zu Risiken und Nebenwirkungen** MED possible risks and side-effects

riskant [rɪsˈkant] *adj* risky

riskieren [rɪsˈkiːrən] *vt* to risk

riss [rɪs] *prät* ➤ **reißen**

Riss [rɪs] (*pl* **-e**) *der* **1.** (*in Stoff*) tear **2.** (*in Holz, Wand*) crack

rissig ['rɪsɪç] *adj* cracked

ritt [rɪt] *prät* ➤ reiten

Ritt [rɪt] (*pl* **-e**) *der* ride

Ritter ['rɪtɐ] (*pl inv*) *der* knight

ritzen ['rɪtsn̩] *vt* (gravieren) to carve

Rivale [ri'vaːlə] (*pl* **-n**) *der* rival

Rivalin [ri'vaːlɪn] (*pl* **-nen**) *die* rival

Roastbeef ['roːstbiːf] (*pl* **-s**) *das* roast beef

Roboter ['roboter] (*pl inv*) *der* robot

robust [ro'bust] *adj* robust

roch [rɔx] *prät* ➤ riechen

Rock¹ [rɔk] (*pl* **Röcke**) *der* (Kleidungsstück) skirt

Rock² [rɔk] *der* (Musik) rock

Rockmusik ['rɔkmuziːk] *die* rock music

Rodelbahn ['roːdl̩baːn] (*pl* **-en**) *die* toboggan run

rodeln ['roːdl̩n] *vi* (ist) to toboggan

Roggen ['rɔgn̩] *der* rye

Roggenbrot ['rɔgn̩broːt] (*pl* **-e**) *das* rye bread

roh [roː] ◇ *adj* **1.** raw **2.** (Person) rough ◇ *adv* (behandeln) roughly ● **etw roh essen** to eat sthg raw

Rohkost ['roːkɔst] *die* raw fruit and vegetables *pl*

Rohr [roːɐ] (*pl* **-e**) *das* **1.** (für Wasser, Gas) pipe **2.** (Schilfrohr) reed **3.** (für Möbel, Körbe) cane, wicker

Rohrbruch ['roːɐbrʊx] (*pl* **-brüche**) *der* burst pipe

Rohrzucker ['roːɐtsʊkɐ] *der* cane sugar

Rokoko ['rɔkoko] *das* rococo

Rollbahn ['rɔlbaːn] (*pl* **-en**) *die* runway

Rollbraten ['rɔlbraːtn̩] (*pl inv*) *der* roast

Rolle ['rɔlə] (*pl* **-n**) *die* **1.** roll **2.** (Funktion, im Film, Theater) role **3.** (Rad) castor ● **es spielt keine Rolle** it doesn't matter

rollen ['rɔlən] *vt & vi* (hat) (ist) to roll

Roller ['rɔlɐ] (*pl inv*) *der* scooter

Rollerskates ['rɔlɐskeːts] *pl* rollerskates

Rollkragen ['rɔlkraːgn̩] (*pl inv*) *der* polo neck

Rollkragenpullover ['rɔlkraːgn̩pʊloːvɐ] (*pl inv*) *der* polo neck (jumper)

Rollladen ['rɔlaːdn̩] (*pl* **-läden**) *der* (vor Fenster) shutters *pl*

Rollmops ['rɔlmɔps] (*pl* **-möpse**) *der* rollmop rolled-up pickled herring

Rollo [rɔ'loː] (*pl* **-s**) *das* roller blind

Rollschuh ['rɔlʃuː] (*pl* **-e**) *der* roller skate

Rollschuhfahrer, in ['rɔlʃuːfaːrɐ] (*mpl inv*) *der, die* roller-skater

Rollsplit ['rɔlʃplɪt] *der* loose chippings *pl*

Rollstuhl ['rɔlʃtuːl] (*pl* **-stühle**) *der* wheelchair

Rollstuhlfahrer, in ['rɔlʃtuːlfaːrɐ] (*mpl inv*) *der, die* wheelchair user

Rolltreppe ['rɔltrɛpə] (*pl* **-n**) *die* escalator

Roman [ro'maːn] (*pl* **-e**) *der* novel

romanisch [ro'maːnɪʃ] *adj* **1.** (Bauwerk, Kunst) Romanesque **2.** (Sprache) Romance

Romantik [ro'mantɪk] *die* Romanticism

romantisch [ro'mantɪʃ] *adj* **1.** romantic **2.** (Kunst) Romantic

römisch-katholisch ['røːmɪʃ-ka'toːlɪʃ] *adj* Roman Catholic

Rommé ['rɔmeː] *das* rummy

röntgen ['rœntgn̩] *vt* to X-ray

Röntgenaufnahme ['rœntgn̩aufnaːmə] (*pl* **-n**) *die* X-ray

rosa ['roːza] *adj* pink

Rose ['roːzə] (*pl* **-n**) *die* rose

Rosenkohl ['roːznkoːl] *der* (Brussels) sprouts *pl*

Rosenmontag ['roːznmoːntaːk] (*pl* **-e**)

der day before Shrove Tuesday

Roséwein [ro'ze:vain] *(pl -e) der* rosé (wine)

Rosine [ro'zi:nə] *(pl -n) die* raisin

Rost [rɔst] *(pl -e) der* 1. *(auf Metall)* rust 2. *(Gitter)* grating

Rostbratwurst ['rɔstbratvʊrst] *(pl -würste) die* ● *(Thüringer)* Rostbratwurst Thuringian grilled sausage

rosten ['rɔstn] *vi (hat) (ist)* to rust

rösten ['rø:stn] *vt* 1. to roast 2. *(Brot)* to toast

rostfrei ['rɔstfrai] *adj (Stahl)* stainless

Rösti ['rø:sti] *pl (Schweiz)* fried potato pancake

rostig ['rɔstɪç] *adj* rusty

Rostschutzmittel ['rɔstʃʊtsmɪtl] *(pl inv) das* rust-proofing agent

rot [ro:t] *(komp* **röter** ODER **roter,** *superl* **röteste** ODER **roteste)** *adj* red ● in den roten Zahlen sein to be in the red

Rot [ro:t] *das* red ▼ bei Rot hier halten stop here when red light shows

Rote Kreuz ['ro:tə'krɔyts] *das* Red Cross

Röteln ['rø:tln] *pl* German measles *sg*

rothaarig ['ro:tha:rɪç] *adj* red-haired

rotieren [ro'ti:rən] *vi* 1. to rotate 2. *(fam) (Person)* to be in a flap

Rotkohl ['ro:tko:l] *der* red cabbage

Rotkraut ['ro:tkraut] *das* red cabbage

Rotlicht ['ro:tlɪçt] *das (rote Lampe)* red light

Rotlichtviertel ['ro:tlɪçtvɪrtl] *(pl inv) das* red light district

Rotwein ['ro:tvain] *(pl -e) der* red wine

Rouge [ru:ʒ] *(pl -s) das* blusher

Roulade [ru'la:də] *(pl -n) die* ≃ beef olive

Roulette [ru'lɛ:t] *(pl -s) das* roulette

Route ['ru:tə] *(pl -n) die* route

Routine [ru'ti:nə] *die* 1. experience 2. *(Gewohnheit)* routine

Rubbellos ['rʊbllo:s] *(pl -e) das* lottery scratch card

rubbeln ['rʊbln] *vi* to rub

Rübe ['ry:bə] *(pl -n) die* turnip

rüber ['ry:bɐ] *adv (fam)* = herüber

Rubin [ru'bi:n] *(pl -e) der* ruby

Rubrik [ru'bri:k] *(pl -en) die (Spalte)* column

Rückantwort ['rʏklantvɔrt] *(pl -en) die* reply

Rückbank ['rʏkbaŋk] *(pl -bänke) die* back seat ● umklappbare Rückbank folding back seat

rücken ['rʏkn] *vt & vi (hat) (ist)* to move ● nach links/rechts rücken to move to the left/right ● rück mal! move up!

Rücken ['rʏkn] *(pl inv) der* 1. back 2. *(von Buch)* spine

Rückenlage ['rʏknla:gə] *die* ● in Rückenlage (lying) on one's back

Rückenlehne ['rʏknle:nə] *(pl -n) die* back *(of chair)*

Rückenschmerzen ['rʏknʃme:ɐtsn] *pl* backache *sg*

Rückenschwimmen ['rʏknʃvɪmən] *das* backstroke

Rückenwind ['rʏknvɪnt] *der* tailwind

Rückerstattung ['rʏklɛɐʃtatʊŋ] *(pl -en) die* reimbursement

Rückfahrkarte ['rʏkfa:ɐkartə] *(pl -n) die* return (ticket) *(UK)*, round-trip (ticket) *(US)*

Rückfahrt ['rʏkfa:ɐt] *(pl -en) die* return journey

Rückfall ['rʏkfal] *(pl -fälle) der (Krankheit)* relapse

Rückflug ['rykfluːk] (*pl* **-flüge**) *der* return flight

Rückfrage ['rykfraːgə] (*pl* **-n**) *die* question

Rückgabe ['rykgaːbə] *die* return ● **gegen Rückgabe** on return

Rückgabeknopf ['rykgaːbəknɔpf] (*pl* **-knöpfe**) *der* coin return button

Rückgaberecht ['rykgaːbərɛçt] *das right to return goods if not satisfied*

rückgängig ['rykgɛŋɪç] *adv* ● **etw rückgängig machen** to cancel sthg

Rückgrat ['rykgraːt] (*pl* **-e**) *das* (*Körperteil*) spine

Rückkehr ['rykkeːɐ̯] *die* return

rückläufig ['ryklɔyfɪç] *adj* declining

Rücklicht ['ryklɪçt] (*pl* **-er**) *das* rear light

Rückporto ['rykpɔrto] *das* return postage

Rückreise ['rykraɪzə] (*pl* **-n**) *die* return journey

Rückreiseverkehr ['rykraɪzəfɛɐ̯keːɐ̯] *der* homeward traffic

Rückruf ['rykruːf] (*pl* **-e**) *der* (*per Telefon*) return call

Rucksack ['rʊkzak] (*pl* **-säcke**) *der* rucksack

Rucksacktourist, in ['rʊkzaktʊrɪst] (*mpl* **-en**) *der, die* backpacker

Rückschritt ['rykʃrɪt] (*pl* **-e**) *der* step backwards

Rückseite ['rykzaɪtə] (*pl* **-n**) *die* back

Rücksicht ['rykzɪçt] (*pl* **-en**) *die* consideration ● **Rücksicht nehmen auf** (*+A*) to show consideration for

rücksichtslos ['rykzɪçtsloːs] *adj* inconsiderate

rücksichtsvoll ['rykzɪçtsfɔl] *adj* considerate

Rücksitz ['rykzɪts] (*pl* **-e**) *der* back seat

Rückspiegel ['rykʃpiːgl] (*pl* **inv**) *der* rearview mirror

Rückstand ['rykʃtant] *der SPORT* ● **sie sind mit 16 Punkten im Rückstand** they are 16 points behind

Rückstau ['rykʃtaʊ] (*pl* **-s**) *der* tailback

Rückstrahler ['rykʃtraːlɐ] (*pl* **inv**) *der* reflector

Rückvergütung ['rykfɛɐ̯gyːtʊŋ] (*pl* **-en**) *die* refund

rückwärts ['rykvɛrts] *adv* backwards

Rückwärtsgang ['rykvɛrtsgaŋ] *der* reverse (gear)

Rückweg ['rykveːk] (*pl* **-e**) *der* way back ● **auf dem Rückweg** on the way back

rückwirkend ['rykvɪrkənd] *adj* retroactive

Rückzahlung ['rykʦaːlʊŋ] (*pl* **-en**) *die* repayment

Rückzahlungsbetrag ['rykʦaːlʊŋsbətraːk] (*pl* **-beträge**) *der* repayment

rüde ['ryːdə] *adj* rude

Rüde ['ryːdə] (*pl* **-n**) *der* (male) dog

Ruder ['ruːdɐ] (*pl* **inv**) *das* 1. (*zum Rudern*) oar 2. (*zum Steuern*) rudder

Ruderboot ['ruːdəboːt] (*pl* **-e**) *das* rowing boat

Ruderer ['ruːdərɐ] (*pl* **inv**) *der* rower

Ruderin ['ruːdərɪn] (*pl* **-nen**) *die* rower

rudern ['ruːdɐn] *vi* (*ist*) (*mit Boot*) to row

Ruf [ruːf] (*pl* **-e**) *der* 1. (*Rufen*) call 2. (*Image*) reputation

rufen ['ruːfn̩] (*prät* **rief**, *pp* **gerufen**) *vt & vi* to call ● **um Hilfe rufen** to call for help

Rufname ['ruːfnaːmə] (*pl* **-n**) *der* first name

Rufnummer ['ruːfnʊmɐ] (*pl* **-n**) *die* telephone number

Ruhe ['ru:ə] *die* 1. *(Stille)* silence 2. *(von Person)* calm 3. *(eines Ortes)* peacefulness
● **jn in Ruhe lassen** to leave sb in peace
● **Ruhe bitte!** quiet, please!

ruhen ['ru:ən] *vi* to rest

Ruhestand ['ru:əʃtant] *der* retirement

Ruhestörung ['ru:əʃtøːrʊŋ] *(pl -en) die* breach of the peace ● **nächtliche Ruhestörung** breach of the peace at night

Ruhetag ['ru:ataːk] *(pl -e) der* closing day ▼ **montags Ruhetag** closed on Mondays

ruhig ['ru:ɪç] ◇ *adj* 1. quiet 2. *(unbewegt)* still 3. *(gelassen)* calm ◇ *adv* 1. quietly 2. *(unbeweglich)* still 3. *(gelassen)* calmly ● **mach das ruhig** do it, by all means

Rührei ['ryːɐlai] *(pl -er) das* scrambled egg

rühren ['ryːrən] ◇ *vt* 1. *(mit Löffel)* to stir 2. *(Person)* to move ◇ *vi* ● **rühren von** to come from ● **sich rühren** *ref (sich bewegen)* to move

Ruhrgebiet ['ruːɐgəbiːt] *nt* the Ruhr

Rührteig ['ryːɐtaik] *(pl -e) der* cake mixture

Ruine [ru'iːnə] *(pl -n) die* ruin

ruinieren [rui'niːrən] *vt* to ruin ● **sich ruinieren** *ref* to ruin o.s.

rülpsen ['rylpsn] *vi* to belch

rum [rʊm] *adv (fam)* = **herum**

Rum *der* rum

rumkriegen ['rʊmkriːgn] *vt* 1. *(fam) (Person)* to talk round 2. *(Zeit)* to pass

Rummel ['rʊml] *der* 1. *(fam) (Theater)* fuss 2. *(Trubel)* bustle

Rummelplatz ['rʊmlplats] *(pl -plätze) der* fairground

rumoren [ru'moːrən] *vi* to rumble

Rumpf [rʊmpf] *(pl Rümpfe) der (Körperteil)* trunk

Rumpsteak ['rʊmpsteːk] *(pl -s) das* rump steak

Rumtopf ['rʊmtɔpf] *(pl -töpfe) der* fruit soaked for a long time in rum

rund [rʊnt] ◇ *adj* 1. round 2. *(dick)* plump ◇ *adv* 1. *(ungefähr)* about 2. *(im Kreis)* around ● **rund 500 Leute** about 500 people ● **rund um** around ● **rund um den Tisch** round the table

Runde ['rʊndə] *(pl -n) die* 1. *(Gang)* walk 2. *(Rennen)* lap 3. *(von Personen)* group ● **eine Runde ausgeben** to buy a round

Rundfahrt ['rʊntfaːɐt] *(pl -en) die* tour

Rundflug ['rʊntfluːk] *(pl -flüge) der* sightseeing flight

Rundfunk ['rʊntfʊŋk] *der* radio

Rundfunkmeldung ['rʊntfʊŋkmɛldʊŋ] *(pl -en) die* radio report

Rundfunkprogramm ['rʊntfʊŋkprogram] *(pl -e) das* radio programme

Rundgang ['rʊntgaŋ] *(pl -gänge) der (Spaziergang)* walk

rundherum ['rʊntherʊm] *adv* 1. *(ringsherum)* all around 2. *(ganz)* completely

Rundreise ['rʊntraizə] *(pl -n) die* tour

Rundwanderweg ['rʊntvandɐveːk] *(pl -e) der* circular path

runter ['rʊntɐ] *adv (fam)* = **herunter**

Ruß [ruːs] *der* the soot

Russe ['rʊsə] *(pl -n) der* Russian

Russin ['rʊsɪn] *(pl -nen) die* Russian

russisch ['rʊsɪʃ] *adj* Russian

Russisch(e) ['rʊsɪʃ(ə)] *das* Russian

Russland ['rʊslant] *nt* Russia

rustikal [rʊsti'kaːl] *adj* rustic

Rüstung ['rʏstʊŋ] *(pl -en) die* 1. *(für Militär)* arms *pl* 2. *(von Rittern)* armour

Rutsch [rʊtʃ] *der* ● **guten Rutsch!** happy New Year!

Rutschbahn ['rʊtʃbaːn] (*pl* **-en**) *die* slide

rutschen ['rʊtʃn] *vi* (*ist*) **1.** (*ausrutschen*) to slip **2.** (*gleiten*) to slide **3.** (*fam*) (*zur Seite rücken*) to move over **4.** (*Hose*) to slip down

rutschfest ['rʊtʃfɛst] *adj* non-slip

rutschig ['rʊtʃɪç] *adj* slippery

rütteln ['rʏtln] *vt* to shake

ss

s. *abk* = **siehe**

S [ɛs] (*abk für Süd*) S

S. (*abk für Seite*) p.

Saal ['zaːlə] (*pl* **Säle**) *der* hall

Saarland ['zaːɐlant] *das* Saarland

Säbel ['zɛːbl] (*pl inv*) *der* sabre

sabotieren [zabo'tiːrən] *vt* to sabotage

Sachbearbeiter, in ['zaxbəarbaitɐ] (*mpl inv*) *der*, *die* employee in charge of a particular matter

Sache ['zaxə] (*pl* **-n**) *die* **1.** thing **2.** (*Angelegenheit*) matter ● **das ist meine Sache** that's my business ● **bei der Sache bleiben** to keep to the point ● **zur Sache kommen** to get to the point ◆ **Sachen** *pl* (*Kleidung*) things

Sachertorte ['zaxɐtɔrtə] (*pl* **-n**) *die* chocolate cake

sachkundig ['zaxkʊndɪç] *adj* well-informed

Sachlage ['zaxlaːgə] *die* situation

sachlich ['zaxlɪç] ◇ *adj* **1.** (*Person, Argument*) objective **2.** (*Gründe*) practical ◇ *adv* (*argumentieren*) objectively

sächlich ['zɛçlɪç] *adj* GRAMM neuter

Sachschaden ['zaxʃaːdn] (*pl* **-schäden**) *der* material damage

Sachsen ['zaksn] *nt* Saxony

Sachsen-Anhalt ['zaksn-anhalt] *nt* Saxony-Anhalt

sacht ['zaxt] *adj* (*Berührung*) gentle

Sachverständige ['zaxfɛɐʃtɛndɪgə] (*pl* **-n**) *der*, *die* expert

Sack [zak] (*pl* **Säcke**) *der* (*Verpackung*) sack

Sackgasse ['zakgasə] (*pl* **-n**) *die* dead end

Safe [seːf] (*pl* **-s**) *der* safe

Saft [zaft] (*pl* **Säfte**) *der* juice

saftig ['zaftɪç] *adj* juicy

Säge ['zɛːgə] (*pl* **-n**) *die* saw

sagen ['zaːgn] *vt* **1.** to say **2.** (*befehlen*) to tell **3.** (*bedeuten*) to mean ● **jm etw sagen** to tell sb sthg ● **sagen zu** to say to ● **sag mal!** tell me ● **was sagst du dazu?** what do you think about that? ● **das kann man wohl sagen!** you can say that again! ● **sag bloß!** you don't say!

sägen ['zɛːgn] *vt & vi* to saw

sah [zaː] *prät* > **sehen**

Sahne ['zaːnə] *die* cream

Sahnequark ['zaːnəkvark] *der* cream curd cheese

Sahnetorte ['zaːnətɔrtə] (*pl* **-n**) *die* gâteau

sahnig ['zaːnɪç] *adj* creamy

Saison [sɛ'zɔŋ] (*pl* **-s**) *die* season

Sakko [zako] (*pl* **-s**) *das* jacket

Salami [za'laːmi] (*pl* **-s**) *die* salami

Salat [za'laːt] (*pl* **-e**) *der* **1.** (*Pflanze*)

lettuce **2.** *(Gericht)* salad • **grüner Salat** green salad

Salatbar [za'la:tba:ɐ̯] *(pl* **-s)** *die* salad bar

Salatsoße [za'la:tzo:sə] *(pl* **-n)** *die* salad dressing

Salatteller [za'la:tɛlɐ] *(pl inv)* der plate of salad

Salbe ['zalbə] *(pl* **-n)** *die* ointment

Salmonellenvergiftung [zalmo'nɛlənfɛɐ̯ɡɪftʊŋ] *(pl* **-en)** *die* salmonella (poisoning)

Salon [sa'lɔŋ] *(pl* **-s)** der *(Geschäft)* salon

Salz [zalts] *(pl* **-e)** *das* salt

Salzburg ['zaltsbʊrk] *nt* Salzburg

Salzburger Festspiele ['zaltsbʊrɡɐ'fɛstʃpiːlə] *pl* music and theatre festival held in Salzburg

Salzburger Festspiele

The Salzburg festival is a classical music and theatre festival that was founded in 1920. The music is predominantly Mozart, although Strauss' and Verdi's works are also performed. It is also an annual tradition for there to be a performance of Hugo von Hofmannsthal's "Jedermann" play.

Salzburger Nockerln ['zaltsbʊrɡɐ'nɔkɐln] *pl (Österr)* hot dessert made from beaten egg whites and sugar

salzen ['zaltsn̩] *(pp* **gesalzen)** *vt* to salt

Salzgurke ['zaltsɡuːɐ̯kə] *(pl* **-n)** *die* pickled gherkin

salzig ['zaltsɪç] *adj* salty

Salzkartoffeln ['zaltskartɔfl̩] *pl* boiled potatoes

Salzstange ['zaltsʃtaŋə] *(pl* **-n)** *die* pretzel (stick)

Salzstreuer ['zaltsʃtrɔʏɐ] *(pl inv)* der salt cellar

Salzwasser ['zaltsvasɐ] *das* **1.** saltwater **2.** *(zum Kochen)* salted water

Samen ['za:mən] *(pl inv)* der seed

Sammelfahrschein ['zamlfa:ɐ̯ʃain] *(pl* **-e)** *der* ≃ travelcard

sammeln ['zamln̩] *vt* **1.** to collect **2.** *(Pilze, Kräuter)* to pick • **sich sammeln** ref to gather

Sammelstelle ['zamlʃtɛlə] *(pl* **-n)** *die* collection point

Sammler, in ['zamlɐ] *(mpl inv)* der, die collector

Sammlung ['zamlʊŋ] *(pl* **-en)** *die* collection

Samstag ['zamsta:k] *(pl* **-e)** der Saturday • **am Samstag** on Saturday

Samstagabend ['zamsta:kla:bənt] der Saturday evening • **(am) Samstagabend** Saturday evening

Samstagmorgen ['zamsta:kmɔrɡn̩] der Saturday morning • **(am) Samstagmorgen** Saturday morning

Samstagnacht ['zamsta:knaxt] *adv* Saturday night

samstags ['zamsta:ks] *adv* on Saturdays

samt [zamt] *präp* (+D) together with

sämtlich ['zɛmtlɪç] *adj* **sämtliche Bücher** all the books

Sanatorium [zana'to:riʊm] *(pl* **-rien)** *das* sanatorium

Sand [zant] der sand

Sandale [zan'da:lə] *(pl* **-n)** *die* sandal

sandig ['zandɪç] *adj* sandy

Sandkasten ['zantkastn̩] *(pl* **-kästen)** *der* sandpit

Sandpapier ['zantpapiːɐ̯] *das* sandpaper

Sandstrand ['zant∫trant] (*pl* **-strände**) *der* sandy beach

sandte ['zantə] *prät* ➤ **senden**

sanft [zanft] ◇ *adj* **1.** gentle **2.** (*Musik*) soft **3.** (*Geburt*) natural **4.** (*Tourismus*) sustainable ◇ *adv* softly

sang [zaŋ] *prät* ➤ **singen**

Sänger, in ['zɛŋɐ] (*mpl inv*) *der, die* singer

sanitär [zani'tɛːɐ̯] *adj* sanitary ● **sanitäre Anlagen** sanitation *sg*

Sanitäter, in [zani'tɛːtɐ] (*mpl inv*) *der, die* paramedic

sank [zaŋk] *prät* ➤ **sinken**

Sankt Gallen [zaŋkt'galən] *nt* St. Gallen

Sardelle [zar'dɛlə] (*pl* **-n**) *die* anchovy

Sardine [zar'diːnə] (*pl* **-n**) *die* sardine

Sarg [zark] (*pl* **Särge**) *der* coffin

saß [zaːs] *prät* ➤ **sitzen**

Satellit [zateli:t] (*pl* **-en**) *der* satellite

Satellitenfernsehen [zate'li:tn-fɛ:ɐ̯nzeːən] *das* satellite television

Satellitenschüssel [zate'li:tn∫ysl] (*pl* **-n**) *die* satellite dish

Satire [za'ti:rə] (*pl* **-n**) *die* satire

satt [zat] *adj* (*nicht hungrig*) full ● **bist du satt?** have you had enough? ● **jn/etw satt haben** to be fed up with sb/sthg

Sattel ['zatl] (*pl* **Sättel**) *der* saddle

Satz [zats] (*pl* **Sätze**) *der* **1.** GRAMM sentence **2.** (*Sprung*) leap **3.** SPORT set **4.** MUS movement **5.** (*Tarif*) rate

Satzzeichen ['zatstsaiçn] (*pl inv*) *das* punctuation mark

sauber ['zaubɐ] *adj* **1.** clean **2.** (*gut, korrekt*) neat

sauber machen ['zaubɐ'maxn̩] *vt* to clean

säubern ['zɔybɐn] *vt* (*sauber machen*) to clean

Sauce ['zoːsə] (*pl* **-n**) *die* **1.** sauce **2.** (*Bratensoße*) gravy

sauer ['zauɐ] ◇ *adj* **1.** sour **2.** (*ärgerlich*) annoyed ◇ *adv* ● **sauer reagieren** to be annoyed ● **sauer sein auf (+A)** to be annoyed with ● **saurer Regen** acid rain

Sauerbraten ['zauɐbraːtn̩] (*pl inv*) *der* braised beef marinated in vinegar sauerbraten

Sauerkirsche ['zauɐkɪr∫ə] (*pl* **-n**) *die* sour cherry

Sauerkraut ['zauɐkraut] *das* sauerkraut, pickled cabbage

Sauerrahm ['zauɐraːm] *der* sour cream

Sauerstoff ['zauɐ∫tɔf] *der* oxygen

Sauerstoffmaske ['zauɐ∫tɔfmaskə] (*pl* **-n**) *die* oxygen mask

Sauerteig ['zauɐtaik] *der* sour dough

saufen ['zaufn̩] (*präs* **säuft**, *prät* **soff**, *pp* **gesoffen**) *vi* **1.** (*Tier*) to drink **2.** (*fam*) (*Person*) to booze

säuft ['zɔyft] *präs* ➤ **saufen**

saugen[[']zaugn̩] (*prät* **sog**, *pp* **gesogen**) *vt & vi* to suck

saugen[2] ['zaugn̩] *vt* (*Teppich*) to vacuum

Säugling ['zɔyklɪŋ] (*pl* **-e**) *der* baby

Säule ['zɔylə] (*pl* **-n**) *die* (*an Bauwerk*) column, pillar

Sauna ['zauna] (*pl* **Saunen**) *die* sauna

Säure ['zɔyrə] (*pl* **-n**) *die* (*chemisch*) acid

Saxophon, Saxofon ['zaksofoːn] (*pl* **-e**) *das* saxophone

SB *abk* ➤ **Selbstbedienung**

S-Bahn ['ɛs-baːn] (*pl* **-en**) *die* suburban railway

S-Bahn-Haltestelle ['ɛs-baːn-haltə∫tɛlə] (*pl* **-n**) *die* suburban railway stop

S-Bahnhof ['ɛs-ba:nho:f] (pl **-höfe**) der suburban railway station

S-Bahn-Linie ['ɛs-ba:n-li:niə] (pl **-n**) die suburban railway line

Schach [ʃax] das (Spiel) chess

Schachbrett ['ʃaxbrɛt] (pl **-er**) das chessboard

Schachfigur ['ʃaxfigu:ɐ] (pl **-en**) die chess piece

Schachspiel ['ʃaxʃpi:l] (pl **-e**) das **1.** (Spielen) game of chess **2.** (Brett und Figuren) chess set

Schachtel ['ʃaxtl] (pl **-n**) die (aus Pappe) box

schade ['ʃa:də] adj ● es ist schade it's a shame ● wie schade! what a shame!

schaden ['ʃa:dn] vi (+D) **1.** to damage **2.** (Person) to harm ● es kann nichts schaden it won't do any harm

Schaden ['ʃa:dn] (pl **Schäden**) der **1.** damage **2.** (Nachteil) disadvantage

Schadenersatz ['ʃa:dnlɐzats] der compensation

Schadenfreude ['ʃa:dnfrɔydə] die malicious pleasure

schadenfroh ['ʃa:dnfro:] adj gloating

Schadensfall ['ʃa:dnsfal] (pl **-fälle**) der ● im Schadensfall in the event of damage

schadhaft ['ʃa:thaft] adj damaged

schädlich ['ʃɛ:tlıç] adj harmful

Schadstoff ['ʃa:tʃtɔf] (pl **-e**) der pollutant

schadstoffarm ['ʃa:tʃtɔflarm] adj low in pollutants

Schaf [ʃa:f] (pl **-e**) das sheep

Schäfer, in ['ʃɛ:fɐ] (mpl inv) der, die shepherd (f shepherdess)

Schäferhund ['ʃɛ:fɐhunt] (pl **-e**) der Alsatian

schaffen¹ ['ʃafn]
◇ vt **1.** (zustande bringen, beenden) to manage; (Prüfung) to get through ● es schaffen, etw zu tun to manage to do sthg ● er hat nicht einmal das erste Semester geschafft he didn't even manage to finish the first semester ● geschafft! that's it! **2.** (fam) (erschöpfen) to wear out ● geschafft sein to be worn-out **3.** (transportieren) to take
◇ vi (Süddt) (arbeiten) to work

schaffen² ['ʃafn] (präs **schafft**, prät **schuf**, pp **geschaffen**) vt (erschaffen) to create

Schaffner, in ['ʃafnɐ] (mpl inv) der, die **1.** (im Zug) ticket collector **2.** (im Bus) conductor

Schafskäse ['ʃa:fskɛ:zə] der ewe's milk cheese

schal [ʃa:l] adj (Getränk) flat

Schal [ʃa:l] (pl **-s**) der scarf

Schale ['ʃa:lə] (pl **-n**) die **1.** (von Obst, Gemüse) skin **2.** (von Apfelsine, Apfel, Kartoffeln) peel **3.** (Schüssel) bowl **4.** (von Nuss, Ei) shell

schälen ['ʃɛ:lən] vt to peel ● sich schälen ref to peel

Schalldämpfer ['ʃaldɛmpfɐ] (pl inv) der silencer

Schallplatte ['ʃalplatə] (pl **-n**) die record

schalt [ʃalt] prät > schelten

schalten ['ʃaltn] vi (im Auto) to change gear ● aufs zweite Programm schalten to turn to channel two ● in den vierten Gang schalten to change to fourth gear

Schalter ['ʃaltɐ] (pl inv) der **1.** (Knopf) switch **2.** (bei Bank, Bahn) counter

Schalterbeamte, beamtin ['ʃaltɐbəlamtə] (mpl **-n**) der, die counter clerk

Schalterhalle [ˈʃaltɐhalə] (pl **-n**) die hall (at post office, station, etc)

Schalteröffnungszeiten [ˈʃaltɐʔœfnʊŋstsaitn̩] pl opening hours

Schalterschluss [ˈʃaltɐʃlʊs] der closing time

Schalthebel [ˈʃalthe:bl̩] (pl inv) der (im Auto) gear lever

Schaltknüppel [ˈʃaltknʏpl̩] (pl inv) der gear lever

Schaltung [ˈʃaltʊŋ] (pl **-en**) die (Gangschaltung) gear change

schämen [ˈʃɛ:mən] ♦ **sich schämen** ref to be ashamed

Schanze [ˈʃantsə] (pl **-n**) die SPORT skijump

scharf [ʃarf] (komp **schärfer**, superl **schärfste**) ◇ adj 1. sharp 2. (Gericht) hot, spicy 3. (fam) (toll) great 4. (fam) (erotisch) sexy ◇ adv 1. (bremsen) hard 2. (sehen, analysieren) closely ● **scharf gewürzt** hot, spicy ● **scharf sein auf** (+A) (fam) to be keen on

Scharlach [ˈʃarlax] der MED scarlet fever

Scharnier [ʃarˈniːɐ̯] (pl **-e**) das hinge

Schaschlik [ˈʃaʃlɪk] (pl **-s**) das (shish) kebab

Schatten [ˈʃatn̩] (pl inv) der shadow ● **im Schatten** in the shade

schattig [ˈʃatɪç] adj shady

Schatz [ʃats] (pl **Schätze**) der 1. treasure 2. (fam) (Liebling) darling

schätzen [ˈʃɛtsn̩] vt 1. to estimate 2. (glauben, meinen) to think 3. (gern haben) to value

schätzungsweise [ˈʃɛtsʊŋsvaizə] adv approximately

Schau [ʃau] (pl **-en**) die show

schauen [ˈʃauən] vi to look ● **schauen nach** (sich kümmern) to look after ● **schau mal!** look!

Schauer [ˈʃauɐ] (pl inv) der (Regen) shower

Schaufel [ˈʃaufl̩] (pl **-n**) die (zum Graben) shovel

Schaufenster [ˈʃaufɛnstɐ] (pl inv) das shop window

Schaufensterbummel [ˈʃaufɛnstɐbʊml̩] (pl inv) der window-shopping trip

Schaukel [ˈʃaukl̩] (pl **-n**) die (an Seilen) swing

schaukeln [ˈʃaukl̩n] vt & vi to rock

Schaukelstuhl [ˈʃaukl̩ʃtuːl] (pl **-stühle**) der rocking chair

Schaulustige [ˈʃaulʊstɪɡə] (pl **-n**) der, die onlooker

Schaum [ʃaum] der 1. foam 2. (von Seife) lather 3. (von Bier) head

Schaumbad [ˈʃaumbaːt] (pl **-bäder**) das bubble bath

Schaumfestiger [ˈʃaumfɛstɪɡɐ] (pl inv) der (styling) mousse

Schaumgummi [ˈʃaumɡumi] der foam rubber

Schaumkur [ˈʃaumkuːɐ̯] (pl **-en**) die shampoo (for damaged hair)

Schaumwein [ˈʃaumvain] (pl **-e**) der sparkling wine

Schauspiel [ˈʃauʃpiːl] (pl **-e**) das 1. play 2. (Spektakel) spectacle

Schauspieler, in [ˈʃauʃpiːlɐ] (mpl inv) der, die actor (f actress)

Schauspielhaus [ˈʃauʃpiːlhaus] (pl **-häuser**) das theatre

Scheck [ʃɛk] (pl **-s**) der cheque ● **einen Scheck einlösen** to cash a cheque ● **mit Scheck bezahlen** to pay by cheque ▼ **Schecks aller Art** all cheques welcome

Scheckgebühr [ˈʃɛkɡəbyːɐ̯] (*pl* **-en**) *die* charge for cheques

Scheckheft [ˈʃɛkhɛft] (*pl* **-e**) *das* chequebook

Scheckkarte [ˈʃɛkkartə] (*pl* **-n**) *die* cheque card

Scheibe [ˈʃaibə] (*pl* **-n**) *die* **1.** (*von Brot, Käse*) slice **2.** (*Fensterscheibe*) window pane **3.** (*von Auto*) window

Scheibenbremse [ˈʃaibnbremzə] (*pl* **-n**) *die* disc brake

Scheibenwischer [ˈʃaibnvɪʃɐ] (*pl inv*) *der* windscreen wiper

Scheide [ˈʃaidə] (*pl* **-n**) *die* (*Vagina*) vagina

scheiden [ˈʃaidn̩] (*prät* **schied**, *pp* **geschieden**) *vt* (*Ehe*) to dissolve ● **sich scheiden lassen** to get a divorce

Scheidung [ˈʃaidʊŋ] (*pl* **-en**) *die* divorce

Schein [ʃain] (*pl* **-e**) *der* **1.** (*Formular, Bescheinigung*) certificate **2.** (*Geld*) note **3.** (*Anschein*) appearances *pl* **4.** (*Licht*) light

scheinbar [ˈʃainbaːɐ̯] ◇ *adj* apparent ◇ *adv* seemingly

scheinen [ˈʃainən] (*prät* **schien**, *pp* **geschienen**) ◇ *vi* **1.** (*Sonne*) to shine **2.** (*vermutlich*) to seem ◇ *vimp* ● **es scheint** it seems ● **es scheint mir ...** it seems to me ...

Scheinwerfer [ˈʃainvɛrfɐ] (*pl inv*) *der* **1.** AUTO headlight **2.** (*in Halle, Stadion*) floodlight

Scheinwerferlicht [ˈʃainvɛrfɐlɪçt] *das* **1.** AUTO headlights *pl* **2.** (*in Halle, Stadion*) floodlight

Scheiße [ˈʃaisə] ◇ *die* (*vulg*) shit ◇ *interj* (*vulg*) shit!

scheißen [ˈʃaisn̩] (*prät* **schiss**, *pp* **geschissen**) *vi* (*vulg*) to shit

Scheitel [ˈʃaitl̩] (*pl inv*) *der* (*Frisur*) parting (*UK*), part (*US*)

Schelle [ˈʃɛlə] (*pl* **-n**) *die* (*an Haustür*) doorbell

schellen [ˈʃɛlən] *vi* to ring ● **es schellt** the bell is ringing

schelten [ˈʃɛltn̩] (*präs* **schilt**, *prät* **schalt**, *pp* **gescholten**) *vt* (*geh*) (*Kind*) to scold

Schema [ˈʃeːma] (*pl* **-ta**) *das* **1.** (*Vorstellung*) scheme **2.** (*Abbildung*) diagram

Schemel [ˈʃeːml̩] (*pl inv*) *der* (*zum Sitzen*) stool

Schenkel [ˈʃɛŋkl̩] (*pl inv*) *der* thigh

schenken [ˈʃɛŋkn̩] *vt* to give ● **jm etw schenken** (*Geschenk*) to give sb sthg (as a present) ● **sich** (*D*) **etw schenken** (*erlassen*) to give sthg a miss

Scherbe [ˈʃɛrbə] (*pl* **-n**) *die* fragment

Schere [ˈʃeːrə] (*pl* **-n**) *die* (*zum Schneiden*) scissors *pl*

scheren [ˈʃeːrən] (*prät* **scherte**, *pp* **geschert**) ● **sich scheren** *ref* ● **sich nicht scheren um** (*kümmern*) not to care about

Scherz [ʃɛrts] (*pl* **-e**) *der* joke

scherzhaft [ˈʃɛrtshaft] *adj* joking

scheu [ʃɔy] *adj* shy

Scheuerlappen [ˈʃɔyɐlapn̩] (*pl inv*) *der* floorcloth

scheuern [ˈʃɔyɐn] ◇ *vt* (*putzen*) to scour ◇ *vi* (*Sattel, Kleidung*) to rub ● **jm eine scheuern** (*fam*) (*Ohrfeige geben*) to clip sb round the ear

Scheuerpulver [ˈʃɔyɐpʊlvɐ] *das* scouring powder

Scheune [ˈʃɔynə] (*pl* **-n**) *die* barn

scheußlich [ˈʃɔyslɪç] *adj* terrible

Schicht [ʃɪçt] (*pl* **-en**) *die* **1.** layer **2.** (*in Gesellschaft*) class **3.** (*Arbeitszeit*) shift

schick [ʃɪk] *adj* smart

schicken [ˈʃɪkn̩] *vt* to send ● jm etw schicken to send sb sthg ● schicken an (+A) to send to

Schicksal [ˈʃɪkzaːl] (*pl* -e) *das* fate

Schiebedach [ˈʃiːbədax] (*pl* -dächer) *das* sunroof

schieben [ˈʃiːbn̩] (*prät* schob, *pp* geschoben) *vt* to push ● die Schuld auf einen anderen schieben to put the blame on sb else ●sich schieben *ref* (Person) to push (one's way)

Schieber [ˈʃiːbɐ] (*pl inv*) *der* (Gerät) bar, bolt

Schiebetür [ˈʃiːbətyːɐ] (*pl* -en) *die* sliding door

schied [ʃiːt] *prät* ➤ scheiden

Schiedsrichter, in [ˈʃiːtsrɪçtɐ] (*mpl inv*) *der, die* 1. (in Fußball) referee 2. (in Tennis) umpire

schief [ʃiːf] *adj* & *adv* crooked

schief gehen [ˈʃiːfˌgeːən] *vi* (*unreg*) (ist) (*fam*) to go wrong

schielen [ˈʃiːlən] *vi* to squint

schien [ʃiːn] *prät* ➤ scheinen

Schienbein [ˈʃiːnbain] (*pl* -e) *das* shin

Schiene [ˈʃiːnə] (*pl* -n) *die* 1. (Gleis) rail 2. *MED* splint

schießen [ˈʃiːsn̩] (*prät* schoss, *pp* geschossen) ◇ *vi* (hat) (ist) to shoot ◇ *vt* (hat) 1. to shoot 2. (Tor) to score 3. (Foto) to take 4. (Ball) to kick

Schiff [ʃɪf] (*pl* -e) *das* 1. ship 2. (von Kirche) nave ● mit dem Schiff by ship

Schifffahrt [ˈʃɪffaːɐt] *die* shipping

Schifffahrtsgesellschaft [ˈʃɪffaːɐtsgəzɛlʃaft] (*pl* -en) *die* shipping company

Schiffskarte [ˈʃɪfskaɐtə] (*pl* -n) *die* (navigation) chart

Schiffsreise [ˈʃɪfsraizə] (*pl* -n) *die* voyage

Schiffsverbindung [ˈʃɪfsfɛɐbɪndʊŋ] (*pl* -en) *die* connecting boat service

Schiffsverkehr [ˈʃɪfsfɛɐkeːɐ] *der* shipping

schikanieren [ʃikaˈniːrən] *vt* (*abw*) to bully

Schild [ʃɪlt] (*pl* -er) *das* 1. sign 2. (Etikett) label 3. (Waffe) shield

Schilddrüse [ˈʃɪltdryːzə] (*pl* -n) *die* thyroid gland

schildern [ˈʃɪldɐn] *vt* to describe

Schildkröte [ˈʃɪltkrøːtə] (*pl* -n) *die* 1. (auf dem Land) tortoise 2. (im Wasser) turtle

Schilf [ʃɪlf] (*pl* -e) *das* (Pflanze) reed

Schilling [ˈʃɪlɪŋ] (*pl* -e) *der* schilling

schilt [ʃɪlt] *präs* ➤ schelten

Schimmel (*pl inv*) *der* 1. (auf Obst, an Wand) mould 2. (Pferd) grey (horse)

schimmelig [ˈʃɪməlɪç] *adj* mouldy

schimpfen [ʃɪmpfn̩] *vi* to moan ● mit jm schimpfen to get angry with sb

Schimpfwort [ˈʃɪmpfvɔrt] (*pl* -e) *das* swearword

Schinken [ˈʃɪŋkn̩] (*pl inv*) *der* (Fleisch) ham ● roher/gekochter/geräucherter Schinken cured/cooked/smoked ham

Schinkenspeck [ˈʃɪŋkn̩ʃpɛk] *der* bacon

Schinkenwurst [ˈʃɪŋkn̩vʊrst] *die* ham sausage

Schirm [ʃɪrm] (*pl* -e) *der* (Regenschirm) umbrella

schiss [ʃɪs] *prät* ➤ scheißen

Schlaf [ʃlaːf] *der* sleep

Schlafanzug [ˈʃlaːfantsuːk] (*pl* -anzüge) *der* pyjamas *pl*

schlafen [ˈʃlaːfn̩] (*präs* schläft, *prät* schlief, *pp* geschlafen) *vi* to sleep ●

schlafen gehen to go to bed ● **schlafen mit** to sleep with ● **schlaf gut!** sleep well!

Schlafengehen [ˈʃlaːfŋɡeːən] *das* ► vor dem Schlafengehen before going to bed

Schlafgelegenheit [ˈʃlaːfɡəleːgnhait] *(pl* **-en)** *die* place to sleep

Schlaflosigkeit [ˈʃlaːfloːzɪçkait] *die* insomnia

Schlafmittel [ˈʃlaːfmɪtl] *(pl inv) das* sleeping pill

Schlafsaal [ˈʃlaːfzaːl] *(pl* **-säle)** *der* dormitory

Schlafsack [ˈʃlaːfzak] *(pl* **-säcke)** *der* sleeping bag

schläft [ʃlɛːft] *präs* ► schlafen

Schlaftablette [ˈʃlaːftablɛtə] *(pl* **-n)** *die* sleeping pill

Schlafwagen [ˈʃlaːfvaɡn] *(pl inv) der* sleeper

Schlafwagenkarte [ˈʃlaːfvaɡnkartə] *(pl* **-n)** *die* sleeper ticket

Schlafwagenplatz [ˈʃlaːfvaɡnplats] *(pl* **-plätze)** *der* sleeper berth

Schlafzimmer [ˈʃlaːftsɪmɐ] *(pl inv) das* bedroom

Schlag [ʃlaːk] *(pl* **Schläge)** *der* 1. blow 2. *(elektrisch)* shock 3. *(von Herz, Puls)* beat ♦ **Schläge** *pl (Prügel)* beating sg

Schlagader [ˈʃlaːklaːdɐ] *(pl* **-n)** *die* artery

Schlaganfall [ˈʃlaːklanfal] *(pl* **-anfälle)** *der* stroke

schlagen [ˈʃlaːɡn] *(präs* **schlägt**, *prät* **schlug**, *pp* **geschlagen)** ◇ *vt* 1. *(verletzen)* to hit 2. *(hämmern)* to bang 3. *(besiegen, Eiweiß, Sahne)* to beat ◇ *vi* 1. *(mit Hand, Faust)* to hit 2. *(Uhr)* to strike 3. *(regelmäßig)* to beat ● **auf etw** *(A)* **schlagen** *(aufprallen)* to hit sthg ● **jn eins**

zu null schlagen to beat sb one-nil ● **sich schlagen** *ref (sich prügeln)* to fight

Schlager [ˈʃlaːɡɐ] *(pl inv) der (Lied)* hit

Schläger [ˈʃlɛːɡɐ] *(pl inv) der* 1. *(für Tennis, Badminton)* racquet 2. *(für Tischtennis)* bat 3. *(für Golf)* club 4. *(für Hockey)* stick

Schlagloch [ˈʃlaːklɔx] *(pl* **-löcher)** *das* pothole

Schlagobers [ˈʃlaːklɔːbɐs] *das (Österr)* whipped cream

Schlagsahne [ˈʃlaːkzaːnə] *die* whipped cream

schlägt [ʃlɛːgt] *präs* ► schlagen

Schlagzeile [ˈʃlaːktsailə] *(pl* **-n)** *die* headline

Schlagzeug [ˈʃlaːktsɔyç] *(pl* **-e)** *das* 1. *(in Band)* drums *pl* 2. *(in Orchester)* percussion

Schlamm [ʃlam] *der* mud

schlampig [ˈʃlampɪç] *adj* sloppy

schlang [ʃlaŋ] *prät* ► schlingen

Schlange [ˈʃlaŋə] *(pl* **-n)** *die* 1. *(Tier)* snake 2. *(von Autos, Personen)* queue *(UK)*, line *(US)* ● **Schlange stehen** to queue *(UK)*, to stand in line *(US)*

schlängeln [ˈʃlɛŋln] ♦ **sich schlängeln** *ref (Weg, Fluss)* to wind

schlank [ʃlaŋk] *adj* slim ● **schlank werden** to slim

schlapp [ʃlap] *adj (müde, schwach)* tired out

schlau [ʃlau] *adj* cunning ● **man wird nicht schlau aus ihm** I can't make him out

Schlauch [ʃlaux] *(pl* **Schläuche)** *der* 1. *(für Wasser)* hose 2. *(im Reifen)* tube

Schlauchboot [ˈʃlauxboːt] *(pl* **-e)** *das* rubber dinghy

schlecht [ʃlɛçt] ◇ adj **1.** bad **2.** (Lebensmittel) off ◇ adv **1.** badly **2.** (schmecken, riechen) bad **3.** (kaum) hardly • **schlecht werden** to go off • **mir wird schlecht** I feel ill • **das ist nicht schlecht** that's not bad

schleichen [ʃlaiçn] (prät **schlich**, pp **geschlichen**) vi **1.** (Mensch, Tier) to creep **2.** (Verkehr, Auto) to crawl

Schleife [ʃlaifə] (pl **-n**) die **1.** (Band) bow **2.** (Kurve) bend

schleifen¹ [ʃlaifn] vt (zerren) to drag

schleifen² [ʃlaifn] (präs **schleift**, prät **schliff**, pp **geschliffen**) vt (Messer, Schere) to sharpen

Schleim [ʃlaim] der **1.** (menschlich) mucus **2.** (von Schnecke) slime

Schleimhaut [ʃlaimhaut] (pl **-häute**) die mucous membrane

Schlemmerlokal [ʃlɛmɐlokaːl] (pl **-e**) das gourmet restaurant

schlendern [ʃlɛndɐn] vi (ist) to stroll

schleppen [ʃlɛpn] vt **1.** to drag **2.** (Fahrzeug) to tow • **sich schleppen** ref to drag o.s.

Schlepplift [ʃlɛplɪft] (pl **-e**) der ski tow

Schleswig-Holstein [ʃleːsviçˈhɔlʃtain] nt Schleswig-Holstein

Schleuder [ʃlɔydɐ] (pl **-n**) die (für Wäsche) spin-dryer

Schleudergefahr [ʃlɔydɐɡəfaːɐ̯] die ▼ Vorsicht Schleudergefahr! slippery road

schleudern [ʃlɔydɐn] ◇ vt (hat) **1.** to fling **2.** (Wäsche) to spin-dry ◇ vi (hat) (Waschmaschine) to spin ◇ vi (ist) (Auto, Fahrer) to skid • **ins Schleudern geraten** ODER **kommen** to go into a skid

Schleudersitz [ʃlɔydɐzɪts] (pl **-e**) der ejector seat

Schleuse [ʃlɔyzə] (pl **-n**) die (an Kanal) lock

schlich [ʃlɪç] prät ➤ schleichen

schlicht [ʃlɪçt] adj simple

schlief [ʃliːf] prät ➤ schlafen

schließen [ʃliːsn] (prät **schloss**, pp **geschlossen**) ◇ vt **1.** to close **2.** (Betrieb, Lokal) to close down **3.** (schlussfolgern) to conclude ◇ vi **1.** to close **2.** (Betrieb, Lokal) to close down • **sich schließen** ref (Tür, Vorhang) to close

Schließfach [ʃliːsfax] (pl **-fächer**) das left-luggage locker (UK), baggage locker (US)

schließlich [ʃliːslɪç] adv **1.** (zuletzt) finally **2.** (nämlich) after all

schliff [ʃlɪf] prät ➤ schleifen

schlimm [ʃlɪm] ◇ adj bad ◇ adv badly • **halb so schlimm** not so bad

schlingen [ʃlɪŋən] (prät **schlang**, pp **geschlungen**) vt **1.** (Mahlzeit) to gobble down **2.** (Schnur) to tie

Schlips [ʃlɪps] (pl **-e**) der tie

Schlitten [ʃlɪtn̩] (pl inv) der (für Kinder) sledge

Schlittschuh [ʃlɪtʃuː] (pl **-e**) der ice skate • **Schlittschuh laufen** to ice-skate

Schlitz [ʃlɪts] (pl **-e**) der **1.** (Spalt) slit **2.** (für Geld) slot

Schloss [ʃlɔs] (pl **Schlösser**) das **1.** (Verschluss) lock **2.** (Gebäude) castle

Schlosser, in [ʃlɔsɐ] (mpl inv) der, die **1.** (Metallberuf) metalworker **2.** (Installateur) mechanic

Schlosspark [ʃlɔspaːk] (pl **-s**) der castle grounds pl

Schlucht [ʃlʊxt] (pl **-en**) die ravine

schluchzen [ʃlʊxtsn̩] vi to sob

Schluck [ʃlʊk] (*pl* **-e**) *der* **1.** (*Schlucken*) gulp, swallow **2.** (*Menge*) drop

Schluckauf [ʃlʊkaʊf] *der* hiccups *pl*

schlucken [ʃlʊkn̩] *vi* & *vt* to swallow

Schluckimpfung [ʃlʊkɪmpfʊŋ] (*pl* **-en**) *die* oral vaccination

schlug [ʃluːk] *prät* ≻ **schlagen**

Schlüpfer [ʃlʏpfɐ] (*pl inv*) *der* knickers *pl*

schlurfen [ʃlʊrfn̩] *vi* (ist) to shuffle

schlürfen [ʃlʏrfn̩] *vt* to slurp

Schluss [ʃlʊs] (*pl* **Schlüsse**) *der* **1.** end **2.** (*von Roman, Film*) ending **3.** (*Folgerung*) conclusion ● **bis zum Schluss** to the end ● **Schluss machen mit** (*Person*) to break off with; (*Sache*) to stop

Schlüssel [ʃlʏsl̩] (*pl inv*) *der* **1.** (*für Schloss*) key **2.** (*Schraubenschlüssel*) spanner

Schlüsselbund [ʃlʏsl̩bʊnt] (*pl* **-e**) *der* bunch of keys

Schlüsseldienst [ʃlʏsl̩diːnst] (*pl* **-e**) *der* key-cutting service

Schlüsselloch [ʃlʏsl̩lɔx] (*pl* **-löcher**) *das* keyhole

Schlussfolgerung [ʃlʊsfɔlɡərʊŋ] (*pl* **-en**) *die* conclusion

Schlussleuchte [ʃlʊslɔɪçtə] (*pl* **-n**) *die* (*Lampe*) rear light

Schlussverkauf [ʃlʊsfɛɐkaʊf] (*pl* **-verkäufe**) *der* end-of-season sale

schmal [ʃmaːl] *adj* **1.** narrow **2.** (*Person*) thin

Schmalfilm [ʃmaːlfɪlm] (*pl* **-e**) *der* cine-film (*UK*), movie film (*US*)

Schmalz [ʃmalts] *das* **1.** (*zum Kochen*) lard **2.** (*zum Essen*) dripping

Schmalznudel [ʃmaltsnuːdl̩] (*pl* **-n**) *die* (*Österr*) flat, round cake made from deep-fried dough

Schmankerl [ʃmankɐl] (*pl* **-n**) *das* (*Süddt & Österr*) delicacy

schmatzen [ʃmatsn̩] *vi* to eat noisily

schmecken [ʃmɛkn̩] *vi* **1.** to taste **2.** (*gut schmecken*) to taste good ● **schmecken nach** to taste of ● **das schmeckt mir nicht** I don't like it ● **gut/schlecht schmecken** to taste good/bad ● **hat es Ihnen geschmeckt?** did you enjoy your meal? ● **lass es dir schmecken!** enjoy your meal!

schmeißen [ʃmaɪsn̩] (*prät* **schmiss**, *pp* **geschmissen**) *vt* (*fam*) (*werfen*) to chuck

schmelzen [ʃmɛltsn̩] (*präs* **schmilzt**, *prät* **schmolz**, *pp* **geschmolzen**) *vt* & *vi* (*hat*) (ist) to melt

Schmerz [ʃmɛrts] (*pl* **-en**) *der* pain

schmerzen [ʃmɛrtsn̩] *vi* to hurt

Schmerzensgeld [ʃmɛrtsnsɡɛlt] *das* compensation

schmerzlos [ʃmɛrtslos] *adj* painless

Schmerzmittel [ʃmɛrtsmɪtl̩] (*pl inv*) *das* painkiller

schmerzstillend [ʃmɛrtsʃtɪlənt] *adj* pain-killing

Schmerztablette [ʃmɛrtstablɛtə] (*pl* **-n**) *die* painkiller

Schmetterling [ʃmɛtɐlɪŋ] (*pl* **-e**) *der* butterfly

Schmied [ʃmiːt] (*pl* **-e**) *der* blacksmith

schmieren [ʃmiːrən] *vt* **1.** (*Türangel, Maschine*) to oil **2.** (*Butterbrot*) to spread **3.** (*fam*) (*bestechen*) to bribe

Schmierkäse [ʃmiːɐkɛːzə] *der* cheese spread

Schmiermittel [ʃmiːɐmɪtl̩] (*pl inv*) *das* lubricant

Schmierseife [ʃmiːɐzaɪfə] *die* soft soap

schmilzt [ʃmɪltst] *präs* ➤ schmelzen

Schminke [ʃmɪŋkə] *die* make-up

schminken [ʃmɪŋkn̩] *vt* to make up ◆ **sich schminken** *ref* to put on one's make-up

Schmirgelpapier [ʃmɪrgl̩papiːɐ] *das* sandpaper

schmiss [ʃmɪs] *prät* ➤ schmeißen

schmollen [ʃmɔlən] *vi* to sulk

schmolz [ʃmɔlts] *prät* ➤ schmelzen

Schmorbraten [ʃmoːɐbraːtn̩] *der* (*pl inv*) der pot roast

schmoren [ʃmoːrən] *vt* (*zubereiten*) to braise

Schmuck [ʃmʊk] *der* 1. (*für Person*) jewellery 2. (*für Raum, Tannenbaum*) decoration

schmücken [ʃmʏkn̩] *vt* to decorate

schmuggeln [ʃmʊgl̩n] *vt* to smuggle

schmunzeln [ʃmʊntsl̩n] *vi* to smile

schmusen [ʃmuːzn̩] *vi* to cuddle

Schmutz [ʃmʊts] *der* dirt

schmutzig [ʃmʊtsɪç] *adj* dirty ◆ **sich schmutzig machen** to get dirty

Schnalle [ʃnalə] (*pl* **-n**) *die* buckle

schnappen [ʃnapn̩] ◇ *vt* 1. to catch 2. (*fam*) (*packen, nehmen*) to grab ◇ *vi* (*Tier*) to snap

Schnappschuss [ʃnapʃʊs] (*pl* **-schüsse**) *der* snapshot

Schnaps [ʃnaps] (*pl* **Schnäpse**) *der* schnapps

Schnapsglas [ʃnapsglaːs] (*pl* **-gläser**) *das* shot glass

schnarchen [ʃnarçn̩] *vi* to snore

Schnauze [ʃnautsə] (*pl* **-n**) *die* 1. (*von Tier*) muzzle 2. (*vulg*) (*von Mensch*) gob

Schnecke [ʃnɛkə] (*pl* **-n**) *die* 1. (*Tier*) snail 2. (*Gebäck*) ≃ Chelsea bun

Schnee [ʃneː] *der* snow ◆ **es liegt Schnee** there's snow on the ground

Schneeball [ʃneːbal] (*pl* **-bälle**) *der* snowball

schneebedeckt [ʃneːbədɛkt] *adj* snow-covered

Schneebrille [ʃneːbrɪlə] (*pl* **-n**) *die* snow-goggles *pl*

Schneefall [ʃneːfal] *der* snowfall

Schneeflocke [ʃneːflɔkə] (*pl* **-n**) *die* snowflake

schneefrei [ʃneːfrai] *adj* free of snow

Schneegestöber [ʃneːgəʃtøːbɐ] (*pl inv*) *das* snowstorm

Schneeglätte [ʃneːglɛtə] *die* packed snow

Schneegrenze [ʃneːgrɛntsə] (*pl* **-n**) *die* snow-line

Schneekette [ʃneːkɛtə] (*pl* **-n**) *die* snow-chain

Schneemann [ʃneːman] (*pl* **-männer**) *der* snowman

Schneepflug [ʃneːpfluːk] (*pl* **-pflüge**) *der* snowplough

Schneeregen [ʃneːreːgn̩] *der* sleet

Schneeschmelze [ʃneːʃmɛltsə] *die* thaw

Schneesturm [ʃneːʃtʊrm] (*pl* **-stürme**) *der* snowstorm

Schneetreiben [ʃneːtraibn̩] (*pl inv*) *das* driving snow

Schneewehe [ʃneːveːə] (*pl* **-n**) *die* snowdrift

schneiden [ʃaidn̩] (*prät* **schnitt**, *pp* **geschnitten**) ◇ *vt* 1. to cut 2. (*ignorieren*) to ignore 3. (*beim Überholen*) to cut in on ◇ *vi* to cut ◆ **etw in Würfel schneiden** to cut sthg into cubes ◆ **sich** (*D*) **in den Finger schneiden** to cut one's finger ◆ **sich schneiden** *ref* 1. (*sich verletzen*) to cut o.s. **2.** *(sich kreuzen)* to cross

Schneider, in [ˈʃnaidɐ] *(mpl inv)* der, die *(Beruf)* tailor

Schneiderei [ʃnaidəˈrai] *(pl -en)* die *(Geschäft)* tailor's (shop)

schneien [ˈʃnaiən] *vimp* ● **es schneit** it's snowing

schnell [ʃnɛl] ◇ *adj* quick, fast ◇ *adv* quickly, fast ● **schnell machen** to hurry up

Schnellhefter [ˈʃnɛlhɛftɐ] *(pl inv)* der loose-leaf folder

Schnelligkeit [ˈʃnɛlɪçkait] die speed

Schnellimbiss [ˈʃnɛlɪmbɪs] *(pl -e)* der snack bar

Schnellreinigung [ˈʃnɛlrainiɡʊŋ] *(pl -en)* die express cleaning

Schnellstraße [ˈʃnɛlʃtraːsə] *(pl -n)* die expressway

Schnellzug [ˈʃnɛltsuːk] *(pl -züge)* der express train

schnitt [ʃnɪt] *prät* ➤ schneiden

Schnitt [ʃnɪt] *(pl -e)* der **1.** cut **2.** *(Schnittmuster)* pattern

Schnittblumen [ˈʃnɪtbluːmən] *pl* cut flowers

Schnitte [ˈʃnɪtə] *(pl -n)* die **1.** *(Brotscheibe)* slice **2.** *(belegtes Brot)* open sandwich

Schnittkäse [ˈʃnɪtkɛːzə] *(pl inv)* der sliced cheese

Schnittlauch [ˈʃnɪtlaux] der chives *pl*

Schnittwunde [ˈʃnɪtvʊndə] *(pl -n)* die cut

Schnitzel [ˈʃnɪtsl] *(pl inv)* das ● **Wiener Schnitzel** escalope of veal

Schnorchel [ˈʃnɔrçl] *(pl inv)* der snorkel

schnorcheln [ˈʃnɔrçln] *vi* to snorkel

Schnuller [ˈʃnʊlɐ] *(pl inv)* der dummy *(UK)*, pacifier *(US)*

Schnulze [ˈʃnʊltsə] *(pl -n)* die *(Lied)* sentimental song

Schnupfen [ˈʃnʊpfn] der cold ● **Schnupfen haben/bekommen** to have/get a cold

Schnupftabak [ˈʃnʊpftabak] *(pl -e)* der snuff

Schnur [ʃnuːɐ] *(pl Schnüre)* die **1.** *(zum Binden)* string, cord **2.** *(Kabel)* lead

schnurlos [ˈʃnurloːs] *Adjektiv* cordless

Schnurrbart [ˈʃnʊrbart] *(pl -bärte)* der moustache

Schnürsenkel [ˈʃnyːɐzɛnkl] *(pl inv)* der shoelace

schob [ʃoːp] *prät* ➤ schieben

Schock [ʃɔk] *(pl -s)* der shock ● **unter Schock stehen** to be in shock

schockieren [ʃɔˈkiːrən] *vt* to shock

Schokolade [ʃokoˈlaːdə] *(pl -n)* die **1.** chocolate **2.** *(Getränk)* hot chocolate

Scholle [ˈʃɔlə] *(pl -n)* die *(Fisch)* plaice

schon [ʃɔn] *adv* **1.** *(relativ früh, spät)* already ● **wir essen heute schon um elf Uhr** we're eating earlier today, at eleven o'clock ● **es ist schon lange so** it has been like that for a long time ● **schon jetzt** already **2.** *(bis jetzt)* yet ● **warst du schon bei der Post?** have you been to the post office yet? ● **warst du schon mal in Kanada?** have you ever been to Canada? ● **ich war schon mal im Ausland** I've been abroad before ● **ich bereite das schon mal vor** I'll get that ready now **3.** *(relativ viel)* already ● **schon wieder** again **4.** *(endlich)* ● **komm schon!** come on! **5.** *(zur Beruhigung)* ● **das schaffst du schon** don't worry, I'm sure you'll manage it ● **schon gut!** all right! **6.** *(allein)* just ● **schon der Gedanke daran macht mich nervös** just thinking about it makes me nervous

schön ◇ *adj* 1. nice 2. *(Frau)* beautiful 3. *(Mann)* handsome 4. *(beträchtlich)* considerable ◇ *adv* well ● **ganz schön** really ● **na schön** all right

schonen ['ʃoːnən] *vt* 1. *(Person)* to go easy on 2. *(Gegenstand)* to look after ◆ **sich schonen** *ref* to take it easy

Schönheit ['ʃøːnhait] *(pl* **-en)** *die* beauty

Schönheitssalon ['ʃøːnhaitszalɔn] *(pl* **-s)** *der* beauty salon

Schonkost ['ʃoːnkɔst] *die* light diet

schön machen ['ʃøːnmaxn] ◆ **sich schön machen** *ref (fam)* to get ready, to do o.s. up

Schönwetterlage ['ʃøːnvɛtɐlaːgə] *die* spell of fine weather

Schöpfkelle ['ʃœpfkɛlə] *(pl* **-n)** *die* ladle

Schoppen ['ʃɔpn] *(pl inv) der* large glass of wine

Schorf [ʃɔrf] *der* scab

Schorle ['ʃɔrlə] *(pl inv) die* 1. *(mit Apfelsaft)* apple juice with mineral water 2. *(mit Wein)* spritzer

Schornstein ['ʃɔrnʃtain] *(pl* **-e)** *der* chimney

schoss [ʃɔs] *prät* ➢ **schießen**

Schoß [ʃoːs] *(pl* **Schöße)** *der (Körperteil)* lap ● **bei jm auf dem Schoß sitzen** to sit on sb's lap

Schotte ['ʃɔtə] *(pl* **-n)** *der* Scotsman ● **die Schotten** the Scots

Schottin ['ʃɔtin] *(pl* **-nen)** *die* Scotswoman

schottisch ['ʃɔtiʃ] *adj* Scottish

Schottland ['ʃɔtlant] *nt* Scotland

schräg [ʃrɛːk] *adj* 1. *(schief)* sloping 2. *(Linie)* diagonal

Schramme ['ʃramə] *(pl* **-n)** *die* scratch

Schrank ['ʃraŋk] *(pl* **Schränke)** *der* 1. *(mit Fächern)* cupboard 2. *(zum Aufhängen)* wardrobe

Schranke ['ʃraŋkə] *(pl* **-n)** *die (Gegenstand)* barrier

Schrankwand ['ʃraŋkvant] *(pl* **-wände)** *die* wall unit

Schraube ['ʃraubə] *(pl* **-n)** *die (aus Metall)* screw

schrauben ['ʃraubn] *vt* to screw

Schraubenschlüssel ['ʃraubnʃlysl] *(pl inv) der* spanner (UK), wrench (US)

Schraubenzieher ['ʃraubntsiːɐ] *(pl inv) der* screwdriver

Schrebergarten ['ʃreːbɐgartn] *(pl* **-gärten)** *der* allotment

Schreck [ʃrɛk] *der* fright ● **einen Schreck kriegen** to get a fright

schreckhaft ['ʃrɛkhaft] *adj* easily scared

schrecklich ['ʃrɛkliç] *adj* terrible

Schrei [ʃrai] *(pl* **-e)** *der (Geräusch)* shout, cry

schreiben ['ʃraibn] *(prät* **schrieb,** *pp* **geschrieben)**
◇ *vt (gen)* to write ● **wie schreibt man das?** how do you spell that?
◇ *vi* to write ● **an etw** *(D)* **schreiben** *(Roman)* to be writing sthg ● **über etw** *(A)* **schreiben** to write about sthg ◆ **sich schreiben** *ref* to be spelt

Schreiben ['ʃraibn] *(pl inv) das (amt)* letter

Schreibheft ['ʃraiphɛft] *(pl* **-e)** *das* exercise book

Schreibmaschine ['ʃraipmaʃiːnə] *(pl* **-n)** *die* typewriter

Schreibpapier ['ʃraippapiːɐ] *das* writing paper

Schreibtisch ['ʃraiptiʃ] *(pl* **-e)** *der* desk

Schreibwaren [ˈʃraɪpvaːrən] *pl* stationery *sg*

Schreibwarengeschäft [ˈʃraɪpvaːrəngəʃɛft] (*pl* -e) *das* stationery shop

schreien [ˈʃraɪən] (*prät* **schrie**, *pp* **geschrien**) *vi* & *vt* to shout ● **schreien nach** to shout at

Schreiner, in [ˈʃraɪnɐ] (*mpl inv*) *der, die* joiner

schreiten [ˈʃraɪtn̩] (*prät* **schritt**, *pp* **geschritten**) *vi* (ist) (geh) (gehen) to stride

schrie [ʃriː] *prät* ➤ **schreien**

schrieb [ʃriːp] *prät* ➤ **schreiben**

Schrift [ʃrɪft] (*pl* -en) *die* 1. (*Handschrift*) handwriting 2. (*Schriftbild*) type 3. (*Aufschrift, Text*) writing 4. (*lateinische, arabische*) script ● **die Heilige Schrift** the Scriptures *pl*

schriftlich [ˈʃrɪftlɪç] ◇ *adj* written ◇ *adv* in writing

Schriftsteller, in [ˈʃrɪftʃtɛlɐ] (*mpl inv*) *der, die* writer

schritt [ʃrɪt] *prät* ➤ **schreiten**

Schritt [ʃrɪt] (*pl* -e) *der* step ▼ **Schritt fahren** dead slow

Schritttempo [ˈʃrɪttɛmpo] *das* walking speed

Schrott [ʃrɔt] *der* 1. (*Metall*) scrap metal 2. (*fam*) (*Plunder*) rubbish

Schrottplatz [ˈʃrɔtplats] (*pl* -plätze) *der* scrapyard

schrubben [ˈʃrʊbn̩] *vt* & *vi* to scrub

Schrubber [ˈʃrʊbɐ] (*pl inv*) *der* scrubbing brush

Schubkarre [ˈʃuːpkarə] (*pl* -n) *die* wheelbarrow

Schublade [ˈʃuːplaːdə] (*pl* -n) *die* drawer

schubsen [ˈʃʊpsn̩] *vt* to shove

schüchtern [ˈʃʏçtɐn] *adj* shy

schuf [ʃuːf] *prät* ➤ **schaffen**

Schüfeli [ˈʃyːfəliː] *das* (*Schweiz*) smoked pork

Schuh [ʃuː] (*pl* -e) *der* shoe

Schuhanzieher [ˈʃuːantsiːɐ] (*pl inv*) *der* shoehorn

Schuhbürste [ˈʃuːbyrstə] (*pl* -n) *die* shoe brush

Schuhcreme [ˈʃuːkreːm] (*pl* -s) *die* shoe polish

Schuhgeschäft [ˈʃuːgəʃɛft] (*pl* -e) *das* shoe shop

Schuhgröße [ˈʃuːgrøːsə] (*pl* -n) *die* shoe size

Schuhlöffel [ˈʃuːlœfl̩] (*pl inv*) *der* shoehorn

Schuhmacher, in [ˈʃuːmaxɐ] (*mpl inv*) *der, die* shoemaker

Schuhputzmittel [ˈʃuːpʊtsmɪtl̩] (*pl inv*) *das* shoe polish

Schuhsohle [ˈʃuːzoːlə] (*pl* -n) *die* (shoe) sole

Schulabschluss [ˈʃuːlapʃlʊs] (*pl* -abschlüsse) *der* school-leaving qualification

Schulbeginn [ˈʃuːlbəgɪn] *der* beginning of term

schuld [ʃʊlt] *adj* ● **schuld sein an** (+D) to be to blame for ● **du bist schuld daran** it's your fault

Schuld [ʃʊlt] *die* 1. (*Verantwortung*) blame 2. (*Unrecht*) guilt ● **Schuld haben an** (+D) to be to blame for ◆ **Schulden** *pl* debts ● **Schulden haben** to be in debt ● **Schulden machen** to run up debts

schuldig [ˈʃʊldɪç] *adj* guilty ● **jm etw schuldig sein** to owe sb sthg

Schuldschein [ˈʃʊltʃaɪn] (*pl* -e) *der* IOU

Schule ['ʃuːlə] (*pl* **-n**) *die* school ● zur ODER in die Schule gehen to go to school ● in der Schule sein to be at school

schulen ['ʃuːlən] *vt* to train

Schüler, in ['ʃyːlɐ] (*mpl inv*) *der, die* pupil

Schüleraustausch ['ʃyːlɐaustauʃ] *der* (student) exchange

Schülerausweis ['ʃyːlɐausvais] (*pl* **-e**) *der* pupil's ID card entitling them to concessions

Schülerkarte ['ʃyːlɐkartə] (*pl* **-n**) *die* (Fahrkarte) school season ticket

Schulferien ['ʃuːlfeːriən] *pl* school holidays

schulfrei ['ʃuːlfrai] *adj* ● morgen haben wir schulfrei we don't have to go to school tomorrow

Schulfreund, in ['ʃuːlfrɔynt] (*mpl* **-e**) *der, die* schoolfriend

Schuljahr ['ʃuːljaːɐ] (*pl* **-e**) *das* school year

Schulklasse ['ʃuːlklasə] (*pl* **-n**) *die* class

Schulter ['ʃoltɐ] (*pl* **-n**) *die* shoulder

Schultüte ['ʃuːltyːtə] *die large cone of sweets*

Schultüte

A *Schultüte* is a large cardboard cone filled with sweets and small gifts that parents give to their children on their very first day at school in order to make the experience a little less traumatic for them. The children have to wait until break time before they can open it.

Schulung ['ʃuːluŋ] (*pl* **-en**) *die* training

Schulzeit ['ʃuːltsait] *die* schooldays *pl*

Schuppe ['ʃopə] (*pl* **-n**) *die* (von Fisch) scale ◆ **Schuppen** *pl* (auf Kopf) dandruff *sg*

Schürfwunde ['ʃyrfvondə] (*pl* **-n**) *die* graze

Schurwolle ['ʃuːɐvɔlə] *die* pure new wool

Schürze ['ʃyrtsə] (*pl* **-n**) *die* apron

Schuss [ʃos] (*pl* **Schüsse**) *der* shot ● gut in Schuss sein to be in good shape ● ein Schuss Whisky a dash of whisky

Schüssel ['ʃysl] (*pl* **-n**) *die* bowl

Schuster, in ['ʃuːstɐ] (*mpl inv*) *der, die* shoemaker

Schutt [ʃot] *der* rubble ▼ Schutt abladen verboten no dumping

Schüttelfrost ['ʃytlfrɔst] *der* shivering fit

schütteln ['ʃytln] *vt* to shake ● den Kopf schütteln to shake one's head ● vor Gebrauch schütteln shake before use ◆ sich schütteln *ref* to shake

schütten ['ʃytn] ◇ *vt* to pour ◇ *vimp* ● es schüttet it's pouring (with rain)

Schutz [ʃots] *der* **1.** protection **2.** (vor Regen, Wind) shelter ● jn in Schutz nehmen to stand up for sb

Schutzblech ['ʃotsblɛç] (*pl* **-e**) *das* mudguard

Schutzbrief ['ʃotsbriːf] (*pl* **-e**) *der* travel insurance certificate

Schutzbrille ['ʃotsbrilə] (*pl* **-n**) *die* goggles *pl*

schützen ['ʃytsn] ◇ *vt* to protect ◇ *vi* **1.** (Dach) to give shelter **2.** (Versicherung) to give cover ● jn vor etw (D) schützen to protect sb against sthg ◆ sich schützen *ref* to protect o.s.

Schützenfest ['ʃytsnfɛst] (*pl* **-e**) *das* shooting festival

Schützenfest

Many rural communities still hold annual shooting festivals organized by the local rifle clubs, which play an important part in local life. The festivals last several days and feature processions, brass bands and fairground attractions. There are also various shooting competitions, the winner of which is crowned *Schützenkönig* (king of the shooting festival).

Schutzgebiet [ˈʃʊtsɡəbiːt] (*pl* **-e**) *das (von Wasser)* protected area

Schutzhütte [ˈʃʊtshʏtə] (*pl* **-n**) *die* shelter

Schutzimpfung [ˈʃʊtsɪmpfʊŋ] (*pl* **-en**) *die* vaccination

Schutzumschlag [ˈʃʊtsʊmʃlaːk] (*pl* **-ä**) *der* dust jacket

schwach [ʃvax] (*komp* **schwächer**, *superl* **schwächste**) *adj* 1. weak 2. *(schlecht)* poor

Schwäche [ˈʃvɛçə] (*pl* **-n**) *die* weakness

schwachsinnig [ˈʃvaxzɪnɪç] *adj (unsinnig)* nonsensical

Schwachstrom [ˈʃvaxʃtroːm] *der* low-voltage current

Schwager [ˈʃvaːɡɐ] (*pl inv*) *der* brother-in-law

Schwägerin [ˈʃɛːɡərɪn] (*pl* **-nen**) *die* sister-in-law

Schwalbe [ˈʃvalbə] (*pl* **-n**) *die* swallow

schwamm [ʃvam] *prät* ➤ **schwimmen**

Schwamm (*pl* **Schwämme**) *der* sponge

Schwammtuch [ˈʃvamtuːx] (*pl* **-tücher**) *das* cloth

Schwan [ʃvaːn] (*pl* **Schwäne**) *der* swan

schwang [ʃvaŋ] *prät* ➤ **schwingen**

schwanger [ˈʃvaŋɐ] *adj* pregnant

Schwangerschaft [ˈʃvaŋɐʃaft] (*pl* **-en**) *die* pregnancy

Schwangerschaftstest [ˈʃvaŋɐʃaftstɛst] (*pl* **-s**) *der* pregnancy test

schwanken [ˈʃvaŋkn̩] *vi (ist)* 1. to sway 2. *(gedanklich)* to waver 3. *(Kurs, Preise)* to fluctuate

Schwanz [ʃvants] (*pl* **Schwänze**) *der* 1. tail 2. *(vulg) (von Mann)* cock

Schwarm [ʃvarm] (*pl* **Schwärme**) *der (von Tieren)* swarm

schwarz [ʃvarts] ◇ *adj* black ◇ *adv (illegal)* on the black market ● **der schwarze Markt** the black market ● **in den schwarzen Zahlen** in the black

Schwarz [ʃvarts] *das* black

Schwarzarbeit [ˈʃvartsˌarbait] *die* moonlighting

Schwarzbrot [ˈʃvartsbroːt] (*pl* **-e**) *das* black bread

Schwarze [ˈʃvartsə] (*pl* **-n**) *der, die* 1. *(Farbiger)* black 2. *(Konservativer)* conservative

schwarz|fahren [ˈʃvartsfaːrən] *vi (unreg) (ist)* to travel without a ticket

Schwarzfahrer, in [ˈʃvartsfaːrɐ] (*mpl inv*) *der, die* fare dodger

Schwarzmarkt [ˈʃvartsmarkt] *der* black market

Schwarzwald [ˈʃvartsvalt] *der* Black Forest

Schwarzwälder Kirschtorte [ʃvartsˌvɛldɐˈkɪrʃtɔrtə] (*pl* **-n**) *die* black forest gateau

schwarzweiß [ˈʃvartsˈvais] *adj* black and white

Schwarzweißfilm [ʃvarts'waisfɪlm] (*pl* **-e**) *der* black and white film

Schwarzwurzel ['ʃvartsvʊrtsl̩] (*pl* **-n**) *die* oyster plant

Schwebebahn ['ʃveːbəbaːn] (*pl* **-en**) *die* cable railway

schweben ['ʃveːbn̩] *vi* (*fliegen*) to float

Schwede ['ʃveːdə] (*pl* **-n**) *der* Swede

Schweden ['ʃveːdn̩] *nt* Sweden

Schwedin ['ʃveːdɪn] (*pl* **-nen**) *die* Swede

schwedisch ['ʃveːdɪʃ] *adj* Swedish

Schwedisch(e) ['ʃveːdɪʃ(ə)] *das* Swedish

Schwefel ['ʃveːfl̩] *der* sulphur

schweigen ['ʃvaign̩] (*prät* **schwieg**, *pp* **geschwiegen**) *vi* (*Person*) to be silent

Schweigepflicht ['ʃvaigəpflɪçt] *die* confidentiality

Schwein ['ʃvain] (*pl* **-e**) *das* **1.** pig **2.** (*Fleisch*) pork

Schweinebraten ['ʃvainəbraːtn̩] (*pl inv*) *der* roast pork

Schweinefleisch ['ʃvainəflaiʃ] *das* pork

Schweinerei [ʃvainə'rai] (*pl* **-en**) *die* **1.** (*fam*) (*schlimme Sache*) scandal **2.** (*fam*) (*Schmutz*) mess

Schweinshaxe ['ʃvainshaksə] (*pl* **-n**) *die* (*Süddt*) fried knuckle of pork

Schweiß [ʃvais] *der* sweat

schweißen ['ʃvaisn̩] *vt* to weld

Schweiz [ʃvaits] *die* Switzerland

Schweizer ['ʃvaitsɐ] (*pl inv*) *der* Swiss

Schweizerin ['ʃvaitsərɪn] (*pl* **-nen**) *die* Swiss

schwellen ['ʃvelən] (*präs* **schwillt**, *prät* **schwoll**, *pp* **geschwollen**) *vi* (*dick werden*) to swell

Schwellung ['ʃvelʊŋ] (*pl* **-en**) *die* swelling

schwer [ʃveːɐ] ◇ *adj* **1.** heavy **2.** (*stark*) serious **3.** (*schwierig*) difficult ◇ *adv* **1.** (*fam*) (*sehr*) really **2.** (*verletzt*) seriously **3.** (*arbeiten*) hard ● **das ist nur schwer möglich** that won't be easy ● **zehn Kilo schwer sein** to weigh ten kilos ● **es schwer haben mit** to have a hard time with

Schwerbehinderte ['ʃveːɐbəhɪndɐtə] (*pl* **-n**) *der, die* severely handicapped person

schwerhörig ['ʃveːɐhøːrɪç] *adj* hard of hearing

schwer krank ['ʃveːɐkraŋk] *adj* seriously ill

schwer verletzt ['ʃveːɐfɛɐlɛtst] *adj* seriously injured

Schwester ['ʃvɛstɐ] (*pl* **-n**) *die* **1.** sister **2.** (*Krankenschwester*) nurse

schwieg [ʃviːk] *prät* ➤ **schweigen**

Schwiegereltern ['ʃviːgɐʔɛltɐn] *pl* parents-in-law

Schwiegermutter ['ʃviːgɐmʊtɐ] (*pl* **-mütter**) *die* mother-in-law

Schwiegersohn ['ʃviːgɐzoːn] (*pl* **-söhne**) *der* son-in-law

Schwiegertochter ['ʃviːgɐtɔxtɐ] (*pl* **-töchter**) *die* daughter-in-law

Schwiegervater ['ʃviːgɐfaːtɐ] (*pl* **-väter**) *der* father-in-law

schwierig ['ʃviːrɪç] *adj* difficult

Schwierigkeit ['ʃviːrɪçkait] (*pl* **-en**) *die* (*Problem*) difficulty ● **in Schwierigkeiten geraten/stecken** to get into difficulty/be having difficulties

schwillt [ʃvɪlt] *präs* ➤ **schwellen**

Schwimmbad ['ʃvɪmbaːt] (*pl* **-bäder**) *das* swimming pool

Schwimmbecken ['ʃvɪmbɛkn̩] (*pl inv*) *das* swimming pool

schwimmen ['ʃvɪmən] (*prät* **schwamm**, *pp* **geschwommen**) ◇ *vi (ist)* **1.** to swim **2.** (*Gegenstand*) to float ◇ *vt (ist)* (*Strecke*) to swim

Schwimmer, in ['ʃvɪmɐ] (*mpl inv*) *der, die* swimmer

Schwimmbecken ['ʃvɪmbɛkn] (*pl inv*) *das* swimmers' pool

Schwimmflosse ['ʃvɪmflɔsə] (*pl -n*) *die* flipper (*UK*), fin (*US*)

Schwimmflügel ['ʃvɪmfly:gl] (*pl inv*) *der* armband

Schwimmhalle ['ʃvɪmhalə] (*pl -n*) *die* indoor swimming pool

Schwimmreifen ['ʃvɪmraɪfn] (*pl inv*) *der* rubber ring

Schwimmweste ['ʃvɪmvɛstə] (*pl -n*) *die* life jacket

schwindelig ['ʃvɪndəlɪç] *adj* dizzy ● **mir ist/wird schwindelig** I am/am getting dizzy

schwingen ['ʃvɪŋən] (*prät* **schwang**, *pp* **geschwungen**) ◇ *vi* to swing ◇ *vt* **1.** (*Fahne*) to wave **2.** (*Peitsche*) to brandish ◆ **sich schwingen** *ref* (*aufs Pferd, ins Auto*) to jump

Schwips [ʃvɪps] (*pl -e*) *der* (*fam*) ● **einen Schwips haben** to be tipsy

schwitzen ['ʃvɪtsn] *vi* to sweat

schwoll [ʃvɔl] *prät* → **schwellen**

schwor ['ʃvoːɐ̯] *prät* → **schwören**

schwören ['ʃvøːrən] (*prät* **schwor**, *pp* **geschworen**) *vt* to swear

schwul [ʃvuːl] *adj* (*fam*) gay

schwül [ʃvyːl] *adj* (*Wetter*) muggy, close

Schwung [ʃvʊŋ] *der* **1.** (*Bewegung*) swing **2.** (*Elan*) zest ● **mit Schwung** with zest

Schwur [ʃvuːɐ̯] (*pl* **Schwüre**) *der* oath

sechs [zɛks] *numr & pron* six ● **fünf vor/**

nach **sechs** five to/past six ● **sechs Uhr** fünfundvierzig six forty-five ● **um sechs** (*Uhr*) at six (o'clock) ● **sie ist sechs** (*Jahre alt*) she is six (years old) ● **wir waren sechs** there were six of us

sechshundert ['zɛkshʊndɐt] *numr* six hundred

sechsmal ['zɛksmaːl] *adv* six times

sechste, r, s ['zɛkstə] *adj* sixth ● **der sechste Juni** the sixth of June, June the sixth

Sechstel ['zɛkstl] (*pl inv*) *das* sixth

sechzehn ['zɛçtseːn] *numr* sixteen → **sechs**

sechzig ['zɛçtsɪç] *numr* sixty → **sechs**

See[1] [zeː] (*pl -n*) *der* (*Teich*) lake

See[2] [zeː] (*pl -n*) *die* (*Meer*) sea ● **an die See fahren** to go to the seaside ● **an der See** at the seaside

Seebad ['zeːbaːt] (*pl -bäder*) *das* seaside resort

Seegang ['zeːgaŋ] *der* ● **leichter/hoher Seegang** calm/rough seas *pl*

Seeigel ['zeːiːgl] (*pl inv*) *der* sea urchin

seekrank ['zeːkraŋk] *adj* seasick

Seele ['zeːlə] (*pl -n*) *die* soul

Seeleute ['zeːlɔytə] *pl* sailors

seelisch ['zeːlɪʃ] *adj* mental

Seelsorger, in ['zeːlzɔrgɐ] (*mpl inv*) *der, die* (*Priester*) pastor

Seeluft ['zeːlʊft] *die* sea air

Seemeile ['zeːmaɪlə] (*pl -n*) *die* nautical mile

Seenot ['zeːnoːt] *die* distress

Seereise ['zeːraɪzə] (*pl -n*) *die* voyage

Seeweg ['zeːveːk] *der* ● **auf dem Seeweg** by sea

Segel ['zeːgl] (*pl inv*) *das* sail

Segelboot ['zeːglboːt] (*pl -e*) *das* sailing boat

Segelfliegen ['ze:gl̩fli:gn̩] *das* gliding

Segelflugzeug ['ze:gl̩fu:ktsɔyç] (*pl* **-e**) *das* glider

segeln ['ze:gl̩n] *vi* (*mit Boot*) to sail

Segelschiff ['ze:gl̩ʃɪf] (*pl* **-e**) *das* sailing ship

sehbehindert ['ze:bəhɪndɐt] *adj* partially sighted

sehen ['ze:ən] (*präs* **sieht**, *prät* **sah**, *pp* **gesehen**) *vt & vi* to see ● **gut/schlecht sehen** to have good/bad eyesight ● **jm ähnlich sehen** to look like sb ● **sieh mal!** look! ● **mal sehen!** we'll see! ● **siehste** ODER **siehst du!** (*fam*) you see ● **nach jm sehen** (*aufpassen*) to look after sb ♦ **sich sehen** *ref* (*sich treffen*) to see each other

Sehne ['ze:nə] (*pl* **-n**) *die* (*von Muskeln*) tendon

sehnen ['ze:nən] ♦ **sich sehnen** *ref* ● **sich sehnen nach** to long for

Sehnenscheidenentzündung ['ze:nən-ʃaidn̩ɛntsʏndʊŋ] (*pl* **-en**) *die* tendonitis

Sehnsucht ['ze:nzʊxt] *die* longing

sehr [ze:ɐ] *adv* very ● **bitte sehr!** you're welcome! ● **das gefällt mir sehr** I like that a lot ● **danke sehr!** thank you very much ● **sehr viel Geld** an awful lot of money ● **zu sehr** too much

seid [zait] *präs* > **sein**

Seide ['zaidə] (*pl* **-n**) *die* silk

Seife ['zaifə] (*pl* **-n**) *die* soap

Seifenlauge ['zaifn̩laugə] (*pl* **-n**) *die* soap suds *pl*

Seil [zail] (*pl* **-e**) *das* rope

Seilbahn ['zailba:n] (*pl* **-en**) *die* cable railway

sein[1] [zain] (*präs* **ist**, *prät* **war**, *pp* **gewesen**)

♦ *aux* **1.** (*im Perfekt*) to have ● **sie ist**

gegangen she has gone **2.** (*im Konjunktiv*) ● **sie wäre gegangen** she would have gone

♦ *vi* **1.** (*Angabe von Eigenschaft, Zustand, Identität*) to be ● **mir ist schlecht/kalt** I'm ill/cold ● **Lehrer sein** to be a teacher **2.** (*Angabe von Position*) to be ● **das Hemd ist im Koffer** the shirt is in the suitcase **3.** (*Angabe der Zeit*) to be ● **das Konzert ist heute** the concert is today **4.** (*Angabe der Herkunft*) ● **aus Indien/Zürich sein** to be from India/Zürich **5.** (*Angabe der Zusammensetzung*) ● **aus etw sein** to be made of sthg **6.** (*Angabe der Meinung*) ● **für etw sein** to be in favour of sthg ● **gegen etw sein** to be against sthg **7.** (*Angabe von Zwang*) ● **mein Befehl ist sofort auszuführen** my order is to be carried out immediately **8.** (*Angabe von Möglichkeit*) ● **das ist nicht zu ändern** there's nothing that can be done about it ● **dieses Spiel ist noch zu gewinnen** this game can still be won **9.** (*Angabe von Tätigkeit*) ● **dabei sein, etw zu tun** to be doing sthg **10.** (*Angabe von Teilnahme*) ● **dabei sein** to be there **11.** (*fam*) (*Angabe von Reihenfolge*) ● **ich bin dran** it's my turn ● **Sie sind als Nächste dran!** you're next!

♦ *vimp* ● **es ist zwölf Uhr** it's twelve o'clock ● **es ist dunkel** it's dark ● **wie wäre es mit ...?** how about ...? ● **was ist?** what's up? ● **das wär's** that's all ● **es sei denn, dass ...** unless ...

sein[2], **e** [zain] *det* his

seine, r, s ODER **seins** [zainə] *pron* **1.** (*von Person*) his **2.** (*von Tier, Ding*) its

sein lassen ['zainlasn̩] *vt* (*unreg*) (*fam*) ● **lass das sein!** stop that!

seit [zait] *konj & präp* (+D) since ● **ich**

wohne hier seit drei Jahren I've lived here for three years • **seit langem** for a long time • **seit wann** since when

seitdem [zaɪt'deːm] ◇ *adv* since then ◇ *konj* since

Seite ['zaɪtə] (*pl* **-n**) die **1.** side **2.** (*von Buch, Heft*) page • **auf der rechten/linken Seite** on the right-hand/left-hand side • **zur Seite gehen** ODER **treten** to step aside

Seiteneingang ['zaɪtnˌaɪŋaŋ] (*pl* **-gänge**) der side entrance

Seitensprung ['zaɪtnˌʃprʊŋ] (*pl* **-sprünge**) der affair • **einen Seitensprung machen** to have an affair

Seitenstechen ['zaɪtnˌʃtɛçn] das stitch

Seitenstraße ['zaɪtnˌʃtraːsə] (*pl* **-n**) die side street

Seitenstreifen ['zaɪtnˌʃtraɪfn] (*pl inv*) der hard shoulder (*UK*), shoulder (*US*) ▼ **Seitenstreifen nicht befahrbar** soft verges

Seitenwind ['zaɪtnvɪnt] der ▼ **Vorsicht, Seitenwind!** caution crosswind

seither [zaɪt'heːɐ] *adv* since then

Sekretär [zekre'tɛːɐ] (*pl* **-e**) der **1.** secretary **2.** (*Möbelstück*) bureau

Sekretärin [zekre'tɛːrɪn] (*pl* **-nen**) die secretary

Sekt [zɛkt] (*pl* **-e**) der German sparkling wine similar to champagne

Sekte ['zɛktə] (*pl* **-n**) die sect

Sektglas ['zɛktɡlaːs] (*pl* **-gläser**) das champagne glass

Sekunde [ze'kʊndə] (*pl* **-n**) die second

Sekundenkleber [ze'kʊndnkleːbɐ] (*pl inv*) der superglue

sekundenlang [ze'kʊndnlaŋ] *adj* momentary

selber ['zɛlbɐ] *pron* (*fam*) = **selbst**

selbst [zɛlpst] ◇ *adv* (*sogar*) even ◇ *pron* **1.** (*er selbst*) himself **2.** (*sie selbst*) themselves *pl* **3.** (*ich selbst*) myself **4.** (*wir selbst*) ourselves **5.** (*Sie selbst*) yourself, yourselves *pl* • **von selbst** (*automatisch*) automatically, by itself

Selbstauslöser ['zɛlpstˌausløːzɐ] (*pl inv*) der delayed-action shutter release

Selbstbedienung ['zɛlpstbədiːnʊŋ] die self-service

Selbstbedienungsrestaurant ['zɛlpstbədiːnʊŋsrɛstorãː] (*pl* **-s**) das self-service restaurant

Selbstbeteiligung ['zɛlpstbətaɪligʊŋ] die excess

selbstbewusst ['zɛlpstbəvʊst] *adj* self-confident

Selbstbräuner ['zɛlpstbrɔɪnɐ] (*pl inv*) der artificial tanning cream

selbst gemacht ['zɛlpstɡəmaxt] *adj* home-made

Selbstkostenpreis ['zɛlpstkɔstnprais] (*pl* **-e**) der cost price

Selbstmord ['zɛlpstmɔrt] (*pl* **-e**) der suicide

selbstsicher ['zɛlpstzɪçɐ] *adj* self-confident

selbstständig ['zɛlpstʃtɛndɪç] ◇ *adj* **1.** independent **2.** (*Unternehmer*) self-employed ◇ *adv* independently

Selbstversorger ['zɛlpstfɛɐzɔrɡɐ] (*pl inv*) der (*im Urlaub*) self-caterer

selbstverständlich ['zɛlpstfɛɐʃtɛntlɪç] ◇ *adj* natural ◇ *adv* naturally

Selbstverteidigung ['zɛlpstfɛɐtaidigʊŋ] die self-defence

Selbstwählverkehr ['zɛlpstvɛːlfɛɐkeːɐ] der direct dialling

Sellerie ['zɛlari] der celery

selten ['zɛltn̩] ◇ *adj* rare ◇ *adv* rarely

Selters ['zɛltɐs] (*pl inv*) *die* & *das* sparkling mineral water

seltsam ['zɛltza:m] *adj* strange

Semester [ze'mɛstɐ] (*pl inv*) *das* semester

Semesterferien [ze'mɛstɐfe:riən] *pl* (university) vacation *sg*

Semikolon [zemi'ko:lɔn] (*pl -s*) *das* semicolon

Seminar [zemi'na:ɐ̯] (*pl -e*) *das* 1. seminar 2. *(Institut)* department

Semmel ['zɛml̩] (*pl -n*) *die* (bread) roll

Semmelknödel ['zɛml̩knø:dl̩] (*pl inv*) *der* bread dumpling

senden¹ ['zɛndn̩] (*prät* **sandte**, *pp* **gesandt**) *vt* (*Brief, Glückwünsche*) to send ◆ **jm etw senden** to send sb sthg

senden² ['zɛndn̩] *vt* (*Film, Konzert*) to broadcast

Sender ['zɛndɐ] (*pl inv*) *der* (*Station*) station

Sendung ['zɛndʊŋ] (*pl -en*) *die* 1. (*im Fernsehen, in Radio*) programme 2. (*Brief*) letter 3. (*Paket*) parcel

Senf [zɛnf] (*pl -e*) *der* mustard

Senior, in ['ze:nio:ɐ̯] (*mpl -en*) *der, die* (*in Firma*) senior colleague ◆ **Senioren** *pl* 1. (*Alte*) senior citizens 2. SPORT senior team *sg*

Seniorenpass [ze'njo:rənpas] (*pl -päs-se*) *der* senior citizen's travel pass

senken ['zɛŋkn̩] *vt* to lower

senkrecht ['zɛŋkrɛçt] ◇ *adj* vertical ◇ *adv* vertically

Sensation [zɛnza'tsio:n] (*pl -en*) *die* sensation

sensibel [zɛn'zi:bl̩] *adj* (*Mensch*) sensitive

separat [zepa'ra:t] *adj* separate

September [zɛp'tɛmbɐ] *der* September ● **am ersten September** on the first of September ● **Anfang/Ende September** at the beginning/end of September ● **Mitte September** in mid-September ● **Berlin, den 12. September 2000** Berlin, 12 September 2000 ● **im September** in September

Serie ['ze:riə] (*pl -n*) *die* 1. series 2. (*von Produkten*) line

serienmäßig ['ze:riənmɛ:sɪç] ◇ *adj* standard ◇ *adv* in series

seriös [ze'riø:s] *adj* respectable

Serpentine [zɛrpn̩'ti:nə] (*pl -n*) *die* (*Straße*) steep and winding road

Service¹ ['sø:ɐ̯vɪs] *der* (*von Firma, Hotel*) service

Service² [zɛr'vi:s] (*pl -s*) *das* (*von Essgeschirr*) (dinner) service

servieren [zɛr'vi:rən] *vt* to serve

Serviette [zɛr'viɛtə] (*pl -n*) *die* serviette

Servolenkung ['zɛrvolɛŋkʊŋ] (*pl -en*) *die* power steering

Servus ['zɛrvʊs] *interj* (*Süddt*) hello

Sesam ['ze:zam] *der* sesame

Sessel ['zɛsl̩] (*pl inv*) *der* armchair

Sessellift ['zɛslɪft] (*pl -e*) *der* chairlift

setzen ['zɛtsn̩] ◇ *vt* (*hat*) 1. (*Person*) to sit 2. (*Gegenstand*) to put 3. (*festlegen, Text*) to set 4. (*Geld*) to bet ◇ *vi* (*bei Wette, Roulette*) to bet ● **setzen auf** (+*A*) to bet on ◆ **sich setzen** *ref* (*Person, Tier*) to sit (down) ◆ **sich setzen zu** to sit with

Seuche ['zɔyçə] (*pl -n*) *die* (*Krankheit*) epidemic

seufzen ['zɔyftsn̩] *vi* to sigh

Sex [sɛks] *der* sex

sexuell [zɛ'ksuɛl] *adj* sexual

sfr. *(abk für Schweizer Franken)* Swiss francs

Shampoo [ʃampuː] *(pl -s)* das shampoo

Sherry [ˈʃɛrɪ] *(pl -s)* der sherry

Shorts [ˈʃɔːts] *pl* shorts

Show [ʃoː] *(pl -s)* die show

Shuttlebus [ˈʃatlbʊs] *(pl -se)* der shuttle bus

sich [zɪç] *pron* 1. *(Reflexivpronomen: unbestimmt)* oneself 2. *(Person)* himself *(f herself)*, themselves *pl* 3. *(Ding, Tier)* itself, themselves *pl* 4. *(bei Höflichkeitsform)* yourself, yourselves *pl* • **sich auf etw** *(A)* **freuen** to look forward to sthg • **sich** *(D)* **etw kaufen** to buy sthg (for o.s.)

sicher [ˈzɪçɐ] ◇ *adj* 1. *(ungefährdet)* safe 2. *(zuverlässig)* reliable ◇ *adv* 1. *(ungefährdet)* safely 2. *(zuverlässig)* reliably 3. *(sicherlich)* certainly, definitely • **aber sicher!** of course • **bist du sicher?** are you sure? • **etw sicher wissen** to know sthg for sure • **sich** *(D)* **sicher sein** to be sure

Sicherheit [ˈzɪçɐhaɪt] *(pl -en)* die 1. *(Schutz)* safety 2. *(Zuverlässigkeit)* certainty 3. *(Selbstsicherheit)* confidence 4. *(finanziell)* security

Sicherheitsdienst [ˈzɪçɐhaɪtsdiːnst] *(pl -e)* der security service

Sicherheitsgurt [ˈzɪçɐhaɪtsɡʊrt] *(pl -e)* der safety belt

Sicherheitskräfte [ˈzɪçɐhaɪtskrɛftə] *pl* security forces

Sicherheitsnadel [ˈzɪçɐhaɪtsnaːdl] *(pl -n)* die safety pin

Sicherheitsschloss [ˈzɪçɐhaɪtsʃlɔs] *-schlösser)* das safety lock

sicherlich [ˈzɪçɐlɪç] *adv* certainly

sichern [ˈzɪçɐn] *vt (Ort)* to secure

Sicherung [ˈzɪçərʊŋ] *(pl -en)* die 1.

(elektrisch) fuse 2. *(Schutz)* safeguarding

Sicht [zɪçt] *die* view • **gute Sicht** good visibility • **in Sicht sein** to be in sight

sichtbar [ˈzɪçtbaːɐ] *adj* visible

Sichtvermerk [ˈzɪçtfɛɐmɛrk] *(pl -e)* der visa

Sichtweite [ˈzɪçtvaɪtə] *die* visibility • **außer/in Sichtweite** out of/in sight

sie [ziː] *pron* 1. *(Singular: Nominativ)* she 2. *(Akkusativ)* her 3. *(Tier, Gegenstand)* it 4. *(Plural: Nominativ)* they 5. *(Akkusativ)* them

Sie [ziː] *pron (Singular, Plural)* you

Sieb [ziːp] *(pl -e)* das sieve

sieben [ˈziːbn] ◇ *numr* seven ◇ *vt (Sand, Tee)* to sieve

siebenhundert [ˈziːbnhʊndɐt] *numr* seven hundred

siebenmal [ˈziːbnmaːl] *adv* seven times

siebte, r, s [ˈziːptə] *adj* seventh ➤ **sechste**

siebzehn [ˈziːptseːn] *numr* seventeen ➤ **sechs**

siebzig [ˈziːptsɪç] *numr* seventy ➤ **sechs**

siedend [ˈziːdnt] *adj* boiling

Siedlung [ˈziːtlʊŋ] *(pl -en)* die 1. *(Niederlassung)* settlement 2. *(am Stadtrand)* (housing) estate

Sieg [ziːk] *(pl -e)* der victory

siegen [ˈziːɡn] *vi* to win • **siegen gegen** ODER **über** *(+A)* to beat

Sieger, in [ˈziːɡɐ] *(mpl inv)* der, die winner

Siegerehrung [ˈziːɡəɛrʊŋ] *(pl -en)* die SPORT medals ceremony

siehe [ˈziːə] *vi* • **siehe oben/unten** see above/below ➤ **sehen**

sieht [ziːt] *präs* ➤ **sehen**

siezen *vt* • **jn siezen** to use the "Sie"

form of address to sb

Signal [zɪ'gnaːl] (*pl* **-e**) *das* signal

Silbe ['zɪlbə] (*pl* **-n**) *die* syllable

Silber ['zɪlbɐ] *das* silver

Silberhochzeit ['zɪlbɐhɔxtsaɪt] (*pl* **-en**) *die* silver wedding (anniversary)

Silvester [zɪl'vɛstɐ] (*pl inv*) *das* New Year's Eve

Silvester

In Germany, people see in the New Year by letting off a firework with midnight chimes. Another tradition, called *Bleigießen*, is to pour a small amount of molten lead into a bowl of cold water. It is supposedly possible to tell your fortune for the coming year from the shape of the solidified lead.

simsen ['zɪmzn̩] *vi* to text

simultan [zimʊl'taːn] *adj* simultaneous

sind [zɪnt] *präs* ➤ **sein**[1]

Sinfonie [zɪnfo'niː] (*pl* **-n**) *die* symphony

Sinfonieorchester [zɪnfo'niːʔɔrkɛstɐ] (*pl inv*) *das* symphony orchestra

singen ['zɪŋən] (*prät* **sang**, *pp* **gesungen**) *vt & vi* to sing

sinken ['zɪŋkn̩] (*prät* **sank**, *pp* **gesunken**) *vi (ist)* **1.** to sink **2.** (*Preis, Besucherzahlen*) to fall

Sinn [zɪn] (*pl* **-e**) *der* **1.** (*körperlich*) sense **2.** (*Bedeutung*) meaning **3.** (*Zweck*) point ◆ **es hat keinen Sinn** there's no point

sinnlos ['zɪnloːs] *adj* (*unsinnig*) pointless

sinnvoll ['zɪnfɔl] *adj* **1.** (*Arbeit*) meaningful **2.** (*vernünftig*) sensible

Sirene [zi'reːnə] (*pl* **-n**) *die* (*Gerät*) siren

Sitte ['zɪtə] (*pl* **-n**) *die* (*Gepflogenheit*) custom ◆ **Sitten** *pl* (*Benehmen*) manners

Situation [zitua'tsjoːn] (*pl* **-en**) *die* situation

Sitz [zɪts] (*pl* **-e**) *der* seat

sitzen ['zɪtsn̩] (*prät* **saß**, *pp* **gesessen**) *vi* to sit ◆ **sitzen auf** (+*D*) to be sitting on ◆ **gut sitzen** (*Kleidung*) to be a good fit

sitzen lassen ['zɪtsn̩lasn̩] *vt* (*unreg*) **1.** (*fam*) (*Partner*) to dump **2.** (*bei Verabredung*) to stand up

Sitzgelegenheit ['zɪtsɡəleːɡnhaɪt] (*pl* **-en**) *die* seating, place to sit

Sitzplatz ['zɪtsplats] (*pl* **-plätze**) *der* seat

Sitzung ['zɪtsʊŋ] (*pl* **-en**) *die* (*Konferenz*) meeting

Skandal [skan'daːl] (*pl* **-e**) *der* scandal

Skat [skaːt] *der* skat *card game for three players*

Skateboard ['skeːtbɔː(r)d] (*pl* **-s**) *das* skateboard

Skelett [ske'lɛt] (*pl* **-e**) *das* skeleton

Ski [ʃiː] (*pl* **-er**) *der* ski ◆ **Ski fahren** ODER **laufen** to ski

Skianzug ['ʃiːʔantsuːk] (*pl* **-züge**) *der* ski suit

Skiausrüstung ['ʃiːʔausrʏstʊŋ] (*pl* **-en**) *die* skiing equipment

Skigebiet ['ʃiːɡəbiːt] (*pl* **-e**) *das* skiing area

Skihose ['ʃiːhoːzə] (*pl* **-n**) *die* ski pants *pl*

Skikurs ['ʃiːkʊrs] (*pl* **-e**) *der* skiing course

Skiläufer, in ['ʃiːlɔyfɐ] (*mpl inv*) *der, die* skier

Skilehrer, in ['ʃiːleːrɐ] (*mpl inv*) *der, die* ski instructor

Skilift ['ʃiːlɪft] (*pl* **-e**) *der* ski lift

Sk

Skipiste [ˈʃiːpɪstə] (pl **-n**) die ski-run

Skistiefel [ˈʃiːʃtiːfl̩] (pl inv) der ski boot

Skistock [ˈʃiːʃtɔk] (pl **-stöcke**) der ski stick

Skiurlaub [ˈʃiːluːɐ̯laup] (pl **-e**) der skiing holiday

Skiwachs [ˈʃiːvaks] das ski wax

Skizze [ˈskɪtsə] (pl **-n**) die sketch

Skorpion [skɔrˈpi̯oːn] (pl **-e**) der **1.** (Tier) scorpion **2.** (Sternzeichen) Scorpio

Skulptur [skʊlpˈtuːɐ̯] (pl **-en**) die sculpture

S-Kurve [ɛs-kʊrvə] (pl **-n**) die S-bend

Slalom [ˈslaːlɔm] (pl **-s**) der (im Sport) slalom

Slip [slɪp] (pl **-s**) der briefs pl

Slipeinlage [ˈslɪpˌlaɪnlaːgə] (pl **-n**) die panty liner

Slowakei [slovaˈkai] die Slovakia

Smog [smɔk] der smog

Smoking [ˈsmoːkɪŋ] (pl **-s**) der dinner jacket

Snowboard [ˈsnoːbɔːd] (pl **-s**) das snowboard ● **Snowboard fahren** to go snowboarding

so [zoː]
◇ adv **1.** (auf diese Art) like this; (auf jene Art) like that ● **so was** (fam) something like this ● **gut so!** good! **2.** (dermaßen) so ● **ich bin so froh, dass du gekommen bist** I'm so glad you came ● **so ..., dass** so ... that ● **so ein** such a ● **so ein Pech!** what bad luck! **3.** (fam) (circa) about ● **oder so** or so **4.** (mit Geste) this ● **es war so groß** it was this big **5.** (fam) (ohne etwas) as it is; (umsonst) for free ● **ich trinke den Tee lieber so** I'd rather have the tea as it is ● **ich bin so ins Kino reingekommen** I got into the cinema for

free **6.** (fam) (im Allgemeinen) ● **was hast du sonst noch so gemacht?** what else did you do, then? **7.** (vergleichend) ● **so ... wie ...** as ... as ● **das Loch war so breit wie tief** the hole was as wide as it was deep
◇ konj **1.** (Ausdruck des Vergleichs) as ● **laufen, so schnell man kann** to run as fast as one can **2.** (Ausdruck der Folge) ● **so dass** = **sodass**
◇ interj ● **so, das war's** so, that's it ● **so, glaubst du das?** so, you believe that, do you?

♦ **so oder so** adv anyway

s.o. abk ➢ siehe oben

sobald [zoːˈbalt] konj as soon as

Söckchen [ˈzœkçən] (pl inv) das ankle sock

Socke [ˈzɔkə] (pl **-n**) die sock

sodass [zoːˈdas] konj so that

Sodbrennen [ˈzoːtbrɛnən] das heartburn

Sofa [ˈzoːfa] (pl **-s**) das sofa

soff [zɔf] prät ➢ saufen

sofort adv **1.** immediately **2.** (gleich) in a moment

Sofortbildkamera [zoˈfɔrtbɪltkaməra] (pl **-s**) die instant camera

sog [zoːk] prät ➢ saugen

sogar [ˈzoːgaːɐ̯] adv even

so genannt [zoːgənant] adj (abw) (angeblich) so-called

Sohle [ˈzoːlə] (pl **-n**) die sole

Sohn [zoːn] (pl **Söhne**) der son

Soja [ˈzoːja] die soya bean

solange [zoˈlaŋə] konj as long as

Solarium [zoˈlaːri̯ʊm] (pl **-rien**) das solarium

solch [zɔlç] det such ● **solch nette Leute** such nice people

solche, r, s [ˈzɔlçə] det such ● **ein solcher**

Mann such a man ● **das Thema als solches** the topic as such

Soldat [zɔl'da:t] (pl **-en**) der soldier

solidarisch [zoli'da:rɪʃ] adj ● **sich solidarisch zeigen** to show solidarity

solide [zo'li:də] adj (Material) solid

Solist, in [zo'lɪst] (mpl **-en**) der, die soloist

Soll [zɔl] das (Schulden) debit

sollen[1] ['zɔlən] (pp inv) aux to be supposed to ● **ich soll um 10 Uhr dort sein** I'm supposed to be there at 10 ● **wir hätten nicht kommen sollen** we shouldn't have come ● **soll ich das Fenster aufmachen?** shall I open the window? ● **sollte sie noch kommen, sag ihr ...** if she should turn up, tell her ...

sollen[2] ['zɔlən] vi ● **die Waren sollen nach München gehen** the goods are meant to go to Munich ● **was soll das?** (fam) what's all this? ● **was soll's?** (fam) what the hell?

solo ['zo:lo] adv 1. MUS solo 2. (fam) (allein) alone

Sommer ['zɔmɐ] (pl inv) der summer ● **im Sommer** in (the) summer

Sommerfahrplan ['zɔmɐfa:ɐpla:n] (pl **-pläne**) der summer timetable

Sommerferien ['zɔmɐfe:riən] pl summer holidays

sommerlich ['zɔmɐlɪç] adj summery

Sommerpause ['zɔmɐpauzə] (pl **-n**) die summer break

Sommerreifen ['zɔmɐraifn] (pl inv) der summer tyre

Sommerschlussverkauf ['zɔmɐ-ʃlʊsfɛɐkauf] (pl **-käufe**) der summer sale

Sommersprosse ['zɔmɐʃprɔsə] (pl **-n**) die freckle

Sommerzeit ['zɔmɐtsait] die summertime

Sonate [zo'na:tə] (pl **-n**) die sonata

Sonderangebot ['zɔndɐlaŋgəbo:t] (pl **-e**) das special offer

Sonderausstattung ['zɔndɐlausʃtatʊŋ] (pl **-en**) die ● **ein Auto mit Sonderausstattung** a car with optional extras

sonderbar ['zɔndɐba:ɐ] adj strange

Sonderfahrplan ['zɔndɐfa:ɐpla:n] (pl **-pläne**) der special timetable

Sonderfahrt ['zɔndɐfa:ɐt] (pl **-en**) die **1.** (Zugfahrt) special train **2.** (Busfahrt) special bus

Sondergenehmigung ['zɔndɐgəne:-mɪgʊŋ] (pl **-en**) die special permit

Sonderleistungen ['zɔndɐlaistʊŋən] pl special benefits

Sondermarke ['zɔndɐmarkə] (pl **-n**) die special issue stamp

Sondermaschine ['zɔndɐmaʃi:nə] (pl **-n**) die special plane

Sondermüll ['zɔndɐmyl] der hazardous waste

sondern ['zɔndɐn] konj but

Sonderpreis ['zɔndɐprais] (pl **-e**) der special price

Sonderschule ['zɔndɐʃu:lə] (pl **-n**) die special school

Sonderzug ['zɔndɐtsu:k] (pl **-züge**) der special train

Sonnabend ['zɔnla:bnt] (pl **-e**) der Saturday ➢ Samstag

sonnabends ['zɔnla:bnts] adv on Saturdays

Sonne ['zɔnə] die sun ● **die Sonne scheint** the sun is shining ● **in der prallen Sonne** in the blazing sun

sonnen ['zɔnən] ◆ **sich sonnen** ref (in Sonne) to sun o.s.

Sonnenaufgang ['zɔnən|aufgaŋ] (pl -gänge) der sunrise

Sonnenbad ['zɔnənbaːt] (pl -bäder) das
● ein Sonnenbad nehmen to sunbathe

Sonnenbank ['zɔnənbaŋk] (pl -bänke) die sunbed

Sonnenblume ['zɔnənbluːmə] (pl -n) die sunflower

Sonnenblumenbrot [zɔnənbluːmənbroːt] (pl -e) das sunflower seed bread

Sonnenblumenkern ['zɔnənbluːmənkɛrn] (pl -e) der sunflower seed

Sonnenblumenöl ['zɔnənbluːmən|øːl] (pl -e) das sunflower oil

Sonnenbrand ['zɔnənbrant] der sunburn

Sonnenbrille ['zɔnənbrilə] (pl -n) die sunglasses pl

Sonnencreme ['zɔnənkreːm] (pl -s) die sun cream

Sonnendach ['zɔnəndax] (pl -dächer) das (für Auto) sunroof

Sonnendeck ['zɔnəndɛk] (pl -s) das sun deck

Sonnenmilch ['zɔnənmilç] die suntan lotion

Sonnenöl ['zɔnən|øːl] (pl -e) das suntan oil

Sonnenschein ['zɔnənʃain] der sunshine

Sonnenschirm ['zɔnənʃirm] (pl -e) der sunshade

Sonnenschutzfaktor ['zɔnənʃʊtsfaktoːɐ] der protection factor

Sonnenseite ['zɔnənzaitə] die (von Gebäude) sunny side

Sonnenstich ['zɔnənʃtiç] der sunstroke

Sonnenstudio ['zɔnənʃtuːdjo] (pl -s) das tanning studio

Sonnenuntergang ['zɔnən|ʊntɐgaŋ] (pl -gänge) der sunset

sonnig ['zɔniç] adj sunny

Sonntag['zɔntaːk] (pl -e) der Sunday ➤ Samstag

sonntags ['zɔntaːks] adv on Sundays

Sonntagsverkauf ['zɔntaːksfɛɐkauf] der Sunday trading

sonn- und feiertags ['zɔn-ʊntˈfaiɐtaːks] adv on Sundays and public holidays

sonst ['zɔnst] ◇ adv 1. (außerdem) else 2. (normalerweise) usually 3. (abgesehen davon) otherwise ◇ konj (andernfalls) or ● sonst habe ich nichts I've got nothing else ● sonst nichts nothing else ● was sonst? (fam) what else?

sonstig ['zɔnstiç] adj other

sooft [zo'ɔft] konj whenever

Sopran [zo'praːn] (pl -e) der soprano

Sorge ['zɔrgə] (pl -n) die worry ● sich (D) Sorgen machen um to worry about ● keine Sorge! (fam) don't worry!

sorgen ['zɔrgn] vi ● sorgen für (beschaffen) to see to; (sich kümmern um) to look after ● sich sorgen ref to worry

sorgfältig ['zɔrgfɛltiç] adj careful

Sorte ['zɔrtə] (pl -n) die (von Dingen) sort, type

sortieren [zɔrti:rən] vt to sort

Sortiment [zɔrti'mɛnt] (pl -e) das assortment

Soße ['zoːsə] (pl -n) die sauce

Souvenir [suvə'niːɐ] (pl -s) das souvenir

souverän [suvə'rɛːn] adj 1. (Person) superior 2. (Staat) sovereign

soviel [zo'fiːl] konj ● soviel ich weiß as far as I know ● iss, soviel du willst eat as much as you like

so viel ['zoːfiːl] adv as much ● doppelt so viel wie twice as much as

so weit [zo'vait] ◇ adv (im Allgemeinen)

on the whole ◇ *konj* as far as ◇ *adj* • **so weit sein** to be ready

sowie [zo'vi:] *konj (und)* as well as, and

sowieso [zovi'zo:] *adv* anyway

sowohl [zo'vo:l] *konj* • **sowohl ... als auch ...** as ... as well as ...

sozial [zo'tsja:l] *adj* social ◇ *adv* socially

Sozialarbeiter, in [zo'tsja:larbaitɐ] (*mpl inv*) *der, die* social worker

Sozialdemokrat, in [zo'tsja:ldemokra:t] (*mpl* **-en**) *der, die* social democrat

sozialdemokratisch [zo'tsja:ldemo-kra:tɪʃ] *adj* social-democratic

Sozialhilfe [zo'tsja:lhɪlfə] *die* ≃ income support (*UK*), ≃ welfare (*US*)

sozialistisch [zo'ja'lɪstɪʃ] *adj* socialist

Sozialversicherung [zo'tsja:lfɛɐ̯zɪçəruŋ] (*pl* **-en**) *die* social security

Sozialwohnung [zo'tsja:lvo:nuŋ] (*pl* **-en**) *die* council flat (*UK*)

Soziologie [zozjolo'gi:] *die* sociology

sozusagen [zotsu'za:gŋ] *adv* so to speak

Spachtel ['ʃpaxtl] (*pl inv*) *der* spatula

Spaghetti, Spagetti [ʃpa'geti] *pl* spaghetti *sg*

Spalte ['ʃpaltə] (*pl* **-n**) *die* **1.** *(in Fels, Holz)* crack **2.** *(von Text)* column

Spanferkel ['ʃpa:nfɛrkl] (*pl inv*) *das (Fleisch)* suckling pig

Spange ['ʃpaŋə] (*pl* **-n**) *die (im Haar)* hair slide (*UK*), barrette (*US*)

Spanien ['ʃpa:njən] *nt* Spain

Spanier, in ['ʃpa:njɐ] (*mpl inv*) *der, die* Spaniard • **die Spanier** the Spanish

spanisch ['ʃpa:nɪʃ] *adj* Spanish

Spanisch(e) ['ʃpa:nɪʃ(ə)] *das* Spanish

spann [ʃpan] *prät* ➤ **spinnen**

spannend ['ʃpanənt] *adj* exciting

Spannung ['ʃpanuŋ] (*pl* **-en**) *die* **1.**

tension **2.** *(elektrisch)* voltage • **Spannungen** *pl (Krise)* tension *sg*

Sparbuch ['ʃpa:ɐ̯bu:x] (*pl* **-bücher**) *das* savings book

Sparbüchse ['ʃpa:ɐ̯byksə] (*pl* **-n**) *die* piggy bank

sparen ['ʃpa:rən] *vt & vi* to save • **sparen für** ODER **auf** (+*A*) to save up for

Spargel ['ʃpargl] *der* asparagus

Spargelsuppe ['ʃparglzupə] (*pl* **-n**) *die* asparagus soup

Sparkasse ['ʃpa:ɐ̯kasə] (*pl* **-n**) *die* savings bank

Sparkonto ['ʃpa:ɐ̯kɔnto] (*pl* **-konten**) *das* savings account

Sparpreis ['ʃpa:ɐ̯prais] (*pl* **-e**) *der* economy price

sparsam ['ʃpa:ɐ̯za:m] *adj* economical

Sparschwein ['ʃpa:ɐ̯ʃvain] (*pl* **-e**) *das* piggy bank

Spaß [ʃpa:s] (*pl* **Späße**) *der* **1.** *(Vergnügen)* fun **2.** *(Scherz)* joke • **Spaß machen** to joke • **Sprachenlernen macht mir Spaß** I enjoy learning languages • **Spaß haben** to have fun • **viel Spaß!** have fun! • **zum Spaß** for fun • **er versteht keinen Spaß** he has no sense of humour

Spaßbad ['ʃpa:sba:t] *das* swimming pool with flumes, sauna etc.

spät [ʃpɛ:t] *adj & adv* late • **sie kam mal wieder zu spät** she was late again • **wie spät ist es?** what's the time?

Spaten ['ʃpa:tn] (*pl inv*) *der* spade

später ['ʃpɛ:tɐ] *adv (dann)* later • **bis später!** see you later!

spätestens ['ʃpɛ:təstns] *adv* at the latest

Spätlese ['ʃpɛ:tle:zə] (*pl* **-n**) *die (Wein)* late vintage

Spätnachmittag ['ʃpɛːtnaxmɪtaːk] (pl -e) der late afternoon

Spätschicht ['ʃpɛːtʃɪçt] (pl -en) die late shift

Spätsommer ['ʃpɛːtzɔmɐ] der late summer

Spätvorstellung ['ʃpɛːtfoːɐʃtɛlʊŋ] (pl -en) die late show

Spatz [ʃpats] (pl -en) der (Vogel) sparrow

Spätzli ['ʃpɛtsli] pl (Schweiz) small round noodles, similar to macaroni

spazieren gehen [ʃpa'tsiːrəngeːən] vi (unreg) (ist) to go for a walk

Spaziergang [ʃpa'tsiːɐgaŋ] (pl -gänge) der walk ● einen Spaziergang machen to go for a walk

Speck [ʃpɛk] der 1. (geräuchert) bacon 2. (Fett) fat

Spedition [ʃpedi'tsjoːn] (pl -en) die (für Umzug) removal firm

Speiche ['ʃpaɪçə] (pl -n) die (am Rad) spoke

Speichel ['ʃpaɪçl] der saliva

Speicher ['ʃpaɪçɐ] (pl inv) der 1. (unterm Dach) loft 2. (EDV) memory

speichern ['ʃpaɪçɐn] vt (EDV) to save

Speise ['ʃpaɪzə] (pl -n) die 1. (geh) (Nahrung) food 2. (Gericht) meal

Speiseeis ['ʃpaɪzəʔaɪs] das ice cream

Speisekarte ['ʃpaɪzəkartə] (pl -n) die menu

Speiseröhre ['ʃpaɪzərøːrə] (pl -n) die gullet

Speisesaal ['ʃpaɪzəzaːl] (pl -säle) der dining room

Speisewagen ['ʃpaɪzəvaːgn] (pl inv) der dining car

Spende ['ʃpɛndə] (pl -n) die donation

spenden ['ʃpɛndn] vt to donate

spendieren [ʃpɛn'diːrən] vt ● jm etw spendieren to buy sb sthg (for a treat)

Sperre ['ʃpɛrə] (pl -n) die (auf Straße) barrier

sperren ['ʃpɛrən] vt 1. (Straße) to close 2. (Konto) to freeze ● jn in ein Zimmer sperren to shut sb in a room

Sperrgebiet ['ʃpɛrgəbiːt] (pl -e) das ● militärisches Sperrgebiet military range

Sperrmüll ['ʃpɛrmʏl] der large items of rubbish pl

Sperrstunde ['ʃpɛrʃtʊndə] (pl -n) die closing time

Sperrung ['ʃpɛrʊŋ] (pl -en) die 1. (von Straße) closing 2. (von Konto) freezing

Spesen ['ʃpeːzn] pl expenses

Spezi ® ['ʃpeːtsi] (pl -s) das (Getränk) Coke ® and lemonade

Spezialgebiet [ʃpe'tsjaːlgəbiːt] (pl -e) das specialist field

Spezialist, in [ʃpetsja'lɪst] (mpl -en) der, die specialist

Spezialität [ʃpetsjali'tɛːt] (pl -en) die speciality

Spezialitätenrestaurant [ʃpetsjali-'tɛːtnrestorã:] (pl -s) das speciality restaurant

Spiegel ['ʃpiːgl] (pl inv) der mirror

Spiegelei ['ʃpiːglaɪ] (pl -er) das fried egg

spiegelglatt ['ʃpiːglglat] adj slippery

Spiegelreflexkamera ['ʃpiːglreflɛks-kaməra] (pl -s) das reflex camera

Spiel [ʃpiːl] (pl -e) das 1. game 2. (Karten) deck, pack

Spielautomat ['ʃpiːlaʊtomaːt] (pl -en) der fruit machine

spielen ['ʃpiːlən] ◇ vt to play ◇ vi 1. to play 2. (Roman, Film) to be set 3. (um Geld) to gamble 4. (Schauspieler) to act ●

spielen gegen to play against ● **spielen um** to play for ● **Karten spielen** to play cards ● **Klavier spielen** to play the piano ● **Tennis spielen** to play tennis

Spieler, in ['ʃpiːlɐ] (*mpl inv*) *der, die* player

Spielfilm ['ʃpiːlfɪlm] (*pl -e*) *der* (feature) film

Spielhalle ['ʃpiːlhalə] (*pl -n*) *die* amusement arcade

Spielkasino ['ʃpiːlkaziːno] (*pl -s*) *das* casino

Spielplan ['ʃpiːlplaːn] (*pl -pläne*) *der* (von Theater) programme

Spielplatz ['ʃpiːlplats] (*pl -plätze*) *der* playground

Spielregel ['ʃpiːlreːgl] (*pl -n*) *die* rule

Spielsachen ['ʃpiːlzaxn] *pl* toys

Spielwaren ['ʃpiːlvaːrən] *pl* toys

Spielzeug ['ʃpiːltsɔyk] *das* toy

Spieß [ʃpiːs] (*pl -e*) *der* (für Fleisch) spit ● **am Spieß** spit-roasted

Spießchen ['ʃpiːsçən] (*pl inv*) *das* skewer

Spinat [ʃpiˈnaːt] *der* spinach

Spinne ['ʃpɪnə] (*pl -n*) *die* spider

spinnen ['ʃpɪnən] (*prät* **spann**, *pp* **gesponnen**) ◇ *vt* (Wolle) to spin ◇ *vi* (fam) (verrückt sein) to be crazy ● **du spinnst!** you're joking!

spionieren [ʃpioˈniːrən] *vi* to spy

Spirale [ʃpiˈraːlə] (*pl -n*) *die* **1.** spiral **2.** MED coil

Spirituosen [ʃpiriˈtuoːzn] *pl* spirits

Spiritus ['ʃpiːritʊs] *der* spirit

Spirituskocher ['ʃpiːritʊskɔxɐ] (*pl inv*) *der* spirit stove

spitz [ʃpɪts] *adj* pointed

Spitze ['ʃpɪtsə] (*pl -n*) *die* **1.** (von Messer, Nadel) point **2.** (von Berg) peak **3.** (von Kolonne, Gruppe) head

Spitzer ['ʃpɪtsɐ] (*pl inv*) *der* pencil sharpener

Spitzname ['ʃpɪtsnaːmə] (*pl -n*) *der* nickname

Splitter ['ʃplɪtɐ] (*pl inv*) *der* splinter

spontan [ʃpɔnˈtaːn] *adj* spontaneous

Sport [ʃpɔrt] *der* sport ● **Sport treiben** to do sport

Sportanlage ['ʃpɔrtanlaːgə] (*pl -n*) *die* sports complex

Sportartikel ['ʃpɔrtartiːkl] (*pl inv*) *der* piece of sports equipment

Sportgerät ['ʃpɔrtgərɛːt] (*pl -e*) *das* piece of sports equipment

Sportgeschäft ['ʃpɔrtgəʃɛft] (*pl -e*) *das* sports shop

Sporthalle ['ʃpɔrthalə] (*pl -n*) *die* sports hall

Sporthotel ['ʃpɔrthoːtel] (*pl -s*) *das* hotel with sports facilities

Sportkleidung ['ʃpɔrtklaidʊŋ] *die* sportswear

Sportler, in ['ʃpɔrtlɐ] (*mpl inv*) *der, die* sportsman (*f* sportswoman)

sportlich ['ʃpɔrtlɪç] *adj* **1.** (Leistung) sporting **2.** (Person, Kleidung) sporty

Sportplatz ['ʃpɔrtplats] (*pl -plätze*) *der* playing field

Sportverein ['ʃpɔrtfɛˌain] (*pl -e*) *der* sports club

Sportwagen ['ʃpɔrtvaːgn] (*pl inv*) *der* sports car

spotten ['ʃpɔtn] *vi* to mock

sprach [ʃpraːx] *prät* ➤ **sprechen**

Sprache ['ʃpraːxə] (*pl -n*) *die* language ● **zur Sprache kommen** to come up

Sprachenschule ['ʃpraːxnʃuːlə] (*pl -n*) *die* language school

Sprachführer ['ʃpraːxfyːrɐ] (pl inv) der phrasebook

Sprachkenntnisse ['ʃpraːxkɛntnɪsə] pl knowledge sg of languages

sprachlich ['ʃpraːxlɪç] adj linguistic

Sprachreise ['ʃpraːxraɪzə] (pl -n) die journey to a country to learn the language

Sprachunterricht ['ʃpraːxʊntɐrɪçt] der language teaching

sprang ['ʃpraŋ] prät ➤ springen

Spray [ʃpreː] (pl -s) das spray

Sprechanlage ['ʃprɛçʔanlaːgə] (pl -n) die intercom

sprechen ['ʃprɛçn̩] (prät sprach, pp gesprochen)
◇ vi 1. (reden) to talk, to speak ● mit jm sprechen to talk to sb ● über jn/etw sprechen to talk about sb/sthg ● von jm/ etw sprechen to talk about sb/sthg 2. (am Telefon) to speak ● wer spricht da, bitte? who's speaking? 3. (urteilend) ● was spricht dagegen, jetzt Urlaub zu nehmen? why shouldn't we go on holiday now? ● es spricht für ihn, dass ... it's in his favour that ...
◇ vt 1. (Sprache) to speak ● Deutsch sprechen to speak German 2. (Person) to speak to 3. (Gebet) to say
● sich sprechen ref to talk

Sprecher, in [ʃprɛçɐ] (mpl inv der, die 1. (im Radio, Fernsehen) newsreader 2. (von Gruppe) spokesperson

Sprechstunde ['ʃprɛçʃtʊndə] (pl -n) die (beim Arzt) surgery

Sprechzimmer ['ʃprɛçtsɪmɐ] (pl inv) das consulting room

Sprengarbeiten ['ʃprɛŋʔarbaɪtn̩] pl ▽
Sprengarbeiten sign indicating that explosives are being used for excavation

Sprengstoff ['ʃprɛŋʃtɔf] (pl -e) der explosive

spricht [ʃprɪçt] prät ➤ sprechen

Sprichwort ['ʃprɪçvɔrt] (pl -wörter) das proverb

sprießen ['ʃpriːsn̩] (prät spross, pp gesprossen) vi (ist) (Blätter) to shoot

Springbrunnen ['ʃprɪŋbrʊnən] (pl inv) der fountain

springen ['ʃprɪŋən] (prät sprang, pp gesprungen) vi 1. (Person, Tier) to jump 2. (Glas) to break

Springflut ['ʃprɪŋfluːt] (pl -en) die spring tide

Sprint [ʃprɪnt] (pl -s) der sprint

Spritze ['ʃprɪtsə] (pl -n) die 1. (Injektion) injection 2. (Nadel, für Sahne) syringe

spritzen ['ʃprɪtsn̩] ◇ vt 1. (Injektion) to inject 2. (Wasser, Gift, Auto) to spray ◇ vi to splash ◇ vimp (Fett) to spit

spröde ['ʃpröːdə] adj (Material) brittle

Sprudel ['ʃpruːdl̩] (pl inv) der (Mineralwasser) sparkling mineral water

Sprudelwasser ['ʃpruːdl̩vasə] (pl inv) das (Mineralwasser) sparkling mineral water

sprühen ['ʃpryːən] vt (Wasser) to spray

Sprühregen ['ʃpryːreːgn̩] der drizzle

Sprung [ʃprʊŋ] (pl Sprünge) der 1. (Springen) jump 2. (Riss) crack

Sprungbrett ['ʃprʊŋbrɛt] (pl -er) das springboard

Sprungschanze ['ʃprʊŋʃantsə] (pl -n) die ski jump

Spucke ['ʃpʊkə] die (fam) spittle

spucken ['ʃpʊkn̩] vi (ausspucken) to spit

Spüle ['ʃpyːlə] (pl -n) die sink

spülen ['ʃpyːlən] ◇ vt to rinse ◇ vi 1. (an Spüle) to wash up 2. (in Toilette) to flush
● Geschirr spülen to wash the dishes

Spülmaschine [ˈʃpyːlmaʃiːnə] (*pl* -**n**) *die* dishwasher

Spülmittel [ˈʃpyːlmɪtl] (*pl inv*) *das* washing-up liquid

Spülung [ˈʃpyːluŋ] (*pl* -**en**) *die* (*von Toilette*) flush

Spur [ʃpuːɐ] (*pl* -**en**) *die* **1.** (*von Füßen, Dieb*) track **2.** (*kleine Menge*) touch **3.** (*Fahrspur*) lane ● **die Spur wechseln** to change lanes

spüren [ˈʃpyːrən] *vt* to feel

Spurrillen [ˈʃpuːɐ̯rɪlən] *pl* (*auf Straße*) ▼ Spurrillen temporary road surface

Squash [skvɔʃ] *das* squash

SSV = Sommerschlussverkauf

St. (*abk für Sankt*) St.

Staat [ʃtaːt] (*pl* -**en**) *der* **1.** state **2.** (*Land*) country

staatlich [ˈʃtaːtlɪç] ◇ *adj* state ◇ *adv* staatlich anerkannt government-approved ● staatlich geprüft government-certified

Staatsangehörigkeit [ˈʃtaːtsʔaŋəhøːrɪçkait] (*pl* -**en**) *die* nationality

Staatsbürger, in [ˈʃtaːtsbyrgɐ] (*mpl inv*) *der, die* citizen

Staatsbürgerschaft [ˈʃtaːtsbyrgɐʃaft] (*pl* -**en**) *die* nationality

Staatsexamen [ˈʃtaːtsʔɛksaːmən] (*pl inv*) *das* final exam taken by law and arts students at university

Stäbchen [ˈʃtɛːbçən] (*pl inv*) *das* (*zum Essen*) chopstick

Stabhochsprung [ˈʃtaːphɔxʃpruŋ] *der* pole vault

stabil [ʃtaˈbiːl] *adj* **1.** stable **2.** (*Möbel, Bau*) solid

stach [ʃtax] *prät* ➤ stechen

Stachel [ˈʃtaxl] (*pl* -**n**) *der* **1.** (*von Insekten*) sting **2.** (*von Pflanzen*) thorn

Stachelbeere [ˈʃtaxlbeːrə] (*pl* -**n**) *die* gooseberry

Stacheldraht [ˈʃtaxldraːt] (*pl* -**drähte**) *der* barbed wire

Stadion [ˈʃtaːdiɔn] (*pl* **Stadien**) *das* stadium

Stadium [ˈʃtaːdiɔm] (*pl* **Stadien**) *das* stage

Stadt [ʃtat] (*pl* **Städte**) *die* **1.** town **2.** (*sehr groß*) city **3.** (*Verwaltung*) town council ● **in die Stadt fahren** to go to town

Stadtautobahn [ˈʃtatʔautobaːn] (*pl* -**en**) *die* urban motorway (*UK*), freeway (*US*)

Stadtbahn [ˈʃtatbaːn] (*pl* -**en**) *die* suburban railway

Stadtbummel [ˈʃtatbuml] (*pl inv*) *der* (*fam*) stroll through town

Städtepartnerschaft [ˈʃtɛtəpartnɐʃaft] (*pl* -**en**) *die* town twinning

Stadtführung [ˈʃtatfyːruŋ] (*pl* -**en**) *die* city sightseeing tour

Stadtgebiet [ˈʃtatgəbiːt] (*pl* -**e**) *das* town area

Stadthalle [ˈʃtathalə] (*pl* -**n**) *die* civic hall

städtisch [ˈʃtɛtɪʃ] *adj* **1.** (*Kindergarten, Verwaltung*) municipal **2.** (*Bevölkerung*) urban

Stadtkern [ˈʃtatkɛrn] (*pl* -**e**) *der* town/city centre

Stadtmauer [ˈʃtatmauɐ] (*pl* -**n**) *die* city wall

Stadtmitte [ˈʃtatmɪtə] *die* town/city centre

Stadtpark [ˈʃtatpark] (*pl* -**s**) *der* municipal park

Stadtplan [ˈʃtatplaːn] (*pl* -**pläne**) *der* street map

Stadtrand [ˈʃtatrant] (*pl* -**ränder**) *der* outskirts *pl* ● **am Stadtrand** on the outskirts

Stadtrat [ˈʃtatraːt] (*pl* **-räte**) *der* 1. (*Organ*) town council 2. (*Person*) town councillor

Stadträtin [ˈʃtatrɛtɪn] (*pl* **-nen**) *die* town councillor

Stadtrundfahrt [ˈʃtatrʊntfaːɐ̯t] (*pl* **-en**) *die* city tour

Stadtstaat [ˈʃtatʃtaːt] (*pl* **-en**) *der* city state

Stadtteil [ˈʃtattail] (*pl* **-e**) *der* district, quarter

Stadttor [ˈʃtattoːɐ̯] (*pl* **-e**) *das* city gate

Stadtviertel [ˈʃtatfɪrtl] (*pl* *inv*) *das* district, quarter

Stadtzentrum [ˈʃtatsɛntrʊm] (*pl* **-zentren**) *das* town/city centre

stahl [ʃtaːl] *prät* > **stehlen**

Stahl *der* steel

Stall [ʃtal] (*pl* **Ställe**) *der* stable

Stamm [ʃtam] (*pl* **Stämme**) *der* 1. (*von Baum*) trunk 2. *GRAMM* stem 3. (*Gruppe*) tribe

stammen [ˈʃtamən] *vi* ● stammen aus/von to come from

Stammgast [ˈʃtamɡast] (*pl* **-gäste**) *der* regular

Stammkunde, kundin [ˈʃtamkʊndə] (*mpl* **-n**) *der, die* regular customer

Stammtisch [ˈʃtamtɪʃ] (*pl* **-e**) *der* regulars' table at a pub

Stammtisch

A *Stammtisch* is a large table in a pub that is reserved for regulars. It also refers to the group of regular customers who sit there chewing the fat or playing cards.

stand [ʃtant] *prät* > **stehen**

Stand [ʃtant] (*pl* **Stände**) *der* 1. (*auf Markt, Messe*) stand 2. (*in Entwicklung*) state ● im Stande = imstande

Stand-by [stɛntˈbai] (*pl* **-s**) *der* stand-by flight

Ständer [ˈʃtɛndɐ] (*pl* *inv*) *der* stand

ständig [ˈʃtɛndɪç] ◇ *adj* constant ◇ *adv* constantly

Standlicht [ˈʃtantlɪçt] *das* sidelights *pl*

Standort [ˈʃtantɔrt] (*pl* **-e**) *der* 1. (*von Person*) position 2. (*von Firma*) location

Standpunkt [ˈʃtantpʊŋkt] (*pl* **-e**) *der* point of view

Standspur [ˈʃtantʃpuːɐ̯] (*pl* **-en**) *die* hard shoulder

Stange [ˈʃtaŋə] (*pl* **-n**) *die* 1. (*aus Holz*) pole 2. (*aus Metall*) rod, bar ● eine Stange Zigaretten a carton of 200 cigarettes

Stangenbrot [ˈʃtaŋənbroːt] (*pl* **-e**) *das* French stick

stank [ʃtaŋk] *prät* > **stinken**

Stapel [ˈʃtaːpl] (*pl* *inv*) *der* (*Haufen*) pile

Star¹ [ʃtaːɐ̯] (*pl* **-e**) *der* (*Vogel*) starling

Star² [ʃtaːɐ̯] (*pl* **-s**) *der* (*Person*) star

starb [ʃtarp] *prät* > **sterben**

stark [ʃtark] (*komp* **stärker**, *superl* **stärkste**) ◇ *adj* 1. strong 2. (*Verkehr, Regen*) heavy 3. (*Husten*) bad 4. (*fam*) (*toll*) great ◇ *adv* 1. (*intensiv*) heavily 2. (*fam*) (*toll*) brilliantly

Stärke [ˈʃtɛrkə] (*pl* **-n**) *die* 1. strength 2. (*in Nahrung, für Wäsche*) starch 3. (*Dicke*) thickness

stärken [ˈʃtɛrkn] *vt* 1. (*körperlich*) to strengthen 2. (*Wäsche*) to starch ● sich stärken *ref* to fortify o.s.

Starkstrom [ˈʃtarkʃtroːm] *der* heavy current

Stärkung ['ʃtɛrkʊŋ] (pl **-en**) die (Nahrung, Getränk) refreshment

starren ['ʃtarən] vi (sehen) ● **auf etw** (A) **starren** to stare at sthg

Start [ʃtaːɐ̯t] (pl **-s**) der **1.** (von Flugzeug) takeoff **2.** (von Rennen) start

Startautomatik ['ʃtartʔaʊtomatɪk] die automatic choke

Startbahn ['ʃtartbaːn] (pl **-en**) die runway

starten ['ʃtartn̩] ◇ vt to start ◇ vi **1.** (Läufer) to start **2.** (Flugzeug) to take off

Starthilfe ['ʃtarthɪlfə] die (für Auto) jump start ● **jm Starthilfe geben** to give sb a jump start

Starthilfekabel ['ʃtarthɪlfəkaːbl̩] (pl inv) das jump lead

Station [ʃtaˈtsjoːn] (pl **-en**) die **1.** (von Bus, Zug, U-Bahn) station **2.** (von Reise) stop **3.** (im Krankenhaus) ward

stationär [ʃtatsioˈnɛːɐ̯] adj (Behandlung) in-patient (vor Subst)

Statistik [ʃtaˈtɪstɪk] (pl **-en**) die statistics sg

Stativ [ʃtaˈtiːf] (pl **-e**) das tripod

statt [ʃtat] präp (+G) instead of

stattdessen [ʃtatˈdɛsn̩] konj instead

stattfinden ['ʃtatfɪndn̩] vi (unreg) to take place

Statue ['ʃtaːtuə] (pl **-n**) die statue

Stau [ʃtaʊ] (pl **-s**) der (im Verkehr) traffic jam ● **im Stau stehen** to be stuck in a traffic jam ● **ein 5 km langer Stau** a 5 km tailback

Staub [ʃtaʊp] der dust

stauben ['ʃtaʊbn̩] ◇ vi to be dusty ◇ vimp ● **es staubt** it's dusty

staubig ['ʃtaʊbɪç] adj dusty

Staubsauger ['ʃtaʊpzaʊgɐ] (pl inv) der vacuum cleaner

Staudamm ['ʃtaʊdam] (pl **-dämme**) der dam

Staugefahr ['ʃtaʊgəfaːɐ̯] die ● **es besteht Staugefahr** delays are possible

staunen ['ʃtaʊnən] vi to be amazed

Stausee ['ʃtaʊzeː] (pl **-n**) der reservoir

Stauwarnung ['ʃtaʊvarnʊŋ] (pl **-en**) die traffic report

Std. (abk für Stunde) hr

Steak [ʃteːk ODER steːk] (pl **-s**) das steak

Steakhaus ['steːkhaʊs] (pl **-häuser**) das steakhouse

stechen ['ʃtɛçn̩] (präs **sticht**, prät **stach**, pp **gestochen**) vt **1.** (mit Nadel, Stachel) to prick **2.** (mit Messer) to stab **3.** (subj: Insekt) to sting ◆ **sich stechen** ref to prick o.s.

Stechmücke ['ʃtɛçmʏkə] (pl **-n**) die mosquito

Steckdose ['ʃtɛkdoːzə] (pl **-n**) die socket

stecken ['ʃtɛkn̩] ◇ vt (einstecken) to put ◇ vi (Gegenstand) to be ● **wo habt ihr gesteckt?** (fam) where were you?

stecken lassen ['ʃtɛknlasn̩] vt (unreg) ● **ich habe den Schlüssel stecken lassen** I left the key in the lock

Stecker ['ʃtɛkɐ] (pl inv) der plug

Stecknadel ['ʃtɛknaːdl̩] (pl **-n**) die pin

Steg [ʃteːk] (pl **-e**) der (Brücke) footbridge

Stehcafé ['ʃteːkafeː] (pl **-s**) das café where customers drink coffee standing at a counter

stehen ['ʃteːən] (prät **stand**, pp **gestanden**) ◇ vi **1.** (Person, Tier) to stand **2.** (Gegenstand, Pflanze) to be ● **die Vase steht auf dem Tisch** the vase is on the table ● **in der Zeitung steht, dass ...** it says in the paper that ... **3.** (Uhr, Motor) to have stopped **4.** *(unterstützend)* ● zu jm/etw stehen to stand by sb/sthg **5.** *(Kleidung, Frisur)* ● jm stehen to suit sb ● jm gut/nicht stehen to suit/not to suit sb **6.** *(fam) (mögen)* ● auf etw *(A)* stehen to be into sthg ● auf jn stehen to fancy sb

◇ *vimp* **1.** *(im Sport)* ● es steht 1:0 the score is 1-0 **2.** *(gesundheitlich)* ● wie steht es um den Patienten? how is the patient? ● es steht schlecht um ihn he is not doing very well

stehen bleiben ['ʃteːənblaibn̩] *vi (unreg) (zer)* to stop

stehen lassen ['ʃteːənlasn̩] *vt (unreg)* to leave

stehlen ['ʃteːlən] *(präs* **stiehlt,** *prät* **stahl,** *pp* **gestohlen)** *vt* to steal

Stehplatz ['ʃteːplats] *(pl* **-plätze)** *der* standing place

steif [ʃtaif] *adj* stiff

Steiermark ['ʃtaiɐmark] *nt* Styria

steigen ['ʃtaign̩] *(prät* **stieg,** *pp* **gestiegen)** *vi (ist)* **1.** *(klettern)* to climb **2.** *(in die Luft, ansteigen)* to rise ● in etw *(A)* aus etw steigen to get on/out of sthg ● auf einen Berg steigen to climb (up) a mountain

steigern ['ʃtaigɐn] *vt* **1.** to raise **2.** GRAMM to form the comparative/superlative of

Steigung ['ʃtaigʊŋ] *(pl* **-en)** *die (von Straße)* gradient

steil [ʃtail] *adj* steep

Steilhang ['ʃtailhaŋ] *(pl* **-hänge)** *der* steep slope

Steilküste ['ʃtailkʏstə] *(pl* **-n)** *die* cliffs *pl*

Stein [ʃtain] *(pl* **-e)** *der* **1.** stone **2.** *(zum Bauen)* brick **3.** *(zum Spielen)* piece

Steinbock ['ʃtainbɔk] *(pl* **-böcke)** *der* **1.** *(Tier)* ibex **2.** *(Sternzeichen)* Capricorn

Steinbutt ['ʃtainbʊt] *(pl* **-e)** *der* turbot

Steingut ['ʃtainguːt] *das (Material)* earthenware

Steinpilz ['ʃtainpilts] *(pl* **-e)** *der* cep *type of large wild mushroom with a rich flavour*

Steinschlag ['ʃtainʃlaːk] *der* ▼ Achtung Steinschlag danger - falling rocks

Stelle ['ʃtɛlə] *(pl* **-n)** *die* **1.** *(Platz, Rang)* place **2.** *(Fleck)* patch **3.** *(Arbeitsplatz)* job **4.** *(im Text)* passage ● an zweiter Stelle liegen to be in second place ● an deiner Stelle if I were you ● auf der Stelle on the spot ● an Stelle = anstelle

stellen ['ʃtɛlən] *vt* **1.** *(hinstellen)* to put ● eine Vase auf den Tisch stellen to put a vase on the table **2.** *(halten)* ● etw kalt stellen to chill sthg ● etw warm stellen to keep sthg warm **3.** *(einstellen)* to set ● den Fernseher leiser stellen to turn the television down **4.** *(Diagnose, Prognose)* to make **5.** *(Frage)* to ask; *(Bedingung)* to set ♦ **sich stellen** *ref* **1.** *(sich hinstellen)* ● sich ans Fenster stellen to walk to the window **2.** *(nicht ausweichen)* ● sich etw *(D)* stellen to face sthg **3.** *(sich verstellen)* ● sich krank stellen to pretend to be ill ● sich dumm stellen to pretend not to understand

Stellenangebot ['ʃtɛlənangəboːt] *(pl* **-e)** *das* job offer

stellenweise ['ʃtɛlənvaizə] *adv* in places

Stellung ['ʃtɛlʊŋ] *(pl* **-en)** *die* position ● Stellung zu etw nehmen to comment on sthg

Stellvertreter, in ['ʃtɛlfɛɐtreːtɐ] *(mpl inv)* der, die representative

Stempel ['ʃtɛmpl̩] *(pl inv)* der stamp

stempeln ['ʃtɛmpl̩n] vt to stamp

Steppdecke ['ʃtɛpdɛkə] (pl -n) die quilt

sterben ['ʃtɛrbn̩] (präs **stirbt**, prät **starb**, pp **gestorben**) vi (ist) to die ● sterben an (+D) to die of

Stereoanlage ['ʃteːreoʔanlaːgə] (pl -n) die stereo system

steril [ʃteˈriːl] adj sterile

sterilisieren [ʃteriliˈziːrən] vt to sterilize

Stern [ʃtɛrn] (pl -e) der star

Sternbild ['ʃtɛrnbɪlt] (pl -er) das constellation

Sternschnuppe ['ʃtɛrnʃnʊpə] (pl -n) die shooting star

Sternwarte ['ʃtɛrnvartə] (pl -n) die observatory

Sternzeichen ['ʃtɛrntsaɪçn̩] (pl inv) das sign of the zodiac

stets [ʃteːts] adv (geh) always

Steuer[1] ['ʃtɔyɐ] (pl -n) die (Abgabe) tax

Steuer[2] ['ʃtɔyɐ] (pl inv) das (von Auto) steering wheel

Steuerbord ['ʃtɔyɐbɔrt] das starboard

steuerfrei ['ʃtɔyɐfraɪ] adj tax-free

steuern ['ʃtɔyɐn] vt to steer

steuerpflichtig ['ʃtɔyɐpflɪçtɪç] adj taxable

Steuerrad ['ʃtɔyɐraːt] (pl -räder) das steering wheel

Steuerung ['ʃtɔyɐrʊŋ] (pl -en) die (Gerät) controls pl

Steward ['stjuːɐt ODER ʃtjuːɐt] (pl -s) der steward

Stewardess ['stjuːɐdɛs] (pl -en) die stewardess

Stich [ʃtɪç] (pl -e) der 1. (Stechen) stab 2. (von Insekt) sting 3. (beim Nähen) stitch 4. (Schmerz) stabbing pain 5. (Bild) engraving ● jn/etw im Stich lassen to leave

sb/sthg in the lurch

sticht [ʃtɪçt] präs > stechen

sticken ['ʃtɪkn̩] vi to embroider

Sticker ['ʃtɪkɐ] (pl inv) der sticker

Stiefbruder ['ʃtiːfbruːdɐ] (pl -brüder) der stepbrother

Stiefel ['ʃtiːfl̩] (pl inv) der (Schuh) boot

Stiefmutter ['ʃtiːfmʊtɐ] (pl -mütter) die stepmother

Stiefschwester ['ʃtiːfʃvɛstɐ] (pl -n) die stepsister

Stiefvater ['ʃtiːffaːtɐ] (pl -väter) der stepfather

stieg [ʃtiːk] prät > steigen

Stiel [ʃtiːl] (pl -e) der 1. (von Blumen) stem 2. (von Besen, Pfanne) handle

Stier [ʃtiːɐ] (pl -e) der 1. (Tier) bull 2. (Sternzeichen) Taurus

stieß [ʃtiːs] prät > stoßen

Stift [ʃtɪft] (pl -e) der 1. (zum Schreiben) pencil 2. (aus Metall) tack

Stiftung ['ʃtɪftʊŋ] (pl -en) die 1. (Institution) foundation 2. (Schenkung) donation

Stil [ʃtiːl] (pl -e) der style

stilistisch [ʃtiˈlɪstɪʃ] adj stylistic

still [ʃtɪl] ◇ adj 1. quiet 2. (bewegungslos) still ◇ adv 1. (geräuschlos) quietly 2. (bewegungslos) still ● sei bitte still! please be quiet!

stillen ['ʃtɪlən] vt 1. (Baby) to breast-feed 2. (Schmerz) to relieve

stillhalten ['ʃtɪlhaltn̩] vt (unreg) (sich nicht bewegen) to keep still

Stimme ['ʃtɪmə] (pl -n) die 1. (zum Sprechen) voice 2. (bei Wahl) vote

stimmen ['ʃtɪmən] ◇ vi 1. (richtig sein) to be right 2. (bei Wahl) to vote ◇ vt (Instrument) to tune ● stimmen für/gegen to vote for/against ● das stimmt

nicht! that's not true! ● **stimmt!** that's right! ● **stimmt so!** keep the change!

Stimmrecht ['ʃtɪmrɛçt] *das* right to vote

Stimmung ['ʃtɪmʊŋ] (*pl* **-en**) *die* **1.** (*Laune*) mood **2.** (*Atmosphäre*) atmosphere

stinken ['ʃtɪŋkn] (*prät* **stank**, *pp* **gestunken**) *vi* (*schlecht riechen*) to stink ● **das stinkt mir** (*fam*) I'm fed up with it

Stipendium ['ʃtiːpɛndiʊm] (*pl* **-dien**) *das* grant

stirbt ['ʃtɪrpt] *präs* > **sterben**

Stirn [ʃtɪrn] (*pl* **-en**) *die* forehead

Stock [ʃtɔk] (*pl* **Stöcke**) *der* **1.** (*aus Holz*) stick **2.** (*Etage*) floor, storey ● **am Stock gehen** to walk with a stick ● **im ersten Stock** on the first floor

Stockung ['ʃtɔkʊŋ] (*pl* **-en**) *die* (*im Verkehr*) hold-up

Stockwerk ['ʃtɔkvɛrk] (*pl* **-e**) *das* floor, storey

Stoff [ʃtɔf] (*pl* **-e**) *der* **1.** (*Tuch*) material **2.** (*Substanz*) substance

stöhnen ['ʃtøːnən] *vi* to groan

Stollen ['ʃtɔlən] (*pl* **inv**) *der* (*Kuchen*) stollen *sweet bread made with dried fruit and nuts, eaten at Christmas*

stolpern ['ʃtɔlpɐn] *vi* (*ist*) (*beim Gehen*) to stumble

stolz [ʃtɔlts] *adj* (*Person*) proud

stopfen ['ʃtɔpfn] *vt* **1.** (*Socken*) to darn **2.** (*hineinstecken*) to stuff ◇ *vi* (*fam*) (*Nahrung*) to cause constipation

stopp [ʃtɔp] *interj* stop!

Stopp [ʃtɔp] (*pl* **-s**) *der* (*Anhalten*) stop

stoppen ['ʃtɔpn] *vt & vi* (*anhalten*) to stop

Stoppschild ['ʃtɔpʃɪlt] (*pl* **-er**) *das* stop sign

Stoppuhr ['ʃtɔpuːɐ̯] (*pl* **-en**) *die* stopwatch

Stöpsel ['ʃtœpsl] (*pl* **inv**) *der* plug

Storch [ʃtɔrç] (*pl* **Störche**) *das* stork

stören ['ʃtøːrən] ◇ *vt* **1.** (*beeinträchtigen*) to disturb **2.** (*missfallen*) to annoy ◇ *vi* (*missfallen*) to be annoying ● **störe ich?** am I disturbing you? ▼ **bitte nicht stören!** do not disturb!

stornieren [ʃtɔr'niːrən] *vt* to cancel

Stornogebühr ['ʃtɔrnogəbyːɐ̯] (*pl* **-en**) *die* cancellation charge

Störung ['ʃtøːrʊŋ] (*pl* **-en**) *die* **1.** (*Belästigung*) disturbance **2.** (*im Fernsehen, Radio*) interference ● **entschuldigen Sie die Störung** sorry to bother you

Störungsstelle ['ʃtøːrʊŋsʃtɛlə] (*pl* **-n**) *die* faults service

Stoß [ʃtoːs] (*pl* **Stöße**) *der* **1.** (*Schlag*) punch **2.** (*Stapel*) pile

Stoßdämpfer ['ʃtoːsdɛmpfɐ] (*pl* **inv**) *der* shock absorber

stoßen ['ʃtoːsn] (*präs* **stößt**, *prät* **stieß**, *pp* **gestoßen**) ◇ *vt* (*hat*) (*schubsen*) to push ◇ *vi* (*ist*) ● **stoßen an** (+A) to hit ● **stoßen auf** (+A) to come across ● **stoßen gegen** to bump into ● **sich stoßen** *ref* to bang o.s.

Stoßstange ['ʃtoːsʃtaŋə] (*pl* **-n**) *die* bumper

stößt [ʃtøːst] *präs* > **stoßen**

Stoßzeit ['ʃtoːstsait] (*pl* **-en**) *die* rush hour

stottern ['ʃtɔtɐn] *vi* to stutter

Str. (*abk für* Straße) St.

strafbar ['ʃtraːfbaːɐ̯] *adj* punishable

Strafe ['ʃtraːfə] (*pl* **-n**) *die* **1.** (*Bestrafung*) punishment **2.** (*Geldbuße*) fine ● **zur Strafe** as a punishment ● **Strafe zahlen** to pay a fine

Strafmandat ['ʃtraːfmandaːt] (*pl* **-e**) *das* (*Zettel*) ticket

Straftat [ˈʃtraːftaːt] (*pl* **-en**) *die* criminal offence

Strafzettel [ˈʃtraːftsɛtl] (*pl inv*) *der* (*fam*) ticket

Strahl [ʃtraːl] (*pl* **-en**) *der* **1.** (*von Wasser*) jet **2.** (*von Licht*) ray ◆ **Strahlen** *pl* (*von Energie*) rays

strahlen [ˈʃtraːlən] *vi* **1.** (*Licht*) to shine **2.** (*Person*) to beam **3.** (*radioaktiv*) to radiate

Strähne [ˈʃtrɛːnə] (*pl* **-n**) *die* strand

stramm [ʃtram] *adj* (*Band, Seil*) taut

strampeln [ˈʃtrampln] *vi* (*Säugling*) to kick about

Strand [ʃtrant] (*pl* **Strände**) *der* beach

Strandkorb [ˈʃtrantkɔrp] (*pl* **-körbe**) *der* wicker beach chair

Strandpromenade [ˈʃtrantpromənaːdə] (*pl* **-n**) *die* promenade

strapazieren [ʃtrapaˈtsiːrən] *vt* **1.** (*Material*) to wear away **2.** (*Person*) to strain

Straße [ˈʃtraːsə] (*pl* **-n**) *die* (*in einer Stadt*) street ● **das Zimmer liegt zur Straße** the room looks out onto the street

Straßenarbeiten [ˈʃtraːsnarbaitn] *pl* roadworks

Straßenbahn [ˈʃtraːsnbaːn] (*pl* **-en**) *die* tram (*UK*), streetcar (*US*)

Straßenbahnlinie [ˈʃtraːsnbaːnliːnjə] (*pl* **-n**) *die* tram route

Straßencafé [ˈʃtraːsnkafeː] (*pl* **-s**) *das* street café

Straßenfest [ˈʃtraːsnfɛst] (*pl* **-e**) *das* street party

Straßenglätte [ˈʃtraːsnglɛtə] *die* slippery road ▼ **mit Straßenglätte muss gerechnet werden** slippery road surface ahead

Straßenkarte [ˈʃtraːsnkartə] (*pl* **-n**) *die* road map

Straßenlage [ˈʃtraːsnlaːgə] *die* (*von Auto*) road holding

Straßenschäden [ˈʃtraːsnʃɛːdn] *pl* ▼ Achtung Straßenschäden uneven road surface

Straßenschild [ˈʃtraːsnʃɪlt] (*pl* **-er**) *das* street sign

Straßensperre [ˈʃtraːsnʃpɛrə] (*pl* **-n**) *die* roadblock

Straßenverhältnisse [ˈʃtraːsnfɛɐ̯hɛltnɪsə] *pl* road conditions

Straßenverkehr [ˈʃtraːsnfɛɐ̯keːɐ̯] *der* traffic

Straßenverkehrsordnung [ˈʃtraːsnfɛɐ̯keːɐ̯sʔɔrtnʊŋ] *die* Road Traffic Act

Straßenzustandsbericht [ˈʃtraːsntsuːʃtantsbərɪçt] (*pl* **-e**) *der* report on road conditions

Strategie [ʃtrateˈgiː] (*pl* **-n**) *die* strategy

Strauch [ʃtraux] (*pl* **Sträucher**) *der* bush

Strauß¹ [ʃtraus] (*pl* **Sträuße**) *der* (*Blumen*) bunch of flowers

Strauß² [ʃtraus] (*pl* **-e**) *der* (*Vogel*) ostrich

Strecke [ˈʃtrɛkə] (*pl* **-n**) *die* **1.** (*Entfernung*) distance **2.** (*Weg*) route ● **die Strecke Düsseldorf/Hamburg** the road between Düsseldorf and Hamburg

strecken [ˈʃtrɛkn] *vt* (*Körperteil*) to stretch ◆ **sich strecken** *ref* (*sich recken*) to stretch

streckenweise [ˈʃtrɛknvaizə] *adv* in places

streicheln [ˈʃtraiçln] *vt* to stroke

streichen [ˈʃtraiçn] (*prät* **strich**, *pp* **gestrichen**) ◇ *vt* **1.** (*mit Farbe*) to paint **2.** (*Butter*) to spread **3.** (*durchstreichen*) to cross out **4.** (*annullieren*) to cancel ◇ *vi* (*mit der Hand*) ● **jm übers Haar streichen** to stroke sb's hair

Streichholz ['ʃtraiçhɔlts] (pl **-hölzer**) das match

Streichholzschachtel ['ʃtraiçhɔltsʃaxtl] (pl **-n**) die matchbox

Streichkäse ['ʃtraiçkɛːzə] der cheese spread

Streifen ['ʃtraifn] (pl inv) der 1. (Muster) stripe 2. (Stück) strip

Streifenkarte ['ʃtraifnkartə] (pl **-n**) die economy ticket for several bus or metro journeys

Streifenwagen ['ʃtraifnva:gn] (pl inv) der patrol car

Streik [ʃtraik] (pl **-s**) der strike

streiken ['ʃtraikn] vi 1. (Arbeiter) to strike 2. (fam) (Gerät) to be on the blink

Streit [ʃtrait] der argument • Streit haben mit to argue with

streiten ['ʃtraitn] (prät **stritt**, pp **gestritten**) vi (zanken) to argue • streiten über (+A) (sich auseinander setzen) to argue about • **sich streiten** ref (sich zanken) to argue

streng [ʃtrɛŋ] ◇ adj strict ◇ adv strictly

Stress [ʃtrɛs] der stress

streuen ['ʃtrɔyən] ◇ vt (Salz, Kräuter) to sprinkle ◇ vi (gegen Eis) to grit

Streuselkuchen ['ʃtrɔyzlku:xn] (pl inv) der the cake with crumble topping

strich [ʃtrɪç] prät > streichen

Strich [ʃtrɪç] (pl **-e**) der 1. (Linie) line 2. (fam) (Prostitution) prostitution

strichweise ['ʃtrɪçvaizə] adv • **strichweise Regen** patchy rain

Strick [ʃtrɪk] (pl **-e**) der rope

stricken ['ʃtrɪkn] vt to knit

Strickjacke ['ʃtrɪkjakə] (pl **-n**) die cardigan

Strickleiter ['ʃtrɪklaitə] (pl **-n**) die rope ladder

Stricknadel ['ʃtrɪkna:dl] (pl **-n**) die knitting needle

Strickwaren ['ʃtrɪkva:rən] pl knitwear pl

Strickzeug ['ʃtrɪktsɔyk] das knitting

Striptease ['ʃtriptiːs] der striptease

stritt [ʃtrɪt] prät > streiten

Stroh [ʃtroː] das straw

Strohhalm ['ʃtroːhalm] (pl **-e**) der straw

Strom [ʃtroːm] (pl **Ströme**) der 1. (elektrisch) electricity 2. (Fluss) river 3. (Menge) stream • es regnet in Strömen it's pouring (with rain)

Stromanschluss ['ʃtroːmanʃlʊs] (pl **-anschlüsse**) der connection to the mains

Stromausfall ['ʃtroːmausfal] (pl **-ausfälle**) der power failure

strömen ['ʃtrøːmən] vi (ist) to stream

Stromstärke ['ʃtroːmʃtɛrkə] (pl **-n**) die strength of electric current

Strömung ['ʃtrøːmʊŋ] (pl **-en**) die (von Fluss, Meer) current

Stromverbrauch ['ʃtroːmfɛrbraux] der electricity consumption

Stromzähler ['ʃtroːmtsɛːlə] (pl inv) der electricity meter

Strophe ['ʃtroːfə] (pl **-n**) die verse

Strudel [ˈʃtruːdl] (pl inv) der (im Wasser) whirlpool

Strudel [ˈʃtruːdl] (pl inv) der (Gebäck) strudel

Struktur [ʃtrʊkˈtuːɐ] (pl **-en**) die (Aufbau) structure

Strumpf [ʃtrʊmpf] (pl **Strümpfe**) der stocking

Strumpfhose ['ʃtrʊmpfhoːzə] (pl **-n**) die tights pl (UK), pantyhose pl (US)

Stube ['ʃtuːbə] (pl **-n**) die (Raum) room

Stück [ʃtyk] (pl **-e**) das 1. (Teil) piece 2.

(von Zucker) lump **3.** *(Theaterstück)* play ● **wie viele Brötchen? - 10 Stück, bitte** how many rolls? - 10 please ● **am Stück** unsliced

Stückzahl [ˈʃtʏktsaːl] *(pl* **-en)** *die* number of pieces

Student, in [ʃtuˈdɛnt] *(mpl* **-en)** *der, die* student

Studentenausweis [ʃtuˈdɛntn̩ausvais] *(pl* **-e)** *der* student card

Studienfahrt [ˈʃtudi̯ənfaːɐ̯t] *(pl* **-en)** *die* study trip

studieren [ʃtuˈdiːrən] *vt & vi* to study

Studium [ˈʃtuːdi̯ʊm] *(pl* **Studien)** *das* study

Stufe [ˈʃtuːfə] *(pl* **-n)** *die (von Treppe)* step ▼ **Vorsicht Stufe!** mind the step!

Stuhl [ʃtuːl] *(pl* **Stühle)** *der* **1.** *(zum Sitzen)* chair **2.** *(Kot)* stool

Stuhlgang [ˈʃtuːlɡaŋ] *der* bowel movement

stumm [ʃtʊm] *adj* **1.** *(behindert)* dumb **2.** *(still)* silent

stumpf [ʃtʊmpf] *adj* **1.** blunt **2.** *(glanzlos)* dull **3.** *(abgestumpft)* apathetic

Stumpfsinn [ˈʃtʊmpfzɪn] *der (Monotonie)* monotony

Stunde [ˈʃtʊndə] *(pl* **-n)** *die* **1.** hour **2.** *(Unterrichtsstunde)* lesson

Stundenkilometer [ˈʃtʊndn̩kilomeːtɐ] *pl* kilometres per hour

stundenlang [ˈʃtʊndn̩laŋ] *adj* for hours

Stundenlohn [ˈʃtʊndn̩loːn] *(pl* **-löhne)** *der* hourly wage

stündlich [ˈʃtʏntlɪç] *adj & adv* hourly

Sturm [ʃtʊrm] *(pl* **Stürme)** *der* **1.** *(Wetter)* storm **2.** SPORT forward line **3.** *(Andrang)* ● **ein Sturm** a run on

stürmen [ˈʃtʏrmən] *◇ vt (hat)* *(überren-*

nen) to storm *◇ vi (ist) (laufen)* to rush *◇ vi (hat)* SPORT to attack *◇ vimp (hat)* ● **es stürmt** it's blowing a gale

Sturmflut [ˈʃtʊrmfluːt] *(pl* **-en)** *die* storm tide

stürmisch [ˈʃtʏrmɪʃ] *adj* **1.** *(Wetter)* stormy **2.** *(Person, Begrüßung)* passionate ● **es ist stürmisch** it's blowing a gale

Sturmwarnung [ˈʃtʊrmvarnʊŋ] *(pl* **-en)** *die* gale warning

Sturz [ʃtʊrts] *(pl* **Stürze)** *der (Fallen)* fall

stürzen [ˈʃtʏrtsn̩] *◇ vt (hat)* **1.** *(stoßen)* to push **2.** *(Regierung)* to bring down *◇ vi (ist)* **1.** *(fallen)* to fall **2.** *(laufen)* to rush ● **sich stürzen** *ref (springen)* to jump

Sturzhelm [ˈʃtʊrtshɛlm] *(pl* **-e)** *der* crash helmet

Stute [ˈʃtuːtə] *(pl* **-n)** *die* mare

Stuten [ˈʃtuːtn̩] *(pl inv)* *der* loaf of white bread with raisins and almonds

stützen [ˈʃtʏtsn̩] *vt* to support ● **sich stützen** *ref (Person)* to lean

Subjekt [zʊpˈjɛkt] *(pl* **-e)** *das* subject

subjektiv [zʊpjɛkˈtiːf] *adj* subjective

Substanz [zʊpˈstants] *(pl* **-en)** *die* substance

subtrahieren [zʊptraˈhiːrən] *vt* to subtract

Suche [ˈzuːxə] *die* search ● **auf der Suche nach** in search of

suchen [ˈzuːxn̩] *◇ vt* to look for *◇ vi* ● **suchen nach** to look for

süchtig [zʏçtɪç] *adj* addicted

Süd [zyːt] *der* south

Südafrika [zyːtˈaːfrika] *nt* South Africa

Südamerika [zyːtaˈmeːrika] *nt* South America

Süddeutschland [ˈzyːtdɔytʃlant] *nt* South Germany

Süden ['zy:dn̩] *der* south • **im Süden** in the south • **nach Süden** south

Südeuropa ['zy:tlɔyropa] *nt* Southern Europe

Südfrucht ['zy:tfrʊxt] (*pl* **-früchte**) *die* tropical fruit

Südhang ['zy:thaŋ] (*pl* **-hänge**) *der* south-facing slope

südlich ['zy:tlɪç] ◇ *adj* **1.** (*Gegend*) southern **2.** (*Richtung*) southerly ◇ *präp* • **südlich von** south of

Südosten ['zy:tʔɔstn̩] *der* **1.** (*Gegend*) south-east **2.** (*Richtung*) south-easterly (*UK*), candy (*US*)

Südwesten ['zy:tvɛstn̩] *der* **1.** (*Gegend*) south-west **2.** (*Richtung*) south-westerly

Sultanine [zʊlta'ni:nə] (*pl* **-n**) *die* sultana

Sülze ['zyltsə] (*pl* **-n**) *die* brawn (*UK*), headcheese (*US*)

Summe ['zʊmə] (*pl* **-n**) *die* sum, total

Sumpf [zʊmpf] (*pl* **Sümpfe**) *der* marsh

super ['zu:pɐ] *adj* & *interj* (*fam*) great

Super ['zu:pɐ] *das* (*Benzin*) four-star petrol • **Super verbleit** four-star leaded petrol

Superlativ ['zu:pɐlati:f] (*pl* **-e**) *der* (*GRAMM*) superlative

Supermarkt ['zu:pɐmarkt] (*pl* **-märkte**) *der* supermarket

Suppe ['zʊpə] (*pl* **-n**) *die* soup

Suppengrün ['zʊpŋgry:n] *das* parsley, leeks, celery and carrots, used for making soup

Suppenlöffel ['zʊpŋlœfl̩] (*pl inv*) *der* soup spoon

Suppentasse ['zʊpŋtasə] (*pl* **-n**) *die* soup bowl

Suppenteller ['zʊpŋtɛlɐ] (*pl inv*) *der* soup plate

Surfbrett ['sœ:ɐfbrɛt] (*pl* **-e r**) *das* **1.** (*mit Segel*) sailboard **2.** (*ohne Segel*) surfboard

surfen ['sœ:ɐfn̩] *vi* (*hat*) (*ist*) **1.** (*mit Segel*) to windsurf **2.** (*ohne Segel*) to surf

Surfer, in ['sœ:ɐfɐ] (*mpl inv*) *der, die* **1.** (*mit Segel*) windsurfer **2.** (*ohne Segel*) surfer

Surrealismus [zʊrea'lɪsmʊs] *der* surrealism

süß [zy:s] *adj* sweet

süßen ['zy:sn̩] *vt* to sweeten

Süßigkeit ['zy:sɪçkait] (*pl* **-en**) *die* sweet (*UK*), candy (*US*)

süßsauer [zy:s'zauɐ] *adj* (*Geschmack*) sweet and sour

Süßspeise ['zy:sʃpaizə] (*pl* **-n**) *die* dessert

Süßstoff ['zy:sʃtɔf] (*pl* **-e**) *der* sweetener

Süßwaren ['zy:sva:rən] *pl* sweets (*UK*), candy *sg* (*US*)

Süßwasser ['zy:svasɐ] *das* fresh water

Süßwasserfisch ['zy:svasɐfɪʃ] (*pl* **-e**) *der* freshwater fish

Swimmingpool ['svɪmɪŋpu:l] (*pl* **-s**) *der* swimming pool

Sylt [zylt] *nt* Sylt

Sylt

Sylt is the largest of the North Frisian Islands that lie between the Schleswig-Holstein coast and Denmark. Its sandy beaches and nature reserves make it a popular holiday resort, especially for the rich and famous.

Symbol [zym'bo:l] (*pl* **-e**) *das* symbol

Symmetrie [zyme'tri:] (*pl* **-n**) *die* symmetry

symmetrisch [zy'me:trɪʃ] *adj* symmetrical

sympathisch [zym'pa:tɪʃ] ◇ *adj* nice ◇ *adv* ● **er wirkt sehr sympathisch** he seems very nice

Symphonie [zymfo'ni:] (*pl* **-n**) *die* = Sinfonie

Symptom [zymp'to:m] (*pl* **-e**) *das (von Krankheit)* symptom

Synagoge [zyna'go:gə] (*pl* **-n**) *die* synagogue

synthetisch [zyn'te:tɪʃ] *adj* synthetic

System [zys'te:m] (*pl* **-e**) *das* system

Szene ['stse:nə] (*pl* **-n**) *die* scene

Tabak ['tabak] (*pl* **-e**) *der* tobacco

Tabakladen ['tabakla:dn̩] (*pl* **-läden**) *der* tobacconist's

Tabakwaren ['tabakva:rən] *pl* tobacco *sg*

Tabelle [ta'bɛlə] (*pl* **-n**) *die (Liste)* table

Tablett [ta'blɛt] (*pl* **-s**) *das* tray

Tablette [ta'blɛtə] (*pl* **-n**) *die* tablet

Tachometer [taxo'me:tɐ] (*pl inv*) *der* speedometer

Tafel ['ta:fl̩] (*pl* **-n**) *die* **1.** *(in Schule)* blackboard **2.** *(geh) (Tisch)* table ● **eine Tafel Schokolade** a bar of chocolate

tafelfertig ['ta:fl̩fɛɐtɪç] *adj* ready to eat

Tafelwasser ['ta:fl̩vasɐ] (*pl* **-wässer**) *das* mineral water

Tafelwein ['ta:fl̩vain] (*pl* **-e**) *der* table wine

Tag [ta:k] (*pl* **-e**) *der* day ● **eines Tages** one day ● **guten Tag!** hello! ● **jeden Tag** every day ● **Tag für Tag** day after day ●

Tage *pl (Menstruation)* ● **sie hat/be-kommt ihre Tage** she's got her period

Tag der Deutschen Einheit ['ta:kdɛɐ-'dɔytn̩'ainhait] *der* Day of German Unity

Tag der Deutschen Einheit

3 October is a public holiday in Germany, to commemorate the day on which German reunification occurred in 1990. The official Reunification Day celebrations are held in the capital of the federal state that currently holds the presidency of the *Bundesrat*.

Tagebuch ['ta:gəbu:x] (*pl* **-bücher**) *das* diary

tagelang ['ta:gəlaŋ] *adv* for days

Tagesanbruch ['ta:gəsˌanbrʊx] *der* dawn

Tagesausflug ['ta:gəsˌausflu:k] (*pl* **-aus-flüge**) *der* day trip

Tagescreme ['ta:gəskre:mə] (*pl* **-s**) *die* day cream

Tagesfahrkarte ['ta:gəsfa:ɐkartə] (*pl* **-n**) *die* day ticket

Tagesfahrt ['ta:gəsfa:ɐt] (*pl* **-en**) *die* day trip

Tagesgericht ['ta:gəsgərɪçt] (*pl* **-e**) *das (in Restaurant)* ▼ **Tagesgericht** today's special

Tageskarte ['ta:gəskartə] (*pl* **-n**) *die* **1.** *(Speisekarte)* today's menu **2.** *(Fahrkarte)* day ticket

Tageslicht ['ta:gəslɪçt] *das* daylight

Tagesordnung ['ta:gəsɔrdnʊŋ] (*pl* **-en**) *die* agenda

Tagesrückfahrkarte ['ta:gəsryk-fa:ɐkartə] (*pl* **-n**) *die* day return (ticket)

Tagesschau ['ta:gəsʃau] *die* news

Tagessuppe ['ta:gəsʊpə] (*pl* **-n**) *die* soup of the day

Tagestour ['ta:gəstu:ɐ] (*pl* **-en**) *die* day trip

Tageszeit ['ta:gəstsait] (*pl* **-en**) *die* time of day

Tageszeitung ['ta:gəstsaitʊŋ] (*pl* **-en**) *die* daily newspaper

täglich ['tɛːklɪç] *adj & adv* daily ▸ dreimal täglich three times a day

tagsüber ['ta:ksy:bɐ] *adv* during the day

Tagung ['ta:gʊŋ] (*pl* **-en**) *die* conference

Taille ['taljə] (*pl* **-n**) *die* waist

tailliert [ta'ji:ɐt] *adj* fitted

Takt [takt] (*pl* **-e**) *der* **1.** (*musikalische Einheit*) bar **2.** (*Rhythmus*) time **3.** (*Feingefühl*) tact

Taktik ['taktɪk] (*pl* **-en**) *die* tactics *pl*

Tal [ta:l] (*pl* **Täler**) *das* valley

talentiert [talɛn'ti:ɐt] *adj* talented

Talkshow ['tɔ:kʃo:] (*pl* **-s**) *die* talk show

Talsperre ['ta:lʃpɛrə] (*pl* **-n**) *die* dam

Tampon ['tampɔn] (*pl* **-s**) *der* (*für Menstruation*) tampon

Tandem ['tandɛm] (*pl* **-s**) *das* tandem

Tang [taŋ] *der* seaweed

Tank [taŋk] (*pl* **-s**) *der* tank

Tankanzeige ['taŋklantsaigə] (*pl* **-n**) *die* fuel gauge

Tankdeckel ['taŋkdɛkl] (*pl* **inv**) *der* petrol cap

tanken ['taŋkn] ◇ *vi* to fill up ◇ *vt* ▸ Benzin tanken to get some petrol (*UK*), to get some gas (*US*)

Tankschloss ['taŋkʃlɔs] (*pl* **-schlösser**) *das* petrol cap lock

Tankstelle ['taŋkʃtɛlə] (*pl* **-n**) *die* petrol station (*UK*), gas station (*US*)

Tankwart, in ['taŋkvart] (*mpl* **-e**) *der, die* petrol station attendant (*UK*), gas station attendant (*US*)

Tanne ['tanə] (*pl* **-n**) *die* fir (tree)

Tante ['tantə] (*pl* **-n**) *die* aunt

Tanz [tants] (*pl* **Tänze**) *der* dance

tanzen ['tantsn] *vi & vt* to dance

Tänzer, in ['tɛntsɐ] (*mpl* **inv**) *der, die* dancer

Tapete [ta'pe:tə] (*pl* **-n**) *die* wallpaper

tapezieren [tapə'tsi:rən] *vt* to paper

tapfer ['tapfɐ] *adj* brave

Tarif [ta'ri:f] (*pl* **-e**) *der* **1.** (*Preis*) charge **2.** (*von Lohn*) rate

Tarifzone [ta'ri:ftso:nə] (*pl* **-n**) *die* fare zone

Tasche ['taʃə] (*pl* **-n**) *die* **1.** (*zum Tragen*) bag **2.** (*in Kleidung*) pocket

Taschenbuch ['taʃnbu:x] (*pl* **-bücher**) *das* paperback

Taschendieb, in ['taʃndi:p] (*mpl* **-e**) *der, die* pickpocket ▼ vor Taschendieben wird gewarnt beware of pickpockets

Taschenformat ['taʃnfɔrma:t] (*pl* **-e**) *das* pocket size

Taschenkalender ['taʃnka'lɛndɐ] (*pl* **inv**) *der* pocket diary

Taschenlampe ['taʃnlampə] (*pl* **-n**) *die* torch (*UK*), flashlight (*US*)

Taschenmesser ['taʃnmɛsɐ] (*pl* **inv**) *das* penknife

Taschenrechner ['taʃnrɛçnɐ] (*pl* **inv**) *der* pocket calculator

Taschenschirm ['taʃnʃirm] (*pl* **-e**) *der* collapsible umbrella

Taschentuch ['taʃntu:x] (*pl* **-tücher**) *das* handkerchief

Taschenuhr ['taʃnu:ɐ] (*pl* **-en**) *die* pocket watch

Tasse ['tasə] (*pl* **-n**) *die* cup

Taste ['tastə] (*pl* **-n**) *die* key

tasten ['tastn̩] *vi* to feel

Tastendruck ['tastn̩drɔk] *der* ● **auf Tastendruck** at the touch of a button

Tastentelefon ['tastn̩te:lefo:n] (*pl* **-e**) *das* push-button telephone

tat [ta:t] *prät* ➤ **tun**

Tat [ta:t] (*pl* **-en**) *die* **1.** (*Handlung*) action **2.** (*Straftat*) crime

Tatar [ta'ta:ɐ̯] *das* steak tartare

Täter, in ['tɛ:tɐ] (*mpl inv*) *der, die* culprit

Tätigkeit ['tɛ:tɪçkait] (*pl* **-en**) *die* **1.** (*beruflich*) job **2.** (*Aktivität*) activity

Tätowierung [tɛto'vi:rʊŋ] (*pl* **-en**) *die* tattoo

Tatsache ['ta:tzaxə] (*pl* **-n**) *die* fact

tatsächlich [tat'zɛçlɪç] ⋄ *adj* actual ⋄ *adv* actually

Tau¹ [tau] *der* (*Niederschlag*) dew

Tau² [tau] (*pl* **-e**) *das* (*Seil*) rope

taub [taup] *adj* **1.** (*Person*) deaf **2.** (*Hände, Gefühl*) numb

Taube ['taubə] (*pl* **-n**) ⋄ *der, die* (*Person*) deaf person ⋄ *die* (*Vogel*) pigeon

taubstumm ['taupʃtʊm] *adj* deaf and dumb

tauchen ['tauxn̩] ⋄ *vi* (*hat*) (*ist*) to dive ⋄ *vt* (*hat*) (*eintauchen*) to dip

Taucher, in ['tauxɐ] (*mpl inv*) *der, die* diver

Taucherausrüstung ['tauxɐ|ausrʏstʊŋ] (*pl* **-en**) *die* diving equipment

Taucherbrille ['tauxɐbrɪlə] (*pl* **-n**) *die* diving goggles *pl*

Tauchkurs ['tauxkɔrs] (*pl* **-e**) *der* diving course

Tauchsieder ['tauxzi:dɐ] (*pl inv*) *der* portable water heater

tauen ['tauən] ⋄ *vi* (*ist*) (*Eis*) to melt ⋄ *vimp* (*hat*) **es taut** it's thawing

taufen ['taufn̩] *vt* (*Kind, Person*) to baptize

tauschen ['tauʃn̩] *vt & vi* to swap

täuschen ['tɔyʃn̩] ⋄ *vt* (*Person*) to deceive ⋄ *vi* (*Eindruck*) to be deceptive ◆ **sich täuschen** *ref* to be wrong

tausend ['tauznt] *numr* a ODER one thousand

Tausend ['tauznt] (*pl inv* ODER **-e**) *das* thousand

Tausender ['tauzndɐ] (*pl inv*) *der* (*Geldschein*) thousand mark note

Tauwetter ['tauvɛtɐ] *das* thaw

Taxi ['taksi] (*pl* **-s**) *das* taxi

Taxifahrer, in ['taksifa:rɐ] (*mpl inv*) *der, die* taxi driver

Taxirufsäule ['taksiru:fzɔylə] (*pl* **-n**) *die* public telephone exclusively for ordering taxis

Taxistand ['taksiʃtant] (*pl* **-stände**) *der* taxi rank

Team [ti:m] (*pl* **-s**) *das* team

Technik ['tɛçnɪk] (*pl* **-en**) *die* **1.** technology **2.** (*Methode*) technique

Techniker, in ['tɛçnɪkɐ] (*mpl inv*) *der, die* **1.** engineer **2.** (*im Sport, in Musik*) technician

technisch ['tɛçnɪʃ] ⋄ *adj* technological **2.** (*methodisch*) technical ⋄ *adv* **1.** technologically **2.** (*methodisch*) technically ● **technische Daten** specifications

Teddy ['tɛdi] (*pl* **-s**) *der* teddy bear

Tee [te:] (*pl* **-s**) *der* tea ● **schwarzer Tee** (*Getränk*) black tea

Teebeutel ['te:bɔytl] (*pl* **-s**) *der* tea bag

Tee-Ei ['te:lai] (*pl* **-er**) *das* tea infuser

Teekanne ['te:kanə] (*pl* **-n**) *die* teapot

Teelöffel ['te:lœfl] (*pl inv*) *der* teaspoon

Teesieb ['te:zi:p] *(pl -e) das* tea strainer
Teich [taiç] *(pl -e) der* pond
Teig [taik] *(pl -e) der* dough
Teigwaren ['taikva:rən] *pl* pasta *sg*
Teil [tail] *(pl -e)* ◇ *der* **1.** *(Teilmenge, Teilstück)* part **2.** *(Anteil)* share ◇ *das (Einzelteil)* part ● **zum Teil** partly
teilen ['tailən] ◇ *vt* **1.** to divide **2.** *(übereinstimmen)* to share ◇ *vi* **1.** *(aufteilen)* to share **2.** *(dividieren)* to divide ● **sich** *(D)* **etw teilen** to share sthg ● **sich teilen** *ref* **1.** *(Gruppe)* to split up **2.** *(Straße)* to fork
Teilkaskoversicherung [tailkaskofɛɐ̯zɪçəroŋ] *(pl -en) die* third party insurance
teilmöbliert ['tailmøbli:ɐt] *adj* partially furnished
Teilnahme ['tailna:mə] *die (an Veranstaltung)* participation
teilnehmen ['tailne:mən] *vi (unreg)* to take part
Teilnehmer, in ['tailne:mɐ] *(mpl inv) der, die* participant
teils [tails] ◇ *adv* partly ◇ *konj* ● **teils ... teils** *(sowohl ... als auch)* both ... and ...
Teilstück ['tailʃtyk] *(pl -e) das* part
Teilsumme [tailzɔmə] *(pl -n) die* subtotal
teilweise ['tailvaizə] *adv* **1.** *(zu gewissen Teilen)* partly **2.** *(zeitweise)* sometimes
Teilzahlung ['tailtsa:loŋ] *(pl -en) die* payment by instalments
Tel. *(abk für Telefon)* tel.
Telefax ['te:ləfaks] *(pl -e) das* fax
Telefon ['te:ləfo:n] *(pl -e) das* telephone ● **bleiben Sie bitte am Telefon** please hold the line

am Telefon

Zu Hause meldet man sich am Telefon mit *hello*; viele Leute nennen zusätzlich ihre Telefonnummer. Wird man am Arbeitsplatz angerufen, sagt man üblicherweise seinen Vor- und Zunamen. Wenn der Anrufer eine bestimmte Person sprechen möchte (*can I speak to ...?*) und diese bereits am Apparat ist, sagt sie *speaking* (in Großbritannien) bzw. *this is she/he* (in den USA); auf die weniger förmliche Frage *is that ...?* kann man mit *yes, it's me* antworten. Andernfalls bittet man den Anrufer mit einem *just a moment please* zu warten und holt die gewünschte Person an den Apparat und stellt den Anruf durch. Ist man gerade in einem Gespräch, kann man fragen, ob man zurückrufen kann: *I have someone with me right now, can I call you back?* Um einen Anrufer zu verabschieden, sagt man *thanks for calling* oder *speak to you soon*. Gespräche mit Freunden und Verwandten kann man auch mit *lots of love* beenden.

Telefonanruf [tele'fo:nlanru:f] *(pl -e) der* telephone call
Telefonansage [tele'fo:nlanza:gə] *(pl -n) die* telephone information service
Telefonanschluss [tele'fo:nlanʃlʊs] *(pl -anschlüsse) der* telephone line
Telefonat [telefo'na:t] *(pl -e) das* telephone call

Telefonbuch [tele'fo:nbu:x] (pl **-bücher**) das telephone book

Telefongespräch [tele'fo:ngəʃprɛːç] (pl **-e**) das telephone conversation

telefonieren [telefo'ni:rən] vi to make a telephone call ● **mit jm telefonieren** to talk to sb on the telephone ● **telefonieren ohne Münzen** to use a phonecard

telefonisch [tele'fo:nɪʃ] adj (Abmachung, Verbindung) telephone (vor Subst)

Telefonkarte [tele'fo:nkartə] (pl **-n**) die phonecard

Telefonnummer [tele'fo:nnomɐ] (pl **-n**) die telephone number

Telefonverbindung [tele'fo:nfɛɐbɪndoŋ] (pl **-en**) die telephone line

Telefonzelle [tele'fo:ntsɛlə] (pl **-n**) die telephone box

Telefonzentrale [tele'fo:ntsɛntra:lə] (pl **-n**) die switchboard

telegrafieren [telegra'fi:rən] vt to telegraph

Telegramm [tele'gram] (pl **-e**) das telegram

Telekom ['te:ləkɔm] die German partly state-owned telecommunications organization

Teleobjektiv ['te:leʔɔpjɛkti:f] (pl **-e**) das telephoto lens

Teller ['tɛlɐ] (pl inv) der plate

Tellerfleisch ['tɛlɐflaiʃ] das (Süddt) roast beef served with horseradish and boiled potatoes

Tempel ['tɛmpl] (pl inv) der temple

Temperament [tɛmpəra'mɛnt] das **1.** (Wesen) temperament **2.** (Energie) liveliness

temperamentvoll [tɛmpəra'mɛntfɔl] adj lively

Temperatur [tɛmpəra'tu:ɐ] (pl **-en**) die temperature ● **Temperatur haben** to have a temperature

Temperaturanzeige [tɛmpəra'tu:ɐantsaigə] (pl **-n**) die temperature gauge

Tempo¹ ['tɛmpo] (pl **-s**) das (fam) (Papiertaschentuch) tissue

Tempo² ['tɛmpo] (pl **-s**) das (Geschwindigkeit) speed

Tempo³ ['tɛmpo] (pl **Tempi**) das (von Musik) tempo

Tempolimit ['tɛmpolimɪt] (pl **-s**) das speed limit

Tempotaschentuch ® ['tɛmpotaʃntu:x] (pl **-tücher**) das tissue

Tendenz [tɛn'dɛnts] (pl **-en**) die tendency

Tennis ['tɛnɪs] das tennis

Tennishalle ['tɛnɪshalə] (pl **-n**) die tennis centre

Tennisplatz ['tɛnɪsplats] (pl **-plätze**) das tennis court

Tennisschläger ['tɛnɪsʃlɛːgɐ] (pl inv) der tennis racquet

Tennisspieler, in ['tɛnɪsʃpi:lɐ] (mpl inv) der, die tennis player

Tenor [te'no:ɐ] (pl **Tenöre**) der tenor

Teppich ['tɛpɪç] (pl **-e**) der **1.** (Einzelstück) rug **2.** (Teppichboden) carpet

Teppichboden ['tɛpɪçbo:dn] (pl **-böden**) der carpet

Termin [tɛr'mi:n] (pl **-e**) der **1.** (Zeitpunkt) date **2.** (Vereinbarung) appointment ● **einen Termin haben** to have an appointment

Terminal ['tø:ɐminəl] (pl **-s**) der (Gebäude) terminal

Terminkalender [tɛr'mi:nkalɛndɐ] (pl inv) der diary

Terpentin [tɛrpn'tiːn] *das* turpentine
Terrasse [tɛ'rasə] *(pl -n)* die *(am Haus)* patio
Terror ['tɛroːɐ̯] *der* 1. terror 2. *(Terrorismus)* terrorism
terrorisieren [tɛrori'ziːrən] *vt* to terrorize
Tesafilm ® ['teːzafilm] *der* Sellotape ® *(UK)*, Scotch ®tape *(US)*
Tessin [tɛ'siːn] *das* Ticino *(canton in south-east Switzerland)*
Test [tɛst] *(pl -s)* der test
Testament [tɛsta'mɛnt] *(pl -e)* das will ● **das Alte/Neue Testament** the Old/New Testament
Tetanus ['teːtanʊs] *der* tetanus
teuer ['tɔyɐ] ◇ *adj* expensive ◇ *adv* at a high price ● **das haben wir uns teuer erkauft** we paid dearly for it
Teufel ['tɔyfl] *(pl inv)* der devil
Text [tɛkst] *(pl -e)* der text
Textilien [tɛks'tiːliən] *pl* textiles
Textmarker ['tɛkstmarkɐ] *(pl inv)* der marker pen
Textverarbeitung ['tɛkstfɛɐ̯|arbaɪtʊŋ] *die* EDV word processing
Theater [te'aːtɐ] *(pl inv)* das 1. *(Gebäude)* theatre 2. *(fam)* *(Ärger)* trouble 3. *(fam)* *(Vortäuschung)* act ● **ins Theater gehen** to go to the theatre
Theateraufführung [te'aːtɐ|aʊffyːrʊŋ] *(pl -en)* die performance
Theaterkarte [te'aːtɐkartə] *(pl -n)* die theatre ticket
Theaterkasse [te'aːtɐkasə] *(pl -n)* die theatre box office
Theaterstück [te'aːtɐʃtyk] *(pl -e)* das play
Theatervorstellung [te'aːtɐfoːɐ̯ʃtɛlʊŋ]

(pl -en) die performance
Theke ['teːkə] *(pl -n)* die 1. *(Bar)* bar 2. *(im Geschäft)* counter
Thema ['teːma] *(pl Themen)* das 1. *(von Text, Gespräch)* subject 2. *(musikalisch)* theme
Themse ['tɛmzə] *die* ● **die Themse** the Thames
theoretisch [teo're:tɪʃ] *adj* theoretical
Theorie [teo'riː] *(pl -n)* die theory
Therapeut, in [tera'pɔyt] *(mpl -en)* der, die therapist
Therapie [tera'piː] *(pl -n)* die 1. *(medizinisch)* treatment 2. *(Psychotherapie)* therapy
Thermalbad [tɛr'maːlbaːt] *(pl -bäder)* das *(Schwimmbad)* thermal bath
Thermometer [tɛrmo'meːtɐ] *(pl inv)* das thermometer
Thermosflasche ['tɛrmɔsflaʃə] *(pl -n)* die thermos (flask)
Thermoskanne ['tɛrmɔskanə] *(pl -n)* die thermos (flask)
Thermostat [tɛrmɔs'taːt] *(pl -e)* das thermostat
These ['teːzə] *(pl -n)* die thesis
Thron [troːn] *(pl -e)* der throne
Thunfisch ['tuːnfɪʃ], **Tunfisch** *(pl -e)* der tuna
Thüringen ['tyːrɪŋən] *nt* Thuringia
Ticket ['tɪkət] *(pl -s)* das ticket
tief [tiːf] ◇ *adj* 1. deep 2. *(Fall)* long 3. *(niedrig)* low ◇ *adv* 1. deep 2. *(unten)* low 3. *(atmen)* deeply ● **tief schlafen** to be in a deep sleep
Tief [tiːf] *(pl -s)* das *(Wetter)* depression
Tiefdruckgebiet ['tiːfdrʊkgəbiːt] *(pl -e)* das area of low pressure
Tiefe ['tiːfə] *(pl -n)* die depth

Tiefebene ['ti:fleːbənə] (pl **-n**) die (lowland) plain

Tiefgarage ['ti:fgaraːʒə] (pl **-n**) die underground car park

tiefgefroren ['ti:fgəfroːrən] adj frozen

tiefgekühlt ['ti:fgəkyːlt] adj frozen

Tiefkühlfach ['ti:fkyːlfax] (pl **-fächer**) das freezer compartment

Tiefkühlkost ['ti:fkyːlkɔst] die frozen food

Tiefkühltruhe ['ti:fkyːltruːə] (pl **-n**) die freezer

Tier [tiːɐ] (pl **-e**) das animal

Tierarzt, ärztin ['tiːɐʔaːɐʦt] (mpl **-ärzte**) der, die vet

Tiergarten ['tiːɐgartn] (pl **-gärten**) der zoo

Tierhandlung ['tiːɐhantlʊŋ] (pl **-en**) die pet shop

Tierheim ['tiːɐhaim] (pl **-e**) das animal home

tierisch ['tiːrɪʃ] adj **1.** (Erzeugnis, Fett) animal (vor Subst) **2.** (fam) (stark) great

Tierkreiszeichen ['tiːɐkraisʦaiçn] (pl inv) das sign of the zodiac

Tiernahrung ['tiːɐnaːrʊŋ] die animal food

Tierpark ['tiːɐpark] (pl **-s**) der zoo

Tierschutz ['tiːɐʃʊʦ] der protection of animals

Tiger ['tiːgɐ] (pl inv) der tiger

Tilsiter [tɪlziːtɐ] (pl inv) der strong firm Swiss cheese with holes in it

Tinktur [tɪŋktuːɐ] (pl **-en**) die tincture

Tinte ['tɪntə] (pl **-n**) die ink

Tintenfisch ['tɪntnfɪʃ] (pl **-e**) der **1.** (mit acht Armen) octopus **2.** (Kalmar) squid

Tipp [tɪp] (pl **-s**) der tip ● jm einen Tipp geben to give sb a tip

tippen ['tɪpn] ◇ vt (mit Schreibmaschine) to type ◇ vi **1.** (vorhersagen) to bet **2.** (fam) (bei Lotto, Wette) to bet ● an etw (A) tippen to tap sthg

Tirol [ti'roːl] nt the Tyrol

Tisch [tɪʃ] (pl **-e**) der table ● den Tisch decken to set the table

Tischdecke ['tɪʃdɛkə] (pl **-n**) die tablecloth

Tischler, in ['tɪʃlɐ] (mpl inv) der, die carpenter

Tischtennis ['tɪʃtɛnɪs] das table tennis

Tischtuch ['tɪʃtuːx] (pl **-tücher**) das tablecloth

Titel ['tiːtl] (pl inv) der title

Toast [toːst] (pl **-s**) der (Brotscheibe) (slice of) toast

Toastbrot ['toːstbroːt] (pl **-e**) das sliced white bread

toasten ['toːstn] vt to toast

Toaster ['toːstɐ] (pl inv) der toaster

toben ['toːbn] ◇ vi (hat) **1.** (Sturm) to rage **2.** (Person) to go crazy ◇ vi (ist) (rennen) to charge about

Tochter ['tɔxtɐ] (pl **Töchter**) die (Verwandte) daughter

Tod [toːt] (pl **-e**) der death

Todesopfer ['toːdəsʔɔpfɐ] (pl inv) das casualty

todkrank [toːtkraŋk] adj terminally ill

tödlich ['tøːtlɪç] adj fatal

todmüde ['toːtmyːdə] adj (fam) dead tired

todsicher ['toːtzɪçɐ] adj (fam) dead certain

Tofu ['toːfu] der tofu

Toilette [toa'lɛtə] (pl **-n**) die (Klo) toilet ● zur Toilette gehen to go to the toilet

Toilettenartikel [toa'lɛtnʔartiːkl] pl toiletries

Toilettenpapier [tɔaˈlɛtnpapiːɐ̯] *das* toilet paper

tolerant [tɔləˈrant] *adj* tolerant

toll [tɔl] ◇ *adj (fam) (wunderbar)* brilliant ◇ *adv (fam) (wunderbar)* brilliantly

Tollwut [ˈtɔlvuːt] *die* rabies

Tollwutgebiet [ˈtɔlvuːtɡəbiːt] *(pl -e) das* rabies-infected area

Tomate [toˈmaːtə] *(pl -n) die* tomato

Tomatenmark [toˈmaːtnmark] *das* tomato puree

Tomatensaft [toˈmaːtnzaft] *(pl -säfte) der* tomato juice

Tombola [ˈtɔmbola] *(pl -s) die* tombola

Ton¹ [toːn] *(pl Töne) der* 1. *(bei Fernsehen, Radio)* sound 2. *(in Tonleiter)* note 3. *(Tonfall, von Farbe)* tone

Ton² [toːn] *der (pl an) der (Lehm)* clay

Tonausfall [ˈtoːnausfal] *(pl -fälle) der* loss of sound

Tonband [ˈtoːnbant] *(pl -bänder) das* 1. *(Band)* tape 2. *(Gerät)* tape recorder

tönen [ˈtøːnən] *vt (Haare)* to tint

Tonne [ˈtɔnə] *(pl -n) die* 1. *(Behälter)* barrel 2. *(Gewichtseinheit)* tonne

Tönung [ˈtøːnʊŋ] *(pl -en) die* tint

Top [tɔp] *(pl -s) das* top

Topf [tɔpf] *(pl Töpfe) der* 1. *(Kochtopf)* pan 2. *(Blumentopf)* pot

Topfen [ˈtɔpfn̩] *der (Südd & Österr)* curd cheese

Topfenstrudel [ˈtɔpfn̩ʃtruːdl̩] *(pl inv) der (Südd & Österr)* curd cheese strudel

Töpfer, in [ˈtœpfɐ] *(mpl inv) der, die* potter

Töpferei [tœpfəˈrai] *(pl -e n) die* pottery

Topfpflanze [ˈtɔpfpflantsə] *(pl -n) die* potted plant

Tor [toːɐ̯] *(pl -e) das* 1. *(Tür)* gate 2. *(von Scheune, Garage)* door 3. *(bei Fußball)* goal
● **ein Tor schießen** to score a goal

Toreinfahrt [ˈtoːɐ̯ainfaːɐ̯t] *(pl -en) die* entrance gate

Torf [tɔrf] *der* peat

Torte [ˈtɔrtə] *(pl -n) die* gâteau

Tortelett [tɔrtəˈlɛt] *(pl -s) das* tartlet

Torwart [ˈtoːɐ̯vart] *(pl -e) der* goalkeeper

tot [toːt] *adj & adv* dead ● **tot umfallen** to drop dead

total [toˈtaːl] ◇ *adj* total ◇ *adv* totally

Totalschaden [toˈtaːlʃaːdn̩] *(pl -schäden) der* write-off

Tote [ˈtoːtə] *(pl -n) der, die* dead person

töten [ˈtøːtn̩] *vt* to kill

Totensonntag [ˈtoːtnzɔntaːk] *(pl -e) der* day for commemoration of the dead, Sunday before Advent

totlachen [ˈtoːtlaxn̩] ● **sich totlachen** *(fam)* to kill o.s. laughing

Toto [ˈtoːto] *das* football pools *pl*

Toupet [tuˈpeː] *(pl -s) das* toupee

toupieren [tuˈpiːrən] *vt* to backcomb

Tour [tuːɐ̯] *(pl -en) die* 1. *(Ausflug)* trip 2. *(fam) (Verhalten)* way

Tourenski [ˈtuːrənʃiː] *(pl -er) der* cross-country ski

Tourismus [tuˈrɪsmʊs] *der* tourism

Tourist, in [tuˈrɪst] *(mpl -en) der, die* tourist

Touristenklasse [tuˈrɪstnklasə] *die* tourist class

Touristenort [tuˈrɪstn̩ɔrt] *(pl -e) der* tourist resort

touristisch [tuˈrɪstɪʃ] *adj* tourist

Tournee [turˈneː] *(pl -n) die* tour

traben [ˈtraːbn̩] *vi (ist) (Pferd)* to trot

Trabrennen [ˈtraprɛnən] *(pl inv) das* trotting

Tracht [traxt] (*pl* **-en**) *die (Kleidung)* traditional costume ● **eine Tracht Prügel** *(fam) (Schläge)* a beating

Trachtenfest ['traxtn̩fɛst] (*pl* **-e**) *das* event at which traditional costumes are worn

Trachtenverein ['traxtn̩fɛʀaɪn] (*pl* **-e**) *der* society for the preservation of regional customs

Tradition [tradi'tsi̯oːn] (*pl* **-en**) *die* tradition

traditionell [traditsi̯o'nɛl] *adj* traditional

traf [traːf] *prät* ➤ **treffen**

Trafik ['trafik] *die (Österr)* tobacconist's

Trafik

In Austria, a *Trafik* is a small shop selling cigarettes and tobacco, stamps, postcards, newspapers and magazines and tickets for local transport. They differ from the German *Kiosk* in that the latter do not usually sell transport tickets but do stock a wider range of drinks and sometimes even fresh bread rolls on Sundays.

Tragbahre ['traːkbaːʀə] (*pl* **-n**) *die* stretcher

tragbar ['traːkbaːɐ̯] *adj* **1.** *(Gerät)* portable **2.** *(akzeptabel)* acceptable

träge ['trɛːgə] *adj (Person, Bewegung)* lazy

tragen ['traːgn̩] (*präs* **trägt**, *prät* **trug**, *pp* **getragen**) ◇ *vt* **1.** *(transportieren)* to carry **2.** *(Kleidung, Frisur)* to wear **3.** *(abstützen)* to support **4.** *(ertragen, Kosten)* to bear **5.** *(Risiko, Konsequenzen)* to accept ◇ *vi* **1.** *(Eis, Wände)* to hold **2.** *(Tier)* to be

pregnant ● **sich tragen** *ref (finanziell)* to be self-supporting

Träger ['trɛːgɐ] (*pl* **inv**) *der* **1.** *(Beruf)* porter **2.** *(Geldgeber)* sponsor **3.** *(von Kleid)* strap **4.** *(Hosenträger)* braces *pl (UK)*, suspenders *pl (US)* **5.** *(aus Eisen)* girder

Trägerin ['trɛːgərɪn] (*pl* **-nen**) *die* **1.** *(Beruf)* porter **2.** *(Geldgeberin)* sponsor

Tragetasche ['traːgətaʃə] (*pl* **-n**) *die* carrier bag

tragisch ['traːgɪʃ] *adj* tragic

Tragödie [tra'gøːdi̯ə] (*pl* **-n**) *die* tragedy

trägt [trɛkt] *präs* ➤ **tragen**

Trainer, in ['trɛːnɐ] (*mpl* **inv**) *der, die* trainer

trainieren [trɛ'niːʀən] *vi* & *vt* to train

Training ['trɛːnɪŋ] (*pl* **-s**) *das* training

Trainingsanzug ['trɛːnɪŋsantsuːk] (*pl* **-züge**) *der* tracksuit

Traktor [trak'toːɐ̯] (*pl* **-t**) *der* tractor

Trambahn ['tramˌbaːn] (*pl* **-en**) *die* (Süddt) tram (UK), streetcar (US)

trampen ['trɛmpn̩] *vi (hat) (ist)* to hitchhike

Tramper, in ['trɛmpɐ] (*mpl* **inv**) *der, die* hitchhiker

Träne [trɛːnə] (*pl* **-n**) *die* tear

tränen ['trɛːnən] *vi* to water

Tränengas ['trɛːnəngaːs] *das* tear gas

trank [traŋk] *prät* ➤ **trinken**

Transfusion [transfu'zi̯oːn] (*pl* **-en**) *die* transfusion

Transitverkehr ['tranzɪtfɛɐ̯keːɐ̯] *der* transit traffic

Transitvisum ['tranzɪtviːzʊm] (*pl* **-visa**) *das* transit visa

Transport [trans'pɔrt] (*pl* **-e**) *der* transport

transportabel [transpɔr'taːbl] *adj (Fernseher)* portable

transportieren [transpɔr'tiːrən] ◇ *vt* **1.** *(befördern)* to transport **2.** *(Film)* to wind on ◇ *vi (Kamera)* to wind

Transportmittel [trans'pɔrtmɪtl] *(pl inv) das* means of transport

Transportunternehmen [trans'pɔrtʊntɐneːmən] *(pl inv) das* haulier

Transvestit [tansvɛs'tiːt] *(pl -en) der* transvestite

trat [traːt] *prät* ➤ **treten**

Traube ['traubə] *(pl -n) die (Frucht)* grape

Traubensaft ['traubnzaft] *(pl -säfte) der* grape juice

Traubenzucker ['traubnzʊkɐ] *der* glucose

trauen ['trauən] ◇ *vt (Brautpaar)* to marry ◇ *vi (+D) (vertrauen)* to trust ♦ **sich trauen** *ref (wagen)* to dare

Trauer ['trauɐ] *die* mourning

Traum [traum] *(pl Träume) der* dream

träumen ['trɔymən] *vi* **1.** to dream **2.** *(abwesend sein)* to daydream

traumhaft ['traumhaft] *adj* fantastic

traurig ['trauɾɪç] ◇ *adj* sad ◇ *adv* sadly

Trauung ['trauʊŋ] *(pl -en) die* wedding ● **kirchliche/standesamtliche Trauung** church/registry office wedding

Travellerscheck ['trɛvəlɐʃɛk] *(pl -s) der* traveller's cheque

treffen ['trɛfn] *(präs* **trifft***, prät* **traf***, pp* **getroffen***) ◇ vt (hat)* **1.** *(begegnen)* to meet **2.** *(Ziel)* to hit **3.** *(Verabredung, Entscheidung)* to make **4.** *(traurig machen)* to affect ◇ *vi (hat) (ins Ziel)* to score ♦ **sich treffen** *ref* to meet ● **sich mit jm treffen** to meet sb ● **wo sollen wir uns treffen?** where should we meet?

Treffen ['trɛfn] *(pl inv) das* meeting

Treffer ['trɛfɐ] *(pl inv) der* **1.** SPORT goal **2.** *(Schuss)* hit

Treffpunkt ['trɛfpʊŋkt] *(pl -e) der* meeting place

treiben ['traibn] *(prät* **trieb***, pp* **getrieben***) ◇ vt (hat)* **1.** to drive **2.** *(machen, tun)* to do ◇ *vi (ist) (im Wasser)* to drift ● **was treibst du denn so in deiner Freizeit?** what do you do in your spare time?

Treibstoff ['traipʃtɔf] *(pl -e) der* fuel

Trend [trɛnt] *(pl -s) der* trend

trennen ['trɛnən] *vt* **1.** to separate **2.** *(unterscheiden)* to distinguish ♦ **sich trennen** *ref* to separate

Trennung ['trɛnʊŋ] *(pl -en) die* **1.** *(von Beziehung)* separation **2.** GRAMM division

Treppe ['trɛpə] *(pl -n) die* stairs *pl*

Treppengeländer ['trɛpŋgəlɛndɐ] *(pl inv) das* banisters *pl*

Treppenhaus ['trɛpŋhaus] *(pl -häuser) das* stairwell

Tresen ['treːzn] *(pl inv) der (Norddt)* counter

treten ['treːtn] *(präs* **tritt***, prät* **trat***, pp* **getreten***) ◇ vt & vi (hat)* to kick ◇ *vi (ist) (gehen)* to step ● **auf die Bremse treten** to brake

treu [trɔy] *adj* faithful

Triathlon ['triːatlɔn] *(pl -s) der* triathlon

Tribüne [tri'byːnə] *(pl -n) die* stand

Trichter ['trɪçtɐ] *(pl inv) der (Gerät)* funnel

Trick [trɪk] *(pl -s) der* trick

Trickfilm ['trɪkfɪlm] *(pl -e) der* cartoon

trieb [triːp] *prät* ➤ **treiben**

triefen ['triːfn] *(prät* **troff** ODER **triefte**,

pp getrieft) *vt & vi (hat) (ist)* to drip

trifft [trɪft] *präs* > **treffen**

Trikot [tri'koː] *(pl -s) das* jersey

Trillerpfeife ['trɪlɐpfaɪfə] *(pl -n) die* whistle

Trimester [tri'mɛstɐ] *(pl inv) das* term

Trimm-dich-Pfad ['trɪm-dɪç-pfaːt] *(pl -e) der* fitness trail

trinkbar ['trɪŋkbaːɐ] *adj* drinkable

trinken ['trɪŋkn] *(prät* **trank***, pp* **getrunken***) vt & vi (hat)* ● **einen trinken gehen** *(fam)* to go for a drink

Trinkgeld ['trɪŋkgɛlt] *(pl -er) das* tip

Trinkhalle ['trɪŋkhalə] *(pl -n) die* drinks stall

Trinkhalm ['trɪŋkhalm] *(pl -e) der* (drinking) straw

Trinkschokolade ['trɪŋkʃokolaːdə] *(pl -n) die* drinking chocolate

Trinkwasser ['trɪŋkvasɐ] *das* drinking water

Trio [triːo] *(pl -s) das* trio

tritt [trɪt] *präs* > **treten**

Tritt *(pl -e) der* **1.** *(Stoß)* kick **2.** *(Schritt)* step

triumphieren [triʊm'fiːrən] *vi* to triumph

trivial [tri'vjaːl] *adj* trivial

trocken ['trɔkn] *adj* dry ▼ **trocken aufbewahren** keep in a dry place

Trockenhaube ['trɔknhaʊbə] *(pl -n) die* hair dryer

Trockenheit ['trɔknhaɪt] *die* **1.** dryness **2.** *(Wassermangel)* drought

trocken|legen ['trɔknleːgn] *vt* **1.** *(Sumpf)* to drain **2.** *(Baby)* to change

trocknen ['trɔknən] *vt & vi (hat) (ist)* to dry

Trockner ['trɔknɐ] *(pl inv) der* dryer

Trödel ['trøːdl] *der* **1.** *(Gegenstände)* junk **2.** *(fam) (Trödelmarkt)* flea market

Trödelmarkt ['trøːdlmarkt] *(pl -märkte) der* flea market

trödeln ['trøːdln] *vi (hat) (ist) (fam)* *(langsam sein)* to dawdle

troff [trɔf] *prät* > **triefen**

trog [troːk] *prät* > **trügen**

Trommel ['trɔml] *(pl -n) die (Instrument)* drum

Trommelfell ['trɔmlfɛl] *(pl -e) das* eardrum

Trompete [trɔm'peːtə] *(pl -n) die* trumpet

Tropen ['troːpn] *pl* tropics

Tropf [trɔpf] *(pl -e) der (Gerät)* drip

tropfen ['trɔpfn] *vi & vt* to drip

Tropfen ['trɔpfn] *(pl inv) der* drop

tropfnass ['trɔpfnas] *adv* ● **tropfnass aufhängen** to drip-dry

Tropfsteinhöhle ['trɔpfʃtaɪnhøːlə] *(pl -n) die* cave with stalactites and stalagmites

trösten ['trøːstn] *vt* to console ◆ **sich trösten** *ref* to find consolation

Trostpreis ['troːstpraɪs] *(pl -e) der* consolation prize

Trottoir [trɔ'toaːɐ] *(pl -e) das (Süddt)* pavement *(UK)*, sidewalk *(US)*

trotz [trɔts] *präp (+G)* despite, in spite of

trotzdem ['trɔtsdeːm] *adv* nevertheless

trotzig ['trɔtsɪç] *adj* stubborn

trüb [tryːp] *adj (nicht klar)* cloudy

Trüffel ['tryfl] *(pl inv) der* truffle

trug [truːk] *prät* > **tragen**

trügen ['tryːgn] *(prät* **trog***, pp* **getrogen***) vi* to be deceptive

Truhe ['truːə] *(pl -n) die* chest

Trümmer ['trymɐ] *pl* **1.** *(eines Gebäudes)*

ruins **2.** (eines Fahrzeugs) wreckage sg

Trumpf [trʊmpf] (pl **Trümpfe**) der (bei Kartenspiel) trumps pl

Trunkenheit [trʊŋknhaɪt] die (amt) inebriation

Truthahn [tru:thaːn] (pl **-hähne**) der turkey

Tschechien [tʃɛçiən] nt Czech Republic

tschüs [tʃʏs] interj bye!

Tsd. abk = **Tausend**

T-Shirt [ˈtiːʃøːɐ̯t] (pl **-s**) das T-shirt

Tube [tuːbə] (pl **-n**) die tube

Tuberkulose [tubɛrkulоːzə] die tuberculosis

Tuch¹ [tuːx] (pl **Tücher**) das **1.** (Halstuch) scarf **2.** (zum Putzen, Abtrocknen) cloth

Tuch² [tuːx] (pl **-e**) das (Stoff) cloth

tüchtig [ˈtʏçtɪç] ⋄ adj **1.** (geschickt) competent **2.** (fam) (groß) big ⋄ adv (fam) (viel) ● **tüchtig essen** to tuck in

Tulpe [ˈtʊlpə] (pl **-n**) die tulip

Tümpel [ˈtʏmpl] (pl inv) der pond

tun [tuːn] (präs **tut**, prät **tat**, pp **getan**) ⋄ vt **1.** (machen) to do ● **was kann ich für Sie tun?** what can I do for you? ● **ich habe noch nichts für die Prüfung getan** I haven't done any work for the exam yet **2.** (fam) (stellen, legen) to put **3.** (schaden, antun) ● **jm/sich etwas tun** to do something to sb/o.s. **4.** (fam) (funktionieren, ausreichen) ● **ich denke, das tut es** I think that will do ● **das Auto tut es noch/nicht mehr** the car still works/has had it ⋄ vi **1.** (spielen, vortäuschen) ● **so tun, als ob** to act as if ● **er tut nur so** he's only pretending **2.** (Ausdruck von Gefühl, Wirkung) ● **der Bettler tut mir Leid** I feel sorry for the beggar ● **jm gut tun** to do

sb good **3.** (Ausdruck einer Beziehung) ● **zu tun haben mit** to be linked to ● **nichts zu tun haben mit** to have nothing to do with ⋄ vimp ● **es tut sich etwas** something is going on

Tunfisch der = **Thunfisch**

tunken [ˈtʊŋkn] vt to dunk

Tunnel [ˈtʊnl] (pl inv) der tunnel

tupfen [ˈtʊpfn] vt to dab

Tür [tyːɐ̯] (pl **-en**) die door ● **die Tür aufmachen/zumachen** to open/close the door ● **Tür zu!** shut the door!

Türke [ˈtʏrkə] (pl **-n**) der Turk

Türkei [tyrˈkaɪ] die Turkey

Türkin [ˈtʏrkɪn] (pl **-nen**) die Turk

türkisch [ˈtʏrkɪʃ] adj Turkish

Türkisch(e) [ˈtʏrkɪʃ(ə)] das Turkish

Türklinke [ˈtyːɐ̯klɪŋkə] (pl **-n**) die door handle

Turm [tʊrm] (pl **Türme**) der (Gebäude) tower

turnen [ˈtʊrnən] vi SPORT to do gymnastics

Turner, in [ˈtʊrnɐ] (mpl inv) der, die gymnast

Turnhalle [ˈtʊrnhalə] (pl **-n**) die gym

Turnhose [ˈtʊrnhoːzə] (pl **-n**) die shorts pl

Turnier [tʊrˈniːɐ̯] (pl **-e**) das SPORT tournament

Turnschuh [ˈtʊrnʃuː] (pl **-e**) der gymshoe (UK), sneaker (US)

Türschloss [ˈtyːɐ̯ʃlɔs] (pl **-schlösser**) das lock

tuscheln [ˈtʊʃln] vi to whisper

tut [tuːt] präs > **tun**

Tüte [ˈtyːtə] (pl **-n**) die bag

TÜV [tyf] der ≃ MOT (UK) regular

official test of car's roadworthiness

TV [teːˈfau] *das* (*abk für* Television) TV

Typ [tyːp] (*pl* **-en**) *der* **1.** (*Art, Charakter*) type **2.** (*Modell*) model **3.** (*fam*) (*Mann*) guy

Typhus [ˈtyːfʊs] *der* typhoid

typisch [ˈtyːpɪʃ] *adj* typical

tyrannisieren [tyraniˈziːrən] *vt* to tyrannize

U

u. *abk* = und

u.a. *abk* = unter anderem

u.a.m. (*abk für* und anderes mehr) etc

UB [uːˈbeː] (*pl* **-s**) *die* (*abk für* Universitätsbibliothek) university library

U-Bahn [ˈuːbaːn] (*pl* **-en**) *die* underground (*UK*), subway (*US*)

U-Bahn-Haltestelle [ˈuːbaːnhaltəʃtɛlə] (*pl* **-n**) *die* underground station (*UK*), subway station (*US*)

U-Bahn-Linie [ˈuːbaːnliːniə] (*pl* **-n**) *die* underground line (*UK*), subway line (*US*)

U-Bahn-Netz [ˈuːbaːnnɛts] (*pl* **-e**) *das* underground system (*UK*), subway system (*US*)

übel [ˈyːbl] (*komp* **übler**, *superl* **übelste**) *adj* bad • **mir ist/wird übel** I am/feel sick • **nicht übel** (*fam*) not bad

Übelkeit [ˈyːblkait] (*pl* **-en**) *die* nausea

übel nehmen [ˈyːblneːmən] *vt* (*unreg*) to take badly

üben [ˈyːbn] *vt & vi* to practise

über [ˈyːbɐ]
◇ *präp* (+A) **1.** (*höher als*) over, above • **das Flugzeug flog über das Tal** the plane flew over the valley **2.** (*quer*) over • **über die Straße gehen** to cross (over) the road **3.** (*Angabe der Route*) via **4.** (*Angabe des Themas*) about • **ein Buch über Mozart** a book about Mozart **5.** (*Angabe des Betrages*) for • **eine Rechnung über 30 Euro** a bill for 30 euros **6.** (*mehr als*) over • **über eine Stunde** over an hour • **über Null** above zero • **Kinder über zehn Jahre** children over ten (years of age) **7.** (*zeitlich*) over • **über Nacht** overnight
◇ *präp* (+D) **1.** (*räumlich: höher*) above, over • **die Lampe hängt über dem Tisch** the lamp hangs above ODER over the table • **er wohnt über uns** he lives above us **2.** (*mehr als*) above • **über dem Durchschnitt liegen** to be above average
◇ *adv* **1.** (*zeitlich*) • **den Sommer über bleiben wir hier** we're staying here all summer **2.** (*fam*) (*übrig*) left(over)
• **über und über** *adv* all over

überall *adv* everywhere

überallhin [yːbɐlalhɪn] *adv* everywhere

überanstrengen [yːbɐˈʔanʃtrɛŋən] *vt* to overstrain • **sich überanstrengen** *ref* to overdo it

überarbeiten [yːbɐˈʔarbaitn] *vt* to revise • **sich überarbeiten** *ref* to overwork

überbacken [yːbɐˈbakn] (*präs* **überbäckt** ODER **überbäckt**, *prät* **überbackte**, *pp inv*) *vt* to bake or grill with a cheese topping

überbelichtet [ˈyːbɐbəlɪçtət] *adj* overexposed

Überblick [ˈyːbɐblɪk] (*pl* **-e**) *der* (*Übersicht*) summary

überblicken [y:bɐ'blɪkn̩] *vt* **1.** *(einschätzen)* to grasp **2.** *(sehen)* to overlook

überbrücken [y:bɐ'brʏkn̩] *vt (Zeit)* to fill in

überbucht [y:bɐ'bu:xt] *adj* overbooked

überdurchschnittlich ['y:bɐdʊrçʃnɪtlɪç] *adj* above average

übereinander [y:bɐlai'nandɐ] *adv* on top of each other ● **übereinander sprechen/denken** to talk/think about each other

übereinstimmen [y:bɐl'ainʃtɪmən] *vi (Personen, Meinungen)* to agree

überfahren [y:bɐ'fa:rən] *(präs* **überfährt**, *prät* **überfuhr**, *pp inv) vt (Tier, Person)* to run over

Überfahrt ['y:bɐfa:ɐt] *(pl* **-en**) *die* crossing

Überfall ['y:bɐfal] *(pl* **-fälle**) *der (Angriff)* attack

überfallen [y:bɐ'falən] *(präs* **überfällt**, *prät* **überfiel**, *pp inv) vt (angreifen)* to attack

überfällig ['y:bɐfɛlɪç] *adj* **1.** *(Zug)* late **2.** *(Rechnung)* outstanding

Überfluss ['y:bɐflʊs] *der* surplus

überflüssig ['y:bɐflʏsɪç] *adj* superfluous

überfordert [y:bɐ'fɔrdɐt] *adj* ● **damit bin ich überfordert** that's asking too much of me

Überführung [y:bɐ'fy:rʊŋ] *(pl* **-en**) *die* **1.** *(Brücke)* bridge **2.** *(Transport)* transfer

überfüllt [y:bɐ'fʏlt] *adj* overcrowded

Übergabe ['y:bɐga:bə] *die (von Dingen)* handing over

Übergang ['y:bɐgaŋ] *(pl* **-gänge**) *der (Phase)* transition

übergeben [y:bɐ'ge:bn̩] *(präs* **übergibt**, *prät* **übergab**, *pp inv) vt (Gegenstand)* to hand over ◆ **sich übergeben** *ref* to vomit

übergehen¹ [y:bɐ'ge:ən] *(prät* **überging**, *pp* **übergangen**) *vt (ignorieren)* to ignore

über|gehen² ['y:bɐge:ən] *vi (unreg) (ist) (wechseln)* ● **in etw (A) übergehen** to change into sthg

Übergewicht ['y:bɐgəvɪçt] *das* overweight ● **Übergewicht haben** to be overweight

Übergröße ['y:bɐgrø:sə] *(pl* **-n**) *die (von Kleidung)* outsize

überhand nehmen ['y:bɐhantne:mən] *vi (unreg)* to get out of hand

überhaupt [y:bɐ'haupt] *adv* **1.** *(Ausdruck von Zweifel)* at all **2.** *(allgemein, eigentlich)* really ● **ich habe überhaupt kein Geld mehr** *(gar kein)* I've got no money left at all ● **überhaupt nicht** *(gar nicht)* not at all

überholen [y:bɐ'ho:lən] *vt* to overtake

Überholspur [y:bɐ'ho:lʃpu:ɐ] *(pl* **-en**) *die* overtaking lane

Überholverbot [y:bɐ'ho:lfɛɐbo:t] *(pl* **-e**) *das* ban on overtaking

überhören [y:bɐ'hø:rən] *vt (nicht hören)* not to hear

überlassen [y:bɐ'lasn̩] *(präs* **überlässt**, *prät* **überließ**, *pp inv) vt (leihen)* to lend

überlastet [y:bɐ'lastət] *adj (Person)* overworked

über|laufen¹ ['y:bɐlaufn̩] *vi (unreg) (ist) (Topf, Wasser)* to overflow

überlaufen² [y:bɐ'laufn̩] *adj* overcrowded

überleben [y:bɐ'le:bn̩] *vt & vi* to survive

überlegen¹ [y:bɐ'le:gn̩] *vt (nachdenken)* to consider ◇ *vi (nachdenken)* to think ● **sich (D) etw überlegen** to think sthg over

überlegen² [y:bɐ'le:gn̩] ◇ *adj* superior ◇

adv **1.** *(siegen)* convincingly **2.** *(arrogant)* patronizingly

Überlegung [yːbɐˈleːɡʊŋ] *(pl* **-en)** *die* consideration

übermorgen [ˈyːbɐmɔrgn̩] *adv* the day after tomorrow

übermüdet [yːbɐˈmyːdət] *adj* overtired

übernächste, r, s [ˈyːbɐnɛːçstə] *adj* next ... but one ● **die übernächste Haltestelle** not this stop but the next one ● **die übernächste Woche** the week after next

übernachten [yːbɐˈnaxtn̩] *vi* to stay (the night)

übernächtigt [yːbɐˈnɛçtɪkt] *adj* worn out

Übernachtung [yːbɐˈnaxtʊŋ] *(pl* **-en)** *die* overnight stay ● **Übernachtung mit Frühstück** bed and breakfast

Übernachtungsmöglichkeit [yːbɐˈnaxtʊŋsmøːklɪçkaɪt] *(pl* **-en)** *die* overnight accommodation

übernehmen [yːbɐˈneːmən] *(präs* **übernimmt**, *prät* **übernahm**, *pp* **übernommen)** *vt* **1.** *(Kosten)* to pay **2.** *(kopieren)* to adopt **3.** *(Mitarbeiter)* to take on ● **sich übernehmen** *ref* to overdo it

überprüfen [yːbɐˈpryːfn̩] *vt* to check

überqueren [yːbɐˈkveːrən] *vt* to cross

überraschen [yːbɐˈraʃn̩] ◇ *vi* to come as a surprise ◇ *vt* to surprise ● **ich lasse mich überraschen** I'll wait and see

Überraschung [yːbɐˈraʃʊŋ] *(pl* **-en)** *die* surprise

überreden [yːbɐˈreːdn̩] *vt* to persuade

überreichen [yːbɐˈraɪçn̩] *vt* to present

Überrest [ˈyːbɐrɛst] *(pl* **-e)** *der* remains *pl*

übers [ˈyːbɐs] *präp (fam)* = **über + das**

überschlagen [yːbɐˈʃlaːgn̩] *(präs*

überschlägt, *prät* **überschlug**, *pp inv)* *vt (Anzahl, Summe)* to estimate ● **sich überschlagen** *ref* **1.** *(Auto)* to turn over **2.** *(Skifahrer)* to crash

überschneiden [yːbɐˈʃnaɪdn̩] *(prät* **überschnitt**, *pp* **überschnitten)** ● **sich überschneiden** *ref (zeitlich)* to overlap

Überschrift [ˈyːbɐʃrɪft] *(pl* **-en)** *die* heading

Überschwemmung [yːbɐˈʃvɛmʊŋ] *(pl* **-en)** *die* flood

Übersee [ˈyːbɐzeː] *nt* ● **aus Übersee** from overseas ● **nach Übersee** abroad

übersehen [yːbɐˈzeːən] *(präs* **übersieht**, *prät* **übersah**, *pp inv)* *vt (nicht sehen)* to overlook

übersetzen¹ [yːbɐˈzɛtsn̩] *vt* to translate

übersetzen² [yːbɐˈzɛtsn̩] ◇ *vt (hat)* *(befördern)* to take across ◇ *vi (ist)* *(überqueren)* to cross

Übersetzer, in [yːbɐˈzɛtsɐ] *(mpl inv)* *der, die* translator

Übersetzung [yːbɐˈzɛtsʊŋ] *(pl* **-en)** *die* translation

Übersicht [ˈyːbɐzɪçt] *(pl* **-en)** *die (Zusammenfassung)* outline

übersichtlich [yːbɐˈzɪçtlɪç] *adj* **1.** *(Gebiet)* open **2.** *(Tabelle)* clear

Übersichtskarte [ˈyːbɐzɪçtskartə] *(pl* **-n)** *die* general map

überspielen [yːbɐˈʃpiːlən] *vt* **1.** *(kopieren)* to record **2.** *(löschen)* to record over

Überspielkabel [yːbɐˈʃpiːlkaːbl̩] *(pl inv)* *das* connecting lead

überstehen¹ [yːbɐˈʃteːən] *(prät* **überstand**, *pp* **überstanden)** *vt (Ereignis)* to survive

überstehen² [yːbɐˈʃteːən] *vi (unreg)* *(vorstehen)* to jut out

Überstunde ['y:bʃtʊndə] (pl **-n**) die overtime

übertragbar [y:bɐ'tra:kba:ɐ̯] adj 1. (Fahrkarte) transferable 2. (Krankheit) infectious

übertragen [y:bɐ'tra:gn̩] (präs überträgt, prät übertrug, pp inv) vt 1. (Krankheit) to pass on 2. (Sendung) to broadcast 3. (Blut) to transfuse 4. (anwenden) to apply ◆ sich übertragen ref 1. (Stimmung) to be infectious 2. (Krankheit) to be passed on

Übertragung [y:bɐ'tra:gʊŋ] (pl **-en**) die 1. (von Sendung) broadcast 2. (von Krankheit) passing on 3. (von Blut) transfusion

übertreffen [y:bɐ'trɛfn̩] (präs übertrifft, prät übertraf, pp übertroffen) vt (besser sein) to surpass

übertreiben [y:bɐ'traibn̩] (präs übertreibt, pp übertrieben) ◇ vt 1. (bei Darstellung) to exaggerate 2. (Handlung) to overdo ◇ vi (darstellen) to exaggerate

übertreten ['y:bɐtre:tn̩] (präs übertritt, prät übertrat, pp inv) vt (Gesetz) to break

übertrieben [y:bɐ'tri:bn̩] ◇ pp ➤ übertreiben ◇ adj 1. (Darstellung) exaggerated 2. (Vorsicht, Eifer) excessive

überwachen [y:bɐ'vaxn̩] vt to monitor

überweisen [y:bɐ'vaizn̩] (prät überwies, pp überwiesen) vt 1. (Geld) to transfer 2. (Patienten) to refer ● jn ins Krankenhaus überweisen to have sb admitted to hospital

Überweisung [y:bɐ'vaizʊŋ] (pl **-en**) die 1. (von Geld) transfer 2. (von Patienten) referral

Überweisungsauftrag [y:bɐ'vaizʊŋs-] lauftra:k] (pl **-träge**) der money transfer order

überwinden [y:bɐ'vɪndn̩] (prät überwand, pp überwunden) vt 1. (Angst, Ekel) to overcome 2. (Hindernis) to get over ● sich überwinden ref to force o.s.

Überzelt ['y:bɐtsɛlt] (pl **-e**) das flysheet

überzeugen [y:bɐ'tsɔygn̩] vt to convince ● sich überzeugen ref to convince o.s.

überzeugt [y:bɐ'tsɔykt] adj convinced ● überzeugt sein von to be convinced of

Überzeugung [y:bɐ'tsɔygʊŋ] (pl **-en**) die conviction

überziehen¹ [y:bɐ'tsi:ən] (prät überzog, pp überzogen) vt (Konto) to overdraw ● die Betten frisch überziehen to put clean sheets on the beds

überziehen² [y:bɐ'tsi:ən] vt (unreg) (Jacke, Pullover) to pull on

Überziehungskredit [y:bɐ'tsi:ʊŋskredi:t] (pl **-e**) der overdraft facility

üblich ['y:plɪç] adj usual

übrig ['y:prɪç] adj remaining ● übrig sein to be left over

übrig bleiben ['y:prɪç'blaibn̩] vi (unreg) (ist) to be left over

übrigens ['y:brɪgəns] adv by the way

Übung ['y:bʊŋ] (pl **-en**) die exercise

Ufer ['o:fɐ] (pl inv) das 1. (von Fluss) bank 2. (von See) shore ● am Ufer (von Fluss) on the bank; (von See) on the shore

Uferstraße ['o:fɐʃtra:sə] (pl **-n**) die road which runs alongside a lake or river

Uhr [u:ɐ̯] (pl **-en**) die 1. (am Arm) watch 2. (an der Wand) clock 3. (Zeit) ● es ist 3 Uhr it's 3 o'clock ● um 3 Uhr at 3

o'clock • **um wie viel Uhr?** what time? • **wie viel Uhr ist es?** what time is it?

Uhrzeit ['uːɐtsait] (*pl* **-en**) *die* time

UKW [uːkaːˈveː] *die* FM

Ultraschall ['ʊltraʃal] *der* ultrasound

um [ʊm]

◇ *präp* (+A) **1.** (*räumlich*) around • **um etw herum** around sthg **2.** (*Angabe der Uhrzeit*) at • **um drei Uhr** at three o'clock **3.** (*Angabe von Ansteigen, Sinken*) by • **die Preise steigen um 15%** prices are rising by 15% **4.** (*Angabe von Grund*) for • **um etw kämpfen** to fight for sthg • **um ein Spielzeug streiten** to quarrel over a toy **5.** (*ungefähr*) around • **es kostet um die 30 Euro** it costs around 30 euros • **so um Ostern herum** some time around Easter = **um sein**

◇ *konj* • **um zu** (in order) to

umadressieren ['ʊmʔadrɛsiːrən] *vt* to readdress

umarmen [ʊmˈʔarmən] *vt* to hug

Umbau ['ʊmbau] (*pl* **-ten**) *der* renovation

umbauen ['ʊmbauən] *vt* to renovate

umbinden ['ʊmbɪndn̩] *vt* (*unreg*) to tie • **sich** (*D*) **eine Schürze umbinden** to put on an apron

umblättern ['ʊmblɛtɐn] *vt* to turn over

umbringen ['ʊmbrɪŋən] *vt* (*unreg*) to kill

umbuchen ['ʊmbuːxn̩] *vt* • **eine Reise umbuchen** to change one's booking for a trip

umdrehen ['ʊmdreːən] ◇ *vt* (*hat*) (*Schlüssel, Pfannkuchen*) to turn ◇ *vi* (*hat*) (*ist*) (*wenden, umkehren*) to turn back • **sich umdrehen** *ref* (*Person*) to turn round

umfahren¹ ['ʊmfaːrən] *vt* (*unreg*) (*fam*) (*überfahren*) to knock down

umfahren² ['ʊmfaːrən] (*präs* **umfährt**, *prät* **umfuhr**, *pp inv*) *vt* (*ausweichen*) to avoid

umfallen ['ʊmfalən] *vi* (*unreg*) (*ist*) (*umkippen*) to fall down

Umfang ['ʊmfaŋ] (*pl* **-fänge**) *der* (*von Bauch, Tonne*) circumference

Umfrage ['ʊmfraːɡə] (*pl* **-n**) *die* survey

umfüllen ['ʊmfʏlən] *vt* to transfer

Umgangssprache ['ʊmɡaŋsʃpraːxə] *die* slang

Umgebung [ʊmˈɡeːbʊŋ] (*pl* **-en**) *die* **1.** (*Gebiet*) surroundings *pl* **2.** (*Umfeld*) environment

umgehen¹ ['ʊmɡeːən] *vi* (*unreg*) (*ist*) **1.** (*Erkältung*) to go around **2.** (*mit Person, Sache*) • **umgehen mit** (+D) to handle

umgehen² [ʊmˈɡeːən] (*prät* **umging**, *pp* **umgangen**) *vt* (*Problem*) to avoid

Umgehungsstraße [ʊmˈɡeːʊŋsʃtraːsə] *die* bypass

umgekehrt ['ʊmɡəkeːɐt] ◇ *adj* opposite ◇ *adv* the other way round • **in umgekehrter Richtung** in the opposite direction

Umhang ['ʊmhaŋ] (*pl* **-hänge**) *der* cloak

umher [ʊmˈheːɐ] *adv* around

umkehren ['ʊmkeːrən] *vi* (*ist*) (*zurückgehen, zurückfahren*) to turn back

umkippen ['ʊmkɪpn̩] ◇ *vi* (*ist*) (*Person, Vase*) to fall over ◇ *vt* (*Lampe, Vase*) to knock over

Umkleidekabine ['ʊmklaidəkabiːnə] (*pl* **-n**) *die* changing room

Umkleideraum ['ʊmklaidəraum] (*pl* **-räume**) *der* changing room

Umkreis ['ʊmkrais] *der* (*Gebiet*) surrounding area ● **im Umkreis von 50 km** within a 50 km radius

Umlaut [ˈʊmlaʊt] (*pl* **-e**) *der* umlaut

um|leiten [ˈʊmlaɪtn̩] *vt* to divert

Umleitung [ˈʊmlaɪtʊŋ] (*pl* **-en**) *die* diversion

umrandet [ʊmˈrandət] *adj* ● **rot umrandet** circled in red

um|rechnen [ˈʊmrɛçnən] *vt* to convert

Umrechnungskurs [ˈʊmrɛçnʊŋskʊrs] (*pl* **-e**) *der* conversion table

um|rühren [ˈʊmryːrən] *vt & vi* to stir

ums [ʊms] *präp* = **um** + **das**

Umsatz [ˈʊmzats] (*pl* **-sätze**) *der* turnover

um|schalten [ˈʊmʃaltn̩] ◇ *vt* (*Programm, Fernseher*) to turn over ◇ *vi* (*auf Programm*) to turn over

Umschlag [ˈʊmʃlaːk] (*pl* **-schläge**) *der* **1.** (*für Briefe*) envelope **2.** (*von Buch*) dust jacket **3.** *MED* compress

um|schlagen [ˈʊmʃlaːgn̩] ◇ *vi* (*unreg*) (*ist*) (*Wetter, Laune*) to change ◇ *vt* (*unreg*) (*hat*) (*umdrehen*) to turn over

um|sehen [ˈʊmzeːən] ◆ **sich umsehen** *ref* (*unreg*) to look round ● **sich umsehen nach** (*suchen*) to look around for

um sein [ˈʊmzaɪn] *vi* (*unreg*) (*ist*) (*fam*) to be over ● **die zehn Minuten sind um** the ten minutes are up

umso [ˈʊmzoː] *konj* ● **je schneller, umso besser** the quicker the better ● **umso besser** (*fam*) (*als Antwort*) so much the better

umsonst [ʊmˈzɔnst] ◇ *adv* **1.** (*erfolglos*) in vain **2.** (*gratis*) for free ◇ *adj* ● **umsonst sein** (*erfolglos*) to be in vain; (*gratis*) to be free

Umsonst und Draußen

This is the name given to open-air summer music festivals in Germany. They differ from festivals like Glastonbury or T in the Park in the UK in that entry is free and they feature mostly new or up-and-coming bands. Several cities have such festivals, but although they all bear the *Umsonst und Draußen* name, they are organized independently.

umständlich [ˈʊmʃtɛntlɪç] *adj* **1.** (*Methode*) laborious **2.** (*Person*) awkward

Umstandsmoden [ˈʊmʃtantsmoːdn̩] *pl* maternity wear

Umsteigebahnhof [ˈʊmʃtaɪɡəbaːnhoːf] (*pl* **-höfe**) *der* station where passengers may change to a different line

um|steigen [ˈʊmʃtaɪɡn̩] *vi* (*unreg*) (*ist*) **1.** (*beim Reisen*) to change **2.** (*wechseln*) to switch ● **in Köln umsteigen** to change in Cologne

Umstellung [ˈʊmʃtɛlʊŋ] (*pl* **-en**) *die* **1.** (*Anpassung*) adjustment **2.** (*Änderung*) switch

Umtausch [ˈʊmtaʊʃ] *der* exchange ▼ **vom Umtausch ausgeschlossen** no refunds or exchanges

um|tauschen [ˈʊmtaʊʃn̩] *vt* **1.** (*Ware*) to exchange **2.** (*Geld*) to change ● **Euro in Pfund umtauschen** to change euros into pounds

Umverpackung [ˈʊmfɛɐpakʊŋ] (*pl* **-en**) *die* repackaging

Umweg [ˈʊmveːk] (*pl* **-e**) *der* detour

Umwelt [ˈʊmvɛlt] *die* environment

Umweltbewusstsein [ˈʊmvɛltbəvʊstzain] *das* environmental awareness

Umweltbewusstsein

The environment has been a major issue in Germany for many years, and the Green party formed part of the governing coalition between 1998 and 2005. Germany was among the first to introduce ideas that have now become widespread elsewhere, such as wind farms, large-scale recycling schemes and the separation of household waste.

umweltfreundlich ['ʊmvɛltfrɔʏntlɪç] *adj* environmentally friendly

Umweltpapier ['ʊmvɛltpapiːɐ] *das* recycled paper

umweltschädlich ['ʊmvɛltʃɛːtlɪç] *adj* damaging to the environment

Umweltschutz ['ʊmvɛltʃʊts] *der* environmental protection

Umweltverschmutzung ['ʊmvɛltfɛɐʃmʊtsʊŋ] *die* pollution

um|**werfen** ['ʊmvɛrfn] *vt (unreg) (umstürzen)* to knock over ● **sich** *(D)* **einen Mantel umwerfen** to put a coat around one's shoulders

um|**ziehen** ['ʊmtsiːən] *vi (unreg) (ist)* to move ⋄ *vt (unreg) (hat)* to change ● **sich umziehen** *ref* to get changed

Umzug ['ʊmtsuːk] *(pl* **-züge)** *der* **1.** *(Wohnungswechsel)* move **2.** *(Parade)* parade

unabhängig ['ʊnaphɛŋɪç] ⋄ *adj* independent ⋄ *adv* independently

Unabhängigkeit ['ʊnaphɛŋɪçkaɪt] *die* independence

unabsichtlich ['ʊnapzɪçtlɪç] ⋄ *adj* unintentional ⋄ *adv* unintentionally

unangenehm ['ʊnaŋəneːm] ⋄ *adj* **1.** *(Geschmack, Person)* unpleasant **2.** *(peinlich)* embarrassing ⋄ *adv* ● **ich war unangenehm berührt** I was embarrassed

unauffällig ['ʊnaʊfɛlɪç] *adj* inconspicuous

unbeabsichtigt ['ʊnbəlapzɪçtɪçt] *adj* unintentional

unbedingt ['ʊnbədɪŋt] *adv (auf jeden Fall)* really ● **du musst unbedingt mitkommen!** you really must come!

unbefriedigend ['ʊnbəfriːdɪgənt] ⋄ *adj (schlecht)* unsatisfactory ⋄ *adv (schlecht)* unsatisfactorily

unbefristet ['ʊnbəfrɪstət] *adj* for an unlimited period

unbefugt ['ʊnbəfuːkt] *adj* unauthorized

Unbefugte ['ʊnbəfuːktə] *(pl* **-n)** *der, die* unauthorized person ▼ **für Unbefugte Zutritt verboten!** authorized personnel only

unbegrenzt ['ʊnbəgrɛntst] *adj* unlimited

unbekannt ['ʊnbəkant] *adj* unknown

unbeliebt ['ʊnbəliːpt] *adj* unpopular

unbemerkt ['ʊnbəmɛrkt] *adv* unnoticed

unbenutzt ['ʊnbənʊtst] *adj* unused

unbequem ['ʊnbəkveːm] ⋄ *adj (Stuhl, Kleidung)* uncomfortable ⋄ *adv (sitzen, fahren)* uncomfortably

unberechtigt ['ʊnbərɛçtɪçt] ⋄ *adj* unjustified ⋄ *adv* without authorization ● **unberechtigt parkende Fahrzeuge** illegally parked vehicles

unbeständig ['ʊnbəʃtɛndɪç] *adj (Wetter)* changeable

unbeteiligt ['ʊnbətaɪlɪçt] *adj* **1.** *(nicht*

interessiert) uninterested **2.** *(nicht verwickelt)* uninvolved

unbewacht ['ʊnbəvaxt] *adj* unattended

unbewusst ['ʊnbəvʊst] ◇ *adj* unconscious ● *adv* unconsciously

unbrauchbar ['ʊnbrauxbaːɐ̯] *adj* useless

und [ʊnt]
◇ *konj* **1.** *(gen)* and ● drei und drei ist sechs three and three makes six ● und so *(fam)* and so on ● und so weiter and so on ● und wie! *(fam)* not half! **2.** *(Ausdruck eines Widerspruchs)* ● und wenn even if **3.** *(ironisch)* ● ich und Motorrad fahren?! nie! me ride a motor bike?! Never!
◇ *interj (fam)* ● na und! so what?

undankbar ['ʊndaŋkbaːɐ̯] *adj* *(Person)* ungrateful

undeutlich ['ʊndɔytlɪç] *adj* unclear

undicht ['ʊndɪçt] *adj* leaky

undurchlässig ['ʊndʊrçlɛsɪç] *adj* impermeable

uneben ['ʊneːbn] *adj* uneven ▼ **unebene Fahrbahn** uneven road surface

unecht ['ʊnɛçt] *adj* *(Schmuck, Stein)* fake

unendlich [ʊn'ʔɛntlɪç] *adj* endless

unentbehrlich ['ʊnɛntbeːɐ̯lɪç] *adj* indispensable

unentgeltlich ['ʊnɛntgɛltlɪç] *adj* free

unentschieden ['ʊnɛntʃiːdn] *adj* *(Ergebnis)* undecided ● **das Spiel endete unentschieden** the game was a draw

unerlässlich [ʊnɛɐ̯'lɛslɪç] *adj* essential

unerlaubt ['ʊnɛɐ̯laupt] *adj* unauthorized

unerträglich ['ʊnɛɐ̯trɛːklɪç] *adj* unbearable

unerwartet ['ʊnɛɐ̯vartət] *adj* unexpected

unerwünscht ['ʊnɛɐ̯vynʃt] *adj* unwelcome

unfähig ['ʊnfɛːɪç] *adj* incapable ● **unfähig sein, etw zu tun** to be incapable of doing sthg

unfair ['ʊnfɛːɐ̯] *adj* unfair

Unfall ['ʊnfal] *(pl* -**fälle)** *der* accident ● **einen Unfall haben/verursachen** to have/cause an accident

Unfallflucht ['ʊnfalfluxt] *die* failure to stop after an accident

Unfallhergang ['ʊnfalheːɐ̯gaŋ] *der* ● **den Unfallhergang beschreiben** to give details of the accident

Unfallschaden ['ʊnfalʃaːdn] *der* damage

Unfallstation ['ʊnfalʃtatsi̯oːn] *(pl* -**en)** *die* casualty *(UK)*, emergency ward *(US)*

Unfallstelle ['ʊnfalʃtɛlə] *(pl* -**n)** *die* scene of the accident

Unfallversicherung ['ʊnfalfɛɐ̯zɪçərʊŋ] *(pl* -**en)** *die* accident insurance

unfreundlich ['ʊnfrɔyntlɪç] ◇ *adj* *(Person, Verhalten)* unfriendly ◇ *adv (sich verhalten)* coldly ● **unfreundlich sein zu** to be unfriendly to

Unfug ['ʊnfuːk] *der* nonsense

Ungarn ['ʊŋgarn] *nt* Hungary

ungeduldig ['ʊngədʊldɪç] *adj* impatient

ungeeignet ['ʊngəʔaiknət] *adj* unsuitable

ungefähr [ʊngə'fɛːɐ̯] ◇ *adv* about, approximately ◇ *adj* rough

ungefährlich ['ʊngəfɛːɐ̯lɪç] *adj* safe

ungehorsam ['ʊngəhoːɐ̯zaːm] *adj* disobedient

ungemütlich ['ʊngəmyːtlɪç] *adj* *(Raum, Kleidung)* uncomfortable

ungenau ['ʊngənau] ◇ *adj* inaccurate ◇ *adv* inaccurately

ungenießbar ['ʊngəniːsbaːɐ̯] *adj* **1.** ine-

dible 2. (fam) (Person) unbearable
ungenügend ['ɔngənʏgənt] ◇ adj **1.**
(schlecht) insufficient **2.** (Schulnote) unsatisfactory ◇ adv (schlecht) badly
ungerecht ['ɔngərɛçt] adj unjust
ungern ['ɔngɐn] adv reluctantly
ungeschickt ['ɔngəʃɪkt] adj **1.** (Mensch, Bewegung) clumsy **2.** (Verhalten, Reaktion) undiplomatic
ungesund ['ɔngəzɔnt] ◇ adj unhealthy ◇ adv ● **sie leben sehr ungesund** they lead a very unhealthy life
ungewiss ['ɔngəvɪs] adj uncertain
ungewöhnlich ['ɔngəvøːnlɪç] adj unusual
ungewohnt ['ɔngəvoːnt] adj unfamiliar
Ungeziefer ['ɔngətsiːfɐ] das pests pl
unglaublich [ɔnglaʊplɪç] ◇ adj unbelievable ◇ adv unbelievably
Unglück ['ɔnglʏk] (pl -e) das **1.** (Unfall) accident **2.** (Leid) unhappiness **3.** (Pech) bad luck
unglücklich ['ɔnglʏklɪç] adj **1.** (Person) unhappy **2.** (unklug) unfortunate
ungültig ['ɔngʏltɪç] adj invalid
unheimlich ['ɔnhaɪmlɪç] ◇ adj **1.** (gruselig) sinister **2.** (fam) (riesig) incredible ◇ adv (fam) (sehr) incredibly
unhöflich ['ɔnhøːflɪç] adj impolite
Uni ['oni] (pl -s) die (fam) uni
Uniform ['oniform] (pl -en) die uniform
Universität [univɛrziˈtɛːt] (pl -en) die university
Universitätsstadt [univɛrziˈtɛːtsʃtat] (pl -städte) die university town

Universitätsstadt

Some of Germany's most famous university towns include Heidelberg. Marburg, Göttingen and Freiburg

whose universities were founded in the Middle Ages and continue to attract large numbers of students. They enjoy a status similar to that of the UK's Oxbridge universities and the US' Ivy League.

Unkosten ['ɔnkɔstn̩] pl expenses
Unkostenbeitrag ['ɔnkɔstn̩baitraːk] (pl -beiträge) der contribution towards expenses
Unkraut ['ɔnkraut] das weed
unlogisch ['ɔnloːgɪʃ] adj illogical
Unmenge ['ɔnmɛŋə] (pl -n) die (fam) masses pl ● **eine Unmenge Leute** masses of people
unmittelbar ['ɔnmɪtl̩baːɐ] ◇ adj immediate ◇ adv immediately ● **in unmittelbarer Nähe** in the immediate vicinity
unmöbliert ['ɔnmøːbliːɐt] adj unfurnished
unmöglich ['ɔnmøːklɪç] ◇ adj impossible ◇ adv ● **ich kann unmöglich um 3 Uhr kommen** I can't possibly come at 3 o'clock ● **jm unmöglich sein** (nicht möglich) to be impossible for sb
unnötig ['ɔnnøːtɪç] adj unnecessary
unnütz ['ɔnnʏts] adj useless
UNO ['uːno] die ● **die UNO** the UN
Unordnung ['ɔnʔɔrtnʊŋ] die chaos
unpassierbar ['ɔnpasiːɐbaːɐ] adj impassable
unpersönlich ['ɔnpɛrzøːnlɪç] adj impersonal
unpraktisch ['ɔnpraktɪʃ] adj **1.** (Kleidung, Möbel) impractical **2.** (Person) unpractical
unpünktlich ['ɔnpʏŋktlɪç] adj unpunc-

tual ● **unpünktlich sein** to be late

Unrecht ['ʊnrɛçt] *das* wrong ● **im Unrecht sein** to be wrong

unregelmäßig ['ʊnreɡlmɛːsɪç] *adj* irregular ◇ *adv* irregularly

unreif ['ʊnraif] *adj* (Obst) unripe

Unruhe ['ʊnruːə] (*pl* -n) *die* 1. (Gefühl) unease 2. (Bewegung) noise ●**Unruhen** *pl* riots

unruhig ['ʊnruːɪç] *adj* (besorgt) restless

uns [ʊns] *pron* 1. (Personalpronomen) us 2. (Reflexivpronomen) ourselves

unschädlich ['ʊnʃɛːtlɪç] *adj* harmless

unscharf ['ʊnʃarf] *adj* (Aufnahme) blurred

unschuldig ['ʊnʃʊldɪç] *adj* innocent

unselbstständig ['ʊnzɛlpstʃɛndɪç] *adj* dependent

unser, e ODER **unsre** ['ʊnzɐ] *det* our

unsere, r, s ['ʊnzərə] ◇ *pron* ours ◇ *det* > **unser**

unsicher ['ʊnzɪçɐ] *adj* 1. (Person) insecure 2. (Zukunft) uncertain 3. (Gegend, Weg) unsafe ● **da bin ich mir unsicher** I'm not sure about that

Unsinn ['ʊnzɪn] *der* nonsense

Unsumme ['ʊnzʊmə] (*pl* -n) *die* enormous amount of money

unsympathisch ['ʊnzʏmpaːtɪʃ] *adj* (Mensch) unpleasant

unten ['ʊntn̩] *adv* 1. at the bottom 2. (südlich) down 3. (in Haus) downstairs ● **nach unten** down ● **von unten** from below ● **siehe unten** see below ● **die sind bei uns unten durch** (fam) we're finished with them

unter ['ʊntɐ]
◇ *präp* (+D) 1. (räumlich) under ● **unter dem Tisch liegen** to lie under the table 2.

(weniger als) under ● **unter Null** below zero ● **Kinder unter 12 Jahren** children under the age of 12 3. (zwischen Dingen, Personen) among ● **unter anderem** among other things 4. (Angabe von Umständen) under ● **unter Stress arbeiten** to work under stress 5. (Angabe von Hierarchie) under ● **unter der Leitung von ...** under the supervision of ...
◇ *präp* (+A) 1. (räumlich) under ● **unter den Tisch kriechen** to crawl under the table 2. (weniger als) below 3. (zwischen) ● **etw unter etw mischen** to mix sthg into sthg 4. (Angabe von Hierarchie) under ◇ *adj* 1. (räumlich) lower; (Etage) bottom 2. (in Rangfolge) lower

unterbelichtet *adj* (Foto, Film) underexposed

Unterbewusstsein ['ʊntɐbəvʊstzain] *das* subconscious

unterbrechen ['ʊntɐbrɛçn̩] (*präs* **unterbricht**, *prät* **unterbrach**, *pp* **unterbrochen**) *vt & vi* to interrupt

Unterbrecherkontakt ['ʊntɐbrɛçɐkɔntakt] (*pl* -e) *der* contact breaker

Unterbrechung ['ʊntɐbrɛçʊŋ] (*pl* -en) *die* interruption

unter|**bringen** ['ʊntɐbrɪŋən] *vt* (unreg) 1. (Gäste) to put up 2. (Gegenstand) to put

Unterbringung ['ʊntɐbrɪŋʊŋ] *die* accommodation

unterdessen [ʊntɐdɛsn̩] *adv* (geh) meanwhile

unterdrücken [ʊntɐdrʏkn̩] *vt* (Person, Volk, Widerstand) to suppress

untereinander ['ʊntɐlainandɐ] *adv* 1. (unter sich) among ourselves/themselves 2. (unter das andere) one under the other

Unterführung [ʊntɐfyːrʊŋ] (*pl* -en) *die*

subway (UK), underpass (US)

Untergang ['ʊntɐgaŋ] (pl **-gänge**) der 1. (von Schiff) sinking 2. (von Volk, Kultur) decline 3. (von Sonne, Mond) setting

untergehen ['ʊntɐɡeːən] vi (unreg) (ist) 1. (Sonne, Mond) to go down 2. (Schiff, Person) to sink 3. (Volk, Kultur) to decline

Untergeschoss ['ʊntɐɡəʃɔs] (pl **-e**) das basement

Untergewicht ['ʊntɐɡəvɪçt] das • Untergewicht haben to be underweight

Untergrund ['ʊntɐɡrʊnt] der (Boden) subsoil

Untergrundbahn ['ʊntɐɡrʊntbaːn] (pl **-en**) die underground (UK), subway (US)

unterhalb ['ʊntɐhalp] adv & präp (+G) below

unterhalten [ʊntɐ'haltn̩] (präs unterhält, prät unterhielt, pp inv) vt 1. (amüsieren) to entertain 2. (Familie) to support • sich unterhalten ref 1. (reden) to talk 2. (sich amüsieren) to have fun • sich unterhalten mit (sprechen) to talk with

Unterhaltung [ʊntɐ'haltʊŋ] (pl **-en**) die 1. (Gespräch) conversation 2. (Amüsement) entertainment

Unterhemd ['ʊntɐhɛmt] (pl **-en**) das vest

Unterhose ['ʊntɐhoːzə] (pl **-n**) die underpants pl

Unterkunft ['ʊntɐkʊnft] (pl **-künfte**) die accommodation

unterlassen [ʊntɐ'lasn̩] (präs unterlässt, prät unterließ, pp inv) vt to refrain from

Unterleib ['ʊntɐlaip] (pl **-e**) der abdomen

unternehmen [ʊntɐ'neːmən] (präs unternimmt, prät unternahm, pp unternommen) vt (Ausflug, Reise) to make • etwas/nichts unternehmen to do something/nothing

Unternehmer, in [ʊntɐ'neːmɐ] (mpl inv) der, die entrepreneur

unternehmungslustig [ʊntɐ'neː-mʊŋslʊstɪç] adj enterprising

Unterricht ['ʊntɐrɪçt] der lessons pl • jm Unterricht geben to teach sb

unterrichten [ʊntɐ'rɪçtn̩] vt 1. (Schüler, Schulfach) to teach 2. (mitteilen) to inform

Unterrock ['ʊntɐrɔk] (pl **-röcke**) der slip

untersagt [ʊntɐ'zakt] adj prohibited

unterscheiden [ʊntɐ'ʃaidn̩] (präs unterschied, pp unterschieden) ◇ vt to distinguish ◇ vi • unterscheiden zwischen to differentiate between • etw unterscheiden von to distinguish sthg from • sich unterscheiden ref to be different

Unterschied ['ʊntɐʃiːt] (pl **-e**) der difference

unterschiedlich ['ʊntɐʃiːtlɪç] adj different

unterschreiben [ʊntɐ'ʃraibn̩] (prät unterschrieb, pp unterschrieben) vt & vi to sign • hier unterschreiben sign here

Unterschrift ['ʊntɐʃrɪft] (pl **-en**) die signature • Datum und Unterschrift date and signature

Unterseeboot ['ʊntɐzeːboːt] (pl **-e**) das submarine

Untersetzer ['ʊntɐzɛtsɐ] (pl inv) der coaster

unter|stellen[1] ['ʊntɐʃtɛlən] vt to store • sich unterstellen ref to shelter

unterstellen² [ˈʊntɐʃtɛlən] vt (Boshaftigkeit, Gemeinheit) to imply

unterstreichen [ʊntɐˈʃtraiçn] (prät **unterstrich**, pp **unterstrichen**) vt (mit Strich) to underline

unterstützen [ʊntɐˈʃtʏtsn] vt to support

Unterstützung [ʊntɐˈʃtʏtsʊŋ] die support

untersuchen [ʊntɐˈzuːxn] vt 1. to examine 2. (absuchen) to investigate

Untersuchung [ʊntɐˈzuːxʊŋ] (pl **-en**) die 1. examination 2. (von Justiz, Polizei) investigation

Untertasse [ˈʊntɐtasə] (pl **-n**) die saucer

Unterteil [ˈʊntɐtail] (pl **-e**) das bottom half

Untertitel [ˈʊntɐtiːtl] (pl inv) der subtitle

Unterwäsche [ˈʊntɐvɛʃə] die underwear

unterwegs [ʊntɐˈveːks] ◇ adv on the way ◇ adj ● unterwegs sein to be on the way ● nach ... unterwegs sein to be on the way to ...

unterzeichnen [ʊntɐˈtsaiçnən] vt to sign

unüberlegt [ˈʊnlyːbɐleːkt] ◇ adj rash ◇ adv rashly

ununterbrochen [ˈʊnʊntɐbrɔxn] ◇ adj uninterrupted ◇ adv nonstop

unverbindlich [ˈʊnfɛɐbɪntlɪç] adj (ohne Verpflichtung) not binding

unverbleit [ˈʊnfɛɐblait] adj lead-free

unverheiratet [ˈʊnfɛɐhaiʀaːtət] adj unmarried

unverkäuflich [ˈʊnfɛɐkɔyflɪç] adj not for sale

unvermeidlich [ˈʊnfɛɐˈmaitlɪç] adj unavoidable

unvernünftig [ˈʊnfɛɐnʏnftɪç] adj irresponsible

unverschämt [ˈʊnfɛɐʃɛːmt] adj (taktlos) impertinent

unverständlich [ˈʊnfɛɐʃtɛntlɪç] adj incomprehensible

unverträglich [ˈʊnfɛɐtrɛːklɪç] adj (Nahrung) indigestible

unvollständig [ˈʊnfɔlʃtɛndɪç] adj incomplete

unvorsichtig [ˈʊnfoːɐzɪçtɪç] adj careless

unwahrscheinlich [ˈʊnvaːɐʃainlɪç] adj 1. (Geschichte) improbable 2. (fam) (Glück) incredible

Unwetter [ˈʊnvɛtɐ] (pl inv) das storm

unwichtig [ˈʊnvɪçtɪç] adj unimportant

unwiderstehlich [ʊnviːdɐʃteːlɪç] adj irresistible

unwohl [ˈʊnvoːl] adj unwell ● sich unwohl fühlen (körperlich) to feel unwell; (psychisch) to feel uneasy

Unwort [ˈʊnvɔrt] das unpopular word

Unwort

Since 1991, a jury of linguists and other guardians of the German language has selected a word as "least popular word of the year". Words considered to be inappropriate, unpleasant or degrading to human beings are proposed by the public and the "winner" is widely publicized in the media. For example, the word chosen in 2004 was *Humankapital* (human capital).

unzerbrechlich [ʊntsɛɐˈbrɛçlɪç] adj unbreakable

unzufrieden [ˈʊntsufriːdn] adj dissatisfied ● unzufrieden mit dissatisfied with

unzugänglich [ˈʊntsuːɡɛŋlɪç] adv ▼ für Kinder unzugänglich aufbewahren keep

Ve

out of reach of children

unzulässig ['ʊntsuːlɛsɪç] *adj (nicht erlaubt)* forbidden

üppig ['ʏpɪç] *adj* **1.** *(Essen)* sumptuous **2.** *(Person)* curvaceous

uralt ['uːɐlalt] *adj* ancient

Uraufführung ['uːɐlauffyːrʊŋ] *(pl -en) die* premiere

Urenkel, in ['uːɐlɛŋkl] *(mpl inv) der, die* great-grandchild

Urgroßeltern ['uːɐgroːsɛltɐn] *pl* great-grandparents

Urin [u'riːn] *der* urine

Urkunde ['uːɐkʊndɛ] *(pl -n) die* certificate

Urlaub ['uːɐlaup] *(pl -e) der* holiday *(UK)*, vacation *(US)* ● im Urlaub sein to be on holiday *(UK)*, to be on vacation *(US)* ● in Urlaub fahren to go on holiday *(UK)*, to go on vacation *(US)* ● Urlaub machen to have a holiday *(UK)*, to vacation *(US)*

Urlauber, in ['uːɐlaubɐ] *(mpl inv) der, die* holidaymaker *(UK)*, vacationer *(US)*

Urlaubsanschrift ['uːɐlaupsanʃrɪft] *(pl -en) die* holiday address

Urlaubsort ['uːɐlaupslɔrt] *(pl -e) der* holiday resort

Urlaubszeit ['uːɐlaupstsait] *(pl -en) die* holiday season *(UK)*, vacation season *(US)*

Ursache ['uːɐzaxə] *(pl -n) die* cause ● keine Ursache! don't mention it!

Ursprung ['uːɐʃprʊŋ] *(pl -sprünge) der* origin

ursprünglich ['uːɐʃprʏŋlɪç] *adj (Idee, Meinung)* original

Ursprungsland ['uːɐʃprʊŋsland] *(pl -länder) das* country of origin

Urteil ['uːɐtail] *(pl -e) das* **1.** *(vor Gericht)* verdict **2.** *(Bewertung)* judgement

Urwald ['uːɐvalt] *(pl -wälder) der* jungle

usw. [ʊntsoːvaitɐ] *(abk für und so weiter)* etc

Utensilien [utɛn'ziːliən] *pl* utensils

Utopie [uto'piː] *(pl -n) die* utopia

VV

vage [va:gə] *adj* vague

Vagina [va'giːna] *(pl -g) die* vagina

vakuumverpackt [vakuʊmfɛɐpakt] *adj* vacuum-packed

Vanille [va'nɪljə] *die* vanilla

Vanilleeis [vanɪləlais] *das* vanilla ice-cream

Vanillezucker [vanɪlətsʊkɐ] *der* vanilla sugar

Varietee, Varieté [varje'teː] *(pl -s) das* variety show

variieren [vari'iːrən] *vt & vi* to vary

Vase ['vaːzə] *(pl -n) die* vase

Vaseline [vaze'liːna] *die* Vaseline ®

Vater ['faːtɐ] *(pl Väter) der* father

Vatertag ['faːtɐta:k] *(pl -e) der* Father's Day

V-Ausschnitt ['fau-ausʃnɪt] *(pl -e) der* V-neck

v. Chr. *(abk für vor Christus)* BC

Vegetarier, in [vege'taːriɐ] *(mpl inv) der, die* vegetarian

vegetarisch [vege'taːrɪʃ] *adj* vegetarian

Vene ['veːnə] *(pl -n) die* vein

Ventil [vɛn'tiːl] *(pl -e) das* TECH valve

Ventilator [vɛnti'la:to:ɐ̯] (*pl* **-toren**) *der* fan

verabreden [fɛɐ̯'apre:dn̩] *vt* to arrange ● **sich verabreden** *ref* to arrange to meet ● **sich mit jm verabreden** to arrange to meet sb

verabredet [fɛɐ̯'apre:dət] *adj* ● **sie ist mit Karla verabredet** she has arranged to meet Karla ● **ich bin schon verabredet** I have something else on

Verabredung [fɛɐ̯'apre:dʊŋ] (*pl* **-en**) *die* 1. (*Treffen*) appointment 2. (*mit Freund*) date

verabscheuen [fɛɐ̯'apʃɔyən] *vt* to detest

verabschieden [fɛɐ̯'apʃi:dn̩] *vt* (*Gast*) to say goodbye to ◆ **sich verabschieden** *ref* to say goodbye

Veranda [ve'randa] (*pl* **-den**) *die* veranda

verändern [fɛɐ̯'ɛndɐn] *vt* to change ◆ **sich verändern** *ref* (*anders werden*) to change

Veränderung [fɛɐ̯'ɛndərʊŋ] (*pl* **-en**) *die* change

veranlassen [fɛɐ̯'anlasn̩] *vt* ● **jn veranlassen, etw zu tun** to cause sb to do sthg ● **etw veranlassen** to arrange for sthg

veranstalten [fɛɐ̯'anʃtaltn̩] *vt* (*organisieren*) to organize

Veranstalter, in [fɛɐ̯'anʃtaltɐ] (*mpl inv*) *der, die* organizer

Veranstaltung [fɛɐ̯'anʃtaltʊŋ] (*pl* **-en**) *die* 1. (*Ereignis*) event 2. (*Organisation*) organization

Veranstaltungskalender [fɛɐ̯'anʃtaltʊŋskalɛndɐ] (*pl inv*) *der* calendar of events

Veranstaltungsprogramm [fɛɐ̯'anʃtaltʊŋsprogram] (*pl* **-e**) *das* programme of events

verantwortlich [fɛɐ̯'antvɔrtlɪç] *adj* responsible

Verantwortung [fɛɐ̯'antvɔrtʊŋ] *die* responsibility

verarbeiten [fɛɐ̯'arbaitn̩] *vt* 1. (*Material*) to process 2. (*fig*) (*Ereignis*) to come to terms with

Verb [vɛrp] (*pl* **-en**) *das* verb ● **starkes/ schwaches Verb** strong/weak verb

Verband [fɛɐ̯'bant] (*pl* **-¨e**) *der* 1. (*Organisation*) association 2. (*für Wunde*) bandage ● **einen Verband anlegen** to apply a bandage

Verbandskasten [fɛɐ̯'bantskastn̩] (*pl* **-kästen**) *der* first-aid box

Verbandszeug [fɛɐ̯'bantstsɔyç] *das* first-aid kit

verbergen [fɛɐ̯'bɛrgn̩] (*präs* **verbirgt**, *prät* **verbarg**, *pp* **verborgen**) *vt* to hide ◆ **sich verbergen** *ref* to hide

verbessern [fɛɐ̯'bɛsɐn] *vt* 1. (*besser machen*) to improve 2. (*Fehler*) to correct ◆ **sich verbessern** *ref* 1. (*besser werden*) to improve 2. (*sich korrigieren*) to correct o.s.

Verbesserung [fɛɐ̯'bɛsərʊŋ] (*pl* **-en**) *die* 1. (*von Fehlern, Text*) correction 2. (*von Anlage, Angebot*) improvement

verbieten [fɛɐ̯'bi:tn̩] (*prät* **verbat**, *pp* **verboten**) *vt* to forbid

verbilligt [fɛɐ̯'bɪlɪçt] *adj* reduced

verbinden [fɛɐ̯'bɪndn̩] (*prät* **verband**, *pp* **verbunden**) ◇ *vt* 1. to connect 2. (*Wunde*) to bandage 3. (*am Telefon*) to put through ◇ *vi* (*am Telefon*) ● **einen Moment, ich verbinde** one moment please, I'll put you through ● **falsch verbunden!** wrong number!

Verbindung [fɛɐ̯'bɪndʊŋ] (*pl* **-en**) *die* 1.

connection **2.** *(chemisch)* compound ● sich in Verbindung setzen mit to contact

verbleit [fɛɐˈblait] *adj (Benzin)* leaded ● Super verbleit super leaded

verborgen [fɛɐˈbɔrgən] *pp* ➢ **verbergen**

Verbot [fɛɐˈboːt] *(pl* **-e)** *das* ban

verboten [fɛɐˈboːtn̩] ◇ *pp* ➢ **verbieten** ◇ *adj* forbidden ● streng verboten! strictly forbidden!

Verbotsschild [fɛɐˈboːtsʃɪlt] *(pl* **-er)** *das* sign indicating a restriction, eg no parking, no entry, etc

verbrannt [fɛɐˈbrant] ◇ *pp* ➢ **verbrennen** ◇ *adj* burnt

Verbrauch [fɛɐˈbraux] *der* consumption

verbrauchen [fɛɐˈbrauxn̩] *vt* to consume

Verbraucher, in [fɛɐˈbrauxɐ] *(mpl inv) der, die* consumer

Verbraucherberatung [fɛɐˈbrauxɐbəraːtʊŋ] *(pl* **-en)** *die (Institution)* consumer advice agency

Verbrechen [fɛɐˈbrɛçn̩] *(pl inv) das* crime

Verbrecher, in [fɛɐˈbrɛçɐ] *(mpl inv) der, die* criminal

verbrennen [fɛɐˈbrɛnən] *(prät* **verbrannte,** *pp* **verbrannt)** *vt* & *vi (hat) (ist)* to burn ● sich verbrennen *ref* ● er hat sich verbrannt he burned himself ● er hat sich *(D)* die Finger verbrannt he burnt his fingers

Verbrennung [fɛɐˈbrɛnʊŋ] *(pl* **-en)** *die* **1.** *(Verletzung)* burn **2.** *(Verbrennen)* burning

verbringen [fɛɐˈbrɪŋən] *(prät* **verbrachte,** *pp* **verbracht)** *vt* to spend

verbrühen [fɛɐˈbryːən] ● sich verbrühen *ref* to scald o.s.

Verdacht [fɛɐˈdaxt] *der* suspicion

verdammt [fɛɐˈdamt] *adj* & *adv (fam)* damn

verdarb [fɛɐˈdarp] *prät* ➢ **verderben**

verdaulich [fɛɐˈdauliç] *adj* ● leicht/schwer verdaulich easy/difficult to digest

Verdauung [fɛɐˈdauʊŋ] *die* digestion

Verdeck [fɛɐˈdɛk] *(pl* **-e)** *das* **1.** *(von Auto)* soft top **2.** *(von Kinderwagen)* hood

verderben [fɛɐˈdɛrbn̩] *(präs* **verdirbt,** *prät* **verdarb,** *pp* **verdorben)** ◇ *vt (hat)* to ruin ◇ *vi (ist) (Nahrung)* to go off

verderblich [fɛɐˈdɛrplɪç] *adj* perishable

verdienen [fɛɐˈdiːnən] *vt* to earn

Verdienst [fɛɐˈdiːnst] *(pl* **-e)** ◇ *der (Gehalt)* salary ◇ *das (Leistung)* achievement

verdirbt [fɛɐˈdɪrpt] *präs* ➢ **verderben**

verdoppeln [fɛɐˈdɔpln̩] *vt* to double ● sich verdoppeln *ref* to double

verdorben [fɛɐˈdɔrbn̩] ◇ *pp* ➢ **verderben** ◇ *adj (Lebensmittel)* off

verdünnen [fɛɐˈdʏnən] *vt* to dilute

verehren [fɛɐˈeːrən] *vt (anbeten)* to worship

Verehrer, in [fɛɐˈeːrɐ] *(mpl inv) der, die (Bewunderer)* admirer

Verein [fɛɐˈain] *(pl* **-e)** *der* association, society ● eingetragener Verein registered society ● wohltätiger Verein charity

Verein

Clubs are very popular in Germany and there are over 300,000 clubs and societies across the country. Some of the organizations that are less common in Britain include bowling clubs, rifle clubs, Trachtenvereine (for people participating in festivals where traditional costume is worn) and *Karnevalsvereine* (for participants in Karneval celebrations).

vereinbaren [fɛɐ̯'|ainbeːrən] *vt (Termin, Treffen)* to arrange

Vereinbarung [fɛɐ̯'|ainbaːrʊŋ] *(pl* **-en)** *die* arrangement

vereinen [fɛɐ̯'|ainən] *vt* to unite ◆ **sich vereinen** *ref* to unite

vereinheitlichen [fɛɐ̯'|ainhaitlɪçn] *vt* to standardize

Vereinigte Staaten [fɛɐ̯'|ainɪktəʃtaːtn̩] *pl* United States

Vereinigung [fɛɐ̯'|ainɪgʊŋ] *(pl* **-en)** *die* **1.** *(Gruppe)* organization **2.** *(Vorgang)* unification

Vereinte Nationen [fɛɐ̯'|aintənatsioːnən] *pl* United Nations

vereist [fɛɐ̯'|aist] *adj (Straße)* icy

Verf. *abk =* Verfasser

verfahren [fɛɐ̯'faːrən] *(präs* **verfährt**, *prät* **verfuhr**, *pp inv)* ◇ *vi (ist) (umgehen, handeln)* to proceed ◇ *vt (hat) (Benzin)* to use up ◆ **sich verfahren** *ref* to get lost

verfallen [fɛɐ̯'falən] *(präs* **verfällt**, *prät* **verfiel**, *pp inv)* *vi (ist)* **1.** *(Fahrkarte, Garantie)* to expire **2.** *(Gutschein)* to be no longer valid **3.** *(Haus)* to decay

Verfallsdatum [fɛɐ̯'falsdaːtʊm] *(pl* **-daten)** *das (von Lebensmittel)* sell-by date

verfärben [fɛɐ̯'fɛrbn̩] ◆ **sich verfärben** *ref* to change colour ● **der Himmer verfärbte sich rot** the sky turned red

Verfasser, in [fɛɐ̯'fasɐ] *(mpl inv) der, die* author

Verfassung [fɛɐ̯'fasʊŋ] *(pl* **-en)** *die* **1.** *(Gesetz)* constitution **2.** *(Zustand)* condition

verfaulen [fɛɐ̯'faulən] *vi (ist)* to rot

verfeinern [fɛɐ̯'fainɐn] *vt* to refine

Verfilmung [fɛɐ̯'filmʊŋ] *(pl* **-en)** *die* film version

verfolgen [fɛɐ̯'fɔlgn̩] *vt* **1.** *(jagen)* to pursue **2.** *(beobachten)* to follow **3.** *(unterdrücken)* to persecute

verfügen [fɛɐ̯'fyːgn̩] *vi* ● **verfügen über** *(+A) (besitzen)* to have; *(benutzen)* to make use of; *(bestimmen)* to be in charge of

Verfügung [fɛɐ̯'fyːgʊŋ] *(pl* **-en)** *die (Gebrauch, Bestimmung)* ● **etw zur Verfügung haben** to have sthg at one's disposal ● **zur Verfügung stehen** to be available

verführerisch [fɛɐ̯'fyːrərɪʃ] *adj* **1.** *(anziehend)* attractive **2.** *(erotisch)* seductive

vergangen [fɛɐ̯'gaŋən] *adj (letzte)* last ● **vergangene Woche** last week

Vergangenheit [fɛɐ̯'gaŋənhait] *die* **1.** past **2.** *GRAMM* past tense

Vergaser [fɛɐ̯'gaːzɐ] *(pl inv) der* carburettor

vergaß [fɛɐ̯'gaːs] *prät* ➤ vergessen

vergeben [fɛɐ̯'geːbn̩] *(präs* **vergibt**, *prät* **vergab**, *pp inv)* *vt* **1.** *(verzeihen)* to forgive **2.** *(Zimmer)* to allocate **3.** *(Preis)* to award

vergeblich [fɛɐ̯'geːplɪç] *adj* in vain

vergessen [fɛɐ̯'gɛsn̩] *(präs* **vergisst**, *prät* **vergaß**, *pp inv)* *vt* to forget

vergesslich [fɛɐ̯'gɛslɪç] *adj* forgetful

vergewaltigen [fɛɐ̯gə'valtɪgn̩] *vt* to rape

Vergewaltigung [fɛɐ̯gə'valtɪgʊŋ] *(pl* **-en)** *die* rape

Vergiftung [fɛɐ̯'gɪftʊŋ] *(pl* **-en)** *die* poisoning

vergisst [fɛɐ̯'gɪst] *präs* ➤ vergessen

Vergleich [fɛɐˈɡlaɪç] (*pl* **-e**) *der* comparison ● **im Vergleich zu** compared to
vergleichen [fɛɐˈɡlaɪçn] (*prät* **verglich**, *pp* **verglichen**) *vt* to compare ● **verglichen mit** compared with
Vergnügen [fɛɐˈɡnyːɡn̩] *das* pleasure ● **mit Vergnügen** with pleasure ● **viel Vergnügen!** have fun!
Vergnügungsdampfer [fɛɐˈɡnyːɡʊŋsdampfɐ] (*pl inv*) *der* pleasure steamer
Vergnügungspark [fɛɐˈɡnyːɡʊŋspark] (*pl* **-s**) *der* fun fair
Vergnügungsviertel [fɛɐˈɡnyːɡʊŋsfɪrtl̩] (*pl inv*) *das* area of a town where most bars, nightclubs, cinemas, etc are situated
vergoldet [fɛɐˈɡɔldət] *adj* gilded
vergriffen [fɛɐˈɡrɪfn̩] *adj* (*Buch*) out of print
vergrößern [fɛɐˈɡrøːsɐn] ◇ *vt* to enlarge ◇ *vt* (*Mikroskop*) to magnify ● **sich vergrößern** *ref* to expand
Vergrößerung [fɛɐˈɡrøːsərʊŋ] (*pl* **-en**) *die* enlargement
Vergünstigung [fɛɐˈɡʏnstɪɡʊŋ] (*pl* **-en**) *die* reduction
vergüten [fɛɐˈɡyːtn̩] *vt* (*bezahlen*) to pay
verhaften [fɛɐˈhaftn̩] *vt* to arrest
verhalten [fɛɐˈhaltn̩] (*präs* **verhält**, *prät* **verhielt**, *pp inv*) ● **sich verhalten** *ref* (*sich benehmen*) to behave
Verhalten [fɛɐˈhaltn̩] *das* behaviour
Verhältnis [fɛɐˈhɛltnɪs] (*pl* **-se**) *das* **1.** relationship **2.** (*von Größe, Anzahl*) ratio
verhältnismäßig [fɛɐˈhɛltnɪsmɛːsɪç] *adv* relatively
verhandeln [fɛɐˈhandl̩n] ◇ *vi* to negotiate ◇ *vt* (*vor Gericht*) to hear ● **verhandeln über etw** (*A*) to negotiate sthg
Verhandlung [fɛɐˈhandlʊŋ] (*pl* **-en**) *die*

1. (*Beratung*) negotiation **2.** (*vor Gericht*) hearing
verheilen [fɛɐˈhaɪlən] *vi* (*ist*) to heal
verheimlichen [fɛɐˈhaɪmlɪçn̩] *vt* to keep secret
verheiratet [fɛɐˈhaɪraːtət] *adj* married
verhindern [fɛɐˈhɪndɐn] *vt* to prevent
Verhör [fɛɐˈhøːɐ] (*pl* **-e**) *das* interrogation
verhüten [fɛɐˈhyːtn̩] ◇ *vi* (*beim Sex*) to take precautions ◇ *vt* to prevent
Verhütungsmittel [fɛɐˈhyːtʊŋsmɪtl̩] (*pl inv*) *das* contraceptive
verirren [fɛɐˈɪrən] ● **sich verirren** *ref* to get lost
verk. *abk* = verkaufen
Verkauf [fɛɐˈkaʊf] *der* sale
verkaufen [fɛɐˈkaʊfn̩] *vt & vi* to sell ● **etw an jn verkaufen** to sell sb sthg, to sell sthg to sb ● **zu verkaufen** for sale
Verkäufer, in [fɛɐˈkɔʏfɐ] (*mpl inv*) *der, die* **1.** (*in Geschäft*) sales assistant (*UK*), sales clerk (*US*) **2.** (*juristisch*) trader
verkäuflich [fɛɐˈkɔʏflɪç] *adj* (*zum Verkauf bestimmt*) for sale
verkaufsoffen [fɛɐˈkaʊfsʔɔfn̩] *adj* ● **verkaufsoffener Samstag** first Saturday in the month, on which shops are open till 6pm
Verkaufsstelle [fɛɐˈkaʊfsʃtɛlə] (*pl* **-n**) *die* point of sale
Verkaufsveranstaltung [fɛɐˈkaʊfsfɛɐʔanʃtaltʊŋ] (*pl* **-en**) *die* event organized to sell a product
verkauft [fɛɐˈkaʊft] *adj* sold
Verkehr [fɛɐˈkeːɐ] *der* **1.** (*Straßenverkehr*) traffic **2.** (*amt*) (*Sex*) intercourse
verkehren [fɛɐˈkeːrən] *vi* (*amt*) (*Zug, Bus*) to run ● **in einem Lokal verkehren** to frequent a bar ▼ **verkehrt nicht täglich**

does not run daily

Verkehrsampel [fɛɐˈkeːɐs] (pl **-n**) die traffic light

Verkehrsaufkommen [fɛɐˈkeːɐsaufkɔmən] das ● hohes/dichtes Verkehrsaufkommen heavy traffic

Verkehrsberuhigung [fɛɐˈkeːɐsbəruːɪɡʊŋ] die traffic calming

Verkehrsführung [fɛɐˈkeːɐsfyːrʊŋ] (pl **-en**) die ▼ Verkehrsführung beachten follow road signs

Verkehrsfunk [fɛɐˈkeːɐsfʊŋk] der traffic bulletin service

Verkehrsmeldung [fɛɐˈkeːɐsmɛldʊŋ] (pl **-en**) die traffic bulletin

Verkehrsmittel [fɛɐˈkeːɐsmɪtl] (pl **inv**) das means of transport ● öffentliche Verkehrsmittel public transport

Verkehrsnachrichten [fɛɐˈkeːɐsnaxrɪçtn̩] pl traffic news

Verkehrspolizist, in [fɛɐˈkeːɐspolitsɪst] (mpl **-en**) der, die traffic policeman (f traffic policewoman)

Verkehrsregel [fɛɐˈkeːɐsreːɡl] (pl **-n**) die traffic regulation

Verkehrsschild [fɛɐˈkeːɐsʃɪlt] (pl **-er**) das road sign

Verkehrsunfall [fɛɐˈkeːɐsʊnfal] (pl **-unfälle**) der road accident

Verkehrsverbindung [fɛɐˈkeːɐsfɛɐbɪndʊŋ] (pl **-en**) die connection

Verkehrsverein [fɛɐˈkeːɐsfɛɐlain] (pl **-e**) der tourist information office

Verkehrszeichen [fɛɐˈkeːɐstsaiçn̩] (pl **inv**) das road sign

verkehrt [fɛɐˈkeːɐt] ◇ adj wrong ◇ adv wrongly ● verkehrt herum inside out

verklagen [fɛɐˈklaːɡn̩] vt to prosecute

Verkleidung [fɛɐˈklaidʊŋ] (pl **-en**) die 1.

(Kostüm) costume 2. (von Wand, Fassade) covering

Verkleinerung [fɛɐˈklainərʊŋ] (pl **-en**) die reduction

verkommen [fɛɐˈkɔmən] (prät **verkam**, pp inv) ◇ vi (ist) 1. (Lebensmittel) to go off 2. (Haus, Wohnung) to become run-down ◇ adj (Haus, Wohnung) run-down

verkraften [fɛɐˈkraftn̩] vt to cope with

verkratzt [fɛɐˈkratst] adj scratched

verkürzen [fɛɐˈkʏrtsn̩] vt to shorten

verladen [fɛɐˈlaːdn̩] (präs **verlädt**, prät **verlud**, pp inv) vt to load

Verlag [fɛɐˈlaːk] (pl **-e**) der publishing house

verlangen [fɛɐˈlaŋən] vt 1. (fordern) to demand 2. (im Geschäft, Lokal) to ask for 3. (erfordern) to call for ● jn am Telefon verlangen to ask to speak to sb on the phone

Verlangen [fɛɐˈlaŋən] das 1. (Wunsch) desire 2. (Forderung) request ● auf Verlangen on demand

verlängern [fɛɐˈlɛŋɐn] vt 1. to extend 2. (Rock) to lengthen 3. (Pass, Erlaubnis) to renew ● sich verlängern ref (Frist, Vertrag) to be extended

Verlängerung [fɛɐˈlɛŋərʊŋ] (pl **-en**) die 1. extension 2. (von Rock) lengthening 3. (von Pass, Erlaubnis) renewal 4. SPORT extra time

Verlängerungskabel [fɛɐˈlɛŋərʊŋskaːbl] (pl inv) das extension lead

verlassen [fɛɐˈlasn̩] (präs **verlässt**, prät **verließ**, pp inv) vt to leave ● sich verlassen ref ● sich verlassen auf (+A) to rely on

verlaufen [fɛɐˈlaufn̩] (präs **verläuft**, prät **verlief**, pp inv) vi (ist) 1. (Weg, Strecke,

Farbe) to run **2.** (Operation, Prüfung) to go ♦ **sich verlaufen** ref (sich verirren) to get lost

verlegen [fɛɐ̯'leːgn̩] ◇ vt **1.** (Brille, Portmonee) to mislay **2.** (Veranstaltung, Besuch) to postpone **3.** (Standort) to move **4.** (Kabel, Teppichboden) to lay **5.** (Buch) to publish ◇ adj embarrassed

Verleger, in [fɛɐ̯'leːgɐ] (mpl inv) der, die publisher

Verleih [fɛɐ̯'laɪ] (pl **-e**) der rental shop

verleihen [fɛɐ̯'laɪən] (prät verlieh, pp verliehen) vt **1.** (leihen) to lend **2.** (vermieten) to hire (UK), to rent **3.** (Preis, Auszeichnung) to award

verlernen [fɛɐ̯'lɛʁnən] vt to forget

verletzen [fɛɐ̯'lɛtsn̩] vt **1.** to injure **2.** (Gefühl) to hurt ♦ **sich verletzen** ref to hurt o.s.

verletzt [fɛɐ̯'lɛtst] adj **1.** injured **2.** (psychisch) hurt

Verletzte [fɛɐ̯'lɛtstə] (pl **-n**) der, die injured person

Verletzung [fɛɐ̯'lɛtsʊŋ] (pl **-en**) die injury

verlieben [fɛɐ̯'liːbn̩] ♦ **sich verlieben** ref to fall in love

verlieren [fɛɐ̯'liːrən] (prät verlor, pp verloren) vt & vi to lose ♦ **sich verlieren** ref (Personen) to lose each other

Verlierer, in [fɛɐ̯'liːrɐ] (mpl inv) der, die loser

verlobt [fɛɐ̯'loːpt] adj engaged

Verlobung [fɛɐ̯'loːbʊŋ] (pl **-en**) die engagement

verlor [fɛɐ̯'loːɐ̯] prät ➤ verlieren

verloren [fɛɐ̯'loːrən] ◇ pp ➤ verlieren ◇ adj lost

verloren gehen [fɛɐ̯'loːrəngeːən] vi (un-

reg) (ist) **1.** (Kind, Brille) to go missing **2.** (Geschmack, Qualität) to disappear

Verlosung [fɛɐ̯'loːzʊŋ] (pl **-en**) die prize draw

Verlust [fɛɐ̯'lʊst] (pl **-e**) der the loss ● einen Verlust melden to report a loss

verm. abk = vermieten

vermeiden [fɛɐ̯'maɪdn̩] (prät vermied, pp vermieden) vt to avoid

Vermerk [fɛɐ̯'mɛʁk] (pl **-e**) der note

vermerken [fɛɐ̯'mɛʁkn̩] vt to make a note of

vermieten [fɛɐ̯'miːtn̩] vt & vi to rent out ▼ zu vermieten! for rent

Vermieter, in [fɛɐ̯'miːtɐ] (mpl inv) der, die landlord (f landlady)

vermischen [fɛɐ̯'mɪʃn̩] vt (Farben, Zutaten) to mix

vermissen [fɛɐ̯'mɪsn̩] vt to miss ● er vermisst seine Uhr his watch is missing

vermisst [fɛɐ̯'mɪst] adj missing

vermitteln [fɛɐ̯'mɪtl̩n] ◇ vt **1.** (Ehe, Treffen) to arrange **2.** (Wissen, Erfahrung) to impart ◇ vi (bei Streit, Verhandlung) to arbitrate ● jm eine Arbeitsstelle/einen Babysitter vermitteln to find a job/babysitter for sb

Vermittlung [fɛɐ̯'mɪtlʊŋ] (pl **-en**) die **1.** (Telefonzentrale) telephone exchange **2.** (von Arbeit, Mitarbeitern) finding **3.** (von Ehe, Treffen) arranging **4.** (bei Streit, Verhandlung) arbitration **5.** (von Erfahrung, Kenntnissen) imparting **6.** (Büro) agency

Vermittlungsgebühr [fɛɐ̯'mɪtlʊŋsgəbyːɐ̯] (pl **-en**) die commission

Vermögen [fɛɐ̯'møːgn̩] (pl inv) das (Besitz) fortune

vermuten [fɛɐ̯'muːtn̩] vt to suspect

vermutlich [fɛɐ̯'muːtlɪç] adv probably

vernehmen [fɛɐ̯'neːmən] (*präs* **vernimmt**, *prät* **vernahm**, *pp* **vernommen**) *vt* (*befragen*) to question

verneinen [fɛɐ̯'naɪnən] *vt* ● **eine Frage verneinen** to say no (to a question)

vernichten [fɛɐ̯'nɪçtn̩] *vt* to destroy

Vernissage [vɛrnɪ'saːʒ(ə)] (*pl* **-n**) *die* preview

Vernunft [fɛɐ̯'nʊnft] *die* reason

vernünftig [fɛɐ̯'nʏnftɪç] *adj* (*klug*) sensible

veröffentlichen [fɛɐ̯'ʔœfn̩tlɪçn̩] *vt* to publish

verordnen [fɛɐ̯'ʔɔrtnən] *vt* (*Medikament*) to prescribe

Verordnung [fɛɐ̯'ʔɔrtnʊŋ] (*pl* **-en**) *die* **1.** (*medizinisch*) prescription **2.** (*amtlich*) decree

verpacken [fɛɐ̯'pakn̩] *vt* **1.** (*Produkt*) to pack **2.** (*Geschenk*) to wrap up

Verpackung [fɛɐ̯'pakʊŋ] (*pl* **-en**) *die* packaging

verpassen [fɛɐ̯'pasn̩] *vt* **1.** (*Person, Film, Chance*) to miss **2.** (*fam*) (*geben*) to give ● **den Bus/Zug verpassen** to miss the bus/train

Verpflegung [fɛɐ̯'pfleːgʊŋ] *die* (*Essen*) food

verpflichtet [fɛɐ̯'pflɪçtət] *adj & adv* obliged

verprügeln [fɛɐ̯'pryːgl̩n] *vt* to beat up

verraten [fɛɐ̯'raːtn̩] (*präs* **verrät**, *prät* **verriet**, *pp inv*) *vt* **1.** (*Geheimnis, Land*) to betray **2.** (*sagen*) to let slip ◆ **sich verraten** *ref* to give o.s. away

verrechnen [fɛɐ̯'rɛçnən] *vt* to offset ◆ **sich verrechnen** *ref* (*falsch rechnen*) to miscalculate ● **sich um 3 Euro verrechnen** to be 3 euros out

Verrechnung [fɛɐ̯'rɛçnʊŋ] *die* miscalculation

Verrechnungsscheck [fɛɐ̯'rɛçnʊŋsʃɛk] (*pl* **-s**) *der* crossed cheque

verregnet [fɛɐ̯'reːgnət] *adj* ● **verregnet sein** to be a wash-out

verreisen [fɛɐ̯'raɪzn̩] *vi* (*ist*) to go away

Verrenkung [fɛɐ̯'rɛŋkʊŋ] (*pl* **-en**) *die* dislocation

verrosten [fɛɐ̯'rɔstn̩] *vi* (*ist*) to rust

verrückt [fɛɐ̯'rʏkt] *adj* **1.** (*geistesgestört*) mad **2.** (*ausgefallen*) crazy ● **verrückt sein nach** to be mad about ● **wie verrückt** like mad

versagen [fɛɐ̯'zaːgn̩] *vi* to fail ▼ **bei Versagen Knopf drücken** in the event of failure, press button

versalzen [fɛɐ̯'zaltsn̩] ◇ *vt* (*Essen*) to put too much salt in ◇ *adj* (*Essen*) too salty

versammeln [fɛɐ̯'zaml̩n] *vt* to assemble ◆ **sich versammeln** *ref* to assemble

Versammlung [fɛɐ̯'zamlʊŋ] (*pl* **-en**) *die* meeting

Versand [fɛɐ̯'zant] *der* **1.** (*Schicken*) dispatch **2.** (*Abteilung*) dispatch department

Versandhaus [fɛɐ̯'zanthaʊs] (*pl* **-häuser**) *das* mail order firm

versäumen [fɛɐ̯'zɔymən] *vt* (*verpassen*) to miss

verschaffen [fɛɐ̯'ʃafn̩] *vt* (*besorgen*) to get

verschenken [fɛɐ̯'ʃɛŋkn̩] *vt* (*Geschenk*) to give away ● **zu verschenken** to give away

verscheuchen [fɛɐ̯'ʃɔyçn̩] *vt* (*Hund, Wespe*) to shoo away

verschicken [fɛɐ̯'ʃɪkn̩] *vt* (*per Post*) to send out

verschieben [fɛɐ̯'ʃiːbn̩] (*prät* **verschob**,

pp **verschoben**) *vt* **1.** *(Termin, Urlaub)* to postpone **2.** *(Bett, Kommode)* to move ♦ **sich verschieben** *ref* to be postponed

verschieden [fɛɐˈʃiːdn̩] ◊ *adj* different ◊ *adv* differently ● **verschieden groß** *adj* of different sizes

verschiedene [fɛɐˈʃiːdənə] *adj (einige)* several

verschimmelt [fɛɐˈʃɪmlt] *adj* mouldy

verschlafen [fɛɐˈʃlaːfn̩] *(präs* **verschläft**, *prät* **verschlief**, *pp inv)* ◊ *vi* to oversleep ◊ *vt (Morgen)* to sleep through ♦ **sich verschlafen** *ref* to oversleep

verschlechtern [fɛɐˈʃlɛçtɐn] *vt* to make worse ♦ **sich verschlechtern** *ref* to deteriorate

Verschlechterung [fɛɐˈʃlɛçtərʊŋ] *(pl* **-en)** *die (von Zustand)* deterioration

Verschleiß [fɛɐˈʃlais] *der (von Material)* wear

verschleißen [fɛɐˈʃlaisn̩] *(prät* **verschliss**, *pp* **verschlissen**) *vi (ist)* to become worn

verschließen [fɛɐˈʃliːsn̩] *(prät* **verschloss**, *pp* **verschlossen**) *vt* **1.** *(Haus, Tür, Schrank)* to lock **2.** *(Dose, Flasche)* to seal ♦ **sich verschließen** *ref (Person)* to shut o.s. off

verschlimmern [fɛɐˈʃlɪmɐn] *vt* to make worse ♦ **sich verschlimmern** *ref* to get worse

verschlingen [fɛɐˈʃlɪŋən] *(prät* **verschlang**, *pp* **verschlungen**) *vt (Mahlzeit)* to wolf down

verschlossen [fɛɐˈʃlɔsn̩] ◊ *pp* ➤ **verschließen** ◊ *adj* **1.** *(Person)* reticent **2.** *(Tür, Safe)* locked **3.** *(Dose, Briefumschlag)* sealed

verschlucken [fɛɐˈʃlʊkn̩] *vt (schlucken)* to

swallow ♦ **sich verschlucken** *ref* to choke

Verschluss [fɛɐˈʃlɔs] *(pl* **Verschlüsse)** *der* **1.** *(von Kette, Tasche)* fastener **2.** *(von Flaschen)* top

Verschmutzung [fɛɐˈʃmʊtsʊŋ] *(pl* **-en)** *die* pollution

verschneit [fɛɐˈʃnait] *adj* snow-covered

verschreiben [fɛɐˈʃraibn̩] *(prät* **verschrieb**, *pp* **verschrieben**) *vt (Medikamente)* to prescribe ♦ **sich verschreiben** *ref (falsch schreiben)* ● **ich habe mich verschrieben** I've written it down wrongly

verschreibungspflichtig [fɛɐˈʃraibʊŋspflɪçtɪç] *adj* available on prescription only

verschrotten [fɛɐˈʃrɔtn̩] *vt* to scrap

verschulden [fɛɐˈʃʊldn̩] *vt (Unfall, Verlust)* to be to blame for

verschweigen [fɛɐˈʃvaign̩] *(prät* **verschwieg**, *pp* **verschwiegen**) *vt* to hide

verschwenden [fɛɐˈʃvɛndn̩] *vt* to waste

verschwinden [fɛɐˈʃvɪndn̩] *(prät* **verschwand**, *pp* **verschwunden**) *vi (ist)* to disappear

Versehen [fɛɐˈzeːən] *(pl inv)* das oversight ● **aus Versehen** accidentally

versehentlich [fɛɐˈzeːəntlɪç] *adv* accidentally

versenden [fɛɐˈzɛndn̩] *(prät* **versandte**, *pp* **versendet)** *vt* to send

versichern [fɛɐˈzɪçɐn] *vt* **1.** *(bei Versicherung)* to insure **2.** *(sagen)* to assure ♦ **sich versichern** *ref* **1.** *(bei Versicherung)* to insure o.s. **2.** *(prüfen)* to assure o.s.

versichert [fɛɐˈzɪçɐt] *adj* insured

Versicherte [fɛɐˈzɪçɐtə] *(pl* **-n)** *der, die* insured party

Versicherung [fɛɐ̯'zɪçərʊŋ] (pl **-en**) die **1.** (Firma) insurance company **2.** (Vertrag) insurance

Versicherungsbedingungen [fɛɐ̯'zɪçərʊŋsbədɪŋʊŋən] pl terms of insurance

Versicherungskarte [fɛɐ̯'zɪçərʊŋskartə] (pl **-n**) die insurance card ● **grüne Versicherungskarte** green card (UK) insurance card required if taking a vehicle abroad

versilbert [fɛɐ̯'zɪlbɐt] adj silver-plated

versöhnen [fɛɐ̯'zø:nən] vt to reconcile ◆ **sich versöhnen** ref to make up

versorgen [fɛɐ̯'zɔrgn] vt **1.** (mit Lebensmitteln, Nachrichten) to supply **2.** (Patienten, Tier) to look after

Versorgung [fɛɐ̯'zɔrgʊŋ] die **1.** (mit Lebensmitteln, Nachrichten) supply **2.** (von Patienten, Tier) care

verspäten [fɛɐ̯'ʃpɛ:tn̩] ◆ **sich verspäten** ref to be late

Verspätung [fɛɐ̯'ʃpɛ:tʊŋ] (pl **-en**) die delay ● **mit Verspätung** late ● **Verspätung haben** to be delayed ● **5 Minuten Verspätung haben** to be 5 minutes late

versprechen [fɛɐ̯'ʃprɛçn̩] (präs **verspricht**, prät **versprach**, pp **versprochen**) vt to promise ● **jm etw versprechen** to promise sb sthg ◆ **sich versprechen** ref to make a mistake

Versprechen [fɛɐ̯'ʃprɛçn̩] (pl inv) das promise

verstaatlichen [fɛɐ̯'ʃta:tlɪçn̩] vt to nationalize

Verstand [fɛɐ̯'ʃtant] der (Denkvermögen) reason

verständigen [fɛɐ̯'ʃtɛndɪɡn̩] vt (informieren) to notify ◆ **sich verständigen** ref (kommunizieren) to make o.s. understood

Verständigung [fɛɐ̯'ʃtɛndɪɡʊŋ] die **1.** (Kommunikation) communication **2.** (Information) notification

verständlich [fɛɐ̯'ʃtɛntlɪç] adj **1.** (Stimme) audible **2.** (Text) comprehensible **3.** (Handlung, Reaktion) understandable ● **sich verständlich machen** to make o.s. understood

Verständnis [fɛɐ̯'ʃtɛntnɪs] das understanding

verständnisvoll [fɛɐ̯'ʃtɛntnɪsfɔl] adj understanding

Verstärker [fɛɐ̯'ʃtɛrkɐ] (pl inv) der amplifier

verstauchen [fɛɐ̯'ʃtaʊxn̩] vt ● **sich** (D) **etw verstauchen** to sprain sthg

Verstauchung [fɛɐ̯'ʃtaʊxʊŋ] (pl **-en**) die sprain

Versteck [fɛɐ̯'ʃtɛk] (pl **-e**) das hiding place ● **Versteck spielen** to play hide-and-seek

verstecken [fɛɐ̯'ʃtɛkn̩] vt to hide ◆ **sich verstecken** ref to hide

verstehen [fɛɐ̯'ʃte:ən] (prät **verstand**, pp **verstanden**) vt to understand ● **etwas/nichts verstehen von** to know a bit/nothing about ◆ **sich verstehen** ref (Personen) to get on ● **sich gut verstehen mit** to get on well with ● **es versteht sich von selbst** it goes without saying

Versteigerung [fɛɐ̯'ʃtaɪgərʊŋ] (pl **-en**) die auction

verstellbar [fɛɐ̯'ʃtɛlba:ɐ̯] adj adjustable

verstellen [fɛɐ̯'ʃtɛlən] vt **1.** (Hebel, Wecker) to reset **2.** (Weg, Tür) to block **3.** (Stimme) to disguise ◆ **sich verstellen** ref (Person) to disguise o.s.

Verstopfung [fɛɐ̯'ʃtɔpfʊŋ] die constipation

Verstoß [fɛɐ'ʃtoːs] (*pl* **Verstöße**) *der* breach

Versuch [fɛɐ'zuːx] (*pl* **-e**) *der* **1.** (*Handlung*) attempt **2.** (*wissenschaftlich*) experiment

versuchen [fɛɐ'zuːxn] *vt* & *vi* to try

vertauschen [fɛɐ'tauʃn] *vt* to mix up

verteidigen [fɛɐ'taidɪɡn] *vt* to defend ◆ **sich verteidigen** *ref* to defend o.s.

verteilen [fɛɐ'tailən] *vt* to distribute ◆ **sich verteilen** *ref* (*sich ausbreiten*) to spread out

Vertrag [fɛɐ'traːk] (*pl* **Verträge**) *der* contract

vertragen [fɛɐ'traːɡn] (*präs* **verträgt**, *prät* **vertrug**, *pp* *inv*) *vt* (*Hitze, Kaffee*) to stand, to bear ◆ **sich vertragen** *ref* (*Personen*) to get on

Vertragshändler [fɛɐ'traːkshɛntlɐ] (*pl* *inv*) *der* authorized dealer

Vertragswerkstatt [fɛɐ'traːksvɛrkʃtat] (*pl* **-werkstätten**) *die* authorized workshop

vertrauen [fɛɐ'trauən] *vi* (*+D*) to trust

Vertrauen [fɛɐ'trauən] *das* confidence, trust ◆ **Vertrauen haben zu** to have confidence in

vertreten [fɛɐ'treːtn] (*präs* **vertritt**, *prät* **vertrat**, *pp* *inv*) ◇ *vt* **1.** (*bei Urlaub, Krankheit*) to stand in for **2.** (*Interessen*) to represent ◇ *adj* represented ◆ **sich** (*D*) **den Fuß vertreten** to trip and hurt one's foot

Vertreter, in [fɛɐ'treːtɐ] (*mpl* *inv*) *der, die* **1.** (*bei Urlaub, Krankheit*) stand-in **2.** (*Repräsentant*) representative **3.** (*Beruf*) rep

Vertretung [fɛɐ'treːtʊŋ] (*pl* **-en**) *die* **1.** (*Lehrer*) supply teacher **2.** (*Arzt*) locum **3.**

(*Delegation*) representatives *pl* **4.** (*bei Urlaub, Krankheit*) ◆ **die Vertretung für jn übernehmen** to stand in for sb

vertrocknen [fɛɐ'trɔknən] *vi* (*ist*) to dry out

vertun [fɛɐ'tuːn] (*prät* **vertat**, *pp* **vertan**) *vt* (*verschwenden*) to waste ◆ **sich vertun** *ref* (*fam*) (*sich irren*) to get it wrong

verunglücken [fɛɐ'lʊnɡlykn] *vi* (*ist*) (*bei Unfall*) to have a nasty accident

verursachen [fɛɐ'lʊːɐzaxn] *vt* to cause

Verurteilung [fɛɐ'lʊːɐtailʊŋ] (*pl* **-en**) *die* (*vor Gericht*) sentence

verwackelt [fɛɐ'vaklt] *adj* blurred

verwählen [fɛɐ'vɛːlən] ◆ **sich verwählen** *ref* to dial the wrong number

verwahren [fɛɐ'vaːrən] *vt* (*aufbewahren*) to put away

verwalten [fɛɐ'valtn] *vt* to administrate

Verwalter, in [fɛɐ'valtɐ] (*mpl* *inv*) *der, die* administrator

Verwaltung [fɛɐ'valtʊŋ] (*pl* **-en**) *die* administration

verwandt [fɛɐ'vant] ◇ *pp* ➤ **verwenden** ◇ *adj* (*Personen*) related ● **verwandt sein mit** to be related to

Verwandte [fɛɐ'vantə] (*pl* **-n**) *der, die* relative

Verwandtschaft [fɛɐ'vantʃaft] (*pl* **-en**) *die* family

Verwarnung [fɛɐ'varnʊŋ] (*pl* **-en**) *die* caution ● **gebührenpflichtige Verwarnung** fine

verwechseln [fɛr'vɛksln] *vt* to mix up ● **jn mit jm verwechseln** to mistake sb for sb

verweigern [fɛɐ'vaiɡɐn] *vt* to refuse

verwendbar [fɛɐ'vɛntbaːɐ] *adj* usable

verwenden [fɛɐˈvɛndn̩] (*prät* **verwandte** ODER **verwendete**, *pp* **verwandt** ODER **verwendet**) *vt* to use

Verwendung [fɛɐˈvɛndʊŋ] *die* use

verwirklichen [fɛɐˈvɪrklɪçn̩] *vt* (*Traum, Wunsch*) to come true ◆ **sich verwirklichen** *ref* (*Person*) to fulfil o.s;

verwirrt [fɛɐˈvɪrt] *adj* confused

verwitwet [fɛɐˈvɪtvət] *adj* widowed

verwöhnen [fɛɐˈvøːnən] *vt* to spoil

Verwundete [fɛɐˈvʊndətə] (*pl* **-n**) *der, die* wounded person

verzählen [fɛɐˈtsɛːlən] ◆ **sich verzählen** *ref* to miscount

Verzehr [fɛɐˈtseːɐ] *der* (*geh*) consumption

verzehren [fɛɐˈtseːrən] *vt* (*geh*) (*essen*) to consume

Verzeichnis [fɛɐˈtsaiçnɪs] (*pl* **-se**) *das* catalogue ● **alphabetisches Verzeichnis** index

verzeihen [fɛɐˈtsaiən] (*prät* **verzieh**, *pp* **verziehen**) *vt* to forgive ● **verzeihen Sie bitte!** excuse me please!

Verzeihung [fɛɐˈtsaiʊŋ] *die* forgiveness ● **Verzeihung!** sorry!

verzichten [fɛɐˈtsɪçtn̩] *vi* ● **verzichten auf** (+*A*) to do without

verzögern [fɛɐˈtsøːɡɐn] *vt* (*verschieben*) to delay ◆ **sich verzögern** *ref* (*sich verspäten*) to be delayed

Verzögerung [fɛɐˈtsøːɡərʊŋ] (*pl* **-en**) *die* (*Verspätung*) delay

verzollen [fɛɐˈtsɔlən] *vt* to declare ● **haben Sie etwas zu verzollen?** have you anything to declare?

verzweifeln [fɛɐˈtsvaifln̩] *vi* (*ist*) to despair

verzweifelt [fɛɐˈtsvaiflt] *adj* desperate

Vesper [ˈfɛspɐ] (*pl* **-n**) *die* (*Süddt*) (*Mahlzeit*) afternoon snack

Veterinär, in [veteriˈnɛːɐ] (*mpl* **-e**) *der, die* (*amt*) veterinary surgeon

vgl. (*abk für* vergleiche) cf.

vibrieren [viˈbriːrən] *vi* to vibrate

Video [ˈviːdeo] (*pl* **-s**) *das* video

Videofilm [ˈviːdeofɪlm] (*pl* **-e**) *der* video film

Videogerät [ˈviːdeoɡərɛːt] (*pl* **-e**) *das* video (*UK*), VCR (*US*)

Videokamera [ˈviːdeokamera] (*pl* **-s**) *die* video camera

Videokassette [ˈviːdeokasɛtə] (*pl* **-n**) *die* video (tape)

Videokonsole [ˈviːdeoˈkɔnzoːlə] (*pl* **-n**) *die* video console

Videorekorder [ˈviːdeoreˈkɔrdɐ] (*pl* *inv*) *der* video (recorder) (*UK*), VCR (*US*)

Videospiel [ˈviːdeoʃpiːl] (*pl* **-e**) *das* video game

Videothek [videoˈteːk] (*pl* **-en**) *die* video store

videoüberwacht [ˈviːdeoyːbɐvaxt] *adj* covered by CCTV

Vieh [fiː] *das* (*Tiere*) cattle

viel [fiːl] (*komp* **mehr**, *superl* **meiste**)
◇ *det* **1.** (*Menge, Anzahl*) a lot of ● **viel Tee** a lot of tea ● **viele Bücher** a lot of books ● **viele Leute** many people **2.** (*in Floskeln*) ● **vielen Dank!** thank you very much! ● **viel Spaß!** have fun!
◇ *adv* **1.** (*intensiv, oft*) a lot ● **viel arbeiten** to work a lot **2.** (*zum Ausdruck der Verstärkung*) much ● **viel mehr** much more ● **viel zu ... much too ... ● es dauert viel zu lange** it's far too long ● **zu viel** too much ● **viel zu viel** much too much

◇ *pron* a lot

◇ *adj* ● das viele Geld all the money ● das Kleid mit den vielen Knöpfen the dress with all the buttons

viele ['fi:lə] ◇ *det* ➤ viel ◇ *pron* lots

vielfach ['fi:lfax] *adj* multiple

Vielfalt ['fi:lfalt] *die* variety

vielleicht [fi:'laiçt] *adv* 1. perhaps 2. *(fam) (etwa, sehr)* really

vielmals ['fi:lma:ls] *adv* ● danke vielmals thank you very much

vielseitig ['fi:lzaitiç] *adj (Person)* versatile

vier [fi:ɐ] *numr* four ➤ sechs

Viereck ['fi:ɐʔɛk] *(pl -e)* das rectangle

viereckig ['fi:ɐʔɛkiç] *adj* rectangular

vierhundert ['fi:ɐhʊndɐt] *numr* four hundred

viermal ['fi:ɐma:l] *adv* four times

vierspurig ['fi:ɐʃpu:riç] *adj* four-lane

vierte, r, s ['fi:ɐtə] *adj* fourth ➤ sechste

Viertel ['fɪrtl] *(pl inv)* das quarter ● Viertel vor sechs a quarter to six ● Viertel nach sechs a quarter past six *(UK)*, a quarter after six *(US)*

Viertelstunde ['fɪrtlʃtʊndə] *(pl -n) die* quarter of an hour

Vierwaldstätter See ['fi:ɐvaltʃtɛtɐze:] *der* Lake Lucerne

vierzehn ['fɪrtse:n] *numr* fourteen ● vierzehn Tage a fortnight ➤ sechs

vierzig ['fɪrtsiç] *numr* forty ➤ sechs

Villa ['vɪla] *(pl* Villen) *die* villa

violett [vjo'lɛt] *adj* purple

Violine [vjo'li:nə] *(pl -n) die* violin

Virus ['vi:rʊs] *(pl* Viren) *der* virus

Virusinfektion ['vi:rʊsʔɪnfɛktsjo:n] *(pl -en) die* viral infection

Visite [vi'zi:tə] *(pl -n) die* MED rounds *pl*

Visitenkarte [vi'zi:tnkartə] *(pl -n) die* visiting card

Visum ['vi:zʊm] *(pl* Visa) das visa

Vitamin [vita'mi:n] *(pl -e) das* vitamin

Vogel ['fo:gl] *(pl* Vögel) der bird

Vokabel [vo'ka:bl] *(pl -n) die* vocabulary

Vokal [vo'ka:l] *(pl -e) der* vowel

Volk [fɔlk] *(pl* Völker) das people

Völkerkunde ['fœlkɐkʊndə] *die* anthropology

Volksfest ['fɔlksfɛst] *(pl -e) das* festival

Volkshochschule ['fɔlkshoːxʃuːlə] *(pl -n) die* ≃ college of adult education

Volkslied ['fɔlksliːt] *(pl -er) das* folk song

Volkstanz ['fɔlkstants] *(pl -tänze) der* folk dance

Volkswagen® ['fɔlksvaːgn] *(pl inv) der* Volkswagen®

voll [fɔl] ◇ *adj* full ◇ *adv* 1. *(ganz)* fully 2. *(fam) (total, absolut)* totally ● voll mit ODER von full of ● halb voll half full ● voll sein *(fam) (betrunken)* to be plastered

vollendet [fɔl'ʔɛndət] ◇ *adj* 1. *(perfekt)* perfect 2. *(fertig)* completed ◇ *adv (perfekt)* perfectly ● mit vollendetem 18. Lebensjahr at 18 years of age

Volleyball ['vɔlibal] *(pl -bälle) der* volleyball

Vollgas ['fɔlgaːs] das full throttle

völlig ['fœliç] *adj* total ◇ *adv* totally

volljährig ['fɔljɛːriç] *adj* of age

Vollkaskoversicherung ['fɔlkaskofɛɐzɪçərʊŋ] *(pl -en) die* comprehensive insurance

vollklimatisiert [fɔlklimati'ziːɐt] *adj* fully air-conditioned

vollkommen [fɔl'kɔmən] ◇ *adj* 1. *(perfekt)*

perfect **2.** *(vollständig, total)* total ◇ *adv* **1.** *(perfekt)* perfectly **2.** *(vollständig)* totally

Vollkornbrot [ˈfɔlkɔrnbroːt] *(pl -e)* das wholemeal bread

voll machen [ˈfɔlmaxn̩] *vt (Behälter)* to fill up ◆ **sich voll machen** *ref (fam) (sich beschmutzen)* to get dirty

Vollmacht [ˈfɔlmaxt] *(pl -en)* die **1.** *(Befugnis)* authority **2.** *(Dokument)* authorization

Vollmilch [ˈfɔlmɪlç] die full-fat milk

Vollmilchschokolade [ˈfɔlmɪlçʃokolaːdə] die milk chocolate

Vollmond [ˈfɔlmoːnt] der full moon

Vollpension [ˈfɔlpɑ̃zjoːn] die full board

vollständig [ˈfɔlʃtɛndɪç] *adj (Sammlung)* complete

voll tanken [ˈfɔltaŋkn̩] *vi* to fill up

Vollwaschmittel [ˈfɔlvaʃmɪtl̩] *(pl inv)* das detergent

vollwertig [ˈfɔlvɛrtɪç] *adj* **1.** *(Ernährung)* wholefood **2.** *(gleichwertig)* equal

Vollwertkost [ˈfɔlvɛrtkɔst] die wholefood

vollzählig [ˈfɔltsɛːlɪç] *adj* entire

Volt [vɔlt] *(pl inv)* das volt

Volumen [voˈluːmən] *(pl inv)* das volume

vom [fɔm] *präp* = **von dem**

von [fɔn] *präp (+D)* **1.** *(räumlich)* from ● **von hier an** from here ● **von hier aus** from here ● **von Köln bis Paris** from Cologne to Paris ● **von der Straße her** from the street ● **von ... nach** from ... to **2.** *(zeitlich)* of ● **die Zeitung von gestern** yesterday's paper ● **von heute an** from today ● **von Montag bis Freitag** from Monday to Friday **3.** *(in Passivsätzen)* by ● **von einem Hund gebissen werden** to

be bitten by a dog ● **das war dumm von dir** that was stupid of you **4.** *(Angabe von Besitz)* ● **ist das Buch von dir?** is the book yours? **5.** *(Angabe von Zusammengehörigkeit)* of ● **der Bürgermeister von Frankfurt** the mayor of Frankfurt ● **ein Verwandter von mir** a relation of mine **6.** *(Angabe der Herkunft)* from ● **ich bin von hier** *(fam)* I'm from round here ● **ein Brief von meiner Schwester** a letter from my sister **7.** *(Angabe der Ursache)* from ● **von mir aus** *(fam)* as far as I'm concerned ● **von wegen!** *(fam)* no way! **8.** *(Angabe des Maßes)* of ● **ein Sack von 25 kg** a 25 kg bag

voneinander [fɔnlaiˈnandɐ] *adv* from each other

vor [foːɐ̯]

◇ *präp (+D)* **1.** *(räumlich)* in front of ● **vor dem Haus stehen** to stand in front of the house **2.** *(zeitlich)* before ● **fünf vor zwölf** five to twelve *(UK)*, five before twelve *(US)* ● **fünf vor halb neun** twenty-five past eight *(UK)*, twenty-five after eight *(US)* ● **vor kurzem** recently ● **vor (fünf) Jahren** (five) years ago **3.** *(Angabe des Grunds)* with ● **vor Freude in die Luft springen** to jump for joy ● **vor allem** *(hauptsächlich)* above all

◇ *präp (+A)* in front of

◇ *adv* forwards

Voralberg *nt* Voralberg

voran [foˈran] *adv (vorne)* at the front ● **mach voran!** *(fam)* hurry up!

voraus [foˈraus] *adv* ● **im Voraus** in advance

vorausgesetzt [foˈrausɡəzɛtst] *adj* provided (that)

Voraussetzung [foˈrausːɛtsʊŋ] *(pl -en)*

die 1. (Bedingung) condition **2.** (Annahme) assumption

voraussichtlich [fo'rauszɪçtlɪç] ◇ adj expected ◇ adv probably

vorbei [fo:ɐ̯'bai] adj • **vorbei sein** (zeitlich) to be over; (räumlich) to be past

vorbei|fahren [fo:ɐ̯'baifa:rən] vi (unreg) (ist) **1.** (an Stadt, Haus) to drive past **2.** (fam) (bei Person) to drop in

vorbei|gehen [fo:ɐ̯'baigə:ən] vi (unreg) (ist) **1.** to pass **2.** (fam) (Besuch) to drop in

vorbei|kommen [fo:ɐ̯'baikɔmən] vi (unreg) (ist) **1.** (an Stadt, Haus) to go past **2.** (fam) (bei Person) to call round **3.** (an Hindernis) to get past

vorbei|lassen [fo:ɐ̯'bailasn] vt (unreg) to let past

vor|bereiten ['fo:ɐ̯bəraitn] vt to prepare • **sich vorbereiten** ref to prepare o.s. • **sich vorbereiten auf** (+A) to prepare for

Vorbereitung ['fo:ɐ̯bəraituŋ] (pl -en) die preparation • **Vorbereitungen für etw treffen** make preparations for sth

vor|bestellen ['fo:ɐ̯bəʃtɛlən] vt to order in advance

Vorbestellung ['fo:ɐ̯bəʃtɛluŋ] (pl -en) die advance booking

vor|beugen ['fo:ɐ̯bɔygn] vi (+D) to prevent • **sich vorbeugen** ref to lean forwards

Vorbild ['fo:ɐ̯bɪlt] (pl -er) das (Idol) example

Vorderachse ['fɔrdɐ|aksə] (pl -n) die front axle

vordere, r, s ['fɔrdərə] adj front

Vordergrund ['fɔrdɐgrunt] der foreground

Vorderrad ['fɔrdɐra:t] (pl -räder) das front wheel

Vorderradantrieb ['fɔrdɐra:t|antri:p] (pl -e) der front-wheel drive

Vorderseite ['fɔrdɐzaitə] (pl -n) die front

Vordersitz ['fɔrdɐzɪts] (pl -e) der front seat

vor|drängen ['fo:ɐ̯drɛŋən] • **sich vordrängen** ref (räumlich) to push one's way forward

Vordruck ['fo:ɐ̯druk] (pl -e) der form

vor|fahren ['fo:ɐ̯fa:rən] vi (unreg) (ist) (nach vorn) to drive up

Vorfahrt ['fo:ɐ̯fa:ɐ̯t] die right of way ▼ **Vorfahrt gewähren** give way ▼ **Vorfahrt geändert** altered right of way

Vorfahrtsstraße ['fo:ɐ̯fa:ɐ̯tʃtra:sə] (pl -n) die major road

Vorfall ['fo:ɐ̯fal] (pl -fälle) der (Ereignis) occurrence

Vorführung ['fo:ɐ̯fy:ruŋ] (pl -en) die **1.** (im Theater, Kino) performance **2.** (von Auto, Maschine) demonstration

Vorgänger, in ['fo:ɐ̯gɛŋɐ] (mpl inv) der, die predecessor

vor|gehen ['fo:ɐ̯ge:ən] vi (unreg) (ist) **1.** (passieren) to go on **2.** (handeln) to proceed **3.** (Uhr) to be fast **4.** (nach vorn) to go forward **5.** (fam) (voraus) to go on ahead

vorgekocht ['fo:ɐ̯gəkɔxt] adj precooked

vorgesehen ['fo:ɐ̯gəze:ən] adj intended

Vorgesetzte ['fo:ɐ̯gəzɛtstə] (pl -n) der, die superior

vorgestern ['fo:ɐ̯gɛstɐn] adv (vor zwei Tagen) the day before yesterday

vor|haben ['fo:ɐ̯ha:bn] vt (unreg) • **etw vorhaben** to have sthg planned

vorhanden [fo:ɐ̯'handn] adj available

Vorhang ['fo:ɐ̯haŋ] (pl -hänge) der curtain

Vorhängeschloss ['foːɐ̯hɛŋəʃlɔs] (*pl* **-schlösser**) *das* padlock

vorher ['foːɐ̯heːɐ̯] *adv* beforehand

Vorhersage [foːɐ̯'heːɐ̯zaːɡə] (*pl* **-n**) *die* (*für Wetter*) forecast

vorhin ['foːɐ̯hɪn] *adv* just now

vorige ['foːrɪɡə] *adj* last

Vorkenntnisse ['foːɐ̯kɛntnɪsə] *pl* prior knowledge *sg*

vor|kommen ['foːɐ̯kɔmən] ◇ *vi* (*unreg*) (*ist*) 1. (*passieren*) to occur 2. (*existieren*) to exist ◇ *vi* (+*D*) 1. (*scheinen*) to seem 2. (*fam*) (*nach vorne*) to come forwards

Vorkommnis ['foːɐ̯kɔmnɪs] (*pl* **-se**) *das* (*amt*) incident

vor|lassen ['foːɐ̯lasn] *vt* (*unreg*) ● jn vorlassen to let sb go first

vorläufig ['foːɐ̯lɔyfɪç] ◇ *adj* provisional ◇ *adv* provisionally

vor|lesen ['foːɐ̯leːzn] *vt* (*unreg*) to read out

Vorlesung ['foːɐ̯leːzʊŋ] (*pl* **-en**) *die* lecture

vorletzte, r, s ['foːɐ̯lɛtstə] *adj* last but one

vorm. (*abk für vormittags*) am

vor|machen ['foːɐ̯maxn] *vt* 1. (*vortäuschen*) to fool 2. (*zeigen*) ● jm etw vormachen to show sb how to do sthg

vor|merken ['foːɐ̯mɛrkn] *vt* (*Termin*) to pencil in

Vormittag ['foːɐ̯mɪtaːk] (*pl* **-e**) *der* morning ● heute/gestern/morgen Vormittag this/yesterday/tomorrow morning

vormittags ['foːɐ̯mɪtaːks] *adv* in the morning

vorn [fɔrn] *adv* at the front ● da vorn over there ● nach vorn (*zeitlich*)

forwards ● von vorn from the beginning

Vorname ['foːɐ̯naːmə] (*pl* **-n**) *der* first name

vorne ['fɔrnə] *adv* = vorn

vornehm ['foːɐ̯neːm] *adj* elegant

vor|nehmen ['foːɐ̯neːmən] *vt* (*ausführen*) to undertake ● sich (*D*) etw vornehmen (*planen*) to plan to do sthg

Vorort ['foːɐ̯lɔrt] (*pl* **-e**) *der* suburb

vorrangig ['foːɐ̯raŋɪç] *adj* principal

Vorrat ['foːɐ̯raːt] (*pl* **-räte**) *der* store ● auf Vorrat in stock ● solange der Vorrat reicht while stocks last

vorrätig ['foːɐ̯rɛːtɪç] *adj* in stock

Vorsaison ['foːɐ̯zɛzɔŋ] *die* pre-season

Vorsatz ['foːɐ̯zats] (*pl* **-sätze**) *der* resolution

Vorschau ['foːɐ̯ʃau] (*pl* **-en**) *die* preview

Vorschlag ['foːɐ̯ʃlaːk] (*pl* **-schläge**) *der* suggestion

vor|schlagen ['foːɐ̯ʃlaːɡn] *vt* (*unreg*) to suggest ● jm etw vorschlagen to suggest sthg to sb

vor|schreiben ['foːɐ̯ʃraibn] *vt* (*unreg*) (*befehlen*) to dictate

Vorschrift ['foːɐ̯ʃrɪft] (*pl* **-en**) *die* regulation

Vorschuss ['foːɐ̯ʃʊs] (*pl* **-schüsse**) *der* advance

Vorsicht ['foːɐ̯zɪçt] *die* care ● Vorsicht! look out!

vorsichtig ['foːɐ̯zɪçtɪç] ◇ *adj* careful ◇ *adv* carefully

Vorsilbe ['foːɐ̯zɪlbə] (*pl* **-n**) *die* prefix

Vorspeise ['foːɐ̯ʃpaizə] (*pl* **-n**) starter

Vorsprung ['foːɐ̯ʃprʊŋ] (*pl* **-sprünge**) *der* 1. (*Abstand*) lead 2. (*an Mauer*) projection

vor|stellen ['fo:ɐ̯ʃtɛlən] vt **1.** (Person, Projekt) to introduce **2.** (Uhr) to put forward ● **sich** (D) **etw vorstellen** (ausdenken) to imagine sth ● **sich vorstellen** refl (bekannt machen) to introduce o.s.

Vorstellung ['fo:ɐ̯ʃtɛlʊŋ] (pl **-en**) die **1.** (in Kino, Theater) performance **2.** (von Bekannten) introduction **3.** (Idee) idea **4.** (bei Firma) interview

vor|strecken ['fo:ɐ̯ʃtrɛkn] vt (Geld) to advance

Vorteil ['fɔrtail] (pl **-e**) der advantage

Vortrag ['fo:ɐ̯tra:k] (pl **-träge**) der (Rede) talk ● **einen Vortrag halten** to give a talk

vorüber [fo'ry:bɐ] adj ● **vorüber sein** to be over

vorüber|gehen [fo'ry:bɐgeːən] vi (unreg) (ist) **1.** (vorbeigehen) to pass by **2.** (zu Ende gehen) to come to an end

vorübergehend [fo'ry:bɐgeːənt] ◇ adj temporary ◇ adv temporarily ● **vorübergehend geschlossen** temporarily closed

Vor- und Zuname ['fo:ɐ̯-ʊnttsu:na:mə] (pl **-n**) der first name and surname

Vorurteil ['fo:ɐ̯lʊrtail] (pl **-e**) das prejudice

Vorverkauf ['fo:ɐ̯fɛɐ̯kauf] der advance booking

Vorverkaufskasse ['fo:ɐ̯fɛɐ̯kaufskasə] (pl **-n**) die advance booking desk

Vorverkaufsstelle ['fo:ɐ̯fɛɐ̯kaufsʃtɛlə] (pl **-n**) die advance booking office

Vorwahl ['fo:ɐ̯va:l] (pl **-en**) die (Telefonnummer) dialling code (UK), area code (US)

Vorwahlnummer ['fo:ɐ̯va:lnʊmɐ] (pl

-n) die dialling code (UK), area code (US)

vorwärts ['fo:ɐ̯vɛrts] adv (nach vorn) forwards

vorwärts kommen ['fo:ɐ̯vɛrtskɔmən] vi (unreg) (ist) to make progress

vor|werfen ['fo:ɐ̯vɛrfn] vt (unreg) (Fehler) ● **jm etw vorwerfen** to accuse sb of sthg

Vorwort ['fo:ɐ̯vɔrt] (pl **-e**) das preface

Vorwurf ['fo:ɐ̯vurf] (pl **-würfe**) der accusation

vor|zeigen ['fo:ɐ̯tsaign] vt to show

vor|ziehen ['fo:ɐ̯tsi:ən] vt (unreg) **1.** (lieber mögen) to prefer **2.** (Vorhang) to draw **3.** (nach vorn ziehen) to pull up

vorzüglich [fo:ɐ̯'tsy:klɪç] adj excellent

Vorzugspreis ['fo:ɐ̯tsu:ksprais] (pl **-e**) der special price

vulgär [vʊl'gɛ:ɐ̯] adj vulgar

Vulkan [vʊl'ka:n] (pl **-e**) das volcano

Ww

W [ve:] (abk für West) W

Waadt [va:t] die Vaud (Swiss canton)

Waage ['va:gə] (pl **-n**) die **1.** (Gerät) scales pl **2.** (Sternzeichen) Libra

waagerecht ['va:gərɛçt] adj horizontal

wach [vax] adj (nicht schlafend) ● **wach sein** to be awake ● **wach werden** to wake up

Wache ['vaxə] (pl **-n**) die **1.** (Wächter) guard **2.** (Polizeidienststelle) police station

Wacholder [vax'hɔldɐ] der (Gewürz) juniper

Wachs [vaks] *das* wax

wachsen¹ ['vaksn] (*präs* **wächst**, *prät* **wuchs**, *pp* **gewachsen**) *vi (ist)* to grow

wachsen² ['vaksn] *vt (Skier)* to wax

Wachsfigurenkabinett ['vaksfigu:rənkabinet] (*pl* -e) *das* waxworks *pl*

Wachsmalstift ['vaksma:lʃtɪft] (*pl* -e) *der* wax crayon

wächst [vɛkst] *präs* > **wachsen**

Wachstum ['vakstu:m] *das* growth

Wachtel ['vaxtl] (*pl* -n) *die* quail

Wächter, in ['vɛçtɐ] (*mpl inv*) *der, die* guard

wackelig ['vakəlıç] *adj (Möbel)* wobbly

Wackelkontakt ['vaklkɔntakt] (*pl* -e) *der* loose contact

wackeln ['vakln] *vi* 1. *(Möbel)* to be wobbly 2. *(bewegen)* to shake

Wackelpeter ['vaklpe:tɐ] *der* jelly

Wade ['va:də] (*pl* -n) *die* calf

Waffe ['vafə] (*pl* -n) *die* weapon

Waffel ['vafl] (*pl* -n) *die* waffle

Waffeleisen ['vaflaizn] (*pl inv*) *das* waffle iron

wagen ['va:gn] *vt (riskieren)* to risk ◆ **sich wagen** *ref (sich trauen)* to dare

Wagen ['va:gn] (*pl inv*) *der* 1. *(Auto)* car 2. *(von Zug, U-Bahn)* carriage *(UK)*, car *(US)* 3. *(Pferdewagen)* carriage ▼ **Wagen hält** bus stopping

Wagenheber ['va:gnhe:bɐ] (*pl inv*) *der* jack

Wagenpapiere ['va:gnpapi:rə] *pl* vehicle documents

Wagentyp ['va:gnty:p] (*pl* -en) *der* make of car

Wagenwäsche ['va:gnvɛʃə] (*pl* -n) *die* car wash

Waggon [va'gɔŋ] (*pl* -s) *der* carriage *(UK)*, car *(US)*

Wahl [va:l] (*pl* -en) *die* 1. *(Auswahl)* choice 2. *(Abstimmung)* election ● **erste Wahl** top quality

wählen ['vɛ:lən] ◇ *vt* 1. *(aussuchen)* to choose 2. *(Telefonnummer)* to dial 3. *(Kandidaten)* to elect ◇ *vi* 1. *(aussuchen)* to choose 2. *(am Telefon)* to dial 3. *(abstimmen)* to vote

Wählscheibe ['vɛ:lʃaibə] (*pl* -n) *die* dial

wahlweise ['va:lvaizə] *adv* ● wahlweise in Rot, Grün oder Blau in either red, green or blue ● wahlweise mit Reis oder Gemüse with a choice of rice or vegetables

Wahnsinn ['va:nzɪn] *der* madness ● Wahnsinn! brilliant!

wahnsinnig ['va:nzɪnɪç] ◇ *adj (unvernünftig)* mad ◇ *adv (fam) (groß, stark)* incredibly

wahr [va:ɐ] *adj* true

während ['vɛ:rənt] ◇ *konj (zeitlich)* while ◇ *präp (+G)* during

währenddessen [vɛ:rənt'dɛsn] *adv* in the meantime

Wahrheit ['va:ɐhait] (*pl* -en) *die* truth ● in Wahrheit in reality

wahrnehmen ['va:ɐne:mən] *vt (unreg) (bemerken)* to notice

Wahrsager, in ['va:ɐza:gɐ] (*mpl inv*) *der, die* fortune-teller

wahrscheinlich ['va:ɐʃainlıç] ◇ *adj* probable ◇ *adv* probably

Währung ['vɛ:rʊŋ] (*pl* -en) *die* currency

Wahrzeichen ['va:ɐtsaiçn] (*pl inv*) *das* symbol

Waise ['vaizə] (*pl* -n) *die* orphan

Wald [valt] (*pl* **Wälder**) *der* 1. wood 2. *(groß)* forest

Waldbrand ['valtbrant] (*pl* -**brände**) *der* forest fire

Wäldchen ['vɛltçən] (pl inv) das copse

Waldgebiet ['valtgəbi:t] (pl **-e**) das wooded area

waldig ['valdıç] adj wooded

Waldlauf ['valtlauf] (pl **-läufe**) der cross-country run

Waldlehrpfad ['valtle:ɐpfa:t] (pl **-e**) der nature trail

Waldmeister ['valtmaistɐ] der (Pflanze) woodruff

Waldorfsalat ['valdɔrfzala:t] (pl **-e**) der Waldorf salad

Waldpilz ['valtpılts] (pl **-e**) der wild mushroom

Waldsterben ['valtʃtɛrbn] das forest dieback

Waldweg ['valtve:k] (pl **-e**) der forest track

Wales ['ve:ls] nt Wales

Waliser [va'li:zɐ] (pl inv) der Welshman ● **die Waliser** the Welsh

Waliserin [va'li:zərın] (pl **-nen**) die Welshwoman

walisisch [va'li:zıʃ] adj Welsh

Walkie-Talkie ['wɔːkıˈtɔːkı] (pl **-s**) das walkie-talkie

Wallfahrt ['valfa:ɐt] (pl **-en**) die pilgrimage

Wallfahrtsort ['valfa:ɐtslɔrt] (pl **-e**) der place of pilgrimage

Wallis ['valıs] das Valais (Swiss canton)

Walnuss ['valnʊs] (pl **-nüsse**) die walnut

Walzer ['valtsɐ] (pl inv) der waltz

wand [vant] prät > winden

Wand (pl **Wände**) die (von Häusern, Räumen) wall

wandeln [vandln] ● **sich wandeln** ref to change

Wanderer [vandərɐ] (pl inv) der rambler

Wanderkarte ['vandɐkartə] (pl **-n**) die walking map

wandern ['vandɐn] vi (ist) to go walking

Wanderschuh ['vandɐʃu:] (pl **-e**) der walking boot

Wanderweg ['vandɐve:k] (pl **-e**) der trail

Wandmalerei ['vantma:lərai] (pl **-en**) die mural

Wandschrank ['vantʃraŋk] (pl **-schränke**) der built-in cupboard

wandte ['vantə] prät > wenden

Wandteppich ['vanttɛpıç] (pl **-e**) der tapestry

Wange ['vaŋə] (pl **-n**) die (geh) cheek

wann [van] adv when ● **bis wann ?** till when? ● **seit wann lebst du schon hier?** how long have you been living here?

Wanne ['vanə] die (pl **1.** (Badewanne) bath **2.** (Gefäß) tank

Wappen ['vapn] (pl inv) das coat of arms

war [va:ɐ] prät > sein

warb prät > werben

Ware ['va:rə] (pl **-n**) die product ● **Waren** goods

Warenhaus ['va:rənhaus] (pl **-häuser**) das department store

Warenlager ['va:rənla:gɐ] (pl inv) das warehouse

Warenmuster ['va:rənmʊstɐ] (pl inv) das sample

Warensendung ['va:rənzɛndʊŋ] (pl **-en**) die sample sent by post

Warenzeichen ['va:rəntsaiçn] (pl inv) das trademark

warf [varf] prät > werfen

warm [varm] (komp **wärmer**, superl **wärmste**) ◇ adj warm ● adv warmly ● **warm essen** to have a hot meal ● **sich**

warm anziehen to put on warm clothes ● **es ist warm** it's warm ● **ist dir nicht zu warm?** aren't you too hot? ● **warme Getränke** hot drinks

Wärme ['vɛrmə] *die* warmth

wärmen ['vɛrmən] *vt* to warm ◆ **sich wärmen** *ref* to warm o.s.

Wärmflasche ['vɛrmflaʃə] *(pl -n) die* hot-water bottle

Warmfront ['varmfrɔnt] *(pl -en) die* warm front

warm laufen ['varm'laufn̩] *vi (unreg) (ist) (Motor)* to warm up ◆ **sich warm laufen** *ref (Person)* to warm up

Warmmiete ['varmmi:tə] *(pl -n) die* rent including heating bills

Warmwasser ['varmvasə] *das* hot water

Warnblinkanlage ['varnblɪŋklanla:gə] *(pl -n) die* hazard lights *pl*

Warndreieck ['varndraiɛk] *(pl -e) das* warning triangle

warnen ['varnən] *vt* to warn ▼ **vor ...** wird gewarnt beware of ...

Warnschild ['varnʃɪlt] *(pl -er) das* warning sign

Warnung ['varnʊŋ] *(pl -en) die* warning

Warteliste ['vartəlɪstə] *(pl -n) die* waiting list

warten ['vartn̩] ◇ *vi* to wait ◇ *vt TECH* to service ● **warten auf** *(+A)* to wait for ▼ **hier warten** wait here

Wartenummer ['vartənʊmə] *(pl -n) die* number assigned to someone to indicate their position in a waiting system

Wärter, in ['vɛrtɐ] *(mpl inv) der, die* attendant

Wartesaal ['vartəza:l] *(pl -säle) der* waiting room

Wartezimmer ['vartətsɪmɐ] *(pl inv) das*

waiting room

Wartung ['vartʊŋ] *(pl -en) die* servicing

warum [va'rom] *adv* why ● **warum nicht?** why not?

Warze ['vartsə] *(pl -n) die* wart

was [vas] *pron* **1.** what **2.** *(Relativprono-men)* which **3.** *(fam) (etwas)* something **4.** *(fam) (nicht wahr)* ● **da freut du dich, was?** you're pleased, aren't you? ● **was für** what kind of ● **na so was!** well!

Waschanlage ['vaʃanla:gə] *(pl -n) die* car wash

waschbar ['vaʃba:ɐ] *adj* washable

Waschbecken ['vaʃbɛkn̩] *(pl inv) das* washbasin

Wäsche ['vɛʃə] *(pl -n) die* **1.** washing **2.** *(Unterwäsche)* underwear ● **schmutzige Wäsche** dirty washing

waschecht ['vaʃɛçt] *adj (Kleidung)* co-lourfast

Wäscheklammer ['vɛʃəklamɐ] *(pl -n) die* clothes peg *(UK)*, clothespin *(US)*

Wäscheleine ['vɛʃəlainə] *(pl -n) die* washing line

waschen ['vaʃn̩] *(präs* **wäscht**, *prät* **wusch**, *pp* **gewaschen)** *vt* to wash ◆ **sich waschen** *ref* to have a wash ● **sich** *(D)* **die Hände waschen** to wash one's hands ● **Waschen und Legen** shampoo and set

Wäscherei ['vɛʃərai] *(pl -en) die* laun-drette

Wäscheschleuder ['vɛʃəʃlɔydɐ] *(pl -n) die* spin-dryer

Wäscheständer ['vɛʃəʃtɛndɐ] *(pl inv) der* clotheshorse

Wäschestärke ['vɛʃəʃtɛrkə] *die* starch

Wäschetrockner ['vɛʃətrɔknɐ] *(pl inv) der (Maschine)* tumble-dryer

Waschgelegenheit ['vaʃgəleːgnhait] (pl -en) *die* washing facilities

Waschlappen ['vaʃlapn̩] (pl inv) *der (zum Waschen)* face cloth

Waschmaschine ['vaʃmaʃiːnə] (pl -n) *die* washing machine

Waschmittel ['vaʃmɪtl̩] (pl inv) *das* detergent

Waschpulver ['vaʃpʊlvɐ] (pl inv) *das* washing powder

Waschraum ['vaʃraum] (pl -räume) *der* washroom

Waschsalon ['vaʃzalɔn] (pl -s) *der* launderette

Waschstraße ['vaʃʃtraːsə] (pl -n) *die* car wash

wäscht ['vɛʃt] *präs* ➤ **waschen**

Wasser ['vasɐ] (pl **Wässer** ODER inv) *das* water • **am Wasser** next to the water • **im Wasser** in the water • **destilliertes Wasser** distilled water

Wasseranschluss ['vasɐʔanʃlʊs] (pl -anschlüsse) *der* water mains

wasserdicht ['vasɐdɪçt] *adj* waterproof

Wasserfall ['vasɐfal] (pl -fälle) *der* waterfall

Wasserfarbe ['vasɐfarbə] (pl -n) *die* watercolour

Wassergraben ['vasɐgraːbn̩] (pl -gräben) *der* ditch

Wasserhahn ['vasɐhaːn] (pl -hähne) *der* tap *(UK)*, faucet *(US)*

Wasserleitung ['vasɐlaitʊŋ] (pl -en) *die* **1.** *(Rohr)* water pipe **2.** *(Anlage)* plumbing

wasserlöslich ['vasɐløːslɪç] *adj* soluble *(in water)*

Wassermangel ['vasɐmaŋl̩] *der* drought

Wassermann ['vasɐman] *der (Sternzeichen)* Aquarius

Wassermelone ['vasɐmeloːnə] (pl -n) *die* watermelon

wasserscheu ['vasɐʃɔy] *adj* scared of water

Wasserschutzpolizei ['vasɐʔʊtspolitsai] *die* river police

Wasserski ['vasɐʃiː] (pl -er) ◇ *der (Gerät)* water ski ◇ *das (Sportart)* water skiing

Wasserspiegel ['vasɐʃpiːgl̩] (pl inv) *der (Wasserstand)* water level

Wassersport ['vasɐʃpɔrt] *der* water sport

Wasserspülung ['vasɐʃpyːlʊŋ] (pl -en) *die* flush

Wasserstand ['vasɐʃtant] (pl -stände) *der* water level

wasserundurchlässig ['vasɐʔʊndʊrçlɛsɪç] *adj* waterproof

Wasserversorgung ['vasɐfɛɐzɔrgʊŋ] *die* water supply

Wasserwerk ['vasɐvɛrk] (pl -e) *das* waterworks *sg*

Watt[1] [vat] (pl -en) *das (Küstengebiet)* mudflats *pl*

Watt[2] [vat] (pl inv) *das (Maßeinheit)* watt

Watte ['vatə] *die* cotton wool

Wattenmeer ['vatnmeːɐ] (pl -e) *das* mudflats *pl*

Wattenmeer

This is the name given to an area of mud flats on the North Sea coast, characterized by *Prielen* (occasionally very deep water channels). At high tide the area is covered by the sea, but at low tide a unique natural landscape is revealed, making it a very popular place for visitors to go on walks.

Wattestäbchen ['vatəʃtɛ:pçən] *(pl inv)* das cotton bud

wattiert [va'ti:ɐt] *adj* padded

WC [ve:'tse:] *(pl -s)* das WC

WC-Reiniger [ve:tse:-'rainigɐ] *(pl inv)* der lavatory cleaner

weben ['ve:bn] *(prät* **webte** ODER **wob**, *pp* **gewebt** ODER **gewoben)** *vt (Teppich, Stoff)* to weave

Wechsel ['vɛksl] *(pl inv)* der 1. *(Austausch, Änderung)* change 2. *(von Devisen)* exchange

Wechselbad ['vɛkslba:t] *(pl -bäder)* das *(in Wechsel)* bath in alternating hot and then cold water

Wechselgeld ['vɛkslgɛlt] das change

wechselhaft ['vɛkslhaft] *adj* changeable

Wechseljahre ['vɛksljaːrə] *pl* menopause *sg*

Wechselkurs ['vɛkslkʊrs] *(pl -e)* der exchange rate

wechseln ['vɛksln] *vt & vi* to change ● Euro in Pfund wechseln to change euros into pounds

Wechselrahmen ['vɛkslraːmən] *(pl inv)* der clip frame

Wechselstrom ['vɛkslʃtroːm] der alternating current

Wechselstube ['vɛkslʃtuːbə] *(pl -n)* die bureau de change

Weckdienst ['vɛkdiːnst] *(pl -e)* der morning call

wecken ['vɛkn] *vt (Person, Tier)* to wake

Wecker ['vɛkɐ] *(pl inv)* der alarm clock

weder ['ve:dɐ] *konj* neither ● weder ... noch neither ... nor

weg [vɛk] *adv* away ● weit weg far away ● Frau Miller ist schon weg Frau Miller has already gone

Weg [ve:k] *(pl -e)* der 1. *(Pfad)* path 2. *(Strecke, Methode)* way ● der Weg nach the way to ● dem ausgeschilderten Weg folgen follow the signposted path ● im Weg sein to be in the way

weg|bringen ['vɛkbrɪŋən] *vt (unreg)* to take away

wegen ['ve:gn] *präp (+G or D)* because of

weg|fahren ['vɛkfaːrən] ◇ *vi (unreg) (ist)* to leave ◇ *vt (unreg) (hat)* to drive away

weg|gehen ['vɛkgeːən] *vi (unreg) (ist)* 1. *(Person)* to go away 2. *(Fleck)* to come off

weg|kommen ['vɛkɔmən] *vi (unreg) (ist)* 1. *(fam) (fortgehen können)* to get away 2. *(verschwinden)* to disappear

weg|lassen ['vɛklasn] *vt (unreg)* 1. *(fam) (Textstelle)* to leave out 2. *(Gäste)* to let go

weg|laufen ['vɛklaufn] *vi (unreg) (ist)* to run away

weg|legen ['vɛkleːgn] *vt* to put down

weg|machen ['vɛkmaxn] *vt (fam)* to get off

weg|müssen ['vɛkmysn] *vi (unreg) (fam)* to have to go

weg|nehmen ['vɛkneːmən] *vt (unreg)* to take away

weg|räumen ['vɛkrɔymən] *vt* to clear away

weg|schicken ['vɛkʃɪkn] *vt* 1. *(Brief, Packet)* to send 2. *(Person)* to send away

weg|sehen ['vɛkzeːən] *vi (unreg) (nicht hinsehen)* to look away

weg|tun ['vɛktuːn] *vt (unreg)* 1. *(fam) (weglegen)* to put away 2. *(wegwerfen)* to throw away

Wegweiser ['veːkvaizɐ] *(pl inv) der* signpost

weg|werfen ['vɛkverfn̩] *vt (unreg)* to throw away

weg|wischen ['vɛkvɪʃn̩] *vt* to wipe away

weh [veː] *adj* ◆ **weh tun** *(schmerzen)* to hurt ◆ **jm weh tun** *(verletzen)* to hurt sb

Wehe ['veːə] *(pl -n) die* contraction

wehen ['veːən] *vi (Wind)* to blow

Wehrdienst ['veːɐ̯diːnst] *der* military service

wehren ['veːrən] ◆ **sich wehren** *ref* to defend o.s.

weiblich ['vaiplɪç] *adj* **1.** female **2.** *GRAMM* feminine

weich [vaiç] ◇ *adj* soft ◇ *adv (sitzen, liegen)* comfortably

weich gekocht ['vaiçgəkɔxt] *adj* soft-boiled

Weichkäse ['vaiçkɛːzə] *der* soft cheese

Weichspüler ['vaiçʃpyːlɐ] *(pl inv) der* fabric conditioner

Weide ['vaidə] *(pl -n) die (mit Gras)* meadow

weigern ['vaigɐn] ◆ **sich weigern** *ref* to refuse

Weigerung ['vaigərʊŋ] *(pl -en) die* refusal

Weihnachten ['vainaxtn̩] *(pl inv)* Christmas ◆ **frohe Weihnachten!** Merry Christmas!

Weihnachten

Unlike in the English-speaking world, in Germany Christmas presents are exchanged on the evening of 24 December. The Christmas tree is decorated with candles, which are lit before people set off for Midnight Mass. Typical Christmas fare includes mulled wine and gingerbread biscuits (*Lebkuchen*), and houses are decorated with a variety of traditional handmade wooden decorations.

Weihnachtsabend ['vainaxtsˈaːbn̩t] *(pl -e) der* Christmas Eve

Weihnachtsbaum ['vainaxtsbaum] *(pl -bäume) der* Christmas tree

Weihnachtsferien ['vainaxtsfeːrɪən] *pl* Christmas holidays (*UK*), Christmas vacation *sg* (*US*)

Weihnachtsgeschäft ['vainaxtsgəʃɛft] *das* Christmas trade

Weihnachtsgeschenk ['vainaxtsgəʃɛŋk] *(pl -e) das* Christmas present

Weihnachtslied ['vainaxtsliːt] *(pl -er) das* Christmas carol

Weihnachtsmann ['vainaxtsman] *(pl -männer) der* Father Christmas

Weihnachtsmarkt ['vainaxtsmarkt] *(pl -märkte) der* Christmas market

Weihnachtsmarkt

German Christmas markets are open throughout Advent, usually on a town's main square. They include fairground attractions, festive music and stalls selling Christmas decorations and presents as well as a range of food including seasonal specialities such as *Lebkuchen* and mulled wine (*Glühwein*). The most famous is in Nuremberg.

Weihnachtstag ['vainaxtstaːk] *(pl -e)*

der Christmas Day ● **erster Weihnachtstag** Christmas Day ● **zweiter Weihnachtstag** Boxing Day

Weihnachtszeit ['vainaxtstsait] *die*
Christmas

weil [vail] *konj* because

Wein [vain] (*pl* **-e**) *der* **1.** (*Getränk*) wine
2. (*Pflanze*) vine

Wein

White wine accounts for 90% of
Germany's wine production, the
other major variety being the sparkling wine known as *Sekt*. The main
wine-producing areas are the Mosel-
Saar-Ruwer region, Saxony, Franco-
nia and Baden. After the grape
harvest, festivals are held where
people drink a young, sweet wine
called *Federweißer*.

Weinberg ['vainberk] (*pl* **-e**) *der* vineyard

Weinbergschnecke ['vainberkʃnekə] (*pl*
-n) *die* snail

Weinbrand ['vainbrant] (*pl* **-brände**) *der*
brandy

weinen ['vainən] *vi* to cry

Weinflasche ['vainflaʃə] (*pl* **-n**) *die* wine
bottle

Weinglas ['vaingla:s] (*pl* **-gläser**) *das*
wine glass

Weinkarte ['vainkartə] (*pl* **-n**) *die* wine
list

Weinkeller ['vainkelɐ] (*pl* *inv*) *der* wine
cellar

Weinlese ['vainle:zə] (*pl* **-n**) *die* grape
harvest

Weinprobe ['vainpro:bə] (*pl* **-n**) *die*
wine tasting

Weinstube ['vainʃtu:bə] (*pl* **-n**) *die* wine
bar

Weintraube ['vaintraubə] (*pl* **-n**) *die*
grape

weisen ['vaizn] (*prät* **wies**, *pp* **gewiesen**) ◇ *vt* (*zeigen*) to show ◇ *vi* (*zeigen*) to
point

Weisheit ['vaishait] *die* (*Klugheit*) wisdom

weiß [vais] ◇ *präs* ➤ **wissen** ◇ *adj* white

Weiß [vais] *das* white

Weißbier ['vaisbi:ɐ̯] (*pl* **-e**) *das* fizzy lager
beer made from wheat

Weißbrot ['vaisbro:t] (*pl* **-e**) *das* white
bread

Weiße¹ ['vaisə] (*pl* **-n**) *der, die* (*Mensch*)
white person

Weiße² ['vaisə] (*pl* *inv*) *die* (*fam*) ●
Berliner Weiße *type of fizzy lager often
drunk with raspberry syrup* = **Weißbier**

Weißkohl ['vaisko:l] *der* white cabbage

Weißwein ['vaisvain] (*pl* **-e**) *der* white
wine

Weißwurst ['vaisvʊrst] (*pl* **Weiß-
würste**) *die* white sausage

weit [vait] ◇ *adj* **1.** wide **2.** (*Reise, Fahrt*)
long ◇ *adv* **1.** (*wesentlich*) far **2.** (*gehen,
fahren, fallen*) a long way ● **bei weitem**
by far ● **von weitem** from a distance ●
weit weg far away ● **wie weit ist es bis
...?** how far is it to ...? ● **so weit sein**
(*fam*) to be ready ● **zu weit gehen** to go
too far

weiter ['vaitɐ] *adv* **1.** (*fortgesetzt*) further
2. (*sonst*) else ● **immer weiter** on and on
● **nicht weiter** (*nicht weiter fort*) no
further ● **nichts weiter** nothing more

● **und so weiter** and so on

weiter|arbeiten ['vaɪtɐlarbaɪtn̩] *vi* to carry on working

weitere ['vaɪtərə] *adj* further ● **ohne weiteres** *(problemlos)* with no problem at all

weiter|empfehlen ['vaɪtɐlɛmpfeːlən] *vt (unreg)* to recommend

weiter|fahren ['vaɪtɐfaːrən] *vi (unreg) (ist)* to drive on

Weiterfahrt ['vaɪtɐfaːɐ̯t] *die* ● **zur Weiterfahrt in Richtung Hausen bitte hier umsteigen** passengers for Hausen, please change here

weiter|geben ['vaɪtɐgeːbn̩] *vt (unreg)* to pass on

weiter|gehen ['vaɪtɐgeːən] *vi (unreg) (ist)* to go on

weiter|helfen ['vaɪtɐhɛlfn̩] *vi (unreg) (+D)* to help

weiter|machen ['vaɪtɐmaxn̩] *vi* to carry on

weitsichtig ['vaɪtzɪçtɪç] *adj* 1. farsighted 2. MED longsighted *(UK)*, farsighted *(US)*

Weitsprung ['vaɪtʃprʊŋ] *der* long jump

Weitwinkelobjektiv ['vaɪtvɪŋkləpjɛktiːf] *(pl -e)* das wide-angle lens

Weizen ['vaɪtsn̩] *der* wheat

Weizenbier ['vaɪtsn̩biːɐ̯] *(pl -e)* das fizzy lager beer made from wheat

welche, r, s ['vɛlçə] ◇ *det (zur Einleitung einer Frage)* which ◇ *pron* 1. *(Relativpronomen)* which, that 2. *(Indefinitpronomen)* any 3. *(Interrogativpronomen)* which *(one)* ● **hast du welche?** have you got any?

welk [vɛlk] *adj* wilted

Welle ['vɛlə] *(pl -n)* die wave

Wellenbad ['vɛlənbaːt] *(pl -bäder)* das swimming pool with wave machine

Wellengang ['vɛləngaŋ] *der* swell

Wellenreiten ['vɛlənraɪtn̩] das surfing

wellig ['vɛlɪç] *adj* 1. *(Haar)* wavy 2. *(Landschaft)* undulating

Welt [vɛlt] *(pl -en)* die world ● **auf der Welt** in the world

Weltall ['vɛltal] das universe

weltberühmt ['vɛltbəryːmt] *adj* world-famous

Weltkrieg ['vɛltkriːk] *(pl -e)* der ● **der Erste/Zweite Weltkrieg** the First/Second World War

Weltmeister, in ['vɛltmaɪstɐ] *(mpl inv)* der, die world champion

Weltmeisterschaft ['vɛltmaɪstɐʃaft] *(pl -en)* die world championship

Weltreise ['vɛltraɪzə] *(pl -n)* die round-the-world trip

Weltrekord ['vɛltrekɔrt] *(pl -e)* der world record

Weltstadt ['vɛltʃtat] *(pl -städte)* die cosmopolitan city

weltweit ['vɛltvaɪt] *adj & adv* worldwide

wem [veːm] *pron (to)* who

wen [veːn] *pron* who

Wendefläche ['vɛndəflɛçə] *(pl -n)* die turning area

Wendekreis ['vɛndəkraɪs] *(pl -e)* der *(von Fahrzeug)* turning circle

Wendemöglichkeit ['vɛndəmøːklɪçkaɪt] *(pl -en)* die turning ● **keine Wendemöglichkeit** no turning

wenden¹ ['vɛndn̩] *vt & vi* to turn

wenden² ['vɛndn̩] ● **sich wenden** *(prät, pp)* ref ● **sich an jn wenden** to consult sb

wenig ['veːnɪç] ◇ *det* 1. *(Geld, Interesse)*

little **2.** *(Tage, Leute)* a few ◇ *pron* **1.** *(Geld, Kaffee)* a little **2.** *(Leute)* a few ◇ *adv* a little ● **ein wenig** a little ● **zu wenig** too little

weniger ['veːnɪɡɐ] *adv (minus)* minus

wenigste, r, s ['veːnɪɡstə] *adj* least ● **am wenigsten** least

wenigstens ['veːnɪçstns] *adv* at least

wenn [vɛn] *konj* **1.** *(zeitlich)* when **2.** *(falls)* if

wer [veːɐ] *pron* who

Werbefernsehen ['vɛrbəfɛrnzeːən] *das* television advertising

Werbegeschenk ['vɛrbəɡəʃɛŋk] *(pl -e) das* free sample

werben ['vɛrbn] *(präs* **wirbt**, *prät* **warb**, *pp* **geworben)** *vi (Firma, Produzent)* to advertise ◇ *vt* **1.** *(Mitglieder)* to recruit **2.** *(Kunden)* to attract

Werbung ['vɛrbuŋ] *die (in Zeitung, Fernsehen)* advertising

werden [veɐdn] *(präs* **wird**, *prät* **wurde**, *pp* **ist geworden** ODER **worden)** ◇ *aux (pp* **worden)** **1.** *(im Futur)* will ● **sie wird kommen** she will come ● **sie wird nicht kommen** she won't come **2.** *(im Konjunktiv)* would ● **würden Sie das machen?** would you do this? ● **ich würde gern gehen** I would like to go ● **ich würde lieber noch bleiben** I would prefer to stay a bit longer **3.** *(im Passiv: pp* **worden)** *vt* ● **sie wurde kritisiert** she was criticized **4.** *(Ausdruck der Möglichkeit)* ● **sie wird es wohl vergessen haben** she has probably forgotten ◇ *vi (pp* **geworden)** to become ● **Vater werden** to become a father ● **er will Lehrer werden** he wants to be a teacher ● **ich werde morgen 25** I'll be 25

tomorrow ● **das Kind wird groß** the child's getting bigger ● **alt werden** to grow old, to get old ● **rot werden** to turn red, to turn red ● **zu Stein werden** to turn to stone ● **schlecht werden** to go off ● **mir wird schlecht** I feel sick ◇ *vimp (pp* **geworden)** ● **es wird langsam spät** it's getting late ● **es wird bald Sommer** it will soon be summer

werfen *(präs* **wirft**, *prät* **warf**, *pp* **geworfen)** *vt & vi* to throw

Werft [vɛrft] *(pl -en) die* shipyard

Werk [vɛrk] *(pl -e) das* **1.** *(Arbeit)* work **2.** *(Fabrik)* work

Werkstatt ['vɛrkʃtat] *(pl -stätten) die* workshop

Werktag ['vɛrktaːk] *(pl -e) der* working day

werktags ['vɛrktaːks] *adv* on working days

Werkzeug ['vɛrktsɔyk] *(pl -e) das* tool

Werkzeugkasten ['vɛrktsɔykkastn] *(pl inv) der* tool box

Wermut ['vɛrmuːt] *(pl -s) der (Getränk)* vermouth

wert [veːɐt] *adj* ● **wert sein** to be worth

Wert [veːɐt] *(pl -e) der* value ● **im Wert steigen/fallen** to increase/decrease in value

Wertangabe ['veːɐtanɡaːbə] *(pl -n) die* registered value ● **Sendung mit Wertangabe** registered mail

Wertbrief ['veːɐtbriːf] *(pl -e) der* registered letter

Wertgegenstand ['veːɐtɡəɡnʃtant] *(pl* **-gegenstände)** *der* valuable object

wertlos ['veːɐtloːs] *adj* worthless

Wertmarke ['veːɐtmarkə] *(pl -n) die* token

Wertpapier ['veːɐ̯tpapiːɐ̯] (pl **-e**) das bond

Wertsachen ['veːɐ̯tzaxn] pl valuables ▼ bitte achten Sie auf Ihre Wertsachen! please take care of your valuables

wertvoll ['veːɐ̯tfɔl] adj valuable

Wertzeichen ['veːɐ̯ttsaiçn] (pl inv) das stamp

Wesen ['veːzn] (pl inv) das **1.** (Charakter) nature **2.** (Lebewesen) creature

wesentlich ['veːzntlɪç] ◇ adj (wichtig) essential ◇ adv (viel) considerably

weshalb [vɛs'halp] adv why

Wespe ['vɛspə] (pl **-n**) die wasp

wessen ['vɛsn] pron whose

West [vɛst] der West

Westdeutschland ['vɛstdɔytʃlant] das **1.** (westliche Teil) western Germany **2.** (frühere BRD) West Germany

Weste ['vɛstə] (pl **-n**) die waistcoat

Westen ['vɛstn] der west ● im Westen in the west ● nach Westen (Richtung) west

Westeuropa ['vɛstˈɔyroːpa] nt Western Europe

Westküste ['vɛstkystə] (pl **-n**) die west coast

westlich ['vɛstlɪç] ◇ adj western ◇ präp ● westlich von west of

weswegen [vɛs'veːgn] adv why

Wettbewerb ['vɛtbəvɛrp] (pl **-e**) der (Veranstaltung) competition

Wettbüro ['vɛtbyroː] (pl **-s**) das betting office

Wette ['vɛtə] (pl **-n**) die bet

wetten ['vɛtn] vi & vt to bet ● ich wette mit dir um 10 Euro I bet you 10 euros

Wetter ['vɛtɐ] das weather ● bei gutem/schlechtem Wetter if the weather is good/bad

Wetteraussichten ['vɛtɐˌausⁿzɪçtn] pl weather prospects

Wetterbericht ['vɛtɐbərɪçt] (pl **-e**) der weather report

wetterfest ['vɛtɐfɛst] adj weatherproof

Wetterkarte ['vɛtɐkartə] (pl **-n**) die weather map

Wetterlage ['vɛtɐlaːgə] (pl **-n**) die general weather situation

Wettervorhersage ['vɛtɐvoːɐ̯heːɐ̯zaːgə] (pl **-n**) die weather forecast

Wettkampf ['vɛtkampf] (pl **-kämpfe**) der contest

Wettlauf ['vɛtlauf] (pl **-läufe**) der race

Wettrennen ['vɛtrɛnən] (pl inv) das race

WG [veːˈgeː] abk = Wohngemeinschaft

Whg. abk = Wohnung

Whirlpool ['wœrlpuːl] der whirlpool, jacuzzi

Whiskey ['vɪski] (pl **-s**) der whisky

wichtig ['vɪçtɪç] adj & adv important

wickeln ['vɪkln] vt **1.** (Schnur, Papier) to wind **2.** (Baby) ● ein Kind wickeln to change a child's nappy (UK), to change a child's diaper (US)

Wickelraum ['vɪklraum] (pl **-räume**) der baby changing room

Widder ['vɪdɐ] der (Sternzeichen) Aries

widerlich ['viːdɐlɪç] adj disgusting

widerrechtlich ['viːdɐrɛçtlɪç] ◇ adj illegal ◇ adv ● widerrechtlich abgestellte Fahrzeuge illegally parked cars

Widerruf ['viːdərʊf] (pl **-e**) der retraction

widerrufen [viːdəˈruːfn] (prät widerrief, pp inv) vt (Aussage) to retract

widersprechen [viːdəˈʃprɛçn] (präs widerspricht, prät widersprach, pp widersprochen) vi (+D) to contradict

● sich (D) widersprechen to contradict o.s.

Widerspruch ['viːdɐʃprɔx] (pl **-sprü-che**) der 1. contradiction 2. (Protest) objection

Widerstand ['viːdɐʃtant] (pl **-stände**) der (Abwehr) resistance

widerstandsfähig ['viːdɐʃtantsfɛːɪç] adj resilient

Widmung ['vɪtmʊŋ] (pl **-en**) die dedication

wie [viː]
◇ adv 1. (in Fragesätzen) how ● wie heißen Sie? what's your name? ● wie war das Wetter? what was the weather like? ● wie spät ist es? what is the time? ● wie bitte? sorry? ● wie oft? how often? ● wie wäre es, wenn ...? how about if ...? ● sie fragte ihn, wie alt er sei she asked him how old he was 2. (als Ausruf) how ● wie nett von dir! how kind of you!
◇ konj 1. (zum Vergleich) like ● so ... wie as ... as ● wie ich schon sagte as I was saying 2. (Maßangabe, Qualitätsangabe) as ● so viel, wie möglich as much as possible ● und wie! not half!

wieder adv again ● immer wieder again and again ● nie wieder never again

wieder|bekommen ['viːdɐbəkɔmən] vt (unreg) to get back

wieder erkennen ['viːdɐɐkɛnən] vt (unreg) to recognize

wieder finden ['viːdɐfɪndn̩] vt (unreg) to find

wieder|geben ['viːdɐgeːbn̩] vt (unreg) (zurückgeben) to give back

wiederholen [viːdɐ'hoːlən] vt 1. (noch einmal) to repeat 2. (lernen) to revise ◆

sich wiederholen ref 1. (Person) to repeat o.s. 2. (Ereignis) to recur ● wiederholen Sie bitte ! could you repeat that please?

Wiederholung [viːdɐ'hoːlʊŋ] (pl **-en**) die 1. (von Lernstoff) revision 2. (von Test, Klasse) repeat 3. (von Satz) repetition

Wiederhören ['viːdɐhøːrən] das ● auf Wiederhören! (am Telefon) bye!

wieder|kommen ['viːdɐkɔmən] vi (unreg) (ist) 1. (zurückkommen) to come back 2. (noch einmal kommen) to come again

Wiedersehen ['viːdɐzeːən] (pl inv) das reunion ● auf Wiedersehen! goodbye!

wieder treffen ['viːdɐtrɛfn̩] vt (unreg) to meet up again

Wiedervereinigung ['viːdɐfɐʔainɪgʊŋ] (pl **-en**) die reunification

Wiederverwendung ['viːdɐfɐvɛndʊŋ] die reuse

wiegen ['viːgn̩] (prät **wog**, pp **gewogen**) vi to weigh ◆ sich wiegen ref (auf Waage) to weigh o.s.

Wien [viːn] nt Vienna

Wiener Schnitzel ['viːnɐʃnɪtsl̩] (pl inv) das Wiener schnitzel (escalope of veal coated with breadcrumbs)

wies [viːs] prät ➤ **weisen**

Wiese ['viːzə] (pl **-n**) die meadow

wieso [viˈzoː] pron why

wie viel [viːˈfiːl] pron how much ● wie viel Uhr ist es? what time is it?

wievielte, r, s ['viːfiːltə] adj ● das wievielte Glas ist das? how many glasses is that? ● der Wievielte ist heute? what's today's date?

wild [vɪlt] ◇ adj 1. wild 2. (heftig) frenzied
◇ adv 1. (unkultiviert) wild 2. (heftig) furiously 3. (parken, zelten) illegally

Wild [vɪlt] *das* game

Wildbret ['vɪltbret] *das* game

Wildleder ['vɪltle:dɐ] *das* suede

Wildpark ['vɪltpark] (*pl* -s) *der* game reserve

Wildschwein ['vɪltʃvaɪn] (*pl* -e) *das* wild boar

Wildwasser ['vɪltvasɐ] (*pl inv*) *das* white water

will [vɪl] *präs* ➤ wollen

Willen ['vɪlən] *der* 1. *(Absicht)* wishes *pl* 2. *(Fähigkeit)* will ● seinen eigenen Willen haben to have a mind of one's own

willkommen [vɪl'kɔmən] *adj* welcome ● herzlich willkommen! welcome!

Willkommen [vɪl'kɔmən] *das* welcome

Wimper ['vɪmpɐ] (*pl* -n) *die* eyelash

Wimperntusche ['vɪmpɐntuʃə] (*pl* -n) *die* mascara

Wind [vɪnt] (*pl* -e) *der* wind ● starker/ schwacher/böiger Wind strong/mild/ gusty wind

Windbeutel ['vɪntbɔytl̩] (*pl inv*) *der* ≃ éclair

Windel ['vɪndl̩] (*pl* -n) *die* nappy (UK), diaper (US)

winden ['vɪndn̩] (*prät* wand, *pp* gewunden) ◆ sich winden *ref (Weg, Linie)* to wind

windgeschützt ['vɪntgəʃʏtst] *adj* sheltered

windig ['vɪndɪç] *adj (Tag, Wetter)* windy ● es ist windig it's windy

Windjacke ['vɪntjakə] (*pl* -n) *die* windcheater

Windmühle ['vɪntmy:lə] (*pl* -n) *die* windmill

Windpocken ['vɪntpɔkn̩] *pl* chickenpox *sg*

Windrichtung ['vɪntrɪçtʊŋ] (*pl* -en) *die* wind direction

Windschutzscheibe ['vɪntʃʊtsʃaɪbə] (*pl* -n) *die* windscreen (UK), windshield (US)

Windstärke ['vɪntʃtɛrkə] (*pl* -n) *die* force *(of wind)*

windstill ['vɪntʃtɪl] *adj* still

Windsurfen ['vɪntsœ:ɐfn̩] *das* windsurfing

Winkel ['vɪŋkl̩] (*pl inv*) *der* 1. *(von Linien)* angle 2. *(Platz)* corner

winken ['vɪŋkn̩] (*pp* **gewinkt** ODER **gewunken**) *vi* (+D) to wave ● jm winken to wave to sb

Winter ['vɪntɐ] (*pl inv*) *der* winter ● im Winter in winter

Winterausrüstung ['vɪntɐʔausrʏstʊŋ] (*pl* -en) *die (zum Skifahren)* skiing equipment

Winterfahrplan ['vɪntɐfaːɐplaːn] (*pl* -pläne) *der* winter timetable

Wintermantel ['vɪntɐmantl̩] (*pl* -mäntel) *der* winter coat

Winterreifen ['vɪntɐraɪfn̩] (*pl inv*) *der* winter tyre

Winterschlussverkauf ['vɪntɐʃlʊsfɛɐkauf] (*pl* -verkäufe) *der* January sale

Wintersport ['vɪntɐʃpɔrt] *der* winter sport

Winzer, in ['vɪntsɐ] (*mpl inv*) *der, die* wine grower

winzig ['vɪntsɪç] *adj* tiny

wir ['vi:ɐ] *pron* we

Wirbel ['vɪrbl̩] (*pl inv*) *der* 1. *(Knochen)* vertebra 2. *(in Wasser)* whirlpool

Wirbelsäule ['vɪrbl̩zɔylə] (*pl* -n) *die* spine

wirbt [vɪrpt] *präs* ➤ werben

wird [vɪrt] *präs* ➤ werden

wirft [vɪrft] *präs* ➤ **werfen**

wirken ['vɪrkn] *vi* **1.** *(erscheinen)* to seem **2.** *(Mittel)* to have an effect ● **wirken gegen** to counteract

wirklich ['vɪrklɪç] ◇ *adj* real ◇ *adv* really

Wirklichkeit ['vɪrklɪçkait] *die* reality

wirksam ['vɪrkza:m] *adj* effective

Wirkstoff ['vɪrkʃtɔf] *(pl* **-e)** *der* active substance

Wirkung ['vɪrkʊŋ] *(pl* **-en)** *die (von Mittel)* effect

Wirsing ['vɪrzɪŋ] *der* savoy cabbage

Wirt, in [vɪrt] *(mpl* **-e)** *der, die (Gastwirt)* landlord (f landlady)

Wirtschaft ['vɪrtʃaft] *(pl* **-en)** *die* **1.** *(Ökonomie)* economy **2.** *(Lokal)* pub

wirtschaftlich ['vɪrtʃaftlɪç] *adj (ökonomisch)* economic

Wirtschaftspolitik ['vɪrtʃaftspoliti:k] *die* economic policy

Wirtshaus ['vɪrtshaus] *(pl* **-häuser)** *das* pub, often with accommodation

Wirtsleute ['vɪrtsləytə] *pl (von Lokal)* landlord and landlady

Wirtsstube ['vɪrtsʃtu:bə] *(pl* **-n)** *die* bar

Wischblatt ['vɪʃblat] *(pl* **-blätter)** *das* wiper blade

wischen ['vɪʃn] ◇ *vt* **1.** *(Boden, Mund)* to wipe ● **2.** *(Schmutz)* to wipe away ◇ *vi (putzen)* to clean

wissen ['vɪsn] *(präs* **weiß,** *prät* **wusste,** *pp* **gewusst)** ◇ *vt* to know ◇ *vi* ● **von etw wissen** to know about sthg ● **etw wissen über** *(+A)* to know sthg about ● **ich weiß!** I know! ● **weißt du was?** you know what?

Wissenschaft ['vɪsnʃaft] *(pl* **-en)** *die* science

Wissenschaftler, in ['vɪsnʃaftlɐ] *(mpl*

inv) der, die scientist

Witterung ['vɪtərʊŋ] *die (Wetter)* weather

Witwe ['vɪtvə] *(pl* **-n)** *die* widow

Witwer ['vɪtvɐ] *(pl inv) der* widower

Witz [vɪts] *(pl* **-e)** *der* joke

WM [ve:'ɛm] *abk* = **Weltmeisterschaft**

wo [vo:] *adv* & *pron* where ● **von wo kam das Geräusch?** where did that noise come from?

woanders [vo:'andɐs] *adv* somewhere else

woandershin [vo:'andɐshɪn] *adv* somewhere else

wob [vo:p] *prät* ➤ **weben**

wobei [vo'bai] *pron (als Frage)* ● **wobei ist er erwischt worden?** what was he caught doing?

Woche ['vɔxə] *(pl* **-n)** *die* week ● **diese/ letzte/nächste Woche** this/last/next week

Wochenende ['vɔxnɛndə] *(pl* **-n)** *das* weekend ● **schönes Wochenende!** have a good weekend!

Wochenendtarif ['vɔxnɛnttari:f] *(pl* **-e)** *der* weekend tariff

Wochenkarte ['vɔxnkartə] *(pl* **-n)** *die* weekly season ticket

wochenlang ['vɔxnlaŋ] *adj* & *adv* for weeks

Wochenmarkt ['vɔxnmarkt] *(pl* **-märkte)** *der* weekly market

Wochentag ['vɔxnta:k] *(pl* **-e)** *der* weekday

wochentags ['vɔxnta:ks] *adv* on weekdays

wöchentlich ['vœçntlɪç] *adj* & *adv* weekly

Wodka ['vɔtka] *(pl* **-s)** *der* vodka

wo

wodurch [vo'dʊrç] *pron (als Frage)* • wodurch unterscheiden sich die beiden? what is the difference between the two?

wofür [vo'fy:ɐ] *pron (als Frage)* for what • wofür hast du das Geld ausgegeben? what did you spend the money on? • wofür brauchst du das? what do you need that for?

wog [vo:k] *prät* > wiegen

Woge ['vo:ɡə] (*pl* -n) *die (im Wasser)* breaker

wogegen [vo'ge:ɡn̩] *pron (als Frage)* against what

woher [vo'he:ɐ] *pron* from where • woher kommen Sie? where do you come from?

wohin [vo'hɪn] *pron* where

wohl [vo:l] (*komp* wohler ODER besser, *superl* am wohlsten ODER am besten) *adv* 1. well 2. *(wahrscheinlich)* probably • sich wohl fühlen *(gesund)* to feel well; *(angenehm)* to feel at home

Wohl [vo:l] *das* • auf Ihr Wohl! your good health! • zum Wohl! cheers!

Wohlstand ['vo:lʃtant] *der* affluence

wohl tuend ['vo:ltu:ənt] *adj* pleasant

Wohnanlage ['vo:nanla:ɡə] (*pl* -n) *die* housing estate

Wohnblock ['vo:nblɔk] (*pl* -blöcke) *der* block of flats (*UK*), apartment house (*US*)

wohnen ['vo:nən] *vi* 1. *(dauerhaft)* to live 2. *(vorübergehend)* to stay • wo wohnen Sie? *(dauerhaft)* where do you live?; *(vorübergehend)* where are you staying?

Wohngemeinschaft ['vo:ngəmainʃaft] (*pl* -en) *die* • in einer Wohngemeinschaft leben to share a flat/house

wohnhaft ['vo:nhaft] *adj (amt)* • wohnhaft in... resident at ...

Wohnhaus ['vo:nhaus] (*pl* -häuser) *das* house

Wohnmobil ['vo:nmobi:l] (*pl* -e) *das* camper (van) (*UK*), RV (*US*)

Wohnort ['vo:nɔrt] (*pl* -e) *der* place of residence

Wohnsitz ['vo:nzɪts] (*pl* -e) *der (amt)* place of residence

Wohnung ['vo:nʊŋ] (*pl* -en) *die* flat (*UK*), apartment (*US*)

Wohnwagen ['vo:nva:ɡn̩] (*pl inv*) *der* caravan (*UK*), trailer (*US*)

Wohnzimmer ['vo:ntsɪmɐ] (*pl inv*) *das* living room

Wolf [vɔlf] (*pl* Wölfe) *der (Tier)* wolf

Wolke ['vɔlkə] (*pl* -n) *die* cloud

Wolkenbruch ['vɔlkn̩brʊx] (*pl* -brüche) *der* cloudburst

Wolkenkratzer ['vɔlkn̩kratsɐ] (*pl inv*) *der* skyscraper

wolkenlos ['vɔlkn̩lo:s] *adj* cloudless

wolkig ['vɔlkɪç] *adj* cloudy

Wolldecke ['vɔldɛkə] (*pl* -n) *die* blanket

Wolle ['vɔlə] *die* wool

wollen ['vɔlən] (*präs* will, *prät* wollte, *pp* gewollt ODER *inv*)
◇ *aux (pp* wollen) *(Ausdruck einer Absicht)* • er will anrufen he wants to make a call • ich wollte gerade gehen I was just about to go • ich wollte, das wäre schon vorbei! I wish it was over! • diese Entscheidung will überlegt sein this decision needs to be thought about
◇ *vi (pp* gewollt) 1. *(Ausdruck einer Absicht)* • wie du willst! as you like! • das Kind will nicht the child doesn't want to 2. *(an einen Ort)* to want to go •

sie will nach Hause she wants to go home

◊ vt (pp **gewollt**) (haben wollen) to want ● ich will ein Eis I want an ice-cream ● ich will, dass du gehst I want you to go

Wollstoff ['vɔlʃtɔf] (pl **-e**) der wool

Wollwaschmittel ['vɔlvaʃmɪtl] (pl inv) das detergent for woollens

womit [vo'mɪt] pron (als Frage) with what ● womit habe ich das verdient? what did I do to deserve this?

wonach [vo'naːx] pron (als Frage) for what ● wonach suchst du? what are you looking for?

woran [vo'ran] pron (als Frage) on what ● woran denkst du? what are you thinking about?

worauf [vo'rauf] pron (als Frage) on what ● worauf wartest du? what are you waiting for?

woraus [vo'raus] pron (als Frage) from what ● woraus ist das? what is it made of?

worin [vo'rɪn] pron (als Frage) in what ● worin besteht der Unterschied? what's the difference?

Workshop ['wœ:(r)kʃɔp] (pl **-s**) der workshop

World Wide Web [vɔːltvaitvɛp] das (ohne pl) EDV World Wide Web ● im World Wide Web on the (World Wide) Web

Wort¹ [vɔrt] (pl **Wörter**) das (sprachliche Einheit) word

Wort² [vɔrt] (pl **-e**) das (Äußerung, Zusage) word

Wörterbuch ['vœrtəbuːx] (pl **-bücher**) das dictionary

wörtlich ['vœrtlɪç] adj (Wiederholung)

word-for-word ● wörtliche Rede direct speech

wortlos ['vɔrtloːs] adj silent

worüber [vo'ryːbɐ] pron (als Frage) about what ● worüber lachst du? what are you laughing about?

worum ['vo:rʊm] pron (als Frage) about what ● worum geht es? what's it about?

worunter [vo'rʊntɐ] pron (als Frage) under what ● worunter hast du es eingeordnet? what did you file it under?

wovon [vo'fɔn] pron (als Frage) from what ● wovon hast du geträumt? what did you dream about?

wovor [vo'foːɐ] pron (als Frage) of what ● wovor hast du Angst? what are you frightened of?

wozu [vo'tsu] pron (als Frage) why

WSV [veːɛsˈfau] = Winterschlussverkauf

Wucherpreis ['vuːxɐprais] (pl **-e**) der extortionate price

wuchs [vuːks] prät > wachsen

wühlen ['vyːlən] vi to rummage

Wühltisch ['vyːltɪʃ] (pl **-e**) der bargain counter

wund [vʊnt] adj sore

Wunde ['vʊndə] (pl **-n**) die wound

wunderbar ['vʊndɐbaːɐ] adj wonderful

wundern ['vʊndɐn] vt to amaze ● es wundert mich I'm amazed ◆ sich wundern ref to be amazed

wunderschön ['vʊndɐʃøːn] adj beautiful

Wundstarrkrampf ['vʊntʃtarkrampf] der tetanus

Wunsch [vʊnʃ] (pl **Wünsche**) der wish ● auf Wunsch on request ● nach Wunsch as desired ◆ Wünsche pl wishes

● mit den besten Wünschen von with best wishes from

wünschen ['vynʃn] *vt* to wish ● jm etw wünschen to wish sb sthg ● sich *(D)* etw wünschen to want sthg ● was wünschen Sie? can I help you?

wünschenswert ['vynʃnsweːɐt] *adj* desirable

wurde ['vʊrdə] *prät* ➤ werden

Wurf [vʊrf] *(pl* **Würfe)** *der (Werfen)* throw

Würfel ['vyrfl] *(pl inv) der* 1. *(zum Spielen)* dice 2. *(Form)* cube

würfeln ['vyrfln] ◇ *vt* 1. *(Fleisch, Brot)* to dice 2. *(Zahl)* to throw ◇ *vi (beim Spielen)* to throw the dice

Würfelspiel ['vyrflʃpiːl] *(pl -e) das* dice game

Würfelzucker ['vyrfltsʊkɐ] *der* sugar cubes *pl*

Wurm [vʊrm] *(pl* **Würmer)** *der (Tier)* worm

Wurst [vʊrst] *(pl* **Würste)** *die* sausage

Wurst

Sausages are one of the most popular foods in Germany, and every region has its own special variety. *Bratwurst* and *Bockwurst* are among the sausages that are sold in the street as hot snacks, often in a bread roll with tomato sauce, mustard or curry sauce. Salami-style cold meats are also popular and are often used in salads.

Wurstbraterei ['vʊrstbratərai] *(pl -en) die* hot dog stand

Würstchen ['vyrstçən] *(pl inv) das* sausage

Wurstwaren ['vʊrstvaːrən] *pl* sausages and cold meats

Würze ['vyrtsə] *(pl -n) die (Gewürz)* spice

Wurzel ['vʊrtsl] *(pl -n) die* root

würzen ['vyrtsn] *vt (Speisen)* to season

würzig ['vyrtsɪç] *adj* spicy

Würzmischung ['vyrtsmɪʃʊŋ] *(pl -en) die* spice mix

wusch [vuːʃ] *prät* ➤ waschen

wusste ['vʊstə] *prät* ➤ wissen

wüst [vyːst] *adj* 1. *(chaotisch)* chaotic 2. *(wild)* wild

Wüste ['vyːstə] *(pl -n) die* desert

Wut [vuːt] *die* rage

wütend ['vyːtnt] *adj (Person)* furious ● wütend sein auf *(+A)* to be furious with ● wütend sein über *(+A)* to be furious about

X x

x-beliebig ['ɪks-bəliːbɪç] *adj (fam)* any (old)

x-mal ['ɪks-maːl] *adv (fam)* countless times

*y*Y

Yacht [jaxt] (*pl* **-en**) *die* yacht

Yachthafen ['jaxtha:fn̩] (*pl* **-häfen**) *der* marina

Yoga ['jo:ga] *das* yoga

*z*Z

zäh [tsɛː] ◇ *adj* tough ◇ *adv* ● **zäh fließender Verkehr** slow-moving traffic

Zahl [tsaːl] (*pl* **-en**) *die* **1.** number **2.** (*Ziffer*) figure ● **in den roten/schwarzen Zahlen sein** to be in the red/black

zahlbar ['tsaːlbaːɐ̯] *adj* payable

zahlen ['tsaːlən] *vt* & *vi* to pay ● **ich zahle den Wein** I'll pay for the wine ● **zahlen, bitte!** the bill please! (*UK*), the check please! (*US*)

zählen ['tsɛːlən] *vt* & *vi* to count ● **zählen zu** (*gehören*) to be among

Zähler ['tsɛːlɐ] (*pl inv*) *der* (*Gerät*) meter

Zahlgrenze ['tsaːlgrɛntsə] (*pl* **-n**) *die* fare stage

Zahlkarte ['tsaːlkartə] (*pl* **-n**) *die* money transfer form

zahlreich ['tsaːlraiç] *adj* numerous

Zahlschein ['tsaːlʃain] (*pl* **-e**) *der* payment slip

Zahlung ['tsaːluŋ] (*pl* **-en**) *die* payment

Zählung ['tsɛːluŋ] (*pl* **-en**) *die* census

Zahlungsanweisung ['tsaːluŋslanvaizoŋ] (*pl* **-en**) *die* money transfer order

zahm [tsaːm] *adj* (*Tier*) tame

Zahn [tsaːn] (*pl* **Zähne**) *der* tooth ● **sich** (*D*) **die Zähne putzen** to clean one's teeth ● **die dritten Zähne** (*Gebiss*) false teeth

Zahnarzt, ärztin ['tsaːnlaːɐ̯tst] (*mpl* **-ärzte**) *der, die* dentist

Zahnbürste ['tsaːnbyrstə] (*pl* **-n**) *die* toothbrush

Zahncreme ['tsaːnkreːmə] (*pl* **-s**) *die* toothpaste

Zahnersatz ['tsaːnlɛɐ̯zats] *der* false teeth *pl*

Zahnfleisch ['tsaːnflaiʃ] *das* gums *pl*

Zahnfleischbluten ['tsaːnflaiʃbluːtn̩] *das* bleeding gums *pl*

Zahnfüllung ['tsaːnfyloŋ] (*pl* **-en**) *die* filling

Zahnklammer ['tsaːnklamɐ] (*pl* **-n**) *die* brace

Zahnpasta ['tsaːnpasta] (*pl* **-pasten**) *die* toothpaste

Zahnradbahn ['tsaːnraːtbaːn] (*pl* **-en**) *die* cog railway

Zahnschmerzen ['tsaːnʃmɛɐ̯tsn̩] *pl* toothache *sg*

Zahnseide ['tsaːnzaidə] (*pl* **-n**) *die* dental floss

Zahnspange ['tsaːnʃpaŋə] (*pl* **-n**) *die* brace

Zahnstocher ['tsaːnʃtɔxɐ] (*pl inv*) *der* toothpick

Zange ['tsaŋə] (*pl* **-n**) *die* (*Werkzeug*) pliers *pl*

zanken ['tsaŋkn̩] *vi* (*fam*) to quarrel ● **sich zanken** *ref* (*fam*) to have a row

Zäpfchen ['tsɛpfçən] (*pl inv*) *das* (*Medikament*) suppository

zapfen ['tsapfn] *vt* to draw

Zapfsäule ['tsapftsɔylə] (*pl* **-n**) *die* petrol pump

zart [tsaːɐt] *adj* **1.** (*Fleisch, Gemüse*) tender **2.** (*Haut*) smooth

zartbitter ['tsaːɐtbɪtɐ] *adj* (*Schokolade*) dark

zärtlich ['tsɛːɐtlɪç] *adj* (*Berührung*) affectionate

Zauberer ['tsaubərɐ] (*pl inv*) *der* (*Zauberkünstler*) magician

zauberhaft ['tsaubəhaft] ◇ *adj* (*sehr schön*) enchanting ◇ *adv* enchantingly

Zauberin ['tsaubərɪn] (*pl* **-nen**) *die* (*Zauberkünstlerin*) magician

Zauberkünstler, in ['tsaubəkynstlɐ] (*mpl inv*) *der, die* magician

zaubern ['tsaubɐn] *vi* (*Zauberer*) to do magic

Zaun [tsaun] (*pl* **Zäune**) *der* fence

z.B. (*abk für zum Beispiel*) e.g.

Zebrastreifen ['tseːbraʃtraifn] (*pl inv*) *der* zebra crossing (*UK*), crosswalk (*US*)

Zeche ['tsɛçə] (*pl* **-n**) *die* **1.** (*Bergwerk*) pit **2.** (*fam*) (*Rechnung*) tab

Zechtour ['tsɛçtuːɐ] (*pl* **-en**) *die* (*fam*) pub crawl

Zecke ['tsɛkə] (*pl* **-n**) *die* tick

Zeh [tseː] (*pl* **-en**) *der* toe

Zehe ['tseːə] (*pl* **-n**) *die* **1.** (*Zeh*) toe **2.** (*von Knoblauch*) clove

Zehennagel ['tseːənnaːgl] (*pl* **-nägel**) *der* toe nail

zehn [tseːn] *numr* ten ➤ **sechs**

Zehnerkarte ['tseːnɐkartə] (*pl* **-n**) *die* book of ten tickets

zehnmal ['tseːnmaːl] *adv* ten times

zehntausend ['tseːntauznt] *numr* ten thousand

zehnte, r, s ['tseːntə] *adj* tenth ➤ **sechste**

Zehntel ['tseːntl] (*pl inv*) *das* tenth

Zehntelsekunde ['tseːntlzekundə] (*pl* **-n**) *die* tenth of a second

Zeichen ['tsaiçn] (*pl inv*) *das* sign ● **jm ein Zeichen geben** to give sb a signal

Zeichenblock ['tsaiçnblɔk] (*pl* **-blöcke**) *der* drawing pad

Zeichenerklärung ['tsaiçnlɛːɐklɛːroŋ] (*pl* **-en**) *die* key

Zeichensetzung ['tsaiçnzɛtsoŋ] *die* punctuation

Zeichensprache ['tsaiçnʃpraːxə] (*pl* **-n**) *die* sign language

Zeichentrickfilm ['tsaiçntrɪkfɪlm] (*pl* **-e**) *der* cartoon

zeichnen ['tsaiçnən] *vt & vi* to draw

Zeichnung ['tsaiçnoŋ] (*pl* **-en**) *die* (*Bild*) drawing

zeigen ['tsaign] ◇ *vt* **1.** to show **2.** (*vorführen*) to demonstrate ◇ *vi* ● **zeigen auf** (*+A*) to point at ● **jm etw zeigen** to show sb sthg ● **sich zeigen** *ref* **1.** (*sich herausstellen*) to emerge **2.** (*erscheinen*) to show o.s.

Zeiger ['tsaigɐ] (*pl inv*) *der* hand

Zeile ['tsailə] (*pl* **-n**) *die* (*von Text*) line

Zeit [tsait] (*pl* **-en**) *die* **1.** time **2.** GRAMM tense ● **sich** (*D*) **Zeit lassen** to take one's time ● **Zeit haben** to be free ● **zur Zeit** at the moment ● **von Zeit zu Zeit** from time to time

Zeitansage ['tsaitlanzaːgə] (*pl* **-n**) *die* speaking clock

Zeitarbeit ['tsaitlarbait] *die* temporary work

Zeitgeist ['tsaitgaist] *der* spirit of the times

zeitig ['tsaitɪç] *adj & adv* early

zeitlich ['tsaitlɪç] *adj (Reihenfolge)* chronological

Zeitlupe ['tsaitluːpə] *die* slow motion

Zeitplan ['tsaitplaːn] *(pl* **-pläne)** *der* timetable

Zeitpunkt ['tsaitpʊŋkt] *(pl* **-e)** *der* point in time

Zeitraum ['tsaitraum] *(pl* **-räume)** *der* period

Zeitschrift ['tsaitʃrɪft] *(pl* **-en)** *die* **1.** *(illustriert)* magazine **2.** *(literaturwissenschaftlich)* periodical

Zeitung ['tsaitʊŋ] *(pl* **-en)** *die* newspaper

Zeitungsannonce ['tsaitʊŋslanɔnsə] *(pl* **-n)** *die* newspaper advertisement

Zeitungsartikel ['tsaitʊŋslartiːkl̩] *(pl inv)* *der* newspaper article

Zeitungskiosk ['tsaitʊŋskiːɔsk] *(pl* **-e)** *der* newspaper kiosk

Zeitunterschied ['tsaitlʊntɐʃiːt] *(pl* **-e)** *der* time difference

Zeitverschiebung ['tsaitfɐʃiːbʊŋ] *(pl* **-en)** *die (Unterschied)* time difference

zeitweise ['tsaitvaizə] *adv* **1.** *(gelegentlich)* occasionally **2.** *(vorübergehend)* temporarily

Zeitzone ['tsaittsoːnə] *(pl* **-n)** *die* time zone

Zelle ['tsɛlə] *(pl* **-n)** *die (biologisch)* cell

Zellophan [tsɛloˈfaːn] *das* cellophane ®

Zellstoff ['tsɛlʃtɔf] *der* cellulose

Zelt [tsɛlt] *(pl* **-e)** *das* tent

zelten ['tsɛltn̩] *vi* to camp

Zeltlager ['tsɛltlaːgɐ] *(pl inv)* *das* campsite

Zeltplane ['tsɛltplaːnə] *(pl* **-n)** *die* tarpaulin

Zeltplatz ['tsɛltplats] *(pl* **-plätze)** *der* campsite

Zeltstange ['tsɛltʃtaŋə] *(pl* **-n)** *die* tent pole

Zentimeter ['tsɛntimeːtɐ] *(pl inv)* *der* centimetre

Zentimetermaß [tsɛntiˈmeːtɐmaːs] *(pl inv)* *das* tape measure

Zentner ['tsɛntnɐ] *(pl inv)* *der* unit of measurement, equivalent to 50 kg in Germany and 100 kg in Austria and Switzerland

zentral [tsɛnˈtraːl] *adj* central

Zentrale ['tsɛntraːlə] *(pl* **-n)** *die* **1.** *(Telefonzentrale)* switchboard **2.** *(übergeordnete Stelle)* headquarters *pl*

Zentralheizung [tsɛnˈtraːlhaitsʊŋ] *(pl* **-en)** *die* central heating

Zentralverriegelung [tsɛnˈtraːlfɛʁiːgəlʊŋ] *(pl* **-en)** *die* central locking

Zentrum ['tsɛntrʊm] *(pl* **Zentren)** *das* centre

zerbrechen [tsɛɐˈbʁɛçn̩] *(präs* **zerbricht**, *prät* **zerbrach**, *pp* **zerbrochen**) *vt & vi (hat) (ist)* to smash

zerbrechlich [tsɛɐˈbʁɛçlɪç] *adj (Gegenstand)* fragile

Zeremonie [tseremoˈniː] *(pl* **-en)** *die* ceremony

zerkleinern [tsɛɐˈklainɐn] *vt* to cut up

zerknautscht [tsɛɐˈknautʃt] *adj* scrunched up

zerkratzen [tsɛɐˈkratsn̩] *vt* to scratch

zerlassen [tsɛɐˈlasn̩] *vt (Butter)* to melt

zerlegen [tsɛɐˈleːgn̩] *vt* **1.** *(Möbel)* to take apart **2.** *(Braten)* to carve

zerreißen [tsɛɐˈraisn̩] *(prät* **zerriss**, *pp* **zerrissen**) ◇ *vt (hat) (Brief, Stoff)* to tear up ◇ *vi (ist)* to tear

zerren ['tsɛrən] *vt (ziehen)* to drag

Zerrung ['tsɛruŋ] *(pl -en) die* pulled muscle

zerschneiden [tsɛɐ̯'ʃnaɪdn] *(prät* **zerschnitt**, *pp* **zerschnitten**) *vt (in Stücke)* to cut up

Zerstäuber [tsɛɐ̯'ʃtɔybɐ] *(pl inv) der* atomizer

zerstören [tsɛɐ̯'ʃtøːrən] *vt* to destroy

Zerstörung [tsɛɐ̯'ʃtøːruŋ] *(pl -en) die* destruction

zerstreut [tsɛɐ̯'ʃtrɔyt] *adj* distracted

zerteilen [tsɛɐ̯'taɪlən] *vt* to cut up

Zertifikat [tsɛɐ̯tifi'kaːt] *(pl -e) das* certificate

Zettel ['tsɛtl] *(pl inv) der* note

Zeug [tsɔyk] *das* **1.** *(fam) (Sachen)* stuff **2.** *(Kleidung)* gear ● **dummes Zeug** *(fam)* rubbish

Zeuge ['tsɔygə] *(pl -n) der* witness

Zeugin ['tsɔygɪn] *(pl -nen) die* witness

Zeugnis ['tsɔyknɪs] *(pl -se) das* **1.** *(von Schüler)* report **2.** *(von Prüfung)* certificate **3.** *(von Arbeitgeber)* reference

Zickzack ['tsɪktsak] *der* ● **im Zickzack fahren** to zigzag

Ziege ['tsiːgə] *(pl -n) die (Tier)* goat

Ziegenkäse ['tsiːgŋkɛːzə] *der* goat's cheese

Ziegenleder ['tsiːgŋleːdɐ] *das* goatskin

ziehen ['tsiːən] *(prät* **zog**, *pp* **gezogen**) ◇ *vt (hat)* **1.** *(bewegen, betätigen)* to pull **2.** *(herausziehen)* to pull out **3.** *(auslosen)* to draw ◇ *vi (ist) (umziehen)* to move ◇ *vr (hat)* **1.** *(bewegen)* to pull **2.** *(Tee)* to brew ◇ *vimp* ● **es zieht** there's a draught ● **ziehen an** *(+D) (bewegen)* to pull ● **sich ziehen** *ref (fam) (zeitlich)* to drag on

Ziehung ['tsiːuŋ] *(pl -en) die* draw

Ziel [tsiːl] *(pl -e) das* **1.** destination **2.** *SPORT* finish **3.** *(Zweck)* goal

Zielbahnhof ['tsiːlbaːnhoːf] *(pl -bahnhöfe) der* destination

zielen ['tsiːlən] *vi (mit Waffe, Ball)* to aim

Zielscheibe ['tsiːlʃaɪbə] *(pl -n) die* target

ziemlich ['tsiːmlɪç] *adv* **1.** *(relativ)* quite **2.** *(fast)* almost ● **ziemlich viel** quite a lot

zierlich ['tsiːlɪç] *adj (Person)* petite

Ziffer ['tsɪfɐ] *(pl -n) die (Zahlensymbol)* figure

Zifferblatt ['tsɪfɐblat] *(pl -blätter) das* face

zig [tsɪç] *numr (fam)* umpteen

Zigarette [tsiga'rɛtə] *(pl -n) die* cigarette

Zigarettenautomat [tsiga'rɛtn̩ʔautomaːt] *(pl -en) der* cigarette machine

Zigarettenpapier [tsiga'rɛtn̩papiːɐ̯] *das* cigarette paper

Zigarettenschachtel [tsiga'rɛtn̩ʃaxtl] *(pl -n) die* cigarette packet

Zigarettentabak [tsiga'rɛtn̩tabak] *(pl -e) der* tobacco

Zigarillo [tsiga'rɪlo] *(pl -s) der* cigarillo

Zigarre [tsi'garə] *(pl -n) die* cigar

Zigeuner, in [tsi'gɔynɐ] *(mpl inv) der, die* gypsy

Zimmer ['tsɪmɐ] *(pl inv) das* room ● **Zimmer mit Bad** room with en suite bathroom ● **Zimmer mit Frühstück** bed and breakfast ▼ **Zimmer frei** vacancies

Zimmerkellner ['tsɪmɐkɛlnɐ] *(pl inv) der* room-service waiter

Zimmermädchen ['tsɪmɐmɛːtçən] *(pl inv) das* chambermaid

Zimmernachweis ['tsɪmɐnaːxvaɪs] *(pl -e) der* accommodation service

Zimmerpflanze ['tsɪmɐpflantsə] *(pl -n) die* house plant

Zimmerschlüssel ['tsɪmɐʃlʏsl̩] (pl inv) der room key

Zimmerservice ['tsɪmɐsœrvɪs] der room service

Zimt [tsɪmt] der cinnamon

Zinn [tsɪn] das (Metall) tin

Zins [tsɪns] (pl -en) der interest

zinslos ['tsɪnsloːs] adj interest-free

Zinssatz ['tsɪnszats] (pl -sätze) der interest rate

zirka ['tsɪrka] adv circa

Zirkel ['tsɪrkl̩] (pl inv) der (Gerät) compasses pl

Zirkus ['tsɪrkʊs] (pl -se) der 1. (Betrieb) circus 2. (fam) (Aufregung) palaver

zischen ['tsɪʃn̩] vi (Geräusch) to hiss

Zitat [tsi'taːt] (pl -e) das quote

zitieren [tsi'tiːrən] vt & vi to quote

Zitronat [tsitro'naːt] das candied lemon peel

Zitrone [tsi'troːnə] (pl -n) die lemon

Zitronensaft [tsi'troːnənzaft] (pl -säfte) der lemon juice

Zitruspresse ['tsiːtrʊsprɛsə] (pl -n) die lemon squeezer

zittern ['tsɪtɐn] vi (vibrieren) to tremble

zivil [tsi'viːl] adj (nicht militärisch) civil

Zivildienst [tsi'viːldiːnst] der community work undertaken by men who choose not to do military service

Zivilisation [tsiviːliza'tsi̯oːn] (pl -en) die civilization

ZOB (abk für Zentraler Omnibusbahnhof) central bus station

zog [tsoːk] prät → ziehen

zögern ['tsøːɡɐn] vi to hesitate

Zoll [tsɔl] (pl Zölle) der 1. (Abgabe) duty 2. (Behörde) customs pl

Zollabfertigung ['tsɔlapfɛrtɪɡʊŋ] die customs clearance

Zollamt ['tsɔlamt] (pl -ämter) das customs office

Zollbeamte ['tsɔlbəamtə] (pl -n) der customs officer

Zollbeamtin [tɪn] (pl -nen) die customs officer

Zollerklärung ['tsɔlʔɛɐklɛːrʊŋ] (pl -en) die customs declaration

zollfrei ['tsɔlfrai] adj duty-free

Zollgebühren ['tsɔlɡəbyːrən] pl duty sg

Zollkontrolle ['tsɔlkɔntrɔlə] (pl -n) die customs check

Zöllner, in ['tsœlnɐ] (mpl inv) der, die customs officer

zollpflichtig ['tsɔlpflɪçtɪç] adj liable for duty

Zollschranke ['tsɔlʃraŋkə] (pl -n) die customs barrier

Zollstock ['tsɔlʃtɔk] (pl -stöcke) der ruler

Zone ['tsoːnə] (pl -n) die (Gebiet) zone

Zoo [tsoː] (pl -s) der zoo

zoologische Garten [tsoo'loːɡiʃə'ɡartn̩] (pl zoologische Gärten) der zoo

Zopf [tsɔpf] (pl Zöpfe) der plait (UK), braid (US)

Zopfspange ['tsɔpfʃpaŋə] (pl -n) die hair slide (UK), barrette (US)

Zorn [tsɔrn] der anger

zornig ['tsɔrnɪç] ◇ adj angry ◇ adv angrily

zu [tsu]
◇ präp (+D) 1. (an einen Ort) to ● zur Post gehen to go to the post office ● zum Friseur gehen to go to the hairdresser's ● zu Hause home 2. (Angabe des Mittels) ● zu Fuß on foot ● zu Fuß gehen to walk 3. (zeitlich) at ● zu Ostern/Weihnachten at Easter/Christ-

mas **4.** *(mit)* with • **weiße Socken zum Anzug tragen** to wear white socks with a suit **5.** *(Angabe des Grundes)* for • **zum Spaß** for fun • **alles Gute zum Geburtstag!** best wishes on your birthday! **6.** *(Mengenangabe)* • **Säcke zu 50 kg** 50 kg bags **7.** *(Angabe des Produkts)* into • **zu Eis werden** to turn into ice **8.** SPORT • **eins zu null** one-nil

◇ *adv* **1.** *(mit Adjektiv)* too • **zu viel** too many **2.** *(fam) (zumachen)* • **Tür zu!** shut the door! **= zu sein**

◇ *konj (mit Infinitiv)* to • **es fängt an zu schneien** it's starting to snow • **zu verkaufen** for sale

Zubehör ['tsu:bəhø:ɐ] *(pl -e)* das accessories *pl*

zu|bereiten ['tsu:bərait̩n] *vt* to prepare

Zubereitung ['tsu:bəraitʊŋ] *(pl -en)* die preparation

zu|binden ['tsu:bɪndn] *vt (unreg)* to fasten

Zubringer ['tsu:brɪŋɐ] *(pl inv)* der *(Straße)* slip road (UK), ramp (US)

Zucchini [tsʊ'ki:ni] *(pl -s)* die courgette (UK), zucchini (US)

züchten ['tsʏçt̩n] *vt* to breed

Züchter, in ['tsʏçtɐ] *(mpl inv)* der, die breeder

zucken ['tsʊkn] *vi (Person, Muskel)* to twitch

Zucker ['tsʊkɐ] der sugar

Zuckerdose ['tsʊkɐdo:zə] *(pl -n)* die sugar bowl

zuckerkrank ['tsʊkɐkraŋk] *adj* diabetic

zuckern ['tsʊkɐn] *vt* to sweeten

Zuckerwatte ['tsʊkɐvatə] die candyfloss

Zuckerzusatz ['tsʊkɐtsu:zats] der • **ohne Zuckerzusatz** no added sugar

zu|decken ['tsu:dɛkn] *vt* **1.** *(Person)* to cover up **2.** *(Gegenstand)* to cover • **sich zudecken** *ref* to cover o.s. up

zu|drehen ['tsu:dre:ən] *vt (Wasserhahn)* to turn off

zueinander ['tsu:ainandɐ] *adv (sprechen)* to each other • **sie passen gut zueinander** they go well together

zuerst [tsu'ʔe:ɐst] *adv* **1.** *(als Erster)* first **2.** *(am Anfang)* at first

Zufahrt ['tsu:fa:ɐt] *(pl -en)* die access

Zufahrtsstraße ['tsu:fa:ɐtsʃtra:sə] *(pl -n)* die access road

Zufall ['tsu:fal] *(pl Zufälle)* der coincidence

zufällig ['tsu:fɛlɪç] ◇ *adj* chance ◇ *adv* by chance

zufrieden [tsu'fri:dn] *adj* satisfied • **zufrieden sein mit** to be satisfied with **zufrieden stellend** [tsu'fri:dnʃtɛlənt] *adj* satisfactory

Zug [tsu:k] *(pl Züge)* der **1.** *(Eisenbahn)* train **2.** *(Menschenmenge)* procession **3.** *(Zugluft)* draught **4.** *(mit Spielfigur)* move **5.** *(Geste)* gesture • **mit dem Zug fahren** to go by train

Zugabe ['tsu:ga:bə] *(pl -n)* die *(bei Konzert)* encore

Zugabteil ['tsu:klaptail] *(pl -e)* das compartment

Zugang ['tsu:gaŋ] *(pl -gänge)* der access

Zugauskunft ['tsu:klauskʊnft] *(pl -auskünfte)* die train information

Zugbegleiter ['tsu:kbəglaitɐ] *(pl inv)* der *(Fahrplanauszug)* timetable

Zugbrücke ['tsu:kbrʏkə] *(pl -n)* die drawbridge

zu|geben ['tsu:ge:bn] *vi (unreg)* **1.** *(gestehen)* to admit **2.** *(hinzutun)* to add

zu|gehen ['tsu:ge:ən] *vi (unreg) (ist) (sich schließen)* to close ● **zugehen auf** (+A) *(gehen)* to approach

Zügel ['tsy:gl] *(pl inv) der* reins *pl*

Zuger Kirschtorte ['tsu:gɐkɪrʃtɔrtə] *(pl -n) die (Schweiz)* buttercream cake with a middle layer of sponge soaked in kirsch and a top and bottom layer of nut meringue

Zugführer, in ['tsu:kfy:rɐ] *(mpl inv) der, die* senior conductor

zugig ['tsu:gɪç] *adj* draughty

zügig ['tsy:gɪç] ◇ *adj* rapid ◇ *adv* rapidly

Zugluft ['tsu:kluft] *die* draught

Zugpersonal ['tsu:kpɛrzona:l] *das* train crew

zu|greifen ['tsu:graɪfn] *vi (unreg)* ● greifen Sie zu! help yourself!

Zugrestaurant ['tsu:krɛstorɑ̃:] *(pl -s) das* restaurant car

zugrunde [tsu'grundə] *adv* ● **zugrunde gehen** to perish

Zugschaffner, in ['tsu:kʃafnɐ] *(mpl inv) der, die* ticket inspector

Zugunglück ['tsu:kʊnglyk] *(pl -e) das* train crash

zugunsten [tsu'gʊnstn] *präp (+G)* in favour of

Zugverbindung ['tsu:kfɛɐbɪndʊŋ] *(pl -en) die* (train) connection

zu|haben ['tsu:ha:bn] *vi (unreg) (fam)* to be shut

Zuhause [tsu'hauzə] *das* home

zu|hören ['tsu:hø:rən] *vi (+D)* to listen ● jm zuhören to listen to sb

Zuhörer, in ['tsu:hø:rɐ] *(mpl inv) der, die* listener

zu|kleben ['tsu:kle:bn] *vt* 1. *(Loch)* to glue 2. *(Brief)* to seal

zu|kommen ['tsu:kɔmən] *vi (unreg) (ist)* ● **zukommen auf** (+A) *(Person, Fahrzeug)* to approach

zu|kriegen ['tsu:kri:gn] *vt (fam)* ● ich krieg' die Tür nicht zu the door won't shut

Zukunft ['tsu:kʊnft] *die* future

zu|lassen ['tsu:lasn] *vt (unreg)* 1. *(erlauben)* to allow 2. *(Auto)* to license 3. *(fam) (nicht öffnen)* ● lass das Paket bis Weihnachten zu! don't open the parcel till Christmas!

zulässig ['tsu:lɛsɪç] *adj* permissable ● **zulässige Höchstgeschwindigkeit** maximum speed limit ● **zulässiges Gesamtgewicht** maximum weight limit

Zulassung ['tsu:lasʊŋ] *(pl -en) die* authorization

zu|laufen ['tsu:laufn] *vi (unreg) (ist) (Tier)* ● der Hund ist uns zugelaufen the dog adopted us ● **zulaufen auf** (+A) *(Person)* to run towards

zuletzt [tsu'lɛtst] *adv* 1. *(als Letzter)* lastly 2. *(am Ende)* in the end, finally 3. *(fam) (das letzte Mal)* ● zuletzt war ich vor 3 Jahren hier I was last here three years ago

zuliebe [tsu'li:bə] *präp (+D)* ● ihr zuliebe for her sake

zum [tsʊm] *präp* = **zu** + **dem**

zu|machen *vt & vi* to close

zu|muten ['tsu:mu:tn] *vt* ● jm etw zumuten to expect sthg of sb

zunächst [tsu'nɛçst] *adv* 1. *(als Erster)* first 2. *(am Anfang)* at first

Zuname ['tsu:na:mə] *(pl -n) der* surname

zünden ['tsyndn] *vi (Motor)* to fire

Zündholz ['tsyntholts] *(pl -hölzer) das* match

Zündkerze ['tsyntkɛrtsə] *(pl -n) die* spark plug

Zündschloss ['tsʏntʃlɔs] (pl **-schlösser**) das ignition

Zündschlüssel ['tsʏntʃlʏsl] (pl inv) der ignition key

Zündung ['tsʏndʊŋ] (pl **-en**) die AUTO ignition

zunehmen ['tsuːneːmən] vi (unreg) **1.** to increase **2.** (dicker werden) to put on weight

Zunge ['tsʊŋə] (pl **-n**) die tongue

zupfen ['tsʊpfn] ◇ vi (ziehen) to tug ◇ vt **1.** (herausziehen) to pick **2.** (Augenbrauen) to pluck

zur [tsuːɐ̯] präp = zu + der

Zürich ['tsyːrɪç] nt Zürich

zurück [tsu'rʏk] adv back

zurück|bekommen [tsu'rʏkbəkɔmən] vt (unreg) to get back

zurück|bringen [tsu'rʏkbrɪŋən] vt (unreg) to bring back

zurück|erstatten [tsu'rʏkɛɐ̯ʃtatn] vt to refund

zurück|fahren [tsu'rʏkfaːrən] (unreg) & vi (hat) (ist) **1.** (an Ausgangspunkt) to drive back **2.** (rückwärts) to back away

zurück|führen [tsu'rʏkfyːrən] ◇ vt (begründen) to attribute ◇ vi (Weg, Straße) to lead back

zurück|geben [tsu'rʏkgeːbn] vt (unreg) to give back ● jm etw zurückgeben to give sb sthg back

zurück|gehen [tsu'rʏkgeːən] vi (unreg) (ist) **1.** (zum Ausgangspunkt) to go back **2.** (rückwärts) to retreat **3.** (Anzahl, Häufigkeit) to fall

zurück|halten [tsu'rʏkhaltn] vt (unreg) (festhalten) to hold back ● sich zurückhalten ref to restrain o.s.

zurück|holen [tsu'rʏkhoːlən] vt to bring back

zurück|kommen [tsu'rʏkkɔmən] vi (unreg) (ist) to come back

zurück|lassen [tsu'rʏklasn] vt (unreg) to leave behind

zurück|legen [tsu'rʏkleːgn] vt **1.** (wieder hinlegen) to put back **2.** (reservieren) to put aside **3.** (Strecke) to cover **4.** (Kopf) to lay back ● etw zurücklegen lassen (reservieren) to have sthg put aside ● sich zurücklegen ref to lie back

zurück|nehmen [tsu'rʏkneːmən] vt (unreg) to take back

zurück|rufen [tsu'rʏkruːfn] (unreg) vt & vi to call back

zurück|schicken [tsu'rʏkʃɪkn] vt to send back

zurück|stellen [tsu'rʏkʃtɛlən] vt to put back

zurück|treten [tsu'rʏktreːtn] vi (unreg) (ist) **1.** (rückwärts) to step back **2.** (Präsident, Vorstand) to resign ● bitte zurücktreten ! stand back, please!

zurück|verlangen [tsu'rʏkfɛɐ̯laŋən] vt to demand back

zurück|zahlen [tsu'rʏktsaːlən] vt (Geld) to pay back

Zusage ['tsuːzaːgə] (pl **-n**) die (auf Einladung, Bewerbung) acceptance

zu|sagen ['tsuːzaːgn] vt (bei Einladung) to accept

zusammen [tsu'zamən] adv **1.** together **2.** (insgesamt) altogether

Zusammenarbeit [tsu'zamənlarbait] die collaboration

zusammen|brechen [tsu'zamənbrɛçn] vi (unreg) (ist) **1.** (Person) to collapse **2.** (psychisch, Verkehr) to break down

zusammen|fassen [tsu'zamənfasn] vt (Text) to summarize

Zusammenfassung [tsu'zamənfasuŋ] *(pl -en) die* summary

zusammen|gehören [tsu'zaməngəhø:rən] *vt* to belong together

zusammen|halten [tsu'zamənhaltn] *vi (unreg) (Personen)* to stick together

Zusammenhang [tsu'zamənhaŋ] *(pl -hänge) der* context

zusammenhängend [tsu'zamənhɛŋənt] *adj (Text)* coherent

zusammenhanglos [tsu'zamənhaŋlo:s] *adj* incoherent

zusammenklappbar [tsu'zamənklapba:ɐ̯] *adj* collapsible

zusammen|knüllen [tsu'zamənknylən] *vt* to scrunch up

Zusammenkunft [tsu'zamənkʊnft] *(pl -künfte) die* gathering

zusammen|legen [tsu'zamənle:gn] *vt* **1.** *(Gruppen, Termine)* to group together **2.** *(falten)* to fold up ◇ *vi (bezahlen)* to club together

zusammen|nehmen [tsu'zamənne:mən] ◆ **sich zusammennehmen** *ref (unreg)* to pull o.s. together

zusammen|passen [tsu'zamənpasn] *vi* **1.** *(Personen)* to be well suited **2.** *(Einzelteile)* to fit together

zusammen|rechnen [tsu'zamənrɛçnən] *vt* to add up

Zusammensetzung [tsu'zamənzɛtsuŋ] *(pl -en) die* composition

Zusammenstoß [tsu'zamənʃto:s] *(pl -stöße) der* crash

zusammen|stoßen [tsu'zamənʃto:sn] *vi (unreg) (ist) (Fahrzeuge)* to crash

zusammen|zählen [tsu'zaməntsɛ:lən] *vt* to add up

zusammen|ziehen [tsu'zaməntsi:ən] ◇ *vt*

(unreg) (hat) (addieren) to add up ◇ *vi (unreg) (ist) (in Wohnung)* to move in together

zusammen|zucken [tsu'zaməntsʊkn] *vi (ist)* to jump

Zusatz ['tsu:zats] *(pl Zusätze) der (Substanz)* additive

Zusatzgerät ['tsu:zatsgərɛ:t] *(pl -e) das* attachment

zusätzlich ['tsu:zɛtslıç] ◇ *adj* extra ◇ *adv* in addition

Zusatzzahl ['tsu:zatstsa:l] *(pl -en) die* bonus number

zu|schauen ['tsu:ʃaʊən] *vi* to watch

Zuschauer, in ['tsu:ʃaʊɐ] *(mpl inv) der, die* **1.** *(von Fernsehen)* viewer **2.** *(von Sport)* spectator

Zuschauertribüne ['tsu:ʃaʊɐtriby:nə] *(pl -n) die* stands *pl*

zu|schicken ['tsu:ʃıkn] *vt* to send

Zuschlag ['tsu:ʃla:k] *(pl Zuschläge) der* supplement ● Zuschlag erforderlich supplement required

zuschlagpflichtig ['tsu:ʃla:kpflıçtıç] *adj* subject to a supplement

zu|schließen ['tsu:ʃli:sn] *vt (unreg)* to lock

Zuschuss ['tsu:ʃʊs] *(pl Zuschüsse) der* grant

zu|sehen ['tsu:ze:ən] *vi (unreg) (zuschauen)* to watch

zu sein ['tsu:zaɪn] *vi (unreg) (ist)* to be closed

zu|sichern ['tsu:zıçɐn] *vt* to assure

Zustand ['tsu:ʃtant] *(pl Zustände) der* state, condition ◆ Zustände *pl* situation *sg*

zuständig ['tsu:ʃtɛndıç] *adj* responsible ● zuständig sein für to be responsible for

zu|steigen ['tsuː:ʃtaign] vi (unreg) (ist) to get on ● **noch jemand zugestiegen?** tickets, please

Zustellung ['tsuː:ʃtɛlʊŋ] (pl **-en**) die (von Post) delivery

zu|stimmen ['tsuː:ʃtɪmən] vi (+D) to agree ● **er stimmte dem Plan zu** he agreed to the plan

Zustimmung ['tsuː:ʃtɪmʊŋ] die agreement

zu|stoßen ['tsuː:ʃtoːsn] vi (unreg) (ist) ● **was ist ihm zugestoßen?** what happened to him?

Zutat ['tsuː:taːt] (pl **-en**) die ingredient

zu|teilen ['tsuː:tailən] vt (Ration) to allocate

zu|trauen ['tsuː:trauən] vt ● **jm etw zutrauen** to think sb capable of sthg

zu|treffen ['tsuː:trɛfn] vi (unreg) to apply ▼ **Zutreffendes bitte ankreuzen** tick as applicable

Zutritt ['tsuː:trɪt] der entry

zuverlässig ['tsuː:fɛɐlɛsɪç] adj reliable

zu viel [tsuː'fiːl] pron too much

Zuwachs ['tsuː:vaks] der growth

zu|weisen ['tsuː:vaizn] vt (unreg) to allocate

zu wenig [tsuː've:nɪç] pron too little

zu|winken ['tsuː:vɪŋkn] vi (+D) ● **jm zuwinken** to wave to sb

zu|zahlen ['tsuː:tsaːlən] vt ● **5 Euro zuzahlen** to pay another 5 euros

zuzüglich ['tsuː:tsyːklɪç] präp (+G or D) plus

zwang [tsvaŋ] prät ➤ zwingen

Zwang (pl **Zwänge**) der force

zwanglos ['tsvaŋloːs] adj relaxed

zwanzig ['tsvantsɪç] numr twenty ➤ sechs

Zwanziger ['tsvantsɪɡɐ] (pl inv) der (Person) someone in their twenties

zwanzigste, r, s ['tsvantsɪçstə] adj twentieth ● **das zwanzigste Jahrhundert** the twentieth century

zwar [tsvaːɐ] adv ● **und zwar (genauer)** to be exact ● **das ist zwar schön, aber viel zu teuer** it is nice but far too expensive

Zweck [tsvɛk] (pl **-e**) der purpose ● **es hat keinen Zweck** there's no point

zwecklos ['tsvɛkloːs] adj pointless

zweckmäßig ['tsvɛkmɛːsɪç] adj practical

zwei [tsvai] numr two ➤ sechs

Zweibettabteil ['tsvaibɛtlaptail] (pl **-e**) das compartment with two beds

Zweibettkabine ['tsvaibɛtkabiːnə] (pl **-n**) die cabin with two beds

Zweibettzimmer ['tsvaibɛttsɪmɐ] (pl inv) das twin room

zweifach ['tsvaifax] adj twice

Zweifel ['tsvaifl] (pl inv) der doubt ● **ohne Zweifel** without doubt ● **Zweifel haben an (+D)** to doubt

zweifellos ['tsvaiflloːs] adv doubtless

zweifeln ['tsvaifln] vi to doubt ● **an etw (D) zweifeln** to doubt sthg

Zweig [tsvaik] (pl **-e**) der branch

Zweigstelle ['tsvaikʃtɛlə] (pl **-n**) die branch

zweihundert ['tsvaihʊndɐt] numr two hundred

zweimal ['tsvaimaːl] adv twice

Zweirad ['tsvairaːt] (pl **-räder**) das two-wheeled vehicle

zweisprachig ['tsvaiʃpraːxɪç] adj bilingual

zweispurig ['tsvaiʃpuːrɪç] adj two-lane

zweit [tsvait] adv ● **sie waren nur zu zweit** there were only two of them

Zweitakter ['tsvaɪtaktɐ] (*pl inv*) *der* two-stroke engine

Zweitakter-Gemisch ['tsvaɪtaktɐ-gəmɪʃ] *das* two-stroke mixture

zweitbeste, r, s ['tsvaɪtbɛstə] *adj* second best

zweite, r, s ['tsvaɪtə] *adj* second ➣ **sechs**

zweiteilig ['tsvaɪtaɪlɪç] *adj* two-part

zweitens ['tsvaɪtns] *adv* secondly

Zwerchfell ['tsvɛrçfɛl] (*pl -e*) *das* diaphragm

Zwerg ['tsvɛrk] (*pl -e*) *der* dwarf

Zwetschge ['tsvɛtʃgə] (*pl -n*) *die (Frucht)* plum

Zwetschgendatschi ['tsvɛtʃgndatʃi] (*pl inv*) *der (Süddt)* plum slice

Zwieback ['tsvi:bak] (*pl -bäcke*) *der* rusk

Zwiebel ['tsvi:bl] (*pl -n*) *die (Gemüse)* onion

Zwiebelsuppe ['tsvi:blzʊpə] (*pl -n*) *die* onion soup

Zwilling ['tsvɪlɪŋ] (*pl -e*) *der* **1.** *(Geschwister)* twin **2.** *(Sternzeichen)* Gemini

zwingen ['tsvɪŋən] (*prät* **zwang**, *pp* gezwungen) *vt* to force ◆ **sich zwingen** *ref* to force o.s.

zwinkern ['tsvɪŋkɐn] *vi* to wink

Zwirn [tsvɪrn] *der* thread

zwischen ['tsvɪʃn] *präp (+A,D)* **1.** between **2.** *(in Menge)* among

zwischendurch [tsvɪʃn'dʊrç] *adv (zeitlich)* every now and then

Zwischenfall ['tsvɪʃnfal] (*pl -fälle*) *der* incident

Zwischenlandung ['tsvɪʃnlandʊŋ] (*pl -en*) *die* short stopover

Zwischenraum ['tsvɪʃnraum] (*pl -räume*) *der* gap

Zwischenstecker ['tsvɪʃnʃtɛkɐ] (*pl inv*) *der* adapter

Zwischenstopp ['tsvɪʃnʃtɔp] (*pl -s*) *der* stop

Zwischensumme ['tsvɪʃnzʊmə] (*pl -n*) *die* subtotal

Zwischenzeit ['tsvɪʃntsaɪt] *die* ◆ **in der Zwischenzeit** in the meantime

zwölf [tsvœlf] *numr* twelve ➣ **sechs**

zynisch ['tsy:nɪʃ] *adj* cynical

UNREGELMÄSSIGE
DEUTSCHE VERBEN

ENGLISH
IRREGULAR VERBS

Infinitiv	Präsens	Präteritum	Perfekt
beginnen	beginnt	begann	hat begonnen
beißen	beißt	biss	hat gebissen
bitten	bittet	bat	hat gebeten
bleiben	bleibt	blieb	ist geblieben
bringen	bringt	brachte	hat gebracht
denken	denkt	dachte	hat gedacht
dürfen	darf	durfte	hat gedurft/dürfen
essen	isst	aß	hat gegessen
fahren	fährt	fuhr	hat/ist gefahren
finden	findet	fand	hat gefunden
fliegen	fliegt	flog	hat/ist geflogen
fließen	fließt	floss	ist geflossen
geben	gibt	gab	hat gegeben
gehen	geht	ging	ist gegangen
gelten	gilt	galt	hat gegolten
geschehen	geschieht	geschah	ist geschehen
gießen	gießt	goss	hat gegossen
greifen	greift	griff	hat gegriffen
haben	hat	hatte	hat gehabt
halten	hält	hielt	hat gehalten
heben	hebt	hob	hat gehoben
heißen	heißt	hieß	hat geheißen
helfen	hilft	half	hat geholfen
kennen	kennt	kannte	hat gekannt
kommen	kommt	kam	ist gekommen
können	kann	konnte	hat können/gekonnt
lassen	lässt	ließ	hat gelassen/lassen
laufen	läuft	lief	hat/ist gelaufen
leihen	leiht	lieh	hat geliehen
lesen	liest	las	hat gelesen
liegen	liegt	lag	hat gelegen

Infinitiv	Präsens	Präteritum	Perfekt
lügen	lügt	log	hat gelogen
messen	misst	maß	hat gemessen
mögen	mag	mochte	hat gemocht/mögen
müssen	muss	musste	hat gemusst/müssen
nehmen	nimmt	nahm	hat genommen
nennen	nennt	nannte	hat genannt
raten	rät	riet	hat geraten
reißen	reißt	riss	hat/ist gerissen
rennen	rennt	rannte	ist gerannt
riechen	riecht	roch	hat gerochen
rufen	ruft	rief	hat gerufen
schieben	schiebt	schob	hat geschoben
schießen	schießt	schoss	hat/ist geschossen
schlafen	schläft	schlief	hat geschlafen
schlagen	schlägt	schlug	hat/ist geschlagen
schließen	schließt	schloss	hat geschlossen
schneiden	schneidet	schnitt	hat geschnitten
schreiben	schreibt	schrieb	hat geschrieben
schreien	schreit	schrie	hat geschrie(e)n
schwimmen	schwimmt	schwamm	hat/ist geschwommen
sehen	sieht	sah	hat gesehen
sein	ist	war	ist gewesen
singen	singt	sang	hat gesungen
sitzen	sitzt	saß	hat gesessen
sprechen	spricht	sprach	hat gesprochen
springen	springt	sprang	hat/ist gesprungen
stehen	steht	stand	hat gestanden
stehlen	stiehlt	stahl	hat gestohlen
sterben	stirbt	starb	ist gestorben
stoßen	stößt	stieß	hat/ist gestoßen

Infinitiv	Präsens	Präteritum	Perfekt
streiten	streitet	stritt	hat gestritten
tragen	trägt	trug	hat getragen
treten	tritt	trat	hat getreten
trinken	trinkt	trank	hat getrunken
tun	tut	tat	hat getan
verlieren	verliert	verlor	hat verloren
waschen	wäscht	wusch	hat gewaschen
werden	wird	wurde	ist geworden/worden
werfen	wirft	warf	hat geworfen
wissen	weiß	wusste	hat gewusst
wollen	will	wollte	hat gewollt/wollen

infinitive	past tense	past participle
arise	arose	arisen
awake	awoke	awoken
be	was	been/were
bear	bore	born(e)
beat	beat	beaten
begin	began	begun
bend	bent	bent
bet	bet/betted	bet/betted
bid	bid	bid
bind	bound	bound
bite	bit	bitten
bleed	bled	bled
blow	blew	blown
break	broke	broken
breed	bred	bred
bring	brought	brought
build	built	built
burn	burnt/burned	burnt/burned
burst	burst	burst
buy	bought	bought
can	could	-
cast	cast	cast
catch	caught	caught
choose	chose	chosen
come	came	come

infinitive	past tense	past participle
cost	cost	cost
creep	crept	crept
cut	cut	cut
deal	dealt	dealt
dig	dug	dug
do	did	done
draw	drew	drawn
dream	dreamed/dreamt	dreamed/dreamt
drink	drank	drunk
drive	drove	driven
eat	ate	eaten
fall	fell	fallen
feed	fed	fed
feel	felt	felt
fight	fought	fought
find	found	found
fling	flung	flung
fly	flew	flown
forget	forgot	forgotten
freeze	froze	frozen
get	got	got
give	gave	given
go	went	gone
grind	ground	ground
grow	grew	grown

infinitive	past tense	past participle
hang	hung/hanged	hung/hanged
have	had	had
hear	heard	heard
hide	hid	hidden
hit	hit	hit
hold	held	held
hurt	hurt	hurt
keep	kept	kept
kneel	knelt/kneeled	knelt/kneeled
know	knew	known
lay	laid	laid
lead	led	led
lean	leant/leaned	leant/leaned
leap	leapt/leaped	leapt/leaped
learn	learnt/learned	learnt/learned
leave	left	left
lend	lent	lent
let	let	let
lie	lay	lain
light	lit/lighted	lit/lighted
lose	lost	lost
make	made	made
may	might	-
mean	meant	meant
meet	met	met

infinitive	past tense	past participle
mow	mowed	mown/mowed
pay	paid	paid
put	put	put
quit	quit/quitted	quit/quitted
read	read	read
rid	rid	rid
ride	rode	ridden
ring	rang	rung
rise	rose	risen
run	ran	run
saw	sawed	sawn
say	said	said
see	saw	seen
seek	sought	sought
sell	sold	sold
send	sent	sent
set	set	set
shake	shook	shaken
shall	should	-
shed	shed	shed
shine	shone	shone
shoot	shot	shot
show	showed	shown
shrink	shrank	shrunk
shut	shut	shut

infinitive	past tense	past participle
sing	sang	sung
sink	sank	sunk
sit	sat	sat
sleep	slept	slept
slide	slid	slid
sling	slung	slung
smell	smelt/smelled	smelt/smelled
sow	sowed	sown/sowed
speak	spoke	spoken
speed	sped/speeded	sped/speeded
spell	spelt/spelled	spelt/spelled
spend	spent	spent
spill	spilt/spilled	spilt/spilled
spin	spun	spun
spit	spat	spat
split	split	split
spoil	spoiled/spoilt	spoiled/spoilt
spread	spread	spread
spring	sprang	sprung
stand	stood	stood
steal	stole	stolen
stick	stuck	stuck
sting	stung	stung
stink	stank	stunk
strike	struck/stricken	struck

infinitive	past tense	past participle
swear	swore	sworn
sweep	swept	swept
swell	swelled	swollen/swelled
swim	swam	swum
swing	swung	swung
take	took	taken
teach	taught	taught
tear	tore	torn
tell	told	told
think	thought	thought
throw	threw	thrown
tread	trod	trodden
wake	woke/waked	woken/waked
wear	wore	worn
weave	wove/weaved	woven/weaved
weep	wept	wept
win	won	won
wind	wound	wound
wring	wrung	wrung
write	wrote	written

ENGLISH-GERMAN

ENGLISCH-DEUTSCH

a A

a *(stressed* [eɪ]*, unstressed* [ə]*) art* **1.** *(gen)* ein (eine) ● **a woman** eine Frau ● **a restaurant** ein Restaurant ● **a friend** ein Freund ● **an apple** ein Apfel ● **I'm a doctor** ich bin Arzt **2.** *(instead of the number one)* ein (eine) ● **a hundred** hundert ● **a hundred and twenty** einhundertzwanzig ● **for a week** eine Woche lang **3.** *(in prices, ratios)* pro ● **£2 a kilo** 2 £ pro Kilo

AA *n* (UK) *(abbr of Automobile Association) Britischer Automobilclub*

aback [ə'bæk] *adv* ● **to be taken aback** verblüfft sein

abandon [ə'bændən] *vt* **1.** *(plan)* aufgeben **2.** *(place, person)* verlassen

abattoir ['æbətwɑːʳ] *n* Schlachthof *der*

abbey ['æbɪ] *n* Abtei *die*

abbreviation [ə,briːvɪ'eɪʃn] *n* Abkürzung *die*

abdomen ['æbdəmən] *n* Unterleib *der*

abide [ə'baɪd] *vt* ● **I can't abide him** ich kann ihn nicht ausstehen ● **abide by** *vt insep* *(rule, law)* befolgen

ability [ə'bɪlətɪ] *n* Fähigkeit *die*

able ['eɪbl] *adj* fähig ● **to be able to do sthg** etw tun können

abnormal [æb'nɔːml] *adj* anormal

aboard [ə'bɔːd] *adv & prep* an Bord (+G)

abode [ə'bəʊd] *n* (fml) Wohnsitz *der*

abolish [ə'bɒlɪʃ] *vt* abschaffen

aborigine [,æbə'rɪdʒənɪ] *n* Ureinwohner *der*

abort [ə'bɔːt] *vt* *(give up)* abbrechen

abortion [ə'bɔːʃn] *n* Abtreibung *die*

about [ə'baʊt]
◇ *adv* **1.** *(approximately)* ungefähr, etwa ● **about 50** ungefähr 50 ● **at about six o'clock** gegen sechs Uhr **2.** *(referring to place)* herum ● **to walk about** herumlaufen **3.** *(on the point of)* ● **to be about to do sthg** im Begriff sein, etw zu tun
◇ *prep* **1.** *(concerning)* um, über ● **a book about Scotland** ein Buch über Schottland ● **what's it about?** worum geht's? ● **what about a drink?** wie wär's mit etwas zu trinken? **2.** *(referring to place)* herum ● **there are lots of hotels about the town** es gibt viele Hotels in der Stadt

above [ə'bʌv] ◇ *prep* **1.** *(higher than)* über (+A, D) **2.** *(more than)* über (+A) ◇ *adv* oben ● **children aged ten and above** Kinder ab zehn Jahren ● **above all** vor allem

abroad [ə'brɔːd] *adv* im Ausland ● **to go abroad** ins Ausland fahren

abrupt [ə'brʌpt] *adj* *(sudden)* abrupt

abscess ['æbses] *n* Abszess *der*

absence ['æbsəns] *n* Abwesenheit *die*

absent ['æbsənt] *adj* abwesend

absent-minded [-'maɪndɪd] *adj* zerstreut

absolute ['æbsəluːt] *adj* absolut

absolutely ◇ *adv* ['æbsəluːtlɪ] absolut ◇ *excl* [,æbsə'luːtlɪ] genau!

absorb [əb'sɔːb] *vt* *(liquid)* aufsaugen

absorbed [əb'sɔːbd] *adj* ● **to be absorbed in sthg** in etw vertieft sein

absorbent [əb'sɔːbənt] *adj* saugfähig

abstain [əb'steɪn] *vi* ● **to abstain (from)** sich enthalten (+G)

absurd [əb'sɜːd] *adj* absurd

ABTA [ˈæbtə] *n* Verband britischer Reisebüros

abuse ◇ *n* [əˈbjuːs] **1.** *(insults)* Beschimpfungen *pl* **2.** *(misuse, maltreatment)* Missbrauch *der* ◇ *vt* [əˈbjuːz] **1.** *(insult)* beschimpfen **2.** *(misuse, maltreat)* missbrauchen

abusive [əˈbjuːsɪv] *adj* beleidigend

AC *abbr* = alternating current

academic [ˌækəˈdemɪk] ◇ *adj* akademisch ◇ *n* Akademiker *der*, -in *die*

academy [əˈkædəmɪ] *n* Akademie *die*

accelerate [əkˈseləreɪt] *vi* beschleunigen

accelerator [əkˈseləreɪtə] *n* Gaspedal *das*

accent [ˈæksent] *n* Akzent *der*

accept [əkˈsept] *vt* **1.** *(offer, gift, invitation)* annehmen **2.** *(blame)* auf sich nehmen **3.** *(fact, truth)* akzeptieren **4.** *(story)* glauben **5.** *(responsibility)* übernehmen

acceptable [əkˈseptəbl] *adj* akzeptabel

access [ˈækses] *n* Zugang *der*

accessible [əkˈsesəbl] *adj* *(place)* erreichbar

accessories [əkˈsesərɪz] *npl* **1.** *(extras)* Zubehör *das* **2.** *(fashion items)* Accessoires *pl*

access road *n* Zufahrtsstraße *die*

accident [ˈæksɪdənt] *n* **1.** Unfall *der* **2.** *(chance)* Zufall *der* ● by accident zufällig

accidental [ˌæksɪˈdentl] *adj* zufällig

accident insurance *n* Unfallversicherung *die*

accident-prone *adj* ● to be accident-prone ein Pechvogel sein

acclimatize [əˈklaɪmətaɪz] *vi* sich akklimatisieren

accommodate [əˈkɒmədeɪt] *vt* unterbringen

accommodation [əˌkɒməˈdeɪʃn] *n* Unterkunft *die*

accommodations [əˌkɒməˈdeɪʃnz] *npl* *(US)* = accommodation

accompany [əˈkʌmpənɪ] *vt* begleiten

accomplish [əˈkʌmplɪʃ] *vt* erreichen

accord [əˈkɔːd] *n* ● of one's own accord von selbst

accordance [əˈkɔːdəns] *n* ● in accordance with gemäß *(+D)*

according to [əˈkɔːdɪŋ-] *prep* laut *(+G, D)*

accordion [əˈkɔːdɪən] *n* Akkordeon *das*

account [əˈkaʊnt] *n* **1.** *(at bank, shop)* Konto *das* **2.** *(report)* Bericht *der* ● to take into account berücksichtigen ● on no account auf keinen Fall ● on account of wegen ● **account for** *vt insep* **1.** *(explain)* erklären **2.** *(constitute)* ausmachen

accountant [əˈkaʊntənt] *n* Buchhalter *der*, -in *die*

account number *n* Kontonummer *die*

accumulate [əˈkjuːmjʊleɪt] *vt* ansammeln

accurate [ˈækjərət] *adj* genau

accuse [əˈkjuːz] *vt* ● to accuse sb of sthg jn einer Sache beschuldigen

accused [əˈkjuːzd] *n* ● the accused der/die Angeklagte

ace [eɪs] *n* As *das*

ache [eɪk] ◇ *vi* wehtun ◇ *n* Schmerzen *pl*

achieve [əˈtʃiːv] *vt* erreichen

acid [ˈæsɪd] ◇ *adj* sauer ◇ *n* **1.** Säure *die* **2.** *(inf) (drug)* Acid *das*

acid rain *n* saurer Regen

acknowledge [əkˈnɒlɪdʒ] *vt* **1.** *(accept)* anerkennen **2.** *(admit)* eingestehen **3.**

(letter) den Empfang *(+G)* bestätigen

acne ['ækn] *n* Akne *die*

acorn ['eɪkɔːn] *n* Eichel *die*

acoustic [ə'kuːstɪk] *adj* akustisch

acquaintance [ə'kweɪntəns] *n (person)* Bekannte *der, die*

acquire [ə'kwaɪə'] *vt* erwerben

acre ['eɪkə'] *n* = 4046,9 m², ≃ 40 Ar

acrobat ['ækrəbæt] *n* Akrobat *der, -in die*

across [ə'krɒs] ◇ *prep* über *(+A,D)* ◇ *adv* 1. *(hinüber, herüber)* 2. *(in crossword)* waagerecht ● **across the street** auf der anderen Straßenseite ● **10 miles across** 10 Meilen breit ● **across from** gegenüber von

acrylic [ə'krɪlɪk] *n* Acryl *das*

act [ækt] ◇ *vi* 1. *(do something)* handeln 2. *(behave)* sich benehmen 3. *(in play, film)* spielen ◇ *n* 1. *(action)* Handlung *die* 2. POL Gesetz *das* 3. *(of play)* Akt *der* 4. *(performance)* Nummer *die* ● **to act as** *(serve as)* dienen als

action ['ækʃn] *n* Handlung *die* ● **to take action** Maßnahmen ergreifen ● **to put sthg into action** etw in die Tat umsetzen ● **out of action** *(machine)* außer Betrieb; *(person)* außer Gefecht

active ['æktɪv] *adj* aktiv

activity [æk'tɪvətɪ] *n* Aktivität *die* ● **activities** *npl (leisure events)* Veranstaltungen *pl*

activity holiday *n* Aktivurlaub *der*

act of God *n* höhere Gewalt

actor ['æktə'] *n* Schauspieler *der*

actress ['æktrɪs] *n* Schauspielerin *die*

actual ['æktʃʊəl] *adj* eigentlich

actually ['æktʃʊəlɪ] *adv* 1. *(really)* wirklich 2. *(in fact)* eigentlich 3. *(by the way)* übrigens

acupuncture ['ækjʊpʌŋktʃə'] *n* Akupunktur *die*

acute [ə'kjuːt] *adj* 1. *(pain)* heftig 2. *(angle)* spitz ● **acute accent** Akut *der*

ad [æd] *n* 1. *(inf) (in newspaper)* Annonce *die* 2. *(on TV)* Werbespot *der*

AD *(abbr of Anno Domini)* n. Chr.

adapt [ə'dæpt] ◇ *vt* anpassen ◇ *vi* sich anpassen

adapter [ə'dæptə'] *n* 1. *(for foreign plug)* Adapter *der* 2. *(for several plugs)* Mehrfachsteckdose *die*

add [æd] *vt* 1. *(put, say in addition)* hinzufügen 2. *(numbers)* addieren ● **add up** *vt sep* addieren ● **add up to** *vt insep (total)* machen

adder ['ædə'] *n* Kreuzotter *die*

addict ['ædɪkt] *n* Süchtige *der, die*

addicted [ə'dɪktɪd] *adj* ● **to be addicted to sthg** nach etw süchtig sein

addiction [ə'dɪkʃn] *n* Sucht *die*

addition [ə'dɪʃn] *n* 1. *(added thing)* Ergänzung *die* 2. *(in maths)* Addition *die* ● **in addition** außerdem ● **in addition to** zusätzlich zu

additional [ə'dɪʃənl] *adj* zusätzlich

additive ['ædɪtɪv] *n* Zusatz *der*

address [ə'dres] ◇ *n* Adresse *die* ◇ *vt* 1. *(speak to)* ansprechen 2. *(letter)* adressieren

address book *n* Adressbuch *das*

addressee [,ædre'siː] *n* Empfänger *der, -in die*

adequate ['ædɪkwət] *adj* 1. *(sufficient)* ausreichend 2. *(satisfactory)* angemessen

adhere [əd'hɪə'] *vi* ● **to adhere to** *(stick to)* kleben an *(+D)*; *(obey)* einhalten

adhesive [əd'hiːsɪv] ◇ *adj* Klebe- ◇ *n* Klebstoff *der*

adjacent [ə'dʒeɪsənt] *adj* angrenzend

adjective ['ædʒɪktɪv] *n* Adjektiv *das*

adjoining [ə'dʒɔɪnɪŋ] *adj* **1.** Nachbar- **2.** *(room)* Neben-

adjust [ə'dʒʌst] ◇ *vt (machine)* einstellen ◇ *vi* ● **to adjust to** sich anlpassen an (+A)

adjustable [ə'dʒʌstəbl] *adj* verstellbar

adjustment [ə'dʒʌstmənt] *n (of machine)* Einstellung *die*

administration [əd.mɪnɪ'streɪʃn] *n* **1.** *(organizing)* Verwaltung *die* **2.** *(US) (government)* Regierung *die*

administrator [əd'mɪnɪstreɪtəʳ] *n* Verwalter *der*, -in *die*

admiral ['ædmərəl] *n* Admiral *der*

admire [əd'maɪəʳ] *vt* bewundern

admission [əd'mɪʃn] *n* **1.** *(permission to enter)* Zutritt *der* **2.** *(entrance cost)* Eintritt *der*

admission charge *n* Eintrittspreis *der*

admit [əd'mɪt] *vt* **1.** *(confess)* zulgeben **2.** *(allow to enter)* hereinllassen ● **to admit to sthg** etw zulgeben ▼ **admits one** *(on ticket)* gültig für eine Person

adolescent [.ædə'lesnt] *n* Jugendliche *der*, *die*

adopt [ə'dɒpt] *vt* **1.** *(child)* adoptieren **2.** *(attitude)* anlnehmen **3.** *(plan)* übernehmen

adopted [ə'dɒptɪd] *adj* adoptiert

adorable [ə'dɔːrəbl] *adj* entzückend

adore [ə'dɔːʳ] *vt* über alles lieben

adult ['ædʌlt] ◇ *n* Erwachsene *der*, *die* ◇ *adj* **1.** *(entertainment, films)* für Erwachsene **2.** *(animal)* ausgewachsen

adult education *n* Erwachsenenbildung *die*

adultery [ə'dʌltəri] *n* Ehebruch *der*

advance [əd'vɑːns] ◇ *n* **1.** *(money)* Vorschuss *der* **2.** *(movement)* Vorrücken *das* **3.** *(progress)* Fortschritt *der* ◇ *vt* **1.** *(money)* vorlschießen **2.** *(bring forward)* vorlverlegen ◇ *vi* **1.** *(move forward)* vorlrücken **2.** *(improve)* voranlkommen ◇ *adj* ● **advance warning** Vorwarnung *die*

advance booking *n* Vorbestellung *die*

advanced [əd'vɑːnst] *adj (student, level)* fortgeschritten

advantage [əd'vɑːntɪdʒ] *n* Vorteil *der* ● **to take advantage of** auslnutzen

adventure [əd'ventʃəʳ] *n* Abenteuer *das*

adventurous [əd'ventʃərəs] *adj (person)* abenteuerlustig

adverb ['ædvɜːb] *n* Adverb *das*

adverse ['ædvɜːs] *adj* ungünstig

advert ['ædvɜːt] = **advertisement**

advertise ['ædvətaɪz] *vt* **1.** *(product)* werben für **2.** *(event)* bekannt machen

advertisement [əd'vɜːtɪsmənt] *n* **1.** *(in newspaper)* Anzeige *die* **2.** *(on TV)* Werbespot *der*

advice [əd'vaɪs] *n* Rat *der* ● **a piece of advice** ein Ratschlag

advisable [əd'vaɪzəbl] *adj* ratsam

advise [əd'vaɪz] *vt* raten (+D) ● **to advise sb to do sthg** jm raten, etw zu tun ● **to advise sb against doing sthg** jm von etw ablraten

advocate ◇ *n* ['ædvəkət] *LAW* Anwalt *der*, Anwältin *die* ◇ *vt* ['ædvəkeɪt] befürworten

aerial ['eərɪəl] *n* Antenne *die*

aerobics [eə'rəʊbɪks] *n* Aerobic *das*

aerodynamic [.eərəʊdaɪ'næmɪk] *adj* aerodynamisch

aeroplane ['eərəpleɪn] *n* Flugzeug *das*

aerosol ['eərəsɒl] n Spray der

affair [ə'feə'] n **1.** (event) Angelegenheit die **2.** (love affair) Verhältnis das

affect [ə'fekt] vt (influence) beeinflussen

affection [ə'fekʃn] n Zuneigung die

affectionate [ə'fekʃnət] adj liebevoll

affluent ['æfluənt] adj wohlhabend

afford [ə'fɔːd] vt ● to be able to afford sthg sich (D) etw leisten können ● I can't afford the time ich habe keine Zeit ● I can't afford it das kann ich mir nicht leisten

affordable [ə'fɔːdəbl] adj erschwinglich

afloat [ə'fləʊt] adj über Wasser

afraid [ə'freɪd] adj ● to be afraid (of) Angst haben (vor (+D)) ● I'm afraid so/not leider ja/nicht

Africa ['æfrɪkə] n Afrika nt

African ['æfrɪkən] ◇ adj afrikanisch ◇ n Afrikaner der, -in die

African American

Die meisten Amerikaner afrikanischer Herkunft kamen ab dem 16. Jh. als Sklaven nach Amerika. Die Sklaverei wurde 1865 nach dem Sieg der Nordstaaten im Sezessionskrieg abgeschafft, volle Gleichberechtigung erhielten die heute offiziell als *African Americans* bezeichneten US-Bürger aber erst 1964 mit dem *Civil Rights Act*.

after ['ɑːftə'] ◇ prep nach ◇ conj nachdem ◇ adv danach ● after we had eaten nachdem wir gegessen hatten ● a quarter after ten (US) Viertel nach zehn ● to be after sb/sthg (in search of) jn/etw

suchen ● after all (in spite of everything) doch; (it should be remembered) schließlich ● **afters** npl Nachtisch der

aftercare ['ɑːftəkeə'] n Nachbehandlung die

aftereffects ['ɑːftərɪˌfekts] npl Nachwirkungen pl

afternoon [ˌɑːftə'nuːn] n Nachmittag der ● good afternoon! guten Tag!

afternoon tea n Nachmittagstee der

aftershave ['ɑːftəʃeɪv] n Aftershave das

aftersun ['ɑːftəsʌn] n Aftersunlotion die

afterwards ['ɑːftəwədz] adv danach

again [ə'gen] adv wieder ● again and again immer wieder ● never again nie wieder

against [ə'genst] prep gegen ● he was leaning against the wall er stand an die Wand gelehnt ● against the law rechtswidrig

age [eɪdʒ] n **1.** Alter das **2.** (in history) Zeitalter das ● under age minderjährig ● I haven't seen him for ages (inf) ich hab' ihn schon ewig nicht mehr gesehen

aged [eɪdʒd] adj ● to be aged eight acht Jahre alt sein ● children aged eight achtjährige Kinder

age group n Altersgruppe die

age limit n Altersgrenze die

agency ['eɪdʒənsɪ] n Agentur die

agenda [ə'dʒendə] n Tagesordnung die

agent ['eɪdʒənt] n (representative) Vertreter der, -in die

aggression [ə'greʃn] n Aggression die

aggressive [ə'gresɪv] adj aggressiv

agile [(UK) 'ædʒaɪl, (US) 'ædʒəl] adj beweglich

agility [ə'dʒɪlətɪ] n Beweglichkeit die

agitated ['ædʒɪteɪtɪd] *adj* erregt

ago [ə'gəʊ] *adv* ● a month ago vor einem Monat ● how long ago was it? wie lange ist das her?

agonizing ['ægənaɪzɪŋ] *adj* qualvoll

agony ['ægənɪ] *n* Qual *die*

agree [ə'gri:] *vi* **1.** (be in agreement, correspond) übereinstimmen **2.** (consent) einwilligen ● it doesn't agree with me (food) das bekommt mir nicht ● to agree to sthg mit etw einverstanden sein ● to agree to do sthg bereit sein, etw zu tun ● **agree on** *vt insep* (time, price) sich einigen auf (+A)

agreed [ə'gri:d] *adj* vereinbart

agreement [ə'gri:mənt] *n* **1.** Zustimmung *die* **2.** (contract) Vertrag *der* ● in agreement with in Übereinstimmung mit

agriculture ['ægrɪkʌltʃə'] *n* Landwirtschaft *die*

ahead [ə'hed] *adv* ● the road ahead die Straße vor mir/uns etc ● straight ahead geradeaus ● the weeks ahead die kommenden Wochen ● to be ahead (winning) Vorsprung haben ● ahead of (in front of) vor (+D) ● ahead of the other team der anderen Mannschaft voraus ● ahead of schedule früher als geplant

aid [eɪd] ◇ *n* Hilfe *die* ◇ *vt* helfen (+D) ● in aid of zugunsten (+G) ● with the aid of mithilfe (+G)

AIDS [eɪdz] *n* Aids *das*

ailment ['eɪlmənt] *n* (fml) Leiden *das*

aim [eɪm] ◇ *n* (purpose) Ziel *das* ◇ *vt* (gun, camera, hose) richten ◇ *vi* ● to aim (at) zielen (auf (+A)) ● to aim to do sthg beabsichtigen, etw zu tun

air [eə'] ◇ *n* Luft *die* ◇ *vt* (room) lüften ◇ *adj* (terminal, travel) Flug- ● by air (travel) mit dem Flugzeug; (send) mit Luftpost

airbed ['eəbed] *n* Luftmatratze *die*

airborne ['eəbɔːn] *adj* (plane) ● whilst we are airborne während des Fluges

air-conditioned [-kən'dɪʃnd] *adj* klimatisiert

air-conditioning [-kən'dɪʃnɪŋ] *n* Klimaanlage *die*

aircraft ['eəkrɑːft] (*pl inv*) *n* Flugzeug *das*

aircraft carrier [-,kærɪə'] *n* Flugzeugträger *der*

airfield ['eəfiːld] *n* Flugplatz *der*

airforce ['eəfɔːs] *n* Luftwaffe *die*

air freshener [-,freʃnə'] *n* Raumspray *das*

airhostess ['eə,həʊstɪs] *n* Stewardess *die*

airing cupboard ['eərɪŋ-] *n* Trockenschrank zum Wäschetrocknen

airletter ['eə,letə'] *n* Luftpostbrief *der*

airline ['eəlaɪn] *n* Fluggesellschaft *die*

airliner ['eə,laɪnə'] *n* Verkehrsflugzeug *das*

airmail ['eəmeɪl] *n* Luftpost *die* ● by airmail mit Luftpost

airplane ['eəpleɪn] *n* (US) Flugzeug *das*

airport ['eəpɔːt] *n* Flughafen *der*

air raid *n* Luftangriff *der*

airsick ['eəsɪk] *adj* luftkrank

air steward *n* Steward *der*

air stewardess *n* Stewardess *die*

air traffic control *n* (people) Fluglotsen *pl*

airy ['eərɪ] *adj* luftig

aisle [aɪl] *n* **1.** (in church) Seitenschiff *das* **2.** (in plane, cinema, supermarket) Gang *der*

aisle seat *n* Sitz *der* am Gang

ajar [ə'dʒɑːʳ] *adj* angelehnt

alarm [ə'lɑːm] ◇ *n* (device) Alarmanlage *die* ◇ *vt* beunruhigen

alarm clock *n* Wecker *der*

alarmed [ə'lɑːmd] *adj* (door, car) alarmgesichert

alarming [ə'lɑːmɪŋ] *adj* alarmierend

Albert Hall ['ælbət-] *n* ● **the Albert Hall** *Londoner Konzerthalle*

album ['ælbəm] *n* Album *das*

alcohol ['ælkəhɒl] *n* Alkohol *der*

alcohol-free *adj* alkoholfrei

alcoholic [ˌælkə'hɒlɪk] ◇ *adj* (drink) alkoholisch ◇ *n* Alkoholiker *der*, -in *die*

alcoholism ['ælkəhɒlɪzm] *n* Alkoholismus *der*

alcove ['ælkəʊv] *n* Nische *die*

ale [eɪl] *n* Ale *das*

alert [ə'lɜːt] ◇ *adj* wachsam ◇ *vt* (police, authorities) alarmieren

A level *n* (UK) *einzelne Prüfung des englischen Schulabschlusses*

algebra ['ældʒɪbrə] *n* Algebra *die*

Algeria [æl'dʒɪərɪə] *n* Algerien *nt*

alias ['eɪlɪəs] *adv* alias

alibi ['ælɪbaɪ] *n* Alibi *das*

alien ['eɪlɪən] *n* **1.** (foreigner) Ausländer *der*, -in *die* **2.** (from outer space) Außerirdische *der*, *die*

alight [ə'laɪt] ◇ *vi* (fml) (from train, bus) aussteigen (aus) ◇ *adj* ● **to be alight** brennen

align [ə'laɪn] *vt* ausrichten

alike [ə'laɪk] ◇ *adj* gleich ◇ *adv* ähnlich ● **to look alike** gleich aussehen

alive [ə'laɪv] *adj* (living) lebendig

all [ɔːl] ◇ *adj* **1.** (with singular noun) ganze ● **all** the money das ganze Geld ● **all the time** immer, die ganze Zeit **2.** (with plural noun) alle(r)(s) ● **all the people** alle Menschen, alle Leute ● **all trains stop at Tonbridge** alle Züge halten in Tonbridge

◇ *adv* **1.** (completely) ganz ● **all alone** ganz allein **2.** (in scores) beide ● **it's two all** es steht zwei zu zwei **3.** (in phrases) ● **all but empty** fast leer ● **all over** (finished) zu Ende

◇ *pron* **1.** (everything) ● **all of the cake** der ganze Kuchen ● **is that all?** (in shop) ist das alles? ● **the best of all** der/die/das Allerbeste ● **the biggest of all** der/die/das Allergrößte **2.** (everybody) alle ● **all of us went** wir sind alle gegangen **3.** (in phrases) ● **in all** (in total) zusammen; (in summary) alles in allem

Allah ['ælə] *n* Allah *der*

allege [ə'ledʒ] *vt* behaupten

allergic [ə'lɜːdʒɪk] *adj* ● **to be allergic to** allergisch sein gegen (+A)

allergy ['ælədʒɪ] *n* Allergie *die*

alleviate [ə'liːvɪeɪt] *vt* lindern

alley ['ælɪ] *n* Gasse *die*

alligator ['ælɪgeɪtəʳ] *n* Alligator *der*

all-in *adj* (UK) (inclusive) Pauschal-

all-night *adj* (bar, petrol station) nachts durchgehend geöffnet

allocate ['æləkeɪt] *vt* zuteilen

allotment [ə'lɒtmənt] *n* (UK) (for vegetables) Schrebergarten *der*

allow [ə'laʊ] *vt* **1.** (permit) erlauben **2.** (time, money) rechnen ● **to allow sb to do sthg** jm erlauben, etw zu tun ● **to be allowed to do sthg** etw tun dürfen ● **allow for** *vt insep* einkalkulieren

allowance [ə'laʊəns] *n* **1.** (state benefit)

al 8

Beihilfe die **2.** *(for expenses)* Spesen *pl* **3.** *(US) (pocket money)* Taschengeld das

all right ◇ *adj (satisfactory, acceptable)* in Ordnung ◇ *adv* **1.** *(satisfactorily)* ganz gut **2.** *(yes, okay)* okay **3.** *(safely)* gut ● **how are you? - I'm all right** wie geht's dir? - mir geht's gut

ally ['ælaɪ] *n* **1.** Verbündete der, die **2.** *MIL* Alliierte der, die

almond ['ɑːmənd] *n* Mandel die

almost ['ɔːlməʊst] *adv* fast

alone [ə'ləʊn] *adj & adv* allein ● **to leave sb alone** jn in Ruhe lassen ● **to leave sthg alone** etw in Ruhe lassen

along [ə'lɒŋ] ◇ *adv (forward)* weiter ◇ *prep* entlang ● **to walk along** entlanggehen ● **to bring sthg along** etw mitbringen ● **all along** die ganze Zeit ● **along with** zusammen mit

alongside [ə,lɒŋ'saɪd] *prep* neben ◇ *adv* ● **to come alongside** *(boat)* längsseits kommen

aloof [ə'luːf] *adj* distanziert

aloud [ə'laʊd] *adv* laut

alphabet ['ælfəbet] *n* Alphabet das

Alps [ælps] *npl* ● **the Alps** die Alpen

already [ɔːl'redɪ] *adv* schon

also ['ɔːlsəʊ] *adv* auch

altar ['ɔːltə'] *n* Altar der

alter ['ɔːltə'] *vt* ändern

alteration [,ɔːltə'reɪʃn] *n* **1.** Änderung die **2.** *(to house)* Umbau der

alternate [*(UK)* ɔːl'tɜːnət, *(US)* 'ɔːltərnət] *adj* abwechselnd ● **on alternate days** jeden zweiten Tag

alternating current ['ɔːltəneɪtɪŋ-] *n* Wechselstrom der

alternative [ɔːl'tɜːnətɪv] ◇ *adj* **1.** andere(r)(s) **2.** *(lifestyle, medicine)* alternativ ◇ *n* Alternative die

alternatively [ɔːl'tɜːnətɪvlɪ] *adv* oder aber

alternator ['ɔːltəneɪtə'] *n* Wechselstromgenerator der

although [ɔːl'ðəʊ] *conj* obwohl

altitude ['æltɪtjuːd] *n* Höhe die

altogether [,ɔːltə'geðə'] *adv* **1.** *(completely)* ganz **2.** *(in total)* insgesamt

aluminium [,æljʊ'mɪnɪəm] *n (UK)* Aluminium das

aluminum [ə'luːmɪnəm] *(US)* = **aluminium**

always ['ɔːlweɪz] *adv* immer

am [æm] ➤ **be**

a.m. *(abbr of ante meridiem)* ● **at 2 a.m.** um 2 Uhr morgens

amateur ['æmətə'] *n* Amateur der

amazed [ə'meɪzd] *adj* erstaunt

amazing [ə'meɪzɪŋ] *adj* erstaunlich

Amazon ['æməzn] *n (river)* ● **the Amazon** der Amazonas

ambassador [æm'bæsədə'] *n* Botschafter der, -in die

amber ['æmbə'] *adj* **1.** *(traffic lights)* gelb **2.** *(jewellery)* Bernstein-

ambiguous [æm'bɪgjʊəs] *adj* zweideutig

ambition [æm'bɪʃn] *n* **1.** *(desire)* Ehrgeiz der **2.** *(thing desired)* Wunsch der

ambitious [æm'bɪʃəs] *adj* ehrgeizig

ambulance ['æmbjʊləns] *n* Krankenwagen der

ambush ['æmbʊʃ] *n* Hinterhalt der

amenities [ə'miːnətɪz] *npl* Annehmlichkeiten *pl*

America [ə'merɪkə] *n* Amerika nt

American [ə'merɪkən] ◇ *adj* amerikanisch ◇ *n* Amerikaner der, -in die

amiable ['eɪmɪəbl] *adj* freundlich

ammunition [ˌæmjuˈnɪʃn] *n* Munition *die*

amnesia [æmˈniːzɪə] *n* Gedächtnisschwund *der*

among(st) [əˈmʌŋ(st)] *prep* unter *(+D)*

amount [əˈmaʊnt] *n* **1.** *(money)* Betrag *der* **2.** *(quantity)* Menge *die* ● **amount to** *vt insep (total)* sich belaufen auf *(+A)*

amp [æmp] *n* Ampere *das* ● **a 13-amp plug** ein 13-Ampere Stecker

ample [ˈæmpl] *adj* reichlich

amplifier [ˈæmplɪfaɪəʳ] *n* Verstärker *der*

amputate [ˈæmpjʊteɪt] *vt* amputieren

Amtrak [ˈæmtræk] *n* amerikanische Eisenbahngesellschaft

amuse [əˈmjuːz] *vt* **1.** *(make laugh)* belustigen **2.** *(entertain)* unterhalten

amusement arcade [əˈmjuːzmənt-] *n* Spielhalle *die*

amusement park [əˈmjuːzmənt-] *n* Vergnügungspark *der*

amusements [əˈmjuːzmənts] *npl* Vergnügungsmöglichkeiten *pl*

amusing [əˈmjuːzɪŋ] *adj* lustig

an *(stressed* [æn], *unstressed* [ən]*)* > **a**

anaemic [əˈniːmɪk] *adj (UK)* blutarm

anaesthetic [ˌænɪsˈθetɪk] *n (UK)* Narkose *die*

analgesic [ˌænælˈdʒiːsɪk] *n* Schmerzmittel *das*

analyse [ˈænəlaɪz] *vt* analysieren

analyst [ˈænəlɪst] *n* Analytiker *der*, -in *die*

analyze [ˈænəlaɪz] *(US)* = **analyse**

anarchy [ˈænəkɪ] *n* Anarchie *die*

anatomy [əˈnætəmɪ] *n* **1.** *(science)* Anatomie *die* **2.** *(of person, animal)* Körperbau *der*

ancestor [ˈænsestəʳ] *n* Vorfahr *der*

anchor [ˈæŋkəʳ] *n* Anker *der*

anchovy [ˈæntʃəvɪ] *n* Sardelle *die*

ancient [ˈeɪnʃənt] *adj* alt

and *(strong form* [ænd], *weak form* [ənd, ən]*) conj* und ● und du/ Sie? ● **a hundred and one** hunderteins ● **to try and do sthg** versuchen, etw zu tun ● **more and more** immer mehr

Andes [ˈændiːz] *npl* ● **the Andes** die Anden

anecdote [ˈænɪkdəʊt] *n* Anekdote *die*

anemic [əˈniːmɪk] *(US)* = **anaemic**

anesthetic [ˌænɪsˈθetɪk] *(US)* = **anaesthetic**

angel [ˈeɪndʒl] *n* Engel *der*

anger [ˈæŋgəʳ] *n* Ärger *der*

angina [ænˈdʒaɪnə] *n* Angina *die*

angle [ˈæŋgl] *n* Winkel *der* ● **at an angle** schräg

angler [ˈæŋgləʳ] *n* Angler *der*, -in *die*

angling [ˈæŋglɪŋ] *n* Angeln *das*

angry [ˈæŋgrɪ] *adj* böse ● **to get angry (with sb)** sich (über jn) ärgern

animal [ˈænɪml] *n* Tier *das*

aniseed [ˈænɪsiːd] *n* Anis *der*

ankle [ˈæŋkl] *n* Knöchel *der*

annex [ˈæneks] *n (building)* Anbau *der*

annihilate [əˈnaɪəleɪt] *vt* vernichten

anniversary [ˌænɪˈvɜːsərɪ] *n* Jahrestag *der*

announce [əˈnaʊns] *vt* **1.** *(declare)* bekannt geben **2.** *(delay, departure)* durchlsagen

announcement [əˈnaʊnsmənt] *n* **1.** Bekanntmachung *die* **2.** *(at airport, station)* Durchsage *die*

announcer [əˈnaʊnsəʳ] *n (on TV, radio)* Ansager *der*, -in *die*

annoy [əˈnɔɪ] *vt* ärgern

annoyed [əˈnɔɪd] *adj* ärgerlich ● **to get**

annoyed (with) sich ärgern (über (+A))
annoying [əˈnɔɪŋ] *adj* ärgerlich
annual [ˈænjʊəl] *adj* jährlich
anonymous [əˈnɒnɪməs] *adj* anonym
anorak [ˈænəræk] *n* Anorak *der*
another [əˈnʌðə] ⋄ *adj* **1.** *(additional)* noch ein/eine **2.** *(different)* ein anderer/eine andere/ein anderes ⋄ *pron* **1.** *(one more)* noch einer/eine/eins **2.** *(different one)* ein anderer/eine andere/ein anderes ● **in another two weeks** in weiteren zwei Wochen ● **another one** noch einer/eine/eins ● **one another** einander ● **one after another** einer nach dem anderen/eine nach der anderen/eins nach dem anderen
answer [ˈɑːnsə] ⋄ *n* Antwort *die* ⋄ *vt* **1.** *(person)* antworten (+D) **2.** *(question, letter)* beantworten ⋄ *vi* antworten ● **to answer the door** die Tür aufmachen ● **to answer the phone** ans Telefon gehen ◆ **answer back** *vi* *(child)* Widerworte geben
answering machine [ˈɑːnsərɪŋ-] = answerphone
answerphone [ˈɑːnsəfəʊn] *n* Anrufbeantworter *der*
ant [ænt] *n* Ameise *die*
Antarctic [ænˈtɑːktɪk] *n* ● **the Antarctic** die Antarktis
antenna [ænˈtenə] *n* (US) *(aerial)* Antenne *die*
anthem [ˈænθəm] *n* Hymne *die*
antibiotics [ˌæntɪbaɪˈɒtɪks] *npl* Antibiotika *pl*
anticipate [ænˈtɪsɪpeɪt] *vt* erwarten
anticlimax [ˌæntɪˈklaɪmæks] *n* Enttäuschung *die*
anticlockwise [ˌæntɪˈklɒkwaɪz] *adv* (UK) gegen den Uhrzeigersinn
antidote [ˈæntɪdəʊt] *n* Gegenmittel *das*
antifreeze [ˈæntɪfriːz] *n* Frostschutzmittel *das*
antihistamine [ˌæntɪˈhɪstəmɪn] *n* Antihistamin *das*
antiperspirant [ˌæntɪˈpɜːspərənt] *n* Deodorant *das*
antiquarian bookshop [ˌæntɪˈkweərɪən-] *n* Antiquariat *das*
antique [ænˈtiːk] *n* Antiquität *die*
antique shop *n* Antiquitätenladen *der*
antiseptic [ˌæntɪˈseptɪk] *n* Antiseptikum *das*
antisocial [ˌæntɪˈsəʊʃl] *adj* **1.** *(person)* ungesellig **2.** *(behaviour)* asozial
antlers [ˈæntləz] *npl* Geweih *das*
anxiety [æŋˈzaɪətɪ] *n* (worry) Sorge *die*
anxious [ˈæŋkʃəs] *adj* **1.** *(worried)* besorgt **2.** *(eager)* sehnlich
any [ˈenɪ]
⋄ *adj* **1.** *(in questions)* ● **have you got any money?** hast du Geld? ● **have you got any postcards?** haben Sie Postkarten? **2.** *(in negatives)* ● **I haven't got any money** ich habe kein Geld ● **we don't have any rooms** wir haben keine Zimmer frei **3.** *(no matter which)* irgendein(e) ● **take any one you like** nimm, welches du willst
⋄ *pron* **1.** *(in questions)* welche ● **I'm looking for a hotel - are there any nearby?** ich suche ein Hotel - gibt es hier welche in der Nähe? **2.** *(in negatives)* ● **I don't want any (of them)** ich möchte keinen/keines (von denen) **3.** *(no matter which one)* jede(r)(s) ● **you can sit at any of the tables** Sie können sich an jeden beliebigen Tisch setzen

◇ *adv* **1.** *(in questions)* ● **is there any more ice cream?** ist noch Eis da? ● **is that any better?** ist das besser? **2.** *(in negatives)* ● **we can't wait any longer** wir können nicht mehr länger warten

anybody ['enɪˌbɒdɪ] = **anyone**

anyhow ['enɪhaʊ] *adv* **1.** *(carelessly)* irgendwie **2.** *(in any case)* jedenfalls **3.** *(in spite of that)* trotzdem

anyone ['enɪwʌn] *pron* **1.** *(any person)* jeder **2.** *(in questions)* irgendjemand ● **there wasn't anyone in** niemand war zu Hause

anything ['enɪθɪŋ] *pron* **1.** *(no matter what)* alles **2.** *(in questions)* irgendetwas ● **he didn't tell me anything** er hat mir nichts gesagt

anyway ['enɪweɪ] *adv* **1.** *(in any case)* sowieso **2.** *(in spite of that)* trotzdem **3.** *(in conversation)* jedenfalls

anywhere ['enɪweəʳ] *adv* **1.** *(any place)* überall **2.** *(in questions)* irgendwo ● **I can't find it anywhere** ich kann es nirgends finden

apart [ə'pɑːt] *adv* auseinander ● **to come apart** auseinander gehen ● **to live apart** getrennt leben ● **apart from** *(except for)* abgesehen von; *(as well as)* außer (+D)

apartheid [ə'pɑːtheɪt] *n* Apartheid *die*

apartment [ə'pɑːtmənt] *n* (US) Wohnung *die*

apathetic [ˌæpə'θetɪk] *adj* apathisch

ape [eɪp] *n* Affe *der*

aperitif [əˌperə'tiːf] *n* Aperitif *der*

aperture ['æpətʃəʳ] *n* (of camera) Blende *die*

Apex ['eɪpeks] *n* **1.** (plane ticket) reduziertes Flugticket, das im Voraus reserviert

werden muss **2.** (UK) (train ticket) reduzierte Fahrkarte für Fernstrecken, die nur für bestimmte Züge gilt und im Voraus reserviert werden muss

apiece [ə'piːs] *adv* je ● **they cost £5 apiece** sie kosten je 5 Pfund

apologetic [əˌpɒlə'dʒetɪk] *adj* entschuldigend ● **to be apologetic** sich entschuldigen

apologize [ə'pɒlədʒaɪz] *vi* ● **to apologize (to sb for sthg)** sich (bei jm für etw) entschuldigen

apology [ə'pɒlədʒɪ] *n* Entschuldigung *die*

apostrophe [ə'pɒstrəfɪ] *n* Apostroph *der*

appal [ə'pɔːl] *vt* (UK) entsetzen

appall [ə'pɔːl] (US) = **appal**

appalling [ə'pɔːlɪŋ] *adj* entsetzlich

apparatus [ˌæpə'reɪtəs] *n* (device) Gerät *das*

apparently [ə'pærəntlɪ] *adv* **1.** (it seems) scheinbar **2.** (evidently) anscheinend

appeal [ə'piːl] ◇ *n* **1.** LAW Berufung *die* **2.** (for money, help) Aufruf *der* ◇ *vi* **1.** LAW Berufung einlegen ● **to appeal to sb (for sthg)** jn (um etw) bitten ● **it doesn't appeal to me** das gefällt mir nicht

appear [ə'pɪəʳ] *vi* **1.** erscheinen **2.** (seem) scheinen **3.** (in play) auftreten ● **it appears that** es scheint, dass

appearance [ə'pɪərəns] *n* **1.** Erscheinen *das* **2.** (of performer) Auftritt *der* **3.** (look) Aussehen *das*

appendices [ə'pendɪsiːz] *pl* ➢ **appendix**

appendicitis [əˌpendɪ'saɪtɪs] *n* Blinddarmentzündung *die*

appendix [ə'pendɪks] (pl **-dices**) *n* **1.** ANAT Blinddarm *der* **2.** (of book) Anhang *der*

appetite [ˈæpɪtaɪt] *n* Appetit *der*

appetizer [ˈæpɪtaɪzə] *n* Appetithappen *der*

appetizing [ˈæpɪtaɪzɪŋ] *adj* appetitlich

applaud [əˈplɔːd] *vt & vi* applaudieren (+D)

applause [əˈplɔːz] *n* Applaus *der*

apple [ˈæpl] *n* Apfel *der*

apple charlotte [-ˈʃɑːlət] *n* Apfelauflauf, *der in einer mit Brot ausgelegten und bedeckten Form gebacken wird*

apple crumble *n* mit Streuseln bestreuter Apfelauflauf

apple juice *n* Apfelsaft *der*

apple pie *n* Art gedeckter Apfelkuchen mit dünnen Teigwänden

apple sauce *n* Apfelmus *das*

apple strudle *n* Apfelstrudel *der*

apple tart *n* Apfelkuchen *der*

apple turnover [-ˈtɜːnˌəʊvə] *n* Apfeltasche *die*

appliance [əˈplaɪəns] *n* Gerät *das* ● electrical appliance Elektrogerät *das* ● domestic appliance Haushaltsgerät *das*

applicable [əˈplɪkəbl] *adj* ● to be applicable (to) zutreffen (auf (+A)) ● if applicable falls zutreffend

applicant [ˈæplɪkənt] *n* Bewerber *der*, -in *die*

application [ˌæplɪˈkeɪʃn] *n* 1. *(for job)* Bewerbung *die* 2. *(for membership)* Antrag *der*

application form *n* 1. *(for job)* Bewerbungsformular *das* 2. *(for membership)* Antragsformular *das*

apply [əˈplaɪ] ◇ *vt* 1. *(lotion, paint)* auftragen 2. *(brakes)* betätigen ◇ *vi* ● to apply (to sb for sthg) *(make request)* sich (bei jm um etw) bewerben ● to

apply (to sb) *(be applicable)* zutreffen (auf jn)

appointment [əˈpɔɪntmənt] *n* *(with doctor, hairdresser)* Termin *der* ● to have an appointment (with) einen Termin haben (bei) ● to make an appointment (with) einen Termin vereinbaren (mit) ● by appointment nach Vereinbarung

appreciable [əˈpriːʃəbl] *adj* merklich

appreciate [əˈpriːʃɪeɪt] *vt* 1. schätzen 2. *(understand)* verstehen

apprehensive [ˌæprɪˈhensɪv] *adj* ängstlich

apprentice [əˈprentɪs] *n* Lehrling *der*

apprenticeship [əˈprentɪʃɪp] *n* Lehre *die*

approach [əˈprəʊtʃ] ◇ *n* 1. *(road)* Zufahrt *die* 2. *(to problem, situation)* Ansatz *der* ◇ *vt* 1. sich nähern (+D) 2. *(problem, situation)* anlgehen ◇ *vi* näher kommen

appropriate [əˈprəʊprɪət] *adj* passend

approval [əˈpruːvl] *n* Zustimmung *die*

approve [əˈpruːv] *vi* ● to approve (of sb/ sthg) (mit jm/etw) einverstanden sein

approximate [əˈprɒksɪmət] *adj* ungefähr

approximately [əˈprɒksɪmətlɪ] *adv* ungefähr

Apr. *abbr* = April

apricot [ˈeɪprɪkɒt] *n* Aprikose *die*, Marille *die* (Österr)

April [ˈeɪprəl] *n* April *der* ➤ September

April Fools' Day *n* der erste April

apron [ˈeɪprən] *n* Schürze *die*

apt [æpt] *adj* *(appropriate)* passend ● to be apt to do sthg dazu neigen, etw zu tun

aquarium [əˈkweərɪəm] *(pl* -ria*)* *n* Aquarium *das*

Aquarius [əˈkweərɪəs] *n* Wassermann *der*

aqueduct [ˈækwɪdʌkt] *n* Aquädukt *der*

Arab ['ærəb] ◇ *adj* arabisch ◇ *n* Araber *der*, -in *die*

Arabic ['ærəbɪk] ◇ *adj* arabisch ◇ *n* Arabisch *das*

arbitrary ['ɑːbɪtrərɪ] *adj* willkürlich

arc [ɑːk] *n* Bogen *der*

arcade [ɑːˈkeɪd] *n* **1.** *(for shopping)* Passage *die* **2.** *(of video games)* Spielhalle *die*

arch [ɑːtʃ] *n* Bogen *der*

archaeology [,ɑːkɪˈɒlədʒɪ] *n* Archäologie *die*

archbishop [,ɑːtʃˈbɪʃəp] *n* Erzbischof *der*

archery ['ɑːtʃərɪ] *n* Bogenschießen *das*

archipelago [,ɑːkɪˈpeləgəʊ] *n* Archipel *der*

architect ['ɑːkɪtekt] *n* Architekt *der*, -in *die*

architecture ['ɑːkɪtektʃə] *n* Architektur *die*

archives ['ɑːkaɪvz] *npl* Archiv *das*

Arctic ['ɑːktɪk] ● **the Arctic** die Arktis

are *(weak form* [ə], *strong form* [ɑː]) ➢ **be**

area ['eərɪə] *n* **1.** *(region)* Gegend *die* **2.** *(space, zone)* Bereich *der* **3.** *(surface size)* Fläche *die*

area code *n* *(US)* Vorwahl *die*

arena [əˈriːnə] *n* **1.** *(at circus)* Manege *die* **2.** *(at sportsground)* Stadion *das*

aren't [ɑːnt] = **are not**

Argentina [,ɑːdʒənˈtiːnə] *n* Argentinien *nt*

argue ['ɑːgjuː] *vi* ● **to argue (with sb about sthg)** sich (mit jm über etw) streiten ● **to argue (that) ...** die Meinung vertreten, dass ...

argument ['ɑːgjumənt] *n* **1.** *(quarrel)* Streit *der* **2.** *(reason)* Argument *das*

arid ['ærɪd] *adj* trocken

Aries ['eəriːz] *n* Widder *der*

arise [əˈraɪz] *(pt* arose, *pp* arisen) *vi* ● **to arise (from)** sich ergeben (aus)

aristocracy [,ærɪˈstɒkrəsɪ] *n* Adel *der*

arithmetic [əˈrɪθmətɪk] *n* Rechnen *das*

arm [ɑːm] *n* **1.** Arm *der* **2.** *(of chair)* Armlehne *die* **3.** *(of garment)* Ärmel *der*

arm bands *npl* (for swimming) Schwimmflügel *pl*

armchair ['ɑːmtʃeə] *n* Sessel *der*

armed [ɑːmd] *adj* bewaffnet

armed forces *npl* ● **the armed forces** die Streitkräfte

armor ['ɑːmər] *(US)* = **armour**

armour ['ɑːmə] *n* *(UK)* Rüstung *die*

armpit ['ɑːmpɪt] *n* Achselhöhle *die*

arms [ɑːmz] *npl* Waffen *pl*

army ['ɑːmɪ] *n* Armee *die*

A-road *(UK)* ≃ Bundesstraße *die*

aroma [əˈrəʊmə] *n* Aroma *das*

aromatic [,ærəˈmætɪk] *adj* aromatisch

arose [əˈrəʊz] *pt* ➢ **arise**

around [əˈraʊnd] ◇ *prep* **1.** um **2.** *(near)* ringsherum **3.** *(approximately)* ungefähr ◇ *adv* **1.** herum **2.** *(present)* ● **is she around?** ist sie da? ● **around here** *(in the area)* hier in der Gegend ● **to travel around** herumreisen ● **to turn around** sich umdrehen ● **to look around** sich umsehen

arouse [əˈraʊz] *vt* *(suspicion, interest)* erregen

arrange [əˈreɪndʒ] *vt* **1.** *(objects)* ordnen **2.** *(flowers)* arrangieren **3.** *(meeting)* vereinbaren **4.** *(event)* planen ● **to arrange to do sthg (with sb)** (mit jm) vereinbaren, etw zu tun

arrangement [əˈreɪndʒmənt] *n* **1.** *(agree-*

ment) Vereinbarung die **2.** *(layout)* Anordnung die ● **by arrangement** nach Vereinbarung ● **to make arrangements (to do sthg)** Vorkehrungen treffen (, etw zu tun)

arrest [əˈrest] ◇ *n* Verhaftung die ◇ *vt* verhaften ● **under arrest** verhaftet

arrival [əˈraɪvl] *n* Ankunft die ● **on arrival** bei der Ankunft ● **new arrival** Neuankömmling der

arrive [əˈraɪv] *vi* ankommen

arrogant [ˈærəgənt] *adj* arrogant

arrow [ˈærəʊ] *n* Pfeil der

arson [ˈɑːsn] *n* Brandstiftung die

art [ɑːt] *n* **1.** Kunst die **2.** *(paintings, sculptures etc)* Kunstwerk das ◆ **arts** *npl* *(humanities)* Geisteswissenschaften *pl* ● **the arts** *(fine arts)* die schönen Künste *pl*

artefact [ˈɑːtɪfækt] *n* Artefakt das

artery [ˈɑːtərɪ] *n* Arterie die

art gallery *n* Kunstgalerie die

arthritis [ɑːˈθraɪtɪs] *n* Arthritis die

artichoke [ˈɑːtɪtʃəʊk] *n* Artischocke die

article [ˈɑːtɪkl] *n* **1.** *(object)* Gegenstand der **2.** *(in newspaper, grammar)* Artikel der

articulate [ɑːˈtɪkjʊlət] *adj* ● **to be articulate** sich gut ausdrücken können

artificial [ˌɑːtɪˈfɪʃl] *adj* künstlich

artist [ˈɑːtɪst] *n* Künstler der, -in die

artistic [ɑːˈtɪstɪk] *adj* künstlerisch

arts centre *n* ≃ Kulturzentrum das

arty [ˈɑːtɪ] *adj (pej)* pseudokünstlerisch

as *(unstressed* [əz], *stressed* [æz]) ◇ *adv (in comparisons)* ● **as ... as** so ... wie ● **he's as tall as I am** er ist so groß wie ich ● **as many as** so viele wie ● **as much as** so viel wie ◇ *conj* **1.** *(referring to time)* als ● **as the plane was coming in to land** als das

Flugzeug beim Landeanflug war **2.** *(referring to manner)* wie ● **as expected, ... wie erwartet ... 3.** *(introducing a statement)* wie ● **as I told you ... wie ich dir bereits gesagt habe ... 4.** *(because)* weil, da **5.** *(in phrases)* ● **as for me** was mich betrifft ● **as from Monday** ab Montag ● **as if** als ob ◇ *prep (referring to function, job)* als

asap *(abbr of* as soon as possible)* baldmöglichst

ascent [əˈsent] *n* Aufstieg der

ascribe [əˈskraɪb] *vt* ● **to ascribe sthg to sb/sthg** jm/einer Sache etw zuschreiben

ash [æʃ] *n* **1.** *(from cigarette, fire)* Asche die **2.** *(tree)* Esche die

ashore [əˈʃɔː] *adv* an Land

ashtray [ˈæʃtreɪ] *n* Aschenbecher der

Asia [(UK) ˈeɪʃə, (US) ˈeɪʒə] *n* Asien *nt*

Asian [(UK) ˈeɪʃn, (US) ˈeɪʒn] ◇ *adj* asiatisch ◇ *n* Asiat der, -in die

aside [əˈsaɪd] *adv* beiseite ● **to move aside** beiseite treten

ask [ɑːsk] ◇ *vt* **1.** fragen **2.** *(a question)* stellen **3.** *(permission)* bitten um **4.** *(advice)* fragen um **5.** *(invite)* einladen ◇ *vi* ● **to ask after** sich erkundigen nach ● **to ask about sthg** nach etw fragen ● **to ask sb about sthg** jm Fragen über etw stellen ● **to ask sb to do sthg** jn bitten, etw zu tun ● **to ask sb for sthg** jn um etw bitten ◆ **ask for** *vt insep* **1.** *(ask to talk to)* verlangen **2.** *(request)* bitten um

asleep [əˈsliːp] *adj* ● **to be asleep** schlafen ● **to fall asleep** einschlafen

asparagus [əˈspærəgəs] *n* Spargel der

asparagus tips *npl* Spargelspitzen *pl*

aspect [ˈæspekt] *n* Aspekt der

aspirin ['æsprɪn] *n* Aspirin *das*

ass [æs] *n (animal)* Esel *der*

assassinate [ə'sæsɪneɪt] *vt* ermorden

assault [ə'sɔːlt] ◇ *n* Angriff *der* ◇ *vt* an|greifen

assemble [ə'sembl] ◇ *vt (build)* zusammen|bauen ◇ *vi* sich versammeln

assembly [ə'semblɪ] *n (at school)* Versammlung *die*

assembly hall *n (at school)* Aula *die*

assembly point *n* Treffpunkt *der*

assert [ə'sɜːt] *vt* behaupten ● **to assert o.s.** sich durch|setzen

assess [ə'ses] *vt* **1.** *(person, situation, effect)* bewerten **2.** *(value, damage)* schätzen

assessment [ə'sesmənt] *n* **1.** *(of situation, person, effect)* Bewertung *die* **2.** *(of value, damage, cost)* Schätzung *die*

asset ['æset] *n* **1.** *(thing)* Vorteil *der* **2.** *(person)* Stütze *die*

assign [ə'saɪn] *vt* ● **to assign sthg to sb** jm etw zu|teilen ● **to assign sb to sthg** jm etw zu|teilen

assignment [ə'saɪnmənt] *n* **1.** *(task)* Aufgabe *die* **2.** *SCH* Projekt *das*

assist [ə'sɪst] *vt* helfen (+*D*)

assistance [ə'sɪstəns] *n* Hilfe *die* ● **to be of assistance (to sb)** (jm) helfen

assistant [ə'sɪstənt] *n* Assistent *der*, -in *die*

associate ◇ *n* [ə'səʊʃɪət] Partner *der*, -in *die* ◇ *vt* [ə'səʊʃɪeɪt] ● **to associate sb/sthg with** jn/etw in Verbindung bringen mit

association [əˌsəʊsɪ'eɪʃn] *n (group)* Verband *der*

assorted [ə'sɔːtɪd] *adj* gemischt

assortment [ə'sɔːtmənt] *n* Auswahl *die*

assume [ə'sjuːm] *vt* **1.** *(suppose)* an|nehmen **2.** *(control, responsibility)* übernehmen

assurance [ə'ʃʊərəns] *n* Versicherung *die*

assure [ə'ʃʊəʳ] *vt* versichern ● **to assure sb (that)** ... jm versichern, dass ...

asterisk ['æstərɪsk] *n* Sternchen *das*

asthma ['æsmə] *n* Asthma *das*

asthmatic [æs'mætɪk] *adj* asthmatisch

astonished [ə'stɒnɪʃt] *adj* erstaunt

astonishing [ə'stɒnɪʃɪŋ] *adj* erstaunlich

astound [ə'staʊnd] *vt* überraschen

astray [ə'streɪ] *adv* ● **to go astray** *(person)* sich verlaufen; *(thing)* verloren gehen

astrology [ə'strɒlədʒɪ] *n* Astrologie *die*

astronomy [ə'strɒnəmɪ] *n* Astronomie *die*

asylum [ə'saɪləm] *n (mental hospital)* psychiatrische Klinik *die*

at *(unstressed* [ət]*, stressed* [æt]*) prep* **1.** *(indicating place, position)* in (+*D*) ● **at the end of** am Ende (+*G*) ● **at school** in der Schule ● **at the hotel** *(inside)* im Hotel; *(outside)* beim Hotel ● **at my mother's** bei meiner Mutter ● **at home** zu Hause **2.** *(indicating direction)* an (+*A*) ● **to look at sb/sthg** jn/etw an|schauen ● **to smile at sb** jn an|lächeln **3.** *(indicating time)* um ● **at nine o'clock** um neun Uhr ● **at Christmas** zu Weihnachten ● **at night** nachts **4.** *(indicating rate, level, speed)* mit ● **it works out at £5 each** es kommt für jeden auf 5 Pfund ● **at 60 km/h** mit 60 km/h **5.** *(indicating activity)* ● **to be at lunch** beim Mittagessen sein ● **to be good/ bad at sthg** in einer Sache gut/schlecht sein **6.** *(indicating cause)* über (+*D*) ● **to be pleased at sthg** über etw (*D*) erfreut sein

ate [*(UK)* et*, (US)* eɪt] *pt* ➤ **eat**

atheist ['eɪθɪɪst] *n* Atheist *der*, -in *die*

athlete ['æθliːt] *n* Athlet *der*, -in *die*

athletics [æθ'letɪks] *n* Leichtathletik *die*

Atlantic [ət'læntɪk] *n* ● the Atlantic (Ocean) der Atlantik

atlas ['ætləs] *n* Atlas *der*

atmosphere ['ætməsfɪə'] *n* Atmosphäre *die*

atom ['ætəm] *n* Atom *das*

A to Z *n* Stadtplan *der* (im Buchformat)

atrocious [ə'trəʊʃəs] *adj* grauenhaft

attach [ə'tætʃ] *vt* befestigen ● to attach sthg to sthg etw an etw (D) befestigen

attachment [ə'tætʃmənt] *n* (device) Zusatzgerät *das*

attack [ə'tæk] ◇ *n* 1. Angriff *der* 2. (of coughing, asthma etc) Anfall *der* ◇ *vt* angreifen

attacker [ə'tækə'] *n* Angreifer *der*, -in *die*

attain [ə'teɪn] *vt* (fml) erreichen

attempt [ə'tempt] ◇ *n* Versuch *der* ◇ *vt* versuchen ● to attempt to do sthg versuchen, etw zu tun

attend [ə'tend] *vt* 1. (meeting) teilnehmen an (+D) 2. (Mass, school) besuchen ● attend to *vt insep* (deal with) sich kümmern um

attendance [ə'tendəns] *n* 1. Besuch *der* 2. (number of people) Besucherzahl *die*

attendant [ə'tendənt] *n* 1. (in museum) Aufsichtsperson *die* 2. (in car park) Wächter *der*, -in *die*

attention [ə'tenʃn] *n* Aufmerksamkeit *die* ● to pay attention aufmerksam sein ● to pay attention to sthg etw beachten

attic ['ætɪk] *n* Dachboden *der*

attitude ['ætɪtjuːd] *n* 1. (mental) Einstellung *die* 2. (behaviour) Haltung *die*

attorney [ə'tɜːnɪ] *n* (US) Anwalt *der*, Anwältin *die*

attract [ə'trækt] *vt* 1. anlziehen 2. (attention) erwecken

attraction [ə'trækʃn] *n* 1. (liking) Anziehung *die* 2. (attractive feature) Reiz *der* 3. (of town, resort) Attraktion *die*

attractive [ə'træktɪv] *adj* 1. (person) attraktiv 2. (idea, offer) reizvoll

attribute [ə'trɪbjuːt] *vt* ● to attribute sthg to etw zurückführen auf (+A)

aubergine ['əʊbəʒiːn] *n* (UK) Aubergine *die*

auburn ['ɔːbən] *adj* rotbraun

auction ['ɔːkʃn] *n* Auktion *die*

audience ['ɔːdɪəns] *n* 1. (of play, concert, film) Publikum *das* 2. (of TV) Zuschauer *pl* 3. (of radio) Zuhörer *pl*

audio ['ɔːdɪəʊ] *adj* Ton-

audio-visual [-'vɪʒʊəl] *adj* audiovisuell

auditorium [ˌɔːdɪ'tɔːrɪəm] *n* Zuschauerraum *der*

Aug. *abbr* = August

August ['ɔːɡəst] *n* August *der* ➤ September

aunt [ɑːnt] *n* Tante *die*

au pair [ˌəʊ'peə'] *n* Aupairmädchen *das*

aural ['ɔːrəl] *adj* ● an aural exam ein Hörverständnistest

Australia [ɒ'streɪlɪə] *n* Australien *nt*

Australian [ɒ'streɪlɪən] ◇ *adj* australisch ◇ *n* Australier *der*, -in *die*

Austria ['ɒstrɪə] *n* Österreich *nt*

Austrian ['ɒstrɪən] ◇ *adj* österreichisch ◇ *n* Österreicher *der*, -in *die*

authentic [ɔː'θentɪk] *adj* echt

author ['ɔːθə'] *n* 1. (of book, article) Autor *der*, -in *die* 2. (by profession) Schriftsteller *der*, -in *die*

authority [ɔː'θɒrətɪ] *n* 1. (power) Autorität *die* 2. (official organization) Behörde *die* ● the authorities die Behörden

authorization [ˌɔːθəraɪˈzeɪʃn] *n* Genehmigung *die*

authorize [ˈɔːθəraɪz] *vt* genehmigen ● to authorize sb to do sthg jn ermächtigen, etw zu tun

autobiography [ˌɔːtəbaɪˈɒɡrəfɪ] *n* Autobiografie *die*

autograph [ˈɔːtəɡrɑːf] *n* Autogramm *das*

automatic [ˌɔːtəˈmætɪk] ◇ *adj* automatisch ◇ *n (car)* Wagen *der* mit Automatikgetriebe

automatically [ˌɔːtəˈmætɪklɪ] *adv* automatisch

automobile [ˈɔːtəməbiːl] *n (US)* Auto *das*

autumn [ˈɔːtəm] *n* Herbst *der* ● in (the) autumn im Herbst

auxiliary (verb) [ɔːɡˈzɪljərɪ-] *n* Hilfsverb *das*

available [əˈveɪləbl] *adj* 1. verfügbar 2. *(product)* lieferbar ● to be available *(person)* zur Verfügung stehen

avalanche [ˈævəlɑːnʃ] *n* Lawine *die*

Ave. *abbr* = avenue

avenue [ˈævənjuː] *n (road)* Allee *die*

average [ˈævərɪdʒ] ◇ *adj* durchschnittlich ◇ *n* Durchschnitt *der* ● on average im Durchschnitt

aversion [əˈvɜːʃn] *n* Abneigung *die*

aviation [ˌeɪvɪˈeɪʃn] *n* Luftfahrt *die*

avid [ˈævɪd] *adj* begeistert

avocado (pear) [ˌævəˈkɑːdəʊ-] *n* Avocado *die*

avoid [əˈvɔɪd] *vt* 1. vermeiden 2. *(person, place)* meiden ● to avoid doing sthg vermeiden, etw zu tun

await [əˈweɪt] *vt* erwarten

awake [əˈweɪk] *(pt* awoke, *pp* awoken) ◇ *adj* wach ◇ *vi* erwachen

award [əˈwɔːd] ◇ *n (prize)* Auszeichnung *die* ◇ *vt* ● to award sb sthg *(prize)* jm etw verleihen; *(damages, compensation)* jm etw zusprechen

aware [əˈweə^r] *adj* ● to be aware of sthg sich *(D)* einer Sache *(G)* bewusst sein

away [əˈweɪ] *adv* 1. weg 2. *(not at home, in office)* nicht da ● to take sthg away (from sb) (jm) etw wegnehmen ● far away weit entfernt ● 10 miles away (from here) 10 Meilen (von hier) entfernt ● two weeks away in zwei Wochen

awesome [ˈɔːsəm] *adj* 1. überwältigend 2. *(inf) (excellent)* toll

awful [ˈɔːfl] *adj* furchtbar

awfully [ˈɔːflɪ] *adv (very)* furchtbar

awkward [ˈɔːkwəd] *adj* 1. *(position, shape, situation)* ungünstig 2. *(movement)* ungeschickt 3. *(question, task)* schwierig

awning [ˈɔːnɪŋ] *n* 1. *(on house)* Markise *die* 2. *(of tent)* Vordach *das*

awoke [əˈwəʊk] *pt* ➤ awake

awoken [əˈwəʊkən] *pp* ➤ awake

axe [æks] *n* Axt *die*

axle [ˈæksl] *n* Achse *die*

*b*B

BA (*abbr of* Bachelor of Arts) *Bakkalaureus der Geisteswissenschaften*

babble ['bæbl] *vi* plappern

baby ['beɪbɪ] *n* Baby *das* ● **to have a baby** ein Kind bekommen ● **baby sweetcorn** Maiskölbchen *pl*

baby carriage *n* (*US*) Kinderwagen *der*

baby food *n* Babynahrung *die*

baby-sit *vi* babysitten

baby wipe *n* Babyöltuch *das*

bachelor ['bætʃələ'] *n* Junggeselle *der*

back [bæk] ◇ *adv* zurück ◇ *n* 1. (*of person, hand, book*) Rücken *der* 2. (*of chair*) Lehne *die* 3. (*inside car*) Rücksitz *der* 4. (*of room*) hintere Teil *der* 5. (*of bank note*) Rückseite *die* ◇ *adj* (*wheels*) Hinter- ◇ *vi* (*car, driver*) zurücksetzen ◇ *vt* (*support*) unterstützen ● **at the back of** hinter (+*D*) ● **in back of** (*US*) hinter (+*D*) ● **back to front** verkehrt herum ● **back up** ◇ *vt sep* 1. (*support*) unterstützen 2. (*confirm*) bestätigen ◇ *vi* (*car, driver*) zurücksetzen

backache ['bækeɪk] *n* Rückenschmerzen *pl*

backbone ['bækbəʊn] *n* Wirbelsäule *die*

back door *n* Hintertür *die*

backfire [ˌbæk'faɪə'] *vi* (*car*) fehlzünden

background ['bækgraʊnd] *n* 1. Hintergrund *der* 2. (*of person*) Herkunft *die*

backlog ['bæklɒg] *n* Rückstand *der*

backpack ['bækpæk] *n* Rucksack *der*

backpacker ['bækpækə'] *n* Rucksacktourist *der*, -in *die*

back seat *n* Rücksitz *der*

backside [ˌbæk'saɪd] *n* (*inf*) Hintern *der*

back street *n* Seitenstraße *die*

backstroke ['bækstrəʊk] *n* Rückenschwimmen *das*

backwards ['bækwədz] *adv* 1. rückwärts 2. (*look*) nach hinten

bacon ['beɪkən] *n* Schinkenspeck *der* ● **bacon and eggs** Eier *pl* mit Speck

bacteria [bæk'tɪərɪə] *npl* Bakterien *pl*

bad [bæd] (*compar* **worse**, *superl* **worst**) *adj* 1. schlecht 2. (*serious*) schwer 3. (*eyesight, excuse*) schwach 4. (*excuse*) schlecht 5. (*naughty*) ungezogen 6. (*injured*) schlimm 7. (*rotten, off*) verdorben ● **not bad** nicht schlecht

badge [bædʒ] *n* Sticker *der*

badger ['bædʒə'] *n* Dachs *der*

badly ['bædlɪ] (*compar* **worse**, *superl* **worst**) *adv* 1. schlecht 2. (*seriously*) schwer 3. (*very much*) sehr ● **to need sthg badly** etw dringend brauchen

badly paid [-peɪd] *adj* schlecht bezahlt

badminton ['bædmɪntən] *n* 1. Federball *der* 2. SPORT Badminton *das*

bad-tempered [-'tempəd] *adj* schlecht gelaunt

bag [bæg] *n* 1. (*of paper, plastic*) Tüte *die* 2. (*handbag*) Tasche *die* 3. (*suitcase*) Reisetasche *die* ● **a bag of crisps** eine Tüte Chips

bagel ['beɪgəl] *n* ringförmiges Brötchen

baggage ['bægɪdʒ] *n* Gepäck *das*

baggage allowance *n* Freigepäck *das*

baggage reclaim *n* Gepäckausgabe *die*

baggy ['bægi] *adj* 1. weit 2. *(too baggy)* ausgeleiert

bagpipes ['bægpaips] *npl* Dudelsack *der*

bail [beil] *n* Kaution *die*

bait [beit] *n* Köder *der*

bake [beik] ◇ *vt* backen ◇ *n* Auflauf *der*

baked [beikt] *adj* überbacken

baked Alaska [-ə'læskə] *n* Dessert aus Eiscreme auf Biskuit, das mit Baiser überzogen ist und kurz überbacken wird

baked beans *npl* weiße Bohnen *in* Tomatensoße

baked potato *n* (in der Schale) gebackene Kartoffel

baker ['beikər] *n* Bäcker *der*, -in *die* **baker's (shop)** Bäckerei *die*

Bakewell tart ['beikwel-] *n* Torte, die mit einer Schicht Marmelade zwischen zwei Schichten Mandelmasse gefüllt ist und mit einer wellenförmigen Glasur überzogen ist

balance ['bæləns] ◇ *n* 1. *(of person)* Gleichgewicht *das* 2. *(of bank account)* Kontostand *der* 3. *(remainder)* Rest *der* ◇ *vt (object)* balancieren

balcony ['bælkəni] *n* Balkon *der*

bald [bɔːld] *adj* 1. kahl 2. ● **he is bald or** hat eine Glatze

bale [beil] *n* Ballen *der*

ball [bɔːl] *n* 1. Ball *der* 2. *(in snooker)* Kugel *die* 3. *(of wool, string, paper)* Knäuel *das* ● **on the ball** *(fig)* auf Draht

ballad ['bæləd] *n* Ballade *die*

ballerina [,bælə'riːnə] *n* Ballerina *die*

ballet ['bælei] *n* Ballett *das*

ballet dancer *n* Balletttänzer *der*, -in *die*

balloon [bə'luːn] *n* Luftballon *der*

ballot ['bælət] *n* Wahl *die*

ballpoint pen ['bɔːlpɔint-] *n* Kugelschreiber *der*

ballroom ['bɔːlrum] *n* Tanzsaal *der*

ballroom dancing *n* Gesellschaftstanz *der*

bamboo [bæm'buː] *n* Bambus *der*

bamboo shoots *npl* Bambussprossen *pl*

ban [bæn] ◇ *n* Verbot *das* ◇ *vt* verbieten ● **to ban sb from doing sthg** jm verbieten, etw zu tun

banana [bə'nɑːnə] *n* Banane *die*

banana split *n* Bananensplit *das*

band [bænd] *n* 1. *(musical group)* Band *die* 2. *(strip of paper, rubber)* Band *die*

bandage ['bændidʒ] ◇ *n* Verband *der* ◇ *vt* verbinden

B and B *abbr* = bed and breakfast

bandstand ['bændstænd] *n* Musikpavillon *der*

bang [bæŋ] ◇ *n (noise)* Knall *der* ◇ *vt* 1. knallen 2. *(door)* zulknallen ● **to bang one's head** sich *(D)* den Kopf stoßen

banger ['bæŋər] *n* *(UK)* *(inf)* *(sausage)* Würstchen *das* ● **bangers and mash** Würstchen mit Kartoffelbrei

bangle ['bæŋgl] *n* Armreif *der*

bangs [bæŋz] *npl* *(US)* Pony *der*

banister ['bænistər] *n* Treppengeländer *das*

banjo ['bændʒəu] *n* Banjo *das*

bank [bæŋk] *n* 1. *(for money)* Bank *die* 2. *(of river, lake)* Ufer *das* 3. *(slope)* Böschung *die*

bank account *n* Bankkonto *das*

bank book *n* Sparbuch *das*

bank charges *npl* Bankgebühren *pl*

bank clerk *n* Bankangestellte *der, die*

bank draft *n* Banküberweisung *die*

banker ['bæŋkər] *n* Banker *der*

banker's card *n* Scheckkarte *die*

bank holiday *n* *(UK)* öffentlicher Feiertag

bank holiday

Feiertage heißen in Großbritannien *bank holidays*, weil Banken genauso wie Behörden, Schulen und andere staatliche Einrichtungen geschlossen sind. Durchschnittlich acht Tage im Jahr sind allgemein arbeitsfrei; viele Geschäfte und Supermärkte haben trotzdem offen. Außer Weihnachten, Neujahr und Karfreitag sind alle Feiertage am Montag.

bank manager n Zweigstellenleiter *der*, -in *die*

bank note n Geldschein *der*

bankrupt ['bæŋkrʌpt] *adj* bankrott

bank statement n Kontoauszug *der*

banner ['bænə'] n Spruchband *das*

bannister ['bænɪstə'] = banister

banquet ['bæŋkwɪt] n 1. (formal dinner) Bankett *das* 2. (at Indian restaurant etc) Menü für eine bestimmte Anzahl Personen

bap [bæp] n (UK) Brötchen *das*

baptize [(UK) bæp'taɪz, (US) 'bæptaɪz] *vt* taufen

bar [bɑː'] ◇ n 1. (pub, in hotel) Bar *die* 2. (counter in pub) Theke *die* 3. (of metal, wood) Stange *die* 4. (of soap) Stück *das* 5. (of chocolate) Riegel *der* ◇ *vt* (obstruct) versperren

barbecue ['bɑːbɪkjuː] ◇ n 1. (apparatus) Grill *der* 2. (party) Barbecue *das* ◇ *vt* grillen

barbecue sauce n Barbecuesoße *die*

barbed wire [bɑːbd-] n Stacheldraht *der*

barber ['bɑːbə'] n Herrenfriseur *der* ♦ **barber's (shop)** Herrenfriseur *der*

bare [beə'] *adj* 1. bloß 2. (room, cupboard) leer

barefoot [ˌbeə'fut] *adv* barfuß

barely ['beəlɪ] *adv* kaum

bargain ['bɑːgən] ◇ n 1. (agreement) Abmachung *die* 2. (cheap buy) günstiger Kauf ◇ *vi* (haggle) handeln ♦ **bargain for** *vt insep* rechnen mit

bargain basement n Tiefgeschoss im Kaufhaus mit Sonderangeboten

barge [bɑːdʒ] n Kahn *der* ♦ **barge in** *vi* **to barge in (on sb)** hereinlplatzen (bei jm)

bark [bɑːk] ◇ n (of tree) Rinde *die* ◇ *vi* (dog) bellen

barley ['bɑːlɪ] n Gerste *die*

barmaid ['bɑːmeɪd] n Bardame *die*

barman ['bɑːmən] (pl **-men**) n Barkeeper *der*

bar meal n einfaches Essen in einer Kneipe

barn [bɑːn] n Scheune *die*

barometer [bə'rɒmɪtə'] n Barometer *das*

baron ['bærən] n Baron *der*

baroque [bə'rɒk] *adj* barock

barracks ['bærəks] *npl* Kaserne *die*

barrel ['bærəl] n 1. (of beer, wine, oil) Fass *das* 2. (of gun) Lauf *der*

barren ['bærən] *adj* (land, soil) unfruchtbar

barricade [ˌbærɪ'keɪd] n Barrikade *die*

barrier ['bærɪə'] n 1. (fence, wall etc) Absperrung *die* 2. (problem) Barriere *die*

barrister ['bærɪstə'] n (UK) Barrister *der*, ≃ Rechtsanwalt *der*, -anwältin *die*

bartender ['bɑːtendə'] n (US) Barkeeper *der*

barter ['bɑːtə'] *vi* tauschen

base [beɪs] ◇ n 1. (of lamp, pillar, mountain)

be

Fuß der 2. MIL Stützpunkt der ◇ vt ● to base sthg on sthg etw auf etw (D) aufbauen

baseball ['beisbɔ:l] n Baseball der

baseball cap n Baseballkappe die

basement ['beismənt] n 1. (in house) Kellergeschoss das 2. (in store) Tiefgeschoss das

bases ['beisiːz] pl ➤ basis

bash [bæʃ] vt (inf) ● to bash one's head sich (D) den Kopf anhalten

basic ['beisik] adj 1. grundlegend 2. (accommodation, meal) einfach ◆ **basics** npl ● the basics of die Grundlagen

basically ['beisiklɪ] adv grundsätzlich

basil ['bæzl] n Basilikum das

basin ['beisn] n 1. (washbasin) Becken das 2. (bowl) Schüssel die

basis ['beisis] (pl **-ses**) n Grundlage die ● on a weekly basis wöchentlich ● on the basis of auf der Grundlage von

basket ['bɑːskit] n Korb der

basketball ['bɑːskitbɔːl] n Basketball der

basmati rice [bəz'mæti-] n Basmatireis der

bass¹ [beis] ◇ n (singer, instrument) Bass der ◇ adj ● a bass guitar eine Bassgitarre

bass² [bæs] n (fish) Barsch der

bassoon [bə'suːn] n Fagott das

bastard ['bɑːstəd] n (vulg) Scheißkerl der

bat [bæt] n 1. (in cricket, baseball) Schlagholz das 2. (in table tennis) Schläger der 3. (animal) Fledermaus die

batch [bætʃ] n 1. (of letters, books) Stapel der 2. (of people) Gruppe die

bath [bɑːθ] ◇ n 1. Bad das 2. (tub) Badewanne die ◇ vt baden ● to have a bath ein Bad nehmen ◆ **baths** npl (UK) (public swimming pool) Schwimmbad das

bathe [beið] vi 1. (UK) (swim) baden 2. (US) (have bath) ein Bad nehmen

bathing ['beiðiŋ] n (U) Baden das

bathrobe ['bɑːθrəub] n Bademantel der

bathroom ['bɑːθrum] n 1. Badezimmer das 2. (US) (toilet) Toilette die

bathroom cabinet n Badezimmerschrank der

bathtub ['bɑːθtʌb] n Badewanne die

baton ['bætən] n 1. (of conductor) Taktstock der 2. (truncheon) Schlagstock der

batter ['bætəʳ] ◇ n CULIN Teig der ◇ vt (wife, child) schlagen

battered ['bætəd] adj CULIN im Teigmantel

battery ['bætərɪ] n Batterie die

battery charger [-ˌtʃɑːdʒəʳ] n Batterieladegerät das

battle ['bætl] n 1. Schlacht die 2. (fig) (struggle) Kampf der

battlefield ['bætlfiːld] n Schlachtfeld das

battlements ['bætlmənts] npl Zinnen pl

battleship ['bætlʃip] n Schlachtschiff das

Bavaria [bə'veərɪə] n Bayern nt

bay [bei] n Bucht die

bay leaf n Lorbeerblatt das

bay window n Erkerfenster das

B & B abbr = bed and breakfast

BC (abbr of before Christ) v. Chr.

Bcc [ˌbiːsiː'siː] n (abbr of blind carbon copy) Bcc

be [biː] (pt was, were, pp been) ◇ vi 1. (exist) sein ● there is/are es ist/sind ... da, es gibt ● are there any shops near here? gibt es hier in der Nähe irgendwelche Geschäfte? 2. (referring to location) sein ● the hotel is near the

airport das Hotel ist in der Nähe des Flughafens **3.** *(referring to movement)* sein ● **have you ever been to Ireland?** warst du/waren Sie schon mal in Irland? ● **I'll be there in ten minutes** ich komme in zehn Minuten **4.** *(occur)* sein ● **my birthday is in June** mein Geburtstag ist im Juni **5.** *(identifying, describing)* sein ● **he's a doctor** er ist Arzt ● **I'm British** ich bin Brite ● **I'm hot/cold** mir ist heiß/kalt **6.** *(referring to health)* ● **how are you?** wie geht es dir/Ihnen? ● **I'm fine** mir geht es gut ● **she's ill** sie ist krank **7.** *(referring to age)* ● **how old are you?** wie alt bist du/sind Sie? ● **I'm 14 (years old)** ich bin 14 (Jahre alt) **8.** *(referring to cost)* kosten ● **how much is it?** wie viel kostet es? ● **it's £10** es kostet 10 Pfund **9.** *(referring to time, dates)* sein ● **what time is it?** wie viel Uhr ist es? ● **it's ten o'clock** es ist zehn Uhr **10.** *(referring to measurement)* sein ● **it's 10 metres long/high** es ist 10 Meter lang/hoch ● **I'm 8 stone** ich wiege 50 Kilo **11.** *(referring to weather)* sein ● **it's hot/cold** es ist heiß/kalt ◇ *aux vb* **1.** *(forming continuous tense)* ● **I'm learning German** ich lerne Deutsch ● **we've been visiting the museum** wir waren im Museum **2.** *(forming passive)* werden ● **they were defeated** sie wurden geschlagen ● **the flight was delayed** das Flugzeug hatte Verspätung **3.** *(with infinitive to express order)* ● **all rooms are to be vacated by 10.00 am** alle Zimmer müssen bis 10 Uhr geräumt sein **4.** *(with infinitive to express future tense)* ● **the race is to start at noon** das Rennen ist für 12 Uhr angesetzt **5.** *(in*

tag questions) ● **it's cold, isn't it?** es ist kalt, nicht wahr?

beach [biːtʃ] *n* Strand *der*

bead [biːd] *n* *(of glass, wood etc)* Perle *die*

beak [biːk] *n* Schnabel *der*

beaker ['biːkə] *n* Becher *der*

beam [biːm] ◇ *n* **1.** *(of light)* Strahl *der* **2.** *(of wood, concrete)* Balken *der* ◇ *vi* strahlen

bean [biːn] *n* Bohne *die*

bean curd [-kɜːd] *n* Tofu *der*

beansprouts ['biːnsprauts] *npl* Sojabohnensprossen *pl*

bear [beəʳ] *(pt* **bore**, *pp* **borne**) ◇ *n* *(animal)* Bär *der* ◇ *vt* **1.** *(support)* tragen **2.** *(endure)* ertragen ◇ *vi* ● **to bear left/right** sich links/rechts halten

bearable ['beərəbl] *adj* erträglich

beard [biəd] *n* Bart *der*

bearer ['beərəʳ] *n* *(of cheque, passport)* Inhaber *der,* -in *die*

bearing ['beərɪŋ] *n* *(relevance)* Auswirkung *die* ● **to get one's bearings** sich orientieren

beast [biːst] *n* *(animal)* Tier *das*

beat [biːt] *(pt* **beat**, *pp* **beaten**) ◇ *n* **1.** *(of heart, pulse)* Herzschlag *der* **2.** *MUS* Takt *der* ◇ *vt* schlagen ◆ **beat down** ◇ *vt sep* herunterhandeln ◇ *vi* **1.** *(sun)* herunterbrennen **2.** *(rain)* herunterprasseln ◆ **beat up** *vt sep* verprügeln

beautiful ['bjuːtɪfʊl] *adj* schön

beauty ['bjuːtɪ] *n* Schönheit *die*

beauty parlour *n* Schönheitssalon *der*

beauty spot *n* *(place)* Ausflugsort *der*

beaver ['biːvəʳ] *n* Biber *der*

became [bɪˈkeɪm] *pt* ➢ **become**

because [bɪˈkɒz] *conj* weil ● **because of** wegen (*+G or D*)

beckon ['bekən] vi ● to beckon to zulwinken (+D)

become [bɪ'kʌm] (pt **became**, pp inv) vi werden ● what became of him? was ist aus ihm geworden?

bed [bed] n **1.** Bett das **2.** (of sea) Meeresboden der **3.** CULIN ● served on a bed of ... angerichtet auf (+D) ... ● in bed im Bett ● to get out of bed aufistehen ● to go to bed ins Bett gehen ● to go to bed with sb mit jm ins Bett gehen ● to make the bed das Bett machen

bed and breakfast n (UK) ≃ Zimmer das mit Frühstück

bed and breakfast

Privatunterkünfte heißen in Großbritannien, den USA, Kanada, Australien und Neuseeland *bed and breakfast*, kurz B & B. Das steht auch auf Schildern am Straßenrand. Das Angebot reicht von einfachen Gästezimmern bis zu komfortablen Räumen mit eigenem Bad; das Frühstück ist im Preis inbegriffen und wird höchstens bis 9 Uhr serviert.

bedclothes ['bedkləʊðz] npl Bettwäsche die

bedding ['bedɪŋ] n Bettzeug das

bed linen n Bettwäsche die

bedroom ['bedrom] n Schlafzimmer das

bedside table ['bedsaid-] n Nachttisch der

bedsit ['bed,sɪt] n (UK) ≃ möbliertes Zimmer

bedspread ['bedspred] n Tagesdecke die

bedtime ['bedtaɪm] n Schlafenszeit die

bee [biː] n Biene die

beech [biːtʃ] n Buche die

beef [biːf] n Rindfleisch das ● beef Wellington Filet das Wellington

beefburger ['biːf,bɜːgə'] n Hamburger der

beehive ['biːhaɪv] n Bienenstock der

been [biːn] pp ➤ be

beer [bɪə'] n Bier das

beer garden n Biergarten der

beer mat n Bierdeckel der

beetle ['biːtl] n Käfer der

beetroot ['biːtruːt] n rote Bete die

before [bɪ'fɔː'] ◇ adv schon einmal ◇ prep vor (+D) ◇ conj bevor ● before you leave bevor du gehst ● the day before der Tag zuvor ● the week before last vorletzte Woche

beforehand [bɪ'fɔːhænd] adv vorher

befriend [bɪ'frend] vt sich anlfreunden mit

beg [beg] ◇ vi betteln ◇ vt ● to beg sb to do sth jn bitten, etw zu tun ● to beg for (for money, food) betteln um

began [bɪ'gæn] pt ➤ begin

beggar ['begə'] n Bettler der, -in die

begin [bɪ'gɪn] (pt **began**, pp **begun**) vt & vi anlfangen, beginnen ● to begin doing OR to do sth anlfangen, etw zu tun ● to begin by doing sthg etw als Erstes tun ● to begin with zunächst

beginner [bɪ'gɪnə'] n Anfänger der, -in die

beginning [bɪ'gɪnɪŋ] n Anfang der

begun [bɪ'gʌn] pp ➤ begin

behalf [bɪ'hɑːf] n ● on behalf of im Auftrag (+G)

behave [bɪ'heɪv] *vi* sich verhalten ● **to behave (o.s.)** *(be good)* sich benehmen

behavior [bɪ'heɪvjə] *(US)* = behaviour

behaviour [bɪ'heɪvjə] *n* Verhalten *das* ● **good/bad behaviour** gutes/schlechtes Benehmen

behind [bɪ'haɪnd] ◇ *prep* hinter (+A,D) ◇ *n (inf)* Hintern *der* ◇ *adv* **1.** hinten **2.** *(late)* ● **to be behind** im Verzug sein ● **to leave sthg behind** etw zurückllassen ● **to stay behind** dalbleiben

beige [beɪʒ] *adj* beige

being ['biːɪŋ] *n* Wesen *das* ● **to come into being** entstehen

belated [bɪ'leɪtɪd] *adj* verspätet

belch [beltʃ] *vi* rülpsen

Belgian ['beldʒən] ◇ *adj* belgisch ◇ *n* Belgier *der*, -in *die*

Belgium ['beldʒəm] *n* Belgien *nt*

belief [bɪ'liːf] *n* Glaube *der* ● **it is my belief that** ich bin davon überzeugt, dass

believe [bɪ'liːv] ◇ *vt* **1.** *(story, think)* glauben **2.** *(person)* glauben (+D) ◇ *vi* ● **to believe in sthg** glauben an etw (A) ● **to believe in doing sthg** viel von etw halten

believer [bɪ'liːvə'] *n* Gläubige *der, die*

bell [bel] *n* **1.** Glocke *die* **2.** *(of phone, door)* Klingel *die*

bellboy ['belbɔɪ] *n* Page *der*

bellow ['beləʊ] *vi* brüllen

belly ['belɪ] *n (inf)* Bauch *der*

belly button *n (inf)* Bauchnabel *der*

belong [bɪ'lɒŋ] *vi* gehören ● **to belong to** *(property)* gehören (+D); *(to club, party)* anlgehören (+D)

belongings [bɪ'lɒŋɪŋz] *npl* Sachen *pl*

below [bɪ'ləʊ] ◇ *adv* unten ◇ *prep* unter

belt [belt] *n* **1.** *(for clothes)* Gürtel *der* **2.** TECH Riemen *der*

beltway ['beltweɪ] *n (US)* Ringautobahn *die*

bench [bentʃ] *n* Bank *die*

bend [bend] *(pt & pp* bent*)* ◇ *n* **1.** *(in road)* Kurve *die* **2.** *(in river, pipe)* Biegung *die* ◇ *vt* **1.** *(leg, knees)* beugen **2.** *(pipe, wire)* biegen ◇ *vi (road, river, pipe)* sich biegen ◆ **bend down** *vi* sich bücken ◆ **bend over** *vi* sich nach vorn beugen

beneath [bɪ'niːθ] ◇ *adv* unten ◇ *prep* unter (+A,D)

beneficial [,benɪ'fɪʃl] *adj* nützlich

benefit ['benɪfɪt] ◇ *n* **1.** *(advantage)* Vorteil *der* **2.** *(usefulness)* Nutzen *der* **3.** *(money)* Unterstützung *die* ◇ *vt* nützen (+D) ◇ *vi* ● **to benefit from sthg** von etw profitieren ● **for the benefit of** für

benign [bɪ'naɪn] *adj* MED gutartig

bent [bent] *pt & pp* ➤ bend

bereaved [bɪ'riːvd] ◇ *n* ● **the bereaved** der/die Hinterbliebene

beret ['bereɪ] *n* Baskenmütze *die*

Berlin [bɜː'lɪn] *n* Berlin *nt*

Bermuda shorts [bə'mjuːdə-] *npl* Bermudashorts *pl*

Bern [bɜːn] *n* Bern *nt*

berry ['berɪ] *n* Beere *die*

berserk [bə'zɜːk] *adj* ● **to go berserk** vor Wut außer sich geraten

berth [bɜːθ] *n* **1.** *(for ship)* Liegeplatz *der* **2.** *(in ship)* Koje *die* **3.** *(in train)* Bett *das*

beside [bɪ'saɪd] *prep* neben (+A,D) ● **beside the sea/river** am Meer/ Fluss ● **to be beside the point** nichts damit zu tun haben

besides [bɪ'saɪdz] ◇ *adv* außerdem ◇ *prep*

bi

außer *(+D)*

best [best] ◇ *adj* beste(r)(s) ◇ *adv* am besten ◇ *n* ● the best der/die/das Beste ● a pint of best *(beer)* ein großes Glas "bitter"-Bier ● the best thing to do is ... am besten wäre es, ... ● to make the best of sthg das Beste aus einer Sache machen ● to do one's best sein Bestes tun ▼ best before ... mindestens haltbar bis ... ● at best bestenfalls ● all the best! alles Gute!

best man *n* Trauzeuge *der* (des Bräutigams)

best man

Der Trauzeuge des Bräutigams hat eine genau festgelegte Funktion vor und während der Hochzeit: Er organisiert den Junggesellenabschied *(stag night* oder *bachelor party),* kümmert sich um die Ringe und hält, meist am Ende des Essens, eine Rede, in der er Amüsantes, manchmal auch Peinliches, über den Bräutigam erzählt.

best-seller [-'selə^r] *n (book)* Bestseller *der*

bet [bet] *(pt & pp inv)* ◇ *n* Wette *die* ◇ *vt* wetten ◇ *vi* ● to bet on sthg auf etw *(A)* setzen ● I bet (that) you can't do it ich wette, du kannst das nicht

betray [bɪˈtreɪ] *vt* verraten

better ['betə^r] *adj & adv* besser ● I'm much better now es geht mir jetzt viel besser ● you had better ... du solltest lieber ... ● to get better *(in health)* gesund werden; *(improve)* sich verbes-sern

betting ['betɪŋ] *n* Wetten *das*

betting shop *n (UK)* Wettbüro *das*

between [bɪˈtwiːn] ◇ *prep* **1.** zwischen *(+D)* **2.** *(in space)* zwischen *(+A,D)* **3.** *(share)* unter *(+A,D)* ◇ *adv* dazwischen ● in between *(in space)* zwischen *(+A,D)*; *(in time)* zwischen *(+D),* dazwischen

beverage ['bevərɪdʒ] *n (fml)* Getränk *das*

beware [bɪˈweə^r] *vi* ● to beware of sich in Acht nehmen vor *(+D)* ▼ beware of the dog Vorsicht, bissiger Hund

bewildered [bɪˈwɪldəd] *adj* verwirrt

beyond [bɪˈjɒnd] ◇ *prep* **1.** über ... *(+A)* hinaus **2.** *(responsibility)* außerhalb *(+G)* **3.** *(doubt, reach)* außer *(+D)* ◇ *adv* darüber hinaus

biased ['baɪəst] *adj* parteiisch

bib [bɪb] *n (for baby)* Lätzchen *das*

bible ['baɪbl] *n* Bibel *die*

biceps ['baɪseps] *n* Bizeps *der*

bicycle ['baɪsɪkl] *n* Fahrrad *das*

bicycle path *n* Radweg *der*

bicycle pump *n* Luftpumpe *die*

bid [bɪd] *(pt & pp inv)* ◇ *n* **1.** *(at auction)* Gebot *das* **2.** *(attempt)* Versuch *der* ◇ *vt (money)* bieten ◇ *vi* ● to bid (for) bieten (auf *(+A)*)

bidet ['biːdeɪ] *n* Bidet *das*

big [bɪg] *adj* groß ● my big brother mein großer Bruder ● how big is it? wie groß ist es?

Big Ben

Big Ben, eigentlich der Name der großen Glocke, steht für den Glockenturm des Parlamentsgebäudes in

London, der ein Wahrzeichen der Stadt und des ganzen Landes ist. Der bekannte Glockenklang leitet häufig Nachrichten in Fernsehen und Radio ein. Über den vier Zifferblättern der Uhr leuchtet ein Licht, wenn das Parlament tagt.

bike [baɪk] *n* **1.** (*inf*) (*bicycle*) Rad *das* **2.** (*motorcycle*) Maschine *die*

biking ['baɪkɪŋ] *n* ● **to go biking** eine Radtour machen

bikini [bɪ'kiːnɪ] *n* Bikini *der*

bikini bottom *n* Bikinihose *die*

bikini top *n* Bikinioberteil *das*

bilingual [baɪ'lɪŋgwəl] *adj* zweisprachig

bill [bɪl] *n* **1.** (*for meal, hotel room*) Rechnung *die* **2.** (*US*) (*bank note*) Geldschein *der* **3.** (*at cinema, theatre*) Programm *das* **4.** POL Gesetzentwurf *der* ● **can I have the bill, please?** die Rechnung, bitte

billboard ['bɪlbɔːd] *n* Plakatwand *die*

billfold ['bɪlfəʊld] *n* (*US*) Brieftasche *die*

billiards ['bɪljədz] *n* Billard *das*

billion ['bɪljən] *n* **1.** (*thousand million*) Milliarde *die* **2.** (*UK*) (*million million*) Billion *die*

bin [bɪn] *n* **1.** (*rubbish bin*) Mülleimer *der* **2.** (*wastepaper bin*) Papierkorb *der* **3.** (*for bread, flour*) Kasten *der* **4.** (*on plane*) Ablage *die*

bind [baɪnd] (*pt & pp* **bound**) *vt* (*tie up*) festbinden

binding ['baɪndɪŋ] *n* **1.** (*of book*) Einband *der* **2.** (*for ski*) Bindung *die*

bingo ['bɪŋgəʊ] *n* Bingo *das*

binoculars [bɪ'nɒkjʊləz] *npl* Fernglas *das*

biodegradable [ˌbaɪəʊdɪ'greɪdəbl] *adj*

biologisch abbaubar

biography [baɪ'ɒgrəfɪ] *n* Biografie *die*

biological [ˌbaɪə'lɒdʒɪkl] *adj* biologisch

biological weapon *n* biologische Waffe *die*

biology [baɪ'ɒlədʒɪ] *n* Biologie *die*

biotechnology [ˌbaɪəʊtek'nɒlədʒɪ] *n* Biotechnologie *die*

bioterrorism [ˌbaɪəʊ'terərɪzm] *n* Bioterrorismus *der*

birch [bɜːtʃ] *n* Birke *die*

bird [bɜːd] *n* **1.** Vogel *der* **2.** (*UK*) (*inf*) (*woman*) Mieze *die*

bird-watching [-ˌwɒtʃɪŋ] *n* ● **to go bird-watching** Vögel beobachten gehen

Biro ® ['baɪərəʊ] *n* Kugelschreiber *der*

birth [bɜːθ] *n* Geburt *die* ● **by birth** von Geburt ● **to give birth to** zur Welt bringen

birth certificate *n* Geburtsurkunde *die*

birth control *n* Geburtenregelung *die*

birthday ['bɜːθdeɪ] *n* Geburtstag *der* ● **happy birthday!** herzlichen Glückwunsch zum Geburtstag!

birthday card *n* Geburtstagskarte *die*

birthday party *n* Geburtstagsfeier *die*

birthplace ['bɜːθpleɪs] *n* Geburtsort *der*

biscuit ['bɪskɪt] *n* **1.** (*UK*) (*scone*) Plätzchen *das* **2.** (*US*) (*scone*) Hefebrötchen, *das üblicherweise mit Bratensaft gegessen wird*

bishop ['bɪʃəp] *n* **1.** RELIG Bischof *der*, Bischöfin *die* **2.** (*in chess*) Läufer *der*

bistro ['biːstrəʊ] *n* Bistro *das*

bit [bɪt] ◇ *pt* → **bite** ◇ *n* **1.** (*piece*) Stück *das* **2.** (*of drill*) Bohrer *der* (*Metallstift*) **3.** (*of bridle*) Gebiss *das* ● **a bit** ein bisschen ● **a bit of cheese** ein bisschen Käse ● **not a bit** überhaupt nicht ● **bit by bit** allmählich

bitch [bɪtʃ] *n* **1.** (*vulg*) (*woman*) dumme Kuh *die* **2.** (*dog*) Hündin *die*

bite [baɪt] (*pt* **bit**, *pp* **bitten**) ◇ *n* **1.** (*of food*) Happen *der* **2.** (*from insect*) Stich *der* **3.** (*from snake*) Biss *der* ◇ *vt* **1.** beißen **2.** (*subj: insect*) stechen ● **to have a bite to eat** eine Kleinigkeit essen

bitter ['bɪtə'] ◇ *adj* bitter ◇ *n* (*UK*) (*beer*) dem Altbier ähnliches Bier

bitter lemon *n* Bitter Lemon *das*

bizarre [bɪ'zɑː'] *adj* bizarr

black [blæk] ◇ *adj* schwarz ◇ *n* **1.** (*colour*) Schwarz *das* **2.** (*person*) Schwarze *der*, *die* ◆ **black out** *vi* ohnmächtig werden

black and white *adj* (*film, photo*) schwarzweiß

blackberry ['blækbrɪ] *n* Brombeere *die*

blackbird ['blækbɜːd] *n* Amsel *die*

blackboard ['blækbɔːd] *n* Tafel *die*

black cherry *n* wilde Kirsche

blackcurrant [ˌblæk'kʌrənt] *n* schwarze Johannisbeere

black eye *n* blaues Auge

Black Forest *n* Schwarzwald *der*

black ice *n* Glatteis *das*

blackmail ['blækmeɪl] ◇ *n* Erpressung *die* ◇ *vt* erpressen

blackout ['blækaʊt] *n* (*power cut*) Stromausfall *der*

black pepper *n* schwarzer Pfeffer

black pudding *n* (*UK*) Blutwurst *die* (*in Scheiben geschnitten und gebraten*)

blacksmith ['blæksmɪθ] *n* Schmied *der*

bladder ['blædə'] *n* Blase *die*

blade [bleɪd] *n* **1.** (*of knife, razor*) Klinge *die* **2.** (*of saw, propeller, oar*) Blatt *das* **3.** (*of grass*) Halm *der*

blame [bleɪm] ◇ *n* Schuld *die* ◇ *vt* beschuldigen ● **to blame sb (for sthg)** jm die Schuld (an etw (*D*)) geben ● **to blame sthg on sb** die Schuld an etw (*D*) auf jn schieben

bland [blænd] *adj* fade

blank [blæŋk] ◇ *adj* leer ◇ *n* (*empty space*) Lücke *die*

blank cheque *n* Blankoscheck *der*

blanket ['blæŋkɪt] *n* Decke *die*

blast [blɑːst] ◇ *n* **1.** (*explosion*) Explosion *die* **2.** (*of air, wind*) Windstoß *der* ◇ *excl* (*inf*) Mist! ● **at full blast** auf Hochtouren

blaze [bleɪz] ◇ *n* (*fire*) Feuer *das* ◇ *vi* **1.** (*fire*) brennen **2.** (*sun, light*) leuchten

blazer ['bleɪzə'] *n* Blazer *der*

bleach [bliːtʃ] ◇ *n* Bleichmittel *das* ◇ *vt* bleichen

bleak [bliːk] *adj* trostlos

bleed [bliːd] (*pt & pp* **bled**) *vi* bluten

blend [blend] ◇ *n* (*of coffee, whisky*) Mischung *die* ◇ *vt* mischen

blender ['blendə'] *n* Mixer *der*

bless [bles] *vt* segnen ● **bless you!** (*said after sneeze*) Gesundheit!

blessing ['blesɪŋ] *n* Segen *der*

blew [bluː] *pt* > **blow**

blind [blaɪnd] ◇ *adj* blind ◇ *n* (*for window*) Rouleau *das* ◇ *npl* ● **the blind** die Blinden

blind corner *n* unübersichtliche Kurve

blindfold ['blaɪndfəʊld] ◇ *n* Augenbinde *die* ◇ *vt* ● **to blindfold sb** jm die Augen verbinden

blind spot *n* AUT toter Winkel

blink [blɪŋk] *vi* zwinkern

blinkers ['blɪŋkəz] *npl* (*UK*) Scheuklappen *pl*

bliss [blɪs] *n* vollkommenes Glück

blister ['blɪstə'] *n* Blase *die*

bl

28

blizzard ['blɪzəd] n Schneesturm der

bloated ['bləʊtɪd] adj (after eating) vollgegessen

blob [blɒb] n 1. (of paint) Klecks der 2. (of cream) Klacks der

block [blɒk] ⋄ n Block der ⋄ vt (obstruct) blockieren ● to have a blocked (up) nose eine verstopfte Nase haben ◆ **block up** vt sep (pipe) verstopfen

blockage ['blɒkɪdʒ] n Verstopfung die

block capitals npl Druckbuchstaben pl

block of flats n Wohnblock der

bloke [bləʊk] n (UK) (inf) Typ der

blond [blɒnd] ⋄ adj blond ⋄ n Blonde der

blonde [blɒnd] ⋄ adj blond ⋄ n Blondine die

blood [blʌd] n Blut das

blood donor n Blutspender der, -in die

blood group n Blutgruppe die

blood poisoning n Blutvergiftung die

blood pressure n Blutdruck der

bloodshot ['blʌdʃɒt] adj blutunterlaufen

blood test n Blutprobe die

blood transfusion n Bluttransfusion die

bloody ['blʌdɪ] ⋄ adj 1. blutig 2. (UK) (vulg) (damn) verdammt ⋄ adv (UK) (vulg) verdammt

bloom [bluːm] ⋄ n Blüte die ⋄ vi blühen ● to be in bloom Blüte stehen

blossom ['blɒsəm] n Blüte die

blot [blɒt] n (of ink) (Tinten)klecks der

blotch [blɒtʃ] n Fleck der

blotting paper ['blɒtɪŋ-] n Löschpapier das

blouse [blaʊz] n Bluse die

blow [bləʊ] (pt blew, pp blown) ⋄ vt 1. blasen 2. (subj: wind) wehen ⋄ vi 1. (wind)

wehen 2. (person) blasen 3. (fuse) durchbrennen ⋄ n Schlag der ● to blow one's nose sich (D) die Nase putzen ◆ **blow up** ⋄ vt sep 1. (cause to explode) sprengen 2. (inflate) aufblasen ⋄ vi (explode) explodieren

blow-dry ⋄ n Föhnen das ⋄ vt föhnen

blown [bləʊn] pp → blow

BLT n (sandwich) Sandwich mit Speck, grünem Salat und Tomaten

blue [bluː] ⋄ adj 1. blau 2. (film) Porno- ⋄ n Blau das ◆ **blues** n MUS Blues der

bluebell ['bluːbel] n Glockenblume die

blueberry ['bluːbərɪ] n Blaubeere die

bluebottle ['bluːˌbɒtl] n Schmeißfliege die

blue cheese n Blauschimmelkäse der

bluff [blʌf] ⋄ n (cliff) Steilhang der ⋄ vi bluffen

blunder ['blʌndə'] n Schnitzer der

blunt [blʌnt] adj 1. (knife, pencil) stumpf 2. (fig) (person) unverblümt

blurred [blɜːd] adj unscharf

blush [blʌʃ] vi erröten

blusher ['blʌʃə'] n Rouge das

blustery ['blʌstərɪ] adj stürmisch

board [bɔːd] ⋄ n 1. (plank, for games) Brett das 2. (notice board) schwarzes Brett 3. (blackboard) Tafel die 4. (of company) Vorstand der 5. (hardboard) Pressspan der ⋄ vt 1. (plane, ship) an Bord (+G) gehen 2. (bus) einsteigen in (+A) ● board and lodging Unterkunft die und Verpflegung ● full board Vollpension die ◆ half board Halbpension die ● on board an Bord; (plane, ship) an Bord (+G); (bus) in (+D)

board game n Brettspiel das

boarding ['bɔːdɪŋ] n (of plane) Einsteigen

das

boarding card *n* Bordkarte *die*

boardinghouse ['bɔːdɪŋhaʊs] *n* Pension *die*

boarding school *n* Internat *das*

board of directors *n* Vorstand *der*

boast [bəʊst] *vi* ● **to boast (about sthg)** angeben (mit etw)

boat [bəʊt] *n* **1.** Boot *das* **2.** *(large)* Schiff *das* ● **to go by boat** mit dem Schiff fahren

bob [bɒb] *n (hairstyle)* Bob *der*

bobby pin ['bɒbɪ] *n (US)* Haarspange *die*

bodice ['bɒdɪs] *n* Oberteil *das*

body ['bɒdɪ] *n* **1.** Körper *der* **2.** *(corpse)* Leiche *die* **3.** *(garment)* Body *der* **4.** *(of car)* Karosserie *die* **5.** *(organization)* Organisation *die*

bodyguard ['bɒdɪgɑːd] *n* Leibwächter *der*

bodywork ['bɒdɪwɜːk] *n* Karosserie *die*

bog [bɒg] *n* Sumpf *der*

bogus ['bəʊgəs] *adj (name)* falsch

boil [bɔɪl] ◇ *vt & vi* kochen ◇ *n (on skin)* Furunkel *der* ● **to boil the kettle** Wasser aufsetzen

boiled egg [bɔɪld-] *n* gekochtes Ei

boiled potatoes [bɔɪld-] *npl* Salzkartoffeln *pl*

boiler ['bɔɪləʳ] *n* Boiler *der*

boiling (hot) ['bɔɪlɪŋ-] *adj* **1.** *(inf) (water)* kochend heiß **2.** *(weather)* wahnsinnig heiß ● **I'm boiling hot** mir ist fürchterlich heiß

bold [bəʊld] *adj (brave)* mutig

bollard ['bɒlɑːd] *n (UK) (on road)* Poller *der*

bolt [bəʊlt] ◇ *n* **1.** *(on door, window)* Riegel *der* **2.** *(screw)* Bolzen *der* ◇ *vt*

(door, window) verriegeln

bomb [bɒm] ◇ *n* Bombe *die* ◇ *vt* bombardieren

bombard [bɒm'bɑːd] *vt* bombardieren

bomb scare *n* Bombenalarm *der*

bomb shelter *n* Luftschutzkeller *der*

bond [bɒnd] *n (tie, connection)* Verbindung *die*

bone [bəʊn] *n* **1.** Knochen *der* **2.** *(of fish)* Gräte *die*

boned [bəʊnd] *adj* **1.** *(chicken)* ohne Knochen **2.** *(fish)* entgrätet

boneless ['bəʊnləs] *adj (chicken, pork)* ohne Knochen

bonfire ['bɒn,faɪəʳ] *n* Feuer *das (im Freien)*

bonnet ['bɒnɪt] *n (UK) (of car)* Motorhaube *die*

bonus ['bəʊnəs] *(pl* **-es)** *n* **1.** *(extra money)* Prämie *die* **2.** *(additional advantage)* Bonus *der*

bony ['bəʊnɪ] *adj* **1.** *(fish)* grätig **2.** *(chicken)* mit viel Knochen

boo [buː] *vi* buhen

boogie ['buːgɪ] *vi (inf)* schwofen

book [bʊk] ◇ *n* **1.** Buch *das* **2.** *(of stamps, matches, tickets)* Heft *das* ◇ *vt (reserve)* buchen ● **book in** *vi (at hotel)* sich anmelden

bookable ['bʊkəbl] *adj (seats, flight)* im Vorverkauf erhältlich

bookcase ['bʊkkeɪs] *n* Bücherschrank *der*

booking ['bʊkɪŋ] *n (reservation)* Buchung *die*

booking office *n* **1.** *(in theatre, cinema)* Kasse *die* **2.** *(at train station)* Fahrkartenschalter *der*

bookkeeping ['bʊk,kiːpɪŋ] *n* Buchhal-

booklet ['bʊklɪt] *n* Broschüre *die*

bookmaker's ['bʊk,meɪkəz] *n* Wettbüro *das*

bookmark ['bʊkmɑːk] *n* Lesezeichen *das*

bookshelf ['bʊkʃelf] (*pl* **-shelves**) *n* **1.** (*shelf*) Bücherregal *das* **2.** (*bookcase*) Bücherschrank *der*

bookshop ['bʊkʃɒp] *n* Buchhandlung *die*

bookstall ['bʊkstɔːl] *n* Bücherstand *der*

bookstore ['bʊkstɔːʳ] = bookshop

book token *n* Büchergutschein *der*

boom [buːm] ◇ *n* (*sudden growth*) Boom *der* ◇ *vi* dröhnen

boost [buːst] *vt* **1.** (*production*) ankurbeln **2.** (*profits*) steigern **3.** (*confidence*) stärken

booster ['buːstəʳ] *n* (*injection*) Wiederholungsimpfung *die*

boot [buːt] *n* **1.** (*shoe*) Stiefel *der* **2.** (*UK*) (*of car*) Kofferraum *der*

booth [buːð] *n* **1.** (*for telephone*) Telefonzelle *die* **2.** (*at fairground*) Bude *die*

booze [buːz] ◇ *n* (*inf*) Alkohol *der* ◇ *vi* (*inf*) saufen

bop [bɒp] *n* (*inf*) (*dance*) • to have a bop schwofen

border ['bɔːdəʳ] *n* **1.** (*of country*) Grenze *die* **2.** (*edge*) Rand *der* • the Borders an England grenzender südlicher Teil Schottlands

bore [bɔːʳ] ◇ *pt* ➤ bear ◇ *n* **1.** (*inf*) (*boring person*) langweiliger Mensch **2.** (*boring thing*) langweilige Sache ◇ *vt* **1.** (*person*) langweilen **2.** (*hole*) bohren

bored [bɔːd] *adj* • to be bored sich langweilen

boredom ['bɔːdəm] *n* Langeweile *die*

boring ['bɔːrɪŋ] *adj* langweilig

born [bɔːn] *adj* • to be born geboren werden • I was born in 1975 ich bin 1975 geboren

borne [bɔːn] *pp* ➤ bear

borough ['bʌrə] *n* Regierungsbezirk, *der* entweder eine Stadt oder einen Stadtteil umfasst

borrow ['bɒrəʊ] *vt* sich (*D*) borgen, (sich (*D*)) leihen

bosom ['bʊzəm] *n* Busen *der*

boss [bɒs] *n* Chef *der*, -in *die* • boss around *vt sep* herumlkommandieren

bossy ['bɒsɪ] *adj* herrisch

botanical garden [bə'tænɪkl-] *n* botanischer Garten

both [bəʊθ] ◇ *adj* & *pron* beide ◇ *adv* • both ... and ... sowohl ... als auch ... • both of them speak German sie sprechen beide Deutsch • both of us wir beide

bother ['bɒðəʳ] ◇ *vt* stören ◇ *n* (*trouble*) Mühe *die* ◇ *vi* • don't bother! das ist nicht nötig! • he didn't even bother to say thank you er hat sich noch nicht mal bedankt • you needn't have bothered das wäre nicht nötig gewesen • I can't be bothered ich habe keine Lust • it's no bother! kein Problem!

Botox ® ['bəʊtɒks] *n* Botox *das*

bottle ['bɒtl] *n* Flasche *die*

bottle bank *n* Altglascontainer *der*

bottled ['bɒtld] *adj* in Flaschen • bottled beer Flaschenbier *das* • bottled water Wasser *das* in der Flasche

bottle opener [-,əʊpnəʳ] *n* Flaschenöffner *der*

bottom ['bɒtəm] ◇ *adj* **1.** (*lowest*) unterste(r)(s) **2.** (*last, worst*) schlechteste(r)(s) ◇ *n* **1.** (*of hill, page, stairs*) Fuß *der*

br

2. (of glass, bin, box) Boden der **3.** (of sea, river) Grund der **4.** (buttocks) Hintern der • he's bottom of the class er ist der Schlechteste in der Klasse • in bottom gear im ersten Gang • at the bottom of (bag, box) unten in (A,D); (page) unten auf (A,D); (street, garden) am Ende (+G)

bought [bɔːt] *pt* & *pp* > **buy**

boulder ['bəʊldə'] *n* Felsblock der

bounce [baʊns] *vi* **1.** (rebound) abprallen **2.** (jump) springen **3.** (cheque) nicht gedeckt sein

bouncer ['baʊnsə'] *n* (inf) Rausschmeißer der

bouncy ['baʊnsɪ] *adj* (person) munter

bound [baʊnd] ◇ *pt* & *pp* > **bind** ◇ *vi* (leap) springen ◇ *adj* • to be bound to do sthg etw ganz bestimmt tun • it's bound to rain es wird ganz bestimmt regnen • to be bound for auf dem Weg sein nach/zu • this room is out of bounds dieses Zimmer darf nicht betreten werden

boundary ['baʊndrɪ] *n* Grenze die

bouquet [bʊ'keɪ] *n* **1.** (of flowers) Strauß der **2.** (of wine) Bukett das

bourbon ['bɜːbən] *n* Bourbon der

bout [baʊt] *n* **1.** (of illness) Anfall der **2.** (of activity) Drang der

boutique [buː'tiːk] *n* Boutique die

bow¹ [baʊ] ◇ *n* **1.** (of head) Verbeugung die **2.** (of ship) Bug der ◇ *vi* sich verbeugen

bow² [bəʊ] *n* **1.** (knot) Schleife die **2.** (weapon, for instrument) Bogen der

bowels ['baʊəlz] *npl* Darm der

bowl [bəʊl] *n* **1.** Schüssel die **2.** (shallower) Schale die **3.** (for soup) Teller der ◆ **bowls** *npl* Art Bocciaspiel, bei dem

Kugeln über den Rasen gerollt werden

bowling alley ['bəʊlɪŋ-] *n* Bowlingbahn die

bowling green ['bəʊlɪŋ-] *n* Rasenfläche zum Bowls-Spielen

bow tie [ˌbəʊ-] *n* Fliege die

box [bɒks] ◇ *n* **1.** (container) Kiste die **2.** (smaller) Schachtel die **3.** (of cardboard) Karton der **4.** (on form) Kästchen das **5.** (in theatre) Loge die ◇ *vi* boxen • a box of chocolates eine Schachtel Pralinen

boxer ['bɒksə'] *n* Boxer der

boxer shorts *npl* Boxershorts *pl*

boxing ['bɒksɪŋ] *n* Boxen das

Boxing Day *n* zweiter Weihnachtsfeiertag

Boxing Day

Der zweite Weihnachtsfeiertag heißt in Großbritannien *Boxing Day*, weil Hausangestellte und Lieferanten früher als Dank für ihre Dienste *Christmas boxes* mit Lebensmitteln und Getränken bekamen. Heute bedenkt man meist den Milch- und den Zeitungsmann mit einer kleinen Aufmerksamkeit oder etwas Geld.

boxing gloves *npl* Boxhandschuhe *pl*

boxing ring *n* Boxring der

box office *n* Kasse die

boy [bɔɪ] ◇ *n* Junge der ◇ *excl* (inf) • (oh) boy! Mensch!

boycott ['bɔɪkɒt] *vt* boykottieren

boyfriend ['bɔɪfrend] *n* Freund der

boy scout *n* Pfadfinder der

bra [brɑː] *n* BH der

brace [breɪs] *n* (for teeth) Spange die ◆

braces *npl* (UK) Hosenträger *pl*

bracelet ['breɪslɪt] *n* Armband *das*

bracken ['brækn] *n* Farnkraut *das*

bracket ['brækɪt] *n* **1.** *(written symbol)* Klammer *die* **2.** *(support)* Konsole *die*

brag [bræg] *vi* prahlen

braid [breɪd] *n* **1.** *(hairstyle)* Zopf *der* **2.** *(on clothes)* Zopfmuster *das*

brain [breɪn] *n* Gehirn *das*

brainy ['breɪnɪ] *adj* (inf) clever

braised [breɪzd] *adj* geschmort

brake [breɪk] ⋄ *n* Bremse *die* ⋄ *vi* bremsen

brake block *n* Bremsklotz *der*

brake fluid *n* Bremsflüssigkeit *die*

brake light *n* Bremslicht *das*

brake pad *n* Bremsbelag *der*

brake pedal *n* Bremspedal *das*

bran [bræn] *n* Kleie *die*

branch [brɑːntʃ] *n* **1.** *(of tree)* Ast *der* **2.** *(of bank, company)* Filiale *die* **3.** *(of subject)* Zweig *der* ♦ **branch off** *vi* ablzweigen

branch line *n* Nebenlinie *die*

brand [brænd] ⋄ *n* *(of product)* Marke *die* ⋄ *vt* ⋅ **to brand sb (as)** jn ablstempeln (als)

brand-new *adj* nagelneu

brandy ['brændɪ] *n* Weinbrand *der*

brash [bræʃ] *adj* (pej) dreist

brass [brɑːs] *n* Messing *das*

brass band *n* Blaskapelle *die*

brasserie ['bræsərɪ] *n* Brasserie *die*

brassiere [(UK) 'bræsɪə', (US) brə'zɪr] *n* Büstenhalter *der*

brat [bræt] *n* (inf) Balg *das*

brave [breɪv] *adj* mutig

bravery ['breɪvərɪ] *n* Mut *der*

bravo [ˌbrɑː'vəʊ] *excl* bravo!

brawl [brɔːl] *n* Rauferei *die*

Brazil [brə'zɪl] *n* Brasilien *nt*

brazil nut *n* Paranuss *die*

breach [briːtʃ] *vt* *(contract, confidence)* brechen

bread [bred] *n* Brot *das* ● **bread and butter** Butterbrot *das*

bread bin *n* (UK) Brotkasten *der*

breadboard ['bredbɔːd] *n* Brotbrett *das*

bread box (US) = **bread bin**

breadcrumbs ['bredkrʌmz] *npl* Brotkrumen *pl*

breaded ['bredɪd] *adj* paniert

bread knife *n* Brotmesser *das*

bread roll *n* Brötchen *das*, Semmel *die* (Süddt, Österr)

breadth [bretθ] *n* Breite *die*

break [breɪk] *(pt* broke, *pp* broken) ⋄ *n* **1.** *(interruption)* Unterbrechung *die* **2.** *(rest, playtime)* Pause *die* ⋄ *vt* **1.** *(damage)* kaputtlmachen **2.** *(smash)* zerbrechen **3.** *(law, promise, record)* brechen **4.** *(journey)* unterbrechen ⋄ *vi* **1.** *(object, machine)* kaputtlgehen **2.** *(glass)* zerbrechen **3.** *(dawn)* dämmern **4.** *(voice)* im Stimmbruch sein ● **to break the news** melden, dass ● **without a break** ohne Pause ● **a lucky break** ein Glückstreffer ● **to break one's leg** sich *(D)* das Bein brechen ♦ **break down** *vi* **1.** *(car)* eine Panne haben **2.** *(machine)* versagen **3.** *(person)* zusammenlbrechen ⋄ *vt sep* **1.** *(door)* auflbrechen **2.** *(barrier)* niederlreißen ♦ **break in** *vi* einlbrechen ♦ **break off** *vt sep* & *vi* ablbrechen ♦ **break out** *vi* auslbrechen ● **to break out in a rash** einen Ausschlag bekommen ♦ **break up** *vi* **1.** *(with spouse, partner)* sich trennen **2.** *(meeting)* zu Ende gehen **3.** *(marriage)* in die Brüche gehen ● **school breaks up on Friday** am Freitag fangen die Ferien an

breakage ['breɪkɪdʒ] *n* Bruchschaden *der*

breakdown ['breɪkdaʊn] *n* **1.** *(of car)* Panne *die* **2.** *(in communications)* Zusammenbruch *der* **3.** *(in negotiations)* Scheitern *das* **4.** *(mental)* Nervenzusammenbruch *der*

breakdown truck *n* Abschleppwagen *der*

breakfast ['brekfəst] *n* Frühstück *das* ● **to have breakfast** frühstücken ● **to have sthg for breakfast** etw zum Frühstück essen

breakfast cereal *n* Cornflakes, Müsli etc.

break-in *n* Einbruch *der*

breakwater ['breɪkˌwɔːtər] *n* Wellenbrecher *der*

breast [brest] *n* Brust *die*

breastbone ['brestbəʊn] *n* Brustbein *das*

breast-feed *vt* stillen

breaststroke ['breststrəʊk] *n* Brustschwimmen *das*

breath [breθ] *n* Atem *der* ● **out of breath** außer Atem ● **to go for a breath of fresh air** frische Luft schnappen gehen

Breathalyser ® ['breθəlaɪzər] *n* *(UK)* Alkoholtest *der*

Breathalyzer ® ['breθəlaɪzər] *(US)* = **Breathalyser** ®

breathe [briːð] *vi* atmen ◆ **breathe in** *vi* einlatmen ◆ **breathe out** *vi* auslatmen

breathtaking ['breθˌteɪkɪŋ] *adj* atemberaubend

breed [briːd] *(pt & pp* **bred)** ◇ *n* **1.** *(of animal)* Rasse *die* **2.** *(of plant)* Art *die* ◆ *vt* züchten ◇ *vi* sich vermehren

breeze [briːz] *n* Brise *die*

breezy ['briːzɪ] *adj* *(weather, day)* windig

brew [bruː] ◇ *vt* **1.** *(beer)* brauen **2.** *(tea, coffee)* auflbrühen ◇ *vi* **1.** *(tea)* ziehen **2.** *(coffee)* sich setzen

brewery ['brʊərɪ] *n* Brauerei *die*

bribe [braɪb] ◇ *n* Bestechungsgeld *das* ◇ *vt* bestechen

bric-a-brac ['brɪkəbræk] *n* Nippes *pl*

brick [brɪk] *n* Backstein *der*

bricklayer ['brɪkˌleɪər] *n* Maurer *der*, -in *die*

brickwork ['brɪkwɜːk] *n* Mauerwerk *das*

bride [braɪd] *n* Braut *die*

bridegroom ['braɪdgrʊm] *n* Bräutigam *der*

bridesmaid ['braɪdzmeɪd] *n* Brautjungfer *die*

bridge [brɪdʒ] *n* **1.** Brücke *die* **2.** *(card game)* Bridge *das*

bridle ['braɪdl] *n* Zaumzeug *das*

bridle path *n* Reitweg *der*

brief [briːf] ◇ *adj* kurz ◆ *vt* einlweisen ● **in brief** kurz gesagt ◆ **briefs** *npl* **1.** *(for men)* Slip *der* **2.** *(for women)* Schlüpfer *der*

briefcase ['briːfkeɪs] *n* Aktenkoffer *der*

briefly ['briːflɪ] *adv* kurz

brigade [brɪ'geɪd] *n* Brigade *die*

bright [braɪt] *adj* **1.** hell **2.** *(colour)* leuchtend **3.** *(clever)* aufgeweckt **4.** *(lively, cheerful)* fröhlich

brilliant ['brɪljənt] *adj* **1.** *(colour, light, sunshine)* leuchtend **2.** *(idea, person)* großartig **3.** *(inf)* *(wonderful)* toll

brim [brɪm] *n* *(of hat)* Krempe *die* ● **full to the brim** bis an den Rand voll

brine [braɪn] *n* Salzlake *die*

bring [brɪŋ] *(pt & pp* **brought)** *vt* **1.**

(take along) mitbringen **2.** *(move)* bringen **3.** *(cause)* führen zu ◆**bring along** vt sep mitbringen ◆ **bring back** vt sep **1.** *(return)* zurückbringen **2.** *(shopping, gift)* mitbringen ◆**bring in** vt sep **1.** *(introduce)* einführen **2.** *(earn)* einbringen ◆ **bring out** vt sep *(new product)* herausbringen ◆ **bring up** vt sep **1.** *(child)* erziehen **2.** *(subject)* zur Sprache bringen **3.** *(food)* erbrechen

brink [brɪŋk] n ● **on the brink of** am Rande (+G)

brisk [brɪsk] adj **1.** zügig **2.** *(wind)* frisch

bristle ['brɪsl] n **1.** *(of brush)* Borste die **2.** *(on chin)* Bartstoppel die

Britain ['brɪtn] n Großbritannien nt

British ['brɪtɪʃ] ◇ adj britisch ◇ npl ● **the British** die Briten

Briton ['brɪtn] n Brite der, Britin die

brittle ['brɪtl] adj zerbrechlich

broad [brɔːd] adj **1.** breit **2.** *(wide-ranging)* weit **3.** *(description, outline)* allgemein **4.** *(accent)* stark

B road n *(UK)* ≃ Landstraße die

broadband ['brɔːdbænd] n COMPUT Breitband nt

broad bean n dicke Bohne die

broadcast ['brɔːdkɑːst] *(pt & pp* inv*)* ◇ n Sendung die ◇ vt senden

broadly ['brɔːdlɪ] adv im Großen und Ganzen ● **broadly speaking** allgemein gesagt

broadsheet ['brɔːdʃiːt] n *(UK)* großformatige Zeitung

broadsheet

Ein *broadsheet* (oder *broadsheet newspaper*, in den USA *broadside*) ist eine großformatige Zeitung; im übertragenen Sinn wird *broadsheet press* oder *the broadsheets* als Synonym für Qualitätsjournalismus verwendet, obwohl in Großbritannien inzwischen einige anspruchsvolle Blätter in dem für die Skandalpresse typischen kleineren Format gedruckt werden.

broccoli ['brɒkəlɪ] n Brokkoli der

brochure ['brəʊʃə'] n Broschüre die

broiled [brɔɪld] adj *(US)* gegrillt

broke [brəʊk] ◇ pt ➤ **break** ◇ adj *(inf)* pleite

broken ['brəʊkn] ◇ pp ➤ **break** ◇ adj **1.** *(machine)* kaputt **2.** *(window, glass)* zerbrochen **3.** *(English, German)* gebrochen ● **to have a broken leg** ein gebrochenes Bein haben

bronchitis [brɒŋ'kaɪtɪs] n Bronchitis die

bronze [brɒnz] n Bronze die

brooch [brəʊtʃ] n Brosche die

brook [brʊk] n Bach der

broom [bruːm] n Besen der

broomstick ['bruːmstɪk] n Besenstiel der

broth [brɒθ] n *(soup)* Eintopf der

brother ['brʌðə'] n Bruder der

brother-in-law n Schwager der

brought [brɔːt] pt & pp ➤ **bring**

brow [braʊ] n **1.** *(forehead)* Stirn die **2.** *(eyebrow)* Braue die

brown [braʊn] ◇ adj braun ◇ n Braun das

brown bread n Mischbrot das

brownie ['braʊnɪ] n CULIN Brownie der

Brownie ['braʊnɪ] n Pfadfinderin die *(bis 10 Jahren)*

brown rice n Naturreis der

brown sauce n *(UK)* aus Gemüseextrakten hergestellte ketchupähnliche Soße

brown sugar *n* brauner Zucker

browse [brauz] *vi* (*in shop*) sich umlsehen ● **to browse through sthg** in etw (*D*) blättern

browser ['brauzə'] *n* **1.** (*customer*) ▼ browsers welcome Bitte sehen Sie sich um **2.** COMPUT Browser *der*

bruise [bru:z] *n* blauer Fleck

brunch [brʌntʃ] *n* Brunch *der*

brunette [bru:'net] *n* Brünette *die*

brush [brʌʃ] ◇ *n* **1.** Bürste *die* **2.** (*for painting*) Pinsel *der* ◇ *vt* **1.** (*floor*) fegen **2.** (*clothes*) bürsten ● **to brush one's hair** sich (*D*) die Haare bürsten ● **to brush one's teeth** sich (*D*) die Zähne putzen

brussels sprouts [ˌbrʌslz-] *npl* Rosenkohl *der*

brutal ['bru:tl] *adj* brutal

BSc *n* (*abbr of* Bachelor of Science) Bakkalaureus *der* Naturwissenschaften

bubble ['bʌbl] *n* Blase *die*

bubble bath *n* Badeschaum *der*

bubble gum *n* Kaugummi *der*

bubbly ['bʌblɪ] *n* (*inf*) Schampus *der*

buck [bʌk] *n* **1.** (*US*) (*inf*) (*dollar*) Dollar *der* **2.** (*male animal*) Bock *der*

bucket ['bʌkɪt] *n* Eimer *der*

Buckingham Palace ['bʌkɪŋəm-] *n* Buckinghampalast *der* (*Residenz der britischen Königin in London*)

Buckingham Palace

Die Londoner Residenz des britischen Königs wurde 1705 für den Herzog von Buckingham erbaut, bevor König Georg III. sie 1761 erwarb. Im August und September sind die *State Rooms* für die Öffentlichkeit zugänglich. Vor dem Palast findet jeden (im Winter jeden zweiten) Tag um 11.30 Uhr die Wachablösung statt.

buckle ['bʌkl] ◇ *n* Schnalle *die* ◇ *vt* (*fasten*) zuschnallen ◇ *vi* (*warp*) sich verbiegen

Buck's Fizz *n* Champagner mit Orangensaft

bud [bʌd] ◇ *n* Knospe *die* ◇ *vi* knospen

Buddhist ['budɪst] *n* Buddhist *der*, -in *die*

buddy ['bʌdɪ] *n* (*inf*) Kumpel *der*

budge [bʌdʒ] *vi* sich rühren

budgerigar ['bʌdʒərɪgɑ:'] *n* Wellensittich *der*

budget ['bʌdʒɪt] ◇ *adj* (*holiday, travel*) Billig- ◇ *n* Budget *das* ● **the Budget** (*UK*) der Haushaltsplan ◆ **budget for** *vt insep* einplanen

budgie ['bʌdʒɪ] *n* (*inf*) Wellensittich *der*

buff [bʌf] *n* (*inf*) Kenner *der*, -in *die*

buffalo ['bʌfələu] (*pl* -s OR -es) *n* Büffel *der*

buffalo wings *npl* (*US*) fritierte und gewürzte Hähnchenflügel

buffer ['bʌfə'] *n* Puffer *der*

buffet [(*UK*) 'bufeɪ, (*US*) bə'feɪ] *n* **1.** (*meal*) kalte Büffet *das* **2.** (*cafeteria*) Imbissstube *die*

buffet car ['bufeɪ-] *n* Speisewagen *der*

bug [bʌg] ◇ *n* **1.** (*insect*) Ungeziefer *das* **2.** (*inf*) (*mild illness*) ● **to catch a bug** sich (*D*) was holen ◇ *vt* (*inf*) (*annoy*) nerven

buggy ['bʌgɪ] *n* **1.** (*pushchair*) Sportwagen *der* **2.** (*US*) (*pram*) Kinderwagen *der*

bugle ['bju:gl] *n* Bügelhorn *das*

build [bɪld] (*pt & pp* built) ◇ *n*

Körperbau der ◇ vt bauen ◆build up ◇ vt sep aufbauen ◇ vi zulnehmen ● to build up speed sich verbessern

builder [ˈbɪldəʳ] n Bauunternehmer der, -in die

building [ˈbɪldɪŋ] n Gebäude das

building site n Baustelle die

building society n (UK) Bausparkasse die

built [bɪlt] pt & pp ➤ build

built-in adj eingebaut

built-up area n bebautes Gebiet

bulb [bʌlb] n 1. (for lamp) Glühbirne die 2. (of plant) Zwiebel die

Bulgaria [bʌlˈgeərɪə] n Bulgarien nt

bulge [bʌldʒ] vi (suitcase, box) prall gefüllt sein

bulk [bʌlk] n ● the bulk of der Hauptteil (+G) ● in bulk en gros

bulky [ˈbʌlkɪ] adj sperrig

bull [bʊl] n Bulle der

bulldog [ˈbʊldɒg] n Bulldogge die

bulldozer [ˈbʊldəʊzəʳ] n Bulldozer der

bullet [ˈbʊlɪt] n Kugel die

bulletin [ˈbʊlətɪn] n 1. (on radio, TV) Kurzmeldung die 2. (publication) Bulletin das

bullfight [ˈbʊlfaɪt] n Stierkampf der

bull's-eye n Schwarze das

bully [ˈbʊlɪ] ◇ n Schüler, der Schwächere schikaniert ◇ vt schikanieren

bum [bʌm] n 1. (inf) (bottom) Po der 2. (US) (inf) (tramp) Penner der

bum bag n (UK) Gürteltasche die

bumblebee [ˈbʌmblbiː] n Hummel die

bump [bʌmp] ◇ n 1. (on surface) Unebenheit die 2. (on head, leg) Beule die 3. (sound) Bums der 4. (minor accident) Zusammenstoß der ◇ vt ● to

bump one's head sich (D) den Kopf stoßen ◆ **bump into** vt insep 1. (hit) stoßen gegen 2. (meet) zufällig treffen

bumper [ˈbʌmpəʳ] n 1. (on car) Stoßstange die 2. (US) (on train) Puffer der

bumpy [ˈbʌmpɪ] adj 1. (road) uneben 2. (flight) unruhig 3. (journey) holprig

bun [bʌn] n 1. (cake) süßes Brötchen 2. (bread roll) Brötchen das, Semmel die (Süddt, Österr) 3. (hairstyle) Knoten der

bunch [bʌntʃ] n 1. (of people) Haufen der 2. (of flowers) Strauß der 3. (of grapes) Traube die 4. (of bananas) Staude die 5. (of keys) Bund der

bundle [ˈbʌndl] n Bündel das

bung [bʌŋ] n Pfropfen der

bungalow [ˈbʌŋgələʊ] n Bungalow der

bunion [ˈbʌnjən] n Ballen der

bunk [bʌŋk] n Koje die

bunk beds npl Etagenbett das

bunker [ˈbʌŋkəʳ] n Bunker der

bunny [ˈbʌnɪ] n Häschen das

buoy [(UK) bɔɪ, (US) ˈbuːɪ] n Boje die

buoyant [ˈbɔɪənt] adj schwimmend

BUPA [ˈbuːpə] n private britische Krankenkasse

burden [ˈbɜːdn] n Last die

bureaucracy [bjʊəˈrɒkrəsɪ] n Bürokratie die

bureau de change [ˌbjʊərəʊdəˈʃɒndʒ] n Wechselstube die

burger [ˈbɜːgəʳ] n 1. Hamburger der 2. (made with nuts, vegetables etc) Bratling der

burglar [ˈbɜːgləʳ] n Einbrecher der, -in die

burglar alarm n Alarmanlage die

burglarize [ˈbɜːgləraɪz] (US) = burgle

burglary [ˈbɜːglərɪ] n Einbruch der

burgle ['bɜːgl] vt einIbrechen in (+A)

burial ['berɪəl] n Beerdigung die

burn [bɜːn] (pt & pp burnt OR burned) ◇ n 1. Verbrennung die 2. (on material) Brandstelle die ◇ vt 1. verbrennen 2. (food) anIbrennen 3. (hand, skin, clothes) sich (D) verbrennen ◇ vi brennen ● **burn down** vt sep & vi abIbrennen

burning (hot) ['bɜːnɪŋ-] adj glühend heiß

Burns' Night [bɜːnz-] n Tag zur Feier des Geburtstags des schottischen Dichters Robert Burns

burnt [bɜːnt] pt & pp ➤ **burn**

burp [bɜːp] vi (inf) rülpsen

burrow ['bʌrəʊ] n Bau der

burst [bɜːst] (pt & pp inv) ◇ n 1. (of gunfire) Hagel der 2. (of applause) Sturm der ◇ vt platzen lassen ◇ vi platzen ● **burst into the room** er stürzte ins Zimmer ● **to burst into tears** in Tränen ausIbrechen ● **to burst open** aufIspringen

bury ['berɪ] vt 1. (person) beerdigen 2. (hide underground) vergraben

bus [bʌs] n Bus der ● **by bus** mit dem Bus

bus conductor [-ˌkən'dʌktəʳ] n BusSchaffner der, -in die

bus driver n Busfahrer der, -in die

bush [bʊʃ] n Busch der

business ['bɪznɪs] n 1. Geschäft das 2. (firm) Betrieb der 3. Angelegenheiten pl 4. (affair) Sache die ● **mind your own business!** kümmer dich um deine eigenen Angelegenheiten! ▼ **business as usual** Wir haben offen

business card n Visitenkarte die

business class n Business Class die

business hours npl Geschäftszeit die

businessman ['bɪznɪsmæn] (pl -men) n Geschäftsmann der

business studies npl Betriebswirtschaft die

businesswoman ['bɪznɪsˌwʊmən] (pl -women) n Geschäftsfrau die

busker ['bʌskəʳ] n (UK) Straßenmusikant der, -in die

bus lane n Busspur die

bus pass n Zeitkarte die

bus shelter n Wartehäuschen das

bus station n Busbahnhof der

bus stop n Bushaltestelle die

bust [bʌst] ◇ n (of woman) Busen der ◇ adj ● **to go bust** (inf) Pleite machen

bustle ['bʌsl] n Betrieb der

bus tour n 1. Busreise die 2. (sightseeing) Busrundfahrt die

busy ['bɪzɪ] adj 1. (person) beschäftigt 2. (day, schedule) hektisch 3. (street, office) belebt 4. (telephone, line) besetzt ● **to be busy doing sthg** mit etw beschäftigt sein

busy signal n (US) Besetztzeichen das

but [bʌt] ◇ conj aber ◇ prep (except) außer ● **the last but one** der/die/das vorletzte ● **but for** außer

butcher ['bʊtʃəʳ] n Fleischer der, Metzger der (Süddt) ● **butcher's** (shop) Fleischerei die, Metzgerei die (Süddt)

butt [bʌt] n 1. (of rifle) Kolben der 2. (of cigarette) Stummel der

butter ['bʌtəʳ] ◇ n Butter die ◇ vt buttern

butter bean n weiße Bohne die

buttercup ['bʌtəkʌp] n Butterblume die

butterfly ['bʌtəflaɪ] n Schmetterling der

butterscotch ['bʌtəskɒtʃ] n Karamellbonbon das

buttocks ['bʌtəks] *npl* Hintern *der*

button ['bʌtn] *n* **1.** Knopf *der* **2.** (*US*) (*badge*) Button *der*

buttonhole ['bʌtnhəʊl] *n* Knopfloch *das*

button mushroom *n* Champignon *der*

buttress ['bʌtrɪs] *n* Pfeiler *der*

buy [baɪ] (*pt & pp* bought) ◇ *vt* kaufen ◇ *n* ● a good buy ein guter Kauf ● to buy sthg for sb, to buy sb sthg jm etw kaufen

buzz [bʌz] ◇ *vi* summen ◇ *n* (*inf*) (*phone call*) ● to give sb a buzz jn anrufen

buzzer ['bʌzə^r] *n* Summer *der*

by [baɪ]
◇ *prep* **1.** (*expressing cause, agent*) von ● he was hit by a car er ist von einem Auto angefahren worden ● composed by Mozart von Mozart komponiert **2.** (*expressing method, means*) mit ● by car/train mit dem Auto/Zug ● to pay by credit card mit Kreditkarte bezahlen **3.** (*near to, beside*) an (+D) ● by the sea am Meer **4.** (*past*) an (+D) ... vorbei ● a car went by the house ein Auto fuhr am Haus vorbei **5.** (*via*) durch ● exit by the door on the left Ausgang durch die Tür auf der linken Seite **6.** (*with time*) ● it will be ready by tomorrow bis morgen wird es fertig sein ● be there by nine sei um neun da ● by day tagsüber ● by now inzwischen **7.** (*expressing quantity*) ● sold by the dozen im Dutzend verkauft ● prices fell by 20% die Preise fielen um 20% ● we charge by the hour wir berechnen nach Stunde **8.** (*expressing meaning*) ● what do you mean by that? was meinst du/meinen Sie damit? **9.** (*in division*) durch; (*in multiplication*) mit ● two metres by five zwei mal fünf Meter **10.** (*according to*) nach ● by law nach dem Gesetz ● it's fine by me ich bin damit einverstanden **11.** (*expressing gradual process*) ● one by one eins nach dem anderen ● day by day Tag für Tag **12.** (*in phrases*) ● by mistake versehentlich ● by oneself allein ● by profession von Beruf
◇ *adv* (*past*) vorbei ● to go by (*walk*) vorbeigehen; (*drive*) vorbeifahren

bye(-bye) [baɪ(baɪ)] *excl* (*inf*) tschüs

bypass ['baɪpɑːs] *n* Umgehungsstraße *die*

*c*C

C (*abbr of* Celsius, centigrade) C

cab [kæb] *n* **1.** (*taxi*) Taxi *das* **2.** (*of lorry*) Führerhaus *das*

cabaret ['kæbəreɪ] *n* Kabarett *das*

cabbage ['kæbɪdʒ] *n* Kohl *der*

cabin ['kæbɪn] *n* **1.** Kabine *die* **2.** (*wooden house*) Hütte *die*

cabin crew *n* Flugpersonal *das*

cabinet ['kæbɪnɪt] *n* **1.** (*cupboard*) Schrank *der* **2.** POL Kabinett *das*

cable ['keɪbl] *n* **1.** (*rope*) Tau *das* **2.** (*electrical*) Kabel *das*

cable car *n* Seilbahn *die*

cable television *n* Kabelfernsehen *das*

cactus ['kæktəs] (*pl* -tuses OR -ti) *n* Kaktus *der*

Caesar salad [ˌsiːzə-] *n* grüner Salat *mit* Sardellen, Oliven, Parmesan und Croûtons

cafe ['kæfeɪ] *n* Café *das*

cafeteria [ˌkæfɪˈtɪərɪə] n Cafeteria die
cafetière [kæfˈtjeə'] n Kolbenfilter-Kaffeemaschine die
caffeine [ˈkæfiːn] n Koffein das
cage [keɪdʒ] n Käfig der
cagoule [kəˈguːl] n (UK) Regenjacke die
Cajun [ˈkeɪdʒən] adj cajun

Cajun

Die Einwohner der französischen Kolonie Akadien (heute die kanadische Provinz Nova Scotia) wurden im 18. Jh. hauptsächlich nach Louisiana deportiert, wo es heute noch intakte Gemeinden gibt, die ein altmodisches Französisch sprechen und besonders für ihre Musik und ihre Küche bekannt sind.

cake [keɪk] n 1. Kuchen der 2. (of soap) Stück das ● fish cake Fischfrikadelle die
calculate [ˈkælkjʊleɪt] vt 1. berechnen 2. (risks, effect) kalkulieren
calculator [ˈkælkjʊleɪtə'] n Taschenrechner der
calendar [ˈkælɪndə'] n Kalender der
calf [kɑːf] (pl **calves**) n 1. (of cow) Kalb das 2. (part of leg) Wade die
call [kɔːl] ◇ n 1. (visit) Besuch der 2. (phone call) Anruf der 3. (of bird) Ruf der 4. (at airport) Aufruf der ◇ vt 1. rufen 2. (name, describe) nennen 3. (telephone) anlrufen 4. (meeting) einlberufen 5. (election) auslschreiben 6. (flight) auflrufen ◇ vi 1. (visit) vorbeilkommen 2. (phone) anlrufen ● to be called sich nennen ● what is he called? wie heißt er? ● to be on call (nurse, doctor)

Bereitschaftsdienst haben ● to pay sb a call bei jm vorbeilgehen ● this train calls at ... dieser Zug hält in ... ● who's calling? wer spricht da, bitte? ◆ **call back** ◇ vt sep zurücklrufen ◇ vi 1. (phone again) zurücklrufen 2. (visit again) zurücklkommen ◆ **call for** vt insep 1. (come to fetch) ablholen 2. (demand) verlangen 3. (require) erfordern ◆ **call on** vt insep (visit) vorbeilgehen bei ● to call on sb to do sthg jn bitten, etw zu tun ◆ **call out** ◇ vt sep 1. auslrufen 2. (doctor, fire brigade) rufen ◇ vi rufen ◆ **call up** vt sep 1. MIL einlberufen 2. (telephone) anlrufen
call box n Telefonzelle die
caller [ˈkɔːlə'] n 1. (visitor) Besucher der, -in die 2. (on phone) Anrufer der, -in die
calm [kɑːm] ◇ adj ruhig ◇ vt beruhigen ◆ **calm down** ◇ vt sep beruhigen ◇ vi sich beruhigen
Calor gas ® [ˈkælə-] n Butangas das
calorie [ˈkælərɪ] n Kalorie die
calves [kɑːvz] pl ➤ **calf**
Camcorder [ˈkæmˌkɔːdə'] n Camcorder der
came [keɪm] pt ➤ **come**
camel [ˈkæml] n Kamel das
camembert [ˈkæməmbeə'] n Camembert der
camera [ˈkæmərə] n 1. Fotoapparat der 2. (for filming) Kamera die
cameraman [ˈkæmərəmæn] (pl **-men**) n Kameramann der
camera shop n Fotogeschäft das
camisole [ˈkæmɪsəʊl] n Mieder das
camp [kæmp] ◇ n Lager das ◇ vi zelten
campaign [kæmˈpeɪn] ◇ n Kampagne die ◇ vi ● to campaign (for/against) kämpfen (für/gegen)

camp bed n Campingliege die

camper ['kæmpə'] n 1. Camper der, -in die 2. (van) Wohnmobil das

camping ['kæmpɪŋ] n ● to go camping zelten gehen

camping stove n Kocher der

campsite ['kæmpsaɪt] n Campingplatz der

campus ['kæmpəs] (pl -es) n Universitätsgelände das

can¹ [kæn] n 1. (of food, drink, paint) Dose die 2. (of oil) Kanister der

can² (weak form [kən], strong form [kæn], conditional and preterite form could) aux vb 1. (be able to) können ● can you help me? können Sie mir helfen? ● I can see you ich kann dich sehen 2. (know how to) können ● can you drive? können Sie/kannst du Auto fahren? ● I can speak German ich spreche Deutsch 3. (be allowed to) können, dürfen ● you can't smoke here Sie können OR dürfen hier nicht rauchen 4. (in polite requests) können ● can you tell me the time? können Sie mir sagen, wie viel Uhr es ist? 5. (expressing occasional occurrence) können ● it can get cold at night es kann nachts kalt werden 6. (expressing possibility) können ● they could be lost sie könnten sich verlaufen haben

Canada ['kænədə] n Kanada nt

Canadian [kə'neɪdɪən] ◇ adj kanadisch ◇ n Kanadier der, -in die

canal [kə'næl] n Kanal der

canapé ['kænəpeɪ] n (food) Partyhäppchen das

cancel ['kænsl] vt 1. (meeting, visit) absagen 2. (booking) rückgängig machen 3. (flight, train) streichen 4. (cheque) ungültig machen

cancellation [,kænsə'leɪʃn] n 1. Streichung die 2. (booking) Stornierung die 3. (cancelled visit) Absage die

cancer ['kænsə'] n Krebs der

Cancer ['kænsə'] n Krebs der

candidate ['kændɪdət] n 1. (for parliament) Kandidat der 2. (for job) Bewerber der 3. (in exam) Prüfling der

candle ['kændl] n Kerze die

candlelight dinner ['kændllaɪt-] n Essen das bei Kerzenlicht

candy ['kændɪ] n 1. (US) (confectionery) Süßigkeiten pl 2. (sweet) Bonbon das

candyfloss ['kændɪflɒs] n (UK) Zuckerwatte die

cane [keɪn] n 1. Stock der 2. (for furniture, baskets) Rohr das

canister ['kænɪstə'] n 1. (for tea) Dose die 2. (for gas) Gasflasche die

cannabis ['kænəbɪs] n Cannabis der

canned [kænd] adj (food, drink) in der Dose

cannon ['kænən] n Kanone die

cannot ['kænɒt] = can not

canoe [kə'nuː] n 1. Paddelboot das 2. SPORT Kanu das

canoeing [kə'nuːɪŋ] n 1. Paddeln das 2. SPORT Kanusport der

canopy ['kænəpɪ] n Baldachin der

can't [kɑːnt] = cannot

cantaloup(e) ['kæntəluːp] n Kantalupmelone die

canteen [kæn'tiːn] n 1. (at work) Kantine die 2. (at school) Speisesaal der

canvas ['kænvəs] n (for tent, bag) Segeltuch das

cap [kæp] n 1. Mütze die 2. (of pen,

bottle) Kappe die **3.** *(contraceptive)* Spirale die

capable ['keɪpəbl] *adj* fähig ● to be capable of doing sthg fähig sein, etw zu tun

capacity [kə'pæsɪtɪ] *n* **1.** *(ability)* Fähigkeit die **2.** *(of stadium, theatre)* Fassungsvermögen das

cape [keɪp] *n* **1.** *(of land)* Kap das **2.** *(cloak)* Cape das

capers ['keɪpəz] *npl* Kapern *pl*

capital ['kæpɪtl] *n* **1.** *(of country)* Hauptstadt die **2.** *(money)* Kapital das **3.** *(letter)* Großbuchstabe der

capital punishment *n* Todesstrafe die

cappuccino [ˌkæpʊ'tʃiːnəʊ] *n* Cappuccino der

Capricorn ['kæprɪkɔːn] *n* Steinbock der

capsicum ['kæpsɪkəm] *n* Paprika der

capsize [kæp'saɪz] *vi* kentern

capsule ['kæpsjuːl] *n* Kapsel die

captain ['kæptɪn] *n* **1.** Kapitän der **2.** MIL Hauptmann der

caption ['kæpʃn] *n* **1.** *(under picture)* Unterschrift die **2.** *(above picture)* Überschrift die

capture ['kæptʃəʳ] *vt* **1.** fangen **2.** *(town, castle)* erobern

car [kɑːʳ] *n* **1.** Auto das, Wagen der **2.** *(railway wagon)* Wagen der

carafe [kə'ræf] *n* Karaffe die

car alarm *n* Autoalarm der

caramel ['kærəmel] *n* **1.** *(sweet)* Karamellbonbon das **2.** *(burnt sugar)* Karamell der

carat ['kærət] *n* Karat das ● 24-carat gold 24-karätiges Gold

caravan ['kærəvæn] *n* (UK) Wohnwagen der

caravanning ['kærəvænɪŋ] *n* (UK) ● to go caravanning Urlaub im Wohnwagen machen

caravan site *n* (UK) Campingplatz der für Wohnwagen

carbohydrate [ˌkɑːbəʊ'haɪdreɪt] *n* *(in foods)* Kohlenhydrat das

carbon ['kɑːbən] *n* Kohlenstoff der

carbon copy *n* Durchschlag der

carbon dioxide [-daɪ'ɒksaɪd] *n* Kohlendioxid das

carbon monoxide [-mɒ'nɒksaɪd] *n* Kohlenmonoxid das

car boot sale *n* (UK) Basar, bei dem die Waren im Kofferraum ausgelegt werden

carburetor [ˌkɑːbə'retəʳ] *(US)* = carburettor

carburettor [ˌkɑːbə'retəʳ] *n* (UK) Vergaser der

car crash *n* Autounfall der

card [kɑːd] *n* **1.** Karte die **2.** *(cardboard)* Pappe die, Karton der ● cards *(game)* Karten *pl*

cardboard ['kɑːdbɔːd] *n* Pappe die, Karton der

car deck *n* Fahrzeugdeck das

cardiac arrest [ˌkɑːdɪæk-] *n* Herzstillstand der

cardigan ['kɑːdɪgən] *n* Strickjacke die

care [keəʳ] ⋄ *n* *(attention)* Sorgfalt die ⋄ *vi* *(mind)* ● I don't care es ist mir egal ● to take care of sich kümmern um ● would you care to ...? *(fml)* würden Sie gerne ...? ● to take care to do sthg aufpassen, dass man etw tut ● medical care ärztliche Betreuung ● take care! *(goodbye)* mach's gut! ● with care aufmerksam, sorgfältig ● to care about sthg *(think important)* etw wichtig finden

● **to care about sb** jn mögen

career [kə'rɪəʳ] *n* **1.** *(type of job)* Beruf *der* **2.** *(professional life)* Laufbahn *die*

carefree ['keəfriː] *adj* sorglos

careful ['keəfʊl] *adj* **1.** *(cautious)* vorsichtig **2.** *(thorough)* sorgfältig ● **be careful!** Vorsicht!

carefully ['keəflɪ] *adv* **1.** *(cautiously)* vorsichtig **2.** *(thoroughly)* sorgfältig

careless ['keələs] *adj* **1.** *(inattentive)* unaufmerksam **2.** *(unconcerned)* sorglos

caretaker ['keə,teɪkəʳ] *n* (UK) *(of school, flats)* Hausmeister *der*, -in *die*

car ferry *n* Autofähre *die*

cargo ['kɑːɡəʊ] (pl **-es** OR **-s**) *n* Ladung *die*

car hire *n* (UK) Autovermietung *die*

Caribbean [(UK) ˌkærɪ'biːən, (US) kə'rɪbiən] *n* ● **the Caribbean** die Karibik

caring ['keərɪŋ] *adj* fürsorglich

carnation [kɑː'neɪʃn] *n* Nelke *die*

carnival ['kɑːnɪvl] *n* Karneval *der*

carousel [ˌkærə'sel] *n* **1.** *(for luggage)* Gepäckförderband *das* **2.** (US) *(merry-go-round)* Karussell *das*

carp [kɑːp] *n* Karpfen *der*

car park *n* (UK) **1.** *(open-air)* Parkplatz *der* **2.** *(building)* Parkhaus *das* **3.** *(underground)* Tiefgarage *die*

carpenter ['kɑːpəntəʳ] *n* **1.** Zimmermann *der* **2.** *(for furniture)* Tischler *der*, -in *die*

carpentry ['kɑːpəntrɪ] *n* **1.** Zimmerhandwerk *das* **2.** *(furniture making)* Tischlerei *die*

carpet ['kɑːpɪt] *n* Teppich *der*

car rental *n* (US) Autovermietung *die*

carriage ['kærɪdʒ] *n* **1.** (UK) *(of train)* Abteil *das* **2.** *(horse-drawn)* Kutsche *die*

carriageway ['kærɪdʒweɪ] *n* (UK) Fahrbahn *die*

carrier (bag) ['kærɪəʳ-] *n* Tragetasche *die*

carrot ['kærət] *n* Karotte *die*, Möhre *die*

carrot cake *n* Möhrenkuchen *der*, Rüblitorte *die* (Schweiz)

carry ['kærɪ] ◇ *vt* **1.** tragen **2.** *(transport)* befördern **3.** *(disease)* übertragen **4.** *(cash, passport, map)* bei sich haben ◇ *vi* *(voice, sound)* tragen, reichen ◆ **carry on** ◇ *vi* *(continue)* weitermachen ◇ *vt insep* *(continue)* fortsetzen ● **to carry on doing sthg** weiterhin etw tun ◆ **carry out** *vt sep* **1.** *(repairs, order)* ausführen **2.** *(plan)* durchführen **3.** *(promise)* erfüllen

carrycot ['kærɪkɒt] *n* (UK) Babytragetasche *die*

carryout ['kærɪaʊt] *n* (US) Essen *das* zum Mitnehmen

carsick ['kɑːˌsɪk] *adj* ● **I get carsick** mir wird beim Autofahren schlecht

cart [kɑːt] *n* **1.** Karren *der* **2.** (US) *(in supermarket)* Einkaufswagen *der* **3.** *(inf)* *(video game cartridge)* Videospiel *das*

carton ['kɑːtn] *n* Tüte *die*

cartoon [kɑː'tuːn] *n* **1.** *(drawing)* Cartoon *der* **2.** *(film)* Zeichentrickfilm *der*

cartridge ['kɑːtrɪdʒ] *n* **1.** Patrone *die* **2.** *(for film)* Kassette *die*

carve [kɑːv] *vt* **1.** *(wood)* schnitzen **2.** *(stone)* meißeln **3.** *(meat)* aufschneiden

carvery ['kɑːvərɪ] *n* Büfett mit verschiedenen Fleischgerichten und Bedienung

car wash *n* Autowaschanlage *die*

case [keɪs] *n* **1.** (UK) *(suitcase)* Koffer *der* **2.** *(container)* Etui *das* **3.** *(for jewellery)* Schatulle *die* **4.** *(instance)* Fall *der* **5.** LAW *(trial)* Fall *der* **6.** *(patient)* Fall *der* ● **in any case** sowieso ● **in case** falls ● **in case of** im Fall *(+G)* ● **just in case** für alle Fälle ● **in that case** in dem Fall

cash [kæʃ] ◇ n **1.** *(coins, notes)* Bargeld das **2.** *(money in general)* Geld das ◇ vt to cash a cheque einen Scheck einlösen ● to pay cash bar bezahlen

cash desk n Kasse die

cash dispenser [-ˌdɪˈspensəʳ] n Geldautomat der

cashew (nut) [ˈkæʃuː-] n Cashewnuss die

cashier [kæˈʃɪəʳ] n Kassierer der, -in die

cashmere [kæʃˈmɪəʳ] n Kaschmir der

cashpoint [ˈkæʃpɔɪnt] n (UK) Geldautomat der

cash register n Kasse die

casino [kəˈsiːnəʊ] (pl -s) n Kasino das

cask [kɑːsk] n Fass das

cask-conditioned [-ˌkɒnˈdɪʃnd] adj *(beer)* bezeichnet "real ale"-Bier, das in Fässern gebraut wird

casserole [ˈkæsərəʊl] n *(stew)* Schmorgericht aus Fleisch und Gemüse ● **casserole (dish)** Schmortopf der

cassette [kæˈset] n Kassette die

cassette recorder n Kassettenrekorder der

cast [kɑːst] (pt & pp inv) ◇ n **1.** *(actors)* Besetzung die **2.** *(for broken bone)* Gipsverband der ◇ vt werfen ● to cast a vote wählen ● to cast doubt on in Zweifel ziehen ◆ **cast off** vi *(boat, ship)* ablegen

caster [ˈkɑːstəʳ] n *(wheel)* Rolle die

caster sugar n (UK) Streuzucker der

castle [ˈkɑːsl] n **1.** Schloss das **2.** *(fortified)* Burg die **3.** *(in chess)* Turm der

casual [ˈkæʒʊəl] adj **1.** *(relaxed)* ungezwungen, lässig **2.** *(remark)* beiläufig **3.** *(clothes)* leger ● casual work Gelegenheitsarbeit die

casualty [ˈkæʒjʊəltɪ] n **1.** *(injured)* Verletzte der, die **2.** *(dead)* Tote der, die ●

casualty (ward) n Unfallstation die

cat [kæt] n Katze die

catalog [ˈkætəlɒg] (US) = catalogue

catalogue [ˈkætəlɒg] n Katalog der

catapult [ˈkætəpʌlt] n Katapult das

cataract [ˈkætərækt] n *(in eye)* grauer Star

catarrh [kəˈtɑːʳ] n Katarrh der

catastrophe [kəˈtæstrəfɪ] n Katastrophe die

catch [kætʃ] (pt & pp caught) ◇ vt **1.** fangen **2.** *(bus, train, plane, taxi)* nehmen **3.** *(surprise)* erwischen **4.** *(illness)* bekommen **5.** *(hear)* verstehen **6.** *(attention)* erregen ◇ vi *(become hooked)* sich verfangen ◇ n **1.** *(of window, door)* Schnappschloss das **2.** *(snag)* Haken der ◆ **catch up** vt sep & vi einholen, aufholen

catching [ˈkætʃɪŋ] adj (inf) ansteckend

category [ˈkætəgərɪ] n Kategorie die

cater [ˈkeɪtəʳ] ◆ **cater for** vt insep (UK) eingestellt sein auf (+A)

caterpillar [ˈkætəpɪləʳ] n Raupe die

cathedral [kəˈθiːdrəl] n Kathedrale die

Catholic [ˈkæθlɪk] ◇ adj katholisch ◇ n Katholik der, -in die

Catseyes® [ˈkætsaɪz] npl (UK) Reflektoren pl (auf der Straße)

cattle [ˈkætl] npl Vieh das

cattle grid n Gitter auf Landstraßen, welches Vieh am Überqueren hindert

caught [kɔːt] pt & pp ➤ catch

cauliflower [ˈkɒlɪˌflaʊəʳ] n Blumenkohl der, Karfiol der (Österr)

cauliflower cheese n Blumenkohlauflauf der

cause [kɔːz] ◇ *n* **1.** Ursache *die*, Grund *der* **2.** *(principle, aim)* Sache *die* ◇ *vt* verursachen • **to cause sb to do sthg** jn veranlassen, etw zu tun

causeway ['kɔːzweɪ] *n* Damm *der*

caustic soda [ˌkɔːstɪk-] *n* Ätznatron *das*

caution ['kɔːʃn] *n* **1.** Vorsicht *die* **2.** *(warning)* Verwarnung *die*

cautious ['kɔːʃəs] *adj* vorsichtig

cave [keɪv] *n* Höhle *die* • **cave in** *vi* einstürzen

caviar(e) ['kævɪɑːʳ] *n* Kaviar *der*

cavity ['kævətɪ] *n (in tooth)* Loch *das*

CD *n (abbr of compact disc)* CD *die*

CDI *n (abbr of compact disc interactive)* CD-Wechsler

CD player *n* CD-Player *der*

CDW *n (abbr of collision damage waiver)* Vollkaskoversicherung *die*

cease [siːs] ◇ *vt (fml)* aufhören mit ◇ *vi (fml)* aufhören

ceasefire ['siːsˌfaɪəʳ] *n* Waffenstillstand *der*

ceilidh ['keɪlɪ] *n* traditionelle Tanzveranstaltung in Schottland und Irland

ceiling ['siːlɪŋ] *n* Decke *die*

celebrate ['selɪbreɪt] *vt & vi* feiern

celebration [ˌselɪ'breɪʃn] *n (event)* Feier *die* • **celebrations** *npl (festivities)* Festlichkeiten *pl*

celebrity [sɪ'lebrətɪ] *n (person)* Prominente *der, die*

celeriac [sɪ'lerɪæk] *n* Knollensellerie *der*

celery ['selərɪ] *n* Sellerie *der*

cell [sel] *n* Zelle *die*

cellar ['seləʳ] *n* Keller *der*

cello ['tʃeləʊ] *(pl* -**s***) n* Cello *das*

Cellophane ® ['seləfeɪn] *n (UK)* Cellophan ® *das*

cellphone ['selfəʊn] *n* Handy *das*

Celsius ['selsɪəs] *adj* Celsius

cement [sɪ'ment] *n* Zement *der*

cement mixer *n* Zementmischer *der*

cemetery ['semɪtrɪ] *n* Friedhof *der*

cent [sent] *n (US)* Cent *der*

center ['sentəʳ] *(US)* = **centre**

centigrade ['sentɪgreɪd] *adj* Celsius

centimetre ['sentɪˌmiːtəʳ] *n* Zentimeter *der*

centipede ['sentɪpiːd] *n* Tausendfüßler *der*

central ['sentrəl] *adj* zentral

central heating *n* Zentralheizung *die*

central locking [-'lɒkɪŋ] *n* Zentralverriegelung *die*

central reservation *n (UK)* Mittelstreifen *der*

centre ['sentəʳ] ◇ *n* **1.** *(UK)* Mitte *die* **2.** *(building)* Zentrum *das* ◇ *adj (UK)* mittlere(r)(s) • **to be the centre of attention** im Mittelpunkt stehen

century ['sentʃʊrɪ] *n* Jahrhundert *das*

ceramic [sɪ'ræmɪk] *adj* Keramik- • **ceramics** *npl* Keramik *die*

cereal ['sɪərɪəl] *n (breakfast food)* Cornflakes, Müsli etc.

ceremony ['serɪmənɪ] *n* Zeremonie *die*

certain ['sɜːtn] *adj* **1.** sicher **2.** *(particular)* bestimmt, gewiss • **to be certain to do sthg** etw bestimmt tun • **to be certain of sthg** sich *(D)* einer Sache *(G)* sicher sein • **to make certain (that)** sich vergewissern, dass

certainly ['sɜːtnlɪ] *adv* **1.** bestimmt **2.** *(of course)* natürlich, sicher

certificate [sə'tɪfɪkət] *n* **1.** Bescheinigung *die* **2.** *(from school)* Zeugnis *das*

certify ['sɜːtɪfaɪ] *vt* bescheinigen

chain [tʃeɪn] ◇ *n* Kette *die* ◇ *vt* ● **to chain sthg to sthg** etw an etw (+A) anlketten

chain store *n* zu einer Ladenkette gehörendes Geschäft

chair [tʃeəʳ] *n* **1.** Stuhl *der* **2.** (armchair) Sessel *der*

chair lift *n* Sessellift *der*

chairman ['tʃeəmən] (*pl* **-men**) *n* Vorsitzende *der*

chairperson ['tʃeə,pɜːsn] *n* Vorsitzende *der, die*

chairwoman ['tʃeə,wʊmən] (*pl* **-women**) *n* Vorsitzende *die*

chalet ['ʃæleɪ] *n* **1.** Chalet *das* **2.** (at holiday camp) Ferienhaus *das*

chalk [tʃɔːk] *n* Kreide *die* ● **a piece of chalk** ein Stück Kreide

chalkboard ['tʃɔːkbɔːd] *n* (US) Tafel *die*

challenge ['tʃælɪndʒ] ◇ *n* Herausforderung *die* ◇ *vt* (question) infrage stellen ● **to challenge sb (to sthg)** jn herauslfordern (zu etw)

chamber ['tʃeɪmbə*ʳ] *n* Kammer *die*

chambermaid ['tʃeɪmbəmeɪd] *n* Zimmermädchen *das*

champagne [,ʃæm'peɪn] *n* Champagner *der*

champion ['tʃæmpjən] *n* Meister *der*, -in *die*

championship ['tʃæmpjənʃɪp] *n* Meisterschaft *die*

chance [tʃɑːns] ◇ *n* **1.** (luck) Glück *das* **2.** (possibility) Chance *die*, Möglichkeit *die* **3.** (opportunity) Gelegenheit *die* ◇ *vt* ● **to chance it** (inf) es riskieren ● **to take a chance** es darauf anlkommen lassen ● **by chance** zufällig ● **on the off chance** auf gut Glück

Chancellor of the Exchequer [,tʃɑːnsələrəvðɪks'tʃekəʳ] *n* (UK) Schatzkanzler *der*

chandelier [,ʃændə'lɪəʳ] *n* Kronleuchter *der*

change [tʃeɪndʒ] ◇ *n* **1.** Veränderung *die* **2.** (alteration) Änderung *die* **3.** (money received back) Wechselgeld *das* **4.** (coins) Kleingeld *das* ◇ *vt* **1.** ändern **2.** (switch) wechseln **3.** (exchange) umltauschen **4.** (clothes, bedding) wechseln ◇ *vi* **1.** sich verändern **2.** (on bus, train) umlsteigen **3.** (change clothes) sich umlziehen ● **a change of clothes** Kleidung zum Wechseln ● **do you have change for a pound?** können Sie mir ein Pfund wechseln? ● **for a change** zur Abwechslung ● **to get changed** sich umlziehen ● **to change money** Geld wechseln ● **to change a nappy** eine Windel wechseln ● **to change a wheel** ein Rad wechseln ● **to change trains/planes** umlsteigen ● **all change!** (on train) alles aussteigen!

changeable ['tʃeɪndʒəbl] *adj* (weather) veränderlich

change machine *n* Wechselgeldautomat *der*

changing room ['tʃeɪndʒɪŋ-] *n* **1.** (for sport) Umkleideraum *der* **2.** (in shop) Umkleidekabine *die*

channel ['tʃænl] *n* **1.** Kanal *der* **2.** (on radio) Sender *der* **3.** (in sea) Fahrrinne *die* ● **the (English) Channel** der Ärmelkanal

Channel Islands *npl* ● **the Channel Islands** die Kanalinseln

Channel Tunnel *n* ● **the Channel Tunnel** der Euro-Tunnel

chant [tʃɑːnt] *vt* **1.** RELIG singen **2.** (words, slogan) Sprechchöre anlstimmen

chaos ['keɪɒs] *n* Chaos *das*

chaotic [keɪˈɒtɪk] *adj* chaotisch

chap [tʃæp] *n* (*UK*) (*inf*) Kerl *der*

chapel [ˈtʃæpl] *n* Kapelle *die*

chapped [tʃæpt] *adj* aufgesprungen

chapter [ˈtʃæptə*] *n* Kapitel *das*

character [ˈkærəktə*] *n* 1. Charakter *der* 2. (*of person*) Persönlichkeit *die* 3. (*in film, book, play*) Gestalt *die* 4. (*letter*) Schriftzeichen *das*

characteristic [ˌkærəktəˈrɪstɪk] ◇ *adj* charakteristisch ◇ *n* Kennzeichen *das*

charcoal [ˈtʃɑːkəʊl] *n* (*for barbecue*) Grillkohle *die*

charge [tʃɑːdʒ] ◇ *n* 1. (*price*) Gebühr *die* 2. LAW Anklage *die* ◇ *vt* 1. (*money*) berechnen 2. LAW anklagen 3. (*battery*) aufladen ◇ *vi* 1. (*ask money*) in Rechnung stellen 2. (*rush*) stürmen ● **to be in charge (of)** verantwortlich sein (für) ● **to take charge of sthg** die Leitung für etw übernehmen ● **free of charge** gratis ● **there is no charge for service** es gibt keinen Bedienungszuschlag

char-grilled [ˈtʃɑːgrɪld] *adj* vom Holzkohlengrill

charity [ˈtʃærətɪ] *n* (*organization*) Wohltätigkeitsverein *der* ● **to give to charity** für wohltätige Zwecke spenden

charity shop *n* Gebrauchtwarenladen, dessen Erlös zugunsten wohltätiger Zwecke geht

charm [tʃɑːm] ◇ *n* (*attractiveness*) Reiz *der* ◇ *vt* bezaubern

charming [ˈtʃɑːmɪŋ] *adj* reizend

chart [tʃɑːt] *n* 1. (*diagram*) Diagramm *das* 2. (*map*) Karte *die* ● **the charts** die Hitparade

chartered accountant [ˌtʃɑːtəd-] *n* Wirtschaftsprüfer *der*, -in *die*

charter flight [ˈtʃɑːtə-] *n* Charterflug *der*

chase [tʃeɪs] ◇ *n* Verfolgungsjagd *die* ◇ *vt* verfolgen, jagen

chat [tʃæt] ◇ *n* Plauderei *die* ◇ *vi* plaudern ● **to have a chat (with sb)** plaudern (mit jm) ● **chat up** *vt sep* (*UK*) (*inf*) anlmachen

chat show *n* (*UK*) Talkshow *die*

chatty [ˈtʃætɪ] *adj* 1. (*person*) gesprächig 2. (*letter*) unterhaltsam

chauffeur [ˈʃəʊfə*] *n* Chauffeur *der*

cheap [tʃiːp] *adj* billig

cheap day return *n* (*UK*) reduzierte Rückfahrkarte für bestimmte Züge

cheaply [ˈtʃiːplɪ] *adv* billig

cheat [tʃiːt] ◇ *n* 1. Betrüger *der*, -in *die* 2. (*in games*) Mogler *der*, -in *die* ◇ *vi* 1. betrügen 2. (*in games*) mogeln ◇ *vt* ● **to cheat sb (out of sthg)** jn betrügen (um etw)

check [tʃek] ◇ *n* 1. (*inspection*) Kontrolle *die* 2. (*US*) (*bill*) Rechnung *die* 3. (*US*) (*tick*) Haken *der* 4. (*US*) = **cheque** ◇ *vt* kontrollieren ◇ *vi* überprüfen ● **to check for sthg** auf etw prüfen ● **check in** *vt sep & vi* einlchecken ● **check off** *vt sep* ablhaken ● **check out** *vi* ablreisen, auslchecken ● **check up** *vi* ● **to check up (on)** überprüfen

checked [tʃekt] *adj* kariert

checkers [ˈtʃekəz] *n* (*US*) Damespiel *das*

check-in desk *n* 1. (*at airport*) Abfertigungsschalter *der* 2. (*at hotel*) Rezeption *die*

checkout [ˈtʃekaʊt] *n* Kasse *die*

checkpoint [ˈtʃekpɔɪnt] *n* Kontrollpunkt *der*

checkroom [ˈtʃekrʊm] *n* (*US*) Gepäckaufbewahrung *die*

ch

checkup ['tʃekʌp] *n* Untersuchung *die*

cheddar (cheese) ['tʃedə'-] *n* Cheddarkäse *der*

cheek [tʃiːk] *n* Backe *die* ● **what a cheek!** so eine Frechheit!

cheeky ['tʃiːkɪ] *adj* frech

cheer [tʃɪə'] ⋄ *n* Beifallsruf *der* ⋄ *vi* jubeln, applaudieren

cheerful ['tʃɪəfʊl] *adj* fröhlich

cheerio [,tʃɪərɪ'əʊ] *excl* (UK) (inf) tschüs!

cheers [tʃɪəz] *excl* **1.** (when drinking) prost! **2.** (UK) (inf) (thank you) danke!

cheese [tʃiːz] *n* Käse *der*

cheeseboard ['tʃiːzbɔːd] *n* Käseplatte *die*

cheeseburger ['tʃiːzˌbɜːgə'] *n* Cheeseburger *der*

cheesecake ['tʃiːzkeɪk] *n* Käsekuchen *der*

chef [ʃef] *n* Koch *der*

chef's special *n* Tagesgericht *das*

chemical ['kemɪkl] ⋄ *adj* chemisch ⋄ *n* Chemikalie *die*

chemist ['kemɪst] *n* **1.** (UK) (pharmacist) Apotheker *der*, -in *die* **2.** (scientist) Chemiker *der*, -in *die* ● **chemist's 1.** (shop) Drogerie *die*; (dispensing) Apotheke *die*

chemistry ['kemɪstrɪ] *n* Chemie *die*

cheque [tʃek] *n* (UK) Scheck *der* ● **to pay by cheque** mit Scheck bezahlen

chequebook ['tʃekbʊk] *n* Scheckbuch *das*

cheque card *n* Scheckkarte *die*

cherry ['tʃerɪ] *n* Kirsche *die*

chess [tʃes] *n* Schach *das*

chest [tʃest] *n* **1.** (of body) Brust *die* **2.** (box) Truhe *die*

chestnut ['tʃesnʌt] ⋄ *n* Kastanie *die* ⋄ *adj* (colour) kastanienbraun

chest of drawers *n* Kommode *die*

chew [tʃuː] ⋄ *vt* kauen ⋄ *n* (sweet) Kaubonbon *das*

chewing gum ['tʃuːɪŋ-] *n* Kaugummi *der*

chic [ʃiːk] *adj* schick

chicken ['tʃɪkɪn] *n* **1.** Huhn *das* **2.** (grilled, roasted) Hähnchen *das*

chicken breast *n* Hühnerbrust *die*

chicken Kiev [-'kiːev] *n* mit Knoblauchbutter gefülltes, paniertes Hähnchenfilet

chickenpox ['tʃɪkɪnpɒks] *n* Windpocken *pl*

chickpea ['tʃɪkpiː] *n* Kichererbse *die*

chicory ['tʃɪkərɪ] *n* Chicorée *die*

chief [tʃiːf] ⋄ *adj* **1.** (highest-ranking) leitend, Ober- **2.** (main) Haupt- ⋄ *n* **1.** Leiter *der*, -in *die*, Chef *der*, -in *die* **2.** (of tribe) Häuptling *der*

chiefly ['tʃiːflɪ] *adv* **1.** (mainly) hauptsächlich **2.** (especially) vor allem

child [tʃaɪld] *n* (pl **children**) Kind *das*

child abuse *n* Kindesmisshandlung *die*

child benefit *n* (UK) Kindergeld *das*

childhood ['tʃaɪldhʊd] *n* Kindheit *die*

childish ['tʃaɪldɪʃ] *adj* (pej) (immature) kindisch

childminder ['tʃaɪldˌmaɪndə'] *n* (UK) Tagesmutter *die*

children ['tʃɪldrən] *pl* ➤ **child**

childrenswear ['tʃɪldrənzweə'] *n* Kinderkleidung *die*

child seat *n* Kindersitz *der*

Chile ['tʃɪlɪ] *n* Chile *nt*

chill [tʃɪl] ⋄ *n* (illness) Erkältung *die* ⋄ *vt* kühlen ● **there's a chill in the air** es ist kühl draußen

chilled [tʃɪld] *adj* gekühlt ▼ **serve chilled** gekühlt servieren

chilli ['tʃɪlɪ] *n* (pl **-ies**) Chili *der*

chilli con carne ['tʃɪlɪkɒn'kɑːnɪ] *n* Chili con carne *das*

chilly [ˈtʃɪlɪ] *adj* kühl

chimney [ˈtʃɪmnɪ] *n* Schornstein *der*

chimneypot [ˈtʃɪmnɪpɒt] *n* Schornsteinaufsatz *der*

chimpanzee [ˌtʃɪmpænˈziː] *n* Schimpanse *der*

chin [tʃɪn] *n* Kinn *das*

china [ˈtʃaɪnə] *n* (material) Porzellan *das*

China [ˈtʃaɪnə] *n* China *nt*

Chinese [ˌtʃaɪˈniːz] ◇ *adj* chinesisch ◇ *n* (language) Chinesisch *das* ◇ *npl* ● the Chinese die Chinesen ● a Chinese restaurant ein Chinarestaurant

chip [tʃɪp] ◇ *n* 1. (small piece) Stückchen *das* 2. (mark) angeschlagene Stelle 3. (for gambling, in computer) Chip *der* ◇ *vt* anschlagen ● chips *npl* 1. (UK) (French fries) Pommes frites *pl* 2. (US) (crisps) Chips *pl*

chiropodist [kɪˈrɒpədɪst] *n* Fußpfleger *der*, -in *die*

chisel [ˈtʃɪzl] *n* 1. Meißel *der* 2. (for wood) Stemmeisen *das*

chives [tʃaɪvz] *npl* Schnittlauch *der*

chlorine [ˈklɔːriːn] *n* Chlor *das*

choc-ice [ˈtʃɒkaɪs] *n* (UK) Eiscremeriegel mit Schokoladenüberzug

chocolate [ˈtʃɒkələt] ◇ *n* 1. Schokolade *die* 2. (sweet) Praline *die* ◇ *adj* Schokoladen-

chocolate biscuit *n* Schokoladenkeks *der*

choice [tʃɔɪs] ◇ *n* 1. Wahl *die* 2. (variety) Auswahl *die* ◇ *adj* (meat, ingredients) Qualitäts- ● with the topping of your choice mit der Garnitur Ihrer Wahl

choir [ˈkwaɪə'] *n* Chor *der*

choke [tʃəʊk] ◇ *n* AUT Choke *der* ◇ *vt* verstopfen ◇ *vi* 1. (on fishbone etc) sich

verschlucken 2. (to death) ersticken

cholera [ˈkɒlərə] *n* Cholera *die*

choose [tʃuːz] (*pt* chose, *pp* chosen) ◇ *vt* wählen, sich (D) auslsuchen ◇ *vi* wählen ● to choose to do sthg (decide) beschließen, etw zu tun

chop [tʃɒp] ◇ *n* (of meat) Kotelett *das* ◇ *vt* hacken ● chop down *vt sep* fällen, umlhauen ● chop up *vt sep* klein hacken

chopper [ˈtʃɒpə'] *n* (inf) (helicopter) Hubschrauber *der*

chopping board [ˈtʃɒpɪŋ-] *n* Hackbrett *das*

choppy [ˈtʃɒpɪ] *adj* kabbelig

chopsticks [ˈtʃɒpstɪks] *npl* Stäbchen *pl*

chop suey [ˌtʃɒpˈsuːɪ] *n* Chop-suey *das*

chord [kɔːd] *n* Akkord *der*

chore [tʃɔː'] *n* lästige Pflicht ● household chores Hausarbeit *die*

chorus [ˈkɔːrəs] *n* 1. (of song) Refrain *der* 2. (singers, dancers) Chor *der*

chose [tʃəʊz] *pt* ➤ choose

chosen [ˈtʃəʊzn] *pp* ➤ choose

choux pastry [ʃuː-] *n* Brandteig *der*

chowder [ˈtʃaʊdə'] *n* Suppe mit Fisch oder Meeresfrüchten

chow mein [ˌtʃaʊˈmeɪn] *n* chinesisches Gericht mit gebratenen Nudeln

Christ [kraɪst] *n* Christus (ohne Artikel)

christen [ˈkrɪsn] *vt* taufen

Christian [ˈkrɪstʃən] ◇ *adj* christlich ◇ *n* Christ *der*, -in *die*

Christian name *n* Vorname *der*

Christmas [ˈkrɪsməs] *n* Weihnachten *das* ● Happy Christmas! Fröhliche Weihnachten!

Christmas card *n* Weihnachtskarte *die*

Christmas carol [-ˈkærəl] *n* Weihnachtslied *das*

Christmas Day *n* erster Weihnachtsfeiertag

Christmas Eve *n* Heiligabend *der*

Christmas pudding *n* Plumpudding *der*

Christmas tree *n* Weihnachtsbaum *der*

chrome [krəʊm] *n* Chrom *das*

chuck [tʃʌk] *vt* **1.** *(inf) (throw)* schmeißen **2.** *(boyfriend, girlfriend)* Schluss machen mit ◆ **chuck away** *vt sep (inf)* wegschmeißen

chunk [tʃʌŋk] *n (of meat, cakeetc)* Stück *das*

church [tʃɜːtʃ] *n* Kirche *die* ● **to go to church** in die Kirche gehen

churchyard ['tʃɜːtʃjɑːd] *n* Friedhof *der*

chute [ʃuːt] *n* Rutsche *die*

chutney ['tʃʌtnɪ] *n* Chutney *das (Soße aus Früchten und Gewürzen)*

cider ['saɪdə'] *n* ≈ Cidre *der*

cigar [sɪ'gɑː'] *n* Zigarre *die*

cigarette [ˌsɪgə'ret] *n* Zigarette *die*

cigarette lighter *n* Feuerzeug *das*

cinema ['sɪnəmə] *n* Kino *das*

cinnamon ['sɪnəmən] *n* Zimt *der*

circle ['sɜːkl] ◇ *n* **1.** Kreis *der* **2.** *(in theatre)* Rang *der* ◇ *vt* **1.** *(draw circle around)* einkreisen **2.** *(move round)* umkreisen ◇ *vi (plane)* kreisen

circuit ['sɜːkɪt] *n* **1.** *(track)* Rennbahn *die* **2.** *(lap)* Runde *die*

circular ['sɜːkjʊlə'] ◇ *adj* rund ◇ *n* Rundschreiben *das*

circulation [ˌsɜːkjʊ'leɪʃn] *n* **1.** *(of blood)* Kreislauf *der* **2.** *(of newspaper, magazine)* Auflage *die*

circumstances ['sɜːkəmstənsɪz] *npl* Umstände *pl* ● **in** OR **under the circumstances** unter diesen Umständen

circus ['sɜːkəs] *n* Zirkus *der*

cistern ['sɪstən] *n (of toilet)* Wasserbehälter *der*

citizen ['sɪtɪzn] *n* Bürger *der*, -in *die*

city ['sɪtɪ] *n* größere Stadt ● **the City** Banken- und Börsenviertel in London

city centre *n* Stadtzentrum *das*

city hall *n (US)* Rathaus *das*

civilian [sɪ'vɪljən] *n* Zivilist *der*, -in *die*

civilized ['sɪvɪlaɪzd] *adj (society)* zivilisiert

civil rights [ˌsɪvl-] *npl* Bürgerrechte *pl*

civil servant [ˌsɪvl-] *n* Beamte *der (im Staatsdienst)*, -in *die*

civil service [ˌsɪvl-] *n* Staatsdienst *der*

civil war [ˌsɪvl-] *n* Bürgerkrieg *der*

cl *(abbr of centilitre)* cl

claim [kleɪm] ◇ *n* **1.** *(assertion)* Anspruch *der* **2.** *(demand)* Forderung *die* **3.** *(for insurance)* Schadenersatzanspruch *der* ◇ *vt* **1.** *(allege)* behaupten **2.** *(demand)* fordern **3.** *(credit)* Anspruch erheben auf (+A) ◇ *vi (on insurance)* Schadenersatz fordern

claimant ['kleɪmənt] *n* Antragsteller *der*, -in *die*

claim form *n* Antragsformular *das*

clam [klæm] *n* Klaffmuschel *die*

clamp [klæmp] ◇ *n (for car)* Parkkralle *die* ◇ *vt (car)* eine Parkkralle anlegen

clap [klæp] *vi* klatschen

claret ['klærət] *n* roter Bordeaux

clarinet [ˌklærə'net] *n* Klarinette *die*

clash [klæʃ] ◇ *n* **1.** *(noise)* Geklirr *das* **2.** *(confrontation)* Konflikt *der* ◇ *vi* **1.** *(colours)* sich beißen **2.** *(event, date)* sich überschneiden

clasp [klɑːsp] ◇ *n (fastener)* Schnalle *die* ◇ *vt* festhalten

class [klɑːs] ◇ *n* **1.** Klasse *die* **2.** *(teaching* *period*) Stunde die **3.** *(type)* Art die ◇ *vt* **to class sb/sthg as sthg** jn/etw als etw einstufen

classic ['klæsɪk] ◇ *adj* klassisch ◇ *n* Klassiker der

classical ['klæsɪkl] *adj* klassisch

classical music *n* klassische Musik

classification [ˌklæsɪfɪ'keɪʃn] *n* **1.** Klassifizierung die **2.** *(category)* Kategorie die

classified ads [ˌklæsɪfaɪd-] *npl* Annoncen *pl*

classroom ['klɑːsrʊm] *n* Klassenzimmer das

claustrophobic [ˌklɔːstrə'fəʊbɪk] *adj* **to feel claustrophobic** Platzangst haben

claw [klɔː] *n* **1.** Kralle die **2.** *(of crab, lobster)* Schere die

clay [kleɪ] *n* Ton der

clean [kliːn] ◇ *adj* sauber ◇ *vt* **1.** sauber machen **2.** *(floor)* putzen ● **to clean one's teeth** sich *(D)* die Zähne putzen

cleaner ['kliːnə[r]] *n* **1.** *(person)* Putzfrau die, Putzer der **2.** *(substance)* Putzmittel das

cleanse [klenz] *vt* reinigen

cleanser ['klenzə[r]] *n* **1.** *(for skin)* Reinigungsmilch die **2.** *(detergent)* Reinigungsmittel das

clear [klɪə[r]] ◇ *adj* **1.** klar **2.** *(image, sound)* deutlich **3.** *(obvious)* eindeutig **4.** *(road, view)* frei ◇ *vt* **1.** *(road, path)* räumen **2.** *(jump over)* überspringen **3.** *(declare not guilty)* freisprechen **4.** *(authorize)* genehmigen **5.** *(cheque)* verrechnen ◇ *vi (weather, fog)* sich aufklären ● **to be clear (about sthg)** sich *(D)* im Klaren sein (über etw *(A)*) ● **to be clear of sthg** *(not touching)* etw nicht berühren ● **to clear one's throat** sich räuspern ● **to clear the table** den Tisch abräumen ●

clear up ◇ *vt sep* **1.** *(room, toys)* aufräumen **2.** *(problem, confusion)* klären ◇ *vi* **1.** *(weather)* sich aufklären **2.** *(tidy up)* aufräumen

clearance ['klɪərəns] *n* **1.** *(authorization)* Genehmigung die **2.** *(free distance)* Spielraum der **3.** *(for takeoff)* Starterlaubnis die

clearance sale *n* Ausverkauf der

clearing ['klɪərɪŋ] *n* Lichtung die

clearly ['klɪəlɪ] *adv* **1.** *(see, speak)* deutlich **2.** *(marked, defined)* klar, deutlich **3.** *(obviously)* eindeutig

clearway ['klɪəweɪ] *n (UK)* Straße mit Halteverbot

clementine ['klemənta ɪn] *n* Klementine die

clerk [(UK) klɑːk, (US) klɜːrk] *n* **1.** *(UK)* Büroangestellte der, die **2.** *(US) (in shop)* Verkäufer der, -in die

clever ['klevə[r]] *adj* **1.** *(person)* klug **2.** *(idea, device)* clever

click [klɪk] ◇ *n* Klicken das ◇ *vi* klicken

client ['klaɪənt] *n* Kunde der, Kundin die

cliff [klɪf] *n* Klippe die

climate ['klaɪmɪt] *n* Klima das

climax ['klaɪmæks] *n* Höhepunkt der

climb [klaɪm] ◇ *vt* **1.** *(hill, mountain)* besteigen **2.** *(ladder)* hinaufsteigen **3.** *(tree)* hochklettern ◇ *vi* **1.** klettern **2.** *(plane)* steigen ● **climb down** ◇ *vt insep* herunterklettern ◇ *vi* klein beigeben ● **climb up** *vt insep* hochklettern

climber ['klaɪmə[r]] *n* Bergsteiger der, -in die

climbing ['klaɪmɪŋ] *n* **1.** *(mountaineering)* Bergsteigen das **2.** *(rock climbing)* Klettern das ● **to go climbing** Bergsteigen/Klettern gehen

climbing frame *n* (UK) Klettergerüst das

clingfilm ['klɪnfɪlm] *n* (UK) Klarsichtfolie die

clinic ['klɪnɪk] *n* Klinik die

clip [klɪp] ⋄ *n* 1. (fastener) Klammer die 2. (of film, programme) Ausschnitt der ⋄ vt 1. (fasten) zusammenheften 2. (cut) schneiden

cloak [kləʊk] *n* Umhang der

cloakroom ['kləʊkrʊm] *n* 1. (for coats) Garderobe die 2. (UK) (toilets) Toilette die

clock [klɒk] *n* 1. Uhr die 2. (mileometer) Kilometerzähler der ● **round the clock** rund um die Uhr

clockwise ['klɒkwaɪz] *adv* im Uhrzeigersinn

clog [klɒg] ⋄ *n* Clog der ⋄ vt verstopfen

close[1] [kləʊs] *adj* 1. nahe 2. (friend, contact, link) eng 3. (resemblance) stark 4. (examination) genau 5. (race, contest) knapp ⋄ *adv* nah ● **close behind** dicht dahinter ● **close by** in der Nähe ● **close to** nahe an (+A,D), dicht bei

close[2] [kləʊz] ⋄ *vt* schließen ⋄ *vi* 1. (door, eyes) sich schließen 2. (shop, office) schließen 3. (deadline, offer) enden ● **close down** vt sep & vi schließen

closed [kləʊzd] *adj* geschlossen

closely ['kləʊslɪ] *adv* 1. (related, involved) eng 2. (follow) dicht 3. (examine) genau

closet ['klɒzɪt] *n* (US) Schrank der

close-up ['kləʊs-] *n* Nahaufnahme die

closing time ['kləʊzɪŋ-] *n* Ladenschluss der

clot [klɒt] *n* (of blood) Gerinnsel das

cloth [klɒθ] *n* 1. (fabric) Stoff der 2. (piece of cloth) Tuch das

clothes [kləʊðz] *npl* Kleider *pl*

clothesline ['kləʊðzlaɪn] *n* Wäscheleine die

clothes peg *n* (UK) Wäscheklammer die

clothespin ['kləʊðzpɪn] (US) = **clothes peg**

clothes shop *n* Bekleidungsgeschäft das

clothing ['kləʊðɪŋ] *n* Kleidung die

clotted cream [ˌklɒtɪd-] *n* sehr dicke Sahne, Spezialität Südwestenglands

cloud [klaʊd] *n* Wolke die

cloudy ['klaʊdɪ] *adj* 1. bewölkt 2. (liquid) trüb

clove [kləʊv] *n* (of garlic) Zehe die ◆ **cloves** *npl* (spice) Gewürznelken *pl*

clown [klaʊn] *n* Clown der

club [klʌb] *n* 1. Klub der 2. (nightclub) Nachtklub der 3. (stick) Knüppel der ◆ **clubs** *npl* (in cards) Kreuz das

clubbing ['klʌbɪŋ] *n* ● **to go clubbing** (inf) tanzen gehen

club class *n* Club Class die

club sandwich *n* (US) Club-Sandwich das

club soda *n* (US) Sodawasser das

clue [klu:] *n* 1. Hinweis der 2. (in crossword) Frage die ● **I haven't got a clue** ich habe keine Ahnung

clumsy ['klʌmzɪ] *adj* (person) ungeschickt

clutch [klʌtʃ] ⋄ *n* Kupplung die ⋄ vt (hold tightly) umklammern

cm (abbr of centimetre) cm

c/o (abbr of care of) bei, c/o

Co. (abbr of company) Co.

coach [kəʊtʃ] *n* 1. (bus) Bus der 2. (of train) Wagen der 3. SPORT Trainer der, -in die

coach party n (UK) Busreisende pl

coach station n Busbahnhof der

coach trip n (UK) Busausflug der

coal [kəʊl] n Kohle die

coal mine n Kohlenbergwerk das

coarse [kɔːs] adj 1. (rough) grob 2. (vulgar) vulgär

coast [kəʊst] n Küste die

coaster ['kəʊstə'] n (for glass) Untersetzer der

coastguard ['kəʊstgɑːd] n 1. (person) Küstenwächter der, -in die 2. (organization) Küstenwache die

coastline ['kəʊstlaɪn] n Küste die

coat [kəʊt] ◇ n 1. Mantel der 2. (of animal) Fell das ◇ vt • to coat sthg (with) etw überziehen (mit)

coat hanger n Kleiderbügel der

coating ['kəʊtɪŋ] n 1. (on surface) Beschichtung die 2. (on food) Überzug der

cobbled street ['kɒbld-] n Straße die mit Kopfsteinpflaster

cobbles ['kɒblz] npl Kopfsteinpflaster das

cobweb ['kɒbweb] n Spinnennetz das

Coca-Cola ® [ˌkəʊkə'kəʊlə] n Coca-Cola ® die

cocaine [kəʊ'keɪn] n Kokain das

cock [kɒk] n Hahn der

cock-a-leekie [ˌkɒkə'liːkɪ] n Hühnersuppe mit Lauch

cockerel ['kɒkrəl] n junger Hahn

cockles ['kɒklz] npl Herzmuscheln die

cockpit ['kɒkpɪt] n (of plane) Cockpit das

cockroach ['kɒkrəʊtʃ] n Küchenschabe die

cocktail ['kɒkteɪl] n Cocktail der

cocktail party n Cocktailparty die

cock-up n (UK) (vulg) • to make a

cock-up Scheiße bauen

cocoa ['kəʊkəʊ] n Kakao der

coconut ['kəʊkənʌt] n Kokosnuss die

cod [kɒd] (pl inv) n Kabeljau der

code [kəʊd] n 1. Kode der 2. (dialling code) Vorwahl der

cod-liver oil n Lebertran der

coeducational [ˌkəʊedjuː'keɪʃənl] adj koedukativ

coffee ['kɒfɪ] n Kaffee der • black coffee schwarzer Kaffee • white coffee Kaffee mit Milch • ground coffee gemahlener Kaffee • instant coffee Instantkaffee

coffee bar n (UK) Café das

coffee break n Kaffeepause die

coffeepot ['kɒfɪpɒt] n Kaffeekanne die

coffee shop n (cafe) Café das

coffee table n Couchtisch der

coffin ['kɒfɪn] n Sarg der

cog(wheel) ['kɒg(wiːl)] n Zahnrad das

coil [kɔɪl] ◇ n 1. Rolle die 2. (UK) (contraceptive) Spirale die ◇ vt aufrollen

coin [kɔɪn] n Münze die

coinbox ['kɔɪnbɒks] n (UK) Münztelefon das

coincide [ˌkəʊɪn'saɪd] vi • to coincide (with) zusammenfallen (mit)

coincidence [kəʊ'ɪnsɪdəns] n Zufall der

Coke ® [kəʊk] n Cola ® die

colander ['kʌləndə'] n Sieb das

cold [kəʊld] ◇ adj 1. kalt 2. (unfriendly) kühl ◇ n 1. (illness) Erkältung die, Schnupfen der 2. (temperature) Kälte die • to get cold kalt werden • to catch (a) cold sich erkälten

cold calling n unaufgeforderte Telefonwerbung die

cold cuts (US) = cold meats

cold meats npl Aufschnitt der

coleslaw ['kəʊlslɔː] *n* Krautsalat *der*

colic ['kɒlɪk] *n* Kolik *die*

collaborate [kə'læbəreɪt] *vi* zusammenlarbeiten

collapse [kə'læps] *vi* **1.** *(building, tent)* einlstürzen **2.** *(person)* zusammenlbrechen

collar ['kɒlə^r] *n* **1.** Kragen *der* **2.** *(of dog, cat)* Halsband *das*

collarbone ['kɒləbəʊn] *n* Schlüsselbein *das*

colleague ['kɒliːg] *n* Kollege *der*, Kollegin *die*

collect [kə'lekt] *vt* **1.** sammeln **2.** *(go and get)* ablholen ◇ *vi* sich sammeln ◇ *adv* *(US)* ● **to call (sb) collect** ein R-Gespräch (mit jm) führen

collection [kə'lek∫n] *n* **1.** Sammlung *die* **2.** *(of mail)* Leerung *die*

collector [kə'lektə^r] *n* Sammler *der*, -in *die*

college ['kɒlɪdʒ] *n* **1.** *(school)* Schule *die* **2.** *(UK)* *(of university)* College *das* **3.** *(US)* *(university)* Universität *die*

collide [kə'laɪd] *vi* ● **to collide (with)** zusammenlstoßen (mit)

collision [kə'lɪʒn] *n* Zusammenstoß *der*

cologne [kə'ləʊn] *n* Kölnischwasser *das*

Cologne [kə'ləʊn] *n* Köln *nt*

colon ['kəʊlən] *n* GRAM Doppelpunkt *der*

colonel ['kɜːnl] *n* Oberst *der*

colony ['kɒlənɪ] *n* Kolonie *die*

color ['kʌlə^r] *(US)* = colour

colour ['kʌlə^r] ◇ *n* Farbe *die* ◇ *adj* *(photograph, film)* Farb- ◇ *vt* färben ● **colour in** *vt sep* auslmalen

colour-blind *adj* farbenblind

colourful ['kʌləfʊl] *adj* **1.** bunt **2.** *(fig)* *(person, place)* schillernd

colouring ['kʌlərɪŋ] *n* **1.** *(of food)* Farbstoff *der* **2.** *(complexion)* Hautfarbe *die*

colouring book *n* Malbuch *das*

colour supplement *n* Beilage *die*

colour television *n* Farbfernsehen *das*

column ['kɒləm] *n* **1.** Säule *die* **2.** *(of figures)* Kolumne *die* **3.** *(of writing)* Spalte *die*

coma ['kəʊmə] *n* Koma *das*

comb [kəʊm] ◇ *n* Kamm *der* ◇ *vt* ● **to comb one's hair** sich (D) die Haare kämmen

combination [,kɒmbɪ'neɪ∫n] *n* **1.** *(mixture)* Mischung *die* **2.** *(of lock)* Kombination *die*

combine [kəm'baɪn] *vt* ● **to combine sthg (with)** etw verbinden (mit)

combine harvester ['kɒmbaɪn'hɑːvɪstə^r] *n* Mähdrescher *der*

come [kʌm] (*pt* **came**, *pp inv*) *vi* **1.** *(move)* kommen ● **we came by taxi** wir sind mit dem Taxi gekommen ● **come and see!** komm und sieh! ● **come here!** komm her! **2.** *(arrive)* kommen ▼ **coming soon** demnächst **3.** *(in competition)* ● **to come first** Erster werden ● **to come last** Letzter werden **4.** *(reach)* ● **to come up/down to** gehen bis **5.** *(become)* werden ● **to come true** wahr werden ● **to come undone** auflgehen **6.** *(be sold)* ● **they come in packs of six** es gibt sie im Sechserpack

● **come across** *vt insep* stoßen auf (+A)

● **come along** *vi (progress)* voranlkommen; *(arrive)* kommen ● **come along!** *(as encouragement)* komm!; *(hurry up)* komm schon!

◆ **come apart** vi kaputt|gehen

◆ **come back** vi zurück|kommen

◆ **come down** vi (price) fallen

◆ **come down with** vt insep (illness) bekommen

◆ **come from** vt insep stammen aus (+D), kommen aus (+D)

◆ **come in** vi herein|kommen; (train) ein|fahren ● **come in!** herein!

◆ **come off** vi (button, top) ab|gehen; (succeed) klappen

◆ **come on** vi (progress) voran|kommen ● **come on!** (as encouragement) komm!; (hurry up) komm schon!

◆ **come out** vi heraus|kommen; (stain) heraus|gehen ● **only two photos came out** nur zwei Bilder sind was geworden

◆ **come over** vi (visit) vorbei|kommen

◆ **come round** vi (visit) vorbei|kommen; (regain consciousness) zu sich kommen

◆ **come to** vt insep ● **the bill comes to £20** das macht 20 Pfund

◆ **come up** vi (go upstairs) hoch|kommen; (be mentioned) erwähnt werden; (happen) passieren; (sun, moon) auf|gehen

◆ **come up with** vt insep (idea) sich aus|denken

comedian [kə'miːdjən] n Komiker der

comedy ['kɒmədɪ] n **1.** (humour) Komödie die **2.** (humour) Komik die

comfort ['kʌmfət] ◇ n **1.** (ease) Bequemlichkeit die **2.** (consolation) Trost der ◇ vt trösten

comfortable ['kʌmftəbl] adj **1.** (bequem) **2.** (hotel) komfortabel **3.** (financially) ohne Sorgen ● **she is comfortable** (after operation) es geht ihr gut

comic ['kɒmɪk] ◇ adj komisch ◇ n **1.** (person) Komiker der **2.** (magazine) Comicheft das

comical ['kɒmɪkl] adj ulkig

comic strip n Comic der

comma ['kɒmə] n Komma das

command [kə'mɑːnd] ◇ n **1.** Befehl der **2.** (mastery) Beherrschung die ◇ vt **1.** befehlen (+D) **2.** (be in charge of) befehligen

commander [kə'mɑːndəʳ] n Kommandant der

commemorate [kə'meməreɪt] vt gedenken (+G)

commence [kə'mens] vi (fml) beginnen

comment ['kɒment] ◇ n Kommentar der ◇ vi bemerken

commentary ['kɒməntrɪ] n (on TV, radio) Kommentar der

commentator ['kɒmənteɪtəʳ] n (on TV, radio) Reporter der, -in die

commerce ['kɒmɜːs] n Handel der

commercial [kə'mɜːʃl] ◇ adj kommerziell ◇ n Werbespot der

commercial break n Werbepause die

commission [kə'mɪʃn] n **1.** (money) Provision die **2.** (committee) Kommission die

commit [kə'mɪt] vt (crime, sin, suicide) begehen ● **to commit o.s. (to sthg)** sich (zu etw) verpflichten

committee [kə'mɪtɪ] n Ausschuss der

commodity [kə'mɒdətɪ] n Produkt das

common ['kɒmən] ◇ adj **1.** (usual, widespread) häufig **2.** (shared) gemeinsam **3.** (pej) (vulgar) gewöhnlich ◇ n (UK) (land) Gemeindewiese die ● **in common** gemeinsam

commonly ['kɒmənlɪ] adv (generally) allgemein

Common Market n Gemeinsamer

Markt

common room n Gemeinschaftsraum der

common sense n gesunder Menschenverstand

Commonwealth ['kɒmənwelθ] n Commonwealth das

communal ['kɒmjʊnl] adj (bathroom, kitchen) Gemeinschafts-

communicate [kə'mju:nɪkeɪt] vi ● to communicate (with) sich verständigen (mit)

communication [kə,mju:nɪ'keɪʃn] n Verständigung die

communication cord n (UK) Notbremse die

communist ['kɒmjʊnɪst] n Kommunist der, -in die

community [kə'mju:nətɪ] n Gemeinschaft die ● (local) community Gemeinde die

community centre n Gemeindezentrum das

commute [kə'mju:t] vi pendeln

commuter [kə'mju:tə'] n Pendler der, -in die

compact ◇ adj [kəm'pækt] kompakt ◇ n ['kɒmpækt] **1.** (for make-up) Puderdose die **2.** (US) (car) Kleinwagen der

compact disc [,kɒmpækt-] n Compactdisc die

compact disc player n CD-Player der

company ['kʌmpənɪ] n **1.** Gesellschaft die **2.** (firm) Firma die **3.** (guests) Besuch der ● to keep sb company jm Gesellschaft leisten

company car n Firmenwagen der

comparatively [kəm'pærətɪvlɪ] adv (relatively) relativ

compare [kəm'peə'] vt ● to compare sthg (with) etw vergleichen (mit)

comparison [kəm'pærɪsn] n Vergleich der ● in comparison with im Vergleich zu

compartment [kəm'pɑ:tmənt] n **1.** (of train) Abteil das **2.** (section) Fach das

compass ['kʌmpəs] n Kompass der ● (a pair of) compasses ein Zirkel

compatible [kəm'pætəbl] adj ● to be compatible zusammenpassen

compensate ['kɒmpenseɪt] ◇ vt entschädigen ◇ vi ● to compensate for sthg etw ausgleichen ● to compensate sb for sthg jn für etw entschädigen

compensation [,kɒmpen'seɪʃn] n (money) Abfindung die

compete [kəm'pi:t] vi (take part) teilnehmen ● to compete with sb for sthg mit jm um etw konkurrieren

competent ['kɒmpɪtənt] adj fähig

competition [,kɒmpɪ'tɪʃn] n **1.** (race, contest) Wettbewerb der **2.** (rivalry, rivals) Konkurrenz die

competitive [kəm'petətɪv] adj **1.** (price) konkurrenzfähig **2.** (person) wetteifernd

competitor [kəm'petɪtə'] n **1.** (in race, contest) Teilnehmer der, -in die **2.** COMM Konkurrent der, -in die

complain [kəm'pleɪn] vi ● to complain (about) sich beschweren (über (+A))

complaint [kəm'pleɪnt] n **1.** Beschwerde die **2.** (illness) Beschwerden pl

complement ['kɒmplɪ,ment] vt ergänzen

complete [kəm'pli:t] ◇ adj **1.** (whole) vollständig **2.** (finished) fertig **3.** (utter) völlig ◇ vt **1.** (finish) fertig stellen **2.** (a form) ausfüllen **3.** (make whole) vervollständigen ● complete with komplett

mit
completely [kəm'pliːtlɪ] *adv* ganz
complex ['kɒmpleks] ◇ *adj* kompliziert ◇ *n* Komplex *der*
complexion [kəm'plekʃn] *n (of skin)* Teint *der*
complicated ['kɒmplɪkeɪtɪd] *adj* kompliziert
compliment ◇ *n* ['kɒmplɪmənt] Kompliment *das* ◇ *vt* ['kɒmplɪment] ● **to compliment sb** jm ein Kompliment machen
complimentary [,kɒmplɪ'mentərɪ] *adj* **1.** *(seat, ticket)* Frei-, gratis **2.** *(words, person)* schmeichelhaft
compose [kəm'pəʊz] *vt* **1.** *(music)* komponieren **2.** *(letter, poem)* verfassen ● **to be composed of** bestehen aus
composed [kəm'pəʊzd] *adj* gefasst
composer [kəm'pəʊzəʳ] *n* Komponist *der*, -in *die*
composition [,kɒmpə'zɪʃn] *n (essay)* Aufsatz *der*
compound ['kɒmpaʊnd] *n* **1.** *(substance)* Verbindung *die* **2.** *(word)* Kompositum *das*
comprehensive [,kɒmprɪ'hensɪv] *adj* umfassend
comprehensive (school) *n (UK)* Gesamtschule *die*
compressed air [kəm'prest-] *n* Pressluft *die*
comprise [kəm'praɪz] *vt* bestehen aus
compromise ['kɒmprəmaɪz] *n* Kompromiss *der*
compulsory [kəm'pʌlsərɪ] *adj* ● **to be compulsory** Pflicht sein
computer [kəm'pjuːtəʳ] *n* Computer *der*
computer game *n* Computerspiel *das*
computerized [kəm'pjuːtəraɪzd] *adj*

computerisiert
computer operator *n* Anwender *der*, -in *die*
computer programmer [-'prəʊgræməʳ] *n* Programmierer *der*, -in *die*
computing [kəm'pjuːtɪŋ] *n* Computertechnik *die*
con [kɒn] *n (inf) (trick)* Schwindel *der* ● **all mod cons** moderner Komfort
conceal [kən'siːl] *vt* verbergen
conceited [kən'siːtɪd] *adj (pej)* eingebildet
concentrate ['kɒnsəntreɪt] ◇ *vt* konzentrieren ◇ *vi* ● **to concentrate (on sthg)** sich (auf etw (A)) konzentrieren
concentrated ['kɒnsəntreɪtɪd] *adj* konzentriert
concentration [,kɒnsən'treɪʃn] *n* Konzentration *die*
concern [kən'sɜːn] ◇ *n* **1.** *(worry)* Sorge *die* **2.** *(affair)* Angelegenheit *die* **3.** *COMM* Unternehmen *das* ◇ *vt* **1.** *(be about)* betreffen **2.** *(worry)* beunruhigen **3.** *(involve)* angehen ● **it's no concern of mine** das geht mich nichts an ● **to be concerned about** besorgt sein um ● **to be concerned with** handeln von ● **to concern o.s. with sthg** sich um etw kümmern ● **as far as I'm concerned** was mich betrifft
concerned [kən'sɜːnd] *adj* besorgt
concerning [kən'sɜːnɪŋ] *prep* betreffend
concert ['kɒnsət] *n* Konzert *das*
concession [kən'seʃn] *n (reduced price)* Ermäßigung *die*
concise [kən'saɪs] *adj* prägnant
conclude [kən'kluːd] ◇ *vt* **1.** *(deduce)* folgern **2.** *(fml) (end)* abschließen ◇ *vi* *(fml) (end)* schließen

conclusion [kənˈkluːʒn] *n* Schluss *der*

concrete [ˈkɒŋkriːt] ◊ *adj* **1.** *(building, path)* Beton- **2.** *(idea, plan)* konkret ◊ *n* Beton *der*

concussion [kənˈkʌʃn] *n* Gehirnerschütterung *die*

condensation [ˌkɒndenˈseɪʃn] *n* Kondensation *die*

condensed milk [kənˈdenst-] *n* Kondensmilch *die*

condition [kənˈdɪʃn] *n* **1.** *(state)* Zustand *der* **2.** *(proviso)* Bedingung *die* **3.** *(illness)* Leiden *das* ● **to be out of condition** keine Kondition haben ● **on condition that** unter der Bedingung, dass ● **conditions** *npl (circumstances)* Verhältnisse *pl*

conditioner [kənˈdɪʃnəʳ] *n* **1.** *(for hair)* Spülung *die* **2.** *(for clothes)* Weichspüler *der*

condo [ˈkɒndəʊ] *(US)* *(inf)* = **condominium**

condom [ˈkɒndəm] *n* Kondom *das*

condominium [ˌkɒndəˈmɪnɪəm] *n* **1.** *(US) (apartment)* Eigentumswohnung *die* **2.** *(building)* Appartmenthaus *das* (mit Eigentumswohnungen)

conduct ◊ *vt* [kənˈdʌkt] **1.** durchlführen **2.** *MUS* dirigieren ◊ *n* [ˈkɒndʌkt] *(fml) (behaviour)* Benehmen *das* ● **to conduct o.s.** *(fml)* sich verhalten

conductor [kənˈdʌktəʳ] *n* **1.** *MUS* Dirigent *der*, -in *die* **2.** *(on bus, train)* Schaffner *der*, -in *die*

cone [kəʊn] *n* **1.** *(shape)* Kegel *der* **2.** *(for ice cream)* Waffeltüte *die* **3.** *(on roads)* Leitkegel *der*

confectioner's [kənˈfekʃnəz] *n (shop)* Süßwarenladen *der*

confectionery [kənˈfekʃnərɪ] *n*

Süßigkeiten *pl*

conference [ˈkɒnfərəns] *n* Konferenz *die*

confess [kənˈfes] *vi* ● **to confess (to)** gestehen

confession [kənˈfeʃn] *n* **1.** Geständnis *das* **2.** *RELIG* Beichte *die*

confidence [ˈkɒnfɪdəns] *n* **1.** *(self-assurance)* Selbstvertrauen *das* **2.** *(trust)* Vertrauen *das* ● **to have confidence in** Vertrauen haben zu

confident [ˈkɒnfɪdənt] *adj* **1.** *(self-assured)* selbstbewusst **2.** *(certain)* zuversichtlich

confined [kənˈfaɪnd] *adj* begrenzt

confirm [kənˈfɜːm] *vt* bestätigen

confirmation [ˌkɒnfəˈmeɪʃn] *n* **1.** Bestätigung *die* **2.** *(of Catholic)* Firmung *die* **3.** *(of Protestant)* Konfirmation *die*

conflict ◊ *n* [ˈkɒnflɪkt] **1.** Konflikt *der* **2.** *(war)* Kämpfe *pl* ◊ *vi* [kənˈflɪkt] ● **to conflict (with)** im Widerspruch stehen (zu)

conform [kənˈfɔːm] *vi* ● **to conform (to)** sich anlpassen (an (+A))

confuse [kənˈfjuːz] *vt* verwirren ● **to confuse sthg with sthg** eine Sache mit etw verwechseln

confused [kənˈfjuːzd] *adj* **1.** verwirrt **2.** *(situation)* wirr

confusing [kənˈfjuːzɪŋ] *adj* verwirrend

confusion [kənˈfjuːʒn] *n* **1.** Verwirrung *die* **2.** *(disorder)* Durcheinander *das* **3.** *(mix-up)* Verwechslung *die*

congested [kənˈdʒestɪd] *adj (street)* verstopft

congestion [kənˈdʒestʃn] *n (traffic)* Stau *der*

congratulate [kənˈgrætjʊleɪt] *vt* ● **to congratulate sb (on sthg)** jm (zu etw) gratulieren

congratulations [kənˌgrætjʊˈleɪʃənz] *excl*

herzlichen Glückwunsch

congregate ['kɒŋgrɪgeɪt] *vi* sich versammeln

Congress ['kɒŋgres] *n* (*US*) der Kongress

Congress

Der Kongress, das Parlament der USA, besteht aus *Senate* und *House of Representatives* und tritt im *Capitol* in Washington D.C. zusammen. Jeder Staat wählt zwei Senatoren und je nach seiner Bevölkerung einen oder mehrere der insgesamt 435 Abgeordneten im Repräsentantenhaus. Gesetze müssen von beiden Kammern gebilligt werden.

conifer ['kɒnɪfəʳ] *n* Nadelbaum der

conjunction [kən'dʒʌŋkʃn] *n* GRAM Konjunktion die

conjurer ['kʌndʒərəʳ] *n* Zauberer der, Zauberin die

connect [kə'nekt] ◇ *vt* **1.** verbinden **2.** (*telephone, machine*) anschließen ◇ *vi* • **to connect with** (*train, plane*) Anschluss haben an (+A)

connecting flight [kə'nektɪŋ-] *n* Anschlussflug der

connection [kə'nekʃn] *n* **1.** (*link*) Zusammenhang der **2.** (*train, plane*) Anschluss der • **a bad connection** (*on phone*) eine schlechte Verbindung • **a loose connection** (*in machine*) ein Wackelkontakt • **in connection with** in Zusammenhang mit

conquer ['kɒŋkəʳ] *vt* erobern

conscience ['kɒnʃəns] *n* Gewissen das

conscientious [ˌkɒnʃɪ'enʃəs] *adj* gewissenhaft

conscious ['kɒnʃəs] *adj* bewusst • **to be conscious** (*awake*) bei Bewusstsein sein

consent [kən'sent] *n* Zustimmung die

consequence ['kɒnsɪkwəns] *n* (*result*) Folge die

consequently ['kɒnsɪkwəntlɪ] *adv* folglich

conservation [ˌkɒnsə'veɪʃn] *n* Erhaltung die

conservative [kən'sɜːvətɪv] *adj* konservativ ◆ **Conservative** ◇ *adj* konservativ ◇ *n* Konservative der, die

conservatory [kən'sɜːvətrɪ] *n* Wintergarten der

consider [kən'sɪdəʳ] *vt* **1.** (*think about*) sich (D) überlegen **2.** (*take into account*) berücksichtigen **3.** (*judge*) halten für

considerable [kən'sɪdrəbl] *adj* beträchtlich

consideration [kənˌsɪdə'reɪʃn] *n* **1.** (*careful thought*) Überlegung die **2.** (*factor*) Faktor der • **to take sthg into consideration** etw berücksichtigen

considering [kən'sɪdərɪŋ] *prep* in Anbetracht (+G)

consist [kən'sɪst] ◆ **consist in** *vt insep* bestehen in (+D) ◆ **consist of** *vt insep* bestehen aus

consistent [kən'sɪstənt] *adj* **1.** (*coherent*) übereinstimmend **2.** (*worker, performance*) konsequent

consolation [ˌkɒnsə'leɪʃn] *n* Trost der

console ['kɒnsəʊl] *n* **1.** (*for machine*) Steuerpult das **2.** (*for computer game*) Spielkonsole die

consonant ['kɒnsənənt] *n* Konsonant der

conspicuous [kən'spɪkjʊəs] *adj* auffällig

constable ['kʌnstəbl] *n* (*UK*) Wachtmeister *der*, -in *die*

constant ['kɒnstənt] *adj* **1.** *(unchanging)* gleichmäßig **2.** *(continuous)* ständig

constantly ['kɒnstəntlɪ] *adv* *(all the time)* ständig

constipated ['kɒnstɪpeɪtɪd] *adj* verstopft

constitution [,kɒnstɪ'tjuːʃn] *n* *(health)* Konstitution *die*

construct [kən'strʌkt] *vt* bauen

construction [kən'strʌkʃn] *n* Bau *der* ● **under construction** im Bau

consul ['kɒnsəl] *n* Konsul *der*, -in *die*

consulate ['kɒnsjʊlət] *n* Konsulat *das*

consult [kən'sʌlt] *vt* **1.** *(person)* um Rat fragen **2.** *(doctor)* konsultieren **3.** *(dictionary, map)* nachlschauen

consultant [kən'sʌltənt] *n* *(UK)* *(doctor)* Facharzt *der*, -ärztin *die*

consume [kən'sjuːm] *vt* **1.** *(food)* essen **2.** *(fuel, energy)* verbrauchen

consumer [kən'sjuːməʳ] *n* Verbraucher *der*, -in *die*

contact ['kɒntækt] *n* *(communication, person)* Kontakt *der* ◇ *vt* sich in Verbindung setzen mit ● **in contact with** *(touching)* in Berührung mit; *(in communication with)* in Verbindung mit

contact lens *n* Kontaktlinse *die*

contagious [kən'teɪdʒəs] *adj* ansteckend

contain [kən'teɪn] *vt* **1.** *(enthalten.)* **2.** *(control)* zurückhalten

container [kən'teɪnəʳ] *n* Behälter *der*

contaminate [kən'tæmɪneɪt] *vt* verunreinigen

contemporary [kən'tempərərɪ] ◇ *adj* zeitgenössisch ◇ *n* Zeitgenosse *der*, -genossin *die*

contend [kən'tend] ◆ **contend with** *vt insep* fertig werden mit

content ◇ *adj* [kən'tent] zufrieden ◇ *n* ['kɒntent] *(of vitamins, fibre etc)* Anteil *der* ◆ **contents** *npl* Inhalt *der*

contest ◇ *n* ['kɒntest] **1.** *(competition)* Wettbewerb *der* **2.** *(struggle)* Kampf *der* ◇ *vt* [kən'test] **1.** *(election, seat)* kandidieren **2.** *(decision, will)* anlfechten

context ['kɒntekst] *n* Zusammenhang *der*

continent ['kɒntɪnənt] *n* Kontinent *der* ● **the Continent** *(UK)* Europa

continental [,kɒntɪ'nentl] *adj* *(UK)* *(European)* europäisch

continental breakfast *n* Frühstück mit Kaffee oder Tee, Brötchen und Marmelade

continental quilt *n* *(UK)* Federbett *das*

continual [kən'tɪnjʊəl] *adj* ständig

continually [kən'tɪnjʊəlɪ] *adv* ständig

continue [kən'tɪnjuː] ◇ *vt* fortlsetzen ◇ *vi* **1.** weiterlgehen **2.** *(start again)* weiterlmachen **3.** *(carry on speaking)* fortlfahren **4.** *(keep driving)* weiterlfahren ● **to continue doing sthg** etw weiterhin tun ● **to continue with sthg** mit etw fortlfahren

continuous [kən'tɪnjʊəs] *adj* **1.** *(constant)* gleichmäßig **2.** *(unbroken)* ununterbrochen

continuously [kən'tɪnjʊəslɪ] *adv* ununterbrochen

contraception [,kɒntrə'sepʃn] *n* Empfängnisverhütung *die*

contraceptive [,kɒntrə'septɪv] *n* Verhütungsmittel *das*

contract ◇ *n* ['kɒntrækt] Vertrag *der* ◇ *vt* [kən'trækt] *(fml)* *(illness)* sich *(D)* zulziehen

contradict [,kɒntrə'dɪkt] *vt* widersprechen *(+D)*

contraflow ['kɒntrəfləʊ] n (UK) zeitweilige Umleitung des Verkehrs auf die Gegenfahrbahn

contrary ['kɒntrərɪ] n ● on the contrary im Gegenteil

contrast ◇ n ['kɒntrɑːst] Kontrast der ◇ vt [kən'trɑːst] vergleichen ● in contrast to im Gegensatz zu

contribute [kən'trɪbjuːt] vt & vi beitragen ● to contribute to beitragen zu

contribution [ˌkɒntrɪ'bjuːʃn] n Beitrag der

control [kən'trəʊl] ◇ n 1. (power) Macht die 2. (over emotions) Kontrolle die 3. (operating device) Steuerung die ◇ vt 1. (have power over) beherrschen 2. (car, machine) steuern 3. (restrict) beschränken ● to be in control Macht haben ● out of control außer Kontrolle ● under control unter Kontrolle ◆ controls npl 1. (for TV, video) Fernbedienung die 2. (of aeroplane) Steuerung die

control tower n Kontrollturm der

controversial [ˌkɒntrə'vɜːʃl] adj umstritten

convenience [kən'viːnjəns] n Bequemlichkeit die ● at your convenience wann es Ihnen passt

convenient [kən'viːnjənt] adj 1. günstig 2. (well-situated) in Reichweite ● to be convenient for sb jm passen

convent ['kɒnvənt] n Kloster das

conventional [kən'venʃənl] adj konventionell

conversation [ˌkɒnvə'seɪʃn] n Gespräch das

conversion [kən'vɜːʃn] n 1. Umwandlung die 2. (to building) Umbau der

convert [kən'vɜːt] vt 1. umwandeln 2. RELIG bekehren ● to convert sthg into etw umwandeln in (+A)

converted [kən'vɜːtɪd] adj (building, loft) ausgebaut

convertible [kən'vɜːtəbl] n Kabrio das

convey [kən'veɪ] vt 1. (fml) (transport) befördern 2. (idea, impression) vermitteln

convict ◇ n ['kɒnvɪkt] Strafgefangene der, die ◇ vt [kən'vɪkt] ● to convict sb (of) jn verurteilen (wegen)

convince [kən'vɪns] vt ● to convince sb (of sthg) jn (von etw) überzeugen ● to convince sb to do sthg jn überreden, etw zu tun

convoy ['kɒnvɔɪ] n Konvoi der

cook [kʊk] ◇ n Koch der, Köchin die ◇ vt & vi kochen

cookbook ['kʊkˌbʊk] = cookery book

cooker ['kʊkə'] n Herd der

cookery ['kʊkərɪ] n Kochen das

cookery book n Kochbuch das

cookie ['kʊkɪ] n (US) Keks der

cooking ['kʊkɪŋ] n 1. Kochen das 2. (food) Küche die

cooking apple n Kochapfel der

cooking oil n Öl zum Kochen

cool [kuːl] ◇ adj 1. kühl 2. (inf) (great) toll ◇ vt kühlen ◆ cool down vi 1. abkühlen 2. (become calmer) sich beruhigen

cooperate [kəʊ'ɒpəreɪt] vi zusammenarbeiten

cooperation [kəʊˌɒpə'reɪʃn] n Zusammenarbeit die

cooperative [kəʊ'ɒpərətɪv] adj hilfsbereit

coordinates [kəʊ'ɔːdɪnəts] npl (clothes) Kleidung zum Kombinieren

cope [kəʊp] vi ● to cope (with)

zurecht|kommen (mit)

copilot ['kəʊ,paɪlət] *n* Kopilot *der*, -in *die*

copper ['kɒpə'] *n* **1.** Kupfer *das* **2.** (*inf*) (*coin*) Penny *der*

copy ['kɒpɪ] ◇ *n* **1.** Kopie *die* **2.** (*of newspaper, book*) Exemplar *das* ◇ *vt* kopieren

cord(uroy) ['kɔːd(ərɔɪ)] *n* Kord(samt) *der*

core [kɔː'] *n* (*of fruit*) Kerngehäuse *das*

coriander [,kɒrɪ'ændə'] *n* Koriander *der*

cork [kɔːk] *n* (*in bottle*) Korken *der*

corkscrew ['kɔːkskruː] *n* Korkenzieher *der*

corn [kɔːn] *n* **1.** (*UK*) (*crop*) Getreide *das* **2.** (*US*) (*maize*) Mais *der* **3.** (*on foot*) Hühnerauge *das*

corned beef [,kɔːnd-] *n* Cornedbeef *das*

corner ['kɔːnə'] *n* **1.** Ecke *die* **2.** (*bend in road*) Kurve *die* ● **it's just around the corner** es ist gleich um die Ecke

corner shop *n* (*UK*) Tante-Emma-Laden *der*

cornet ['kɔːnɪt] *n* (*UK*) (*ice-cream cone*) Waffeltüte *die*

cornflakes ['kɔːnfleɪks] *npl* Cornflakes *pl*

corn-on-the-cob *n* (*gekochter*) Maiskolben *der*

corporal ['kɔːpərəl] *n* Unteroffizier *der*

corpse [kɔːps] *n* Leiche *die*

correct [kə'rekt] ◇ *adj* richtig ◇ *vt* verbessern

correction [kə'rekʃn] *n* Verbesserung *die*

correspond [,kɒrɪ'spɒnd] *vi* **1.** **to correspond (to)** (*match*) entsprechen (+*D*) ● **to correspond (with)** (*exchange letters*) korrespondieren (mit)

corresponding [,kɒrɪ'spɒndɪŋ] *adj* entsprechend

corridor ['kɒrɪdɔː'] *n* Korridor *der*

corrugated iron ['kɒrəgeɪtɪd-] *n* Well-

blech *das*

corrupt [kə'rʌpt] *adj* korrupt

cosmetics [kɒz'metɪks] *npl* Kosmetik *die*

cost [kɒst] (*pt & pp inv*) ◇ *n* **1.** Kosten *pl* **2.** (*loss*) Preis *der* ◇ *vt* kosten ● **how much does it cost?** wie viel kostet es?

costly ['kɒstlɪ] *adj* teuer

costume ['kɒstjuːm] *n* **1.** Kostüm *das* **2.** (*of country, region*) Tracht *die*

cosy ['kəʊzɪ] *adj* (*UK*) (*room, house*) gemütlich

cot [kɒt] *n* **1.** (*UK*) (*for baby*) Kinderbett *das* **2.** (*US*) (*camp bed*) Feldbett *das*

cottage ['kɒtɪdʒ] *n* Cottage *das*, Häuschen *das*

cottage cheese *n* Hüttenkäse *der*

cottage pie *n* (*UK*) Hackfleischauflauf bedeckt mit einer Schicht Kartoffelbrei

cotton ['kɒtn] ◇ *adj* (*dress, shirt*) Baumwoll- ◇ *n* **1.** Baumwolle *die* **2.** (*thread*) Nähgarn *das*

cotton candy *n* (*US*) Zuckerwatte *die*

cotton wool *n* Watte *die*

couch [kaʊtʃ] *n* **1.** Couch *die* **2.** (*at doctor's*) Liege *die*

couchette [kuː'ʃet] *n* **1.** (*on train*) Liegewagen *der* **2.** (*seat on ship*) Liegesessel *der*

cough [kɒf] ◇ *n* Husten *der* ◇ *vi* husten ● **to have a cough** Husten haben

cough mixture *n* Hustenmittel *das*

could [kʊd] *pt* → **can**

couldn't ['kʊdnt] = could not

could've ['kʊdəv] = could have

council ['kaʊnsl] *n* **1.** (*UK*) (*of town*) Stadtrat *der* **2.** (*of county*) Gemeinderat *der* **3.** (*organization*) Rat *der*

council house *n* (*UK*) ≃ Sozialwohnung *die*

councillor [ˈkaʊnsələ[r]] *n* 1. (*UK*) (*of town*) Stadtrat *der*, -rätin *die* 2. (*of county*) Gemeinderat *der*, -rätin *die*

council tax *n* (*UK*) ≃ Gemeindesteuer *die*

count [kaʊnt] ◇ *vt* & *vi* zählen ◇ *n* (*nobleman*) Graf *der* ● **count on** *vt insep* 1. (*rely on*) sich verlassen auf (+A) 2. (*expect*) rechnen auf (+A)

counter [ˈkaʊntə[r]] *n* 1. (*in shop*) Ladentisch *der* 2. (*in bank*) Schalter *der* 3. (*in board game*) Spielmarke *die*

counterclockwise [ˌkaʊntəˈklɒkwaɪz] *adv* gegen den Uhrzeigersinn

counterfoil [ˈkaʊntəfɔɪl] *n* Beleg *der*

countess [ˈkaʊntɪs] *n* Gräfin *die*

country [ˈkʌntrɪ] ◇ *n* 1. Land *das* 2. (*scenery*) Landschaft *die* 3. (*population*) Volk *das* ◇ *adj* Land-

country and western *n* Countrymusic *die*

country house *n* Landhaus *das*

country road *n* Landstraße *die*

countryside [ˈkʌntrɪsaɪd] *n* 1. (*place*) Land *das* 2. (*scenery*) Landschaft *die*

county [ˈkaʊntɪ] *n* 1. (*in Britain*) Grafschaft *die* 2. (*in US*) Verwaltungsbezirk *der*

couple [ˈkʌpl] *n* Paar *das* ● **a couple (of)** (*two*) zwei; (*a few*) ein paar

coupon [ˈkuːpɒn] *n* 1. (*for discounted*) Gutschein *der* 2. (*for orders, enquiries*) Kupon *der*

courage [ˈkʌrɪdʒ] *n* Mut *der*

courgette [kɔːˈʒet] *n* (*UK*) Zucchini *die*

courier [ˈkʊrɪə[r]] *n* 1. (*for holidaymakers*) Reiseleiter *der*, -in *die* 2. (*for delivering letters*) Kurier *der*

course [kɔːs] *n* 1. (*of meal*) Gang *der* 2.

(*at university, college*) Studiengang *der* 3. (*of evening classesetc*) Kurs *der* 4. (*of treatment, injections*) Kur *die* 5. (*of ship, plane*) Kurs *der* 6. (*of river*) Lauf *der* 7. (*for golf*) Platz *der* ● **of course** natürlich ● **of course not** natürlich nicht ● **in the course of** im Laufe (+G)

court [kɔːt] *n* 1. LAW (*building*) Gericht *das* 2. LAW (*room*) Gerichtssaal *der* 3. SPORT Platz *der* 4. (*of king, queen*) Hof *der*

courtesy coach [ˈkɜːtɪsɪ-] *n* kostenloser Zubringerbus

court shoes *npl* Pumps *pl*

courtyard [ˈkɔːtjɑːd] *n* Hof *der*

cousin [ˈkʌzn] *n* Vetter *der*, Kusine *die*

cover [ˈkʌvə[r]] ◇ *n* 1. (*covering*) Abdeckung *die* 2. (*of cushion*) Bezug *der* 3. (*lid*) Deckel *der* 4. (*of book*) Einband *der* 5. (*of magazine*) Umschlag *der* 6. (*blanket*) Decke *die* 7. (*insurance*) Versicherung *die* ◇ *vt* 1. bedecken 2. (*travel*) zurücklegen 3. (*apply to*) gelten für 4. (*discuss*) behandeln 5. (*report*) berichten über (+A) 6. (*be enough for*) decken 7. (*subj: insurance*) versichern ● **to be covered in sthg** voller etw sein ● **to be covered in dust** völlig verstaubt sein ● **to cover sthg with sthg** etw mit etw abdecken ● **to take cover** Schutz suchen ● **cover up** *vt sep* 1. zudecken 2. (*facts, truth*) vertuschen

cover charge *n* Gedeck *das*

cover note *n* (*UK*) Deckungskarte *die*

cow [kaʊ] *n* Kuh *die*

coward [ˈkaʊəd] *n* Feigling *der*

cowboy [ˈkaʊbɔɪ] *n* Cowboy *der*

crab [kræb] *n* Krabbe *die*

crack [kræk] ◇ *n* 1. (*in cup, glass*) Sprung *der* 2. (*in wood*) Riss *der* 3. (*gap*) Spalt *der*

◇ *vt* **1.** *(cup, glass)* anschlagen **2.** *(wood)* anknacksen **3.** *(nut)* knacken **4.** *(egg)* aufschlagen **5.** *(whip)* knallen ◇ *vi* **1.** *(cup, glass)* einen Sprung bekommen **2.** *(wood)* einen Riss bekommen ● **to crack a joke** *(inf)* einen Witz reißen

cracker ['krækə'] *n* **1.** *(biscuit)* Cracker der **2.** *(for Christmas)* Knallbonbon das

cradle ['kreɪdl] *n* Wiege die

craft [krɑːft] *n* **1.** *(skill)* Geschick das **2.** *(trade)* Handwerk das **3.** *(boat: pl inv)* Boot das

craftsman ['krɑːftsmən] *(pl* **-men)** *n* Handwerker der

cram [kræm] *vt* ● **to cram sthg into** etw stopfen in (+A) ● **to be crammed with** voll gestopft sein mit

cramp [kræmp] *n* Krampf der ● **stomach cramps** Magenkrämpfe

cranberry ['krænbərɪ] *n* Preiselbeere die

cranberry sauce *n* Preiselbeersoße die

crane [kreɪn] *n (machine)* Kran der

crap [kræp] ◇ *adj (vulg)* Scheiß- ◇ *n (vulg) (excrement)* Scheiße die

crash [kræʃ] ◇ *n* **1.** *(accident)* Unfall der **2.** *(noise)* Krachen das ◇ *vt (car)* einen Unfall haben mit ◇ *vi* **1.** *(car, train)* einen Unfall haben ● **2.** *(plane)* abstürzen ◇ **crash into** *vt insep* krachen gegen

crash helmet *n* Sturzhelm der

crash landing *n* Bruchlandung die

crate [kreɪt] *n* Kiste die

crawl [krɔːl] ◇ *vi* **1.** kriechen **2.** *(baby)* krabbeln ◇ *n (swimming stroke)* Kraulen das

crawler lane ['krɔːlə'-] *n (UK)* Kriechspur die

crayfish ['kreɪfɪʃ] *(pl inv) n* Languste die

crayon ['kreɪɒn] *n* **1.** *(of wax)* Wachs-

malstift der **2.** *(pencil)* Buntstift der

craze [kreɪz] *n* Mode die

crazy ['kreɪzɪ] *adj* verrückt ● **to be crazy about** verrückt sein nach

crazy golf *n* Minigolf das

cream [kriːm] ◇ *n* **1.** *(food)* Sahne die **2.** *(for face, burns)* Creme die ◇ *adj (in colour)* cremefarben

cream cake *n (UK)* Sahnetörtchen das

cream cheese *n* Frischkäse der

cream sherry *n* Cream Sherry der

cream tea *n (UK)* Nachmittagstee mit Gebäck und Sahne

creamy ['kriːmɪ] *adj* **1.** *(food)* sahnig **2.** *(drink)* cremig

crease [kriːs] *n* Falte die

creased [kriːst] *adj* zerknittert

create [kriː'eɪt] *vt* **1.** schaffen **2.** *(impression)* machen **3.** *(interest)* verursachen

creative [kriː'eɪtɪv] *adj* kreativ

creature ['kriːtʃə'] *n* Geschöpf das

crèche [kreʃ] *n (UK)* Kinderkrippe die

credit ['kredɪt] *n* **1.** *(praise)* Anerkennung die **2.** *(money)* Guthaben das **3.** *(at school, university)* Auszeichnung die ● **to be in credit** im Haben sein ● **credits** *npl (of film)* Nachspann der

credit card *n* Kreditkarte die ▼ **all major credit cards accepted** wir akzeptieren alle führenden Kreditkarten

creek [kriːk] *n* **1.** *(inlet)* Bucht die **2.** *(US) (river)* Bach der

creep [kriːp] *(pt & pp* **crept)** ◇ *vi* kriechen ◇ *n (inf) (groveller)* Schleimer der

cremate [krɪ'meɪt] *vt* einläschern

crematorium [ˌkremə'tɔːrɪəm] *n* Krematorium das

crepe [kreɪp] *n (thin pancake)* Crêpe der

crept [krept] *pt & pp* ➤ creep
cress [kres] *n* Kresse die
crest [krest] *n* 1. Kamm der 2. (emblem) Wappen das
crew [kru:] *n* Besatzung die
crew neck *n* runder Halsausschnitt
crib [krɪb] *n* (US) (cot) Kinderbett das
cricket ['krɪkɪt] *n* 1. (game) Kricket das 2. (insect) Grille die
crime [kraɪm] *n* Verbrechen das
criminal ['krɪmɪnl] ◇ *adj* kriminell ◇ *n* Kriminelle der, die
cripple ['krɪpl] ◇ *n* Krüppel der ◇ *vt* zum Krüppel machen
crisis ['kraɪsɪs] (*pl* crises) *n* Krise die
crisp [krɪsp] *adj* 1. (bacon, pastry) knusprig 2. (apple) knackig ◆ **crisps** *npl* (UK) Chips *pl*
crispy ['krɪspɪ] *adj* knusprig
critic ['krɪtɪk] *n* Kritiker der, -in die
critical ['krɪtɪkl] *adj* 1. kritisch 2. (very important) entscheidend
criticize ['krɪtɪsaɪz] *vt* kritisieren
crockery ['krɒkərɪ] *n* Geschirr das
crocodile ['krɒkədaɪl] *n* Krokodil das
crocus ['krəʊkəs] (*pl* -es) *n* Krokus der
crooked ['krʊkɪd] *adj* (bent) krumm
crop [krɒp] *n* 1. (kind of plant) Feldfrucht die 2. (harvest) Ernte die ◆ **crop up** *vi* auftauchen
cross [krɒs] ◇ *adj* verärgert ◇ *n* Kreuz das ◇ *vt* (road, river, ocean) überqueren ◇ *vi* (intersect) sich kreuzen ● **to cross one's arms** die Arme verschränken ● **to cross one's legs** die Beine übereinander schlagen ● **to cross a cheque** (UK) einen Scheck zur Verrechnung ausstellen ◆ **cross out** *vt sep* ausstreichen ◆ **cross over** *vt insep* (road) überqueren

crossbar ['krɒsbɑː'] *n* 1. (of goal) Querlatte die 2. (of bicycle) Stange die
cross-Channel ferry *n* Fähre die über den Ärmelkanal
cross-country (running) *n* Cross-country das
crossing ['krɒsɪŋ] *n* 1. (on road) Überweg der 2. (sea, journey) Überfahrt die
crossroads ['krɒsrəʊdz] (*pl inv*) *n* Kreuzung die
crosswalk ['krɒswɔːk] *n* (US) Fußgängerüberweg der
crossword (puzzle) ['krɒswɜːd-] *n* Kreuzworträtsel das
crotch [krɒtʃ] *n* Schritt der
crouton ['kruːtɒn] *n* Croûton der
crow [krəʊ] *n* Krähe die
crowbar ['krəʊbɑː'] *n* Brechstange die
crowd [kraʊd] *n* Menge die (von Personen)
crowded ['kraʊdɪd] *adj* überfüllt
crown [kraʊn] *n* 1. Krone die 2. (of head) Scheitel der
Crown Jewels *npl* Kronjuwelen *pl*
crucial ['kruːʃl] *adj* entscheidend
crude [kruːd] *adj* 1. (rough) grob 2. (rude) ungeschliffen
cruel [krʊəl] *adj* grausam
cruelty ['krʊəltɪ] *n* Grausamkeit die
cruet (set) ['kruːɪt-] *n* Menage die
cruise [kruːz] ◇ *n* Kreuzfahrt die ◇ *vi* 1. (plane) fliegen 2. (ship) kreuzen
cruiser ['kruːzə'] *n* (pleasure boat) Vergnügungsdampfer der
crumb [krʌm] *n* Krümel der
crumble ['krʌmbl] ◇ *n* mit Streuseln überbackenes Obstdessert ◇ *vi* 1. (building) einstürzen 2. (cliff) bröckeln
crumpet ['krʌmpɪt] *n* Teigküchlein zum

Toasten

crunchy ['krʌntʃi] *adj* knusprig

crush [krʌʃ] ◇ *n* (drink) Saftgetränk *das* ◇ *vt* **1.** (flatten) quetschen **2.** (garlic, ice) zerstoßen

crust [krʌst] *n* Kruste *die*

crusty ['krʌsti] *adj* knusprig

crutch [krʌtʃ] *n* **1.** (stick) Krücke *die* **2.** (between legs) = crotch

cry [kraɪ] ◇ *n* Schrei *der* ◇ *vi* **1.** (weep) weinen **2.** (shout) schreien ♦ **cry out** *vi* aufschreien

crystal ['krɪstl] *n* **1.** Kristall *der* **2.** (glass) Kristallglas *das*

cub [kʌb] *n* (animal) Junge *das*

Cub [kʌb] *n* Wölfling *der* (junger Pfadfinder)

cube [kjuːb] *n* Würfel *der*

cubicle ['kjuːbɪkl] *n* Kabine *die*

Cub Scout = Cub

cuckoo ['kʊkuː] *n* Kuckuck *der*

cucumber ['kjuːkʌmbə'] *n* Salatgurke *die*

cuddle ['kʌdl] *n* Liebkosung *die*

cuddly toy ['kʌdlɪ-] *n* Plüschtier *das*

cue [kjuː] *n* (in snooker, pool) Queue *das*

cuff [kʌf] *n* **1.** (of sleeve) Manschette *die* **2.** (US) (of trousers) Aufschlag *der*

cuff links *npl* Manschettenknöpfe *pl*

cuisine [kwɪˈziːn] *n* Küche *die*

cul-de-sac ['kʌldəsæk] *n* Sackgasse *die*

cult [kʌlt] *n* Kult *der*

cultivate ['kʌltɪveɪt] *vt* (grow) anⅼbauen

cultivated ['kʌltɪveɪtɪd] *adj* (person) kultiviert

cultural ['kʌltʃərəl] *adj* kulturell

culture ['kʌltʃə'] *n* Kultur *die*

cumbersome ['kʌmbəsəm] *adj* sperrig

cumin ['kjuːmɪn] *n* Kreuzkümmel *der*

cunning ['kʌnɪŋ] *adj* schlau

cup [kʌp] *n* **1.** Tasse *die* **2.** (trophy, competition) Pokal *der* **3.** (of bra) Körbchen *das*

cupboard ['kʌbəd] *n* Schrank *der*

curator [ˌkjʊəˈreɪtə'] *n* Direktor *der*, -in *die*

curb [kɜːb] *n* (US) = kerb

curd cheese [ˌkɜːd-] *n* ≃ Quark *der*

cure [kjʊə'] ◇ *n* Heilmittel *das* ◇ *vt* **1.** (illness, person) heilen **2.** (with salt) pökeln **3.** (with smoke) räuchern **4.** (by drying) trocknen

curious ['kjʊərɪəs] *adj* **1.** (inquisitive) neugierig **2.** (strange) seltsam

curl [kɜːl] ◇ *n* Locke *die* ◇ *vt* locken

curler ['kɜːlə'] *n* Lockenwickler *der*

curly ['kɜːlɪ] *adj* lockig

currant ['kʌrənt] *n* Korinthe *die*

currency ['kʌrənsɪ] *n* (money) Währung *die*

current ['kʌrənt] ◇ *adj* aktuell ◇ *n* **1.** Strömung *die* **2.** (electricity) Strom *der*

current account *n* (UK) Girokonto *das*

current affairs *npl* aktuelle Fragen *pl*

currently ['kʌrəntlɪ] *adv* zur Zeit

curriculum [kəˈrɪkjələm] *n* Lehrplan *der*

curriculum vitae [-ˈviːtaɪ] *n* (UK) Lebenslauf *der*

curried ['kʌrɪd] *adj* Curry-

curry ['kʌrɪ] *n* Currygericht *das*

curse [kɜːs] *vi* fluchen

cursor ['kɜːsə'] *n* Cursor *der*

curtain ['kɜːtn] *n* Vorhang *der*

curve [kɜːv] ◇ *n* **1.** (shape) Rundung *die* **2.** (in road, river) Biegung *die* ◇ *vi* einen Bogen machen

curved [kɜːvd] *adj* gebogen

cushion ['kʊʃn] *n* Kissen *das*

custard ['kʌstəd] *n* Vanillesoße *die*

custom ['kʌstəm] n (tradition) Brauch der ▼ thank you for your custom wir danken Ihnen für Ihre Kundschaft

customary ['kʌstəmrı] adj üblich

customer ['kʌstəmə'] n Kunde der, Kundin die

customer services n (department) Kundendienst der

customs ['kʌstəmz] n (place) Zoll der ▼ to go through customs durch den Zoll gehen

customs duty n Zoll der

customs officer n Zollbeamte der, -beamtin die

cut [kʌt] (pt & pp inv) ◇ n 1. Schnitt der 2. (in skin) Schnittwunde die 3. (reduction) Kürzung die 4. (in price) Senkung die 5. (piece of meat) Stück das ◇ vi schneiden ◇ vt 1. schneiden 2. (reduce) kürzen 3. (price) senken ● to cut one's finger sich (D) in den Finger schneiden ● cut and blow-dry schneiden und föhnen ● to cut o.s. sich schneiden ● to have one's hair cut sich die Haare schneiden lassen ● to cut the grass den Rasen mähen ● to cut sthg open etw aufschneiden ◆ **cut back** vi ● to cut back on sthg etw einschränken ◆ **cut down** vt sep (tree) fällen ● **cut down on** vt insep einschränken ◆ **cut off** vt sep 1. abschneiden 2. (disconnect) abstellen ● I've been cut off (on phone) ich wurde unterbrochen ● to be cut off (isolated) abgeschnitten sein ◆ **cut out** ◇ vt sep ausschneiden ◇ vi (engine) ausisetzen ●

to cut out smoking mit dem Rauchen aufhören ● cut it out! (inf) lass das! ◆ **cut up** vt sep zerschneiden

cute [kjuːt] adj niedlich

cut-glass adj Kristall-

cutlery ['kʌtlərı] n Besteck das

cutlet ['kʌtlıt] n 1. Kotelett das 2. (of nuts, vegetables) Bratling der

cut-price adj herabgesetzt

cutting ['kʌtıŋ] n (from newspaper) Ausschnitt der

CV n (UK) (abbr of curriculum vitae) Lebenslauf der

cwt abbr = hundredweight

cybercafé [saıbə,kæfeı] n Internetcafé das

cycle ['saıkl] ◇ n 1. Zyklus der 2. (bicycle) Rad das ◇ vi mit dem Rad fahren

cycle hire n Fahrradverleih der

cycle lane n Fahrradspur die

cycle path n Radweg der

cycling ['saıklıŋ] n Radfahren das ● to go cycling Rad fahren gehen

cycling shorts npl Radlerhose die

cyclist ['saıklıst] n Radfahrer der, -in die

cylinder ['sılındə'] n 1. Zylinder der 2. (for gas) Flasche die

cynical ['sınıkl] adj zynisch

Czech [tʃek] ◇ adj tschechisch ◇ n 1. (person) Tscheche der, Tschechin die 2. (language) Tschechisch das

Czechoslovakia [,tʃekəslə'vækıə] n die Tschechoslowakei

Czech Republic n ● the Czech Republic die Tschechische Republik

*d*D

dab [dæb] *vt (ointment, cream)* auftupfen

dad [dæd] *n (inf)* Vati *der*, Papa *der*

daddy ['dædɪ] *n (inf)* Papa *der*

daddy longlegs ['-'lɒŋlegz] *(pl inv)* n Weberknecht *der*

daffodil ['dæfədɪl] *n* Osterglocke *die*

daft [dɑ:ft] *adj (UK) (inf)* doof

daily ['deɪlɪ] ◇ *adj & adv* täglich ◇ *n* ● a daily (newspaper) eine Tageszeitung

dairy ['deərɪ] *n* 1. *(on farm)* Molkerei *die* 2. *(shop)* Milchladen *der*

dairy product *n* Milchprodukt *das*

daisy ['deɪzɪ] *n* Gänseblümchen *das*

dam [dæm] *n* Damm *der*

damage ['dæmɪdʒ] ◇ *n* 1. Schaden *der* 2. *(to property)* Beschädigung *die* 3. *(fig) (to reputation)* Schädigung *die* 4. *(fig) (to chances)* Beeinträchtigung *die* ◇ *vt* 1. beschädigen 2. *(fig) (reputation)* schädigen 3. *(fig) (chances)* beeinträchtigen

damn [dæm] ◇ *excl & adj (inf)* verdammt ◇ *n (inf)* ● I don't give a damn ist mir total egal

damp [dæmp] ◇ *adj* feucht ◇ *n* Feuchtigkeit *die*

damson ['dæmzn] *n* Haferpflaume *die*

dance [dɑːns] ◇ *n* 1. Tanz *der* 2. *(social event)* Tanzveranstaltung *die* ◇ *vi* tanzen ● to have a dance tanzen

dance floor *n* Tanzfläche *die*

dancer ['dɑːnsə^r] *n* Tänzer *der*, -in *die*

dancing ['dɑːnsɪŋ] *n* Tanzen *das* ● to go dancing tanzen gehen

dandelion ['dændɪlaɪən] *n* Löwenzahn *der*

dandruff ['dændrʌf] *n* Schuppen *pl*

Dane [deɪn] *n* Däne *der*, Dänin *die*

danger ['deɪndʒə^r] *n* Gefahr *die*

dangerous ['deɪndʒərəs] *adj* gefährlich

Danish ['deɪnɪʃ] ◇ *adj* dänisch ◇ *n* Dänisch *das*

Danish pastry *n* Plundergebäck *das*

Danube ['dænjuːb] *n* ● the Danube die Donau

dare [deə^r] *vt* ● to dare to do sthg wagen, etw zu tun ● to dare sb to do sthg jn herausfordern, etw zu tun ● how dare you! was fällt dir ein!

daring ['deərɪŋ] *adj* kühn

dark [dɑːk] ◇ *adj* 1. dunkel 2. *(person with dark hair)* dunkelhaarig ◇ *n* ● after dark nach Einbruch der Dunkelheit ● in the dark im Dunkeln

dark chocolate *n* bittere Schokolade

dark glasses *npl* Sonnenbrille *die*

darkness ['dɑːknɪs] *n* Dunkelheit *die*

darling ['dɑːlɪŋ] *n* Liebling *der*

dart [dɑːt] *n* Pfeil *der* ● **darts** *n (game)* Darts *das*

dartboard ['dɑːtbɔːd] *n* Dartscheibe *die*

dash [dæʃ] ◇ *n* 1. *(of liquid)* Schuss *der* 2. *(in writing)* Gedankenstrich *der* ◇ *vi* flitzen

dashboard ['dæʃbɔːd] *n* Armaturenbrett *das*

data ['deɪtə] *n* Daten *pl*

database ['deɪtəbeɪs] *n* Datenbank *die*

date [deɪt] ◇ *n* 1. Datum *das* 2. *(meeting)* Verabredung *die* 3. *(US) (person)* Freund *der*, -in *die* 4. *(fruit)* Dattel *die* ◇

vt **1.** *(cheque, letter)* datieren **2.** *(person)* gehen mit ◇ *vi* aus der Mode kommen ● what's the date? der Wievielte ist heute? ● to have a date with sb eine Verabredung mit jm haben

date of birth *n* Geburtsdatum *das*

daughter ['dɔːtə'] *n* Tochter *die*

daughter-in-law *n* Schwiegertochter *die*

dawn [dɔːn] *n* Morgendämmerung *die*

day [deɪ] *n* Tag *der* ● what day is it today? welcher Tag ist heute? ● what a lovely day! so ein schöner Tag! ● to have a day off einen Tag frei haben ● to have a day out einen Ausflug machen ● by day tagsüber ● the day after tomorrow übermorgen ● the day before yesterday vorgestern ● the following day am nächsten Tag ● the day before am Tag davor ● have a nice day! viel Spaß!

daylight ['deɪlaɪt] *n* Tageslicht *das*

day return *n* (UK) Tagesrückfahrkarte *die*

dayshift ['deɪʃɪft] *n* Tagschicht *die*

daytime ['deɪtaɪm] *n* Tag *der*

day-to-day *adj* *(everyday)* tagtäglich

day trip *n* Tagesausflug *der*

dazzle ['dæzl] *vt* blenden

DC *(abbr of direct current)* GS

dead [ded] ◇ *adj* **1.** tot **2.** *(battery)* leer ◇ *adv* **1.** *(precisely)* genau **2.** *(inf)* *(very)* total ● it's dead ahead es ist direkt geradeaus ▼ **dead slow** Schrittgeschwindigkeit

dead end *n* *(street)* Sackgasse *die*

deadline ['dedlaɪn] *n* Termin *der*

deaf [def] ◇ *adj* taub ◇ *npl* ● the deaf die Tauben *pl*

(agreement) Geschäft *das* ◇ *vt* *(cards)* geben ● a good/bad deal ein gutes/ schlechtes Geschäft ● a great deal of viel ● it's a deal! abgemacht! ◆**deal in** *vt insep* handeln mit ◆**deal with** *vt insep* to deal with sthg *(handle)* sich um etw kümmern; *(be about)* sich mit etw befassen

dealer ['diːlə'] *n* **1.** Händler *der*, -in *die* **2.** *(in drugs)* Dealer *der*

dealt [delt] *pt* & *pp* ➤ **deal**

dear [dɪə'] ◇ *adj* **1.** lieb **2.** *(expensive)* teuer ◇ *n* ● my dear Schatz ● Dear Sir Sehr geehrter Herr ● Dear Madam Sehr geehrte gnädige Frau ● Dear John Lieber John ● oh dear! ach du liebe Güte!

death [deθ] *n* Tod *der*

debate [dɪ'beɪt] ◇ *n* Debatte *die* ◇ *vt* *(wonder)* sich fragen

debit ['debɪt] ◇ *n* Soll *das* ◇ *vt* *(account)* belasten

debit card ['debɪtkɑːd] *n* Bankkarte *die*

debt [det] *n* *(money owed)* Schulden *pl* ● to be in debt Schulden haben

Dec. *(abbr of December)* Dez.

decaff ['diːkæf] *n* *(inf)* entkoffeinierter Kaffee

decaffeinated [dɪ'kæfɪneɪtɪd] *adj* koffeinfrei

decanter [dɪ'kæntə'] *n* Karaffe *die*

decay [dɪ'keɪ] ◇ *n* **1.** *(of building)* Zerfall *der* **2.** *(of wood)* Verrotten *das* **3.** *(of tooth)* Fäule *die* ◇ *vi* *(rot)* verfaulen

deceive [dɪ'siːv] *vt* betrügen

decelerate [ˌdiː'seləreɪt] *vi* langsamer werden

December [dɪ'sembə'] *n* Dezember *der* ➤ **September**

decent ['diːsnt] *adj* **1.** anständig **2.** *(kind)* nett

decide [dɪ'saɪd] ◇ *vt* entscheiden ◇ *vi* sich entscheiden ● to decide to do sthg sich entschließen, etw zu tun ◆ **decide on** *vt insep* sich entscheiden für

decimal ['desɪml] *adj* Dezimal-

decimal point *n* Komma das

decision [dɪ'sɪʒn] *n* Entscheidung die ● to make a decision eine Entscheidung treffen

decisive [dɪ'saɪsɪv] *adj* **1.** *(person)* entschlussfreudig **2.** *(event, factor)* entscheidend

deck [dek] *n* **1.** Deck das **2.** *(of cards)* Spiel das

deckchair ['dektʃeər] *n* Liegestuhl der

declare [dɪ'kleər] *vt* erklären ▼ goods to declare Waren zu verzollen ▼ nothing to declare nichts zu verzollen

decline [dɪ'klaɪn] ◇ *n* Rückgang der ◇ *vi* **1.** *(get worse)* nachlassen **2.** *(refuse)* ablehnen

decorate ['dekəreɪt] *vt* **1.** *(with wallpaper)* tapezieren **2.** *(with paint)* streichen **3.** *(make attractive)* schmücken

decoration [ˌdekə'reɪʃn] *n* **1.** *(of room)* Innenausstattung die **2.** *(decorative object)* Schmuck der

decorator ['dekəreɪtər] *n* Maler und Tapezierer der

decrease ◇ *n* ['diːkriːs] Abnahme die ◇ *vi* [dɪ'kriːs] abnehmen

dedicated ['dedɪkeɪtɪd] *adj* *(committed)* engagiert

deduce [dɪ'djuːs] *vt* folgern

deduct [dɪ'dʌkt] *vt* abziehen

deduction [dɪ'dʌkʃn] *n* **1.** *(reduction)* Abzug der **2.** *(conclusion)* Folgerung die

deep [diːp] *adj & adv* tief

deep end *n* *(of swimming pool)* Tiefe das

deep freeze *n* Tiefkühltruhe die

deep-fried [-'fraɪd] *adj* fritiert

deep-pan *adj* ● deep-pan pizza Pfannenpizza die

deer [dɪər] (*pl inv*) *n* **1.** *(male)* Hirsch der **2.** *(female)* Reh das

defeat [dɪ'fiːt] ◇ *n* Niederlage die ◇ *vt* schlagen

defect ['diːfekt] *n* Fehler der

defective [dɪ'fektɪv] *adj* fehlerhaft

defence [dɪ'fens] *n* **1.** Verteidigung die **2.** *(UK)* *(protection)* Schutz der

defend [dɪ'fend] *vt* verteidigen

defense [dɪ'fens] *(US)* = defence

deficiency [dɪ'fɪʃnsɪ] *n* *(lack)* Mangel der

deficit ['defɪsɪt] *n* Defizit das

define [dɪ'faɪn] *vt* definieren

definite ['definɪt] *adj* **1.** *(clear)* klar **2.** *(certain)* sicher

definite article *n* bestimmter Artikel

definitely ['definɪtlɪ] *adv* definitiv ● I'm definitely coming ich komme ganz bestimmt

definition [ˌdefɪ'nɪʃn] *n* Definition die

deflate [dɪ'fleɪt] *vt* *(tyre)* die Luft ablassen aus

deflect [dɪ'flekt] *vt* *(ball)* abfälschen

defogger [diː'fogər] *n* *(US)* Defroster der

deformed [dɪ'fɔːmd] *adj* entstellt

defrost [ˌdiː'frost] *vt* **1.** *(food)* auftauen **2.** *(US)* *(demist)* freimachen **3.** *(fridge)* abtauen

degree [dɪ'griː] *n* **1.** Grad der **2.** *(amount)* Maß das **3.** *(qualification)* akademischer Grad ● to have a degree in sthg einen Hochschulabschluss in etw (*D*) haben

dehydrated [ˌdiːhaɪ'dreɪtɪd] *adj* **1.** *(food)*

Trocken- **2.** *(person)* ausgetrocknet
de-ice [diːˈaɪs] *vt* enteisen
de-icer [diːˈaɪsər] *n* Defroster *der*
dejected [dɪˈdʒektɪd] *adj* niedergeschlagen

delay [dɪˈleɪ] ◇ *n* Verspätung *die* ◇ *vt* aufhalten ◇ *vi* zögern ● **without delay** ohne Verzögerung
delayed [dɪˈleɪd] *adj (train, flight)* verspätet
delegate ◇ *n* [ˈdelɪɡət] Delegierte *der die* ◇ *vt* [ˈdelɪɡeɪt] delegieren
delete [dɪˈliːt] *vt* streichen
deli [ˈdelɪ] *n (inf)* (*abbr of* delicatessen) Feinkostgeschäft *das*
deliberate [dɪˈlɪbərət] *adj* absichtlich
deliberately [dɪˈlɪbərətlɪ] *adv* absichtlich
delicacy [ˈdelɪkəsɪ] *n (food)* Delikatesse *die*
delicate [ˈdelɪkət] *adj* **1.** *(situation, question)* heikel **2.** *(object, china)* zerbrechlich **3.** *(health, person)* zart **4.** *(taste, smell)* fein
delicatessen [ˌdelɪkəˈtesn] *n* Feinkostgeschäft *das*
delicious [dɪˈlɪʃəs] *adj* köstlich
delight [dɪˈlaɪt] ◇ *n* Freude *die* ◇ *vt* erfreuen ● **to take (a) delight in doing sthg** Freude daran haben, etw zu tun
delighted [dɪˈlaɪtɪd] *adj* hocherfreut
delightful [dɪˈlaɪtfʊl] *adj* reizend
deliver [dɪˈlɪvər] *vt* **1.** *(goods)* liefern **2.** *(letters, newspapers)* zustellen **3.** *(speech, lecture)* halten **4.** *(baby)* entbinden
delivery [dɪˈlɪvərɪ] *n* **1.** *(of goods)* Lieferung *die* **2.** *(of letters)* Zustellung *die* **3.** *(birth)* Entbindung *die*
delude [dɪˈluːd] *vt* täuschen
de luxe [dəˈlʌks] *adj* Luxus-
demand [dɪˈmɑːnd] ◇ *n* **1.** Forderung *die*

2. *COMM* Nachfrage *die* **3.** *(requirement)* Anforderung *die* ◇ *vt* **1.** verlangen **2.** *(require)* erfordern ● **to demand to do sthg** verlangen, etw zu tun ● **to be in demand** gefragt sein
demanding [dɪˈmɑːndɪŋ] *adj* anspruchsvoll
demerara sugar [deməˈreərə-] *n* brauner Zucker
demist [ˌdiːˈmɪst] *vt (UK)* freimachen
demister [ˌdiːˈmɪstər] *n (UK)* Defroster *der*
democracy [dɪˈmɒkrəsɪ] *n* Demokratie *die*
Democrat [ˈdeməkræt] *n (US)* Demokrat *der*, -in *die*
democratic [deməˈkrætɪk] *adj* demokratisch
demolish [dɪˈmɒlɪʃ] *vt* abreißen
demonstrate [ˈdemənstreɪt] ◇ *vt* **1.** *(prove)* beweisen **2.** *(machine, skill)* vorführen ◇ *vi* demonstrieren
demonstration [demənˈstreɪʃn] *n* **1.** *(protest)* Demonstration *die* **2.** *(proof)* Beweis *der* **3.** *(of machine, skill)* Vorführung *die*
denial [dɪˈnaɪəl] *n* Leugnen *das*
denim [ˈdenɪm] *n* Jeansstoff *der* ◆ **denims** *npl* Jeans *pl*
denim jacket *n* Jeansjacke *die*
Denmark [ˈdenmɑːk] *n* Dänemark *nt*
dense [dens] *adj* dicht
dent [dent] *n* Delle *die*
dental [ˈdentl] *adj* Zahn-
dental floss [-flɒs] *n* Zahnseide *die*
dental surgeon *n* Zahnarzt *der*, -ärztin *die*
dental surgery *n (place)* Zahnarztpraxis *die*

dentist ['dentɪst] n Zahnarzt der, -ärztin die ● **to go to the dentist's** zum Zahnarzt gehen

dentures ['dentʃəz] npl Zahnprothese die

deny [dɪ'naɪ] vt **1.** (declare untrue) bestreiten **2.** (refuse) verweigern

deodorant [di:'əʊdərənt] n Deodorant das

depart [dɪ'pɑːt] vi **1.** (person) abreisen **2.** (train, bus) abfahren **3.** (plane) abfliegen

department [dɪ'pɑːtmənt] n **1.** (of business, shop) Abteilung die **2.** (of government) Ministerium das **3.** (of school) Fachbereich der **4.** (of university) Seminar das

department store n Kaufhaus das

departure [dɪ'pɑːtʃə^r] n **1.** (of person) Abreise die **2.** (of train, bus) Abfahrt die **3.** (of plane) Abflug der ▼ **departures** (at airport) Abflug

departure lounge n Abflughalle die

depend [dɪ'pend] vi ● **it depends** es kommt darauf an ◆ **depend on** vt insep **1.** (rely on) sich verlassen auf (+A) ● **depending on** je nachdem ● **depending on the weather** je nachdem, wie das Wetter wird

dependable [dɪ'pendəbl] adj zuverlässig

deplorable [dɪ'plɔːrəbl] adj bedauerlich

deport [dɪ'pɔːt] vt ausliefern

deposit [dɪ'pɒzɪt] ◇ n **1.** (in bank) Guthaben das **2.** (part-payment) Anzahlung die **3.** (against damage) Kaution die **4.** (on bottle) Pfand das **5.** (substance) Ablagerung die ◇ vt **1.** (put down) ablegen **2.** (money in bank) einzahlen

deposit account n (UK) Sparkonto das

depot ['di:pəʊ] n (US) (for buses, trains) Bahnhof der

depressed [dɪ'prest] adj deprimiert

depressing [dɪ'presɪŋ] adj deprimierend

depression [dɪ'preʃn] n Depression die

deprive [dɪ'praɪv] vt ● **to deprive sb of sthg** jm etw entziehen

depth [depθ] n Tiefe die ● **to be out of one's depth** (when swimming) nicht mehr stehen können; (fig) überfordert sein ●

depth of field Tiefenschärfe

deputy ['depjʊtɪ] adj stellvertretend

derailleur [də'reɪljə^r] n Kettenschaltung die

derailment [dɪ'reɪlmənt] n Entgleisen das

derelict ['derəlɪkt] adj verfallen

derv [dɜːv] n (UK) Diesel der

descend [dɪ'send] vt & vi **1.** (subj: person) hinuntergehen **2.** (subj: car) hinunterfahren

descendant [dɪ'sendənt] n Nachkomme der

descent [dɪ'sent] n **1.** Abstieg der **2.** (slope) Abfall der

describe [dɪ'skraɪb] vt beschreiben

description [dɪ'skrɪpʃn] n Beschreibung die

desert ◇ n ['dezət] Wüste die ◇ vt [dɪ'zɜːt] verlassen

deserted [dɪ'zɜːtɪd] adj verlassen

deserve [dɪ'zɜːv] vt verdienen

design [dɪ'zaɪn] ◇ n **1.** (pattern) Muster das **2.** (art) Design das **3.** (of machine, building) Konstruktion die ◇ vt **1.** (machine, building) konstruieren **2.** (dress) entwerfen ● **to be designed for** vorgesehen sein für

designer [dɪ'zaɪnə^r] ◇ n **1.** (of clothes) Designer der, -in die **2.** (of machine) Konstrukteur der, -in die ◇ adj (clothes, sunglasses) Designer-

desirable [dɪˈzaɪərəbl] *adj* wünschenswert

desire [dɪˈzaɪəʳ] ◇ *n* Wunsch *der* ◇ *vt* wünschen • **it leaves a lot to be desired** es lässt viel zu wünschen übrig

desk [desk] *n* **1.** *(in home, office)* Schreibtisch *der* **2.** *(in school)* Pult *das* **3.** *(at airport, station)* Schalter *der* **4.** *(at hotel)* Empfang *der*

desktop [ˈdesktɒp] *n* COMPUT Desktop *das*

desktop publishing *n* Desktop-Publishing *das*

despair [dɪˈspeəʳ] *n* Verzweiflung *die*

despatch [dɪˈspætʃ] = **dispatch**

desperate [ˈdespərət] *adj* verzweifelt • **to be desperate for sthg** etw dringend brauchen

despicable [dɪˈspɪkəbl] *adj* verachtenswert

despise [dɪˈspaɪz] *vt* verachten

despite [dɪˈspaɪt] *prep* trotz *(+G)*

dessert [dɪˈzɜːt] *n* Nachtisch *der*

dessertspoon [dɪˈzɜːtspuːn] *n* Dessertlöffel *der*

destination [ˌdestɪˈneɪʃn] *n* **1.** *(of person)* Reiseziel *das* **2.** *(of goods)* Bestimmungsort *der*

destroy [dɪˈstrɔɪ] *vt* zerstören

destruction [dɪˈstrʌkʃn] *n* Zerstörung *die*

detach [dɪˈtætʃ] *vt* **1.** abnehmen **2.** *(tear off)* abtrennen

detached house [dɪˈtætʃt-] *n* Einzelhaus *das*

detail [ˈdiːteɪl] *n* Einzelheit *die* • **in detail** im Detail • **details** *npl (facts)* Angaben *pl*

detailed [ˈdiːteɪld] *adj* detailliert

detect [dɪˈtekt] *vt* entdecken

detective [dɪˈtektɪv] *n* **1.** *(policeman)* Kriminalbeamte *der*, -beamtin *die* **2.** *(private)* Detektiv *der*, -in *die* • **a detective story** ein Krimi

detention [dɪˈtenʃn] *n* SCH Nachsitzen *das*

detergent [dɪˈtɜːdʒənt] *n* **1.** *(for clothes)* Waschmittel *das* **2.** *(for dishes)* Spülmittel *das*

deteriorate [dɪˈtɪərɪəreɪt] *vi* sich verschlechtern

determination [dɪˌtɜːmɪˈneɪʃn] *n* Entschlossenheit *die*

determine [dɪˈtɜːmɪn] *vt* bestimmen

determined [dɪˈtɜːmɪnd] *adj* entschlossen • **to be determined to do sthg** fest entschlossen sein, etw zu tun

deterrent [dɪˈterənt] *n* Abschreckungsmittel *das*

detest [dɪˈtest] *vt* verabscheuen

detour [ˈdiːˌtʊəʳ] *n* Umweg *der*

detrain [ˌdiːˈtreɪn] *vi (fml)* aus dem Zug steigen

deuce [djuːs] *n (in tennis)* Einstand *der*

devastate [ˈdevəsteɪt] *vt (country, town)* verwüsten

develop [dɪˈveləp] ◇ *vt* **1.** entwickeln **2.** *(land)* erschließen **3.** *(illness)* bekommen **4.** *(habit)* annehmen ◇ *vi* sich entwickeln

developing country [dɪˈveləpɪŋ-] *n* Entwicklungsland *das*

development [dɪˈveləpmənt] *n* Entwicklung *die* • **a housing development** eine Neubausiedlung

device [dɪˈvaɪs] *n* Gerät *das*

devil [ˈdevl] *n* Teufel *der* • **what the devil ...?** *(inf)* was zum Teufel ...?

devise [dɪˈvaɪz] *vt* entwerfen

devoted [dɪ'vəʊtɪd] *adj* treu ● **to be devoted to sb** jn innig lieben

dew [dju:] *n* Tau *der*

diabetes [ˌdaɪə'bi:ti:z] *n* Zuckerkrankheit *die*

diabetic [ˌdaɪə'betɪk] ◇ *adj* 1. zuckerkrank 2. *(chocolate)* Diabetiker- ◇ *n* Diabetiker *der*, -in *die*

diagnosis [ˌdaɪəg'nəʊsɪs] *(pl* **-oses)** *n* Diagnose *die*

diagonal [daɪ'ægənl] *adj* diagonal

diagram ['daɪəgræm] *n* schematische Darstellung

dial ['daɪəl] ◇ *n* 1. *(of telephone)* Wählscheibe *die* 2. *(of clock)* Zifferblatt *das* 3. *(on radio)* Skala *die* ◇ *vt* wählen

dialling code ['daɪəlɪŋ-] *n* (UK) Vorwahl *die*

dialling tone ['daɪəlɪŋ-] *n* (UK) Freizeichen *das*

dial tone (US) = **dialling tone**

diameter [daɪ'æmɪtə'] *n* Durchmesser *der*

diamond ['daɪəmənd] *n* Diamant *der* ◆ **diamonds** *npl* *(in cards)* Karo *das*

diaper ['daɪpə'] *n* (US) Windel *die*

diarrhoea [ˌdaɪə'rɪə] *n* Durchfall *der*

diary ['daɪərɪ] *n* 1. *(for appointments)* Terminkalender *der* 2. *(journal)* Tagebuch *das*

dice [daɪs] *(pl inv)* *n* Würfel *der*

diced [daɪst] *adj* in Würfel geschnitten

dictate [dɪk'teɪt] *vt* diktieren

dictation [dɪk'teɪʃn] *n* Diktat *das*

dictator [dɪk'teɪtə'] *n* Diktator *der*, -in *die*

dictionary ['dɪkʃənrɪ] *n* Wörterbuch *das*

did [dɪd] *pt* → **do**

die [daɪ] *(pt & pp* **died**, *cont* **dying)** *vi* 1. sterben 2. *(animal, plant)* eingehen ●

to be dying for sthg *(inf)* etw unbedingt haben wollen ● **to be dying to do sthg** *(inf)* darauf brennen, etw zu tun ● **die away** *vi* schwächer werden ◆ **die out** *vi* aussterben

diesel ['di:zl] *n* Diesel *der*

diet ['daɪət] ◇ *n* 1. Diät *die* 2. *(food eaten)* Kost *die* ◇ *vi* eine Diät machen ◇ *adj* Diät-

differ ['dɪfə'] *vi* 1. sich unterscheiden 2. *(disagree)* anderer Meinung sein

difference ['dɪfrəns] *n* Unterschied *der* ● **it makes no difference** es ist egal ● **a difference of opinion** eine Meinungsverschiedenheit

different ['dɪfrənt] *adj* 1. *(not the same)* verschieden 2. *(separate)* andere(r)(s) ● **to be different (from)** anders sein (als)

differently ['dɪfrəntlɪ] *adv* anders

difficult ['dɪfɪkəlt] *adj* schwierig

difficulty ['dɪfɪkltɪ] *n* Schwierigkeit *die* ● **with difficulty** mühsam

dig [dɪg] *(pt & pp* **dug)** ◇ *vt* 1. graben 2. *(garden, sand)* umgraben ◇ *vi* graben ● **dig out** *vt* 1. *(rescue)* bergen 2. *(find)* ausgraben ● **dig up** *vt sep* ausgraben

digest [dɪ'dʒest] *vt* verdauen

digestion [dɪ'dʒestʃn] *n* Verdauung *die*

digestive (biscuit) [dɪ'dʒestɪv-] *n* (UK) Vollkornkeks *der*

digit ['dɪdʒɪt] *n* 1. *(number)* Ziffer *die* 2. *(finger)* Finger *der* 3. *(toe)* Zehe *die*

digital ['dɪdʒɪtl] *adj* Digital-

digital radio *n* Digitalradio *das*

dill [dɪl] *n* Dill *der*

dilute [daɪ'lu:t] *vt* verdünnen

dim [dɪm] ◇ *adj* 1. *(light)* trüb 2. *(room)* dämmrig 3. *(inf) (stupid)* beschränkt ◇ *vt* *(light)* dämpfen

dime [daɪm] *n (US)* Zehncentstück *das*

dimensions [dɪˈmenʃnz] *npl* **1.** *(measurements)* Abmessungen *pl* **2.** *(aspect)* Dimension *die*

din [dɪn] *n* Lärm *der*

dine [daɪn] *vi* speisen ◆ **dine out** *vi* auswärts essen

diner [ˈdaɪnəʳ] *n* **1.** *(US) (restaurant)* Lokal *das* **2.** *(person)* Gast *der*

dinghy [ˈdɪŋɪ] *n* **1.** *(with sail)* Dingi *das* **2.** *(with oars)* Schlauchboot *das*

dingy [ˈdɪndʒɪ] *adj (room)* düster

dining car [ˈdaɪnɪŋ-] *n* Speisewagen *der*

dining hall [ˈdaɪnɪŋ-] *n* SCH Speisesaal *der*

dining room [ˈdaɪnɪŋ-] *n* **1.** Esszimmer *das* **2.** *(in hotel)* Speisesaal *der*

dinner [ˈdɪnəʳ] *n* **1.** *(at lunchtime)* Mittagessen *das* **2.** *(in evening)* Abendessen *das* ● **to have dinner** *(at lunchtime)* zu Mittag essen; *(in evening)* zu Abend essen

dinner jacket *n* Smoking *der*

dinner party *n* Abendgesellschaft *die*

dinner set *n* Tafelgeschirr *das*

dinner suit *n* Smoking *der*

dinnertime [ˈdɪnətaɪm] *n* Essenszeit *die*

dinosaur [ˈdaɪnəsɔːʳ] *n* Dinosaurier *der*

dip [dɪp] ◇ *n* **1.** *(in road, land)* Mulde *die* **2.** *(food)* Dip *der* ◇ *vt (into liquid)* tauchen ◇ *vi* sich senken ● **to have a dip** *(swim)* kurz schwimmen gehen ● **to dip one's headlights** *(UK)* abblenden

diploma [dɪˈpləʊmə] *n* Diplom *das*

dipstick [ˈdɪpstɪk] *n* Ölmessstab *der*

direct [dɪˈrekt] ◇ *adj & adv* direkt ◇ *vt* **1.** *(aim)* richten **2.** *(traffic)* regeln **3.** *(control)* leiten **4.** *(film, play)* Regie führen bei **5.** *(give directions to)* ● **to direct sb** jm den Weg beschreiben

direct current *n* Gleichstrom *der*

direction [dɪˈrekʃn] *n* Richtung *die* ● **to ask for directions** nach dem Weg fragen ◆ **directions** *npl (instructions)* Gebrauchsanweisung *die*

directly [dɪˈrektlɪ] *adv* **1.** direkt **2.** *(soon)* sofort

director [dɪˈrektəʳ] *n* **1.** *(of company)* Direktor *der*, **-in** *die* **2.** *(of film, play)* Regisseur *der*, **-in** *die* **3.** *(organizer)* Leiter *der*, **-in** *die*

directory [dɪˈrektərɪ] *n* Telefonbuch *das*

directory enquiries *n (UK)* Fernsprechauskunft *die*

dirt [dɜːt] *n* **1.** Schmutz *der* **2.** *(earth)* Erde *die*

dirty [ˈdɜːtɪ] *adj* **1.** schmutzig **2.** *(joke)* unanständig

disability [ˌdɪsəˈbɪlətɪ] *n* Behinderung *die*

disabled [dɪsˈeɪbld] ◇ *adj* behindert ◇ *npl* ● **the disabled** die Behinderten *pl* ▼ **disabled toilet** Behindertentoilette

disadvantage [ˌdɪsədˈvɑːntɪdʒ] *n* Nachteil *der*

disagree [ˌdɪsəˈgriː] *vi (people)* anderer Meinung sein ● **to disagree with sb (about sthg)** mit jm *(über etw (+A))* nicht übereinstimmen ● **those mussels disagreed with me** diese Muscheln sind mir nicht bekommen

disagreement [ˌdɪsəˈgriːmənt] *n* **1.** *(argument)* Meinungsverschiedenheit *die* **2.** *(dissimilarity)* Diskrepanz *die*

disappear [ˌdɪsəˈpɪəʳ] *vi* verschwinden

disappearance [ˌdɪsəˈpɪərəns] *n* Verschwinden *das*

disappoint [ˌdɪsəˈpɔɪnt] *vt* enttäuschen

disappointed [ˌdɪsəˈpɔɪntɪd] *adj* enttäuscht

disappointing [ˌdɪsə'pɔɪntɪŋ] *adj* enttäuschend

disappointment [ˌdɪsə'pɔɪntmənt] *n* Enttäuschung *die*

disapprove [ˌdɪsə'pruːv] *vi* ● to disapprove of missbilligen

disarmament [dɪs'ɑːməmənt] *n* Abrüstung *die*

disaster [dɪ'zɑːstəʳ] *n* Katastrophe *die*

disastrous [dɪ'zɑːstrəs] *adj* katastrophal

disc [dɪsk] *n* **1.** (*UK*) Scheibe *die* **2.** (*CD*) Compactdisc *die* **3.** (*record*) Schallplatte *die* ● to slip a disc einen Bandscheibenvorfall erleiden

discard [dɪ'skɑːd] *vt* wegwerfen

discharge [dɪs'tʃɑːdʒ] *vt* **1.** (*patient, prisoner*) entlassen **2.** (*liquid, smoke*) ablassen

discipline ['dɪsɪplɪn] *n* Disziplin *die*

disc jockey *n* Diskjockey *der*

disco ['dɪskəʊ] *n* Disko *die*

discoloured [dɪs'kʌləd] *adj* verfärbt

discomfort [dɪs'kʌmfət] *n* (*pain*) Beschwerden *pl*

disconnect [ˌdɪskə'nekt] *vt* **1.** (*unplug*) den Stecker herausziehen (von) **2.** (*telephone, gas supply*) abstellen **3.** (*pipe*) trennen

discontinued [ˌdɪskən'tɪnjuːd] *adj* (*product*) auslaufend

discotheque ['dɪskəʊtek] *n* Diskothek *die*

discount ['dɪskaʊnt] *n* Rabatt *der*

discover [dɪ'skʌvəʳ] *vt* entdecken

discovery [dɪ'skʌvərɪ] *n* Entdeckung *die*

discreet [dɪ'skriːt] *adj* diskret

discrepancy [dɪ'skrepənsɪ] *n* Diskrepanz *die*

discriminate [dɪ'skrɪmɪneɪt] *vi* ● to discriminate against sb jn diskriminieren

discrimination [dɪˌskrɪmɪ'neɪʃn] *n* (*unfair*) Diskriminierung *die*

discuss [dɪ'skʌs] *vt* besprechen

discussion [dɪ'skʌʃn] *n* Gespräch *das*

disease [dɪ'ziːz] *n* Krankheit *die*

disembark [ˌdɪsɪm'bɑːk] *vi* von Bord gehen

disgrace [dɪs'greɪs] *n* Schande *die*

disgraceful [dɪs'greɪsfʊl] *adj* erbärmlich

disguise [dɪs'gaɪz] ◇ *n* Verkleidung *die* ◇ *vt* verkleiden ● in disguise verkleidet

disgust [dɪs'gʌst] ◇ *n* Abscheu *der* ◇ *vt* anwidern

disgusting [dɪs'gʌstɪŋ] *adj* widerlich

dish [dɪʃ] *n* **1.** (*container*) Schüssel *die* **2.** (*shallow*) Schale *die* **3.** (*food*) Gericht *das* **4.** (*US*) (*plate*) Teller *der* ● to do the dishes abwaschen ▼ dish of the day Tagesgericht ◆ dish up *vt sep* auftragen

dishcloth ['dɪʃklɒθ] *n* Spültuch *das*

disheveled [dɪ'ʃevəld] (*US*) = dishevelled

dishevelled [dɪ'ʃevəld] *adj* (*UK*) zerzaust

dishonest [dɪs'ɒnɪst] *adj* unehrlich

dish towel *n* (*US*) Geschirrtuch *das*

dishwasher ['dɪʃˌwɒʃəʳ] *n* (*machine*) Geschirrspülmaschine *die*

disinfectant [ˌdɪsɪn'fektənt] *n* Desinfektionsmittel *das*

disintegrate [dɪs'ɪntɪgreɪt] *vi* zerfallen

disk [dɪsk] *n* **1.** (*US*) = disc **2.** COMPUT Diskette *die*

disk drive *n* Diskettenlaufwerk *das*

dislike [dɪs'laɪk] ◇ *n* Abneigung *die* ◇ *vt* nicht mögen ● to take a dislike to eine Abneigung haben gegen

dislocate ['dɪsləkeɪt] *vt* (*shoulder, hip*) auslenken

dismal ['dɪzml] *adj* **1.** (*weather, place*)

di

trostlos 2. *(terrible)* kläglich

dismantle [dɪsˈmæntl] *vt* auseinander nehmen

dismay [dɪsˈmeɪ] *n* Bestürzung die

dismiss [dɪsˈmɪs] *vt* 1. *(idea, suggestion)* abltun 2. *(from job, classroom)* entlassen

disobedient [ˌdɪsəˈbiːdjənt] *adj* ungehorsam

disobey [ˌdɪsəˈbeɪ] *vt* nicht gehorchen *(+D)*

disorder [dɪsˈɔːdəʳ] *n* 1. *(confusion)* Unordnung die 2. *(violence)* Unruhen *pl* 3. *(illness)* Störung die

disorganized [dɪsˈɔːgənaɪzd] *adj* chaotisch

dispatch [dɪˈspætʃ] *vt* schicken

dispense [dɪˈspens] ♦ **dispense with** *vt insep* verzichten auf *(+A)*

dispenser [dɪˈspensəʳ] *n (device)* Automat der

dispensing chemist [dɪˈspensɪŋ-] *n (UK)* Apotheker der, -in die

disperse [dɪˈspɜːs] ♦ *vt* zerstreuen ♦ *vi* sich zerstreuen

display [dɪˈspleɪ] ♦ *n* 1. *(of goods)* Auslage die 2. *(exhibition)* Ausstellung die 3. *(readout)* Anzeige die ♦ *vt* 1. *(goods)* auslstellen 2. *(feeling, quality)* zeigen 3. *(information)* auslhängen ● **to be on display** ausgestellt werden

displeased [dɪsˈpliːzd] *adj* verärgert

disposable [dɪˈspəʊzəbl] *adj* 1. *(nappy)* Wegwerf- 2. *(lighter)* Einweg-

diposable camera *n* Einmal-Kamera die

dispute [dɪˈspjuːt] ♦ *n* 1. Streit der 2. *(industrial)* Auseinandersetzung die ♦ *vt* bestreiten

disqualify [ˌdɪsˈkwɒlɪfaɪ] *vt* disqualifizie-

ren ● **to be disqualified from driving** *(UK)* den Führerschein entzogen bekommen haben

disregard [ˌdɪsrɪˈgɑːd] *vt* ignorieren

disrupt [dɪsˈrʌpt] *vt* unterbrechen

disruption [dɪsˈrʌpʃn] *n* Unterbrechung die

dissatisfied [ˌdɪsˈsætɪsfaɪd] *adj* unzufrieden

dissolve [dɪˈzɒlv] ♦ *vt* auflösen ♦ *vi* sich auflösen

dissuade [dɪˈsweɪd] *vt* ● **to dissuade sb from doing sthg** jn davon ablbringen, etw zu tun

distance [ˈdɪstəns] *n* Entfernung die ● **from a distance** aus der Entfernung ● **in the distance** in der Ferne

distant [ˈdɪstənt] *adj* 1. weit entfernt 2. *(in time)* fern 3. *(reserved)* distanziert

distilled water [dɪˈstɪld-] *n* destilliertes Wasser

distillery [dɪˈstɪlərɪ] *n* Brennerei die

distinct [dɪˈstɪŋkt] *adj* 1. *(separate)* verschieden 2. *(noticeable)* deutlich

distinction [dɪˈstɪŋkʃn] *n* 1. Unterschied der 2. *(mark for work)* Auszeichnung die

distinctive [dɪˈstɪŋktɪv] *adj* unverwechselbar

distinguish [dɪˈstɪŋgwɪʃ] *vt (perceive)* erkennen ● **to distinguish sthg from sthg** etw von etw unterscheiden

distorted [dɪˈstɔːtɪd] *adj* verzerrt

distract [dɪˈstrækt] *vt* ablenken

distraction [dɪˈstrækʃn] *n* Ablenkung die

distress [dɪˈstres] *n* 1. *(pain)* Leiden das 2. *(anxiety)* Kummer der

distressing [dɪˈstresɪŋ] *adj* schmerzlich

distribute [dɪˈstrɪbjuːt] *vt* verteilen

distributor [dɪˈstrɪbjʊtəʳ] *n* 1. COMM

do

Vertreiber *der*, -in *die* **2.** AUT Verteiler *der*

district ['dɪstrɪkt] *n* **1.** *(region)* Gebiet *das* **2.** *(of town)* Bezirk *der*

district attorney *n* (US) Bezirksstaatsanwalt *der*, -anwältin *die*

disturb [dɪ'stɜːb] *vt* **1.** stören **2.** *(worry)* beunruhigen **3.** *(move)* durcheinander bringen ▼ do not disturb bitte nicht stören

disturbance [dɪ'stɜːbəns] *n* *(violence)* Unruhe *die*

ditch [dɪtʃ] *n* Graben *der*

ditto ['dɪtəʊ] *adv* ebenso

divan [dɪ'væn] *n* Liege *die*

dive [daɪv] *((US) pt* -d *or* dove, (UK) -d) *n* **1.** *(of swimmer)* Kopfsprung *der* ◇ *vi* **1.** einen Kopfsprung machen **2.** *(under sea)* tauchen **3.** *(bird, plane)* einen Sturzflug machen

diver ['daɪvəʳ] *n* **1.** *(from divingboard, rock)* Springer *der*, -in *die* **2.** *(under sea)* Taucher *der*, -in *die*

diversion [daɪ'vɜːʃn] *n* **1.** *(of traffic)* Umleitung *die* **2.** *(amusement)* Ablenkung *die*

divert [daɪ'vɜːt] *vt* **1.** umleiten **2.** *(attention)* ablenken

divide [dɪ'vaɪd] *vt* **1.** teilen **2.** *(share out)* verteilen **3.** *(into two parts)* zerteilen ◆ **divide up** *vt sep* aufteilen

diving ['daɪvɪŋ] *n* **1.** *(from divingboard, rock)* Springen *das* **2.** *(under sea)* Tauchen *das* ● to go diving tauchen gehen

divingboard ['daɪvɪŋbɔːd] *n* Sprungbrett *das*

division [dɪ'vɪʒn] *n* **1.** SPORT Liga *die* **2.** COMM Abteilung *die* **3.** *(in maths)*

Division *die* **4.** *(disagreement)* Uneinigkeit *die*

divorce [dɪ'vɔːs] ◇ *n* Scheidung *die* ◇ *vt* sich scheiden lassen von

divorced [dɪ'vɔːst] *adj* geschieden

DIY *abbr* = do-it-yourself

dizzy ['dɪzɪ] *adj* schwindlig

DJ *abbr* = disc jockey

do [duː] *(pt* did, *pp* done *pl* dos) ◇ *aux vb* **1.** *(in negatives)* ● don't do that! tu das nicht! ● she didn't listen sie hat nicht zugehört **2.** *(in questions)* ● did he like it? hat es ihm gefallen? ● how do you do it? wie machen Sie/machst du das? **3.** *(referring to previous verb)* ● I eat more than you do ich esse mehr als du ● no I didn't! nein, habe ich nicht! ● so do I ich auch **4.** *(in question tags)* ● so, you like Scotland, do you? Sie mögen Schottland also, nicht wahr? ● you come from Ireland, don't you? Sie kommen aus Irland, oder? **5.** *(for emphasis)* ● I do like this bedroom das Schlafzimmer gefällt mir wirklich ● do come in! kommen Sie doch herein!
◇ *vt* **1.** *(perform)* machen, tun ● I've a lot to do ich habe viel zu tun ● to do one's homework seine Hausaufgaben machen ● what is she doing? was macht sie? ● what can I do for you? was kann ich für Sie tun? **2.** *(clean, brush etc)* ● to do one's make-up sich schminken ● to do one's teeth sich *(D)* die Zähne putzen **3.** *(cause)* ● to do damage Schaden zufügen ● to do sb good jm gut tun **4.** *(have as job)* ● what do you do? was machen Sie beruflich? **5.** *(provide, offer)* anbieten ● we do pizzas for under £4 wir bieten Pizzas für weniger als 4

do

Pfund an **6.** *(study)* studieren, machen **7.** *(subj: vehicle)* fahren **8.** *(inf) (visit)* ● we're doing Switzerland next week wir fahren nächste Woche in die Schweiz
◊ *vi* **1.** *(behave, act)* tun ● do as I say tu, was ich sage **2.** *(progress, get on)* ● to do badly schlecht voran|kommen; *(in exam)* schlecht ab|schneiden ● to do well gut voran|kommen; *(in exam)* gut ab|schneiden **3.** *(be sufficient)* reichen, genügen ● will £5 do? sind 5 Pfund genug? **4.** *(in phrases)* ● how do you do? Guten Tag! ● how are you doing? wie geht's? ● what has that got to do with it? was hat das damit zu tun?
◊ *n* *(party)* Party *die* ● the dos and don'ts was man tun und lassen sollte

♦ **do out of** *vt sep* *(inf)* ● to do sb out of £10 jn um 10 Pfund betrügen
♦ **do up** *vt sep* *(fasten)* zu|machen; *(decorate)* renovieren; *(wrap up)* ein|packen

♦ **do with** *vt insep* *(need)* ● I could do with a drink ich könnte einen Drink gebrauchen

♦ **do without** *vt insep* ● to do without sthg ohne etw aus|kommen

dock [dɒk] ◊ *n* **1.** *(for ships)* Dock *das* **2.** *LAW* Anklagebank *die* ◊ *vi* an|legen

doctor ['dɒktə*] *n* **1.** Arzt *der*, Ärztin *die* **2.** *(academic)* Doktor *der*, -in *die* ● to go to the doctor's zum Arzt gehen

document ['dɒkjʊmənt] *n* Dokument *das*

documentary [ˌdɒkjʊ'mentəri] *n* Dokumentarfilm *der*

dodgy ['dɒdʒi] *adj* **1.** *(UK) (inf) (plan)* gewagt **2.** *(car, machine)* unzuverlässig

does *(weak form* [dəz], *strong form* [dʌz]) > do

doesn't ['dʌznt] = does not

dog [dɒg] *n* Hund *der*

dog food *n* Hundefutter *das*

doggy bag ['dɒgi-] *n* Tüte, in der aus einem Restaurant Essensreste mit nach Hause genommen werden

do-it-yourself *n* Do-it-yourself *das*

dole [dəʊl] *n* ● to be on the dole *(UK)* stempeln gehen

doll [dɒl] *n* Puppe *die*

dollar ['dɒlə*] *n* Dollar *der*

dolphin ['dɒlfin] *n* Delphin *der*

dome [dəʊm] *n* Kuppel *die*

domestic [də'mestik] *adj* **1.** *(of house)* Haushalts- **2.** *(of family)* familiär **3.** *(of country)* Innen-

domestic appliance *n* Haushaltsgerät *das*

domestic flight *n* Inlandflug *der*

domestic science *n* Hauswirtschaftslehre *die*

dominate ['dɒmineit] *vt* beherrschen

dominoes ['dɒminəʊz] *n* Domino *das*

donate [də'neit] *vt* spenden

donation [də'neiʃn] *n* Spende *die*

done [dʌn] ◊ *pp* > do ◊ *adj* **1.** *(finished)* fertig **2.** *(cooked)* gar

donkey ['dɒŋki] *n* Esel *der*

don't [dəʊnt] = do not

door [dɔ:*] *n* Tür *die*

doorbell ['dɔ:bel] *n* Türklingel *die*

doorknob ['dɔ:nɒb] *n* Türknauf *der*

doorman ['dɔ:mən] *(pl* -**men**) *n* Portier *der*

doormat ['dɔ:mæt] *n* Fußabtreter *der*

doormen ['dɔ:mən] *pl* > doorman

doorstep ['dɔ:step] *n* **1.** Türstufe *die* **2.** *(UK) (piece of bread)* dicke Scheibe Brot

Do

doorway ['dɔːweɪ] *n* Eingang der

dope [dəʊp] *n* (*inf*) (*drug*) Stoff der

dormitory ['dɔːmɪtrɪ] *n* Schlafsaal der

dosage ['dəʊsɪdʒ] *n* Dosis die

dose [dəʊs] *n* 1. Dosis die 2. (*of illness*) Anfall der

dot [dɒt] *n* Punkt der ● **on the dot** (*fig*) pünktlich

dotted line ['dɒtɪd-] *n* gepunktete Linie

double ['dʌbl] ◇ *adj* doppelt, Doppel- ◇ *adv* doppelt ◇ *n* 1. (*twice the amount*) Doppelte *das* 2. (*alcohol*) Doppelte der ◇ *vt* verdoppeln ◇ *vi* sich verdoppeln ● **it's double the size** es ist doppelt so groß ● **to bend sthg double** etw zusammenfalten ● **a double whisky** ein doppelter Whisky ● **double seven** sieben sieben ● **doubles** *n* SPORT Doppel *das*

double bed *n* Doppelbett *das*

double-breasted [-'brestɪd] *adj* zweireihig

double-click ◇ *vt* & *vi* COMPUT doppelklicken ◇ *n* COMPUT Doppelklick der

double cream *n* (*UK*) Sahne mit hohem Fettgehalt

double-decker (bus) [-'dekə^r-] *n* Doppeldeckerbus der

double doors *npl* Flügeltür die

double-glazing [-'gleɪzɪŋ] *n* Doppelverglasung die

double room *n* Doppelzimmer *das*

doubt [daʊt] ◇ *n* Zweifel der ◇ *vt* zweifeln an (+*D*) ● **I doubt it** das bezweifle ich ● **I doubt she'll come** ich bezweifle, dass sie kommt ● **in doubt** zweifelhaft ● **no doubt** zweifellos

doubtful ['daʊtfʊl] *adj* 1. (*person*) skeptisch 2. (*result*) zweifelhaft ● **it's**

doubtful that … (*unlikely*) es ist fraglich, ob …

dough [dəʊ] *n* Teig der

doughnut ['dəʊnʌt] *n* Berliner der, Krapfen der (*Süddt, Österr*)

dove¹ [dʌv] *n* (*bird*) Taube die

dove² [dəʊv] *pt* (*US*) ➤ **dive**

Dover ['dəʊvə^r] *n* Dover *nt*

Dover sole *n* Seezunge die

down [daʊn]
◇ *adv* 1. (*towards the bottom*) nach unten, hinunter/herunter ● **down here** hier unten ● **down there** dort unten ● **to fall down** (*person*) hinfallen; (*thing*) herunter/fallen 2. (*along*) ● **I'm going down to the shops** ich gehe zum Einkaufen 3. (*downstairs*) herunter, nach unten ● **I'll come down later** ich komme später herunter 4. (*southwards*) hinunter/herunter ● **we're going down to London** wir fahren hinunter nach London ● **they're coming down from Manchester** sie kommen von Manchester herunter 5. (*in writing*) ● **to write sthg down** etw aufschreiben
◇ *prep* 1. (*towards the bottom of*) ● **they ran down the hill** sie liefen den Hügel herunter ● **to fall down the stairs** die Treppe hinunter/fallen 2. (*along*) entlang ● **I was walking down the street** ich lief gerade die Straße entlang
◇ *adj* (*inf*) (*depressed*) down
◇ *n* (*feathers*) Daunen *pl*
● **downs** *npl* (*UK*) Hügelland *das*

downhill [ˌdaʊn'hɪl] *adv* bergab

Downing Street ['daʊnɪŋ-] *n* Downing Street die, die Straße, in der sich der offizielle Wohnsitz des britischen Premierministers und Wirtschaftsministers befindet

Downing Street

Die *Downing Street* Nr. 10 im Londoner Stadtteil Westminster ist der offizielle Wohnsitz des britischen Premierministers, vor dessen schwarzer Tür schon so manche geschichtsträchtige Erklärung abgegeben wurde. Tony Blair wohnt als erster Regierungschef in der Nr. 11, in der eigentlich das Schatzamt untergebracht ist, weil das Haus geräumiger ist.

downpour ['daʊnpɔː'] *n* Regenguss *der*

downstairs [ˌdaʊn'steəz] *adv* unten ● to go downstairs nach unten gehen

downtown [ˌdaʊn'taʊn] *adj & adv* in der Innenstadt ● to go downtown in die Stadt gehen ● downtown New York die Innenstadt von New York

down under *adv* (UK) (inf) in Australien

downwards ['daʊnwədz] *adv* nach unten

doz. *abbr* = dozen

doze [dəʊz] *vi* dösen

dozen ['dʌzn] *n* Dutzend *das* ● a dozen eggs zwölf Eier

Dr (*abbr of* Doctor) Dr.

drab [dræb] *adj* trist

draft [drɑːft] *n* 1. (early version) Entwurf *der* 2. (money order) Wechsel *der* 3. (US) = draught

drag [dræg] ◇ *vt* schleppen ◇ *vi* (along ground) schleifen ● what a drag! (inf) ist das langweilig! ◆ drag on *vi* sich in die Länge ziehen

dragonfly ['drægənflaɪ] *n* Libelle *die*

drain [dreɪn] ◇ *n* 1. (sewer) Abflussrohr *das* 2. (grating in street) Gully *der* ◇ *vt* (tank, radiator) Wasser ablassen von ◇ *vi* (vegetables, washing-up) abtropfen

draining board ['dreɪnɪŋ-] *n* Abtropffläche *die*

drainpipe ['dreɪnpaɪp] *n* 1. (for rain water) Abflussrohr *das* 2. (for waste water) Abwasserleitung *die*

drama ['drɑːmə] *n* 1. Drama *das* 2. (art) Dramatik *die*

dramatic [drə'mætɪk] *adj* dramatisch

drank [dræŋk] *pt* ➤ drink

drapes [dreɪps] *npl* (US) Vorhänge *pl*

drastic ['dræstɪk] *adj* drastisch

drastically ['dræstɪklɪ] *adv* drastisch

draught [drɑːft] *n* (UK) (of air) Luftzug *der*

draught beer *n* Fassbier *das*

draughts [drɑːfts] *n* (UK) Damespiel *das*

draughty ['drɑːftɪ] *adj* zugig

draw [drɔː] (*pt* drew, *pp* drawn) ◇ *vt* 1. ziehen 2. (picture, map) zeichnen 3. (attract) anziehen ◇ *vi* 1. (with pen, pencil) zeichnen 2. SPORT unentschieden spielen ◇ *n* 1. SPORT (result) Unentschieden *das* 2. (lottery) Ziehung *die* ● to draw the curtains (open) die Vorhänge aufziehen; (close) die Vorhänge zuziehen ◆ draw out *vt sep* (money) abheben ◆ draw up ◇ *vt sep* 1. (list) aufstellen 2. (plan) entwerfen ◇ *vi* (car, bus) anhalten

drawback ['drɔːbæk] *n* Nachteil *der*

drawer [drɔː'] *n* Schublade *die*

drawing ['drɔːɪŋ] *n* 1. (picture) Zeichnung *die* 2. (activity) Zeichnen *das*

drawing pin *n* (UK) Reißzwecke *die*

drawing room *n* Wohnzimmer *das*

drawn [drɔ:n] *pp* ➤ draw

dreadful ['dredful] *adj* schrecklich

dream [dri:m] ◇ *n* Traum *der* ◇ *vt & vi* träumen ● **a dream house** ein Traumhaus

dress [dres] ◇ *n* **1.** Kleid *das* **2.** *(clothes)* Kleidung *die* ◇ *vt* **1.** anziehen **2.** *(wound)* verbinden **3.** *(salad)* anmachen ◇ *vi* sich anziehen ● **he was dressed in a black suit** er trug einen schwarzen Anzug ● **to get dressed** sich anziehen ◆ **dress up** *vi* **1.** *(in smart clothes)* sich fein machen **2.** *(in costume)* sich verkleiden

dress circle *n* erster Rang

dresser ['dresəʳ] *n* **1.** *(UK) (for crockery)* Büffet *das* **2.** *(US) (chest of drawers)* Kommode *die*

dressing ['dresɪŋ] *n* **1.** *(for salad)* Dressing *das* **2.** *(for wound)* Verband *der*

dressing gown *n* Morgenrock *der*

dressing room *n* **1.** *(for actors)* Künstlergarderobe *die* **2.** *(for players)* Umkleidekabine *die*

dressing table *n* Frisierkommode *die*

dressmaker ['dres,meɪkəʳ] *n* Damenschneider *der*, -in *die*

dress rehearsal *n* Generalprobe *die*

drew [dru:] *pt* ➤ draw

dribble ['drɪbl] *vi* **1.** *(liquid)* tropfen **2.** *(baby)* sabbern

drier ['draɪəʳ] = dryer

drift [drɪft] ◇ *n* *(of snow)* Schneewehe *die* ◇ *vi* treiben

drill [drɪl] ◇ *n* Bohrer *der* ◇ *vt* *(hole)* bohren

drink [drɪŋk] *(pt* drank, *pp* drunk*)* ◇ *n* **1.** Getränk *das* **2.** *(alcoholic)* Drink *der* ◇ *vt & vi* trinken ● **to have a drink** *(alcoholic)* einen trinken

drinkable ['drɪŋkəbl] *adj* trinkbar

drinking water ['drɪŋkɪŋ-] *n* Trinkwasser *das*

drip [drɪp] ◇ *n* Tropfen *der* ◇ *vi* tropfen ● **to be on a drip** am Tropf hängen

drip-dry *adj* bügelfrei

dripping (wet) ['drɪpɪŋ-] *adj* tropfnass

drive [draɪv] *(pt* drove, *pp* driven*)* ◇ *n* **1.** Fahrt *die* **2.** *(in front of house)* Einfahrt *die* ◇ *vt* **1.** fahren **2.** *(operate, power)* antreiben ◇ *vi* fahren ● **to drive sb to do sthg** jn dazu bringen, etw zu tun ● **to go for a drive** spazieren fahren ● **to drive sb mad** jn verrückt machen

drivel ['drɪvl] *n* Blödsinn *der*

driven ['drɪvn] *pp* ➤ drive

driver ['draɪvəʳ] *n* **1.** Fahrer *der*, -in *die* **2.** *(of train)* Führer *der*, -in *die*

driver's license *(US)* = driving licence

driveshaft ['draɪvʃɑ:ft] *n* Antriebswelle *die*

driveway ['draɪvweɪ] *n* Zufahrt *die*

driving lesson ['draɪvɪŋ-] *n* Fahrstunde *die*

driving licence ['draɪvɪŋ-] *n* *(UK)* Führerschein *der*

driving test ['draɪvɪŋ-] *n* Fahrprüfung *die*

drizzle ['drɪzl] *n* Sprühregen *der*

drop [drɒp] ◇ *n* **1.** *(of liquid)* Tropfen *der* **2.** *(distance down)* Höhenunterschied *der* **3.** *(decrease)* Rückgang *der* **4.** *(in value, wages)* Minderung *die* ◇ *vt* **1.** fallen lassen **2.** *(reduce)* senken **3.** *(from vehicle)* absetzen **4.** *(omit)* weglassen ◇ *vi* **1.** fallen **2.** *(decrease)* sinken ● **to drop a hint** eine Anspielung machen ● **to drop sb a line** jm ein paar Zeilen schreiben ◆ **drop in** *vi (inf)* vorbeikom-

dr

82

men ◆ **drop off** ◇ *vt sep (from vehicle)* absetzen ◇ *vi* **1.** *(fall asleep)* einnicken **2.** *(fall off)* abfallen ◆ **drop out** *vi (of college, race)* abbrechen

drought [draʊt] *n* Dürre *die*

drove [drəʊv] *pt* > **drive**

drown [draʊn] *vi* ertrinken

drug [drʌg] ◇ *n* **1.** *MED* Medikament *das* **2.** *(stimulant)* Droge *die* ◇ *vt* betäuben

drug addict *n* Drogenabhängige *die, die*

druggist ['drʌgɪst] *n (US)* Drogist *der,* -*in die*

drum [drʌm] *n* Trommel *die*

drummer ['drʌmə'] *n* Schlagzeuger *der,* -*in die*

drumstick ['drʌmstɪk] *n (of chicken)* Keule *die*

drunk [drʌŋk] ◇ *pp* > **drink** ◇ *adj* betrunken ◇ *n* Betrunkene *der, die* ● **to get drunk** sich betrinken

dry [draɪ] ◇ *adj* trocken ◇ *vt* **1.** *(hands, washing-up)* abtrocknen **2.** *(clothes)* trocknen ◇ *vi* trocknen ● **to dry o.s.** sich abtrocknen ● **to dry one's hair** sich *(D)* die Haare trocknen ◆ **dry up** *vi* **1.** austrocknen **2.** *(dry the dishes)* abtrocknen

dry-clean *vt* chemisch reinigen

dry cleaner's *n* chemische Reinigung

dryer ['draɪə'] *n* **1.** *(for clothes)* Wäschetrockner *der* **2.** *(for hair)* Föhn *der*

dry-roasted peanuts [-'rəʊstɪd-] *npl* ohne Fett geröstete Erdnüsse *pl*

DSS *n (UK)* Amt für Sozialwesen

DTP *n (abbr of desktop publishing)* Desktop-Publishing *das*

dual carriageway ['dju:əl-] *n (UK)* vierspurige Straße

dubbed [dʌbd] *adj (film)* synchronisiert

dubious ['dju:bjəs] *adj* zweifelhaft

duchess ['dʌtʃɪs] *n* Herzogin *die*

duck [dʌk] ◇ *n* Ente *die* ◇ *vi* sich ducken

due [dju:] *adj* **1.** fällig **2.** *(owed)* geschuldet ● **in due course** zu gegebener Zeit ● **due to** auf Grund *(+G)* ● **to be due** *(train)* planmäßig ankommen

duet [dju:'et] *n* Duett *das*

duffel bag ['dʌfl-] *n* Seesack *der*

duffel coat ['dʌfl-] *n* Dufflecoat *der*

dug [dʌg] *pt & pp* > **dig**

duke [dju:k] *n* Herzog *der*

dull [dʌl] *adj* **1.** *(boring)* langweilig **2.** *(colour)* fahl **3.** *(weather)* trüb **4.** *(pain)* dumpf

dumb [dʌm] *adj* **1.** *(inf) (stupid)* doof **2.** *(unable to speak)* stumm

dummy ['dʌmɪ] *n* **1.** *(UK) (for baby)* Schnuller *der* **2.** *(for clothes)* Schaufensterpuppe *die*

dump [dʌmp] ◇ *n* **1.** *(for rubbish)* Müllkippe *die* **2.** *(inf) (place)* Schweinestall *der* ◇ *vt* **1.** *(drop carelessly)* fallen lassen **2.** *(get rid of)* loswerden

dumpling ['dʌmplɪŋ] *n* Kloß *der,* Knödel *der*

dune [dju:n] *n* Düne *die*

dungarees [,dʌŋgə'ri:z] *npl* **1.** Latzhose *die* **2.** *(US) (jeans)* Arbeitshosen *pl*

dungeon ['dʌndʒən] *n* Kerker *der*

duplicate ['dju:plɪkət] *n* Duplikat *das*

during ['djʊərɪŋ] *prep* während *(+G)*

dusk [dʌsk] *n* Abenddämmerung *die*

dust [dʌst] ◇ *n* Staub *der* ◇ *vt* abstauben

dustbin ['dʌstbɪn] *n (UK)* Mülltonne *die*

dustcart ['dʌstkɑ:t] *n (UK)* Müllwagen *der*

duster ['dʌstə'] *n* Staubtuch *das*

dustman ['dʌstmən] (pl **-men**) n (UK) Müllmann der

dustpan ['dʌstpæn] n Kehrschaufel die

dusty ['dʌstɪ] adj staubig

Dutch [dʌtʃ] ◇ adj holländisch ◇ n Holländisch das ◇ npl ● the Dutch die Holländer pl

Dutchman ['dʌtʃmən] (pl **-men**) n Holländer der

Dutchwoman ['dʌtʃˌwʊmən] (pl **-women**) n Holländerin die

duty ['djuːtɪ] n **1.** Pflicht die **2.** (tax) Zoll der ● to be on duty Dienst haben ● to be off duty keinen Dienst haben ◆ **duties** npl (job) Aufgaben pl

duty chemist's n Apothekenbereitschaftsdienst der

duty-free ◇ adj zollfrei ◇ n **1.** (shop) Dutyfreeshop der **2.** (goods) zollfreie Waren pl

duty-free shop n Dutyfreeshop der

duvet ['duːveɪ] n Bettdecke die

DVD (abbr of Digital Video OR Versatile Disc) n DVD die

DVD player n DVD-Player der

dwarf [dwɔːf] (pl **dwarves**) n Zwerg der

dwelling ['dwelɪŋ] n (fml) Wohnung die

dye [daɪ] ◇ n Farbe die ◇ vt färben

dynamite ['daɪnəmaɪt] n Dynamit das

dynamo ['daɪnəməʊ] (pl **-s**) n (on bike) Dynamo der

dyslexic [dɪs'leksɪk] adj ● to be dyslexic Legastheniker sein

*e*E

E (abbr of east) O

each [iːtʃ] ◇ adj jede(r)(s) ◇ pron ● each (one) jede(r)(s) ● each other einander ● each other einander ● there's one each es ist für jeden eins da ● I'd like one of each ich möchte von jedem/jeder eins ● they cost £10 each sie kosten je 10 Pfund

eager ['iːgəʳ] adj eifrig ● to be eager to do sthg unbedingt etw tun wollen

eagle ['iːgl] n Adler der

ear [ɪəʳ] n **1.** Ohr das **2.** (of corn) Ähre die

earache ['ɪəreɪk] n ● to have earache Ohrenschmerzen haben

earl [ɜːl] n Graf der

early ['ɜːlɪ] adj & adv früh ● at the earliest frühestens ● early on schon früh ● to have an early night früh zu Bett gehen

earn [ɜːn] vt verdienen ● to earn a living seinen Lebensunterhalt verdienen

earnings ['ɜːnɪŋz] npl Einkommen das

earphones ['ɪəfəʊnz] npl Kopfhörer pl

earplugs ['ɪəplʌgz] npl Ohropax ® pl

earrings ['ɪərɪŋz] npl Ohrringe pl

earth [ɜːθ] ◇ n Erde die ◇ vt (UK) (appliance) erden ● how on earth ...? wie in aller Welt ...?

earthenware ['ɜːθnweəʳ] adj aus Ton

earthquake ['ɜːθkweɪk] n Erdbeben das

ease [iːz] ◇ n Leichtigkeit die ◇ vt **1.** (pain) lindern **2.** (problem) verringern ● at ease unbefangen ◆ **ease off** vi (pain, rain) nachlassen

easily ['iːzɪlɪ] *adv* leicht

east [iːst] ◇ *n* Osten *der* ◇ *adv* **1.** nach Osten **2.** *(be situated)* im Osten ● **in the east of England** im Osten Englands ● **the East** *(Asia)* der Osten

eastbound ['iːstbaʊnd] *adj* (in) Richtung Osten

Easter ['iːstəʳ] *n* Ostern *das*

eastern ['iːstən] *adj* östlich, Ost- ● **Eastern** *(Asian)* östlich, Ost-

Eastern Europe *n* Osteuropa *nt*

East Germany *n* Ostdeutschland *nt*

eastwards ['iːstwədz] *adv* ostwärts

easy ['iːzɪ] *adj* leicht, einfach ● **to take it easy** etw leicht nehmen

easygoing [,iːzɪ'gəʊɪŋ] *adj* gelassen

eat [iːt] *(pt* **ate,** *pp* **eaten)** *vt & vi* **1.** essen **2.** *(subj: animal)* fressen ◆**eat out** *vi* essen gehen

eating apple ['iːtɪŋ-] *n* Essapfel *der*

ebony ['ebənɪ] *n* Ebenholz *das*

EC *n* *(abbr of* **European Community)** EG *die*

eccentric [ɪk'sentrɪk] *adj* exzentrisch

echo ['ekəʊ] *(pl* **-es)** ◇ *n* Echo *das* ◇ *vi* widerhallen

ecology [ɪ'kɒlədʒɪ] *n* Ökologie *die*

e-commerce [,iː'kɒmɜːs] *n* E-Commerce *der*

economic [,iːkə'nɒmɪk] *adj* wirtschaftlich ● **economics** *n* Wirtschaftswissenschaften *pl*

economical [,iːkə'nɒmɪkl] *adj* **1.** wirtschaftlich **2.** *(person)* sparsam

economize [ɪ'kɒnəmaɪz] *vi* sparen

economy [ɪ'kɒnəmɪ] *n* **1.** *(of country)* Wirtschaft *die* **2.** *(saving)* Sparsamkeit *die*

economy class *n* Economyklasse *die*

economy size *adj* Spar-

ecotourism ['iːkəʊ,tʊərɪzm] *n* Ökotourismus *der*

ecstasy ['ekstəsɪ] *n* **1.** Ekstase *die* **2.** *(drug)* Ecstasy *das*

eczema ['eksɪmə] *n* Ekzem *das*

edge [edʒ] *n* **1.** Rand *der* **2.** *(of knife)* Schneide *die*

edible ['edɪbl] *adj* essbar

Edinburgh ['edɪnbrə] *n* Edinburg *nt*

Edinburgh Festival *n* ● **the Edinburgh Festival** *großes Musik- und Theaterfestival in Edinburg*

edition [ɪ'dɪʃn] *n* Ausgabe *die*

editor ['edɪtəʳ] *n* **1.** *(of newspaper, magazine)* Chefredakteur *der,* -in *die* **2.** *(of book)* Redakteur *der,* -in *die* **3.** *(of film, TV programme)* Cutter *der,* -in *die*

editorial [,edɪ'tɔːrɪəl] *n* Leitartikel *der*

educate ['edʒʊkeɪt] *vt* erziehen

education [,edʒʊ'keɪʃn] *n* **1.** *(field)* Ausbildung *die* **2.** *(process)* Erziehung *die* **3.** *(result)* Bildung *die*

EEC *n* EWG *die*

eel [iːl] *n* Aal *der*

effect [ɪ'fekt] *n* Wirkung *die* ● **to put sthg into effect** etw in Kraft setzen ● **to take effect** in Kraft treten

effective [ɪ'fektɪv] *adj* wirksam

effectively [ɪ'fektɪvlɪ] *adv* **1.** wirksam **2.** *(in fact)* effektiv

efficient [ɪ'fɪʃənt] *adj* **1.** tüchtig **2.** *(machine, organization)* leistungsfähig

effort ['efət] *n* **1.** *(exertion)* Anstrengung *die* **2.** *(attempt)* Versuch *der* ● **to make an effort to do sthg** sich bemühen, etw zu tun ● **it's not worth the effort** es ist nicht der Mühe wert

e.g. *adv* z.B.

egg [eg] *n* Ei *das*

egg cup *n* Eierbecher *der*

egg mayonnaise *n Brotaufstrich aus gehacktem Ei und Majonäse*

eggplant ['egplɑːnt] *n* (*US*) Aubergine *die*

egg white *n* Eiweiß *das*

egg yolk *n* Eigelb *das*

Egypt ['iːdʒɪpt] *n* Ägypten *nt*

eiderdown ['aɪdədaʊn] *n* Daunendecke *die*

eight [eɪt] *num* acht ➤ **six**

eighteen [ˌeɪ'tiːn] *num* achtzehn ➤ **six**

eighteenth [ˌeɪ'tiːnθ] *num* achtzehn-te(r)(s) ➤ **sixth**

eighth [eɪtθ] *num* achte(r)(s) ➤ **sixth**

eightieth ['eɪtɪθ] *num* achtzigste(r)(s) ➤ **sixth**

eighty ['eɪtɪ] *num* achtzig ➤ **six**

Eire ['eərə] *n* Irland *nt*

Eisteddfod [aɪ'stedfəd] *n walisisches Kulturfestival*

either ['aɪðəʳ, 'iːðəʳ] ◇ *adj* • **either book will do** beide Bücher sind okay ◇ *pron* • **I'll take either (of them)** ich nehme einen/eine/eins (von beiden) • **I don't like either (of them)** ich mag keinen/keine/keins (von beiden) ◇ *adv* • **I can't either** ich auch nicht • **either ... or** entweder ... oder • **I don't like either him or her** ich mag weder ihn noch sie • **on either side** auf beiden Seiten

eject [ɪ'dʒekt] *vt* (*cassette*) auswerfen

elaborate [ɪ'læbrət] *adj* kunstvoll

elastic [ɪ'læstɪk] *n* Gummi *das*

elastic band *n* (*UK*) Gummiband *das*

elbow ['elbəʊ] *n* Ellbogen *der*

elder ['eldəʳ] *adj* ältere(r) *inv*

elderly ['eldəlɪ] ◇ *adj* ältere(r)(s) ◇ *npl* •

the elderly die ältere Generation

eldest ['eldɪst] *adj* älteste(r)(s)

elect [ɪ'lekt] *vt* wählen • **to elect to do sthg** (*fml*) (*choose*) sich entscheiden, etw zu tun

election [ɪ'lekʃn] *n* Wahl *die*

electric [ɪ'lektrɪk] *adj* elektrisch

electrical goods [ɪ'lektrɪkl-] *npl* Elektrowaren *pl*

electric blanket *n* Heizdecke *die*

electric drill *n* Bohrmaschine *die*

electric fence *n* Elektrozaun *der*

electrician [ˌɪlek'trɪʃn] *n* Elektriker *der*, -in *die*

electricity [ˌɪlek'trɪsətɪ] *n* **1.** (*supply*) Strom *der* **2.** (*in physics*) Elektrizität *die*

electric shock *n* elektrischer Schlag

electrocute [ɪ'lektrəkjuːt] *vt* durch einen elektrischen Schlag töten

electronic [ˌɪlek'trɒnɪk] *adj* elektronisch

elegant ['elɪɡənt] *adj* elegant

element ['elɪmənt] *n* **1.** Element *das* **2.** (*degree*) Spur *die* **3.** (*of fire, kettle*) Heizelement *das* • **the elements** (*weather*) die Elemente

elementary [ˌelɪ'mentərɪ] *adj* elementar

elephant ['elɪfənt] *n* Elefant *der*

elevator ['elɪveɪtəʳ] *n* (*US*) Aufzug *der*

eleven [ɪ'levn] *num* elf ➤ **six**

eleventh [ɪ'levnθ] *num* elfte(r)(s) ➤ **sixth**

eligible ['elɪdʒəbl] *adj* (*qualified*) berechtigt

eliminate [ɪ'lɪmɪneɪt] *vt* ausschalten

Elizabethan [ɪˌlɪzə'biːθn] *adj* elisabethanisch (*zweite Hälfte des 16. Jh.*)

elm [elm] *n* Ulme *die*

else [els] *adv* • **I don't want anything else** ich will nichts mehr • **anything else?** sonst noch etwas? • **everyone**

else alle anderen • **nobody else** niemand anders • **nothing else** sonst nichts • **somebody else** *(additional person)* noch jemand anders; *(different person)* jemand anders • **something else** *(additional thing)* noch etwas; *(different thing)* etwas anders • **somewhere else** woanders • **to go somewhere else** woandershin gehen • **what else?** was sonst? • **who else?** wer sonst? • **or else** sonst

elsewhere [els'weə'] *adv* 1. woanders 2. *(go, move)* woandershin

e-mail ['i:meɪl] ◇ *n* E-Mail *die* ◇ *vt* **to e-mail sb** jm eine E-Mail schicken • **to e-mail sthg to sb** jm etw mailen, jm etw per E-Mail schicken

e-mails

Although e-mails normally use the same introductory and concluding phrases as letters, there are some differences. In formal e-mails, *Sehr geehrter Herr X* or *Sehr geehrte Frau X* can be replaced by *Guten Tag, Frau/Herr X* or *Hallo, Frau/Herr X* if you already know the person in question. Abbreviations like *MfG* (*Mit freundlichen Grüßen*) or in informal e-mails *CU* (as in the English see you) may be used if you are sure the recipient will understand them.

e-mail adress ['i:meɪlədres] *n* E-Mail-Adresse *die*

embankment [ɪm'bæŋkmənt] *n* 1. *(next to river, railway)* Damm *der* 2. *(next to road)* Böschung *die*

embark [ɪm'bɑːk] *vi (board ship)* an Bord gehen

embarkation card [,embɑː'keɪʃn-] *n* Bordkarte *die*

embarrass [ɪm'bærəs] *vt* in Verlegenheit bringen

embarrassed [ɪm'bærəst] *adj* verlegen

embarrassing [ɪm'bærəsɪŋ] *adj* peinlich

embarrassment [ɪm'bærəsmənt] *n* Verlegenheit *die*

embassy ['embəsɪ] *n* Botschaft *die*

emblem ['embləm] *n* Emblem *das*

embrace [ɪm'breɪs] *vt* umarmen

embroidered [ɪm'brɔɪdəd] *adj* bestickt

embroidery [ɪm'brɔɪdərɪ] *n* Stickerei *die*

emerald ['emərəld] *n* Smaragd *der*

emerge [ɪ'mɜːdʒ] *vi* 1. herauskommen 2. *(fact, truth)* sich herausstellen

emergency [ɪ'mɜːdʒənsɪ] ◇ *n* Notfall *der* ◇ *adj* Not- • **in an emergency** im Notfall

emergency exit *n* Notausgang *der*

emergency landing *n* Notlandung *die*

emergency services *npl* Notdienst *der*

emigrate ['emɪɡreɪt] *vi* auswandern

emit [ɪ'mɪt] *vt* 1. *(light)* ausstrahlen 2. *(gas)* ausströmen

emotion [ɪ'məʊʃn] *n* Emotion *die*

emotional [ɪ'məʊʃənl] *adj* 1. *(situation)* emotionsgeladen 2. *(person)* gefühlsbetont

emphasis ['emfəsɪs] *n (pl* **-ases)** *n* Betonung *die*

emphasize ['emfəsaɪz] *vt* betonen

empire ['empaɪə'] *n* Reich *das*

employ [ɪm'plɔɪ] *vt* 1. *(subj: company)* beschäftigen 2. *(fml) (use)* benutzen

employed [ɪm'plɔɪd] *adj* angestellt

employee [ɪm'plɔɪi:] *n* Angestellte *der, die*

employer [ɪm'plɔɪə'] *n* Arbeitgeber *der*, -in *die*

employment [ɪm'plɔɪmənt] *n* Arbeit *die*

employment agency *n* Stellenvermittlung *die*

empty ['emptɪ] ◇ *adj* leer ◇ *vt* leeren

EMU *n* EWU *die*

emulsion (paint) [ɪ'mʌlʃn-] *n* Emulsionsfarbe *die*

enable [ɪ'neɪbl] *vt* ● **to enable sb to do sthg** jm ermöglichen, etw zu tun

enamel [ɪ'næml] *n* **1.** *(decorative)* Email *das* **2.** *(on tooth)* Zahnschmelz *der*

enclose [ɪn'kləʊz] *vt* **1.** *(surround)* umgeben **2.** *(with letter)* beilegen

enclosed [ɪn'kləʊzd] *adj* *(space)* abgeschlossen

encounter [ɪn'kaʊntə'] *vt* **1.** *(experience)* stoßen auf *(+A)* **2.** *(fml)* *(meet)* begegnen *(+D)*

encourage [ɪn'kʌrɪdʒ] *vt* ermutigen ● **to encourage sb to do sthg** jm Mut machen, etw zu tun

encouragement [ɪn'kʌrɪdʒmənt] *n* Ermutigung *die*

encyclopedia [ɪn,saɪklə'piːdjə] *n* Lexikon *das*

end [end] ◇ *n* **1.** Ende *das* **2.** *(of finger, knife)* Spitze *die* **3.** *(purpose)* Ziel *das* ◇ *vt* beenden ◇ *vi* enden ● **at the end of April** Ende April ● **to come to an end** zu Ende gehen ● **to put an end to sthg** etw beenden ● **for days on end** tagelang ● **in the end** schließlich ● **to make ends meet** gerade so auskommen ● **end up** *vi* landen ● **to end up doing sthg** schließlich etw tun

endangered species [ɪn'deɪndʒəd-] *n* *(vom Aussterben)* bedrohte Art

ending ['endɪŋ] *n* **1.** Schluss *der*, Ende *das* **2.** *GRAM* Endung *die*

endive ['endaɪv] *n* **1.** *(curly)* Endivie *die* **2.** *(chicory)* Chicorée *der*

endless ['endlɪs] *adj* endlos

endorsement [ɪn'dɔːsmənt] *n* *(of driving licence)* Strafvermerk *der*

endurance [ɪn'djʊərəns] *n* Ausdauer *die*

endure [ɪn'djʊə'] *vt* ertragen

enemy ['enɪmɪ] *n* Feind *der*

energy ['enədʒɪ] *n* Energie *die*

enforce [ɪn'fɔːs] *vt* durchsetzen

engaged [ɪn'geɪdʒd] *adj* **1.** *(to be married)* verlobt **2.** *(UK)* *(phone, toilet)* besetzt ● **to get engaged** sich verloben

engaged tone *n* *(UK)* Besetztzeichen *das*

engagement [ɪn'geɪdʒmənt] *n* **1.** *(to marry)* Verlobung *die* **2.** *(appointment)* Verabredung *die*

engagement ring *n* Verlobungsring *der*

engine ['endʒɪn] *n* **1.** Motor *der* **2.** *(of train)* Lokomotive *die*

engineer [,endʒɪ'nɪə'] *n* Ingenieur *der*, -in *die*

engineering [,endʒɪ'nɪərɪŋ] *n* Technik *die*

engineering works *npl* *(on railway line)* technische Bauarbeiten *pl*

England ['ɪŋglənd] *n* England *nt*

English ['ɪŋglɪʃ] ◇ *adj* englisch ◇ *n* Englisch *das* ◇ *npl* ● **the English** die Engländer *pl*

English breakfast *n* englisches Frühstück *(mit gebratenem Speck, Würstchen, Eiern, Toast und Kaffee oder Tee)*

English Channel *n* ● **the English Channel** der Ärmelkanal

Englishman ['ɪŋglɪʃmən] *(pl* **-men)** *n* Engländer *der*

Englishwoman ['ɪŋglɪʃ,wʊmən] *(pl* **-women)** *n* Engländerin *die*

engrave [ɪn'greɪv] *vt* gravieren

engraving [ɪn'greɪvɪŋ] *n* Stich *der*

enjoy [ɪn'dʒɔɪ] *vt* **1.** genießen **2.** *(film, music, hobby)* mögen ● **to enjoy doing sthg** etw gerne tun ● **to enjoy o.s.** sich amüsieren ● **enjoy your meal!** guten Appetit!

enjoyable [ɪn'dʒɔɪəbl] *adj* nett

enjoyment [ɪn'dʒɔɪmənt] *n* Vergnügen *das*

enlargement [ɪn'lɑːdʒmənt] *n* Vergrößerung *die*

enormous [ɪ'nɔːməs] *adj* riesig

enough [ɪ'nʌf] *adj, pron & adv* genug ● **enough time** Zeit genug ● **is that enough?** reicht das? ● **to have had enough (of sthg)** genug (von etw) haben

enquire [ɪn'kwaɪər] *vi* ● **to enquire (about)** sich erkundigen (nach)

enquiry [ɪn'kwaɪərɪ] *n* **1.** *(question)* Anfrage *die* **2.** *(investigation)* Untersuchung *die* ● **Enquiries** Information, "Auskunft"

enquiry desk *n* Informationsschalter *der*

enrol [ɪn'rəʊl] *vi (UK)* sich einschreiben

enroll [ɪn'rəʊl] *(US)* = **enrol**

en suite bathroom [ɒn'swiːt-] *n* Zimmer *das* mit Bad

ensure [ɪn'ʃʊər] *vt* sicherstellen ● **to ensure (that)** ... dafür sorgen, dass ...

entail [ɪn'teɪl] *vt (involve)* mit sich bringen

enter ['entər] ◇ *vt* **1.** gehen in *(+A)* **2.** *(plane, bus)* einsteigen in *(+A)* **3.** *(college, army)* eintreten in *(+A)* **4.** *(competition)* teilnehmen an *(+D)* **5.** *(on form)* eintragen ◇ *vi* **1.** hereinkom-

men **2.** *(in competition)* teilnehmen

enterprise ['entəpraɪz] *n* Unternehmen *das*

entertain [,entə'teɪn] *vt* unterhalten

entertainer [,entə'teɪnər] *n* Entertainer *der*

entertaining [,entə'teɪnɪŋ] *adj* unterhaltsam

entertainment [,entə'teɪnmənt] *n* Unterhaltung *die*

enthusiasm [ɪn'θjuːzɪæzm] *n* Begeisterung *die*

enthusiast [ɪn'θjuːzɪæst] *n* Enthusiast *der*, **-in** *die*

enthusiastic [ɪn,θjuːzɪ'æstɪk] *adj* enthusiastisch

entire [ɪn'taɪər] *adj* ganze(r)(s)

entirely [ɪn'taɪəlɪ] *adv* völlig

entitle [ɪn'taɪtl] *vt* ● **to entitle sb to sthg** jn zu etw berechtigen ● **to entitle sb to do sthg** jn berechtigen, etw zu tun

entrance ['entrəns] *n* **1.** Eingang *der* **2.** *(admission)* Zutritt *der*

entrance fee *n* Eintrittspreis *der*

entry ['entrɪ] *n* **1.** Eingang *der* **2.** *(admission)* Zutritt *der* **3.** *(in dictionary)* Eintrag *der* **4.** *(in competition)* Einsendung *die* ▼ **no entry** Eintritt verboten

envelope ['envələʊp] *n* Briefumschlag *der*

addressing an envelope

When addressing envelopes in German, you begin with the title of the addressee on a separate line, e.g. *Herrn* (note the *n* on the end) or *Frau*. The person's full name is written on the next line. The house number comes after the street name, e.g. *Potsdamer Str. 12*, and the postcode goes before the name of the town: *04177 Leipzig*. The postcode can be preceded by the country abbreviation (D for Germany, A for Austria, CH for Switzerland) and a hyphen, e.g. *D-04177*. For flats, the floor number is given in Roman numerals after a double forward slash, e.g. *Römerwall 10 b // VI*, and the flat number is also given after a double forward slash and preceded by the abbreviations *W (Wohnung)* or *App. (Appartement)*: *Potsdamer Str. 12 // W 5*, *Schwalbenweg 8 // App. 14*. In Germany, even for personal correspondence, the sender always writes their address on the back of the letter, preceded by *Abs. (Absender)*.

envious [ˈenvɪəs] *adj* neidisch
environment [ɪnˈvaɪərənmənt] *n* Umwelt *die*
environmental [ɪnˌvaɪərənˈmentl] *adj* Umwelt-
environmentally friendly [ɪnˌvaɪərən-ˈmentl-] *adj* umweltfreundlich
envy [ˈenvɪ] *vt* beneiden
epic [ˈepɪk] *n* Epos *das*
epidemic [ˌepɪˈdemɪk] *n* Epidemie *die*
epileptic [ˌepɪˈleptɪk] *adj* epileptisch
episode [ˈepɪsəʊd] *n* **1.** Episode *die* **2.** *(of TV programme)* Folge *die*
equal [ˈiːkwəl] *adj* gleich ◇ *vt* gleich sein ● **to be equal to** gleich sein
equality [ɪˈkwɒlɪtɪ] *n* *(equal rights)* Gleichberechtigung *die*

equalize [ˈiːkwəlaɪz] *vi* SPORT ausgleichen
equally [ˈiːkwəlɪ] *adv* **1.** gleich **2.** *(share)* gleichmäßig **3.** *(at the same time)* ebenso
equation [ɪˈkweɪʒn] *n* Gleichung *die*
equator [ɪˈkweɪtəʳ] *n* ● **the equator** der Äquator
equip [ɪˈkwɪp] *vt* ● **to equip sb/sthg with** jn/etw ausrüsten mit
equipment [ɪˈkwɪpmənt] *n* Ausrüstung *die*
equipped [ɪˈkwɪpt] *adj* ● **to be equipped with** ausgerüstet sein mit
equivalent [ɪˈkwɪvələnt] ◇ *adj* gleichwertig ◇ *n* Äquivalent *das*
erase [ɪˈreɪz] *vt* *(letter, word)* ausradieren
eraser [ɪˈreɪzəʳ] *n* Radiergummi *der*
erect [ɪˈrekt] ◇ *adj* *(person, posture)* aufrecht ◇ *vt* aufstellen
ERM *n* Wechselkursmechanismus *der*
erotic [ɪˈrɒtɪk] *adj* erotisch
errand [ˈerənd] *n* Besorgung *die*
erratic [ɪˈrætɪk] *adj* unregelmäßig
error [ˈerəʳ] *n* Fehler *der*
escalator [ˈeskəleɪtəʳ] *n* Rolltreppe *die*
escalope [ˈeskəlɒp] *n* Schnitzel *das*
escape [ɪˈskeɪp] ◇ *n* **1.** Flucht *die* **2.** *(of gas)* Ausströmen *das* ◇ *vi* ● **to escape (from)** entkommen (aus); *(gas)* ausströmen (aus); *(water)* auslaufen (aus)
escort ◇ *n* [ˈeskɔːt] *(guard)* Eskorte *die* ◇ *vt* [ɪˈskɔːt] begleiten
espadrilles [ˈespəˌdrɪlz] *npl* Espadrilles *pl*
especially [ɪˈspeʃlɪ] *adv* besonders
esplanade [ˌespləˈneɪd] *n* Esplanade *die*
essay [ˈeseɪ] *n* *(at school, university)* Aufsatz *der*
essential [ɪˈsenʃl] *adj* wesentlich ●
essentials *npl* Wesentliche *das* ● **the**

es

90

bare essentials das Nötigste

essentially [ɪ'senʃəlɪ] *adv* im Grunde

establish [ɪ'stæblɪʃ] *vt* **1.** *(set up, create)* gründen **2.** *(fact, truth)* herausfinden

establishment [ɪ'stæblɪʃmənt] *n (business)* Unternehmen *das*

estate [ɪ'steɪt] *n* **1.** *(land in country)* Landsitz *der* **2.** *(for housing)* Wohnsiedlung *die* **3.** *(UK) (car)* = **estate car**

estate agent *n (UK)* Immobilienmakler *der*

estate car *n (UK)* Kombiwagen *der*

estimate ◇ *n* ['estɪmət] **1.** Schätzung *die* **2.** *(of cost)* Kostenvoranschlag *der* ◇ *vt* ['estɪmeɪt] schätzen

estuary ['estjʊərɪ] *n* Mündung *die*

ethnic minority ['eθnɪk-] *n* ethnische Minderheit

EU *n (abbr of* European Union) EU *die*

euro ['jʊərəʊ] *n* Euro *der*

Eurocheque ['jʊərəʊ͵tʃek] *n* Euroscheck *der*

Europe ['jʊərəp] *n* Europa *nt*

European [͵jʊərə'pɪən] ◇ *adj* europäisch ◇ *n* Europäer *der*, -in *die*

European Community *n* Europäische Gemeinschaft *die*

Eurostar ® ['jʊərəstɑːʳ] *n* Eurostar ® *der*

euro zone *n* Eurozone *die*

evacuate [ɪ'vækjʊeɪt] *vt* evakuieren

evade [ɪ'veɪd] *vt* vermeiden

evaporated milk [ɪ'væpəreɪtɪd-] *n* Kondensmilch *die*

eve [iːv] *n* ● **on the eve of** am Vorabend (+G)

even ['iːvn] ◇ *adj* **1.** *(rate, speed)* gleichmäßig **2.** *(level, flat)* eben **3.** *(teams)* gleich stark **4.** *(number)* gerade ◇ *adv* sogar ● **to break even** die Kosten

decken ● **even so** trotzdem ● **even though** obwohl ● **not even** nicht einmal

evening ['iːvnɪŋ] *n* Abend *der* ● **good evening!** guten Abend! ● **in the evening** am Abend, abends

evening classes *npl* Abendkursus *der*

evening dress *n (formal clothes)* Abendkleidung *die*

evening meal *n* Abendessen *das*

event [ɪ'vent] *n* **1.** Ereignis *das* **2.** SPORT Wettkampf *der* ● **in the event of** *(fml)* im Falle (+G)

eventual [ɪ'ventʃʊəl] *adj* ● **the eventual decision was ...** schließlich wurde entschieden, dass ...

eventually [ɪ'ventʃʊəlɪ] *adv* schließlich

ever ['evəʳ] *adv (at any time)* je, jemals ● **he was ever so angry** er war sehr verärgert ● **for ever** *(eternally)* für immer; *(for a long time)* seit Ewigkeiten ● **hardly ever** fast nie ● **ever since** seitdem, seit

every ['evrɪ] *adj* jede(r)(s) ● **every other day** jeden zweiten Tag ● **every few days** alle paar Tage ● **one in every ten** einen/eine/eins von zehn ● **we make every effort ...** wir geben uns alle Mühe ... ● **every so often** dann und wann

everybody ['evrɪ͵bɒdɪ] *pron* = **everyone**

everyday ['evrɪdeɪ] *adj* alltäglich

everyone ['evrɪwʌn] *pron* **1.** alle **2.** *(each person)* jeder

everyplace ['evrɪ͵pleɪs] *(US)* = **everywhere**

everything ['evrɪθɪŋ] *pron* alles

everywhere ['evrɪweəʳ] *adv* **1.** überall **2.** *(go)* überallhin

evidence ['evɪdəns] *n* **1.** *(proof)* Beweis

der **2.** *(of witness)* Aussage die

evident ['ɛvɪdənt] *adj* klar

evidently ['ɛvɪdəntlɪ] *adv* offensichtlich

evil ['iːvl] ◇ *adj* böse ◇ *n* Böse das

ex [ɛks] *n (inf)* Ex der, die

exact [ɪg'zækt] *adj* genau ▼ **exact fare ready please** Bitte das genaue Fahrgeld bereithalten

exactly [ɪg'zæktlɪ] *adv* & *excl* genau

exaggerate [ɪg'zædʒəreɪt] *vt* & *vi* übertreiben

exaggeration [ɪg,zædʒə'reɪʃn] *n* Übertreibung die

exam [ɪg'zæm] *n* Prüfung die ● **to take an exam** eine Prüfung ablegen

examination [ɪg,zæmɪ'neɪʃn] *n* **1.** *(at school)* Prüfung die **2.** *(at university)* Examen das **3.** MED Untersuchung die

examine [ɪg'zæmɪn] *vt* untersuchen

example [ɪg'zɑːmpl] *n* Beispiel das ● **for example** zum Beispiel

exceed [ɪk'siːd] *vt* übersteigen

excellent ['ɛksələnt] *adj* ausgezeichnet

except [ɪk'sept] *prep* & *conj* außer ● **except for** abgesehen von ▼ **except for access** Anlieger frei ▼ **except for loading** Be- und Entladen gestattet

exception [ɪk'sepʃn] *n* Ausnahme die

exceptional [ɪk'sepʃnəl] *adj* außergewöhnlich

excerpt ['ɛksɜːpt] *n* Auszug der

excess [ɪk'ses] *(before noun* ['ɛkses]) ◇ *adj* Über- ◇ *n* Übermaß das

excess baggage *n* Übergewicht das

excess fare *n (UK)* Nachlösegebühr die

excessive [ɪk'sesɪv] *adj* **1.** übermäßig **2.** *(price)* übermäßig hoch

exchange [ɪks'tʃeɪndʒ] ◇ *n* **1.** *(of telephones)* Fernamt das **2.** *(of students)*

Austausch der ◇ *vt* um|tauschen ● **to exchange sthg for sthg** etw gegen etw ein|tauschen ● **to be on an exchange** Austauschschüler sein

exchange rate *n* Wechselkurs der

excited [ɪk'saɪtɪd] *adj* aufgeregt

excitement [ɪk'saɪtmənt] *n* Aufregung die

exciting [ɪk'saɪtɪŋ] *adj* aufregend

exclamation mark [,ɛksklə'meɪʃn-] *n (UK)* Ausrufezeichen das

exclamation point [,ɛksklə'meɪʃn-] *(US)* = **exclamation mark**

exclude [ɪk'skluːd] *vt* aus|schließen

excluding [ɪk'skluːdɪŋ] *prep* ausgenommen *(+D)*

exclusive [ɪk'skluːsɪv] ◇ *adj* **1.** *(high-class)* exklusiv **2.** *(sole)* ausschließlich ◇ *n* Exklusivbericht der ● **exclusive of** ausschließlich *(+G)*

excursion [ɪk'skɜːʃn] *n* Ausflug der

excuse ◇ *n* [ɪk'skjuːs] Entschuldigung die ◇ *vt* [ɪk'skjuːz] entschuldigen ● **excuse me!** entschuldigen Sie, bitte!; *(as apology)* Entschuldigung!

ex-directory *adj (UK)* ● **to be ex-directory** nicht im Telefonbuch stehen

execute ['ɛksɪkjuːt] *vt (kill)* hin|richten

executive [ɪg'zekjʊtɪv] *n (person)* leitende Angestellte der, die

exempt [ɪg'zempt] *adj* ● **exempt (from)** befreit (von)

exemption [ɪg'zempʃn] *n* Befreiung die

exercise ['ɛksəsaɪz] ◇ *n* **1.** *(physical)* Bewegung die **2.** *(piece of work)* Übung die ◇ *vi* sich bewegen ● **to do exercises** Gymnastik treiben

exercise book *n* Heft das

exert [ɪg'zɜːt] *vt* aus|üben

exhaust [ɪgˈzɔːst] ◇ vt erschöpfen ◇ n ●
exhaust (pipe) Auspuff *der*
exhausted [ɪgˈzɔːstɪd] adj erschöpft
exhibit [ɪgˈzɪbɪt] ◇ n (in museum, gallery) Ausstellungsstück *das* ◇ vt (in exhibition) ausstellen
exhibition [ˌeksɪˈbɪʃn] n (of art) Ausstellung *die*
exist [ɪgˈzɪst] vi existieren
existence [ɪgˈzɪstəns] n Existenz *die* ● **to be in existence** existieren
existing [ɪgˈzɪstɪŋ] adj bestehend
exit [ˈeksɪt] ◇ n **1.** (door) Ausgang *der* **2.** (from motorway) Ausfahrt *die* **3.** (act of leaving) Abgang *der* ◇ vi hinausgehen
exotic [ɪgˈzɒtɪk] adj exotisch
expand [ɪkˈspænd] vi **1.** sich ausdehnen **2.** (in number) sich vermehren
expect [ɪkˈspekt] vt erwarten ● **to expect to do sthg** voraussichtlich etw tun ● **to expect sb to do sthg** erwarten, dass jd etw macht ● **to be expecting** (be pregnant) in anderen Umständen sein
expedition [ˌekspɪˈdɪʃn] n **1.** Expedition *die* **2.** (short outing) Tour *die*
expel [ɪkˈspel] vt (from school) von der Schule verweisen
expense [ɪkˈspens] n Ausgaben pl ● **at the expense of** auf Kosten (+G) ●
expenses npl (of businessman) Spesen pl
expensive [ɪkˈspensɪv] adj teuer
experience [ɪkˈspɪərɪəns] ◇ n Erfahrung *die* ◇ vt erfahren
experienced [ɪkˈspɪərɪənst] adj erfahren
experiment [ɪkˈsperɪmənt] ◇ n Experiment *das* ◇ vi experimentieren
expert [ˈekspɜːt] ◇ adj (advice, treatment) fachmännisch ◇ n Experte *der*, Expertin *die*

expire [ɪkˈspaɪər] vi ablaufen
expiry date [ɪkˈspaɪrɪ-] n ● **expiry date:** 15/4/00 gültig bis 15/4/00
explain [ɪkˈspleɪn] vt erklären
explanation [ˌekspləˈneɪʃn] n Erklärung *die*
explode [ɪkˈspləʊd] vi explodieren
exploit [ɪkˈsplɔɪt] vt ausbeuten
explore [ɪkˈsplɔːr] vt (place) erforschen
explosion [ɪkˈspləʊʒn] n (of bomb etc) Explosion *die*
explosive [ɪkˈspləʊsɪv] n Sprengstoff *der*
export ◇ n [ˈekspɔːt] Export *der*, Ausfuhr *die* ◇ vt [ɪkˈspɔːt] exportieren
exposed [ɪkˈspəʊzd] adj (place) ungeschützt
exposure [ɪkˈspəʊʒər] n **1.** (photograph) Aufnahme *die* **2.** MED Unterkühlung *die* **3.** (to heat, radiation) Aussetzung *die*
express [ɪkˈspres] ◇ adj (letter, delivery) Eil- ◇ n (train) ≃ D-Zug *der* ◇ vt (opinion, idea) ausdrücken ◇ adv (send) per Eilboten
expression [ɪkˈspreʃn] n Ausdruck *der*
expresso [ɪkˈspresəʊ] n Espresso *der*
expressway [ɪkˈspresweɪ] n (US) Schnellstraße *die*
extend [ɪkˈstend] ◇ vt **1.** (visa, permit) verlängern **2.** (road, building) ausbauen **3.** (hand) ausstrecken ◇ vi (stretch) sich erstrecken
extension [ɪkˈstenʃn] n **1.** (of building) Anbau *der* **2.** (for phone) Nebenanschluss *der* **3.** (of deadline) Verlängerung *die* ● **extension 1263** Apparat 1263
extension lead n Verlängerungskabel *das*
extensive [ɪkˈstensɪv] adj **1.** umfangreich **2.** (damage) beträchtlich

extent [ɪkˈstent] *n* **1.** *(of knowledge)* Umfang *der* **2.** *(of damage)* Ausmaß *das* ● **to a certain extent** in gewissem Maße ● **to what extent ...?** inwieweit ...?

exterior [ɪkˈstɪərɪə°] ◇ *adj* äußere(r)(s) ◇ *n (of car, building)* Außenseite *die*

external [ɪkˈstɜːnl] *adj* äußere(r)(s)

extinct [ɪkˈstɪŋkt] *adj* **1.** *(species)* ausgestorben **2.** *(volcano)* erloschen

extinction [ɪkˈstɪŋkʃn] *n* Aussterben *das*

extinguish [ɪkˈstɪŋgwɪʃ] *vt* **1.** *(fire)* löschen **2.** *(cigarette)* ausmachen

extinguisher [ɪkˈstɪŋgwɪʃə°] *n* Feuerlöscher *der*

extortionate [ɪkˈstɔːʃnət] *adj (price)* Wucher-

extra [ˈekstrə] ◇ *adj* zusätzlich ◇ *n* **1.** *(bonus)* Sonderleistung *die* **2.** *(optional thing)* Extra *das* ◇ *adv (large, hard)* extra ● **extra charge** Zuschlag *der* ● **extra large** übergroß ● **extras** *npl (in price)* zusätzliche Kosten *pl*

extract ◇ *n* [ˈekstrækt] Auszug *der* ◇ *vt* [ɪkˈstrækt] *(tooth)* ziehen

extractor fan [ɪkˈstræktə-] *n (UK)* Ventilator *der*

extraordinary [ɪkˈstrɔːdnrɪ] *adj* **1.** *(wonderful)* außerordentlich **2.** *(strange)* ungewöhnlich

extravagant [ɪkˈstrævəgənt] *adj* extravagant

extreme [ɪkˈstriːm] ◇ *adj* **1.** äußerste(r)(s) **2.** *(radical)* extrem ◇ *n* Extrem *das*

extremely [ɪkˈstriːmlɪ] *adv* äußerst

extrovert [ˈekstrəvɜːt] *n* extravertierter Mensch

eye [aɪ] ◇ *n* **1.** Auge *das* **2.** *(of needle)* Öhr *das* ◇ *vt* ansehen ● **to keep an eye on** aufpassen auf *(+A)*

eyebrow [ˈaɪbraʊ] *n* Augenbraue *die*

eye drops *npl* Augentropfen *pl*

eyeglasses [ˈaɪglɑːsɪz] *npl (US)* Brille *die*

eyelash [ˈaɪlæʃ] *n* Wimper *die*

eyelid [ˈaɪlɪd] *n* Augenlid *das*

eyeliner [ˈaɪˌlaɪnə°] *n* Eyeliner *der*

eye shadow *n* Lidschatten *der*

eyesight [ˈaɪsaɪt] *n* ● **to have good/bad eyesight** gute/schlechte Augen haben

eye test *n* Sehtest *der*

eyewitness [ˌaɪˈwɪtnɪs] *n* Augenzeuge *der*, -zeugin *die*

f F

F *(abbr of* **Fahrenheit***)* F

fab [fæb] *adj (inf)* super

fabric [ˈfæbrɪk] *n (cloth)* Stoff *der*

fabulous [ˈfæbjʊləs] *adj* sagenhaft

facade [fəˈsɑːd] *n* Fassade *die*

face [feɪs] ◇ *n* **1.** Gesicht *das* **2.** *(of cliff, mountain)* Wand *die* **3.** *(of clock, watch)* Zifferblatt *das* ◇ *vt* ● **to face sb/sthg** jm-/ etw *(D)* gegenüberstehen ● **to face facts** sich den Tatsachen stellen ● **the hotel faces the harbour** das Hotel geht zum Hafen hinaus ● **to be faced with sthg** *(problem)* etw *(D)* gegenüberstehen ● **face up to** *vt insep* ins Auge sehen *(+D)*

facecloth [ˈfeɪsklɒθ] *n (UK)* Waschlappen *der*

facial [ˈfeɪʃl] *n* Gesichtsmassage *die*

facilitate [fə'sɪlɪteɪt] *vt* (*fml*) erleichtern

facilities [fə'sɪlɪtiːz] *npl* Einrichtungen *pl*

facsimile [fæk'sɪmɪlɪ] *n* Faksimile *das*

fact [fækt] *n* Tatsache *die* ● **in fact** (*in reality*) tatsächlich; (*moreover*) sogar

factor ['fæktə] *n* Faktor *der* ● **factor ten suntan lotion** Sonnenschutzmittel *das* mit Schutzfaktor zehn

factory ['fæktərɪ] *n* Fabrik *die*

faculty ['fækltɪ] *n* (*at university*) Fakultät *die*

FA Cup *n* Pokalwettbewerb *des britischen Fußballbundes*

fade [feɪd] *vi* **1.** (*sound*) abklingen **2.** (*flower*) verwelken **3.** (*jeans, wallpaper*) verbleichen

faded ['feɪdɪd] *adj* (*jeans*) ausgewaschen

fag [fæg] *n* (*UK*) (*inf*) (*cigarette*) Kippe *die*

Fahrenheit ['færənhaɪt] *adj* Fahrenheit

fail [feɪl] ◇ *vt* (*exam*) nicht bestehen ◇ *vi* **1.** (*not succeed*) scheitern **2.** (*in exam*) durchfallen **3.** (*engine*) ausfallen ● **to fail to do sthg** (*not do*) etw nicht tun

failing ['feɪlɪŋ] ◇ *n* Fehler *der* ◇ *prep* ● **failing that** andernfalls

failure ['feɪljə] *n* **1.** Misserfolg *der* **2.** (*person*) Versager *der*

faint [feɪnt] ◇ *adj* schwach ◇ *vi* ohnmächtig werden ● **I haven't the faintest idea** ich habe keinen blassen Schimmer

fair [feə] ◇ *adj* **1.** (*just*) fair, gerecht **2.** (*quite large*) ziemlich groß **3.** (*quite good*) ziemlich gut **4.** (*hair*) hellblond **5.** (*skin*) hell **6.** (*hair, person*) blond **7.** (*weather*) gut ◇ *n* **1.** (*funfair*) Jahrmarkt *der* **2.** (*trade fair*) Messe *die* ● **fair enough!** na gut! ● **a fair number of times** ziemlich oft

fairground ['feəgraʊnd] *n* Jahrmarkt *der*

fair-haired [-'heəd] *adj* blond

fairly ['feəlɪ] *adv* (*quite*) ziemlich

fairy ['feərɪ] *n* Fee *die*

fairy tale *n* Märchen *das*

faith [feɪθ] *n* **1.** Glaube *der* **2.** (*confidence*) Vertrauen *das* ● **to have faith in sb** Vertrauen zu jm haben

faithfully ['feɪθfʊlɪ] *adv* ● **Yours faithfully** Hochachtungsvoll

fake [feɪk] ◇ *n* (*false thing*) Fälschung *die* ◇ *vt* fälschen

fall [fɔːl] (*pt* **fell**, *pp* **fallen**) ◇ *vi* fallen ◇ *n* **1.** (*accident*) Sturz *der* **2.** (*decrease*) Sinken *das* **3.** (*of snow*) Schneefall *der* **4.** (*US*) (*autumn*) Herbst *der* ● **to fall asleep** einschlafen ● **to fall ill** krank werden ● **to fall in love** sich verlieben ◆ **falls** *npl* (*waterfall*) Fälle *pl* ◆ **fall behind** *vi* (*with work, rent*) in Rückstand geraten ◆ **fall down** *vi* hinfallen ◆ **fall off** *vi* **1.** herunterfallen **2.** (*handle*) abfallen **3.** (*branch*) abbrechen ◆ **fall out** *vi* **1.** (*hair, teeth*) ausfallen **2.** (*argue*) sich streiten ◆ **fall over** *vi* hinfallen ◆ **fall through** *vi* ins Wasser fallen

false [fɔːls] *adj* falsch

false alarm *n* falscher Alarm

false teeth *npl* Gebiss *das*

fame [feɪm] *n* Ruhm *der*

familiar [fə'mɪljə] *adj* **1.** bekannt **2.** (*informal*) vertraulich ● **to be familiar with** (*know*) sich auskennen mit

family ['fæmlɪ] ◇ *n* Familie *die* ◇ *adj* **1.** (*pack, size*) Familien- **2.** (*film, holiday*) für die ganze Familie

family planning clinic [-'plænɪŋ-] *n* ≈ Pro Familia-Beratungsstelle *die*

family room *n* **1.** (*at hotel*) Doppelzimmer mit Kinderbett **2.** (*at pub, airport*)

Raum für Familien mit kleinen Kindern

famine ['fæmɪn] n Hungersnot die

famished ['fæmɪʃt] adj (inf) ausgehungert

famous ['feɪməs] adj berühmt

fan [fæn] n 1. (electric) Ventilator der 2. (held in hand) Fächer der 3. (enthusiast, supporter) Fan der

fan belt n Keilriemen der

fancy ['fænsɪ] ◇ vt 1. (inf) (feel like) Lust haben auf (+A) 2. (be attracted to) scharf sein auf (+A) ◇ adj (elaborate) ausgefallen ● **fancy (that)!** also so was!

fancy dress n Verkleidung die (Kostüm)

fan heater n Heizlüfter der

fanlight ['fænlaɪt] n (UK) Oberlicht das

fantastic [fæn'tæstɪk] adj fantastisch

fantasy ['fæntəsɪ] n Fantasie die

far [fɑːʳ] (compar **further** OR **farther**, superl **furthest** OR **farthest**) ◇ adv weit ◇ adj weit ● **have you come far?** sind Sie von weit her gekommen? ● **how far is it (to London)?** wie weit ist es (bis London)? ● **as far as** (town, country) bis nach; (station, school) bis zu (+D) ● **as far as I'm concerned** was mich betrifft ● **as far as I know** soweit ich weiß ● **far better** weitaus besser ● **by far** bei weitem ● **so far** (until now) bisher

farce [fɑːs] n Farce die

fare [feəʳ] ◇ n 1. Fahrpreis der 2. (for plane) Flugpreis der 3. (fml) (food) Kost die ◇ vi ● **she fared well/badly** es ist ihr gut/schlecht ergangen

Far East n ● **the Far East** der Ferne Osten

fare stage n (UK) Teilstrecke die

farm [fɑːm] n Bauernhof der

farmer ['fɑːməʳ] n Bauer der, Bäuerin die

farmhouse ['fɑːmhaʊs] n Bauernhaus das

farming ['fɑːmɪŋ] n Landwirtschaft die

farmland ['fɑːmlænd] n Ackerland das

farmyard ['fɑːmjɑːd] n Hof der

farther ['fɑːðəʳ] compar ➤ far

farthest ['fɑːðəst] superl ➤ far

fascinating ['fæsɪneɪtɪŋ] adj faszinierend

fascination [ˌfæsɪ'neɪʃn] n Faszination die

fashion ['fæʃn] n 1. Mode die 2. (manner) Art die ● **to be in fashion** in Mode sein ● **to be out of fashion** aus der Mode sein

fashionable ['fæʃnəbl] adj modisch

fashion show n Modenschau die

fast [fɑːst] ◇ adv 1. schnell 2. (securely) fest ◇ adj 1. schnell 2. (clock, watch) ● **to be fast** vorgehen ● **to be fast asleep** fest schlafen ● **a fast train** ein Schnellzug

fasten ['fɑːsn] vt 1. (coat, door, window) zumachen 2. (seatbelt) sich anschnallen 3. (two things) festmachen

fastener ['fɑːsnəʳ] n Verschluss der

fast food n Fastfood der

fat [fæt] ◇ adj 1. dick 2. (meat) fett ◇ n Fett das

fatal ['feɪtl] adj tödlich

father ['fɑːðəʳ] n Vater der

Father Christmas n (UK) Weihnachtsmann der

father-in-law n Schwiegervater der

fattening ['fætnɪŋ] adj ● **to be fattening** dick machen

fatty ['fætɪ] adj fettreich

faucet ['fɔːsɪt] n (US) Hahn der

fault ['fɔːlt] n 1. (responsibility) Schuld die

2. (error) Fehler der ● it's your fault du hast Schuld

faulty ['fɔːltɪ] adj fehlerhaft

favor ['feɪvər] (US) = favour

favorites ['feɪvrɪts] n COMPUT Favoriten pl

favour ['feɪvər] ◇ n (UK) (kind act) Gefallen der ◇ vt (UK) (prefer) vorziehen ● to be in favour of sthg für etw sein ● to do sb a favour jm einen Gefallen tun

favourable ['feɪvrəbl] adj günstig

favourite ['feɪvrɪt] ◇ n Lieblings- ◇ n (in sport) Favorit der, -in die

fawn [fɔːn] adj hellbraun

fax [fæks] ◇ n Fax das ◇ vt faxen

fear [fɪər] ◇ n Angst die ◇ vt fürchten ● for fear of doing sthg aus Angst, etw zu tun

feast [fiːst] n Festessen das

feather ['feðər] n Feder die

feature ['fiːtʃər] ◇ n **1.** (characteristic) Merkmal das **2.** (of face) Gesichtszug der **3.** (in newspaper, on radio, TV) Feature das ◇ vt (subj: film) ● this film features Marlon Brando in diesem Film spielt Marlon Brando mit

feature film n Spielfilm der

Feb. (abbr of February) Febr.

February ['februərɪ] n Februar der ➤ September

fed [fed] pt & pp ➤ feed

fed up adj ● to be fed up (with) die Nase voll haben (von)

fee [fiː] n Gebühr die

feeble ['fiːbəl] adj schwach

feed [fiːd] (pt & pp fed) vt **1.** füttern **2.** (coins) einwerfen

feel [fiːl] (pt & pp felt) ◇ vt **1.** fühlen **2.** (think) glauben ◇ vi **1.** sein **2.** (ill, old,

young) sich fühlen **3.** (seem) sich anlfühlen ◇ n (of material) ● it has a soft feel es fühlt sich weich an ● I feel cold mir ist kalt ● I feel ill ich fühle mich nicht gut ● to feel like sthg (fancy) Lust haben auf etw (A) ● to feel up to doing sthg sich einer Sache gewachsen fühlen

feeling ['fiːlɪŋ] n Gefühl das

feet [fiːt] pl ➤ foot

fell [fel] ◇ pt ➤ fall ◇ vt (tree) fällen

fellow ['feləʊ] ◇ adj Mit- ◇ n (man) Mann der

felt [felt] ◇ pt & pp ➤ feel ◇ n Filz der

felt-tip pen n Filzstift der

female ['fiːmeɪl] ◇ adj weiblich ◇ n (animal) Weibchen das

feminine ['femɪnɪn] adj feminin

feminist ['femɪnɪst] n Feministin die

fence [fens] n Zaun der

fencing ['fensɪŋ] n SPORT Fechten das

fend [fend] vi ● to fend for o.s. allein zurechtlkommen

fender ['fendər] n **1.** (for fireplace) Kamingitter das **2.** (US) (on car) Kotflügel der

fennel ['fenl] n Fenchel der

fern [fɜːn] n Farn der

ferocious [fə'rəʊʃəs] adj wild

ferry ['ferɪ] n Fähre die

fertile ['fɜːtaɪl] adj (land) fruchtbar

fertilizer ['fɜːtɪlaɪzər] n Dünger der

festival ['festəvl] n **1.** (of music, arts etc) Festspiele pl **2.** (holiday) Feiertag der

feta cheese ['fetə-] n Feta der

fetch [fetʃ] vt **1.** holen **2.** (be sold for) einlbringen

fete [feɪt] n Wohltätigkeitsbazar der

fever ['fiːvər] n Fieber das ● to have a

fever Fieber haben

feverish ['fiːvərɪʃ] *adj* fiebrig

few [fjuː] *adj & pron* wenige ● the first few times die ersten paar Male ● a few ein paar ● quite a few eine ganze Menge

fewer ['fjuːəʳ] *adj & pron* weniger

fiancé [fɪˈɒnseɪ] *n* Verlobte *der*

fiancée [fɪˈɒnseɪ] *n* Verlobte *die*

fib [fɪb] *n* (*inf*) ● to tell a fib flunkern

fiber ['faɪbəʳ] (*US*) = fibre

fibre ['faɪbəʳ] *n* 1. (*UK*) Faser *die* 2. (*in food*) Ballaststoffe *pl*

fibreglass ['faɪbəglɑːs] *n* Glasfaser *die*

fickle ['fɪkl] *adj* launisch

fiction ['fɪkʃn] *n* Belletristik *die*

fiddle ['fɪdl] ◇ *n* (*violin*) Geige *die* ● *vi* ● to fiddle with sthg an etw (*D*) fummeln

fidget ['fɪdʒɪt] *vi* zappeln

field [fiːld] *n* 1. Feld *das* 2. (*subject*) Gebiet *das*

field glasses *npl* Feldstecher *der*

fierce [fɪəs] *adj* 1. (*animal*) wild 2. (*person, storm*) heftig 3. (*heat*) brütend

fifteen [fɪfˈtiːn] *num* fünfzehn ≥ six

fifteenth [ˌfɪfˈtiːnθ] *num* fünfzehnte(r)(s) ≥ sixth

fifth [fɪfθ] *num* fünfte(r)(s) ≥ sixth

fiftieth ['fɪftɪəθ] *num* fünfzigste(r)(s) ≥ sixth

fifty ['fɪftɪ] *num* fünfzig ≥ six

fig [fɪg] *n* Feige *die*

fight [faɪt] (*pt & pp* **fought**) ◇ *n* 1. Kampf *der* 2. (*brawl*) Prügelei *die* 3. (*argument*) Streit *der* ◇ *vt* 1. kämpfen gegen 2. (*combat*) bekämpfen ◇ *vi* 1. kämpfen 2. (*brawl*) sich schlagen 3. (*quarrel*) sich streiten ● to have a fight with sb sich mit jm schlagen ◆ **fight**

back *vi* zurücklschlagen ◆ **fight off** *vt sep* ablwehren

fighting ['faɪtɪŋ] *n* 1. Prügelei *die* 2. (*military*) Kämpfe *pl*

figure [(*UK*) 'fɪgəʳ, (*US*) 'fɪgjər] *n* 1. Zahl *die* 2. (*shape of body*) Figur *die* 3. (*outline of person*) Gestalt *die* 4. (*diagram*) Abbildung *die* ◆ **figure out** *vt sep* herausIfinden

file [faɪl] ◇ *n* 1. Akte *die* 2. COMPUT Datei *die* 3. (*tool*) Feile *die* ◇ *vt* 1. (*complaint, petition*) einlreichen 2. ● to file one's nails sich (*D*) die Nägel feilen ● in single file im Gänsemarsch

filing cabinet ['faɪlɪŋ-] *n* Aktenschrank *der*

fill [fɪl] *vt* 1. füllen 2. (*role*) auslfüllen ◆ **fill in** *vt sep* (*form*) auslfüllen ◆ **fill out** *vt sep* = fill in ◆ **fill up** *vt sep* füllen ● fill her up! (*with petrol*) voll tanken, bitte!

filled roll ['fɪld-] *n* belegtes Brötchen

fillet ['fɪlɪt] *n* Filet *das*

fillet steak *n* Filetsteak *das*

filling ['fɪlɪŋ] ◇ *n* Füllung *die* ◇ *adj* sättigend

filling station *n* Tankstelle *die*

film [fɪlm] ◇ *n* Film *der* ◇ *vt* filmen

film star *n* Filmstar *der*

filter ['fɪltəʳ] *n* Filter *der*

filthy ['fɪlθɪ] *adj* dreckig

fin [fɪn] *n* 1. Flosse *die* 2. (*US*) (*of swimmer*) Schwimmflosse *die*

final ['faɪnl] ◇ *adj* 1. letzte(r)(s) 2. (*decision*) endgültig ◇ *n* Finale *das*

finalist ['faɪnəlɪst] *n* SPORT Finalist *der*, -in *die*

finally ['faɪnəlɪ] *adv* schließlich

finance ◇ *n* ['faɪnæns] 1. Geldmittel *pl* 2. (*management of money*) Finanzwesen *das*

◇ *vt* [far'næns] finanzieren ● **finances** *npl* Finanzen *pl*

financial [fɪ'nænʃl] *adj* finanziell

find [faɪnd] (*pt & pp* **found**) ◇ *vt* 1. finden 2. *(find out)* herausfinden ◇ *n* Fund *der* ● **to find the time to do sthg** die Zeit finden, etw zu tun ◆**find out** *vt sep* herausfinden ◇ *vi* ● **to find out (about)** herausfinden (über (+A))

fine [faɪn] ◇ *adj* 1. *(good)* herrlich 2. *(satisfactory)* gut, in Ordnung 3. *(thin)* fein ◇ *adv* 1. *(thinly)* fein 2. *(well)* gut ◇ *n* Geldstrafe *die* ◇ *vt* zu einer Geldstrafe verurteilen ● **I'm fine** mir geht es gut

fine art *n* schöne Künste *pl*

finger ['fɪŋgə'] *n* Finger *der*

fingernail ['fɪŋgəneɪl] *n* Fingernagel *der*

fingertip ['fɪŋgətɪp] *n* Fingerspitze *die*

finish ['fɪnɪʃ] ◇ *n* 1. Schluss *der* 2. SPORT Finish *das* 3. *(on furniture)* Oberfläche *die*, Aspekt *der* ◇ *vt* 1. beenden 2. *(food, meal)* auslessen 3. *(drink)* austrinken ◇ *vi* 1. *(end)* zu Ende gehen 2. *(in race)* durchs Ziel gehen ● **to finish doing sthg** etw zu Ende machen ◆**finish off** *vt sep* 1. *(complete)* zu Ende machen 2. *(food, meal)* auslessen 3. *(drink)* austrinken ◆ **finish up** *vi* hinlgelangen ● **to finish up doing sthg** zum Schluss etw tun

Finland ['fɪnlənd] *n* Finnland *nt*

Finn [fɪn] *n* Finne *der*, Finnin *die*

Finnan haddock ['fɪnən-] *n* schottischer geräucherter Schellfisch

Finnish ['fɪnɪʃ] ◇ *adj* finnisch ◇ *n* Finnisch *das*

fir [fɜː'] *n* Tanne *die*

fire ['faɪə'] ◇ *n* 1. Feuer *das* 2. *(device)* Ofen *der* ◇ *vt* 1. *(gun)* ablfeuern 2. *(from job)* feuern ● **to be on fire** brennen ●

to catch fire Feuer fangen

fire alarm *n* Feuermelder *der*

fire brigade *n (UK)* Feuerwehr *die*

fire department *(US)* = **fire brigade**

fire engine *n* Feuerwehrauto *das*

fire escape *n* 1. *(staircase)* Feuertreppe *die* 2. *(ladder)* Feuerleiter *die*

fire exit *n* Notausgang *der*

fire extinguisher *n* Feuerlöscher *der*

fire hazard *n* ● **to be a fire hazard** feuergefährlich sein

fireman ['faɪəmən] (*pl* **-men**) *n* Feuerwehrmann *der*

fireplace ['faɪəpleɪs] *n* Kamin *der*

fire regulations *npl* Brandschutzbestimmungen *pl*

fire station *n* Feuerwache *die*

firewall ['faɪəwɔːl] *n* COMPUT Firewall *die*

firewood ['faɪəwʊd] *n* Brennholz *das*

firework display ['faɪəwɜːk-] *n* Feuerwerk *das*

fireworks ['faɪəwɜːks] *npl* Feuerwerkskörper *pl*

firm [fɜːm] ◇ *adj* 1. fest 2. *(mattress)* hart ◇ *n* Firma *die*

first [fɜːst] ◇ *adj* erste(r)(s) ◇ *adv* 1. zuerst 2. *(in order)* als erste 3. *(for the first time)* zum ersten Mal ◇ *pron* erste der, die, das ◇ *n (event)* erstmaliges Ereignis ● **first (gear)** erster Gang ● **first thing (in the morning)** gleich morgens früh ● **for the first time** zum ersten Mal ● **the first of January** der erste Januar ● **at first** zuerst ● **first of all** zu allererst

first aid *n* Erste Hilfe

first-aid kit *n* Verbandskasten *der*

first class *n* 1. erste Klasse 2. *(mail)* Post, die schneller befördert werden soll oder in die EU geht

first-class *adj* **1.** *(stamp)* für Briefe, die schneller befördert werden sollen oder in die EU gehen **2.** *(ticket)* erster Klasse **3.** *(very good)* erstklassig

first floor *n* **1.** *(UK)* erster Stock *der* **2.** *(US) (ground floor)* Erdgeschoss *das*

firstly ['fɜːstlɪ] *adv* zuerst

First World War *n* ● the First World War der Erste Weltkrieg

fish [fɪʃ] *(pl inv) n* ◇ *n* Fisch *der* ◇ *vi* **1.** *(with net)* fischen **2.** *(with rod)* angeln

fish and chips *n* ausgebackener Fisch mit Pommes frites

fishcake ['fɪʃkeɪk] *n* Fischfrikadelle *die*

fisherman ['fɪʃəmən] *(pl* -men*) n* Fischer *der*

fish farm *n* Fischzucht *die*

fish fingers *npl (UK)* Fischstäbchen *pl*

fishing ['fɪʃɪŋ] *n* **1.** *(hobby)* Angeln *das* **2.** *(business)* Fischerei *die* ● to go fishing angeln gehen

fishing boat *n* Fischerboot *das*

fishing rod *n* Angel *die*

fishmonger's ['fɪʃˌmʌŋgəz] *n (shop)* Fischgeschäft *das*

fish sticks *(US)* = fish fingers

fist [fɪst] *n* Faust *die*

fit [fɪt] ◇ *adj (healthy)* fit ◇ *vt* **1.** passen *(+D)* **2.** *(install)* einbauen **3.** *(insert)* einstecken ◇ *vi* passen ◇ *n* **1.** *(epileptic, of coughing, anger)* Anfall *der* **2.** *(of clothes, shoes)* ● to be a good fit gut passen ● to be fit for sthg *(suitable)* für etw geeignet sein ● fit to eat essbar ● it doesn't fit es passt nicht ● to get fit fit werden ● to keep fit fit bleiben ● **fit in** ◇ *vt sep (find time for)* einschieben ◇ *vi (belong)* sich einfügen

fitness ['fɪtnɪs] *n (health)* Fitness *die*

fitted carpet [ˌfɪtəd-] *n* Teppichboden *der*

fitted sheet [ˌfɪtəd-] *n* Spannbettlaken *das*

fitting room ['fɪtɪŋ-] *n* Umkleideraum *der*

five [faɪv] *num* fünf ➤ six

fiver ['faɪvə] *n* **1.** *(UK) (inf) (£5)* fünf Pfund *pl* **2.** *(£5 note)* Fünfpfundschein *der*

fix [fɪks] *vt* **1.** *(attach)* anlbringen **2.** *(mend)* reparieren **3.** *(decide on, arrange)* festlegen ● to fix sb a drink/meal jm einen Drink/etwas zu essen machen ● **fix up** *vt sep* ● to fix sb up with sthg jm etw besorgen

fixture ['fɪkstʃə] *n SPORT* Spiel *das* ● **fixtures and fittings** zu einer Wohnung gehörende Ausstattung und Installationen

fizzy ['fɪzɪ] *adj* kohlensäurehaltig

flag [flæg] *n* Fahne *die*

flake [fleɪk] ◇ *n* Flocke *die* ◇ *vi* ablblättern

flame [fleɪm] *n* Flamme *die*

flammable ['flæməbl] *adj* feuergefährlich

flan [flæn] *n* **1.** *(sweet)* Torte *die* **2.** *(savoury)* Pastete *die*

flannel ['flænl] *n* **1.** *(material)* Flanell *der* **2.** *(UK) (for washing face)* Waschlappen *der* ● **flannels** *npl* Flanellhose *die*

flap [flæp] ◇ *n* Klappe *die* ◇ *vt (wings)* schlagen mit

flapjack ['flæpdʒæk] *n (UK)* Haferflockenplätzchen *das*

flare [fleə] *n (signal)* Leuchtrakete *die*

flared [fleəd] *adj (trousers, skirt)* ausgestellt

flash [flæʃ] ◇ *n* Blitz *der* ◇ *vi (light)*

blinken • **a flash of lightning** ein Blitz • **to flash one's headlights** die Lichthupe benutzen

flashlight ['flæʃlaɪt] n Taschenlampe die

flask [flɑːsk] n 1. *(Thermos)* Thermosflasche die 2. *(hip flask)* Flachmann der

flat [flæt] ◇ adj 1. flach 2. *(battery)* leer 3. *(drink)* abgestanden 4. *(rate, fee)* Pauschal- ◇ adv flach ◇ n *(UK)* *(apartment)* Wohnung die • **a flat (tyre)** eine Reifenpanne • **flat out** *(run, work)* mit Volldampf

flatter ['flætər] vt schmeicheln (+D)

flavor ['fleɪvər] *(US)* = flavour

flavour ['fleɪvər] n *(UK)* Geschmack der

flavoured ['fleɪvəd] adj mit Geschmacksstoffen

flavouring ['fleɪvərɪŋ] n Aroma das

flaw [flɔː] n Fehler der

flea [fliː] n Floh der

flea market n Flohmarkt der

fleece [fliːs] n *(downy material)* Fleece der

fleet [fliːt] n Flotte die

Fleet Street

Die Straße im Londoner Zentrum ist seit dem 16. Jh. ein Symbol für die britische Presse: Bis Mitte der 1980er Jahre hatten hier Hunderte von Regionalblättern und die meisten wichtigen überregionalen Zeitungen ihren Sitz. Inzwischen sind die größten Zeitungsverlage in geräumigere Gebäude außerhalb des Zentrums umgezogen.

Flemish ['flemɪʃ] ◇ adj flämisch ◇ n Flämisch das

flesh [fleʃ] n Fleisch das

flew [fluː] pt > fly

flex [fleks] n Schnur die

flexible ['fleksəbl] adj 1. *(bendable)* biegsam 2. *(adaptable)* flexibel

flick [flɪk] vt 1. *(a switch)* an|knipsen 2. *(with finger)* weg|schnipsen • **flick through** vt insep durch|blättern

flies [flaɪz] npl *(of trousers)* Hosenschlitz der

flight [flaɪt] n Flug der • **a flight (of stairs)** eine Treppe

flight attendant n Flugbegleiter der, -in die

flimsy ['flɪmzɪ] adj leicht

fling [flɪŋ] *(pt & pp flung)* vt schleudern

flint [flɪnt] n *(of lighter)* Feuerstein der

flip-flop [flɪp-] n *(UK)* Plastiksandale die

flipper ['flɪpər] n *(UK)* *(of swimmer)* Schwimmflosse die

flirt [flɜːt] vi • **to flirt (with sb)** (mit jm) flirten

float [fləʊt] ◇ n 1. *(for swimming)* Schwimmkork der 2. *(for fishing)* Schwimmer der 3. *(in procession)* Festwagen der 4. *(drink)* Limonade mit einer Kugel Speiseeis ◇ vi treiben

flock [flɒk] ◇ n 1. *(of birds)* Schwarm der 2. *(of sheep)* Herde die ◇ vi *(people)* strömen

flood [flʌd] ◇ n Überschwemmung die ◇ vt überschwemmen ◇ vi *(river)* über die Ufer treten

floodlight ['flʌdlaɪt] n Flutlicht das

floor [flɔːr] n 1. Boden der 2. *(storey)* Stock der 3. *(of nightclub)* Tanzfläche die

floorboard ['flɔːbɔːd] n Diele die

floor show n Revue die

flop [flɒp] *n* (*inf*) (*failure*) Flop *der*

floppy disk [ˈflɒpɪ-] *n* Diskette *die*

floral [ˈflɔːrəl] *adj* (*pattern*) Blumen-, geblümt

Florida Keys [ˈflɒrɪdə-] *npl* Inselkette *vor der Küste Floridas*

florist's [ˈflɒrɪsts] *n* (*shop*) Blumenladen *der*

flour [ˈflaʊəʳ] *n* Mehl *das*

flow [fləʊ] ◇ *n* Fluss *der* ◇ *vi* fließen

flower [ˈflaʊəʳ] *n* Blume *die*

flowerbed [ˈflaʊəbed] *n* Blumenbeet *das*

flowerpot [ˈflaʊəpɒt] *n* Blumentopf *der*

flown [fləʊn] *pp* ➤ **fly**

fl oz *abbr* = **fluid ounce**

flu [fluː] *n* Grippe *die*

fluent [ˈfluːənt] *adj* fließend ● she speaks fluent German sie spricht fließend Deutsch

fluff [flʌf] *n* (*on clothes*) Fussel *die*

fluid ounce [ˈfluːɪd-] *n* = 0,0284 Liter

flume [fluːm] *n* Wasserbahn *die*

flung [flʌŋ] *pt* & *pp* ➤ **fling**

flunk [flʌŋk] *vt* (*US*) (*inf*) (*exam*) verhauen

fluorescent [fluəˈresənt] *adj* fluoreszierend

flush [flʌʃ] ◇ *vt* spülen ◇ *vi* ● the toilet won't flush die Spülung funktioniert nicht

flute [fluːt] *n* Querflöte *die*

fly [flaɪ] (*pt* **flew**, *pp* **flown**) ◇ *n* **1.** (*insect*) Fliege *die* **2.** (*of trousers*) Hosenschlitz *der* ◇ *vt* **1.** fliegen **2.** (*airline*) fliegen *mit* ◇ *vi* **1.** fliegen **2.** (*flag*) wehen

fly-drive *n* Fly-drive Urlaub *der*

flying [ˈflaɪɪŋ] *n* Fliegen *das*

flyover [ˈflaɪˌəʊvəʳ] *n* (*UK*) Fly-over *der*, Straßenüberführung *die*

flypaper [ˈflaɪˌpeɪpəʳ] *n* Fliegenfänger *der*

flysheet [ˈflaɪʃiːt] *n* Überzelt *das*

FM *n* ≃ UKW

foal [fəʊl] *n* Fohlen *das*

foam [fəʊm] *n* **1.** Schaum *der* **2.** (*foam rubber*) Schaumstoff *der*

focus [ˈfəʊkəs] ◇ *n* Brennpunkt *der* ◇ *vi* ● to focus on sthg (*with camera*) die Kamera scharf auf etw (*A*) einstellen ● in focus scharf ● out of focus unscharf

fog [fɒg] *n* Nebel *der*

fogbound [ˈfɒgbaʊnd] *adj* (*airport*) wegen Nebel geschlossen

foggy [ˈfɒgɪ] *adj* neblig

fog lamp *n* Nebelscheinwerfer *der*

foil [fɔɪl] *n* (*thin metal*) Folie *die*

fold [fəʊld] ◇ *n* Falte *die* ◇ *vt* **1.** falten **2.** (*wrap*) einwickeln ● to fold one's arms die Arme verschränken ◆ **fold up** *vi* (*chair, bed, bicycle*) sich zusammenklappen lassen

folder [ˈfəʊldəʳ] *n* Mappe *die*

foliage [ˈfəʊlɪdʒ] *n* Laub *das*

folk [fəʊk] ◇ *npl* (*people*) Leute *pl* ◇ *n* ● folk (*music*) (*popular*) Folk *der*; (*traditional*) Volksmusik *die* ◆ **folks** *npl* (*inf*) (*relatives*) Leute *pl*

follow [ˈfɒləʊ] ◇ *vt* **1.** folgen (*+D*) **2.** (*with eyes*) mit den Augen folgen (*+D*) **3.** (*news, fashion*) verfolgen ◇ *vi* folgen ● followed by gefolgt von ● as follows wie folgt ◆ **follow on** *vi* (*come later*) später folgen

following [ˈfɒləʊɪŋ] ◇ *adj* folgend ◇ *prep* nach

follow on call *n* in Telefonzelle, weiterer Anruf, um die eingeworfene Münze zu verbrauchen

fond [fɒnd] *adj* ● **to be fond of** gern haben

fondue ['fɒndu:] *n* Fondue *das*

food [fu:d] *n* **1.** Essen *das* **2.** *(for animals)* Futter *das*

food poisoning [-ˌpɔɪznɪŋ] *n* Lebensmittelvergiftung *die*

food processor [-ˌprəʊsesə'] *n* Küchenmaschine *die*

foodstuffs ['fu:dstʌfs] *npl* Nahrungsmittel *pl*

fool [fu:l] ◇ *n* **1.** *(idiot)* Dummkopf *der* **2.** *(pudding)* Cremespeise *aus Sahne und Obst* ◇ *vt* irreführen

foolish ['fu:lɪʃ] *adj* dumm

foot [fʊt] *(pl* **feet)** *n* Fuß *der* ● **by foot** zu Fuß ● **on foot** zu Fuß

football ['fʊtbɔ:l] *n* **1.** *(UK)* Fußball *der* **2.** *(US)* *(American football)* Football *der* **3.** *(US)* *(in American football)* Ball *der*

footballer ['fʊtbɔ:lə'] *n* *(UK)* Fußballer *der*, **-in** *die*

football pitch *n* *(UK)* Fußballfeld *das*

footbridge ['fʊtbrɪdʒ] *n* Fußgängerbrücke *die*

footpath ['fʊtpɑ:θ] *n* Fußweg *der*

footprint ['fʊtprɪnt] *n* Fußabdruck *der*

footstep ['fʊtstep] *n* Schritt *der*

footwear ['fʊtweə'] *n* Schuhwerk *das*

for [fɔ:'] *prep* **1.** *(expressing purpose, reason, destination)* für ● **this book is for you** dieses Buch ist für dich/Sie ● **a ticket for Manchester** eine Fahrkarte nach Manchester ● **a town famous for its wine** eine Stadt, die für ihren Wein bekannt ist ● **for this reason** aus diesem Grund ● **a cure for sore throats** ein Mittel gegen Halsschmerzen ● **what**

did you do that for? wozu hast du das getan? ● what's it for? wofür ist das? ● to go for a walk spazieren gehen ▼ for sale zu verkaufen **2.** *(during)* seit ● I've lived here for ten years ich lebe seit zehn Jahren hier ● we talked for hours wir redeten stundenlang **3.** *(by, before)* für ● be there for 8 p.m. sei um 8 Uhr abends da ● I'll do it for tomorrow ich mache es bis morgen **4.** *(on the occasion of)* zu ● I got socks for Christmas ich habe Socken zu Weihnachten bekommen ● what's for dinner? was gibt's zum Abendessen? **5.** *(on behalf of)* für ● to do sthg for sb etw für jn tun **6.** *(with time and space)* für ● there's no room for it dafür ist kein Platz ● to have time for sthg für etw Zeit haben **7.** *(expressing distance)* ● we drove for miles wir fuhren meilenweit ● road works for 20 miles Straßenarbeiten auf 20 Meilen **8.** *(expressing price)* für ● I bought it for five pounds ich kaufte es für fünf Pfund **9.** *(expressing meaning)* ● what's the German for "boy"? wie heißt "Junge" auf Deutsch? **10.** *(with regard to)* für ● it's warm for November es ist warm für November ● it's easy for you es ist leicht für dich ● it's too far for us to walk zum Gehen ist es für uns zu weit

forbid [fə'bɪd] *(pt* **-bade,** *pp* **-bidden)** *vt* verbieten ● **to forbid sb to do sthg** jm verbieten, etw zu tun

forbidden [fə'bɪdn] *adj* verboten

force [fɔ:s] ◇ *n* **1.** Kraft *die* **2.** *(violence)* Gewalt *die* ◇ *vt* **1.** *(physically)* zwingen **2.** *(lock, door)* aufbrechen ● **to force sb to do sthg** jn zwingen, etw zu tun ● **to force one's way through** sich gewaltsam einen Weg bahnen ● **the forces** die Streitkräfte

ford [fɔːd] *n* Furt die

forecast ['fɔːkɑːst] *n* Vorhersage die

forecourt ['fɔːkɔːt] *n* Vorhof der

forefinger ['fɔːˌfɪŋgəʳ] *n* Zeigefinger der

foreground ['fɔːgraʊnd] *n* Vordergrund der

forehead ['fɔːhed] *n* Stirn die

foreign ['fɒrən] *adj* ausländisch, Auslands- ● **foreign country** Ausland das ● **foreign language** Fremdsprache die

foreign currency *n* Devisen *pl*

foreigner ['fɒrənəʳ] *n* Ausländer der, -in die

foreign exchange *n* Devisen *pl*

Foreign Secretary *n* (*UK*) Außenminister der, -in die

foreman ['fɔːmən] (*pl* **-men**) *n* Vorarbeiter der

forename ['fɔːneɪm] *n* (*fml*) Vorname der

foresee [fɔːˈsiː] (*pt* **-saw**, *pp* **-seen**) *vt* voraussehen

forest ['fɒrɪst] *n* Wald der

forever [fəˈrevəʳ] *adv* **1.** ewig **2.** (*continually*) ständig

forgave [fəˈgeɪv] *pt* ➢ forgive

forge [fɔːdʒ] *vt* (*copy*) fälschen

forgery ['fɔːdʒərɪ] *n* Fälschung die

forget [fəˈget] (*pt* **-got**, *pp* **-gotten**) *vt* & *vi* vergessen ● **to forget about sthg** etw vergessen ● **to forget how to do sthg** etw verlernen ● **to forget to do sthg** vergessen, etw zu tun ● **forget it!** vergiss es!

forgetful [fəˈgetfʊl] *adj* vergesslich

forgive [fəˈgɪv] (*pt* **-gave**, *pp* **-given**) *vt* vergeben ● **to forgive sb for sthg** jm etw vergeben

forgot [fəˈgɒt] *pt* ➢ forget

forgotten [fəˈgɒtn] *pp* ➢ forget

fork [fɔːk] *n* **1.** Gabel die **2.** (*of road, path*) Gabelung die ● **forks** *npl* (*of bike, motorbike*) Gabel die

form [fɔːm] ◇ *n* **1.** (*type, shape*) Form die **2.** (*piece of paper*) Formular das **3.** SCH Klasse die ◇ *vt* bilden ◇ *vi* sich bilden ● **off form** nicht in Form ● **on form** in Form ● **to form part of** einen Teil bilden von

formal ['fɔːml] *adj* **1.** förmlich **2.** (*occasion, clothes*) festlich

formality [fɔːˈmælətɪ] *n* Formalität die ● **it's just a formality** das ist eine reine Formalität

format ['fɔːmæt] *n* Format das

former ['fɔːməʳ] ◇ *adj* **1.** ehemalig **2.** (*first*) früher ◇ *pron* ● **the former** der/die/das erstere

formerly ['fɔːməlɪ] *adv* früher

formula ['fɔːmjʊlə] (*pl* **-as** OR **-ae**) *n* Formel die

fort [fɔːt] *n* Fort das

forthcoming [fɔːθ'kʌmɪŋ] *adj* (*future*) bevorstehend

fortieth ['fɔːtɪɪθ] *num* vierzigste(r)(s) ➢ sixth

fortnight ['fɔːtnaɪt] *n* (*UK*) vierzehn Tage *pl*

fortunate ['fɔːtʃnət] *adj* glücklich ● **to be fortunate** Glück haben

fortunately ['fɔːtʃnətlɪ] *adv* glücklicherweise

fortune ['fɔːtʃuːn] *n* **1.** (*money*) Vermögen das **2.** (*luck*) Glück das ● **it costs a fortune** (*inf*) es kostet ein Vermögen

forty ['fɔːtɪ] *num* vierzig ➢ six

forward ['fɔːwəd] ◇ *adv* (*move, lean*) nach

vorn ◇ *n* SPORT Stürmer *der* ◇ *vt (letter, goods)* nachsenden ● **to look forward to sich freuen auf (+A)**

forwarding address [ˈfɔːwədɪŋ-] *n* Nachsendeadresse *die*

forward slash *n* Schrägstrich *der*

fought [fɔːt] *pt & pp* ➤ **fight**

foul [faʊl] ◇ *adj (unpleasant)* ekelhaft ◇ *n* Foul *das*

found [faʊnd] ◇ *pt & pp* ➤ **find** ◇ *vt* gründen

foundation (cream) [faʊnˈdeɪʃn-] *n* Make-up *das*

foundations [faʊnˈdeɪʃnz] *npl* Fundament *das*

fountain [ˈfaʊntɪn] *n* Brunnen *der*

fountain pen *n* Füllfederhalter *der*

four [fɔːʳ] *num* vier ➤ **six**

four-star (petrol) *n* Super *das*

fourteen [ˌfɔːˈtiːn] *num* vierzehn ➤ **six**

fourteenth [ˌfɔːˈtiːnθ] *num* vierzehnte(r)(s) ➤ **sixth**

fourth [fɔːθ] *num* vierte(r)(s) ➤ **sixth**

Fourth of July

Am *Independence Day*, dem Nationalfeiertag der USA, wird mit Umzügen, Feuerwerken und anderen Festveranstaltungen überall im Land der Unterzeichnung der Unabhängigkeitserklärung am 4. Juli 1776 in Philadelphia (Pennsylvania) gedacht. Das durch den Feiertag entstehende lange Wochenende nutzen viele Amerikaner, um zu verreisen.

four-wheel drive *n (car)* Geländewagen *der*

fowl [faʊl] *(pl inv)* *n* Geflügel *das*

fox [fɒks] *n* Fuchs *der*

foyer [ˈfɔɪeɪ] *n* Foyer *das*

fraction [ˈfrækʃn] *n* **1.** *(small amount)* Bruchteil *der* **2.** *(in maths)* Bruch *der*

fracture [ˈfræktʃəʳ] ◇ *n* Bruch *der* ◇ *vt* brechen

fragile [ˈfrædʒaɪl] *adj* zerbrechlich

fragment [ˈfrægmənt] *n* Bruchstück *das*

fragrance [ˈfreɪgrəns] *n* Duft *der*

frail [freɪl] *adj* gebrechlich

frame [freɪm] ◇ *n* **1.** Rahmen *der* **2.** *(of glasses)* Gestell *das* ◇ *vt* einrahmen

France [frɑːns] *n* Frankreich *das*

frank [fræŋk] *adj* offen

frankfurter [ˈfræŋkfɜːtəʳ] *n* Frankfurter Würstchen *das*

frankly [ˈfræŋklɪ] *adv (to be honest)* ehrlich gesagt

frantic [ˈfræntɪk] *adj* **1.** *(person)* außer sich **2.** *(activity, pace)* hektisch

fraud [frɔːd] *n (crime)* Betrug *der*

freak [friːk] ◇ *adj* anormal ◇ *n (inf) (fanatic)* Freak *der*

freckles [ˈfreklz] *npl* Sommersprossen *pl*

free [friː] ◇ *adj* frei ◇ *vt (prisoner)* befreien ◇ *adv (without paying)* umsonst, gratis ● **for free** umsonst, gratis ● **free of charge** umsonst, gratis ● **to be free to do sthg** etw tun können

freedom [ˈfriːdəm] *n* Freiheit *die*

freefone [ˈfriːfəʊn] *adj (UK)* ● **a freefone number** Anruf *der* zum Nulltarif

free gift *n* Werbegeschenk *das*

free house *n (UK)* brauereiunabhängiges Wirtshaus

free kick *n* Freistoß *der*

freelance [ˈfriːlɑːns] *adj* freiberuflich

freely [ˈfriːlɪ] *adv* frei

105

free period n SCH Freistunde die

freepost ['fri:pəʊst] n gebührenfreie Sendung ▼ freepost Gebühr zahlt Empfänger

free-range adj (eggs) von Hühnern aus Bodenhaltung

free time n Freizeit die

freeway ['fri:weɪ] n (US) Autobahn die

freeze [fri:z] (pt froze, pp frozen) ◇ vt einfrieren ◇ vi gefrieren ◇ impers vb it's freezing es friert

freezer ['fri:zə'] n **1.** (deep freeze) Tiefkühltruhe die, Gefrierschrank der **2.** (part of fridge) Gefrierfach das

freezing ['fri:zɪŋ] adj eiskalt

freezing point n Gefrierpunkt der

freight [freɪt] n (goods) Fracht die

French [frentʃ] ◇ adj französisch ◇ n (language) Französisch das ◇ npl ⫸ the French die Franzosen pl

French bean n grüne Bohne

French bread n Baguette die

French dressing n **1.** (in UK) Vinaigrette die **2.** (in US) French Dressing das

French fries npl Pommes frites pl

Frenchman ['frentʃmən] (pl -men) n Franzose der

French toast n arme Ritter pl

French windows npl Verandatür die

Frenchwoman ['frentʃ,wʊmən] (pl -women) n Französin die

frequency ['fri:kwənsɪ] n Frequenz die

frequent ['fri:kwənt] adj häufig

frequently ['fri:kwəntlɪ] adv häufig

fresh [freʃ] adj **1.** frisch **2.** (new, recent) neu ⫸ fresh water Süßwasser das ⫸ to get some fresh air an die frische Luft gehen

fresh cream n Sahne die

freshen ['freʃn] ⫸ freshen up vi sich frisch machen

freshly ['freʃlɪ] adv frisch

fresh orange (juice) n frischer Orangensaft

Fri (abbr of Friday) Fr.

Friday ['fraɪdɪ] n Freitag der ⫸ Saturday

fridge [frɪdʒ] n Kühlschrank der

fried egg [fraɪd-] n Spiegelei das

fried rice [fraɪd-] n gebratener Reis

friend [frend] n Freund der, -in die ⫸ to be friends with sb mit jm befreundet sein ⫸ to make friends with sb mit jm Freundschaft schließen

friendly ['frendlɪ] adj freundlich ⫸ to be friendly with sb mit jm befreundet sein

friendship ['frendʃɪp] n Freundschaft die

fries [fraɪz] = French fries

fright [fraɪt] n Furcht die ⫸ to give sb a fright jn erschrecken

frighten ['fraɪtn] vt Angst machen (+D), erschrecken

frightened ['fraɪtnd] adj ⫸ to be frightened (of) Angst haben (vor (+D))

frightening ['fraɪtnɪŋ] adj beängstigend

frightful ['fraɪtfʊl] adj fürchterlich

frilly ['frɪlɪ] adj mit Rüschen

fringe [frɪndʒ] n **1.** (UK) (of hair) Pony der **2.** (of clothes, curtain etc) Fransen pl

frisk [frɪsk] vt durchsuchen

fritter ['frɪtə'] n Ausgebackene das in Pfannkuchenteig getauchtes fritiertes Obst oder Gemüse

fro [frəʊ] adv ⫸ to

frog [frɒg] n Frosch der

from [frɒm] prep **1.** (expressing origin, source) von ⫸ where did you get that from? woher hast du das? ⫸ I'm from England ich bin aus England ⫸ I bought it from a supermarket ich habe es in einem Supermarkt gekauft ● the train from Manchester der Zug aus Manchester 2. *(expressing removal, deduction)* von ● away from home weg von zu Hause ● to take sth (away) from sb jm etw wegnehmen ● 10% will be deducted from the total es wird 10% von der Gesamtsumme abgezogen 3. *(expressing distance)* von ● five miles from London fünf Meilen von London entfernt ● it's not far from here es ist nicht weit von hier 4. *(expressing position)* von ● from here you can see the valley von hier aus kann man das Tal sehen 5. *(expressing starting time)* von ... an ● open from nine to five von neun bis fünf geöffnet ● from next year ab nächstem Jahr 6. *(expressing change)* von ● the price has gone up from £1 to £2 der Preis ist von 1 auf 2 Pfund gestiegen 7. *(expressing range)* ● tickets cost from £10 Karten gibt es ab 10 Pfund ● it could take from two to six months es könnte zwischen zwei und sechs Monaten dauern 8. *(as a result of)* von ● I'm tired from walking ich bin vom Gehen müde ● to suffer from asthma an Asthma leiden 9. *(expressing protection)* vor ● sheltered from the wind vor dem Wind geschützt 10. *(in comparisons)* ● different from anders als

fromage frais [ˌfrɒmɑːʒ'freɪ] n Sahnequark der

front [frʌnt] ◇ adj Vorder-, vordere(r)(s) ◇ n 1. Vorderteil das 2. *(of weather)* Front die 3. *(by the sea)* Promenade die ● in front vorne ● in front of vor (+D)

front door n 1. *(of house)* Haustür die 2.

(of flat) Wohnungstür die

frontier [frʌn'tɪə] n Grenze die

front page n Titelseite die

front seat n Vordersitz der

frost [frɒst] n 1. *(on ground)* Reif der 2. *(cold weather)* Frost der

frosty ['frɒstɪ] adj frostig

froth [frɒθ] n Schaum der

frown [fraun] ◇ n Stirnrunzeln das ◇ vi die Stirn runzeln

froze [frəuz] pt ➤ freeze

frozen [frəuzn] ◇ pp ➤ freeze ◇ adj 1. gefroren 2. *(food)* tiefgekühlt, Gefrier- ● I'm frozen mir ist eiskalt

fruit [fruːt] n 1. Obst das 2. *(variety of fruit)* Frucht die ● fruits of the forest Waldbeeren pl

fruit cake n englischer Kuchen

fruiterer ['fruːtərə'] n *(UK)* Obsthändler der

fruit juice n Fruchtsaft der

fruit machine n *(UK)* Spielautomat der

fruit salad n Obstsalat der

frustrating [frʌ'streɪtɪŋ] adj frustrierend

frustration [frʌ'streɪʃn] n Frustration die

fry [fraɪ] vt braten

frying pan ['fraɪŋ-] n Bratpfanne die

ft abbr = foot, feet

fudge [fʌdʒ] n weiches Bonbon aus Milch, Zucker und Butter

fuel [fjuəl] n Kraftstoff der

fuel pump n Zapfsäule die

fulfil [fʊl'fɪl] vt 1. *(UK)* erfüllen 2. *(role)* ausfüllen

fulfill [fʊl'fɪl] *(US)* = fulfil

full [fʊl] adj & adv voll ● I'm full (up) ich bin satt ● full of voll von, voller ● in full vollständig

full board n Vollpension die

full-cream milk *n* Vollmilch *die*

full-length *adj* (skirt, dress) lang

full moon *n* Vollmond *der*

full stop *n* Punkt *der*

full-time *◇ adj* ganztägig, Ganztags- *◇ adv* ganztags

fully ['foli] *adv* ganz

fully-licensed *adj* mit Schankerlaubnis

fumble ['fʌmbl] *vi* wühlen

fun [fʌn] *n* Spaß *der* ● **it's good fun** es macht Spaß ● **for fun** aus Spaß ● **to have fun** sich amüsieren ● **to make fun of** sich lustig machen über (+A)

function ['fʌŋkʃn] *◇ n* **1.** Funktion *die* **2.** (formal event) Veranstaltung *die ◇ vi* funktionieren

fund [fʌnd] *◇ n* (of money) Fonds *der ◇ vt* finanzieren ● **funds** *npl* Geldmittel *pl*

fundamental [,fʌndə'mentl] *adj* Grund-, grundlegend

funeral ['fju:nərəl] *n* Beerdigung *die*

funfair ['fʌnfeə'] *n* Jahrmarkt *der*

funky ['fʌŋkı] *adj* (inf) (music) funky

funnel ['fʌnl] *n* **1.** (for pouring) Trichter *der* **2.** (on ship) Schornstein *der*

funny ['fʌnı] *adj* komisch ● **I feel funny** (ill) mir ist (ganz) komisch

fur [fɜː'] *n* Pelz *der*

fur coat *n* Pelzmantel *der*

furious ['fjʊərıəs] *adj* wütend

furnished ['fɜːnıʃt] *adj* möbliert

furnishings ['fɜːnıʃıŋz] *npl* Einrichtungs-gegenstände *pl*

furniture ['fɜːnıtʃə'] *n* Möbel *pl* ● **a piece of furniture** ein Möbelstück

furry ['fɜːrı] *adj* **1.** (animal) mit dichtem Fell **2.** (toy, material) Plüsch-

further ['fɜːðə'] *◇ compar* ➢ **far** *◇ adv* weiter *◇ adj* weitere(r)(s) ● **until**

further notice bis auf weiteres ● **would you like anything further?** sonst noch etwas?

furthermore [,fɜːðə'mɔː'] *adv* außerdem

furthest ['fɜːðıst] *◇ superl* ➢ **far** *◇ adj* am weitesten entfernt *◇ adv* am weitesten

fuse [fju:z] *◇ n* **1.** (of plug) Sicherung *die* **2.** (on bomb) Zündschnur *die ◇ vi* (plug, device) durch|brennen

fuse box *n* Sicherungskasten *der*

fuss [fʌs] *n* Theater *das*

fussy ['fʌsı] *adj* (person) pingelig

future ['fju:tʃə'] *◇ n* Zukunft *die ◇ adj* künftig ● **in future** in Zukunft

g G

g (abbr of gram) g

gable ['geıbl] *n* Giebel *der*

gadget ['gædʒıt] *n* Gerät *das*

Gaelic ['geılık] *n* Gälisch *das*

gag [gæg] *n* (inf) (joke) Gag *der*

gain [geın] *◇ vt* **1.** (get more of) gewinnen **2.** (achieve) erreichen **3.** (victory) erringen **4.** (subj: clock, watch) vor|gehen *◇ vi* (get benefit) profitieren *◇ n* Gewinn *der* ● **to gain weight** zulnehmen

gale [geıl] *n* Sturm *der*

gallery ['gælərı] *n* **1.** (for art etc) Galerie *die* **2.** (at theatre) dritter Rang

gallon ['gælən] *n* **1.** (in UK) = 4,546 l, Gallone *die* **2.** (in US) = 3,78 l, Gallone

gallop ['gæləp] *vi* galoppieren

gamble ['gæmbl] ◇ n Risiko das ◇ vi (bet money) (um Geld) spielen

gambling ['gæmblɪŋ] n Glücksspiel das

game [geɪm] n 1. Spiel das 2. (wild animals, meat) Wild das ◆ **games** ◇ n SCH Sport der ◇ npl (sporting event) Spiele pl

gammon ['gæmən] n geräucherter Schinken

gang [gæŋ] n 1. (of criminals) Bande die 2. (of friends) Clique die

gangster ['gæŋstəʳ] n Gangster der

gangway ['gæŋweɪ] n 1. (for ship) Gangway die 2. (UK) (in aeroplane, theatre) Gang der

gaol [dʒeɪl] (UK) = jail

gap [gæp] n 1. Lücke die 2. (of time) Pause die 3. (difference) Unterschied der

garage ['gærɑːʒ, 'gærɪdʒ] n 1. (for keeping car) Garage die 2. (UK) (for petrol) Tankstelle die 3. (for repairs) Autowerkstatt die

garbage ['gɑːbɪdʒ] n (US) Müll der

garbage can n (US) Mülleimer der

garbage truck n (US) Müllwagen der

garden ['gɑːdn] ◇ n Garten der ◇ vi im Garten arbeiten ◆ **gardens** npl (public park) Anlagen pl

garden centre n Gartencenter das

gardener ['gɑːdnəʳ] n Gärtner der, -in die

gardening ['gɑːdnɪŋ] n Gartenarbeit die

garden peas npl Erbsen pl

garlic ['gɑːlɪk] n Knoblauch der

garlic bread n Knoblauchbaguette das

garlic butter n Knoblauchbutter die

garment ['gɑːmənt] n Kleidungsstück das

garnish ['gɑːnɪʃ] ◇ n 1. (herbs, vegetables) Garnierung die 2. (sauce) Soße die ◇ vt garnieren

gas [gæs] n 1. Gas das 2. (US) (petrol) Benzin das

gas cooker n (UK) Gasherd der

gas cylinder n Gasflasche die

gas fire n (UK) Gasofen der

gasket ['gæskɪt] n Dichtung die

gas mask n Gasmaske die

gasoline ['gæsəliːn] n (US) Benzin das

gasp [gɑːsp] vi (in shock, surprise) nach Luft schnappen

gas pedal n (US) Gaspedal das

gas station n (US) Tankstelle die

gas stove (UK) = gas cooker

gas tank n (US) Benzintank der

gasworks ['gæswɜːks] (pl inv) n Gaswerk das

gate [geɪt] n 1. Tor das 2. (at airport) Flugsteig der

gâteau ['gætəʊ] (pl -x) n (UK) Torte die

gateway ['geɪtweɪ] n (entrance) Tor das

gather ['gæðəʳ] ◇ vt 1. sammeln 2. (understand) annehmen ◇ vi (come together) sich versammeln ● **to gather speed** schneller werden

gaudy ['gɔːdɪ] adj grell

gauge [geɪdʒ] ◇ n 1. (for measuring) Messgerät das 2. (of railway track) Spurweite die ◇ vt (calculate) abschätzen

gauze [gɔːz] n Gaze die

gave [geɪv] pt > give

gay [geɪ] adj (homosexual) schwul

gaze [geɪz] vi ● **to gaze at** anstarren (+A)

GB (abbr of Great Britain) GB

GCSE n Abschlussprüfung in der Schule, die meist mit 16 Jahren abgelegt wird

gear [gɪəʳ] n 1. (wheel) Gangschaltung die 2. (speed) Gang der 3. (equipment, clothes) Sachen pl ● **is the car in gear?**

ist der Gang eingelegt? ● **to change gear** schalten

gearbox ['gɪəbɒks] *n* Getriebe *das*

gear lever *n* Schalthebel *der*

gear shift (*US*) = **gear lever**

gear stick (*UK*) = **gear lever**

geese [giːs] *pl* > **goose**

gel [dʒel] *n* Gel *das*

gelatine [ˌdʒeləˈtiːn] *n* Gelatine *die*

gem [dʒem] *n* Juwel *das*

Gemini ['dʒemɪnaɪ] *n* Zwillinge *pl*

gender ['dʒendə^r] *n* Geschlecht *das*

general ['dʒenərəl] ◇ *adj* allgemein ◇ *n* General *der* ● **in general** im Allgemeinen

general anaesthetic *n* Vollnarkose *die*

general election *n* allgemeine Wahlen *pl*

generally ['dʒenərəlɪ] *adv* **1.** (*usually*) normalerweise **2.** (*by most people*) allgemein

general practitioner [-præk'tɪʃənə^r] *n* praktischer Arzt (praktische Ärztin)

general store *n* Gemischtwarenhandlung *die*

generate ['dʒenəreɪt] *vt* erzeugen

generation [ˌdʒenəˈreɪʃn] *n* Generation *die*

generator ['dʒenəreɪtə^r] *n* Generator *der*

generosity [ˌdʒenəˈrɒsətɪ] *n* Großzügigkeit *die*

generous ['dʒenərəs] *adj* großzügig

Geneva [dʒɪˈniːvə] *n* Genf *nt*

genitals ['dʒenɪtlz] *npl* Geschlechtsteile *pl*

genius ['dʒiːnjəs] *n* Genie *das*

gentle ['dʒentl] *adj* sanft

gentleman ['dʒentlmən] (*pl* **-men**) *n* **1.** (*man*) Herr *der* **2.** (*well-behaved man*) Gentleman *der* ▼ **gentlemen** (*men's toilets*) Herren

gently ['dʒentlɪ] *adv* sanft

gents [dʒents] *n* (*UK*) Herrentoilette *die*

genuine ['dʒenjʊɪn] *adj* echt

geographical [dʒɪəˈgræfɪkl] *adj* geographisch

geography [dʒɪˈɒgrəfɪ] *n* **1.** Geographie *die* **2.** (*terrain*) geographische Gegebenheiten *pl*

geology [dʒɪˈɒlədʒɪ] *n* Geologie *die*

geometry [dʒɪˈɒmətrɪ] *n* Geometrie *die*

Georgian ['dʒɔːdʒən] *adj* (*architecture etc*) georgianisch (*1714-1830*)

geranium [dʒɪˈreɪnjəm] *n* Geranie *die*

German ['dʒɜːmən] ◇ *adj* deutsch ◇ *n* **1.** (*person*) Deutsche *der*, *die* **2.** (*language*) Deutsch *das* ● **in German** auf Deutsch

German measles *n* Röteln *pl*

Germany ['dʒɜːmənɪ] *n* Deutschland *nt*

germs [dʒɜːmz] *npl* Bazillen *pl*

gesture ['dʒestʃə^r] *n* Geste *die*

get [get] (*pt* & *pp* **got**, (*US*) *pp* **gotten**) ◇ *vt* **1.** (*obtain*) bekommen; (*buy*) kaufen ● **she got a job** sie hat eine Stelle gefunden **2.** (*receive*) bekommen ● **I got a book for Christmas** ich habe zu Weihnachten ein Buch bekommen **3.** (*train, plane, bus etc*) nehmen ● **let's get a taxi** lass uns ein Taxi nehmen **4.** (*fetch*) holen ● **could you get me the manager?** (*in shop*) könnten Sie mir den Geschäftsführer holen?; (*on phone*) könnten Sie mir den Geschäftsführer geben? **5.** (*illness*) bekommen ● **I've got a cold** ich habe eine Erkältung **6.** (*cause to become*) ● **to get sthg done** etw machen lassen ● **can I get my car repaired here?** kann ich mein Auto hier reparieren lassen? **7.** (*ask, tell*) ● **to get sb to do sthg** jn bitten, etw zu tun **8.**

(move) ● I can't get it through the door ich bekomme es nicht durch die Tür **9.** *(understand)* verstehen **10.** *(time, chance)* haben ● we didn't get the chance to see everything wir hatten nicht die Gelegenheit, uns alles anzuschauen **11.** *(idea, feeling)* haben ● I get a lot of enjoyment from it ich habe viel Spaß daran **12.** *(phone)* ● could you get the phone? könntest du ans Telefon gehen? **13.** *(in phrases)* ● you get a lot of rain here in winter hier regnet es viel im Winter

◇ *vi* **1.** *(become)* werden ● it's getting late es wird spät ● to get lost sich verirren ● to get ready fertig werden ● get lost! *(inf)* hau ab!, verschwinde! **2.** *(into particular state, position)* ● to get into trouble in Schwierigkeiten geraten ● how do you get to Luton from here? wie kommt man von hier nach Luton? ● to get into the car ins Auto einsteigen **3.** *(arrive)* an|kommen ● when does the train get here? wann kommt der Zug hier an? **4.** *(in phrases)* ● to get to do sthg die Gelegenheit haben, etw zu tun

◇ *aux vb* werden ● to get delayed aufgehalten werden ● to get killed getötet werden

◆ **get back** *vi (return)* zurück|kommen

◆ **get in** *vi (arrive)* an|kommen; *(into car, bus)* ein|steigen

◆ **get off** *vi (leave train, bus)* aus|steigen; *(leave)* los|gehen; *(in car)* los|fahren

◆ **get on** *vi (enter train, bus)* ein|steigen; *(in relationship)* sich verstehen; *(progress)* ● how are you getting on? wie kommst du voran?

◆ **get out** *vi (of car, bus, train)* aus|steigen

◆ **get through** *vi (on phone)* durch|kommen

◆ **get up** *vi* auf|stehen

get-together *n (inf)* Treffen *das*

ghastly ['gɑːstlɪ] *adj (inf)* schrecklich

gherkin ['gɜːkɪn] *n* Gewürzgurke *die*

ghetto blaster ['getəʊˌblɑːstəʳ] *n (inf)* Ghettoblaster *der*

ghost [gəʊst] *n* Geist *der*

giant ['dʒaɪənt] ◇ *adj* riesig ◇ *n* Riese *der*

giblets ['dʒɪblɪts] *npl* Innereien *pl*

giddy ['gɪdɪ] *adj* schwindlig

gift [gɪft] *n* **1.** *(present)* Geschenk *das* **2.** *(talent)* Begabung *die*

gifted ['gɪftɪd] *adj* begabt

gift shop *n* Laden *mit* Geschenkartikeln

gift voucher *n (UK)* Geschenkgutschein *der*

gig [gɪg] *n (inf) (concert)* Gig *der*

gigabyte [gɪgəˈbaɪt] *n* Gigabyte *das*

gigantic [dʒaɪˈgæntɪk] *adj* riesig

giggle ['gɪgl] *vi* kichern

gill [dʒɪl] *n (measurement)* = 0,142 l

gimmick ['gɪmɪk] *n* Gimmick *der*

gin [dʒɪn] *n* Gin *der* ● **gin and tonic** Gin Tonic *der*

ginger ['dʒɪndʒəʳ] ◇ *n* Ingwer *der* ◇ *adj (colour)* rotblond

ginger ale *n* Gingerale *das*

ginger beer *n* Ingwerbier *das*

gingerbread ['dʒɪndʒəbred] *n* Pfefferkuchen *der*

gipsy ['dʒɪpsɪ] *n* Zigeuner *der*, -in *die*

giraffe [dʒɪˈrɑːf] *n* Giraffe *die*

girdle ['gɜːdl] *n* Hüfthalter *der*

girl [gɜːl] *n* Mädchen *das*

girlfriend ['gɜːlfrend] *n* Freundin *die*

girl guide *n (UK)* Pfadfinderin *die*

girl scout *(US)* = girl guide

giro ['dʒaɪrəʊ] *n (system)* Giro *das*

give [gɪv] *(pt* **gave**, *pp* **given**) *vt* **1.** geben **2.** *(speech)* halten **3.** *(attention, time)* widmen ● **to give sb sth** jm etw geben; *(as present)* jm etw schenken ● **to give sb a look** jm ansehen ● **to give sb a push** jm einen Schubs geben ● **to give sb a kiss** jm einen Kuss geben ● **give or take** mehr oder weniger ▼ **give way** Vorfahrt beachten

♦ **give away** *vt sep* **1.** *(get rid of)* weggeben **2.** *(reveal)* verraten

♦ **give back** *vt sep* zurückgeben

♦ **give in** *vi* nachgeben

♦ **give off** *vt insep* abgeben

♦ **give out** *vt sep (distribute)* austeilen

♦ **give up** *vt sep & vi* aufgeben

glacier ['glæsjə'] *n* Gletscher *der*

glad [glæd] *adj* froh ● **to be glad to do sth** sich freuen, etw zu tun

gladly ['glædlɪ] *adv (willingly)* gern

glamorous ['glæmərəs] *adj* glamourös

glance [glɑːns] ◇ *n* Blick *der* ◇ *vi* ● **to glance at** einen Blick werfen auf (+A)

gland [glænd] *n* Drüse *die*

glandular fever ['glændjʊlə-] *n* Drüsenfieber *das*

glare [gleə'] *vi* **1.** *(sun, light)* blenden **2.** *(person)* ● **to glare at** böse ansehen

glass [glɑːs] ◇ *n* Glas *das* ◇ *adj* Glas- ♦ **glasses** *npl* Brille *die*

glassware ['glɑːsweə'] *n* Glaswaren *pl*

glider ['glaɪdə'] *n* Segelflugzeug *das*

glimpse [glɪmps] *vt* flüchtig sehen

glitter ['glɪtə'] *vi* glitzern

global warming ['gləʊbl'wɔːmɪŋ] *n* die Erwärmung der Erdatmosphäre

globe [gləʊb] *n* Globus *der*

gloomy ['gluːmɪ] *adj* düster

glorious ['glɔːrɪəs] *adj* **1.** *(weather, sight)* großartig **2.** *(victory, history)* glorreich

glory ['glɔːrɪ] *n* Ruhm *der*

gloss [glɒs] *n (shine)* Glanz *der* ● **gloss** *(paint)* Lackfarbe *die*

glossary ['glɒsərɪ] *n* Glossar *das*

glossy ['glɒsɪ] *adj (magazine, photo)* Hochglanz-

glove [glʌv] *n* Handschuh *der*

glove compartment *n* Handschuhfach *das*

glow [gləʊ] ◇ *n* Glühen *das* ◇ *vi* glühen

glucose ['gluːkəʊs] *n* Glukose *die*

glue [gluː] ◇ *n* Klebstoff *der* ◇ *vt* kleben

gnat [næt] *n* Mücke *die*

gnaw [nɔː] *vt* nagen an (+D)

go [gəʊ] *(pt* **went**, *pp* **gone**, *pl* **goes**) ◇ *vi* **1.** *(move)* gehen; *(travel)* fahren ● **to go for a walk** spazieren gehen ● **I'll go and collect the cases** ich gehe die Koffer abholen ● **to go home** nach Hause gehen ● **to go to Austria** nach Österreich fahren ● **to go by bus** mit dem Bus fahren ● **to go shopping** einkaufen gehen **2.** *(leave)* gehen; *(in vehicle)* fahren ● **when does the bus go?** wann fährt der Bus ab? ● **go away!** geh weg! ● **the car won't go** das Auto springt nicht an **3.** *(become)* werden ● **she went pale** sie wurde bleich ● **the milk has gone sour** die Milch ist sauer geworden **4.** *(expressing future tense)* ● **to be going to do sth** etw tun werden ● **it's going to rain tomorrow** morgen wird es regnen ● **we're going to go to Switzerland** wir fahren in die Schweiz **5.** *(function)* laufen; *(watch)* gehen ● **my watch has gone** o das Auto springt nicht an **6.** *(stop working)* kaputtgehen ● **the fuse has gone** die Sicherung ist herausgesprungen **7.** *(time)* vergehen **8.** *(progress)* gehen, laufen ● **to go well** gut gehen **9.** *(alarm)* losgehen **10.** *(match)* zusammenlpassen ● **to go with** passen zu ● **red wine doesn't go with fish** Rotwein passt nicht zu Fisch **11.** *(be sold)* verkauft werden ▼ **everything must go** alles muss weg **12.** *(fit)* passen, gehen **13.** *(lead)* führen ● **where does this path go?** wohin führt dieser Weg? **14.** *(belong)* gehören **15.** *(in phrases)* ● **to let go of sthg** *(drop)* etw losllassen ● **to go** *(US)* *(to take away)* zum Mitnehmen ● **how long is there to go until Christmas?** wie lange ist es noch bis Weihnachten?

◇ *n* **1.** *(turn)* ● **it's your go** du bist an der Reihe **2.** *(attempt)* Versuch *der* ● **to have a go at sthg** etw versuchen, etw probieren ▼ **50p a go** *(for game)* jede Runde 50p

● **go ahead** *vi (begin)* anlfangen, beginnen; *(take place)* stattlfinden ● **go ahead!** bitte!

● **go back** *vi (return)* zurücklgehen

● **go down** *vi (decrease)* sinken; *(sun)* unterlgehen; *(tyre)* platt werden

● **go down with** *vt insep (inf) (illness)* bekommen

● **go in** *vi* hineinlgehen

● **go off** *vi (alarm)* losgehen; *(go bad)* schlecht werden; *(light, heating)* auslgehen

● **go on** *vi (happen)* los sein; *(light, heating)* anlgehen; *(continue)* ● **to go on doing sthg** etw weiter tun ● **go on!** los!

● **go out** *vi* auslgehen; *(have relationship)* ● **to go out with sb** mit jm auslgehen ● **to go out for a meal** essen gehen ● **to go**

out for a walk einen Spaziergang machen

● **go over** *vt insep (check)* überprüfen

● **go round** *vi (revolve)* sich drehen

● **go through** *vt insep (experience)* durchlmachen; *(spend)* auslgeben; *(search)* durchsuchen

● **go up** *vi (increase)* steigen

● **go without** *vt insep* ● **to go without sthg** ohne etw auslkommen

goal [gəʊl] *n* **1.** SPORT Tor *das* **2.** *(aim)* Ziel *das*

goalkeeper ['gəʊlˌkiːpə^r] *n* Torwart *der*

goalpost ['gəʊlpəʊst] *n* Torpfosten *der*

goat [gəʊt] *n* Ziege *die*

gob [gɒb] *n (UK) (inf) (mouth)* Maul *das*

god [gɒd] *n* Gott *der*, Göttin *die* ◆ **God** *n* Gott

goddaughter ['gɒdˌdɔːtə^r] *n* Patentochter *die*

godfather ['gɒdˌfɑːðə^r] *n* Pate *der*

godmother ['gɒdˌmʌðə^r] *n* Patin *die*

gods [gɒdz] *npl* ● **the gods** *(UK) (inf) (in theatre)* der Olymp

godson ['gɒdsʌn] *n* Patensohn *der*

goes [gəʊz] > **go**

goggles ['gɒglz] *npl* **1.** *(for swimming)* Taucherbrille *die* **2.** *(for skiing)* Skibrille *die*

going ['gəʊɪŋ] *adj (available)* erhältlich ● **the going rate** der übliche Betrag

go-kart [-kɑːt] *n* Gokart *der*

gold [gəʊld] ◇ *n* Gold *das* ◇ *adj (bracelet, watch)* golden

goldfish ['gəʊldfɪʃ] *(pl inv)* *n* Goldfisch *der*

gold-plated [-'pleɪtɪd] *adj* vergoldet

golf [gɒlf] *n* Golf *das*

golf ball *n* Golfball *der*

golf club n 1. *(place)* Golfklub der 2. *(equipment)* Golfschläger der

golf course n Golfplatz der

golfer ['gɒlfə'] n Golfspieler der, -in die

gone [gɒn] ◇ pp > **go** ◇ prep *(UK) (past)* nach

good [gʊd] *(compar* **better,** *superl* **best)* ◇ adj 1. gut 2. *(well-behaved)* artig, brav 3. *(thorough)* gründlich > in *(moral correctness)* Gute das ● to have a good time sich gut amüsieren ● to be good at sthg etw gut können ● a good ten minutes gute zehn Minuten ● in good time beizeiten ● to make good sthg *(damage, loss)* etw wieder gutmachen ● for good für immer ● for the good of zum Wohle (+G) ● it's no good *(there's no point)* es hat keinen Zweck ● that's very good of you das ist sehr nett von Ihnen ● good afternoon! guten Tag! ● good evening! guten Abend! ● good morning! guten Morgen! ● good night! gute Nacht! ●**goods** npl Waren pl

goodbye [,gʊd'baɪ] excl auf Wiedersehen!

Good Friday n Karfreitag der

good-looking [-'lʊkɪŋ] adj gut aussehend

goods train [gʊdz-] n Güterzug der

goose [guːs] *(pl* **geese)* n Gans die

gooseberry ['gʊzbərɪ] n Stachelbeere die

gorge [gɔːdʒ] n Schlucht die

gorgeous ['gɔːdʒəs] adj 1. *(day, meal, countryside)* wunderschön 2. *(inf) (good-looking)* ● to be gorgeous toll aussehen

gorilla [gə'rɪlə] n Gorilla der

gossip ['gɒsɪp] ◇ n Klatsch der ◇ vi klatschen

gossip column n Klatschspalte die

got [gɒt] pt & pp > **get**

gotten ['gɒtn] pp *(US)* > **get**

goujons ['guːdʒɒnz] npl panierte und frittierte Fisch- oder Fleischstreifen

goulash ['guːlæʃ] n Gulasch das

gourmet ['gʊəmeɪ] ◇ n Feinschmecker der, -in die ◇ adj *(food, restaurant)* Feinschmecker-

govern ['gʌvən] vt regieren

government ['gʌvnmənt] n Regierung die

gown [gaʊn] n *(dress)* Kleid das

GP abbr = **general practitioner**

grab [græb] vt *(take hold of)* greifen

graceful ['greɪsfʊl] adj *(elegant)* anmutig

grade [greɪd] n 1. *(quality)* Klasse die 2. *(in exam)* Note die 3. *(US) (year at school)* Klasse die

gradient ['greɪdjənt] n 1. *(upward)* Steigung die 2. *(downward)* Gefälle das

gradual ['grædjʊəl] adj allmählich

gradually ['grædjʊəlɪ] adv allmählich

graduate ◇ n ['grædʒʊət] 1. Akademiker der, -in die 2. *(US) (from high school)* Schulabgänger der, -in die ◇ vi ['grædʒʊeɪt] 1. die Universität abschließen 2. *(US) (from high school)* die Schule abschließen

graduation [,grædʒʊ'eɪʃn] n *(ceremony)* Abschlussfeier einer Universität

graffiti [grə'fiːtɪ] n Graffiti die

grain [greɪn] n 1. *(seed)* Korn das 2. *(crop)* Getreide das 3. *(of sand, salt)* Körnchen das

gram [græm] n Gramm das

grammar ['græmə'] n Grammatik die

grammar school n *(in UK)* ≃ Gymnasium das

gramme [græm] = **gram**

gran [græn] *n* (UK) (*inf*) Oma *die*

grand [grænd] ◇ *adj* (*impressive*) großartig ◇ *n* **1.** (*inf*) (*thousand pounds*) tausend Pfund *pl* **2.** (*thousand dollars*) tausend Dollar *pl*

grandchild ['græntʃaɪld] (*pl* **-children**) *n* Enkelkind *das*

granddad ['grændæd] *n* (*inf*) Opa *der*

granddaughter ['græn,dɔːtə'] *n* Enkelin *die*

grandfather ['grænd,fɑːðə'] *n* Großvater *der*

grandma ['grænmɑː] *n* (*inf*) Oma *die*

grandmother ['græn,mʌðə'] *n* Großmutter *die*

grandpa ['grænpɑː] *n* (*inf*) Opa *der*

grandparents ['græn,peərənts] *npl* Großeltern *pl*

grandson ['grænsʌn] *n* Enkel *der*

granite ['grænɪt] *n* Granit *der*

granny ['grænɪ] *n* (*inf*) Oma *die*

grant [grɑːnt] ◇ *n* **1.** POL Zuschuss *der* **2.** (*for university*) Stipendium *das* ◇ *vt* (*fml*) (*give*) gewähren ● **to take sthg for granted** etw als selbstverständlich ansehen ● **he takes his wife for granted** er weiß nicht zu schätzen, was seine Frau alles für ihn tut

grape [greɪp] *n* Traube *die*

grapefruit ['greɪpfruːt] *n* Grapefruit *die*, Pampelmuse *die*

grapefruit juice *n* Grapefruitsaft *der*

graph [grɑːf] *n* Kurvendiagramm *das*

graph paper *n* Millimeterpapier *das*

grasp [grɑːsp] *vt* **1.** festhalten **2.** (*understand*) begreifen

grass [grɑːs] *n* **1.** Gras *das* **2.** (*lawn*) Rasen *der* ▼ **keep off the grass** Betreten der Rasenfläche verboten

grasshopper ['grɑːs,hɒpə'] *n* Heuschrecke *die*

grate [greɪt] *n* (*of fire*) Rost *der*

grated ['greɪtɪd] *adj* gerieben

grateful ['greɪtfʊl] *adj* dankbar

grater ['greɪtə'] *n* Reibe *die*

gratitude ['grætɪtjuːd] *n* Dankbarkeit *die*

gratuity [grə'tjuːɪtɪ] *n* (*fml*) Trinkgeld *das*

grave¹ [greɪv] ◇ *adj* **1.** (*mistake*) schwer **2.** (*news*) schlimm **3.** (*situation*) ernst ◇ *n* Grab *das*

grave² [grɑːv] *adj* (*accent*) grave

gravel ['grævl] *n* Kies *der*

graveyard ['greɪvjɑːd] *n* Friedhof *der*

gravity ['grævətɪ] *n* Schwerkraft *die*

gravy ['greɪvɪ] *n* Soße *die*

gray [greɪ] (US) = **grey**

graze [greɪz] *vt* (*injure*) aufschürfen

grease [griːs] *n* **1.** (*for machine, tool*) Schmiere *die* **2.** (*animal fat*) Fett *das*

greaseproof paper ['griːspruːf-] *n* (UK) Pergamentpapier *das*

greasy ['griːsɪ] *adj* **1.** (*tools, clothes*) schmierig **2.** (*food, skin, hair*) fettig

great [greɪt] *adj* **1.** (*large, famous, important*) groß **2.** (*very good*) großartig ● **(that's) great!** (das ist) toll!

Great Britain *n* Großbritannien *nt*

great-grandfather *n* Urgroßvater *der*

great-grandmother *n* Urgroßmutter *die*

greatly ['greɪtlɪ] *adv* sehr

Greece [griːs] *n* Griechenland *nt*

greed [griːd] *n* Gier *die*

greedy ['griːdɪ] *adj* gierig

Greek [griːk] ◇ *adj* griechisch ◇ *n* **1.** (*person*) Grieche *der*, Griechin *die* **2.** (*language*) Griechisch *das*

Greek salad *n* griechischer Salat

green [gri:n] ◇ *adj* grün ◇ *n* **1.** *(colour)* Grün *das* **2.** *(in village)* Gemeindewiese *die* **3.** *(on golf course)* Green *der* ● **greens** *npl (vegetables)* grünes Gemüse *das*

green beans *npl* grüne Bohnen *pl*

green card *n* **1.** *(UK) (for car)* grüne Versicherungskarte *die* **2.** *(US) (work permit)* Arbeitserlaubnis *die*

green card

Die unbeschränkte Aufenthalts- und Arbeitserlaubnis für Ausländer in den USA heißt immer noch *green card*, obwohl der Ausweis nicht mehr grün ist. Den Antrag, dem ein langes, kompliziertes Verfahren folgt, können unter anderem direkte Verwandte oder Ehepartner von US-Bürgern und Flüchtlinge bzw. Asylanten nach mindestens einem Jahr Aufenthalt stellen.

green channel *n* Ausgang 'nichts zu verzollen' am Flughafen

greengage ['gri:ngeɪdʒ] *n* Reneklode *die*

greengrocer's ['gri:n,grəʊsəz] *n (shop)* Obst- und Gemüsegeschäft *das*

greenhouse ['gri:nhaʊs] *n* Gewächshaus *das*

greenhouse effect *n* Treibhauseffekt *der*

green light *n (fig)* grünes Licht

green pepper *n* grüner Paprika

Greens [gri:nz] *npl* ● **the Greens** die Grünen

green salad *n* grüner Salat

greet [gri:t] *vt* grüßen

greeting ['gri:tɪŋ] *n* Gruß *der*

grenade [grə'neɪd] *n* Granate *die*

grew [gru:] *pt* ➤ **grow**

grey [greɪ] ◇ *adj* grau ◇ *n* Grau *das* ● **to go grey** grau werden

greyhound ['greɪhaʊnd] *n* Windhund *der*

grid [grɪd] *n* **1.** Gitter *das* **2.** *(on map etc)* Gitternetz *das*

grief [gri:f] *n* Trauer *die* ● **to come to grief** scheitern

grieve [gri:v] *vi* trauern

grill [grɪl] ◇ *n* Grill *der* ◇ *vt* grillen

grille [grɪl] *n* AUT Kühlergrill *der*

grilled [grɪld] *adj* gegrillt

grim [grɪm] *adj* **1.** *(place, news, reality)* düster **2.** *(determined)* grimmig

grimace ['grɪməs] *n* Grimasse *die*

grimy ['graɪmɪ] *adj* verschmutzt

grin [grɪn] ◇ *n* Grinsen *das* ◇ *vi* grinsen

grind [graɪnd] *(pt & pp* **ground)** *vt (pepper, coffee)* mahlen

grip [grɪp] ◇ *n* **1.** Griff *der* **2.** *(of tyres)* Profil *das* **3.** *(bag)* Reisetasche *die* ◇ *vt (hold)* festhalten

gristle ['grɪsl] *n* Knorpel *der*

groan [grəʊn] ◇ *n* Stöhnen *das* ◇ *vi* **1.** stöhnen **2.** *(complain)* sich beklagen

groceries ['grəʊsərɪz] *npl* Lebensmittel *pl*

grocer's ['grəʊsəz] *n (shop)* Lebensmittelgeschäft *das*

grocery ['grəʊsərɪ] *n (shop)* Lebensmittelgeschäft *das*

groin [grɔɪn] *n* Leiste *die*

groove [gru:v] *n* Rille *die*

grope [grəʊp] *vi (search)* tasten

gross [grəʊs] *adj (weight, income)* brutto

grossly ['grəʊslɪ] *adv (extremely)* äußerst

grotty ['grɒtɪ] *adj (UK) (inf)* mies

ground [graʊnd] ◇ *pt & pp* ➤ **grind** ◇ *n* **1.** Boden *der* **2.** SPORT Platz *der* ◇ *adj (coffee)* gemahlen ◇ *vt* • **to be grounded** *(plane)* keine Starterlaubnis erhalten; *(US) (electrical connection)* geerdet sein •

grounds *npl* **1.** *(of building)* Anlagen *pl* **2.** *(of coffee)* Satz *der* **3.** *(reason)* Grund *der*

ground floor *n* Erdgeschoss *das*

groundsheet ['graʊndʃiːt] *n* Bodenplane *die*

group [gruːp] *n* Gruppe *die*

grouse [graʊs] *(pl inv) n (bird)* Moorschneehuhn *das*

grovel ['grɒvl] *vi (be humble)* kriechen

grow [grəʊ] *(pt grew, pp grown)* ◇ *vi* **1.** *(become)* werden ◇ *vt* **1.** *(plant, crop)* anbauen **2.** *(beard)* sich *(D)* wachsen lassen • **grow up** *vi* erwachsen werden

growl [graʊl] *vi (dog)* knurren

grown [grəʊn] *pp* ➤ **grow**

grown-up ◇ *adj* erwachsen ◇ *n* Erwachsene *der, die*

growth [grəʊθ] *n* **1.** Wachstum *das* **2.** MED Geschwulst *die*

grub [grʌb] *n (inf) (food)* Futter *das*

grubby ['grʌbɪ] *adj (inf)* schmuddlig

grudge [grʌdʒ] ◇ *n* Abneigung *die* ◇ *vt* • **to grudge sb sthg** jm etw neiden • **to have a grudge against sb** etw gegen jn haben

grueling ['grʊəlɪŋ] *(US)* = **gruelling**

gruelling ['grʊəlɪŋ] *adj (UK)* anstrengend

gruesome ['gruːsəm] *adj* grausig

grumble ['grʌmbl] *vi (complain)* sich beschweren

grumpy ['grʌmpɪ] *adj (inf)* grantig

grunt [grʌnt] *vi* grunzen

guarantee [ˌgærənˈtiː] ◇ *n* Garantie *die* ◇ *vt* **1.** garantieren **2.** *(product)* Garantie geben

guard [gɑːd] ◇ *n* **1.** *(of prisoner etc)* Wärter *der*, *-in die* **2.** *(UK) (on train)* Schaffner *der*, *-in die* **3.** *(protective cover)* Schutz *der* ◇ *vt* bewachen • **to be on one's guard** auf der Hut sein

guess [ges] ◇ *n* Vermutung *die* ◇ *vt* erraten ◇ *vi* raten • **I guess (so)** ich denke (schon)

guest [gest] *n* Gast *der*

guesthouse ['gesthaʊs] *n* Pension *die*

guestroom ['gestrʊm] *n* Gästezimmer *das*

guidance ['gaɪdns] *n* Beratung *die*

guide [gaɪd] ◇ *n* **1.** *(for tourists)* Fremdenführer *der*, *-in die* **2.** *(guidebook)* Reiseführer *der* ◇ *vt* führen • **Guide** *n (UK)* Pfadfinderin *die*

guidebook ['gaɪdbʊk] *n* Reiseführer *der*

guide dog *n* Blindenhund *der*

guided tour ['gaɪdɪd-] *n* Führung *die*

guidelines ['gaɪdlaɪnz] *npl* Richtlinien *pl*

guilt [gɪlt] *n* Schuld *die*

guilty ['gɪltɪ] *adj* **1.** schuldig **2.** *(remorseful)* schuldbewusst • **to be guilty of sthg** an etw *(D)* schuldig sein • **to feel guilty** ein schlechtes Gewissen haben

guinea pig ['gɪnɪ-] *n* Meerschweinchen *das*

guitar [gɪˈtɑːʳ] *n* Gitarre *die*

guitarist [gɪˈtɑːrɪst] *n* Gitarrist *der*, *-in die*

gulf [gʌlf] *n (of sea)* Golf *der*

Gulf War *n* • **the Gulf War** der Golfkrieg

gull [gʌl] *n* Möwe *die*

gullible ['gʌləbl] *adj* leichtgläubig

gulp [gʌlp] *n (of drink)* Schluck *der*

gum [gʌm] *n* **1.** *(chewing gum, bubble gum)* Kaugummi *der* **2.** *(adhesive)* Klebstoff *der* ◆ **gums** *npl (in mouth)* Zahnfleisch *das*

gun [gʌn] *n* **1.** *(pistol)* Pistole *die* **2.** *(rifle)* Gewehr *das* **3.** *(cannon)* Kanone *der*

gunfire ['gʌnfaɪəʳ] *n* Geschützfeuer *das*

gunshot ['gʌnʃɒt] *n* Schuss *der*

gust [gʌst] *n* Windstoß *der*

gut [gʌt] *n (inf) (stomach)* Bauch *der* ◆ **guts** *npl* **1.** *(inf) (intestines)* Eingeweide *pl* **2.** *(courage)* Mut *der*

gutter ['gʌtəʳ] *n* **1.** *(beside road)* Rinnstein *der* **2.** *(of house)* Dachrinne *die*

guy [gaɪ] *n (inf) (man)* Typ *der* ◆ **guys** *npl (US) (inf) (people)* ● **you guys** ihr

Guy Fawkes Night [-'fɔːks-] *n* Nacht des 5. November, in der mit Feuerwerk an den Versuch Guy Fawkes', das Parlament in die Luft zu sprengen, erinnert wird

Guy Fawkes Night

Am 5. November wird in Großbritannien mit Feuerwerk und der Verbrennung von Strohpuppen *(guys)* die *Guy Fawkes Night* oder *Bonfire Night* begangen: Guy Fawkes und andere katholische Verschwörer wollten 1605 König Jakob I. und das Parlament in die Luft sprengen, wurden aber vorher verraten und gehängt, gestreckt und geviertelt.

guy rope *n* Zeltschnur *die*

gym [dʒɪm] *n* **1.** SCH *(building)* Turnhalle *die* **2.** *(in health club, hotel)* Fitnessraum *der* **3.** SCH *(lesson)* Turnen *das*

gymnast ['dʒɪmnæst] *n* Turner *der*, -in *die*

gymnastics [dʒɪm'næstɪks] *n* Turnen *das*

gym shoes *npl* Turnschuhe *pl*

gynaecologist [ˌgaɪnə'kɒlədʒɪst] *n* Frauenarzt *der*, -ärztin *die*

gypsy ['dʒɪpsɪ] = gipsy

*h***H**

H *abbr* = hot, hospital

habit ['hæbɪt] *n* Gewohnheit *die*

hacksaw ['hæksɔː] *n* Metallsäge *die*

had [hæd] *pt & pp* ➤ have

haddock ['hædək] *(pl inv)* *n* Schellfisch *der*

hadn't ['hædnt] = had not

haggis ['hægɪs] *n* schottische Spezialität, bestehend aus mit Schafsinnereien gefülltem Schafsmagen, üblicherweise serviert mit Kartoffel- und Kohlrabipüree

haggle ['hægl] *vi* feilschen

hail [heɪl] ◇ *n* Hagel *der* ◇ *impers vb* hageln

hailstone ['heɪlstəʊn] *n* Hagelkorn *das*

hair [heəʳ] *n* **1.** Haare *pl* **2.** *(individual hair)* Haar *das* ● **to have one's hair cut** sich *(D)* die Haare schneiden lassen

hairband ['heəbænd] *n* Haarband *das*

hairbrush ['heəbrʌʃ] *n* Haarbürste *die*

hairclip ['heəklɪp] *n* Haarklip *der*

haircut ['heəkʌt] *n (style)* Haarschnitt *der* ● **to have a haircut** sich *(D)* die Haare schneiden lassen

hairdo ['heədu:] (*pl* -s) *n* Frisur *die*

hairdresser ['heə,dresə^r] *n* Friseur *der*, Friseuse *die* ● **hairdresser's** *(salon)* Friseursalon *der* ● **to go to the hairdresser's** zum Friseur gehen

hairdryer ['heə,draɪə^r] *n* Föhn *der*

hair gel *n* Haargel *das*

hairgrip ['heəgrɪp] *n* (*UK*) Haarklammer *die*

hairnet ['heənet] *n* Haarnetz *das*

hairpin bend ['heəpɪn-] *n* Haarnadelkurve *die*

hair remover [-rɪ,mu:və^r] *n* Enthaarungsmittel *das*

hair rollers [-'rəʊləz] *npl* Lockenwickler *pl*

hair slide *n* Haarspange *die*

hairspray ['heəspreɪ] *n* Haarspray *das*

hairstyle ['heəstaɪl] *n* Frisur *die*

hairy ['heərɪ] *adj* haarig

half [(*UK*) hɑːf, (*US*) hæf] (*pl* **halves**) ◇ *n* 1. Hälfte *die* 2. *(of match)* Spielhälfte *die* 3. *(half pint)* halbes Pint, ≃ kleines Bier 4. *(child's ticket)* Kinderfahrkarte *die* ◇ *adj* & *adv* halb ● **half of it** die Hälfte davon ● **four and a half** viereinhalb ● **half past seven** halb acht ● **half as big as** halb so groß wie ● **an hour and a half** anderthalb Stunden ● **half an hour** eine halbe Stunde ● **half a dozen** ein halbes Dutzend

half board *n* Halbpension *die*

half-day *n* halber Tag

half fare *n* halber Fahrpreis

half portion *n* halbe Portion

half-price *adj* zum halben Preis

half term *n* (*UK*) Ferien *pl* in der Mitte des Trimesters

half time *n* Halbzeit *die*

halfway [hɑːf'weɪ] *adv* auf halbem Wege ● **halfway through the holiday** mitten im Urlaub

halibut ['hælɪbət] (*pl inv*) *n* Heilbutt *der*

hall [hɔːl] *n* 1. *(of house)* Diele *die*, Flur *der* 2. *(large room)* Saal *der* 3. *(building)* Halle *die* 4. *(country house)* Landsitz *der*

hallmark ['hɔːlmɑːk] *n* (*on silver, gold*) Stempel *der*

hallo [hə'ləʊ] = **hello**

hall of residence *n* Studentenwohnheim *das*

Halloween [,hæləʊ'iːn] *n* Abend vor Allerheiligen, an dem sich Kinder oft als Gespenster verkleiden

Halloween

Zu *Halloween* werden am 31. Oktober in Großbritannien und den USA Kostümpartys gefeiert und Kinder spielen *trick or treat*: Sie ziehen als Hexen oder Gespenster verkleidet von Haus zu Haus und verlangen Geld oder Süßigkeiten (*treat*); wer nichts gibt, wird mit einem Knallkörper vor der Haustür (*trick*) bestraft.

halt [hɔːlt] ◇ *vi* anhalten ◇ *n* ● **to come to a halt** zum Stillstand kommen

halve [(*UK*) hɑːv, (*US*) hæv] *vt* halbieren

halves [(*UK*) hɑːvz, (*US*) hævz] *pl* > **half**

ham [hæm] *n* Schinken *der*

hamburger ['hæmbɜːgə^r] *n* 1. Hamburger *der* 2. (*US*) *(mince)* Hackfleisch *das*

hamlet ['hæmlɪt] *n* kleines Dorf

hammer ['hæmə^r] ◇ *n* Hammer *der* ◇ *vt* *(nail)* ein|schlagen

hammock ['hæmək] *n* Hängematte *die*

hamper ['hæmpəʳ] *n* Picknickkorb *der*

hamster ['hæmstəʳ] *n* Hamster *der*

hamstring ['hæmstrɪŋ] *n* Kniesehne *die*

hand [hænd] *n* **1.** Hand *die* **2.** *(of clock, watch, dial)* Zeiger *der* ● **to give sb a hand** jm helfen ● **to get out of hand** außer Kontrolle geraten ● **written by hand** handgeschrieben ● **to arrive with an hour in hand** eine Stunde zu früh ankommen ● **on the one hand** einerseits ● **on the other hand** andererseits ◆ **hand in** *vt sep* einreichen, abgeben ◆ **hand out** *vt sep* austeilen ◆ **hand over** *vt sep (give)* übergeben

handbag ['hændbæg] *n* Handtasche *die*

handbasin ['hændbeɪsn] *n* Waschbecken *das*

handbook ['hændbʊk] *n* Handbuch *das*

handbrake ['hændbreɪk] *n* Handbremse *die*

hand cream *n* Handcreme *die*

handcuffs ['hændkʌfs] *npl* Handschellen *pl*

handful ['hændfʊl] *n (amount)* Hand voll *die*

handicap ['hændɪkæp] *n* **1.** Behinderung *die* **2.** *(disadvantage)* Handikap *das*

handicapped ['hændɪkæpt] ◇ *adj* behindert ◇ *npl* ● **the handicapped** die Behinderten *pl*

handkerchief ['hæŋkətʃɪf] *(pl* -**chiefs** OR -**chieves)** *n* Taschentuch *das*

handle ['hændl] ◇ *n* Griff *der* ◇ *vt* **1.** *(touch)* anfassen **2.** *(situation)* bewältigen ▼ **handle with care** Vorsicht - zerbrechlich

handlebars ['hændlbɑːz] *npl* Lenkstange *die*

hand luggage *n* Handgepäck *das*

handmade [,hænd'meɪd] *adj* handgearbeitet

handout ['hændaʊt] *n (leaflet)* Hand-out *das*

handrail ['hændreɪl] *n* Geländer *das*

handset ['hændset] *n* Hörer *der* ▼ **please replace the handset** bitte den Hörer auflegen

handshake ['hændʃeɪk] *n* Händedruck *der*

handsome ['hænsəm] *adj (man)* gut aussehend

handstand ['hændstænd] *n* Handstand *der*

handwriting ['hænd,raɪtɪŋ] *n* Handschrift *die*

handy ['hændɪ] *adj* **1.** praktisch **2.** *(person)* geschickt ● **to come in handy** *(inf)* nützlich sein ● **to have sthg handy** *(near)* etw zur Hand haben

hang [hæŋ] *(pt & pp* hung OR hanged) ◇ *vt* **1.** aufhängen **2.** *(execute)* hängen ◇ *vi* hängen ◇ *n* ● **to get the hang of sthg** etw kapieren ◆ **hang about** *(UK) (inf)* rumhängen ◆ **hang around** *(inf)* = **hang about** ◆ **hang down** *vi* herunterhängen ◆ **hang on** *vi (inf) (wait)* warten ◆ **hang out** ◇ *vt sep (washing)* aufhängen ◇ *vi (inf) (spend time)* sich herumtreiben ◆ **hang up** *vi (on phone)* auflegen, einhängen

hangar ['hæŋəʳ] *n* Hangar *der*

hanger ['hæŋəʳ] *n* Kleiderbügel *der*

hang gliding *n* Drachenfliegen *das*

hangover ['hæŋ,əʊvəʳ] *n* Kater *der*

hankie ['hæŋkɪ] *n (inf)* Taschentuch *das*

happen ['hæpən] *vi* passieren, geschehen ● **to happen to do sthg** etw zufällig tun

ha   120

happily ['hæpɪlɪ] *adv (luckily)* glücklicherweise

happiness ['hæpɪnɪs] *n* Glück *das*

happy ['hæpɪ] *adj* glücklich • **to be
happy about sthg** mit etw zufrieden sein
• **to be happy to do sthg** *(willing)* etw
gern tun • **to be happy with sthg** mit
etw zufrieden sein • **Happy Birthday!**
Herzlichen Glückwunsch zum Geburtstag! • **Happy Christmas!** Fröhliche
Weihnachten! • **Happy New Year!** ein
gutes neues Jahr!

happy hour *n (inf)* Happy Hour *die*

harassment ['hærəsmənt] *n* Belästigung
die

harbor ['hɑːbər] *(US)* = harbour

harbour ['hɑːbəʳ] *n (UK)* Hafen *der*

hard [hɑːd] ◇ *adj* **1.** hart **2.** *(difficult,
strenuous)* schwer ◇ *adv* **1.** *(work)* hart **2.**
(listen) gut **3.** *(hit)* schwer **4.** *(rain)* heftig
• **to try hard** sich *(D)* Mühe geben

hardback ['hɑːdbæk] *n* Hardcover *das*

hardboard ['hɑːdbɔːd] *n* Hartfaserplatte
die

hard-boiled egg [-bɔɪld-] *n* hart gekochtes Ei

hard disk *n* Festplatte *die*

hardly ['hɑːdlɪ] *adv* kaum • **hardly ever**
fast nie

hardship ['hɑːdʃɪp] *n* Härte *die*

hard shoulder *n (UK)* Seitenstreifen *der*

hard up *adj (inf)* • **to be hard up** knapp
bei Kasse sein

hardware ['hɑːdweəʳ] *n* **1.** *(tools, equipment)* Haushaltsgeräte *pl* **2.** COMPUT
Hardware *die*

hardwearing [ˌhɑːdˈweərɪŋ] *adj (UK)*
strapazierfähig

hardworking [ˌhɑːdˈwɜːkɪŋ] *adj* fleißig

hare [heəʳ] *n* Hase *der*

harm [hɑːm] ◇ *n* Schaden *der* ◇ *vt* **1.**
schaden *(+D)* **2.** *(person)* verletzen

harmful ['hɑːmfʊl] *adj* schädlich

harmless ['hɑːmlɪs] *adj* harmlos

harmonica [hɑːˈmɒnɪkə] *n* Mundharmonika *die*

harmony ['hɑːmənɪ] *n* Harmonie *die*

harness ['hɑːnɪs] *n* **1.** *(for horse)* Geschirr
das **2.** *(for child)* Laufgeschirr *das*

harp [hɑːp] *n* Harfe *die*

harsh [hɑːʃ] *adj* **1.** rau **2.** *(cruel)* hart

harvest ['hɑːvɪst] *n* Ernte *die*

has *(weak form* [həz]*, strong form*
[hæz]*)* > **have**

hash browns [hæʃ-] *npl* amerikanische
Kartoffelpuffer

hasn't ['hæznt] = has not

hassle ['hæsl] *n (inf)* Ärger *der*

hastily ['heɪstɪlɪ] *adv (rashly)* vorschnell

hasty ['heɪstɪ] *adj* **1.** *(hurried)* eilig **2.**
(rash) vorschnell

hat [hæt] *n* Hut *der*

hatch [hætʃ] ◇ *n (for serving food)*
Durchreiche *die* ◇ *vi (chick)* auslschlüp-
fen

hatchback ['hætʃˌbæk] *n* Auto *das* mit
Hecktür

hatchet ['hætʃɪt] *n* Beil *das*

hate [heɪt] ◇ *n* Hass *der* ◇ *vt* hassen • **to
hate doing sthg** etw ungern tun

hatred ['heɪtrɪd] *n* Hass *der*

haul [hɔːl] ◇ *vt* ziehen ◇ *n* • **a long haul**
eine weite Strecke

haunted ['hɔːntɪd] *adj* • **this house is
haunted** in diesem Haus spukt es

have [hæv] *(pt & pp* **had**)
◇ *aux vb* **1.** *(to form perfect tenses)* haben/
sein • **have you seen the film?** hast du

den Film gesehen? • I have finished ich bin fertig • have you been there? - no, I haven't warst du schon mal dort? - nein, noch nie • we had already left wir waren schon gegangen 2. *(must)* • to have (got) to do sthg etw tun müssen • do you have to pay? muss man bezahlen?
◇ *vt* 1. *(possess)* • to have (got) haben • do you have OR have you got a double room? haben Sie ein Doppelzimmer? • she has (got) brown hair sie hat braunes Haar 2. *(experience)* haben • to have a cold eine Erkältung haben • to have a great time sich großartig amüsieren 3. *(replacing other verbs)* • to have a bath ein Bad nehmen • to have breakfast frühstücken • to have a cigarette eine Zigarette rauchen • to have a drink etwas trinken • to have lunch zu Mittag essen • to have a shower duschen • to have a swim schwimmen • to have a walk spazieren gehen 4. *(feel)* haben • to have no doubt about it ich habe keine Zweifel daran 5. *(cause to be)* • to have sthg done etw machen lassen • to have one's hair cut sich die Haare schneiden lassen 6. *(be treated in a certain way)* • I've had my wallet stolen mir ist mein Geldbeutel gestohlen worden

haversack ['hævəsæk] *n* Rucksack *der*
havoc ['hævək] *n* Verwüstung *die*
hawk [hɔːk] *n* Falke *der*
hawker ['hɔːkə'] *n* Hausierer *der*, *-in die*
hay [heɪ] *n* Heu *das*
hay fever *n* Heuschnupfen *der*
haystack ['heɪ,stæk] *n* Heuhaufen *der*
hazard ['hæzəd] *n* Risiko *das*
hazardous ['hæzədəs] *adj* gefährlich

hazard warning lights *npl (UK)* Warnblinkanlage *die*
haze [heɪz] *n* Dunst *der*
hazel ['heɪzl] *adj* nussbraun
hazelnut ['heɪzl,nʌt] *n* Haselnuss *die*
hazy ['heɪzɪ] *adj (misty)* dunstig
he [hiː] *pron* er • he's tall er ist groß
head [hed] ◇ *n* 1. Kopf *der* 2. *(of table, bed)* Kopfende *das* 3. *(of company, department)* Leiter *der*, *-in die* 4. *(of school)* Schulleiter *der*, *-in die* 5. *(of beer)* Schaumkrone *die* ◇ *vt* 1. *(list, procession)* anführen 2. *(organization)* leiten ◇ *vi* 1. gehen 2. *(in vehicle)* fahren • £10 a head 10 Pfund pro Kopf • heads or tails? Kopf oder Zahl? ◆ **head for** *vt insep (place)* zusteuern auf (+A)
headache ['hedeɪk] *n* Kopfschmerzen *pl* • to have a headache Kopfschmerzen haben
heading ['hedɪŋ] *n* Überschrift *die*
headlamp ['hedlæmp] *(UK)* = **headlight**
headlight ['hedlaɪt] *n* Scheinwerfer *der*
headline ['hedlaɪn] *n* Schlagzeile *die*
headmaster [,hed'mɑːstə'] *n* Schulleiter *der*
headmistress [,hed'mɪstrɪs] *n* Schulleiterin *die*
head of state *n* Staatsoberhaupt *das*
headphones ['hedfəʊnz] *npl* Kopfhörer *pl*
headquarters [,hed'kwɔːtəz] *npl* Hauptquartier *das*
headrest ['hedrest] *n* Kopfstütze *die*
headroom ['hedrʊm] *n (under bridge)* Höhe *die*
headscarf ['hedskɑːf] *(pl -scarves)* *n* Kopftuch *das*
head start *n* Vorsprung *der*

he 122

head teacher n Schulleiter der, -in die
head waiter n Oberkellner der
heal [hiːl] vt & vi heilen
health [helθ] n Gesundheit die ● to be in good health bei guter Gesundheit sein ● to be in poor health kränklich sein ● your (very) good health! auf dein/Ihr Wohl!
health centre n Ärztezentrum das
health food n Biokost die
health food shop n Bioladen der
health insurance n Krankenversicherung die
healthy ['helθɪ] adj gesund
heap [hiːp] n Haufen der ● heaps of money (inf) ein Haufen Geld
hear [hɪə] (pt & pp **heard**) vt & vi hören ● to hear about sthg von etw hören ● to hear from sb von jm hören ● to have heard of schon mal gehört haben vn
hearing ['hɪərɪŋ] n 1. (sense) Gehör das 2. (at court) Verhandlung die ● to be hard of hearing schwerhörig sein
hearing aid n Hörgerät das
heart [hɑːt] n Herz das ● to know sthg (off) by heart etw auswendig können ● to lose heart den Mut verlieren ● hearts npl (in cards) Herz das
heart attack n Herzinfarkt der
heartbeat ['hɑːtbiːt] n Herzschlag der
heartburn ['hɑːtbɜːn] n Sodbrennen das
heart condition n ● to have a heart condition herzkrank sein
hearth [hɑːθ] n Kamin der
hearty ['hɑːtɪ] adj (meal) herzhaft
heat [hiːt] n 1. Hitze die 2. (pleasant) Wärme die 3. (of oven) Temperatur die ●
heat up vt sep aufwärmen

heater ['hiːtə] n Heizgerät das
heath [hiːθ] n Heide die
heather ['heðə] n Heidekraut das
heating ['hiːtɪŋ] n Heizung die
heat wave n Hitzewelle die
heave [hiːv] vt wuchten
Heaven ['hevn] n der Himmel
heavily ['hevɪlɪ] adv stark
heavy ['hevɪ] adj 1. schwer 2. (rain, traffic) stark ● how heavy is it? wie schwer ist es? ● to be a heavy smoker ein starker Raucher sein
heavy cream n (US) Schlagsahne die, Schlagobers das (Österr)
heavy goods vehicle n (UK) Lastkraftwagen der
heavy industry n Schwerindustrie die
heavy metal n Heavymetal das
heckle ['hekl] vt unterbrechen
hectic ['hektɪk] adj hektisch
hedge [hedʒ] n Hecke die
hedgehog ['hedʒhɒg] n Igel der
heel [hiːl] n 1. (of person) Ferse die 2. (of shoe) Absatz der
hefty ['heftɪ] adj 1. (person) stämmig 2. (fine) saftig
height [haɪt] n 1. Höhe die 2. (of person) Körpergröße die 3. (peak period) Höhepunkt der ● what height is it? wie hoch ist es?
heir [eə] n Erbe der
heiress ['eərɪs] n Erbin die
held [held] pt & pp ➤ hold
helicopter ['helɪkɒptə] n Hubschrauber der
he'll [hiːl] = he will
Hell [hel] n die Hölle
hello [hə'ləʊ] excl 1. hallo! 2. (on phone) guten Tag!

helmet ['helmɪt] *n* Helm der

help [help] ◇ *n* Hilfe die ◇ *vt* helfen (+D) ◇ *vi* helfen ● *excl* Hilfe! ● **I can't help it** ich kann nichts dafür ● **to help sb (to) do sthg** jm helfen, etw zu tun ● **to help to do sthg** (contribute) dazu beitragen, etw zu tun ● **to help o.s. to sthg** sich (D) etw nehmen ● **can I help you?** (in shop) kann ich Ihnen behilflich sein? ● **help out** *vi* aushelfen

helper ['helpə'] *n* 1. Helfer der, -in die 2. (US) (cleaner) Hausangestellte der, die

helpful ['helpfʊl] *adj* 1. (person) hilfsbereit 2. (useful) nützlich

helping ['helpɪŋ] *n* Portion die

helpless ['helplɪs] *adj* hilflos

hem [hem] *n* Saum der

hemophiliac [,hiːmə'fɪlɪæk] *n* Bluter der

hemorrhage ['hemərɪdʒ] *n* Blutung die

hen [hen] *n* Henne die

hepatitis [,hepə'taɪtɪs] *n* Hepatitis die

her [hɜː'] ◇ *adj* ihr ◇ *pron* 1. (accusative) sie 2. (dative) ihr ● **I know her** ich kenne sie ● **it's her** sie ist es ● **send it to her** schick es ihr ● **tell her** sag ihr ● **he's worse than her** er ist schlimmer als sie

herb [hɜːb] *n* Kraut das

herbal tea ['hɜːbl-] *n* Kräutertee der

herd [hɜːd] *n* Herde die

here [hɪə'] *adv* hier ● **come here!** komm her! ● **here you are** hier

heritage ['herɪtɪdʒ] *n* Erbe das

heritage centre *n* Museum an einem Ort von historischer Bedeutung

hernia ['hɜːnjə] *n* Bruch der

hero ['hɪərəʊ] *n* (*pl* **-es**) *n* Held der

heroin ['herəʊɪn] *n* Heroin das

heroine ['herəʊɪn] *n* Heldin die

heron ['herən] *n* Reiher der

herring ['herɪŋ] *n* Hering der

hers [hɜːz] *pron* ihre(r)(s), ihre *pl* ● **a friend of hers** ein Freund von ihr ● **these shoes are hers** diese Schuhe gehören ihr

herself [hɜː'self] *pron* 1. sich 2. (after prep) sich selbst ● **she did it herself** sie hat es selbst getan

hesitant ['hezɪtənt] *adj* zögernd

hesitate ['hezɪteɪt] *vi* zögern

hesitation [,hezɪ'teɪʃn] *n* Zögern das

heterosexual [,hetərəʊ'sekʃʊəl] ◇ *adj* heterosexuell ◇ *n* Heterosexuelle der, die

hey [heɪ] *excl* (inf) he!

HGV *n* (abbr of heavy goods vehicle) Lkw der

hi [haɪ] *excl* (inf) hallo!

hiccup ['hɪkʌp] *n* ● **to have (the) hiccups** (einen) Schluckauf haben

hide [haɪd] (*pt* **hid**, *pp* **hidden**) ◇ *vt* 1. verstecken 2. (truth) verschweigen 3. (feelings) verbergen ◇ *vi* sich verstecken ◇ *n* (of animal) Haut die, Fell das ● **to be hidden** (obscured) sich verbergen

hideous ['hɪdɪəs] *adj* scheußlich

hi-fi ['haɪfaɪ] *n* Hi-Fi-Anlage die

high [haɪ] ◇ *adj* 1. hohe(r)(s) 2. (inf) (from drugs) high ◇ *n* (weather front) Hoch das ◇ *adv* hoch ● **to be high** (tall) hoch sein ● **how high is it?** wie hoch ist es? ● **it's 10 metres high** es ist 10 Meter hoch

high chair *n* Kinderhochstuhl der

high-class *adj* (good-quality) erstklassig

Higher ['haɪə'] *n* schottischer Schulabschluss

higher education *n* Hochschulbildung die

high heels *npl* hochhackige Schuhe *pl*

high jump *n* Hochsprung der

Highland Games ['haɪlənd-] *npl typisches schottisches Sport- und Musikfestival*

Highlands ['haɪləndz] *npl* ● **the Highlands das (schottische) Hochland**

highlight ['haɪlaɪt] ◇ *n (best part)* Höhepunkt *der* ◇ *vt* hervorheben ● **highlights** *npl* **1.** *(of football match etc)* Highlights *pl* **2.** *(in hair)* Strähnchen *pl*

highly ['haɪlɪ] *adv* höchst ● **to think highly of** viel halten von ● **highly paid** hoch bezahlt

high-pitched [-'pɪtʃt] *adj* hohe(r)(s)

high-rise *n (building)* Hochhaus *das*

high school *n* **1.** *(in UK)* Schule für Elf- bis Achtzehnjährige **2.** *(in US)* Schule für Fünfzehn- bis Achtzehnjährige

high season *n* Hochsaison *die*

high-speed train *n* Hochgeschwindigkeitszug *der*

high street *n (UK)* Hauptgeschäftsstraße *die*

high tide *n* Flut *die*

highway ['haɪweɪ] *n* **1.** *(US)* Highway *der* **2.** *(UK) (any main road)* Straße *die*

Highway Code *n (UK)* Straßenverkehrsordnung *die*

hijack ['haɪdʒæk] *vt* entführen

hijacker ['haɪdʒækəʳ] *n* Entführer *der*

hike [haɪk] ◇ *n* Wanderung *die* ◇ *vi* wandern

hiking ['haɪkɪŋ] *n* ● **to go hiking** auf eine Wanderung gehen

hilarious [hɪ'leərɪəs] *adj* lustig

hill [hɪl] *n* Hügel *der*

hillwalking ['hɪlwɔːkɪŋ] *n* Bergwandern *das*

hilly ['hɪlɪ] *adj* hügelig

him [hɪm] *pron* **1.** *(accusative)* ihn **2.** *(dative)* ihm ● **I know him** ich kenne

ihn ● **it's him** er ist es ● **send it to him** schick es ihm ● **tell him** sag ihm ● **she's worse than him** sie ist schlimmer als er

himself [hɪm'self] *pron* **1.** sich **2.** *(after prep)* sich selbst ● **he did it himself** er hat es selbst getan

hinder ['hɪndəʳ] *vt* **1.** *(prevent)* behindern **2.** *(delay)* verzögern

Hindu ['hɪnduː] *(pl* **-s)** ◇ *adj* Hindu- ◇ *n* Hindu *der*

hinge [hɪndʒ] *n* Scharnier *das*

hint [hɪnt] ◇ *n* **1.** Andeutung *die* **2.** *(piece of advice)* Hinweis *der* **3.** *(slight amount)* Spur *die* ◇ *vi* ● **to hint at sthg** etw andeuten

hip [hɪp] *n* Hüfte *die*

hippopotamus [ˌhɪpə'pɒtəməs] *n* Nilpferd *das*

hippy ['hɪpɪ] *n* Hippie *der*

hire ['haɪəʳ] *vt (car, bicycle, television)* mieten ▼ **for hire** *(taxi)* frei ● **hire out** *vt sep* vermieten

hire car *n (UK)* Mietwagen *der*

hire purchase *n (UK)* Ratenkauf *der*

his [hɪz] ◇ *adj* sein ◇ *pron* seine(r)(s), seine *pl* ● **a friend of his** ein Freund von ihm ● **these shoes are his** diese Schuhe gehören ihm

historical [hɪ'stɒrɪkəl] *adj* historisch

history ['hɪstərɪ] *n* Geschichte *die*

hit [hɪt] *(pt & pp inv)* ◇ *vt* **1.** schlagen **2.** *(collide with)* treffen **3.** *(vehicle)* prallen gegen ◇ *n (record, play, film)* Hit *der* ● **to hit one's head** sich *(D)* den Kopf stoßen ● **to hit the target** das Ziel treffen

hit-and-run *adj* ● **a hit-and-run accident** ein Unfall mit Fahrerflucht

hitch [hɪtʃ] ◇ *n (problem)* Haken *der* ◇ *vi*

per Anhalter fahren, trampen ◇ *vt* ● **to hitch a lift** per Anhalter fahren

hitchhike ['hɪtʃhaɪk] *vi* per Anhalter fahren, trampen

hitchhiker ['hɪtʃhaɪkə'] *n* Anhalter *der*, -in *die*

hive [haɪv] *n* Bienenstock *der*

HIV-positive *adj* HIV-positiv

hoarding ['hɔːdɪŋ] *n* (UK) (for adverts) Plakatwand *die*

hoarse [hɔːs] *adj* heiser

hoax [həʊks] *n* Schwindel *der*

hob [hɒb] *n* Kochplatte *die*

hobby ['hɒbɪ] *n* Hobby *das*

hock [hɒk] *n* (wine) Rheinwein *der*

hockey ['hɒkɪ] *n* **1.** Hockey *das* **2.** (US) (ice hockey) Eishockey *das*

hoe [həʊ] *n* Hacke *die*

Hogmanay ['hɒgmənɛɪ] *n* Silvester *der* ODER *das*

Hogmanay

Ein traditioneller Silvesterbrauch in Schottland ist das *first-footing*: Kurz nach Mitternacht besucht man seine Nachbarn (und setzt somit im neuen Jahr den ersten Fuß über die Schwelle). Heute wird *Hogmanay* aber auch mit großen, oft wüsten, bis in die frühen Morgenstunden dauernden Partys in Privatwohnungen und Pubs gefeiert.

hold [həʊld] (pt & pp **held**) ◇ *vt* **1.** halten **2.** (meeting, election) abhalten **3.** (contain) fassen **4.** (possess) haben ◇ *vi* **1.** (offer) gelten **2.** (weather) sich halten **3.** (on telephone) warten ◇ *n* **1.** (grip) Halt

der, Griff *der* **2.** (of ship, aircraft) Laderaum *der* ● **to hold sb prisoner** jn gefangen halten ● **hold the line, please** Bleiben Sie dran ◆ **hold back** *vt sep* **1.** zurückhalten **2.** (keep secret) vorlenthalten ◆ **hold on** *vi* (wait) warten ● **to hold on to sthg** (grip) etw festlhalten ◆ **hold out** *vt sep* (extend) auslstrecken ◆ **hold up** *vt sep* (delay) auflhalten

holdall ['həʊldɔːl] *n* (UK) Reisetasche *die*

holder ['həʊldə'] *n* **1.** (of passport, licence) Inhaber *der*, -in *die* **2.** (container) Halter *der*

holdup ['həʊldʌp] *n* (delay) Verzögerung *die*

hole [həʊl] *n* Loch *das*

holiday ['hɒlɪdeɪ] ◇ *n* **1.** (period of time) Urlaub *der*, Ferien *pl* **2.** (day off) freier Tag **3.** (public) Feiertag *der* ◇ *vi* (UK) Ferien machen, urlauben ● **to be on holiday** im Urlaub sein, in Ferien sein ● **to go on holiday** in Urlaub fahren, in die Ferien fahren

holidays

In Großbritannien und Nordirland gibt es außer Weihnachten und Ostern keine kirchlichen Feiertage; allgemein arbeitsfrei ist nur an Neujahr und einigen anderen *Bank Holidays*. In den USA hat neben den nationalen Feiertagen (4th July, Thanksgiving u.a.) jeder Bundesstaat seine eigenen arbeitsfreien Tage.

holidaymaker ['hɒlɪdɪˌmeɪkə'] *n* (UK) Urlauber *der*, -in *die*

holiday pay *n* (UK) Urlaubsgeld *das*

Holland ['hɒlənd] *n* Holland *nt*

hollow ['hɒləʊ] *adj* hohl

holly ['hɒlɪ] *n* Stechpalme *die*

Hollywood ['hɒlɪwʊd] *n* Hollywood *nt*

holy ['həʊlɪ] *adj* heilig

home [həʊm] ◇ *n* **1.** Zuhause *das* **2.** *(own country)* Heimat *die* **3.** *(one's family)* Elternhaus *das* **4.** *(for old people)* Altersheim *das* ◇ *adj* **(not foreign)* einheimisch ◇ *adv* • **to be home** zu Hause sein • **to go home** nach Hause gehen • **at home** zu Hause • **to make o.s. at home** es sich *(D)* bequem machen • **home address** Heimatanschrift *die* • **home number** private Telefonnummer

home economics *n* Hauswirtschaftslehre *die*

home help *n (UK)* Haushaltshilfe *die (meist Sozialarbeiterin)*

homeless ['həʊmlɪs] *npl* • **the homeless** die Obdachlosen *pl*

homemade [,həʊm'meɪd] *adj* selbst gemacht

homeopathic [,həʊmɪəʊ'pæθɪk] *adj* homöopathisch

Home Secretary *n (UK)* Innenminister *der*

homesick ['həʊmsɪk] *adj* • **to be homesick** Heimweh haben

homework ['həʊmwɜːk] *n* Hausaufgaben *pl*

homosexual [,həmə'sekʃʊəl] ◇ *adj* homosexuell ◇ *n* Homosexuelle *der, die*

honest ['ɒnɪst] *adj* ehrlich

honestly ['ɒnɪstlɪ] *adv* ehrlich

honey ['hʌnɪ] *n* Honig *der*

honeymoon ['hʌnɪmuːn] *n* Flitterwochen *pl*

honor ['ɒnər] *(US)* = honour

honour ['ɒnər] *n (UK)* Ehre *die*

honourable ['ɒnrəbl] *adj* **1.** ehrenwert **2.** *(deed)* ehrenvoll

hood [hʊd] *n* **1.** Kapuze *die* **2.** *(on convertible car)* Verdeck *das* **3.** *(US) (car bonnet)* Kühlerhaube *die*

hoof [huːf] *n* Huf *der*

hook [hʊk] *n* Haken *der* • **off the hook** *(telephone)* ausgehängt

hooligan ['huːlɪgən] *n* Hooligan *der*

hoop [huːp] *n* Reifen *der*

hoot [huːt] *vi (driver)* hupen

Hoover® ['huːvər] *n (UK)* Staubsauger *der*

hop [hɒp] *vi* hüpfen

hope [həʊp] ◇ *n* Hoffnung *die* ◇ *vt* hoffen • **to hope for sthg** auf etw *(A)* hoffen • **to hope to do sthg** hoffen, etw tun zu • **I hope so** ich hoffe es

hopeful ['həʊpfʊl] *adj* hoffnungsvoll

hopefully ['həʊpfəlɪ] *adv* hoffentlich

hopeless ['həʊplɪs] *adj* **1.** *(inf) (useless)* miserabel **2.** *(without any hope)* hoffnungslos

hops [hɒps] *npl* Hopfen *der*

horizon [hə'raɪzn] *n* Horizont *der*

horizontal [,hɒrɪ'zɒntl] *adj* horizontal

horn [hɔːn] *n* **1.** *(of car)* Hupe *die* **2.** *(on animal)* Horn *das*

horoscope ['hɒrəskəʊp] *n* Horoskop *das*

horrible ['hɒrəbl] *adj* furchtbar

horrid ['hɒrɪd] *adj* schrecklich

horrific [hɒ'rɪfɪk] *adj* entsetzlich

hors d'oeuvre [hɔː'dɜːvrə] *n* Hors-d'oeuvre *das*

horse [hɔːs] *n* Pferd *das*

horseback ['hɔːsbæk] *n* • **on horseback** zu Pferd

horse chestnut n Rosskastanie die

horse-drawn carriage n Pferdedroschke die

horsepower ['hɔːs,paʊə'] n Pferdestärke die

horse racing n Pferderennen das

horseradish (sauce) ['hɔːs,rædɪʃ-] n Meerrettich der (traditionell zu Roastbeef gegessen)

horse riding n Reiten das

horseshoe ['hɔːsʃuː] n Hufeisen das

hose [həʊz] n Schlauch der

hosepipe ['həʊzpaɪp] n Schlauch der

hosiery ['həʊzɪərɪ] n Strumpfwaren pl

hospitable [hɒ'spɪtəbl] adj gastfreundlich

hospital ['hɒspɪtl] n Krankenhaus das ● **in hospital** im Krankenhaus

hospitality [,hɒspɪ'tælətɪ] n Gastfreundschaft die

host [həʊst] n **1.** Gastgeber der **2.** (of show, TV programme) Moderator der, -in die

hostage ['hɒstɪdʒ] n Geisel die

hostel ['hɒstl] n (youth hostel) Jugendherberge die

hostess ['həʊstes] n **1.** (on aeroplane) Stewardess die **2.** (of party, event) Gastgeberin die

hostile [(UK) 'hɒstaɪl, (US) 'hɒstl] adj feindselig

hostility [hɒ'stɪlətɪ] n Feindseligkeit die

hot [hɒt] adj **1.** heiß **2.** (water, drink, food) warm **3.** (spicy) scharf ● **I'm hot** mir ist heiß

hot chocolate n heiße Schokolade

hot-cross bun n rundes Rosinenbrötchen mit Gewürzen, das vor allem zu Ostern gegessen wird

hot dog n Hotdog der

hotel [həʊ'tel] n Hotel das

hot line n **1.** (between governments) heißer Draht **2.** (public) Hotline die

hotplate ['hɒtpleɪt] n Kochplatte die

hotpot ['hɒtpɒt] n Fleischauflauf, bedeckt mit einer Schicht Kartoffelscheiben

hot-water bottle n Wärmflasche die

hour ['aʊə'] n Stunde die ● **I've been waiting for hours** ich warte schon seit Stunden

hourly ['aʊəlɪ] adj & adv stündlich

house ◇ n [haʊs] **1.** Haus das **2.** SCH traditionelle Schülergemeinschaften innerhalb einer Schule, die untereinander Wettbewerbe veranstalten ◇ vt [haʊz] unterbringen

household ['haʊshəʊld] n Haushalt der

housekeeping ['haʊs,kiːpɪŋ] n Haushaltung die

House of Commons n (UK) britisches Unterhaus

House of Lords n (UK) britisches Oberhaus

Houses of Parliament npl (UK) britisches of Parliament pl Sitz des britischen Parlaments

Houses of Parliament

Das britische Parlament besteht aus zwei Kammern: Das *House of Commons* geht aus allgemeinen Wahlen hervor und ist das eigentliche Gesetzgebungsorgan. Das *House of Lords*, dessen Mitglieder größtenteils auf Lebenszeit ernannt werden, wirkt an der Gesetzgebung mit und ist das Oberste Gericht für das Vereinigte Königreich (außer Schottland).

housewife ['haʊswaɪf] (*pl* **-wives**) *n* Hausfrau *die*

house wine *n* Hauswein *der*

housework ['haʊswɜːk] *n* Hausarbeit *die*

housing ['haʊzɪŋ] *n* (*houses*) Wohnungen *pl*

housing estate *n* (*UK*) Wohnsiedlung *die*

housing project (*US*) = **housing estate**

hovercraft ['hɒvəkrɑːft] *n* Luftkissenboot *das*

hoverport ['hɒvəpɔːt] *n* Hafen für Luftkissenfahrzeuge

how [haʊ] *adv* **1.** (*asking about way or manner*) wie ● **how do you get there?** wie kommt man dahin? ● **tell me how to do it** sag mir, wie man das macht **2.** (*asking about health, quality*) wie ● **how are you?** wie geht's dir?, wie geht es Ihnen? ● **how are you doing?** wie geht's dir?, wie geht es Ihnen? ● **how are things?** wie geht's? ● **how do you do?** Guten Tag! ● **how is your room?** wie ist Ihr/dein Zimmer? **3.** (*asking about degree, amount*) wie ● **how far?** wie weit? ● **how long?** wie lang? ● **how many?** wie viele? ● **how much?** wie viel? ● **how much is it?** wie viel kostet es? ● **how old are you?** wie alt bist du/ sind Sie? **4.** (*in phrases*) ● **how about a drink?** wie wäre es mit etwas zu trinken/einem Drink? ● **how lovely!** wie hübsch!, wie nett!

however [haʊ'evə⁰] *adv* jedoch, aber ● **however long it takes** egal, wie lange es dauert

howl [haʊl] *vi* heulen

HP *abbr* (*UK*) = **hire purchase**

HQ *abbr* = **headquarters**

hub airport [hʌb-] *n* zentraler Flughafen

hubcap ['hʌbkæp] *n* Radkappe *die*

hug [hʌg] ◇ *vt* umarmen ◇ *n* ● **to give sb a hug** jn umarmen

huge [hjuːdʒ] *adj* riesig

hull [hʌl] *n* Schiffsrumpf *der*

hum [hʌm] *vi* summen

human ['hjuːmən] ◇ *adj* menschlich ◇ *n* ● **human (being)** Mensch *der*

humanities [hjuː'mænətɪz] *npl* Geisteswissenschaften *pl*

human rights *npl* Menschenrechte *pl*

humble ['hʌmbl] *adj* **1.** (*not proud*) demütig **2.** (*of low status*) niedrig

humid ['hjuːmɪd] *adj* feucht

humidity [hjuː'mɪdətɪ] *n* Feuchtigkeit *die*

humiliating [hjuː'mɪlɪeɪtɪŋ] *adj* erniedrigend

humiliation [hjuː,mɪlɪ'eɪʃn] *n* Erniedrigung *die*

hummus ['hʊməs] *n* Paste aus pürierten Kichererbsen und Knoblauch

humor ['hjuːmər] (*US*) = **humour**

humorous ['hjuːmərəs] *adj* lustig

humour ['hjuːmər] *n* Humor *der* ● **a sense of humour** Sinn für Humor

hump [hʌmp] *n* **1.** Buckel *der* **2.** (*of camel*) Höcker *der*

humpbacked bridge ['hʌmpbækt-] *n* gewölbte Brücke

hunch [hʌntʃ] *n* Gefühl *das*

hundred ['hʌndrəd] *num* hundert ➤ **six** ● **a** OR **one hundred** einhundert

hundredth ['hʌndrətθ] *num* hundertste(r)(s) ➤ **sixth**

hundredweight ['hʌndrədweɪt] *n* **1.** (*in UK*) = 50,8 kg, ≃ Zentner *der* **2.** (*in US*) = 45,36 kg, ≃ Zentner *der*

hung [hʌŋ] *pt & pp* ➤ **hang**

Hungarian [hʌŋˈgeərɪən] ◇ *adj* ungarisch ◇ *n* **1.** *(person)* Ungar *der*, -in *die* **2.** *(language)* Ungarisch *das*

Hungary [ˈhʌŋgərɪ] *n* Ungarn *nt*

hunger [ˈhʌŋgə] *n* Hunger *der*

hungry [ˈhʌŋgrɪ] *adj* hungrig ● **to be hungry** Hunger haben

hunt [hʌnt] ◇ *n* *(UK)* *(for foxes)* Fuchsjagd *die* ◇ *vt & vi* jagen ● **to hunt (for)** *(search)* suchen

hunting [ˈhʌntɪŋ] *n* **1.** Jagd *die* **2.** *(UK)* *(for foxes)* Fuchsjagd *die*

hurdle [ˈhɜːdl] *n* Hürde *die*

hurl [hɜːl] *vt* schleudern

hurricane [ˈhʌrɪkən] *n* Orkan *der*

hurry [ˈhʌrɪ] ◇ *vt (person)* hetzen ◇ *vi* sich beeilen ◇ *n* ● **to be in a hurry** es eilig haben ● **to do sthg in a hurry** etw hastig tun ● **hurry up** *vi* sich beeilen

hurt [hɜːt] *(pt & pp inv)* ◇ *vt* verletzen ◇ *vi (be painful)* wehtun ● **to hurt o.s.** sich *(D)* wehtun ● **to hurt one's head** sich *(D)* den Kopf verletzen

husband [ˈhʌzbənd] *n* Ehemann *der*

hustle [ˈhʌsl] *n* ● **hustle and bustle** geschäftiges Treiben

hut [hʌt] *n* Hütte *die*

hyacinth [ˈhaɪəsɪnθ] *n* Hyazinthe *die*

hydrofoil [ˈhaɪdrəfɔɪl] *n* Tragflächenboot *das*

hygiene [ˈhaɪdʒiːn] *n* Hygiene *die*

hygienic [haɪˈdʒiːnɪk] *adj* hygienisch

hymn [hɪm] *n* Hymne *die*

hypermarket [ˈhaɪpəˌmɑːkɪt] *n* Großmarkt *der*

hyphen [ˈhaɪfn] *n* Bindestrich *der*

hypocrite [ˈhɪpəkrɪt] *n* Heuchler *der*, -in *die*

hypodermic needle [ˌhaɪpəˈdɜːmɪk-] *n* Kanüle *die*

hysterical [hɪsˈterɪkl] *adj* **1.** hysterisch **2.** *(inf)* *(very funny)* lustig

I [aɪ] *pron* ich ● **I'm tall** ich bin groß

ice [aɪs] *n* Eis *das*

iceberg [ˈaɪsbɜːg] *n* Eisberg *der*

iceberg lettuce *n* Eisbergsalat *der*

icebox [ˈaɪsbɒks] *n* *(US)* Kühlschrank *der*

ice-cold *adj* eiskalt

ice cream *n* Eis *das*

ice cube *n* Eiswürfel *der*

ice hockey *n* Eishockey *das*

Iceland [ˈaɪslənd] *n* Island *nt*

ice lolly *n* *(UK)* Eis *das* am Stiel

ice rink *n* Eisbahn *die*

ice skates *npl* Schlittschuhe *pl*

ice-skating *n* Schlittschuhlaufen *das*, Eislaufen *das* ● **to go ice-skating** Schlittschuh laufen gehen

icicle [ˈaɪsɪkl] *n* Eiszapfen *der*

icing [ˈaɪsɪŋ] *n* Zuckerguss *der*

icing sugar *n* Puderzucker *der*

icy [ˈaɪsɪ] *adj* **1.** *(road, pavement)* vereist **2.** *(weather)* eisig

I'd [aɪd] = **I would, I had**

ID *abbr* = **identification**

ID card *n* Personalausweis *der*

IDD code *n* internationale Vorwahlkennziffer

idea [aɪˈdɪə] *n* **1.** Idee *die* **2.** *(opinion)*

Vorstellung die **3.** *(understanding)* Begriff der ● I've no idea ich habe keine Ahnung

ideal [aɪˈdɪəl] ◇ *adj* ideal ◇ *n* Ideal das

ideally [aɪˈdɪəlɪ] *adv* **1.** *(situated, suited)* ideal **2.** *(preferably)* idealerweise

identical [aɪˈdentɪkl] *adj* identisch

identification [aɪˌdentɪfɪˈkeɪʃn] *n* *(proof of identity)* Ausweis der

identify [aɪˈdentɪfaɪ] *vt* erkennen

identity [aɪˈdentətɪ] *n* Identität die

idiom [ˈɪdɪəm] *n* Redewendung die

idiot [ˈɪdɪət] *n* Idiot der

idle [ˈaɪdl] ◇ *adj* **1.** faul **2.** *(machine)* stillstehend ◇ *vi (engine)* leer laufen

idol [ˈaɪdl] *n (person)* Idol das

idyllic [ɪˈdɪlɪk] *adj* idyllisch

i.e. *(abbr of id est)* d.h.

if [ɪf] *conj* **1.** wenn, falls **2.** *(in indirect questions, after "know", "wonder")* ob ● if I were you wenn ich du wäre ● if not *(otherwise)* wenn nicht, falls nicht

ignition [ɪgˈnɪʃn] *n* AUT Zündung die

ignorant [ˈɪgnərənt] *adj* **1.** unwissend **2.** *(pej) (stupid)* beschränkt

ignore [ɪgˈnɔːʳ] *vt* ignorieren

ill [ɪl] *adj* **1.** krank **2.** *(treatment)* schlecht ● ill luck Pech das

I'll [aɪl] = I will, I shall

illegal [ɪˈliːgl] *adj* illegal

illegible [ɪˈledʒəbl] *adj* unleserlich

illegitimate [ˌɪlɪˈdʒɪtɪmət] *adj (child)* unehelich

illiterate [ɪˈlɪtərət] *adj* ● to be illiterate Analphabet sein

illness [ˈɪlnɪs] *n* Krankheit die

illuminate [ɪˈluːmɪneɪt] *vt* beleuchten

illusion [ɪˈluːʒn] *n* Illusion die

illustration [ˌɪləˈstreɪʃn] *n* **1.** *(picture)* Illustration die **2.** *(example)* Beispiel das

I'm [aɪm] = I am

image [ˈɪmɪdʒ] *n* **1.** Bild das **2.** *(of company, person)* Image das

imaginary [ɪˈmædʒɪnrɪ] *adj* eingebildet

imagination [ɪˌmædʒɪˈneɪʃn] *n* **1.** *(ability)* Fantasie die **2.** *(mind)* Einbildung die

imagine [ɪˈmædʒɪn] *vt* sich (D) vorstellen

imitate [ˈɪmɪteɪt] *vt* nachlahmen

imitation [ˌɪmɪˈteɪʃn] *n* Nachahmung die ◇ *adj* ● imitation leather Lederimitation die

immaculate [ɪˈmækjʊlət] *adj* makellos

immature [ˌɪməˈtjʊəʳ] *adj* unreif

immediate [ɪˈmiːdjət] *adj (without delay)* unmittelbar

immediately [ɪˈmiːdjətlɪ] ◇ *adv (at once)* sofort ◇ *conj (UK)* sobald

immense [ɪˈmens] *adj* enorm

immersion heater [ɪˈmɜːʃn-] *n* Heißwasserbereiter der

immigrant [ˈɪmɪgrənt] *n* Einwanderer der, Einwanderin die

immigration [ˌɪmɪˈgreɪʃn] *n* **1.** Einwanderung die **2.** *(section of airport, port)* Einwanderungskontrolle die

imminent [ˈɪmɪnənt] *adj* nahe bevorstehend

immune [ɪˈmjuːn] *adj* ● to be immune to sthg immun sein gegen etw

immunity [ɪˈmjuːnətɪ] *n* Immunität die

immunize [ˈɪmjuːnaɪz] *vt* immunisieren

impact [ˈɪmpækt] *n* **1.** *(effect)* Auswirkung die **2.** *(hitting)* Aufprall der

impair [ɪmˈpeəʳ] *vt* beeinträchtigen

impatient [ɪmˈpeɪʃnt] *adj* ungeduldig ● to be impatient to do sthg es nicht erwarten können, etw zu tun

in

imperative [ɪmˈperətɪv] *n* GRAM Imperativ *der*

imperfect [ɪmˈpɜːfɪkt] *n* GRAM Imperfekt *das*

impersonate [ɪmˈpɜːsəneɪt] *vt (for amusement)* nachahmen

impertinent [ɪmˈpɜːtɪnənt] *adj* frech

implement ◇ *n* [ˈɪmplɪmənt] Gerät *das* ◇ *vt* [ˈɪmplɪment] durchführen

implication [ˌɪmplɪˈkeɪʃn] *n (consequence)* Konsequenz *die*

imply [ɪmˈplaɪ] *vt* andeuten

impolite [ˌɪmpəˈlaɪt] *adj* unhöflich

import ◇ *n* [ˈɪmpɔːt] Import *der* ◇ *vt* [ɪmˈpɔːt] importieren

importance [ɪmˈpɔːtns] *n* Wichtigkeit *die*

important [ɪmˈpɔːtnt] *adj* **1.** wichtig **2.** *(person)* einflussreich

impose [ɪmˈpəʊz] ◇ *vt* auferlegen ◇ *vi* zur Last fallen ● **to impose sthg on** etw auferlegen (+D)

impossible [ɪmˈpɒsəbl] *adj* unmöglich

impractical [ɪmˈpræktɪkl] *adj* unpraktisch

impress [ɪmˈpres] *vt (person)* beeindrucken

impression [ɪmˈpreʃn] *n (opinion)* Eindruck *der*

impressive [ɪmˈpresɪv] *adj* eindrucksvoll

improbable [ɪmˈprɒbəbl] *adj* unwahrscheinlich

improper [ɪmˈprɒpə] *adj* **1.** *(incorrect)* inkorrekt **2.** *(illegal)* unlauter **3.** *(rude)* unanständig

improve [ɪmˈpruːv] ◇ *vt* verbessern ◇ *vi* besser werden ● **improve on** *vt insep* übertreffen

improvement [ɪmˈpruːvmənt] *n* **1.** Besserung *die* **2.** *(to home, to machine)* Verbesserung *die*

improvise [ˈɪmprəvaɪz] *vi* improvisieren

impulse [ˈɪmpʌls] *n* Impuls *der* ● **on impulse** spontan

impulsive [ɪmˈpʌlsɪv] *adj* impulsiv

in [ɪn]
◇ *prep* **1.** *(expressing place, position)* in (+A,D) ● **to put sthg in sthg** etw in etw (A) tun ● **it comes in a box** man bekommt es in einer Schachtel ● **in the bedroom** im Schlafzimmer ● **in the street** auf der Straße ● **in California** in Kalifornien ● **in Sheffield** in Sheffield ● **in here/there** hier/dort drinnen **2.** *(participating in)* in (+D) ● **who's in the play?** war spielt in dem Stück? **3.** *(expressing arrangement)* in (+D) ● **in a circle** in einem Kreis ● **they come in packs of three** es gibt sie in Dreierpacks **4.** *(during)* in (+D) ● **in April** im April ● **in the afternoon** am Nachmittag ● **in the morning** am Morgen ● **ten o'clock in the morning** zehn Uhr morgens ● **in 1999** 1999 **5.** *(within, after)* in (+D) ● **it'll be ready in an hour** es ist in einer Stunde fertig **6.** *(expressing means)* ● **write in ink** mit Tinte schreiben ● **in writing** schriftlich ● **they were talking in English** sie sprachen Englisch **7.** *(wearing)* in (+D) **8.** *(state)* in (+D) ● **in a hurry** in Eile ● **to be in pain** Schmerzen haben ● **in ruins** in Trümmern **9.** *(with regard to)* ● **a rise in prices** ein Preisanstieg ● **to be 50 metres in length** 50 Meter lang sein **10.** *(with numbers)* ● **one in ten** jeder Zehnte **11.** *(expressing age)* ● **she's in her twenties** sie ist in den Zwanzigern **12.** *(with colours)* ● **it comes in green or blue** es gibt es in grün oder blau **13.** *(with superlatives)* in (+D)

● the best in the world der/die/das Beste in der Welt

◇ *adv* 1. *(inside)* herein/hinein ● you can go in now Sie können/du kannst jetzt hineingehen 2. *(at home, work)* da ● she's not in sie ist nicht da ● to stay in zu Hause bleiben 3. *(train, bus, plane)* ● to get in ankommen ● the train's not in yet der Zug ist noch nicht angekommen 4. *(tide)* ● the tide is in es ist Flut

◇ *adj (inf) (fashionable)* in

inability [ˌɪnəˈbɪlətɪ] *n* inability (to do sthg) Unfähigkeit die (, etw zu tun)

inaccessible [ˌɪnəkˈsesəbl] *adj* unzugänglich

inaccurate [ɪnˈækjʊrət] *adj* ungenau

inadequate [ɪnˈædɪkwət] *adj* ungenügend

inappropriate [ˌɪnəˈprəʊprɪət] *adj* unpassend

inauguration [ɪˌnɔːgjʊˈreɪʃn] *n* 1. *(of person)* Amtseinführung die 2. *(of institution)* Einweihung die

inbox [ˈɪnbɒks] *n COMPUT* Posteingang der

incapable [ɪnˈkeɪpəbl] *adj* ● to be incapable of doing sthg nicht fähig sein, etw zu tun

incense [ˈɪnsens] *n* Weihrauch der

incentive [ɪnˈsentɪv] *n* Anreiz der

inch [ɪntʃ] *n* = 2,54 cm, Inch der

incident [ˈɪnsɪdənt] *n* Vorfall der

incidentally [ˌɪnsɪˈdentəlɪ] *adv* übrigens

incline [ˈɪnklaɪn] *n* Abhang der

inclined [ɪnˈklaɪnd] *adj (sloping)* abschüssig ● to be inclined to do sthg *(have tendency)* dazu neigen, etw zu tun

include [ɪnˈkluːd] *vt* 1. einschließen 2. *(contain)* enthalten

included [ɪnˈkluːdɪd] *adj (in price)* inbegriffen ● to be included in sthg in etw (D) eingeschlossen sein

including [ɪnˈkluːdɪŋ] *prep* einschließlich (+G)

inclusive [ɪnˈkluːsɪv] *adj* ● from the 8th to the 16th inclusive vom 8. bis einschließlich 16. ● inclusive of VAT inklusive MwSt

income [ˈɪnkʌm] *n* Einkommen das

income support *n (UK)* zusätzliche staatliche Beihilfe zum Lebensunterhalt

income tax *n* Einkommensteuer die

incoming [ˈɪnˌkʌmɪŋ] *adj* 1. *(train)* einfahrend 2. *(plane)* landend 3. *(phone call)* eingehend

incompetent [ɪnˈkɒmpɪtənt] *adj* unfähig

incomplete [ˌɪnkəmˈpliːt] *adj* unvollständig

inconsiderate [ˌɪnkənˈsɪdərət] *adj* rücksichtslos

inconsistent [ˌɪnkənˈsɪstənt] *adj* 1. *(person)* unbeständig 2. *(statement)* widersprüchlich

incontinent [ɪnˈkɒntɪnənt] *adj* inkontinent

inconvenient [ˌɪnkənˈviːnjənt] *adj* ungünstig

incorporate [ɪnˈkɔːpəreɪt] *vt* aufnehmen

incorrect [ˌɪnkəˈrekt] *adj* unrichtig

increase ◇ *n* [ˈɪnkriːs] 1. Anstieg der 2. *(in wages)* Erhöhung die ◇ *vt* [ɪnˈkriːs] erhöhen ◇ *vi* steigen ● an increase in unemployment eine Zunahme der Arbeitslosigkeit

increasingly [ɪnˈkriːsɪŋlɪ] *adv* zunehmend

incredible [ɪnˈkredəbl] *adj* unglaublich

incredibly [ɪnˈkredəblɪ] *adv* unglaublich

incur [ɪnˈkɜːˈ] *vt* sich (D) zuziehen

indecisive [ˌɪndɪˈsaɪsɪv] *adj* unentschlossen

indeed [ɪnˈdiːd] *adv* **1.** wirklich, tatsächlich **2.** *(certainly)* natürlich • **very big indeed** wirklich sehr groß

indefinite [ɪnˈdefɪnɪt] *adj* **1.** unbestimmt **2.** *(answer, opinion)* unklar

indefinitely [ɪnˈdefɪnɪtlɪ] *adv (closed, delayed)* bis auf weiteres

independence [ˌɪndɪˈpendəns] *n* Unabhängigkeit *die*

independent [ˌɪndɪˈpendənt] *adj* unabhängig

independently [ˌɪndɪˈpendəntlɪ] *adv* unabhängig

independent school *n (UK)* nicht-staatliche Schule

index [ˈɪndeks] *n* Verzeichnis *das*, Register *das*

index finger *n* Zeigefinger *der*

India [ˈɪndjə] *n* Indien *nt*

Indian [ˈɪndjən] ◇ *adj* indisch ◇ *n* Inder *der*, -in *die* • **Indian restaurant** indisches Restaurant

Indian Ocean *n* Indischer Ozean

indicate [ˈɪndɪkeɪt] ◇ *vi* AUT blinken ◇ *vt* **1.** *(point to)* zeigen auf (+A) **2.** *(show)* andeuten

indicator [ˈɪndɪkeɪtəˈ] *n* AUT Blinker *der*

indifferent [ɪnˈdɪfrənt] *adj* gleichgültig

indigestion [ˌɪndɪˈdʒestʃn] *n* Magenverstimmung *die*

indigo [ˈɪndɪɡəʊ] *adj* indigoblau

indirect [ˌɪndɪˈrekt] *adj* indirekt • **an indirect route** ein Umweg

individual [ˌɪndɪˈvɪdʒʊəl] ◇ *adj* **1.** einzeln **2.** *(tuition)* Einzel- ◇ *n* Einzelne *der, die*

individually [ˌɪndɪˈvɪdʒʊəlɪ] *adv* einzeln

Indonesia [ˌɪndəˈniːzjə] *n* Indonesien *nt*

indoor [ˈɪndɔːˈ] *adj (swimming pool, sports)* Hallen-

indoors [ˌɪnˈdɔːz] *adv* drinnen, im Haus

indulge [ɪnˈdʌldʒ] *vi* • **to indulge in** sich (D) gönnen

industrial [ɪnˈdʌstrɪəl] *adj* **1.** industriell **2.** *(country, town)* Industrie-

industrial estate *n (UK)* Industriesiedlung *die*

industry [ˈɪndəstrɪ] *n* Industrie *die*

inedible [ɪnˈedɪbl] *adj* ungenießbar

inefficient [ˌɪnɪˈfɪʃnt] *adj* nicht leistungsfähig

inequality [ˌɪnɪˈkwɒlətɪ] *n* Ungleichheit *die*

inevitable [ɪnˈevɪtəbl] *adj* unvermeidlich

inevitably [ɪnˈevɪtəblɪ] *adv* zwangsläufig

inexpensive [ˌɪnɪkˈspensɪv] *adj* preiswert

infamous [ˈɪnfəməs] *adj* berüchtigt

infant [ˈɪnfənt] *n* **1.** *(baby)* Säugling *der* **2.** *(young child)* Kind *das*

infant school *n (UK)* Vorschule *die (für 5- bis 7-Jährige)*

infatuated [ɪnˈfætjʊeɪtɪd] *adj* • **infatuated with** vernarrt sein in (+A)

infectious [ɪnˈfekʃəs] *adj* ansteckend

inferior [ɪnˈfɪərɪəˈ] *adj* **1.** *(person)* untergeordnet **2.** *(goods, quality)* minderwertig

infinite [ˈɪnfɪnət] *adj* unendlich

infinitely [ˈɪnfɪnətlɪ] *adv* unendlich

infinitive [ɪnˈfɪnɪtɪv] *n* Infinitiv *der*

infinity [ɪnˈfɪnətɪ] *n* Unendlichkeit *die*

infirmary [ɪnˈfɜːmərɪ] *n* Krankenhaus *das*

inflamed [ɪnˈfleɪmd] *adj* entzündet

inflammation [ˌɪnfləˈmeɪʃn] *n* Entzündung *die*

inflatable [ɪnˈfleɪtəbl] *adj* aufblasbar

inflate [ɪnˈfleɪt] *vt* aufpumpen

inflation [ɪnˈfleɪʃn] *n (of prices)* Inflation *die*

inflict [ɪnˈflɪkt] *vt* **1.** *(suffering)* aufbürden **2.** *(wound)* beibringen

in-flight *adj* während des Fluges

influence [ˈɪnfluəns] ◇ *vt* beeinflussen ◇ *n* ● **influence (on)** Einfluss *der (auf (+A))*

inform [ɪnˈfɔːm] *vt* informieren

informal [ɪnˈfɔːml] *adj* zwanglos

information [ˌɪnfəˈmeɪʃn] *n* Information *die* ● **a piece of information** eine Information

information desk *n* Auskunftsschalter *der*

information office *n* Auskunftsbüro *das*

informative [ɪnˈfɔːmətɪv] *adj* informativ

infuriating [ɪnˈfjʊərieɪtɪŋ] *adj* ärgerlich

ingenious [ɪnˈdʒiːnjəs] *adj* raffiniert

ingredient [ɪnˈgriːdjənt] *n* CULIN Zutat *die*

inhabit [ɪnˈhæbɪt] *vt* bewohnen

inhabitant [ɪnˈhæbɪtənt] *n* Einwohner *der, -in die*

inhale [ɪnˈheɪl] *vi* einatmen

inhaler [ɪnˈheɪləʳ] *n* Inhaliergerät *das*

inherit [ɪnˈherɪt] *vt* erben

inhibition [ˌɪnhɪˈbɪʃn] *n* Hemmung *die*

initial [ɪˈnɪʃl] ◇ *adj* Anfangs- ◇ *vt* mit Initialen unterschreiben ◆ **initials** *npl* Initialen *pl*

initially [ɪˈnɪʃəlɪ] *adv* anfangs

initiative [ɪˈnɪʃətɪv] *n* Initiative *die*

injection [ɪnˈdʒekʃn] *n* MED Spritze *die*

injure [ˈɪndʒəʳ] *vt* verletzen ● **to injure one's arm** sich *(D)* den Arm verletzen ●

to injure o.s. sich verletzen

injured [ˈɪndʒəd] *adj* verletzt

injury [ˈɪndʒəri] *n* Verletzung *die*

ink [ɪŋk] *n* Tinte *die*

inland ◇ *adj* [ˈɪnlənd] Binnen- ◇ *adv* [ɪnˈlænd] landeinwärts

inn [ɪn] *n* Gasthaus *das*

inner [ˈɪnəʳ] *adj* innere(r)(s)

inner city *n* Viertel in der Nähe der Innenstadt, in denen es oft soziale Probleme gibt

inner tube *n* Schlauch *der*

innocence [ˈɪnəsəns] *n* Unschuld *die*

innocent [ˈɪnəsənt] *adj* unschuldig

inoculate [ɪˈnɒkjʊleɪt] *vt* ● **to inoculate sb (against sthg)** jn (gegen etw) impfen

inoculation [ɪˌnɒkjʊˈleɪʃn] *n* Impfung *die*

input [ˈɪnpʊt] *vt* COMPUT eingeben

inquire [ɪnˈkwaɪəʳ] = **enquire**

inquiry [ɪnˈkwaɪərɪ] = **enquiry**

insane [ɪnˈseɪn] *adj* verrückt

insect [ˈɪnsekt] *n* Insekt *das*

insect repellent [-rəˈpelənt] *n* Insektenvertreibungsmittel *das*

insensitive [ɪnˈsensətɪv] *adj (unkind)* gefühllos

insert [ɪnˈsɜːt] *vt* **1.** *(coin)* einwerfen **2.** *(ticket)* einführen **3.** *(key)* einstecken

inside [ɪnˈsaɪd] ◇ *prep* **1.** *(be)* in *(+D)* **2.** *(go, move)* in *(+A)* ◇ *adv* innen ◇ *adj (internal)* Innen- ◇ *n* ● **the inside** das Innere; AUT *(in UK)* die linke Fahrspur; AUT *(in Europe, US)* die rechte Fahrspur ● **inside out** *(clothes)* links *(herum)* ● **to be inside** drinnen sein ● **to go inside** hineingehen

inside lane *n* **1.** AUT *(in UK)* linke Fahrspur **2.** *(in Europe, US)* rechte Fahrspur

inside leg n Schrittlänge die

insight ['ɪnsaɪt] n Einblick der

insignificant [ˌɪnsɪg'nɪfɪkənt] adj unbedeutend

insinuate [ɪn'sɪnjʊeɪt] vt anldeuten

insist [ɪn'sɪst] vi darauf bestehen • **to insist on doing sthg** darauf bestehen, etw zu tun

insole ['ɪnsəʊl] n Einlegesohle die

insolent ['ɪnsələnt] adj unverschämt

insomnia [ɪn'sɒmnɪə] n Schlaflosigkeit die

inspect [ɪn'spekt] vt 1. (ticket, passport) kontrollieren 2. (look at closely) genau betrachten

inspection [ɪn'spekʃn] n (of ticket, passport) Kontrolle die

inspector [ɪn'spektə'] n 1. (on bus, train) Kontrolleur der, -in die 2. (in police force) Kommissar der, -in die

inspiration [ˌɪnspə'reɪʃn] n Inspiration die

instal [ɪn'stɔːl] (US) = install

install [ɪn'stɔːl] vt (UK) installieren

installment [ɪn'stɔːlmənt] (US) = instalment

instalment [ɪn'stɔːlmənt] n 1. (payment) Rate die 2. (episode) Folge die

instance ['ɪnstəns] n Fall der • **for instance** zum Beispiel

instant ['ɪnstənt] ◇ adj 1. sofortig 2. (food) Instant- ◇ n Moment der, Augenblick der

instant coffee n Instantkaffee der, Pulverkaffee der

instead [ɪn'sted] adv stattdessen • **instead of** statt (+G), anstelle (+G)

instep ['ɪnstep] n Spann der

instinct ['ɪnstɪŋkt] n Instinkt der

institute ['ɪnstɪtjuːt] n Institut das

institution [ˌɪnstɪ'tjuːʃn] n Institution die

instructions [ɪn'strʌkʃnz] npl (for use) Anleitung die

instructor [ɪn'strʌktə'] n Lehrer der, -in die

instrument ['ɪnstrəmənt] n 1. (musical) Instrument das 2. (tool) Gerät das

insufficient [ˌɪnsə'fɪʃnt] adj nicht genügend

insulating tape ['ɪnsjʊleɪtɪŋ-] n Isolierband das

insulation [ˌɪnsjʊ'leɪʃn] n (material) Isoliermaterial das

insulin ['ɪnsjʊlɪn] n Insulin das

insult ◇ n ['ɪnsʌlt] Beleidigung die ◇ vt [ɪn'sʌlt] beleidigen

insurance [ɪn'ʃʊərəns] n Versicherung die

insurance certificate n Versicherungsschein der

insurance company n Versicherungsgesellschaft die

insurance policy n Versicherungspolice die

insure [ɪn'ʃʊə'] vt versichern

insured [ɪn'ʃʊəd] adj • **to be insured** versichert sein

intact [ɪn'tækt] adj unbeschädigt

intellectual [ˌɪntə'lektjʊəl] ◇ adj intellektuell ◇ n Intellektuelle der, die

intelligence [ɪn'telɪdʒəns] n Intelligenz die

intelligent [ɪn'telɪdʒənt] adj intelligent

intend [ɪn'tend] vt meinen • **to intend to do sthg** vorhaben, etw zu tun

intense [ɪn'tens] adj stark

intensity [ɪn'tensətɪ] n Intensität die

intensive [ɪn'tensɪv] adj intensiv

intensive care *n* Intensivstation *die*
intent [ɪn'tent] *adj* ● **to be intent on doing sthg** etw unbedingt tun wollen
intention [ɪn'tenʃn] *n* Absicht *die*
intentional [ɪn'tenʃənl] *adj* absichtlich
intentionally [ɪn'tenʃənəlɪ] *adv* absichtlich
interchange ['ɪntətʃeɪndʒ] *n* (on motorway) Autobahnkreuz *das*
Intercity ® [,ɪntə'sɪtɪ] *n* (UK) Intercity *der*
intercom ['ɪntəkɒm] *n* Sprechanlage *die*
interest ['ɪntrəst] *n* **1.** Interesse *das* **2.** (on money) Zinsen *pl* ◇ *vt* interessieren ● **to take an interest in sthg** sich für etw interessieren
interested ['ɪntrəstɪd] *adj* interessiert ● **to be interested in sthg** an etw (D) interessiert sein
interesting ['ɪntrəstɪŋ] *adj* interessant
interest rate *n* Zinssatz *der*
interfere [,ɪntə'fɪə] *vi* (meddle) sich einmischen ● **to interfere with sthg** (damage) etw beeinträchtigen
interference [,ɪntə'fɪərəns] *n* (on TV, radio) Störung *die*
interior [ɪn'tɪərɪə] ◇ *adj* Innen- ◇ *n* Innere *das*
intermediate [,ɪntə'miːdjət] *adj* (stage, level) Zwischen-
intermission [,ɪntə'mɪʃn] *n* Pause *die*
internal [ɪn'tɜːnl] *adj* **1.** (not foreign) inländisch **2.** (on the inside) innere(r)(s)
internal flight *n* Inlandflug *der*
international [,ɪntə'næʃənl] *adj* international
international flight *n* Auslandsflug *der*
Internet ['ɪntənet] *n* ● **the Internet** Internet *das* ● **on the Internet** im Internet

interpret [ɪn'tɜːprɪt] *vi* dolmetschen
interpreter [ɪn'tɜːprɪtə] *n* Dolmetscher *der*, -in *die*
interrogate [ɪn'terəgeɪt] *vt* verhören
interrupt [,ɪntə'rʌpt] *vt* unterbrechen
intersection [,ɪntə'sekʃn] *n* (of roads) Kreuzung *die*
interval ['ɪntəvl] *n* **1.** Zeitraum *der* **2.** (UK) (at cinema, theatre) Pause *die*
intervene [,ɪntə'viːn] *vi* **1.** (person) einlgreifen **2.** (event) dazwischenlkommen
interview ['ɪntəvjuː] ◇ *n* **1.** (on TV, in magazine) Interview *das* **2.** (for job) Vorstellungsgespräch *das* ◇ *vt* **1.** (on TV, in magazine) interviewen **2.** (for job) ein Vorstellungsgespräch führen mit
interviewer ['ɪntəvjuːə] *n* Interviewer *der*, -in *die*
intestine [ɪn'testɪn] *n* Darm *der*
intimate ['ɪntɪmət] *adj* **1.** (friends, relationship) eng **2.** (secrets, thoughts) intim **3.** (cosy) gemütlich
intimidate [ɪn'tɪmɪdeɪt] *vt* einlschüchtern
into ['ɪntʊ] *prep* **1.** in (+A) **2.** (crash) gegen **3.** (research, investigation) über (+A) ● **4 into 20 goes 5** (times) 20 (geteilt) durch 4 ist 5 ● **to translate into German** ins Deutsche übersetzen ● **to change into sthg** (clothes) sich (D) etw anlziehen; (become) zu etw werden ● **to be into sthg** (inf) (like) auf etw (A) stehen
intolerable [ɪn'tɒlrəbl] *adj* unerträglich
intransitive [ɪn'trænzɪtɪv] *adj* intransitiv
intricate ['ɪntrɪkət] *adj* kompliziert
intriguing [ɪn'triːgɪŋ] *adj* faszinierend
introduce [,ɪntrə'djuːs] *vt* **1.** (person) vorlstellen **2.** (new measure) einlführen

3. *(TV programme)* an|kündigen ● **I'd like to introduce you to Fred** ich möchte Ihnen/dir Fred vorstellen

introduction [,ɪntrə'dʌkʃn] *n* **1.** Einführung *die* **2.** *(to book)* Einleitung *die* **3.** *(to person)* Vorstellung *die*

introverted ['ɪntrə,vɜ:tɪd] *adj* introvertiert

intruder [ɪn'tru:də°] *n* Eindringling *der*

intuition [,ɪntju:'ɪʃn] *n* Intuition *die*

invade [ɪn'veɪd] *vt* einfallen in

invalid ◇ *adj* [ɪn'vælɪd] *(ticket, cheque)* ungültig ◇ *n* ['ɪnvəlɪd] Kranke *der, die*

invaluable [ɪn'væljʊəbl] *adj* unschätzbar

invariably [ɪn'veərɪəbli] *adv* immer

invasion [ɪn'veɪʒn] *n* Invasion *die*

invent [ɪn'vent] *vt* erfinden

invention [ɪn'venʃn] *n* Erfindung *die*

inventory ['ɪnventri] *n* **1.** *(list)* Bestandsaufnahme *die* **2.** *(US) (stock)* Lagerbestand *der*

inverted commas [ɪn'vɜ:tɪd-] *npl* Anführungszeichen *pl*

invest [ɪn'vest] ◇ *vt* investieren ◇ *vi* ● **to invest in sthg** in etw *(A)* investieren

investigate [ɪn'vestɪgeɪt] *vt* untersuchen

investigation [ɪn,vestɪ'geɪʃn] *n* Untersuchung *die*

investment [ɪn'vestmənt] *n* Anlage *die*

invisible [ɪn'vɪzɪbl] *adj* unsichtbar

invitation [,ɪnvɪ'teɪʃn] *n* Einladung *die*

invite [ɪn'vaɪt] *vt* ein|laden ● **to invite sb to do sthg** *(ask)* jn ein|laden, etw zu tun ● **to invite sb round** jn zu sich ein|laden

invoice ['ɪnvɔɪs] *n* Rechnung *die*

involve [ɪn'vɒlv] *vt* (entail) mit sich bringen ● **what does it involve?** was ist erforderlich? ● **to be involved in sthg**

(scheme, activity) an etw *(D)* beteiligt sein; *(accident)* in etw *(A)* verwickelt sein

involved [ɪn'vɒlvd] *adj* ● **what's involved?** was ist erforderlich?

inwards ['ɪnwədz] *adv* nach innen

IOU *n* Schuldschein *der*

IQ *n* IQ *der*

Iran [ɪ'rɑ:n] *n* Iran *der*

Iraq [ɪ'rɑ:k] *n* Irak *der*

Ireland ['aɪələnd] *n* Irland *nt*

iris ['aɪərɪs] *(pl* **-es)** *n (flower)* Iris *die*

Irish ['aɪrɪʃ] ◇ *adj* irisch ◇ *n (language)* Irische *das* ◇ *npl* ● **the Irish** die Iren *pl*

Irish coffee *n* Irishcoffee *der (Kaffee mit Whisky und Schlagsahne)*

Irishman ['aɪrɪʃmən] *(pl* **-men)** *n* Ire *der*

Irish stew *n* Irishstew *das (Gericht aus Fleisch, Kartoffeln und Zwiebeln)*

Irishwoman ['aɪrɪʃ,wʊmən] *(pl* **-women)** *n* Irin *die*

iron ['aɪən] ◇ *n* **1.** Eisen *das* **2.** *(for clothes)* Bügeleisen *das* ◇ *vt* bügeln

ironic [aɪ'rɒnɪk] *adj* ironisch

ironing board ['aɪənɪŋ-] *n* Bügelbrett *das*

ironmonger's ['aɪən,mʌŋgəz] *n (UK)* Eisenwarengeschäft *das*

irrelevant [ɪ'reləvənt] *adj* belanglos

irresistible [,ɪrɪ'zɪstəbl] *adj* unwiderstehlich

irrespective [,ɪrɪ'spektɪv] ● **irrespective of** *prep* ungeachtet *(+G)*

irresponsible [,ɪrɪ'sponsəbl] *adj* unverantwortlich

irrigation [,ɪrɪ'geɪʃn] *n* Bewässerung *die*

irritable ['ɪrɪtəbl] *adj* reizbar

irritate ['ɪrɪteɪt] *vt* **1.** *(annoy)* ärgern **2.** *(skin, eyes)* reizen

irritating ['ɪrɪteɪtɪŋ] *adj (annoying)* ärgerlich

IRS n (US) amerikanisches Finanzamt

is [ɪz] ➤ **be**

Islam [ˈɪzlɑːm] n Islam der

island [ˈaɪlənd] n 1. Insel die 2. (in road) Verkehrsinsel die

isle [aɪl] n Insel die

isolated [ˈaɪsəleɪtɪd] adj 1. (place) isoliert 2. (case, error) vereinzelt

Israel [ˈɪzreɪəl] n Israel nt

issue [ˈɪʃuː] ⬦ n 1. (problem, subject) Thema das 2. (of newspaper, magazine) Ausgabe die ⬦ vt 1. (statement) veröffentlichen 2. (passport, document) auslstellen 3. (banknotes) auslgeben 4. (stamps) herauslgeben

it [ɪt] pron 1. (referring to specific thing: subject) er/sie/es; (direct object) den/sie/es ● **it's big** er/sie/es ist groß ● **she hit it** sie hat den/sie/es getroffen ● **a free book came with it** es war ein kostenloses Buch dabei 2. (nonspecific) es ● **it's easy** es ist einfach ● **it's a difficult question** das ist eine schwierige Frage ● **tell me about it!** erzähl mir davon! ● **it's me** ich bin's ● **who is it?** wer ist da? 3. (used impersonally) es ● **it's hot** es ist heiß ● **it's six o'clock** es ist sechs Uhr ● **it's Sunday** es ist Sonntag

Italian [ɪˈtæljən] ⬦ adj italienisch ⬦ n 1. (person) Italiener der, -in die 2. (language) Italienisch das ● **an Italian restaurant** ein italienisches Restaurant

Italy [ˈɪtəlɪ] n Italien nt

itch [ɪtʃ] vi jucken

item [ˈaɪtəm] n 1. (object) Gegenstand der 2. (on agenda) Punkt der 3. (of news) Meldung die

itemized bill [ˈaɪtəmaɪzd-] n spezifizierte Rechnung

its [ɪts] adj 1. (masculine or neuter subject) sein 2. (feminine subject) ihr

it's [ɪts] = it is, it has

itself [ɪtˈself] pron 1. (reflexive) sich 2. (after prep) sich selbst ● **the house itself is fine** das Haus selbst ist in Ordnung

I've [aɪv] = I have

ivory [ˈaɪvərɪ] n Elfenbein das

ivy [ˈaɪvɪ] n Efeu der

Ivy League

In der *Ivy League*, die für akademische Höchstleistungen genauso wie für Elitedenken steht, sind die acht angesehensten Traditionsuniversitäten im Nordosten der USA (darunter Harvard, Princeton und Yale) zusammengeschlossen, private Institutionen, die jedoch staatliche Fördergelder für ihre Forschung erhalten und ihre Studierenden selbst auswählen.

J J

jab [dʒæb] n (UK) (inf) (injection) Spritze die

jack [dʒæk] n 1. (for car) Wagenheber der 2. (playing card) Bube der

jacket [ˈdʒækɪt] n 1. (garment) Jacke die 2. (of book) Umschlag der 3. (US) (of record) Plattenhülle die 4. (of potato) Schale die

jacket potato n in der Schale gebackene Kartoffel

jack-knife vi Klappmesser das

Jacuzzi ® [dʒə'ku:zɪ] n Whirlpool der

jade [dʒeɪd] n Jade die

jail [dʒeɪl] n Gefängnis das

jam [dʒæm] ◇ n 1. *(food)* Konfitüre die 2. *(of traffic)* Stau der 3. *(inf) (difficult situation)* Klemme die ◇ vt *(pack tightly)* hineinquetschen ◇ vi *(get stuck)* klemmen ● **the roads are jammed** die Straßen sind verstopft

jam-packed ['pækt] adj *(inf)* gestopft voll

Jan. *(abbr of January)* Jan.

janitor ['dʒænɪtə'] n Hausmeister der

January ['dʒænjʊərɪ] n Januar der ➢ September

Japan [dʒə'pæn] n Japan nt

Japanese [ˌdʒæpə'ni:z] ◇ adj japanisch ◇ n *(language)* Japanisch das ◇ npl ● **the Japanese** die Japaner pl

jar [dʒɑ:'] n Glas das

javelin ['dʒævlɪn] n Speer der

jaw [dʒɔ:] n Kiefer der

jazz [dʒæz] n Jazz der

jealous ['dʒeləs] adj 1. *(envious)* neidisch 2. *(possessive)* eifersüchtig

jeans [dʒi:nz] npl Jeans pl

Jeep ® [dʒi:p] n Jeep ® der

Jello ® ['dʒeləʊ] n *(US)* Wackelpudding der

jelly ['dʒelɪ] n 1. *(dessert)* Wackelpudding der 2. *(US) (jam)* Gelee das

jellyfish ['dʒelɪfɪʃ] *(pl inv)* n Qualle die

jeopardize ['dʒepədaɪz] vt gefährden

jerk [dʒɜ:k] n 1. *(movement)* Ruck der 2. *(inf) (idiot)* Blödmann der

jersey ['dʒɜ:zɪ] *(pl* -s*)* n *(garment)* Pullover der

jet [dʒet] n 1. *(aircraft)* Jet der 2. *(of liquid, gas)* Strahl der 3. *(outlet)* Düse die

jetfoil ['dʒetfɔɪl] n Tragflächenboot das

jet lag n Jetlag der

jet-ski n Jetski der

jetty ['dʒetɪ] n Bootsanlegestelle die

Jew [dʒu:] n Jude der, Jüdin die

jewel ['dʒu:əl] n Edelstein der ● **jewels** npl *(jewellery)* Juwelen pl

jeweler's ['dʒu:ələz] *(US)* = jeweller's

jeweller's ['dʒu:ələz] n *(UK)* Juweliergeschäft das

jewellery ['dʒu:əlrɪ] n *(UK)* Schmuck der

jewelry ['dʒu:əlrɪ] *(US)* = jewellery

Jewish ['dʒu:ɪʃ] adj jüdisch

jigsaw (puzzle) ['dʒɪgsɔ:-] n Puzzlespiel das

jingle ['dʒɪŋgl] n *(of advert)* Jingle der

job [dʒɒb] n 1. *(regular work)* Stelle die, Job der 2. *(task)* Arbeit die 3. *(function)* Aufgabe die ● **to lose one's job** entlassen werden

job centre n *(UK)* Arbeitsvermittlungsstelle die

jockey ['dʒɒkɪ] *(pl* -s*)* n Jockei der

jog [dʒɒg] ◇ vt *(bump)* anstoßen ◇ vi joggen ◇ n ● **to go for a jog** joggen gehen

jogging ['dʒɒgɪŋ] n Jogging das ● **to go jogging** joggen gehen

join [dʒɔɪn] vt 1. *(club, organization)* beitreten (+D) 2. *(fasten together, link)* verbinden 3. *(other people)* sich anschließen (+D) 4. *(participate in)* teilnehmen an (+D) ● **join in** ◇ vt insep mitmachen bei (+D) ◇ vi mitmachen

joint [dʒɔɪnt] ◇ adj gemeinsam ◇ n 1. *(of body)* Gelenk das 2. *(UK) (of meat)* Braten der 3. *(in structure)* Verbindungsstelle die

joke [dʒəʊk] ◇ n Witz der ◇ vi scherzen

joker ['dʒəʊkə'] n (playing card) Joker der

jolly ['dʒɒlɪ] ◇ adj (cheerful) lustig, fröhlich ◇ adv (UK) (inf) (very) sehr

jolt [dʒəʊlt] n Ruck der

jot [dʒɒt] ◆ **jot down** vt sep notieren

journal ['dʒɜːnl] n 1. (professional magazine) Zeitschrift die 2. (diary) Tagebuch das

journalist ['dʒɜːnəlɪst] n Journalist der, -in die

journey ['dʒɜːnɪ] (pl -s) n Reise die

joy [dʒɔɪ] n Freude die

joypad ['dʒɔɪpæd] n (of video game) Joypad der

joyrider ['dʒɔɪraɪdə'] n Autodieb, der mit gestohlenen Autos Spritztouren unternimmt

joystick ['dʒɔɪstɪk] n (of video game) Joystick der

judge [dʒʌdʒ] ◇ n 1. LAW Richter der, -in die 2. (of competition) Preisrichter der, -in die 3. SPORT Schiedsrichter der, -in die ◇ vt 1. (competition) beurteilen 2. (evaluate) einschätzen

judg(e)ment ['dʒʌdʒmənt] n 1. LAW Urteil das 2. (opinion) Beurteilung die 3. (capacity to judge) Urteilsvermögen das

judo ['dʒuːdəʊ] n Judo das

jug [dʒʌg] n Krug der

juggernaut ['dʒʌgənɔːt] n (UK) Schwerlastzug der

juggle ['dʒʌgl] vi jonglieren

juice [dʒuːs] n 1. (from fruit, vegetables) Saft der 2. (from meat) Bratensaft der

juicy ['dʒuːsɪ] adj (food) saftig

jukebox ['dʒuːkbɒks] n Jukebox die

July [dʒuːˈlaɪ] n Juli der ➤ September

jumble sale ['dʒʌmbl-] n (UK) Wohltätigkeitsbasar der

jumbo ['dʒʌmbəʊ] adj (inf) (big) Riesen-

jumbo jet n Jumbojet der

jump [dʒʌmp] ◇ n Sprung der ◇ vi 1. springen 2. (with fright) zusammenfahren 3. (increase) rapide ansteigen ◇ vt (US) (train, bus) schwarzfahren in (+D) ● **to jump the queue** (UK) sich vordrängen

jumper ['dʒʌmpə'] n 1. (UK) (pullover) Pullover der 2. (US) (dress) ärmelloses Kleid

jump leads npl Starthilfekabel pl

junction ['dʒʌŋkʃn] n 1. (of roads) Kreuzung die 2. (of railway lines) Knotenpunkt der

June [dʒuːn] n Juni der ➤ September

jungle ['dʒʌŋgl] n Dschungel der

junior ['dʒuːnjə'] ◇ adj 1. (of lower rank) untergeordnet 2. (US) (after name) junior ◇ n (younger person) Junior der

junior school n (UK) Grundschule die (für 7- bis 11-Jährige)

junk [dʒʌŋk] n (inf) (unwanted things) Trödel der

junk food n (inf) ungesundes Essen wie z.B. Fastfood, Chips, Süßigkeiten

junkie ['dʒʌŋkɪ] n (inf) Junkie der

junk shop n Trödelladen der

jury ['dʒʊərɪ] n 1. Geschworenen pl 2. (competition) Jury die

just [dʒʌst] ◇ adv 1. (recently) gerade 2. (exactly) genau 3. (only) nur 4. (simply) einfach ◇ adj gerecht ● **just a bit more** etwas mehr ● **just over an hour** etwas mehr als eine Stunde ● **it's just as good** es ist genauso gut ● **to be just about to do sthg** dabei sein, etw zu tun ● **to have just done sthg** gerade etw getan haben ● **just about** (almost) fast ●

(only) just *(almost not)* gerade (noch) • just a minute! einen Moment!

justice ['dʒʌstɪs] n Gerechtigkeit die

justify ['dʒʌstɪfaɪ] vt rechtfertigen

jut [dʒʌt] ◆ **jut out** vi vorstehen

juvenile ['dʒuːvənaɪl] adj **1.** *(young)* jugendlich **2.** *(childish)* kindisch

kK

kangaroo [ˌkæŋgə'ruː] n Känguru das

karate [kə'rɑːtɪ] n Karate das

kebab [kɪ'bæb] n • **doner kebab** Gyros der • **shish kebab** Kebab der

keel [kiːl] n Kiel der

keen [kiːn] adj **1.** *(enthusiastic)* begeistert **2.** *(eyesight, hearing)* scharf • **to be keen on** mögen • **to be keen to do sthg** etw unbedingt tun wollen

keep [kiːp] *(pt & pp* **kept)** ◇ vt **1.** *(retain)* behalten **2.** *(store)* aufbewahren **3.** *(maintain)* halten **4.** *(promise, appointment)* einhalten **5.** *(secret)* für sich behalten **6.** *(delay)* aufhalten **7.** *(record, diary)* führen ◇ vi **1.** *(food)* sich halten **2.** *(remain)* bleiben • **to keep (on) doing sthg** *(do continuously)* etw weiter tun; *(do repeatedly)* etw dauernd tun • **to keep sb from doing sthg** jn davon abhalten, etw zu tun • **keep back!** zurückbleiben! • **to keep clear (of)** *(etw)* freihalten ▼ **keep in lane!** Schild, das anzeigt, dass es verboten ist, die Spur zu wechseln ▼ **keep left** Links fahren ▼ **keep off the grass!**

Betreten der Rasenfläche verboten! ▼ **keep out!** Betreten verboten! ▼ **keep your distance!** Abstand halten! ◆ **keep up** ◇ vt sep aufrechterhalten ◇ vi mithalten

keep-fit n *(UK)* Fitnessübungen pl

kennel ['kenl] n Hundehütte die

kept [kept] pt & pp ➢ **keep**

kerb [kɜːb] n *(UK)* Randstein der

kerosene ['kerəsiːn] n *(US)* Petroleum das

ketchup ['ketʃəp] n Ketchup der

kettle ['ketl] n Wasserkessel der • **to put the kettle on** Wasser aufsetzen

key [kiː] ◇ n **1.** Schlüssel der **2.** *(of piano, typewriter)* Taste die ◇ adj Schlüssel-

keyboard ['kiːbɔːd] n **1.** *(of typewriter, piano)* Tastatur die **2.** *(musical instrument)* Keyboard das

keypad ['kiːpæd] n Tastenfeld das

key ring n Schlüsselring der

kg *(abbr of kilogram)* kg

kick [kɪk] ◇ n *(of foot)* Tritt der ◇ vt treten

kickoff ['kɪkɒf] n Anstoß der

kid [kɪd] ◇ n *(inf)* *(child)* Kind das ◇ vi *(joke)* scherzen

kidnap ['kɪdnæp] vt entführen, kidnappen

kidnaper ['kɪdnæpər] *(US)* = **kidnapper**

kidnapper ['kɪdnæpər] n *(UK)* Entführer der, Kidnapper der

kidney ['kɪdnɪ] *(pl* **-s)** n Niere die

kidney bean n Kidneybohne die

kill [kɪl] vt **1.** töten **2.** *(time)* totschlagen • **my feet are killing me!** meine Füße bringen mich um!

killer ['kɪlər] n Mörder der, -in die

kilo ['kiːləʊ] *(pl* **-s)** n Kilo das

kilogram [ˈkɪləˌgræm] n Kilogramm das
kilometre [ˈkɪləˌmiːtəʳ] n Kilometer der
kilt [kɪlt] n Kilt der, Schottenrock der
kind [kaɪnd] ◇ adj nett ◇ n 1. Art die 2. (of cheese, wine etc) Sorte die ● what kind of music do you like? welche Musik magst du? ● what kind of car do you drive? was für ein Auto hast du? ● kind of (US) (inf) irgendwie
kindergarten[ˈkɪndəˌgɑːtn] n Kindergarten der
kindly [ˈkaɪndlɪ] adv ● would you kindly wait here? wären Sie so nett, hier zu warten?
kindness[ˈkaɪndnɪs] n Freundlichkeit die
king [kɪŋ] n König der
kingfisher [ˈkɪŋˌfɪʃəʳ] n Eisvogel der
king prawn n Riesengarnele die
king-size bed n Kingsize-Bett das
kiosk [ˈkiːɒsk] n 1. (for newspapers etc) Kiosk der 2. (UK) (phone box) öffentlicher Fernsprecher
kipper [ˈkɪpəʳ] n Räucherhering der
kiss [kɪs] ◇ n Kuss der ◇ vt küssen
kiss of life n Mund-zu-Mund-Beatmung die
kit [kɪt] n 1. (set) Ausrüstung die 2. (clothes) Bekleidung die 3. (for assembly) Bausatz der
kitchen [ˈkɪtʃɪn] n Küche die
kitchen unit n Einbauküchenelement das
kite [kaɪt] n (toy) Drachen der
kitesurfing [ˈkaɪtsɜːfɪŋ] n Drachenfliegen das
kitten [ˈkɪtn] n Kätzchen das
kitty [ˈkɪtɪ] n (money) Gemeinschaftskasse die
kiwi fruit [ˈkiːwiː-] n Kiwi die

Kleenex ® [ˈkliːneks] n Papiertaschentuch das
km (abbr of kilometre) km
km/h (abbr of kilometres per hour) km/h
knack [næk] n ● to get the knack of doing sthg den Dreh herauskriegen, wie man etw macht
knackered [ˈnækəd] adj (UK) (inf) erledigt
knapsack [ˈnæpsæk] n Rucksack der
knee [niː] n Knie das
kneecap [ˈniːkæp] n Kniescheibe die
kneel [niːl] (pt & pp knelt) vi 1. knien 2. (go down on one's knees) sich hinknien
knew [njuː] pt ➢ know
knickers [ˈnɪkəz] npl (UK) Schlüpfer der
knife [naɪf] (pl knives) n Messer das
knight [naɪt] n 1. (in history) Ritter der 2. (in chess) Springer der
knit [nɪt] vt stricken
knitted [ˈnɪtɪd] adj gestrickt
knitting [ˈnɪtɪŋ] n 1. (thing being knitted) Strickzeug das 2. (activity) Stricken das
knitting needle n Stricknadel die
knitwear [ˈnɪtweəʳ] n Strickwaren pl
knives [naɪvz] pl ➢ knife
knob [nɒb] n 1. (on door etc) Knauf der 2. (on machine) Knopf der
knock [nɒk] ◇ n (at door) Klopfen das ◇ vt (hit) stoßen ◇ vi (at door etc) klopfen ● knock down vt sep 1. (pedestrian) anfahren 2. (building) abreißen 3. (price) reduzieren ● knock out vt sep 1. bewusstlos schlagen 2. (of competition) ● to be knocked out ausscheiden ● knock over vt sep 1. umstoßen 2. (pedestrian) umfahren
knocker [ˈnɒkəʳ] n (on door) Türklopfer der

la

knot [nɒt] *n* Knoten *der*

know [nəʊ] (*pt* **knew**, *pp* **known**) *vt* **1.** wissen **2.** (*person, place*) kennen **3.** (*language*) können • **to get to know sb** jn kennen lernen • **to know about sthg** (*understand*) sich mit etw auskennen; (*have heard*) etw wissen • **to know how to do sthg** etw tun können • **to know of** kennen • **to be known as** bekannt sein als • **to let sb know sthg** jm über etw (*A*) Bescheid sagen • **you know** (*for emphasis*) weißt du

knowledge ['nɒlɪdʒ] *n* **1.** (*facts known*) Kenntnisse *pl* **2.** (*awareness*) Wissen *das* • **to my knowledge** soweit ich weiß

known [nəʊn] *pp* > **know**

knuckle ['nʌkl] *n* **1.** Knöchel *der* **2.** (*of pork*) Hachse *die*

Koran [kɒ'rɑːn] *n* • **the Koran** der Koran

L

l (*abbr of* litre) l

L (*abbr of* large) L (*abbr of* learner) in Großbritannien Schild am Auto, um anzuzeigen, dass der Fahrer noch keinen Führerschein hat und nur in Begleitung fahren darf

lab [læb] *n* (*inf*) Labor *das*

label ['leɪbl] *n* Etikett *das*

labor ['leɪbər] (*US*) = **labour**

Labor Day *n* (*US*) Tag der Arbeit *der*

Labor Day

In den USA ist der Tag der Arbeit ein landesweit einheitlicher Feiertag am ersten Montag im September. Da danach fast überall die Schule wieder beginnt, nutzen viele Amerikaner das lange Wochenende, um am Meer und in anderen beliebten Urlaubsorten ein letztes Mal den Sommer zu genießen.

---

laboratory [(*UK*) lə'bɒrətrɪ, (*US*) 'læbrə-tɔːrɪ] *n* Labor *das*

labour ['leɪbər] *n* Arbeit *die* • **to be in labour** *MED* in den Wehen liegen

labourer ['leɪbərər] *n* Arbeiter *der*, -in *die*

Labour Party *n* (*UK*) links ausgerichtete Partei in Großbritannien

labour-saving *adj* arbeitssparend

lace [leɪs] *n* **1.** (*material*) Spitze *die* **2.** (*for shoe*) Schnürsenkel *der*

lace-ups *npl* Schnürschuhe *pl*

lack [læk] ⋄ *n* Mangel *der* ⋄ *vt* mangeln an (*+D*) ⋄ *vi* • **to be lacking** fehlen

lacquer ['lækər] *n* **1.** (*paint*) Lack *der* **2.** (*for hair*) Haarspray *der*

lad [læd] *n* (*inf*) (*boy*) Junge *der*

ladder ['lædər] *n* **1.** Leiter *die* **2.** (*UK*) (*in tights*) Laufmasche *die*

ladies ['leɪdɪz] *n* (*UK*) (*toilet*) Damen *pl*

ladies room (*US*) = **ladies**

ladieswear ['leɪdɪzˌweər] *n* Damenbekleidung *die*

ladle ['leɪdl] *n* Kelle *die*

lady ['leɪdɪ] *n* Dame *die* • **Lady Diana** Lady Diana

ladybird ['leɪdɪbɜːd] *n* Marienkäfer *der*

lag [læg] *vi* • **to lag (behind)** zurückbleiben

lager ['lɑːgə'] n helles Bier, Lagerbier das

lagoon [lə'guːn] n Lagune die

laid [leɪd] pt & pp > lay

lain [leɪn] pp > lie

lake [leɪk] n See der

Lake District n ● the Lake District der Lake District *(Seenlandschaft in Nordwestengland)*

lamb [læm] n 1. *(animal)* Lamm das 2. *(meat)* Lammfleisch das

lamb chop n Lammkotelett das

lame [leɪm] adj lahm

lamp [læmp] n Lampe die

lamppost ['læmppəʊst] n Laternenpfahl der

lampshade ['læmpʃeɪd] n Lampenschirm der

land [lænd] ◇ n Land das ◇ vi landen

landing ['lændɪŋ] n 1. *(of plane)* Landung die 2. *(at top of stairs)* Gang der 3. *(between stairs)* Treppenabsatz der

landlady ['lænd,leɪdɪ] n 1. *(of house)* Vermieterin die 2. *(of pub)* Gastwirtin die

landlord ['lændlɔːd] n 1. *(of house)* Vermieter der 2. *(of pub)* Gastwirt der

landmark ['lændmɑːk] n Orientierungspunkt der

landscape ['lændskeɪp] n Landschaft die

landslide ['lændslaɪd] n Erdrutsch der

lane [leɪn] n 1. *(in country)* kleine Landstraße 2. *(in town)* Gasse die 3. *(on road, motorway)* Fahrspur die ▼ get in lane Einordnen

language ['læŋgwɪdʒ] n 1. Sprache die 2. *(words)* Ausdrucksweise die ● bad language Kraftausdrücke pl

lap [læp] n 1. *(of person)* Schoß der 2. *(of race)* Runde die

lapel [lə'pel] n Aufschlag der

lapse [læps] vi *(passport, membership)* ablaufen

laptop ['læptɒp] n COMPUT Laptop der

lard [lɑːd] n Schmalz das

larder ['lɑːdə'] n Vorratskammer die

large [lɑːdʒ] adj groß

largely ['lɑːdʒlɪ] adv größtenteils

large-scale adj Groß-

lark [lɑːk] n Lerche die

laryngitis [,lærɪn'dʒaɪtɪs] n Kehlkopfentzündung die

lasagne [lə'zænjə] n Lasagne die

laser ['leɪzə'] n Laser der

lass [læs] n inf *(girl)* Mädel das

last [lɑːst] ◇ adj letzte(r)(s) ◇ adv zuletzt ◇ vi 1. dauern 2. *(weather)* bleiben 3. *(money, supply)* ausreichen ◇ pron ● the last to come als Letzte(r)(s) kommen ● the last but one der/die/das Vorletzte ● the day before last vorgestern ● last year letztes Jahr ● the last year das letzte Jahr ● at last endlich

lastly ['lɑːstlɪ] adv zuletzt

last-minute adj in letzter Minute

latch [lætʃ] n Riegel der ● to be on the latch nicht abgeschlossen sein

late [leɪt] ◇ adj 1. spät 2. *(train, flight)* verspätet 3. *(dead)* verstorben ◇ adv 1. spät 2. *(not on time)* zu spät ● two hours late zwei Stunden Verspätung

lately ['leɪtlɪ] adv in letzter Zeit

late-night adj 1. *(chemist)* Nacht- 2. *(shop)* länger geöffnet

later ['leɪtə'] ◇ adj später ◇ adv ● later (on) *(afterwards)* später ● at a later date zu einem späteren Zeitpunkt

latest ['leɪtɪst] adj ● the latest fashion die neueste Mode ● the latest das

Neueste ● **at the latest** spätestens

lather ['lɑːðə'] n Schaum der

Latin ['lætɪn] n Latein das

Latin America n Lateinamerika nt

Latin American ◇ adj lateinamerikanisch ◇ n Lateinamerikaner der, -in die

latitude ['lætɪtjuːd] n Breite die

latter ['lætə'] n ● **the latter** der/die/das Letztere

laugh [lɑːf] ◇ n Lachen das ◇ vi lachen ● **to have a laugh** (UK) (inf) (have fun) sich amüsieren ● **laugh at** inf insep (mock) sich lustig machen über (+A)

laughter ['lɑːftə'] n Gelächter das

launch [lɔːntʃ] vt 1. (boat) vom Stapel lassen 2. (new product) auf den Markt bringen

laund(e)rette [lɔːn'dret] n Waschsalon der

laundry ['lɔːndrɪ] n 1. (washing) Wäsche die 2. (place) Wäscherei die

lavatory ['lævətrɪ] n Toilette die

lavender ['lævəndə'] n Lavendel der

lavish ['lævɪʃ] adj üppig

law [lɔː] n 1. (rule) Gesetz das 2. (system) Recht das 3. (study) Jura pl ● **to be against the law** gesetzeswidrig sein

lawn [lɔːn] n Rasen der

lawnmower ['lɔːnˌməʊə'] n Rasenmäher der

lawyer ['lɔːjə'] n Rechtsanwalt der, -anwältin die

laxative ['læksətɪv] n Abführmittel das

lay [leɪ] (pt & pp **laid**) ◇ pt → **lie** ◇ vt legen ● **to lay the table** den Tisch decken ◆ **lay off** vt sep (worker) Feierschichten machen lassen ◆ **lay on** vt sep 1. (food, etc) sorgen für 2. (transport) einsetzen ◆ **lay out** vt sep auslegen

lay-by (pl **lay-bys**) n Parkbucht die

layer ['leɪə'] n Schicht die

layman ['leɪmən] (pl -**men**) n Laie der, Laiin die

layout ['leɪaʊt] n Plan der

lazy ['leɪzɪ] adj faul

lb (abbr of pound) Pfd.

lead[liːd] (pt & pp **led**) ◇ vt 1. führen 2. (be in front of) anführen ◇ vi führen ◇ n 1. (for dog) Leine die 2. (cable) Schnur die ● **to lead sb to do sthg** jn dazu bringen, etw zu tun ● **to lead to** führen zu (+D) ● **to lead the way** voranlgehen ● **to be in the lead** (in race, match) führen

lead² [led] ◇ n 1. (metal) Blei das 2. (for pencil) Mine die ◇ adj Blei-

leaded petrol ['ledɪd-] n bleihaltiges Benzin

leader ['liːdə'] n 1. (person in charge) Leiter der, -in die 2. (in race) ● **to be the leader** führen

leadership ['liːdəʃɪp] n Leitung die

lead-free [led-] adj bleifrei

leading ['liːdɪŋ] adj leitend

lead singer [liːd-] n Leadsänger der, -in die

leaf [liːf] (pl **leaves**) n Blatt das

leaflet ['liːflɪt] n Reklameblatt das

league [liːg] n Liga die

leak [liːk] ◇ n 1. (hole) undichte Stelle die 2. (of water) Leck das 3. (of gas) Gasausfluss der ◇ vi undicht sein

lean [liːn] (pt & pp **leant** OR -**ed**) ◇ adj (meat, person) mager ◇ vi sich lehnen ◇ vt ● **to lean sthg against sthg** etw gegen etw lehnen ● **to lean on** sich lehnen an (+A) ◆ **lean forward** vi sich nach vorne lehnen ◆ **lean over** vi sich nach vorne beugen

leap [li:p] (*pt & pp* **leapt** OR **-ed**) *vi* springen

leap year *n* Schaltjahr *das*

learn [lɜːn] (*pt & pp* **learnt** OR **-ed**) *vt* lernen • **to learn (how) to do sthg** lernen, etw zu tun • **to learn about sthg** (*hear about*) etw erfahren; (*study*) etw lernen

learner (driver) [ˈlɜːnəˈ-] *n* Fahrschüler *der*, -in *die*

learnt [lɜːnt] *pt & pp* > **learn**

lease [liːs] ◇ *n* **1.** Pacht *die* **2.** (*contract*) Mietvertrag *der* ◇ *vt* pachten • **to lease sthg from sb** jm etw pachten • **to lease sthg to sb** jm etw verpachten

leash [liːʃ] *n* Leine *die*

least [liːst] ◇ *adv* am wenigsten ◇ *adj* wenigste(r)(s) ◇ *pron* • **(the) least** das wenigste • **it's the least I can do** das ist das Mindeste, was ich tun kann • **at least** wenigstens

leather [ˈleðəˈ] *n* Leder *das* ◆ **leathers** *npl* (*of motorcyclist*) Lederanzug *der*

leave [liːv] (*pt & pp* **left**) ◇ *vt* **1.** verlassen **2.** (*not take away*) lassen **3.** (*not use, not eat*) übrig lassen **4.** (*a mark, scar, in will*) hinterlassen **5.** (*space, gap*) lassen ◇ *vi* **1.** gehen, fahren **2.** (*train, bus*) abfahren ◇ *n* (*time off work*) Urlaub *der* > **left** • **to leave a message** eine Nachricht hinterlassen ◆ **leave behind** *vt sep* lassen ◆ **leave out** *vt sep* auslassen

leaves [liːvz] *pl* > **leaf**

Lebanon [ˈlebanən] *n* Libanon *der*

lecture [ˈlektʃəˈ] *n* (*at university, conference*) Vorlesung *die*

lecturer [ˈlektʃərəˈ] *n* Dozent *der*, -in *die*

lecture theatre *n* Vorlesungssaal *der*

led [led] *pt & pp* > **lead**

ledge [ledʒ] *n* Sims *der*

leek [liːk] *n* Lauch *der*

left [left] ◇ *pt & pp* > **leave** ◇ *adj* linke(r)(s) ◇ *adv* links ◇ *n* linke Seite, Linke *die* • **on the left** links • **to be left übrig sein** • **there are none left** sie sind alle

left-hand *adj* linke(r)(s)

left-hand drive *n* Linkssteuerung *die*

left-handed [-ˈhændɪd] *adj* (*implement*) für Linkshänder • **to be left-handed** Linkshänder(in) sein

left-luggage locker *n* (*UK*) Schließfach *das*

left-luggage office *n* (*UK*) Gepäckaufbewahrung *die*

left-wing *adj* linke(r)(s)

leg [leg] *n* Bein *das* • **leg of lamb** Lammkeule *die*

legal [ˈliːgl] *adj* **1.** (*concerning the law*) rechtlich, Rechts- **2.** (*lawful*) gesetzlich

legal aid *n* Prozesskostenhilfe *die*

legalize [ˈliːgəlaɪz] *vt* legalisieren

legal system *n* Rechtswesen *das*

legend [ˈledʒənd] *n* Legende *die*

leggings [ˈlegɪŋz] *npl* Leggings *pl*

legible [ˈledʒɪbl] *adj* leserlich

legislation [ˌledʒɪsˈleɪʃn] *n* Gesetze *pl*

legitimate [lɪˈdʒɪtɪmət] *adj* legitim

leisure [(*UK*) ˈleʒəˈ, (*US*) ˈliːʒər] *n* Freizeit *die*

leisure centre *n* Freizeitzentrum *das*

leisure pool *n* Freizeitbad *das*

lemon [ˈlemən] *n* Zitrone *die*

lemonade [ˌleməˈneɪd] *n* Limonade *die*

lemon curd [-kɜːd] *n* (*UK*) Brotaufstrich aus Zitronensaft, Eiern und Butter

lemon juice *n* Zitronensaft *der*

lemon sole *n* Seezunge *die*

lemon tea n Zitronentee der

lend [lend] (pt & pp **lent**) vt leihen • to lend sb sthg jm etw leihen

length [leŋθ] n **1.** Länge die **2.** (of swimming pool) Bahn die

lengthen ['leŋθən] vt verlängern

lens [lenz] n **1.** (of camera) Objektiv das **2.** (of glasses) Brillenglas das **3.** (contact lens) Kontaktlinse die

lent [lent] pt & pp ➤ lend

Lent [lent] n Fastenzeit die

lentils ['lentlz] npl Linsen pl

Leo ['liːəʊ] n Löwe der

leopard ['lepəd] n Leopard der

leopard-skin adj Leopardenfell-

leotard ['liːətɑːd] n Trikot das

leper ['lepəʳ] n Leprakranke der, die

lesbian ['lezbɪən] ◇ adj lesbisch ◇ n Lesbierin die

less [les] adj, adv & pron weniger • less than 20 weniger als 20

lesson ['lesn] n (class) Stunde die

let [let] (pt & pp inv) vt **1.** lassen **2.** (rent out) vermieten • to let sb do sthg jn etw tun lassen • to let go of sthg etw loslassen • to let sb have sthg jm etw überlassen • to let sb know sthg jn etw wissen lassen • let's go! gehen wir! ▾ to let (for rent) zu vermieten ◆ let in vt sep hereinlassen ◆ let off vt sep (excuse) davonkommen lassen • can you let me off at the station? kannst du mich am Bahnhof aussteigen lassen? ◆ let out vt sep hinauslassen

letdown ['letdaʊn] n (inf) Enttäuschung die

lethargic [ləˈθɑːdʒɪk] adj lethargisch

letter ['letəʳ] n **1.** (written message) Brief der **2.** (of alphabet) Buchstabe der

letters

If you don't know someone's name, or if you are writing to them on business for the first time, letters and e-mails begin with *Sehr geehrte Damen und Herren*. If you know their name, the formula used in business or formal contexts is *Sehr geehrter Herr X* or *Sehr geehrte Frau X*. If you know their title, this may replace their surname, e.g. *Sehr geehrte Frau Professor*. Work colleagues often use the less formal *Lieber Herr X* or *Liebe Frau X*, for example in internal memos. The *Sie* form of address is always used in these contexts. Letters and e-mails to friends and family begin with *Liebe(r)* or *Hallo* followed by the person's Christian name, e.g. *Lieber Hans, Hallo Silke!* The person's relationship to you can replace their name: *Liebste Schwester, Mein lieber Schwager*. When writing to several people, you can use expressions like *Ihr Lieben, Hallo ihr beiden, Hallo ihr Lieben*. Whereas in formal letters the introductory phrase is always followed by a comma, in letters to friends and family you can choose between a comma (*Ihr Lieben,*) and an exclamation mark (*Hallo Gerd!*). The most common way of ending a formal or business letter is *Mit freundlichen Grüßen*. If you wish to sound slightly less formal, you can use *Mit den besten Grüßen* or *Freundliche Grüße*, while *Viele Grüße* is only used among work colleagues who know each other well. Unlike in English, there is no comma after any of these phrases. Letters or e-mails to friends and family can end in several ways: *Liebe Grüße, Viele Grüße, Herzliche Grüße, Bis bald, Gruß und Kuss, In Liebe.* In contrast to formal correspondence, all of these phrases are followed by a comma. Sometimes the comma is replaced by an exclamation mark, e.g. *Bis bald!*

letterbox ['letəbɒks] *n* (UK) Briefkasten *der*

lettuce ['letɪs] *n* Kopfsalat *der*

leuk(a)emia [luːˈkiːmɪə] *n* Leukämie *die*

level ['levl] ◇ *adj* **1.** (flat) eben **2.** (horizontal) waagerecht **3.** (at same height) auf gleicher Höhe ◇ *n* **1.** (height) Höhe *die* **2.** (storey) Etage *die* **3.** (standard) Niveau *das* ● to be level with (in height) sich auf gleicher Höhe befinden wie; (in standard) auf dem gleichen Niveau sein wie

level crossing *n* (UK) Bahnübergang *der*

lever [(UK) 'liːvəʳ, (US) 'levər] *n* Hebel *der*

liability [ˌlaɪəˈbɪlətɪ] *n* Haftung *die*

liable ['laɪəbl] *adj* ● to be liable to do sthg (likely) etw leicht tun können ● to be liable for sthg (responsible) für etw haften

liaise [lɪˈeɪz] *vi* ● to liaise with in ständigem Kontakt stehen mit

liar ['laɪəʳ] *n* Lügner *der*, -in *die*

liberal ['lɪbərəl] *adj* **1.** (tolerant) tolerant **2.** (generous) großzügig

Liberal Democrat Party *n* britische liberale Partei

liberate ['lɪbəreɪt] *vt* befreien

liberty ['lɪbətɪ] *n* Freiheit *die*

Libra ['liːbrə] *n* Waage *die*

librarian [laɪˈbreərɪən] *n* Bibliothekar *der*, -in *die*

library ['laɪbrərɪ] *n* Bibliothek *die*

Libya ['lɪbɪə] *n* Libyen *das*

lice [laɪs] *npl* Läuse *pl*

licence ['laɪsəns] ◇ *n* **1.** (UK) Genehmigung *die* **2.** (for driving) Führerschein *der* **3.** (for TV) Fernsehgebühr *die* ◇ *vt* (US) = license

license ['laɪsəns] ◇ *vt* (UK) genehmigen ◇ *n* (US) = licence

licensed ['laɪsənst] *adj* (restaurant, bar) mit Schankkonzession

licensing hours ['laɪsənsɪŋ-] *npl* (UK) Ausschankzeiten *pl*

lick [lɪk] *vt* lecken

lid [lɪd] *n* Deckel *der*

lie [laɪ] (pt lay, pp lain, cont lying) ◇ *n* Lüge *die* ◇ *vi* **1.** (tell lie) lügen **2.** (be horizontal, be situated) liegen **3.** (lie down) sich legen ● to lie to sb jn anlügen ● to tell sb lies lügen ● to lie about sthg etw nicht richtig angleben ●lie down *vi* sich hinlegen

lieutenant [(UK) lefˈtenənt, (US) luːˈtenənt] *n* Leutnant *der*

life [laɪf] (pl lives) *n* Leben *das*

life assurance *n* Lebensversicherung *die*

life belt *n* Rettungsring *der*

lifeboat ['laɪfbəʊt] *n* Rettungsboot *das*

lifeguard ['laɪfɡɑːd] *n* **1.** (at swimming pool) Bademeister *der*, -in *die* **2.** (at beach) Rettungsschwimmer *der*, -in *die*

life jacket *n* Schwimmweste *die*
lifelike ['laɪflaɪk] *adj* naturgetreu
life preserver [-prɪ'zɜːvər] *n* 1. (US) (life belt) Rettungsring *der* 2. (life jacket) Schwimmweste *die*
life-size *adj* lebensgroß
lifespan ['laɪfspæn] *n* Lebenserwartung *die*
lifestyle ['laɪfstaɪl] *n* Lebensstil *der*
lift [lɪft] ◇ *n* (UK) (elevator) Aufzug *der* ◇ *vt* heben ◇ *vi* (fog) sich lichten ● **to give sb a lift** jn mitnehmen ● **lift up** *vt sep* hochheben
light [laɪt] (*pt & pp* lit OR -ed) ◇ *adj* 1. (not dark) hell 2. (not heavy) leicht ◇ *n* 1. Licht *das* 2. (for cigarette) Feuer *das* ◇ *vt* 1. (fire, cigarette) anzünden 2. (room, stage) beleuchten ● **have you got a light?** haben Sie Feuer? ● **to set light to sthg** etw anzünden ● **lights** (traffic lights) Ampel *die* ● **light up** ◇ *vt sep* (house, road) erleuchten ◇ *vi* (inf) (light a cigarette) sich (*D*) eine anstecken
light bulb *n* Glühbirne *die*
lighter ['laɪtər] *n* Feuerzeug *das*
light-hearted [-'hɑːtɪd] *adj* unbekümmert, leicht
lighthouse ['laɪthaʊs] *n* Leuchtturm *der*
lighting ['laɪtɪŋ] *n* Beleuchtung *die*
light meter *n* Belichtungsmesser *der*
lightning ['laɪtnɪŋ] *n* Blitz *der*
lightweight ['laɪtweɪt] *adj* leicht
like [laɪk] ◇ *prep* 1. wie 2. (typical of) typisch für ◇ *vt* mögen ● **like this/that** so ● **to like doing sthg** etw gern tun ● **do you like it?** gefällt es dir? ● **what's it like?** wie ist es? ● **to look like sthg** jm/etw ähnlich sehen ● **I'd like to sit down** ich würde mich gern hinsetzen ● **I'd**

like a drink ich würde gern etwas trinken
likelihood ['laɪklɪhʊd] *n* Wahrscheinlichkeit *die*
likely ['laɪklɪ] *adj* wahrscheinlich
likeness ['laɪknɪs] *n* Ähnlichkeit *die*
likewise ['laɪkwaɪz] *adv* ebenso
lilac ['laɪlək] *adj* lila
Lilo ® ['laɪləʊ] (*pl* -s) *n* (UK) Luftmatratze *die*
lily ['lɪlɪ] *n* Lilie *die*
lily of the valley *n* Maiglöckchen *das*
limb [lɪm] *n* Glied *das*
lime [laɪm] *n* (fruit) Limone *die* ● **lime** (juice) Limonensaft *der*
limestone ['laɪmstəʊn] *n* Kalkstein *der*
limit ['lɪmɪt] ◇ *n* Grenze *die* ◇ *vt* begrenzen ● **the city limits** die Stadtgrenze
limited ['lɪmɪtɪd] *adj* 1. begrenzt 2. (in company name) ≃ GmbH
limp [lɪmp] ◇ *adj* schlapp ◇ *vi* hinken
line [laɪn] ◇ *n* 1. Linie *die* 2. (row) Reihe *die* 3. (US) (queue) Schlange *die* 4. (of writing, poem, song) Zeile *die* 5. (rope, for fishing) Leine *die* 6. (for telephone) Leitung *die* 7. (railway track) Gleis *das* 8. (of business, work) Branche *die* ◇ *vt* 1. (coat) füttern 2. (drawers) auskleiden ● **in line** (aligned) in einer Linie ● **in line with** parallel zu ● **it's a bad line** (on phone) die Verbindung ist schlecht ● **the line is engaged** (on phone) der Anschluss ist besetzt ● **to drop sb a line** (inf) jm schreiben ● **to stand in line** (US) Schlange stehen ● **line up** ◇ *vt sep* (arrange) aufstellen ◇ *vi* sich aufstellen
lined [laɪnd] *adj* (paper) liniert
linen ['lɪnɪn] *n* 1. (cloth) Leinen *das* 2.

(tablecloths, sheets) Wäsche die
liner ['laɪnə'] *n* Passagierschiff das
linesman ['laɪnzmən] *(pl* **-men)** *n* Linienrichter der
linger ['lɪŋgə'] *vi* verweilen
lingerie ['lænʒəri] *n* Unterwäsche die
lining ['laɪnɪŋ] *n* **1.** *(of coat, jacket)* Futter das **2.** *(of brake)* Bremsbelag der
link [lɪŋk] ◇ *n (connection)* Verbindung die ◇ *vt* verbinden ● **rail link** Zugverbindung die ● **road link** Straßenverbindung die
lino ['laɪnəʊ] *n (UK)* Linoleum das
lion ['laɪən] *n* Löwe der
lioness ['laɪənes] *n* Löwin die
lip [lɪp] *n* Lippe die
lip salve [-sælv] *n* Lippenpomade die
lipstick ['lɪpstɪk] *n* Lippenstift der
liqueur [lɪ'kjʊə'] *n* Likör der
liquid ['lɪkwɪd] *n* Flüssigkeit die
liquor ['lɪkə'] *n (US)* Spirituosen *pl*
liquorice ['lɪkərɪs] *n* Lakritze die
lisp [lɪsp] *n* ● **to have a lisp** lispeln
list [lɪst] ◇ *n* Liste die ◇ *vt* auflisten
listen ['lɪsn] *vi* ● **to listen (to)** *(to person, sound)* zuhören *(+D)*; *(to advice)* beherzigen *(+A)* ● **to listen to the radio** Radio hören
listener ['lɪsnə'] *n* Hörer der, -in die
lit [lɪt] *pt & pp* > **light**
liter ['liːtə'] *(US) =* **litre**
literally ['lɪtərəlɪ] *adv (actually)* buchstäblich
literary ['lɪtərərɪ] *adj* gehoben
literature ['lɪtrətʃə'] *n* **1.** Literatur die **2.** *(printed information)* Informationsmaterial das
litre ['liːtə'] *n (UK)* Liter der
litter ['lɪtə'] *n* Abfall der

litterbin ['lɪtəbɪn] *n (UK)* Abfalleimer der
little ['lɪtl] ◇ *adj* **1.** klein **2.** *(distance, time)* kurz **3.** *(not much)* wenig ◇ *pron & adv* wenig ● **as little as possible** so wenig wie möglich ● **little by little** nach und nach ● **a little** *(not much)* ein bisschen
little finger *n* kleiner Finger
live¹ [lɪv] *vi* **1.** *(have home)* wohnen **2.** *(be alive)* leben **3.** *(survive)* überleben ● **to live with sb** mit jm zusammenwohnen ● **live together** *vi* zusammenwohnen
live² [laɪv] ◇ *adj* **1.** *(alive)* lebendig **2.** *(programme, performance)* Live- **3.** *(wire)* geladen ◇ *adv* live
lively ['laɪvlɪ] *adj* lebhaft
liver ['lɪvə'] *n* Leber die
lives [laɪvz] *pl* > **life**
living ['lɪvɪŋ] ◇ *adj* lebend ◇ *n* ● **to earn a living** seinen Lebensunterhalt verdienen ● **what do you do for a living?** was machen Sie beruflich?
living room *n* Wohnzimmer das
lizard ['lɪzəd] *n* Echse die
load [ləʊd] ◇ *n* Ladung die ◇ *vt* laden ● **loads of** *(inf)* ein Haufen
loaf [ləʊf] *(pl* **loaves)** *n* ● **loaf** *(of bread)* Brot das
loan [ləʊn] ◇ *n (of money)* Kredit der ◇ *vt* leihen
loathe [ləʊð] *vt* verabscheuen
loaves [ləʊvz] *pl* > **loaf**
lobby ['lɒbɪ] *n (hall)* Hotelhalle die
lobster ['lɒbstə'] *n* Hummer der
local ['ləʊkl] ◇ *adj* hiesig ◇ *n* **1.** *(inf) (local person)* Einheimische der, die **2.** *(UK) (pub)* Stammkneipe die **3.** *(US) (train)* Nahverkehrszug der **4.** *(US) (bus)* Nahverkehrsbus der
local anaesthetic *n* örtliche Betäubung

local call n Ortsgespräch das
local government n Kommunalverwaltung die
locate [(UK) ləʊ'keɪt, (US) 'ləʊkeɪt] vt (find) finden ● **to be located** sich befinden
location [ləʊ'keɪʃn] n Lage die
loch [lɒk] n (UK) Loch der
lock [lɒk] ◇ n 1. Schloss das 2. (on canal) Schleuse die ◇ vt 1. (door, house, bicycle) abschließen 2. (valuable object) einlschließen ◇ vi 1. (door, case) sich ablschließen lassen 2. (wheels) blockieren ◆ **lock in** vt sep einlsperren ◆ **lock out** vt sep auslsperren ◆ **lock up** ◇ vt sep (imprison) einlsperren ◇ vi abschließen
locker ['lɒkə'] n Schließfach das
locker room n (US) Umkleideraum der
locket ['lɒkɪt] n Medaillon das
locomotive [,ləʊkə'məʊtɪv] n Lokomotive die
locum ['ləʊkəm] n (doctor) Vertretung die
locust ['ləʊkəst] n Heuschrecke die
lodge [lɒdʒ] ◇ n (for hunters, skiers) Hütte die ◇ vi 1. (stay) wohnen 2. (get stuck) stecken bleiben
lodger ['lɒdʒə'] n Untermieter der, -in die
lodgings ['lɒdʒɪŋz] npl möbliertes Zimmer
loft [lɒft] n Dachboden der
log [lɒɡ] n Holzscheit der
logic ['lɒdʒɪk] n Logik die
logical ['lɒdʒɪkl] adj logisch
logo ['ləʊɡəʊ] (pl -s) n Logo das
loin [lɔɪn] n Lendenstück das
loiter ['lɔɪtə'] vi herumllungern
lollipop ['lɒlɪpɒp] n Lutscher der
lolly ['lɒlɪ] n 1. (inf) (lollipop) Lutscher

der 2. (UK) (ice lolly) Eis das am Stiel
London ['lʌndən] n London nt
Londoner ['lʌndənə'] n Londoner der, -in die
lonely ['ləʊnlɪ] adj einsam
long [lɒŋ] ◇ adj lang ◇ adv lange ● it's 2 metres long es ist 2 Meter lang ● it's two hours long es dauert zwei Stunden ● how long is it? (in distance) wie lang ist es?; (in time) wie lange dauert es? ● a long time lange ● all day long den ganzen Tag ● as long as solange ● for long lange ● no longer nicht mehr ● so long! (inf) tschüs! ◆ **long for** vt insep sich sehnen nach
long-distance adj (phone call) Fern-
long drink n Longdrink der
long-haul adj Langstrecken-
longitude ['lɒndʒɪtjuːd] n Länge die
long jump n Weitsprung der
long-life adj 1. (fruit juice) haltbar gemacht 2. (battery) mit langer Lebensdauer ● **long-life milk** H-Milch die
longsighted [,lɒŋ'saɪtɪd] adj weitsichtig
long-term adj langfristig
long wave n Langwelle die
longwearing [,lɒŋ'weərɪŋ] adj (US) dauerhaft
loo [luː] (pl -s) n (UK) (inf) Klo das
look [lʊk] ◇ n 1. Blick der 2. (appearance) Aussehen das ◇ vi 1. sehen, schauen 2. (search) suchen 3. (seem) auslsehen ● **to look onto** (building, room) gehen auf (+A) ● **to have a look** nachlsehen; (search) suchen ● **to have a look at sthg** sich (D) etw anlsehen ● (good) looks gutes Aussehen ● I'm just looking (in shop) ich wollte mich nur umlsehen ◆ **look after** vt insep sich kümmern um ◆

look at *vt insep* ansehen ◆ **look for** *vt insep* suchen ◆ **look forward to** *vt insep* sich freuen auf *(+A)* ◆ **look out** *vi* Vorsicht! ● **look out!** Vorsicht! ◆ **look out for** *vt insep* achten auf *(+A)* ◆ **look round** ◇ *vt insep* (*city, museum*) besichtigen ◇ *vi* sich umsehen ● **to look round the shops** einen Einkaufsbummel machen ◆ **look up** *vt sep* **1.** (*in dictionary*) nachschlagen **2.** (*in phone book*) heraussuchen

loony ['lu:nɪ] *n* (*inf*) Spinner *der*

loop [lu:p] *n* (*shape*) Schleife *die*

loose [lu:s] *adj* locker ● **to let sb/sthg loose** jn/etw loslassen

loosen ['lu:sn] *vt* lockern

lop-sided [-'saɪdɪd] *adj* schief

lord [lɔ:d] *n* Lord *der*

lorry ['lɒrɪ] *n* (*UK*) Lastwagen *der*, LKW *der*

lorry driver *n* (*UK*) Lastwagenfahrer *der*, -in *die*

lose [lu:z] (*pt & pp* **lost**) ◇ *vt* **1.** verlieren **2.** (*subj: watch, clock*) nachgehen ◇ *vi* verlieren ● **to lose weight** abnehmen

loser ['lu:zəʳ] *n* (*in contest*) Verlierer *der*, -in *die*

loss [lɒs] *n* Verlust *der*

lost [lɒst] ◇ *pt & pp* ➤ **lose** ◇ *adj* (*person*) ● **to be lost** sich verlaufen haben ● **to get lost** (*lose way*) sich verlaufen

lost-and-found office (*US*) = **lost property office**

lost property office *n* (*UK*) Fundbüro *das*

lot [lɒt] *n* **1.** (*at auction*) Posten *der* **2.** (*US*) (*car park*) Parkplatz *der* **3.** (*group*) ● **two lots of books** zwei Stapel Bücher ●

two lots of people zwei Gruppen ● **a lot (of)** viel, viele *pl* ● **a lot nicer** viel netter ● **the lot** (*everything*) alles ● **lots (of)** eine Menge

lotion ['ləʊʃn] *n* Lotion *die*

lottery ['lɒtərɪ] *n* Lotterie *die*

lottery ticket ['lɒtərɪtɪkɪt] *n* Lottoschein *der*

loud [laʊd] *adj* **1.** laut **2.** (*colour*) grell **3.** (*pattern*) aufdringlich

loudspeaker [,laʊd'spi:kəʳ] *n* Lautsprecher *der*

lounge [laʊndʒ] *n* **1.** Salon *der* **2.** (*at airport*) Wartehalle *die*

lounge bar *n* (*UK*) besser ausgestatteter *Teil eines Pubs, wo die Getränke teurer sind*

lousy ['laʊzɪ] *adj* (*inf*) (*poor-quality*) lausig

lout [laʊt] *n* Flegel *der*

love [lʌv] ◇ *n* **1.** Liebe *die* **2.** (*in tennis*) null ◇ *vt* lieben ● **I would love to go to Berlin** ich würde gerne nach Berlin fahren ● **I would love a drink** ich hätte gern etwas zu trinken ● **to love doing sthg** etw sehr gerne tun ● **to be in love (with)** verliebt sein (in *(+A)*) ● **(with) love from** (*in letter*) alles Liebe

love affair *n* Verhältnis *das*

lovely ['lʌvlɪ] *adj* **1.** (*very beautiful*) sehr hübsch **2.** (*very nice*) nett

lover ['lʌvəʳ] *n* Liebhaber *der*, -in *die*

loving ['lʌvɪŋ] *adj* liebevoll

low [ləʊ] ◇ *adj* **1.** niedrig **2.** (*standard, quality, opinion*) schlecht **3.** (*level, sound, note*) tief **4.** (*voice*) leise **5.** (*depressed*) niedergeschlagen ◇ *n* (*area of low pressure*) Tief *das* ● **we're low on petrol** wir haben nicht mehr viel Benzin

low-alcohol *adj* alkoholarm

ly

low-calorie *adj* kalorienarm
low-cut *adj* tief ausgeschnitten
lower ['ləʊə'] ◇ *adj* untere(r)(s) ◇ *vt* 1. herunterlassen 2. *(reduce)* senken
lower sixth *n (UK)* ≃ elfte Klasse die
low-fat *adj* fettarm
low tide *n* Ebbe die
loyal ['lɔɪəl] *adj* treu
loyalty ['lɔɪəltɪ] *n* Loyalität die
lozenge ['lɒzɪndʒ] *n (sweet)* Lutschbonbon das
LP *n* LP die
L-plate *n (UK)* Fahrschule-Schild das *Schild mit einem L, welches anzeigt, dass der Fahrer des Wagens Anfänger ist*
Ltd *(abbr of limited)* GmbH
lubricate ['luːbrɪkeɪt] *vt* schmieren
luck [lʌk] *n* Glück das ● **bad luck** Pech das ● **good luck!** viel Glück! ● **with luck** hoffentlich
luckily ['lʌkɪlɪ] *adv* glücklicherweise
lucky ['lʌkɪ] *adj* 1. glücklich 2. *(number, colour)* Glücks- ● **to be lucky** Glück haben
ludicrous ['luːdɪkrəs] *adj* lächerlich
lug [lʌg] *vt (inf)* schleppen
luggage ['lʌgɪdʒ] *n* Gepäck das
luggage compartment *n* Gepäckraum der
luggage locker *n* Schließfach das
luggage rack *n* Gepäckablage die
lukewarm ['luːkwɔːm] *adj* lauwarm
lull [lʌl] *n* Pause die
lullaby ['lʌləbaɪ] *n* Schlaflied das
lumbago [lʌm'beɪgəʊ] *n* Hexenschuss

der
lumber ['lʌmbər] *n (US) (timber)* Bauholz das
luminous ['luːmɪnəs] *adj* leuchtend, Leucht-
lump [lʌmp] *n* 1. *(of mud, butter)* Klumpen der 2. *(of coal)* Stück das 3. *(of sugar)* Würfel der 4. *(on body)* Beule die
lump sum *n* Pauschalbetrag der
lumpy ['lʌmpɪ] *adj* klumpig
lunatic ['luːnətɪk] *n (pej)* Spinner der
lunch [lʌntʃ] *n* Mittagessen das ● **to have lunch** zu Mittag essen
luncheon ['lʌntʃən] *n (fml)* Mittagessen das
luncheon meat *n* Frühstücksfleisch das
lunch hour *n* Mittagspause die
lunchtime ['lʌntʃtaɪm] *n* Mittagszeit die
lung [lʌŋ] *n* Lunge die
lunge [lʌndʒ] *vi* ● **to lunge at sb** sich auf jn stürzen
lurch [lɜːtʃ] *vi* torkeln
lure [ljʊə'] *vt* locken
lurk [lɜːk] *vi* lauern
lush [lʌʃ] *adj (grass, field)* üppig
lust [lʌst] *n (sexual desire)* Verlangen das
Luxembourg ['lʌksəmbɜːg] *n* Luxemburg nt
luxurious [lʌg'ʒʊərɪəs] *adj* luxuriös
luxury ['lʌkʃərɪ] ◇ *adj* Luxus- ◇ *n* Luxus der
lying ['laɪɪŋ] *cont* ➢ lie
lyrics ['lɪrɪks] *npl (music)* Text der

*m*M

m ◇ (abbr of metre) m ◇ abbr = mile
M (UK) (abbr of motorway) A (abbr of medium) M
MA n (abbr of Master of Arts) britischer Hochschulabschluss in einem geisteswissenschaftlichen Fach
mac [mæk] n (UK) (inf) Regenmantel der
macaroni [ˌmækəˈrəʊnɪ] n Makkaroni pl
macaroni cheese n Auflauf aus Makkaroni und Käsesoße
machine [məˈʃiːn] n Maschine die
machinegun [məˈʃiːngʌn] n Maschinengewehr das
machinery [məˈʃiːnərɪ] n Maschinen pl
machine-washable adj waschmaschinenfest
mackerel [ˈmækrəl] (pl inv) n Makrele die
mackintosh [ˈmækɪntɒʃ] n (UK) Regenmantel der
mad [mæd] adj 1. verrückt 2. (angry) wütend ● to be mad about (inf) (like a lot) verrückt sein auf (+A) ● like mad wie verrückt
Madam [ˈmædəm] n (form of address) gnädige Frau
made [meɪd] pt & pp ➤ make
madeira [məˈdɪərə] n Madeira der
made-to-measure adj maßgeschneidert
madness [ˈmædnɪs] n Wahnsinn der
magazine [ˌmægəˈziːn] n Zeitschrift die
maggot [ˈmægət] n Made die

magic [ˈmædʒɪk] n 1. (supernatural force) Magie die 2. (conjuring) Zauberei die 3. (special quality) Zauber der
magician [məˈdʒɪʃn] n Zauberer der, Zauberin die
magistrate [ˈmædʒɪstreɪt] n Friedensrichter der, -in die
magnet [ˈmægnɪt] n Magnet der
magnetic [mægˈnetɪk] adj magnetisch
magnificent [mægˈnɪfɪsənt] adj herrlich
magnifying glass [ˈmægnɪfaɪɪŋ-] n Lupe die
mahogany [məˈhɒgənɪ] n Mahagoni das
maid [meɪd] n Dienstmädchen das
maiden name [ˈmeɪdn-] n Mädchenname der
mail [meɪl] ◇ n Post die ◇ vt (US) schicken
mailbox [ˈmeɪlbɒks] n (US) Briefkasten der
mailing list n Mailingliste die
mailman [ˈmeɪlmən] (pl -men) n (US) Briefträger der, Postbote der
mail order n Versandhandel der
main [meɪn] adj Haupt-
main course n Hauptgericht das
main deck n Hauptdeck das
mainland [ˈmeɪnlənd] n ● the mainland das Festland
main line n Hauptstrecke die
mainly [ˈmeɪnlɪ] adv hauptsächlich
main road n Hauptstraße die
mains [meɪnz] npl ● the mains die Hauptleitung
main street n (US) Hauptstraße die
maintain [meɪnˈteɪn] vt 1. aufrechterhalten 2. (keep in good condition) instand halten
maintenance [ˈmeɪntənəns] n 1. (of car,

machine) Instandhaltung *die* **2.** *(money)* Unterhalt *der*

maisonette [ˌmeɪzə'net] *n (UK)* Maisonette *die*

maize [meɪz] *n* Mais *der*

major ['meɪdʒə'] ◇ *adj* **1.** *(important)* groß **2.** *(most important)* Haupt- ◇ *n MIL* Major *der* ◇ *vi (US)* ● **to major in sthg** etw als Hauptfach studieren

majority [mə'dʒɒrətɪ] *n* Mehrheit *die*

major road *n* Hauptstraße *die*

make [meɪk] *(pt & pp* **made)**
◇ *vt* **1.** *(produce)* machen; *(manufacture)* herstellen ● **to be made of sthg** aus etw gemacht sein ● **to make lunch/supper** Mittagessen/Abendessen machen ● **made in Japan** in Japan hergestellt **2.** *(perform, do)* machen ● **to make a decision** eine Entscheidung treffen ● **to make a mistake** einen Fehler machen ● **to make a phone call** telefonieren ● **to make a speech** eine Rede halten **3.** *(cause to be)* machen ● **to make sb happy** jn glücklich machen **4.** *(cause to do, force)* ● **it made her laugh** das brachte sie zum Lachen ● **to make sb do sthg** jn etw tun lassen; *(force)* jn zwingen etw zu tun **5.** *(amount to, total)* machen ● **that makes £5** das macht 5 Pfund **6.** *(calculate)* ● **I make it £4** ich komme auf 4 Pfund ● **I make it seven o'clock** nach meiner Uhr ist es sieben Uhr **7.** *(earn)* verdienen **8.** *(inf)* *(arrive in time for)* ● **we didn't make the 10 o'clock train** wir haben den 10 Uhr-Zug nicht geschafft **9.** *(friend, enemy)* machen **10.** *(have qualities for)* abgeben ● **this would make a lovely bedroom** das würde ein hübsches Schlafzimmer abgeben **11.**

(bed) machen **12.** *(in phrases)* ● **to make do with** auskommen mit ● **to make good** *(damage)* wieder gutmachen ● **to make it** es schaffen
◇ *n (of product)* Marke *die*

● **make out** *vt sep (cheque, receipt)* ausstellen; *(see)* ausmachen; *(hear)* verstehen

● **make up** *vt sep (invent)* erfinden, sich *(D)* ausdenken; *(comprise)* bilden; *(difference)* ausgleichen ● **to be made up of** bestehen aus

● **make up for** *vt insep* wettmachen

makeshift ['meɪkʃɪft] *adj* behelfsmäßig

make-up *n (cosmetics)* Make-up *das*

malaria [mə'leərɪə] *n* Malaria *die*

Malaysia [mə'leɪzɪə] *n* Malaysia *nt*

male [meɪl] ◇ *adj* männlich ◇ *n (animal)* Männchen *das*

malfunction [mæl'fʌŋkʃn] *vi (fml)* nicht richtig funktionieren

malignant [mə'lɪgnənt] *adj* bösartig

mall [mɔːl] *n (shopping centre)* Einkaufszentrum *das*

mallet ['mælɪt] *n* Holzhammer *der*

malt [mɔːlt] *n* Malz *das*

maltreat [ˌmæl'triːt] *vt* misshandeln

malt whisky *n* Maltwhisky *der*

mammal ['mæml] *n* Säugetier *das*

man [mæn] *(pl* **men)** ◇ *n* **1.** Mann *der* **2.** *(human being, mankind)* Mensch *der* ◇ *vt (phones, office)* besetzen

manage ['mænɪdʒ] ◇ *vt* **1.** *(company, business)* leiten **2.** *(job)* bewältigen **3.** *(food)* schaffen ◇ *vi (cope)* zurechtkommen ● **can you manage Friday?** passt dir/Ihnen Freitag? ● **to manage to do sthg** es schaffen, etw zu tun

management ['mænɪdʒmənt] *n* Geschäftsführung die

manager ['mænɪdʒə'] *n* **1.** *(of business, bank)* Direktor *der* **2.** *(of shop)* Geschäftsführer *der* **3.** *(of sports team)* Trainer *der*, -in *die*

manageress [,mænɪdʒə'res] *n* **1.** *(of business, bank)* Direktorin *die* **2.** *(of shop)* Geschäftsführerin *die*

managing director ['mænɪdʒɪŋ-] *n* leitender Direktor(leitende Direktorin)

mandarin ['mændərɪn] *n* Mandarine *die*

mane [meɪn] *n* Mähne *die*

maneuver [mə'nu:vər] *(US)* = manoeuvre

mangetout [,mɒnʒ'tu:] *n* Zuckererbse *die*

mangle ['mæŋgl] *vt* zerquetschen

mango ['mæŋgəʊ] *(pl* -es OR -s) *n* Mango *die*

Manhattan [mæn'hætən] *n* Manhattan *nt*

manhole ['mænhəʊl] *n* Kanalschacht *der*

maniac ['meɪnɪæk] *n* *(inf)* Wahnsinniger *der*

manicure ['mænɪkjʊə'] *n* Maniküre *die*

manifold ['mænɪfəʊld] *n* AUT *(exhaust)* Auspuffrohr *das*

manipulate [mə'nɪpjʊleɪt] *vt* **1.** *(person)* manipulieren **2.** *(machine, controls)* handhaben

mankind [,mæn'kaɪnd] *n* Menschheit *die*

manly ['mænlɪ] *adj* männlich

man-made *adj* künstlich

manner ['mænə'] *n* *(way)* Art *die* ♦ **manners** *npl* Manieren *pl*

manoeuvre [mə'nu:və'] *(UK)* ◇ *n* *(UK)* Manöver *das* ◇ *vt* *(UK)* manövrieren

manor ['mænə'] *n* Gut *das*

mansion ['mænʃn] *n* Villa *die*

manslaughter ['mæn,slɔ:tə'] *n* Totschlag *der*

mantelpiece ['mæntlpi:s] *n* Kaminsims *der*

manual ['mænjʊəl] ◇ *adj* **1.** *(work)* Hand- **2.** *(operated by hand)* handbetrieben ◇ *n* *(book)* Handbuch *das*

manufacture [,mænjʊ'fæktʃə'] ◇ *n* Herstellung *die* ◇ *vt* herstellen

manufacturer [,mænjʊ'fæktʃərə'] *n* Hersteller *der*

manure [mə'njʊə'] *n* Mist *der*

many ['menɪ] *(compar* **more**, *superl* **most**) *adj & pron* viele

map [mæp] *n* Karte *die*

Mar. *(abbr of* March) Mrz.

marathon ['mærəθən] *n* Marathon *der*

marble ['mɑ:bl] *n* **1.** *(stone)* Marmor *der* **2.** *(glass ball)* Murmel *die*

march [mɑ:tʃ] ◇ *n* Marsch *der* ◇ *vi* marschieren

March [mɑ:tʃ] *n* März *der* ➤ September

mare [meə'] *n* Stute *die*

margarine [,mɑ:dʒə'ri:n] *n* Margarine *die*

margin ['mɑ:dʒɪn] *n* **1.** *(of page)* Rand *der* **2.** *(difference)* Abstand *der*

marina [mə'ri:nə] *n* Jachthafen *der*

marinated ['mærɪneɪtɪd] *adj* mariniert

marital status ['mærɪtl-] *n* Familienstand *der*

mark [mɑ:k] ◇ *n* **1.** *(spot)* Fleck *der* **2.** *(trace)* Spur *die* **3.** *(on skin)* Mal *das* **4.** *(symbol)* Zeichen *das* **5.** SCH Note *die* ◇ *vt* **1.** *(blemish)* beschädigen **2.** *(put symbol on)* kennzeichnen **3.** SCH benoten **4.** *(on map)* markieren ● *(gas)* mark five Stufe fünf

marker pen ['mɑ:kə-] *n* Marker *der*

market ['mɑ:kɪt] *n* Markt *der*

marketing ['mɑːkɪtɪŋ] n Marketing das
marketplace ['mɑːkɪtpleɪs] n Marktplatz der
markings ['mɑːkɪŋz] npl (on road) Markierungen pl
marmalade ['mɑːməleɪd] n Marmelade die
marquee [mɑːˈkiː] n Festzelt das
marriage ['mærɪdʒ] n 1. (event) Hochzeit die 2. (time married) Ehe die
married ['mærɪd] adj verheiratet ● to get married heiraten
marrow ['mærəʊ] n (vegetable) Kürbis der
marry ['mærɪ] vt & vi heiraten
marsh [mɑːʃ] n Sumpf der
martial arts [ˌmɑːʃl-] npl Kampfsport der
marvellous ['mɑːvələs] adj (UK) wunderbar
marvelous ['mɑːvələs] (US) = marvellous
marzipan ['mɑːzɪpæn] n Marzipan das
mascara [mæsˈkɑːrə] n Wimperntusche die, Mascara das
masculine ['mæskjʊlɪn] adj 1. (typically male) männlich 2. (woman, in grammar) maskulin
mashed potatoes [mæʃt-] npl Kartoffelbrei der
mask [mɑːsk] n Maske die
masonry ['meɪsnrɪ] n Mauerwerk das
mass [mæs] n 1. Masse die 2. RELIG Messe die ● masses of (inf) (lots) ein Haufen
massacre ['mæsəkə'] n Massaker das
massage [(UK) 'mæsɑːʒ, (US) məˈsɑːʒ] n Massage die ◇ vt massieren
masseur [mæˈsɜː'] n Masseur der
masseuse [mæˈsɜːz] n Masseuse die

massive ['mæsɪv] adj riesig
mast [mɑːst] n Mast der
master ['mɑːstə'] ◇ n 1. (at school) Lehrer der 2. (of servant) Herr der 3. (of dog) Herrchen das ◇ vt (skill, language) beherrschen
masterpiece ['mɑːstəpiːs] n Meisterwerk das
mat [mæt] n 1. Matte die 2. (on table) Untersetzer der
match [mætʃ] ◇ n 1. (for lighting) Streichholz das 2. (game) Spiel das ◇ vt 1. (in colour, design) passen zu 2. (be the same as) entsprechen (+G) 3. (be as good as) gleichkommen (+D) ◇ vi (in colour, design) zusammenpassen
matchbox ['mætʃbɒks] n Streichholzschachtel die
matching ['mætʃɪŋ] adj passend
mate [meɪt] ◇ n 1. (inf) (friend) Kumpel der 2. (inf) (form of address) alter Freund ◇ vi sich paaren
material [məˈtɪərɪəl] n Stoff der, Material das ● materials npl Sachen pl
maternity leave [məˈtɜːnətɪ-] n Mutterschaftsurlaub der
maternity ward [məˈtɜːnətɪ-] n Entbindungsstation die
math [mæθ] (US) = maths
mathematics [ˌmæθəˈmætɪks] n Mathematik die
maths [mæθs] n (UK) Mathe die
matinée ['mætɪneɪ] n Nachmittagsvorstellung die
matt [mæt] adj matt
matter ['mætə'] ◇ n 1. (issue, situation) Angelegenheit die 2. (physical material) Materie die ◇ vi wichtig sein ● it doesn't matter das macht nichts ● no

matter what happens egal was passiert ● there's something the matter with my car mit meinem Auto stimmt etwas nicht ● what's the matter? was ist los? ● as a matter of course selbstverständlich ● as a matter of fact eigentlich

mattress ['mætrɪs] *n* Matratze *die*

mature [mə'tjʊəʳ] *adj* reif

mauve [məʊv] *adj* lila

max. [mæks] (*abbr of* maximum) max.

maximum ['mæksɪməm] ◇ *adj* maximal ◇ *n* Maximum *das*

may [meɪ] *aux vb* 1. (*expressing possibility*) können ● it may be done as follows man kann wie folgt vorgehen ● it may rain es könnte regnen ● they may have got lost sie haben sich vielleicht verirrt 2. (*expressing permission*) können ● may I smoke? darf ich rauchen? ● you may sit, if you wish Sie können sich hinsetzen, wenn Sie wollen 3. (*when conceding a point*) ● it may be a long walk, but it's worth it es ist vielleicht ein weiter Weg, aber es lohnt sich

May [meɪ] *n* Mai *der* ➤ September

maybe ['meɪbi:] *adv* vielleicht

mayonnaise [,meɪə'neɪz] *n* Majonäse *die*

mayor [meəʳ] *n* Bürgermeister *der*

mayoress ['meərɪs] *n* 1. (*female mayor*) Bürgermeisterin *die* 2. (*mayor's wife*) Frau *die* des Bürgermeisters

maze [meɪz] *n* Irrgarten *der*

me [mi:] *pron* 1. (*direct object*) mich 2. (*indirect object*) mir 3. (*after prep: accusative*) mich 4. (*after prep: dative*) mir ● she knows me sie kennt mich ● it's me ich bin's ● send it to me schick' es mir ● tell me sagen Sie mal, sag' mal ● he's worse than me er ist schlechter als ich

meadow ['medəʊ] *n* Wiese *die*

meal [mi:l] *n* Mahlzeit *die*

mealtime ['mi:ltaɪm] *n* Essenszeit *die*

mean [mi:n] (*pt & pp* meant) ◇ *adj* 1. (*miserly*) geizig 2. (*unkind*) gemein ◇ *vt* 1. bedeuten 2. (*intend*) beabsichtigen ● to mean to do sthg vorhaben, etw zu tun ● the bus was meant to leave at eight der Bus hätte eigentlich um acht Uhr abfahren sollen ● it's meant to be good das soll gut sein ● I didn't mean it ich habe es nicht so gemeint

meaning ['mi:nɪŋ] *n* Bedeutung *die*

meaningless ['mi:nɪŋlɪs] *adj* bedeutungslos

means [mi:nz] (*pl inv*) ◇ *n* (*method*) Mittel *das* ◇ *npl* (*money*) Mittel *pl* ● by all means! auf jeden Fall! ● by means of mithilfe (+G)

meant [ment] *pt & pp* ➤ mean

meantime ['mi:n,taɪm] ● in the meantime *adv* in der Zwischenzeit

meanwhile ['mi:n,waɪl] *adv* inzwischen

measles ['mi:zlz] *n* Masern *pl*

measure ['meʒəʳ] ◇ *vt* messen ◇ *n* 1. (*step, action*) Maßnahme *die* 2. (*of alcohol*) Dosis *die* ● the room measures 10 m² das Zimmer misst 10 m²

measurement ['meʒəmənt] *n* Maß *das*

meat [mi:t] *n* Fleisch *das* ● red meat Lamm- und Rindfleisch ● white meat Kalbfleisch und Huhn

meatball ['mi:tbɔ:l] *n* Fleischklößchen *das*

mechanic [mɪ'kænɪk] *n* Mechaniker *der*, -in *die*

mechanical [mɪ'kænɪkl] *adj* mechanisch

mechanism ['mekənɪzm] *n* Mechanismus *der*

medal ['medl] n Medaille die
media ['miːdjə] n or npl ● **the media** die Medien pl
Medicaid, **Medicare** ['medɪkeɪd, 'medɪkeəʳ] n (US) staatliche Gesundheitsfürsorge

Medicaid/Medicare

Seit 1965 gibt es in den USA zwei staatlich organisierte Krankenversicherungen für Bedürftige. *Medicaid* wird von Bund und Staaten gemeinsam finanziert und versorgt sozial Schwache im Krankheitsfall. *Medicare* ist für Menschen ab 65 gedacht, die aber einen Versicherungsbeitrag zahlen und trotzdem noch fast 30 Prozent der Kosten selbst tragen müssen.

medical ['medɪkl] ◇ adj 1. medizinisch 2. (treatment) ärztlich ◇ n Untersuchung die
medication [,medɪ'keɪʃn] n Medikament das
medicine ['medsɪn] n 1. Medikament das 2. (science) Medizin die
medicine cabinet n Medizinschrank der
medieval [,medɪ'iːvl] adj mittelalterlich
mediocre [,miːdɪ'əʊkəʳ] adj mittelmäßig
Mediterranean [,medɪtə'reɪnjən] n ● **the Mediterranean** (region) der Mittelmeerraum ● **the Mediterranean (Sea)** das Mittelmeer
medium ['miːdjəm] adj 1. mittelgroß 2. (wine) halbtrocken
medium-dry adj halbtrocken
medium-sized [-saɪzd] adj mittelgroß

meet [miːt] (pt & pp **met**) ◇ vt 1. (by arrangement) sich treffen mit 2. (by chance) treffen 3. (get to know) kennen lernen 4. (go to collect) abholen 5. (need, requirement) erfüllen 6. (cost, expenses) begleichen ◇ vi 1. (by arrangement, by chance) sich treffen 2. (get to know each other) sich kennen lernen 3. (intersect) aufeinander treffen ● **meet up** vi sich treffen ● **meet with** vt insep 1. (problems, resistance) stoßen auf (+A) 2. (US) (by arrangement) sich treffen mit
meeting ['miːtɪŋ] n (for business) Besprechung die
meeting point n Treffpunkt der
megabyte [mega'baɪt] n Megabyte das
melody ['melədɪ] n Melodie die
melon ['melən] n Melone die
melt [melt] vi schmelzen
Member ['membəʳ] n Mitglied das
Member of Congress [-'kɒŋgres] n Abgeordneter des amerikanischen Kongresses
Member of Parliament n Abgeordneter des britischen Parlaments
membership ['membəʃɪp] n 1. Mitgliedschaft die 2. (members) Mitgliederzahl die
memorial [mɪ'mɔːrɪəl] n Denkmal das
memorize ['meməraɪz] vt sich (D) einlprägen
memory ['memərɪ] n 1. Erinnerung die 2. (of computer) Speicher der
men [men] pl > **man**
menacing ['menəsɪŋ] adj drohend
mend [mend] vt reparieren
menopause ['menəpɔːz] n Wechseljahre pl
men's room n (US) Herrentoilette die

menstruate ['menstroeit] vi menstruieren

menswear ['menzweə'] n Herrenbekleidung die

mental ['mentl] adj 1. geistig 2. MED Geistes-

mental hospital n psychiatrische Klinik

mentally handicapped ['mentəlı-] ◇ adj geistig behindert ◇ npl • **the mentally handicapped** die geistig Behinderten pl

mentally ill ['mentəlı-] adj geisteskrank

mention ['menʃn] vt erwähnen • **don't mention it!** lass nur!

menu ['menju:] n 1. Speisekarte die 2. COMPUT Menü das • **children's menu** Kinderspeisekarte die

merchandise ['mɜ:tʃəndaɪz] n Ware die

merchant marine [,mɜ:tʃəntmə'ri:n] (US) = merchant navy

merchant navy [,mɜ:tʃənt-] n (UK) Handelsmarine die

mercury ['mɜ:kjʊrɪ] n Quecksilber das

mercy ['mɜ:sɪ] n Gnade die

mere [mɪə'] adj bloß

merely ['mɪəlɪ] adv bloß

merge [mɜ:dʒ] vi (combine) sich zusammenlschließen ▼ **merge** (US) Schild an Autobahnauffahrten, das dazu auffordert, sich in die rechte Spur der Autobahn einzuordnen

merger ['mɜ:dʒə'] n Fusion die

meringue [mə'ræŋ] n Baiser das

merit ['merɪt] n 1. (worthiness) Verdienst der 2. (good quality) Vorzug der 3. (in exam) Auszeichnung die

merry ['merɪ] adj 1. fröhlich 2. (inf) (tipsy) angeheitert • **Merry Christmas!** Fröhliche Weihnachten!

merry-go-round n Karussell das

mess [mes] n 1. Durcheinander das 2. (difficult situation) Schwierigkeiten pl • **in a mess** (untidy) unordentlich ◆ **mess about** vi (inf) herumlalbern ◆ **mess about with sthg** (interfere) mit etw herumlspielen ◆ **mess up** vt sep 1. (inf) (plans) durcheinander bringen 2. (clothes) schmutzig machen

message ['mesɪdʒ] n Nachricht die

messenger ['mesɪndʒə'] n Bote der, Botin die

messy ['mesɪ] adj unordentlich

met [met] pt & pp ➤ meet

metal ['metl] ◇ adj Metall- ◇ n Metall das

metalwork ['metəlwɜ:k] n (craft) Metallbearbeitung die

meter ['mi:tə'] n 1. (device) Zähler der 2. (US) = metre

method ['meθəd] n Methode die

methodical [mɪ'θɒdɪkl] adj methodisch

meticulous [mɪ'tɪkjʊləs] adj sorgfältig

metre ['mi:tə'] n (UK) Meter der

metric ['metrɪk] adj metrisch

mews [mju:z] (pl inv) n (UK) kleine Seitenstraße mit früheren Stallungen, die oft zu eleganten Wohnungen umgebaut wurden

Mexican ['meksɪkn] ◇ adj mexikanisch ◇ n Mexikaner der, -in die

Mexico ['meksɪkəʊ] n Mexiko nt

mg (abbr of milligram) mg

miaow [mi:'aʊ] vi (UK) miauen

mice [maɪs] pl ➤ mouse

microchip ['maɪkrəʊtʃɪp] n Mikrochip der

microphone ['maɪkrəfəʊn] n Mikrofon das

microscope [ˈmaɪkrəskəʊp] *n* Mikroskop *das*

microwave (oven) [ˈmaɪkrəweɪv-] *n* Mikrowellenherd *der*

midday [ˌmɪdˈdeɪ] *n* Mittag *der*

middle [ˈmɪdl] ◇ *n* Mitte *die* ◇ *adj (central)* mittlere(r)(s) • **in the middle of the road** in der Straßenmitte • **in the middle of April** Mitte April • **to be in the middle of doing sthg** gerade dabei sein, etw zu tun

middle-aged *adj* mittleren Alters • **a middle-aged woman** eine Frau mittleren Alters

middle-class *adj (suburb)* bürgerlich • **a middle-class family** eine Mittelstandsfamilie

Middle East *n* • **the Middle East** der Nahe Osten

middle name *n* zweiter Vorname

middle school *n (in UK)* staatliche Schule für 9- bis 13-Jährige

midge [mɪdʒ] *n* Mücke *die*

midget [ˈmɪdʒɪt] *n* Zwerg *der*, -in *die*

Midlands [ˈmɪdləndz] *npl* • **the Midlands** Mittelengland *nt*

midnight [ˈmɪdnaɪt] *n* Mitternacht *die*

midsummer [ˈmɪdˈsʌmər] *n* Hochsommer *der*

midway [ˌmɪdˈweɪ] *adv* mitten

midweek ◇ *adj* [ˈmɪdwiːk] in der Wochenmitte ◇ *adv* [mɪdˈwiːk] in der Wochenmitte

midwife [ˈmɪdwaɪf] *(pl* -wives*)* *n* Hebamme *die*

midwinter [ˈmɪdˈwɪntər] *n* Mittwinter *der*

might [maɪt] *aux vb* **1.** *(expressing possibility)* können • **they might still come** sie

könnten noch kommen • **they might have been killed** sie sind vielleicht umgekommen **2.** *(fml) (expressing permission)* können • **might I have a few words?** könnte ich Sie mal sprechen? **3.** *(when conceding a point)* • **it might be expensive, but it's good quality** es ist zwar teuer, aber es ist von guter Qualität **4.** *(would)* • **I'd hoped you might come too** ich hatte gehofft, du würdest auch mitkommen

migraine [ˈmiːɡreɪn, ˈmaɪɡreɪn] *n* Migräne *die*

mild [maɪld] ◇ *adj* **1.** mild **2.** *(illness, surprise)* leicht ◇ *n (UK) (beer)* Bier, *das schwächer und dunkler ist als "bitter"*

mile [maɪl] *n* Meile *die* • **it's miles away** das ist meilenweit entfernt

mileage [ˈmaɪlɪdʒ] *n* Entfernung *die* in Meilen

mileometer [maɪˈlɒmɪtər] *n* ≃ Kilometerzähler *der*

military [ˈmɪlɪtrɪ] *adj* Militär-, militärisch

milk [mɪlk] ◇ *n* Milch *die* ◇ *vt* melken

milk chocolate *n* Milchschokolade *die*

milkman [ˈmɪlkmən] *(pl* -men*)* *n* Milchmann *der*

milk shake *n* Milchmixgetränk *das*

milky [ˈmɪlkɪ] *adj (drink)* milchig

mill [mɪl] *n* **1.** Mühle *die* **2.** *(factory)* Fabrik *die*

millennium [mɪˈlenɪəm] *n* Jahrtausend *das*

millennium bug [mɪˈlenɪəmbʌɡ] *n* Jahr-2000-Computer-Problem *das*

milligram [ˈmɪlɪɡræm] *n* Milligramm *das*

millilitre [ˈmɪlɪˌliːtər] *n* Milliliter *der*

millimetre [ˈmɪlɪˌmiːtər] *n* Millimeter *der*

million ['mɪljən] n Million *die* • **millions of** (*fig*) Tausende von

millionaire [ˌmɪljə'neəʳ] n Millionär *der*, -in *die*

mime [maɪm] vi mimen

min. [mɪn] (*abbr of* minute, minimum) Min.

mince [mɪns] n (*UK*) Hackfleisch *das*

mincemeat ['mɪnsmiːt] n 1. (*sweet filling*) süße Füllung aus Zitronat, Orangeat, Rosinen, Gewürzen u.a. 2. (*US*) (*mince*) Hackfleisch *das*

mince pie n mit Zitronat, Orangeat, Rosinen, Gewürzen u.a. gefülltes Weihnachtsgebäck

mind [maɪnd] ◇ n 1. Verstand *der* 2. (*memory*) Gedächtnis *das* ◇ vt 1. auflpassen auf (+A) 2. (*be bothered by*) sich stören an (+D) ◇ vi • I don't mind es ist mir egal • it slipped my mind es ist mir entfallen • to my mind meiner Meinung nach • to bear sthg in mind etw nicht vergessen • to change one's mind seine Meinung ändern • to have sthg in mind etw vorlhaben • to have sthg on one's mind sich mit etw beschäftigen • to make one's mind up sich entscheiden • do you mind if ...? stört es, wenn ... • I wouldn't mind a drink ich würde eigentlich gerne etwas trinken ▼ mind the gap! (*on underground*) Vorsicht beim Einsteigen und Aussteigen • never mind! (*don't worry*) macht nichts!

mine¹ [maɪn] pron meine(r)(s), meine *pl* • it's mine es gehört mir • a friend of mine ein Freund von mir

mine² [maɪn] n 1. (*for coal etc*) Bergwerk *das* 2. (*bomb*) Mine *die*

miner ['maɪnəʳ] n Bergmann *der*

mineral ['mɪnərəl] n Mineral *das*

mineral water n Mineralwasser *das*

minestrone [ˌmɪnɪ'strəʊnɪ] n Minestrone *die*

mingle ['mɪŋgl] vi 1. sich mischen 2. (*with other people*) Konversation machen

miniature ['mɪnətʃəʳ] ◇ adj Miniatur- ◇ n (*of alcohol*) Miniflasche *die*

minibar ['mɪnɪbɑːʳ] n Hausbar *die*

minibus ['mɪnɪbʌs] (*pl* -es) n Kleinbus *der*

minicab ['mɪnɪkæb] n (*UK*) Kleintaxi *das*

minimal ['mɪnɪml] adj minimal

minimum ['mɪnɪməm] ◇ adj Mindest- ◇ n Minimum *das*

miniskirt ['mɪnɪskɜːt] n Minirock *der*

minister ['mɪnɪstəʳ] n 1. (*in government*) Minister *der*, -in *die* 2. (*in church*) Geistliche *der*, *die*

ministry ['mɪnɪstrɪ] n (*of government*) Ministerium *das*

minor ['maɪnəʳ] ◇ adj kleiner ◇ n (*fml*) Minderjährige *der*, *die*

minority [maɪ'nɒrətɪ] n Minderheit *die*

minor road n Nebenstraße *die*

mint [mɪnt] n 1. (*sweet*) Pfefferminz *das* 2. (*plant*) Minze *die*

minus ['maɪnəs] prep minus • it's minus 10 (degrees C) es ist minus 10 (Grad Celsius)

minuscule ['mɪnəskjuːl] adj winzig

minute¹ ['mɪnɪt] n Minute *die* • any minute jeden Moment • just a minute! Moment, bitte!

minute² [maɪ'njuːt] adj winzig

minute steak [ˌmɪnɪt-] n kurz gebratenes Steak

miracle ['mɪrəkl] n Wunder *das*

miraculous [mɪ'rækjʊləs] *adj* wunderbar

mirror ['mɪrə'] *n* Spiegel *der*

misbehave [ˌmɪsbɪ'heɪv] *vi* sich schlecht benehmen

miscarriage [ˌmɪs'kærɪdʒ] *n* Fehlgeburt *die*

miscellaneous [ˌmɪsə'leɪnjəs] *adj* verschieden

mischievous ['mɪstʃɪvəs] *adj* ungezogen

misconduct [ˌmɪs'kɒndʌkt] *n* unkorrektes Verhalten

miser ['maɪzə'] *n* Geizhals *der*

miserable ['mɪzrəbl] *adj* 1. erbärmlich 2. *(weather)* fürchterlich

misery ['mɪzərɪ] *n* 1. *(unhappiness)* Kummer *der* 2. *(poor conditions)* Elend *das*

misfire [ˌmɪs'faɪə'] *vi (car)* fehlzünden

misfortune [mɪs'fɔ:tʃu:n] *n (bad luck)* Pech *das*

mishap ['mɪshæp] *n* Zwischenfall *der*

misjudge [ˌmɪs'dʒʌdʒ] *vt* falsch einschätzen

mislay [ˌmɪs'leɪ] *(pt & pp* **-laid***) vt* verlegen

mislead [ˌmɪs'li:d] *(pt & pp* **-led***) vt* irreführen

miss [mɪs] ◇ *vt* 1. *(plane, train, appointment, opportunity)* verpassen 2. *(not notice)* übersehen 3. *(target)* verfehlen 4. *(regret absence of)* vermissen ◇ *vi (fail to hit)* nicht treffen ● **miss out** ◇ *vt sep* auslassen ◇ *vi* ● **to miss out on sthg** sich *(D)* etw entgehen lassen

Miss [mɪs] *n* Fräulein *das*

missile [(UK) 'mɪsaɪl, (US) 'mɪsl] *n* 1. *(weapon)* Rakete *die* 2. *(thing thrown)* Geschoss *das*

missing ['mɪsɪŋ] *adj* verschwunden ● **to be missing** *(not there)* fehlen

missing person *n* Vermisste *der, die*

mission ['mɪʃn] *n* Mission *die*

missionary ['mɪʃənrɪ] *n* Missionar *der*, -in *die*

mist [mɪst] *n* Nebel *der*

mistake [mɪ'steɪk] *(pt* **-took***, pp* **-taken***)* ◇ *n* Fehler *der* ◇ *vt (misunderstand)* missverstehen ● **by mistake** aus Versehen ● **to make a mistake** einen Fehler machen ● **to mistake sb/sthg for** jn/etw verwechseln mit

Mister ['mɪstə'] *n* Herr *der*

mistook [mɪ'stʊk] *pt* ➢ **mistake**

mistress ['mɪstrɪs] *n* 1. *(lover)* Geliebte *die* 2. *(UK) (teacher)* Lehrerin *die*

mistrust [ˌmɪs'trʌst] *vt* misstrauen *(+D)*

misty ['mɪstɪ] *adj* nebelig

misunderstand [ˌmɪsʌndə'stændɪŋ] *n* Missverständnis *das*

misuse [ˌmɪs'ju:s] *n* Missbrauch *der*

mitten ['mɪtn] *n* Fausthandschuh *der*

mix [mɪks] ◇ *vt* 1. mischen 2. *(drink)* mixen ◇ *n (for cake, sauce)* Mischung *die* ● **to mix sthg with sthg** etw mit etw vermischen ● **mix up** *vt sep* durcheinanderbringen

mixed [mɪkst] *adj* gemischt

mixed grill *n* Grillteller *der*

mixed salad *n* gemischter Salat

mixed vegetables *npl* Mischgemüse *das*

mixer ['mɪksə'] *n* 1. *(for food)* Mixer *der* 2. *(drink)* Mixgetränk *das*

mixture ['mɪkstʃə'] *n* Mischung *die*

mix-up *n (inf)* Durcheinander *das*

ml *(abbr of millilitre)* ml

mm *(abbr of millimetre)* mm

MMR [ˌemem'ɑ:'] *n* MED *(abbr of* measles, mumps & rubella) MMR

moan [məʊn] *vi* stöhnen

moat [məʊt] *n* Burggraben *der*

mobile ['məʊbaɪl] *adj* mobil

mobile phone *n* Handy *das*

mock [mɒk] ◇ *adj* Schein- ◇ *vt* verspotten ◇ *n* (*UK*) (*exam*) Vorprüfung *die*

mode [məʊd] *n* Art *die*

model ['mɒdl] *n* 1. Modell *das* 2. (*fashion model*) Mannequin *das*

moderate ['mɒdərət] *adj* 1. (*size, speed, amount*) mittlere(r)(s) 2. (*views, politician*) gemäßigt 3. (*drinker, smoker*) mäßig

modern ['mɒdən] *adj* modern

modernized ['mɒdənaɪzd] *adj* modernisiert

modern languages *npl* moderne Fremdsprachen *pl*

modest ['mɒdɪst] *adj* bescheiden

modify ['mɒdɪfaɪ] *vt* abländern

mohair ['məʊheə^r] *n* Mohair *der*

moist [mɔɪst] *adj* feucht

moisture ['mɔɪstʃə^r] *n* Feuchtigkeit *die*

moisturizer ['mɔɪstʃəraɪzə^r] *n* Feuchtigkeitscreme *die*

molar ['məʊlə^r] *n* Backenzahn *der*

mold [məʊld] (*US*) = **mould**

mole [məʊl] *n* 1. (*animal*) Maulwurf *der* 2. (*spot*) Leberfleck *der*

molest [mə'lest] *vt* (*child, woman*) belästigen

mom [mɒm] *n* (*US*) (*inf*) Mutti *die*

moment ['məʊmənt] *n* Moment *der* ● **at the moment** im Moment ● **for the moment** momentan

Mon. (*abbr of* Monday) Mo.

monarchy ['mɒnəkɪ] *n* ● **the monarchy** die Monarchie

monastery ['mɒnəstrɪ] *n* Kloster *das*

Monday ['mʌndɪ] *n* Montag *der* ➤ Saturday

money ['mʌnɪ] *n* Geld *das*

money belt *n* Gürteltasche mit Geldfächern

money order *n* Zahlungsanweisung *die*

mongrel ['mʌŋgrəl] *n* Promenadenmischung *die*

monitor ['mɒnɪtə^r] ◇ *n* (*computer screen*) Monitor *der* ◇ *vt* überwachen

monk [mʌŋk] *n* Mönch *der*

monkey ['mʌŋkɪ] (*pl* **monkeys**) *n* Affe *der*

monkfish ['mʌŋkfɪʃ] *n* Seeteufel *der*

monopoly [mə'nɒpəlɪ] *n* Monopol *das*

monorail ['mɒnəʊreɪl] *n* Einschienenbahn *die*

monotonous [mə'nɒtənəs] *adj* monoton

monsoon [mɒn'suːn] *n* Monsun *der*

monster ['mɒnstə^r] *n* Monster *das*

month [mʌnθ] *n* Monat *der* ● **in a month's time** in einem Monat

monthly ['mʌnθlɪ] *adj & adv* monatlich

monument ['mɒnjʊmənt] *n* Denkmal *das*

mood [muːd] *n* Laune *die*, Stimmung *die* ● **to be in a (bad) mood** schlechte Laune haben ● **to be in a good mood** gute Laune haben

moody ['muːdɪ] *adj* launisch

moon [muːn] *n* Mond *der*

moonlight ['muːnlaɪt] *n* Mondlicht *das*

moor [mɔː^r] ◇ *n* Moor *das* ◇ *vt* festlmachen

moose [muːs] (*pl inv*) *n* Elch *der*

mop [mɒp] ◇ *n* (*for floor*) Mop *der* ◇ *vt* (*floor*) moppen ◆ **mop up** *vt sep* auflwischen

moped ['məʊped] *n* Moped *das*

moral ['mɒrəl] ◇ *adj* moralisch ◇ *n* Moral *die*

morality [mə'rælɪti] *n* Moral *die*

more [mɔːʳ]

◇*adj* **1.** *(a larger amount of)* mehr • there are more tourists than usual es sind mehr Touristen als gewöhnlich da **2.** *(additional)* noch mehr • are there any more cakes? ist noch mehr Kuchen da? • I'd like two more bottles ich möchte zwei Flaschen mehr • there's no more wine es ist kein Wein mehr da **3.** *(in phrases)* more and more mehr und mehr

◇*adv* **1.** *(in comparatives)* • it's more difficult than before es ist schwieriger als vorher • speak more clearly sprich/ sprechen Sie deutlicher **2.** *(to a greater degree)* mehr • we ought to go to the cinema more wir sollten öfters ins Kino gehen **3.** *(in phrases)* • I don't go there any more ich gehe da nicht mehr hin • once more noch einmal • more or less mehr oder weniger • we'd be more than happy to help wir würden sehr gerne helfen

◇*pron* **1.** *(a larger amount)* mehr • I've got more than you ich habe mehr als du • more than 20 types of pizza mehr als 20 Pizzasorten **2.** *(an additional amount)* noch mehr • is there any more? ist noch mehr da? • there's no more es ist nichts mehr da

moreover [mɔː'rəʊvəʳ] *adv* *(fml)* außerdem

morning ['mɔːnɪŋ] *n* Morgen *der* • two o'clock in the morning zwei Uhr morgens • good morning! guten Morgen! • in the morning *(early in the day)* morgens, am Morgen; *(tomorrow morning)* morgen früh

morning-after pill *n* Pille *die* danach

morning sickness *n* Schwangerschaftsübelkeit *die*

Morocco [mə'rɒkəʊ] *n* Marokko *nt*

moron ['mɔːrɒn] *n* *(inf)* Blödian *der*

Morse (code) [mɔːs-] *n* Morsealphabet *das*

mortgage ['mɔːgɪdʒ] *n* Hypothek *die*

mosaic [mə'zeɪk] *n* Mosaik *das*

Moslem ['mɒzləm] = **Muslim**

mosque [mɒsk] *n* Moschee *die*

mosquito [mə'skiːtəʊ] *(pl* **-es)** *n* **1.** Mücke *die* **2.** *(tropical)* Moskito *der*

mosquito net *n* Moskitonetz *das*

moss [mɒs] *n* Moos *das*

most [məʊst]

◇*adj* **1.** *(the majority of)* die meisten • most people agree die meisten Leute sind dieser Meinung **2.** *(the largest amount of)* der/die/das meiste • I drank (the) most beer ich habe das meiste Bier getrunken

◇*adv* **1.** *(in superlatives)* • she spoke (the) most clearly sie sprach am deutlichsten • the most expensive hotel in town das teuerste Hotel in der Stadt **2.** *(to the greatest degree)* am meisten • I like this one most mir gefällt dieses am besten **3.** *(fml) (very)* äußerst, höchst • it was a most pleasant evening es war ein äußerst angenehmer Abend

◇*pron* **1.** *(the majority)* die meisten • most of the villages die meisten Dörfer • most of the time die meiste Zeit **2.** *(the largest amount)* das meiste • she earns (the) most sie verdient am meisten **3.** *(in phrases)* • at most höchstens • to make the most of sthg das Beste aus etw machen

mostly ['məʊstli] *adv* hauptsächlich

MOT *n (UK) (test)* ≃ TÜV *der*

motel [məʊ'tel] *n* Motel *das*

moth [mɒθ] *n* **1.** Nachtfalter *der* **2.** *(in clothes)* Motte *die*

mother ['mʌðə^r] *n* Mutter *die*

mother-in-law *n* Schwiegermutter *die*

mother-of-pearl *n* Perlmutt *das*

motif [məʊ'tiːf] *n* Motiv *das*

motion ['məʊʃn] ◇ *n* Bewegung *die* ◇ *vi*
 ● **to motion to sb** jm ein Zeichen geben

motionless ['məʊʃənlɪs] *adj* unbeweglich

motivate ['məʊtɪveɪt] *vt* motivieren

motive ['məʊtɪv] *n* Motiv *das*

motor ['məʊtə^r] *n* Motor *der*

motorbike ['məʊtəbaɪk] *n* Motorrad *das*

motorboat ['məʊtəbəʊt] *n* Motorboot *das*

motorcar ['məʊtəkɑː^r] *n* Kraftfahrzeug *das*

motorcycle ['məʊtəˌsaɪkl] *n* Motorrad *das*

motorcyclist ['məʊtəˌsaɪklɪst] *n* Motorradfahrer *der*, -in *die*

motorist ['məʊtərɪst] *n* Autofahrer *der*, -in *die*

motor racing *n* Autorennen *das*

motorway ['məʊtəweɪ] *n (UK)* Autobahn *die*

motto ['mɒtəʊ] *(pl* **-s)** *n* Motto *das*

mould [məʊld] ◇ *n* **1.** *(UK) (shape)* Form *die* **2.** *(substance)* Schimmel *der* ◇ *vt (UK) (shape)* formen

mouldy ['məʊldɪ] *adj (Br)* schimmelig

mound [maʊnd] *n* **1.** *(hill)* Hügel *der* **2.** *(pile)* Haufen *der*

mount [maʊnt] ◇ *n* **1.** *(for photo)* Passepartout *das* **2.** *(mountain)* Berg *der* ◇ *vt* **1.** *(horse)* besteigen **2.** *(photo)*
aufziehen ◇ *vi (increase)* steigen

mountain ['maʊntɪn] *n* Berg *der*

mountain bike *n* Mountainbike *das*

mountaineer [ˌmaʊntɪ'nɪə^r] *n* Bergsteiger *der*, -in *die*

mountaineering [ˌmaʊntɪ'nɪərɪŋ] *n* ● **to go mountaineering** bergsteigen gehen

mountainous ['maʊntɪnəs] *adj* bergig

Mount Rushmore [-'rʌʃmɔː^r] *n* Mount Rushmore

mourning ['mɔːnɪŋ] *n* ● **to be in mourning** in Trauer sein

mouse [maʊs] *(pl* **mice)** *n* Maus *die*

moussaka [muːˈsɑːkə] *n* Moussaka *die*

mousse [muːs] *n* Mousse *die*

moustache [məˈstɑːʃ] *n (UK)* Schnurrbart *der*

mouth [maʊθ] *n* **1.** Mund *der* **2.** *(of cave, tunnel)* Öffnung *die* **3.** *(of river)* Mündung *die*

mouthful ['maʊθfʊl] *n* **1.** *(of food)* Happen *der* **2.** *(of drink)* Schluck *der*

mouthorgan ['maʊθˌɔːgən] *n* Mundharmonika *die*

mouthpiece ['maʊθpiːs] *n* **1.** *(of telephone)* Sprechmuschel *die* **2.** *(of musical instrument)* Mundstück *das*

mouthwash ['maʊθwɒʃ] *n* Mundwasser *das*

move [muːv] ◇ *n* **1.** *(change of house)* Umzug *der* **2.** *(movement)* Bewegung *die* **3.** *(in games)* Zug *der* **4.** *(course of action)* Schritt *der* ◇ *vt* **1.** bewegen **2.** *(furniture)* rücken **3.** *(car)* wegfahren **4.** *(emotionally)* rühren ◇ *vi* **1.** sich bewegen **2.** *(vehicle)* fahren ● **to move** *(house)* umziehen ● **to make a move** *(leave)* aufbrechen ◆ **move along** *vi (go away)* weitergehen ◆ **move in** *vi (to house)* einlziehen ◆ **move off** *vi (train, car)* sich in Bewegung setzen ◆ **move on** *vi* **1.** *(on foot)* weiterlgehen **2.** *(car, bus etc)* weiterlfahren ◆ **move out** *vi (from house)* auslziehen ◆ **move over** *vi* zur Seite rücken ◆ **move up** *vi (on seat)* auflrücken

movement ['mu:vmənt] *n* Bewegung *die*

movie ['mu:vɪ] *n* Film *der*

movie theater *n (US)* Kino *das*

moving ['mu:vɪŋ] *adj* bewegend

mow [məʊ] *vt* ● **to mow the lawn** den Rasen mähen

mozzarella [ˌmɒtsə'relə] *n* Mozzarella *der*

MP *abbr* = Member of Parliament

MP3 [ˌempiː'θriː] *n (abbr of MPEG-1 Audio Layer-3)* MP3

mph *(abbr of miles per hour)* Meilen *pro Stunde*

Mr ['mɪstə'] *abbr* Hr.

Mrs ['mɪsɪz] *abbr* Fr.

MRSA [ˌemɑ:res'eɪ] *n* MED *(abbr of methicillin resistant Staphylococcus aureus)* MRSA *der*

Ms [mɪz] *abbr* Anrede für Frauen, mit der man die Unterscheidung zwischen "Frau" (verheiratet) und "Fräulein" (unverheiratet) vermeidet

MSc *(abbr of Master of Science) britischer Hochschulabschluss in einem naturwissenschaftlichen Fach*

much [mʌtʃ] *(compar* **more**, *superl* **most**)

◇ *adj* viel ● **I haven't got much money** ich habe nicht viel Geld ● **as much food as you can eat** so viel du essen kannst/ Sie essen können ● **how much time is left?** wie viel Zeit bleibt noch? ● **we**

have too much work wir haben zu viel Arbeit

◇ *adv* **1.** *(to a great extent)* viel ● **it's much better** es ist viel besser ● **I like it very much** es gefällt mir sehr gut ● **it's not much good** *(inf)* es ist nicht besonders ● **thank you very much** vielen Dank **2.** *(often)* oft ● **we don't go there much** wir gehen da nicht oft hin

◇ *pron* viel ● **I haven't got much** ich habe nicht viel ● **as much as you like** so viel Sie wollen/du willst ● **how much is it?** wie viel kostet es? ● **you've got too much** du hast zu viel

muck [mʌk] *n* Dreck *der* ◆ **muck about** *vi (UK) (inf)* herumlalbern ◆ **muck up** *vt sep (UK) (inf)* vermasseln

mud [mʌd] *n* Schlamm *der*

muddle ['mʌdl] *n* ● **to be in a muddle** durcheinander sein

muddy ['mʌdɪ] *adj* schlammig

mudguard ['mʌdgɑ:d] *n* Schutzblech *das*

muesli ['mju:zlɪ] *n* Müsli *das*

muffin ['mʌfɪn] *n* **1.** *(roll)* Muffin *das* **2.** *(cake)* Kleingebäck aus Mürbeteig

muffler ['mʌflə'] *n (US) (silencer)* Schalldämpfer *der*

mug [mʌg] ◇ *n (cup)* Becher *der* ◇ *vt (attack)* überfallen

mugging ['mʌgɪŋ] *n* Überfall *der*

muggy ['mʌgɪ] *adj* schwül

mule [mju:l] *n* Maultier *das*

multicoloured ['mʌltɪˌkʌləd] *adj* bunt

multiple ['mʌltɪpl] *adj* mehrfach

multiplex cinema ['mʌltɪpleks-] *n* Multiplexkino *das*

multiplication [ˌmʌltɪplɪ'keɪʃn] *n* Multiplikation *die*

multiply ['mʌltɪplaɪ] ◇ *vt* multiplizieren

◇ *vi* sich vermehren

multistorey (car park) [ˌmʌltɪ'stɔːrɪ-] *n* Parkhaus *das*

mum [mʌm] *n* (UK) (inf) Mutti *die*

mummy ['mʌmɪ] *n* (UK) (inf) (mother) Mami *die*

mumps [mʌmps] *n* Mumps *der*

munch [mʌntʃ] *vt* kauen

Munich ['mjuːnɪk] *n* München *nt*

municipal [mjuː'nɪsɪpl] *adj* städtisch, Stadt-

mural ['mjʊərəl] *n* Wandgemälde *das*

murder ['mɜːdəʳ] ◇ *n* Mord *der* ◇ *vt* ermorden

murderer ['mɜːdərəʳ] *n* Mörder *der*, -in *die*

muscle ['mʌsl] *n* Muskel *der*

museum [mjuː'ziːəm] *n* Museum *das*

mushroom ['mʌʃrum] *n* 1. Pilz *der* 2. CULIN Champignon *der*

music ['mjuːzɪk] *n* Musik *die*

musical ['mjuːzɪkl] ◇ *adj* musikalisch ◇ *n* Musical *das*

musical instrument *n* Musikinstrument *das*

musician [mjuː'zɪʃn] *n* Musiker *der*, -in *die*

Muslim ['mʊzlɪm] ◇ *adj* moslemisch ◇ *n* Moslem *der*, Moslime *die*

mussels [mʌslz] *npl* Miesmuscheln *pl*

must [mʌst] ◇ *aux vb* 1. müssen 2. (with negative) dürfen ◇ *n* ● it's a must (inf) das ist ein Muss ● I must go ich muss gehen ● you mustn't be late du darfst nicht zu spät kommen ● the room must be vacated by ten das Zimmer ist bis zehn Uhr zu räumen ● you must have seen it du musst es doch gesehen haben ● you must see that film du

musst dir diesen Film ansehen ● you must be joking! das kann doch nicht dein Ernst sein!

mustache ['mʌstæʃ] (US) = moustache

mustard ['mʌstəd] *n* Senf *der*

mustn't ['mʌsənt] = must not

mutter ['mʌtəʳ] *vt* murmeln

mutton ['mʌtn] *n* Hammelfleisch *das*

mutual ['mjuːtʃʊəl] *adj* 1. (feeling) gegenseitig 2. (friend, interest) gemeinsam

muzzle ['mʌzl] *n* Maulkorb *der*

my [maɪ] *adj* mein

myself [maɪ'self] *pron* 1. (reflexive: accusative) mich 2. (reflexive: dative) mir 3. (after prep: accusative) mich selbst 4. (after prep: dative) mir selbst ● I did it myself ich habe es selbst gemacht

mysterious [mɪ'stɪərɪəs] *adj* rätselhaft

mystery ['mɪstərɪ] *n* Rätsel *das*

myth [mɪθ] *n* 1. (ancient story) Mythos *der* 2. (false idea) Märchen *das*

*n*N

N (abbr of North) N

nag [næg] *vt* herumnörgeln an (+D)

nail [neɪl] ◇ *n* Nagel *der* ◇ *vt* annageln

nailbrush ['neɪlbrʌʃ] *n* Nagelbürste *die*

nail file *n* Nagelfeile *die*

nail scissors *npl* Nagelschere *die*

nail varnish *n* Nagellack *der*

nail varnish remover [-rə'muːvəʳ] *n* Nagellackentferner *der*

naive [naɪ'iːv] *adj* naiv

naked ['neɪkɪd] *adj* nackt

name [neɪm] ◇ n **1.** Name der **2.** (reputation) Ruf der ◇ vt **1.** nennen **2.** (place) benennen ● **first name** Vorname der ● **last name** Nachname der ● **what's your name?** wie heißen Sie/heißt du? ● **my name is ... ich heiße ...**

namely ['neɪmlɪ] adv nämlich

nan bread [næn-] n indisches Fladenbrot, das heiß gegessen wird

nanny ['nænɪ] n **1.** (childminder) Kindermädchen das **2.** (inf) (grandmother) Oma die

nap [næp] n ● **to have a nap** ein Nickerchen machen

napkin ['næpkɪn] n Serviette die

nappy ['næpɪ] n Windel die

nappy liner n Windeleinlage die

narcotic [nɑːˈkɒtɪk] n Rauschgift das

narrow ['nærəʊ] ◇ adj schmal, eng ◇ vi sich verengen

narrow-minded [-ˈmaɪndɪd] adj engstirnig

nasty ['nɑːstɪ] adj **1.** (spiteful) gemein **2.** (accident, fall) schlimm **3.** (smell, taste, weather) scheußlich

nation ['neɪʃn] n Nation die

national ['næʃənl] ◇ adj national ◇ n Staatsbürger der, -in die

national anthem n Nationalhymne die

National Health Service n staatlicher britischer Gesundheitsdienst

National Health Service (NHS)

Die 1948 geschaffene staatliche britische Krankenversicherung ist steuerfinanziert; die Sätze sind in England, Schottland, Wales und Nordirland jeweils unterschiedlich. Die Behandlung ist grundsätzlich kostenfrei, nur für Rezepte, Zahnbehandlung und Sehhilfen müssen Zuzahlungen geleistet werden; Kinder und ältere Menschen sind von der Zuzahlungspflicht weitgehend befreit.

National Insurance n (UK) Sozialversicherung die

National Insurance (NI)

In Großbritannien und Nordirland zahlt jeder, der irgendeine Form von Einnahmen hat, Sozialversicherungsbeiträge. Bei Angestellten übernimmt der Arbeitgeber einen Teil der Beiträge; Selbstständige leisten einen etwas höheren Beitrag als Angestellte. Um einer legalen Beschäftigung nachgehen zu können, braucht man eine Sozialversicherungsnummer (National Insurance Number).

nationality [ˌnæʃəˈnælətɪ] n Nationalität die

National Lottery n ● **the National Lottery** (UK) die Lotterie

national park n Nationalpark der

nationwide ['neɪʃənwaɪd] adj landesweit

native ['neɪtɪv] ◇ adj (customs, population) einheimisch ◇ n Einheimische der, die ● **native country** Heimatland das ● **he is a native speaker of English** Englisch ist seine Muttersprache

Native American

Die Ureinwohner Amerikas heißen heute offiziell *Native Americans*; auch die Bezeichnung *American Indians* ist noch gebräuchlich. Jahrhundertelang mussten sie in den ihnen zugewiesenen Reservaten leben. Heute sind viele von ihnen in die Gesellschaft integriert; manche bleiben jedoch bewusst in den Reservaten, um ihren eigenen Lebensstil und ihre Bräuche zu pflegen.

NATO ['neɪtəʊ] *n* NATO *die*

natural ['nætʃrəl] *adj* **1.** natürlich **2.** *(swimmer, actor)* geboren

natural gas *n* Erdgas *das*

naturally ['nætʃrəlɪ] *adv* natürlich

natural yoghurt *n* Biojoghurt *der*

nature ['neɪtʃə'] *n* **1.** Natur *die* **2.** *(quality, character)* Wesen *das*

nature reserve *n* Naturschutzgebiet *das*

naughty ['nɔːtɪ] *adj (child)* ungezogen

nausea ['nɔːzɪə] *n* Übelkeit *die*

navigate ['nævɪgeɪt] *vi* **1.** navigieren **2.** *(in car)* lotsen

navy ['neɪvɪ] ◇ *n (ships)* Marine *die* ◇ *adj* ● navy (blue) marineblau

NB *(abbr of* nota bene) NB

near [nɪə'] ◇ *adj & adv* nahe ◇ *prep* ● near (to) nahe an *(+D)* ● in the near future demnächst

nearby [nɪə'baɪ] ◇ *adv* in der Nähe ◇ *adj* nahe gelegen

nearly ['nɪəlɪ] *adv* fast

nearside ['nɪəsaɪd] *n* **1.** AUT *(in UK)* linke Seite **2.** *(in US, Europe)* rechte Seite

neat [niːt] *adj* **1.** ordentlich **2.** *(writing)*

sauber **3.** *(whisky, vodka etc)* pur

neatly ['niːtlɪ] *adv* **1.** ordentlich **2.** *(written)* sauber

necessarily [,nesə'serɪlɪ, (UK) 'nesəsrəlɪ] *adv* ● not necessarily nicht unbedingt

necessary ['nesəsrɪ] *adj* nötig, notwendig

necessity [nɪ'sesətɪ] *n* Notwendigkeit *die* ● necessities *npl* Lebensnotwendige *das*

neck [nek] *n* **1.** Hals *der* **2.** *(of jumper, dress, shirt)* Kragen *der*

necklace ['neklɪs] *n* Halskette *die*

nectarine ['nektərɪn] *n* Nektarine *die*

need [niːd] ◇ *n* Bedürfnis *das* ◇ *vt* brauchen ● to need to do sthg etw tun müssen

needle ['niːdl] *n* Nadel *die*

needlework ['niːdlwɜːk] *n* SCH Handarbeit *die*

needn't ['niːdənt] = need not

needy ['niːdɪ] *adj* Not leidend

negative ['negətɪv] ◇ *adj* **1.** negativ **2.** *(person)* ablehnend ◇ *n* **1.** *(in photography)* Negativ *das* **2.** GRAM Verneinung *die*

neglect [nɪ'glekt] *vt* vernachlässigen

negligence ['neglɪdʒəns] *n* Nachlässigkeit *die*

negotiations [nɪ,gəʊʃɪ'eɪʃnz] *npl* Verhandlungen *pl*

negro ['niːgrəʊ] *(pl* **-es**) *n* Neger *der*, -in *die*

neighbour ['neɪbə'] *n* Nachbar *der*, -in *die*

neighbourhood ['neɪbəhʊd] *n* Nachbarschaft *die*

neighbouring ['neɪbərɪŋ] *adj* benachbart

neither ['naɪðə'] ◇ *adj* ● neither bag is big enough keine der beiden Taschen ist

groß genug ◇ *pron* ● **neither of us**
keiner von uns beiden ◇ *conj* ● **neither
do I** ich auch nicht ● **neither .... nor ....**
weder .... noch ....

neon light ['niːɒn-] *n* Neonlicht *das*

nephew ['nefjuː] *n* Neffe *der*

nerve [nɜːv] *n* **1.** Nerv *der* **2.** *(courage)*
Mut *der* ● **what a nerve!** so eine
Frechheit!

nervous ['nɜːvəs] *adj* nervös

nervous breakdown *n* Nervenzusammenbruch *der*

nest [nest] *n* Nest *das*

net [net] ◇ *n* Netz *das* ◇ *adj (profit, result,
weight)* netto

Net [net] *n* ● **the Net** das Internet

netball ['netbɔːl] *n* Sportart, die meist von
Frauen gespielt wird und dem Basketball
ähnelt

Netherlands ['neðələndz] *npl* ● **the
Netherlands** die Niederlande

nettle ['netl] *n* Nessel *die*

network ['netwɜːk] *n* Netz *das*

neurotic [,njʊə'rɒtɪk] *adj* neurotisch

neutral ['njuːtrəl] ◇ *adj* neutral ◇ *n* AUT
● **in neutral** im Leerlauf

never ['nevər] *adv* **1.** nie **2.** *(simple
negative)* nicht ● **she's never late** sie
kommt nie zu spät ● **never mind!**
macht nichts!

nevertheless [,nevəðə'les] *adv* trotzdem

new [njuː] *adj* neu

newly ['njuːlɪ] *adv* frisch

new potatoes *npl* neue Kartoffeln

news [njuːz] *n* **1.** *(information)* Nachricht
die **2.** *(on TV, radio)* Nachrichten *pl* ● **a
piece of news** eine Neuigkeit

newsagent ['njuːzeɪdʒənt] *n (shop)* Zeitungshändler *der*

newspaper ['njuːz,peɪpər] *n* Zeitung *die*

New Year *n* Neujahr *das*

New Year's Day *n* Neujahrstag *der*

New Year's Eve *n* Silvester *der*

New Zealand [-'ziːlənd] *n* Neuseeland
nt

next [nekst] ◇ *adj* nächste(r)(s) ◇ *adv* **1.**
(afterwards) als Nächstes, danach **2.** *(on
next occasion)* das nächste Mal ● **when
does the next bus leave?** wann fährt der
nächste Bus ab? ● **next to** neben ●
the week after next übernächste Woche

next door *adv* nebenan

next of kin [-kɪn] *n* nächster Angehö-
rige(nächste Angehörige)

NHS *abbr* = **National Health Service**

nib [nɪb] *n* Feder *die*

nibble ['nɪbl] *vt* knabbern

nice [naɪs] *adj* **1.** *(meal, feeling, taste)* gut
2. *(clothes, house, car, weather)* schön **3.**
(kind) nett ● **to have a nice time** Spaß
haben ● **nice to see you!** schön, dich
wieder zu sehen!

nickel ['nɪkl] *n* **1.** *(metal)* Nickel *das* **2.**
(US) (coin) Fünfcentstück *das*

nickname ['nɪkneɪm] *n* Spitzname *der*

niece [niːs] *n* Nichte *die*

night [naɪt] *n* **1.** Nacht *die* **2.** *(evening)*
Abend *der* ● **at night** nachts; *(in evening)*
abends ● **by night** nachts

nightclub ['naɪtklʌb] *n* Nachtklub *der*

nightdress ['naɪtdres] *n* Nachthemd *das*

nightie ['naɪtɪ] *n (inf)* Nachthemd *das*

nightlife ['naɪtlaɪf] *n* Nachtleben *das*

nightly ['naɪtlɪ] *adv* nächtlich

nightmare ['naɪtmeər] *n* Albtraum *der*

night safe *n* Nachttresor *der*

night school *n* Abendschule *die*

nightshift ['naɪtʃɪft] *n* Nachtschicht *die*

nil [nɪl] *n* SPORT null

Nile [naɪl] *n* ● the Nile der Nil

nine [naɪn] *num* neun ➤ **six**

nineteen [,naɪn'tiːn] *num* neunzehn ➤ **six** ● nineteen ninety-five neunzehnhundertfünfundneunzig

nineteenth [,naɪn'tiːnθ] *num* neunzehnte(r)(s) ➤ **sixth**

ninetieth ['naɪntɪəθ] *num* neunzigste(r)(s) ➤ **sixth**

ninety ['naɪntɪ] *num* neunzig ➤ **six**

ninth [naɪnθ] *num* neunte(r)(s) ➤ **sixth**

nip [nɪp] *vt (pinch)* zwicken

nipple ['nɪpl] *n* **1.** *(of breast)* Brustwarze die **2.** *(of bottle)* Sauger der

nitrogen ['naɪtrədʒən] *n* Stickstoff der

no [nəʊ] ◇ *adv* nein ◇ *adj (not any)* kein ◇ *n* Nein das ● I've got no money left ich habe kein Geld übrig

noble ['nəʊbl] *adj* **1.** *(character)* edel **2.** *(aristocratic)* adlig

nobody ['nəʊbədɪ] *pron* niemand

nod [nɒd] *vi* nicken

noise [nɔɪz] *n* Lärm der

noisy ['nɔɪzɪ] *adj* laut

nominate ['nɒmɪneɪt] *vt* nennen

nonalcoholic [,nɒnælkə'hɒlɪk] *adj* alkoholfrei

none [nʌn] *pron* keine(r)(s) ● none of us keiner von uns ● none of the money nichts von dem Geld

nonetheless [,nʌnðə'les] *adv* nichtsdestoweniger

nonfiction [,nɒn'fɪkʃn] *n* Sachliteratur die

non-iron *adj* bügelfrei

nonsense ['nɒnsəns] *n* Unsinn der

non-smoker *n* **1.** *(person)* Nichtraucher der, -in die **2.** *(railway carriage)* Nichtraucherabteil das

nonstick [,nɒn'stɪk] *adj* mit Antihaftbeschichtung

nonstop [,nɒn'stɒp] ◇ *adj (flight)* Nonstop- ◇ *adv (fly, run, rain)* ohne Unterbrechung, nonstop

noodles ['nuːdlz] *npl* Nudeln *pl*

noon [nuːn] *n* Mittag der

no one = **nobody**

nor [nɔːʳ] *conj* auch nicht ● nor do I ich auch nicht ➤ **neither**

normal ['nɔːml] *adj* normal

normally ['nɔːməlɪ] *adv* **1.** *(usually)* normalerweise **2.** *(properly)* normal

north [nɔːθ] ◇ *n* Norden der ◇ *adv* nach Norden ● in the north of England in Nordengland

North America *n* Nordamerika nt

northbound ['nɔːθbaʊnd] *adj* in Richtung Norden

northeast [,nɔːθ'iːst] *n* Nordosten der

northern ['nɔːðən] *adj* nördlich

Northern Ireland *n* Nordirland nt

North Pole *n* Nordpol der

North Sea *n* Nordsee die

northwards ['nɔːθwədz] *adv* nach Norden

northwest [,nɔːθ'west] *n* Nordwesten der

Norway ['nɔːweɪ] *n* Norwegen nt

Norwegian [nɔː'wiːdʒən] ◇ *adj* norwegisch ◇ *n* **1.** *(person)* Norweger der, -in die **2.** *(language)* Norwegisch das

nose [nəʊz] *n* **1.** Nase die **2.** *(of animal)* Schnauze die

nosebleed ['nəʊzbliːd] *n* Nasenbluten das

no smoking area *n* Nichtraucherecke die

nostril ['nɒstrəl] *n* **1.** Nasenloch das **2.** *(of animal)* Nüster die

nosy ['nəʊzɪ] *adj* neugierig

not [nɒt] *adv* nicht ● **she's not there** sie ist nicht da ● **not yet** noch nicht ● **not at all** *(pleased, interested)* überhaupt nicht; *(in reply to thanks)* gern geschehen

notably ['nəʊtəblɪ] *adv* besonders

note [nəʊt] ◇ *n* **1.** *(message)* Nachricht die **2.** MUS Note die **3.** *(comment)* Anmerkung die **4.** *(bank note)* Geldschein der ◇ *vt* **1.** *(notice)* bemerken **2.** *(write down)* notieren ● **to take notes** Notizen machen

notebook ['nəʊtbʊk] *n* Notizbuch das

noted ['nəʊtɪd] *adj* bekannt

notepaper ['nəʊtpeɪpə'] *n* Briefpapier das

nothing ['nʌθɪŋ] *pron* nichts ● **nothing new/interesting** nichts Neues/Interessantes ● **for nothing** *(for free)* umsonst; *(in vain)* vergeblich

notice ['nəʊtɪs] ◇ *vt* bemerken ◇ *n* **1.** *(in newspaper)* Anzeige die **2.** *(on board)* Aushang der **3.** *(warning)* Ankündigung die ● **to take notice of** zur Kenntnis nehmen ● **to hand in one's notice** kündigen

noticeable ['nəʊtɪsəbl] *adj* bemerkenswert

notice board *n* Anschlagtafel die

notion ['nəʊʃn] *n* Vorstellung die

notorious [nəʊ'tɔːrɪəs] *adj* berüchtigt

nougat ['nuːgɑː] *n* Nugat das

nought [nɔːt] *n* Null die

noun [naʊn] *n* Substantiv das

nourishment ['nʌrɪʃmənt] *n* Nahrung die

Nov. *(abbr of November)* Nov.

novel ['nɒvl] ◇ *n* Roman der ◇ *adj* neu

novelist ['nɒvəlɪst] *n* Romanautor der, -in die

November [nə'vembə'] *n* November der ➤ **September**

now [naʊ] ◇ *adv* jetzt ◇ *conj* ● **now (that)** jetzt, wo .... ● **just now** gerade eben ● **right now** *(at the moment)* im Moment; *(immediately)* sofort ● **by now** inzwischen ● **from now on** von jetzt an

nowadays ['naʊədeɪz] *adv* heutzutage

nowhere ['nəʊweə'] *adv* nirgends

nozzle ['nɒzl] *n* Düse die

nuclear ['njuːklɪə'] *adj* Atom-

nude [njuːd] *adj* nackt

nudge [nʌdʒ] *vt* anstoßen

nuisance ['njuːsns] *n* ● **it's a real nuisance!** es ist wirklich ärgerlich! ● **he's such a nuisance!** er ist wirklich lästig!

numb [nʌm] *adj* gefühllos

number ['nʌmbə'] ◇ *n* **1.** Nummer die **2.** *(quantity)* Anzahl die ◇ *vt* nummerieren

numberplate ['nʌmbəpleɪt] *n* Nummernschild das

numeral ['njuːmərəl] *n* Ziffer die

numerous ['njuːmərəs] *adj* zahlreich

nun [nʌn] *n* Nonne die

nurse [nɜːs] ◇ *n* Krankenschwester die ◇ *vt* pflegen ● **male nurse** Krankenpfleger der

nursery ['nɜːsərɪ] *n* **1.** *(in house)* Kinderzimmer das **2.** *(for plants)* Gärtnerei die

nursery (school) *n* Kindergarten der

nursery slope *n* Idiotenhügel der

nursing ['nɜːsɪŋ] *n* *(profession)* Krankenpflege die

nut [nʌt] *n* **1.** *(to eat)* Nuss die **2.** *(of metal)* Mutter die

nutcrackers ['nʌt,krækəz] *npl* Nussknacker der

nutmeg ['nʌtmeg] *n* Muskatnuss *die*

nylon ['naɪlɒn] ◇ *n* Nylon *das* ◇ *adj* aus Nylon

O o

O *n (zero)* Null *die*

oak [əʊk] ◇ *n* Eiche *die* ◇ *adj* Eichen-

OAP *abbr* = old age pensioner

oar [ɔː] *n* Ruder *das*

oatcake ['əʊtkeɪk] *n* Haferkeks *der*

oath [əʊθ] *n (promise)* Eid *der*

oatmeal ['əʊtmiːl] *n* Hafermehl *das*

oats [əʊts] *npl* Haferflocken *pl*

obedient [əˈbiːdjənt] *adj* gehorsam

obey [əˈbeɪ] *vt* gehorchen (+D)

object ◇ *n* ['ɒbdʒɪkt] **1.** Objekt *das* **2.** *(purpose)* Zweck *der* ◇ *vi* [əbˈdʒekt] ● to object (to) Einspruch erheben (gegen)

objection [əbˈdʒekʃn] *n* Einwand *der*

objective [əbˈdʒektɪv] *n* Ziel *das*

obligation [ˌɒblɪˈgeɪʃn] *n* Verpflichtung *die*

obligatory [əˈblɪgətrɪ] *adj* obligatorisch

oblige [əˈblaɪdʒ] *vt* ● to oblige sb to do sthg jn zwingen, etw zu tun

oblique [əˈbliːk] *adj* schief

oblong ['ɒblɒŋ] ◇ *adj* rechteckig ◇ *n* Rechteck *das*

obnoxious [əbˈnɒkʃəs] *adj* unausstehlich

oboe ['əʊbəʊ] *n* Oboe *die*

obscene [əbˈsiːn] *adj* obszön

obscure [əbˈskjʊə] *adj* **1.** unklar **2.** *(not well-known)* unbekannt

observant [əbˈzɜːvnt] *adj* aufmerksam

observation [ˌɒbzəˈveɪʃn] *n* **1.** *(watching)* Beobachtung *die* **2.** *(comment)* Bemerkung *die*

observatory [əbˈzɜːvətrɪ] *n* Sternwarte *die*

observe [əbˈzɜːv] *vt (watch, see)* beobachten

obsessed [əbˈsest] *adj* besessen

obsession [əbˈseʃn] *n* fixe Idee

obsolete ['ɒbsəliːt] *adj* veraltet

obstacle ['ɒbstəkl] *n* Hindernis *das*

obstinate ['ɒbstənət] *adj* starrsinnig

obstruct [əbˈstrʌkt] *vt* versperren

obstruction [əbˈstrʌkʃn] *n* Blockierung *die*

obtain [əbˈteɪn] *vt* erhalten

obtainable [əbˈteɪnəbl] *adj* erhältlich

obvious ['ɒbvɪəs] *adj* eindeutig

obviously ['ɒbvɪəslɪ] *adv* offensichtlich

occasion [əˈkeɪʒn] *n* Gelegenheit *die*

occasional [əˈkeɪʒənl] *adj* gelegentlich

occasionally [əˈkeɪʒnəlɪ] *adv* gelegentlich

occupant ['ɒkjʊpənt] *n* **1.** *(of house)* Bewohner *der*, -in *die* **2.** *(of car, plane)* Insasse *der*, Insassin *die*

occupation [ˌɒkjʊˈpeɪʃn] *n* **1.** *(job)* Beruf *der* **2.** *(pastime)* Beschäftigung *die*

occupied ['ɒkjʊpaɪd] *adj (toilet)* besetzt

occupy ['ɒkjʊpaɪ] *vt* **1.** *(building)* bewohnen **2.** *(seat, country)* besetzen **3.** *(keep busy)* beschäftigen

occur [əˈkɜː] *vi* vorkommen

occurrence [əˈkʌrəns] *n* **1.** Ereignis *das* **2.** *(existence)* Auftreten *das*

ocean ['əʊʃn] *n* Ozean *der* ● the ocean *(US) (sea)* das Meer

o'clock [əˈklɒk] *adv* ● (at) one o'clock (um) ein Uhr

Oct. (*abbr of* October) Okt.

October [ɒk'təʊbəʳ] *n* Oktober *der* ➤ September

octopus ['ɒktəpəs] *n* Krake *der*

odd [ɒd] *adj* **1.** (*strange*) seltsam **2.** (*number*) ungerade **3.** (*not matching*) einzeln **4.** (*occasional*) gelegentlich ● **60 odd miles** ungefähr 60 Meilen ● **some odd bits of paper** irgendwelches Papier ● **odd jobs** Gelegenheitsarbeiten *pl*

odds [ɒdz] *npl* Chancen *pl* ● **odds and ends** Kram *der*

odor ['əʊdəʳ] (*US*) = **odour**

odour ['əʊdəʳ] *n* (*UK*) Geruch *der*

of [ɒv] *prep* **1.** (*gen*) von *use the genitive case* ● **the colour of the car** die Farbe des Autos ● **a map of Britain** eine Karte von Großbritannien ● **a group of people** eine Gruppe Menschen ● **a glass of beer** ein Glas Bier ● **the handle of the door** der Türgriff **2.** (*expressing amount*) ● **a pound of sweets** ein Pfund Bonbons ● **a piece of cake** ein Stück Kuchen ● **a fall of 20%** ein Sinken um 20% ● **a town of 50,000 people** eine Stadt mit 50.000 Einwohnern ● **a girl of six** ein sechsjähriges Mädchen **3.** (*made from*) aus ● **a house of stone** ein Haus aus Stein ● **it's made of wood** es ist aus Holz **4.** (*referring to time*) ● **the summer of 1969** der Sommer 1969 ● **the 26th of August** der 26. August **5.** (*on the part of*) von ● **that was very kind of you** das war sehr nett von Ihnen/dir **6.** (*US*) (*in telling the time*) vor ● **it's ten of four** es ist zehn vor vier

off [ɒf]

◇ *adv* **1.** (*away*) weg ● **to get off** (*from*

bus, train, plane) aussteigen ● **we're off to Austria next week** wir fahren nächste Woche nach Österreich **2.** (*expressing removal*) ab ● **to take sthg off** (*clothes, shoes*) etw ausziehen; (*lid, wrapper*) etw abnehmen **3.** (*so as to stop working*) ● **to turn sthg off** (*TV, radio, engine*) etw ausschalten; (*tap*) etw zudrehen **4.** (*expressing distance or time away*) weg ● **it's 10 miles off** es sind noch 10 Meilen bis dahin ● **it's two months off yet** es sind noch zwei Monate bis dahin ● **it's a long way off** (*in distance*) es ist noch ein weiter Weg bis dahin; (*in time*) dahin ist es noch lange hin **5.** (*not at work*) ● **I'm taking a week off** ich nehme mir eine Woche frei

◇ *prep* **1.** (*away from*) von ● **to get off sthg** aussteigen aus etw ● **off the coast** vor der Küste ● **it's just off the main road** es ist gleich in der Nähe der Hauptstraße **2.** (*indicating removal*) von ... ab ● **take the lid off the jar** mach den Deckel von dem Glas ab ● **they've taken £20 off the price** sie haben es um 20 Pfund billiger gemacht **3.** (*absent from*) ● **to be off work** frei haben **4.** (*inf*) (*from*) von ● **I bought it off her** ich habe es von ihr gekauft **5.** (*inf*) (*no longer liking*) ● **I'm off my food** ich mag mein Essen nicht mehr

◇ *adj* **1.** (*meat, cheese, milk, beer*) schlecht **2.** (*not working*) aus; (*tap*) zu **3.** (*cancelled*) abgesagt **4.** (*not available*) ● **the soup's off** es ist keine Suppe mehr da

offence [ə'fens] *n* **1.** (*UK*) (*crime*) Straftat *die* **2.** (*upset*) Beleidigung *die*

offend [ə'fend] *vt* (*upset*) beleidigen

offender [ə'fendəʳ] *n* Täter *der*, -in *die*

offense [əˈfens] (*US*) = **offence**

offensive [əˈfensɪv] *adj* (*insulting*) beleidigend

offer [ˈɒfə] ◇ *n* Angebot *das* ◇ *vt* **1.** anbieten **2.** (*provide*) bieten ● on offer im Angebot ● to offer to do sthg anbieten, etw zu tun ● to offer sb sthg (*gift*) jm etw schenken; (*food, job, seat, money*) jm etw anbieten

office [ˈɒfɪs] *n* (*room*) Büro *das*

office block *n* Bürogebäude *das*

officer [ˈɒfɪsə] *n* **1.** (*MIL*) Offizier *der* **2.** (*policeman*) Beamte *der*, Beamtin *die*

official [əˈfɪʃl] ◇ *adj* offiziell ◇ *n* Repräsentant *der*, -in *die*

officially [əˈfɪʃəlɪ] *adv* offiziell

off-licence *n* (*UK*) Wein- und Spirituosenhandlung *die*

off-peak *adj* **1.** (*train, traffic*) außerhalb der Hauptverkehrszeiten **2.** (*ticket*) zum Spartarif

off sales *npl* (*UK*) Verkauf von Alkohol in Geschäften oder Pubs zum Mitnehmen

off-season *n* Nebensaison *die*

offshore [ˈɒfʃɔː] *adj* **1.** (*breeze*) vom Land her **2.** (*island*) küstennah

off side *n* AUT Fahrerseite *die*

off-the-peg *adj* von der Stange

often [ˈɒfn, ˈɒftn] *adv* oft ● how often do the buses run? wie oft fährt der Bus? ● every so often gelegentlich

oh [əʊ] *excl* oh!

oil [ɔɪl] *n* Öl *das*

oilcan [ˈɔɪlkæn] *n* Ölkanister *der*

oil filter *n* Ölfilter *der*

oil rig *n* Bohrinsel *die*

oily [ˈɔɪlɪ] *adj* **1.** ölig **2.** (*food*) fettig

ointment [ˈɔɪntmənt] *n* Salbe *die*

OK [ˌəʊˈkeɪ] ◇ *adj* (*inf*) in Ordnung, okay

◇ *adv* **1.** (*inf*) (*expressing agreement*) in Ordnung, okay **2.** (*satisfactorily, well*) gut

okay [ˌəʊˈkeɪ] = **OK**

old [əʊld] *adj* alt ● how old are you? wie alt bist du? ● I'm 36 years old ich bin 36 (Jahre alt) ● to get old alt werden

old age *n* Alter *das*

old age pensioner *n* Senior *der*, -in *die*

olive [ˈɒlɪv] *n* Olive *die*

olive oil *n* Olivenöl *das*

Olympic Games [əˈlɪmpɪk-] *npl* Olympische Spiele *pl*

omelette [ˈɒmlɪt] *n* Omelett *das* ● mushroom omelette Omelett mit Pilzen

ominous [ˈɒmɪnəs] *adj* unheilvoll

omit [əˈmɪt] *vt* auslassen

on [ɒn]

◇ *prep* **1.** (*expressing position, location*) auf (+D,A) ● it's on the table es ist auf dem Tisch ● put it on the table leg es auf den Tisch ● a picture on the wall ein Bild an der Wand ● the exhaust on the car der Auspuff am Auto ● on my left zu meiner Linken ● on the right auf der rechten Seite ● we stayed on a farm wir übernachteten auf einem Bauernhof ● on the Rhine am Rhein ● on the main road an der Hauptstraße **2.** (*with forms of transport*) ● on the train/plane (*inside*) im Zug/Flugzeug; (*travel*) mit dem Zug/Flugzeug ● to get on a bus in einen Bus einsteigen **3.** (*expressing means, method*) auf (+D) ● on foot zu Fuß ● on TV/the radio im Radio/Fernsehen ● on tape auf Band **4.** (*using*) ● it runs on unleaded petrol es fährt mit bleifreiem Benzin ● to be on medication Medikamente nehmen **5.** (*about*) über (+A) ● a book on Germany ein Buch über Deutschland **6.** *(expressing time)* an (+D) ● **on arrival** bei Ankunft ● **on Tuesday** am Dienstag ● **on 25th August** am 25. August **7.** *(with regard to)* auf (+D) ● **a tax on imports** eine Steuer auf Importe ● **the effect on Britain** die Auswirkungen auf Großbritannien **8.** *(describing activity, state)* ● **to be on fire** brennen ● **on holiday** im Urlaub ● **on offer** im Angebot **9.** *(in phrases)* ● **do you have any money on you?** *(inf)* hast du Geld bei dir? ● **the drinks are on me** die Drinks gehen auf mich

◇ *adv* **1.** *(in place, covering)* ● **to have sthg on** *(clothes, hat)* etw anlhaben ● **put the lid on** mach den Deckel drauf ● **to put one's clothes on** sich (D) seine Kleider anlziehen **2.** *(film, play, programme)* ● **the news is on** die Nachrichten laufen ● **what's on at the cinema?** was läuft im Kino? **3.** *(with transport)* ● **to get on** einlsteigen **4.** *(functioning)* ● **to turn sthg on** *(TV, radio, engine)* etw einlschalten; *(tap)* etw auflldrehen **5.** *(taking place)* ● **how long is the festival on?** wie lange geht das Festival? **6.** *(further forward)* weiter ● **to drive on** weiterlfahren **7.** *(in phrases)* ● **to have sthg on** vorlhaben

◇ *adj* *(TV, engine, light)* an; *(tap)* auf

once [wʌns] ◇ *adv* einmal ◇ *conj* wenn ● **at once** *(immediately)* sofort; *(at the same time)* gleichzeitig ● **for once** ausnahmsweise ● **once more** *(one more time)* noch einmal; *(again)* wieder

oncoming ['ɒn,kʌmɪŋ] *adj* *(traffic)* Gegen-

one [wʌn] ◇ *num* **1.** *(the number 1)* eins **2.**

(with noun) ein/eine/ein ◇ *adj* *(only)* einzige(r)(s) ◇ *pron* **1.** eine/einer/eines **2.** *(fml)* *(you)* man ● **this one** diese/dieser/dieses ● **thirty-one** einunddreißig ● **one fifth** ein Fünftel ● **I like that one** ich mag das/die/das (da) ● **which one?** welche/welcher/welches? ● **the one I told you about** der/die/das, von dem/der/dem ich dir erzählt habe ● **one of my friends** einer meiner Freunde ● **one day** *(in past, future)* eines Tages

one-piece (swimsuit) *n* Einteiler *der*

oneself [wʌn'self] *pron* **1.** *(reflexive)* sich **2.** *(after prep)* sich selbst

one-way *adj* **1.** *(street)* Einbahn- **2.** *(ticket)* einfach

onion ['ʌnjən] *n* Zwiebel *die*

onion bhaji [-'bɑːdʒi] *n* indische Vorspeise aus ausgebackenen Teigbällchen mit gehackten Zwiebeln

onion rings *npl* frittierte Zwiebelringe *pl*

online [ɒn'laɪn] *adj* COMPUT Online-

online banking *n* COMPUT Onlinebanking *das*

online shopping *n* COMPUT Onlineshopping *das*

only ['əʊnlɪ] ◇ *adj* einzige(r)(s) ◇ *adv* nur ● **an only child** ein Einzelkind ● **I only want one** ich möchte nur einen/eine/eines ● **we've only just arrived** wir sind gerade erst angekommen ● **there's only just enough** es ist gerade noch genug da ● **not only ... but** nicht nur ▼ **members only** nur für Mitglieder

onto ['ɒntu] *prep* auf (+A) ● **to get onto sb** *(telephone)* jn anlrufen

onward ['ɒnwəd] ◇ *adj* *(journey)* Weiter- ◇ *adv* = **onwards**

onwards ['ɒnwədz] *adv (forwards)* vorwärts • **from now onwards** von jetzt an • **from October onwards** ab Oktober

opal ['əupl] *n* Opal *der*

opaque [əʊ'peɪk] *adj* undurchsichtig

open ['əupn] ◇ *adj* offen ◇ *vt* **1.** öffnen **2.** *(door, window, mouth)* öffnen, aufmachen **3.** *(bank account, meeting, new building)* eröffnen ◇ *vi* **1.** *(door, window, lock)* sich öffnen **2.** *(shop, office, bank)* öffnen, aufmachen **3.** *(start)* beginnen, anfangen • **are you open at the weekend?** haben Sie am Wochenende geöffnet? • **wide open** weit offen • **in the open (air)** im Freien • **open onto** *vt insep* führen auf (+A) • **open up** *vi* **1.** *(unlock the door)* aufschließen **2.** *(shop, cinema, etc)* öffnen

open-air *adj* **1.** *(swimming pool)* Frei- **2.** *(theatre, concert)* Freilicht-

opening ['əupnɪŋ] *n* **1.** *(gap)* Öffnung *die* **2.** *(beginning)* Eröffnung *die* **3.** *(opportunity)* Möglichkeit *die*

opening hours *npl* Öffnungszeiten *pl*

open-minded [-'maɪndɪd] *adj* aufgeschlossen

open-plan *adj* Großraum-

open sandwich *n* belegtes Brot

opera ['ɒprə] *n* Oper *die*

opera house *n* Opernhaus *das*

operate ['ɒpəreɪt] ◇ *vt (machine)* bedienen ◇ *vi (work)* funktionieren • **to operate on sb** jn operieren

operating room ['ɒpəreɪtɪŋ-] *(US)* = **operating theatre**

operating theatre ['ɒpəreɪtɪŋ-] *n (UK)* Operationssaal *der*

operation [ˌɒpə'reɪʃn] *n* **1.** *(in hospital)* Operation *die* **2.** *(task)* Aktion *die* • **to**

be in operation *(law, system)* in Kraft sein • **to have an operation** sich operieren lassen

operator ['ɒpəreɪtə'] *n (on phone)* Vermittlung *die*

opinion [ə'pɪnjən] *n* Meinung *die* • **in my opinion** meiner Meinung nach

opponent [ə'pəʊnənt] *n* Gegner *der*, -in *die*

opportunity [ˌɒpə'tju:nətɪ] *n* Gelegenheit *die*

oppose [ə'pəʊz] *vt* **1.** sich wenden gegen **2.** *(argue against)* sprechen gegen

opposed [ə'pəʊzd] *adj* • **to be opposed to sthg** gegen etw sein

opposite ['ɒpəzɪt] ◇ *adj* **1.** gegenüberliegend **2.** *(totally different)* entgegengesetzt ◇ *prep* gegenüber (+D) ◇ *n* • **the opposite (of)** das Gegenteil (von)

opposition [ˌɒpə'zɪʃn] *n* **1.** *(objections)* Opposition *die* **2.** SPORT Gegner *der* • **the Opposition** POL die Opposition

opt [ɒpt] *vt* • **to opt to do sthg** sich entscheiden, etw zu tun

optician's [ɒp'tɪʃns] *n (shop)* Optiker *der*

optimist ['ɒptɪmɪst] *n* Optimist *der*, -in *die*

optimistic [ˌɒptɪ'mɪstɪk] *adj* optimistisch

option ['ɒpʃn] *n* **1.** *(alternative)* Möglichkeit *die* **2.** *(optional extra)* Extra *das*

optional ['ɒpʃənl] *adj* **1.** freiwillig **2.** *(subject)* wahlfrei

or [ɔː'] *conj* **1.** oder **2.** *(after negative)* noch

oral ['ɔːrəl] ◇ *adj* **1.** *(spoken)* mündlich **2.** *(hygiene)* Mund- ◇ *n (exam)* mündliche Prüfung

orange ['ɒrɪndʒ] ◇ *adj* orange ◇ *n* **1.** *(fruit)* Orange *die*, Apfelsine *die* **2.** *(colour)* Orange *das*

orange juice *n* Orangensaft *der*

orange squash *n* (UK) Orangensaftkonzentrat *das*

orbit ['ɔːbɪt] *n* Umlaufbahn *die*

orbital (motorway) ['ɔːbɪtl-] *n* (UK) Ringautobahn *die*

orchard ['ɔːtʃəd] *n* Obstgarten *der*

orchestra ['ɔːkɪstrə] *n* Orchester *das*

ordeal [ɔːˈdiːl] *n* Tortur *die*

order ['ɔːdəʳ] ◇ *n* 1. *(sequence)* Reihenfolge *die* 2. *(command)* Befehl *der* 3. *(in restaurant)* Bestellung *die* 4. *(neatness, discipline)* Ordnung *die* 5. COMM Auftrag *der*, Bestellung *die* ◇ *vt* 1. *(command)* befehlen (+D) 2. *(food, taxi, product)* bestellen ◇ *vi (in restaurant)* bestellen ● **in order to** um etw zu tun ● **out of order** außer Betrieb ● **in working order** in Betrieb ● **to order sb to do sthg** jm befehlen, etw zu tun

order form *n* Bestellschein *der*

ordinary ['ɔːdənrɪ] *adj* gewöhnlich

ore [ɔːʳ] *n* Erz *das*

oregano [ˌɒrɪˈɡɑːnəʊ] *n* Oregano *der*

organ ['ɔːɡən] *n* 1. MUS Orgel *die* 2. *(in body)* Organ *das*

organic [ɔːˈɡænɪk] *adj* biodynamisch angebaut

organization [ˌɔːɡənaɪˈzeɪʃn] *n* Organisation *die*

organize ['ɔːɡənaɪz] *vt* organisieren

organizer ['ɔːɡənaɪzəʳ] *n* 1. Organisator *der*, -in *die* 2. *(diary)* Zeitplanbuch *das*

oriental [ˌɔːrɪˈentl] *adj* orientalisch

orientate ['ɔːrɪənteɪt] *vt* ● **to orientate o.s.** sich orientieren

origin ['ɒrɪdʒɪn] *n* Ursprung *der*

original [əˈrɪdʒənl] *adj* 1. *(first)* ursprünglich 2. *(novel)* originell

originally [əˈrɪdʒənəlɪ] *adv* ursprünglich

originate [əˈrɪdʒəneɪt] *vi* ● **to originate (from)** stammen (aus (+D))

ornament ['ɔːnəmənt] *n* *(object)* Schmuckgegenstand *der*

ornamental [ˌɔːnəˈmentl] *adj* Zierornament

ornate [ɔːˈneɪt] *adj* reich verziert

orphan ['ɔːfn] *n* Waise *die*

orthodox ['ɔːθədɒks] *adj* orthodox

ostentatious [ˌɒstenˈteɪʃəs] *adj* pompös

ostrich ['ɒstrɪtʃ] *n* Strauß *der*

other ['ʌðəʳ] ◇ *adj & pron* andere(r)(s) ◇ *adv* ● **other than** außer ● **the other (one)** der/die/das andere ● **the other day** neulich ● **one after the other** hintereinander

otherwise ['ʌðəwaɪz] *adv* 1. sonst 2. *(differently)* anders

otter ['ɒtəʳ] *n* Otter *der*

ought [ɔːt] *aux vb* ● **I ought to go now** ich sollte jetzt gehen ● **you ought not to have said that** du hättest das nicht sagen sollen ● **you ought to see a doctor** du solltest zum Arzt gehen ● **the car ought to be ready by Friday** das Auto sollte Freitag fertig sein

ounce [aʊns] *n* *(unit of measurement)* = 28,35 g, Unze *die*

our ['aʊəʳ] *adj* unser

ours ['aʊəz] *pron* unsere(r)(s) ● **this suitcase is ours** der Koffer gehört uns ● **a friend of ours** ein Freund von uns

ourselves [aʊəˈselvz] *pron* (reflexive, after prep) uns ● **we did it ourselves** wir haben es selbst gemacht

out [aʊt] ◇ *adj (light, cigarette)* aus ◇ *adv* 1. *(outside)* draußen ● **to come out (of)** herauskommen (aus) ● **to get**

out (of) aussteigen (aus) ● **to go out (of)** hinausgehen (aus) ● **it's cold out today** es ist kalt draußen heute **2.** *(not at home, work)* ● **she's out** sie ist nicht da ● **to go out** ausgehen **3.** *(so as to be extinguished)* aus ● **put your cigarette out!** mach deine Zigarette aus! **4.** *(expressing removal)* ● **to take sthg out (of)** etw herausnehmen (aus); *(money)* etw abheben (von) **5.** *(outwards)* ● **to stick out** herausstehen **6.** *(expressing distribution)* ● **to hand sthg out** etw austeilen **7.** *(wrong)* ● **the bill's £10 out** die Rechnung stimmt um 10 Pfund nicht **8.** *(in phrases)* ● **stay out of the sun** bleib aus der Sonne ● **made out of wood** aus Holz (gemacht) ● **five out of ten women** fünf von zehn Frauen ● **I'm out of cigarettes** ich habe keine Zigaretten mehr

outback ['aʊtbæk] *n* ● **the outback** das Hinterland *(in Australien)*

outboard (motor) ['aʊtbɔːd-] *n* Außenbordmotor *der*

outbreak ['aʊtbreɪk] *n* Ausbruch *der*

outburst ['aʊtbɜːst] *n* Ausbruch *der*

outcome ['aʊtkʌm] *n* Ergebnis *das*

outcrop ['aʊtkrɒp] *n* Felsvorsprung *der*

outdated [,aʊt'deɪtɪd] *adj* veraltet

outdo [,aʊt'duː] *vt* übertreffen

outdoor ['aʊtdɔːʳ] *adj* **1.** *(swimming pool)* Frei- **2.** *(activities)* im Freien

outdoors [aʊt'dɔːz] *adv* draußen ● **to go outdoors** nach draußen gehen

outer ['aʊtəʳ] *adj* äußere(r)(s)

outer space *n* Weltraum *der*

outfit ['aʊtfɪt] *n* *(clothes)* Kleider *pl*

outing ['aʊtɪŋ] *n* Ausflug *der*

outlet ['aʊtlet] *n* *(pipe)* Abfluss *der* ▼ **no**

outlet *(US)* Sackgasse

outline ['aʊtlaɪn] *n* **1.** *(shape)* Umriss *der* **2.** *(description)* kurze Beschreibung

outlook ['aʊtlʊk] *n* **1.** *(for future, of weather)* Aussichten *pl* **2.** *(attitude)* Einstellung *die*

out-of-date *adj* **1.** *(old-fashioned)* veraltet **2.** *(passport, licence)* abgelaufen

outpatients' (department) ['aʊt-ˌpeɪʃnts-] *n* Poliklinik *die*

output ['aʊtpʊt] *n* Output *der*

outrage ['aʊtreɪdʒ] *n* *(cruel act)* Greueltat *die*

outrageous [aʊt'reɪdʒəs] *adj* empört

outright [,aʊt'raɪt] *adv* **1.** *(tell, deny)* unumwunden **2.** *(own)* ganz

outside ◇ *adv* [aʊt'saɪd] draußen ◇ *prep* ['aʊtsaɪd] **1.** außerhalb (+G) **2.** *(in front of)* vor (+A,D) ◇ *adj* ['aʊtsaɪd] **1.** *(exterior)* Außen- **2.** *(help, advice)* von außen ◇ *n* ['aʊtsaɪd] ● **the outside** *(of building, car, container)* die Außenseite; AUT *(in UK)* rechts; AUT *(in Europe, US)* links ● **an outside line** eine Außenlinie ● **to go outside** nach draußen gehen ● **outside the door** vor der Tür ● **outside of** *(US)* *(on the outside of)* außerhalb (+G); *(apart from)* außer (+D)

outside lane *n* **1.** AUT *(in UK)* rechter Fahrstreifen **2.** *(in Europe, US)* linker Fahrstreifen

outsize ['aʊtsaɪz] *adj* übergroß

outskirts ['aʊtskɜːts] *npl* Außenbezirke *pl*

outsource ['aʊtsɔːs] *vt* outsourcen

outsourcing ['aʊtsɔːsɪŋ] *n* Outsourcing *das*

outstanding [,aʊt'stændɪŋ] *adj* **1.** *(remarkable)* hervorragend **2.** *(problem)* ungeklärt 3. *(debt)* ausstehend

outward [ˈaʊtwəd] *adj (external)* Außen-
● **outward journey** Hinreise *die*

outwards [ˈaʊtwədz] *adv* nach außen

oval [ˈəʊvl] *adj* oval

ovation [əʊˈveɪʃn] *n* Applaus *der*

oven [ˈʌvn] *n* Ofen *der*

oven glove *n* Topflappen *der*

ovenproof [ˈʌvnpruːf] *adj* feuerfest

oven-ready *adj* bratfertig

over [ˈəʊvə⁺]
◇ *prep* **1.** *(above)* über *(+D)* ● a bridge
over the road eine Brücke über der
Straße **2.** *(across)* über *(+A)* ● to walk
over sth über etw laufen ● it's just
over the road es ist gerade gegenüber
● with a view over the gardens mit
Aussicht auf die Gärten **3.** *(covering)*
über *(+D,A)* ● put a plaster over the
wound klebe ein Pflaster auf die Wunde
4. *(more than)* über *(+A)* ● it cost over
£1,000 es hat über 1.000 Pfund gekostet
5. *(during)* ● over New Year über
Neujahr ● over the weekend übers
Wochenende ● over the past two years
in den letzten zwei Jahren **6.** *(with regard
to)* über *(+A)* ● an argument over the
price ein Streit über den Preis
◇ *adv* **1.** *(downwards)* ● to fall over
umfallen ● to lean over sich vornüber
lehnen **2.** *(referring to position, movement)*
herüber/hinüber ● to drive over herü-
berlfahren ● over here hier drüben ●
over there da drüben **3.** *(round to other
side)* ● to turn sthg over etw umldrehen
4. *(more)* ● children aged 12 and over
Kinder ab 12 **5.** *(remaining)* übrig ● to
be (left) over übrig bleiben **6.** *(to one's
house)* ● to invite sb over for dinner jn

zu sich zum Essen einlladen **7.** *(in
phrases)* ● all over *(finished)* zu Ende ●
all over the world in der ganzen Welt
◇ *adj (finished)* ● to be over fertig sein,
zu Ende sein

overall ◇ *adv* [ˌəʊvəˈrɔːl] *(in general)* im
Allgemeinen ◇ *n* [ˈəʊvərɔːl] **1.** *(UK)*
(coat) Kittel *der* **2.** *(US) (boiler suit)*
Overall *der* ● how much does it cost
overall? wie viel kostet das insgesamt? ●

overalls *npl* **1.** *(UK) (boiler suit)* Overall
der **2.** *(US) (dungarees)* Latzhose *die*

overboard [ˈəʊvəbɔːd] *adv* über Bord

overbooked [ˌəʊvəˈbʊkt] *adj* überbucht

overcame [ˌəʊvəˈkeɪm] *pt* > overcome

overcast [ˈəʊvəkɑːst] *adj* bedeckt

overcharge [ˌəʊvəˈtʃɑːdʒ] *vt* ● to overcharge sb jm zu viel berechnen

overcoat [ˈəʊvəkəʊt] *n* Wintermantel
der

overcome [ˌəʊvəˈkʌm] *(pt* **-came**, *pp*
-come) *vt* überwältigen

overcooked [ˌəʊvəˈbʊkt] *adj* verkocht

overcrowded [ˌəʊvəˈkraʊdɪd] *adj* überfüllt

overdo [ˌəʊvəˈduː] *(pt* **-did**, *pp* **-done)**
vt (exaggerate) übertreiben ● to overdo
it es übertreiben; *(work too hard)* sich
übernehmen

overdone [ˌəʊvəˈdʌn] ◇ *pp* > overdo ◇
adj (food) verkocht

overdose [ˈəʊvədəʊs] *n* Überdosis *die*

overdraft [ˈəʊvədrɑːft] *n* Kontoüberzie-
hung *die* ● to have an overdraft sein
Konto überzogen haben

overdue [ˌəʊvəˈdjuː] *adj* überfällig

over easy *adj (Am: eggs)* auf beiden
Seiten gebraten

overexposed [ˌəʊvərɪkˈspəʊzd] *adj (pho-*

tograph) überbelichtet

overflow ◇ *vi* [,əʊvə'fləʊ] **1.** *(container, bath)* überlaufen **2.** *(river)* überschwemmen ◇ *n* ['əʊvəfləʊ] *(pipe)* Überlaufrohr *das*

overgrown [,əʊvə'grəʊn] *adj* überwachsen

overhaul [,əʊvə'hɔ:l] *n* Überholung *die*

overhead ◇ *adj* ['əʊvəhed] **1.** Ober- **2.** *(in ceiling)* Decken- ◇ *adv* [,əʊvə'hed] oben

overhead locker *n (on plane)* Gepäckfach *das*

overhear [,əʊvə'hɪə] *(pt & pp* -**heard**) *vt* zufällig (mit)hören

overheat [,əʊvə'hi:t] *vi* sich überhitzen

overland ['əʊvəlænd] *adv* auf dem Landweg

overlap [,əʊvə'læp] *vi* sich überlappen

overleaf [,əʊvə'li:f] *adv* umseitig

overload [,əʊvə'ləʊd] *vt* überladen

overlook *vt* [,əʊvə'lʊk] **1.** *(subj: building, room)* überblicken **2.** *(miss)* übersehen ◇ *n* ['əʊvəlʊk] ● *(scenic)* **overlook** *(US)* Aussichtspunkt *der*

overnight [adv ,əʊvə'naɪt, adj 'əʊvənaɪt] ◇ *adv* über Nacht ◇ *adj (train, journey)* Nacht-

overnight bag *n* Reisetasche *die*

overpass ['əʊvəpɑːs] *n* Überführung *die*

overpowering [,əʊvə'paʊərɪŋ] *adj* überwältigend

oversaw [,əʊvə'sɔː] *pt* ➤ oversee

overseas ◇ *adj* [,əʊvəsi:z] Übersee- ◇ *adv* [,əʊvə'si:z] in Übersee ● to go overseas nach Übersee gehen

oversee [,əʊvə'si:] *(pt* -**saw**, *pp* -**seen**) *vt (supervise)* beaufsichtigen

overshoot [,əʊvə'ʃuːt] *(pt & pp* -**shot**) *vt (turning, motorway exit)* vorbeifahren an *(+D)*

oversight ['əʊvəsaɪt] *n* Versehen *das*

oversleep [,əʊvə'sliːp] *(pt & pp* -**slept**) *vi* verschlafen

overtake [,əʊvə'teɪk] *(pt* -**took**, *pp* -**taken**) *vt & vi* überholen ▼ no overtaking Überholverbot

overtime ['əʊvətaɪm] *n* Überstunden *pl*

overtook [,əʊvə'tʊk] *pt* ➤ overtake

overture ['əʊvətjʊə] *n* Ouvertüre *die*

overturn [,əʊvə'tɜːn] *vi* **1.** *(boat)* kentern **2.** *(car)* sich überschlagen

overweight [,əʊvə'weɪt] *adj* übergewichtig

overwhelm [,əʊvə'welm] *vt* überwältigen

owe [əʊ] *vt* schulden ● to owe sb sthg jm etw schulden ● owing to wegen *(+G)*

owl [aʊl] *n* Eule *die*

own [əʊn] ◇ *adj & pron* eigen ◇ *vt* besitzen ● I have my own bedroom ich habe ein eigenes Zimmer ● on my own allein ● to get one's own back sich revanchieren ● own up *vi* ● to own up (to sthg) (etw *(A)*) zugeben

owner ['əʊnə] *n* Eigentümer *der*, -in *die*

ownership ['əʊnəʃɪp] *n* Besitz *der*

ox [ɒks] *(pl* **oxen**) *n* Ochse *der*

Oxbridge ['ɒksbrɪdʒ] *n* die Universitäten Oxford und Cambridge

Oxbridge

Mit dieser Bezeichnung werden *Oxford and Cambridge* zusammengefasst, die zwei angesehensten Universitäten in England, die beide auf das 13. Jh. zurückgehen. Anders als an den meisten britischen Universitäten gehören die handverlesenen Studierenden verschiedenen *colleges* an und werden sowohl in diesen als auch in den Fakultäten unterrichtet.

oxtail soup ['ɒksteɪl-] n Ochsenschwanzsuppe *die*

oxygen ['ɒksɪdʒən] n Sauerstoff *der*

oyster ['ɔɪstəʳ] n Auster *die*

oz *abbr* = ounce

ozone-friendly ['əʊzəʊn-] *adj* FCKW-frei, ohne Treibgas

*p*P

p ◇ (*abbr of page*) S. ◇ *abbr* = **penny**, **pence**

pace [peɪs] n Schritt *der*

pacemaker ['peɪsˌmeɪkəʳ] n (*for heart*) Schrittmacher *der*

Pacific [pəˈsɪfɪk] n ● **the Pacific (Ocean)** der Pazifik

pacifier ['pæsɪfaɪəʳ] n (*US*) (*for baby*) Schnuller *der*

pacifist ['pæsɪfɪst] n Pazifist *der*, -in *die*

pack [pæk] ◇ n **1.** (*packet*) Packung *die* **2.** (*of crisps*) Tüte *die* **3.** (*UK*) (*of cards*) Kartenspiel *das* **4.** (*rucksack*) Rucksack *der* ◇ vt **1.** (*suitcase, bag*) packen **2.** (*clothes, camera etc*) einlpacken **3.** (*product*) verpacken ◇ vi (*for journey*) packen ● **a pack of lies** ein Haufen Lügen ● **to pack sthg into sthg** etw in etw (*A*) einlpacken ● **to pack one's bags** sein Bündel schnüren ◆ **pack up** vi **1.** (*pack*

suitcase) packen **2.** (*tidy up*) weglräumen **3.** (*UK*) (*inf*) (*machine, car*) den Geist auflgeben

package ['pækɪdʒ] ◇ n **1.** (*parcel*) Päckchen *das* **2.** COMPUT Paket *das* ◇ vt verpacken

package holiday n Pauschalreise *die*

package tour n Pauschalreise *die*

packaging ['pækɪdʒɪŋ] n (*material*) Verpackung *die*

packed [pækt] *adj* (*crowded*) voll

packed lunch n Lunchpaket *das*

packet ['pækɪt] n Päckchen *das* ● **it cost a packet** (*UK*) (*inf*) es hat ein Heidengeld gekostet

packing ['pækɪŋ] n **1.** (*for journey*) Packen *das* **2.** (*material*) Verpackung *die*

pad [pæd] n **1.** (*of paper*) Block *der* **2.** (*of cloth, cotton wool*) Bausch *der* **3.** (*for protection*) Polster *das*

padded ['pædɪd] *adj* (*jacket, seat*) gepolstert

padded envelope n gefütterter Briefumschlag

paddle ['pædl] ◇ n (*pole*) Paddel *das* ◇ vi paddeln

paddling pool ['pædlɪŋ-] n Planschbecken *das*

paddock ['pædək] n (*at racecourse*) Sattelplatz *der*

padlock ['pædlɒk] n Vorhängeschloss *das*

page [peɪdʒ] ◇ n Seite *die* ◇ vt (*call*) auslrufen ▼ **paging Mr Hill** Herr Hill, bitte

paid [peɪd] ◇ *pt & pp* > **pay** ◇ *adj* (*holiday, work*) bezahlt

pain [peɪn] n Schmerz *der* ● **to be in pain** (*physical*) Schmerzen haben ● **he's**

such a pain! (*inf*) er nervt! ◆ **pains** *npl* (*trouble*) Mühe *die*

painful ['peɪnful] *adj* schmerzhaft

painkiller ['peɪnˌkɪlə'] *n* Schmerzmittel *das*

paint [peɪnt] ◇ *n* Farbe *die* ◇ *vt* 1. (*wall, room, furniture*) streichen 2. (*picture*) malen ◇ *vi* malen ● **to paint one's nails** sich (*D*) die Nägel lackieren ◆ **paints** *npl* (*tubes, pots etc*) Farbe *die*

paintbrush ['peɪntbrʌʃ] *n* Pinsel *der*

painter ['peɪntə'] *n* Maler *der*, -in *die*

painting ['peɪntɪŋ] *n* 1. (*picture*) Gemälde *das* 2. (*activity*) Malerei *die* 3. (*by decorator*) Malerarbeiten *pl*

pair [peə'] *n* Paar *das* ● **in pairs** paarweise ● **a pair of pliers** eine Zange ● **a pair of scissors** eine Schere ● **a pair of shorts** Shorts *pl* ● **a pair of tights** eine Strumpfhose ● **a pair of trousers** eine Hose

pajamas [pə'dʒɑːməz] (*US*) = **pyjamas**

Pakistan [(*UK*) ˌpɑːkɪ'stɑːn, (*US*) ˌpækɪ'stæn] *n* Pakistan *nt*

Pakistani [(*UK*) ˌpɑːkɪ'stɑːnɪ, (*US*) ˌpækɪ'stænɪ] ◇ *adj* pakistanisch ◇ *n* Pakistani *der*, *die*

pakora [pə'kɔːrə] *npl* indische Vorspise *aus scharf gewürzten, fritierten Gemüse-stückchen*

pal [pæl] *n* (*inf*) Kumpel *der*

palace ['pælɪs] *n* Palast *der*

palatable ['pælətəbl] *adj* schmackhaft

palate ['pælət] *n* 1. (*of mouth*) Gaumen *der* 2. (*ability to taste*) Geschmack *der*

pale [peɪl] *adj* blass

pale ale *n* Pale Ale *das* (*helles englisches Dunkelbier*)

palm [pɑːm] *n* (*of hand*) Handfläche *die*

palm (tree) Palme *die*

palpitations [ˌpælpɪ'teɪʃnz] *npl* Herz-klopfen *pl*

pamphlet ['pæmflɪt] *n* Broschüre *die*

pan [pæn] *n* 1. Pfanne *die* 2. (*saucepan*) Topf *der*

pancake ['pænkeɪk] *n* Eierkuchen *der*, Pfannkuchen *der*

pancake roll *n* Frühlingsrolle *die*

panda ['pændə] *n* Panda *der*

panda car *n* (*UK*) Streifenwagen *der*

pane [peɪn] *n* Scheibe *die*

panel ['pænl] *n* 1. (*of wood*) Tafel *die* 2. (*group of experts*) Gremium *das* 3. (*on TV, radio*) Diskussionsrunde *die*

paneling ['pænəlɪŋ] (*US*) = **panelling**

panelling ['pænəlɪŋ] *n* (*UK*) Täfelung *die*

panic ['pænɪk] (*pt & pp* **-ked**, *cont* **-king**) ◇ *n* Panik *die* ◇ *vi* in Panik geraten

panniers ['pænɪəz] *npl* (*for bicycle*) Sat-telttaschen *pl*

panoramic [ˌpænə'ræmɪk] *adj* Panora-ma-

pant [pænt] *vi* keuchen

panties ['pæntɪz] *npl* (*inf*) Schlüpfer *der*

pantomime ['pæntəmaɪm] *n* (*UK*) (*show*) *meist um die Weihnachtszeit aufgeführtes Märchenspiel*

pantry ['pæntrɪ] *n* Speisekammer *die*

pants [pænts] *npl* 1. (*UK*) (*for men*) Unterhose *die* 2. (*UK*) (*for women*) Schlüpfer *der* 3. (*US*) (*trousers*) Hose *die*

panty hose ['pæntɪ-] *npl* (*US*) Strumpf-hose *die*

papadum ['pæpədəm] *n* sehr dünnes, knuspriges indisches Brot

paper ['peɪpə'] ◇ *n* 1. Papier *das* 2. (*newspaper*) Zeitung *die* 3. (*exam*)

Prüfung die ◇ *adj (cup, plate, hat)* Papp- ◇ *vt* tapezieren ● **a piece of paper** *(sheet)* ein Blatt Papier; *(scrap)* ein Papierfetzen ◆ **papers** *npl (documents)* Papiere *pl*
paperback ['peɪpəbæk] *n* Taschenbuch das
paper bag *n* Papiertüte die
paperboy ['peɪpəbɔɪ] *n* Zeitungsjunge der
paper clip *n* Büroklammer die
papergirl ['peɪpəgɜːl] *n* Zeitungsmädchen das
paper handkerchief *n* Papiertaschentuch das
paper shop *n* Zeitungshändler der
paperweight ['peɪpəweɪt] *n* Briefbeschwerer der
paprika ['pæprɪkə] *n* Paprika der
par [pɑː'] *n (in golf)* Par das
paracetamol [ˌpærə'siːtəmɒl] *n* Fiebersenkende Schmerztablette
parachute ['pærəʃuːt] *n* Fallschirm der
parade [pə'reɪd] *n* **1.** *(procession)* Umzug der **2.** *(of shops)* Ladenzeile die
paradise ['pærədaɪs] *n* Paradies das
paraffin ['pærəfɪn] *n* Paraffinöl das
paragraph ['pærəgrɑːf] *n* Absatz der
parallel ['pærəlel] *adj* ● **parallel (to)** parallel (zu)
paralysed ['pærəlaɪzd] *adj (UK)* gelähmt
paralyzed ['pærəlaɪzd] *(US)* = **paralysed**
paramedic [ˌpærə'medɪk] *n* Rettungssanitäter der, -in die
paranoid ['pærənɔɪd] *adj* paranoid
parasite ['pærəsaɪt] *n* Schmarotzer der
parasol ['pærəsɒl] *n* Sonnenschirm der
parcel ['pɑːsl] *n* Paket das
parcel post *n* Paketpost die

pardon ['pɑːdn] *excl* ● **pardon?** wie bitte? ● **pardon (me)!** Entschuldigung! ● **I beg your pardon!** *(apologizing)* Entschuldigung! ● **I beg your pardon?** *(asking for repetition)* bitte?
parent ['peərənt] *n* **1.** *(father)* Vater der **2.** *(mother)* Mutter die ● **parents** Eltern *pl*
parish ['pærɪʃ] *n* Gemeinde die
park [pɑːk] ◇ *n* Park der ◇ *vt & vi* parken
park and ride *n* Park-and-ride-System das
parking ['pɑːkɪŋ] *n* Parken das
parking brake *n (US)* Handbremse die
parking lot *n (US)* Parkplatz der
parking meter *n* Parkuhr die
parking space *n* Parkplatz der
parking ticket *n* Strafzettel der
parkway ['pɑːkweɪ] *n (US)* breite Straße, deren Mittelstreifen mit Bäumen, Blumen usw bepflanzt ist
parliament ['pɑːləmənt] *n* Parlament das
Parmesan (cheese) [pɑːmɪ'zæn-] *n* Parmesan der
parrot ['pærət] *n* Papagei der
parsley ['pɑːslɪ] *n* Petersilie die
parsnip ['pɑːsnɪp] *n* Pastinake die
parson ['pɑːsn] *n* Pfarrer der
part [pɑːt] ◇ *n* **1.** Teil der **2.** *(in play, film)* Rolle die **3.** *(US) (in hair)* Scheitel der ◇ *adv (partly)* teils ◇ *vi (couple)* sich trennen ● **in this part of Germany** in dieser Gegend Deutschlands ● **to form part of** Teil sein von ● **to play a part in** eine Rolle spielen in *(+D)* ● **to take part in** teilnehmen an *(+D)* ● **for my part** was mich betrifft ● **for the most part** größtenteils ● **in these parts** in dieser Gegend
partial ['pɑːʃl] *adj* teilweise ● **to be**

partial to sthg eine Schwäche für etw haben

participant [pɑːˈtɪsɪpənt] *n* Teilnehmer *der*, -in *die*

participate [pɑːˈtɪsɪpeɪt] *vi* ● to participate (in) teilnehmen (an (+D))

particular [pəˈtɪkjʊləʳ] *adj* 1. *besondere(r)s* 2. *(fussy)* eigen ● in particular besonders ● nothing in particular nichts Besonderes ◆ **particulars** *npl* *(details)* Einzelheiten *pl*

particularly [pəˈtɪkjʊləlɪ] *adv* 1. insbesondere 2. *(especially)* besonders

parting [ˈpɑːtɪŋ] *n* (UK) *(in hair)* Scheitel *der*

partition [pɑːˈtɪʃn] *n* *(wall)* Trennwand *die*

partly [ˈpɑːtlɪ] *adv* teilweise

partner [ˈpɑːtnəʳ] *n* Partner *der*, -in *die*

partnership [ˈpɑːtnəʃɪp] *n* Partnerschaft *die*

partridge [ˈpɑːtrɪdʒ] *n* Rebhuhn *das*

part-time ◇ *adj* Teilzeit- ◇ *adv* halbtags

party [ˈpɑːtɪ] *n* 1. *(for fun)* Party *die* 2. POL Partei *die* 3. *(group of people)* Gruppe *die* ● to have a party eine Party geben

pass [pɑːs] ◇ *vt* 1. *(walk past)* vorbeigehen an (+D) 2. *(drive past)* vorbeifahren an (+D) 3. *(hand over)* reichen 4. *(test, exam)* bestehen 5. *(time, life)* verbringen 6. *(overtake)* überholen 7. *(law)* verabschieden ◇ *vi* 1. *(walk past)* vorbeigehen 2. *(drive past)* vorbeifahren 3. *(road, river, path, pipe)* führen 4. *(overtake)* überholen 5. *(in test, exam)* bestehen 6. *(time, holiday)* vergehen ◇ *n* 1. *(document)* Ausweis *der* 2. *(in mountain)* Pass *der* 3. SPORT Pass *der* ● **to pass sb sthg** jm etw reichen ◆ **pass by**

◇ *vt insep* 1. *(walk past)* vorbeigehen an (+D) 2. *(drive past)* vorbeifahren an (+D) ◇ *vi* 1. *(walk past)* vorbeigehen 2. *(drive past)* vorbeifahren ◆ **pass on** *vt sep* *(message)* weitergeben ◆ **pass out** *vi* *(faint)* ohnmächtig werden ◆ **pass up** *vt sep* *(opportunity)* vorübergehen lassen

passable [ˈpɑːsəbl] *adj* 1. *(road)* befahrbar 2. *(satisfactory)* passabel

passage [ˈpæsɪdʒ] *n* 1. *(corridor)* Gang *der* 2. *(in book)* Passage *die* 3. *(sea journey)* Überfahrt *die*

passageway [ˈpæsɪdʒweɪ] *n* Gang *der*

passenger [ˈpæsɪndʒəʳ] *n* Passagier *der*, -in *die*

passerby [ˌpɑːsəˈbaɪ] *n* Passant *der*, -in *die*

passing place [ˈpɑːsɪŋ-] *n* Ausweichstelle *die*

passion [ˈpæʃn] *n* Leidenschaft *die*

passionate [ˈpæʃənət] *adj* leidenschaftlich

passive [ˈpæsɪv] *n* Passiv *das*

passport [ˈpɑːspɔːt] *n* Reisepass *der*

passport control *n* Passkontrolle *die*

passport photo *n* Passfoto *das*

password [ˈpɑːswɜːd] *n* Passwort *das*

past [pɑːst] ◇ *adj* 1. *(earlier)* vergangene(r)s 2. *(finished)* vorbei 3. *(last)* letzte(r)s 4. *(former)* ehemalig ◇ *prep* 1. *(in times)* nach 2. *(in front of)* an (+D) ... vorbei ◇ *adv* vorbei ◇ *n* *(former time)* Vergangenheit *die* ● **past (tense)** GRAM Vergangenheit *die* ● **the past month** der letzte Monat ● **he drove past the house** er fuhr am Haus vorbei ● **twenty past four** zwanzig nach vier ● **in the past** früher

pasta [ˈpæstə] *n* Nudeln *pl*

paste [peɪst] n 1. (spread) Paste die 2. (glue) Kleister der

pastel ['pæstl] n 1. (for drawing) Pastellstift der 2. (colour) Pastellfarbe die

pasteurized ['pɑːstʃəraɪzd] adj pasteurisiert

pastille ['pæstɪl] n Pastille die

pastime ['pɑːstaɪm] n Hobby das

pastry ['peɪstrɪ] n 1. (for pie) Teig der 2. (cake) Gebäck das

pasture ['pɑːstʃə^r] n Weide die

pasty ['pæstɪ] n (UK) Pastete die (Gebäck)

pat [pæt] vt klopfen

patch [pætʃ] n 1. (for clothes) Flicken der 2. (of colour, damp) Fleck der 3. (for skin) Pflaster das 4. (for eye) Augenklappe die • **a bad patch** (fig) eine Pechsträhne

pâté ['pæteɪ] n Pastete die (Leberwurst usw.)

patent [(UK) 'peɪtənt, (US) 'pætənt] n Patent das

path [pɑːθ] n Weg der, Pfad der

pathetic [pə'θetɪk] adj (pej) (useless) kläglich

patience ['peɪʃns] n 1. Geduld die 2. (UK) (card game) Patience die

patient ['peɪʃnt] ◇ adj geduldig ◇ n Patient der, -in die

patio ['pætɪəʊ] n Terrasse die

patriotic [(UK) ˌpætrɪ'ɒtɪk, (US) ˌpeɪtrɪ'ɒtɪk] adj patriotisch

patrol [pə'trəʊl] ◇ vt 1. (subj: police) seine Runden machen in (+D) 2. MIL patrouillieren ◇ n Patrouille die

patrol car n Streifenwagen der

patron ['peɪtrən] n (fml) (customer) Kunde der, Kundin die ▼ **patrons only** nur für Gäste

patronizing ['pætrənaɪzɪŋ] adj herablassend

pattern ['pætn] n 1. (of shapes, colours) Muster das 2. (for sewing) Schnitt der

patterned ['pætnd] adj gemustert

pause [pɔːz] ◇ n Pause die ◇ vi innehalten

pavement ['peɪvmənt] n 1. (UK) (beside road) Bürgersteig der 2. (US) (roadway) Straßenbelag der

pavilion [pə'vɪljən] n Klubhaus das

paving stone ['peɪvɪŋ-] n Pflasterstein der

pavlova n Nachtisch aus zwei Baiserstücken, die mit Sahne und Früchten gefüllt sind

paw [pɔː] n Pfote die

pawn [pɔːn] ◇ vt verpfänden ◇ n (in chess) Bauer der

pay [peɪ] (pt & pp **paid**) ◇ vt 1. (money) zahlen 2. (person, bill, fine) bezahlen ◇ vi 1. zahlen 2. (be profitable) sich lohnen ◇ n (salary) Gehalt das • **to pay sb for sthg** jn für etw bezahlen • **to pay money into an account** Geld auf ein Konto einzahlen • **to pay attention (to)** achten (auf (+A)) • **to pay sb a visit** jn besuchen • **to pay by credit card** mit Kreditkarte zahlen ♦ **pay back** vt sep (money) zurückzahlen • **to pay sb back** jm Geld zurückzahlen ♦ **pay for** vt insep (purchase) bezahlen ♦ **pay in** vt sep (cheque, money) einzahlen ♦ **pay out** vt sep (money) ausgeben ♦ **pay up** vi zahlen

payable ['peɪəbl] adj zahlbar • **to make a cheque payable to sb** einen Scheck ausstellen auf jn

payment ['peɪmənt] n 1. Bezahlung die 2. (amount) Zahlung die

payphone ['peɪfəʊn] n Münzfernsprecher der

PC ◇ n (abbr of personal computer) PC der ◇ abbr (UK) = police constable

PDF n (abbr of portable document format) PDF das

PE abbr = physical education

pea [piː] n Erbse die

peace [piːs] n 1. (no anxiety) Ruhe die 2. (no war) Frieden der ● to leave sb in peace jn in Ruhe lassen ● peace and quiet Ruhe und Frieden

peaceful ['piːsfʊl] adj friedlich

peach [piːtʃ] n Pfirsich die

peach melba [-'melbə] n Pfirsich Melba das

peacock ['piːkɒk] n Pfau der

peak [piːk] n 1. (of mountain) Gipfel der 2. (of hat) Schirm der 3. (fig) (highest point) Höhepunkt der

peak hours npl 1. (for electricity) Hauptbelastungszeit die 2. (for traffic) Hauptverkehrszeit die

peak rate n Höchsttarif der

peanut ['piːnʌt] n Erdnuss die

peanut butter n Erdnussbutter die

pear [peəʳ] n Birne die

pearl [pɜːl] n Perle die

peasant ['peznt] n Bauer der, Bäuerin die

pebble ['pebl] n Kieselstein der

pecan pie ['piːkæn-] n Pekannusskuchen der

peck [pek] vi picken

peculiar [pɪ'kjuːljəʳ] adj (strange) seltsam ● to be peculiar to (exclusive) eigentümlich sein für ● to be peculiar to a country nur in einem Land vorkommen

peculiarity [pɪˌkjuːlɪ'ærətɪ] n (special feature) Besonderheit die

pedal ['pedl] ◇ n Pedal das ◇ vi in die Pedale treten

pedal bin n Treteimer der

pedalo ['pedələʊ] n Tretboot das

pedestrian [pɪ'destrɪən] n Fußgänger der, -in die

pedestrian crossing n Fußgängerüberweg der

pedestrianized [pɪ'destrɪənaɪzd] adj zur Fußgängerzone gemacht

pedestrian precinct n (UK) Fußgängerzone die

pedestrian zone (US) = pedestrian precinct

pee [piː] ◇ vi (inf) pinkeln ◇ n ● to have a pee (inf) pinkeln

peel [piːl] ◇ n Schale die ◇ vt (fruit, vegetables) schälen ~ vi 1. (paint) abblättern 2. (skin) sich schälen

peep [piːp] n ● to have a peep gucken

peer [pɪəʳ] vi angestrengt schauen

peg [peg] n 1. (for tent) Hering der 2. (hook) Haken der 3. (for washing) Klammer die

pelican crossing ['pelɪkən-] n (UK) Ampelübergang der

pelvis ['pelvɪs] n Becken das

pen [pen] n 1. (ballpoint pen) Kugelschreiber der 2. (fountain pen) Füller der 3. (for animals) Pferch der

penalty ['penltɪ] n 1. (fine) Geldstrafe die 2. (in football) Elfmeter der

pence [pens] npl Pence pl ● it costs 20 pence es kostet 20 Pence

pencil ['pensl] n Bleistift der

pencil case n Federmäppchen das

pencil sharpener n Bleistiftspitzer der

pendant ['pendənt] n (on necklace) Anhänger der

pending ['pendɪŋ] *prep (fml)* bis zu

penetrate ['penɪtreɪt] *vt* durchdringen

penfriend ['penfrend] *n* Brieffreund *der*, -in *die*

penguin ['peŋgwɪn] *n* Pinguin *der*

penicillin [,penɪ'sɪlɪn] *n* Penizillin *das*

peninsula [pə'nɪnsjʊlə] *n* Halbinsel *die*

penis ['piːnɪs] *n* Penis *der*

penknife ['pennaɪf] *(pl* **-knives)** *n* Taschenmesser *das*

penny ['penɪ] *(pl* **pennies)** *n* **1.** *(in UK)* Penny *der* **2.** *(in US)* Cent *der*

pension ['penʃn] *n* Rente *die*

pensioner ['penʃənə'] *n* Rentner *der*, -in *die*

penthouse ['penthaʊs] *n* Penthouse *das*

penultimate [pe'nʌltɪmət] *adj* vorletzte(r)(s)

people ['piːpl] *npl* Leute *pl* ◇ *n (nation)* Volk *das* ● **the people** *(citizens)* die Bevölkerung ● **lots of people** viele Menschen ● **German people** die Deutschen *pl*

pepper ['pepə'] *n* **1.** *(spice)* Pfeffer *der* **2.** *(vegetable)* Paprika *der*

peppercorn ['pepəkɔːn] *n* Pfefferkorn *das*

peppermint ['pepəmɪnt] ◇ *adj* Pfefferminz- ◇ *n (sweet)* Pfefferminzbonbon *das*

pepper pot *n* Pfefferstreuer *der*

pepper steak *n* Pfeffersteak *das*

Pepsi ® ['pepsɪ] *n* Pepsi ® *die, das*

per [pɜː'] *prep* pro ● **per person** pro Person ● **per week** pro Woche ● **£20 per night** 20 Pfund pro Nacht

perceive [pə'siːv] *vt* wahrnehmen

per cent *adv* Prozent

percentage [pə'sentɪdʒ] *n* Prozentsatz *der*

perch [pɜːtʃ] *n (for bird)* Stange *die*

percolator ['pɜːkəleɪtə'] *n* Kaffeemaschine *die*

perfect ◇ *adj* ['pɜːfɪkt] perfekt ◇ *vt* [pə'fekt] perfektionieren ◇ *n* ['pɜːfɪkt] ● **the perfect (tense)** das Perfekt

perfection [pə'fekʃn] *n* ● **to do sthg to perfection** etw perfekt machen

perfectly ['pɜːfɪktlɪ] *adv* perfekt

perform [pə'fɔːm] ◇ *vt* **1.** *(task, operation)* ausführen **2.** *(play, concert)* aufführen ◇ *vi* **1.** *(actor)* spielen **2.** *(singer)* singen

performance [pə'fɔːməns] *n* **1.** *(of play, concert, film)* Aufführung *die* **2.** *(by actor, musician)* Vorstellung *die* **3.** *(of car)* Leistung *die*

performer [pə'fɔːmə'] *n* Künstler *der*, -in *die*

perfume ['pɜːfjuːm] *n* Parfüm *das*

perhaps [pə'hæps] *adv* vielleicht

perimeter [pə'rɪmɪtə'] *n* Grenze *die*

period ['pɪərɪəd] ◇ *n* **1.** *(of time, history)* Periode *die,* Zeit *die* **2.** SCH Stunde *die* **3.** *(menstruation)* Periode *die* **4.** *(US) (full stop)* Punkt *der* ◇ *adj* **1.** *(costume)* zeitgenössisch **2.** *(furniture)* antik

periodic [,pɪərɪ'ɒdɪk] *adj* regelmäßig

period pains *npl* Menstruationsbeschwerden *pl*

periphery [pə'rɪfərɪ] *n* Rand *der*

perishable ['perɪʃəbl] *adj (food)* leicht verderblich

perk [pɜːk] *n* Vergünstigung *die*

perm [pɜːm] ◇ *n* Dauerwelle *die* ◇ *vt* ● **to have one's hair permed** sich *(D)* eine Dauerwelle machen lassen

permanent ['pɜːmənənt] *adj* **1.** *(lasting)* bleibend **2.** *(present all the time)* ständig **3.** *(job)* fest

permanent address *n* fester Wohnsitz

permanently ['pɜːmənəntlɪ] *adv* ständig

permissible [pə'mɪsəbl] *adj (fml)* zulässig

permission [pə'mɪʃn] *n* **1.** Erlaubnis *die* **2.** *(official)* Genehmigung *die*

permit ◇ *vt* [pə'mɪt] *(allow)* erlauben ◇ *n* ['pɜːmɪt] Genehmigung *die* ● **to permit sb to do sthg** jm erlauben, etw zu tun ▼ **permit holders only** nur für Anlieger

perpendicular [ˌpɜːpən'dɪkjʊləʳ] *adj* senkrecht

persevere [ˌpɜːsɪ'vɪəʳ] *vi* durchhalten

persist [pə'sɪst] *vi (continue to exist)* fortdauern ● **to persist in doing sthg** etw weiterhin tun

persistent [pə'sɪstənt] *adj* hartnäckig

person ['pɜːsn] *(pl* **people)** *n* **1.** Mensch *der* **2.** *GRAM* Person *die* ● **in person** persönlich

personal ['pɜːsənl] *adj* persönlich

personal assistant *n (of manager)* Assistent *der*, -in *die*

personal belongings *npl* persönlicher Besitz

personal computer *n* Personalcomputer *der*

personality [ˌpɜːsə'nælətɪ] *n* Persönlichkeit *die*

personally ['pɜːsnəlɪ] *adv* persönlich

personal property *n* persönliches Eigentum

personal stereo *n* Walkman ® *der*

personnel [ˌpɜːsə'nel] *npl* Personal *das*

perspective [pə'spektɪv] *n* Perspektive *die*

Perspex ® ['pɜːspeks] *n (UK)* ≃ Plexiglas ® *das*

perspiration [ˌpɜːspə'reɪʃn] *n* Schweiß *der*

persuade [pə'sweɪd] *vt* ● **to persuade sb (to do sthg)** jn überreden (, etw zu tun) ● **to persuade sb that ...** jn davon überzeugen, dass ...

persuasive [pə'sweɪsɪv] *adj* überzeugend

pervert ['pɜːvɜːt] *n* Perverse *der, -in die*

pessimist ['pesɪmɪst] *n* Pessimist *der*, -in *die*

pessimistic [ˌpesɪ'mɪstɪk] *adj* pessimistisch

pest [pest] *n* **1.** *(insect, animal)* Schädling *der* **2.** *(inf) (person)* Nervensäge *die*

pester ['pestəʳ] *vt* nerven

pesticide ['pestɪsaɪd] *n* Schädlingsbekämpfungsmittel *das*

pet [pet] *n* Haustier *das* ● **the teacher's pet** der Liebling des Lehrers

petal ['petl] *n* Blütenblatt *das*

pet food *n* Tierfutter *das*

petition [pɪ'tɪʃn] *n (letter)* Petition *die*

petits pois [ˌpetɪ'pwa] *npl* feine Erbsen *pl*

petrified ['petrɪfaɪd] *adj (frightened)* starr vor Schrecken

petrol ['petrəl] *n (UK)* Benzin *das*

petrol can *n (UK)* Benzinkanister *der*

petrol cap *n (UK)* Tankverschluss *der*

petrol gauge *n (UK)* Tankanzeige *die*

petrol pump *n (UK)* Benzinpumpe *die*

petrol station *n (UK)* Tankstelle *die*

petrol tank *n (UK)* Benzintank *der*

pet shop *n* Tierhandlung *die*

petticoat ['petɪkəʊt] *n* Unterrock *der*

petty ['petɪ] *adj (pej) (person, rule)* kleinlich

petty cash *n* Portokasse *die*

pew [pjuː] *n* Bank *die*

pewter ['pjuːtəʳ] *adj* Zinn-

PG *(abbr of* parental guidance) ≃ bedingt jugendfrei

pharmacist [ˈfɑːməsɪst] n Apotheker der, -in die

pharmacy [ˈfɑːməsɪ] n (shop) Apotheke die

phase [feɪz] n Phase die

PhD n Dr.phil.

pheasant [ˈfeznt] n Fasan der

phenomena [fɪˈnɒmɪnə] pl ➤ phenomenon

phenomenal [fɪˈnɒmɪnl] adj phänomenal

phenomenon [fɪˈnɒmɪnən] (pl -mena) n Phänomen das

Philippines [ˈfɪlɪpiːnz] npl ● the Philippines die Philippinen pl

philosophy [fɪˈlɒsəfɪ] n Philosophie die

phlegm [flem] n Schleim der

phone [fəʊn] ◇ n Telefon das ◇ vt (UK) anrufen ◇ vi (UK) telefonieren ● to be on the phone (talking) telefonieren; (connected) das Telefon haben ◆ phone up vt sep & vi anrufen

phone book n Telefonbuch das

phone booth n Telefonzelle die

phone box n (UK) Telefonzelle die

phone call n Telefonanruf der

phonecard [ˈfəʊnkɑːd] n Telefonkarte die

phone number n Telefonnummer die

photo [ˈfəʊtəʊ] n Foto das ● to take a photo of ein Foto machen von

photo album n Fotoalbum das

photocopier [ˌfəʊtəʊˈkɒpɪəʳ] n Fotokopiergerät das

photocopy [ˈfəʊtəʊˌkɒpɪ] ◇ n Fotokopie die ◇ vt fotokopieren

photograph [ˈfəʊtəɡrɑːf] ◇ n Foto das ◇ vt fotografieren

photographer [fəˈtɒɡrəfəʳ] n Fotograf der, -in die

photography [fəˈtɒɡrəfɪ] n Fotografie die

phrase [freɪz] n (expression) Ausdruck der

phrasebook [ˈfreɪzbʊk] n Sprachführer der

physical [ˈfɪzɪkl] ◇ adj körperlich ◇ n Vorsorgeuntersuchung die

physical education n Sportunterricht der

physically handicapped [ˈfɪzɪklɪ-] adj körperbehindert

physics [ˈfɪzɪks] n Physik die

physiotherapy [ˌfɪzɪəʊˈθerəpɪ] n Physiotherapie die

pianist [ˈpɪənɪst] n Pianist der, -in die

piano [pɪˈænəʊ] (pl -s) n Klavier das

pick [pɪk] ◇ vt 1. (select) aussuchen 2. (fruit, flowers) pflücken ◇ n (pickaxe) Spitzhacke die ● to pick a fight einen Streit anfangen ● to pick one's nose in der Nase bohren ● to take one's pick aussuchen ◆ pick on vt insep herumhacken auf (+D) ◆ pick out vt sep 1. (select) aussuchen 2. (see) entdecken ◆ pick up ◇ vt sep 1. (lift up) hochlnehmen 2. (after dropping) auflheben 3. (collect) ablholen 4. (acquire) erwerben 5. (skill, language) lernen 6. (hitchhiker) mitlnehmen 7. (inf) (woman, man) ablschleppen ◇ vi (improve) sich bessern

pickaxe [ˈpɪkæks] n Spitzhacke die

pickle [ˈpɪkl] n 1. (UK) (food) Mixed Pickles pl 2. (US) (pickled cucumber) Essiggurke die

pickled onion [ˈpɪkld-] n eingelegte Zwiebel

pickpocket [ˈpɪkˌpɒkɪt] n Taschendieb der, -in die

pick-up (truck) n Pick-up der

picnic [ˈpɪknɪk] n Picknick das

picnic area n Picknickplatz der

picture ['pɪktʃə] n **1.** Bild das **2.** *(film)* Film der ♦ **pictures** npl ● **the pictures** *(UK)* das Kino

picture frame n Bilderrahmen der

picturesque [,pɪktʃəˈresk] adj malerisch

pie [paɪ] n **1.** *(savoury)* Pastete die **2.** *(sweet)* Kuchen der

piece [piːs] n **1.** Stück das **2.** *(component)* Teil das **3.** *(in chess)* Figur die ● **a 20p piece** ein 20-Pence-Stück ● **a piece of advice** ein Rat ● **a piece of furniture** ein Möbelstück ● **to fall to pieces** zerbrechen ● **in one piece** *(intact)* unbeschädigt; *(unharmed)* heil

pier [pɪə] n Pier die

pierce [pɪəs] vt durchbohren ● **to have one's ears pierced** sich (D) Ohrlöcher stechen lassen

pig [pɪg] n **1.** Schwein das **2.** *(inf) (greedy person)* Vielfraß der

pigeon ['pɪdʒɪn] n Taube die

pigeonhole ['pɪdʒɪnhəʊl] n Fach das

pigskin ['pɪgskɪn] adj Schweinsleder-

pigtail ['pɪgteɪl] n Zopf der

pike [paɪk] n *(fish)* Hecht der

pilau rice ['pɪlaʊ-] n Pilaureis der mit Gewürzen gekochter Reis, der dadurch eine bestimmte Farbe annimmt

pilchard ['pɪltʃəd] n Sardine die

pile [paɪl] ◇ n **1.** *(heap)* Haufen der **2.** *(neat stack)* Stapel der ◇ vt stapeln ● **piles of money** *(inf)* *(a lot)* haufenweise Geld ♦ **pile up** ◇ vt sep **1.** anhäufen **2.** *(neatly)* aufstapeln ◇ vi *(accumulate)* sich ansammeln

piles [paɪlz] npl MED Hämorrhoiden pl

pileup ['paɪlʌp] n Massenkarambolage die

pill [pɪl] n Tablette die ● **the pill** *(contraceptive)* die Pille

pillar ['pɪlə] n Säule die

pillar box n *(UK)* Briefkasten der

pillion ['pɪljən] n ● **to ride pillion** auf dem Soziussitz mitfahren

pillow ['pɪləʊ] n Kissen das

pillowcase ['pɪləʊkeɪs] n Kopfkissenbezug der

pilot ['paɪlət] n **1.** Pilot der, -in die **2.** *(of ship)* Lotse der

pilot light n Zündflamme die

pimple ['pɪmpl] n Pickel der

pin [pɪn] ◇ n **1.** *(for sewing)* Stecknadel die **2.** *(drawing pin)* Reißzwecke die **3.** *(safety pin)* Sicherheitsnadel die **4.** *(US) (brooch)* Brosche die **5.** *(US) (badge)* Anstecknadel die ◇ vt *(fasten)* stecken ● **a two-pin plug** ein zweipoliger Stecker ● **I've got pins and needles in my leg** mein Bein ist eingeschlafen

pinafore ['pɪnəfɔː] n **1.** *(apron)* Schürze die **2.** *(UK) (dress)* Trägerkleid das

pinball ['pɪnbɔːl] n Flippern das

pincers ['pɪnsəz] npl *(tool)* Beißzange die

pinch [pɪntʃ] ◇ vt **1.** *(squeeze)* kneifen **2.** *(UK) (inf) (steal)* klauen ◇ n *(of salt)* Prise die

pine [paɪn] ◇ n Kiefer die ◇ adj Kiefern-

pineapple ['paɪnæpl] n Ananas die

pink [pɪŋk] ◇ adj rosa ◇ n Rosa das

pinkie ['pɪŋkɪ] n *(US)* kleiner Finger

PIN number ['pɪn-] n persönliche Geheimzahl

pint [paɪnt] n **1.** *(in UK)* = 0,57 Liter, Pint das **2.** *(in US)* = 0,47 Liter, Pint das ● **a pint (of beer)** *(UK)* ≃ ein (großes) Bier

pip [pɪp] n Kern der

pipe [paɪp] n **1.** *(for smoking)* Pfeife die **2.**

(for gas, water) Rohr *das*

pipe cleaner *n* Pfeifenreiniger *der*

pipeline ['paɪplaɪn] *n* Pipeline *die*

pipe tobacco *n* Pfeifentabak *der*

pirate ['paɪrət] *n* Pirat *der*

Pisces ['paɪsiːz] *n* Fische *pl*

piss [pɪs] ◇ *vi (vulg)* pissen ◇ *n* ● to
have a piss *(vulg)* pissen gehen ● it's
pissing down *(vulg)* es schifft

pissed [pɪst] *adj* 1. *(UK) (vulg) (drunk)*
besoffen 2. *(US) (vulg) (angry)* stocksauer

pissed off *adj (vulg)* stocksauer

pistachio [pɪ'stɑːʃɪəʊ] ◇ *n* Pistazie *die* ◇
adj (flavour) Pistazien-

pistol ['pɪstl] *n* Pistole *die*

piston ['pɪstən] *n* Kolben *der*

pit [pɪt] *n* 1. *(hole, coalmine)* Grube *die* 2.
(for orchestra) Orchestergraben *der* 3.
(US) (in fruit) Stein *der*

pitch [pɪtʃ] ◇ *n (UK) SPORT* Spielfeld *das*
◇ *vt (throw)* werfen ● to pitch a tent ein
Zelt aufIschlagen

pitcher ['pɪtʃə'] *n* Krug *der*

pitfall ['pɪtfɔːl] *n* Falle *die*

pith [pɪθ] *n (of orange)* weiße Haut

pitta (bread) ['pɪtə-] *n* Pittabrot *das*

pitted ['pɪtɪd] *adj (olives)* entsteint

pity ['pɪtɪ] *n (compassion)* Mitleid *das* ●
to have pity on sb Mitleid mit jm haben
● it's a pity (that) ... schade, dass ... ●
what a pity! wie schade!

pivot ['pɪvət] *n* Zapfen *der*

pizza ['piːtsə] *n* Pizza *die*

pizzeria [ˌpiːtsə'riːə] *n* Pizzeria *die*

Pl. *(abbr of Place)* Platz *(als Straßenname)*

placard ['plækɑːd] *n* Plakat *das*

place [pleɪs] ◇ *n* 1. *(location)* Ort *der* 2.
(spot) Stelle *die* 3. *(house, flat)* Haus *das*

4. *(seat, position, in race, list)* Platz *der* ◇ *vt*
1. *(put)* setzen 2. *(put flat)* legen 3. *(put
upright)* stellen 4. *(an order)* aufIgeben ●
do you want to come round to my place?
möchtest du zu mir kommen? ● to lay
six places *(at table)* für sechs decken ●
in the first place *(firstly)* erstens ● to
take place stattIfinden ● to take sb's
place *(replace)* js Platz einInehmen ● all
over the place überall ● in place of statt
(+G) ● to place a bet on Geld setzen
auf *(+A)*

place mat *n* Platzdeckchen *das*

placement ['pleɪsmənt] *n (work experience)* Praktikum *das*

place of birth *n* Geburtsort *der*

plague [pleɪg] *n* Pest *die*

plaice [pleɪs] *n* Scholle *die*

plain [pleɪn] ◇ *adj* 1. *(not decorated)*
schlicht 2. *(simple)* einfach 3. *(yoghurt)*
Natur- 4. *(clear)* klar 5. *(paper)* unliniert
6. *(pej) (not attractive)* nicht sehr
attraktiv ◇ *n* Ebene *die*

plain chocolate *n* Zartbitterschokolade
die

plainly ['pleɪnlɪ] *adv* deutlich

plait [plæt] ◇ *n* Zopf *der* ◇ *vt* flechten

plan [plæn] ◇ *n* Plan *der* ◇ *vt* planen ●
have you any plans for tonight? hast du
heute Abend etwas vor? ● according to
plan planmäßig ● to plan to do sthg, to
plan on doing sthg vorhaben, etw zu
tun

plane [pleɪn] *n* 1. *(aeroplane)* Flugzeug
das 2. *(tool)* Hobel *der*

planet ['plænt] *n* Planet *der*

plank [plæŋk] *n* Brett *das*

plant [plɑːnt] ◇ *n* 1. Pflanze *die* 2.
(factory) Werk *das* ◇ *vt* 1. pflanzen 2.

(land) bepflanzen ▼ heavy plant crossing Baustellenverkehr

plantation [plæn'teɪʃn] *n* Plantage *die*

plaque [plɑːk] *n* **1.** *(plate)* Gedenktafel *die* **2.** *(on teeth)* Zahnstein *der*

plaster ['plɑːstə'] *n* **1.** *(UK) (for cut)* Pflaster *das* **2.** *(for walls)* Putz *der* ● **in plaster** *(arm, leg)* in Gips

plaster cast *n* Gipsverband *der*

plastic ['plæstɪk] ◇ *n* Plastik *das* ◇ *adj* Plastik-, Kunststoff-

plastic bag *n* Plastiktüte *die*

Plasticine ® ['plæstɪsiːn] *n (UK)* Plastilin *das*

plate [pleɪt] *n* **1.** Teller *der* **2.** *(of metal, glass)* Platte *die*

plateau ['plætəʊ] *n* Hochebene *die*

plate-glass *n* Flachglas-

platform ['plætfɔːm] *n* **1.** *(at railway station)* Bahnsteig *der* **2.** *(raised structure)* Podium *das* ● **platform 12** Gleis 12

platinum ['plætɪnəm] *n* Platin *das*

platter ['plætə'] *n (of food)* Platte *die*

play [pleɪ] ◇ *vt* **1.** spielen **2.** *(opponent)* spielen gegen ◇ *vi* spielen ◇ *n* **1.** *(in theatre)* Theaterstück *das* **2.** *(on TV)* Fernsehspiel *das* **3.** *(button on CD, tape recorder)* Playtaste *die* ● **to play the piano** Klavier spielen ● **play back** *vt sep* abspielen ● **play up** *vi (machine, car)* verrückt spielen

player ['pleɪə'] *n* Spieler *der*, -in *die*

playful ['pleɪfʊl] *adj* verspielt

playground ['pleɪgraʊnd] *n* **1.** *(in school)* Schulhof *der* **2.** *(in park etc)* Spielplatz *der*

playgroup ['pleɪgruːp] *n* Krabbelgruppe *die*

playing card ['pleɪŋ-] *n* Spielkarte *die*

playing field ['pleɪŋ-] *n* Sportplatz *der*

playroom ['pleɪrʊm] *n* Spielzimmer *das*

playschool ['pleɪskuːl] = playgroup

playtime ['pleɪtaɪm] *n* Pause *die*

playwright ['pleɪraɪt] *n* Bühnenautor *der*, -in *die*

plc *(UK) (abbr of public limited company)* ≃ GmbH

pleasant ['pleznt] *adj* angenehm

please [pliːz] ◇ *adv* bitte ◇ *vt (give enjoyment to)* gefallen (+D) ● **yes please!** ja, bitte! ● **whatever you please** *(ganz)* wie Sie wollen

pleased [pliːzd] *adj* **1.** *(happy)* erfreut **2.** *(satisfied)* zufrieden ● **to be pleased with** sich freuen über (+A) ● **pleased to meet you!** angenehm!

pleasure ['pleʒə'] *n* Freude *die* ● **with pleasure** gerne ● **it's a pleasure!** gern geschehen!

pleat [pliːt] *n* Falte *die*

pleated ['pliːtɪd] *adj* Falten-

plentiful ['plentɪfʊl] *adj* reichlich

plenty ['plentɪ] *pron* ● **there are plenty** es gibt viele ● **plenty of** viele

pliers ['plaɪəz] *npl* Zange *die*

plimsoll ['plɪmsəl] *n (UK)* Turnschuh *der*

plonk [plɒŋk] *n (UK) (inf) (wine)* billiger Wein

plot [plɒt] *n* **1.** *(scheme)* Komplott *das* **2.** *(of story, film, play)* Handlung *die* **3.** *(of land)* Stück *das* Land

plough [plaʊ] ◇ *n (UK)* Pflug *der* ◇ *vt (UK)* pflügen

ploughman's (lunch) ['plaʊmənz-] *n (UK)* beliebte Pubmahlzeit aus Brot, Käse, Salat und Mixed Pickles

plow [plaʊ] *(US)* = plough

ploy [plɔɪ] *n* Taktik *die*

pluck [plʌk] *vt* **1.** *(eyebrows)* zupfen **2.** *(chicken)* rupfen

plug [plʌg] *n* **1.** *(electrical)* Stecker *der* **2.** *(socket)* Steckdose *die* **3.** *(for bath, sink)* Stöpsel *der* ◆ **plug in** *vt sep* anschließen

plughole ['plʌghəʊl] *n* Abfluss *der*

plum [plʌm] *n* Pflaume *die*, Zwetschge *die*

plumber ['plʌmə'] *n* Installateur *der*

plumbing ['plʌmɪŋ] *n (pipes)* Wasserleitungen *pl*

plump [plʌmp] *adj* rundlich

plunge [plʌndʒ] *vi* **1.** stürzen **2.** *(dive)* tauchen

plunge pool *n* Swimmingpool *der*

plunger ['plʌndʒə'] *n (for unblocking pipe)* Sauger *der*

pluperfect (tense) [ˌpluː'pɜːfɪkt-] *n* ◆ **the pluperfect tense** das Plusquamperfekt

plural ['plʊərəl] *n* Plural *der* ● **in the plural** im Plural

plus [plʌs] ◇ *prep* **1.** plus **2.** *(and)* und ◇ *adj* ● **30 plus** über 30

plush [plʌʃ] *adj* feudal

plywood ['plaɪwʊd] *n* Sperrholz *das*

p.m. *(abbr of post meridiem)* nachmittags

PMT *n (abbr of premenstrual tension)* PMS *das*

pneumatic drill [njuː'mætɪk-] *n* Pressluftbohrer *der*

pneumonia [njuː'məʊnjə] *n* Lungenentzündung *die*

poached egg [pəʊtʃt-] *n* pochiertes Ei, verlorenes Ei

poached salmon [pəʊtʃt-] *n* Lachs *der* blau

poacher ['pəʊtʃə'] *n* Wilderer *der*

PO Box *n (abbr of Post Office Box)* Postfach *das*

pocket ['pɒkɪt] ◇ *n* **1.** Tasche *die* **2.** *(on car door)* Seitentasche *die* ◇ *adj* **1.** *(camera)* Pocket- **2.** *(calculator)* Taschen-

pocketbook ['pɒkɪtbʊk] *n* **1.** *(notebook)* Notizbuch *das* **2.** *(US) (handbag)* Handtasche *die*

pocket money *n (UK)* Taschengeld *das*

podiatrist [pə'daɪətrɪst] *n (US)* Fußpfleger *der*, -in *die*

poem ['pəʊɪm] *n* Gedicht *das*

poet ['pəʊɪt] *n* Dichter *der*, -in *die*

poetry ['pəʊɪtrɪ] *n* Dichtung *die*

point [pɔɪnt] ◇ *n* **1.** Punkt *der* **2.** *(tip)* Spitze *die* **3.** *(most important thing)* Sinn *der*, Zweck *der* **4.** *(UK) (electric socket)* Steckdose *die* ◇ *vi* ● **to point to** *(with finger)* zeigen auf (+A); *(arrow, sign)* zeigen nach ● **five point seven** fünf Komma sieben ● **strong point** Stärke *die* ● **weak point** Schwäche *die* ● **what's the point?** wozu? ● **there's no point** es hat keinen Sinn ● **to be on the point of doing sthg** im Begriff sein, etw zu tun ● **to come to the point** zur Sache kommen ● **points** *npl (UK) (on railway)* Weichen *pl* ◆ **point out** *vt sep* hinweisen auf (+A)

pointed ['pɔɪntɪd] *adj (in shape)* spitz

pointless ['pɔɪntlɪs] *adj* sinnlos

point of view *n* Standpunkt *der*

poison ['pɔɪzn] ◇ *n* Gift *das* ◇ *vt* vergiften

poisoning ['pɔɪznɪŋ] *n* Vergiftung *die*

poisonous ['pɔɪznəs] *adj* giftig, Gift-

poke [pəʊk] *vt* **1.** *(with stick, elbow)* stoßen **2.** *(with finger)* stupsen

poker ['pəʊkə'] *n (card game)* Poker *das*

Poland ['pəʊlənd] *n* Polen *nt*

polar bear ['pəʊlə-] n Eisbär der

Polaroid ® ['pəʊlərɔɪd] n **1.** (photograph) Polaroidbild das **2.** (camera) Polaroidkamera ® die

pole [pəʊl] n (of wood) Stange die

Pole [pəʊl] n (person) Pole der, Polin die

police [pə'liːs] npl ● **the police** die Polizei

police car n Polizeiwagen der

police force n Polizei die

policeman [pə'liːsmən] (pl **-men**) n Polizist der

police officer n Polizeibeamte der, -beamtin die

police station n Polizeiwache die

policewoman [pə'liːsˌwʊmən] (pl **-women**) n Polizistin die

policy ['pɒləsɪ] n **1.** (approach) Handlungsweise die **2.** (for insurance) Police die **3.** (in politics) Politik die

policy-holder n Versicherte der, die

polio ['pəʊlɪəʊ] n Kinderlähmung die

polish ['pɒlɪʃ] ◇ n (for cleaning) Politur die ◇ vt polieren

Polish ['pəʊlɪʃ] ◇ adj polnisch ◇ n (language) Polnisch das ◇ npl ● **the Polish** die Polen pl

polite [pə'laɪt] adj höflich

political [pə'lɪtɪkl] adj politisch

politician [ˌpɒlɪ'tɪʃn] n Politiker der, -in die

politics ['pɒlətɪks] n Politik die

poll [pəʊl] n (survey) Umfrage die ● **the polls** (election) die Wahlen pl

pollen ['pɒlən] n Pollen der

Poll Tax n (UK) Kopfsteuer die

pollute [pə'luːt] vt verschmutzen

pollution [pə'luːʃn] n **1.** Verschmutzung die **2.** (substances) Schmutz der

polo neck ['pəʊləʊ-] n (UK) Rollkragen der

polyester [ˌpɒlɪ'estəʳ] n Polyester der

polystyrene [ˌpɒlɪ'staɪriːn] n Styropor ® das

polytechnic [ˌpɒlɪ'teknɪk] n Hochschule in Großbritannien; seit 1993 haben die meisten Universitätsstatus

polythene ['pɒlɪθiːn] n Polyäthylen das

pomegranate ['pɒmɪˌɡrænɪt] n Granatapfel der

pompous ['pɒmpəs] adj wichtigtuerisch

pond [pɒnd] n Teich der

pontoon [pɒn'tuːn] n (UK) (card game) Siebzehnundvier das

pony ['pəʊnɪ] n Pony das

ponytail ['pəʊnɪteɪl] n Pferdeschwanz der

pony-trekking [-ˌtrekɪŋ] n (UK) Ponyreiten das

poodle ['puːdl] n Pudel der

pool [puːl] n **1.** (for swimming) Schwimmbecken das **2.** (of water, blood, milk) Lache die **3.** (small pond) Teich der **4.** (game) Poolbillard das ◆ **pools** npl (UK) ● **the pools** ≈ das Toto

poor [pɔːʳ] ◇ adj **1.** arm **2.** (bad) schlecht ◇ npl ● **the poor** die Armen pl

poorly ['pɔːlɪ] ◇ adv schlecht ◇ adj (UK) (ill) ● **he's poorly** es geht ihm schlecht

pop [pɒp] ◇ n (music) Pop der ◇ vt (inf) (put) stecken ◇ vi (balloon) knallen ● **my ears popped** ich habe Druck auf den Ohren ◆ **pop in** vi (UK) (visit) vorbeischauen

popcorn ['pɒpkɔːn] n Popcorn das

Pope [pəʊp] n ● **the Pope** der Papst

pop group n Popgruppe die

poplar (tree) ['pɒplə-] n Pappel die

pop music n Popmusik die

popper ['pɒpə] n (UK) Druckknopf der

poppy ['pɒpɪ] n Klatschmohn der

Popsicle ® ['pɒpsɪkl] n (US) Eis das am Stiel

pop socks npl Kniestrümpfe pl

pop star n Popstar der

popular ['pɒpjʊlə] adj 1. beliebt 2. (opinion, ideas) weit verbreitet

popularity [,pɒpjʊ'lærətɪ] n Beliebtheit die

populated ['pɒpjʊleɪtɪd] adj bevölkert

population [,pɒpjʊ'leɪʃn] n Bevölkerung die

porcelain ['pɔːsəlɪn] n Porzellan das

porch [pɔːtʃ] n 1. (entrance) Windfang der 2. (US) (outside house) Veranda die

pork [pɔːk] n Schweinefleisch das

pork chop n Schweinekotelett das

pork pie n Schweinepastete die

pornographic [,pɔːnə'græfɪk] adj pornografisch

porridge ['pɒrɪdʒ] n Haferbrei der

port [pɔːt] n 1. (town) Hafenstadt die 2. (harbour area) Hafen der 3. (drink) Portwein der

portable ['pɔːtəbl] adj tragbar

porter ['pɔːtə] n 1. (at hotel, museum) Portier der 2. (at station, airport) Gepäckträger der

porthole ['pɔːthəʊl] n Bullauge das

portion ['pɔːʃn] n 1. (part) Teil das 2. (of food) Portion die

portrait ['pɔːtreɪt] n Porträt das

Portugal ['pɔːtjʊgl] n Portugal nt

Portuguese [,pɔːtʃʊ'giːz] ◇ adj portugiesisch ◇ n (language) Portugiesisch das ◇ npl • the Portuguese die Portugiesen pl

pose [pəʊz] ◇ vt (problem, threat) darl-

stellen ◇ vi (for photo) sitzen

posh [pɒʃ] adj (inf) piekfein

position [pə'zɪʃn] n 1. (place, situation) Lage die 2. (of plane, ship) Position die 3. (of body) Haltung die 4. (setting, rank) Stellung die 5. (in race, contest) Platz der 6. (fml) (job) Stelle die ▼ position closed (in bank, post office etc) Schalter geschlossen

positive ['pɒzətɪv] adj 1. positiv 2. (certain, sure) sicher

possess [pə'zes] vt besitzen

possession [pə'zeʃn] n Besitz der

possessive [pə'zesɪv] adj 1. (pej) (person) Besitz ergreifend 2. GRAM Possessiv-

possibility [,pɒsə'bɪlətɪ] n Möglichkeit die

possible ['pɒsəbl] adj möglich • it's possible that we may be late es kann sein, dass wir zu spät kommen • would it be possible for me to ...? könnte ich vielleicht ...? • as much as possible so viel wie möglich • if possible wenn möglich

possibly ['pɒsəblɪ] adv (perhaps) möglicherweise

post [pəʊst] ◇ n 1. (system, letters, delivery) Post die 2. (pole) Pfahl der 3. (fml) (job) Stelle die ◇ vt (letter, parcel) abschicken • by post per Post

postage ['pəʊstɪdʒ] n Porto das • postage and packing Porto und Verpackung • postage paid Porto zahlt Empfänger

postage stamp n (fml) Briefmarke die

postal order ['pəʊstl-] n Postanweisung die

postbox ['pəʊstbɒks] n (UK) Briefkasten der

postcard ['pəʊstkɑːd] n Postkarte die

postcode ['pəʊstkəʊd] n (UK) Postleitzahl die

poster ['pəʊstə'] n 1. (for advertisement) Plakat das 2. (decoration) Poster das

poste restante [,pəʊstres'tɑːnt] n (UK) Schalter der für postlagernde Sendungen

post-free adv portofrei

postgraduate [,pəʊst'grædʒʊət] n Student, der auf einen höheren Studienabschluss hinarbeitet

postman ['pəʊstmən] (pl -men) n Briefträger der

postmark ['pəʊstmɑːk] n Poststempel der

post office n (building) Post die ● the Post Office die Post

postpone [,pəʊst'pəʊn] vt verschieben

posture ['pɒstʃə'] n Haltung die

postwoman ['pəʊst,wʊmən] (pl -women) n Briefträgerin die

pot [pɒt] n 1. (for cooking) Topf der 2. (for jam) Glas das 3. (for paint) Dose die 4. (for coffee, tea) Kanne die 5. (inf) (cannabis) Hasch das ● a pot of tea ein Kännchen Tee

potato [pə'teɪtəʊ] (pl -es) n Kartoffel die

potato salad n Kartoffelsalat der

potential [pə'tenʃl] ◇ adj potenziell ◇ n Potenzial das

pothole ['pɒthəʊl] n (in road) Schlagloch das

pot plant n Topfpflanze die

pot scrubber [-'skrʌbə'] n Topfreiniger der

potted ['pɒtɪd] adj 1. (meat, fish) Dosen-2. (plant) Topf-

pottery ['pɒtərɪ] n 1. (clay objects) n

pottery pl 2. (craft) Töpferei die

potty ['pɒtɪ] n Töpfchen das

pouch [paʊtʃ] n (for money) Beutel der

poultry ['pəʊltrɪ] n & npl Geflügel das

pound [paʊnd] ◇ n 1. (unit of money) ≃ Pfund das 2. (unit of weight) = 0,45 Kg ◇ vi 1. (heart) pochen 2. (head) dröhnen

pour [pɔː'] ◇ vt 1. gießen 2. (sugar, sand) schütten 3. (drink) einigießen ◇ vi (flow) fließen ● it's pouring (with rain) es gießt ● pour out vt sep (drink) einigießen

poverty ['pɒvətɪ] n Armut die

powder ['paʊdə'] n Pulver das

power ['paʊə'] ◇ n 1. Macht die 2. (strength, force) Kraft die 3. (energy) Energie die 4. (electricity) Strom der ◇ vt anǀtreiben ● to be in power an der Macht sein

power cut n Stromsperre die

power failure n Stromausfall der

powerful ['paʊəfʊl] adj 1. stark 2. (leader) mächtig 3. (voice) kräftig

power point n (UK) Steckdose die

power station n Kraftwerk das

power steering n Servolenkung die

practical ['præktɪkl] adj praktisch

practically ['præktɪklɪ] adv praktisch

practice ['præktɪs] ◇ n 1. (training) Übung die 2. (training session) Training das 3. (of doctor, lawyer) Praxis die 4. (regular activity) Gewohnheit die 5. (custom) Brauch der ◇ vt (US) = practise ● out of practice außer Übung

practise ['præktɪs] ◇ n (US) = practice ◇ vt & vi üben ● to practise as a doctor als Arzt tätig sein

praise [preɪz] ◇ n Lob das ◇ vt loben

pram [præm] n (UK) Kinderwagen der

prank [præŋk] n Streich der

prawn [prɔːn] *n* Garnele *die*

prawn cocktail *n* Krabbencocktail *der*

prawn cracker *n* chinesischer Chip mit Krabbengeschmack

pray [preɪ] *vi* beten ● **to pray for sthg** um etw beten

prayer [preər] *n* Gebet *das*

precarious [prɪˈkeərɪəs] *adj* unsicher

precaution [prɪˈkɔːʃn] *n* Vorsichtsmaßnahme *die*

precede [prɪˈsiːd] *vt* (*fml*) vorangehen (+D)

preceding [prɪˈsiːdɪŋ] *adj* vorhergehend

precinct [ˈpriːsɪŋkt] *n* **1.** (*UK*) (*for shopping*) Einkaufsviertel *das* **2.** (*US*) (*area of town*) Bezirk *der*

precious [ˈpreʃəs] *adj* **1.** kostbar **2.** (*metal, jewel*) Edel-

precious stone *n* Edelstein *der*

precipice [ˈpresɪpɪs] *n* Abgrund *der*

precise [prɪˈsaɪs] *adj* genau

precisely [prɪˈsaɪslɪ] *adv* genau

predecessor [ˈpriːdɪsesər] *n* Vorgänger *der*, -in *die*

predicament [prɪˈdɪkəmənt] *n* Dilemma *das*

predict [prɪˈdɪkt] *vt* vorhersagen

predictable [prɪˈdɪktəbl] *adj* **1.** (*foreseeable*) vorhersehbar **2.** (*pej*) (*unoriginal*) berechenbar

prediction [prɪˈdɪkʃn] *n* Voraussage *die*

preface [ˈprefɪs] *n* Vorwort *das*

prefect [ˈpriːfekt] *n* (*UK*) (*at school*) älterer Schüler in britischen Schulen, der den Lehrern bei der Aufsicht hilft

prefer [prɪˈfɜːr] *vt* vorziehen ● **to prefer to do sthg** etw lieber tun

preferable [ˈprefrəbl] *adj* ● **to be preferable (to)** vorzuziehen sein (+D)

preferably [ˈprefrəblɪ] *adv* vorzugsweise

preference [ˈprefərəns] *n* Vorzug *der* ● **to have a preference for sthg** etw bevorzugen

prefix [ˈpriːfɪks] *n* Vorsilbe *die*

pregnancy [ˈpregnənsɪ] *n* Schwangerschaft *die*

pregnant [ˈpregnənt] *adj* schwanger

prejudice [ˈpredʒʊdɪs] *n* Voreingenommenheit *die* ● **to have a prejudice against sb/sthg** ein Vorurteil gegen jn/etw haben

prejudiced [ˈpredʒʊdɪst] *adj* voreingenommen

preliminary [prɪˈlɪmɪnərɪ] *adj* Vor-

premature [ˈpreməˌtjʊər] *adj* vorzeitig ● **a premature baby** eine Frühgeburt

premier [ˈpremjər] *adj* bedeutendste(r)(s) ◇ *n* Premier *der*

premiere [ˈpremɪeər] *n* Premiere *die*

premises [ˈpremɪsɪz] *npl* **1.** (*grounds*) Gelände *das* **2.** (*shop, restaurant*) Räumlichkeiten *pl*

premium [ˈpriːmjəm] *n* (*for insurance*) Prämie *die*

premium-quality *adj* (*meat*) Qualitäts-

preoccupied [priːˈɒkjʊpaɪd] *adj* beschäftigt

prepacked [ˌpriːˈpækt] *adj* abgepackt

prepaid [ˈpriːpeɪd] *adj* (*envelope*) frankiert

preparation [ˌprepəˈreɪʃn] *n* Vorbereitung *die*

preparatory school [prɪˈpærətrɪ-] *n* **1.** (*in UK*) private Grundschule **2.** (*in US*) private Oberschule

prepare [prɪˈpeər] ◇ *vt* **1.** vorbereiten **2.** (*food*) kochen ◇ *vi* sich vorbereiten

prepared [prɪˈpeəd] *adj* vorbereitet ● **to**

---

be prepared to do sthg bereit sein, etw zu tun

preposition [ˌprepəˈzɪʃn] n Präposition die

prep school [prep-] = **preparatory school**

prescribe [prɪˈskraɪb] vt (medicine, treatment) verschreiben

prescription [prɪˈskrɪpʃn] n 1. (paper) Rezept das 2. (medicine) Medikament das

presence [ˈprezns] n (being present) Anwesenheit die ● **in his presence** in seiner Gegenwart

present ◇ adj [ˈpreznt] 1. (in attendance) anwesend 2. (current) gegenwärtig ◇ vt [prɪˈzent] 1. (hand over) überreichen 2. (represent) darstellen 3. (TV, radio programme) moderieren 4. (play) aufführen ◇ n [ˈpreznt] 1. (gift) Geschenk das 2. (current time) ● **the present** die Gegenwart ● **the present (tense)** GRAM das Präsens ● **at present** zur Zeit ● **to present sb with sthg** jm etw überreichen ● **to present sb to sb** jn einer Person vorstellen

presentable [prɪˈzentəbl] adj präsentabel

presentation [ˌpreznˈteɪʃn] n 1. (way of presenting) Präsentation die 2. (ceremony) Verleihung die

presenter [prɪˈzentər] n (of TV, radio programme) Moderator der, -in die

presently [ˈprezntlɪ] adv 1. (soon) bald 2. (now) zur Zeit

preservation [ˌprezəˈveɪʃn] n Erhaltung die

preservative [prɪˈzɜːvətɪv] n Konservierungsstoff der

preserve [prɪˈzɜːv] ◇ n (jam) Konfitüre die ◇ vt 1. erhalten 2. (food) konservieren

president [ˈprezɪdənt] n 1. Präsident der, -in die 2. (of company) Vorsitzende der, die

press [pres] ◇ vt 1. drücken 2. (button) drücken auf (+A) 3. (clothes) plätten ◇ n ● **the press** (media) die Presse ● **to press sb to do sthg** jn drängen, etw zu tun

press conference n Pressekonferenz die

press-stud n Druckknopf der

press-up n Liegestütz der

pressure [ˈpreʃər] n Druck der

pressure cooker n Schnellkochtopf der

prestigious [preˈstɪdʒəs] adj renommiert

presumably [prɪˈzjuːməblɪ] adv vermutlich

presume [prɪˈzjuːm] vt annehmen

pretend [prɪˈtend] vt ● **to pretend to do sthg** vorgeben, etw zu tun

pretentious [prɪˈtenʃəs] adj hochgestochen

pretty [ˈprɪtɪ] ◇ adj hübsch ◇ adv (inf) (quite) ziemlich

prevent [prɪˈvent] vt verhindern ● **to prevent sb from doing sthg** jn daran hindern, etw zu tun

prevention [prɪˈvenʃn] n Vorbeugung die

preview [ˈpriːvjuː] n Vorschau die

previous [ˈpriːvjəs] adj 1. (earlier) früher 2. (preceding) vorig

previously [ˈpriːvjəslɪ] adv vorher

price [praɪs] ◇ n Preis der ◇ vt auszeichnen

priceless [ˈpraɪslɪs] adj unbezahlbar

price list n Preisliste die

pricey [ˈpraɪsɪ] adj (inf) teuer

prick [prɪk] *vt* stechen
prickly ['prɪklɪ] *adj* stachelig
prickly heat *n* Hitzepickel *pl*
pride [praɪd] ◇ *n* Stolz *der* ◇ *vt* ● **to pride o.s. on sthg** stolz sein auf etw (A)
priest [priːst] *n* Priester *der*
primarily ['praɪmərɪlɪ] *adv* hauptsächlich
primary school ['praɪmərɪ-] *n* Grundschule *die*
prime [praɪm] *adj* 1. *(chief)* Haupt- 2. *(quality, beef, cut)* erstklassig
prime minister *n* Premierminister *der*, -in *die*
primitive ['prɪmɪtɪv] *adj* primitiv
primrose ['prɪmrəʊz] *n* Himmelschlüssel *der*
prince [prɪns] *n* Prinz *der*
Prince of Wales *n* Prinz *der* von Wales
princess [prɪn'ses] *n* Prinzessin *die*
principal ['prɪnsəpl] ◇ *adj* Haupt- ◇ *n (of school, university)* Rektor *der*, -in *die*
principle ['prɪnsəpl] *n* Prinzip *das* ● **in principle** im Prinzip
print [prɪnt] ◇ *n* 1. Druck *der* 2. *(photo)* Abzug *der* 3. *(mark)* Abdruck *der* ◇ *vt* 1. drucken 2. *(write)* in Druckschrift schreiben 3. *(photo)* abziehen ● **out of print** vergriffen ● **print out** *vt sep* ausdrucken
printed matter ['prɪntɪd-] *n* Drucksache *die*
printer ['prɪntə'] *n* Drucker *der*
printout ['prɪntaʊt] *n* Ausdruck *der*
prior ['praɪə'] *adj (previous)* frühere(r)(s) ● **prior to sthg** *(fml)* vor etw (D)
priority [praɪ'ɒrətɪ] *n* Priorität *die* ● **to have priority over** Vorrang haben vor (+D)
prison ['prɪzn] *n* Gefängnis *das*

prisoner ['prɪznə'] *n* Häftling *der*
prisoner of war *n* Kriegsgefangene *der*, *die*
prison officer *n* Gefängniswärter *der*, -in *die*
privacy ['prɪvəsɪ] *n* Privatleben *das*
private ['praɪvɪt] ◇ *adj* 1. Privat- 2. *(confidential)* vertraulich 3. *(quiet)* ruhig ◇ *n* MIL Gefreite *der* ● **in private** privat

private education

Privatschulen heißen in Großbritannien und Nordirland *public schools*. Eltern zahlen für die Ausbildung ihrer Kinder an kleinen örtlichen Schulen oder an renommierten Instituten, die von Schülern aus allen Landesteilen besucht werden. Früher waren alle Privatschulen Internate, in denen die Schüler das ganze Schuljahr über lebten; viele sind dies heute noch.

private health care *n* private Krankenpflege *die*
private property *n* Privatgrundstück *das*
private school *n* Privatschule *die*
privilege ['prɪvɪlɪdʒ] *n* Privileg *das* ● **it's a privilege!** es ist mir eine Ehre!
prize [praɪz] *n* Preis *der*
prize-giving [-ˌgɪvɪŋ] *n* Preisverleihung *die*
pro [prəʊ] *(pl* -s) *n* 1. *(inf) (professional)* Profi *der* ● **pros** *npl* ● **pros and cons** Pro und Kontra *das*
probability [ˌprɒbə'bɪlətɪ] *n* Wahrscheinlichkeit *die*

probable ['prɒbəbl] *adj* wahrscheinlich

probably ['prɒbəblɪ] *adv* wahrscheinlich

probation officer [prə'beɪʃn-] *n* Bewährungshelfer *der, -in die*

problem ['prɒbləm] *n* Problem *das* ● no problem! *(inf)* kein Problem!

procedure [prə'siːdʒə^r] *n* Verfahren *das*

proceed [prə'siːd] *vi* **1.** *(fml) (continue)* fortlfahren **2.** *(act)* vorlgehen **3.** *(walk)* gehen **4.** *(drive)* fahren ● **proceed with caution** Vorsichtig fahren

proceeds ['prəʊsiːdz] *npl* Erlös *der*

process ['prəʊses] *n* Prozess *der* ● **to be in the process of doing sthg** dabei sein, etw zu tun

processed cheese ['prəʊsest-] *n* Schmelzkäse *der*

procession [prə'seʃn] *n* Prozession *die*

prod [prɒd] *vt (poke)* stupsen

produce [prə'djuːs] ◇ *vt* **1.** *(make, manufacture)* herlstellen **2.** *(work of art)* schaffen **3.** *(cause)* hervorlrufen **4.** *(create naturally)* erzeugen **5.** *(passport, identification)* vorlzeigen **6.** *(proof)* liefern **7.** *(play)* inszenieren **8.** *(film)* produzieren ◇ *n* Erzeugnisse *pl*

producer [prə'djuːsə^r] *n* **1.** *(manufacturer)* Produzent *der, -in die* **2.** *(of film)* Produzent *der, -in die* **3.** *(of play)* Regisseur *der, -in die*

product ['prɒdʌkt] *n* Produkt *das*

production [prə'dʌkʃn] *n* **1.** *(manufacture)* Produktion *die* **2.** *(of play)* Produktion *die* **3.** *(play)* Aufführung *die*

productivity [,prɒdʌk'tɪvətɪ] *n* Produktivität *die*

profession [prə'feʃn] *n* Beruf *der*

professional [prə'feʃənl] ◇ *adj* **1.** *(relating to work)* Berufs- **2.** *(expert)* fachmännisch* ◇ *n* **1.** *(not amateur)* Fachmann *der* **2.** SPORT Profi *der*

professor [prə'fesə^r] *n* **1.** *(in UK)* Professor *der, -in die* **2.** *(in US)* Dozent *der, -in die*

profile ['prəʊfaɪl] *n* **1.** Profil *das* **2.** *(description)* Kurzdarstellung *die*

profit ['prɒfɪt] ◇ *n* Profit *der*, Gewinn *der* ◇ *vi* ● **to profit (from)** profitieren (von)

profitable ['prɒfɪtəbl] *adj* Gewinn bringend

profiteroles [prə'fɪtərəʊlz] *npl* Profiterolen *pl*

profound [prə'faʊnd] *adj* tief

program ['prəʊgræm] ◇ *n* **1.** COMPUT Programm *das* **2.** *(US)* = **programme** ◇ *vt* COMPUT programmieren

programme ['prəʊgræm] *n* **1.** *(UK)* Programm *das* **2.** *(on TV, radio)* Sendung *die*

progress ◇ *n* ['prəʊgres] **1.** *(improvement)* Fortschritt *der* **2.** *(forward movement)* Voranlkommen *das* ◇ *vi* [prə'gres] **1.** voranlkommen **2.** *(day, meeting)* verlgehen ● **to make progress** *(improve)* Fortschritte machen; *(in journey)* voranlkommen ● **in progress** im Gange

progressive [prə'gresɪv] *adj* *(forward-looking)* fortschrittlich

prohibit [prə'hɪbɪt] *vt* verbieten ▼ **smoking strictly prohibited** Rauchen streng verboten

project ['prɒdʒekt] *n* **1.** Projekt *das* **2.** *(at school)* Arbeit *die*

projector [prə'dʒektə^r] *n* Projektor *der*

prolong [prə'lɒŋ] *vt* verlängern

prom [prɒm] *n* *(US) (dance)* Schüler-/ Studentenball

promenade [,prɒmə'nɑːd] *n* *(UK) (by the*

sea) Strandpromenade *die*

prominent ['prɒmɪnənt] *adj* **1.** *(person)* prominent **2.** *(noticeable)* auffallend

promise ['prɒmɪs] ◇ *n* Versprechen *das* ◇ *vt & vi* versprechen ● **to show promise** *(work, person)* viel versprechend sein ● **I promise (that)** I'll come ich verspreche, dass ich komme ● **to promise sb sthg** jm etw versprechen ● **to promise to do sthg** versprechen, etw zu tun

promising ['prɒmɪsɪŋ] *adj* viel versprechend

promote [prə'məʊt] *vt* befördern

promotion [prə'məʊʃn] *n* **1.** Beförderung *die* **2.** *(of product)* Sonderangebot *das*

prompt [prɒmpt] ◇ *adj (quick)* prompt ◇ *adv* ● **at six o'clock prompt** Punkt sechs Uhr

prone [prəʊn] *adj* ● **to be prone to sthg** zu etw neigen ● **to be prone to do sthg** dazu neigen, etw zu tun

prong [prɒŋ] *n* Zinke *die*

pronoun ['prəʊnaʊn] *n* Pronomen *das*

pronounce [prə'naʊns] *vt (word)* aussprechen

pronunciation [prə,nʌnsɪ'eɪʃn] *n* Aussprache *die*

proof [pruːf] *n (evidence)* Beweis *der* ● **12% proof** *(alcohol)* 12% vol

prop [prɒp] ◆ **prop up** *vt sep* stützen

propeller [prə'peləʳ] *n* Propeller *der*

proper ['prɒpəʳ] *adj* **1.** richtig **2.** *(behaviour)* anständig

properly ['prɒpəlɪ] *adv* richtig

property ['prɒpətɪ] *n* **1.** *(possessions)* Eigentum *das* **2.** *(land)* Besitz *der* **3.** *(fml) (building)* Immobilien *pl* **4.** *(quality)* Eigenschaft *die*

proportion [prə'pɔːʃn] *n* **1.** *(part, amount)* Teil *der* **2.** *(ratio)* Verhältnis *das* **3.** *(in art)* Proportion *die*

proposal [prə'pəʊzl] *n* Vorschlag *der*

propose [prə'pəʊz] ◇ *vt* vorschlagen ◇ *vi* ● **to propose (to sb)** (jm) einen Heiratsantrag machen

proposition [,prɒpə'zɪʃn] *n* Vorschlag *der*

proprietor [prə'praɪətəʳ] *n (fml)* Eigentümer *der*, -in *die*

prose [prəʊz] *n* **1.** *(not poetry)* Prosa *die* **2.** SCH Übersetzung *die (in die Fremdsprache)*

prosecution [,prɒsɪ'kjuːʃn] *n* LAW *(charge)* Anklage *die*

prospect ['prɒspekt] *n* Aussicht *die*

prospectus [prə'spektəs] *(pl* **-es**) *n* Broschüre *die*

prosperous ['prɒspərəs] *adj* wohlhabend

prostitute ['prɒstɪtjuːt] *n* Prostituierte *die*

protect [prə'tekt] *vt* schützen ● **to protect sb/sthg from sb/sthg** schützen vor *(+D)* ● **to protect sb/sthg against sb/sthg** schützen vor *(+D)*

protection [prə'tekʃn] *n* Schutz *der*

protection factor *n (of suntan lotion)* Schutzfaktor *der*

protective [prə'tektɪv] *adj* **1.** *(person)* beschützend **2.** *(clothes)* Schutz-

protein ['prəʊtiːn] *n* Protein *das*

protest ◇ *n* ['prəʊtest] **1.** *(complaint)* Protest *der* **2.** *(demonstration)* Protestmarsch *der* ◇ *vt* [prə'test] *(US) (protest against)* protestieren gegen ◇ *vi* ● **to protest (against)** protestieren (gegen)

Protestant ['prɒtɪstənt] *n* Protestant *der*, -in *die*

protester [prəˈtestəʳ] *n* Demonstrant *der*, -in *die*

protractor [prəˈtræktəʳ] *n* Winkelmaß *das*

protrude [prəˈtruːd] *vi* vorstehen

proud [praʊd] *adj* stolz ● **to be proud of** stolz sein auf (+A)

prove [pruːv] (*pp* **-d** OR **proven**) *vt* **1.** beweisen **2.** (turn out to be) sich erweisen als

proverb [ˈprɒvɜːb] *n* Sprichwort *das*

provide [prəˈvaɪd] *vt* (supply) liefern ● **to provide sb with sthg** jn mit etw versorgen ● **provide for** *vt insep* ● **to provide for sb** für js Lebensunterhalt sorgen

provided (that) [prəˈvaɪdɪd-] *conj* vorausgesetzt (, dass)

providing (that) [prəˈvaɪdɪŋ-] = **provided (that)**

province [ˈprɒvɪns] *n* Provinz *die*

provisional [prəˈvɪʒənl] *adj* provisorisch

provisions [prəˈvɪʒnz] *npl* Proviant *der*

provocative [prəˈvɒkətɪv] *adj* provozierend

provoke [prəˈvəʊk] *vt* **1.** (cause) hervorrufen **2.** (annoy) provozieren

prowl [praʊl] *vi* herumstreichen

prune [pruːn] ◇ *n* Dörrpflaume *die* ◇ *vt* (tree, bush) beschneiden

PS (abbr of postscript) PS

psychiatrist [saɪˈkaɪətrɪst] *n* Psychiater *der*, -in *die*

psychic [ˈsaɪkɪk] *adj* ● **to be psychic** übernatürliche Kräfte haben

psychological [ˌsaɪkəˈlɒdʒɪkl] *adj* psychologisch

psychologist [saɪˈkɒlədʒɪst] *n* Psychologe *der*, Psychologin *die*

psychology [saɪˈkɒlədʒɪ] *n* Psychologie *die*

psychotherapist [ˌsaɪkəʊˈθerəpɪst] *n* Psychotherapeut *der*, -in *die*

pt *abbr* = pint

PTO (abbr of please turn over) b.w.

pub [pʌb] *n* Pub *der*, Kneipe *die*

pub

In Pubs kommen Menschen aller Altersgruppen zusammen, um etwas (meist Bier) zu trinken, eine Kleinigkeit zu essen und vielleicht *darts* oder *pool* (Billard) zu spielen; oft finden dort auch Live-Konzerte statt. Getränke werden an der Theke bestellt und bezahlt. Immer mehr so genannte *gastropubs* haben eine richtige Speisekarte.

puberty [ˈpjuːbətɪ] *n* Pubertät *die*

public [ˈpʌblɪk] ◇ *adj* öffentlich ◇ *n* ● **the public** die Öffentlichkeit ● **in public** in der Öffentlichkeit

publican [ˈpʌblɪkən] *n* (UK) Gastwirt *der*, -in *die*

publication [ˌpʌblɪˈkeɪʃn] *n* Veröffentlichung *die*

public bar *n* (UK) Raum in einem Pub, der weniger bequem ausgestattet ist als die "lounge bar" oder "saloon bar"

public convenience *n* (UK) öffentliche Toilette *die*

public footpath *n* (UK) öffentlicher Fußweg

public holiday *n* gesetzlicher Feiertag

public house *n* (UK) (fml) Pub *der*, Kneipe *die*

publicity [pʌbˈlɪsɪtɪ] n Publicity die

public school n 1. (in UK) Privatschule die 2. (in US) staatliche Schule

public telephone n öffentlicher Fernsprecher

public transport n öffentliche Verkehrsmittel pl

publish [ˈpʌblɪʃ] vt veröffentlichen

publisher [ˈpʌblɪʃə] n 1. (person) Verleger der 2. (company) Verlag der

publishing [ˈpʌblɪʃɪŋ] n (industry) Verlagswesen das

pub lunch n meist einfaches Mittagessen in einem Pub

pudding [ˈpudɪŋ] n 1. (sweet dish) Pudding der 2. (UK) (course) Nachtisch der

puddle [ˈpʌdl] n Pfütze die

puff [pʌf] ◇ vi (breathe heavily) keuchen ◇ n 1. (of air) Stoß der 2. (of smoke) Wolke die ● to puff at (cigarette, pipe) ziehen an (+D)

puff pastry n Blätterteig der

pull [pʊl] vt 1. ziehen an (+D) 2. (tow) ziehen ◇ vi ziehen ◇ n ● to give sthg a pull an etw (D) ziehen ● to pull a face eine Grimasse schneiden ● to pull a muscle sich (D) einen Muskel zerren ● to pull the trigger abdrücken ▼ pull on (door) Ziehen ◆ pull apart vt sep 1. (book) auseinander reißen 2. (machine) auseinander nehmen ◆ pull down vt sep 1. (lower) herunterlziehen 2. (demolish) ablreißen ◆ pull in vi 1. (train) einlfahren 2. (car) anlhalten ◆ pull out ◇ vt sep herauslziehen ◇ vi 1. (train) ablfahren 2. (car) auslscheren 3. (withdraw) sich zurücklziehen ◆ pull over vi (car) an den Straßenrand fahren ◆ pull up ◇ vt

sep (socks, trousers, sleeve) hochlziehen ◇ vi (stop) anlhalten

pulley [ˈpʊlɪ] (pl **pulleys**) n Flaschenzug der

pull-out n (US) (beside road) Parkbucht die

pullover [ˈpʊlˌəʊvə] n Pullover der

pulpit [ˈpʊlpɪt] n Kanzel die

pulse [pʌls] n MED Puls der

pump [pʌmp] n Pumpe die ◆ **pumps** npl (sports shoes) Freizeitschuhe pl ◆ **pump up** vt sep auflpumpen

pumpkin [ˈpʌmpkɪn] n Kürbis der

pun [pʌn] n Wortspiel das

punch [pʌntʃ] ◇ n 1. (blow) Faustschlag der 2. (drink) Punsch der ◇ vt 1. (hit) boxen 2. (ticket) lochen

Punch and Judy show [-ˈdʒuːdɪ-] n Kasperltheater das

punctual [ˈpʌŋktʃʊəl] adj pünktlich

punctuation [ˌpʌŋktʃʊˈeɪʃn] n Interpunktion die

puncture [ˈpʌŋktʃə] ◇ n 1. (of car tyre) Reifenpanne die 2. (of bicycle tyre) Platten der ◇ vt stechen in (+A)

punish [ˈpʌnɪʃ] vt ● to punish sb (for sthg) jn (für etw) bestrafen

punishment [ˈpʌnɪʃmənt] n Strafe die

punk [pʌŋk] n 1. (person) Punker der, -in die 2. (music) Punk der

punnet [ˈpʌnɪt] n (UK) Körbchen das

pupil [ˈpjuːpl] n 1. (student) Schüler der, -in die 2. (of eye) Pupille die

puppet [ˈpʌpɪt] n Puppe die

puppy [ˈpʌpɪ] n junger Hund

purchase [ˈpɜːtʃəs] ◇ vt (fml) kaufen ◇ n (fml) Kauf der

pure [pjʊə] adj rein

puree [ˈpjʊəreɪ] n Püree das

purely [ˈpjʊəlɪ] *adv* rein

purity [ˈpjʊərɪtɪ] *n* Reinheit *die*

purple [ˈpɜːpl] *adj* violett

purpose [ˈpɜːpəs] *n* Zweck *der* ● on purpose absichtlich

purr [pɜːʳ] *vi* (cat) schnurren

purse [pɜːs] *n* 1. (UK) (for money) Portmonee *das* 2. (US) (handbag) Handtasche *die*

pursue [pəˈsjuː] *vt* 1. (follow) verfolgen 2. (study, inquiry, matter) nachlgehen (+D)

pus [pʌs] *n* Eiter *der*

push [pʊʃ] ◇ *vt* 1. schieben 2. (button) drücken auf (+A) 3. (product) puschen ◇ *vi* schubsen ◇ *n* ● to give sb/sthg a push jm/einer Sache einen Stoß geben ● to push sb into doing sthg jn drängen, etw zu tun ▼ **push** (on door) Drücken ◆ **push in** *vi* (in queue) sich vorldrängen ◆ **push off** *vi* (inf) (go away) ablhauen

push-button telephone *n* Tastentelefon *das*

pushchair [ˈpʊʃtʃeəʳ] *n* (UK) Sportwagen *der* (für Kinder)

pushed [pʊʃt] *adj* (inf) ● to be pushed (for time) in Eile sein

push-ups *npl* Liegestütze *pl*

put [pʊt] (*pt & pp inv*) *vt* 1. (place) tun 2. (place upright) stellen 3. (lay flat) legen 4. (express) sagen 5. (write) schreiben 6. (a question) stellen 7. (estimate) ● to put sthg at etw schätzen auf (+A) ● to put a child to bed ein Kind ins Bett bringen ● to put money into sthg Geld in etw (A) investieren ● to put sb under pressure jn unter Druck setzen ● to put the blame on sb jm die Schuld geben ◆ **put aside** *vt sep* (money) zur Seite legen ◆ **put away** *vt sep* (tidy up) weglräumen ◆

put back *vt sep* 1. (replace) zurücklegen 2. (postpone) verschieben 3. (clock, watch) zurücklstellen ◆ **put down** *vt sep* 1. (place) setzen 2. (place upright) (hin)lstellen 3. (lay flat) (hin)llegen 4. (passenger) ablsetzen 5. (UK) (animal) einlschläfern 6. (deposit) anlzahlen ◆ **put forward** *vt sep* 1. (clock, watch) vorlstellen 2. (suggest) vorlschlagen ◆ **put in** *vt sep* 1. (insert) hineinlstecken 2. (install) einlbauen ◆ **put off** *vt sep* 1. (postpone) verschieben 2. (distract) ablenken 3. (repel) ablstoßen 4. (passenger) ablsetzen ◆ **put on** *vt sep* 1. (clothes) anlziehen 2. (glasses) auflsetzen 3. (make-up) auflegen 4. (television, light, radio) anlschalten 5. (record) auflegen 6. (CD, tape) einllegen 7. (play, show) auflführen ● to put on weight zulnehmen ● to put the kettle on Wasser auflsetzen ◆ **put out** *vt sep* 1. (cigarette, fire, light) auslmachen 2. (publish) veröffentlichen 3. (hand, arm, leg) auslstrecken ● to put sb out jm Umstände machen ● to put one's back out sich (D) den Rücken verrenken ◆ **put together** *vt sep* 1. (assemble) zusammenlsetzen 2. (combine) zusammenlstellen ◆ **put up** ◇ *vt sep* 1. (tent, statue, building) errichten 2. (umbrella) auflspannen 3. (a notice) anlschlagen 4. (sign) anlbringen 5. (price, rate) hochltreiben 6. (visitor) unterlbringen ◇ *vi* (UK) (in hotel) unterlkommen ◆ **put up with** *vt insep* dulden

putter [ˈpʌtəʳ] *n* (club) Putter *der*

putting green [ˈpʌtɪŋ-] *n* Platz *der* zum Putten

putty [ˈpʌtɪ] *n* Kitt *der*

puzzle ['pʌzl] ◇ n **1.** Rätsel das **2.** (jigsaw) Puzzle das ◇ vt verblüffen

puzzling ['pʌzlɪŋ] adj verblüffend

pyjamas [pə'dʒɑːməz] npl (UK) Schlafanzug der

pylon ['paɪlən] n Mast der

pyramid ['pɪrəmɪd] n Pyramide die

Pyrenees [,pɪrə'niːz] npl ● the Pyrenees die Pyrenäen pl

Pyrex ® ['paɪreks] n Jenaer Glas ® das

q Q

quail [kweɪl] n Wachtel die

quail's eggs npl Wachteleier pl

quaint [kweɪnt] adj (village, cottage) malerisch

qualification [,kwɒlɪfɪ'keɪʃn] n **1.** (diploma) Zeugnis das **2.** (ability) Qualifikation die

qualified ['kwɒlɪfaɪd] adj qualifiziert

qualify ['kwɒlɪfaɪ] vi sich qualifizieren

quality ['kwɒlətɪ] ◇ n **1.** Qualität die **2.** (feature) Eigenschaft die ◇ adj **1.** (product) Qualitäts- **2.** (newspaper) seriös

quarantine ['kwɒrəntiːn] n Quarantäne die

quarrel ['kwɒrəl] ◇ n Streit der ◇ vi sich streiten

quarry ['kwɒrɪ] n (for stone, sand) Steinbruch der

quart [kwɔːt] n = 0,14 Liter, Quart das

quarter ['kwɔːtə'] n **1.** Viertel das **2.** (US) (coin) Vierteldollar der **3.** (4 ounces) = 0,1134 kg, Vierteldpfund das **4.** (three months) Quartal das ● (a) quarter of an hour eine Viertelstunde ● (a) quarter to five (UK) Viertel vor fünf ● (a) quarter of five (US) Viertel vor fünf ● (a) quarter past five (UK) Viertel nach fünf ● (a) quarter after five (US) Viertel nach fünf

quarterpounder [,kwɔːtə'paʊndə'] n Viertelpfünder der (großer Hamburger)

quartet [kwɔː'tet] n Quartett das

quartz [kwɔːts] adj (watch) Quarz-

quay [kiː] n Kai der

queasy ['kwiːzɪ] adj (inf) unwohl

queen [kwiːn] n **1.** Königin die **2.** (in chess, cards) Dame die

queer [kwɪə'] adj **1.** (strange) seltsam **2.** (inf) (ill) unwohl **3.** (inf) (homosexual) schwul

quench [kwentʃ] vt ● to quench one's thirst seinen Durst löschen

query ['kwɪərɪ] n Frage die

question ['kwestʃn] ◇ n Frage die ◇ vt **1.** (person) ausfragen **2.** (subj: police) verhören ● it's out of the question das kommt nicht in Frage

question mark n Fragezeichen das

questionnaire [,kwestʃə'neə'] n Fragebogen der

queue [kjuː] ◇ n (UK) Schlange die ◇ vi (UK) Schlange stehen ● queue up vi (UK) Schlange stehen

quiche [kiːʃ] n Quiche die

quick [kwɪk] adj & adv schnell

quickly ['kwɪklɪ] adv schnell

quid [kwɪd] (pl inv) n (UK) (inf) (pound) Pfund das (Geld)

quiet ['kwaɪət] ◇ adj **1.** ruhig **2.** (voice, car) leise ◇ n Ruhe die ● keep quiet! Ruhe! ● to keep quiet still sein ● to

keep quiet about sthg etw verschweigen

quieten ['kwaɪətn] ◆ **quieten down** *vi* sich beruhigen

quietly ['kwaɪətlɪ] *adv* 1. ruhig 2. (speak) leise

quilt [kwɪlt] *n* 1. (duvet) Steppdecke die 2. (eiderdown) Bettdecke die

quince [kwɪns] *n* Quitte die

quirk [kwɜːk] *n* Schrulle die

quit [kwɪt] (pt & pp inv) ◇ vi 1. (resign) kündigen 2. (give up) aufhören ◇ vt (US) (school, job) aufgeben ● to quit doing sthg aufhören, etw zu tun

quite [kwaɪt] *adv* 1. (fairly) ziemlich 2. (completely) ganz ● not quite nicht ganz ● quite a lot (of) ziemlich viel

quiz [kwɪz] (pl **-zes**) *n* Quiz das

quota ['kwəʊtə] *n* Quote die

quotation [kwəʊˈteɪʃn] *n* 1. (phrase) Zitat das 2. (estimate) Kostenvoranschlag der

quotation marks *npl* Anführungszeichen *pl*

quote [kwəʊt] ◇ vt 1. (phrase, writer) zitieren 2. (price) nennen ◇ n 1. (phrase) Zitat das 2. (estimate) Kostenvoranschlag der

r R

rabbit ['ræbɪt] *n* Kaninchen das

rabies ['reɪbiːz] *n* Tollwut die

RAC *n* (UK) (abbr of Royal Automobile Club) britischer Automobilclub

race [reɪs] ◇ *n* 1. (competition) Rennen das 2. (ethnic group) Rasse die ◇ vi 1.

(compete) um die Wette laufen/fahren etc 2. (go fast) rennen 3. (engine) durchdrehen ◇ vt um die Wette laufen/fahren etc mit

racecourse ['reɪskɔːs] *n* Rennbahn die

racehorse ['reɪshɔːs] *n* Rennpferd das

racetrack ['reɪstræk] *n* (for horses) Pferderennbahn die

racial ['reɪʃl] *adj* Rassen-

racing ['reɪsɪŋ] *n* ● (horse) racing Pferderennen das

racing car *n* Rennwagen der

racism ['reɪsɪzm] *n* Rassismus der

racist ['reɪsɪst] *n* Rassist der, -in die

rack [ræk] *n* 1. (for coats, hats) Ständer der 2. (for plates, bottles) Gestell das ● (luggage) rack Gepäckablage die ● rack of lamb Lammrücken der

racket ['rækɪt] *n* 1. Schläger der 2. (noise) Lärm der

racquet ['rækɪt] *n* Schläger der

radar ['reɪdɑːʳ] *n* Radar der

radiation [ˌreɪdɪˈeɪʃn] *n* Strahlung die

radiator ['reɪdɪeɪtəʳ] *n* 1. (in building) Heizkörper der 2. (of vehicle) Kühler der

radical ['rædɪkl] *adj* radikal

radii ['reɪdɪaɪ] ➤ radius

radio ['reɪdɪəʊ] (pl **-s**) ◇ n 1. (device) Radio das 2. (system) Rundfunk der ◇ vt (person) anfunken ● on the radio im Radio

radioactive [ˌreɪdɪəʊˈæktɪv] *adj* radioaktiv

radio alarm *n* Radiowecker der

radish ['rædɪʃ] *n* Radieschen das

radius ['reɪdɪəs] (pl **radii**) *n* Radius der

raffle ['ræfl] *n* Tombola die

raft [rɑːft] *n* 1. (of wood) Floß das 2. (inflatable) Schlauchboot das

rafter ['rɑːftə'] n Sparren der

rag [ræg] n (old cloth) Lumpen der

rage [reɪdʒ] n Wut die

raid [reɪd] ◊ n 1. (attack) Angriff der 2. (by police) Razzia die 3. (robbery) Überfall der ◊ vt 1. (subj: police) eine Razzia machen in (+D) 2. (subj: thieves) überfallen

rail [reɪl] ◊ n 1. (bar) Stange die 2. (on stairs) Geländer das 3. (for train, tram) Schiene die ◊ adj (travel, transport, network) Bahn- ● **by rail** mit der Bahn

railcard ['reɪlkɑːd] n (UK) ≃ Bahncard die

railings ['reɪlɪŋz] npl Gitter das

railroad ['reɪlrəʊd] (US) = **railway**

railway ['reɪlweɪ] n 1. (system) Eisenbahn die 2. (track) Eisenbahnstrecke die 3. (rails) Gleis das

railway line n 1. (route) Bahn die 2. (track) Eisenbahnstrecke die 3. (rails) Gleis das

railway station n Bahnhof der

rain [reɪn] ◊ n Regen der ◊ impers vb regnen ● **it's raining** es regnet

rainbow ['reɪnbəʊ] n Regenbogen der

raincoat ['reɪnkəʊt] n Regenmantel der

raindrop ['reɪndrɒp] n Regentropfen der

rainfall ['reɪnfɔːl] n Niederschlag der

rainy ['reɪnɪ] adj regnerisch

raise [reɪz] ◊ vt 1. (lift) heben 2. (increase) erhöhen 3. (money) beschaffen 4. (child) großziehen 5. (cattle, sheep etc) aufziehen 6. (question, subject) aufwerfen ◊ n (US) (pay increase) Gehaltserhöhung die

raisin ['reɪzn] n Rosine die

rake [reɪk] n Harke die

rally ['rælɪ] n 1. (public meeting) Kundgebung die 2. (motor race) Rallye die 3. (in

tennis, badminton, squash) Ballwechsel der

ram [ræm] ◊ n (sheep) Widder der ◊ vt (bang into) rammen

Ramadan ['ræmə'dæn] n Ramadan der

ramble ['ræmbl] n Wanderung die

ramp [ræmp] n Rampe die ▼ **ramp** (US) (to freeway) Auffahrt die; (UK) (bump) Schild an Baustellen, das auf Straßenschäden hinweist

ramparts ['ræmpɑːts] npl Wall der

ran [ræn] pt > **run**

ranch [rɑːntʃ] n Ranch die

ranch dressing n (US) cremige, würzige Soße

rancid ['rænsɪd] adj ranzig

random ['rændəm] ◊ adj willkürlich ◊ n ● **at random** wahllos

rang [ræŋ] pt > **ring**

range [reɪndʒ] ◊ n 1. (of radio, aircraft) Reichweite die 2. (of prices) Preislage die 3. (of temperatures) Temperaturbereich der 4. (ages) Altersgruppe die 5. (selection of products) Auswahl die 6. (of hills, mountains) Kette die 7. (for shooting) Schießstand der 8. (cooker) Kochherd der ◊ vi (vary) ● **to range from X to Y** zwischen X und Y liegen

ranger ['reɪndʒə'] n (of park, forest) Förster der, -in die

rank [ræŋk] ◊ n Rang der ◊ adj (smell, taste) übel

ransom ['rænsəm] n Lösegeld das

rap [ræp] n (music) Rap der

rape [reɪp] ◊ n Vergewaltigung die ◊ vt vergewaltigen

rapid ['ræpɪd] adj schnell ◆ **rapids** npl Stromschnellen pl

rapidly ['ræpɪdlɪ] adv schnell

rapist ['reɪpɪst] n Vergewaltiger der

rare [reəʳ] *adj* **1.** selten **2.** *(meat)* englisch gebraten

rarely ['reəlɪ] *adv* selten

rash [ræʃ] ◇ *n* Ausschlag *der* ◇ *adj* unbedacht

rasher ['ræʃəʳ] *n* Streifen *der*

raspberry ['rɑːzbərɪ] *n* Himbeere *die*

rat [ræt] *n* Ratte *die*

ratatouille [ˌrætəˈtuːɪ] *n* Ratatouille *die*

rate [reɪt] ◇ *n* **1.** *(level)* Rate *die* **2.** *(charge)* Satz *der* **3.** *(speed)* Tempo *das* ◇ *vt* **1.** *(consider)* einschätzen **2.** *(deserve)* verdienen ● **rate of exchange** Wechselkurs *der* ● **at any rate** auf jeden Fall ● **at this rate** auf diese Weise

rather ['rɑːðəʳ] *adv* **1.** *(quite)* ziemlich **2.** *(expressing preference)* lieber ● **I'd rather not** lieber nicht ● **would you rather ...?** möchtest du lieber...? ● **rather than** statt

ratio ['reɪʃɪəʊ] *(pl* **-s)** *n* Verhältnis *das*

ration ['ræʃn] *n* Ration *die* ◆ **rations** *npl (food)* Ration *die*

rational ['ræʃnl] *adj* rational

rattle ['rætl] ◇ *n (of baby)* Rassel *die* ◇ *vi* klappern

rave [reɪv] *n (party)* Rave *der*

raven ['reɪvn] *n* Rabe *der*

ravioli [ˌrævɪˈəʊlɪ] *n* Ravioli *pl*

raw [rɔː] *adj* roh

raw material *n* Rohstoff *der*

ray [reɪ] *n* Strahl *der*

razor ['reɪzəʳ] *n* Rasierapparat *der*

razor blade *n* Rasierklinge *die*

Rd *(abbr of Road)* Str.

re [riː] *prep* betreffs *(+G)*

RE *n (abbr of religious education)* Religionsunterricht *der*

reach [riːtʃ] ◇ *vt* **1.** erreichen **2.** *(town,*

country) ankommen in *(+D)* **3.** *(manage to touch)* kommen an *(+A)* **4.** *(extend up to)* reichen bis **5.** *(agreement, decision)* kommen zu ◇ *n* ● **out of reach** außer Reichweite ● **within reach of the beach** im Strandbereich ● **reach out** *vi* ● **to reach out (for)** die Hand ausstrecken (nach)

react [rɪˈækt] *vi* reagieren

reaction [rɪˈækʃn] *n* Reaktion *die*

read [riːd] *(pt & pp inv)* ◇ *vt* **1.** lesen **2.** *(say aloud)* vorlesen **3.** *(subj: sign, note)* besagen **4.** *(subj: meter, gauge)* anzeigen ◇ *vi* lesen ● **to read about sthg** über etw lesen ● **read out** *vt sep* laut vorlesen

reader ['riːdəʳ] *n* Leser *der*, -in *die*

readily ['redɪlɪ] *adv* **1.** *(willingly)* gern **2.** *(easily)* leicht

reading ['riːdɪŋ] *n* **1.** Lesen *das* **2.** *(of meter, gauge)* Stand *der*

reading matter *n* Lesestoff *der*

ready ['redɪ] *adj (prepared)* fertig ● **to be ready for sthg** *(prepared)* für etw fertig sein ● **to be ready to do sthg** *(willing)* bereit sein, etw zu tun; *(likely)* im Begriff sein, etw zu tun ● **to get ready** sich fertig machen ● **to get sthg ready** etw fertig machen

ready cash *n* Bargeld *das*

ready-cooked [-kʊkt] *adj* vorgekocht

ready-to-wear *adj* von der Stange

real ['rɪəl] ◇ *adj* **1.** *(actual)* wirklich **2.** *(genuine, for emphasis)* echt ◇ *adv (US)* echt, wirklich

real ale *n* dunkles, nach traditionellem Rezept gebrautes britisches Bier

real estate *n* Immobilien *pl*

realistic [ˌrɪəˈlɪstɪk] *adj* realistisch

reality [rɪˈælətɪ] *n* Realität *die* ● in

reality in Wirklichkeit

reality TV n Reality-TV das

realize ['rɪəlaɪz] vt 1. (become aware of) erkennen 2. (know) wissen 3. (ambition, goal) verwirklichen

really ['rɪəlɪ] adv wirklich ● **not really** eigentlich nicht ● **really?** (expressing surprise) wirklich?

realtor ['rɪəltər] n (US) Immobilienhändler der, -in die

rear [rɪə] ◇ adj 1. hintere(r)(s) 2. (window) Heck-, Hinter- ◇ n (back) Rückseite die

rearrange [ˌriːəˈreɪndʒ] vt 1. (room, furniture) umstellen 2. (meeting) verlegen

rearview mirror [ˈrɪəvjuː-] n Rückspiegel der

rear-wheel drive n Auto das mit Hinterradantrieb

reason ['riːzn] n Grund der ● **for some reason** aus irgendeinem Grund

reasonable ['riːznəbl] adj 1. (fair) angemessen 2. (not too expensive) preiswert 3. (sensible) vernünftig 4. (quite big) annehmbar

reasonably ['riːznəblɪ] adv (quite) ziemlich

reasoning ['riːznɪŋ] n Denken das

reassure [ˌriːəˈʃɔːʳ] vt versichern (+D)

reassuring [ˌriːəˈʃɔːrɪŋ] adj beruhigend

rebate ['riːbeɪt] n Rückzahlung die

rebel [rɪˈbel] ◇ n Rebell der, -in die ◇ vi rebellieren

rebound [rɪˈbaʊnd] vi abprallen

rebuild [ˌriːˈbɪld] (pt & pp **rebuilt**) vt wieder aufbauen

rebuke [rɪˈbjuːk] vt tadeln

recall [rɪˈkɔːl] vt (remember) sich erinnern an (+A)

receipt [rɪˈsiːt] n (for goods, money) Quittung die ● **on receipt of** bei Erhalt von

receive [rɪˈsiːv] vt 1. erhalten 2. (guest) empfangen

receiver [rɪˈsiːvəʳ] n (of phone) Hörer der

recent ['riːsnt] adj kürzlich, erfolgte(r)(s)

recently ['riːsntlɪ] adv kürzlich

receptacle [rɪˈseptəkl] n (fml) Behälter der

reception [rɪˈsepʃn] n 1. Empfang der 2. (in hotel) Rezeption die 3. (in hospital) Aufnahme die

introducing yourself at reception

When arriving for a meeting at a company, you tell the receptionist your surname, company, the person you are meeting and the time of your appointment: *Guten Tag, mein Name ist Müller von Verlag Knaus, ich habe einen Termin um 14 Uhr mit Herrn Kunze. Bitte, könnten Sie ihm sagen, dass ich hier bin?* When arriving at a hotel, you give your surname and the number of nights for which you have booked: *Guten Morgen/Tag/ Abend, ich habe bei Ihnen ein Einzelzimmer für zwei Nächte auf den Namen Becker reserviert.*

reception desk n (in hotel) Rezeption die

receptionist [rɪˈsepʃənɪst] n 1. (in hotel) Empfangsdame die 2. (man) Empfangschef der 3. (at doctor's) Sprechstundenhilfe die

recess [ˈriːses] n 1. (in wall) Nische die 2. (US) SCH Pause die

recession [rɪˈseʃn] n Rezession die

recipe [ˈresɪpɪ] n Rezept das

recite [rɪˈsaɪt] vt 1. (poem) aufsagen 2. (list) aufzählen

reckless [ˈreklɪs] adj leichtsinnig

reckon [ˈrekn] vt (inf) (think) denken ◆ **reckon on** vt insep rechnen mit ◆ **reckon with** vt insep (expect) rechnen mit

reclaim [rɪˈkleɪm] vt (baggage) abholen

reclining seat [rɪˈklaɪnɪŋ-] n Liegesitz der

recognition [ˌrekəgˈnɪʃn] n 1. (recognizing) Erkennen das 2. (acceptance) Anerkennung die

recognize [ˈrekəgnaɪz] vt 1. erkennen 2. (accept) anerkennen

recollect [ˌrekəˈlekt] vt sich erinnern an (+A)

recommend [ˌrekəˈmend] vt empfehlen ● **to recommend sb to do sthg** jm empfehlen, etw zu tun

recommendation [ˌrekəmenˈdeɪʃn] n Empfehlung die

reconsider [ˌriːkənˈsɪdəʳ] vt sich (D) nochmals überlegen

reconstruct [ˌriːkənˈstrʌkt] vt wieder aufbauen

record ◇ n [ˈrekɔːd] 1. MUS Schallplatte die 2. (best performance, highest level) Rekord der 3. (account) Aufzeichnung die ◇ vt [rɪˈkɔːd] 1. (keep account of) aufzeichnen 2. (on tape) aufnehmen

recorded delivery [rɪˈkɔːdɪd-] n (UK) Einschreiben das

recorder [rɪˈkɔːdəʳ] n 1. (tape recorder) Kassettenrekorder der 2. (instrument) Blockflöte die

recording [rɪˈkɔːdɪŋ] n (tape, record) Aufnahme die

record player n Plattenspieler der

record shop n Schallplattengeschäft das

recover [rɪˈkʌvəʳ] ◇ vt (get back) sicherstellen ◇ vi (from illness, shock) sich erholen

recovery [rɪˈkʌvərɪ] n (from illness) Erholung die

recovery vehicle n (UK) Abschleppwagen der

recreation [ˌrekrɪˈeɪʃn] n Erholung die

recreation ground n Spielplatz der

recruit [rɪˈkruːt] ◇ n (to army) Rekrut der ◇ vt (staff) anwerben

rectangle [ˈrekˌtæŋgl] n Rechteck das

rectangular [rekˈtæŋgjʊləʳ] adj rechteckig

recycle [ˌriːˈsaɪkl] vt recyceln

recycle bin n COMPUT Papierkorb der

red [red] ◇ adj rot ◇ n Rot das ● **in the red** in den roten Zahlen

red cabbage n Rotkohl der, Blaukraut das (Österr)

Red Cross n Rotes Kreuz

redcurrant [ˈredkʌrənt] n rote Johannisbeere

redecorate [ˌriːˈdekəreɪt] vt neu tapezieren/streichen

redhead [ˈredhed] n Rothaarige der, die

red-hot adj (metal) rot glühend

redial [riːˈdaɪəl] vi wieder wählen

redirect [ˌriːdɪˈrekt] vt 1. (letter) nachsenden 2. (traffic, plane) umleiten

red pepper n rote Paprikaschote

reduce [rɪˈdjuːs] ◇ vt reduzieren ◇ vi (US) (slim) abnehmen

reduced price [rɪˈdjuːst-] n reduzierter Preis

reduction [rɪ'dʌkʃn] n 1. *(in size)* Verkleinerung die 2. *(in price)* Reduzierung die

redundancy [rɪ'dʌndənsɪ] n *(UK)* Entlassung die

redundant [rɪ'dʌndənt] adj *(UK)* • to be made redundant entlassen werden

red wine n Rotwein der

reed [riːd] n *(plant)* Schilf das

reef [riːf] n Riff das

reek [riːk] vi stinken

reel [riːl] n 1. *(of thread)* Spule die 2. *(on fishing rod)* Rolle die

refectory [rɪ'fektərɪ] n Speisesaal der

refer [rɪ'fɜːʳ] ◆ refer to vt insep 1. *(speak about)* sich beziehen auf (+A) 2. *(relate to)* betreffen 3. *(dictionary, book)* nachschlagen in (+D)

referee [,refə'riː] n SPORT Schiedsrichter der, -in die

reference ['refrəns] ◇ n 1. *(mention)* Erwähnung die 2. *(letter for job)* Referenz die ◇ adj *(book, library)* Nachschlage- • with reference to bezüglich (+G)

referendum [,refə'rendəm] n Volksabstimmung die

refill ◇ vt [,riː'fɪl] nachlfüllen ◇ n ['riːfɪl] 1. *(for ballpoint pen)* Mine die 2. *(for fountain pen)* Patrone die 3. *(inf: drink)* • would you like a refill? darf ich dir nachschenken?

refinery [rɪ'faɪnərɪ] n Raffinerie die

reflect [rɪ'flekt] ◇ vt *(light, heat, image)* reflektieren ◇ vi *(think)* nachldenken

reflection [rɪ'flekʃn] n *(image)* Spiegelbild das

reflector [rɪ'flektəʳ] n *(on bicycle, car)* Rückstrahler der

reflex ['riːfleks] n Reflex der

reflexive [rɪ'fleksɪv] adj reflexiv

reform [rɪ'fɔːm] ◇ n Reform die ◇ vt reformieren

refresh [rɪ'freʃ] vt erfrischen

refreshing [rɪ'freʃɪŋ] adj erfrischend

refreshments [rɪ'freʃmənts] npl Erfrischungen pl

refrigerator [rɪ'frɪdʒəreɪtəʳ] n Kühlschrank der

refugee [,refjʊ'dʒiː] n Flüchtling der

refund ◇ n ['riːfʌnd] Rückerstattung die ◇ vt [rɪ'fʌnd] zurückerstatten

refundable [rɪ'fʌndəbl] adj rückerstattbar

refusal [rɪ'fjuːzl] n Weigerung die

refuse[1] [rɪ'fjuːz] ◇ vt 1. *(not accept)* abllehnen 2. *(not allow)* verweigern ◇ vi abllehnen • to refuse to do sthg sich weigern, etw zu tun

refuse[2] ['refjuːs] n *(fml)* Abfall der

refuse collection ['refjuːs-] n *(fml)* Müllabfuhr die

regard [rɪ'gɑːd] ◇ vt *(consider)* anlsehen ◇ n • with regard to in Bezug auf (+A) • as regards in Bezug auf (+A) • regards npl *(in greetings)* Grüße pl • give them my regards grüße sie von mir

regarding [rɪ'gɑːdɪŋ] prep bezüglich (+G)

regardless [rɪ'gɑːdlɪs] adv trotzdem • regardless of ohne Rücksicht auf (+A)

reggae ['regeɪ] n Reggae der

regiment ['redʒɪmənt] n Regiment das

region ['riːdʒən] n Gebiet das • in the region of im Bereich von

regional ['riːdʒənl] adj regional

register ['redʒɪstəʳ] ◇ n Register das ◇ vt 1. registrieren 2. *(subj: machine, gauge)* anlzeigen ◇ *vi* **1.** sich registrieren lassen **2.** *(at hotel)* sich einltragen

registered ['redʒɪstəd] *adj (letter, parcel)* eingeschrieben

registration [,redʒɪ'streɪʃn] *n* **1.** *(for course)* Einschreibung *die* **2.** *(at conference)* Anmeldung *die*

registration (number) *n* polizeiliches Kennzeichen

registry office ['redʒɪstrɪ-] *n* Standesamt *das*

regret [rɪ'gret] ◇ *n* Bedauern *das* ◇ *vt* bedauern ● **to regret doing sthg** etw leider tun müssen ● **we regret any** inconvenience caused eventuelle Unannehmlichkeiten bitten wir zu entschuldigen

regrettable [rɪ'gretəbl] *adj* bedauerlich

regular ['regjʊlə'] ◇ *adj* **1.** regelmäßig **2.** *(intervals)* gleichmäßig **3.** *(time)* üblich **4.** *(Coke, fries)* normal ◇ *n (customer)* Stammkunde *der*, -kundin *die*

regularly ['regjʊləlɪ] *adv* **1.** regelmäßig **2.** *(spaced, distributed)* gleichmäßig

regulate ['regjʊleɪt] *vt* regulieren

regulation [,regjʊ'leɪʃn] *n (rule)* Regelung *die*

rehearsal [rɪ'hɜːsl] *n* Probe *die*

rehearse [rɪ'hɜːs] *vt* proben

reign [reɪn] ◇ *n* Herrschaft *die* ◇ *vi (monarch)* regieren

reimburse [,riːɪm'bɜːs] *vt (fml)* zurückerstatten

reindeer ['reɪn,dɪə'] *(pl inv)* Rentier *das*

reinforce [,riːɪn'fɔːs] *vt* **1.** verstärken **2.** *(argument, opinion)* bestärken

reinforcements [,riːɪn'fɔːsmənts] *npl* Verstärkung *die*

reins [reɪnz] *npl* **1.** *(for horse)* Zügel *der* **2.** *(for child)* Leine *die*

reject [rɪ'dʒekt] *vt* **1.** ablehnen **2.** *(subj: machine)* nicht anlnehmen

rejection [rɪ'dʒekʃn] *n* Ablehnung *die*

rejoin [,riː'dʒɔɪn] *vt (motorway)* wieder kommen auf (+A)

relapse [rɪ'læps] *n* Rückfall *der*

relate [rɪ'leɪt] ◇ *vt (connect)* in Zusammenhang bringen ◇ *vi* ● **to relate to** *(be connected with)* in Zusammenhang stehen mit; *(concern)* sich beziehen auf (+A)

related [rɪ'leɪtɪd] *adj* verwandt

relation [rɪ'leɪʃn] *n* **1.** *(member of family)* Verwandte *der*, *die* **2.** *(connection)* Beziehung *die* ● **in relation to** in Bezug auf (+A) ● **relations** *npl* *(between countries, people)* Beziehungen *pl*

relationship [rɪ'leɪʃnʃɪp] *n* Beziehung *die*

relative ['relətɪv] ◇ *adj* **1.** relativ **2.** GRAM Relativ- ◇ *n* Verwandte *der*, *die*

relatively ['relətɪvlɪ] *adv* relativ

relax [rɪ'læks] *vi* sich entspannen

relaxation [,riːlæk'seɪʃn] *n* Entspannung *die*

relaxed [rɪ'lækst] *adj* entspannt

relaxing [rɪ'læksɪŋ] *adj* entspannend

relay ['riːleɪ] *n (race)* Staffel *die*

release [rɪ'liːs] ◇ *vt* **1.** *(set free)* freillassen **2.** *(let go of)* losllassen **3.** *(record, film)* herauslbringen **4.** *(brake, catch)* lösen ◇ *n* ● **a new release** *(film)* ein neuer Film; *(record)* eine neue Platte

relegate ['relɪgeɪt] *vt* ● **to be relegated** SPORT ablsteigen

relevant ['reləvənt] *adj* **1.** relevant **2.** *(appropriate)* entsprechend

reliable [rɪ'laɪəbl] *adj (person, machine)* zuverlässig

relic ['relɪk] n (vestige) Relikt das
relief [rɪ'liːf] n 1. (gladness) Erleichterung die 2. (aid) Hilfe die
relief road n Entlastungsstraße die
relieve [rɪ'liːv] vt (pain, headache) lindern
relieved [rɪ'liːvd] adj erleichtert
religion [rɪ'lɪdʒn] n Religion die
religious [rɪ'lɪdʒəs] adj 1. (of religion) Religions- 2. (devout) gläubig
relish ['relɪʃ] n (sauce) dickflüssige Soße
reluctant [rɪ'lʌktənt] adj widerwillig
rely [rɪ'laɪ] ◆ **rely on** vt insep 1. (trust) sich verlassen auf (+A) 2. (depend on) abhängig sein von
remain [rɪ'meɪn] vi 1. bleiben 2. (be left over) übrig bleiben ◆ **remains** npl Überreste pl
remainder [rɪ'meɪndə'] n Rest der
remaining [rɪ'meɪnɪŋ] adj restlich
remark [rɪ'mɑːk] ◇ n Bemerkung die ◇ vt bemerken
remarkable [rɪ'mɑːkəbl] adj bemerkenswert
remedy ['remədɪ] n 1. (medicine) Heilmittel das 2. (solution) Lösung die
remember [rɪ'membə'] ◇ vt 1. sich erinnern an (+A) 2. (not forget) denken an (+A) ◇ vi sich erinnern ◆ **to remember doing sthg** sich daran erinnern, etw getan zu haben ◆ **to remember to do sthg** daran denken, etw zu tun
remind [rɪ'maɪnd] vt ◆ **to remind sb of sthg** jn an etw (A) erinnern ◆ **to remind sb to do sthg** jn daran erinnern, etw zu tun
reminder [rɪ'maɪndə'] n (for bill, library book) Mahnung die

remittance [rɪ'mɪtns] n (money) Überweisung die
remnant ['remnənt] n Rest der
remote [rɪ'məʊt] adj entfernt
remote control n (device) Fernbedienung die
removal [rɪ'muːvl] n 1. Entfernung die 2. (of furniture) Umzug der
removal van n Möbelwagen der
remove [rɪ'muːv] vt 1. entfernen 2. (clothes) auslziehen
renew [rɪ'njuː] vt (licence, membership) verlängern
renovate ['renəveɪt] vt renovieren
renowned [rɪ'naʊnd] adj berühmt
rent [rent] ◇ n Miete die ◇ vt mieten
rental ['rentl] n (money) Leihgebühr die
repaid [riː'peɪd] pt & pp ➤ **repay**
repair [rɪ'peə'] ◇ vt reparieren ◇ n ● **in good repair** in gutem Zustand ◆ **repairs** npl Reparatur die
repair kit n (for bicycle) Flickzeug das
repay [riː'peɪ] (pt & pp **repaid**) vt 1. (money) zurücklzahlen 2. (favour, kindness) sich revanchieren für
repayment [riː'peɪmənt] n Rückzahlung die
repeat [rɪ'piːt] ◇ vt wiederholen ◇ n (on TV, radio) Wiederholung die
repetition [,repɪ'tɪʃn] n Wiederholung die
repetitive [rɪ'petɪtɪv] adj eintönig
replace [rɪ'pleɪs] vt 1. ersetzen 2. (put back) zurücklsetzen
replacement [rɪ'pleɪsmənt] n Ersatz der
replay [rɪ'pleɪ] n 1. (rematch) Wiederholungsspiel das 2. (on TV) Wiederholung die
reply [rɪ'plaɪ] ◇ n Antwort die ◇ vt & vi antworten (+D)

report [rɪˈpɔːt] ◇ n 1. Bericht der 2. (UK) SCH Zeugnis das ◇ vt 1. (announce) berichten 2. (theft, disappearance, person) melden ◇ vi ● to report (on) berichten (über (+A)) ● to report to sb (go to) sich bei jm melden

report card n Zeugnis das

reporter [rɪˈpɔːtəʳ] n Reporter der, -in die

represent [ˌreprɪˈzent] vt 1. (act on behalf of) vertreten 2. (symbolize) darstellen

representative [ˌreprɪˈzentətɪv] n Vertreter der, -in die

repress [rɪˈpres] vt unterdrücken

reprieve [rɪˈpriːv] n (delay) Aufschub der

reprimand [ˈreprɪmɑːnd] vt tadeln

reproach [rɪˈprəʊtʃ] vt Vorwürfe machen (+D)

reproduction [ˌriːprəˈdʌkʃn] n (of painting, furniture) Reproduktion die

reptile [ˈreptaɪl] n Reptil das

republic [rɪˈpʌblɪk] n Republik die

Republican [rɪˈpʌblɪkən] ◇ n (in US) Republikaner der, -in die ◇ adj (in US) republikanisch

repulsive [rɪˈpʌlsɪv] adj abstoßend

reputable [ˈrepjʊtəbl] adj angesehen

reputation [ˌrepjʊˈteɪʃn] n Ruf der

reputedly [rɪˈpjuːtɪdlɪ] adv angeblich

request [rɪˈkwest] ◇ n Bitte die ◇ vt bitten um ● to request sb to do sthg jn bitten, etw zu tun ● available on request auf Anfrage erhältlich

request stop n (UK) Bedarfshaltestelle die

require [rɪˈkwaɪəʳ] vt (need) brauchen ● to be required to do sthg etw tun müssen

requirement [rɪˈkwaɪəmənt] n 1. (condition) Erfordernis das 2. (need) Bedarf der

resat [ˌriːˈsæt] pt & pp ➤ resit

rescue [ˈreskjuː] vt retten

research [rɪˈsɜːtʃ] n Forschung die

resemblance [rɪˈzembləns] n Ähnlichkeit die

resemble [rɪˈzembl] vt ähneln (+D)

resent [rɪˈzent] vt übel nehmen

reservation [ˌrezəˈveɪʃn] n 1. (booking) Reservierung die 2. (doubt) Zweifel der ● to make a reservation reservieren

reserve [rɪˈzɜːv] ◇ n 1. SPORT Reservespieler der, -in die 2. (for wildlife) Reservat das ◇ vt reservieren

reserved [rɪˈzɜːvd] adj 1. (booked) reserviert 2. (shy) verschlossen

reservoir [ˈrezəvwɑːʳ] n Reservoir das

reset [ˌriːˈset] (pt & pp inv) vt (watch, meter, device) neu stellen

reside [rɪˈzaɪd] vi (fml) (live) wohnhaft sein

residence [ˈrezɪdəns] n (fml) (house) Wohnsitz der ● place of residence Wohnsitz der

residence permit n Aufenthaltserlaubnis die

resident [ˈrezɪdənt] n 1. (of country) Bewohner der, -in die 2. (of hotel) Gast der 3. (of area) Anwohner der, -in die 4. (of house) Hausbewohner der, -in die ▼ **residents only** (for parking) Parken nur für Anlieger

residential [ˌrezɪˈdenʃl] adj (area) Wohn-

residue [ˈrezɪdjuː] n Rest der

resign [rɪˈzaɪn] ◇ vi (from job) kündigen ◇ vt ● to resign o.s. to sthg sich mit etw abfinden

resignation [ˌrezɪgˈneɪʃn] n (from job) Kündigung die

resilient [rɪˈzɪlɪənt] adj unverwüstlich

resist [rɪˈzɪst] *vt* **1.** *(temptation)* widerstehen *(+D)* **2.** *(fight against)* sich widersetzen *(+D)* ● **I can't resist cream cakes** ich kann Sahnetorte nicht widerstehen ● **to resist doing sth** etw nicht tun

resistance [rɪˈzɪstəns] *n* Widerstand *der*

resit [ˌriːˈsɪt] *(pt & pp* **resat)** *vt* wiederholen

resolution [ˌrezəˈluːʃn] *n (promise)* Vorsatz *der*

resolve [rɪˈzɒlv] *vt (solve)* lösen

resort [rɪˈzɔːt] *n (for holidays)* Urlaubsort *der* ● **as a last resort** als letzter Ausweg ● **resort to** *vt insep* zurückgreifen auf *(+A)* ● **to resort to doing sth** darauf zurückgreifen, etw zu tun

resourceful [rɪˈsɔːsfʊl] *adj* erfinderisch

resources [rɪˈsɔːsɪz] *npl* Ressourcen *pl*

respect [rɪˈspekt] ◇ *n* **1.** Respekt *der* **2.** *(aspect)* Aspekt *der* ◇ *vt* respektieren ● **in some respects** in mancher Hinsicht ● **with respect to** in Bezug auf *(+A)*

respectable [rɪˈspektəbl] *adj* **1.** *(person, job etc)* anständig **2.** *(acceptable)* ansehnlich

respective [rɪˈspektɪv] *adj* jeweilig

respond [rɪˈspɒnd] *vi* **1.** *(reply)* antworten **2.** *(react)* reagieren

response [rɪˈspɒns] *n* **1.** *(reply)* Antwort *die* **2.** *(reaction)* Reaktion *die*

responsibility [rɪˌspɒnsəˈbɪlətɪ] *n* Verantwortung *die*

responsible [rɪˈspɒnsəbl] *adj* **1.** *(in charge)* verantwortlich **2.** *(sensible)* verantwortungsbewusst ● **to be responsible (for)** *(in charge, to blame)* verantwortlich sein *(für)*

rest [rest] ◇ *n* **1.** *(break)* Ruhepause *die* **2.** *(support)* Stütze *die* ◇ *vi (relax)* sich

ausruhen ● **the rest** *(remainder)* der Rest ● **to have a rest** sich ausruhen ● **to rest against** lehnen an *(+A)*

restaurant [ˈrestərɒnt] *n* Restaurant *das*

restaurant car *n (UK)* Speisewagen *der*

restful [ˈrestfʊl] *adj* erholsam

restless [ˈrestlɪs] *adj* **1.** *(bored, impatient)* ruhelos **2.** *(fidgety)* unruhig

restore [rɪˈstɔː^r] *vt* **1.** *(reintroduce)* wiederherstellen **2.** *(renovate)* renovieren

restrain [rɪˈstreɪn] *vt* zurückhalten

restrict [rɪˈstrɪkt] *vt* beschränken

restricted [rɪˈstrɪktɪd] *adj* beschränkt

restriction [rɪˈstrɪkʃn] *n* Beschränkung *die*

rest room *n (US)* Toilette *die*

result [rɪˈzʌlt] ◇ *n* **1.** *(outcome)* Ergebnis *das* **2.** *(consequence)* Folge *die* ◇ *vi* ● **to result in** zur Folge haben ● **as a result** infolgedessen ● **results** *npl (of test, exam)* Ergebnisse *pl*

resume [rɪˈzjuːm] *vi* wieder beginnen

résumé [ˈrezjʊmeɪ] *n* **1.** *(summary)* Zusammenfassung *die* **2.** *(US) (curriculum vitae)* Lebenslauf *der*

retail [ˈriːteɪl] ◇ *n* Einzelhandel *der* ◇ *vt (sell)* im Einzelhandel verkaufen ◇ *vi* ● **to retail at** (im Einzelhandel) kosten

retailer [ˈriːteɪlə^r] *n* Einzelhändler *der*, -in *die*

retail price *n* Einzelhandelspreis *der*

retain [rɪˈteɪn] *vt (fml) (keep)* bewahren

retaliate [rɪˈtælɪeɪt] *vi* sich rächen

retire [rɪˈtaɪə^r] *vi (stop working)* in den Ruhestand treten

retired [rɪˈtaɪəd] *adj* pensioniert

retirement [rɪˈtaɪəmənt] *n* **1.** *(leaving job)* Pensionierung *die* **2.** *(period after retiring)* Ruhestand *der*

retreat [rɪ'triːt] ◇ *vi* sich zurücklziehen ◇ *n (place)* Zufluchtsort der

retrieve [rɪ'triːv] *vt (get back)* zurücklholen

return [rɪ'tɜːn] ◇ *n* **1.** *(arrival back)* Rückkehr die **2.** *(UK) (ticket)* Rückfahrkarte die **3.** *(UK) (for plane)* Rückflugticket das ◇ *vt* **1.** *(put back)* zurücklstellen **2.** *(give back)* zurücklgeben **3.** *(ball, serve)* zurücklschlagen ◇ *vi* **1.** *(come back)* zurücklkommen **2.** *(go back)* zurücklgehen **3.** *(drive back)* zurücklfahren **4.** *(happen again)* wieder aufltreten ◇ *adj (journey)* Rück- ● **to return sthg (to sb)** *(give back)* (jm) etw zurücklgeben ● **by return of post** *(UK)* postwendend ● **many happy returns!** herzlichen Glückwunsch zum Geburtstag! ● **in return (for)** als Gegenleistung (für)

return flight *n* Rückflug der

return ticket *n* **1.** *(UK) (for train, bus)* Rückfahrkarte die **2.** *(for plane)* Rückflugticket das

reunification [ˌriːjuːnɪfɪ'keɪʃn] *n* Wiedervereinigung die

reunite [ˌriːjuː'naɪt] *vt* wiedervereinigen

reveal [rɪ'viːl] *vt* enthüllen

revelation [ˌrevə'leɪʃn] *n* Enthüllung die

revenge [rɪ'vendʒ] *n* Rache die

reverse [rɪ'vɜːs] ◇ *adj* umgekehrt ◇ *n* **1.** AUT Rückwärtsgang der **2.** *(of coin, document)* Rückseite die ◇ *vt* **1.** *(car)* rückwärts fahren **2.** *(decision)* rückgängig machen ◇ *vi (car, driver)* rückwärts fahren ● **the reverse** *(opposite)* das Gegenteil ● **in reverse order** in umgekehrter Reihenfolge ● **to reverse the charges** *(UK)* ein R-Gespräch führen

reverse-charge call *n (UK)* R-Gespräch das

review [rɪ'vjuː] ◇ *n* **1.** *(of book, record, film)* Kritik die **2.** *(examination)* Prüfung die ◇ *vt (US) (for exam)* wiederholen

revise [rɪ'vaɪz] ◇ *vt (reconsider)* revidieren ◇ *vi (UK) (for exam)* wiederholen

revision [rɪ'vɪʒn] *n (UK) (for exam)* Wiederholung die

revive [rɪ'vaɪv] *vt* **1.** *(person)* wiederbeleben **2.** *(economy, custom)* wieder aufleben lassen

revolt [rɪ'vəʊlt] *n* Revolte die

revolting [rɪ'vəʊltɪŋ] *adj* scheußlich

revolution [ˌrevə'luːʃn] *n* Revolution die

revolutionary [ˌrevə'luːʃnərɪ] *adj* revolutionär

revolver [rɪ'vɒlvəʳ] *n* Revolver der

revolving door [rɪ'vɒlvɪŋ-] *n* Drehtür die

revue [rɪ'vjuː] *n* Revue die

reward [rɪ'wɔːd] ◇ *n* Belohnung die ◇ *vt* belohnen

rewind [ˌriː'waɪnd] *(pt & pp* **rewound**) *vt* zurücklspulen

rheumatism ['ruːmətɪzm] *n* Rheuma das

Rhine [raɪn] *n* ● **the Rhine** der Rhein

rhinoceros [raɪ'nɒsərəs] *(pl inv* OR **-es**) *n* Nashorn das

rhubarb ['ruːbɑːb] *n* Rhabarber der

rhyme [raɪm] ◇ *n* Reim der ◇ *vi* sich reimen

rhythm ['rɪðm] *n* Rhythmus der

rib [rɪb] *n* Rippe die

ribbon ['rɪbən] *n* **1.** Band das **2.** *(for typewriter)* Farbband das

rice [raɪs] *n* Reis der

rice pudding *n* Milchreis der

rich [rɪtʃ] ◇ *adj* **1.** reich **2.** *(food)* schwer ◇ *npl* ● **the rich** die Reichen *pl* ● **to be**

rich in sthg reich an etw *(D)* sein

ricotta cheese [rɪˈkɒtə-] *n* Ricottakäse *der*

rid [rɪd] *vt* ● **to get rid of** los|werden

ridden [ˈrɪdn] *pp* > **ride**

riddle [ˈrɪdl] *n* Rätsel *das*

ride [raɪd] *(pt* **rode**, *pp* **ridden)** ◇ *n* **1.** *(on horse)* Ritt *der* **2.** *(on bike, in vehicle)* Fahrt *die* ◇ *vt* **1.** *(horse)* reiten **2.** *(bike)* fahren mit ◇ *vi* **1.** *(on horse)* reiten **2.** *(on bike)* Rad fahren **3.** *(in vehicle)* fahren ● **to go for a ride** *(in car)* eine Spritztour machen

rider [ˈraɪdə] *n* **1.** *(on horse)* Reiter *der*, -in *die* **2.** *(on bike)* Fahrer *der*, -in *die*

ridge [rɪdʒ] *n* **1.** *(of mountain)* Kamm *der* **2.** *(raised surface)* Erhebung *die*

ridiculous [rɪˈdɪkjʊləs] *adj* lächerlich

riding [ˈraɪdɪŋ] *n* Reiten *das*

riding school *n* Reitschule *die*

rifle [ˈraɪfl] *n* Gewehr *das*

rig [rɪg] ◇ *n* *(offshore)* Bohrinsel *die* ◇ *vt* *(fix)* manipulieren

right [raɪt]
◇ *adj* **1.** *(correct)* richtig ● **to be right** *(person)* Recht haben ● **you were right to tell me** es war richtig von dir, mir das zu erzählen ● **have you got the right time?** hast du/haben Sie/hast du die genaue Uhrzeit? ● **that's right!** das stimmt!, das ist richtig! **2.** *(fair)* richtig, gerecht ● **that's not right!** das ist nicht richtig! **3.** *(on the right)* rechte(r)(s) ● **the right side of the road** die rechte Straßenseite
◇ *n* **1.** *(side)* ● **the right** die rechte Seite **2.** *(entitlement)* Recht *das* ● **to have the right to do sthg** das Recht haben, etw zu tun
◇ *adv* **1.** *(towards the right)* rechts ● **turn**

right at the post office biegen Sie am Postamt nach rechts ab **2.** *(correctly)* richtig ● **am I pronouncing it right?** spreche ich es richtig aus? **3.** *(for emphasis)* genau ● **right here** genau hier ● **I'll be right back** ich bin gleich zurück ● **right away** sofort

right angle *n* rechter Winkel

right-hand *adj* rechte(r)(s)

right-hand drive *n* Auto *das* mit Rechtssteuerung

right-handed [-ˈhændɪd] *adj* **1.** *(person)* rechtshändig **2.** *(implement)* für Rechtshänder

rightly [ˈraɪtlɪ] *adv* **1.** *(correctly)* richtig **2.** *(justly)* zu Recht

right of way *n* **1.** AUT Vorfahrt *die* **2.** *(path)* öffentlicher Weg

right-wing *adj* rechte(r)(s)

rigid [ˈrɪdʒɪd] *adj* starr

rim [rɪm] *n* Rand *der*

rind [raɪnd] *n* **1.** *(of fruit)* Schale *die* **2.** *(of bacon)* Schwarte *die* **3.** *(of cheese)* Rinde *die*

ring [rɪŋ] *(pt* **rang**, *pp* **rung)** ◇ *n* **1.** Ring *der* **2.** *(of people)* Kreis *der* **3.** *(sound)* Klingeln *das* **4.** *(on cooker)* Kochplatte *die* **5.** *(in circus)* Manege *die* ◇ *vt* **1.** *(UK)* *(make phone call to)* an|rufen **2.** *(bell)* läuten ◇ *vi* **1.** *(bell, telephone)* klingeln **2.** *(UK)* *(make phone call)* telefonieren ● **to give sb a ring** *(phone call)* jn an|rufen ● **to ring the bell** *(of house, office)* klingeln, läuten ◆ **ring back** *vt sep & vi* *(UK)* zurück|rufen ◆ **ring off** *vi* *(UK)* auf|legen ◆ **ring up** *vt sep & vi* *(UK)* an|rufen

ringing tone [ˈrɪŋɪŋ-] *n* Freizeichen *das*

ring road *n* Ringstraße *die*

ring tone *n* *(on mobile phone)* Klingelton *der*

rink [rɪŋk] *n* Eisbahn *die*

rinse [rɪns] *vt* **1.** *(clothes, hair)* auslspülen **2.** *(hands)* ablspülen ● **rinse out** *vt sep* *(clothes, mouth)* auslspülen

riot ['raɪət] *n* Aufruhr *der* ● **riots** Unruhen *pl*

rip [rɪp] ◇ *n* Riss *der* ◇ *vt & vi* zerreißen ● **rip up** *vt sep* zerreißen

ripe [raɪp] *adj* reif

ripen ['raɪpn] *vi* reifen

rip-off *n* (*inf*) Betrug *der*

rise [raɪz] (*pt* rose, *pp* risen) ◇ *vi* **1.** steigen **2.** *(sun, moon)* auflgehen **3.** *(stand up)* auflstehen ◇ *n* **1.** *(increase)* Anstieg *der* **2.** *(UK) (pay increase)* Gehaltserhöhung *die* **3.** *(slope)* Anhöhe *die*

risk [rɪsk] ◇ *n* Risiko *das* ◇ *vt* riskieren ● **to take a risk** ein Risiko einlgehen ● **at your own risk** auf eigenes Risiko ● **to risk doing sthg** riskieren, etw zu tun ● **to risk it** es riskieren

risky ['rɪskɪ] *adj* riskant

risotto [rɪ'zɒtəʊ] (*pl* -s) *n* Risotto *das*

ritual ['rɪtʃʊəl] *n* Ritual *das*

rival ['raɪvl] ◇ *adj* gegnerisch ◇ *n* Rivale *der*, Rivalin *die*

river ['rɪvə'] *n* Fluss *der*

river bank *n* Flussufer *das*

riverside ['rɪvəsaɪd] *n* Flussufer *das*

Riviera [,rɪvɪ'eərə] *n* ● **the (French) Riviera** die (französische) Riviera

roach [rəʊtʃ] *n (US) (cockroach)* Kakerlake *die*

road [rəʊd] *n* Straße *die* ● **by road** mit dem Auto

road book *n* Straßenatlas *der*

road map *n* Straßenkarte *die*

road safety *n* Straßensicherheit *die*

roadside ['rəʊdsaɪd] *n* ● **the roadside**

der Straßenrand

road sign *n* Straßenschild *das*

road tax *n* Kraftfahrzeugsteuer *die*

roadway ['rəʊdweɪ] *n* Fahrbahn *die*

road works *npl* Straßenarbeiten *pl*

roam [rəʊm] *vi* herumlstreifen

roar [rɔː'] ◇ *n* **1.** *(of crowd)* Gebrüll *das* **2.** *(of aeroplane)* Dröhnen *das* ◇ *vi* **1.** *(lion, crowd)* brüllen **2.** *(traffic)* donnern

roast [rəʊst] ◇ *n* Braten *der* ◇ *vt (meat)* braten ◇ *adj* ● **roast beef** Rinderbraten *der* ● **roast chicken** Brathähnchen *das*, Broiler *der* (Österr, Ostdt) ● **roast lamb** Lammbraten *der* ● **roast pork** Schweinebraten *der* ● **roast potatoes** Bratkartoffeln *pl*

rob [rɒb] *vt* **1.** *(house, bank)* auslrauben **2.** *(person)* berauben ● **to rob sb of sthg** jm etw stehlen

robber ['rɒbə'] *n* Räuber *der*, -in *die*

robbery ['rɒbərɪ] *n* Raub *der*

robe [rəʊb] *n (US) (bathrobe)* Bademantel *der*

robin ['rɒbɪn] *n* Rotkehlchen *das*

robot ['rəʊbɒt] *n* Roboter *der*

rock [rɒk] ◇ *n* **1.** *(boulder)* Felsen *der* **2.** *(US) (stone)* Stein *der* **3.** *(substance)* Stein *der* **4.** *(music)* Rock *der* **5.** *(UK) (sweet)* Zuckerstange *die* ◇ *vt* schaukeln ● **on the rocks** *(drink)* on the rocks

rock climbing *n* Klettern *das* ● **to go rock climbing** klettern gehen

rocket ['rɒkɪt] *n* Rakete *die*

rocking chair ['rɒkɪŋ-] *n* Schaukelstuhl *der*

rock 'n' roll [,rɒkən'rəʊl] *n* Rock'n'Roll *der*

rocky ['rɒkɪ] *adj* felsig

rod [rɒd] *n* **1.** *(pole)* Stange *die* **2.** *(for*

fishing) Angelrute *die*
rode [rəʊd] *pt* ➤ **ride**
roe [rəʊ] *n* Fischrogen *der*
role [rəʊl] *n* Rolle *die*
roll [rəʊl] ◇ *n* **1.** *(of bread)* Brötchen *das*, Semmel *die (Süddt) (Österr)* **2.** *(of film, paper)* Rolle *die* ◇ *vi* **1.** rollen **2.** *(ship)* schlingern ◇ *vt* rollen ● **to roll the dice** würfeln ● **roll over** *vi* **1.** *(person, animal)* sich drehen **2.** *(car)* sich überschlagen ● **roll up** *vt sep* **1.** *(map, carpet)* aufrollen **2.** *(sleeves, trousers)* hochkrempeln
roller coaster [ˈrəʊləˌkəʊstə⁾] *n* Achterbahn *die*
roller skate [ˈrəʊlə-] *n* Rollschuh *der*
roller-skating [ˈrəʊlə-] *n* Rollschuhlaufen *das*
rolling pin [ˈrəʊlɪŋ-] *n* Nudelholz *das*
Roman [ˈrəʊmən] ◇ *adj* römisch ◇ *n* Römer *der*, -in *die*
Roman Catholic *n* Katholik *der*, -in *die*
romance [rəʊˈmæns] *n* **1.** *(love)* Romantik *die* **2.** *(love affair)* Romanze *die* **3.** *(novel)* Liebesroman *der*
Romania [ruːˈmeɪnjə] *n* Rumänien *nt*
romantic [rəʊˈmæntɪk] *adj* romantisch
romper suit [ˈrɒmpə-] *n* Strampelanzug *der*
roof [ruːf] *n* Dach *das*
roof rack *n* Dachgepäckträger *der*
room [ruːm, rʊm] *n* **1.** Zimmer *das* **2.** *(space)* Platz *der*
room number *n* Zimmernummer *die*
room service *n* Zimmerservice *der*
room temperature *n* Zimmertemperatur *die*
roomy [ˈruːmɪ] *adj* geräumig
root [ruːt] *n* Wurzel *die*
rope [rəʊp] ◇ *n* Seil *das* ◇ *vt* festlbinden

rose [rəʊz] ◇ *pt* ➤ **rise** ◇ *n* Rose *die*
rosé [ˈrəʊzeɪ] *n* Roséwein *der*
rosemary [ˈrəʊzmərɪ] *n* Rosmarin *der*
rot [rɒt] *vi* verfaulen
rota [ˈrəʊtə] *n* Dienstplan *der*
rotate [rəʊˈteɪt] *vi* rotieren
rotten [ˈrɒtn] *adj* **1.** *(food, wood)* verfault **2.** *(inf) (not good)* mies ● **I feel rotten** *(ill)* ich fühle mich lausig
rouge [ruːʒ] *n* Rouge *das*
rough [rʌf] *adj* **1.** *(road, ground)* uneben **2.** *(surface, skin, cloth, conditions)* rau **3.** *(sea, crossing)* stürmisch **4.** *(person, estimate)* grob **5.** *(area, town)* unsicher **6.** *(wine)* sauer ▷ *n (on golf course)* Rough *das* ● **at a rough guess** grob geschätzt ● **to have a rough time** es ist schwer haben
roughly [ˈrʌflɪ] *adv* **1.** *(approximately)* ungefähr **2.** *(push, handle)* grob
roulade [ruːˈlɑːd] *n* **1.** *(savoury)* Roulade *die* **2.** *(sweet)* Rolle *die*
roulette [ruːˈlet] *n* Roulette *das*
round [raʊnd]
◇ *adj* rund
◇ *n* **1.** *(gen)* Runde *die* **2.** *(of sandwiches)* belegtes Brot mit zwei Scheiben Brot **3.** *(of toast)* Scheibe *die*
◇ *adv* **1.** *(in a circle)* ● **to go round** sich drehen ● **to spin round** sich im Kreis drehen **2.** *(surrounding)* herum ● **it had a fence all (the way) round** es hatte einen Zaun rundherum **3.** *(near)* ● **round about** in der Nähe **4.** *(to someone's house)* ● **why don't you come round?** warum kommst du nicht vorbei? ● **to ask some friends round** ein paar Freunde zu sich einladen **5.** *(continuously)* ● **all year round** das ganze Jahr über
◇ *prep* **1.** *(surrounding, circling)* um ...

herum ● **to go round the corner** um die Ecke gehen ● **we walked round the lake** wir gingen um den See herum **2.** *(visiting)* ● **to go round a museum** ein Museum besuchen ● **to go round a town** sich eine Stadt ansehen ● **to show sb round sthg** jn in etw *(D)* herumführen **3.** *(approximately)* rund ● **round (about) 100** rund 100 ● **round ten o'clock** gegen zehn Uhr **4.** *(near)* round here hier in der Nähe **5.** *(in phrases)* ● **it's just round the corner** *(nearby)* es ist gerade um die Ecke ● **round the clock** rund um die Uhr
◆ **round off** *vt sep (meal, day, visit)* abrunden

roundabout ['raʊndəbaʊt] *n* **1.** *(UK) (in road)* Kreisverkehr *der* **2.** *(at fairground, in playground)* Karussell *das*

rounders ['raʊndəz] *n* dem Baseball ähnliches britisches Ballspiel

round trip *n* Hin- und Rückfahrt *die*

route [ruːt] ◇ *n* **1.** Route *die* **2.** *(of bus)* Linie *die* ◇ *vt (flight, plane)* die Route festlegen für

routine [ruːˈtiːn] ◇ *n* **1.** Routine *die* **2.** *(pej) (drudgery)* Trott *der* ◇ *adj* Routine-

row¹ [raʊ] ◇ *n (line)* Reihe *die* ◇ *vt & vi* rudern ● **in a row** *(in succession)* nacheinander

row² [raʊ] *n* **1.** *(argument)* Streit *der* **2.** *(inf) (noise)* Krach *der* ● **to have a row** sich streiten

rowboat ['raʊbəʊt] *(US)* = **rowing boat**

rowdy ['raʊdɪ] *adj* rowdyhaft

rowing ['rəʊɪŋ] *n* Rudern *das*

rowing boat *n (UK)* Ruderboot *das*

royal ['rɔɪəl] *adj* königlich

royal family *n* königliche Familie

royalty ['rɔɪəltɪ] *n* Mitglieder *pl* der königlichen Familie

RRP *(abbr of recommended retail price)* unverbindliche Preisempfehlung

rub [rʌb] ◇ *vt* **1.** reiben **2.** *(polish)* polieren ◇ *vi* **1.** *(with hand, cloth)* reiben **2.** *(shoes)* scheuern ◆ **rub in** *vt sep (lotion, oil)* einreiben ◆ **rub out** *vt sep (erase)* ausradieren

rubber ['rʌbə⁎] ◇ *adj* Gummi- ◇ *n* **1.** Gummi *das* **2.** *(UK) (eraser)* Radiergummi *der* **3.** *(US) (inf) (condom)* Gummi *der*

rubber band *n* Gummiband *das*

rubber gloves *npl* Gummihandschuhe *pl*

rubber ring *n* Gummiring *der*

rubbish ['rʌbɪʃ] *n* **1.** *(refuse)* Müll *der* **2.** *(inf) (worthless thing)* Schund *der* **3.** *(inf) (nonsense)* Quatsch *der*

rubbish bin *n (UK)* Mülleimer *der*

rubbish dump *n (UK)* Müllhalde *die*

rubble ['rʌbl] *n* Schutt *der*

ruby ['ruːbɪ] *n* Rubin *der*

rucksack ['rʌksæk] *n* Rucksack *der*

rudder ['rʌdə⁎] *n* Ruder *das*

rude [ruːd] *adj* **1.** unhöflich **2.** *(joke, picture)* unanständig

rug [rʌg] *n* **1.** Läufer *der* **2.** *(large)* Teppich *der* **3.** *(UK) (blanket)* Wolldecke *die*

rugby ['rʌgbɪ] *n* Rugby *das*

ruin ['ruːɪn] *vt* ruinieren ◆ **ruins** *npl* Ruinen *pl*

ruined ['ruːɪnd] *adj* **1.** *(building)* zerstört **2.** *(clothes, meal, holiday)* ruiniert

rule [ruːl] ◇ *n* Regel *die* ◇ *vt (country)* regieren ● **against the rules** gegen die Regeln ● **as a rule** in der Regel ◆ **rule out** *vt sep* ausschließen

ruler ['ruːlə'] *n* **1.** *(of country)* Herrscher *der*, -in *die* **2.** *(for measuring)* Lineal *das*

rum [rʌm] *n* Rum *der*

rumor ['ruːmə'] *(US)* = **rumour**

rumour ['ruːmə'] *n* *(UK)* Gerücht *das*

rump steak [ˌrʌmp-] *n* Rumpsteak *das*

run [rʌn] *(pt* ran, *pp* inv)
◇ *vi* **1.** *(on foot)* rennen, laufen ● we had to run for the bus wir mussten rennen, um den Bus zu erwischen **2.** *(train, bus)* fahren ● the bus runs every hour der Bus fährt jede Stunde ● the train is running an hour late der Zug hat eine Stunde Verspätung **3.** *(operate)* laufen ● to run on unleaded petrol mit bleifreiem Benzin fahren **4.** *(tears, liquid)* laufen **5.** *(road, track)* führen, verlaufen; *(river)* fließen ● the path runs along the coast der Weg verläuft entlang der Küste **6.** *(play, event)* laufen ▼ now running at the Palladium jetzt im Palladium **7.** *(tap)* laufen **8.** *(nose)* laufen; *(eyes)* tränen ● my nose is running mir läuft die Nase **9.** *(colour)* auslaufen; *(clothes)* abfärben **10.** *(remain valid)* gültig sein, laufen ● the offer runs until July das Angebot gilt bis Juli
◇ *vt* **1.** *(on foot)* rennen, laufen **2.** *(compete in)* ● to run a race ein Rennen laufen **3.** *(business, hotel)* führen; *(course)* leiten **4.** *(bus, train)* ● we're running a special bus to the airport wir betreiben einen Sonderbus zum Flughafen **5.** *(take in car)* ● I'll run you home ich fahre dich nach Hause **6.** *(bath)* ● to run a bath ein Bad einlassen
◇ *n* **1.** *(on foot)* Lauf *der* ● to go for a run laufen gehen **2.** *(in car)* Fahrt *die* ● to go for a run eine Fahrt machen **3.** *(of play,*

show) Laufzeit *die* **4.** *(for skiing)* Piste *die* **5.** *(US) (in tights)* Laufmasche *die* **6.** *(in phrases)* ● in the long run auf lange Sicht (gesehen)

◆ **run away** *vi* weglaufen, weglaufen
◆ **run down**
◇ *vt sep (run over)* überfahren; *(criticize)* herunterlmachen
◇ *vi (battery)* leer werden
◆ **run into** *vt insep (meet)* zufällig treffen; *(subj: car)* laufen gegen, fahren gegen; *(problem, difficulty)* stoßen auf **1.**
◆ **run out** *vi (supply)* ausigehen
◆ **run out of** *vt insep* ● we've run out of petrol/money wir haben kein Benzin/Geld mehr
◆ **run over** *vt sep (hit)* überfahren

runaway ['rʌnəweɪ] *n* Ausreißer *der*, -in *die*

rung [rʌŋ] ◇ *pp* ➤ **ring** ◇ *n (of ladder)* Sprosse *die*

runner ['rʌnə'] *n* **1.** *(person)* Läufer *der*, -in *die* **2.** *(for door, drawer)* Laufschiene *die* **3.** *(of sledge)* Kufe *die*

runner bean *n* Stangenbohne *die*

runner-up *(pl* **runners-up)** *n* Zweite *der*, *die*

running ['rʌnɪŋ] ◇ *n* **1.** SPORT Laufen *das* **2.** *(management)* Leitung *die* ◇ *adj* ● three days running drei Tage hintereinander ● to go running joggen gehen

running water *n* fließendes Wasser

runny ['rʌnɪ] *adj* **1.** *(sauce, egg, omelette)* dünnflüssig **2.** *(eye)* tränend **3.** *(nose)* laufend

runway ['rʌnweɪ] *n* Landebahn *die*

rural ['rʊərəl] *adj* ländlich

rush [rʌʃ] ◇ *n* **1.** Eile *die* **2.** *(of crowd)* Andrang *der* ◇ *vi* **1.** *(move quickly)* rasen

2. *(hurry)* sich beeilen ◇ *vt* **1.** *(food)* hastig essen **2.** *(work)* hastig erledigen **3.** *(transport quickly)* schnell transportieren ● **to be in a rush** in Eile sein ● **there's no rush!** keine Eile! ● **don't rush me!** hetz mich nicht!

rush hour *n* Hauptverkehrszeit *die*, Stoßzeit *die*

Russia ['rʌʃə] *n* Russland *nt*

Russian ['rʌʃn] ◇ *adj* russisch ◇ *n* **1.** *(person)* Russe *der*, Russin *die* **2.** *(language)* Russisch *das*

rust [rʌst] ◇ *n* Rost *der* ◇ *vi* rosten

rustic ['rʌstik] *adj* rustikal

rustle ['rʌsl] *vi* rascheln

rustproof ['rʌstpruːf] *adj* rostfrei

rusty ['rʌsti] *adj* **1.** rostig **2.** *(fig)* *(language, person)* eingerostet

RV *n (US) (abbr of recreational vehicle)* Wohnmobil *das*

rye [raɪ] *n* Roggen *der*

rye bread *n* Roggenbrot *das*

SS

S *(abbr of south, small)* S

saccharin ['sækərɪn] *n* Saccharin *das*

sachet ['sæʃeɪ] *n (of shampoo, cream)* Briefchen *das*, *(of sugar, coffee)* Tütchen *das*

sack [sæk] ◇ *n (bag)* Sack *der* ◇ *vt* entlassen ● **to get the sack** entlassen werden

sacrifice ['sækrɪfaɪs] *n (fig)* Opfer *das*

sad [sæd] *adj* **1.** traurig **2.** *(unfortunate)* bedauerlich

saddle ['sædl] *n* Sattel *der*

saddlebag ['sædlbæg] *n* Satteltasche *die*

sadly ['sædlɪ] *adv* **1.** *(unfortunately)* leider **2.** *(unhappily)* traurig

sadness ['sædnɪs] *n* Traurigkeit *die*

s.a.e. *n (UK) (abbr of stamped addressed envelope)* adressierter Freiumschlag

safari park [sə'fɑːrɪ-] *n* Safaripark *der*

safe [seɪf] ◇ *adj* **1.** sicher **2.** *(out of harm)* in Sicherheit ◇ *n* Safe *der* ● **a safe place** ein sicherer Platz ● **(have a) safe journey!** gute Fahrt! ● **safe and sound** gesund und wohlbehalten

safe-deposit box *n* Tresorfach *das*

safely ['seɪflɪ] *adv* **1.** sicher **2.** *(arrive)* gut

safety ['seɪftɪ] *n* Sicherheit *die*

safety belt *n* Sicherheitsgurt *der*

safety pin *n* Sicherheitsnadel *die*

sag [sæg] *vi* **1.** *(hang down)* durchhängen **2.** *(sink)* absacken, einlsinken

sage [seɪdʒ] *n (herb)* Salbei *der*

Sagittarius [,sædʒɪ'teərɪəs] *n* Schütze *der*

said [sed] *pt* & *pp* ➤ **say**

sail [seɪl] ◇ *n* Segel *das* ◇ *vi* **1.** segeln **2.** *(ship)* fahren **3.** *(depart)* ablfahren ◇ *vt* ● **to sail a boat** segeln ● **to set sail** auslaufen

sailboat ['seɪlbəʊt] *(US)* = **sailing boat**

sailing ['seɪlɪŋ] *n* **1.** Segeln *das* **2.** *(departure)* Abfahrt *die* ● **to go sailing** segeln gehen

sailing boat *n* Segelboot *das*

sailor ['seɪlə'] *n* **1.** *(on ferry, cargo ship etc)* Seemann *der* **2.** *(in navy)* Matrose *der*

saint [seɪnt] *n* Heilige *der*, *die*

sake [seɪk] *n* ● **for my/their sake** um meinetwillen/ihretwillen ● **for God's sake!** um Gottes willen!

salad ['sæləd] *n* Salat *der*

salad bar n Salatbar die
salad bowl n Salatschüssel die
salad cream n (UK) Salatmajonäse die
salad dressing n Salatsoße die
salami [səˈlɑːmɪ] n Salami die
salary [ˈsælərɪ] n Gehalt das
sale [seɪl] n 1. Verkauf der 2. (at reduced prices) Ausverkauf der ● on sale im Handel ● on sale at erhältlich bei ▼ for sale zu verkaufen ◆ **sales** npl COMM Absatz der ● the **sales** (at reduced prices) der Ausverkauf
sales assistant [ˈseɪlz-] n Verkäufer der, -in die
salesclerk [ˈseɪlzklɑːrk] (US) = sales assistant
salesman [ˈseɪlzmən] (pl -men) n 1. (in shop) Verkäufer der 2. (rep) Vertreter der
sales rep(resentative) n Vertreter der, -in die
saleswoman [ˈseɪlzˌwʊmən] (pl -women) n Verkäuferin die
saliva [səˈlaɪvə] n Speichel der
salmon [ˈsæmən] (pl inv) n Lachs der
salon [ˈsælɒn] n (hairdresser's) Salon der
saloon [səˈluːn] n 1. (UK) (car) Limousine die 2. (US) (bar) Saloon der ◆ **saloon (bar)** (UK) Nebenraum eines Pubs mit mehr Komfort
salopettes [ˌsæləˈpets] npl Skihose die
salt [sɔːlt, sɒlt] n Salz das
saltcellar [ˈsɔːltˌselər] n (UK) Salzstreuer der
salted peanuts [ˈsɔːltɪd-] npl gesalzene Erdnüsse pl
salt shaker [-ˌʃeɪkə] (US) = saltcellar
salty [ˈsɔːltɪ] adj salzig
salute [səˈluːt] ◇ n Salut der ◇ vi salutieren

same [seɪm]
◇ adj ● the **same** (unchanged) der/die/das Gleiche, die Gleichen pl; (identical) derselbe/dieselbe/dasselbe, dieselben pl
◇ pron ● the **same** derselbe/dieselbe/dasselbe, dieselben pl ● they look the **same** sie sehen gleich aus ● I'll have the **same** as her ich möchte das Gleiche wie sie ● you've got the **same** book as me du hast das gleiche Buch wie ich ● it's all the **same** to me es ist mir gleich ● all the **same** trotzdem ● the **same** to you gleichfalls
samosa [səˈməʊsə] n gefüllte und frittierte dreieckige indische Teigtasche
sample [ˈsɑːmpl] ◇ n 1. (of work, product) Muster das 2. (of blood, urine) Probe die ◇ vt (food, drink) probieren
sanctions [ˈsæŋkʃnz] npl Sanktionen pl
sanctuary [ˈsæŋktʃʊərɪ] n (for birds, animals) Tierschutzgebiet das
sand [sænd] ◇ n Sand der ◇ vt (wood) abschmirgeln ◆ **sands** npl (beach) Strand der
sandal [ˈsændl] n Sandale die
sandcastle [ˈsændˌkɑːsl] n Sandburg die
sandpaper [ˈsændˌpeɪpər] n Sandpapier das
sandwich [ˈsænwɪdʒ] n Sandwich das
sandwich bar n ≈ Imbissbar die
sandy [ˈsændɪ] adj 1. (beach) sandig 2. (hair) dunkelblond
sang [sæŋ] pt ➣ sing
sanitary [ˈsænɪtrɪ] adj 1. (conditions, measures) Hygiene- 2. (hygienic) Hygiene-
sanitary napkin (US) = sanitary towel
sanitary towel n (UK) Monatsbinde die

sank [sæŋk] *pt* > sink

sapphire ['sæfaɪə] *n* Saphir *der*

sarcastic [sɑː'kæstɪk] *adj* sarkastisch

sardine [sɑː'diːn] *n* Sardine *die*

SASE *n* (US) (abbr of self-addressed stamped envelope) adressierter Freiumschlag

sat [sæt] *pt & pp* > sit

Sat. (abbr of Saturday) Sa.

satchel ['sætʃəl] *n* Ranzen *der*

satellite ['sætəlaɪt] *n* **1.** (in space) Satellit *der* **2.** (at airport) Einstiegestation *die*

satellite dish *n* Parabolantenne *die*

satellite TV *n* Satellitenfernsehen *das*

satin ['sætɪn] *n* Satin *der*

satisfaction [ˌsætɪs'fækʃn] *n* (pleasure) Befriedigung *die*

satisfactory [ˌsætɪs'fæktəri] *adj* befriedigend

satisfied ['sætɪsfaɪd] *adj* zufrieden

satisfy ['sætɪsfaɪ] *vt* **1.** (please) zufrieden stellen **2.** (need, requirement, conditions) erfüllen

satsuma [ˌsæt'suːmə] *n* (UK) Satsuma *die*

saturate ['sætʃəreɪt] *vt* (with liquid) tränken

Saturday ['sætədɪ] *n* Samstag *der*, Sonnabend *der* ● it's Saturday es ist Samstag ● Saturday morning Samstagmorgen ● on Saturday am Samstag ● on Saturdays samstags ● last Saturday letzten Samstag ● this Saturday diesen Samstag ● next Saturday nächsten Samstag ● Saturday week, a week on Saturday Samstag in einer Woche

sauce [sɔːs] *n* Soße *die*

saucepan ['sɔːspən] *n* Kochtopf *der*

saucer ['sɔːsə*r*] *n* Untertasse *die*

Saudi Arabia [ˌsaʊdɪə'reɪbjə] *n* Saudi-Arabien *nt*

sauna ['sɔːnə] *n* Sauna *die*

sausage ['sɒsɪdʒ] *n* Wurst *die*

sausage roll *n* Blätterteig mit Wurstfüllung

sauté [(UK) 'səʊteɪ, (US) səʊ'teɪ] *adj* sautiert

savage ['sævɪdʒ] *adj* brutal

save [seɪv] ◇ *vt* **1.** (rescue) retten **2.** (money, time, space) sparen **3.** (reserve) aufheben **4.** SPORT abwehren **5.** COMPUT speichern ◇ *n* SPORT Parade *die* ● to save a seat for sb jm einen Platz freihalten ● save up *vi* ● to save up (for sthg) (auf etw (A)) sparen

saver ['seɪvə*r*] *n* (UK) (ticket) verbilligte Fahrkarte

savings ['seɪvɪŋz] *npl* Ersparnisse *pl*

savings and loan association *n* (US) Bausparkasse *die*

savings bank *n* Sparkasse *die*

savory ['seɪvərɪ] (US) = savoury

savoury ['seɪvərɪ] *adj* (UK) (not sweet) pikant

saw [sɔː] ((UK) *pt* -ed, *pp* sawn OR -ed) ◇ *pt* > see ◇ *n* (tool) Säge *die* ◇ *vt* sägen

sawdust ['sɔːdʌst] *n* Sägemehl *das*

sawn [sɔːn] *pp* > saw

Saxony ['sæksənɪ] *n* Sachsen *nt*

saxophone ['sæksəfəʊn] *n* Saxophon *das*

say [seɪ] (*pt & pp* said) ◇ *vt* **1.** sagen **2.** (subj: clock, meter) anzeigen **3.** (subj: sign) besagen ◇ *n* ● to have a say in sthg etw zu sagen haben bei etw ● could you say that again? könntest du das nochmal sagen? ● say we met at nine? könnten wir uns um neun treffen? ● that is to say das heißt ● what did you say? was hast du gesagt? ● the letter says... in dem Brief steht...

saying ['seɪɪŋ] *n* Redensart *die*

scab [skæb] *n* Schorf *der*

scaffolding ['skæfəldɪŋ] *n* Gerüst *das*

scald [skɔːld] *vt* verbrühen

scale [skeɪl] *n* **1.** (*of measurement*) Skala *die* **2.** (*of map, drawing, model*) Maßstab *der* **3.** (*extent*) Umfang *der* **4.** MUS Tonleiter *die* **5.** (*of fish, snake*) Schuppe *die* **6.** (*in kettle*) Kalk *der* ◆ **scales** *npl* (*for weighing*) Waage *die*

scallion ['skæljən] *n* (*US*) Schalotte *die*

scallop ['skɒləp] *n* Jakobsmuschel *die*

scalp [skælp] *n* Kopfhaut *die*

scampi ['skæmpɪ] *n* Scampi *pl*

scan [skæn] ◇ *vt* (*consult quickly*) überfliegen ◇ *n* MED Scan *der*, Computertomografie *die*

scandal ['skændl] *n* **1.** (*disgrace*) Skandal *der* **2.** (*gossip*) Klatsch *der*

Scandinavia [,skændɪˈneɪvjə] *n* Skandinavien *nt*

scar [skɑːʳ] *n* Narbe *die*

scarce ['skeəs] *adj* knapp

scarcely ['skeəslɪ] *adv* (*hardly*) kaum

scare [skeəʳ] *vt* erschrecken

scarecrow ['skeəkrəʊ] *n* Vogelscheuche *die*

scared ['skeəd] *adj* ● **to be scared (of)** Angst haben (vor (+*D*))

scarf ['skɑːf] (*pl* **scarves**) *n* **1.** (*woollen*) Schal *der* **2.** (*for women*) Tuch *das*

scarlet ['skɑːlət] *adj* scharlachrot

scarves [skɑːvz] *pl* → scarf

scary ['skeərɪ] *adj* (*inf*) unheimlich

scatter ['skætəʳ] ◇ *vt* verstreuen ◇ *vi* sich zerstreuen

scene [siːn] *n* **1.** (*in play, film, book*) Szene *die* **2.** (*of crime, accident*) Schauplatz *der* **3.** (*view*) Anblick *der* ● **the music scene**

die Musikszene ● **to make a scene** eine Szene machen

scenery ['siːnərɪ] *n* **1.** (*countryside*) Landschaft *die* **2.** (*in theatre*) Bühnenbild *das*

scenic ['siːnɪk] *adj* malerisch

scent [sent] *n* **1.** (*smell*) Duft *der* **2.** (*of animal*) Fährte *die* **3.** (*perfume*) Parfüm *das*

sceptical ['skeptɪkl] *adj* (*UK*) skeptisch

schedule [(*UK*) 'ʃedjuːl, (*US*) 'skedʒʊl] ◇ *n* **1.** (*of things to do*) Programm *das* **2.** (*of work*) Arbeitsplan *der* **3.** (*timetable*) Fahrplan *der* **4.** (*list*) Tabelle *die* ◇ *vt* (*plan*) planen ● **according to schedule** planmäßig ● **behind schedule** im Verzug ● **on schedule** planmäßig ● **to arrive on schedule** pünktlich ankommen

scheduled flight [(*UK*) 'ʃedjuːld-, (*US*) 'skedʒʊld-] *n* Linienflug *der*

scheme [skiːm] *n* **1.** (*plan*) Programm *das* **2.** (*pej*) (*dishonest plan*) Komplott *das*

scholarship ['skɒləʃɪp] *n* (*award*) Stipendium *das*

school [skuːl] ◇ *n* **1.** Schule *die* **2.** (*university department*) Fakultät *die* **3.** (*US*) (*university*) Hochschule *die* ◇ *adj* (*age, holiday, report*) Schul- ● **at school** in der Schule ● **to go to school** in die Schule gehen

school year

Das britische Schuljahr geht von Anfang September bis Ende Juli mit etwa zweiwöchigen Ferien an Weihnachten, Ostern und in der Mitte jedes der drei *terms*. In den USA beginnt das Schuljahr Anfang September und endet Mitte Juni mit kurzen Ferien an Weihnachten, im April und zwischen den vier *grading periods*.

schoolbag ['sku:lbæg] *n* Schultasche *die*

schoolbook ['sku:lbʊk] *n* Schulbuch *das*

schoolboy ['sku:lbɔɪ] *n* Schuljunge *der*

school bus *n* Schulbus *der*

schoolchild ['sku:ltʃaɪld] (*pl* **-children**) *n* Schulkind *das*

schoolgirl ['sku:lgɜ:l] *n* Schulmädchen *das*

schoolmaster ['sku:l,mɑ:stə˛] *n* (*UK*) Schullehrer *der*

schoolmistress ['sku:l,mɪstrɪs] *n* (*UK*) Schullehrerin *die*

schoolteacher ['sku:l,ti:tʃə˛] *n* Lehrer *der*, -in *die*

school uniform *n* Schuluniform *die*

science ['saɪəns] *n* **1.** Wissenschaft *die* **2.** *SCH* Physik, Chemie und Biologie *die*

science fiction *n* Sciencefiction *die*

scientific [,saɪən'tɪfɪk] *adj* wissenschaftlich

scientist ['saɪəntɪst] *n* Wissenschaftler *der*, -in *die*

scissors ['sɪzəz] *npl* ● (**pair of**) **scissors** Schere *die*

scold [skəʊld] *vt* ausschimpfen

scone [skɒn] *n* britisches Teegebäck

scoop [sku:p] *n* **1.** (*for ice cream*) Portionierer *der* **2.** (*of ice cream*) Kugel *die* **3.** (*in media*) Exklusivmeldung *die*

scooter ['sku:tə˛] *n* (*motor vehicle*) Roller *der*

scope [skəʊp] *n* **1.** (*possibility*) Spielraum *der* **2.** (*range*) Rahmen *der*

scorch [skɔ:tʃ] *vt* (*clothes*) versengen

score [skɔ:˛] ◇ *n* **1.** (*total, final result*)

Ergebnis *das* **2.** (*current position*) Stand *der* ◇ *vt* **1.** (*goal*) schießen **2.** (*point, try, in test*) erzielen ◇ *vi* **1.** (*get goal*) ein Tor schießen **2.** (*get point*) einen Punkt erzielen

scorn [skɔ:n] *n* Verachtung *die*

Scorpio ['skɔ:pɪəʊ] *n* Skorpion *der*

scorpion ['skɔ:pjən] *n* Skorpion *der*

Scot [skɒt] *n* Schotte *der*, Schottin *die*

scotch [skɒtʃ] *n* Scotch *der*

Scotch broth *n* Eintopf aus Fleischbrühe, Gemüse und Graupen

Scotch tape ® *n* (*US*) Tesafilm ® *der*

Scotland ['skɒtlənd] *n* Schottland *nt*

Scotsman ['skɒtsmən] (*pl* **-men**) *n* Schotte *der*

Scotswoman ['skɒtswʊmən] (*pl* **-women**) *n* Schottin *die*

Scottish ['skɒtɪʃ] *adj* schottisch

Scottish Parliament

Seit 1998 hat Schottland wieder ein eigenes Parlament mit 129 gewählten Vertretern, in dem ohne Mitwirkung des britischen Parlaments Gesetze (etwa zu Gesundheit und Bildung) verabschiedet werden. Das Parlamentsgebäude im Zentrum von Edinburgh hat wegen seiner auffälligen Form, der langen Bauzeit und der hohen Baukosten von sich reden gemacht.

scout [skaʊt] *n* (*boy scout*) Pfadfinder *der*

scowl [skaʊl] *vi* ein böses Gesicht machen

scrambled eggs [,skræmbld-] *npl* Rührei *das*

scrap [skræp] *n* **1.** *(of paper, cloth)* Fetzen der **2.** *(old metal)* Schrott der

scrapbook ['skræpbʊk] *n* Sammelalbum das

scrape [skreɪp] *vt* **1.** *(rub)* reiben **2.** *(scratch)* kratzen

scrap paper *n (UK)* Schmierzettel der

scratch [skrætʃ] ◇ *n* Kratzer der ◇ *vt* **1.** kratzen **2.** *(mark)* zerkratzen ● **to be up to scratch** gut genug sein ● **to start from scratch** von vorne anfangen

scratch paper *(US)* = **scrap paper**

scream [skriːm] ◇ *n* Schrei der ◇ *vi* schreien

screen [skriːn] ◇ *n* **1.** *(of TV, computer)* Bildschirm der **2.** *(for cinema film)* Leinwand die **3.** *(hall in cinema)* Kinosaal der **4.** *(panel)* Trennwand die ◇ *vt (film, programme)* vorführen

screening ['skriːnɪŋ] *n (of film)* Vorführung die

screen wash *n* Scheibenwaschmittel das

screw [skruː] ◇ *n* Schraube die ◇ *vt* **1.** *(fasten)* anschrauben **2.** *(twist)* schrauben

screwdriver ['skruːˌdraɪvəʳ] *n* Schraubenzieher der

scribble ['skrɪbl] *vi* kritzeln

script [skrɪpt] *n (of play, film)* Drehbuch das

scrub [skrʌb] *vt* schrubben

scruffy ['skrʌfɪ] *adj* vergammelt

scrumpy ['skrʌmpɪ] *n* stark alkoholischer Apfelwein aus dem Südwesten Englands

scuba diving ['skuːbə-] *n* Sporttauchen das

sculptor ['skʌlptəʳ] *n* Bildhauer der, -in die

sculpture ['skʌlptʃəʳ] *n (statue)* Skulptur die

sea [siː] *n* Meer das, See die ● **by sea** auf dem Seeweg ● **by the sea** am Meer

seafood ['siːfuːd] *n* Meeresfrüchte *pl*

seafront ['siːfrʌnt] *n* Uferpromenade die

seagull ['siːgʌl] *n* Seemöwe die

seal [siːl] ◇ *n* **1.** *(animal)* Seehund der **2.** *(on bottle, container)* Verschluss der **3.** *(official mark)* Siegel das ◇ *vt* versiegeln

seam [siːm] *n (in clothes)* Saum der

search [sɜːtʃ] ◇ *n* Suche die ◇ *vt* durchsuchen ◇ *vi* ● **to search for** suchen nach

seashell ['siːʃel] *n* Muschel die

seashore ['siːʃɔːʳ] *n* Meeresküste die

seasick ['siːsɪk] *adj* seekrank

seaside ['siːsaɪd] *n* ● **the seaside** die Küste

seaside resort *n* Urlaubsort der an der Küste

season ['siːzn] ◇ *n* **1.** *(of year)* Jahreszeit die **2.** *(period)* Saison, Zeit die ◇ *vt (food)* würzen ● **in season** *(holiday)* in der Hochsaison ● **out of season** *(holiday)* in der Nebensaison ● **strawberries are in/out of season** es ist Erdbeerzeit/keine Erdbeerzeit

seasoning ['siːznɪŋ] *n* Gewürz das

season ticket *n* **1.** *(for train)* Dauerkarte die **2.** *(for theatre)* Abonnement das

seat [siːt] ◇ *n* **1.** *(place)* Platz der **2.** *(chair)* (Sitz)platz der **3.** *(in parliament)* Sitz der ◇ *vt (subj: building, vehicle)* Sitzplatz haben für ▼ **please wait to be seated** bitte warten Sie hier, bis Sie zu Ihrem Platz geleitet werden

seat belt *n* Sicherheitsgurt der

seaweed ['siːwiːd] n Seetang der

secluded [sɪ'kluːdɪd] adj abgeschieden

second ['sekənd] ◇ n Sekunde die ◆ num zweite(r)(s) ● **second gear** zweiter Gang ➤ **sixth** ◆ **seconds** npl **1.** (goods) Waren pl zweiter Wahl **2.** (inf) (of food) Nachschlag

secondary school ['sekəndrɪ-] n höhere Schule

second-class adj **1.** (ticket) zweiter Klasse **2.** (inferior) zweitklassig ● **second-class stamp** billigere Briefmarke für Post, die weniger schnell befördert wird

second-hand adj gebraucht

Second World War n ● the Second World War der Zweite Weltkrieg

secret ['siːkrɪt] ◇ adj geheim ◇ n Geheimnis das

secretary [(UK) 'sekrətrɪ, (US) 'sekrə‚terɪ] n Sekretär der, -in die

Secretary of State n **1.** (US) (foreign minister) Außenminister der, -in die **2.** (UK) (government minister) Minister der, -in die

section ['sekʃn] n (part) Teil der

sector ['sektə'] n Sektor der

secure [sɪ'kjʊə'] ◇ adj **1.** sicher **2.** (firmly fixed) fest ◇ vt **1.** (fix) sichern **2.** (fml) (obtain) sich (D) sichern

security [sɪ'kjʊərətɪ] n Sicherheit die

security guard n Sicherheitsbeamter der, -beamtin die

sedative ['sedətɪv] n Beruhigungsmittel das

seduce [sɪ'djuːs] vt verführen

see [siː] (pt **saw**, pp **seen**) ◇ vt **1.** sehen **2.** (visit) besuchen **3.** (doctor, solicitor) gehen zu **4.** (understand) einsehen **5.** (accompany) begleiten ◇ vi sehen ● **I see**

(understand) ich verstehe ● **to see if one can do sthg** sehen, ob man etw tun kann ● **to see to sthg** (deal with) sich um etw kümmern; (repair) etw reparieren ● **see you!** tschüs! ● **see you later!** bis bald! ● **see you soon!** bis bald! ● **see p 14** siehe S. 14 ◆ **see off** vt sep (say goodbye to) verabschieden

seed [siːd] n Samen der

seedy ['siːdɪ] adj heruntergekommen

seeing (as) ['siːɪŋ-] conj in Anbetracht dessen, dass

seek [siːk] (pt & pp **sought**) vt **1.** (fml) (look for) suchen **2.** (request) erbitten

seem [siːm] ◇ vi scheinen ◇ impers vb ● **it seems (that)** ... anscheinend

seen [siːn] pp ➤ **see**

seesaw ['siːsɔː] n Wippe die

segment ['segmənt] n (of fruit) Scheibe die, Schnitz der (Südd)

seize [siːz] vt **1.** (grab) ergreifen **2.** (drugs, arms) beschlagnahmen ◆ **seize up** vi **1.** (machine) sich festlfressen **2.** (leg, back) sich versteifen

seldom ['seldəm] adv selten

select [sɪ'lekt] ◇ vt auslwählen ◇ adj (exclusive) ausgesucht

selection [sɪ'lekʃn] n **1.** (selecting) Wahl die **2.** (range) Auswahl die

self-assured [‚selfə'ʃʊəd] adj selbstsicher

self-catering [‚self'keɪtərɪŋ] adj mit Selbstversorgung

self-confident [‚self-] adj selbstbewusst

self-conscious [‚self-] adj gehemmt

self-contained [‚selfkən'teɪnd] adj (flat) abgeschlossen

self-defence [‚self-] n Selbstverteidigung die

self-employed [‚self-] adj selbstständig

selfish ['selfɪʃ] *adj* egoistisch

self-raising flour [ˌself'reɪzɪŋ-] *n* (UK) Mehl das mit Backpulverzusatz

self-rising flour [ˌself'raɪzɪŋ-] (US) = **self-raising flour**

self-service [ˌself-] *adj* mit Selbstbedienung

sell [sel] (*pt & pp* **sold**) *vt & vi* verkaufen ● to sell for £20 20 Pfund kosten ● to sell sb sthg jm etw verkaufen

sell-by date *n* Mindesthaltbarkeitsdatum das

seller ['selər] *n* Verkäufer der, -in die

Sellotape® ['seləteɪp] *n* (UK) ≃ Tesafilm® der

semester [sɪ'mestər] *n* Semester das

semicircle ['semɪˌsɜːkl] *n* Halbkreis der

semicolon [ˌsemɪ'kəʊlən] *n* Strichpunkt der

semidetached [ˌsemɪdɪ'tætʃt] *adj* ● a semidetached house eine Doppelhaushälfte

semifinal [ˌsemɪ'faɪnl] *n* Halbfinale das

seminar ['semɪnɑːr] *n* Seminar das

semolina [ˌsemə'liːnə] *n* Grieß der

send [send] (*pt & pp* **sent**) *vt* 1. schicken 2. (TV or radio signal) senden ● to send sthg to sb jm etw schicken ◆ **send back** *vt sep* zurückschicken ◆ **send off** ◇ *vt sep* 1. (letter, parcel) abschicken 2. SPORT vom Platz stellen ◇ *vi* ● to send off for sthg sich (D) etw schicken lassen

sender ['sendər] *n* Absender der

senile ['siːnaɪl] *adj* senil

senior ['siːnjər] ◇ *adj* 1. (high-ranking) leitend 2. (higher-ranking) höher ◇ *n* 1. (UK) SCH Schüler der höheren Klassen 2.

(US) SCH amerikanischer Student im letzten Studienjahr

senior citizen *n* Senior der, -in die

sensation [sen'seɪʃn] *n* 1. Gefühl das 2. (cause of excitement) Sensation die

sensational [sen'seɪʃənl] *adj* (very good) sensationell

sense [sens] ◇ *n* 1. Sinn der 2. (common sense) Verstand der 3. (of word, expression) Bedeutung die ◇ *vt* spüren ● to make sense Sinn ergeben ● sense of direction Orientierungssinn der ● sense of humour Sinn für Humor

sensible ['sensəbl] *adj* 1. (person) vernünftig 2. (clothes, shoes) praktisch

sensitive ['sensɪtɪv] *adj* 1. empfindlich 2. (emotionally) sensibel 3. (subject, issue) heikel

sent [sent] *pt & pp* > **send**

sentence ['sentəns] ◇ *n* 1. GRAM Satz der 2. (for crime) Strafe die ◇ *vt* verurteilen

sentimental [ˌsentɪ'mentl] *adj* sentimental

Sep. (abbr of September) Sept.

separate ◇ *adj* ['seprət] 1. getrennt 2. (different) verschieden ◇ *vt* ['sepəreɪt] trennen ◇ *vi* sich trennen ◆ **separates** *npl* (UK) Kleidungsstücke wie Röcke, Hosen, Blusen, die mit einem Ober- oder Unterteil kombiniert werden müssen, im Gegensatz zu Kleidern oder Anzügen

separately ['seprətlɪ] *adv* 1. (individually) einzeln 2. (alone) getrennt

separation [ˌsepə'reɪʃn] *n* Trennung die

September [sep'tembər] *n* September der ● at the beginning of September Anfang September ● at the end of September Ende September ● during September im September ● **every September** jeden September ● **in September** im September ● **last September** letzten September ● **next September** nächsten September ● **this September** diesen September ● **2 September 1999** *(in letters etc)* 2. September 1999

septic ['septɪk] *adj* vereitert

septic tank *n* Faulgrube *die*

sequel ['siːkwəl] *n* Fortsetzung *die*

sequence ['siːkwəns] *n* **1.** *(series)* Reihe *die* **2.** *(order)* Reihenfolge *die*

sequin ['siːkwɪn] *n* Paillette *die*

sergeant ['sɑːdʒənt] *n* **1.** *(in police force)* Wachtmeister *der* **2.** *(in army)* Feldwebel *der*

serial ['sɪərɪəl] *n* Serie *die*

series ['sɪəriːz] *(pl inv)* *n* **1.** *(sequence)* Reihe *die* **2.** *(on TV, radio)* Serie *die*

serious ['sɪərɪəs] *adj* **1.** ernst **2.** *(injury, problem)* schwer ● **are you serious?** ist das dein Ernst? ● **to be serious about sthg** etw ernst nehmen

seriously ['sɪərɪəslɪ] *adv* ernsthaft

sermon ['sɜːmən] *n* Predigt *die*

servant ['sɜːvənt] *n* Diener *der*, -in *die*

serve [sɜːv] ◇ *vt* **1.** *(food)* servieren **2.** *(drink)* ausschenken **3.** *(customer)* bedienen ◇ *vi* **1.** SPORT aufschlagen **2.** *(work)* dienen ● **to serve as** *(be used for)* dienen als ● **the town is served by two airports** die Stadt hat zwei Flughäfen ● **it serves you right** geschieht dir recht! ▼ **serves two** *(on packaging, menu)* für zwei Personen

service ['sɜːvɪs] ◇ *n* **1.** *(in shop, restaurant etc)* Bedienung *die* **2.** *(job, organization)* Dienst *der* **3.** *(at church)* Gottesdienst *der* **4.** SPORT Aufschlag *der* **5.** *(of car)*

Wartung *die* ◇ *vt* *(car)* warten ● **to be of service to sb** *(fml)* jm behilflich sein ▼ **out of service** außer Betrieb ▼ **service included** Bedienung inbegriffen ▼ **service not included** Bedienung nicht inbegriffen ◆ **services** *npl* **1.** *(on motorway)* Raststätte *die* **2.** *(of person)* Dienste *pl*

service area *n* Tankstelle *die* und Raststätte

service charge *n* Bedienungszuschlag *der*

service department *n* Kundendienst *der*

service provider *n* COMPUT Provider *der*

service station *n* Tankstelle *die*

serviette [ˌsɜːvɪ'et] *n* Serviette *die*

serving ['sɜːvɪŋ] *n* *(helping)* Portion *die*

serving spoon *n* Servierlöffel *der*

sesame seeds ['sesəmɪ-] *npl* Sesam *der*

session ['seʃn] *n* **1.** *(of activity)* Runde *die* **2.** *(formal meeting)* Sitzung *die*

set [set] *(pt & pp inv)* ◇ *adj* **1.** *(fixed)* fest; *(date)* festgesetzt ● **a set lunch** ein Mittagsmenü **2.** *(text, book)* Pflicht- ◇ *n* **1.** *(collection)* Satz *der* ● **a chess set** ein Schachspiel **2.** *(TV)* ● **a (TV) set** Fernsehgerät *das* **3.** *(in tennis)* Satz *der* **4.** SCH *(of play)* Gruppe von Schülern mit gleichem Niveau innerhalb eines Faches **5.** *(of play)* Bühnenbild *das* **6.** *(at hairdresser's)* ● **a shampoo and set** Waschen und Legen ◇ *vt* **1.** *(put)* setzen; *(put upright)* stellen; *(put flat)* legen **2.** *(cause to be)* ● **to set a machine going** eine Maschine in Gang bringen ● **to set fire to sthg** etw in Brand setzen **3.** *(controls)* einstellen; *(clock)* stellen ● **set the alarm for 7 a.m.**

stell den Wecker für 7 Uhr früh **4.** *(price, time)* festllegen **5.** *(the table)* decken **6.** *(a record)* aufstellen **7.** *(broken bone)* richlten **8.** *(homework, essay)* aufgeben; *(exam)* zusammenlstellen **9.** *(play, film, story)* ● **to be set** spielen ● *vi* **1.** *(sun)* unterlgehen **2.** *(glue, jelly)* fest werden

◆ **set down** *vt sep (UK) (passengers)* ablsetzen

◆ **set off**
◇ *vt sep (alarm)* auslösen
◇ *vi (on journey)* auflbrechen

◆ **set out**
◇ *vt sep (arrange)* herlrichten
◇ *vi (on journey)* auflbrechen

◆ **set up** *vt sep (barrier)* aufstellen; *(equipment)* auflbauen; *(meeting, interview)* organisieren

set meal *n* Menü *das*

set menu *n* Menü *das*

settee [se'ti:] *n* Sofa *das*

setting ['setɪŋ] *n* **1.** *(on machine)* Einstellung *die* **2.** *(surroundings)* Lage *die*

settle ['setl] ◇ *vt* **1.** *(argument)* beillegen **2.** *(bill)* bezahlen **3.** *(stomach, nerves)* beruhigen **4.** *(arrange, decide on)* entlscheiden ◇ *vi* **1.** *(start to live)* sich niederllassen **2.** *(come to rest)* sich hinllsetzen **2.** *(sediment, dust)* sich setzen

◆ **settle down** *vi* **1.** *(calm down)* sich beruhigen **2.** *(sit comfortably)* sich gemütlich hinllsetzen ◆ **settle up** *vi (pay bill)* bezahlen

settlement ['setlmənt] *n* **1.** *(agreement)* Einigung *die* **2.** *(place)* Siedlung *die*

seven ['sevn] *num* sieben ➤ **six**

seventeen [ˌsevn'ti:n] *num* siebzehn ➤ **six**

seventeenth [ˌsevn'ti:nθ] *num* siebzehnlte(r)(s) ➤ **sixth**

seventh ['sevnθ] *num* siebte(r)(s) ➤ **sixth**

seventieth ['sevntjəθ] *num* siebzigslte(r)(s) ➤ **sixth**

seventy ['sevntɪ] *num* siebzig ➤ **six**

several ['sevrəl] *adj & pron* mehrere, einige

severe [sɪ'vɪəʳ] *adj* **1.** *(conditions, illness)* schwer **2.** *(criticism, person, punishment)* hart **3.** *(pain)* heftig

sew [səʊ] *(pp* **sewn***) vt & vi* nähen

sewage ['su:ɪdʒ] *n* Abwasser *das*

sewing ['səʊɪŋ] *n* **1.** *(activity)* Nähen *das* **2.** *(things sewn)* Nähzeug *das*

sewing machine *n* Nähmaschine *die*

sewn [səʊn] *pp* ➤ **sew**

sex [seks] *n* **1.** *(gender)* Geschlecht *das* **2.** *(sexual intercourse)* Sex *der* ● **to have sex (with)** Sex haben (mit)

sexist ['seksɪst] *n* Sexist *der*

sexual ['sekʃʊəl] *adj* sexuell

sexy ['seksɪ] *adj* sexy

shabby ['ʃæbɪ] *adj* **1.** *(clothes, room)* schäbig **2.** *(person)* heruntergekommen

shade [ʃeɪd] ◇ *n* **1.** *(shadow)* Schatten *der* **2.** *(lampshade)* Schirm *der* **3.** *(of colour)* Ton *der* ◇ *vt (protect)* schützen ◆ **shades** *npl (inf) (sunglasses)* Sonnenbrille *die*

shadow ['ʃædəʊ] *n* Schatten *der*

shady ['ʃeɪdɪ] *adj* **1.** schattig **2.** *(inf) (person, deal)* zwielichtig

shaft [ʃɑ:ft] *n* **1.** *(of machine)* Welle *die* **2.** *(of lift)* Schacht *der*

shake [ʃeɪk] *(pt* **shook***, pp* **shaken***) ◇ vt* **1.** schütteln **2.** *(shock)* erschüttern ◇ *vi* **1.** *(person)* zittern **2.** *(building, earth)* beben ● **to shake hands with sb** jm die Hand geben ● **to shake one's head** den Kopf schütteln

shall *(weak form* [ʃəl]*, strong form* [ʃæl]) *aux vb* **1.** *(expressing future)* werden ● **I shall be late tomorrow** morgen werde ich später kommen ● **I shall be ready soon** ich bin bald fertig **2.** *(in questions)* sollen ● **shall I buy some wine?** soll ich Wein kaufen? ● **where shall we go?** wo sollen wir hingehen? **3.** *(fml)* *(expressing order)* ● **payment shall be made within a week** die Zahlung muss innerhalb einer Woche erfolgen

shallot [ʃəˈlɒt] *n* Schalotte *die*

shallow [ˈʃæləʊ] *adj (pond, water)* seicht

shallow end *n (of swimming pool)* flaches Ende

shambles [ˈʃæmblz] *n* wildes Durcheinander

shame [ʃeɪm] *n* **1.** *(remorse)* Scham *die* **2.** *(disgrace)* Schande *die* ● **it's a shame that** schade, dass ● **what a shame!** wie schade!

shampoo [ʃæmˈpuː] *(pl* **-s***)* *n* **1.** *(liquid)* Shampoo *das* **2.** *(wash)* Shampoonieren *das*

shandy [ˈʃændɪ] *n* Radler *der*

shape [ʃeɪp] *n* **1.** *(form)* Form *die* **2.** *(person)* Gestalt *die* ● **to be in good/bad shape** in guter/schlechter Form sein

share [ʃeəʳ] ◇ *n* **1.** *(part)* Anteil *der* **2.** *(in company)* Aktie *die* ◇ *vt* **1.** *(room, work, cost, responsibility)* teilen **2.** *(divide)* aufteilen ● **share out** *vt sep* aufteilen

shark [ʃɑːk] *n* Hai *der*

sharp [ʃɑːp] ◇ *adj* **1.** *(knife, pencil, needle, teeth)* spitz **3.** *(change)* groß **4.** *(bend)* scharf **5.** *(rise)* steil **6.** *(quick, intelligent)* aufgeweckt **7.** *(painful)* ste-

chend **8.** *(food, taste)* säuerlich ◇ *adv (exactly)* ● **at one o'clock sharp** Punkt eins

sharpen [ˈʃɑːpn] *vt* **1.** *(knife)* schärfen **2.** *(pencil)* spitzen

shatter [ˈʃætəʳ] ◇ *vt (break)* zerschmettern ◇ *vi* zerbrechen

shattered [ˈʃætəd] *adj (UK)* *(inf)* *(tired)* erschlagen

shave [ʃeɪv] ◇ *vt* rasieren ◇ *vi* sich rasieren ◇ *n* ● **to have a shave** sich rasieren ● **to shave one's legs** sich *(D)* die Beine rasieren

shaver [ˈʃeɪvəʳ] *n* Rasierapparat *der*

shaver point *n* Steckdose *für einen Rasierapparat*

shaving brush [ˈʃeɪvɪŋ-] *n* Rasierpinsel *der*

shaving cream [ˈʃeɪvɪŋ-] *n* Rasiercreme *die*

shaving foam [ˈʃeɪvɪŋ-] *n* Rasierschaum *der*

shawl [ʃɔːl] *n* Schultertuch *das*

she [ʃiː] *pron* sie ● **she's tall** sie ist groß

sheaf [ʃiːf] *(pl* **sheaves***)* *n (of paper, notes)* Bündel *das*

shears [ʃɪəz] *npl* Gartenschere *die*

sheaves [ʃiːvz] *pl* ➤ **sheaf**

shed [ʃed] *(pt* & *pp inv)* ◇ *n* Schuppen *der* ◇ *vt (tears, blood)* vergießen

she'd *(weak form* [ʃɪd]*, strong form* [ʃiːd]*)* = **she had, she would**

sheep [ʃiːp] *(pl inv)* *n* Schaf *das*

sheepdog [ˈʃiːpdɒg] *n* Hirtenhund *der*

sheepskin [ˈʃiːpskɪn] *adj* Schaffell *das*

sheer [ʃɪəʳ] *adj* **1.** *(pure, utter)* rein **2.** *(cliff)* steil **3.** *(stockings)* hauchdünn

sheet [ʃiːt] *n* **1.** *(for bed)* Laken *das* **2.** *(of paper)* Blatt *das* **3.** *(of glass, metal, wood)* Platte *die*

shelf [ʃelf] (*pl* **shelves**) *n* Regal *das*

shell [ʃel] *n* **1.** (*of egg, nut*) Schale *die* **2.** (*on beach*) Muschel *die* **3.** (*of tortoise*) Panzer *der* **4.** (*of snail*) Haus *das* **5.** (*bomb*) Granate *die*

she'll [ʃiːl] = she will, she shall

shellfish [ʃelfiʃ] *n* **1.** Schalentiere *pl* **2.** (*food*) Meeresfrüchte *pl*

shell suit *n* (UK) Jogginganzug *aus Nylonaußenmaterial und Baumwollfutter*

shelter [ʃeltəʳ] ◇ *n* **1.** Schutz *der* **2.** (*structure*) Schutzdach *das* ◇ *vt* (*protect*) schützen ◇ *vi* sich unterlstellen ● **to take shelter** sich unterlstellen

sheltered [ʃeltəd] *adj* (*place*) geschützt

shelves [ʃelvz] *pl* > shelf

shepherd [ʃepəd] *n* Schafhirte *der*, -hirtin *die*

shepherd's pie [ʃepədz-] *n* Auflauf *aus Hackfleisch, bedeckt mit einer Schicht Kartoffelbrei*

sheriff [ʃerif] *n* (*in US*) Sheriff *der*

sherry [ʃeri] *n* Sherry *der*

she's [ʃiːz] = she is, she has

shield [ʃiːld] ◇ *n* Schild *der* ◇ *vt* schützen

shift [ʃift] ◇ *n* **1.** (*change*) Veränderung *die* **2.** (*period of work*) Schicht *die* ◇ *vt* **1.** (*move*) rücken **2.** (*rearrange*) umlstellen ◇ *vi* **1.** (*move*) sich verschieben **2.** (*change*) sich verändern

shin [ʃin] *n* Schienbein *das*

shine [ʃaɪn] (*pt & pp* **shone**) ◇ *vi* **1.** scheinen **2.** (*surface, glass*) glänzen ◇ *vt* **1.** (*shoes*) polieren **2.** (*torch*) leuchten

shiny [ʃaɪni] *adj* glänzend

ship [ʃip] *n* Schiff *das* ● **by ship** mit dem Schiff

shipwreck [ʃiprek] *n* **1.** (*accident*) Schiffbruch *der* **2.** (*wrecked ship*) Wrack *das*

shirt [ʃɜːt] *n* Hemd *das*

shit [ʃit] *n* (*vulg*) Scheiße *die*

shiver [ʃivəʳ] *vi* zittern

shock [ʃɒk] ◇ *n* **1.** (*surprise*) Schock *der* **2.** (*force*) Wucht *die* ◇ *vt* **1.** (*surprise*) einen Schock versetzen (+D) **2.** (*horrify*) schockieren ● **to be in shock** MED unter Schock stehen

shock absorber [-əbˌzɔːbəʳ] *n* Stoßdämpfer *der*

shocking [ʃɒkiŋ] *adj* (*very bad*) entsetzlich

shoe [ʃuː] *n* Schuh *der*

shoelace [ʃuːleɪs] *n* Schnürsenkel *der*

shoe polish *n* Schuhcreme *die*

shoe repairer's [-riˌpeərəz] *n* Schuhmacher *der*

shoe shop *n* Schuhgeschäft *das*

shone [ʃɒn] *pt & pp* > shine

shook [ʃuk] *pt* > shake

shoot [ʃuːt] (*pt & pp* **shot**) ◇ *vt* **1.** (*kill*) erlschießen **2.** (*injure*) anlschießen **3.** (*gun*) ablfeuern **4.** (*arrow*) abschießen **5.** (*film*) drehen ◇ *vi* schießen ◇ *n* (*of plant*) Trieb *der*

shop [ʃɒp] ◇ *n* Geschäft *das*, Laden *der* ◇ *vi* einlkaufen

shop assistant *n* (UK) Verkäufer *der*, -in *die*

shop floor *n* Produktionsabteilung *die*

shopkeeper [ʃɒpˌkiːpəʳ] *n* Geschäftsinhaber *der*, -in *die*

shoplifter [ʃɒpˌliftəʳ] *n* Ladendieb *der*, -in *die*

shopper [ʃɒpəʳ] *n* Käufer *der*, -in *die*

shopping [ʃɒpiŋ] *n* **1.** (*things bought*) Einkäufe *pl* **2.** (*activity*) Einkaufen *das* ● **to do the shopping** den Einkauf erledigen ● **to go shopping** einkaufen gehen

shopping bag *n* Einkaufstüte *die*

shopping basket *n* Einkaufskorb *der*

shopping centre *n* Einkaufszentrum *das*

shopping list *n* Einkaufsliste *die*

shopping mall *n* Einkaufszentrum *das*

shop steward *n* gewerkschaftlicher Vertrauensmann

shop window *n* Schaufenster *das*

shore [ʃɔːʳ] *n* (of sea, river, lake) Ufer *das* ● **on shore** (on land) an Land

short [ʃɔːt] ◇ *adj* 1. kurz 2. (not tall) klein ◇ *adv* (cut) kurz ◇ *n* 1. (UK) (drink) Kurze *der* 2. (film) Kurzfilm *der* ● **to be short of sthg** (time, money) zu wenig von etw haben ● **to be short of breath** außer Atem sein ● **in short** kurz (gesagt) ◆ **shorts** *npl* 1. (short trousers) Shorts *pl* 2. (US) (underpants) Unterhose *die*

shortage [ʃɔːtɪdʒ] *n* Mangel *der*

shortbread [ʃɔːtbred] *n* Buttergebäck *das*

short-circuit *vi* einen Kurzschluss haben

shortcrust pastry [ʃɔːtkrʌst-] *n* Mürbeteig *der*

short cut *n* Abkürzung *die*

shorten [ʃɔːtn] *vt* 1. (in time) verkürzen 2. (in length) kürzen

shorthand [ʃɔːthænd] *n* Stenografie *die*

shortly [ʃɔːtlɪ] *adv* (soon) in Kürze ● **shortly before** kurz bevor

shortsighted [ʃɔːtsaɪtɪd] *adj* kurzsichtig

short-sleeved [-sliːvd] *adj* kurzärmelig

short-stay car park *n* Parkplatz *der* für Kurzparker

short story *n* Kurzgeschichte *die*

short wave *n* Kurzwelle *die*

shot [ʃɒt] ◇ *pt & pp* ▷ **shoot** ◇ *n* 1. (of gun, in football) Schuss *der* 2. (in tennis, golf) Schlag *der* 3. (photo) Aufnahme *die* 4. (in film) Einstellung *die* 5. (inf) (attempt) Versuch *der* 6. (of alcohol) Schuss *der*

shotgun [ʃɒtgʌn] *n* Schrotflinte *die*

should [ʃʊd] *aux vb* 1. (expressing desirability) ● **we should leave now** wir sollten jetzt gehen 2. (asking for advice) ● **should I go too?** soll ich auch gehen? 3. (expressing probability) ● **she should be home soon** sie müsste bald zu Hause sein 4. (ought to) ● **they should have won the match** sie hätten das Spiel gewinnen sollen 5. (fml) (in conditionals) ● **should you need anything, call reception** sollten Sie irgendetwas brauchen, rufen Sie die Rezeption an 6. (fml) (expressing wish) ● **I should like to come with you** ich würde gerne mit dir mitkommen

shoulder [ʃəʊldəʳ] *n* 1. Schulter *die* 2. (of meat) Schulterstück *das* 3. (US) (of road) Seitenstreifen *der*

shoulder pad *n* Schulterpolster *das*

shouldn't [ʃʊdnt] = should not

should've [ʃʊdəv] = should have

shout [ʃaʊt] ◇ *n* Schrei *der* ◇ *vt & vi* schreien ◆ **shout out** *vt sep* herausschreien

shove [ʃʌv] *vt* 1. stoßen 2. (put carelessly) stopfen

shovel [ʃʌvl] *n* Schaufel *die*

show [ʃəʊ] (pp **-ed** OR **shown**) ◇ *n* 1. (at theatre, on TV, radio) Show *die* 2. (exhibition) Schau *die* ◇ *vt* 1. zeigen 2. (accompany) begleiten ◇ *vi* 1. (be visible) sichtbar sein **2.** *(film)* laufen ● **to show sthg to sb** jm etw zeigen ● **to show sb how to do sthg** jm zeigen, wie man etw tut ◆ **show off** *vi* angeben ◆ **show up** *vi* **1.** *(come along)* kommen **2.** *(be visible)* zu sehen sein

shower ['ʃauə'] ◇ *n* **1.** *(for washing)* Dusche *die* **2.** *(of rain)* Guss *der* ◇ *vi (wash)* duschen ● **to have a shower** duschen

shower gel *n* Duschgel *das*

shower unit *n* Dusche *die*

showing ['ʃəʊɪŋ] *n (of film)* Vorführung *die*

shown [ʃəʊn] *pp* ➤ **show**

showroom ['ʃəʊrʊm] *n* Ausstellungsraum *der*

shrank [ʃræŋk] *pt* ➤ **shrink**

shrimp [ʃrɪmp] *n* Krabbe *die*

shrine [ʃraɪn] *n* Schrein *der*

shrink [ʃrɪŋk] *(pt* **shrank,** *pp* **shrunk)** ◇ *n (inf) (psychoanalyst)* Psychiater *der* ◇ *vi* **1.** *(become smaller)* schrumpfen **2.** *(clothes)* einlaufen **3.** *(diminish)* abnehmen

shrub [ʃrʌb] *n* Strauch *der*

shrug [ʃrʌg] ◇ *n* Achselzucken *das* ◇ *vi* die Achseln zucken

shrunk [ʃrʌŋk] *pp* ➤ **shrink**

shuffle ['ʃʌfl] ◇ *vt (cards)* mischen ◇ *vi* schlurfen

shut [ʃʌt] *(pt & pp inv)* ◇ *adj* zu, geschlossen ◇ *vt* schließen, zumachen ◇ *vi* **1.** *(door, mouth, eyes)* schließen **2.** *(shop, restaurant)* schließen, zumachen ◆ **shut down** *vt sep* schließen ◆ **shut up** *vi (inf) (stop talking)* den Mund halten

shutter ['ʃʌtə'] *n* **1.** *(on window)* Fensterladen *der* **2.** *(on camera)* Verschluss *der*

shuttle ['ʃʌtl] *n* **1.** *(plane)* Pendelmaschine *die* **2.** *(bus)* Pendelbus *der*

shuttlecock ['ʃʌtlkɒk] *n* Federball *der*

shy [ʃaɪ] *adj* schüchtern

sick [sɪk] *adj (ill)* krank ● **to be sick** *(vomit)* sich übergeben ● **I feel sick** mir ist schlecht ● **to be sick of** *(fed up with)* die Nase voll haben von

sick bag *n* Tüte *die*

sickness ['sɪknɪs] *n* Krankheit *die*

sick pay *n* Krankengeld *das*

side [saɪd] ◇ *n* **1.** Seite *die* **2.** *(UK) (TV channel)* Kanal *der* ◇ *adj (door, pocket)* Seiten- ● **at the side of** neben *(+D)* ● **on the other side auf** der anderen Seite ● **on this side** auf dieser Seite ● **side by side** Seite an Seite

sideboard ['saɪdbɔːd] *n* Anrichte *die*

sidecar ['saɪdkɑː'] *n* Beiwagen *der*

side dish *n* Beilage *die*

side effect *n* Nebenwirkung *die*

sidelight ['saɪdlaɪt] *n (UK) (of car)* Begrenzungsleuchte *die*

side order *n* Beilage *die*

side salad *n* Salatbeilage *die*

side street *n* Seitenstraße *die*

sidewalk ['saɪdwɔːk] *n (US)* Bürgersteig *der*

sideways ['saɪdweɪz] *adv* seitwärts

sieve [sɪv] *n* Sieb *das*

sigh [saɪ] ◇ *n* Seufzer *der* ◇ *vi* seufzen

sight [saɪt] *n* **1.** *(eyesight)* Sehvermögen *das* **2.** *(thing seen)* Anblick *der* ● **at first sight** auf den ersten Blick ● **to catch sight of** erblicken ● **in sight** in Sicht ● **to lose sight of** aus den Augen verlieren ● **out of sight** außer Sicht ◆ **sights** *npl (of city, country)* Sehenswürdigkeiten *pl*

sightseeing ['saɪt,siːɪŋ] *n* ● **to go**

sightseeing Sehenswürdigkeiten besichtigen

sign [saɪn] ◇ n **1.** Zeichen das **2.** *(next to road, in shop, station)* Schild das ◇ vt & vi unterschreiben • **there's no sign of her** von ihr ist nichts zu sehen • **sign in** vi *(at hotel, club)* sich eintragen

signal ['sɪɡnl] ◇ n **1.** Signal das **2.** *(US) (traffic lights)* Ampel ◇ vi *(in car, on bike)* die Fahrtrichtung anzeigen

signature ['sɪɡnətʃə'] n Unterschrift die

significant [sɪɡ'nɪfɪkənt] adj **1.** *(large)* beträchtlich **2.** *(important)* bedeutend

signpost ['saɪnpəʊst] n Wegweiser der

Sikh [siːk] n Sikh der, die

silence ['saɪləns] n Stille die

silencer ['saɪlənsə'] n *(UK)* AUT Auspufftopf der

silent ['saɪlənt] adj still

silk [sɪlk] n Seide die

sill [sɪl] n Sims der

silly ['sɪlɪ] adj albern

silver ['sɪlvə'] ◇ n **1.** Silber das **2.** *(coins)* Silbergeld das ◇ adj Silber-

silver foil n Alufolie die

silver-plated [-'pleɪtɪd] adj versilbert

similar ['sɪmɪlə'] adj ähnlich • **to be similar to** ähnlich sein *(+D)*

similarity [sɪmɪ'lærətɪ] n Ähnlichkeit die

simmer ['sɪmə'] vi leicht kochen

simple ['sɪmpl] adj einfach

simplify ['sɪmplɪfaɪ] vt vereinfachen

simply ['sɪmplɪ] adv einfach

simulate ['sɪmjʊleɪt] vt simulieren

simultaneous [*(UK)* ˌsɪml'teɪnjəs, *(US)* ˌsaɪməl'teɪnjəs] adj gleichzeitig

simultaneously [*(UK)* ˌsɪml'teɪnjəslɪ, *(US)* ˌsaɪməl'teɪnjəslɪ] adv gleichzeitig

sin [sɪn] ◇ n Sünde die ◇ vi sündigen

since [sɪns] ◇ adv seitdem ◇ prep seit ◇ conj **1.** *(in time)* seit **2.** *(as)* da • **I've been here since six o'clock** ich bin hier seit sechs Uhr • **ever since** seitdem, seit

sincere [sɪn'sɪə'] adj aufrichtig

sincerely [sɪn'sɪəlɪ] adv aufrichtig • **Yours sincerely** mit freundlichen Grüßen

sing [sɪŋ] *(pt* **sang**, *pp* **sung**) vt & vi singen

singer ['sɪŋə'] n Sänger der, -in die

single ['sɪŋɡl] ◇ adj **1.** *(just one)* einzig **2.** *(not married)* ledig ◇ n **1.** *(UK) (ticket)* einfache Fahrkarte **2.** *(record)* Single die • **every single** jede(r)(s) einzelne • **singles** ◇ n SPORT Einzel das ◇ adj Singles-

single bed n Einzelbett das

single cream n *(UK)* Sahne mit niedrigem Fettgehalt

single currency n Einheitswährung die

single parent n Alleinerziehende der, die

single room n Einzelzimmer das

single track road n einspurige Straße

singular ['sɪŋɡjʊlə'] n Singular der • **in the singular** im Singular

sinister ['sɪnɪstə'] adj finster

sink [sɪŋk] *(pt* **sank**, *pp* **sunk**) ◇ n **1.** *(in kitchen)* Spülbecken das **2.** *(washbasin)* Waschbecken das ◇ vi sinken

sink unit n Spüle die

sinuses ['saɪnəsɪz] npl Nebenhöhlen pl

sip [sɪp] ◇ n Schlückchen das ◇ vt in kleinen Schlucken trinken

siphon ['saɪfn] ◇ n *(tube)* Saugheber der ◇ vt *(liquid)* absaugen

sir [sɜː'] n mein Herr • **Dear Sir/Sirs**

Sehr geehrte Herren ● **Sir Richard Blair** Sir Richard Blair

siren ['saɪərən] *n* Sirene *die*

sirloin steak [,sɜː'lɔɪn-] *n* Lendensteak *das*

sister ['sɪstə'] *n* Schwester *die*

sister-in-law *n* Schwägerin *die*

sit [sɪt] (*pt & pp* **sat**) ◇ *vi* **1.** (*be seated*) sitzen **2.** (*sit down*) sich setzen **3.** (*be situated*) liegen ◆ *vt* **1.** (*place*) setzen **2.** (*UK*) (*exam*) machen ● **to be sitting** sitzen ◆**sit down** *vi* sich hinsetzen ● **to be sitting down** sitzen ◆**sit up** *vi* **1.** (*after lying down*) sich aufsetzen **2.** (*stay up late*) aufbleiben

site [saɪt] *n* **1.** Stelle *die* **2.** (*building site*) Baustelle *die*

sitting room ['sɪtɪŋ-] *n* Wohnzimmer *das*

situated ['sɪtjʊeɪtɪd] *adj* ● **to be situated** liegen

situation [,sɪtjʊ'eɪʃn] *n* Lage *die* ▼ **situations vacant** Stellenangebote

six [sɪks] ◇ *num adj* sechs ◇ *num n* Sechs *die* ● **to be six** (*years old*) sechs (Jahre alt) sein ● **it's six** (*o'clock*) es ist sechs Uhr ● **a hundred and six** hundertsechs ● **six Hill St** Hill St Nummer sechs ● **it's minus six** (*degrees*) es sind minus sechs (Grad)

sixteen [sɪks'tiːn] *num* sechzehn ≻ **six**

sixteenth [sɪks'tiːnθ] *num* sechzehnte(e)(s) ≻ **sixth**

sixth [sɪksθ] ◇ *num adj & num adv* sechste(r)(s) ◇ *num pron* Sechste *der, die, das* ◇ *n* (*fraction*) Sechstel *das* ● **the sixth** (*of September*) der sechste (September)

sixth form *n* (*UK*) die letzten beiden Klassen vor den "A-level"-Prüfungen

sixth-form college *n* (*UK*) College für Schüler, die ihre "A-level"-Prüfungen machen

sixtieth ['sɪkstɪəθ] *num* sechzigste(r)(s) ≻ **sixth**

sixty ['sɪkstɪ] *num* sechzig ≻ **six**

size [saɪz] *n* Größe *die* ● **what size do you take?** welche Größe haben Sie? ● **what size is this?** welche Größe ist das?

sizeable ['saɪzəbl] *adj* beträchtlich

skate [skeɪt] ◇ *n* **1.** (*ice skate*) Schlittschuh *der* **2.** (*roller skate*) Rollschuh *der* **3.** (*fish*) Rochen *der* ◇ *vi* **1.** (*ice-skate*) Schlittschuh laufen **2.** (*roller-skate*) Rollschuh laufen

skateboard ['skeɪtbɔːd] *n* Skateboard *das*

skater ['skeɪtə'] *n* **1.** (*ice-skater*) Schlittschuhläufer *der*, -in *die* **2.** (*roller-skater*) Rollschuhläufer *der*, -in *die*

skating ['skeɪtɪŋ] *n* ● **to go skating** (*ice-skating*) Schlittschuh laufen gehen; (*roller-skating*) Rollschuh laufen gehen

skeleton ['skelɪtn] *n* Skelett *das*

skeptical ['skeptɪkl] (*US*) = **sceptical**

sketch [sketʃ] ◇ *n* **1.** (*drawing*) Skizze *die* **2.** (*humorous*) Sketch *der* ◇ *vt* skizzieren

skewer ['skjʊə'] *n* Spieß *der*

ski [skiː] (*pt & pp* **skied**, *cont* **skiing**) ◇ *n* Ski *der* ◇ *vi* Ski laufen

ski boots *npl* Skistiefel *pl*

skid [skɪd] ◇ *n* Schleudern *das* ◇ *vi* schleudern

skier ['skiːə'] *n* Skiläufer *der*, -in *die*

skiing ['skiːɪŋ] *n* Skilaufen *das* ● **to go skiing** Ski laufen gehen ● **a skiing holiday** ein Skiurlaub

skilful ['skɪlfʊl] *adj* (*UK*) geschickt

ski lift *n* Skilift *der*

skill [skɪl] *n* **1.** (*ability*) Geschick *das* **2.**

(technique) Fertigkeit die

skilled [skɪld] *adj* **1.** *(worker, job)* qualifiziert, Fach- **2.** *(driver, chef)* erfahren

skillful ['skɪlfʊl] *(US)* = **skilful**

skimmed milk ['skɪmd-] *n* entrahmte Milch

skin [skɪn] *n* **1.** Haut die **2.** *(on fruit, vegetable)* Schale die **3.** *(from animal)* Fell das

skin freshener [-,freʃnəʳ] *n* Gesichtswasser das

skinny ['skɪnɪ] *adj* mager

skip [skɪp] ◇ *vi* **1.** *(with rope)* seilspringen **2.** *(jump)* hüpfen ◇ *vt (omit)* auslassen ◇ *n (container)* Container der

ski pants *npl* Skihose die

ski pass *n* Skipass der

ski pole *n* Skistock der

skipping rope ['skɪpɪŋ-] *n* Sprungseil das

skirt [skɜːt] *n* Rock der

ski slope *n* Skipiste die

ski tow *n* Schlepplift der

skittles ['skɪtlz] *n (game)* Kegeln das

skull [skʌl] *n* Schädel der

sky [skaɪ] *n* Himmel der

skylight ['skaɪlaɪt] *n* Dachfenster das

skyscraper ['skaɪ,skreɪpəʳ] *n* Wolkenkratzer der

slab [slæb] *n* Platte die

slack [slæk] *adj* **1.** *(rope)* locker **2.** *(careless)* nachlässig **3.** *(not busy)* ruhig

slacks [slæks] *npl* Hose die

slam [slæm] *vt* zuschlagen

slander ['slɑːndəʳ] *n* Verleumdung die

slang [slæŋ] *n* Slang der

slant [slɑːnt] ◇ *n (slope)* Schräge die ◇ *vi* sich neigen

slap [slæp] ◇ *n (smack)* Schlag der ◇ *vt* schlagen

slash [slæʃ] ◇ *vt* **1.** *(cut)* aufschlitzen **2.** *(fig) (prices)* reduzieren ◇ *n (written symbol)* Schrägstrich der

slate [sleɪt] *n* **1.** *(rock)* Schiefer der **2.** *(on roof)* Schieferplatte die

slaughter ['slɔːtəʳ] *vt* **1.** *(animal)* schlachten **2.** *(fig) (defeat)* fertig machen

slave [sleɪv] *n* Sklave der, Sklavin die

sled [sled] = **sledge**

sledge [sledʒ] *n* Schlitten der

sleep [sliːp] *(pt & pp* **slept)** ◇ *n* **1.** Schlaf der **2.** *(nap)* Schläfchen das ◇ *vi* schlafen ◇ *vt* ● **the house sleeps six** in dem Haus können sechs Leute übernachten ● **did you sleep well?** hast du gut geschlafen? ● **I couldn't get to sleep** ich konnte nicht einschlafen ● **to go to sleep** einschlafen ● **to sleep with sb** mit jm schlafen

sleeper ['sliːpəʳ] *n* **1.** *(train)* Schlafwagenzug der **2.** *(sleeping car)* Schlafwagen der **3.** *(UK) (on railway track)* Schwelle die **4.** *(UK) (earring)* Ohrstecker der

sleeping bag ['sliːpɪŋ-] *n* Schlafsack der

sleeping car ['sliːpɪŋ-] *n* Schlafwagen der

sleeping pill ['sliːpɪŋ-] *n* Schlaftablette die

sleeping policeman ['sliːpɪŋ-] *n (UK)* Geschwindigkeitsschwelle die

sleepy ['sliːpɪ] *adj* schläfrig

sleet [sliːt] ◇ *n* Schneeregen der ◇ *impers vb* ● **it's sleeting** es fällt Schneeeregen

sleeve [sliːv] *n* **1.** Ärmel der **2.** *(of record)* Hülle die

sleeveless ['sliːvlɪs] *adj* ärmellos

slept [slept] *pt & pp* ➡ **sleep**

S-level *n (UK)* SCH S-Level das *(ergänzendes Fortgeschrittenenniveau)*

slice [slaɪs] ◇ n **1.** (of bread, meat) Scheibe die **2.** (of cake, pizza) Stück das ◇ vt **1.** (bread, meat) in Scheiben schneiden **2.** (cake, vegetables) in Stücke schneiden

sliced bread [ˌslaɪst-] n Brot das in Scheiben

slide [slaɪd] (pt & pp **slid**) ◇ n **1.** (in playground) Rutsche die **2.** (of photograph) Dia das **3.** (UK) (hair slide) Haarspange die ◇ vi (slip) rutschen

sliding door [ˌslaɪdɪŋ-] n Schiebetür die

slight [slaɪt] adj (minor) leicht ◆ **the slightest** der/die/das Geringste ◆ **not in the slightest** nicht im Geringsten

slightly ['slaɪtlɪ] adv leicht

slim [slɪm] ◇ adj **1.** (person, waist) schlank **2.** (book) schmal ◇ vi abnehmen

slimming ['slɪmɪŋ] n Abnehmen das

sling [slɪŋ] (pt & pp **slung**) ◇ n (for arm) Schlinge die ◇ vt (inf) (throw) schmeißen

slip [slɪp] ◇ vi rutschen ◇ n **1.** (mistake) Ausrutscher der **2.** (of paper) Zettel der **3.** (petticoat) Unterrock der ◆ **slip up** vi (make a mistake) einen Schnitzer machen

slipper ['slɪpə'] n Hausschuh der

slippery ['slɪpərɪ] adj **1.** (surface) glatt **2.** (object) schlüpfrig

slip road n **1.** (UK) (onto motorway) Auffahrt die **2.** (leaving motorway) Ausfahrt die

slit [slɪt] n Schlitz der

slob [slɒb] n (inf) Schwein das

slogan ['slǝʊgən] n Slogan der

slope [slǝʊp] ◇ n **1.** (incline) Neigung die **2.** (hill) Hang der **3.** (for skiing) Piste die ◇ vi sich neigen

sloping ['slǝʊpɪŋ] adj **1.** (upwards) ansteigend **2.** (downwards) abfallend

slot [slɒt] n **1.** (for coin) Schlitz der **2.** (groove) Nut die

slot machine n **1.** (vending machine) Automat der **2.** (for gambling) Spielautomat der

Slovakia [slǝ'vækɪǝ] n Slowakei die

slow [slǝʊ] ◇ adj **1.** langsam **2.** (business) flau ◇ adv langsam ◆ **to be slow** (clock, watch) nachgehen ◆ **a slow train** ein Nahverkehrszug ▼ **slow** (sign on road) langsam fahren ▼ **slow down** ◇ vt sep verlangsamen ◇ vi langsamer werden

slowly ['slǝʊlɪ] adv langsam

slug [slʌg] n (animal) Nacktschnecke die

slum [slʌm] n (building) Elendsquartier das ◆ **slums** npl (district) Elendsviertel das

slung [slʌŋ] pt & pp > **sling**

slush [slʌʃ] n (snow) Schneematsch der

sly [slaɪ] adj **1.** (cunning) schlau **2.** (deceitful) verschlagen

smack [smæk] ◇ n **1.** (slap) Schlag der **2.** (on bottom) Klaps der ◇ vt (slap) schlagen

small [smɔːl] adj klein

small change n Kleingeld das

smallpox ['smɔːlpɒks] n Pocken pl

smart [smɑːt] adj **1.** (elegant) elegant **2.** (clever) clever **3.** (posh) fein

smart card n Chipkarte die

smash [smæʃ] ◇ n **1.** SPORT Schmetterball der **2.** (inf) (car crash) Zusammenstoß der ◇ vt **1.** (plate) zerschlagen **2.** (window) einschlagen ◇ vi (plate, vase etc) zerbrechen

smashing ['smæʃɪŋ] adj (UK) (inf) toll

smear test ['smɪǝ-] n Abstrich der

smell [smel] (pt & pp **-ed** OR **smelt**) ◇ n **1.** Geruch der **2.** (bad odour) Gestank der ◇ vt **1.** (sniff at) riechen an (+D) **2.**

(detect) riechen ◇ vi 1. *(have odour)* riechen 2. *(have bad odour)* stinken ● **to smell of sthg** nach etw riechen

smelly ['smelɪ] *adj* stinkend

smelt [smelt] *pt & pp* ➢ **smell**

smile [smaɪl] ◇ *n* Lächeln *das* ◇ *vi* lächeln

smoke [sməʊk] ◇ *n* Rauch *der* ◇ *vt & vi* rauchen ● **to have a smoke** eine rauchen

smoked [sməʊkt] *adj* geräuchert

smoked salmon *n* Räucherlachs *der*

smoker ['sməʊkə'] *n* Raucher *der*, -in *die*

smoking ['sməʊkɪŋ] *n* Rauchen *das* ▼ **no smoking** Rauchen verboten

smoking area *n* Raucherzone *die*

smoking compartment *n* Raucherabteil *das*

smoky ['sməʊkɪ] *adj (room)* verräuchert

smooth [smu:ð] *adj* 1. *(surface, road, mixture)* glatt 2. *(skin)* weich 3. *(wine, beer)* süffig 4. *(flight, journey)* ruhig 5. *(takeoff, landing)* weich ● **smooth down** *vt sep* glatt streichen

smother ['smʌðə'] *vt (cover)* bedecken

SMS [ˌesem'es] *n (abbr of short message system)* SMS *die*

smudge [smʌdʒ] *n* Fleck *der*

smuggle ['smʌgl] *vt* schmuggeln

snack [snæk] *n* Imbiss *der*

snack bar *n* Schnellimbiss *der*

snail [sneɪl] *n* Schnecke *die*

snake [sneɪk] *n* Schlange *die*

snap [snæp] ◇ *vt (break)* zerbrechen ◇ *vi (break)* brechen ◇ *n* 1. *(inf) (photo)* Schnappschuss *der* 2. *(UK) (card game)* Schnippschnapp *das*

snare [sneə'] *n (in trap)* Schlinge *die*

snatch [snætʃ] *vt* 1. *(grab)* schnappen 2. *(steal)* klauen

sneakers ['sni:kəz] *npl (US)* Turnschuhe *pl*

sneeze [sni:z] ◇ *n* Niesen *das* ◇ *vi* niesen

sniff [snɪf] ◇ *vi (from cold, crying)* schniefen ◇ *vt (smell)* schnuppern an *(+D)*

snip [snɪp] *vt* schnippeln

snob [snɒb] *n* Snob *der*

snog [snɒg] *vi (UK) (inf)* knutschen

snooker ['snu:kə'] *n* Snooker *das*

snooze [snu:z] *n* Nickerchen *das*

snore [snɔ:'] *vi* schnarchen

snorkel ['snɔ:kl] *n* Schnorchel *der*

snout [snaʊt] *n* Schnauze *die*

snow [snəʊ] ◇ *n* Schnee *der* ◇ *impers vb* ● **it's snowing** es schneit

snowball ['snəʊbɔ:l] *n* Schneeball *der*

snowdrift ['snəʊdrɪft] *n* Schneewehe *die*

snowflake ['snəʊfleɪk] *n* Schneeflocke *die*

snowman ['snəʊmæn] *(pl* **-men)** *n* Schneemann *der*

snowplough ['snəʊplaʊ] *n* Schneepflug *der*

snowstorm ['snəʊstɔ:m] *n* Schneesturm *der*

snug [snʌg] *adj* 1. *(place)* gemütlich 2. *(person)* behaglich

so [səʊ]
◇ *adv* 1. *(emphasizing degree)* so ● **it's so difficult** *(that ...)* es ist so schwierig (, dass ...) 2. *(referring back)* also ● **so you knew already** du hast es also schon gewusst ● **I don't think so** ich glaube nicht ● **I'm afraid so** leider ja ● **if so** falls ja 3. *(also)* ● **so do I** ich auch 4. *(in this way)* so 5. *(expressing agreement)* ● **so**

there is ja, das stimmt **6.** *(in phrases)* ● **or so** oder so, etwa ● **so as** um ● **so that** sodass

◇ *conj* **1.** *(therefore)* deshalb ● **I'm away next week so I won't be there** ich bin nächste Woche weg, also werde ich nicht kommen **2.** *(summarizing)* also ● **so what have you been up to?** na, was treibst du so? **3.** *(in phrases)* ● **so what?** *(inf)* na und? ● **so there!** *(inf)* das war's!

soak [səʊk] ◇ *vt* **1.** *(leave in water)* einlweichen **2.** *(make very wet)* nass machen ◇ *vi* ● **to soak through** sthg etw durchlnässen ● **soak up** *vt sep* auflsaugen

soaked [səʊkt] *adj (very wet)* patschnass

soaking ['səʊkɪŋ] *adj (very wet)* patsch-nass

soap [səʊp] *n* Seife *die*

soap opera *n* Seifenoper *die*

soap powder *n* Seifenpulver *das*

sob [sɒb] ◇ *n* Schluchzer *der* ◇ *vi* schluchzen

sober ['səʊbə] *adj (not drunk)* nüchtern

soccer ['sɒkə] *n* Fußball *der*

sociable ['səʊʃəbl] *adj* gesellig

social ['səʊʃl] *adj* **1.** *(problem, conditions)* gesellschaftlich **2.** *(acquaintance, function)* privat

social club *n* Klub *der*

socialist ['səʊʃəlɪst] ◇ *adj* sozialistisch ◇ *n* Sozialist *der*, -in *die*

social life *n* gesellschaftliches Leben

social security *n (money)* Sozialhilfe *die*

social worker *n* Sozialarbeiter *der*, -in *die*

society [sə'saɪətɪ] *n* **1.** Gesellschaft *die* **2.** *(organization, club)* Verein *der*

sociology [ˌsəʊsɪ'ɒlədʒɪ] *n* Soziologie *die*

sock [sɒk] *n* Socke *die*

socket ['sɒkɪt] *n* **1.** *(for plug)* Steckdose *die* **2.** *(for light bulb)* Fassung *die*

sod [sɒd] *n (UK) (vulg)* Sau *die*

soda ['səʊdə] *n* **1.** *(soda water)* Soda *das* **2.** *(US) (fizzy drink)* Brause *die*

soda water *n* Sodawasser *das*

sofa ['səʊfə] *n* Sofa *das*

sofa bed *n* Schlafcouch *die*

soft [sɒft] *adj* **1.** weich **2.** *(touch, breeze)* sanft **3.** *(not loud)* leise

soft cheese *n* Weichkäse *der*

soft drink *n* alkoholfreies Getränk

software ['sɒftweə] *n* Software *die*

soil [sɔɪl] *n (earth)* Erde *die*

solarium [sə'leərɪəm] *n* Solarium *das*

solar panel [ˈsəʊlə-] *n* Sonnenkollektor *der*

sold [səʊld] *pt & pp* ➤ **sell**

soldier ['səʊldʒə] *n* Soldat *der*

sold out *adj* ausverkauft

sole [səʊl] ◇ *adj* **1.** *(only)* einzig **2.** *(exclusive)* alleinig ◇ *n* **1.** *(of shoe, foot)* Sohle *die* **2.** *(fish: pl inv)* Seezunge *die*

solemn ['sɒləm] *adj* **1.** *(person)* ernst **2.** *(occasion)* feierlich

solicitor [sə'lɪsɪtə] *n (UK)* Rechtsanwalt *der*, -anwältin *die*

solid ['sɒlɪd] *adj* **1.** *(not liquid or gas)* fest **2.** *(strong)* stabil **3.** *(gold, silver, rock, oak)* massiv

solo ['səʊləʊ] *(pl* -s*) n* MUS Solo *das* ▼

solo m/cs *(traffic sign)* Parken nur für Motorräder

soluble ['sɒljʊbl] *adj* löslich

solution [sə'luːʃn] *n* Lösung *die*

solve [sɒlv] *vt* lösen

some [sʌm]

◇ *adj* **1.** *(certain amount of)* etwas ● some meat ein bisschen Fleisch ● some money etwas Geld ● I had some difficulty getting here es war ziemlich schwierig für mich, hierher zu kommen ● do you want some more tea? möchten Sie noch Tee? **2.** *(certain number of)* einige ● some people einige Leute ● I've known him for some years ich kenne ihn schon seit einigen Jahren ● can I have some sweets? Kann ich Bonbons haben? **3.** *(not all)* manche ● some jobs are better paid than others manche Jobs sind besser bezahlt als andere **4.** *(in imprecise statements)* irgendein(e) ● she married some Italian (or other) sie hat irgend so einen Italiener geheiratet

◇ *pron* **1.** *(certain amount)* etwas ● can I have some? kann ich etwas davon haben? **2.** *(certain number)* einige ● can I have some? kann ich welche haben? ● some (of them) left early einige (von ihnen) gingen vorher

◇ *adv* *(approximately)* ungefähr ● there were some 7,000 people there es waren um die 7.000 Leute da

somebody ['sʌmbədɪ] = **someone**

somehow ['sʌmhaʊ] *adv* irgendwie

someone ['sʌmwʌn] *pron* jemand ● someone or other irgendjemand

someplace ['sʌmpleɪs] *(US)* = **somewhere**

somersault ['sʌməsɔːlt] *n* Purzelbaum *der*

something ['sʌmθɪŋ] *pron* etwas ● it's really something es ist ganz toll ● or something *(inf)* oder so etwas ●

something like ungefähr ● something or other irgend etwas

sometime ['sʌmtaɪm] *adv* irgendwann

sometimes ['sʌmtaɪmz] *adv* manchmal

somewhere ['sʌmweə'] *adv* **1.** irgendwo **2.** *(go, travel)* irgendwohin **3.** *(approximately)* ungefähr

son [sʌn] *n* Sohn *der*

song [sɒŋ] *n* Lied *das*

son-in-law *n* Schwiegersohn *der*

soon [suːn] *adv* **1.** bald **2.** *(quickly)* schnell ● too soon zu früh ● as soon as sobald ● as soon as possible so bald wie möglich ● soon after kurz danach ● sooner or later früher oder später

soothe [suːð] *vt* **1.** *(pain, sunburn)* lindern **2.** *(person, anger)* beruhigen

sophisticated [sə'fɪstɪkeɪtɪd] *adj* **1.** *(chic)* gepflegt **2.** *(complex)* hoch entwickelt

sorbet ['sɔːbeɪ] *n* Sorbet *das*

sore [sɔː'] ◇ *adj* **1.** *(painful)* schmerzhaft **2.** *(inflamed)* wund **3.** *(US)* *(inf)* *(angry)* sauer ◇ *n* wunde Stelle ● to have a sore throat Halsschmerzen haben

sorry ['sɒrɪ] *adj* **1.** *(sad, upset)* traurig **2.** *(in apologies)* ● I'm sorry! Entschuldigung ● I'm sorry I'm late es tut mir Leid, dass ich zu spät komme ● sorry? *(pardon)* wie bitte? ● to feel sorry for sb jn bemitleiden ● I'm sorry about yesterday es tut mir Leid wegen gestern

sort [sɔːt] ◇ *n* *(type)* Sorte *die* ◇ *vt* sortieren ● what sort of car? was für ein Auto? ● a sort of eine Art von ● sort of irgendwie ◆ **sort out** *vt sep* **1.** *(classify)* sortieren **2.** *(resolve)* klären

so-so *adj & adv* *(inf)* so la la

soufflé ['suːfleɪ] *n* Soufflé *das*

sought [sɔːt] *pt & pp* > **seek**

soul [səʊl] *n* 1. *(spirit)* Seele *die* 2. *(soul music)* Soul *der*

sound [saʊnd] ◇ *n* 1. Geräusch *das* 2. *(volume)* Ton *der* ◇ *vt* 1. *(horn)* hupen 2. *(bell)* klingeln ◇ *vi* klingen ◇ *adj* 1. *(structure)* solide 2. *(reliable)* vernünftig ● **to sound like** *(make a noise like)* sich anhören wie; *(seem to be)* sich anhören

soundproof ['saʊndpruːf] *adj* schalldicht

soup [suːp] *n* Suppe *die*

soup spoon *n* Suppenlöffel *der*

sour [saʊə^r] *adj* sauer ● **to go sour** sauer werden

source [sɔːs] *n* 1. Quelle *die* 2. *(cause)* Ursache *die*

sour cream *n* saure Sahne

south [saʊθ] ◇ *n* Süden *der* ◇ *adj* Süd- ◇ *adv* 1. *(fly, walk)* nach Süden 2. *(be situated)* im Süden ● **in the south of England** in Südengland

South Africa *n* Südafrika *nt*

South America *n* Südamerika *nt*

southbound ['saʊðbaʊnd] *adj* in Richtung Süden

southeast [,saʊθ'iːst] *n* Südosten *der*

southern ['sʌðən] *adj* südlich, Süd-

South Pole *n* Südpol *der*

southwards ['saʊθwədz] *adv* südwärts

southwest [,saʊθ'west] *n* Südwesten *der*

souvenir [,suːvə'nɪə^r] *n* Souvenir *das*, Andenken *das*

Soviet Union [,səʊvɪət-] *n* ● **the Soviet Union** die Sowjetunion

sow¹ [saʊ] *(pp* sown*) vt (seeds)* säen

sow² [saʊ] *n (pig)* Sau *die*

soya ['sɔɪə] *n* Soja *die*

soya bean *n* Sojabohne *die*

soy sauce [,sɔɪ-] *n* Sojasoße *die*

spa [spɑː] *n* Bad *das*

space [speɪs] ◇ *n* 1. Platz *der* 2. *(in astronomy etc)* Weltraum *der* 3. *(period)* Zeitraum *der* ◇ *vt* in Abständen verteilen

spaceship ['speɪsʃɪp] *n* Raumschiff *das*

space shuttle *n* Raumtransporter *der*

spacious ['speɪʃəs] *adj* geräumig

spade [speɪd] *n (tool)* Spaten *der* ● **spades** *npl (in cards)* Pik *das*

spaghetti [spə'getɪ] *n* Spaghetti *pl*

Spain [speɪn] *n* Spanien *nt*

span [spæn] ◇ *pt* > **spin** ◇ *n (of time)* Spanne *die*

spam [spæm] *n* COMPUT Spam *der*

Spaniard ['spænjəd] *n* Spanier *der*, -in *die*

spaniel ['spænjəl] *n* Spaniel *der*

Spanish ['spænɪʃ] ◇ *adj* spanisch ◇ *n (language)* Spanisch *das*

spank [spæŋk] *vt* verhauen

spanner ['spænə^r] *n* Schraubenschlüssel *der*

spare [speə^r] ◇ *adj* 1. *(kept in reserve)* zusätzlich, Extra- 2. *(not in use)* übrig ◇ *n* 1. *(spare part)* Ersatzteil *das* 2. *(spare wheel)* Ersatzreifen *der* ◇ *vt* ● **to spare sb sthg** *(time, money)* jm etw geben ● **with ten minutes to spare** mit noch zehn Minuten übrig

spare part *n* Ersatzteil *das*

spare ribs *npl* Spare Ribs *pl*

spare room *n* Gästezimmer *das*

spare time *n* Freizeit *die*

spare wheel *n* Ersatzreifen *der*

spark [spɑːk] *n* Funken *der*

sparkling ['spɑːklɪŋ] *adj (mineral water, soft drink)* sprudelnd

sparkling wine *n* Schaumwein *der*

spark plug *n* Zündkerze *die*

sparrow ['spærəʊ] *n* Spatz *der*

spat [spæt] *pt & pp* ➤ spit

speak [spi:k] (*pt* spoke, *pp* spoken) *vt & vi* sprechen ● who's speaking? (*on phone*) mit wem spreche ich? ● can I speak to Sarah? - speaking! (*on phone*) kann ich bitte Sarah sprechen? - Am Apparat! ● to speak to sb about sthg mit jm über etw *(A)* sprechen ◆**speak up** *vi* (*more loudly*) lauter sprechen

speaker [ˈspi:kəʳ] *n* 1. (*person*) Redner der, -in die 2. (*loudspeaker, of stereo*) Lautsprecher der ● to be an English speaker Englisch sprechen

spear [spɪəʳ] *n* Speer der

special [ˈspeʃl] ◇ *adj* 1. (*not ordinary*) besondere(r)(s) 2. (*particular*) speziell ◇ *n* (*dish*) Spezialität die ▼ today's special Tagesgericht

special delivery *n* (*UK*) Eilzustellung die

special effects *npl* Special effects *pl*

specialist [ˈspeʃəlɪst] *n* (*doctor*) Facharzt der, -ärztin die

speciality [ˌspeʃɪˈælətɪ] *n* Spezialität die

specialize [ˈspeʃəlaɪz] *vi* ● to specialize (in) sich spezialisieren (auf *(+A)*)

specially [ˈspeʃəlɪ] *adv* speziell

special offer *n* Sonderangebot das

special school *n* (*UK*) Sonderschule die

specialty [ˈspeʃltɪ] (*US*) = speciality

species [ˈspi:ʃi:z] *n* Art die

specific [spəˈsɪfɪk] *adj* 1. (*particular*) bestimmt 2. (*exact*) genau

specification [ˌspesɪfɪˈkeɪʃn] *n* (*of machine, building etc*) genaue Angaben *pl*

specimen [ˈspesɪmən] *n* 1. MED Probe die 2. (*example*) Exemplar das

specs [speks] *npl* (*inf*) Brille die

spectacle [ˈspektəkl] *n* (*sight*) Anblick der

spectacles [ˈspektəklz] *npl* Brille die

spectacular [spekˈtækjʊləʳ] *adj* spektakulär

spectator [spekˈteɪtəʳ] *n* Zuschauer der, -in die

sped [sped] *pt & pp* ➤ speed

speech [spi:tʃ] *n* 1. Sprache die 2. (*talk*) Rede die

speech impediment [-ɪmˌpedɪmənt] *n* Sprachbehinderung die

speed [spi:d] (*pt & pp* -ed OR sped) ◇ *n* 1. Geschwindigkeit die 2. (*of film*) Lichtempfindlichkeit die 3. (*bicycle gear*) Gang der ◇ *vi* 1. (*move quickly*) rasen 2. (*drive too fast*) zu schnell fahren ● at speed mit hoher Geschwindigkeit ▼ reduce speed now Geschwindigkeit senken ◆**speed up** *vi* beschleunigen

speedboat [ˈspi:dbəʊt] *n* Rennboot das

speed dating *n* Speed-Dating das

speeding [ˈspi:dɪŋ] *n* Geschwindigkeitsüberschreitung die

speed limit *n* Geschwindigkeitsbeschränkung die

speedometer [spɪˈdɒmɪtəʳ] *n* Tachometer der

spell [spel] ((*UK*) *pt & pp* -ed OR spelt, (*US*) -ed) ◇ *vt* 1. buchstabieren 2. (*subj: letters*) schreiben ◇ *n* 1. (*period*) Weile die 2. (*of weather*) Periode die 3. (*magic*) Zauberformel die

spelling [ˈspelɪŋ] *n* 1. (*correct order*) Schreibweise die 2. (*ability*) Rechtschreibung die

spelt [spelt] *pt & pp* (*UK*) ➤ spell

spend [spend] (*pt & pp* spent) *vt* 1. (*money*) ausgeben 2. (*time*) verbringen

sphere [sfɪəʳ] *n* (*round shape*) Kugel die

spice [spaɪs] ◇ *n* Gewürz das ◇ *vt* würzen

spicy ['spaɪsɪ] *adj* pikant

spider ['spaɪdə'] *n* Spinne *die*

spider's web *n* Spinnennetz *das*

spike [spaɪk] *n* Spitze *die*

spill [spɪl] ((UK) *pt & pp* **-ed**, (US) **-ed**) ◇ *vt* verschütten ◇ *vi* **1.** (liquid) überlaufen **2.** (sugar, salt) verschüttet werden

spin [spɪn] (pt **span** OR **spun**, pp **spun**) ◇ *vt* **1.** (wheel) drehen **2.** (coin) werfen **3.** (washing) schleudern ◇ *vi* (on ball) Drall der ◆ **to go for a spin** (inf) (in car) eine Spritztour machen

spinach ['spɪnɪdʒ] *n* Spinat der

spine [spaɪn] *n* **1.** (of body) Wirbelsäule die **2.** (of book) Buchrücken der

spinster ['spɪnstə'] *n* ledige Frau

spiral ['spaɪərəl] *n* Spirale die

spiral staircase *n* Wendeltreppe die

spire ['spaɪə'] *n* Turmspitze die

spirit ['spɪrɪt] *n* **1.** (soul) Geist der **2.** (energy) Schwung der **3.** (courage) Mut der **4.** (mood) Stimmung die ◆ **spirits** *npl* (UK) (alcohol) Spirituosen *pl*

spit [spɪt] ((UK) *pt & pp* **spat**, (US) **spit**) ◇ *vi* **1.** (person) spucken **2.** (fire) zischen **3.** (food) spritzen ◇ *n* **1.** (saliva) Spucke die **2.** (for cooking) Spieß der ◇ *impers vb* ◆ **it's spitting** es tröpfelt

spite [spaɪt] ◆ **in spite of** *prep* trotz (+G)

spiteful ['spaɪtful] *adj* boshaft

splash [splæʃ] ◇ *n* (sound) Platschen das ◇ *vt* spritzen

splendid ['splendɪd] *adj* **1.** (beautiful) herrlich **2.** (very good) großartig

splint [splɪnt] *n* Schiene die

splinter ['splɪntə'] *n* Splitter der

split [splɪt] (pt & pp *inv*) ◇ *n* **1.** (tear) Riss der **2.** (crack) Spalt der ◇ *vt* **1.** (tear)

zerreißen **2.** (wood) spalten **3.** (stone) zerbrechen **4.** (bill, cost, profits, work) teilen ◇ *vi* **1.** (tear) reißen **2.** (wood) splittern **3.** (stone) brechen ◆ **split up** *vi* (group, couple) sich trennen

spoil [spɔɪl] (pt & pp **-ed** OR **spoilt**) *vt* **1.** (ruin) verderben **2.** (child) verziehen

spoke [spəʊk] ◇ *pt* ➢ **speak** ◇ *n* (of wheel) Speiche die

spoken ['spəʊkn] *pp* ➢ **speak**

spokesman ['spəʊksmən] (pl **-men**) *n* Sprecher der

spokeswoman ['spəʊks,wʊmən] (pl **-women**) *n* Sprecherin die

sponge [spʌndʒ] *n* (for cleaning, washing) Schwamm der

sponge bag *n* (UK) Kulturbeutel der

sponge cake *n* Biskuitkuchen der

sponsor ['spɒnsə'] *n* (of event, TV programme) Sponsor der

sponsored walk [,spɒnsəd-] *n* Wanderung mit gesponsorten Teilnehmern

spontaneous [spɒn'teɪnjəs] *adj* spontan

spoon [spuːn] *n* Löffel der

spoonful ['spuːnful] *n* Löffel der

sport [spɔːt] *n* Sport der

sports car [spɔːts-] *n* Sportwagen der

sports centre [spɔːts-] *n* Sportzentrum das

sports jacket [spɔːts-] *n* sportlicher Sakko

sportsman ['spɔːtsmən] (pl **-men**) *n* Sportler der

sports shop [spɔːts-] *n* Sportgeschäft das

sportswoman ['spɔːts,wʊmən] (pl **-women**) *n* Sportlerin die

spot [spɒt] ◇ *n* **1.** (stain) Fleck der **2.** (dot) Punkt der **3.** (of rain) Tropfen der **4.** (on skin) Pickel der **5.** (place) Stelle die ◇ *vt* entdecken • **on the spot** *(at once)* auf der Stelle; *(at the scene)* an Ort und Stelle

spotless ['spɒtlɪs] *adj* makellos sauber

spotlight ['spɒtlaɪt] *n* Scheinwerfer *der*

spotty ['spɒtɪ] *adj* pickelig

spouse [spaʊs] *n (fml)* Gatte *der*, Gattin *die*

spout [spaʊt] *n* Schnabel *der*

sprain [spreɪn] *vt* verstauchen • **to sprain one's wrist** sich *(D)* das Handgelenk verstauchen

sprang [spræŋ] *pt* ➤ **spring**

spray [spreɪ] ◇ *n* **1.** *(of aerosol, perfume)* Spray *der* **2.** *(droplets)* Sprühnebel *der* **3.** *(from sea)* Gischt *die* ◇ *vt* **1.** *(surface, wall)* sprühen **2.** *(car, crops, paint, water)* spritzen

spread [spred] *(pt & pp inv)* ◇ *vt* **1.** *(butter, jam, glue)* streichen **2.** *(map, tablecloth, blanket)* ausIbreiten **3.** *(legs, fingers, arms)* ausIstrecken **4.** *(disease, news, rumour)* verbreiten ◇ *vi* **1.** *(disease, news, rumour)* sich verbreiten **2.** *(fire)* sich ausIbreiten ◇ *n (food)* Aufstrich *der* ◆ **spread out** *vi (disperse)* sich verteilen

spring [sprɪŋ] *(pt* **sprang**, *pp* **sprung**) ◇ *n* **1.** *(season)* Frühling *der* **2.** *(coil)* Feder *die* **3.** *(in ground)* Quelle *die* ◇ *vi (leap)* springen • **in (the) spring** im Frühling

springboard ['sprɪŋbɔːd] *n* Sprungbrett *das*

spring-cleaning [-'kliːnɪŋ] *n* Frühlingsputz *der*

spring onion *n* Frühlingszwiebel *die*

spring roll *n* Frühlingsrolle *die*

sprinkle ['sprɪŋkl] *vt* **1.** *(liquid)* sprengen **2.** *(salt, sugar)* streuen

sprinkler ['sprɪŋklə'] *n* Sprinkler *der*

sprint [sprɪnt] ◇ *n* Sprint *der* ◇ *vi* **1.**

rennen **2.** *SPORT* sprinten

Sprinter ® ['sprɪntə'] *n (UK) (train)* Nahverkehrszug *der*

sprout [spraʊt] *n (vegetable)* Rosenkohl *der*

spruce [spruːs] *n* Fichte *die*

sprung [sprʌŋ] ◇ *pp* ➤ **spring** ◇ *adj (mattress)* gefedert

spud [spʌd] *n (inf)* Kartoffel *die*

spun [spʌn] *pt & pp* ➤ **spin**

spur [spɜː'] *n (for horse rider)* Sporn *der* • **on the spur of the moment** ganz spontan

spurt [spɜːt] *vi* spritzen

spy [spaɪ] *n* Spion *der*, -in *die*

squall [skwɔːl] *n* Bö *die*

squalor ['skwɒlə'] *n* Schmutz *der*

square [skweə'] ◇ *adj (in shape)* quadratisch ◇ *n* **1.** *(in shape)* Quadrat *das* **2.** *(in town)* Platz *der* **3.** *(of chocolate)* Stück *das* **4.** *(on chessboard)* Feld *das* • **2 square metres** 2 Quadratmeter • **it's 2 metres square** es ist 2 Meter im Quadrat • **we're (all) square now** *(not owing money)* jetzt sind wir quitt

squash [skwɒʃ] ◇ *n* **1.** *(game)* Squash *das* **2.** *(UK) (drink)* Fruchtsaftgetränk *das* **3.** *(US) (vegetable)* Kürbis *der* ◇ *vt* zerquetschen

squat [skwɒt] ◇ *adj* gedrungen ◇ *vi (crouch)* hocken

squeak [skwiːk] *vi* quietschen

squeeze [skwiːz] *vt* **1.** *(hand)* drücken **2.** *(tube)* ausIdrücken **3.** *(orange)* ausIpressen ◆ **squeeze in** *vi* sich hineinIzwängen

squid [skwɪd] *n* Tintenfisch *der*

squint [skwɪnt] ◇ *n* Schielen *das* ◇ *vi* blinzeln

squirrel [*(UK)* 'skwɪrəl, *(US)* 'skwɜːrəl] *n* Eichhörnchen *das*

squirt [skwɜːt] *vi* spritzen

St (*abbr of* Street) Str. (*abbr of* Saint) St.

St Patrick's Day

Am 17. März wird in Irland und in irischen Gemeinden überall auf der Welt mit Umzügen, traditioneller Musik, Tanz und viel Guinness-Bier der *St Patrick's Day* gefeiert. Der Heilige Patrick war im 5. Jh. der zweite Bischof in Irland; sein Attribut ist das dreiblättrige Kleeblatt (*shamrock*), heute das irische Nationalsymbol.

stab [stæb] *vt* stechen

stable ['steɪbl] ◇ *adj* stabil ◇ *n* Stall *der*

stack [stæk] *n* (*pile*) Stapel *der* ● **stacks of money** (*inf*) haufenweise Geld

stadium ['steɪdjəm] *n* Stadion *das*

staff [stɑːf] *n* (*workers*) Personal *das*

stage [steɪdʒ] *n* 1. (*phase*) Phase *die* 2. (*in theatre*) Bühne *die*

stagger ['stægə'] ◇ *vt* (*arrange in stages*) staffeln ◇ *vi* schwanken

stagnant ['stægnənt] *adj* (*water*) stehend

stain [steɪn] ◇ *n* Fleck *der* ◇ *vt* beflecken

stained glass [ˌsteɪnd-] *n* farbiges Glas

stainless steel ['steɪnlɪs-] *n* Edelstahl *der*

staircase ['steəkeɪs] *n* Treppe *die*

stairs [steəz] *npl* Treppe *die*

stairwell ['steəwel] *n* Treppenhaus *das*

stake [steɪk] *n* 1. (*share*) Anteil *der* 2. (*in gambling*) Einsatz *der* 3. (*post*) Pfahl *der* ● **to be at stake** auf dem Spiel stehen

stale [steɪl] *adj* (*food*) trocken

stalk [stɔːk] *n* Stiel *der*

stall [stɔːl] ◇ *n* (*in market, at exhibition*) Stand *der* ◇ *vi* (*car, engine*) ablsterben ◆ **stalls** *npl* (*UK*) (*in theatre*) Parkett *das*

stamina ['stæmɪnə] *n* Ausdauer *die*

stammer ['stæmə'] *vi* stottern

stamp [stæmp] ◇ *n* 1. (*for letter*) Briefmarke *die* 2. (*in passport, on document*) Stempel *der* ◇ *vt* (*passport, document*) stempeln ◇ *vi* ● **to stamp on sthg** auf etw (*A*) treten ● **to stamp one's foot** mit dem Fuß stampfen

stamp-collecting [-kəˌlektɪŋ] *n* Briefmarkensammeln *das*

stamp machine *n* Briefmarkenautomat *der*

stand [stænd] (*pt & pp* **stood**) ◇ *vi* 1. stehen 2. (*get to one's feet*) aufstehen ◇ *vt* 1. (*place*) stellen 2. (*put up with*) ertragen 3. (*withstand*) auslhalten ◇ *n* 1. (*stall*) Stand *der* 2. (*for umbrellas, coats, motorbike*) Ständer *der* 3. (*at sports stadium*) Tribüne *die* ● **I can't stand him** ich kann ihn nicht ausstehen ● **to be standing** stehen ● **to stand sb a drink** jm ein Getränk spendieren ▼ **no standing** (*US*) *AUT* Halten verboten ◆ **stand back** *vi* zurücklltreten ◆ **stand for** *vt insep* 1. (*mean*) bedeuten 2. (*tolerate*) hinlnehmen ◆ **stand in** *vi* ● **to stand in for sb** für jn einlspringen ◆ **stand out** *vi* 1. (*be conspicuous*) auflfallen 2. (*be superior*) hervorlstechen ◆ **stand up** ◇ *vi* 1. (*be on feet*) stehen 2. (*get to one's feet*) aufstehen ◇ *vt sep* (*inf*) (*boyfriend, girlfriend etc*) versetzen ◆ **stand up for** *vt insep* einltreten für

standard ['stændəd] ◇ *adj* (*normal*) Standard- ◇ *n* 1. (*level*) Niveau *das* 2. (*point of comparison*) Maßstab *der* ● **up to**

standard der Norm entsprechend •
standards npl (principles) Maßstäbe pl
standard-class adj (UK) (on train)
zweiter Klasse

standby ['stændbaɪ] adj (ticket) Standby-
stank [stæŋk] pt ➤ **stink**
staple ['steɪpl] n (for paper) Heftklammer
die

stapler ['steɪplə'] n Hefter der
star [stɑː'] ◇ n 1. Stern der 2. (famous
person) Star der ◇ vt (subj: film, play etc) •
the film stars Cary Grant Cary Grant
spielt die Hauptrolle in diesem Film •
stars npl (horoscope) Sterne pl

Stars and Stripes

Der Name der US-Flagge bezieht sich
auf die 50 Sterne (einer für jeden
Bundesstaat) auf dunkelblauem Grund
in ihrer linken oberen Ecke und die
roten und weißen Streifen. Amerikaner sind sehr stolz auf ihre Flagge und
man sieht sie viele in Vorgärten oder
sogar an Autos flattern.

starboard ['stɑːbəd] adj Steuerbord-
starch ['stɑːtʃ] n Stärke die
stare [steə'] vi starren • **to stare at**
anstarren
starfish ['stɑːfɪʃ] (pl inv) n Seestern der
starling ['stɑːlɪŋ] n Star der
Stars and Stripes n • **the Stars and
Stripes** das Sternenbanner
start [stɑːt] ◇ n 1. Anfang der, Beginn der
2. SPORT Start der ◇ vt 1. anfangen,
beginnen 2. (car, engine) anlassen 3.
(business, club) gründen ◇ vi 1. anfangen, beginnen 2. (car, engine) ansprin-

gen 3. (begin journey) aufbrechen •
prices start at OR **from £5** Preise ab 5
Pfund • **to start doing sthg** OR **to do
sthg** beginnen, etw zu tun • **to start
with** (in the first place) erstens; (when
ordering meal) als Vorspeise • **start out** vi
(on journey) aufbrechen • **to start out
as sthg** ursprünglich etw sein • **start up**
vt sep 1. (car, engine) anlassen 2.
(business) gründen 3. (shop) eröffnen

starter ['stɑːtə'] n 1. (UK) (of meal)
Vorspeise die 2. (of car) Anlasser der •
for starters (in meal) als Vorspeise

starter motor n Anlasser der
starting point ['stɑːtɪŋ-] n Ausgangs-
punkt der

startle ['stɑːtl] vt erschrecken
starvation [stɑːˈveɪʃn] n Verhungern das
starve [stɑːv] vi (have no food) hungern •
I'm starving! ich habe einen Mordshunger

state [steɪt] ◇ n 1. (condition) Zustand der
2. (country, region) Staat der ◇ vt 1.
(declare) erklären 2. (specify) angeben •
the State der Staat • **the States** die
Vereinigten Staaten

state-funded education

Das britische Schulsystem ist sehr
uneinheitlich, vor allem seitdem
Schottland und Wales Autonomie-
rechte im Bildungsbereich haben.
Die meisten Kinder kommen mit 5
Jahren in die *Primary School* und mit
11 in die *Comprehensive School*, eine
Art Gesamtschule. Nur 5 Prozent
besuchen stattdessen die *Grammar
School*, die dem deutschen Gymnasium ähnelt.

statement ['steɪtmənt] *n* **1.** *(declaration)* Erklärung *die* **2.** *(from bank)* Kontoauszug *der*

state school *n* staatliche Schule

statesman ['steɪtsmən] *(pl* **-men**) *n* Staatsmann *der*

static ['stætɪk] *n* *(on radio, TV)* atmosphärische Störungen *pl*

station ['steɪʃn] *n* **1.** Bahnhof *der* **2.** *(on radio)* Sender *der*

stationary ['steɪʃnərɪ] *adj* stehend

stationer's ['steɪʃnəz] *n* *(shop)* Schreibwarengeschäft *das*

stationery ['steɪʃnərɪ] *n* Schreibwaren *pl*

station wagon *n* *(US)* Kombiwagen *der*

statistics [stə'tɪstɪks] *npl* Statistik *die*

statue ['stætʃuː] *n* Statue *die*

Statue of Liberty *n* ● the Statue of Liberty die Freiheitsstatue

Statue of Liberty

Die Freiheitsstatue auf Liberty Island an der Hafeneinfahrt von New York symbolisiert seit 1886 den *American Dream* und erinnert daran, dass Amerika ein Einwandererland ist. Sie ist ein Geschenk von Frankreich und eine beliebte Sehenswürdigkeit: Man kann 192 Stufen auf den Sockel oder 354 bis zur Krone hinaufsteigen.

status ['steɪtəs] *n* Status *der*

stay [steɪ] ◇ *n* *(time spent)* Aufenthalt *der* ◇ *vi* **1.** *(remain)* bleiben **2.** *(as guest)* übernachten **3.** ● to stay the night übernachten ◆ **stay away** *vi* weglbleiben ◆ **stay in** *vi* zu Hause bleiben ◆ **stay out** *vi* *(from home)* weglbleiben ◆ **stay up** *vi* auflbleiben

STD code *n* Vorwahl *die*

steady ['stedɪ] ◇ *adj* **1.** *(firm, stable)* stabil **2.** *(hand)* ruhig **3.** *(gradual)* stetig **4.** *(job)* fest ◇ *vt* festlhalten

steak [steɪk] *n* **1.** Steak *das* **2.** *(of fish)* Fischscheibe *die*

steak and kidney pie *n* mit Rindfleisch und Nieren gefüllte Pastete

steakhouse ['steɪkhaʊs] *n* Steakhaus *das*

steal [stiːl] *(pt* **stole**, *pp* **stolen**) *vt* stehlen ● to steal sthg from sb jm etw stehlen

steam [stiːm] ◇ *n* Dampf *der* ◇ *vt* *(food)* dünsten

steamboat ['stiːmbəʊt] *n* Dampfschiff *das*

steam engine *n* Dampflokomotive *die*

steam iron *n* Dampfbügeleisen *das*

steel [stiːl] ◇ *n* Stahl *der* ◇ *adj* Stahl-

steep [stiːp] *adj* steil

steeple ['stiːpl] *n* Kirchturm *der*

steer ['stɪəʳ] *vt* **1.** *(car)* lenken **2.** *(boat, plane)* steuern

steering ['stɪərɪŋ] *n* Lenkung *die*

steering wheel *n* Lenkrad *das*

stem [stem] *n* Stiel *der*

step [step] ◇ *n* **1.** *(of staircase, ladder)* Stufe *die* **2.** *(pace)* Schritt *der* **3.** *(measure)* Maßnahme *die* **4.** *(stage)* Schritt *der* ◇ *vi* ● to step on sthg auf etw *(A)* treten ▼ mind the step Vorsicht, Stufe ◆ **steps** *npl (stairs)* Treppe *die* ◆ **step aside** *vi (move aside)* zur Seite treten ◆ **step back** *vi (move back)* zurücklltreten

step aerobics *n* Step-Aerobic *das*

stepbrother ['step,brʌðəʳ] *n* Stiefbruder *der*

stepdaughter ['step,dɔːtə^r] *n* Stieftochter *die*

stepfather ['step,fɑːðə^r] *n* Stiefvater *der*

stepladder ['step,lædə^r] *n* Trittleiter *die*

stepmother ['step,mʌðə^r] *n* Stiefmutter *die*

stepsister ['step,sɪstə^r] *n* Stiefschwester *die*

stepson ['stepsʌn] *n* Stiefsohn *der*

stereo ['sterɪəʊ] (*pl* **-s**) ◇ *adj* Stereo- ◇ *n* **1.** (*hi-fi*) Stereoanlage *die* **2.** (*stereo sound*) Stereo *das*

sterile ['sterail] *adj* (*germ-free*) steril

sterilize ['sterəlaɪz] *vt* (*container, milk, utensil*) sterilisieren

sterling ['stɜːlɪŋ] ◇ *adj* (*pound*) Sterling- ◇ *n* Sterling *der*

sterling silver *n* Sterlingsilber *das*

stern [stɜːn] ◇ *adj* (*strict*) streng ◇ *n* (*of boat*) Heck *das*

stew [stjuː] *n* Eintopf *der*

steward ['stjʊəd] *n* **1.** (*on plane, ship*) Steward *der* **2.** (*at public event*) Ordner *der*, -in *die*

stewardess ['stjʊədɪs] *n* Stewardess *die*

stewed [stjuːd] *adj* • **stewed fruit** Kompott *das*

stick [stɪk] (*pt & pp* **stuck**) ◇ *n* **1.** (*of wood*) Stock *der* **2.** (*for sport*) Schläger *der* **3.** (*of chalk*) Stück *das* **4.** (*of celery, cinammon*) Stange *die* ◇ *vt* **1.** (*glue*) kleben **2.** (*push, insert*) stecken **3.** (*inf*) (*put*) tun ◇ *vi* **1.** kleben **2.** (*jam*) klemmen ◆ **stick out** *vi* **1.** (*protrude*) vorstehen **2.** (*be noticeable*) sich ablheben ◆ **stick to** *vt insep* **1.** (*decision*) bleiben bei **2.** (*promise*) halten ◆ **stick up** ◇ *vt sep* (*poster, notice*) anlschlagen ◇ *vi* hochlstehen ◆ **stick up for** *vt insep* einltreten für

sticker ['stɪkə^r] *n* Aufkleber *der*

sticking plaster ['stɪkɪŋ-] *n* Heftpflaster *das*

stick shift *n* (*US*) (*car*) Handschaltgetriebe *das*

sticky ['stɪkɪ] *adj* **1.** klebrig **2.** (*label, tape*) Klebe- **3.** (*weather*) schwül

stiff [stɪf] ◇ *adj* steif ◇ *adv* • **to be bored stiff** (*inf*) sich zu Tode langweilen

stile [staɪl] *n* Zauntritt *der*

stiletto heels [stɪ'letəʊ-] *npl* (*shoes*) Stöckelschuhe *pl*

still [stɪl] ◇ *adv* **1.** noch **2.** (*even now*) immer noch **3.** (*despite that*) trotzdem ◇ *adj* **1.** (*motionless*) bewegungslos **2.** (*quiet, calm*) ruhig **3.** (*not fizzy*) ohne Kohlensäure • **we've still got 10 minutes** wir haben noch 10 Minuten • **still more** noch mehr • **to stand still** still stehen

Stilton ['stɪltn] *n* Stilton *der* (*britische, starke Blauschimmelkäse*)

stimulate ['stɪmjʊleɪt] *vt* anlregen

sting [stɪŋ] (*pt & pp* **stung**) ◇ *vt* **1.** (*subj: bee, wasp*) stechen **2.** (*subj: nettle*) brennen ◇ *vi* (*skin, eyes*) brennen

stingy ['stɪndʒɪ] *adj* (*inf*) geizig

stink [stɪŋk] (*pt* **stank** OR **stunk**, *pp* **stunk**) *vi* stinken

stipulate ['stɪpjʊleɪt] *vt* festlegen

stir [stɜː^r] *vt* umlrühren

stir-fry *n* auf chinesische Art in einer Pfanne gebratenes Gemüse oder Fleisch ◇ *vt* schnell braten

stirrup ['stɪrəp] *n* Steigbügel *der*

stitch [stɪtʃ] *n* **1.** (*in sewing*) Stich *der* **2.** (*in knitting*) Masche *die* • **to have a stitch** (*stomach pain*) Seitenstechen haben

stitches *npl* (*for wound*) Stiche *pl*

stock [stɒk] ◇ *n* **1.** (*of shop, business*)

Warenbestand der **2.** _(supply)_ Vorrat der **3.** FIN Aktienkapital das **4.** _(in cooking)_ Brühe die ◇ vt (have in stock) auf Lager haben • **in stock** vorrätig • **out of stock** nicht vorrätig

stock cube n Brühwürfel der

Stock Exchange n Börse die

stocking ['stɒkɪŋ] n Strumpf der

stock market n Börse die

stodgy ['stɒdʒɪ] adj _(food)_ pappig

stole [stəʊl] pt ➤ **steal**

stolen ['stəʊln] pp ➤ **steal**

stomach ['stʌmək] n **1.** _(organ)_ Magen der **2.** _(belly)_ Bauch der

stomachache ['stʌməkeɪk] n Bauchschmerzen pl

stomach upset [-'ʌpset] n Magenverstimmung die

stone [stəʊn] ◇ n **1.** Stein der **2.** _(measurement: pl inv)_ = 6,35 kg **3.** _(gem)_ Edelstein der ◇ adj Stein-

stonewashed ['stəʊnwɒʃt] adj stonewashed

stood [stʊd] pt & pp ➤ **stand**

stool [stuːl] n _(for sitting on)_ Hocker der

stop [stɒp] ◇ n **1.** _(for bus)_ Haltestelle die **2.** _(for train)_ Station die **3.** _(in journey)_ Aufenthalt der ◇ vt **1.** anlhalten **2.** _(machine)_ abstellen **3.** _(prevent)_ verhindern ◇ vi **1.** auflhören **2.** _(vehicle)_ halten **3.** _(walker, machine, clock)_ stehen bleiben **4.** _(on journey)_ einen Halt machen **5.** _(stay)_ bleiben • **to stop sb from doing sthg** jn daran hindern, etw zu tun • **to stop sthg from happening** verhindern, dass etw geschieht • **to stop doing sthg** aufhören, etw zu tun • **to put a stop to sthg** etw abstellen ▼ **stop** _(road sign)_ Stop ▼ **stopping at ...** _(train, bus)_

Haltestellen... • **stop off** vi Zwischenstation machen

stopover ['stɒp,əʊvəʳ] n **1.** _(on flight)_ Zwischenlandung die **2.** _(on journey)_ Zwischenaufenthalt der

stopper ['stɒpəʳ] n Stöpsel der

stopwatch ['stɒpwɒtʃ] n Stoppuhr die

storage ['stɔːrɪdʒ] n Lagerung die

store [stɔːʳ] ◇ n **1.** _(shop)_ Laden der **2.** _(department store)_ Kaufhaus das **3.** _(supply)_ Vorrat der ◇ vt lagern

storehouse [ɪstəːhaʊs] n Lagerhaus das

storeroom ['stɔːrʊm] n Lagerraum der

storey ['stɔːrɪ] (pl **-s**) n _(UK)_ Stockwerk das

stork [stɔːk] n Storch der

storm [stɔːm] n Sturm der

stormy ['stɔːmɪ] adj stürmisch

story ['stɔːrɪ] n **1.** Geschichte die **2.** _(US)_ = **storey**

stout [staʊt] ◇ adj _(fat)_ beleibt ◇ n _(drink)_ Art britisches Dunkelbier

stove [staʊv] n **1.** _(for heating)_ Ofen der **2.** _(for cooking)_ Herd der

straight [streɪt] ◇ adj **1.** gerade **2.** _(hair)_ glatt **3.** _(consecutive)_ ununterbrochen **4.** _(drink)_ pur ◇ adv **1.** _(in a straight line)_ gerade **2.** _(upright)_ aufrecht **3.** _(directly)_ direkt • **straight ahead** geradeaus • **straight away** sofort

straightforward [,streɪt'fɔːwəd] adj _(easy)_ einfach

strain [streɪn] ◇ n **1.** Belastung die **2.** _(tension)_ Spannung die **3.** _(injury)_ Zerrung die ◇ vt **1.** _(muscle)_ zerren **2.** _(eyes)_ überlanstrengen **3.** _(food)_ ablgießen **4.** _(tea)_ ablseihen

strainer ['streɪnəʳ] n Sieb das

strait [streɪt] n Meerenge die

strange [streɪndʒ] *adj* **1.** *(odd)* seltsam **2.** *(unfamiliar)* fremd

stranger ['streɪndʒə^r] *n* Fremde der, die

strangle ['stræŋl] *vt* erwürgen

strap [stræp] *n* **1.** *(of bag, camera, shoe)* Riemen der **2.** *(of dress)* Träger der **3.** *(of watch)* Armband das

strapless ['stræplɪs] *adj* trägerlos

strategy ['strætɪdʒɪ] *n* Strategie die

Stratford-upon-Avon [ˌstrætfəd-əpɒn'eɪvn] *n* Stratford-upon-Avon

straw [strɔː] *n* **1.** *(substance)* Stroh das **2.** *(for drinking)* Strohhalm der

strawberry ['strɔːbərɪ] *n* Erdbeere die

stray [streɪ] ◇ *adj (animal)* streunend ◇ *vi* streunen

streak [striːk] *n* Streifen der ● **lucky/unlucky streak** Glücks-/Pechsträhne die

stream [striːm] *n* **1.** Strom der **2.** *(small river)* Bach der

street [striːt] *n* Straße die

streetcar ['striːtkɑː^r] *n* *(US)* Straßenbahn die

street light *n* Straßenlampe die

street plan *n* Stadtplan der

strength [streŋθ] *n* **1.** Stärke die **2.** *(of person, animal)* Kraft die **3.** *(of structure)* Stabilität die

strengthen ['streŋθn] *vt* **1.** *(structure)* verstärken **2.** *(argument)* unterstützen

stress [stres] ◇ *n* **1.** *(tension)* Stress der **2.** *(on word, syllable)* Betonung die ◇ *vt* betonen

stretch [stretʃ] ◇ *n* **1.** *(of land)* Stück das **2.** *(of water)* Teil der **3.** *(of time)* Zeitraum der ◇ *vt* **1.** *(rope, material)* spannen **2.** *(body)* strecken **3.** *(elastic, clothes)* dehnen ◇ *vi* **1.** *(land, sea)* sich

erstrecken **2.** *(person, animal)* sich strecken ● **to stretch one's legs** *(fig)* sich *(D)* die Beine vertreten ◆ **stretch out** ◇ *vt sep (hand)* ausstrecken ◇ *vi (lie down)* sich hinlegen

stretcher ['stretʃə^r] *n* Tragbahre die

strict [strɪkt] *adj* **1.** streng **2.** *(exact)* genau

strictly ['strɪktlɪ] *adv* **1.** streng **2.** *(exclusively)* ausschließlich ● **strictly speaking** genau genommen

stride [straɪd] *n* Schritt der

strike [straɪk] *(pt & pp* **struck)** ◇ *n (of employees)* Streik der ◇ *vt* **1.** *(fml) (hit)* schlagen **2.** *(fml) (collide with)* treffen **3.** *(a match)* anzünden ◇ *vi* **1.** *(refuse to work)* streiken **2.** *(happen suddenly)* ausl-brechen ● **the clock struck eight** es schlug acht Uhr

striking ['straɪkɪŋ] *adj* auffallend

string [strɪŋ] *n* **1.** Schnur die **2.** *(thinner)* Bindfaden der **3.** *(of pearls, beads)* Kette die **4.** *(of musical instrument, tennis racket)* Saite die **5.** *(series)* Reihe die ● **a piece of string** eine Schnur

strip [strɪp] ◇ *n* Streifen der ◇ *vt (paint, wallpaper)* entfernen ◇ *vi (undress)* sich ausziehen

stripe [straɪp] *n* Streifen der

striped [straɪpt] *adj* gestreift

strip-search *vt* Kleider zum Zweck einer Leibesvisitation ausziehen

strip show *n* Stripshow die

stroke [strəʊk] ◇ *n* **1.** MED Schlaganfall der **2.** *(in tennis, golf)* Schlag der **3.** *(swimming style)* Stil der ◇ *vt* streicheln ● **a stroke of luck** ein Glücksfall

stroll [strəʊl] *n* Spaziergang der

stroller ['strəʊlər] *n* *(US) (pushchair)*

Sportwagen der (für Kinder)

strong [strɒŋ] *adj* **1.** stark **2.** *(structure, bridge, chair)* stabil **3.** *(possibility, subject)* gut

struck [strʌk] *pt & pp* ➤ **strike**

structure ['strʌktʃə'] *n* **1.** Struktur die **2.** *(building)* Bau der

struggle ['strʌgl] ◇ *n (great effort)* Anstrengung die ◇ *vi (fight)* kämpfen ● **to struggle to do sthg** sich abmühen, etw zu tun

stub [stʌb] *n* **1.** *(of cigarette)* Kippe die **2.** *(of cheque, ticket)* Abschnitt der

stubble ['stʌbl] *n (on face)* Stoppeln *pl*

stubborn ['stʌbən] *adj (person)* stur

stuck [stʌk] ◇ *pt & pp* ➤ **stick** ◇ *adj (jammed)* eingeklemmt ● **to be stuck** nicht weiterlkönnen

stud [stʌd] *n* **1.** *(on boots)* Stollen der **2.** *(fastener)* Niete die **3.** *(earring)* Ohrstecker der

student ['stju:dnt] *n* **1.** *(at university, college)* Student der, -in die **2.** *(at school)* Schüler der, -in die

student card *n* Studentenausweis der

students' union [,stju:dnts-] *n* Studentenvereinigung die

studio ['stju:dɪəʊ] *(pl* -s*)* *n* **1.** *(for filming, broadcasting)* Studio das **2.** *(of artist)* Atelier das

studio apartment *(US)* = **studio flat**

studio flat *n (UK)* Einzimmerwohnung die

study ['stʌdɪ] ◇ *n* **1.** *(learning)* Studium das **2.** *(piece of research)* Studie die **3.** *(room)* Arbeitszimmer das ◇ *vt* **1.** *(learn about)* studieren **2.** *(examine)* untersuchen ◇ *vi* studieren

stuff [stʌf] ◇ *n* **1.** *(inf) (substance)* Stoff

der **2.** *(things, possessions)* Zeug das ◇ *vt* stopfen

stuffed [stʌft] *adj* **1.** *(food)* gefüllt **2.** *(inf) (full up)* voll **3.** *(dead animal)* ausgestopft

stuffing ['stʌfɪŋ] *n* **1.** *(food)* Füllung die **2.** *(of pillow, cushion)* Füllmaterial das

stuffy ['stʌfɪ] *adj (room, atmosphere)* stickig

stumble ['stʌmbl] *vi* stolpern

stump [stʌmp] *n* Stumpf der

stun [stʌn] *vt (astound)* fassungslos machen

stung [stʌŋ] *pt & pp* ➤ **sting**

stunk [stʌŋk] *pt & pp* ➤ **stink**

stunning ['stʌnɪŋ] *adj* **1.** *(very beautiful)* hinreißend **2.** *(very surprising)* sensationell

stupid ['stju:pɪd] *adj* dumm

sturdy ['stɜ:dɪ] *adj* stabil

stutter ['stʌtə'] *vi* stottern

sty [staɪ] *n* Schweinestall der

style [staɪl] ◇ *n* Stil der ◇ *vt (hair)* frisieren

stylish ['staɪlɪʃ] *adj* elegant

stylist ['staɪlɪst] *n (hairdresser)* Haarstylist der, -in die

sub [sʌb] *n* **1.** *(inf)* SPORT Ersatzspieler der, -in die **2.** *(UK) (subscription)* Abo das

subdued [səb'dju:d] *adj* **1.** *(person)* still **2.** *(lighting, colour)* gedämpft

subject ◇ *n* ['sʌbdʒekt] **1.** *(topic)* Thema das **2.** *(at school, university)* Fach das **3.** GRAM Subjekt das **4.** *(fml) (of country)* Staatsbürger der, -in die ◇ *vt* [səb'dʒekt] ● **to subject sb to sthg** jn etw *(D)* unterwerfen ● **subject to availability** solange der Vorrat reicht ● **subject to an additional charge** vorbehaltlich eines Aufschlages

subjunctive [səb'dʒʌŋktɪv] *n* Konjunktiv *der*

submarine [ˌsʌbmə'riːn] *n* Unterseeboot *das*

submit [səb'mɪt] ◇ *vt (present)* vorlegen ◇ *vi (give in)* sich fügen

subordinate [sə'bɔːdɪnət] *adj* GRAM untergeordnet

subscribe [səb'skraɪb] *vi* ● **to subscribe to sthg** *(to magazine, newspaper)* etw abonnieren

subscription [səb'skrɪpʃn] *n* Abonnement *das*

subsequent [ˈsʌbsɪkwənt] *adj* später

subside [səb'saɪd] *vi* **1.** *(ground)* sich senken **2.** *(noise, feeling)* abklingen

substance [ˈsʌbstəns] *n* Stoff *der*

substantial [səb'stænʃl] *adj (large)* erheblich

substitute [ˈsʌbstɪtjuːt] *n* **1.** *(replacement)* Ersatz *der* **2.** SPORT Ersatzspieler *der*, -in *die*

subtitles [ˈsʌbˌtaɪtlz] *npl* Untertitel *pl*

subtle [ˈsʌtl] *adj* **1.** *(difference, change)* fein **2.** *(person)* feinfühlig **3.** *(plan)* raffiniert

subtract [səb'trækt] *vt* abziehen

subtraction [səb'trækʃn] *n* Subtraktion *die*

suburb [ˈsʌbɜːb] *n* Vorort *der* ● **the suburbs** der Stadtrand

subway [ˈsʌbweɪ] *n* **1.** *(UK) (for pedestrians)* Unterführung *die* **2.** *(US) (underground railway)* U-Bahn *die*

succeed [sək'siːd] ◇ *vi* **1.** *(person)* Erfolg haben **2.** *(plan)* gelingen ◇ *vt (fml) (follow)* folgen *(+D)* ● **I succeeded in doing it** es ist mir gelungen

success [sək'ses] *n* Erfolg *der*

successful [sək'sesfʊl] *adj* erfolgreich

succulent [ˈsʌkjʊlənt] *adj* saftig

such [sʌtʃ] ◇ *adj* solche(r)(s) ◇ *adv* ● **such a lot** so viel ● **it's such a lovely day** es ist so ein schöner Tag ● **such a thing should never have happened** so etwas hätte nie passieren dürfen ● **such people** solche Leute ● **such as** wie

suck [sʌk] *vt* **1.** *(teat)* saugen **2.** *(sweet, thumb)* lutschen

sudden [ˈsʌdn] *adj* plötzlich ● **all of a sudden** plötzlich

suddenly [ˈsʌdnlɪ] *adv* plötzlich

sue [suː] *vt* verklagen

suede [sweɪd] *n* Wildleder *das*

suffer [ˈsʌfə] ◇ *vt* erleiden ◇ *vi* leiden ● **to suffer from** *(illness)* leiden an *(+D)*

suffering [ˈsʌfrɪŋ] *n* **1.** *(mental)* Leid *das* **2.** *(physical)* Leiden *das*

sufficient [sə'fɪʃnt] *adj (fml)* genug

sufficiently [sə'fɪʃntlɪ] *adv (fml)* genug

suffix [ˈsʌfɪks] *n* Nachsilbe *die*

suffocate [ˈsʌfəkeɪt] *vi* ersticken

sugar [ˈʃʊgə] *n* Zucker *der*

suggest [sə'dʒest] *vt (propose)* vorschlagen ● **to suggest doing sthg** vorschlagen, etw zu tun

suggestion [sə'dʒestʃn] *n* **1.** *(proposal)* Vorschlag *der* **2.** *(hint)* Andeutung *die*

suicide [ˈsuːɪsaɪd] *n* Selbstmord *der* ● **to commit suicide** Selbstmord begehen

suit [suːt] ◇ *n* **1.** *(man's clothes)* Anzug *der* **2.** *(woman's clothes)* Kostüm *das* **3.** *(in cards)* Farbe *die* **4.** LAW Prozess *der* ◇ *vt* **1.** *(subj: clothes, colour, shoes)* stehen *(+D)* **2.** *(be convenient for)* passen *(+D)* **3.** *(be appropriate for)* passen zu ● **to be suited to** geeignet sein für ● **pink doesn't suit me** Rosa steht mir nicht ● **does 10**

o'clock suit you? passt dir/Ihnen 10 Uhr?

suitable ['suːtəbl] *adj* geeignet ● to be suitable for geeignet sein für

suitcase ['suːtkeɪs] *n* Koffer der

suite [swiːt] *n* 1. (set of rooms) Suite die 2. (furniture) Garnitur die

sulk [sʌlk] *vi* schmollen

sultana [səlˈtɑːnə] *n* (UK) Sultanine die

sultry ['sʌltrɪ] *adj* (weather, climate) schwül

sum [sʌm] *n* 1. Summe die 2. (calculation) Rechnung die ● sum up *vt sep* (summarize) zusammenfassen

summarize ['sʌməraɪz] *vt* zusammenfassen

summary ['sʌmərɪ] *n* Zusammenfassung die

summer ['sʌməʳ] *n* Sommer der ● in (the) summer im Sommer ● summer holidays Sommerferien *pl*

summertime ['sʌmətaɪm] *n* Sommer der

summit ['sʌmɪt] *n* Gipfel der

summon ['sʌmən] *vt* 1. (send for) kommen lassen 2. LAW vorladen

sumptuous ['sʌmptʃʊəs] *adj* luxuriös

sun [sʌn] ◇ *n* Sonne die ◇ *vt* ● to sun o.s. sich sonnen ● to catch the sun viel Sonne ab|bekommen ● in the sun in der Sonne ● out of the sun im Schatten

Sun. (abbr of Sunday) So.

sunbathe ['sʌnbeɪð] *vi* sonnenbaden

sunbed ['sʌnbed] *n* Sonnenbank die

sun block *n* Sonnencreme die

sunburn ['sʌnbɜːn] *n* Sonnenbrand der

sunburnt ['sʌnbɜːnt] *adj* ● to be sunburnt einen Sonnenbrand haben

sundae ['sʌndeɪ] *n* Eisbecher der

Sunday ['sʌndɪ] *n* Sonntag der ➢ Saturday

Sunday school *n* Sonntagsschule die

sundress ['sʌndres] *n* Strandkleid das

sundries ['sʌndrɪz] *npl* (on bill) Verschiedenes

sunflower ['sʌnˌflaʊəʳ] *n* Sonnenblume die

sunflower oil *n* Sonnenblumenöl das

sung [sʌŋ] *pt* ➢ sing

sunglasses ['sʌnˌglɑːsɪz] *npl* Sonnenbrille die

sunhat ['sʌnhæt] *n* Sonnenhut der

sunk [sʌŋk] *pp* ➢ sink

sunlight ['sʌnlaɪt] *n* Sonnenlicht das

sun lounger [-ˌlaʊndʒəʳ] *n* Liegestuhl der

sunny ['sʌnɪ] *adj* sonnig

sunrise ['sʌnraɪz] *n* Sonnenaufgang der

sunroof ['sʌnruːf] *n* Schiebedach das

sunset ['sʌnset] *n* Sonnenuntergang der

sunshine ['sʌnʃaɪn] *n* Sonnenschein der ● in the sunshine in der Sonne

sunstroke ['sʌnstrəʊk] *n* Sonnenstich der

suntan ['sʌntæn] *n* Bräune die

suntan cream *n* Sonnencreme die

suntan lotion *n* Sonnenmilch die

super ['suːpəʳ] ◇ *adj* (wonderful) super ◇ *n* (petrol) Super das

Super Bowl

Im letzten Spiel der amerikanischen Football-Saison treten Anfang Februar die Meister der *National Football Conference* und der *American Football Conference* gegeneinander an. Für manche Zuschauer ist nicht das Spiel, sondern die Werbung in den Pausen die eigentliche Attraktion.

superb [suːˈpɜːb] *adj* erstklassig

superficial [ˌsuːpəˈfɪʃl] *adj* **1.** *(pej) (person)* oberflächlich **2.** *(wound)* äußerlich

superfluous [suːˈpɜːfluəs] *adj* überflüssig

Superglue® [ˈsuːpəgluː] *n* Sekundenkleber *der*

superior [suːˈpɪərɪəʳ] ◇ *adj* **1.** *(in quality)* überlegen **2.** *(in rank)* höher ◇ *n* Vorgesetzte *der, die*

supermarket [ˈsuːpəˌmɑːkɪt] *n* Supermarkt *der*

supernatural [ˌsuːpəˈnætʃrəl] *adj* übernatürlich

Super Saver® *n (UK) (rail ticket)* Sparpreisticket oder -angebot

superstitious [ˌsuːpəˈstɪʃəs] *adj* abergläubisch

superstore [ˈsuːpəstɔːʳ] *n* Verbrauchermarkt *der*

supervise [ˈsuːpəvaɪz] *vt* beaufsichtigen

supervisor [ˈsuːpəvaɪzəʳ] *n (of workers)* Vorarbeiter *der, -in die*

supper [ˈsʌpəʳ] *n* Abendessen *das*

supple [ˈsʌpl] *adj* **1.** *(person)* gelenkig **2.** *(material)* geschmeidig

supplement ◇ *n* [ˈsʌplɪmənt] **1.** *(of magazine)* Beilage *die* **2.** *(extra charge)* Zuschlag *der* **3.** *(of diet)* Zusatz *der* ◇ *vt* [ˈsʌplɪment] ergänzen

supplementary [ˌsʌplɪˈmentərɪ] *adj* zusätzlich, Zusatz-

supply [səˈplaɪ] ◇ *n* **1.** *(store)* Vorrat *der* **2.** *(providing)* Versorgung *die* ◇ *vt* liefern ● **to supply sb with sthg** jn mit etw versorgen ● **supplies** *npl* Vorräte *pl*

support [səˈpɔːt] ◇ *n* **1.** *(aid, encouragement)* Unterstützung *die* **2.** *(object)* Stütze *die* ◇ *vt* **1.** unterstützen **2.** *(hold up)* tragen ● **to support a football team**

ein Fan von einem Fußballverein sein

supporter [səˈpɔːtəʳ] *n* **1.** SPORT Fan *der* **2.** *(of cause, political party)* Anhänger *der, -in die*

suppose [səˈpəʊz] ◇ *vt* anInehmen ◇ *conj* ● **I suppose so** vermutlich ● **to be supposed to do sthg** etw tun sollen = **supposing**

supposing [səˈpəʊzɪŋ] *conj* angenommen

supreme [suˈpriːm] *adj* größte(r)(s)

surcharge [ˈsɜːtʃɑːdʒ] *n* Zuschlag *der*

sure [ʃʊəʳ] ◇ *adj* sicher ◇ *adv* **1.** *(inf) (yes)* klar **2.** *(US) (inf) (certainly)* wirklich ● **to be sure of o.s.** selbstsicher sein ● **for sure** auf jeden Fall ● **to make sure that ...** sich vergewissern, dass ...

surely [ˈʃʊəlɪ] *adv* sicherlich

surf [sɜːf] ◇ *n* Brandung *die* ◇ *vi* surfen

surface [ˈsɜːfɪs] *n* Oberfläche *die*

surface area *n* Oberfläche *die*

surface mail *n* Post auf dem Land-/Seeweg

surfboard [ˈsɜːfbɔːd] *n* Surfbrett *das*

surfing [ˈsɜːfɪŋ] *n* Surfen *das* ● **to go surfing** Surfen gehen

surgeon [ˈsɜːdʒən] *n* Chirurg *der, -in die*

surgery [ˈsɜːdʒərɪ] *n* **1.** *(treatment)* Chirurgie *die* **2.** *(UK) (building)* Praxis *die* **3.** *(UK) (period)* Sprechstunde *die* ● **to have surgery** operiert werden

surname [ˈsɜːneɪm] *n* Nachname *der*

surplus [ˈsɜːpləs] *n* Überschuss *der*

surprise [səˈpraɪz] ◇ *n* Überraschung *die* ◇ *vt* überraschen

surprised [səˈpraɪzd] *adj* überrascht

surprising [səˈpraɪzɪŋ] *adj* überraschend

surrender [səˈrendəʳ] ◇ *vi* kapitulieren ◇ *vt (fml) (hand over)* übergeben

surround [səˈraʊnd] *vt* umgeben

surrounding [sə'raʊndɪŋ] adj umliegend
◆ **surroundings** npl Umgebung die

survey ['sɜ:veɪ] n 1. (investigation) Untersuchung die 2. (poll) Umfrage die 3. (of land) Vermessung die 4. (UK) (of house) Begutachtung die

surveyor [sə'veɪə^r] n 1. (UK) (of houses) Gutachter der, -in die 2. (of land) Vermesser der, -in die

survival [sə'vaɪvl] n Überleben das

survive [sə'vaɪv] vt & vi überleben

survivor [sə'vaɪvə^r] n Überlebende der, die

suspect ◇ vt [sə'spekt] 1. (believe) vermuten 2. (mistrust) verdächtigen ◇ n ['sʌspekt] Verdächtige der, die ◆ adj ['sʌspekt] verdächtig ● to suspect sb of sthg jm eine Sache verdächtigen

suspend [sə'spend] vt 1. (delay) vorläufig einstellen 2. (from team, school, work) ausschließen 3. (hang) aufhängen

suspender belt [sə'spendə-] n Strumpfhalter der

suspenders [sə'spendəz] npl 1. (UK) (for stockings) Strumpfhalter pl 2. (US) (for trousers) Hosenträger pl

suspense [sə'spens] n Spannung die

suspension [sə'spenʃn] n 1. (of vehicle) Federung die 2. (from team) Sperrung die 3. (from school, work) Ausschluss die

suspicion [sə'spɪʃn] n 1. (mistrust) Misstrauen das 2. (idea) Ahnung die 3. (trace) Spur die

suspicious [sə'spɪʃəs] adj (behaviour, situation) verdächtig ● to be suspicious of sb/sthg jm/etw (D) misstrauen

swallow ['swɒləʊ] ◇ n (bird) Schwalbe die ◇ vt & vi schlucken

swam [swæm] pt ➤ swim

swamp [swɒmp] n Sumpf der

swan [swɒn] n Schwan der

swap [swɒp] vt 1. tauschen 2. (ideas, stories) austauschen ● to swap sthg for sthg etw gegen etw eintauschen

swarm [swɔːm] n (of bees) Schwarm der

swear [sweə^r] (pt swore, pp sworn) ◇ vi 1. (use rude language) fluchen 2. (promise) schwören ◇ vt ● to swear to do sthg schwören, etw zu tun

swearword ['sweəwɜːd] n Kraftausdruck der

sweat [swet] ◇ n Schweiß der ◇ vi schwitzen

sweater ['swetə^r] n Pullover der

sweatshirt ['swetʃɜːt] n Sweatshirt das

swede [swiːd] n (UK) Kohlrübe die

Swede [swiːd] n Schwede der, Schwedin die

Sweden ['swiːdn] n Schweden nt

Swedish ['swiːdɪʃ] ◇ adj schwedisch ◇ n (language) Schwedisch das ◇ npl ● the Swedish die Schweden pl

sweep [swiːp] (pt & pp swept) vt (with brush, broom) kehren, fegen

sweet [swiːt] ◇ adj 1. (food, drink, smell) süß 2. (person, nature) lieb ◇ n 1. (UK) (candy) Bonbon das 2. (dessert) Nachtisch der

sweet-and-sour adj süßsauer

sweet corn n Zuckermais der

sweetener ['swiːtnə^r] n (for drink) Süßstoff der

sweet potato n Batate die

sweet shop n (UK) Süßwarengeschäft das

swell [swel] (pp swollen) vi anschwellen

swelling ['swelɪŋ] n Schwellung die

swept [swept] *pt & pp* ➤ **sweep**

swerve [swɜːv] *vi* aus|scheren

swig [swɪg] *n* (*inf*) Schluck *der*

swim [swɪm] (*pt* **swam**, *pp* **swum**) ◇ *vi* schwimmen ◇ *n* • **to have a swim** schwimmen • **to go for a swim** schwimmen gehen

swimmer ['swɪmə'] *n* Schwimmer *der*, -in *die*

swimming ['swɪmɪŋ] *n* Schwimmen *das* • **to go swimming** schwimmen gehen

swimming baths *npl* (*UK*) Schwimmbad *das*

swimming cap *n* Bademütze *die*

swimming costume *n* (*UK*) Badeanzug *der*

swimming pool *n* Schwimmbecken *das*

swimming trunks *npl* Badehose *die*

swimsuit ['swɪmsuːt] *n* Badeanzug *der*

swindle ['swɪndl] *n* Betrug *der*

swing [swɪŋ] (*pt & pp* **swung**) ◇ *n* (*for children*) Schaukel *die* ◇ *vt & vi* (*from side to side*) schwingen

swipe [swaɪp] *vt* (*credit card etc*) ab|ziehen

Swiss [swɪs] ◇ *adj* schweizerisch ◇ *n* (*person*) Schweizer *der*, -in *die* ◇ *npl* • **the Swiss** die Schweizer *pl*

Swiss cheese *n* Schweizer Käse

swiss roll *n* ≃ Biskuitrolle *die*

switch [swɪtʃ] ◇ *n* (*for light, power, television*) Schalter *der* ◇ *vt* 1. (*change*) ändern 2. (*exchange*) tauschen ◇ *vi* wechseln ◆ **switch off** *vt sep* 1. (*light*) aus|schalten 2. (*radio, engine*) ab|schalten ◆ **switch on** *vt sep* (*light, radio, engine*) ein|schalten

Switch® *n* (*UK*) ≃ EC-Karte *die*

switchboard ['swɪtʃbɔːd] *n* Telefonzentrale *die*

Switzerland ['swɪtsələnd] *n* die Schweiz

swivel ['swɪvl] *vi* sich drehen

swollen ['swəʊln] ◇ *pp* ➤ **swell** ◇ *adj* (*ankle, arm etc*) geschwollen

swop [swɒp] = **swap**

sword [sɔːd] *n* Schwert *das*

swordfish ['sɔːdfɪʃ] (*pl inv*) *n* Schwertfisch *der*

swore [swɔː'] *pt* ➤ **swear**

sworn [swɔːn] *pp* ➤ **swear**

swum [swʌm] *pp* ➤ **swim**

swung [swʌŋ] *pt & pp* ➤ **swing**

syllable ['sɪləbl] *n* Silbe *die*

syllabus ['sɪləbəs] *n* Lehrplan *der*

symbol ['sɪmbl] *n* Symbol *das*

sympathetic [ˌsɪmpə'θetɪk] *adj* (*understanding*) verständnisvoll

sympathize ['sɪmpəθaɪz] *vi* • **to sympathize (with sb)** (*feel sorry*) Mitleid haben (mit jm); (*understand*) Verständnis haben (für jn)

sympathy ['sɪmpəθɪ] *n* (*understanding*) Verständnis *das*

symphony ['sɪmfənɪ] *n* Sinfonie *die*

symptom ['sɪmptəm] *n* Symptom *das*

synagogue ['sɪnəgɒg] *n* Synagoge *die*

synthesizer ['sɪnθəsaɪzə'] *n* Synthesizer *der*

synthetic [sɪn'θetɪk] *adj* synthetisch

syringe [sɪ'rɪndʒ] *n* Spritze *die*

syrup ['sɪrəp] *n* Sirup *der*

system ['sɪstəm] *n* 1. System *das* 2. (*hi-fi*) Anlage *die*

ta [tɑ:] *excl* (UK) (*inf*) danke!

tab [tæb] *n* **1.** (*of cloth, paper etc*) Etikett *das* **2.** (*bill*) Rechnung *die* ● **put it on my tab** setzen Sie es auf meine Rechnung

table ['teɪbl] *n* **1.** Tisch *der* **2.** (*of figures etc*) Tabelle *die*

tablecloth ['teɪblklɒθ] *n* Tischtuch *das*

tablemat ['teɪblmæt] *n* Untersetzer *der*

tablespoon ['teɪblspu:n] *n* Servierlöffel *der*

tablet ['tæblɪt] *n* **1.** (*pill*) Tablette *die* **2.** (*of soap*) Stück *das* **3.** (*of chocolate*) Tafel *die*

table tennis *n* Tischtennis *der*

table wine *n* Tafelwein *der*

tabloid ['tæblɔɪd] *n* Boulevardzeitung *die*

tabloid

Die Bezeichnung für kleinformatige Zeitungen, die meist weniger kosten als die *broadsheets*, wird im übertragenen Sinn für die Presse verwendet, die mehr an Sensationen und Skandalen interessiert ist als an ernsthaftem Journalismus. Sie werden regelmäßig, vor allem von Prominenten, wegen Verletzung der Privatsphäre verklagt.

tack [tæk] *n* (*nail*) kleiner Nagel

tackle ['tækl] ◇ *n* **1.** SPORT Angriff *der* **2.** (*for fishing*) Ausrüstung *die* ◇ *vt* **1.** SPORT an|greifen **2.** (*deal with*) an|gehen

tacky ['tækɪ] *adj* (*inf*) geschmacklos

taco ['tækəʊ] (*pl* **-s**) *n* mit Hackfleisch oder Bohnen gefüllter, sehr dünner knuspriger Maisfladen, mexikanische Spezialität

tact [tækt] *n* Takt *der*

tactful ['tæktfʊl] *adj* taktvoll

tactics ['tæktɪks] *npl* Taktik *die*

tag [tæg] *n* (*label*) Schild *das*

tagliatelle [,tæglɪə'telɪ] *n* Bandnudeln *pl*

tail [teɪl] *n* Schwanz *der* ● **tails** ◇ *n* (*of coin*) Zahl *die* ◇ *npl* (*formal dress*) Frack *der*

tailgate ['teɪlgeɪt] *n* (*of car*) Heckklappe *die*

tailor ['teɪlə] *n* Schneider *der*, -in *die*

Taiwan [,taɪ'wɑ:n] *n* Taiwan *nt*

take [teɪk] *vt* **1.** (*gen*) nehmen ● **to take the bus** den Bus nehmen **2.** (*carry*) mit|nehmen **3.** (*do, make*) ● **to take a bath/shower** ein Bad/eine Dusche nehmen ● **to take an exam** eine Prüfung ab|legen ● **to take a photo** ein Foto machen **4.** (*drive*) bringen **5.** (*require*) brauchen ● **how long will it take?** wie lange wird es dauern? **6.** (*steal*) ● **to take sthg from sb** jm etw weg|nehmen **7.** (*size in clothes, shoes*) haben ● **what size do you take?** welche Größe hast du/haben Sie? **8.** (*subtract*) ● **to take sthg from sthg** etw von etw ab|ziehen **9.** (*accept*) an|nehmen ● **do you take traveller's cheques?** nehmen Sie Travellerschecks? ● **to take sb's advice** js Rat folgen **10.** (*contain*) fassen **11.** (*react to*) auf|nehmen **12.** (*control, power*) übernehmen ● **to take charge of** die Leitung übernehmen **13.** *(tolerate)* auslhalten, ertragen **14.** *(attitude, interest)* haben **15.** *(assume)* ● **I take it that ...** ich gehe davon aus, dass ... **16.** *(temperature, pulse)* messen **17.** *(rent)* mieten ◆ **take apart** *vt sep* auseinander nehmen ◆ **take away** *vt sep (remove)* weglnehmen; *(subtract)* ablziehen ◆ **take back** *vt sep (return)* zurücklbringen; *(faulty goods, statement)* zurücklnehmen ◆ **take down** *vt sep (picture, curtains)* ablnehmen ◆ **take in** *vt sep (include)* einlschließen; *(understand)* verstehen; *(deceive)* hereinllegen; *(clothes)* enger machen ◆ **take off** ◇ *vt sep (remove)* ablnehmen; *(clothes)* auslziehen; *(as holiday)* sich (D) freillnehmen ◇ *vi (plane)* ablheben ◆ **take out** *vt sep (from container, pocket)* herauslnehmen; *(library book)* auslleihen; *(loan)* auflnehmen; *(insurance policy)* ablschließen; *(go out with)* auslführen ◆ **take over** *vi* ● **to take over from sb** jm ablösen ◆ **take up** *vt sep (use up)* in Anspruch nehmen; *(trousers, skirt, dress)* kürzen; *(begin)* ● **to take up the clarinet** anlfangen, Klarinette zu spielen

takeaway ['teɪkə,weɪ] *n* **1.** *(UK) (shop)* Restaurant *das* mit Straßenverkauf **2.** *(food)* Essen *das* zum Mitnehmen

taken ['teɪkn] *pp* ➤ **take**

takeoff ['teɪkɒf] *n (of plane)* Start *der*

takeout ['teɪkaʊt] *(US)* = **takeaway**

takings ['teɪkɪŋz] *npl* Einnahmen *pl*

talcum powder ['tælkəm-] *n* Körperpuder *der*

tale [teɪl] *n* Geschichte *die*

talent ['tælənt] *n* Talent *das*

talk [tɔːk] ◇ *n* **1.** *(conversation)* Gespräch *das* **2.** *(speech)* Vortrag *der* ◇ *vi* reden, sprechen ● **to talk to sb (about sthg)** mit jm (über etw (*A*)) sprechen ● **to talk with sb** mit jm reden ◆ **talks** *npl* Gespräche *pl*

talkative ['tɔːkətɪv] *adj* gesprächig

tall [tɔːl] *adj* **1.** groß **2.** *(building, tree)* hoch ● **how tall are you?** wie groß bist du? ● **I'm five and a half feet tall** ich bin 1,65 Meter groß

tame [teɪm] *adj (animal)* zahm

tampon ['tæmpɒn] *n* Tampon *der*

tan [tæn] ◇ *n (suntan)* Bräune *die* ◇ *vi* braun werden ◇ *adj (colour)* gelbbraun

tangerine [,tændʒə'riːn] *n* Tangerine *die*

tank [tæŋk] *n* **1.** *(container)* Tank *der* **2.** *(vehicle)* Panzer *der*

tanker ['tæŋkə'] *n (truck)* Tankwagen *der*

tanned [tænd] *adj* braun gebrannt

tap [tæp] ◇ *n (for water)* Hahn *der* ◇ *vt (hit)* klopfen

tape [teɪp] ◇ *n* **1.** *(cassette, video)* Kassette *die* **2.** *(in cassette)* Tonband *das* **3.** *(adhesive material)* Klebeband *das* **4.** *(strip of material)* Band *das* ◇ *vt* **1.** *(record)* auflnehmen **2.** *(stick)* kleben

tape measure *n* Metermaß *das*

tape recorder *n* Tonbandgerät *das*

tapestry ['tæpɪstrɪ] *n* Wandteppich *der*

tap water *n* Leitungswasser *das*

tar [tɑː'] *n* Teer *der*

target ['tɑːgɪt] *n* **1.** Ziel *das* **2.** *(board)* Zielscheibe *die*

tariff ['tærɪf] *n* **1.** *(price list)* Preisliste *die* **2.** *(UK) (menu)* Speisekarte *die* **3.** *(at customs)* Zoll *der*

tarmac ['tɑːmæk] *n (at airport)* Rollfeld

die ◆ **Tarmac** ® n (on road) Makadam der

tarpaulin [tɑːˈpɔːlɪn] n Plane die

tart [tɑːt] n Törtchen das

tartan [ˈtɑːtn] n 1. (design) Schottenkaro das 2. (cloth) Schottenstoff der

tartare sauce [ˌtɑːtə-] n Remouladensoße die

task [tɑːsk] n Aufgabe die

taste [teɪst] ◇ n Geschmack der ◇ vt 1. (sample) kosten ◇ vi ● to taste of sthg nach etw schmecken ● it tastes bad es schmeckt schlecht ● it tastes good es schmeckt gut ● to have a taste of sthg (food, drink) etw probieren; (fig) (experience) etw kennen lernen

tasteful [ˈteɪstfʊl] adj geschmackvoll

tasteless [ˈteɪstlɪs] adj geschmacklos

tasty [ˈteɪstɪ] adj lecker

tattoo [təˈtuː] (pl -s) n 1. (on skin) Tätowierung die 2. (military display) Zapfenstreich der

taught [tɔːt] pt & pp > teach

Taurus [ˈtɔːrəs] n Stier der

taut [tɔːt] adj straff

tax [tæks] ◇ n Steuer die ◇ vt 1. (goods, person) besteuern 2. (income) versteuern

tax disc n (UK) Steuerplakette die

tax-free adj steuerfrei

taxi [ˈtæksɪ] ◇ n Taxi das ◇ vi (plane) rollen

taxi driver n Taxifahrer der, -in die

taxi rank n (UK) Taxistand der

taxi stand (US) = **taxi rank**

T-bone steak n T-Bone-Steak das

tea [tiː] n 1. (drink) Tee der 2. (evening meal) Abendessen das

tea bag n Teebeutel der

teacake [ˈtiːkeɪk] n flaches Rosinenbröt-

chen, das getoastet und mit Butter gegessen wird

teach [tiːtʃ] (pt & pp taught) vt & vi unterrichten ● to teach sb sthg, to teach sthg to sb jm Unterricht in etw (D) geben ● to teach sb (how) to do sthg jm etw beibringen

teacher [ˈtiːtʃə] n Lehrer der, -in die

teaching [ˈtiːtʃɪŋ] n 1. (profession) Lehrberuf der 2. (of subject) Unterrichten das

tea cloth = **tea towel**

teacup [ˈtiːkʌp] n Teetasse die

team [tiːm] n 1. SPORT Mannschaft die 2. (group) Team das

teapot [ˈtiːpɒt] n Teekanne die

tear¹ [teə] (pt tore, pp torn) ◇ vt (rip) zerreißen ◇ vi 1. reißen 2. (move quickly) rasen ◇ n Riss der ◆ **tear up** vt sep zerreißen

tear² [tɪə] n Träne die

tearoom [ˈtiːrʊm] n Teestube die

tease [tiːz] vt necken

tea set n Teeservice das

teaspoon [ˈtiːspuːn] n Teelöffel der

teaspoonful [ˈtiːspuːnˌfʊl] n Teelöffel der

teat [tiːt] n 1. (of animal) Zitze die 2. (UK) (of bottle) Sauger der

teatime [ˈtiːtaɪm] n Abendessenszeit die

tea towel n Geschirrtuch das

technical [ˈteknɪkl] adj 1. technisch 2. (point, reason) fachlich

technical drawing n technische Zeichnung

technicality [ˌteknɪˈkælɪtɪ] n (detail) technisches Detail

technician [tekˈnɪʃn] n Techniker der, -in die

technique [tekˈniːk] n 1. (method) Methode die 2. (skill) Technik die

technological [ˌteknəˈlɒdʒɪkl] *adj* technisch

technology [tekˈnɒlədʒɪ] *n* Technik *die*

teddy (bear) [ˈtedɪ-] *n* Teddy *der*

tedious [ˈtiːdjəs] *adj* langweilig

tee [tiː] *n* Tee *das*

teenager [ˈtiːnˌeɪdʒəʳ] *n* Teenager *der*

teeth [tiːθ] *pl* ➤ tooth

teethe [tiːð] *vi* ● **to be teething** zahnen

teetotal [tiːˈtəʊtl] *adj* abstinent

telebanking [ˈtelɪbæŋkɪŋ] *n* Telefonbanking *das*, Homebanking *das*

telegram [ˈtelɪgræm] *n* Telegramm *das*

telegraph [ˈtelɪgrɑːf] ◇ *n* Telegraf *der* ◇ *vt* telegrafieren

telegraph pole *n* Telegrafenmast *der*

telephone [ˈtelɪfəʊn] ◇ *n* Telefon *das* ◇ *vt* & *vi* an|rufen ● **to be on the telephone** *(talking)* telefonieren; *(connected)* ein Telefon haben

on the telephone

When answering the phone in Germany you either simply say your name or *Hallo?* You may also say *Guten Tag* afterwards, especially in a business context. You end phone calls with people you don't know well by saying *Auf Wiederhören*. For friends and family, there are various ways of saying goodbye: *Tschüss!, Tschüss und bis bald!* or *Mach's gut und viele Grüße!* In certain regions, other expressions like *Tschau!, Tschö!, Tschüssing!* and *Servus!* are also common.

telephone booth *n* Telefonzelle *die*

telephone box *n* Telefonzelle *die*

telephone call *n* Telefonanruf *der*

telephone directory *n* Telefonbuch *das*

telephone number *n* Telefonnummer *die*

telephonist [tɪˈlefənɪst] *n (UK)* Telefonist *der*, -in *die*

telephoto lens [ˌtelɪˈfəʊtəʊ-] *n* Teleobjektiv *das*

telescope [ˈtelɪskəʊp] *n* Teleskop *das*

television [ˈtelɪvɪʒn] *n* **1.** Fernsehen *das* **2.** *(set)* Fernseher *der* ● **on (the) television** *(broadcast)* im Fernsehen ● **to watch television** fern|sehen

telex [ˈteleks] *n* Telex *das*

tell [tel] *(pt* & *pp* **told)** ◇ *vt* **1.** *(inform)* sagen *(+D)* **2.** *(story, joke, lie)* erzählen **3.** *(truth)* sagen **4.** *(distinguish)* erkennen ◇ *vi (know)* wissen ● **can you tell me the time?** kannst du mir sagen, wie spät es ist? ● **to tell sb sthg** jm etw sagen ● **to tell sb about sthg** jm etw erzählen ● **to tell sb how to do sthg** jm sagen, wie man etw tut ● **to tell sb to do sthg** jm sagen, etw zu tun ◆ **tell off** *vt sep* schimpfen

teller [ˈteləʳ] *n (in bank)* Kassierer *der*, -in *die*

telly [ˈtelɪ] *n (UK) (inf)* Fernseher *der*

temp [temp] ◇ *n* Zeitarbeitskraft *die* ◇ *vi* Zeitarbeit machen

temper [ˈtempəʳ] *n* ● **to be in a temper** wütend sein ● **to lose one's temper** wütend werden

temperature [ˈtemprətʃəʳ] *n* **1.** Temperatur *die* **2.** MED Fieber *das* ● **to have a temperature** Fieber haben

temple [ˈtempl] *n* **1.** *(building)* Tempel *der* **2.** *(of forehead)* Schläfe *die*

temporary ['tempərəri] *adj* vorübergehend

tempt [tempt] *vt* verleiten • **to be tempted to do sthg** versucht sein, etw zu tun

temptation [temp'teɪʃn] *n* Verlockung *die*

tempting ['temptɪŋ] *adj* verlockend

ten [ten] *num* zehn ➤ **six**

tenant ['tenənt] *n* 1. (of house, flat) Mieter *der*, -in *die* 2. (of land) Pächter *der*, -in *die*

tend [tend] *vi* • **to tend to do sthg** dazu neigen, etw zu tun

tendency ['tendənsi] *n* 1. (trend) Trend *der* 2. (inclination) Neigung *die*

tender ['tendə^r] ◇ *adj* 1. (affectionate) zärtlich 2. (sore) empfindlich 3. (meat) zart ◇ *vt* (fml) (pay) anbieten

tendon ['tendən] *n* Sehne *die*

tenement ['tenəmənt] *n* Mietshaus *das*

tennis ['tenɪs] *n* Tennis *das*

tennis ball *n* Tennisball *der*

tennis court *n* Tennisplatz *der*

tennis racket *n* Tennisschläger *der*

tenpin bowling ['tenpɪn-] *n* (UK) Bowling *das*

tenpins ['tenpɪnz] (US) = **tenpin bowling**

tense [tens] ◇ *adj* 1. angespannt 2. (situation) spannungsgeladen ◇ *n* GRAM Zeit *die*

tension ['tenʃn] *n* 1. (of person) Anspannung *die* 2. (of situation) Spannung *die*

tent [tent] *n* Zelt *das*

tenth [tenθ] *num* zehnte(r)(s) ➤ **sixth**

tent peg *n* Hering *der*

tepid ['tepɪd] *adj* (water) lauwarm

tequila [tɪ'ki:lə] *n* Tequila *der*

term [tɜ:m] *n* 1. (word, expression) Ausdruck *der* 2. (at school) Halbjahr *das* 3. (at university) Semester *das* • **in the long term** langfristig • **in the short term** kurzfristig • **in terms of** im Hinblick auf (+A) • **in business terms** geschäftlich • **terms** *npl* 1. (of contract) Bedingungen *pl* 2. (price) Zahlungsbedingungen *pl*

terminal ['tɜ:mɪnl] ◇ *adj* (illness) unheilbar ◇ *n* 1. (for buses) Endhaltestelle *die* 2. (at airport, of computer) Terminal *das*

terminate ['tɜ:mɪneɪt] *vi* (train, bus) enden

terminus ['tɜ:mɪnəs] *n* Endstation *die*

terrace ['terəs] *n* (patio) Terrasse *die* • **the terraces** (at football ground) die Ränge

terraced house ['terəst-] *n* (UK) Reihenhaus *das*

terrible ['terəbl] *adj* schrecklich

terribly ['terəblɪ] *adv* furchtbar

terrier ['terɪə^r] *n* Terrier *der*

terrific [tə'rɪfɪk] *adj* 1. (inf) (very good) toll 2. (very great) irrsinnig

terrified ['terɪfaɪd] *adj* verängstigt

territory ['terətrɪ] *n* 1. (political area) Staatsgebiet *das* 2. (terrain) Gebiet *das*

terror ['terə^r] *n* (fear) panische Angst

terrorism ['terərɪzm] *n* Terrorismus *der*

terrorist ['terərɪst] *n* Terrorist *der*, -in *die*

terrorize ['terəraɪz] *vt* terrorisieren

test [test] ◇ *n* 1. Test *der* 2. (at school) Klassenarbeit *die* ◇ *vt* 1. (check) testen, überprüfen 2. (give exam to) prüfen 3. (dish, drink) probieren

testicles ['testɪklz] *npl* Hoden *pl*

tetanus ['tetənəs] *n* Wundstarrkrampf *der*

text [tekst] *n* Text *der*

textbook ['tekstbʊk] *n* Lehrbuch *das*

textile ['tekstaɪl] *n* Stoff *der*

text message *n* Textnachricht *die*

texture ['tekstʃə] *n* **1.** Beschaffenheit *die* **2.** *(of fabric)* Struktur *die*

Thai [taɪ] *adj* thailändisch

Thailand ['taɪlænd] *n* Thailand *nt*

Thames [temz] *n* ● **the Thames** die Themse

than *(weak form* [ðən]*, strong form* [ðæn]*) prep & conj* als ● **you're better than me** du bist besser als ich ● **I'd rather stay in than go out** ich bleibe lieber zu Hause (, als auszugehen) ● **more than ten** mehr als zehn

thank [θæŋk] *vt* ● **to thank sb (for sthg)** jm (für etw) danken ◆ **thanks** ◇ *npl* Dank *der* ◇ *excl* danke! ● **thanks to** dank *(+D)* or G ● **many thanks!** vielen Dank!

Thanksgiving ['θæŋks,gɪvɪŋ] *n* amerikanisches Erntedankfest

Thanksgiving

Thanksgiving ist einer der wichtigsten Feiertage in den USA und erinnert an die 1621 von den Pilgervätern nach einem harten Winter eingebrachte erste Ernte. Am 4. Donnerstag im November kommen Familien und Freunde zum *Thanksgiving Dinner* zusammen, zu dem traditionell gefüllter Truthahn, Kartoffelbrei, kandierte Süßkartoffel, Cranberry-Sauce und Kürbiskuchen gehören.

thank you *excl* danke (schön)! ● **thank you very much!** vielen Dank! ● **no**

thank you! nein danke!

that [ðæt] *(pl* **those***)*

◇ *adj* **1.** *(referring to thing, person mentioned)* der/die/das, die *pl,* jene(r)(s), jene *pl* ● **that film was good** der Film war gut ● **those chocolates are delicious** die Pralinen da schmecken köstlich **2.** *(referring to thing, person further away)* jene(r)(s), jene *pl* ● **I prefer that book** ich bevorzuge das Buch da ● **I'll have that one** ich nehme das da

◇ *pron* **1.** *(referring to thing, person mentioned)* das ● **what's that?** was ist das? ● **that's interesting** das ist interessant ● **who's that?** wer ist das? ● **is that Lucy?** *(on telephone)* bist du das, Lucy?; *(pointing)* ist das Lucy? ● **after that** danach **2.** *(referring to thing, person further away)* jene(r)(s), jene *pl* ● **I want those there** ich möchte die da **3.** *(introducing relative clause: subject)* der/die/das, die *pl* ● **a shop that sells antiques** ein Geschäft, das Antiquitäten verkauft **4.** *(introducing relative clause: object)* den/die/das, die *pl* ● **the film that I saw** den Film, den ich gesehen habe **5.** *(introducing relative clause: after prep +D)* der/dem, denen *pl*; *(after prep +A)* der/die/das, die *pl* ● **the place that I'm looking for** der Ort, nach dem ich suche

◇ *adv* so ● **it wasn't that bad/good** es war nicht so schlecht/gut

◇ *conj* dass ● **tell him that I'm going to be late** sag ihm, dass ich später komme

thatched [θætʃt] *adj* strohgedeckt

that's [ðæts] = **that is**

thaw [θɔː] ◇ *vi (snow, ice)* tauen ◇ *vt (frozen food)* auftauen

the *(weak form* [ðə]*, before vowel* [ðɪ]*,*

strong form [ðiː]) *art* **1.** *(gen)* der/die/ das, die *pl* ● **the book** das Buch ● **the man** der Mann ● **the woman** die Frau ● **the girls** die Mädchen ● **the Wilsons** die Wilsons ● **to play the piano** Klavier spielen **2.** *(with an adjective to form a noun)* ● **the British** die Briten ● **the impossible** das Unmögliche **3.** *(in dates)* der ● **the twelfth (of May)** der Zwölfte (Mai) ● **the forties** die Vierziger **4.** *(in titles)* der/ die ● **Elizabeth the Second** Elizabeth die Zweite

theater [ˈθiːətəʳ] *n* **1.** *(US)* (*for plays, drama*) = **theatre 2.** (*for films*) Kino *das*

theatre [ˈθiːətəʳ] *n (UK)* Theater *das*

theft [θeft] *n* Diebstahl *der*

their [ðeəʳ] *adj* ihr

theirs [ðeəz] *pron* ihre(r)(s) ● **a friend of theirs** ein Freund von ihnen

them (*weak form* [ðəm], *strong form* [ðem]) *pron* **1.** *(accusative)* sie **2.** *(dative)* ihnen ● **I know them** ich kenne sie ● **it's them** sie sind es ● **send it to them** schicke es ihnen ● **tell them** sage ihnen ● **he's worse than them** er ist schlimmer als sie

theme [θiːm] *n* Thema *das*

theme park *n* Freizeitpark *der* (*mit themabezogenen Attraktionen*)

theme park

Freizeitparks gibt es in den USA in riesiger Anzahl und zu allen erdenklichen Themen (neben dem wohl bekanntesten *Disneyland* unter anderem Meerestiere- und Film-, Wildwest- und Safariparks). Sie sind bei Kindern und Erwachsenen gleicher-

maßen beliebt und kosten relativ viel Eintritt. Man verbringt dort einen ganzen Tag oder sogar mehrere Tage.

themselves [ðəmˈselvz] *pron* **1.** *(reflexive)* sich **2.** *(after prep)* sich (selbst) ● **they did it themselves** sie machten es selbst

then [ðen] *adv* **1.** dann **2.** *(at time in past)* damals ● **from then on** von da an ● **until then** bis dahin

theory [ˈθɪərɪ] *n* Theorie *die* ● **in theory** theoretisch

therapist [ˈθerəpɪst] *n* Therapeut *der*, -in *die*

therapy [ˈθerəpɪ] *n* Therapie *die*

there [ðeəʳ] ◇ *adv* **1.** *(existing, present)* da **2.** *(at, in that place)* dort **3.** *(to that place)* dorthin ◇ *pron* ● **there is** da ist, es gibt ● **there are** da sind, es gibt ● **is Bob there, please?** *(on phone)* ist Bob da? ● **over there** da drüben ● **there you are** *(when giving)* bitte schön

thereabouts [ˌðeərəˈbaʊts] *adv* ● **or thereabouts** so ungefähr

therefore [ˈðeəfɔːʳ] *adv* deshalb

there's [ðeəz] = there is

thermal underwear [ˌθɜːml-] *n* Thermounterwäsche *die*

thermometer [θəˈmɒmɪtəʳ] *n* Thermometer *das*

Thermos (flask)® [ˈθɜːməs-] *n* Thermosflasche ® *die*

thermostat [ˈθɜːməstæt] *n* Thermostat *der*

these [ðiːz] *pl* > this

they [ðeɪ] *pron* **1.** sie **2.** *(people in general)* man

thick [θɪk] *adj* **1.** dick **2.** *(fog, hair)* dicht **3.** *(inf) (stupid)* dumm ● **it's 1 metre thick** es ist 1 Meter dick

th

thicken ['θɪkn] ◊ vt (sauce, soup) eindicken ◊ vi (mist, fog) dichter werden

thickness ['θɪknɪs] n Dicke die

thief [θiːf] (pl **thieves**) n Dieb der, -in die

thigh [θaɪ] n Oberschenkel der

thimble ['θɪmbl] n Fingerhut der

thin [θɪn] adj dünn

thing [θɪŋ] n 1. (object) Ding das 2. (event, action, subject) Sache die ● the thing is die Sache ist, dass ... ● for one thing erstens ● **things** npl (clothes, possessions) Sachen pl ● how are things? (inf) wie geht's?

thingumyjig ['θɪŋəmɪdʒɪg] n (inf) Dingsbums der, die, das

think [θɪŋk] (pt & pp **thought**) ◊ vt 1. denken 2. (believe) meinen ◊ vi (reflect) nachdenken ● to think about (have in mind) nachdenken über (+A); (consider) denken an (+A) ● to think of denken an (+A); (invent) sich (D) ausdenken; (remember) sich erinnern an (+A) ● what do you think of it? was hältst du davon? ● to think of doing sth daran denken, etw zu tun ● I think so ich glaube schon ● I don't think so ich glaube nicht ● do you think you could ...? meinst du, du könntest ...? ● to think highly of sb jn sehr schätzen ● **think over** vt sep nachdenken über (+A) ◆ **think up** vt sep ausdenken

third [θɜːd] num dritte(r)(s) ➤ sixth

third party insurance n Haftpflichtversicherung die

Third World n ● the Third World die Dritte Welt

thirst [θɜːst] n Durst der

thirsty ['θɜːstɪ] adj durstig

thirteen [θɜːˈtiːn] num dreizehn ➤ six

thirteenth [θɜːˈtiːnθ] num dreizehnte(r)(s) ➤ sixth

thirtieth ['θɜːtɪəθ] num dreißigste(r)(s) ➤ sixth

thirty ['θɜːtɪ] num dreißig ➤ six

this [ðɪs] (pl **these**)
◊ adj diese(r)(s), diese pl ● I prefer this book ich bevorzuge dieses Buch ● these chocolates are delicious diese Pralinen schmecken köstlich ● this morning heute Morgen ● this week diese Woche ● I'll have this one ich nehme dieses ● there was this man ... da war dieser Mann ...
◊ pron 1. (referring to thing, person mentioned) das ● this is for you das ist für dich ● what are these? was ist das? ● this is David Gregory (introducing someone) das ist David Gregory; (on telephone) hier ist David Gregory 2. (referring to thing, person nearer) diese(r)(s), diese pl ● I want these here ich möchte diese hier
◊ adv so ● it was this big es war so groß

thistle ['θɪsl] n Distel die

thorn [θɔːn] n Dorn der

thorough ['θʌrə] adj gründlich

thoroughly ['θʌrəlɪ] adv (completely) völlig

those [ðəʊz] pl ➤ that

though [ðəʊ] ◊ conj obwohl ◊ adv doch ● even though obwohl

thought [θɔːt] ◊ pt & pp ➤ think ◊ n 1. (idea) Gedanke der 2. (thinking) Überlegung die ◆ **thoughts** npl (opinion) Gedanken pl

thoughtful ['θɔːtfʊl] adj 1. (serious) nachdenklich 2. (considerate) rücksichtsvoll

thoughtless ['θɔːtlɪs] *adj* gedankenlos

thousand ['θaʊznd] *num* tausend ● **a** OR **one thousand** eintausend ● **thousands** of tausende von ➤ **six**

thrash [θræʃ] *vt* (*inf*) (*defeat*) vernichtend schlagen

thread [θred] ◇ *n* (*of cotton etc*) Faden *der* ◇ *vt* (*needle*) einfädeln

threadbare ['θredbeəʳ] *adj* abgenutzt

threat [θret] *n* **1.** Drohung *die* **2.** (*possibility*) Gefahr *die*

threaten ['θretn] *vt* bedrohen ● **to threaten to do sthg** drohen, etw zu tun

threatening ['θretnɪŋ] *adj* drohend

three [θriː] *num* drei ➤ **six**

three-D *adj* drei-D-

three-piece suite *n* Polstergarnitur *die*

three-quarters [-'kwɔːtəz] *n* drei Viertel *pl* ● **three-quarters of an hour** eine Dreiviertelstunde

threshold ['θreʃhəʊld] *n* (*fml*) Schwelle *die*

threw [θruː] *pt* ➤ **throw**

thrifty ['θrɪftɪ] *adj* sparsam

thrilled [θrɪld] *adj* begeistert

thriller ['θrɪləʳ] *n* Thriller *der*

thrive [θraɪv] *vi* **1.** (*plant, animal*) gedeihen **2.** (*person*) aufblühen **3.** (*business, tourism*) florieren

throat [θrəʊt] *n* Hals *der*

throb [θrɒb] *vi* **1.** (*head, pain*) pochen **2.** (*noise, engine*) dröhnen

throne [θrəʊn] *n* Thron *der*

throttle ['θrɒtl] *n* (*of motorbike*) Gasgriff *der*

through [θruː] ◇ *prep* **1.** durch **2.** (*during*) während (+G) ◇ *adv* durch ◇ *adj* ● **to be through (with sthg)** (*finished*) (mit etw) fertig sein ● **you're through** (*on*

phone) Sie sind jetzt verbunden ● **Monday through Thursday** (*US*) Montag bis Donnerstag ● **to let sb through** jn durchlassen ● **through traffic** Durchgangsverkehr *der* ● **a through train** ein durchgehender Zug ▼ **no through road** (*UK*) Keine Durchfahrt

throughout [θruː'aʊt] ◇ *adv* **1.** (*all the time*) die ganze Zeit **2.** (*everywhere*) überall ◇ *prep* ● **throughout the day/ morning** den ganzen Tag/Morgen über ● **throughout the year** das ganze Jahr hindurch ● **throughout the country** im ganzen Land

throw [θrəʊ] (*pt* **threw**, *pp* **thrown**) *vt* **1.** werfen **2.** (*a switch*) betätigen ● **to throw the dice** würfeln ● **to throw sthg in the bin** etw in den Mülleimer werfen ◆ **throw away** *vt sep* wegwerfen ◆ **throw out** *vt sep* **1.** (*get rid of*) wegwerfen **2.** (*person*) hinauswerfen ◆ **throw up** *vi* (*inf*) (*vomit*) sich übergeben

thru [θruː] (*US*) = **through**

thrush [θrʌʃ] *n* (*bird*) Drossel *die*

thud [θʌd] *n* dumpfes Geräusch

thug [θʌg] *n* Schläger *der*

thumb [θʌm] ◇ *n* Daumen *der* ◇ *vt* ● **to thumb a lift** trampen

thumbtack ['θʌmtæk] *n* (*US*) Reißzwecke *die*

thump [θʌmp] ◇ *n* **1.** (*punch*) Schlag *der* **2.** (*sound*) dumpfer Schlag ◇ *vt* schlagen

thunder ['θʌndəʳ] *n* Donner *der*

thunderstorm ['θʌndəstɔːm] *n* Gewitter *das*

Thurs. (*abbr of* **Thursday**) Do.

Thursday ['θɜːzdɪ] *n* Donnerstag *der* ➤ **Saturday**

thyme [taɪm] *n* Thymian *der*

tick [tɪk] ◇ n **1.** (written mark) Haken der **2.** (insect) Zecke die ◇ vt abhaken ◇ vi (clock, watch) ticken ● **tick off** vt sep (mark off) abhaken

ticket ['tɪkɪt] n **1.** (for cinema, theatre, match) Eintrittskarte die **2.** (for plane) Flugschein der, Ticket das **3.** (for bus, tube) Fahrschein der **4.** (for train) Fahrkarte die **5.** (for car park) Parkschein der **6.** (label) Etikett das **7.** (for lottery) Los das **8.** (for speeding, parking) Strafzettel der

ticket collector n (at barrier) Fahrkartenkontrolleur der, -in die

ticket inspector n (on train) Schaffner der, -in die

ticket machine n Fahrscheinautomat der

ticket office n **1.** (in cinema, theatre) Kasse die **2.** (in station) Fahrkartenschalter der

tickle ['tɪkl] vt & vi kitzeln

ticklish ['tɪklɪʃ] adj kitzlig

tick-tack-toe n (US) Spiel, bei dem Dreierreihen von Kreisen und Kreuzen zu erzielen sind

tide [taɪd] n (of sea) Gezeiten pl

tidy ['taɪdɪ] adj ordentlich ● **tidy up** vt sep aufräumen

tie [taɪ] (pt & pp **tied**, cont **tying**) ◇ n **1.** (around neck) Krawatte die **2.** (draw) Unentschieden das **3.** (US) (on railway track) Schwelle die ◇ vt **1.** (knot) machen ◇ vi **1.** (game) unentschieden spielen **2.** (competition) gleich stehen ● **tie up** vt sep **1.** (fasten) festbinden **2.** (parcel) verschnüren **3.** (laces) binden **4.** (delay) aufhalten

tiepin ['taɪpɪn] n Krawattennadel die

tier [tɪəʳ] n (of seats) Rang der

tiger ['taɪgəʳ] n Tiger der

tight [taɪt] ◇ adj **1.** (drawer, tap) fest **2.** (nut, knot) fest angezogen **3.** (clothes, shoes, bend) eng **4.** (rope, material) straff **5.** (schedule) knapp **6.** (chest) beengt **7.** (inf) (drunk) blau ◇ adv (hold) fest

tighten ['taɪtn] vt **1.** (nut, knot) fest anziehen **2.** (rope) straffen

tightrope ['taɪtrəʊp] n Hochseil das

tights [taɪts] npl Strumpfhose die ● a pair of tights eine Strumpfhose

tile ['taɪl] n **1.** (for roof) Ziegel der **2.** (for floor) Fliese die **3.** (for wall) Kachel die

till [tɪl] ◇ n (for money) Kasse die ◇ prep & conj bis

tiller ['tɪləʳ] n Ruderpinne die

tilt [tɪlt] vt & vi kippen

timber ['tɪmbəʳ] n **1.** (wood) Holz das **2.** (of roof) Balken der

time [taɪm] ◇ n **1.** Zeit die **2.** (occasion) Mal das ◇ vt **1.** (measure) stoppen **2.** (arrange) zeitlich abstimmen ● to be well timed gut abgepasst sein ● I haven't got the time mir fehlt die Zeit ● it's time to go es ist Zeit zu gehen ● what's the time? wie spät ist es?, wie viel Uhr ist es? ● two at a time zwei auf einmal ● two times two zwei mal zwei ● five times as much fünfmal so viel ● in a month's time in einem Monat ● to have a good time sich amüsieren ● all the time die ganze Zeit ● every time jedesmal ● from time to time von Zeit zu Zeit ● for the time being vorläufig ● in time (arrive) rechtzeitig ● in good time früh ● last time letztes Mal ● most of the time meistens ● on time pünktlich ● **some of the time** manchmal ● **this time** diesmal

time difference *n* Zeitunterschied *der*

time limit *n* Frist *die*

timer ['taɪmə^r] *n* (*machine*) Schaltuhr *die*

time share *n* Ferienwohnung, an der man einen Besitzanteil hat

timetable ['taɪm,teɪbl] *n* **1.** (*of trains, buses, boats etc*) Fahrplan *der* **2.** SCH Stundenplan *der* **3.** (*of events*) Programm *das*

time zone *n* Zeitzone *die*

timid ['tɪmɪd] *adj* scheu

tin [tɪn] ◇ *n* **1.** (*metal*) Blech *das* **2.** (*container*) Dose *die* ◇ *adj* Blech-

tinfoil ['tɪnfɔɪl] *n* Alufolie *die*

tinned food [tɪnd-] *n* (*UK*) Konserven *pl*

tin opener [-,əupnə^r] *n* (*UK*) Dosenöffner *der*

tinsel ['tɪnsl] *n* Lametta *das*

tint [tɪnt] *n* (*colour*) Ton *der*

tinted glass [,tɪntɪd-] *n* getöntes Glas

tiny ['taɪnɪ] *adj* winzig

tip [tɪp] ◇ *n* **1.** (*point, end*) Spitze *die* **2.** (*of cigarette*) Filter *der* **3.** (*to waiter, taxi driver etc*) Trinkgeld *das* **4.** (*piece of advice*) Tipp *der* **5.** (*rubbish dump*) Müllhalde *die* ◇ *vt* **1.** (*waiter, taxi driver etc*) Trinkgeld geben (+*D*) **2.** (*tilt*) kippen **3.** (*pour*) schütten ● **tip over** *vt sep* & *vi* umlkippen

tipping

In britischen Cafés und Pubs wird kein Trinkgeld gegeben, in Restaurants nur, wenn die Bedienung nicht im Preis inbegriffen ist; auch Taxifahrer und Friseure bekommen et-

was. In den USA erhalten Kellner wenig Stundenlohn, deshalb ist ein Trinkgeld von 15–20 Prozent üblich; Barkeeper, Hotelpersonal, Taxifahrer und Friseure erwarten 15 Prozent.

tire ['taɪə^r] ◇ *vi* ermüden ◇ *n* (*US*) = tyre

tired ['taɪəd] *adj* müde ● **to be tired of sthg** (*fed up with*) etw satt haben

tired out *adj* müde

tiring ['taɪərɪŋ] *adj* ermüdend

tissue ['tɪʃuː] *n* (*handkerchief*) Taschentuch *das*

tissue paper *n* Seidenpapier *das*

tit [tɪt] *n* (*vulg*) (*breast*) Titte *die*

title ['taɪtl] *n* Titel *der*

T-junction *n* Einmündung *die* (*in eine Vorfahrtsstraße*)

to (*unstressed before consonant* [tə], *unstressed before vowel* [tu], *stressed* [tuː])

◇ *prep* **1.** (*indicating direction*) nach ● **to go to France** nach Frankreich fahren ● **to go to school** in die Schule gehen ● **to go to work** zur Arbeit gehen **2.** (*indicating position*) ● **to one side** auf der einen Seite ● **to the left/right** (*move*) nach links/rechts **3.** (*expressing indirect object*) ● **to give sthg to sb** jm etw geben ● **to listen to the radio** Radio hören ● **we added milk to the mixture** wir fügten Milch zu der Mischung hinzu **4.** (*indicating reaction, effect*) zu ● **to my surprise** zu meiner Überraschung **5.** (*until*) bis ● **to count to ten** bis zehn zählen ● **we work from 9 to 5** wir arbeiten von 9 bis 5 **6.** (*indicating change of state*) ● **to turn to sthg** zu etw werden ● **it could lead to trouble** das könnte Ärger geben **7.** (UK) (in expressions of time) vor ● **it's ten to three** es ist zehn vor drei **8.** (in ratios, rates) ● **10 kilometres to the litre** 10 Kilometer pro Liter **9.** (of. for) ● **the key to the car** der Schlüssel für das Auto ● **a letter to my daughter** ein Brief an meine Tochter **10.** (indicating attitude) zu ● **to be rude to sb** frech zu jm sein

⬦ with inf **1.** (forming simple infinitive) zu ● **to laugh** lachen ● **to walk** gehen **2.** (following another verb) ● **to begin to do sthg** anfangen, etw zu tun ● **to want to do sthg** etw tun wollen **3.** (following an adjective) zu ● **difficult to do** schwer zu tun ● **ready to go** bereit zu gehen **4.** (indicating purpose) um zu ● **we came here to look at the castle** wir sind hierher gekommen, um das Schloss anzuschauen

toad [təʊd] *n* Kröte *die*

toadstool ['təʊdstuːl] *n* Giftpilz *der*

toast [təʊst] ⬦ *n* Toast *der* ⬦ *vt* (bread) toasten ● **a piece** OR **slice of toast** eine Scheibe Toast

toasted sandwich ['təʊstɪd-] *n* getoastetes Sandwich

toaster ['təʊstə^r] *n* Toaster *der*

toastie ['təʊstɪ] = **toasted sandwich**

tobacco [tə'bækəʊ] *n* Tabak *der*

tobacconist's [tə'bækənɪsts] *n* Tabakladen *der*

toboggan [tə'bɒgən] *n* Schlitten *der*

today [tə'deɪ] *n & adv* heute

toddler ['tɒdlə^r] *n* Kleinkind *das*

toe [təʊ] *n* Zeh *der*

toe clip *n* Rennhaken *der*

toenail ['təʊneɪl] *n* Zehennagel *der*

toffee ['tɒfɪ] *n* **1.** (sweet) Karamellbonbon *der* **2.** (substance) Karamell *der*

together [tə'geðə^r] *adv* **1.** zusammen **2.** (at the same time) gleichzeitig ● **together with** zusammen mit

toilet ['tɔɪlɪt] *n* Toilette *die* ● **to go to the toilet** auf die Toilette gehen ● **where's the toilet?** wo ist die Toilette?

toilet bag *n* Kulturbeutel *der*

toilet paper *n* Toilettenpapier *das*

toiletries ['tɔɪlɪtrɪz] *npl* Toilettenartikel *pl*

toilet roll *n* Rolle *die* Toilettenpapier

toilet water *n* Eau de Toilette *das*

token ['təʊkn] *n* (metal disc) Marke *die*

told [təʊld] *pt & pp* > **tell**

tolerable ['tɒlərəbl] *adj* leidlich

tolerant ['tɒlərənt] *adj* tolerant

tolerate ['tɒləreɪt] *vt* **1.** (put up with) ertragen **2.** (permit) dulden

toll [təʊl] *n* (for road, bridge) Gebühr *die*, Maut *die* (Österr)

tollbooth ['təʊlbuːθ] *n* Kabine, an der Straßengebühr gezahlt wird

toll-free *adj* (US) gebührenfrei

tomato [(UK) tə'mɑːtəʊ, (US) tə'meɪtəʊ] (pl **-es**) *n* Tomate *die*

tomato juice *n* Tomatensaft *der*

tomato ketchup *n* Tomatenketchup *der*

tomato puree *n* Tomatenmark *das*

tomato sauce *n* Tomatensoße *die*

tomb [tuːm] *n* Grab *das*

tomorrow [tə'mɒrəʊ] *n & adv* morgen ● **the day after tomorrow** übermorgen ● **tomorrow afternoon** morgen Nachmittag ● **tomorrow morning** morgen früh ● **tomorrow night** morgen Abend

ton [tʌn] *n* **1.** (in UK) = 1.016 kg, Tonne

die 2. *(in US)* = 907 kg, Tonne **3.** *(metric tonne)* Tonne ● **tons of** *(inf)* haufenweise

tone [təʊn] *n* Ton *der*

tongs [tɒŋz] *npl* **1.** *(for hair)* Lockenstab *der* **2.** *(for sugar)* Zuckerzange *die*

tongue [tʌŋ] *n* Zunge *die*

tonic ['tɒnɪk] *n* **1.** *(tonic water)* Tonic *das* **2.** *(medicine)* Tonikum *das*

tonic water *n* Tonic *das*

tonight [tə'naɪt] *n & adv* **1.** heute Abend **2.** *(later)* heute Nacht

tonne [tʌn] *n* Tonne *die*

tonsillitis [ˌtɒnsɪ'laɪtɪs] *n* Mandelentzündung *die*

too [tuː] *adv* **1.** zu **2.** *(also)* auch ● **it's not too good** es ist nicht besonders gut ● **it's too late to go out** es ist zu spät zum Ausgehen ● **too many** zu viele ● **too much** zu viel

took [tʊk] *pt* ➤ **take**

tool [tuːl] *n* Werkzeug *das*

tool kit *n* Werkzeug *das*

tooth [tuːθ] *(pl* teeth*)* *n* Zahn *der*

toothache ['tuːθeɪk] *n* Zahnschmerzen *pl*

toothbrush ['tuːθbrʌʃ] *n* Zahnbürste *die*

toothpaste ['tuːθpeɪst] *n* Zahnpasta *die*

toothpick ['tuːθpɪk] *n* Zahnstocher *der*

top [tɒp] ◇ *adj* **1.** *(highest)* oberste(r)(s) **2.** *(best, most important)* beste(r)(s) ◇ *n* **1.** *(of hill, tree)* Spitze *die* **2.** *(of table)* Platte *die* **3.** *(of class, league)* Erste *der, die* **4.** *(of bottle, jar)* Deckel *der* **5.** *(of pen, tube)* Kappe *die* **6.** *(garment)* Oberteil *das* **7.** *(of street, road)* Ende *das* ● **on top** oben (auf *(+A)*) ● **on top of** *(on highest part of)* oben auf *(+A)* ● **on top of that** obendrein ● **at top speed** mit Höchst-geschwindigkeit ● **top gear** höchster Gang ● **top up** ◇ *vt sep (glass)* nachfüllen ◇ *vi (with petrol)* voll tanken

top floor *n* oberstes Stockwerk

topic ['tɒpɪk] *n* Thema *das*

topical ['tɒpɪkl] *adj* aktuell

topless ['tɒplɪs] *adj* oben ohne

topped [tɒpt] *adj* ● **topped with** *(food)* mit

topping ['tɒpɪŋ] *n* Garnierung eines Gerichts

torch [tɔːtʃ] *n (UK) (electric light)* Taschenlampe *die*

tore [tɔːʳ] *pt* ➤ **tear**[1]

torment [tɔː'ment] *vt (annoy)* plagen

torn [tɔːn] ◇ *pp* ➤ **tear**[1] ◇ *adj (ripped)* zerrissen

tornado [tɔː'neɪdəʊ] *(pl* -es OR -s*)* *n* Wirbelsturm *der*

torrential rain [təˌrenʃl-] *n* strömender Regen

tortoise ['tɔːtəs] *n* Schildkröte *die*

tortoiseshell ['tɔːtəʃel] *n* Schildpatt *das*

torture ['tɔːtʃəʳ] ◇ *n (punishment)* Folter *die* ◇ *vt (punish)* foltern

Tory ['tɔːrɪ] *n* Tory *der*

toss [tɒs] *vt* **1.** *(throw)* werfen **2.** *(salad)* mischen **3.** *(pancake)* wenden ● **to toss a coin** eine Münze werfen

total ['təʊtl] ◇ *adj* **1.** *(number, amount)* gesamt **2.** *(complete)* völlig ◇ *n* **1.** *(of hill, tree)* Gesamtzahl *die* **2.** *(sum)* Gesamtsumme *die* ● **in total** insgesamt

touch [tʌtʃ] ◇ *n* **1.** Berührung *die* **2.** *(sense of touch)* Tastsinn *der* **3.** *(small amount)* Spur *die* **4.** *(detail)* Detail *das* ◇ *vt* berühren ◇ *vi* sich berühren ● **to get in touch (with sb)** sich (mit jm) in Verbindung setzen ● **to keep in touch**

(with sb) (mit jm) in Kontakt bleiben ◆
touch down *vi (plane)* aufsetzen
touching ['tʌtʃɪŋ] *adj (moving)* rührend
tough [tʌf] *adj* **1.** *(resilient)* widerstandsfähig **2.** *(meat)* zäh **3.** *(difficult)* schwierig **4.** *(harsh, strict)* hart
tour [tʊəʳ] ◇ *n* **1.** *(journey)* Tour *die* **2.** *(of city, castle etc)* Besichtigung *die* **3.** *(of pop group, theatre company)* Tournee *die* ◇ *vt* reisen durch ● **on tour** auf Tournee
tourism ['tʊərɪzm] *n* Tourismus *der*
tourist ['tʊərɪst] *n* Tourist *der*, -in *die*
tourist class *n* Touristclass *die*
tourist information office *n* Fremdenverkehrsbüro *das*
tournament ['tɔːnəmənt] *n* Turnier *das*
tour operator *n* Reiseveranstalter *der*
tout [taʊt] *n* Schwarzhändler *der*
tow [təʊ] *vt* abschleppen
toward [tə'wɔːd] *(US)* = **towards**
towards [tə'wɔːdz] *prep* **1.** *(UK) (in the direction of)* zu **2.** *(facing)* nach **3.** *(with regard to)* gegenüber (+*D*) **4.** *(with time)* gegen **5.** *(to help pay for)* für ● **to run towards sb** auf jn zulaufen ● **to sit towards the front/back** vorne/hinten sitzen
towaway zone ['təʊəweɪ-] *n (US)* Abschleppzone *die*
towel ['taʊəl] *n* Handtuch *das*
toweling ['taʊəlɪŋ] *(US)* = **towelling**
towelling ['taʊəlɪŋ] *n (UK)* Frottee *das*
towel rail *n* Handtuchhalter *der*
tower ['taʊəʳ] *n* Turm *der*
tower block *n (UK)* Hochhaus *das*
Tower Bridge *n* Zwillingszugbrücke über die Themse, in der Nähe des Londoner Tower
Tower of London *n* ● **the Tower of London** der Londoner Tower

---

Tower Bridge/ Tower of London

Der *Tower of London* östlich der Londoner Altstadt an der Themse oberhalb der 1894 fertig gestellten *Tower Bridge* wurde im 11. Jh. von Wilhelm dem Eroberer angelegt und diente als Königspalast und Gefängnis. Heute ist er Arsenal und Kaserne und beherbergt die Kronjuwelen, die man dort auch besichtigen kann.

---

town [taʊn] *n* Stadt *die*
town centre *n* Stadtzentrum *das*
town hall *n* Rathaus *das*
towpath ['təʊpɑːθ] *n* Treidelpfad *der*
towrope ['təʊrəʊp] *n* Abschleppseil *das*
tow truck *n (US)* Abschleppwagen *der*
toxic ['tɒksɪk] *adj* giftig
toy [tɔɪ] *n* Spielzeug *das*
toy shop *n* Spielwarengeschäft *das*
trace [treɪs] ◇ *n* Spur *die* ◇ *vt (find)* finden
tracing paper ['treɪsɪŋ-] *n* Pauspapier *das*
track [træk] *n* **1.** *(path)* Weg *der* **2.** *(of railway)* Gleis *das* **3.** SPORT Bahn *die* **4.** *(song)* Stück *das* ◆ **track down** *vt sep* ausfindig machen
tracksuit ['træksuːt] *n* Trainingsanzug *der*
tractor ['træktəʳ] *n* Traktor *der*
trade [treɪd] ◇ *n* **1.** COMM Handel *der* **2.** *(job)* Handwerk *das* ◇ *vt (exchange)* tauschen ◇ *vi* COMM handeln
trade-in *n (action)* Inzahlungnahme *die*
trademark ['treɪdmɑːk] *n* Warenzeichen *das*
trader ['treɪdəʳ] *n* Händler *der*, -in *die*

tradesman ['treɪdzmən] (*pl* **-men**) *n* **1.** (*deliveryman*) Lieferant *der* **2.** (*shopkeeper*) Einzelhändler *der*

trade union *n* Gewerkschaft *die*

tradition [trə'dɪʃn] *n* Tradition *die*

traditional [trə'dɪʃənl] *adj* traditionell

traffic ['træfɪk] (*pt & pp* **-ked**) ◇ *n* (*cars etc*) Verkehr *der* ◇ *vi* **• to traffic in** handeln mit

traffic circle *n* (*US*) Kreisverkehr *der*

traffic island *n* Verkehrsinsel *die*

traffic jam *n* Stau *der*

traffic lights *npl* Ampel *die*

traffic warden *n* (*UK*) ≃ Hilfspolizist *der*, Politesse *die*

tragedy ['trædʒədɪ] *n* Tragödie *die*

tragic ['trædʒɪk] *adj* tragisch

trail [treɪl] ◇ *n* **1.** (*path*) Weg *der* **2.** (*marks*) Spur *die* ◇ *vi* (*be losing*) zurückliegen

trailer ['treɪlə'] *n* **1.** (*for boat, luggage*) Anhänger *der* **2.** (*US*) (*caravan*) Wohnwagen *der* **3.** (*for film, programme*) Trailer *der*

train [treɪn] ◇ *n* (*on railway*) Zug *der* ◇ *vt* (*teach*) ausbilden ◇ *vi* SPORT trainieren **• by train** mit dem Zug

train driver *n* Zugführer *der*, -in *die*

trainee [treɪ'niː] *n* **1.** Auszubildende *der, die* **2.** (*in management*) Trainee *der, die*

trainer ['treɪnə'] *n* (*of athlete etc*) Trainer *der*, -in *die* **• trainers** *npl* (*UK*) (*shoes*) Turnschuhe *pl*

training ['treɪnɪŋ] *n* **1.** (*instruction*) Ausbildung *die* **2.** (*exercises*) Training *das*

training shoes *npl* (*UK*) Turnschuhe *pl*

tram [træm] *n* (*UK*) Straßenbahn *die*

tramp [træmp] *n* Tramp *der*

trampoline ['træmpəliːn] *n* Trampolin *das*

trance [trɑːns] *n* Trance *die*

tranquilizer ['træŋkwɪlaɪzər] (*US*) = **tranquillizer**

tranquillizer ['træŋkwɪlaɪzə'] *n* (*UK*) Beruhigungsmittel *das*

transaction [træn'zækʃn] *n* Geschäft *das*

transatlantic [ˌtrænzət'læntɪk] *adj* transatlantisch

transfer ◇ *n* ['trænsfɜː'] **1.** (*of money*) Überweisung *die* **2.** (*of power*) Übertragung *die* **3.** SPORT Transfer *der* **4.** (*picture*) Abziehbild *das* **5.** (*US*) (*ticket*) Fahrkarte *mit Umsteigeerlaubnis* ◇ *vt* [træns'fɜː'] **1.** übertragen **2.** (*money*) überweisen ◇ *vi* (*change bus, plane etc*) umlsteigen ▼ **transfers** (*in airport*) Transitpassagiere

transfer desk *n* (*in airport*) Transitschalter *der*

transform [træns'fɔːm] *vt* verändern

transfusion [træns'fjuːʒn] *n* Transfusion *die*

transistor radio [træn'zɪstə-] *n* Transistorradio *das*

transit ['trænzɪt] **• in transit** *adv* im Transit

transitive ['trænzɪtɪv] *adj* transitiv

transit lounge *n* Transit Lounge *die*

translate [træns'leɪt] *vt* übersetzen

translation [træns'leɪʃn] *n* Übersetzung *die*

translator [træns'leɪtə'] *n* Übersetzer *der*, -in *die*

transmission [trænz'mɪʃn] *n* Übertragung *die*

transmit [trænz'mɪt] *vt* übertragen

transparent [træns'pærənt] *adj* (*seethrough*) durchsichtig

transplant ['trænsplɑːnt] *n* Transplantation *die*

transport ◇ *n* ['trænspɔ:t] **1.** *(cars, trains, planes etc)* Verkehrsmittel *pl* **2.** *(moving)* Transport *der*, Beförderung *die* ◇ *vt* [træn'spɔ:t] transportieren, befördern

transportation [ˌtrænspɔ:'teɪʃn] *n* **1.** *(US) (cars, trains, planes etc)* Verkehrsmittel *pl* **2.** *(moving)* Transport *der*, Beförderung *die*

trap [træp] ◇ *n* Falle *die* ◇ *vt* ● **to be trapped** *(stuck)* festsitzen

trapdoor [ˌtræp'dɔ:ʳ] *n* Falltür *die*

trash [træʃ] *n (US) (waste material)* Müll *der*

trashcan ['træʃkæn] *n (US)* Mülleimer *der*

trauma ['trɔ:mə] *n* Trauma *das*

traumatic [trɔ:'mætɪk] *adj* traumatisch

travel ['trævl] ◇ *n* Reisen *das* ◇ *vt (distance)* fahren ◇ *vi* **1.** reisen **2.** *(in vehicle)* fahren

travel agency *n* Reisebüro *das*

travel agent *n* Reiseverkehrskaufmann *der*, -kauffrau *die* ● **travel agent's** *(shop)* Reisebüro *das*

Travelcard ['trævlkɑ:d] *n (UK)* Zeitkarte *im Londoner Nahverkehrssystem*

travel centre *n (in railway, bus station)* Reiseinformation *die*

travel documents *npl* Reisedokumente *pl*

traveler ['trævlər] *(US)* = **traveller**

travel insurance *n* Reiseversicherung *die*

traveller ['trævləʳ] *n (UK)* Reisende *der, die*

traveller's cheque *n* Travellerscheck *der*

travelsick ['trævəlsɪk] *adj* reisekrank

trawler ['trɔ:ləʳ] *n* Trawler *der*

tray [treɪ] *n* Tablett *das*

treacherous ['tretʃərəs] *adj* **1.** *(person)* verräterisch **2.** *(roads, conditions)* gefährlich

treacle ['tri:kl] *n (UK)* Sirup *der*

tread [tred] *(pt* **trod**, *pp* **trodden)** ◇ *n (of tyre)* Profil *das* ◇ *vi* ● **to tread on sthg** auf etw *(A)* treten

treasure ['treʒəʳ] *n* Schatz *der*

treat [tri:t] ◇ *vt* behandeln ◇ *n (special thing)* Freude *die* ● **to treat sb to sthg** jm etw spendieren

treatment ['tri:tmənt] *n* Behandlung *die*

treble ['trebl] *adj* dreifach ● **treble the amount** dreimal so viel

tree [tri:] *n* Baum *der*

trek [trek] *n* Wanderung *die*

tremble ['trembl] *vi* zittern

tremendous [trɪ'mendəs] *adj* **1.** enorm **2.** *(inf) (very good)* toll

trench [trentʃ] *n* Graben *der*

trend [trend] *n* **1.** *(tendency)* Tendenz *die* **2.** *(fashion)* Trend *der*

trendy ['trendɪ] *adj (inf)* trendy

trespasser ['trespəsəʳ] *n* Unbefugte *der, die* ● **trespassers will be prosecuted** Betreten verboten

trial ['traɪəl] *n* **1.** *LAW* Prozess *der* **2.** *(test)* Test *der* ● **a trial period** eine Probezeit

triangle ['traɪæŋgl] *n* Dreieck *das*

triangular [traɪ'æŋgjʊləʳ] *adj* dreieckig

tribe [traɪb] *n* Stamm *der*

tributary ['trɪbjutrɪ] *n* Nebenfluss *der*

trick [trɪk] ◇ *n* Trick *der* ◇ *vt* überlisten ● **to play a trick on sb** jm einen Streich spielen

trickle ['trɪkl] *vi (liquid)* tropfen

tricky ['trɪkɪ] *adj* knifflig

tricycle ['traɪsɪkl] *n* Dreirad *das*

trifle ['traɪfl] n (dessert) Nachtisch aus mit Sherry getränktem Biskuit, Früchten, Vanillecreme und Sahne in Schichten

trigger ['trɪgə] n Abzug der

trim [trɪm] ◇ n (haircut) Nachschneiden das ◇ vt (hair, beard, hedge) nachschneiden

trinket ['trɪŋkɪt] n Schnickschnack der

trio ['triːəʊ] (pl -s) n Trio das

trip [trɪp] ◇ n 1. (voyage) Reise die 2. (short) Ausflug der ◇ vi stolpern ● **trip up** vi stolpern

triple ['trɪpl] adj dreifach

tripod ['traɪpɒd] n Stativ das

triumph ['traɪəmf] n Triumph der

trivial ['trɪvɪəl] adj (pej) trivial

trod [trɒd] pt ➤ tread

trodden ['trɒdn] pp ➤ tread

trolley ['trɒlɪ] (pl -s) n 1. (UK) (at airport etc) Gepäckwagen der 2. (UK) (in supermarket) Einkaufswagen der 3. (UK) (for food, drinks) Wagen der 4. (US) (tram) Straßenbahn die

trombone [trɒm'bəʊn] n Posaune die

troops [truːps] npl Truppen pl

trophy ['trəʊfɪ] n Trophäe die

tropical ['trɒpɪkl] adj tropisch ● tropical fruit Südfrucht die

trot [trɒt] ◇ vi (horse) traben ◇ n ● on the trot (inf) hintereinander

trouble ['trʌbl] ◇ n 1. (problems) Ärger der 2. (difficulty) Schwierigkeiten pl 3. (inconvenience) Mühe die 4. (pain, illness) Beschwerden pl ◇ vt 1. (worry) beunruhigen 2. (bother) stören ● to be in trouble (having problems) in Schwierigkeiten sein; (with police, parents) Ärger haben ● to get into trouble Ärger bekommen ● to take the trouble to do sthg sich die Mühe machen, etw zu tun ● it's no trouble das macht keine Umstände

trough [trɒf] n (for animals) Trog der

trouser press ['traʊzə-] n Hosenspanner der

trousers ['traʊzəz] npl Hose die ● a pair of trousers eine Hose

trout [traʊt] (pl inv) n Forelle die

trowel ['traʊəl] n (for gardening) Schaufel die

truant ['truːənt] n ● to play truant die Schule schwänzen

truce [truːs] n Waffenstillstand der

truck [trʌk] n Lastwagen der, LKW der

true [truː] adj 1. (not false, actual) wahr 2. (genuine, sincere) echt

truly ['truːlɪ] adv ● yours truly mit freundlichen Grüßen

trumpet ['trʌmpɪt] n Trompete die

trumps [trʌmps] npl Trumpf der

truncheon ['trʌntʃən] n Schlagstock der

trunk [trʌŋk] n 1. (of tree) Stamm der 2. (US) (of car) Kofferraum der 3. (case, box) Truhe die 4. (of elephant) Rüssel der

trunk call n (UK) Ferngespräch das

trunk road n (UK) Landstraße die

trunks [trʌŋks] npl (for swimming) Badehose der

trust [trʌst] ◇ n (confidence) Vertrauen das ◇ vt 1. vertrauen (+D) 2. (fml) (hope) hoffen

trustworthy ['trʌst,wɜːðɪ] adj vertrauenswürdig

truth [truːθ] n Wahrheit die

truthful ['truːθfʊl] adj 1. (statement, account) wahr 2. (person) ehrlich

try [traɪ] ◇ n (attempt) Versuch der ◇ vi 1. versuchen 2. (make effort) sich bemühen

◇ *vt* **1.** versuchen **2.** *(food)* probieren **3.** *LAW* ● to try sb jn vor Gericht bringen ● to try to do sthg versuchen, etw zu tun ◆ **try on** *vt sep (clothes)* an|probieren ◆ **try out** *vt sep* aus|probieren

T-shirt *n* T-Shirt *das*

tub [tʌb] *n* **1.** *(of margarine etc)* Becher *der* **2.** *(inf) (bath)* Wanne *die*

tube [tjuːb] *n* **1.** *(container)* Tube *die* **2.** *(UK) (inf) (underground)* U-Bahn *die* **3.** *(pipe)* Rohr *das* ● by tube mit der U-Bahn

tube station *n (UK) (inf)* U-Bahn-Station *die*

tuck [tʌk] ◆ **tuck in** ◇ *vt sep* **1.** *(shirt)* hinein|stecken **2.** *(child, person)* zu|decken ◇ *vi (inf)* rein|hauen

tuck shop *n (UK)* ≃ Süßwarenladen *der (in einer Schule)*

Tudor ['tjuːdəᵊ] *adj (architecture)* Tudor- *(16. Jahrhundert)*

Tues. *(abbr of Tuesday)* Di.

Tuesday ['tjuːzdɪ] *n* Dienstag *der* ➤ Saturday

tuft [tʌft] *n (of hair, grass)* Büschel *das*

tug [tʌg] ◇ *vt* ziehen ◇ *n (boat)* Schlepper *der*

tuition [tjuːˈɪʃn] *n* Unterricht *der*

tulip ['tjuːlɪp] *n* Tulpe *die*

tumble-dryer ['tʌmbldraɪəᵊ] *n* Wäschetrockner *der*

tumbler ['tʌmbləᵊ] *n (glass)* Glas *das*

tummy ['tʌmɪ] *n (inf)* Bauch *der*

tummy upset *n (inf)* Bauchschmerzen *pl*

tumor ['tjuːmər] *(US)* = **tumour**

tumour ['tjuːməᵊ] *n (UK)* Tumor *der*

tuna (fish) [(*UK*) 'tjuːnə-, (*US*) 'tuːnə-] *n* Thunfisch *der*

tuna melt *n (US)* mit Thunfisch und Käse überbackener Toast

tune [tjuːn] ◇ *n* Melodie *die* ◇ *vt* **1.** *(radio, TV, engine)* ein|stellen **2.** *(instrument)* stimmen ● in tune *(instrument)* richtig gestimmt ● out of tune *(instrument)* verstimmt ● to sing in/out of tune richtig/falsch singen

tunic ['tjuːnɪk] *n SCH* Trägerkleid *das*

Tunisia [tjuːˈnɪzɪə] *n* Tunesien *nt*

tunnel ['tʌnl] *n* Tunnel *der*

turban ['tɜːbən] *n* Turban *der*

turbo ['tɜːbəʊ] *(pl* -s*)* *n* Turbo *der*

turbulence ['tɜːbjʊləns] *n (when flying)* Turbulenz *die*

turf [tɜːf] *n (grass)* Rasen *der*

Turk [tɜːk] *n* Türke *der*, Türkin *die*

turkey ['tɜːkɪ] *(pl* -s*)* *n* Truthahn *der*, Pute *die*

Turkey ['tɜːkɪ] *n* Türkei *die*

Turkish ['tɜːkɪʃ] ◇ *adj* türkisch ◇ *n (language)* Türkisch *das* ◇ *npl* ● the Turkish die Türken *pl*

Turkish delight *n* Lokum *das*

turn [tɜːn] ◇ *n* **1.** *(in road)* Abzweigung *die* **2.** *(of knob, key, switch)* Drehung *die* ◇ *vi* **1.** *(person)* sich wenden **2.** *(turn round)* sich um|drehen **3.** *(car)* ab|biegen **4.** *(rotate)* sich drehen **5.** *(milk)* sauer werden ◇ *vt* **1.** *(head, car)* wenden **2.** *(table, chair, knob, key)* drehen **3.** *(page)* um|blättern **4.** *(a switch)* stellen **5.** *(become)* werden ● to turn sthg black etw schwarz machen ● to turn into sthg *(become)* sich in etw *(A)* verwandeln ● to turn sthg into etw in etw *(A)* verwandeln ● to turn left/right links/rechts ab|biegen ● to turn the corner um die Ecke biegen ● it's your

Ty

turn du bist an der Reihe ● at the turn of the century um die Jahrhundertwende ● to take it in turns to do sthg sich ablwechseln, etw zu tun ● to turn sthg inside out etw umlkehren ◆ turn back ◇ vt sep (person, car) zurücklweisen ◇ vi umlkehren ◆ turn down vt sep 1. (heating) herunterlstellen 2. (radio) leiser stellen 3. (offer, request) ablehnen ◆ turn off ◇ vt sep 1. (engine, water, gas) ablstellen 2. (light, TV) auslschalten 3. (tap) zuldrehen ◇ vi (leave road) ablfahren ◆ turn on vt sep 1. (light, TV) einlschalten 2. (engine, water, gas, tap) anlstellen ◆ turn out ◇ vt sep 1. (light) auslmachen ◇ vi (come, attend) erscheinen ◇ vi insep 1. to turn out well/badly gut/schlecht auslgehen ● to turn out to be sthg sich als etw herauslstellen ◆ turn over ◇ vt sep 1. (page) umlblättern 2. (card, omelette) umldrehen ◇ vi 1. (in bed) sich umldrehen 2. (UK) (change channels) umlstellen ◆ turn round ◇ vt sep (car, table etc) umldrehen ◇ vi (person) sich umldrehen ◆ turn up ◇ vt sep 1. (heating) aufldrehen 2. (radio, volume) lauter stellen ◇ vi (come, attend) erscheinen

turning ['tɜːnɪŋ] n (off road) Abzweigung die

turnip ['tɜːnɪp] n weiße Rübe

turn-up n (UK) (on trousers) Aufschlag der

turps [tɜːps] n (UK) (inf) Terpentin das

turquoise ['tɜːkwɔɪz] adj türkis

turtle ['tɜːtl] n Schildkröte die

turtleneck ['tɜːtlnek] n Rollkragenpullover der

tutor ['tjuːtəʳ] n (private teacher) Privatlehrer der

tuxedo [tʌk'siːdəʊ] (pl -s) n (US) Smoking der

TV n 1. Fernsehen das 2. (television set) Fernseher der ● on TV im Fernsehen

tweed [twiːd] n Tweed der

tweezers ['twiːzəz] npl Pinzette die

twelfth [twelfθ] num zwölfte(r)(s) > sixth

twelve [twelv] num zwölf > six

twentieth ['twentɪəθ] num zwanzigste(r)(s) ● the twentieth century das zwanzigste Jahrhundert > sixth

twenty ['twentɪ] num zwanzig > six

twice [twaɪs] adv zweimal ● it's twice as good das ist doppelt so gut

twig [twɪg] n Zweig der

twilight ['twaɪlaɪt] n Dämmerung die

twin [twɪn] n Zwilling der

twin beds npl zwei Einzelbetten pl

twine [twaɪn] n Bindfaden der

twin room n Zweibettzimmer das

twist [twɪst] vt drehen ● to twist one's ankle sich (D) den Fuß verrenken

twisting ['twɪstɪŋ] adj (road, river) sich windend

two [tuː] num zwei > six

two-piece adj (swimsuit, suit) zweiteilig

type [taɪp] ◇ n (kind) Art die ◇ vt & vi tippen

typewriter ['taɪp.raɪtəʳ] n Schreibmaschine die

typhoid ['taɪfɔɪd] n Typhus der

typical ['tɪpɪkl] adj typisch

typist ['taɪpɪst] n Schreibkraft die

tyre ['taɪəʳ] n (UK) Reifen der

Tyrol [tɪ'rəʊl] n ● the Tyrol Tirol nt

u **U**

U *adj* (UK) (film) jugendfrei
UFO *n* (abbr of unidentified flying object) Ufo *das*
ugly ['ʌglɪ] *adj* (unattractive) hässlich
UHT *adj* (abbr of ultra heat treated) ● UHT milk H-Milch *die*
UK *n* ● the UK das Vereinigte Königreich
ulcer ['ʌlsəʳ] *n* Geschwür *das*
ultimate ['ʌltɪmət] *adj* 1. (final) endgültig 2. (best, greatest) größte(r)(s)
ultraviolet [,ʌltrə'vaɪələt] *adj* ultraviolett
umbrella [ʌm'brelə] *n* Regenschirm *der*
umpire ['ʌmpaɪəʳ] *n* Schiedsrichter *der*
UN *n* (abbr of United Nations) ● the UN die UNO
unable [ʌn'eɪbl] *adj* ● to be unable to do sthg etw nicht tun können
unacceptable [,ʌnək'septəbl] *adj* unannehmbar
unaccustomed [,ʌnə'kʌstəmd] *adj* ● to be unaccustomed to sthg an etw (A) nicht gewöhnt sein
unanimous [ju:'nænɪməs] *adj* einstimmig
unattended [,ʌnə'tendɪd] *adj* (baggage) unbeaufsichtigt
unattractive [,ʌnə'træktɪv] *adj* unattraktiv
unauthorized [,ʌn'ɔ:θəraɪzd] *adj* unbefugt
unavailable [,ʌnə'veɪləbl] *adj* nicht erhältlich
unavoidable [,ʌnə'vɔɪdəbl] *adj* unvermeidlich

unaware [,ʌnə'weəʳ] *adj* ● to be unaware of sthg (D) einer Sache (G) nicht bewusst sein
unbearable [ʌn'beərəbl] *adj* unerträglich
unbelievable [,ʌnbɪ'li:vəbl] *adj* unglaublich
unbutton [,ʌn'bʌtn] *vt* aufknöpfen
uncertain [ʌn'sɜ:tn] *adj* unsicher
uncertainty [ʌn'sɜ:tntɪ] *n* Unsicherheit *die*
uncle ['ʌŋkl] *n* Onkel *der*
unclean [,ʌn'kli:n] *adj* unsauber
unclear [,ʌn'klɪəʳ] *adj* unklar
uncomfortable [,ʌn'kʌmftəbl] *adj* (chair, bed) unbequem ● to feel uncomfortable (person) sich nicht wohl fühlen
uncommon [ʌn'kɒmən] *adj* (rare) ungewöhnlich
unconscious [ʌn'kɒnʃəs] *adj* 1. (after accident) bewusstlos 2. (unaware) unbewusst ● to be unconscious of sthg sich (D) einer Sache (G) nicht bewusst sein
unconvincing [,ʌnkən'vɪnsɪŋ] *adj* nicht überzeugend
uncooperative [,ʌnkəʊ'ɒpərətɪv] *adj* nicht entgegenkommend
uncork [,ʌn'kɔ:k] *vt* entkorken
uncouth [ʌn'ku:θ] *adj* ungehobelt
uncover [ʌn'kʌvəʳ] *vt* 1. (discover) entdecken 2. (car, swimming pool etc) abldecken
under ['ʌndəʳ] *prep* 1. unter (+A,D) 2. (according to) nach ● children under ten Kinder unter zehn ● under the circumstances unter diesen Umständen ● to be under pressure unter Druck sein
underage [ʌndər'eɪdʒ] *adj* minderjährig
undercarriage ['ʌndə,kærɪdʒ] *n* Fahrwerk *das*

underdone [ˌʌndəˈdʌn] *adj* 1. *(food)* nicht gar 2. *(rare)* nicht durchgebraten

underestimate [ˌʌndərˈestɪmeɪt] *vt* unterschätzen

underexposed [ˌʌndərɪkˈspəʊzd] *adj (photograph)* unterbelichtet

undergo [ˌʌndəˈgəʊ] *(pt* **-went**, *pp* **-gone)** *vt* sich unterziehen *(+D)*

undergraduate [ˌʌndəˈgrædjʊət] *n* Student *der*, -in *die*

underground [ˈʌndəgraʊnd] ◇ *adj* 1. unterirdisch 2. *(secret)* Untergrund- ◇ *n (UK) (railway)* U-Bahn *die*

---

underground

Die Londoner U-Bahn, auch *the Tube* genannt, ist das älteste und ausgedehnteste unterirdische Schnellbahnnetz der Welt. Die Fahrtrichtung auf den mit verschiedenen Farben gekennzeichneten zwölf Linien wird durch die Himmelsrichtung *(northbound, southbound, eastbound, westbound)* angegeben. Die Züge verkehren von etwa 5 Uhr bis Mitternacht in sechs Zonen.

---

undergrowth [ˈʌndəgrəʊθ] *n* Gestrüpp *das*

underline [ˌʌndəˈlaɪn] *vt* unterstreichen

underneath [ˌʌndəˈniːθ] ◇ *prep* unter *(+A,D)* ◇ *adv* darunter ◇ *n* Unterseite *die*

underpants [ˈʌndəpænts] *npl* Unterhose *die*

underpass [ˈʌndəpɑːs] *n* Unterführung *die*

undershirt [ˈʌndəʃɜːt] *n (US)* Unterhemd *das*

underskirt [ˈʌndəskɜːt] *n* Unterrock *der*

understand [ˌʌndəˈstænd] *(pt & pp* **-stood)** *vt & vi* verstehen ● I don't understand ich verstehe das nicht ● to make o.s. understood sich verständlich machen ● I understand that ... *(believe)* ich habe gehört, dass ...

understanding [ˌʌndəˈstændɪŋ] ◇ *adj* verständnisvoll ◇ *n* 1. *(agreement)* Vereinbarung *die* 2. *(knowledge)* Kenntnis *die* 3. *(interpretation)* Annahme *die* 4. *(sympathy)* Verständnis *das*

understatement [ˌʌndəˈsteɪtmənt] *n* ● that's an understatement das ist untertrieben

understood [ˌʌndəˈstʊd] *pt & pp* ➤ understand

undertake [ˌʌndəˈteɪk] *(pt* **-took**, *pp* **-taken)** *vt (job, task)* übernehmen ● to undertake to do sthg sich verpflichten, etw zu tun

undertaker [ˈʌndəteɪkə^r] *n* 1. *(firm)* Bestattungsinstitut *das* 2. *(person)* Leichenbestatter *der*

undertaking [ˌʌndəˈteɪkɪŋ] *n* 1. *(promise)* Versprechen *das* 2. *(task)* Unternehmen *das*

undertook [ˌʌndəˈtʊk] *pt* ➤ undertake

underwater [ˌʌndəˈwɔːtə^r] ◇ *adj* Unterwasser- ◇ *adv* unter Wasser

underwear [ˈʌndəweə^r] *n* Unterwäsche *die*

underwent [ˌʌndəˈwent] *pt* ➤ undergo

undesirable [ˌʌndɪˈzaɪərəbl] *adj* unerwünscht

undo [ˌʌnˈduː] *(pt* **-did**, *pp* **-done)** *vt* 1. auflmachen 2. *(tie)* lösen

undone [ˌʌnˈdʌn] *adj (coat, shirt, shoelaces)* offen

undress [ˌʌnˈdres] ◇ *vi* sich auslziehen ◇ *vt* auslziehen

undressed [ˌʌnˈdrest] *adj* ausgezogen •
to get undressed sich auslziehen

uneasy [ʌnˈiːzɪ] *adj* unbehaglich

uneducated [ʌnˈedjʊkeɪtɪd] *adj* ungebildet

unemployed [ˌʌnɪmˈplɔɪd] ◇ *adj* arbeitslos ◇ *npl* • **the unemployed** die Arbeitslosen *pl*

unemployment [ˌʌnɪmˈplɔɪmənt] *n* Arbeitslosigkeit *die*

unemployment benefit *n* Arbeitslosenunterstützung *die*

unequal [ʌnˈiːkwəl] *adj* ungleich

uneven [ʌnˈiːvn] *adj* **1.** *(surface)* uneben **2.** *(speed, beat)* ungleichmäßig **3.** *(share, competition, race)* ungleich

uneventful [ˌʌnɪˈventfʊl] *adj* ereignislos

unexpected [ˌʌnɪkˈspektɪd] *adj* unerwartet

unexpectedly [ˌʌnɪkˈspektɪdlɪ] *adv* unerwartet

unfair [ˌʌnˈfeə] *adj* ungerecht

unfairly [ˌʌnˈfeəlɪ] *adv* ungerecht

unfaithful [ˌʌnˈfeɪθfʊl] *adj* untreu

unfamiliar [ˌʌnfəˈmɪljə] *adj* ungewohnt •
to be unfamiliar with sthg sich mit etw nicht auslkennen

unfashionable [ˌʌnˈfæʃnəbl] *adj* unmodern

unfasten [ˌʌnˈfɑːsn] *vt* auflmachen

unfavourable [ˌʌnˈfeɪvrəbl] *adj* ungünstig

unfinished [ˌʌnˈfɪnɪʃt] *adj* **1.** unvollendet **2.** *(work)* unerledigt

unfit [ˌʌnˈfɪt] *adj (not healthy)* nicht fit •
to be unfit for sthg für etw ungeeignet sein • **to be unfit for work** arbeitsunfähig sein

unfold [ʌnˈfəʊld] *vt (map, sheet)* auseinander falten

unforgettable [ˌʌnfəˈgetəbl] *adj* unvergesslich

unforgivable [ˌʌnfəˈgɪvəbl] *adj* unverzeihlich

unfortunate [ʌnˈfɔːtʃnət] *adj* bedauerlich

unfortunately [ʌnˈfɔːtʃnətlɪ] *adv* leider

unfriendly [ˌʌnˈfrendlɪ] *adj* unfreundlich

unfurnished [ˌʌnˈfɜːnɪʃt] *adj* unmöbliert

ungrateful [ʌnˈgreɪtfʊl] *adj* undankbar

unhappy [ʌnˈhæpɪ] *adj* **1.** *(sad)* unglücklich **2.** *(not pleased)* unzufrieden • **to be unhappy about sthg** mit etw unzufrieden sein

unharmed [ʌnˈhɑːmd] *adj* unverletzt

unhealthy [ʌnˈhelθɪ] *adj* ungesund

unhelpful [ˌʌnˈhelpfʊl] *adj* • **to be unhelpful** *(person)* nicht hilfsbereit sein; *(information)* nicht hilfreich sein

unhurt [ˌʌnˈhɜːt] *adj* unverletzt

unhygienic [ˌʌnhaɪˈdʒiːnɪk] *adj* unhygienisch

unification [ˌjuːnɪfɪˈkeɪʃn] *n* Vereinigung *die*

uniform [ˈjuːnɪfɔːm] *n* Uniform *die*

unimportant [ˌʌnɪmˈpɔːtənt] *adj* unwichtig

unintelligent [ˌʌnɪnˈtelɪdʒənt] *adj* nicht intelligent

unintentional [ˌʌnɪnˈtenʃənl] *adj* unbeabsichtigt

uninterested [ˌʌnˈɪntrəstɪd] *adj* desinteressiert

uninteresting [ˌʌnˈɪntrəstɪŋ] *adj* uninteressant

union [ˈjuːnjən] *n (of workers)* Gewerkschaft *die*

Union Jack *n* • the Union Jack der Union Jack *(die britische Fahne)*

Union Jack

Die Flagge des Vereinigten Königreichs von Großbritannien und Nordirland wird seit 1801 verwendet und ist eine Kombination der Flaggen von England, Schottland und Irland – daher die offizielle Bezeichnung *Union Flag*. Der volkstümliche Name *Union Jack* ist von dem Wort *jack* für Schiffsflagge abgeleitet.

unique [juːˈniːk] *adj* einmalig • to be unique to beschränkt sein auf (+A)

unisex [ˈjuːnɪseks] *adj* Unisex-

unit [ˈjuːnɪt] *n* **1.** Einheit *die* **2.** *(department)* Abteilung *die* **3.** *(piece of furniture)* Element *das* **4.** *(machine)* Anlage *die*

unite [juːˈnaɪt] ◇ *vt* vereinigen ◇ *vi* sich zusammenschließen

United Kingdom [juːˈnaɪtɪd-] *n* • the United Kingdom das Vereinigte Königreich

United Nations [juːˈnaɪtɪd-] *npl* • the United Nations die Vereinten Nationen *pl*

United States of America [juːˈnaɪtɪd-] *npl* • the United States of America die Vereinigten Staaten *pl* (von Amerika)

unity [ˈjuːnətɪ] *n* Einigkeit *die*

universal [ˌjuːnɪˈvɜːsl] *adj* allgemein

universe [ˈjuːnɪvɜːs] *n* Universum *das*

university [ˌjuːnɪˈvɜːsətɪ] *n* Universität *die*

unjust [ˌʌnˈdʒʌst] *adj* ungerecht

unkind [ʌnˈkaɪnd] *adj* **1.** *(person)* unfreundlich **2.** *(remark)* spitz

unknown [ˌʌnˈnəʊn] *adj* unbekannt

unleaded (petrol) [ˌʌnˈledɪd-] *n* Bleifrei *das*

unless [ənˈles] *conj* es sei denn

unlike [ˌʌnˈlaɪk] *prep* **1.** *(different to)* nicht ähnlich (+D) **2.** *(in contrast to)* im Gegensatz zu • it's unlike him es ist nicht seine Art

unlikely [ʌnˈlaɪklɪ] *adj (not probable)* unwahrscheinlich • to be unlikely to do sthg etw wahrscheinlich nicht tun

unlimited [ʌnˈlɪmɪtɪd] *adj* unbegrenzt • unlimited mileage unbegrenzte Meilenzahl

unlisted [ʌnˈlɪstɪd] *adj (US) (phone number)* • to be unlisted nicht im Telefonbuch stehen

unload [ˌʌnˈləʊd] *vt* entladen

unlock [ˌʌnˈlɒk] *vt* aufschließen

unlucky [ʌnˈlʌkɪ] *adj* unglücklich

unmarried [ˌʌnˈmærɪd] *adj* unverheiratet

unnatural [ʌnˈnætʃrəl] *adj* unnatürlich

unnecessary [ʌnˈnesəsərɪ] *adj* unnötig

unobtainable [ˌʌnəbˈteɪnəbl] *adj* **1.** *(product)* nicht erhältlich **2.** *(phone number)* nicht erreichbar

unoccupied [ˌʌnˈɒkjʊpaɪd] *adj (place, seat)* frei

unofficial [ˌʌnəˈfɪʃl] *adj* inoffiziell

unpack [ˌʌnˈpæk] *vt & vi* aus/packen

unpleasant [ʌnˈpleznt] *adj* unangenehm

unplug [ʌnˈplʌg] *vt* den Stecker heraus/ziehen von

unpopular [ˌʌnˈpɒpjʊlə] *adj* unbeliebt

unpredictable [ˌʌnprɪˈdɪktəbl] *adj* unberechenbar

unprepared [ˌʌnprɪˈpeəd] *adj* unvorbereitet

unprotected [ˌʌnprəˈtektɪd] *adj* ungeschützt

unqualified [ˌʌnˈkwɒlɪfaɪd] *adj* (person) unqualifiziert

unreal [ˌʌnˈrɪəl] *adj* unwirklich

unreasonable [ʌnˈriːznəbl] *adj* unangemessen

unrecognizable [ˌʌnrekəgˈnaɪzəbl] *adj* unkenntlich

unreliable [ˌʌnrɪˈlaɪəbl] *adj* unzuverlässig

unrest [ˌʌnˈrest] *n* Unruhen *pl*

unroll [ˌʌnˈrəʊl] *vt* aufrollen

unsafe [ˌʌnˈseɪf] *adj* unsicher

unsatisfactory [ˌʌnsætsˈfæktərɪ] *adj* unbefriedigend

unscrew [ˌʌnˈskruː] *vt* (lid, top) abschrauben

unsightly [ʌnˈsaɪtlɪ] *adj* unansehnlich

unskilled [ˌʌnˈskɪld] *adj* (worker) ungelernt

unsociable [ʌnˈsəʊʃəbl] *adj* ungesellig

unsound [ˌʌnˈsaʊnd] *adj* 1. (building, structure) nicht sicher 2. (argument, method) nicht stichhaltig

unspoiled [ˌʌnˈspɔɪlt] *adj* (place, beach) unberührt

unsteady [ʌnˈstedɪ] *adj* 1. (pile, person) wackelig 2. (structure) unsicher 3. (hand) zitterig

unstuck [ˌʌnˈstʌk] *adj* ● to come unstuck (label, poster etc) sich lösen

unsuccessful [ˌʌnsəkˈsesfʊl] *adj* erfolglos

unsuitable [ʌnˈsuːtəbl] *adj* unpassend

unsure [ʌnˈʃɔːʳ] *adj* ● to be unsure of sth sich (D) einer Sache (G) nicht sicher sein ● to be unsure about sb sich

(D) über jn nicht im Klaren sein

unsweetened [ˌʌnˈswiːtnd] *adj* ungesüßt

untidy [ʌnˈtaɪdɪ] *adj* unordentlich

untie [ʌnˈtaɪ] (cont **untying**) *vt* 1. (person) losbinden 2. (knot) aufbinden

until [ənˈtɪl] *prep & conj* bis ● until the evening/end bis zum Abend/Ende ● not until erst

untrue [ˌʌnˈtruː] *adj* (false) unwahr ● to be untrue nicht wahr sein

untrustworthy [ʌnˈtrʌstˌwɜːðɪ] *adj* nicht vertrauenswürdig

unusual [ʌnˈjuːʒl] *adj* ungewöhnlich

unusually [ʌnˈjuːʒəlɪ] *adv* ungewöhnlich

unwell [ʌnˈwel] *adj* unwohl ● to feel unwell sich nicht wohl fühlen

unwilling [ˌʌnˈwɪlɪŋ] *adj* ● to be unwilling to do sthg etw nicht tun wollen

unwind [ʌnˈwaɪnd] (*pt & pp* **unwound**) ◇ *vt* abwickeln ◇ *vi* (relax) sich entspannen

unwrap [ʌnˈræp] *vt* auspacken

unzip [ʌnˈzɪp] *vt* ● to unzip sthg den Reißverschluss von etw aufmachen

up [ʌp]
◇ *adv* 1. (towards higher position, level) hoch ● we walked up to the top wir sind zum Gipfel hoch gelaufen ● to pick sthg up etw aufheben ● prices are going up die Preise steigen 2. (in higher position) oben ● she's up in her bedroom sie ist oben in ihrem Zimmer ● up there da oben 3. (into upright position) ● to stand up aufstehen ● to sit up (from lying position) sich aufsetzen; (sit straight) sich gerade hinsetzen 4. (northwards) ● I'm coming up to Edinburgh ich komme hoch nach Edinburgh 5. (in phrases) ● to walk/jump up and down auf und ab

gehen/springen ● **up to six weeks/ten people** bis zu sechs Wochen/zehn Personen ● **are you up to travelling?** bist du reisefähig? ● **what are you up to?** was treibst du so? ● **it's up to you** das liegt ganz bei dir ● **up until ten o'clock** bis um zehn Uhr

◇ *prep* **1.** *(towards higher position)* ● **to walk up a hill** einen Hügel hinaufgehen ● **I went up the stairs** ich ging die Treppe hinauf **2.** *(in higher position)* ● **a hill** oben auf einem Hügel **3.** *(at end of)* ● **they live up the road from us** sie wohnen weiter oben in der gleichen Straße wie wir

◇ *adj* **1.** *(out of bed)* auf ● **I was up at six today** ich war heute um sechs auf **2.** *(at an end)* um, zu Ende ● **time's up die** Zeit ist um **3.** *(rising)* ● **the up escalator** die Rolltreppe nach oben

◇ *n* ● **ups and downs** Höhen und Tiefen

update [ˌʌpˈdeɪt] *vt* auf den neusten Stand bringen

uphill [ˌʌpˈhɪl] *adv* bergauf

upholstery [ʌpˈhəʊlstərɪ] *n* Polsterung *die*

upkeep [ˈʌpkiːp] *n* Instandhaltung *die*

up-market *adj* anspruchsvoll

upon [əˈpɒn] *prep* (*fml*) (*on*) auf (+A,D) ● **upon hearing the news, we ...** als wir die Nachricht hörten ...

upper [ˈʌpəʳ] ◇ *adj* obere(r)(s) ◇ *n* (*of shoe*) Obermaterial *das*

upper class *n* Oberschicht *die*

uppermost [ˈʌpəməʊst] *adj* (*highest*) oberste(r)(s)

upper sixth *n* (*UK*) SCH ≃ dreizehnte Klasse

upright [ˈʌpraɪt] *adj & adv* aufrecht

upset [ʌpˈset] (*pt & pp inv*) ◇ *adj* (*distressed*) bestürzt ◇ *vt* **1.** (*distress*) erschüttern **2.** (*plans*) durcheinander bringen **3.** (*knock over*) umstoßen ● **to have an upset stomach** sich (*D*) den Magen verdorben haben ● **to be upset about stg** über etw (*A*) bestürzt sein ● **to get upset about stg** sich über etw (*A*) aufregen

upside down [ˌʌpsaɪd-] ◇ *adj* auf dem Kopf stehend ◇ *adv* verkehrt herum

upstairs [ʌpˈsteəz] ◇ *adj* im Obergeschoss ◇ *adv* (*on a higher floor*) oben ● **to go upstairs** nach oben gehen

up-to-date *adj* up to date

upwards [ˈʌpwədz] *adv* nach oben ● **upwards of 100 people** mehr als 100 Leute

urban [ˈɜːbən] *adj* städtisch, Stadt-

urban clearway [-ˈklɪəweɪ] *n* (*UK*) ≃ Stadtautobahn *die*

Urdu [ˈʊəduː] *n* Urdu *das*

urge [ɜːdʒ] *vt* ● **to urge sb to do stg** jn drängen, etw zu tun

urgent [ˈɜːdʒənt] *adj* dringend

urgently [ˈɜːdʒəntlɪ] *adv* dringend

urinal [jʊəˈraɪnl] *n* **1.** (*fml*) (*place*) Pissoir *das* **2.** (*bowl*) Urinal *das*

urinate [ˈjʊərɪneɪt] *vi* (*fml*) urinieren

urine [ˈjʊərɪn] *n* Urin *der*

us [ʌs] *pron* uns ● **they know us** sie kennen uns ● **it's us** wir sind's ● **send it to us** schicke es uns ● **tell us** sage uns ● **they're worse than us** sie sind schlimmer als wir

US *n* (*abbr of United States*) ● **the US** die USA *pl*

US education

In den USA beginnt die Schulpflicht mit 5 und umfasst 6 Jahre in der *Elementary School*, 2 in der *Junior High School* und 4 in der *High School*. Die *graduation*, die mit Familie und Freunden groß gefeiert wird, befähigt zum Studium: 4–5 Jahre College und schließlich *Graduate School*.

US Open

Dieser Name steht gleich für zwei große Sportveranstaltungen: das Grand-Slam-Tennisturnier, bei dem jedes Jahr im August/September in Flushing Meadows, New York, Frauen und Männer im Einzel und Doppel gegeneinander antreten, und eines der wichtigsten amerikanischen Golfturniere, das seit 1895 jährlich an wechselnden Orten ausgetragen wird.

USA n (abbr of United States of America) ● the USA die USA pl

usable ['juːzəbl] adj brauchbar

use ◇ n [juːs] 1. (using) Benutzung die 2. (purpose) Verwendung die ◇ vt [juːz] 1. benutzen, verwenden 2. (exploit) auslnutzen 3. (run on) brauchen ● to be of use nützlich sein ● to have the use of sthg etw benutzen können ● to make use of sthg Gebrauch machen von etw; (opportunity) etw auslnutzen ● to be in use in Gebrauch sein ● it's no use es hat keinen Zweck ● what's the use?

wozu? ● to use sthg as sthg etw als etw gebrauchen ▼ out of use außer Betrieb ▼ use before .... (food, drink) mindestens haltbar bis.... ◆ use up vt sep verbrauchen

used ◇ adj [juːzd] 1. (towel, glass etc) benutzt 2. (car) Gebraucht- ◇ aux vb [juːst] ● I used to live near here ich habe früher hier in der Nähe gewohnt ● I used to go there every day ich bin früher jeden Tag dorthin gegangen ● to be used to sthg an etw (A) gewöhnt sein ● to get used to sthg sich an etw (A) gewöhnen

useful ['juːsfʊl] adj nützlich

useless ['juːslɪs] adj 1. (not useful) nutzlos 2. (pointless) zwecklos 3. (inf) (very bad) ● to be useless zu nichts zu gebrauchen sein

user ['juːzəʳ] n Benutzer der, -in die

usher ['ʌʃəʳ] n (at cinema, theatre) Platzanweiser der

usherette [ˌʌʃə'ret] n Platzanweiserin die

USSR n ● the (former) USSR die (ehemalige) UdSSR

usual ['juːʒəl] adj üblich ● as usual wie gewöhnlich

usually ['juːʒəlɪ] adv normalerweise

utensil [juː'tensl] n Gerät das

utilize ['juːtəlaɪz] vt (fml) nutzen

utmost ['ʌtməʊst] ◇ adj äußerste(r)(s) ◇ n ● to do one's utmost sein Möglichstes tun

utter ['ʌtəʳ] ◇ adj völlig ◇ vt von sich geben

utterly ['ʌtəlɪ] adv völlig

U-turn n (in vehicle) Wenden die

v V

vacancy ['veɪkənsɪ] n *(job)* freie Stelle ▼
vacancies Zimmer frei ▼ **no vacancies** belegt

vacant ['veɪkənt] adj *(room, seat)* frei ◆
vacant *(toilet)* frei

vacate [vəˈkeɪt] vt *(fml)* *(room, house)* räumen

vacation [vəˈkeɪʃn] ◇ n *(US)* *(holiday)* Urlaub der ◇ vi *(US)* Urlaub machen ● **to go on vacation** in Urlaub gehen

vacationer [vəˈkeɪʃənər] n *(US)* Urlauber der, -in die

vaccination [ˌvæksɪˈneɪʃn] n Impfung die

vaccine [*(UK)* ˈvæksiːn, *(US)* vækˈsiːn] n Impfstoff der

vacuum ['vækjʊəm] vt Staub saugen

vacuum cleaner n Staubsauger der

vague [veɪg] adj **1.** vage **2.** *(shape, outline)* verschwommen **3.** *(person)* geistesabwesend

vain [veɪn] adj *(pej)* *(conceited)* eitel ● **in vain** vergeblich

Valentine card ['væləntaɪn-] n Karte die zum Valentinstag

Valentine's Day ['væləntaɪnz-] n Valentinstag der

valet ['væleɪ, 'vælɪt] n *(in hotel)* für den Reinigungsservice der Gäste zuständiger Hotelangestellter

valet service n *(in hotel, for car)* Reinigungsservice der

valid ['vælɪd] adj *(ticket, passport)* gültig

validate ['vælɪdeɪt] vt *(ticket)* bestätigen

Valium ® ['vælɪəm] n Valium das

valley ['vælɪ] n Tal das

valuable ['væljʊəbl] adj wertvoll ◆
valuables npl Wertsachen pl

value ['væljuː] n **1.** *(financial)* Wert der **2.** *(usefulness)* Nutzen der ● **a value pack** ≃ ein Sonderangebot ● **to be good value (for money)** (das Geld) wert sein ◆
values npl *(principles)* Werte pl

valve [vælv] n Ventil das

van [væn] n Lieferwagen der

vandal ['vændl] n Rowdy der

vandalize ['vændəlaɪz] vt mutwillig zerstören

vanilla [vəˈnɪlə] n Vanille die

vanish ['vænɪʃ] vi verschwinden

vapor ['veɪpər] *(US)* = **vapour**

vapour ['veɪpəʳ] n *(UK)* Dampf der

variable ['veərɪəbl] adj unbeständig

varicose veins ['værɪkəʊs-] npl Krampfadern pl

varied ['veərɪd] adj unterschiedlich

variety [vəˈraɪətɪ] n **1.** *(collection)* Vielfalt die **2.** *(of products)* Auswahl die **3.** *(type)* Sorte die

various ['veərɪəs] adj verschiedene(r)(s)

varnish ['vɑːnɪʃ] ◇ n *(for wood)* Lack der ◇ vt *(wood)* lackieren

vary ['veərɪ] vi & vt ändern ● **to vary from sthg to sthg** zwischen etw *(D)* und etw *(D)* schwanken ● **prices vary** ≃ unterschiedliche Preise

vase [*(UK)* vɑːz, *(US)* veɪz] n Vase die

Vaseline ® ['væsəliːn] n Vaseline die

vast [vɑːst] adj riesig

vat [væt] n Bottich der

VAT [væt, ˌviːeɪˈtiː] n *(abbr of value added tax)* MwSt.

vault [vɔːlt] n **1.** *(in bank)* Tresorraum der

2. *(in church)* Gewölbe *das*

VCR *n (abbr of video cassette recorder)* Videorekorder *der*

VDU *n (abbr of visual display unit)* Bildschirmgerät *das*

veal [viːl] *n* Kalbfleisch *das*

veg [vedʒ] *abbr* = vegetable

vegan ['viːgən] ⋄ *adj* streng vegetarisch ⋄ *n* Veganer *der*, -in *die*

vegetable ['vedʒtəbl] *n* Gemüse *das*

vegetable oil *n* Pflanzenöl *das*

vegetarian [,vedʒɪ'teərɪən] ⋄ *adj* vegetarisch ⋄ *n* Vegetarier *der*, -in *die*

vegetation [,vedʒɪ'teɪʃn] *n* Vegetation *die*

vehicle ['viːəkl] *n* Fahrzeug *das*

veil [veɪl] *n* Schleier *der*

vein [veɪn] *n* Vene *die*

Velcro® ['velkrəʊ] *n* Klettverschluss *der*

velvet ['velvɪt] *n* Samt *der*

vending machine ['vendɪŋ-] *n* Automat *der*

venetian blind [vɪ,niːʃn-] *n* Jalousie *die*

venison ['venɪzn] *n* Wild *das*

vent [vent] *n (for air, smoke etc)* Abzug *der*

ventilation [,ventɪ'leɪʃn] *n* Belüftung *die*

ventilator ['ventɪleɪtə] *n (fan)* Ventilator *der*

venture ['ventʃə] ⋄ *n* Unternehmung *die* ⋄ *vi (go)* sich wagen

venue ['venjuː] *n* Veranstaltungsort *der*

veranda [və'rændə] *n* Veranda *die*

verb [vɜːb] *n* Verb *das*

verdict ['vɜːdɪkt] *n* Urteil *das*

verge [vɜːdʒ] *n* **1.** *(of lawn, path)* Rand *der* **2.** *(of road)* Bankette *die* ▼ **soft verges** Bankette nicht befahrbar!

verify ['verɪfaɪ] *vt* überprüfen

vermin ['vɜːmɪn] *n* Ungeziefer *das*

vermouth ['vɜːməθ] *n* Wermut *der*

versa ➢ vice versa

versatile ['vɜːsətaɪl] *adj* **1.** *(person)* flexibel **2.** *(machine, food)* vielseitig

verse [vɜːs] *n* **1.** *(of song, poem)* Vers *der* **2.** *(poetry)* Lyrik *die*

version ['vɜːʃn] *n* **1.** Version *die* **2.** *(of book, film, play)* Fassung *die*

versus ['vɜːsəs] *prep* gegen

vertical ['vɜːtɪkl] *adj* senkrecht

vertigo ['vɜːtɪgəʊ] *n* Schwindel *der*

very ['verɪ] ⋄ *adv* sehr ⋄ *adj* genau ● **very much** sehr ● **not very** nicht sehr ● **my very own room** mein eigenes Zimmer ● **the very person** genau derjenige/diejenige

vessel ['vesl] *n (fml) (ship)* Schiff *das*

vest [vest] *n* **1.** *(UK) (underwear)* Unterhemd *das* **2.** *(US) (waistcoat)* Weste *die*

vet [vet] *n (UK)* Tierarzt *der*, -ärztin *die*

veteran ['vetrən] *n (of war)* Veteran *der*

veterinarian [,vetərɪ'neərɪən] *(US)* = vet

veterinary surgeon ['vetərɪnrɪ-] *(UK)* = vet

VHF *n (abbr of very high frequency)* UKW

VHS *n (abbr of video home system)* VHS

via [vaɪə] *prep* **1.** *(place)* über *(+A)* **2.** *(by means of)* durch

viaduct ['vaɪədʌkt] *n* Viadukt *der*

vibrate [vaɪ'breɪt] *vi* vibrieren

vibration [vaɪ'breɪʃn] *n* Vibration *die*

vicar ['vɪkə] *n* Pfarrer *der*

vicarage ['vɪkərɪdʒ] *n* Pfarrhaus *das*

vice [vaɪs] *n (fault)* Laster *das*

vice-president *n* Vizepräsident *der*, -in *die*

vice versa [,vaɪsɪ'vɜːsə] *adv* umgekehrt

vi

vicinity [vɪˈsɪnɪtɪ] *n* ● **in the vicinity** in der Nähe

vicious [ˈvɪʃəs] *adj* **1.** *(attack, animal)* bösartig **2.** *(comment)* boshaft

victim [ˈvɪktɪm] *n* Opfer *das*

Victorian [vɪkˈtɔːrɪən] *adj* viktorianisch *(zweite Hälfte des 19. Jahrhunderts)*

victory [ˈvɪktərɪ] *n* Sieg *der*

video [ˈvɪdɪəʊ] *(pl* **-s)** ◇ *n* **1.** *(recording, tape)* Video *das* **2.** *(video recorder)* Videorekorder *der* ◇ *vt* **1.** *(using video recorder)* aufnehmen **2.** *(using camera)* (mit einer Videokamera) filmen ● **on video** auf Video

video camera *n* Videokamera *die*

video game *n* Videospiel *das*

video recorder *n* Videorekorder *der*

video shop *n* Videothek *die*

videotape [ˈvɪdɪəʊteɪp] *n* Videokassette *die*

Vienna [vɪˈenə] *n* Wien *nt*

Vietnam [ˌvjetˈnæm] *n* Vietnam *nt*

view [vjuː] ◇ *n* **1.** *(scene)* Aussicht *die* **2.** *(line of sight)* Sicht *die* **3.** *(opinion)* Ansicht *die* **4.** *(attitude)* Betrachtung *die* ◇ *vt* *(look at)* betrachten ● **in my view** meiner Ansicht nach ● **in view of** *(considering)* angesichts *(+G)* ● **to come into view** in Sicht kommen

viewer [ˈvjuːəʳ] *n* *(of TV)* Zuschauer *der*, -in *die*

viewfinder [ˈvjuːˌfaɪndəʳ] *n* Sucher *der*

viewpoint [ˈvjuːpɔɪnt] *n* **1.** *(opinion)* Standpunkt *der* **2.** *(place)* Aussichtspunkt *der*

vigilant [ˈvɪdʒɪlənt] *adj* *(fml)* wachsam

villa [ˈvɪlə] *n* Villa *die*

village [ˈvɪlɪdʒ] *n* Dorf *das*

villager [ˈvɪlɪdʒəʳ] *n* Dorfbewohner *der*, -in *die*

villain [ˈvɪlən] *n* **1.** *(of book, film)* Bösewicht *der* **2.** *(criminal)* Verbrecher *der*

vinaigrette [ˌvɪnɪˈgret] *n* Vinaigrette *die*

vine [vaɪn] *n* **1.** *(grapevine)* Rebe *die* **2.** *(climbing plant)* Kletterpflanze *die*

vinegar [ˈvɪnɪgəʳ] *n* Essig *der*

vineyard [ˈvɪnjəd] *n* Weinberg *der*

vintage [ˈvɪntɪdʒ] ◇ *adj* *(wine)* erlesen ◇ *n* *(year)* Jahrgang *der*

vinyl [ˈvaɪnɪl] *n* Vinyl *das*

viola [vɪˈəʊlə] *n* Bratsche *die*

violence [ˈvaɪələns] *n* *(violent behaviour)* Gewalt *die*

violent [ˈvaɪələnt] *adj* **1.** *(person, behaviour)* gewalttätig **2.** *(storm, row)* heftig

violet [ˈvaɪələt] ◇ *adj* violett ◇ *n* *(flower)* Veilchen *das*

violin [ˌvaɪəˈlɪn] *n* Geige *die*

VIP *n* *(abbr of* very important person*)* Prominente *der, die*

virgin [ˈvɜːdʒɪn] *n* Jungfrau *die*

Virgo [ˈvɜːgəʊ] *(pl* **-s)** *n* Jungfrau *die*

virtually [ˈvɜːtʃʊəlɪ] *adv* praktisch

virtual reality [ˈvɜːtʃʊəl-] *n* virtuelle Realität

virus [ˈvaɪrəs] *n* Virus *das*

visa [ˈviːzə] *n* Visum *das*

viscose [ˈvɪskəʊs] *n* Viskose *die*

visibility [ˌvɪzɪˈbɪlɪtɪ] *n* Sicht *die*

visible [ˈvɪzəbl] *adj* **1.** *(that can be seen)* sichtbar **2.** *(noticeable)* offensichtlich

visit [ˈvɪzɪt] ◇ *vt* besuchen ◇ *n* Besuch *der*

visiting hours [ˈvɪzɪtɪŋ-] *npl* Besuchszeit *die*

visitor [ˈvɪzɪtəʳ] *n* Besucher *der*, -in *die*

visitor centre *n* *(at tourist attraction)*

Touristeninformation *die*

visitors' book *n* Gästebuch *das*

visitor's passport *n* (UK) Reisepass *der*

visor ['vaɪzə'] *n* **1.** (of hat) Schirm *der* **2.** (of helmet) Visier *das*

vital ['vaɪtl] *adj* (essential) wesentlich

vitamin [(UK) 'vɪtəmɪn, (US) 'vaɪtəmɪn] *n* Vitamin *das*

vivid ['vɪvɪd] *adj* **1.** (colour) leuchtend **2.** (description, memory) lebhaft

V-neck (in design) V-Ausschnitt *der*

vocabulary [və'kæbjʊlərɪ] *n* Wortschatz *der*

vodka ['vɒdkə] *n* Wodka *der*

voice [vɔɪs] *n* Stimme *die*

voice mail *n* Anrufbeantworter *der* ● **to check one's voice mail** seinen Anrufbeantworter abhören

volcano [vɒl'keɪnəʊ] (pl -es OR -s) *n* Vulkan *der*

volleyball ['vɒlɪbɔ:l] *n* Volleyball *der*

volt [vəʊlt] *n* Volt *das*

voltage ['vəʊltɪdʒ] *n* Spannung *die*

volume ['vɒljuːm] *n* **1.** (sound level) Lautstärke *die* **2.** (space occupied) Rauminhalt *der* **3.** (amount) Menge *die* **4.** (book) Band *der*

voluntary ['vɒləntrɪ] *adj* **1.** freiwillig **2.** (work) ehrenamtlich

volunteer [,vɒlən'tɪə'] ◇ *n* Freiwillige *der, die* ◇ *vt* ● **to volunteer to do sthg** sich anbieten, etw zu tun

vomit ['vɒmɪt] ◇ *n* Erbrochene *das* ◇ *vi* sich übergeben

vote [vəʊt] ◇ *n* **1.** (choice) Stimme *die* **2.** (process) Abstimmung *die* **3.** (number of votes) Stimmen *pl* ◇ *vi* ● **to vote (for)** wählen

voter ['vəʊtə'] *n* Wähler *der*, -in *die*

voucher ['vaʊtʃə'] *n* Gutschein *der*

vowel ['vaʊəl] *n* Vokal *der*

voyage ['vɔɪdʒ] *n* Reise *die*

vulgar ['vʌlgə'] *adj* **1.** (rude) vulgär **2.** (in bad taste) ordinär

vulture ['vʌltʃə'] *n* Geier *der*

WW

W (abbr of west) W

wad [wɒd] *n* **1.** (of paper, banknotes) Bündel *das* **2.** (of cotton) Bausch *der*

waddle ['wɒdl] *vi* watscheln

wade [weɪd] *vi* waten

wading pool ['weɪdɪŋ-] *n* (US) Planschbecken *das*

wafer ['weɪfə'] *n* (biscuit) Waffel *die*

waffle ['wɒfl] ◇ *n* (pancake) Waffel *die* ◇ *vi* (inf) schwafeln

wag [wæg] *vt* wedeln mit

wage [weɪdʒ] *n* Lohn *der* ◆ **wages** *npl* Lohn *der*

wagon ['wægən] *n* **1.** (vehicle) Wagen *der* **2.** (UK) (of train) Waggon *der*

waist [weɪst] *n* Taille *die*

waistcoat ['weɪskəʊt] *n* Weste *die*

wait [weɪt] ◇ *n* Wartezeit *die* ◇ *vi* warten ● **I can't wait!** ich kann es nicht erwarten! ◆ **wait for** *vt insep* warten auf (+A) ● **to wait for sb to do sthg** darauf warten, dass jd etw tut

waiter ['weɪtə'] *n* Kellner *der* ● **waiter!** Herr Ober!

waiting room ['weɪtɪŋ-] *n* **1.** Warteraum *der* **2.** (at doctor's) Wartezimmer *das*

waitress ['weɪtrɪs] *n* Bedienung *die*

wake [weɪk] (*pt* **woke**, *pp* **woken**) ◇ *vt* wecken ◇ *vi* auf|wachen ◆ **wake up** ◇ *vt sep* auf|wecken ◇ *vi (wake)* auf|wachen

Waldorf salad ['wɔːldɔːf-] *n* Waldorfsalat *der*

Wales [weɪlz] *n* Wales *nt*

walk [wɔːk] ◇ *n* 1. Spaziergang *der* 2. *(hike)* Wanderung *die* 3. *(path)* Fußweg *der* ◇ *vi* 1. zu Fuß gehen 2. *(as hobby)* wandern ◇ *vt* 1. *(distance)* gehen 2. *(dog)* Gassi gehen mit ● **to go for a walk** spazieren gehen ● **it's a short walk** es ist ein kurzes Stück zu Fuß ● **to take the dog for a walk** mit dem Hund Gassi gehen ▼ **walk** *(US)* gehen ▼ **don't walk** *(US)* warten ◆ **walk away** *vi* weg|gehen ◆ **walk in** *vi* rein|kommen/rein|gehen ◆ **walk out** *vi* gehen

walker ['wɔːkə'] *n* 1. Spaziergänger *der*, -in *die* 2. *(hiker)* Wanderer *der*, Wanderin *die*

walking boots ['wɔːkɪŋ-] *npl* Wanderschuhe *pl*

walking stick ['wɔːkɪŋ-] *n* Spazierstock *der*

Walkman ® ['wɔːkmən] *n* Walkman *der*

wall [wɔːl] *n* 1. *(inside)* Wand *die* 2. *(outside)* Mauer *die*

Wall Street

In dieser Straße am südlichen Ende Manhattans haben die großen Finanzinstitute ihren Sitz, der Name steht jedoch vor allem für den *New York Stock Exchange*, die wichtigste amerikanische Börse. Der berühmtberüchtigte *Wall Street Crash* im Ok-

tober 1929 trug maßgeblich zur Wirtschaftskrise der 1930er Jahre bei.

wallet ['wɒlɪt] *n* Brieftasche *die*

wallpaper ['wɔːl,peɪpə'] *n* Tapete *die*

wally ['wɒlɪ] *n (UK) (inf)* Trottel *der*

walnut ['wɔːlnʌt] *n (nut)* Walnuss *die*

waltz [wɔːls] *n* Walzer *der*

wander ['wɒndə'] *vi* herum|wandern

want [wɒnt] *vt* 1. wollen 2. *(need)* brauchen ● **to want to do sthg** etw tun wollen ● **to want sb to do sthg** wollen, dass jd etw tut

WAP [wæp] *n (abbr of wireless application protocol)* WAP *das*

war [wɔː'] *n* Krieg *der*

ward [wɔːd] *n (in hospital)* Station *die*

warden ['wɔːdn] *n* 1. *(of park)* Aufseher *der*, -in *die* 2. *(of youth hostel)* Herbergsvater *der*, -mutter *die*

wardrobe ['wɔːdrəʊb] *n* Kleiderschrank *der*

warehouse ['weəhaʊs] *n* Lagerhalle *die*

warm [wɔːm] ◇ *adj* warm ◇ *vt* wärmen ◆ **warm up** ◇ *vt sep* auf|wärmen ◇ *vi* 1. *(get warmer)* wärmer werden 2. *(do exercises)* sich auf|wärmen 3. *(machine, engine)* warm laufen

war memorial *n* Kriegerdenkmal *das*

warmth [wɔːmθ] *n (heat)* Wärme *die*

warn [wɔːn] *vt* warnen ● **to warn sb about sthg** jn vor etw warnen ● **to warn sb not to do sthg** jn davor warnen, etw zu tun

warning ['wɔːnɪŋ] *n* 1. *(of danger)* Warnung *die* 2. *(advance notice)* Vorwarnung *die*

warranty ['wɒrəntɪ] *n (fml)* Garantie *die*

warship ['wɔːʃɪp] n Kriegsschiff das

wart [wɔːt] n Warze die

was [wɒz] pt ➢ be

wash [wɒʃ] ◇ vt 1. waschen 2. (dishes) abwaschen ◇ vi sich waschen ◇ n ● to give sthg a wash etw waschen ● to have a wash sich waschen ● to wash one's hands sich (D) die Hände waschen ● wash up vi 1. (UK) (do washing-up) abwaschen 2. (US) (clean oneself) sich waschen

washable ['wɒʃəbl] adj waschbar

washbasin ['wɒʃ,beɪsn] n Waschbecken das

washbowl ['wɒʃbəʊl] n (US) Waschbecken das

washer ['wɒʃə'] n (ring) Dichtungsring der

washing ['wɒʃɪŋ] n 1. (activity) Waschen das 2. (clothes) Wäsche die

washing line n Wäscheleine die

washing machine n Waschmaschine die

washing powder n Waschpulver das

washing-up n (UK) ● to do the washing-up abwaschen

washing-up bowl n (UK) Abwaschschüssel die

washing-up liquid n (UK) Geschirrspülmittel das

washroom ['wɒʃrʊm] n (US) Toilette die

wasn't [wɒznt] = was not

wasp [wɒsp] n Wespe die

waste [weɪst] ◇ n (rubbish) Abfall der ◇ vt verschwenden ● it's a waste of money das ist Geldverschwendung ● it's a waste of time das ist Zeitverschwendung

wastebin ['weɪstbɪn] n Abfalleimer der

waste ground n Ödland das

wastepaper basket [,weɪst'peɪpə-] n Papierkorb der

watch [wɒtʃ] ◇ n (wristwatch) (Armband)uhr die ◇ vt 1. beobachten 2. (film) sich (D) ansehen 3. (be careful with) achten auf (+A) ● to watch television fernsehen ● watch out vi (be careful) aufpassen ● to watch out for (look for) Ausschau halten nach

watchstrap ['wɒtʃstræp] n Uhrarmband das

water ['wɔːtə'] ◇ n Wasser das ◇ vt (plants, garden) gießen ◇ vi (eyes) tränen ● my mouth was watering mir lief das Wasser im Mund zusammen

water bottle n Wasserflasche die

watercolour ['wɔːtə,kʌlə'] n (picture) Aquarell das

watercress ['wɔːtəkres] n Brunnenkresse die

waterfall ['wɔːtəfɔːl] n Wasserfall der

watering can ['wɔːtərɪŋ-] n Gießkanne die

watermelon ['wɔːtə,melən] n Wassermelone die

waterproof ['wɔːtəpruːf] adj wasserdicht

water purification tablets [-pjʊərɪfɪˈkeɪʃn-] npl Wasser aufbereitende Tabletten pl

water skiing n Wasserskilaufen das

watersports ['wɔːtəspɔːts] npl Wassersport der

water tank n Wassertank der

watertight ['wɔːtətaɪt] adj wasserdicht

watt [wɒt] n Watt das ● a 60-watt bulb eine 60-Watt-Glühbirne

wave [weɪv] ◇ n Welle die ◇ vt 1. (hand) winken mit 2. (flag) schwenken ◇ vi (move hand) winken

wavelength ['weɪvleŋθ] n Wellenlänge die

wavy ['weɪvɪ] adj (hair) gewellt

wax [wæks] n **1.** Wachs das **2.** (in ears) Schmalz das

way [weɪ] n **1.** (manner) Art die **2.** (method) Art und Weise die **3.** (route, distance) Weg der **4.** (direction) Richtung die ● **which way is the station?** wie kommt man zum Bahnhof? ● **the town is out of our way** die Stadt liegt nicht auf unserem Weg ● **to be in the way** im Weg sein ● **to be on the way** auf dem Weg sein ● **to get out of the way** aus dem Weg gehen ● **to get under way** in Gang kommen ● **a long way** ein weiter Weg ● **a long way away** weit entfernt ● **to lose one's way** sich verlaufen; (in car) sich verfahren ● **on the way back** auf dem Rückweg ● **on the way there** auf dem Hinweg ● **that way** (like that) so; (in that direction) dort entlang ● **this way** (like this) so; (in this direction) hier entlang ● **no way!** (inf) auf keinen Fall! ▼ **give way** Vorfahrt beachten ▼ **way in** Eingang ▼ **way out** Ausgang

WC n (abbr of water closet) WC das

we [wiː] pron wir

weak [wiːk] adj **1.** schwach **2.** (drink, soup) dünn

weaken ['wiːkn] vt schwächen

weakness ['wiːknɪs] n Schwäche die

wealth [welθ] n Reichtum der

wealthy ['welθɪ] adj reich

weapon ['wepən] n Waffe die

weapons of mass destruction n Massenvernichtungswaffen pl

wear [weəʳ] (pt **wore**, pp **worn**) ◇ vt tragen ◇ n (clothes) Kleidung die ● **wear and tear** Verschleiß der ● **wear off** vi nachlassen ◆ **wear out** vi sich abnutzen

weary ['wɪərɪ] adj müde

weasel ['wiːzl] n Wiesel das

weather ['weðəʳ] n Wetter das ● **what's the weather like?** wie ist das Wetter? ● **to be under the weather** (inf) nicht auf dem Posten sein

weather forecast n Wettervorhersage die

weather forecaster [-fɔːkɑːstəʳ] n Meteorologe der, Meteorologin die

weather report n Wetterbericht der

weather vane [-veɪn] n Wetterfahne die

weave [wiːv] (pt **wove**, pp **woven**) vt **1.** (material) weben **2.** (basket) flechten

web [web] n (of spider) Netz das

Web n ● **the Web** das Web ● **on the Web** im Web

webcam ['webkæm] n Webcam die

web site n Webseite die

Wed. (abbr of Wednesday) Mi.

wedding ['wedɪŋ] n Hochzeit die

wedding anniversary n Hochzeitstag der

wedding dress n Hochzeitskleid das

wedding ring n Ehering der

wedge [wedʒ] n **1.** (of cake) Stück das **2.** (of wood etc) Keil der

Wednesday ['wenzdɪ] n Mittwoch der ➤ **Saturday**

wee [wiː] n (inf) Pipi das

weed [wiːd] n Unkraut das

week [wiːk] n Woche die ● **a week today** heute in einer Woche ● **in a week's time** in einer Woche

weekday ['wiːkdeɪ] n Wochentag der

weekend [ˌwiːk'end] n Wochenende das

weekly ['wiːklɪ] ◇ *adj & adv* wöchentlich ◇ *n* Wochenzeitschrift *die*

weep [wiːp] (*pt & pp* **wept**) *vi* weinen

weigh [weɪ] *vt* wiegen • **how much does it weigh?** wie viel wiegt es?

weight [weɪt] *n* Gewicht *das* • **to lose weight** abnehmen • **to put on weight** zunehmen • **weights** *npl* (*for weight training*) Hanteln *pl*

weightlifting ['weɪt,lɪftɪŋ] *n* Gewichtheben *das*

weight training *n* Hanteltraining *das*

weir [wɪəʳ] *n* Wehr *das*

weird [wɪəd] *adj* sonderbar

welcome ['welkəm] ◇ *adj* willkommen ◇ *n* Willkommen *das* ◇ *vt* begrüßen ◇ *excl* willkommen! • **to make sb feel welcome** jn freundlich aufnehmen • **you're welcome!** bitte, gern geschehen! • **to be welcome to do sthg** etw gerne tun können • **you're welcome to stay** Sie sind bei uns herzlich willkommen

weld [weld] *vt* schweißen

welfare ['welfeəʳ] *n* **1.** Wohl *das* **2.** (*US*) (*money*) Sozialhilfe *die*

well [wel] (*compar* **better**, *superl* **best**) ◇ *adj* (*healthy*) gesund ◇ *adv* gut ◇ *n* (*for water*) Brunnen *der* • **to get well** gesund werden • **get well soon!** gute Besserung! • **to go well** gut gehen • **well done!** gut gemacht! • **it may well happen** es kann durchaus passieren • **it's well worth it** es lohnt sich unbedingt • **as well** (*in addition*) auch • **as well as** (*in addition to*) sowohl ... als auch

we'll [wiːl] = **we shall, we will**

well-behaved [-bɪ'heɪvd] *adj* artig

well-built *adj* • **to be well-built** gut gebaut sein

well-done *adj* (*meat*) gut durchgebraten

well-dressed [-'drest] *adj* gut gekleidet

wellington (boot) ['welɪŋtən-] *n* Gummistiefel *der*

well-known *adj* bekannt

well-off *adj* (*rich*) wohlhabend

well-paid *adj* gut bezahlt

welly ['welɪ] *n* (*UK*) (*inf*) Gummistiefel *der*

Welsh [welʃ] ◇ *adj* walisisch ◇ *n* (*language*) Walisisch *das* ◇ *npl* • **the Welsh** die Waliser *pl*

Welshman ['welʃmən] (*pl* **-men**) *n* Waliser *der*

Welsh rarebit [-'reəbɪt] *n* Toast mit *geschmolzenem Käse*

Welshwoman ['welʃ,wʊmən] (*pl* **-women**) *n* Waliserin *die*

went [went] *pt* ➤ **go**

wept [wept] *pt & pp* ➤ **weep**

were [wɜːʳ] *pt* ➤ **be**

we're [wɪəʳ] = **we are**

weren't [wɜːnt] = **were not**

west [west] ◇ *n* Westen *der* ◇ *adj* West-,

westlich ◇ *adv (fly, walk, be situated)* nach Westen ● **in the west of England** im Westen Englands

westbound ['westbaʊnd] *adj* in Richtung Westen

West Country *n* ● **the West Country** der Südwesten Englands, mit den Grafschaften Cornwall, Devon und Somerset

West End *n* ● **the West End** (of London) Londoner Viertel mit Theatern und großen Kaufhäusern

western ['westən] ◇ *adj* westlich ◇ *n (film)* Western *der*

West Germany *n* Westdeutschland *nt*

West Indies [-'ɪndiːz] *npl* Westindische Inseln *pl*

Westminster ['westmɪnstəʳ] *n* Westminster *nt (Sitz des britischen Parlaments)*

Westminster Abbey *n* die Abtei von Westminster

Westminster/ Westminster Abbey

Westminster, eigentlich *City of Westminster*, ist der Londoner Stadtbezirk, in dem sich das Parlament und viele Regierungsbüros befinden. Die im Herzen von *Westminster* gelegene *Westminster Abbey* ist die Krönungs- und Grabeskirche der englischen Könige und wurde zwischen dem 13. und dem 16. Jh. an der Stelle einer älteren Klosterkirche erbaut.

westwards ['westwədz] *adv* westwärts

wet [wet] *(pt & pp inv OR* **-ted)** ◇ *adj* **1.** nass **2.** *(rainy)* regnerisch ◇ *vt* nass machen ● **to get wet** nass werden ▼ wet paint frisch gestrichen

wet suit *n* **1.** Tauchanzug *der* **2.** *(for surfing)* Surfanzug *der*

we've [wiːv] = **we have**

whale [weɪl] *n* Wal *der*

wharf [wɔːf] *(pl* **-s** OR **wharves)** *n* Kai *der*

what [wɒt]
◇ *adj* **1.** *(in questions)* welche(r)(s) ● **what colour is it?** welche Farbe hat es? ● he asked me what colour it was er fragte mich, welche Farbe es hatte **2.** *(in exclamations)* was für ● **what a surprise!** was für eine Überraschung! ● **what a beautiful day!** was für ein schöner Tag! ◇ *pron* **1.** *(in questions)* was ● **what is going on?** was ist los? ● **what are they doing?** was tun sie da? ● **what's your name?** wie heißt du? ● she asked me what happened sie fragte mich, was passiert war ● **what is it for?** wofür ist das? **2.** *(introducing relative clause)* was ● I didn't see what happened ich habe nicht gesehen, was passiert ist ● you can't have what you want du kannst nicht das haben, was du willst **3.** *(in phrases)* ● **what for?** wozu? ● **what about going out for a meal?** wie wäre es mit Essen gehen? ◇ *excl* was!

whatever [wɒt'evəʳ] *pron* ● take whatever you want nimm, was du willst ● whatever I do, I'll lose was ich auch tue, ich verliere ● whatever that may be was auch immer das sein mag

wheat [wiːt] *n* Weizen *der*

wheel [wiːl] *n* **1.** Rad *das* **2.** *(steering wheel)* Lenkrad *das*

wheelbarrow ['wi:l,bærəʊ] *n* Schubkarre *die*

wheelchair ['wi:l,tʃeə^r] *n* Rollstuhl *der*

wheelclamp [,wi:l'klæmp] *n* Parkkralle *die*

wheezy ['wi:zɪ] *adj* keuchend

when [wen] ◇ *adv (in questions)* wann ◇ *conj* **1.** *(specifying time)* wenn **2.** *(in the past)* als **3.** *(although, seeing as)* wo ... doch

whenever [wen'evə^r] *conj* (immer) wenn ● **whenever you like** wann immer du willst

where [weə^r] *adv & conj* wo ● **where do you come from?** woher kommst du? ● **where are you going?** wohin gehst du?

whereabouts ['weərəbaʊts] ◇ *adv* wo ◇ *npl* Aufenthaltsort *der*

whereas [weər'æz] *conj* während

wherever [weər'evə^r] *conj* **1.** wo immer **2.** *(from any place)* woher auch immer **3.** *(to any place)* wohin auch immer **4.** *(everywhere)* überall wo ● **wherever that may be** wo immer das sein mag

whether ['weðə^r] *conj* ob

which [wɪtʃ]
◇ *adj (in questions)* welche(r)(s) ● **which room do you want?** welches Zimmer willst du? ● **which one?** welches? ● she asked me which room I wanted **sie** fragte mich, welches Zimmer ich möchte
◇ *pron* **1.** *(in questions: subject)* welche(r)(s) ● **which is the cheapest?** welches ist das Billigste? ● **he asked me which was the best** er fragte mich, welcher der Beste sei **2.** *(in questions: object)* welche(n)(s) ● **which do you prefer?** welches gefällt dir besser? ● **he**

asked me which I preferred er fragte mich, welchen ich bevorzuge **3.** *(in questions: after prep +A)* welche(n)(s) ● **which should I put the vase on?** auf welchen soll ich die Vase stellen? **4.** *(in questions: after prep +D)* welcher/welchem/welchem ● **he asked me which I was talking about** er fragte mich, von welchem ich gesprochen hatte **5.** *(introducing relative clause: subject)* der/die/das, die *pl* ● **the house which is on the corner** das Haus, das an der Ecke steht **6.** *(introducing relative clause: object, after prep +A)* den/die/das, die *pl* ● **the television which I bought** der Fernseher, den ich gekauft habe **7.** *(introducing relative clause: after prep +D)* dem/der/dem, denen *pl* ● **the settee on which I'm sitting** das Sofa, auf dem ich sitze **8.** *(referring back)* was ● **he's late, which annoys me** er ist spät dran, was mich ärgert ● **he's always late, which I don't like** er verspätet sich immer, was ich nicht leiden kann

whichever [wɪtʃ'evə^r] ◇ *adj* **1.** *(any)* welche(r)(s) **2.** *(no matter which)* egal welche ◇ *pron* welche(r)(s)

while [waɪl] ◇ *conj* **1.** während **2.** *(although)* obgleich ◇ *n* ● **a while** eine Weile ● **for a while** eine Weile ● **in a while** bald ● **a short while ago** vor kurzem

whim [wɪm] *n* Laune *die*

whine [waɪn] *vi* **1.** *(make noise)* winseln **2.** *(complain)* jammern

whip [wɪp] ◇ *n* Peitsche *die* ◇ *vt* peitschen

whipped cream [wɪpt-] *n* Schlagsahne *die*, Schlagobers *das (Österr)*

whirlpool ['wɜ:lpu:l] n (Jacuzzi) Whirlpool der

whisk [wɪsk] ◇ n (utensil) Quirl der ◇ vt (eggs, cream) schlagen

whiskers ['wɪskəz] npl **1.** (of person) Backenbart der **2.** (of animal) Schnurrhaar das

whiskey ['wɪskɪ] (pl -s) n Whiskey der

whisky ['wɪskɪ] n Whisky der

whisper ['wɪspə'] vt & vi flüstern

whistle ['wɪsl] ◇ n **1.** (instrument) Pfeife die **2.** (sound) Pfiff der ◇ vi pfeifen

white [waɪt] ◇ adj **1.** weiß **2.** (coffee, tea) mit Milch ◇ n **1.** (colour) Weiß das **2.** (of egg) Eiweiß das **3.** (person) Weiße der, die

white bread n Weißbrot das

White House n • the White House das Weiße Haus (Amtssitz des US-Präsidenten)

White House

Das Weiße Haus ist seit 1800 der offizielle Amts- und Wohnsitz des Präsidenten der Vereinigten Staaten in Washington D.C. und der einzige Privatwohnung eines Staatschefs, die ohne Eintritt für die Öffentlichkeit zugänglich ist. Das berühmte Oval Office, Symbol des Präsidentenamtes, wurde 1909 eingeweiht.

white sauce n Béchamelsoße die

white spirit n Verdünner der

whitewash ['waɪtwɒʃ] vt tünchen

white wine n Weißwein der

whiting ['waɪtɪŋ] (pl inv) n Wittling der

Whitsun ['wɪtsn] n Pfingsten das

who [hu:] pron **1.** (in questions) wer **2.** (accusative) wen **3.** (dative) wem **4.** (in relative clauses) der/die/das, die pl

whoever [hu:'evə'] pron (whichever person) wer immer • whoever it is wer es auch ist

whole [həʊl] ◇ adj ganz ◇ n • the whole of the money das ganze Geld • on the whole im Großen und Ganzen

wholefoods ['həʊlfu:dz] npl Vollwertkost die

wholemeal bread ['həʊlmi:l-] n (UK) Vollkornbrot das

wholesale ['həʊlseɪl] adv (COMM) en gros

wholewheat bread ['həʊl.wi:t-] (US) = wholemeal bread

whom [hu:m] pron **1.** (fml) (in questions) wen **2.** (dative) wem **3.** (in relative clauses) den/die/das, die pl **4.** (dative) dem/der/dem, denen pl • to whom (in questions) wem; (in relative clauses) dem/der/dem, denen pl

whooping cough ['hu:pɪŋ-] n Keuchhusten der

whose [hu:z] ◇ adj **1.** (in questions) wessen **2.** (in relative clauses) dessen/deren/dessen, deren pl ◇ pron (in questions) wessen • whose jumper is this? wessen Pullover ist das? • the woman whose daughter I know die Frau, deren Tochter ich kenne • whose is this? wem gehört das?

why [waɪ] adv & conj warum • why not? warum nicht?

wick [wɪk] n (of candle, lighter) Docht der

wicked ['wɪkɪd] adj **1.** (evil) böse, schlecht **2.** (mischievous) schelmisch

wicker ['wɪkə'] adj Korb-

wide [waɪd] ◇ *adj* **1.** breit **2.** *(opening)* weit **3.** *(range, difference, gap)* groß ◇ *adv* ● **to open sthg wide** etw weit öffnen ● **how wide is the road?** wie breit ist die Straße? ● **it's 12 metres wide** er/sie/es ist 12 Meter breit ● **wide open** weit offen

widely ['waɪdlɪ] *adv* weit

widen ['waɪdn] ◇ *vt* verbreitern ◇ *vi (gap, difference)* größer werden

widescreen TV ['waɪdskriːn] *n* Breitwandfernsehen *das*

widespread ['waɪdspred] *adj* weit verbreitet

widow ['wɪdəʊ] *n* Witwe *die*

widower ['wɪdəʊə°] *n* Witwer *der*

width [wɪdθ] *n* Breite *die*

wife [waɪf] *(pl* **wives)** *n* Ehefrau *die*

wig [wɪg] *n* Perücke *die*

wild [waɪld] *adj* **1.** wild **2.** *(crazy)* verrückt ● **to be wild about** *(inf)* verrückt sein auf *(+A)*

wild flower *n* wilde Blume

wildlife ['waɪldlaɪf] *n* Tierwelt *die*

will¹ [wɪl] *aux vb* **1.** *(expressing future tense)* werden ● **I will see you next week** wir sehen uns nächste Woche ● **will you be here next Friday?** wirst du nächsten Freitag hier sein? ● **yes I will** ja, werde ich ● **no I won't** nein, werde ich nicht **2.** *(expressing willingness)* wollen, werden ● **I won't do it** ich werde das nicht tun ● **no one will do it** niemand will das machen **3.** *(expressing polite question)* ● **will you have some more tea?** möchten Sie noch mehr Tee? **4.** *(in commands, requests)* ● **will you please be quiet!** sei bitte ruhig! ● **close that window, will you?** mach doch das Fenster zu, bitte

will² [wɪl] *n (document)* Testament *das* ● **against his will** gegen seinen Willen

willing ['wɪlɪŋ] *adj* ● **to be willing (to do sthg)** bereit sein (, etw zu tun)

willingly ['wɪlɪŋlɪ] *adv* bereitwillig, gern

willow ['wɪləʊ] *n* Weide *die*

Wimbledon ['wɪmbldn] *n* Tennisturnier *das*

Wimbledon

Das vermutlich bekannteste Tennisturnier der Welt, neben den Australian, *French* und *US* Opens die vier Grand-Slam-Turniere, findet jedes Jahr in der letzten Juni- und der ersten Juliwoche auf den Rasenplätzen des Englischen Rasentennis- und Croquetklubs im Londoner Vorort Wimbledon statt.

win [wɪn] *(pt & pp* **won)** ◇ *n* Sieg *der* ◇ *vt* gewinnen ◇ *vi* **1.** gewinnen **2.** *(in battle)* siegen **3.** *(be ahead)* in Führung liegen

wind¹ [wɪnd] *n* **1.** Wind *der* **2.** *(in stomach)* Blähungen *pl*

wind² [waɪnd] *(pt & pp* **wound)** ◇ *vi (road, river)* sich winden ◇ *vt* ● **to wind sthg round sthg** etw um etw wickeln ● **wind up** *vt sep* **1.** *(UK) (inf) (annoy)* ärgern **2.** *(car window)* hochkurbeln **3.** *(clock, watch)* aufziehen

windbreak ['wɪndbreɪk] *n* Windschutz *der*

windmill ['wɪndmɪl] *n* Windmühle *die*

window ['wɪndəʊ] *n* Fenster *das*

window box *n* Blumenkasten *der*

window cleaner *n* Fensterputzer *der*, -in *die*

windowpane ['wɪndəʊ‚peɪn] n Fensterscheibe *die*

window seat n Fensterplatz *der*

window-shopping n Schaufensterbummel *der*

windowsill ['wɪndəʊsɪl] n Fenstersims *der das*

windscreen ['wɪndskriːn] n (UK) Windschutzscheibe *die*

windscreen wipers npl (UK) Scheibenwischer *pl*

windshield ['wɪndʃiːld] (US) = **windscreen**

Windsor Castle ['wɪnzə-] n Schloss Windsor

windsurfing ['wɪnd‚sɜːfɪŋ] n Windsurfen *das* ● **to go windsurfing** windsurfen gehen

windy ['wɪndɪ] adj windig

wine [waɪn] n Wein *der*

wine bar n (UK) Weinstube *die*

wineglass ['waɪnglɑːs] n Weinglas *das*

wine list n Weinkarte *die*

wine tasting [-‚teɪstɪŋ] n Weinprobe *die*

wine waiter n Weinkellner *der*

wing [wɪŋ] n 1. Flügel *der* 2. (of plane) Tragfläche *die* 3. (UK) (of car) Kotflügel *der* ● **wings** npl ● **the wings** (in theatre) die Kulissen

wink [wɪŋk] vi zwinkern

winner ['wɪnə'] n 1. Gewinner *der*, -in *die* 2. SPORT Sieger *der*, -in *die*

winning ['wɪnɪŋ] adj 1. (person, team) siegreich 2. (ticket, number) Gewinn-

winter ['wɪntə'] n Winter *der* ● **in (the) winter** im Winter

wintertime ['wɪntətaɪm] n Winterzeit *die*

wipe [waɪp] vt 1. ablwischen 2. (floor) auflwischen ● **to wipe one's feet** sich (D) die Füße abltreten ● **to wipe one's hands** sich (D) die Hände ablwischen ◆ **wipe up** ◇ vt sep (liquid, dirt) auflwischen ◇ vi (dry the dishes) abltrocknen

wiper ['waɪpə'] n AUT Scheibenwischer *der*

wire [waɪə'] ◇ n 1. Draht *der* 2. (electrical wire) Kabel *das* ◇ vt (plug) anlschließen

wireless ['waɪəlɪs] n Radio *das*

wiring ['waɪərɪŋ] n Leitungen *pl*

wisdom tooth ['wɪzdəm-] n Weisheitszahn *der*

wise [waɪz] adj weise

wish [wɪʃ] ◇ n Wunsch *der* ◇ vt wünschen ● **best wishes** alles Gute ● **to wish for sthg** sich (D) etw wünschen ● **to wish to do sthg** (fml) etw zu tun wünschen ● **to wish sb luck/happy birthday** jm Glück/alles Gute zum Geburtstag wünschen ● **if you wish** (fml) wenn Sie es wünschen

witch [wɪtʃ] n Hexe *die*

with [wɪð] prep 1. (gen) mit ● **come with me** komm mit mir ● **a man with a beard** ein Mann mit Bart ● **a room with a bathroom** ein Zimmer mit Bad ● **he hit me with a stick** er hat mich mit einem Stock geschlagen ● **be careful with that!** sei vorsichtig damit! ● **to argue with sb** mit jm streiten ● **topped with cream** mit Sahne 2. (at house of) bei ● **we stayed with friends** wir haben bei Freunden übernachtet 3. (indicating emotion) vor (+ D) ● **to tremble with fear** vor Angst zittern

withdraw [wɪð'drɔː] (pt **-drew**, pp **-drawn**) ◇ vt 1. (take out) herauslnehmen 2. (money) abllheben ◇ vi (from race, contest) zurücklziehen

wi

withdrawal [wɪð'drɔːəl] *n* (*from bank account*) Abheben *das*

withdrawn [wɪð'drɔːn] *pp* ➤ withdraw

withdrew [wɪð'druː] *pt* ➤ withdraw

wither ['wɪðə'] *vi* verwelken

within [wɪ'ðɪn] *prep* innerhalb (+G) ◇ *adv* innen ● **within walking distance** zu Fuß erreichbar ● **within the next week** innerhalb der nächsten Woche ● **within 10 miles** im Umkreis von 10 Meilen

without [wɪ'ðaʊt] *prep* ohne ● **without doing sthg** ohne etw zu tun

withstand [wɪð'stænd] (*pt & pp* -**stood**) *vt* standhalten (+D)

witness ['wɪtnɪs] *n* Zeuge *der*, Zeugin *die* ◇ *vt* (*see*) Zeuge sein (+G)

witty ['wɪtɪ] *adj* geistreich

wives [waɪvz] *pl* ➤ wife

WMD *n* (*abbr of* weapons of mass destruction) Massenvernichtungswaffen *pl*

wobbly ['wɒblɪ] *adj* wackelig

wok [wɒk] *n* Wok *der*

woke [wəʊk] *pt* ➤ wake

woken ['wəʊkn] *pp* ➤ wake

wolf [wʊlf] (*pl* **wolves**) *n* Wolf *der*

woman ['wʊmən] (*pl* **women**) *n* Frau *die*

womb [wuːm] *n* Gebärmutter *die*

women ['wɪmɪn] *pl* ➤ woman

won [wʌn] *pt & pp* ➤ win

wonder ['wʌndə'] ◇ *vi* (*ask oneself*) sich fragen ◇ *n* (*amazement*) Staunen *das*, Verwunderung *die* ● **I wonder if I could ask you a favour?** könnte ich Sie/dich vielleicht um einen Gefallen bitten?

wonderful ['wʌndəfʊl] *adj* wunderbar

won't [wəʊnt] = will not

wood [wʊd] *n* **1.** Holz *das* **2.** (*small forest*) Wald *der*

wooden ['wʊdn] *adj* Holz-, hölzern

woodland ['wʊdlənd] *n* Waldung *die*

woodpecker ['wʊd,pekə'] *n* Specht *der*

woodwork ['wʊdwɜːk] *n* SCH Werkunterricht *der*

wool [wʊl] *n* Wolle *die*

woolen ['wʊlən] (*US*) = woollen

woollen ['wʊlən] *adj* (*UK*) Woll-

woolly ['wʊlɪ] *adj* wollen

wooly ['wʊlɪ] (*US*) = woolly

Worcester sauce ['wʊstə-] *n* Worcestersoße *die*

word [wɜːd] *n* Wort *das* ● **in other words** mit anderen Worten ● **to have a word with sb** mit jm sprechen

wording ['wɜːdɪŋ] *n* Wortlaut *der*

word processing [-'prəʊsesɪŋ] *n* Textverarbeitung *die*

word processor [-'prəʊsesə'] *n* Textverarbeitungssystem *das*

wore [wɔː'] *pt* ➤ wear

work [wɜːk] ◇ *n* **1.** Arbeit *die* **2.** (*painting, novel etc*) Werk *das* ◇ *vi* **1.** arbeiten **2.** (*operate*) funktionieren **3.** (*have desired effect*) klappen **4.** (*take effect*) wirken ◇ *vt* (*machine, controls*) bedienen ● **out of work** arbeitslos ● **to be at work** (*at workplace*) auf der Arbeit sein; (*working*) arbeiten ● **to be off work** nicht arbeiten ● **the works** (*inf*) (*everything*) alles ● **how does it work?** wie funktioniert das?, wie geht das? ● **it's not working** es funktioniert nicht, es geht nicht ◆ **work out** ◇ *vt sep* **1.** (*price, total*) ausrechnen **2.** (*solution*) herausfinden **3.** (*method, plan*) auslarbeiten ◇ *vi* **1.** (*result*) laufen **2.** (*be successful*) klappen **3.** (*do exercise*) trai-

nieren ● **it works out at £20 each** (bill, total) es kommt für jeden ab 20 Pfund
worker ['wɜːkə] n Arbeiter der, -in die
working class ['wɜːkɪŋ-] n ● **the working class** die Arbeiterklasse
working hours ['wɜːkɪŋ-] npl Arbeitszeit die

working hours

In Großbritannien arbeiten Angestellte 35-38 Wochenstunden; Arbeiter haben eine 40-Stunden-Woche, bekommen Überstunden dafür jedoch meist bezahlt. In den USA beträgt die normale Wochenarbeitszeit 40-45 Stunden; Gleitzeit ist wesentlich weniger verbreitet als in Großbritannien. Briten haben vier bis fünf, Amerikaner zwei Wochen bezahlten Jahresurlaub.

workman ['wɜːkmən] (pl **-men**) n Handwerker der
work of art n Kunstwerk das
workout ['wɜːkaʊt] n Fitnesstraining das
work permit n Arbeitserlaubnis die
workplace ['wɜːkpleɪs] n Arbeitsplatz der
workshop ['wɜːkʃɒp] n (for repairs) Werkstatt die
work surface n Arbeitsfläche die
world [wɜːld] ◇ n Welt die ◇ adj Welt-
worldwide [,wɜːld'waɪd] adv weltweit
World Wide Web n ● **the World Wide Web** World Wide Web das
worm [wɜːm] n Wurm der
worn [wɔːn] ◇ pp > wear ◇ adj **1.** (clothes) abgetragen **2.** (carpet) abgenutzt

worn-out adj **1.** (clothes, shoes etc) abgetragen **2.** (tired) erschöpft
worried ['wʌrɪd] adj besorgt
worry ['wʌrɪ] ◇ n Sorge die ◇ vt beunruhigen ◇ vi ● **to worry (about)** sich (D) Sorgen machen (über (+A))
worrying ['wʌrɪɪŋ] adj beunruhigend
worse [wɜːs] adj & adv schlechter, schlimmer ● **to get worse** schlechter werden ● **he's getting worse** (more ill) es geht ihm schlechter ● **to be worse off** (in worse position) schlechter dran sein; (poorer) schlechter dastehen
worsen ['wɜːsn] vi sich verschlechtern
worship ['wɜːʃɪp] ◇ n (church service) Gottesdienst der ◇ vt **1.** (god) preisen **2.** (fig) (person) anbeten
worst [wɜːst] ◇ adj schlechteste(r)(s), schlimmste(r)(s) ◇ adv am schlechtesten, am schlimmsten ◇ n ● **the worst** der/die/das Schlechteste, der/die/das Schlimmste
worth [wɜːθ] prep ● **how much is it worth?** wie viel ist das wert? ● **it's worth £50** es ist 50 Pfund wert ● **it's worth seeing** es ist sehenswert ● **it's not worth it** es lohnt sich nicht ● **£50 worth of traveller's cheques** Travellerschecks im Wert von 50 Pfund
worthless ['wɜːθlɪs] adj wertlos
worthwhile [,wɜːθ'waɪl] adj lohnenswert
worthy ['wɜːðɪ] adj (winner, cause) würdig ● **to be worthy of sthg** etw verdienen
would [wʊd] aux vb **1.** (in reported speech) ● **she said she would come** sie sagte, sie würde kommen **2.** (indicating condition) ● **what would you do?** was würdest du

tun? ● what would you have done? was hättest du getan? ● I would be most grateful ich wäre äußerst dankbar **3.** *(indicating willingness)* ● she wouldn't go sie wollte einfach nicht gehen ● he would do anything for her er würde alles für sie tun **4.** *(in polite questions)* ● would you like a drink? möchtest du etwas trinken? ● would you mind closing the window? könntest du das Fenster zu machen? **5.** *(indicating inevitability)* ● he would say that er musste das sagen **6.** *(giving advice)* ● I would report it if I were you ich würde es melden, wenn ich du wäre **7.** *(expressing opinions)* ● I would prefer coffee ich hätte lieber Kaffee ● I would prefer to go by bus ich würde lieber mit dem Bus fahren ● I would have thought (that) ... ich hätte gedacht, (dass) ...

wound¹ ['wu:nd] ◇ *n* Wunde *die* ◇ *vt* verwunden

wound² [waʊnd] *pt & pp* ➤ wind²

wove [wəʊv] *pt* ➤ weave

woven ['wəʊvn] *pp* ➤ weave

wrap [ræp] *vt (package)* einwickeln ● to wrap sthg round sthg etw um etw wickeln ● **wrap up** ◇ *vt sep (package)* einwickeln ◇ *vi (dress warmly)* sich warm einpacken

wrapper ['ræpə²] *n* **1.** Hülle *die* **2.** *(for sweets)* Bonbonpapier *das*

wrapping ['ræpɪŋ] *n (material)* Verpackung *die*

wrapping paper *n* Geschenkpapier *das*

wreath [ri:θ] *n* Kranz *der*

wreck [rek] ◇ *n* Wrack *das* ◇ *vt* **1.** *(destroy)* kaputtmachen **2.** *(spoil)* ruinieren ● to be wrecked *(ship)* schiffbrüchig sein

wreckage ['rekɪdʒ] *n* Trümmer *pl*

wrench [rentʃ] *n* **1.** *(UK) (monkey wrench)* Engländer *der* **2.** *(US) (spanner)* Schraubenschlüssel *der*

wrestler ['reslə²] *n* Ringer *der*, -in *die*

wrestling ['reslɪŋ] *n* Ringen *das*

wretched ['retʃɪd] *adj* **1.** *(miserable)* unglücklich **2.** *(very bad)* erbärmlich

wring [rɪŋ] *(pt & pp* wrung*) vt (clothes, cloth)* auswringen

wrinkle ['rɪŋkl] *n* Falte *die*

wrist [rɪst] *n* Handgelenk *das*

wristwatch ['rɪstwotʃ] *n* Armbanduhr *die*

write [raɪt] *(pt* wrote*, pp* written*) ◇ vt* **1.** schreiben **2.** *(US) (send letter to)* schreiben *(+D)* ◇ *vi* schreiben ● to write to sb *(UK)* jm schreiben ● **write back** *vi* zurückschreiben ● **write down** *vt sep* aufschreiben ● **write off** ◇ *vt sep (UK) (inf) (car)* zu Schrott schreiben ◇ *vi* ● to write off for sthg etw bestellen ● **write out** *vt sep* **1.** *(list)* aufstellen **2.** *(essay)* ins Reine schreiben **3.** *(cheque, receipt)* ausstellen

write-off *n (vehicle)* Totalschaden *der*

writer ['raɪtə²] *n (author)* Schriftsteller *der*, -in *die*

writing ['raɪtɪŋ] *n* **1.** *(handwriting)* Schrift *die* **2.** *(activity, words)* Schreiben *das*

writing desk *n* Schreibtisch *der*

writing pad *n* Schreibblock *der*

writing paper *n* Schreibpapier *das*

written ['rɪtn] *pp* ➤ write ◇ *adj (exam, notice)* schriftlich

wrong [roŋ] ◇ *adj* **1.** falsch **2.** *(bad, immoral)* unrecht ◇ *adv* falsch ● what's wrong? was ist los? ● something's wrong with the car mit dem Auto stimmt etwas nicht ● to be in the wrong im

Unrecht sein ● **to get sthg wrong** etw falsch verstehen ● **to go wrong** (*machine*) kaputtgehen ▼ **wrong way** (US) Schild, das anzeigt, dass man nicht in eine Straße einbiegen darf

wrongly ['rɒŋlɪ] *adv* fälschlicherweise

wrong number *n* ● **you've got the wrong number** Sie sind falsch verbunden

wrote [rəʊt] *pt* ➤ **write**

wrought iron [rɔːt-] *n* Schmiedeeisen das

wrung [rʌŋ] *pt & pp* ➤ **wring**

WWW *n* (*abbr of* World Wide Web) WWW

xing (US) (*abbr of* crossing) ▼ **ped xing** Schild für einen Fußgängerüberweg

XL (*abbr of* extra-large) XL

Xmas ['eksməs] *n* (*inf*) Weihnachten das

X-ray ◇ *n* (*picture*) Röntgenbild das ◇ *vt* röntgen ● **to have an X-ray** sich röntgen lassen

yacht [jɒt] *n* 1. (*for pleasure*) Jacht die 2. (*for racing*) Segelboot das

yard [jɑːd] *n* 1. (*unit of measurement*) = 91,44 cm, Yard das 2. (*enclosed area*) Hof

der 3. (US) (*behind house*) Hinterhof der

yard sale *n* (US) Verkauf von gebrauchten Gegenständen vor einem Haus

yarn [jɑːn] *n* (*thread*) Garn das

yawn [jɔːn] *vi* (*person*) gähnen

yd *abbr* = **yard**

yeah [jeə] *adv* (*inf*) ja

year [jɪəʳ] *n* 1. Jahr das 2. (*at school, of wine*) Jahrgang der ● **next year** nächstes Jahr ● **this year** dieses Jahr ● **I'm 15 years old** ich bin 15 Jahre alt ● **I haven't seen her for years** (*inf*) ich hab' sie seit Jahren nicht mehr gesehen ● **which year are you in?** (*at school*) in welche Klasse gehst du?

yearly ['jɪəlɪ] *adj* 1. jährlich 2. (*every year*) Jahres-

yeast [jiːst] *n* Hefe die

yell [jel] *vi* schreien

yellow ['jeləʊ] ◇ *adj* gelb ◇ *n* Gelb das

yellow lines *npl* gelbe Linie am Straßenrand, die Parkverbot anzeigt

Yellow Pages ® *n* ● **the Yellow Pages** die gelben Seiten *pl*

yes [jes] *adv* 1. ja 2. (*contradicting*) doch

yesterday ['jestədɪ] ◇ *n* Gestern das ◇ *adv* gestern ● **the day before yesterday** vorgestern ● **yesterday afternoon** gestern Nachmittag ● **yesterday morning** gestern Morgen

yet [jet] ◇ *adv* 1. noch 2. (*in questions*) schon ◇ *conj* doch ● **not yet** noch nicht ● **I've yet to do it** ich muss es noch tun ● **yet again** schon wieder ● **yet another delay** noch eine Verspätung ● **are you ready yet?** bist du schon fertig?

yew [juː] *n* Eibe die

yield [jiːld] ◇ *vt* (*profit, interest*) abwerfen ◇ *vi* (*break, give way*) nachgeben ▼ **yield**

(US) AUT Vorfahrt beachten

YMCA *n* CVJM

yob [jɒb] *n* (UK) (*inf*) Rowdy *der*

yoga ['jəʊgə] *n* Yoga *der*

yoghurt ['jɒgət] *n* Joghurt *der*

yolk [jəʊk] *n* Dotter *der*, Eigelb *das*

York Minster [jɔːk'mɪnstəʳ] *n* die Kathedrale von York

Yorkshire pudding ['jɔːkʃə-] *n* souffléartige kleine Pfannkuchen, die zu Roastbeef gegessen werden

you [juː] *pron* **1.** (*subject: singular*) du; (*plural*) ihr; (*polite form*) Sie • **you** Germans wir Deutschen **2.** (*direct object, after prep +A: singular*) dich; (*plural*) euch; (*polite form*) Sie • **I hate you!** ich hasse dich/Sie/euch! • **I did it for you** ich habe es für dich/Sie/euch getan **3.** (*indirect object, after prep +D: singular*) dir; (*plural*) euch; (*polite form*) Ihnen • **I told you** ich habe es dir/Ihnen/euch gesagt • **after you!** nach Ihnen! **4.** (*indefinite use: subject*) man; (*object*) einen • **you never know** man kann nie wissen

young [jʌŋ] ◇ *adj* jung ◇ *npl* • **the young** die junge Jugend

younger ['jʌŋgəʳ] *adj* jüngere(r)(s)

youngest ['jʌŋgəst] *adj* jüngste(r)(s)

youngster ['jʌŋstəʳ] *n* **1.** Jugendliche *der, die* **2.** (*child*) Kleine *der, die*

your [jɔːʳ] *adj* **1.** (*singular subject*) dein/deine, deine *pl*; (*plural subject*) euer/eure, eure *pl*; (*polite form*) Ihr/Ihre, Ihre *pl* • **your dog** dein/euer/Ihr Hund • **your house** dein/euer/Ihr Haus • **your children** deine/eure/Ihre Kinder **2.** (*indefinite subject*) • **it's good for your teeth** es ist gut für die Zähne

yours [jɔːz] *pron* **1.** (*singular subject*) dein/deine/deines, deine *pl* **2.** (*plural subject*) euer/eure/eures, eure *pl* **3.** (*polite form*) Ihr/Ihre/Ihres, Ihre *pl* • **a friend of yours** ein Freund von dir

yourself [jɔːˈself] (*pl* -**selves**) *pron* **1.** (*reflexive, after prep +A: singular*) dich **2.** (*reflexive, after prep +D: singular*) dir **3.** (*plural*) euch **4.** (*polite form*) sich • **did you do it yourself?** hast du/haben Sie das selbst gemacht? • **did you do it yourselves?** habt ihr das selbst gemacht?

youth [juːθ] *n* **1.** Jugend *die* **2.** (*young man*) Jugendliche *der*

youth club *n* Jugendklub *der*

youth hostel *n* Jugendherberge *die*

Yugoslavia [ˌjuːgəˈslɑːvɪə] *n* Jugoslawien *nt*

yuppie ['jʌpɪ] *n* Yuppie *der*

YWCA *n* CVJF

Z

zebra [(UK) 'zebrə, (US) 'ziːbrə] *n* Zebra *das*

zebra crossing *n* (UK) Zebrastreifen *der*

zero ['zɪərəʊ] (*pl* -**es**) *n* Null *die* • **five degrees below zero** fünf Grad unter Null

zest [zest] *n* (*of lemon, orange*) Schale *die*

zigzag ['zɪgzæg] *vi* im Zickzack laufen

zinc [zɪŋk] *n* Zink *das*

zip [zɪp] ◇ *n* (*UK*) Reißverschluss *der* ◇ *vt* den Reißverschluss zuziehen an (*+D*)

◆ **zip up** *vt sep* den Reißverschluss zuziehen an (*+D*)

zip code *n* (*US*) Postleitzahl *die*

zipper ['zɪpə'] *n* (*US*) Reißverschluss *der*

zit [zɪt] *n* (*inf*) Pickel *der*

zodiac ['zəʊdɪæk] *n* Tierkreis *der*

zone [zəʊn] *n* Zone *die*

zoo [zu:] (*pl* **-s**) *n* Zoo *der*

zoom (lens) [zu:m-] *n* Zoom *das*

zucchini [zu:'ki:nɪ] (*pl inv*) *n* (*US*) Zucchini *die*

SPRACHFÜHRER

Einheiten und Maßeinheiten

CONVERSATION
GUIDE

Numbers, weights and measures, currency, time

CONVERSATION GUIDE

Inhaltsverzeichnis

2

Contents

jn begrüßen	*greeting someone*
Guten Tag!	Hello!
Guten Morgen!/Guten Tag!	Good morning!
Guten Abend!	Good evening!
Hallo!	Hi!
Wie geht's (dir)? [to a friend] Wie geht es Ihnen? [polite form]	How are you?
Danke, bestens.	Very well, thank you.
Danke, gut.	Fine, thank you.
Und dir?/Und Ihnen?	And you?

sich vorstellen	*introducing yourself*
Ich heiße Peter.	My name is Peter.
Ich bin Engländer.	I'm English.
Ich komme aus London.	I'm from London.
Hallo, ich heiße Mark.	Hi, I'm Mark.
Darf ich mich vorstellen, ich heiße Kate.	Let me introduce myself: my name is Kate.
Ich glaube nicht, dass wir uns kennen.	I don't think we've met.

jn vorstellen	*making introductions*
Das ist Herr Jackson.	This is Mr Jackson.
Darf ich Ihnen Herrn Jackson vorstellen?	May I introduce Mr Jackson to you?
Angenehm.	Pleased to meet you.
Ich freue mich sehr, Sie kennen zu lernen.	I'm very pleased to meet you.
Ich hoffe, Sie hatten eine angenehme Reise.	I hope you had a pleasant journey.
Herzlich willkommen.	Welcome.
Darf ich Sie miteinander bekannt machen:...	Let me introduce you: ...

sich verabschieden	*saying goodbye*
Auf Wiedersehen!	Goodbye.
Bis gleich!/Bis bald!	See you soon.
Bis dann!	See you then.
Bis später!	See you later.
Bis Montag.	See you Monday.
Guten Abend.	Good evening.
Gute Nacht.	Good night.

Ich wünsche Ihnen eine angenehme Reise.	I hope you have a pleasant journey.
Es freut mich, Sie kennen gelernt zu haben.	It was nice to meet you.
Ich muss leider gehen.	I'm afraid I have to go.
Tschüss alle zusammen!	Bye everyone!
Viele Grüße an...	Give my regards to...
Weiterhin viel Erfolg!	All the best.
sich bedanken	*saying thank you*
Danke.	Thank you.
Vielen Dank.	Thank you very much.
Gleichfalls.	The same to you.
Danke für Ihre Hilfe.	Thanks for your help.
Vielen Dank für alles.	Thanks for everything.
Ich weiß gar nicht, wie ich Ihnen danken soll.	I don't know how to thank you.
Ich bin Ihnen sehr dankbar, dass...	I'm very grateful to you for...

auf einen Dank antworten	*responding to thanks*
Keine Ursache.	Don't mention it./You're welcome.
Bitte./Bitte schön./Bitte sehr.	Not at all.
Gern geschehen!	It's a pleasure.
Nichts zu danken!	It was nothing.
Aber das ist doch selbstverständlich!	It's the least I could do.

sich entschuldigen	*apologizing*
Entschuldige!/ Entschuldigen Sie!	Excuse me!
Entschuldigung./ Verzeihung.	Sorry!
Es tut mir Leid.	I'm sorry.
Es tut mir wirklich Leid.	I'm really sorry.
Entschuldigen Sie meine Verspätung.	I'm sorry for being late.
Entschuldigen Sie die Störung.	I'm sorry to disturb you.
Ich fürchte, ich muss das Treffen absagen.	I'm afraid I'm going to have to cancel the meeting.
Entschuldigen Sie vielmals!	My apologies.

7

eine Entschuldigung annehmen	*accepting an apology*
Das ist nicht schlimm.	It's nothing.
Das macht nichts.	It doesn't matter.
Kein Grund zur Sorge.	There's no harm done.
Schon vergessen!	Forget it.
Reden wir nicht mehr davon.	Let's say no more about it.
Sie brauchen sich nicht zu entschuldigen.	There's no need to apologize.

Wünsche aussprechen	*wishes and greetings*
Viel Glück!	Good luck!
Viel Spaß!	Have fun!
Guten Appetit!	Enjoy your meal!
Herzlichen Glückwunsch (zum Geburtstag)! Alles Gute (zum Geburtstag)!	Happy Birthday!
Frohe Ostern!	Happy Easter!
Fröhliche Weihnachten! Frohe Weihnachten!	Merry Christmas!

Frohes neues Jahr! Guten Rutsch (ins neue Jahr)!	Happy New Year!
Schönes Wochenende!	Have a nice weekend!
Schöne Ferien!	Enjoy your holiday! (UK) Enjoy your vacation! (US)
Alles Gute!	All the best!
Einen schönen Tag!	Have a nice day!
Prost!	Cheers!
Auf Ihr/euer Wohl!	Your health!
Weiterhin viel Erfolg!	I hope all goes well!
Herzlichen Glückwunsch!	Congratulations!
das Wetter	*the weather*
Heute ist sehr schönes Wetter.	It's very nice today.
Es ist schönes Wetter.	It's nice.
Die Sonne scheint.	It's sunny.
Es regnet.	It's raining.
Es ist bedeckt.	It's overcast.
Für morgen ist Regen angesagt.	Rain is forecast for tomorrow.
Was für ein schreckliches Wetter!	What awful weather!

9

Es ist (sehr) heiß.	It's (very) hot.
Es ist (sehr) kalt.	It's (very) cold.
Wie ist das Wetter?	What's the weather like?
Es klart etwas auf.	It's clearing up.
Es ist feucht.	It's humid.
Es ist sehr schwül.	It's very close.
Meinen Sie, dass es wärmer wird?	Do you think it's going to warm up?
Ich hoffe, das Wetter wird besser!	I hope the weather's going to improve!
seine Meinung sagen	*expressing your opinion*
Das gefällt mir.	I like it.
Das gefällt mir nicht.	I don't like it.
Ja, gerne.	Yes, please.
Nein, danke.	No thank you.
Hätten Sie/Hättet ihr Lust, mit uns in den Park zu kommen?	Would you like to come to the park with us?
Ja, sehr gerne!	Yes, I'd love to.
Ich sehe das anders.	That's not how I see it.
Ich bin ganz Ihrer Meinung.	I completely agree with you.
Das ist nicht mein Fall.	It's not my cup of tea.

10

Das würde mich schon reizen.	It's very tempting.
Ich würde etwas anderes vorziehen.	I'd prefer something else.
Ich segle sehr gern.	I love sailing.
Meiner Meinung nach,...	In my opinion, ...
Was mich angeht,...	As far as I'm concerned, ...

am Telefon	*on the phone*
Hallo!	Hello!
Hier ist Anne Martin.	Anne Martin speaking.
Ich hätte gerne mit Herrn Moore gesprochen.	I'd like to speak to Mr Moore.
Ich rufe im Auftrag von Frau Smith an.	I'm calling on behalf of Mrs Smith.
Ich rufe in zehn Minuten noch mal an.	I'll call back in ten minutes.
Ich warte lieber.	I'll hold.
Kann ich ihm/ihr etwas ausrichten?	Can I leave a message for him/her?
Entschuldigung, ich habe mich verwählt.	Sorry, I must have dialled the wrong number. (UK) Sorry I must have dialed the wronrg number. (US)

Wer spricht dort?	Who's speaking?
Bleiben Sie bitte dran, ich verbinde Sie.	Please hold. I'll put you through.
Können Sie in einer Stunde noch mal anrufen?	Can you call back in an hour?
berufliche Kontakte	*business*
Guten Tag, ich komme von Biotech.	Hello, I'm from Biotech.
Ich habe um 14.30 Uhr einen Termin bei Herrn Martin.	I've an appointment with Mr Martin at 2.30.
Hier ist meine Visitenkarte.	Here's my business card.
Ich möchte bitte den Direktor sprechen.	I'd like to speak to the director.
Meine E-mail-Adresse ist paul@easyconnect.com.	My e-mail address is paul@easyconnect.com.
Ich rufe an, um einen Termin zu vereinbaren.	I'm calling to arrange an appointment.
Hätten Sie zum Mittagessen Zeit?	Would you have time for lunch?
Meine Sekretärin wird sich bei Ihnen melden, um einen Termin mit Ihnen zu vereinbaren.	My secretary will call you to arrange an appointment with you.

ein Auto mieten	*hiring a car (UK)* *renting a car (US)*
Ich möchte ein Auto mit Klimaanlage für eine Woche mieten.	I'd like to hire a car with air-conditioning. (UK) I'd like to rent a car with air-conditioning. (US)
Wie viel kostet das pro Tag?	How much does it cost a day?
Gibt es eine Kilometerbegrenzung?	Is there unlimited mileage?
Was kostet die Vollkaskoversicherung?	How much is the fully comprehensive insurance?
Kann ich das Auto am Flughafen abgeben?	Can I return the car at the airport?
Hier ist mein Führerschein.	Here's my driving license. (UK) Here's my driver's license. (US)

an der Tankstelle	*at the petrol station (UK)* *at the gas station (US)*
Volltanken, bitte.	Fill it up, please.
Ich würde gerne den Reifendruck überprüfen.	I'd like to check the tyre pressure.
Zapfsäule (Nummer) 3, bitte.	Pump (number) 3, please.
Verkaufen Sie kein Flüssiggas?	Do you sell LPG?

13

Ich habe eine Panne.	I've broken down.
Ich habe kein Benzin mehr.	I've run out of petrol. (UK) I've run out of gas. (US)
Die Klimaanlage funktioniert nicht.	The air-conditioning doesn't work.
Ich habe den Auspuff verloren.	I've lost the exhaust.
Mein Auto verliert Öl.	My car's leaking oil.
Der Motor läuft heiß.	The engine's overheating.
Der Motor macht ein komisches Geräusch.	The engine's making a funny noise.
Können Sie bitte die Bremsen überprüfen?	Can you please check the brakes?
Die Batterie ist leer.	The battery's flat.
Können Sie bitte den Kühlwasserstand überprüfen?	Can you please check the radiator level?
Ich habe einen Platten.	I've got a flat tyre. (UK) I've got a flat tire. (US)
Der Reifen muss repariert werden.	The tyre needs to be repaired. (UK) The tire needs to be repaired. (US)

Wie viel wird die Reparatur kosten?	How much are the repairs going to cost?
ein Taxi nehmen	*taking a taxi (UK)* *taking a cab*
Können Sie mir bitte ein Taxi rufen?	Can you please call me a taxi?
Wo ist der Taxistand?	Where is the taxi stand?
Ich hätte gerne ein Taxi für 8 Uhr.	I'd like a cab for 8 o'clock.
Wie lang braucht man von hier bis zum Flughafen?	How long does it take from here to the airport ?
Kann ich vorne sitzen?	Can I sit in the front?
Zum Busbahnhof/Bahnhof/ Flughafen, bitte.	To the bus station/train station/airport, please.
Halten Sie bitte hier/an der Ampel/an der Ecke.	Please stop here/at the lights/at the corner.
Können Sie bitte auf mich warten?	Can you please wait for me?
Wie viel schulde ich Ihnen?	How much do I owe you?
Kann ich bitte eine Quittung haben?	Can I please have a receipt?
Stimmt so.	Keep the change.

mit dem Bus fahren	*taking the bus*
Wann fährt der nächste Bus nach Stuttgart?	When does the next bus to Stuttgart leave?
Von welchem Bussteig fährt er ab?	Which bay does it leave from?
Wie lange braucht der Bus bis Heidelberg?	How long does the bus take to Heidelberg?
Wie viel kostet die Hin- und Rückfahrt nach Weimar?	How much does a return to Weimar cost?
Gibt es Ermäßigung?	Are there reductions?
Gibt es eine Toilette im Bus?	Is there a toilet on the bus?
Ist der Bus klimatisiert?	Is the bus air-conditioned?
Entschuldigung, ist dieser Platz besetzt?	Excuse me, is this seat taken?
Stört es Sie, wenn ich die Vorhänge zuziehe?	Do you mind if I close the curtains?

mit dem Zug fahren	*taking the train*
Wo sind die Fahrkartenschalter?	Where are the ticket windows?
Um wie viel Uhr fährt der nächste Zug nach London?	When does the next train to London leave ?

Von welchem Gleis fährt er?	Which platform does it leave from?
Wie viel kostet die Hin- und Rückfahrt nach Leipzig?	How much does a return to Leipzig cost? (UK) How much does a round-trip ticket to Leipzig? (US)
Gibt es eine Ermäßigung für Jugendliche?	Are there reductions for young people?
Gibt es eine Gepäckaufbewahrung?	Is there a left-luggage office?
Einen Fensterplatz im Nichtraucherabteil in Fahrtrichtung, bitte.	A window seat in the direction of travel in a non-smoking carriage/car, please.
Ich möchte einen Platz im Liegewagen für den Nachtzug um 21 Uhr nach London reservieren.	I'd like to book a berth in the sleeping car on the 9 o'clock sleeper to London.
Wo kann ich meine Fahrkarte entwerten?	Where can I cancel my ticket?
Entschuldigung, ist dieser Platz frei?	Excuse me, is this seat free?
Wo befindet sich der Speisewagen?	Where's the restaurant car?

am Flughafen	*at the airport*
Wo befindet sich das Terminal 1/Gate 2?	Where's Terminal 1/Gate 2?
Wo ist der British-Airways-Schalter?	Where's the British Airways desk?
Wo kann man einchecken?	Where can you check in?
Ich hätte gerne einen Platz am Gang/am Fenster.	I'd like an aisle seat/a window seat.
Um wie viel Uhr gehen wir an Bord?	When do we board?
Ich habe meinen Anschluss verpasst.	I've missed my connection.
Ich habe meine Bordkarte verloren.	I've lost my boarding card.
Wann geht der nächste Flug nach Hamburg?	When does the next flight to Hamburg leave?
Wo ist die Gepäckausgabe?	Where is baggage reclaim?
Wo fährt der Shuttle zum Stadtzentrum ab?	Where does the shuttle to the city centre leave from?

nach dem Weg fragen	*asking the way*
Können Sie mir bitte auf der Karte zeigen, wo wir sind?	Can you please show me where we are on the map?
Wo befindet sich der Busbahnhof/die Post?	Where is the bus station/the post office?
Entschuldigung, wie komme ich zur Königsallee?	Excuse me, how do I get to Königsallee?
Entschuldigung, wo sind die Fähren?	Excuse me, where are the ferries?
Wo geht es an Bord?	Where do you board?
Geht es zum Museum für moderne Kunst geradeaus?	Do you carry straight on for the Museum of Modern Art?
Ist es weit?	Is it far?
Geht es hier zur U-Bahn?	Is this the way to the Underground?
Kann man dort zu Fuß hingehen?	Can you get there on foot?
Wo ist die nächste U-Bahn-Haltestelle?	Where's the nearest Underground station?
Ist hier in der Nähe eine Bushaltestelle?	Is there a bus stop near here?
Können Sie mir bitte helfen? Ich glaube, ich habe mich verlaufen.	Can you help me, please? I think I'm lost.

19

in der Stadt	*getting around town*
Welcher Bus fährt zum Flughafen?	Which bus goes to the airport?
Wo fährt der Bus zum Bahnhof ab?	Where does the bus to the station leave from?
Können Sie mir bitte Bescheid sagen, wenn wir da/an dieser Haltestelle sind?	Can you please let me know when we get there/get to my stop?
Fährt dieser Bus zum Bahnhof?	Does this bus go to the station?
Wo fährt die Linie 12 nach Tutzing ab?	Where does the number 12 bus to Tutzing leave from?
Um wie viel Uhr fährt die letzte U-Bahn/Straßenbahn?	When is the last tube/tram?

im Café	*in the café*
Ist dieser Tisch/Stuhl frei?	Is this table/seat free?
Entschuldigung!	Excuse me!
Können Sie uns bitte die Karte bringen?	Can you please bring us the menu?
Zwei Tassen Kaffee, bitte.	Two coffees, please.
Ich hätte gerne einen Milchkaffee.	I'd like a white coffee.

Einen schwarzen Tee/mit Zitrone/mit Milch.	A black tea/tea with lemon/tea with milk.
Was haben Sie für heiße/kalte Getränke?	What sort of hot/cold drinks do you have?
Haben Sie zuckerfreie Limonade?	Do you have sugar-free soda?
Könnte ich Eiswürfel bekommen?	Could I have some ice?
Einen Orangensaft/Ein Mineralwasser.	An orange juice./A mineral water.
Könnte ich noch ein Bier bekommen?	Could I have another beer?
Wo ist die Toilette?	Where are the toilets?
Gibt es einen Raucherbereich?	Is there a smoking area?
im Restaurant	*in the restaurant*
Ich möchte gerne einen Tisch für 20 Uhr bestellen.	I'd like to reserve a table for 8 o'clock.
Einen Tisch für zwei Personen.	A table for two.
Könnten wir einen Tisch im Nichtraucherbereich haben?	Could we have a table in the non-smoking area?

Möchten Sie etwas trinken/essen?	Would you like something to drink/eat?
Haben Sie einen Kinderkarte/vegetarische Gerichte?	Do you have a children's menu/vegetarian dishes?
Wir hätten gerne einen Aperitif.	We'd like an apéritif.
Eine Flasche/ein Glas offenen Weißwein/ Rotwein, bitte.	A bottle/A glass of white/red house wine, please.
Was ist Ihre Spezialität?	What's your speciality?
Englisch/medium/ durchgebraten.	Rare/medium/well done.
Was für Desserts haben Sie?	What sort of desserts do you have?
Die Rechnung, bitte.	The bill, please. (UK) The check, please. (US)
im Hotel	*at the hotel*
Wir hätten gerne ein Doppelzimmer/zwei Einzelzimmer.	We'd like a double room/two single rooms.
Ich hätte gerne ein Zimmer für zwei Nächte.	I'd like a room for two nights.

Ich habe ein Zimmer auf den Namen Berger reserviert.	I've booked a room in the name of Berger.
Ich habe ein Zimmer mit Dusche/Bad reserviert.	I've booked a room with a shower/bath.
Gibt es einen Parkplatz für die Hotelgäste?	Is there a car park for hotel guests? (UK) Is there a parking lot for hotel guests? (US)
Den Schlüssel für Zimmer 121, bitte.	The key to room 121, please.
Könnte ich ein zusätzliches Kissen/eine zusätzliche Decke bekommen?	Could I get another pillow/blanket?
Ich würde gerne auf meinem Zimmer frühstücken.	I'd like to have breakfast in my room.
Könnten Sie mich um 7 Uhr wecken?	Could you wake me at 7 o'clock?
Ich würde gerne zahlen.	I'd like to pay.

einkaufen	*shopping*
Wie viel kostet das?	How much does it cost?/How much is it?
Ich suche eine Sonnenbrille.	I'm looking for sunglasses.
Ich habe Größe 38.	I take a 38.
Ich habe Schuhgröße 40.	I take shoe size 40.
Kann ich das anprobieren?	Can I try it on?
Kann ich das umtauschen/zurückgeben?	Can I exchange/return it?
Wo sind die Umkleidekabinen?	Where are the fitting rooms?
Haben Sie das eine Größe größer/kleiner da?	Do you have it one size bigger/smaller?
Haben Sie das in Blau?	Do you have it in blue?
Verkaufen Sie Umschläge/Stadtpläne?	Do you sell envelopes/street maps?
Einen Film, bitte.	A roll of film, please.
Um wie viel Uhr schließen Sie?	What time do you close?

bei der Touristen-Information	*at the tourist office*
Um wie viel Uhr schließt das Museum?	What time does the museum close?
Wo ist das nächste Schwimmbad?	Where is the nearest swimming pool?
Wo finde ich hier in der Nähe eine (katholische) Kirche?	Where can I find a (Catholic) church around here?
Wissen Sie, wann der nächste Gottesdienst stattfindet?	Do you know when the next service takes place?
Gibt es hier in der Nähe ein Kino?	Is there a cinema around here? (UK) Is there a movie theater around here? (US)
Wie weit ist der Strand von hier entfernt?	How far is the beach from here?
Haben Sie einen Stadtplan?	Do you have a street map?
Ich suche ein günstiges Hotel.	I'm looking for a reasonably-priced hotel.
Können Sie mir ein zentrumsnahes Hotel empfehlen?	Can you recommend a hotel near the centre?

Haben Sie einen Restaurantführer?	Do you have a restaurant guide?
Sport	*sport*
Wir würden gerne ein Fußballspiel sehen, ist heute Abend eines?	We'd like to see a football match. Is there one on this evening?
Wo ist das Stadion?	Where's the stadium?
Wo können wir Fahrräder leihen?	Where can we hire bikes? (UK) Where can we rent bikes? (US)
Ich möchte einen Tennisplatz für 19 Uhr reservieren.	I'd like to book a tennis court for 7 o'clock.
Ist das Schwimmbad jeden Tag geöffnet?	Is the swimming pool open every day?
Wo kann man sich umziehen?	Where can you change?
Können wir eine Ausrüstung leihen?	Can we hire equipment? (UK) Can we rent equipment? (US)
Vermieten Sie Boote/Tretboote?	Do you hire out boats/pedal boats? (UK) Do you rent out boats/pedal boats? (US)

Wo kann man hier Bowling spielen?	Where can you go bowling around here?
Ich möchte gerne eine Wanderung/eine Fahrradtour machen.	I'd like to go for a hike/a bike ride.

in der Bank	*at the bank*
In kleinen Scheinen, bitte.	In small denominations, please.
Wie hoch sind Ihre Wechselgebühren?	How much commission do you charge?
Wie viel macht das in Euro?	How much is that in euros?
Ich möchte Geld überweisen.	I'd like to transfer some money.
Wo befindet sich der Bankautomat?	Where's the ATM?
Der Bankautomat hat meine Kreditkarte geschluckt.	The ATM's swallowed my credit card.
Meine Kreditkarte funktioniert nicht.	My credit card's not working.

bei der Post	*at the post office*
Wie viel kostet ein Brief/eine Postkarte nach London?	How much is it for a letter/a postcard to London?
Ich hätte gerne zehn Briefmarken für England.	I'd like ten stamps for England.
Ich möchte dieses Päckchen als Einschreiben verschicken.	I'd like to send this parcel recorded delivery.
Wie viel kostet ein Eilbrief?	How much is it for an express letter?
Wann wird er wohl ankommen?	When will it get there?
Ich hätte gerne eine Telefonkarte für zehn Euro.	I'd like a ten euro phonecard.
Kann ich ein Fax schicken?	Can I send a fax?
Ich möchte eine E-Mail verschicken.	I'd like to send an e-mail.
Kennen sie ein Internetcafé?	Do you know of an Internet café?
Ich möchte etwas im Telefonbuch nachschauen.	I'd like to look something up in the phonebook.

beim Arzt	at the doctor's
Ich habe mich übergeben.	I've been sick.
Ich habe Durchfall.	I've got diarrhoea.
Mir tut es hier weh.	It hurts here.
Ich habe Kopfschmerzen.	I've got a headache.
Ich habe Halsschmerzen.	I've got a sore throat.
Ich habe Bauchschmerzen.	I've got a stomachache.
Ich kann nicht mehr laufen.	I can't walk.
Mein Sohn hustet.	My son's got a cough.
Er hat Fieber.	He's got a fever.
Ich bin allergisch gegen Penicillin.	I'm allergic to penicillin.
Ich vertrage keine Antibiotika.	I can't take antbiotics.
Ich glaube, ich habe eine Ohrenentzündung.	I think I've got an ear infection.
Ich leide unter Bluthochdruck.	I suffer from high blood pressure.
Ich bin Diabetiker/Diabetikerin.	I'm diabetic.
Ich glaube, ich habe mir das Handgelenk gebrochen.	I think I've broken my wrist.

beim Zahnarzt	*at the dentist's*
Ich habe Zahnschmerzen.	I've got toothache.
Ein Backenzahn tut mir weh.	One of my molars is hurting.
Ich habe eine Plombe verloren.	I've lost a filling.
Ich habe sicher Karies.	I'm sure I've got a rotten tooth.
Einer meiner Schneidezähne ist abgebrochen.	One of my incisors has broken.
Meine Weisheitszähne tun mir weh.	My wisdom teeth are hurting.
Die Brücke sollte neu gemacht werden.	My bridge needs to be redone.
Ich habe meine Zahnspange verloren.	I've lost my brace.
Können Sie mir eine Spritze geben?	Can you give me an injection?

in der Apotheke	*at the chemist's (UK)* *at the drugstore (US)*
Können Sie mir etwas gegen Kopfschmerzen/ Halsschmerzen/Durchfall geben?	Can you give me something for a headache/a sore throat/diarrhoea?
Ich bräuchte Aspirin/Pflaster.	I need aspirin/Band-Aids ®.
Ich hätte gerne eine Sonnencreme mit hohem Lichtschutzfaktor.	I'd like a sun cream with a high protection factor.
Haben Sie eine Salbe gegen Insektenstiche?	Do you have an ointment for insect bites?
Ich habe ein Rezept von meinem englischen Arzt.	I've got a prescription from my English doctor.
Verkaufen Sie dieses Medikament ohne Rezept?	Do you sell this medicine without a prescription?
Können Sie mir einen Arzt empfehlen?	Can you recommend a doctor?
Welcher Arzt hat Bereitschaft?	Who is the doctor on call?

CONVERSATION GUIDE

Notfälle	*emergencies*
Rufen Sie einen Arzt/die Feuerwehr/die Polizei!	Call a doctor/the fire service/the police!
Rufen Sie einen Krankenwagen!	Call an ambulance!
Können Sie uns zur Notaufnahme bringen?	Could you take us to the casualty department? (UK) Could you take us to the Emergency Room? (US)
Wo ist das nächste Krankenhaus?	Where's the nearest hospital?
Mein Sohn hat Blutgruppe 0+ (Null plus).	My son's blood group is O+ (O positive).
Ich muss dringend zum Arzt/Zahnarzt.	I have to see a doctor/dentist right away.
Ich bin bestohlen worden.	I've been robbed.
Es ist ein Unfall passiert.	There's been an accident.
Mein Auto ist gestohlen worden.	My car's been stolen.
Wir sind überfallen worden.	We've been mugged.

32

Inhaltsverzeichnis	Contents	

EINHEITEN UND MASSEINHEITEN/SUPPLEMENT

Grundzahlen/Cardinal numbers

null	0	zero
eins	1	one
zwei	2	two
drei	3	three
vier	4	four
fünf	5	five
sechs	6	six
sieben	7	seven
acht	8	eight
neun	9	nine
zehn	10	ten
elf	11	eleven
zwölf	12	twelve
dreizehn	13	thirteen
vierzehn	14	fourteen
fünfzehn	15	fifteen
sechzehn	16	sixteen
siebzehn	17	seventeen
achtzehn	18	eighteen
neunzehn	19	nineteen
zwanzig	20	twenty
einundzwanzig	21	twenty-one
zweiundzwanzig	22	twenty-two
dreiundzwanzig	23	twenty-three
vierundzwanzig	24	twenty-four
fünfundzwanzig	25	twenty-five
sechsundzwanzig	26	twenty-six
siebenundzwanzig	27	twenty-seven
achtundzwanzig	28	twenty-eight
neunundzwanzig	29	twenty-nine

dreißig	30	thirty
vierzig	40	forty
fünfzig	50	fifty
sechzig	60	sixty
siebzig	70	seventy
achtzig	80	eighty
neunzig	90	ninety
(ein)hundert	100	one hundred
(ein)tausend	1000	one thousand

Ordnungszahlen/Ordinal numbers

erste	1°/1st	first
zweite	2°/2nd	second
dritte	3°/3rd	third
vierte	4°/4th	fourth
fünfte	5°/5th	fifth
sechste	6°/6th	sixth
siebte	7°/7th	seventh
achte	8°/8th	eighth
neunte	9°/9th	ninth
zehnte	10°/10th	tenth
elfte	11°/11th	eleventh
zwölfte	12°/12th	twelfth
dreizehnte	13°/13th	thirteenth
vierzehnte	14°/14th	fourteenth
fünfzehnte	15°/15th	fifteenth
sechzehnte	16°/16th	sixteenth
siebzehnte	17°/17thr	seventeenth
achtzehnte	18°/18th	eighteenth
neunzehnte	19°/19th	nineteenth
zwanzigste	20°/20th	twentieth

einundzwanzigste	21°/21st	twenty-first
zweiundzwanzigste	22°/22nd	twenty-second
dreißigste	30°/30th	thirtieth
einundsiebzigste	71°/71st	seventy-first
(ein)hundertste	100°/100th	one hundredth
(ein)tausendste	1000°/1000th	one thousandth

Rechenbeispiele/Mathematical operations

minus eins	-1	minus one
acht plus zwei ist (gleich) zehn/acht plus zwei gibt zehn	8+2=10	eight plus two equals five
neun minus drei ist (gleich) sechs/neun minus drei gibt sechs. Neun minus drei macht sechs	9-3=6	nine minus three equals six
sieben mal drei ist einundzwanzig	7x3=21	seven times three equals twenty-one/seven multiplied by three equal twenty-one
zwanzig (geteilt) durch vier ist fünf	20:4=5	twenty divided by four equals five
die Wurzel aus neun ist drei	$\sqrt{9}=3$	the square root of nine is three
fünf im Quadrat gibt fünfundzwanzig	$5^2=25$	five squared equals twenty-five

britische Währung/British currency

ein Penny	1p	a penny
zwei Penny	2p	two pence
fünf Penny	5p	five pence

zehn Penny	10p	ten pence
zwanzig Penny	20p	twenty pence
fünfzig Penny	50p	fifty pence
ein Pfund	£1	a pound
zwei Pfund	£2	two pounds
fünf Pfund	£5	five pounds
zehn Pfund	£10	ten pounds
zwanzig Pfund	£20	twenty pounds
fünfzig Pfund	£50	fifty pounds

amerikanische Währung/American currency

ein Cent/ein Penny	1¢	one cent/a penny
fünf Cent/ein Nickel	5¢	five cents/a nickel
zehn Cent/ein Dime	10¢	ten cents/a dime
fünfundzwanzig Cent/ ein Quarter	25¢	twenty-five cents/a quarter
fünfzig Cent/ein halber Dollar	50¢	fifty cents/a half dollar
ein Dollar	$1	one dollar
fünf Dollar	$5	five dollars
zehn Dollar	$10	ten dollars
zwanzig Dollar	$20	twenty dollars
fünfzig Dollar	$50	fifty dollars
hundert Dollar	$100	a hundred dollars

europäische Währung/European currency

ein Cent	0,01 €	a cent
zwei Cent	0,02 €	two cents
fünf Cent	0,05 €	five cents
zehn Cent	0,10 €	ten cents
zwanzig Cent	0,20 €	twenty cents

fünfzig Cent	0,50 €	fifty cents
ein Euro	1 €	one euro
zwei Euro	2 €	two euros
fünf Euro	5 €	five euros
zehn Euro	10 €	ten euros
zwanzig Euro	20 €	twenty euros
fünfzig Euro	50 €	fifty euros
hundert Euro	100 €	a hundred euros
zweihundert Euro	200 €	two hundred euros
fünfhundert Euro	500 €	five hundred euros

Längenmaße/Length

Millimeter	mm	millimetre*
Zentimeter	cm	centimetre*
Meter	m	metre*
Kilometer	km	kilometre*

(* US millimeter, centimeter, meter, kilometer)

Zoll	in	inch
Fuß	ft	foot
Yard	yd	yard
Meile	mi	mile

Flächenmaße/Area

Quadratzentimeter	cm²	square centimetre*
Quadratmeter	m²	square metre*
Quadratkilometer	km²	square kilometre*
Hektar (=10.000m²)	ha	hectare

(* US square centimeter, square meter, square kilometer)

Quadratzoll	in²	square inch
Quadratfuß	ft²	square foot
Quadratyard	yd²	square yard
Quadratmeile	mi²	square mile

Hohlmaße/Capacity

Deziliter	dl	decilitre*
Liter	l	litre*
	(*US deciliter, liter)	
Unze	oz	ounce
Pint	pt	pint
Gallone	gal	gallon

Raummaße/Volume

Kubikzentimeter	cm³	cubic centimetre*
Kubikmeter	m³	cubic metre*
	(* US cubic centimeter, cubic meter)	
Kubikyard	yd³	cubic yard
Kubikfuß	ft³	cubic feet

Gewichte/Weight

Milligramm	mg	milligram
Gramm	g	gram
Hektogramm	hg	hectogram
Kilo(gramm)	kg	kilogram/kilo
Tonne	t	(metric) ton
Unze	oz	ounce
Pfund	lb	pound

Die Uhrzeit/The time

fünf Uhr (morgens)		five o'clock
sieben Uhr fünf/ fünf nach sieben		five past seven UK/five after seven US
acht Uhr zehn/ zehn nach acht		ten past eight UK/ ten after eight US
neun Uhr fünfzehn/ Viertel nach neun		a quarter past nine UK/ a quarter after nine US
zehn Uhr zwanzig/ zwanzig nach zehn		twenty past ten UK/ twenty after ten US
elf Uhr dreißig/ halb zwölf		half past eleven
zwölf Uhr (mittags)		noon/twelve a.m./ midday
zwölf Uhr dreißig/ halb eins		half past twelve/ twelve thirty
ein Uhr (mittags)/ dreizehn Uhr		one p.m.
zwei Uhr/ vierzehn Uhr		two o'clock
Viertel vor vier/ drei viertel vier fünfzehn Uhr fünfundvierzig		a quarter to four UK/ a quarter of four US/ fifteen forty-five
fünf Uhr dreiundzwanzig/ siebzehn Uhr dreiundzwanzig		five twenty-three
Mitternacht		twelve p.m./midnight
ein Uhr (nachts)		one a.m.